六枝特区志

1978-2011

六枝特区地方志编纂委员会　编

方志出版社
Publishing House of Local Records

图书在版编目（CIP）数据

六枝特区志：1978-2011 / 六枝特区地方志编纂委员会编 . -- 北京：方志出版社，2018.11
ISBN 978-7-5144-2483-6

I. ①六…II . ①六 ... III . ①六盘水—地方志—1978-2011 IV. ① K297.33

中国版本图书馆 CIP 数据核字（2017）第 195620 号

六枝特区志（1978—2011）

编　　者：六枝特区地方志编纂委员会
责任编辑：冯　松
出 版 人：冀祥德
出 版 者：方志出版社
　　地址　北京市朝阳区潘家园东里 9 号（国家方志馆 4 层）
　　邮编　100021
　　网址　http: //www. Fzph.org
发　　行：方志出版社图书经销中心
　　电话（010）67110500
经　　销：各地新华书店
印　　刷：云南速盈印刷有限公司
开　　本：889mm × 1194mm　　1/16
印　　张：57
字　　数：1460 千
版　　次：2018 年 11 月第 1 版 2018 年 11 月第 1 次印刷
印　　数：0001 ~ 6000 册
ISBN 978-7 - 5144 - 2483 - 6　　　定价：398.00 元

《六枝特区志（1978－2011）》编纂委员会

2007年9月6日

顾　　问： 仁应祥　宋崇书　李逢时　梁宜章　卢运德　刘锦章

名誉主任： 蒋承云　严永达　舒　勇　夏　明

主　　任： 王　刚

副 主 任： 王文明　黄秋英　王礼琴　吴文英

委　　员： 特区党办、纪委、人大办、政府办、政协办、组织部、宣传部、统战部、编委办、史志办、法院、检察院、人武部、经贸局、教育局、民宗局、科技局、公安局、监察局、民政局、司法局、财政局、人事劳动和社会保障局、建设局、水利局、农业局、林业局、环保局、交通局、卫生局、人口和计划生育局、审计局、统计局、粮食局、文体广播电视局、煤炭局、物价局、国土资源局、农办、扶贫办、移民办、农产办、乡企局、城管局、房管局、旅游局、工商局、质监局、国税局、地税局、邮政局、总工会、团委、妇联、六枝电信分公司、人行六枝支行的主要负责人。

《六枝特区志（1978－2011）》编辑人员

2007年9月6日

主　　编： 杜应良

副 主 编： 王道华　胡　松

编　　辑： 罗道勇　田文媛　左　燕　李玉梅　卢启国　杨　杰

《六枝特区志（1978－2011）》编纂委员会

2012年8月1日

顾　　问：高玉林　王朝荣　舒　勇　夏　明

主　　任：王文明

副 主 任：鲁玉龙　龚鸿文　撒玉怀　吴文英

委　　员：特区党办、人大办、政府办、政协办、纪委监察局、组织部、宣传部、统战部、机关党委、离退局、史志办、党校、信访局、编委办、总工会、团委、妇联、科协、工商联、残联、文联、检察院、法院、人武部、政法委、发展改革局、财政局、经信局、审计局、统计局、农业局、林业局、水利局、供销社、城乡建设局、交通局、煤炭局、国土资源局、人资社保局、民政局、民宗局、环保局、安监局、移民局、教育局、文体广电旅游局、人口计生局、卫生食品药品监管局、档案局、公安局、司法局、国税局、地税局、工商局、质监局、气象局、烟草局、六枝调查队、邮政局、电信公司、六枝供电局、人行、木岗产业园区、岩脚产业园区、郎岱农业产业园区及19个乡镇的负责人。

《六枝特区志（1978－2011）》编辑人员

2012年8月1日

主　　编：杜应良

副 主 编：黄继洪

编　　辑：罗道勇

编　　务：田文媛　左　燕　李玉梅　卢启国　杨　杰　朱力军　陈金海

特邀编辑：卢云儒　胡吉斌　唐方玉　谭有奇　张云英　王道华　叶　华

《六枝特区志（1978－2011）》编纂委员会

2017年2月

顾　　问：杨昌显　王朝荣　方裕谦　吕　荣

主　　任：王光全

副 主 任：潘　静　撒玉怀　杨　强　余红亚

委　　员：特区党办、人大办、政府办、政协办、纪委监察局、组织部、宣传部、统战部、直属机关工委、离退局、史志办、党校、信访局、编委办、总工会、团委、妇联、工商联、科协、残联、文联、老年大学、政法委、检察院、法院、人武部、公安局、司法局、发展改革局、财政局、经济和信息化局、审计局、统计局、农业局、林业局、水务局、供销社、红十字会、住房城乡建设局、规划和城管局、交通运输局、国土资源局、人资社保局、民政局、民宗局、环境保护局、安监局、移民局、教育局、文体广电新闻出版局、卫生计生局、档案局、矿区社区服务管理局、国税局、地税局、市场监管局、气象局、烟草局、六枝调查队、邮政局、投资促进局、生态旅游局、电信公司、六枝供电局、人行、经济开发区、木岗产业园区、岩脚产业园区、郎岱农业产业园区、路喜工业园区、牂牁江省级风景名胜区及乡镇、社区的主要领导。

《六枝特区志（1978－2011）》编辑人员

2017年2月

主　　编：焦兴敏

副 主 编：黄继洪　田文媛　罗道勇

编　　辑：罗道勇

特邀主编：卢云儒

特邀副主编：金大连

编　　务：左　燕　庞文晋　李玉梅　蔡兴祥　龙　波　卢启国
赵　薇　金正萍　陈金海

《六枝特区志（1978－2011）》
特区初审会人员名单

吕　荣　赵孝和　张廷模　吕阳光　江明权　焦兴敏　黄继洪　田文媛　罗道勇
左　燕　李玉梅　蔡兴祥　卢云儒　金大连　胡吉斌　蔡兴忠　柴　健　郭永贤
彭传清　黄美焦　戴文生　蒋　红　周安贵　王荣云　陈爱梅　张仕慧　陈　芳
吴　黎　毛远扬　何天敏　尚　任　姚家玉　周　林　李泽华　蒋贤祥　肖昌华
王振贵　李建国　李　湘　张　权

《六枝特区志（1978－2011）》
市级复审会人员名单

余朝林　夏厚军　宋　兵　斯信强　汪龙舞　朱祖雄

《六枝特区志（1978－2011）》
省级终审会人员名单

黄劲松　范同寿　周声浩　钟　莉　陆　震　车秀琴

六枝特区交通规划图

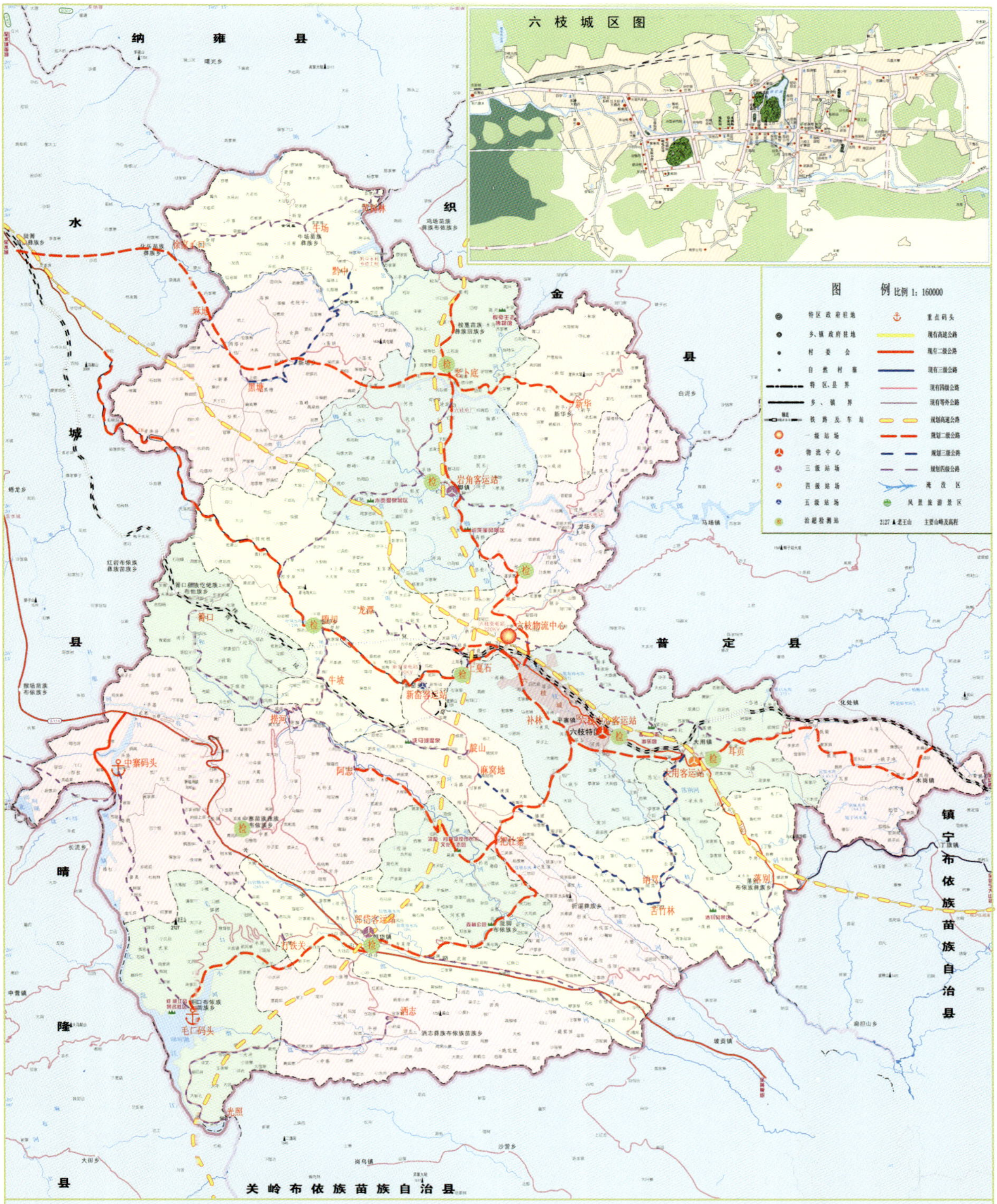

说明：

1、**公路**：六枝特区十二五交通规划道路里程2800km，共划分为高速公路、干线公路、物流通道、运煤公路、县乡油路改造、通畅公路、连通工程等7类。按道路等级划分：新建高速公路123km；二级公路新建59km，改扩建98km；新建六枝环城公路12km(城3级)；新建三级公路12km，改扩建28km；改建及改造四级公路245km；改造通村油路560km；新建农村公路连通工程255km。

2、**客货运输枢纽站**：新建六枝中心客运站（一级客运）、六枝物流中心站（一级货运）、新建大用、新窑汽车站，改建岩脚、郎岱汽车站。

3、**治超检测站**：共9座，分别为花园洞、岩脚、老卜底、中寨、堕却、城区进口、城区出口、郎岱、大用等治超检测站。

4、**水运设施**：兴建水上救助监管指挥培训中心，毛口码头二期及中寨码头二期工程。

本图片由贵州省六枝特区交通局提供

六盘水市六枝特区矿产资源分布图

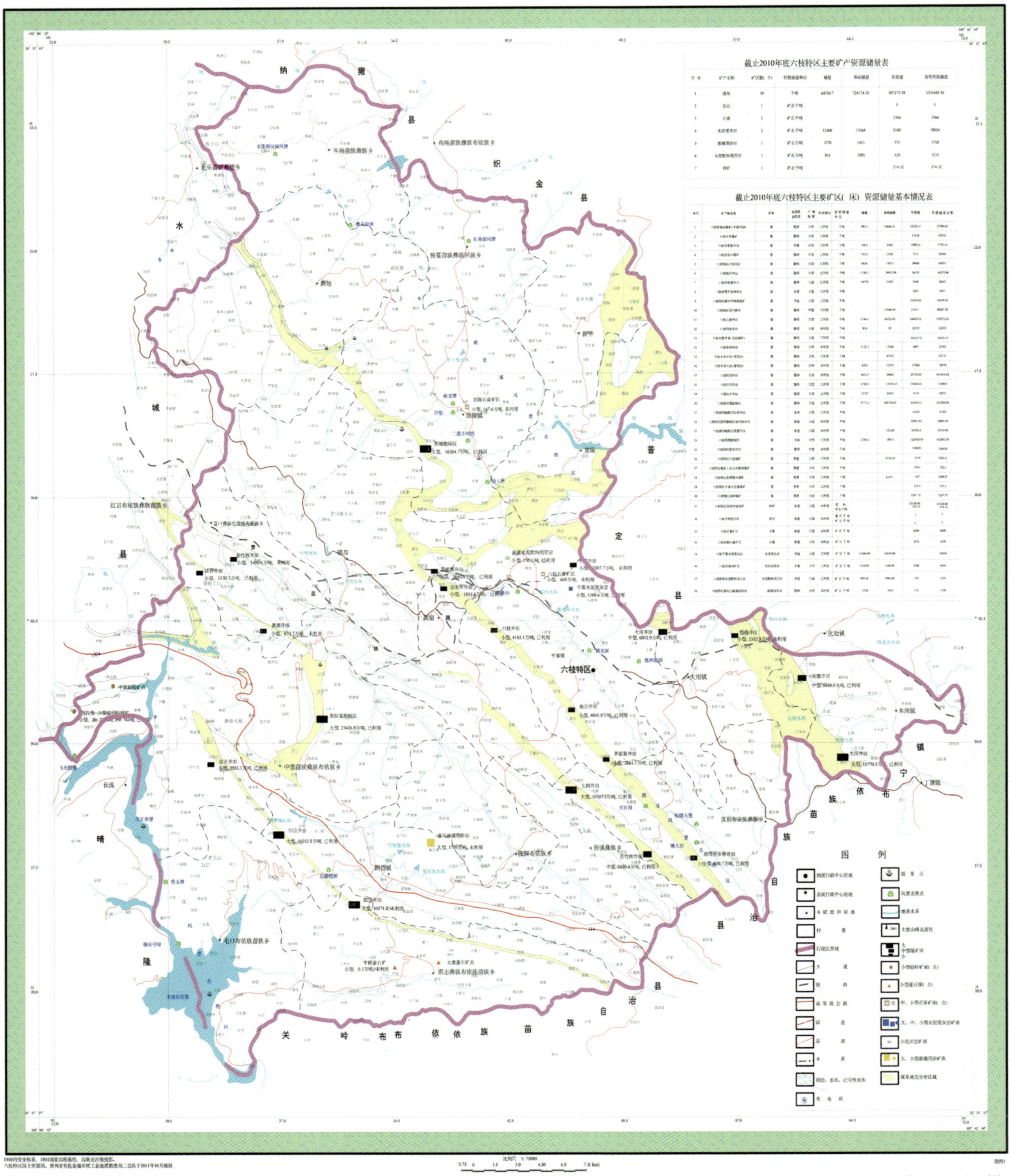

本图片由贵州省六枝特区国土资源局提供

六枝特区地貌类型图

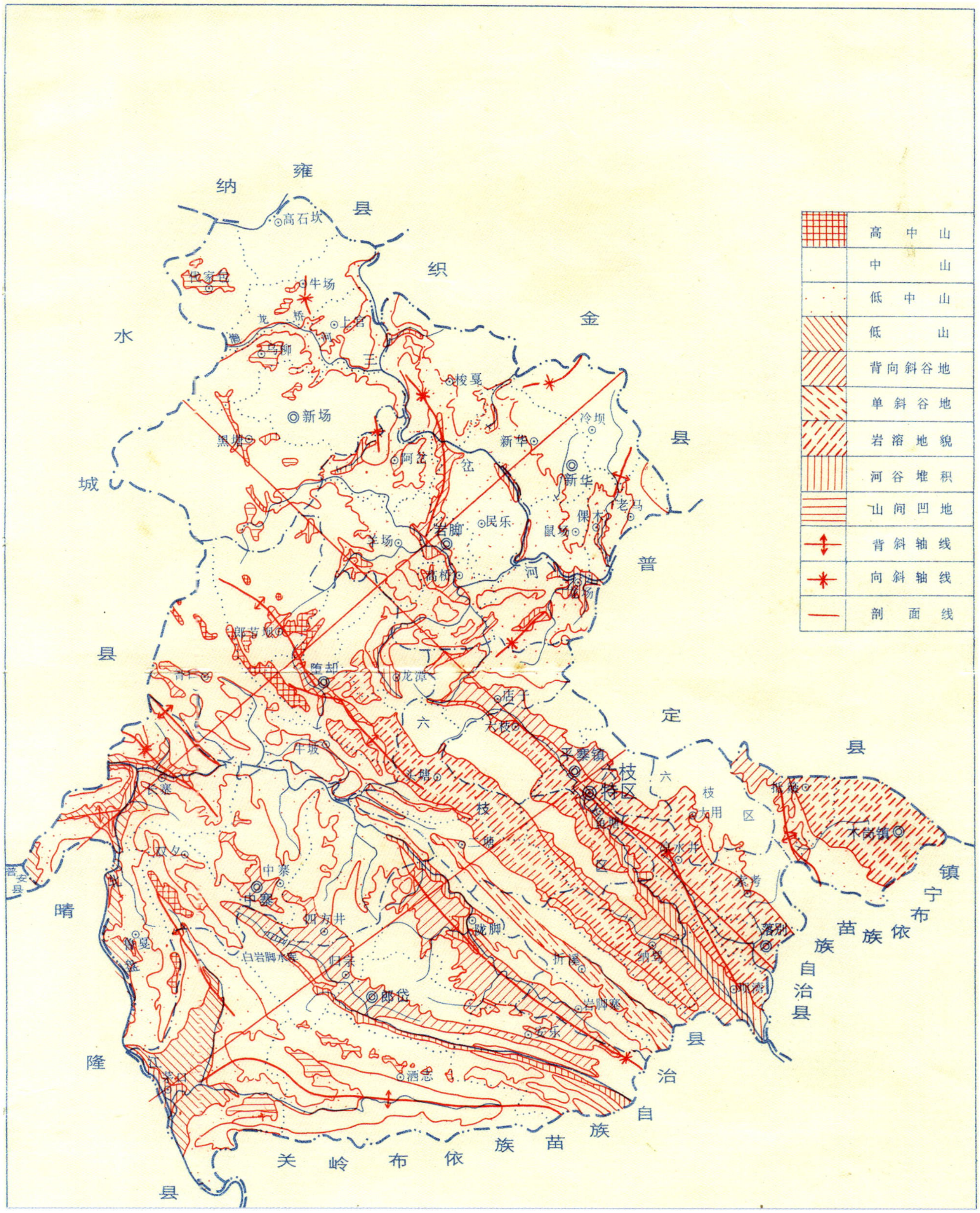

本图片由贵州省六枝特区国土资源局提供

六枝特区地势图

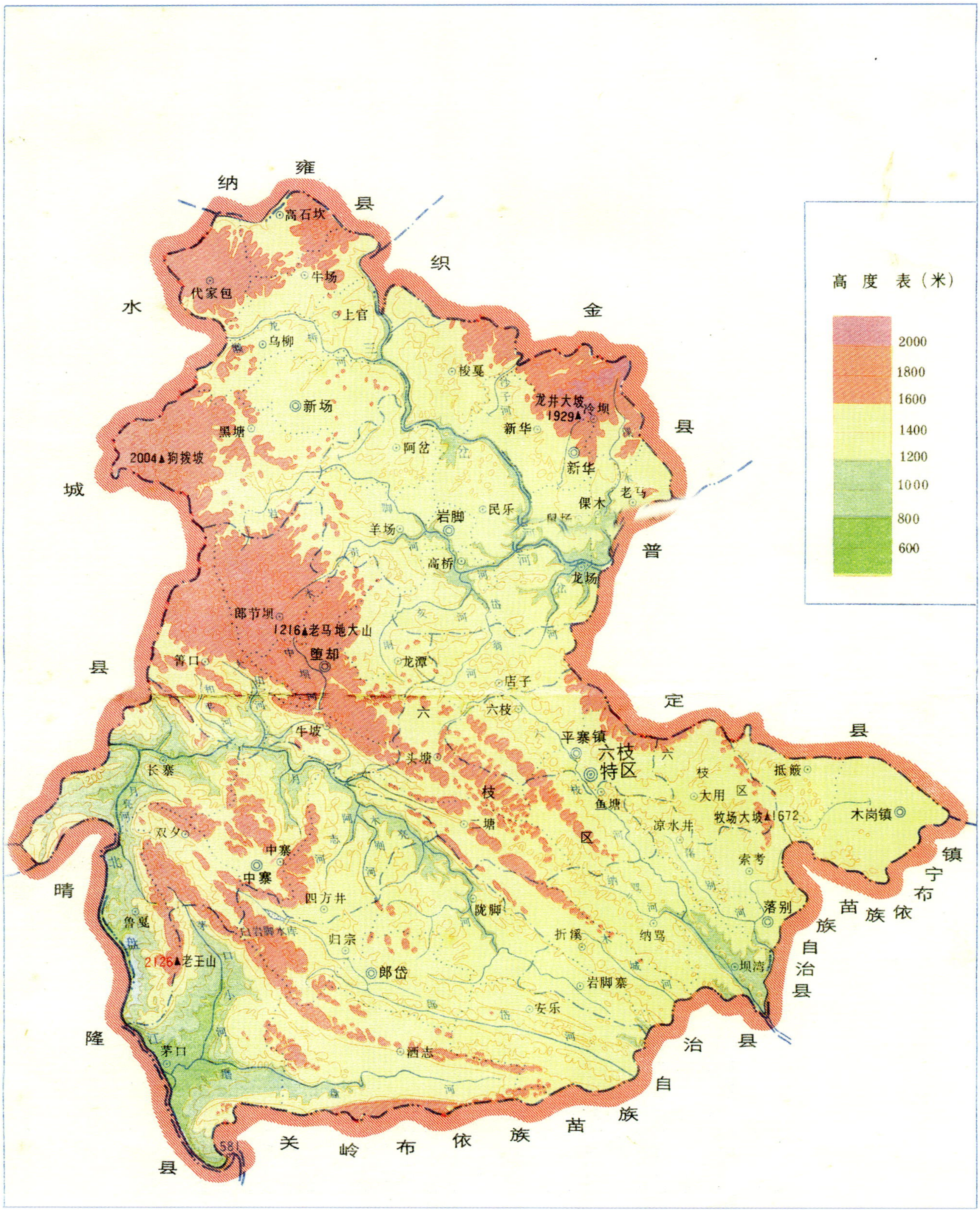

本图片由贵州省六枝特区国土资源局提供

六枝特区土壤分布图

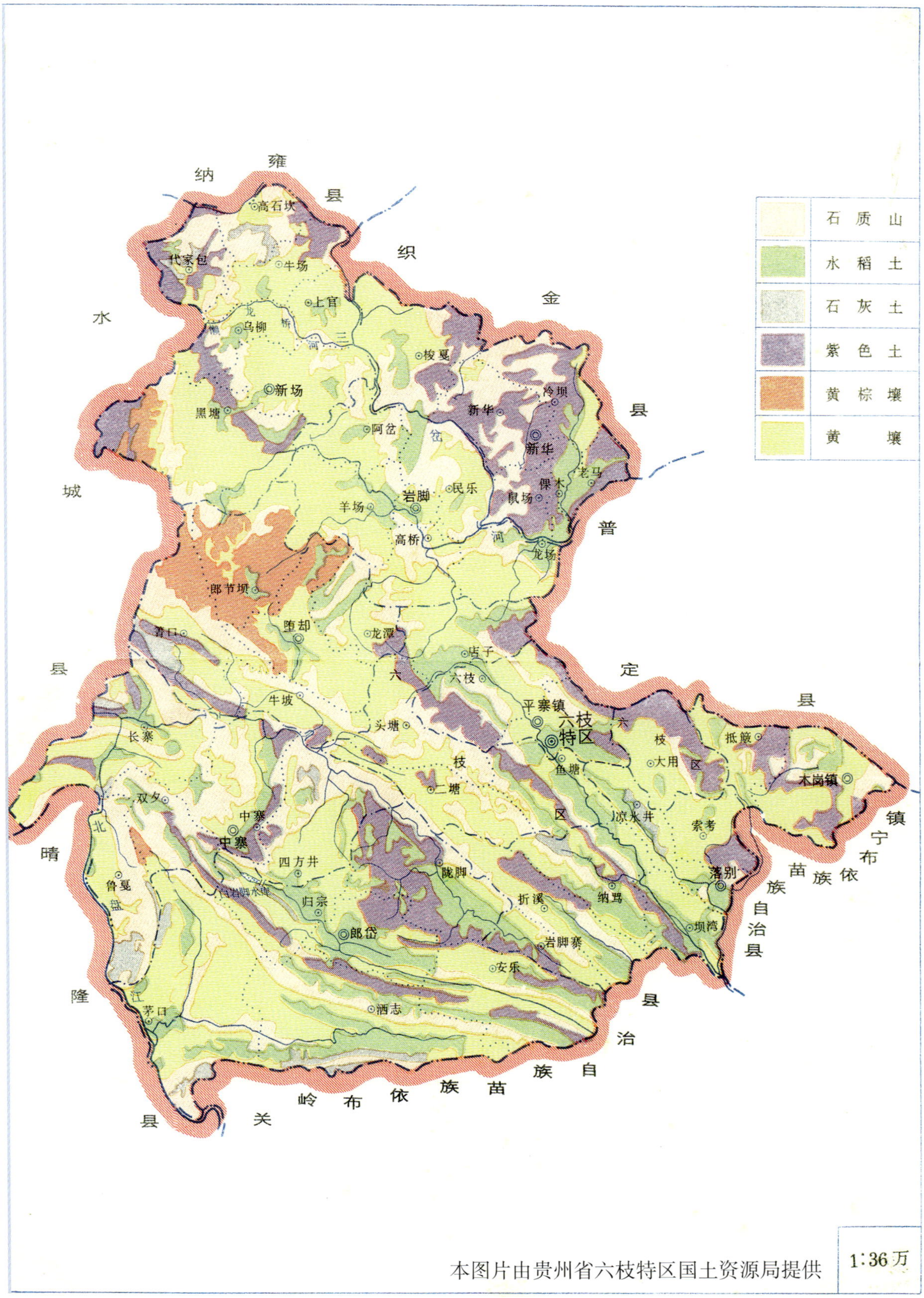

本图片由贵州省六枝特区国土资源局提供

1:36万

六枝特区森林资源分布图

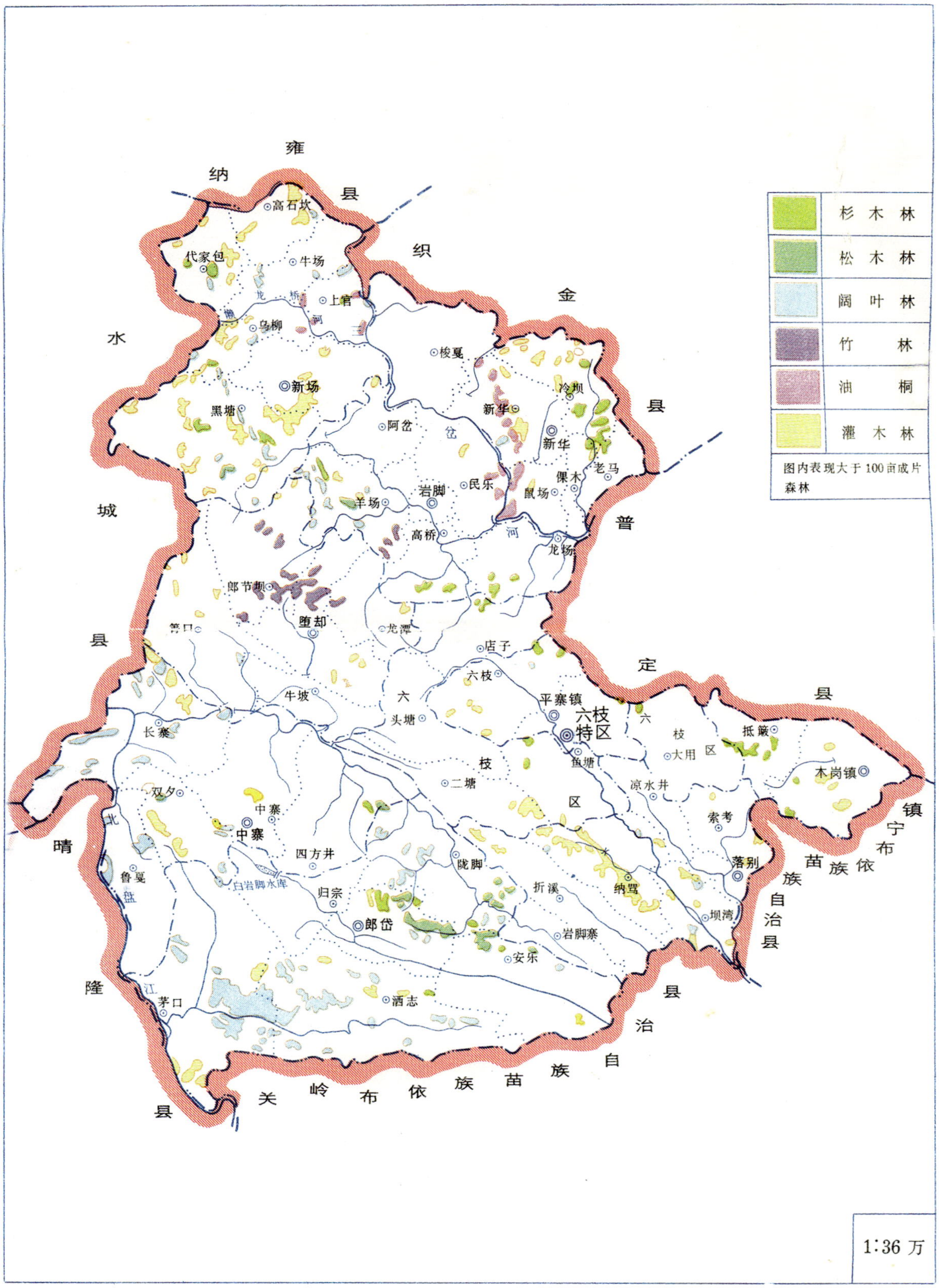

本图片由贵州省六枝特区国土资源局提供

1984年，公安部部长刘复之（前排左五）到六枝特区调研工作

2006年2月，中共贵州省委书记石宗源（右前三）在六枝特区陇脚乡调研

2007年5月21日，贵州省副省长辛维光（左四）调研六枝特区城镇建设工作

2008年8月20日，贵州省委常委、省委宣传部部长谌贻琴（右一）到六枝调研

2009年11月17日，贵州省省长林树森（右三）一行调研六枝特区污水处理厂

2010年11月3日，贵州省省长赵克志（左三）到黔中水利枢纽工程工地调研

2009年5月21日，贵州省副省长刘晓凯（左三）到特区一小调研工作

2014年6月18日，贵州省省长陈敏尔（右三）到六枝调研农业园区建设工作

2016年4月7日，贵州省副省长陈鸣明（前右二）到落别乡调研工作

2016年2月26日，六盘水市委书记李再勇（左三）到落别乡指导工作

2015年7月24日，第十一届中国（深圳）国际文化产业博览交易会上，市委副书记魏雄军（中）在六枝观赏石展区参观

2016年4月19日，特区党委书记杨昌显（中）在落别樱桃园调研

2017年3月13日，特区政府区长方裕谦（前排左二）到牛场乡脱贫攻坚调研

六枝特区人事劳动和社会保障局组织就业困难人员专场招聘会

2013年8月，特区人民法院到市二中公开开庭

1995年，特区食品卫生监督所依法收缴销毁2300多公斤伪劣食品

2008年，特区消防队组织在中心城区救护演习

2010年7月9日，岩脚镇民警解救山体滑坡被困人员

毛口乡巡逻民警（2011年4月3日摄）

最美警官（2011年10月26日摄）

六枝特区公安局打拐专案组成功破获多起儿童拐骗案（2010年8月9日摄）

问安于民（2011年8月24日摄）

2012年4月13日，六枝特区公安局在落别乡解救洪灾受困群众

六枝特区梭戛乡高兴村原貌（1995年8月摄）

六枝特区梭戛乡高兴村（2013年2月摄）

六枝特区梭戛生态博物馆陈列室（2015年摄）

长角苗文化

1998年10月31日，六枝特区梭戛生态博物馆建成开馆

2009年2月5日，六枝特区长角苗文化首次亮相香港

传统文化

六枝特区梭戛乡长角苗男式芦笙舞（2004年摄）

六枝特区折溪乡地戏（1992年摄）

新窑乡桥梁村苗族跳花节（1995年摄）

六枝特区月亮河布依族“六月六”节日活动（2015年摄）

六枝特区高兴村正月初十长角苗跳花节（2011年摄）

六枝特区关寨镇居都村每年一届的仡佬族吃新节（2015年摄）

六枝特区岩脚镇民间耍水龙求雨（1998年摄）

2009年国庆前夕六枝特区组织大型歌舞庆祝活动

2008年7月31日，六枝特区民间文艺队庆祝建军81周年活动

2009年8月12日，中国煤矿文工团赴六枝特区慰问演出

1950年人民解放军剿匪攻克的安家窗子洞遗址，已被列为特区爱国主义教育基地（2011年摄）

懒龙桥烈士陵园（1980年摄）

传统文化

特区春节联欢（1993年摄）

特区春节联欢（1994年摄）

特区春节联欢（1995年摄）

2013年6月25日，中央电视台到月亮河采风

2005年7月，中国第一部以夜郎为题材的大型电视连续剧《夜郎王》在六枝特区境内采拍

2013年8月，六盘水消夏节国际滑翔伞比赛在牂牁江举行

1997年，特区各界欢庆香港回归祖国

那平路（2015年摄）

休闲广场（2014年摄）

中心城区

东方龙城小区（2015年摄）

瓦窑小区（2015年摄）

东苑小区（2011年摄）

连城国际小区（2015年摄）

特区党委办公楼（1994年摄）

郎岱县公安局（1964年摄）

特区人民检察院办公楼（1978年摄）

特区政府办公楼（1994年摄）

特区党政大院（1992年摄）

特区党政办公地点（2016年摄）

特区公安局办公楼（2016年摄）

特区人民检察院办公楼（2016年摄）

特区人民法院办公楼（2016年摄）

六枝火车站站前广场（2016年摄）

城区污水处理厂（2016年摄）

民营医院（2016年摄）

特区影剧院（2016年摄）

基础设施建设

城区星级公厕（2016年摄）

特区人民医院（2016年摄）

街心花园（2016年摄）

桃花公园（2014年摄）

街心花园（2009年摄）

街心花园（2007年摄）

街心花园（1993年摄）

基础设施建设

九头山公园（2011年摄）

桃花公园（1983年摄）

桃花公园（1988年摄）

落别乡牛角广场（2015年摄）

岩脚发展街（1994年摄）

郎岱文峰塔（2011年摄）

岩脚发展街（2015年摄）

小城镇建设

龙场乡中心小镇（2016年摄）

郎岱古镇一角（2014年摄）

岩脚古镇一角（2015年摄）

2009年12月18日，六枝至镇宁高速公路开工典礼

贵昆铁路木岗段（2015年摄）

牂牁江西戛码头（2012年摄）

六六高速公路彭家寨大桥（2013年摄）

贵昆铁路关寨火车站（2013年摄）

水黄公路过中寨段的十里长坡（2015年摄）

六六高速公路过六枝特区境内的夹岩大桥（2015年摄）

1995年梭戛乡小坝田村民组织群众投工投劳修通连接乡政府的村公路

大用园区（2011年摄）

横穿大用园区的六六高速公路（2014年摄）

六六高速公路六枝东站（2014年摄）

三线建设在六枝

历史片剪影

本版图为原六枝矿务局部分矿区剪影
（1970～1999年摄）

六枝地宗洗煤厂遗址（2015年摄）

④

⑤

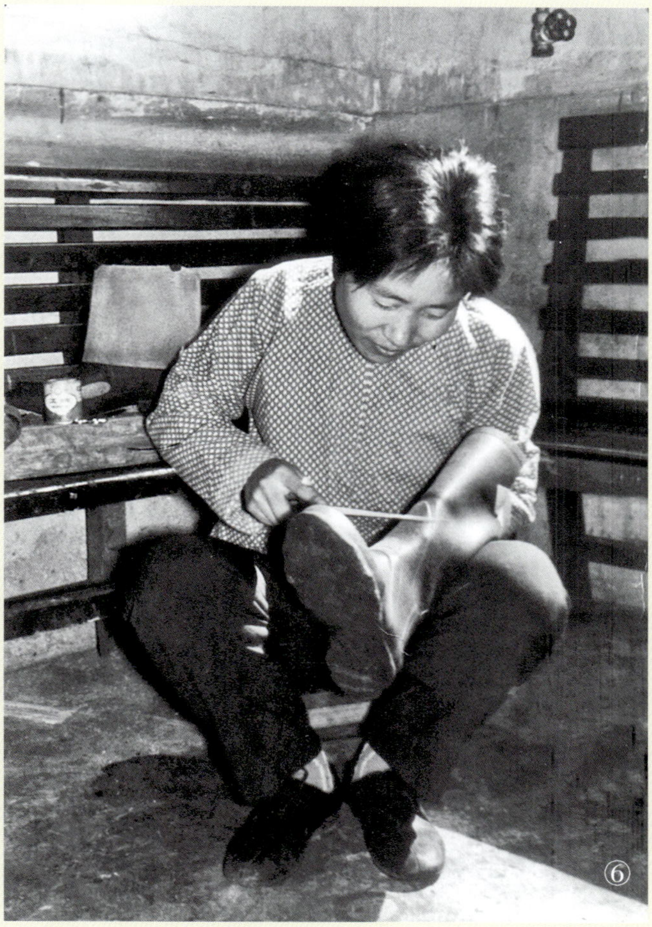

⑥

⑦

三线建设在六枝

历史片剪影

①

②

③

本版图为原六枝矿务局部分矿区剪影（1970～1999年摄）

④

已经封闭的四角田煤矿井口（2014年摄）

⑤

⑥

⑦

⑧

⑨

六盘水煤矿机械厂（2013年摄）

六枝工矿（集团）公司新华分公司井下作业（2002年摄）

六枝工矿（集团）公司办公大楼（2011年摄）

六枝工矿（集团）公司副平硐井口（2010年摄）

六枝工矿（集团）公司煤矸石发电分公司厂区全貌（2011年摄）

贵州宏狮煤机制造有限公司新厂区（2008年摄）

六枝工矿（集团）公司瓦斯发电机组（2007年摄）

六枝工矿（集团）公司设计生产规模360万吨的畅达水泥厂（2008年摄）

六枝特区东方水泥厂（建于2001年）

六枝特区岩脚大畅面业有限公司（建于2008年）

六枝特区木岗镇工业园区（建于2011年）

贵州省六枝特区宏奇制药厂（建于2003年）

六枝特区岩脚大畅面业有限公司厂区全貌（2014年摄）

六枝特区岩脚第一中学（2012年摄）

六枝特区第一中学教学楼（2014年摄）

六盘水市第二中学体育场（2014年摄）

六枝特区郎岱一小（2015年摄）

六枝特区郎岱镇阿乐村远程教育基地（2013年摄）

建设中的六枝特区第七中学（2015年摄）

六枝特区第一中学体育场（2013年摄）

新农村建设

落别乡机械化收割水稻（2003年摄）

郎岱镇坝子万亩水稻田（2005年摄）

落别乡万亩车厘子基地（2015年摄）

陇脚乡梯田（2005年摄）

岩脚镇田家寨新村（2011年摄）

龙场乡山地机耕田（2013年摄）

农业及园区建设

2012年六枝特区木岗镇首届菜花节开幕式

郎岱镇坝子万亩油菜花（2013年摄）

六枝特区鸿森公司茶场（2015年摄）

六枝特区郎岱镇现代农业综合产业示范园区（建于2011年）

六枝特区宜枝魔芋生物科技有限公司产业园区（建于2011年）

郎岱镇猕猴桃基地（2013年摄）

平寨镇波乍林场（2011年摄）

花德河森林公园（2015年摄）

龙场乡锅厂林场（2014年摄）

森林资源

中寨乡红光村四角包原始森林（2015年摄）

平寨镇底西村林场（2011年摄）

水利建设

2009年11月30日，黔中水利枢纽工程开工典礼

建设中的黔中水利枢纽工程大坝（2015年摄）

黔中水利枢纽工程金家洞渡槽（2016年摄）

2010年10月9日，六枝特区旧院水库开工典礼

已建成的旧院水库（2015年摄）

黔中水利枢纽工程引水长渠新桥坡跨河段（2015年摄）

自然资源

岩脚镇迴龙溪畔的候鸟群（2008年摄）

毛口乡老王山夕照（2013年摄）

平寨镇波乍村万峰林（2014年摄）

陇脚乡月亮河景区的丹霞地貌（2015年摄）

龙场乡迎丰村红土地质（2013年摄）

陇脚乡花德河手工稻田（2014年摄）

牂牁湖远眺（2014年摄）

落别乡多林洞（2015年摄）

毛口乡境内的老王山脉（2013年摄）

自然资源

落别乡可布瀑布群（2014年摄）

龙场乡阿珠湖（2013年摄）

岩脚镇迴龙小溪（1996年摄）

毛口古镇（2013年摄）

牂牁江毛口码头（2011年摄）

牂牁江景区

落别樱桃（2013年摄）

落别系列茶叶产品（2013年摄）

郎岱凉粉（2015年摄）

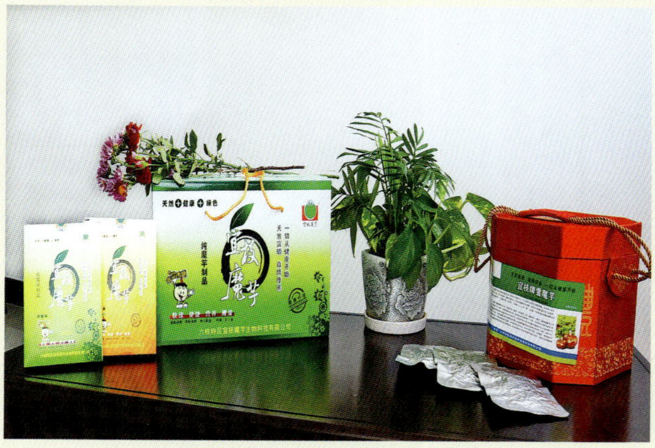

郎岱魔芋系列产品（2012年摄）

郎岱系列茶叶产品（2012年摄）

牛场辣椒（2011年摄）

岩脚陈醋（2014年摄）

岩脚砂锅烙锅（2014年摄）

郎岱西瓜（2013年摄）

岩脚肉饼（2014年摄）

岩脚臭豆腐（2015年摄）

岩脚面条（2014年摄）

《六枝特区志（1978—2011）》编纂人员培训会

《六枝特区志（1978—2011）》初审会

《六枝特区志（1978—2011）》复审会

《六枝特区志（1978—2011）》复审会参会人员，前排左起：焦兴敏　夏厚军　斯信强　余朝林　王道洪　朱祖雄　汪龙舞　后排左起：田文媛　赵　薇　金大连　黄继洪　卢云儒　罗道勇　宋　兵　胡吉斌

《六枝特区志（1978—2011）》终审会

《六枝特区志（1978—2011）》终审会参会人员，左起：宋　兵　黄继洪　夏厚军　余朝林　黄劲松　范同寿　周声浩　钟　莉　吕　荣　卢云儒　焦兴敏

序

1978年，中国共产党十一届三中全会作出了实行改革开放的重大决策。六枝特区与全国各地一样，改革开放春潮涌动，六枝人民加快建设美好家园、创造美好生活的步伐，创造了一个又一个了不起的奇迹，使这片古老而神奇的土地发生了翻天覆地的变化。

第二轮《六枝特区志》上限1978年，下限2011年，记载和见证了六枝特区改革开放34年的发展奋斗史，是六枝特区的“改革开放志”。改革开放以来，勤劳勇敢的六枝各族人民在中国共产党的正确领导下，高举中国特色社会主义伟大旗帜，振奋精神、朝气蓬勃、斗志昂扬，走过了风云激荡的不平凡历程，谱写了催人奋进的时代篇章。

改革开放前，六枝实行的是高度集中的计划经济，生产生活物资十分贫乏，吃的单调、穿的老套、住房窄小、文化枯燥。中共十一届三中全会以来，沐浴着改革开放的春风，我区国民经济快速发展，农村实行了家庭联产承包责任制，农村生产力获得解放，群众生产积极性空前高涨，农村面貌发生深刻变化。与此同时，我区工业发展也进入了一个新的历史时期，企业规模不断扩大，生产能力不断提高，园区工业异军突起，逐渐走上了以提高经济质量和效益为中心，创新、协调、绿色、开放、共享的发展轨道。

随着改革开放的逐步深入，国家实施了西部大开发战略，六枝特区党委、政府抓住这一难得的历史机遇，统筹城乡区域协调发展，城镇化水平不断提高。现在走进六枝中心城区，一条条宽敞整洁的街道，一栋栋鳞次栉比的高楼，一个个花园式的住宅小区，会使你目不暇接，深切感受到六枝发展以及群众生活发生的巨大变化。在广大农村，群众居住条件和生活水平大有提高，生产生活条件极大改善，“种地不交税、上学不收费、看病能报销”的惠农政策犹如股股甘泉，让百姓的日子越过越红火。

经过不断深化改革，六枝的教育、科技、卫生及各项社会事业蓬勃发展，旅游业也取得显著成绩。亚洲第一座生态博物馆——梭戛生态博物馆、月亮河布依文化生态园、廻龙溪温泉旅游度假区、落别牛角布依风情体验区以及迎祥郎岱、云上牂牁等景区景点相继建成，六枝已经成为了公园省中的公园。这些成就充分展现了勤劳勇敢的六枝人民在改革开放中的勤劳与智慧。

34年不长，历史长河弹指一挥间；34年不短，六枝大地旧貌变新颜。第二轮《六枝特区志》以翔实的资料，全面、客观、真实地记述了六枝自中共十一届三中全会以来改革开放的全部历史，它的出版问世，对于在新的历史条件下深化区情认识，科学总结经济社会发展的经验教训，正确把握改革和发展的规律，制定经济和社会发展战略，规划地方经济和社会发展，科学治区和理政，其资政效用毋庸置疑；对生活在六枝这片热土上的广大人民群众，认识、研究建设美好家园，乐享小康生活，其教化和存史意义显而易见。

在本轮志书的编修过程中，省、市地方志部门的领导和专家多次亲临指导，已经退休的老同志发挥余热积极参与，特区史志办认真组织实施。因此，志书的修成，除向省、市地方志部门敬致谢忱外，还要感谢为志书提供资料的单位和部门、乡镇，更要衷心感谢在编修中付出辛勤汗水的同志们。本轮志书通过市复审、省终审的时间，正值“十三五”规划的开局之年，同时也是新中国成立67周年、中国工农红军长征胜利80周年之际。六枝的改革开放事业仍在如火如荼地进行，我们将高举中国特色社会主义伟大旗帜，深入贯彻习近平总书记系列重要讲话精神，按照“五位一体”总体布局和“四个全面”战略布局，以更加饱满的热情、更加务实的作风、更加有力的举措，决战脱贫攻坚、决胜全面小康，为六枝更加灿烂辉煌的明天贡献力量。

谨以此书献给新中国成立67周年、中国工农红军长征胜利80周年、六枝改革开放39周年。

献给全区党政机关、企事业单位干部职工。

献给勤劳勇敢的六枝人民。

是为序

中共六枝特区委员会书记：

六枝特区人民政府区长：

2017年5月

凡　例

一、本志以马列主义、毛泽东思想、邓小平理论、“三个代表”重要思想和科学发展观为指导，深入贯彻习近平总书记系列重要讲话精神和治国理政新理念、新思想、新战略，运用辩证唯物主义、历史唯物主义的观点和方法，实事求是地记载1978年改革开放以来六枝特区的发展轨迹和成就。

二、本志是《六枝特区志》的续修，上限上起于1978年，下限断至2011年。对前志《六枝特区志》已记述1978—1995年的内容，仅作粗线条的记述或补充。重点记载1978年改革开放以来34年的历史，其中发生的重大事件，不设专章记述，内容散见于《大事记》。

三、本志采用述、记、志、传、图、表、录七种体裁。以志为主体，按本特区实际归类设篇、章、节、目。

四、本志采用现代语体文行文，语言力求准确、简明、朴实、流畅。

五、本志入志资料源于各部门、单位所撰写的资料长编和图书报刊、文书档案及调查采访等。资料来源一般不注出处。采用数据以统计部门提供为准。统计部门未掌握的，以主管部门提供的为准。

六、本志所使用图片资料，有少部分因其内容的重要和特殊，在时限上有突破。地图、行政区划图由省测绘院编制。

七、本志中国共产党六枝特区委员会、六枝特区人民代表大会（常务委员会）、六枝特区人民政府、中国人民政治协商会议六枝特区委员会，简称特区委、特区人大（常委会）、特区政府、特区政协，其他民主党派则冠以其全称。

八、本志简化汉字、标点符号、计量单位的使用，遵循国家公布的有关规定。币制按1955年后的人民币币值换算记写。

九、本志纪年表述使用公元纪年，使用阿拉伯数字。志中的“年代”一词，作为时间概念，主要用于表示20世纪中的某10年。如20世纪80年代，即1980—1989年。

目 录

第二篇　人口　民族　宗教

第三篇　政党　群团

第四篇 政权 政协

第五篇　政　法

第六篇 军 事

第七篇 社会事业与档案方志

第八篇　综合经济管理

第九篇 工 业

第十篇 农 业

第十一篇　交通　邮政　通信

第十二篇 城建 环保

第十三篇 财税 金融

第十四篇 教育 科技

第十五篇 卫生 体育

第十六篇　文化　旅游

概 述

六枝特区位于贵州西部，隶属六盘水市。北纬 25° 59′— 26° 33′，东经 105° 08′— 105° 43′。东连安顺市镇宁、普定两县，南接安顺市关岭县，西靠水城县，西南与黔西南州晴隆、普安两县毗邻，北抵毕节市织金、纳雍两县。全境南北长 61 公里，东西宽 56 公里，总面积 1799.48 平方公里。县城所在地平寨镇下营盘距六盘水市政府驻地 98 公里，距省城贵阳 148 公里。

六枝特区历史悠久，春秋时期现境属牂牁国，秦至西汉属夜郎国腹地。清雍正九年（1731 年）设郎岱厅，民国 2 年（1913 年）改郎岱厅为县。1949 年 10 月 1 日中华人民共和国成立，1950 年郎岱县和平解放，建立共产党领导下的人民政权，亦称郎岱县，隶属安顺专区。二十世纪六十年代初，国家三线建设开发六枝煤田，在境内设六枝矿区，与郎岱县并存。1970 年，矿县合并后行政名称六枝特区沿用至今。境内行政区划多次变动，1992 — 2011 年，设 5 镇、5 乡、9 个少数民族乡，现辖 220 个行政村，2396 个村民组，17 个社区、8 个居委会、300 个居民小组。

六枝特区地处云贵高原东斜坡，乌蒙山脉至苗岭的五指山中段，地势西北高东南低，自然环境独特，地质地貌复杂多样。属亚热带湿润季风气候，冬无严寒，夏无酷暑，雨热同季，雨量充沛，立体气候明显。土地肥沃，适宜于多种生物的生长和繁衍。在这群山耸峙、丘陵起伏的山区里，居住着汉、苗、彝、回、布依、仡佬等 31 个民族共 67.75 万人。其中少数民族 20.66 万人，占全区人口的 30.49%。

境内矿产资源有煤、铁、砷、铅、锌、冰洲石、重晶石、石灰石等，据 2011 年林地保护利用规划调查，六枝特区林地总面积为 110.78 万亩，森林覆盖率已经达到 34.10%。境内共有河流 40 余条，其中长 10 公里以上的河流有 26 条，河流总长 361.20 公里。分属长江水系和珠江水系，沟谷纵横，溶洞暗河隐伏，溪涧河流穿梭其间。可为人们的生产生活提供宝贵的淡水资源，良好的生态环境和多样的物产资源，为六枝绿色产业和旅游业的发展奠定了良好的基础。

改革开放三十三年来，勤劳勇敢的六枝人民在中国共产党的正确领导下不断进取，以求真务实和开拓创新的精神，推动着六枝的经济发展和社会进步，使这块古老而神奇的热土发生了翻天覆地的变化。

一

工农业生产快速发展。六枝特区的工业经济发展经历了 1950 — 1960 年的重点建设阶段、三线建设阶段和改革开放以来的结构调整阶段。党的十七大以后，开始迈向新型工业化发展道路。2004

年，全区工业生产实现稳步增长，总产值达到16.19亿元，增加值6.22亿元；2004—2008年的五年间，工业总产值年均增长37.32%，工业增加值年均增长21.26%，取得了工业总产值和工业增加值五年翻三番的成绩；2009年，全区工业总产值为51.02亿元，增加值为17.40亿元；2011年，全区工业总产值为94.32亿元，工业增加值为29.75万元，规模以上工业增加值15亿元，销售收入92.43亿元，实现利润5.55亿元。

2010年，六枝特区按照省委、省政府和市委、市政府的要求，把加快产业园区建设作为谋划工业发展的主攻方向，坚持走新型工业化道路，多举措推进“工业强区”战略，不断优化投资环境，加大以木岗和岩脚两个产业园区为代表的产业园区建设步伐，使工业呈现跨越式发展态势。

1982年，境内以家庭承包为主的多种形式联产承包责任制基本形成，1984年加快改革步伐，向农户发放“土地联产承包责任制合同使用证”，扶持和发展农村“专业户”“重点户”，调整了农业产业结构，粮食总产量达到12.3万吨。创历史最高水平，比1949年增长2倍多，比1978年增长16.57%。1988—1990年，六枝特区采取综合投入，综合治理的办法实施农业综合开发，改造中低产田，改善农业基本生产条件，加大对农业科技的推广和应用，提升农产品的产业化经营品质，增强了农业的发展后劲。1991—2001年，农业综合开发按照“突出重点，集中连片，择优开发，治理一片，成效一片”的思路。以基础设施建设为重点，把治水改土和调整农业产业结构作为主攻方向，增加农民收入为目的，加快全面建设农村小康社会步伐为奋斗目标，对境内的项目区进行综合治理和年度开发。2002—2011年，农业综合开发着力于改善农业基本生产条件，提高农业生产能力。重点对项目区的山、水、林、田（土）路进行综合整治，不断建设出高标准、高质量、旱涝保收的基本农田，打牢了现代农业的基础。在加快农业综合开发的同时，六枝特区党委、政府坚持“加速发展，加快转型，推动跨越”的主基调，大力实施“三化同步”（在工业化、城镇化的深入发展中同步推进农业现代化），农业产业布局进一步完善，“一片、两线、三大板块”的格局基本形成。加快生态养殖、无公害蔬菜等优势特色产业发展步伐。农产品升级取得了初步成效，农业生产呈现出良好的发展势头。2011年，全区农业生产总值完成11亿元，同比增长22%。

二

总体规划，重点实施，加快城镇化建设步伐。1978—1998年，六枝的中心城区已做过两次规划，1999年启动第三次总体规划。2009年，根据六枝特区地域条件和资源特点，同时考虑城乡经济社会发展水平和统筹城乡发展的需要，特区党委、政府又启动了新一轮中心区总体规划修编，本次规划把平寨镇、大用镇、木岗镇和新窑乡辖区范围全部纳入城市规划区。结合索考轻工业园区建设，规划将落别乡的部分村组纳入城市规划区管理范围，中心片区范围东到大用镇东面的湾寨、索考，西抵新窑、凉水井，北抵普定的行政区划边界，南以可视山体为界。规划建设用地30平方公里。经过不断规划和建设，中心片区现已形成的水镇高速公路、贵烟线（102省道）、那平路、南环路为横线，补林路、兴隆路、建设路、矿业路、人民路、文化路、胜利路、前进路为纵线的“四横八纵”路网，其他道路也不断进行了拓宽改造。城区内高楼林立，街道宽敞，功能齐全，整洁干净，并享有“盆景山城”之美誉。

乡镇规划于1985年开始启动。随着特区经济社会发展，2002—2011年，特区政府委托多家具有乡镇总体规划编制资质的规划设计单位对全区各乡（镇）进行了集镇总体规划的编修。各乡镇也编制了有关的村庄整治规划。在编制规划的基础上，区、乡两级政府对集镇建设的投入不断增大，各乡镇的集镇道路、供水供电等基础设施得到极大改善。办公、医疗、教育等公共服务设施不断完善，廉租房、集贸市场、牲畜市场等市场服务设施不断增加，镇容镇貌得到了改观，极大地提高了集镇承载城镇化发展及辐射周边发展的能力。

由于国家对“三农”问题高度重视，六枝特区的村庄建设也得到蓬勃发展，各乡镇人民政府积极争取和整合上级资金，争取发动群众自筹资金及投工投劳、企业帮扶等方式，对村庄道路、庭院、危旧房屋进行新建或硬化。加大了供水、排水等基础设施建设投资力度，农村人畜饮水问题得到改善。进行了村级活动室、卫生室的建设，村容村貌有了很大改观。

三

教育、科技、卫生、体育全面发展，社会事业整体推进。中共十一届三中全会后，“百年大计、教育为本”的观念日益深入人心。特区党委、政府把教育事业放在优先发展的战略地位，采取各种措施加大对教育的投入。1991 年，全区实现基本无文盲特区，1992 年 10 月，经省、市组织验收，全区基本普及了初等教育，1996 年 12 月，扫盲工作经省政府验收合格。2000 年，全区“普六”通过省市政府复查合格。2001 年进行中小学布局调整，通过优化农村教育资源配置，全面提高了农村教育投资效益和教育质量。2002 年启动“两基”工作，2005 年发起“两基”攻坚战，通过国家考核验收。全区城乡学校翻新改造，过去陈旧的校舍已不复存在。区、乡、村都建立了关心下一代工作组织，爱国主义教育、革命传统教育、理想信念教育和普法教育等主题活动的经常开展，促进了全区青少年的健康成长。职业教育、成人教育、学前教育全面发展，高中教育规模扩大，为国家培养输送了大批各类人才，六枝一中申报省级示范高中获得成功。全区保学控辍、师资队伍、和谐校园等工作力度加大，于 2009 年“国检”及“普实”一并通过，实现了历史性跨越。

在中共中央作出《关于科技体制改革的决定》后，六枝特区科学技术迎来了发展的春天。1995—2008 年，全区共有乡级科协 19 个，协会 68 个 7000 余人。以农业实用技术为主要内容的科技普及、科技引进、科技推广有效进行，科技宣传、科技培训、科技咨询、科技示范活动全面展开，有多项科技项目和科研成果获得国家、省、市相关部门的肯定和奖励。科技创新能力不断提高。2011 年，全区成熟的民营科技企业已发展到 6 家，从业人员 230 余人。

医疗卫生事业进一步发展，区、乡、村卫生基础网络建立并不断完善。预防保健工作顺利开展，先进的医疗设备广泛使用。各种传染病得到控制。新型农村合作医疗办公室于 2006 年成立，19 个乡镇都成立了相应的管理委员会。实施新农合制度以来，全区参合率从 2006 年的 72.09% 上升到 2011 年的 97%，有效解决了农民的看病难问题。2010 年，六枝特区人民医院经特区编办核定，床位由 290 张增加到 330 张，2011 年，被评定为综合性二级甲等医院。

改革开放以来，特区政府先后出台了一系列控制计划外生育的政策规定，同时加强了人口与计生服务工作的信息化管理，使计划生育率从 1979 年的 51.90% 上升到 2011 年的 93.41%，人口自然增长率控制在 10‰以内。按照上级有关精神把计划生育与扶贫工作相结合，使农村贫困人口的温饱问题不断解决或脱贫。体育事业不断发展，城乡各类运动场地和体育设施不断完善，学校体育工作有序推进，中心城区各中小学每年都按时举办校运会，乡镇中心校常年坚持举办各类体育活动。职工体育、农村体育、老年人体育、残疾人体育活动正常开展。在参加全国、省、市的各类体育竞赛活动中，均有选手取得个人或团体优秀成绩。六枝特区还承办过全国（含片区）省、市的篮球、小学生足球、象棋、围棋等赛事。多次举办过职工拔河、篮球、少年接力赛等全民健身活动。

随着各项事业的不断发展，社会保障体系的建设步伐不断加快，城乡养老保险、医疗保险、生育保险、最低生活保障制度等社会保障也逐步建立，社会事业的发展，有效促进了两个文明的建设和社会秩序的稳定。

四

人民代表、政协委员参政议政，民主政治建设进一步加强。中共十一届三中全会后，中共六枝特区委实现了指导思想上的拨乱反正，坚持实事求是的思想路线，坚持实践是检验真理的唯一标准。把工作重心转移到经济建设上来。人民代表大会制度和中国共产党领导下的多党合作和政治协商制度得到恢复和建立。每年的“两会”上，人大代表和政协委员以认真负责的主人翁精神，围绕党和政府的中心工作建言献策。党委、政府将代表委员的提案、意见、建议进行梳理后作决策参考，重视办好代表委员的建议和提案，使人大的法律监督、工作监督和政协的民主监督落到实处。武装、统战、民族、宗教工作稳步推进。工会、共青团、妇联等群团组织的桥梁纽带作用得到较好发挥。信访、综治维稳工作全面加强。依法治区、依法行政方略有效推进。通过“建镇并乡撤区”和合并行政村、合并村民组等工作，村民自治不断强化。政务公开、村务公开、厂务公开的普遍推行，使基层的民主政治建设不断加强。各级党委按照民主集中制原则，在充分发扬民主的基础上进行科学决策，结合实际出台有关经济社会发展的举措。国有集体企业改革，发展非公有制经济，发展教育科技，加强干部队伍建设，开发旅游业等一系列推进六枝经济社会发展的重要决策，极大地提高了六枝人民建设有中国特色社会主义的积极性，较好地提升了人民群众的主人翁地位，使全区呈现出政通人和、政治民主、发展热情高涨的大好局面。

随着改革开放的不断深入，国家制定了一系列法律法规和政策。加强社会主义法治，普及法律常识势在必行。境内公、检、法、司及相关部门认真发挥职能作用，采取多种形式开展了法治宣传教育工作。在“一五”至“五五”普法工作中，通过不断培训普法骨干，经常组织领导干部，执法人员，在职职工的普法学习和考试，组织党政机关公务员及企事业单位干部职工开展经常性的法律知识竞赛，法律咨询、在中小学校普遍开展普法教育，形式多样的各种普法宣传活动，使干部群众的法律知识，法律意识不断提高，法制观念不断增强。

为使改革开放事业健康发展，在加强全区公民道德建设的同时，公、检、法、司及文化、工商等部门认真履行职能，不断联合开展“扫黄打非”工作，查禁社会丑恶现象和严厉打击刑事及经济领域的犯罪活动，为全区改革开放事业发挥了保驾护航作用。

五

文化事业不断繁荣，旅游设施不断加强。特区文化馆于2003年选址新建，馆舍占地面积1520平方米，建筑面积1381平方米。2009年建成文化综合业务楼，每天接待各类读者100

多人。成立了网络文化信息资源共享工程六枝特区支中心，开通了贵州省数字图书馆服务功能。2010 年，赠书和送书下乡 15277 册。全区 19 个乡镇均组建了文化服务中心，落别乡从二十世纪八十年代就获得了“布依族歌舞之乡”的称号，中心城区的舞蹈队、民乐队、军乐队、秧歌队、腰鼓队、中老年文艺队得到较快发展。通过文物普查，境内的非物质文化得到有效保护。《六枝文艺》《桃花诗萃》等文艺刊物为全区文艺爱好者搭建了平台，使小说、散文、诗歌、曲艺、书法、美术、摄影等文艺创作百花齐放。诗词进机关、进农村、进校园、进企业已蔚然成风，人们的生活充满了诗情画意。

六枝系夜郎腹地，改革开放以来，境内学者根据《史记》《汉书》的记载，沿着夜郎的历史足迹进行了勤奋的探研，他们不辞辛苦著书立说。1999 年 11 月，在省城贵阳召开全国性“99 夜郎学术研讨会”上，六枝以论文最多、参会人员最多被有关方面誉为“六枝军团”。进入 21 世纪后，夜郎文化的研究在原来的基础上进一步开展，并取得丰硕成果，为以夜郎文化为主题的六枝旅游业奠定了良好的基础。

六枝旅游资源丰富，特区党委、政府认真实施“旅游活区”战略。1995 年 3 月，经贵州省人民政府批准，六枝牂牁江景区成为六盘水市第一个省级风景名胜区，该风景名胜区含洒耳景区和迴龙溪景区。经过合理规划和多年来的努力，所有景区内的基础设施不断完善，在毛口乡的牂牁湖畔，建有“郎山岱水，云山牂牁”文化广场，墙壁上有长 99 米、高 4.1 米，体现牂牁古文化特征的“牂牁源”雕塑，以夜郎文化为主题的旅游业有了较大发展。郎岱古镇生态文化旅游区的建设也初见成效。走进迴龙溪景区内的岩脚古镇，青墙黛瓦，飞檐翘角，商铺店面门头典雅古朴，很具历史韵味，迴龙溪两岸翠竹密茂、垂柳依依，四周山峰奇秀。投资数亿元新建的温泉度假村，各种游乐设施齐全；洒耳景区建有大用生态观光园和落别乡牛角乡村旅游示范寨。

在陇脚乡的月亮河景区，有被省布依学会命名的“中国布依第一村”，有世界上最大的铜鼓，有龙山上长 666.6 米的布依神龙长廊。在梭戛乡的高兴村，有中（国）挪（威）合建的亚洲第一座生态博物馆。在中心城区建有桃花公园和九头山文化公园，在城郊建有南极山公园。这些地方都是人休闲娱乐的好去处。

六

基础设施建设不断加强。中共十一届三中全会以来，随着国家对西部地区扶持力度的不断加大，六枝特区境内的各种基础设施投入得到逐年增加。各种工程建设程序与管理措施得到不断规范和完善。城镇的旧城改造工程、农村人畜饮水工程、水土保持工程、引水灌溉工程、水电工程、坡改梯工程、农电网改造工程，退耕还林还草工程等，各种工程建设高潮迭起，使城乡各种基础设施建设得到了长足发展，为全区经济社会更好、更快发展起到了重要的支撑作用。

推动社会经济的发展，人才是关键。中共十一届三中全会以来，全区上下形成了“尊重知识、尊重人才”的良好氛围。特区党委、政府采取“走出去、请进来”的措施，多渠道引进各类专业人才，分期分批组织公务员和事业单位工作人员参加各种政策、法律法规的学习培训和考试，提高了国家机关工作人员的素质。1978—1999 年，各单位进人渠道除大中专毕业分配的外，还从全国各地引进教育、卫生、移民、房地产、财政等专业技术人才。2000 年开始实行“凡进必考”的制度，按照公开、平等、竞争、择优的原则，不拘一格选拔人才，2003—2011 年，公开招考事业单位人员共1471人。到全国有关高等院校引进急需的人才。为作出贡献的专业技术人员评了中高级职称。1997—2011年，对全区公务员及参公管理事业单位工作人员年度考核被确定为优秀的人员进行奖励，对连续三年考核获优秀的人员给予记三等功。人才兴区战略的实施，为各项事业的发展注入了生机与活力。

七

交通、通信条件极大改善，金融秩序稳定。1978年后，六枝特区采取“以工代赈”“民办公助”等集资方式，建成了与干线相连的县、乡、村公路网络，连通了周边8个县的县道。2001年开始实施县、乡道油路改造工程，2004年，开始实施“通乡油路计划”，2008年开始实施“通村油路（水泥路）工程”。2003—2011年，大规模修建通村公路，乡村路、通组路、连户路、产业路建设。2011年，境内通车里程达2523公里，四通八达的公路网络已经建成。路线的连通性和路况的保畅性大大提高，交通条件得到了根本性的改善，方便了人们的生产生活。通信网络覆盖全区，信息交流发生极大变化，自二十世纪九十年代初开通程控电话之后，移动电话开通并逐渐覆盖全境，广播电视实现村村通。数字电视全面普及，互联网电子政务全面开展，城乡信息化水平显著提高。

1978年以来，由于贯彻了“一个中心两个基本点”，全区市场繁荣，非公有制经济不断发展壮大，财政收入不断增长，金融秩序稳定。保险业经历了与国家银行混业经营、分业经营和完全市场化的改革与发展历程，在保障安全生产、安定人民生活、组织社会游资、为国家建设积累资金、促进地方经济发展方面发挥了重要作用。

在加强军政、军民团结方面。六枝特区党委、政府主动适应“双拥”工作新常态，全面落实优抚安置工作，有关部门经常慰问抗战老兵、抗美援朝老战士及有生活困难的复退军人，送去党和政府的温暖，每年的“八一”建军节期间，特区机关、学校等单位和部门都主动与驻境部队官兵联欢，军民共建、警民共建活动的开展，融洽了军政、军民关系，每当境内发生各种灾害时，驻境部队官兵都会冲在抢险救灾最前线，全区双拥工作亮点纷呈，蓬勃发展。

八

目前，改革开放的成果已经惠及广大人民群众。通过发展经济和扶贫攻坚，贫困群体的温饱问题已经解决。人民生活水平不断提高，随着各项惠民政策的实施和城镇化建设、新农村建设步伐的加快，城市美丽了，村落整洁了，房屋漂亮了。小车进入寻常百姓家，人民安居乐业。2011年，六枝特区国民生产总值为67.87亿元，比上年增长19.79%。全区农村居民人均纯收入为4026元，比上年增长20.5%。城镇居民可支配收入为10565元，比上年增长31.6%。全区金融机构人民币各项存款余额为69.54亿元，其中个人存款35.21亿元，比上年增长28.41%。社会消费总零售总额达到195880万元，与上年同期相比增长20%。

改革开放前，境内干部职工的住房是凭单位分配，城镇居民也很少有自己的住房，人口多，住房面积小，不少人家是三代同居一室。改革开放后，党和国家注重改善城镇居民的住房条件，加大了民用住宅建设的投资力度，通过建设廉租房、经济适用房和商品房来解决居民的住房难问题，大量住宅的建成使用，使绝大多数居民告别了低矮、破旧、设施简陋的住房，居住条件明显改善，居住环境也日趋美化，实现了干部群众的安居乐业。

通过实施“公民道德建设纲要”，人们的思想境界和文化素质大大提高。广播电视和通信网络的普及，种类繁多的文化产品和丰富多彩的文娱活动，为人们提供了充足的精神食粮，“俭养德、诚为本、孝当先”的观念取代了曾经一度出现的道德缺失。中华优秀传统文化得到传承，每年春节期间，在城乡普遍组织的各种运动会上，体育健儿龙争虎斗，充满了青春活力，山歌场中，歌手们唱出了幸福的心声。物资丰富、社会稳定、精神畅快构成了人民生活幸福的基础，开明开放的环境提供了追求自由生活的空间，也影响着社会生活习俗的更易。虽然也出现过一些不和谐的因素，但那并非生活的主流。

乘着改革开放的东风，随着西部大开发的稳步推进，跟着小城镇建设和新农村建设的步伐，六枝特区像全国一样，日新月异。随着改革开放的不断深入，六枝的明天将会更加美好。

大事记

1978年

六枝特区对人民公社加强经营管理，推行“定额计分”“包工到组”“联产计酬”等生产责任制。年底，一些地方出现包产到户。

1979年

2月9日　特区党委批转了宣传部《1980年宣传工作安排意见》强调指出：要紧紧围绕四化建设这个中心，以邓小平同志《关于目前的形势和任务的报告》为指导思想，继续清除林彪江青反革命集团极“左”路线的流毒和影响。扫除贯彻执行中共十一届三中全会精神的各种障碍。统一思想、安定团结、同心协力搞好经济建设。

2月12日　特区党委作出决定，要认真贯彻落实中共中央《关于加快农业发展若干问题的决定（草案）》和《农村人民公社工作条例（试行草案）》。

3月26日　新华公社办公楼内，因吸烟引起火药爆炸，炸毁房屋11间，死亡1人。

4月1日　贵州煤炭工业基本建设局成立，机关设于六枝下营盘，隶属贵州省煤炭工业局。

4月7日　化处煤矿漏电引发火灾，烧毁住宅49户，经济损失约14万元。

4月28日　为落实有关大中专学校及普通中学招生政策，六枝特区成立招生委员会。

7月19日　六枝特区党委作出《关于包产到户和包干到户若干问题的处理意见》。

10月14日　特区党委决定成立“六枝特区编制委员会”。

11月17日　特区党委发出通知，要求各区委、机关各部办委局、各厂矿企事业单位，要做好城镇待业人员的安置工作，除国家统一招生、招工、征兵外，应考虑安置到集体所有制的企业中去。

1980年

5月15日，六枝地宗选煤厂恢复建设。

10月，六枝矿中被贵州省列为首批重点中学。

12月，六枝特区人民代表大会常务委员会成立，人民代表大会常务委员会组成人员由六枝特区人民代表大会选举产生。选举高广悦为主任，孙奎元、杨传文、王桂兰、林传芳、张志德、王泽明、范同杞为副主任，于宪怀、王启达、伍法同、马庆昌、杜常、袁明扬、唐通文、王永秀、孙福刚、张顺琴、姜时峰为委员。委员会下设机构有办公室、人秘科、代表联络科。

1981年

7月8日　特区党委发出《关于发展农业多种经营的意见》，将全特区规划为5个类型区和8个生产基地。

11月25日　经统计全特区的3570个生产队中，初步完善责任制的2845个，占80%，遗下的部分生产队年底完成。

是年　全特区录用公社干部36人。

1982年

2月1日　中共六枝特区政法治委员会成立。

5月30日　全特区90%的社队已实现林业“三定”（稳定山权、林权；划定自留山；确立林业生产责任制）发证20651份，并建立了责任制，划定了自留山。

6月30日　六枝特区进行第三次人口普查，全特区总人口474524人。

7月3日　木岗公社黄梅大队与普定县田官公社皮官大队因水坝地址争议，皮官大队部分农民将坝炸毁，电站设施受破坏，双方发生武斗，重伤4人，轻伤20余人。事后，省、市及特区均派人进行调查处理。

12月　六枝特区被评为省级林业先进县，获二等奖。

1983年

1月　特区人民政府决定选址桃花山修建公园，六盘水市建委拨款60万元，用于桃花公园建设。4月7日，省政府批准建园计划，“批准六枝特区城市建设局征用平寨镇河湾大队桃花屯土地10.83亩作为绿化游览用地”。7月5日，成立由副区长宋崇书任指挥长的8人领导班子。8月6日，桃花公园破土动工。1984年8月18日，一期工程结束并交由特区园林站管理。1987年，园林站被评为“贵州绿化先进单位”。

1月29日—2月3日　特区党委召开有区（镇）公社党委书记、宣传委员、组织委员、机关部办委局负责人参加的三级干部会，到会210人，学习贯彻中共中央〔1983〕1号文件《当前农村经济政策若干问题》。

5月4日　地宗洗煤厂严重污染打邦河下游的黄果树瀑布，被六盘水市环保局罚款并限期治理。

1984年

2月27日　中国人民政治协商会议六枝特区委员会成立。

3月31日　特区党委印发“关于特区人大常委会等机构设置的通知”。

5月5日—8月25日　特区党委组织工作队，到落别、木岗，进行农村人民公社体制改革试点工作。

6月28日　六盘水煤机厂与贵阳矿灯厂联合研制的CDXT-8T防爆特殊型蓄电池电机车，经省内外有关单位技术测试鉴定，性能良好，达到国内先进水平，同意投入批量生产。

6月　全特区10个区（镇）51个乡（管理区）392个村、2756个村民组全部完成延长土地承包期，有80599户签订了承包合同，发土地使用证，基本达到户户有证，乡村有底册。

9月11日　六盘水煤机厂生产的“黔峰牌”CDXL-2.5吨防爆特殊型蓄电池机车获国家经委授予的优秀产品银质奖。

9月19日　大华制药厂生产的10%葡萄糖大输液在全省质量评比会上再次夺魁。该产品曾于1983年获贵州省质量评比第一名。

10月12日　平寨镇郑家寨水泥厂投产。

1985年

3月27日　六枝特区在修建桃花公园时，发现旧石器时代古人类遗址——桃花洞，经省有关专家试掘，整理出磨制石器、打制石器、人类股骨化石、动物化石、石斧等，并被定为省级文物保护单位。

4月15日　贵州省煤炭系统第一个矽肺病人疗养所在六枝矿务局医院建立。

8月25日　贵州省第一座卫星地面接收站在六枝安装、调试完毕并投入使用。

10月24—27日　全国综合防煤与瓦斯突出五项成果技术鉴定会在六枝召开。

12月10日　全省第一座容量为5000立方米的瓦斯储存罐及相应的抽放系统和配套瓦斯民用工程在六枝矿竣工，并第一次点火成功。

12月22—24日　全国瓦斯民用工程现场会在六枝矿务局召开。

12月30日　中共贵州省委书记胡锦涛到六枝调研。

是年　地宗选煤厂煤泥污染综合治理工程，经省、市、特区有关部门验收合格。

1986年

2月20日　六枝矿务局机电修配厂民工挖整场地时，挖出清光绪年间银圆共264枚，如数上交。

3月5—9日　六枝特区落别区凉水井乡失去双臂的女青年刘芸，赴北京参加由全国妇联组织的全国先进妇女理想宣讲团。

3月30日　特区党委政府作出《关于特区教育改革的决定》，决定调整中等教育结构，逐步实行9年制义务教育。

5月30日—6月8日　水城军分区所辖六枝特区人武部移交当地政府，改称“贵州省六枝特区人民武装部”。为副县级机构，接受以地方党委、政府领导为主的地方、军队双重领导，其原工作任务及权限不变。

10月11日　煤炭工业部决定撤销贵州煤炭工业基本建设局。局所属的66工程处划归六枝矿务局。

10月20日　特区党委为在“文化大革命”中冤死的徐初（又名邓肃初）平反。

12月29日　六枝特区酒厂生产的“黔龙”牌九龙液窖酒，获贵州省政府授予的“贵州名酒”称号。

1987年

2月　六盘水市第一部煤矿专业志《六枝煤矿志》正式出版发行。

3月17日　□寨铅锌浮选厂建成投产，年产精矿2500吨。

4月30日　新场中学学生蒋维、张斌，为制止流氓调戏女同学，与歹徒搏斗，身负重伤，特区人民政府为两人各记一等功。

5月26—29日　波兰煤矿与瓦斯防突专家兹考和卡·谢夫奇克，到六枝矿区考察并作学术交流。

7月27日　横跨乌江上游，连接六枝与纳雍、织金的公路桥——老卜底大桥建成通车。

11月　六枝特区被定为省级贫困县。

12月10日　横跨北盘江的毛口军用组合吊桥建成通车。

是年　六枝特区被列为贵州省第5个瘦肉型商品猪基地县，经过3年建设，于1991年5月通过省级验收。

是年　六枝特区被列为煤炭部地方局第一批重点产煤县。

1988年

6月5日　特区三中学生左敏，因抢救游黄果树瀑布天星桥景区不慎落入水中的同学罗芳时牺牲，年仅15岁。特区团委追认她为优秀共青团员，特区教委决定开展向左敏学习的活动。

11月26日　波兰矿井通风和火灾防范考察组5名专家实地考察了木岗矿的地面注浆站和井下采区注浆情况。

11月28日　南京中国药科大学中药教研组生物药学教授金蓉鸾、何宏贤两位专家鉴定认为，生长于六枝特区一带的绞股蓝，属长江流域绞股蓝正品，是一味抗癌、抗衰老、抗疲劳的长寿保健珍贵药材。

12月　公安部门和特区武装部组织刑警、民兵170人，打击在贵（阳）昆（明）铁路线上六枝境内哄抢铁路运输物资的犯罪团伙，共抓获38人。

1989年

3月8日　六枝特区蔬菜办公室主任索正懿，被评为全国“三八”红旗手。

9月　六枝特区平寨镇郑家寨水泥厂厂长郑廷尧，被评为全国劳动模范。

10月26日　国防部授予六枝特区人民武装部部长张廷模“人民武装工作先进个人”称号。

是年　店子洞口遗址、肖家洞遗址、龙潭古代造纸作坊、郎岱孙清彦墓、“三三”暴动烈士墓、罗基彝文碑，被列为市级第一批文物保护单位。

1990年

4月1日　中国统配煤矿总公司授予地宗选煤厂“洗水闭路循环一级标准厂”奖牌和证书。

4月10日　上海科教电影制片厂一行5人，到六枝特区郎节坝、郎岱等地拍摄关于小麦、水稻、玉米3种作物病虫害防治科教片。

7月1日　六枝特区进行第四次人口普查，全区总人数为531790人。

7月17日　贵阳至昆明电气化铁路全线通车，其中六枝特区过境段铁路75公里。

11月10日　六盘水煤矿机械厂人民武装部，被评为成都军区“城市民兵工作先进单位”，立集体三等功。

12月31日　六枝特区黑塘粮店76岁的退休职工刘发友，将珍藏多年的西汉时期铜釜献给国家。

1991年

1月24日　六枝特区蔬菜办公室与扶贫办公室联合在海拔1600多米的堕却乡栽培折耳根，亩产超千斤，为边远山区农民开辟了致富门路。

是月　中国人民银行授予六枝特区农业银行“全国信贷扶贫先进集体”称号。

4月19日　六枝特区修建的胜利路竣工，全长780米，投资26万元。

4月26日　六枝特区公安局在新华冷坝村蒋家大地发现并铲除罂粟万余株，对非法种植的6户有关人员予以依法查处。

7月1日　六枝特区堕却区龙潭乡罗家村朱家寨，因连日大雨，造成山体滑坡，11栋52间民房被泥石流掩埋，30人死亡、3人受伤，滑坡长700米、宽100米。

7月26日　全国寓言文学研究会1991年年会暨学术讨论会在六枝特区召开。

8月15日　香港慈善组织“乐施会”向六枝特区捐献救灾款8万元。

8月20日　六枝特区档案馆馆长马乃琼，被评为全国档案系统劳动模范。

8月30日　香港国际红十字会福利部主任陈启明一行，带着价值48190元港币的赈灾物资到六枝大用、冷坝乡，慰问受灾群众。

10月7日　市计划生育委员会药具站承担世界卫生组织在贵州省安排的科研项目“90907”课题，在六枝店子乡设点。

10月12日　六枝特区成立“日本国援助六枝农村饮水供应项目指挥部”。

11月2日　国际宣民会捐赠给六枝特区救灾款折合人民币73.6万元，特区自筹92.1万元，用于建设龙场乡小平原和龙潭乡何家半坡大地头两个新村258户村民新建住宅，面积13355平方米。

11月11日　香港王佑芳捐款20万元人民币，用于修复六枝特区郎岱打铁关、羊毛冲两水库工程。

是年　六枝特区在全省率先进行“建并撤”试点。

1992年

4月2—3日　省委副书记梁明德到六枝调研工作。

6月19日　六盘水市市长管彦鹤、市民委主任马忠义等，到遭受特大水灾的六枝现场办公。

是年　六枝矿务局凉水井矿“矿井瓦斯发电应用”，获贵州省科技进步二等奖。并由煤炭部申报批准，该项目被联合国教科文组织授予科技之星奖励。

1993年

3月31日　六枝矿务局职工家属为修建六枝特区郎岱镇“三三”暴动烈士墓捐款。

4月5日　六枝特区举行“三三”暴动烈士墓落成典礼暨郎岱“三三”暴动44周年纪念大会。

4月19日　六枝763台更新的10千瓦脉宽中波发射机，经省广播电视厅技术处鉴定，信噪比、失真度、频向等都达甲级指标，并正式开机工作。

5月　六枝特区洒志乡田坝村卡细上寨发现一棵罕见的大茶树，树高25米，直径2米，叶片宽大，当地人称甛茶树，茶叶苦中带甜。

是月　水城矿务局64工程处运达实业公司与六枝特区开发总公司联营的车辆安全检测中心通过省级鉴定。

9月8日　全省国有重点煤矿安全工作会议在六枝矿务局召开。

10月　六枝特区被农业部评为全国“发展乡镇企业先进县”。

1994年

1月25日　省民政厅副厅长龙英玉一行，到六枝特区慰问了特区福利院和新华乡敬老院的27位老人。

6月26日　六盘水市第一家基层献血站在六枝特区建成。

11月25日　六枝特区六乡一镇人饮一期工程完工并正式通水，日供水量7680吨，受益人达9.4万人，改变了中心区饮水紧张且水质差的状况。这项工程总投资1116万元，其中以工代赈资金571万元，省财政配套45万元，省计委配套15万元，省农水费30万元，市配套170.5万元，特区配套170.5万元，集资114万元，从1991年10月开始历时3年。

12月1日　六枝矿务局凉水井矿瓦斯发电主要实验者之一的杨庆之收到联合国技术信息促进系统中国国家分部颁发的获奖证书。

是年　全市首家乡级配套建设文化活动中心在中寨兴建。

是年　六枝特区被列为“中国与联合国儿童基金会1994—1995年过渡周期合作项目”实施县之一。

是年　六枝富硒茶在泰国博览会上获得金奖。

1995年

1月1日　六枝特区党委机关报《六枝特区报》试刊。

1月24日　市、特两级领导给平寨镇挂上了亿元乡（镇）的牌子。

3月4日　世界银行扶贫项目办公室成立。

3月15日　六枝特区“牂牁江风景名胜区”被正式批准为省级风景名胜区。特区人民政府于同年9月20—21日，召开有《人民日报》《贵州日报》《贵州民族报》《六盘水日报》和省、市电视台记者，以及宣传、旅游等部门的领导、有关专家、教授参加的新闻发布会。

3月25日　特区世界银行西南扶贫项目首批劳务输出47名人员前往江苏省武进县。

3月28日　六枝特区科技局副局长、农艺师刘万祥，研究开发的绞股蓝药物保健烟在“中国专利10年成就展”会上获银奖。

3月　六枝特区文联被贵州省文联评为先进县级文联。

5月1日　六枝特区梭戛乡建立中国第一座国际生态博物馆可行性报告通过论证。

5月30日　联合国国际乡土文学基金学会员费朗西斯夫妇赴六枝考察。

7月5—11日　省电视台国际部负责摄制《今日贵州·六盘水专辑》六枝摄制组一行4人，深入特区毛口、梭戛、矿务局一中、爱建冶炼厂进行《贵州风景线》和《人生活页》栏目摄制。

9月1日　市供电局向落别乡抵耳小学捐赠办公桌18张、凳子16条、黑板架1副，价值2000余元。

9月16—21日　中国儿童发展中心研究室教授江泽菲等在妇联有关负责同志的陪同下，到特区平寨、郎岱、陇脚、新华等乡（镇）进行问卷调查。

10月10日　六枝特区酒厂宣布破产，是境内首家破产的国有企业。

10月18日　贵州东鼎实业有限公司董事长汪应鼎，捐资15万元修建的大用“东鼎希望小学”落成。

10月28日　由全国政协副主席孙孚凌带队的考察组，在市委书记管彦鹤、市长汤公宇、副市长戚忠林等的陪同下，到特区梭戛乡高兴村长角苗寨进行旅游资源考察。

11月1—2日　煤炭部副部长朱登山到六枝矿务局调研工作。

是年　六枝特区大用镇被省人民政府办公厅列为全省“双百小城镇建设工程”试点镇。

是年　江苏省常州市武进柴油机器厂为六枝特区“希望工程”捐款5万元。

1996年

1月12日　来自黔西南州、安顺地区、毕节地区、六盘水市及12县（区）周边社会治安综合治理工作会议在六枝召开。

5月13—15日　郎岱、岩脚、大用3镇的日援改水项目竣工验收。

5月20日　六盘水市劳教所在六枝成立，收六枝、水城、钟山三个特区（县、区）的劳教人员50人。

5月22—23日　境内13个乡（镇）受冰雹、暴雨袭击。造成人员伤亡21人（死3人、伤18人），死亡大牲畜9头、猪20头；农作物受灾面积146745亩（其中绝收30012亩、成灾85208亩）；损坏民房2781间（其中倒塌233间）；冲垮坡改梯地坎860处；冲毁桥梁2座；塌方公路27处、河堤12处、水沟500米、折断电线杆20根；安水公路大用段交通中断32小时，造成经济损失约2100万元。

是月　由李志高撰写、特区政协“郎岱县志长编委员会”编辑的《郎岱县志长编》出版。

7月2—4日　境内连续暴雨造成洪灾，死亡3人，伤32人，造成经济损失1806万元。

8月2日　贵烟公路六枝城区段改造工程开始。

9月10日　六枝特区烟叶复烤厂正式挂牌办公并开机复烤。

是月　六枝特区平寨镇抵西村被全国绿化委员会评为造林绿化千佳村，新场乡黑塘林场被林业部评为先进乡村林场，六枝特区木材检查站被评为全国林业系统治理“三乱”先进集体。

10月21日　副省长莫时仁率省直有关部门负责人到六枝矿务局、六盘水煤机厂现场办公。

11月23日　六枝特区珠江防护体系建设总体设计通过省级审查。

11月　六枝特区城区的地名那平路等82条街巷路竖上新的路牌标志。

12月31日　特区预备役军官授衔仪式在特区武装部举行。

是年　六盘水市第一个航运码头——毛口码头，在六枝特区毛口乡破土动工。

是年　六枝特区被评为1995年度全省乡镇企业工作先进县。

1997年

1月17日　中保财产保险有限公司贵州省六盘水市六枝特区分公司举行挂牌仪式。

3月7日　六枝特区“126、127”无线寻呼台开通。

3月17日　由北京朝阳区人大捐赠20万元、市教委拨款1万元、中寨乡自筹4万元修建的中寨希望小学破土动工。

5月26—27日　中国扶贫基金会理事李特特到六枝捐资办学，代表港商捐款10万元建华智富民小学。

7月10—18日　区内连降暴雨，中寨、大用等10个乡（镇）受灾，农作物受灾6.23万亩，成灾34.68万亩；房屋倒塌7间，损坏18间；雷击死亡1人，伤9人；损坏耕地270亩、渠坝50米，公路250米。直接经济损失584万元。

9月22日　由日本浅谷庆子等人捐资、市政府及六枝特区政府出资共同修建的樱花小学，在六枝特区堕却乡竣工。

11月22—24日　省林业科学研究院专家杨成华，在六枝特区毛口乡境内发现云南穗花杉、香果树、榉木3种国家级一、二类珍稀植物。

12月10日　特区新汽车站投入使用。

12月25日　六枝特区牛场乡代家包至水城县化乐苗族彝族乡公路主体工程竣工。

是年　六枝特区机要局保密工作参加全省评比获第一名。

是年　六枝矿务局四角田矿机电科工人杜万管发明的车床自动退刀装置，获“1997美国国际新技术、新产品博览会金奖”，获此奖项在贵州省尚属首次。

1998年

1月7日　六枝特区抗旱排涝服务队通过省级验收，达到国家标准。

1月25日　由特区财政拨款51万元进行改造的特区人民会场正式交付使用。

3月12日　六枝地宗矿发生瓦斯爆炸，死亡6人。

4月3日　挪威驻华大使白山及夫人到六枝特区梭戛乡高兴村陇戛寨，考察在建中的梭戛生态博物馆。

4月7日　以经济学家皮安澜为团长的世界银行中国西南扶贫项目第七次检查团全体官员一行10人，对六枝特区3年来实施世行项目工作进行为期4天的全面检查。

6月20日　中法合资企业——贵州圣济堂制药有限公司灵芝种植基地建设在陇脚布依族乡启动。

8月22日　六枝特区党委、政府在人民会场举办情系灾区“赈灾义演”晚会，晚会现场收到捐款捐物30万元。

9月2日　特区首批中专毕业生126名，启程到沿海打工。

10月7—9日　黔滇两省14县（市、区、特区）政协北盘江流域治理开发协作会第八次年会在六枝特区召开。

10月31日　由中国博物馆学会和挪威王国合作开发署共同签订的中挪两国政府第一个文化合作项目——中国贵州六枝梭戛生态博物馆，在六枝特区梭戛乡高兴村陇戛寨举行开馆仪式。副省长龙超云、国家文物局副局长马自树、中国博物馆专家苏东海及挪威博物馆学家约翰·杰斯特龙参加开馆仪式。

1999年

1月15日　由特区农推站，郎岱、落别、岩脚农牧站负责推广的六枝特区小麦良种及高产栽培配套技术被省农业厅评为“丰收”三等奖。

1月19日　特区城区对人行道及路灯、护栏、垃圾箱和街心花园不锈钢栏杆，进行全面改造、装修。

5月5日　特区763中波台获国家广播电影电视总局授予的先进称号。

6月11日　特区公安局刑侦队破获一起特大贩毒案，收缴海洛因2867克。

6月21日　境内连降17个小时暴雨，造成12个乡（镇）152个村受灾，灾害造成经济损失达820万元。

7月1日　六枝特区“110”报警服务台开通。

是日　贵州领先食品有限公司方便米饭投产。

7月18—23日　中国扶贫基金会李特特理事及北京师范大学师生一行，到六枝特区考察并讲课。

9月10日　省武警总队和市、特区政府，投资兴建的武警六枝中队营房竣工并迁入新居。

9月17日　省第三届中短波广播技术管理经验交流会在六枝特区召开。

9月26日　六枝特区被省委、省政府授予“经济强县”荣誉称号。

10月1日　特区党委政府组织机关干部在政府大院举行升旗仪式。

是日　特区平寨镇河湾村支书喻英被评为全国“双学双比”十大农民女状元。

是月　总投资121.4万元，位于桃花山西侧的特区老年活动中心，主楼、门球场、道路等工程完工。

是月　贵烟公路六枝过境段改造——贵烟线K150–K174.81段，全长24.81公里，先后投资2400万元，现已竣工，并分别在落别、平寨两地修建了收费站。

11月17日　由青海、山西、河南3省、计委组成的国家计委以工代赈检查组，对六枝特区大用镇到落别乡排洪治河工程进行检查。

12月12日　六枝火车站实现电子售票。

12月30日　六枝特种水泥厂通过国家级、省级验收，投入生产。该水泥厂是全省最大的水泥厂，年生产能力30万吨。

是年　六枝特区茶叶公司生产的“乌蒙牌”乌蒙剑茶，经国家农业部茶叶质量监督检验测试中心检验，被评定为优秀。

是年　六枝特区落别乡文化站，获“全国文化工作先进集体”称号。

2000年

1月15日　六盘水市第一家绿色食品厂——六盘水市恒丰绿色食品厂在六枝特区建成投产。

1月21日　境内株六复线第一长隧大竹林隧道贯通。

3月4日　经六盘水市委决定，追认在计划生育工作中牺牲的郎岱镇计生干部文鹏为中国共产党党员。

3月21日　六盘水市市委副书记、市长易胜金，到堕却乡郎树根村看望贫困户，并为新村组捐赠22台黑白电视机。

4月2日　凌晨2时左右，落别、折溪、大用、平寨、新窑、新华、陇脚、郎岱、洒志，9个乡（镇）102个村，612个村民组、18360户，不同程度遭受风雹袭击，造成直接经济损失409万元。

4月4—5日　国家长江流域治理工程验收组一行4人，对六枝特区“长治”工程小流域治理区进行检查验收。

4月11—12日　省政协生态建设调研组一行20余人，在市政协副主席隋长澄的陪同下，到六枝特区对坡耕地治理及特色农业情况进行调研。

5月16日　境内大棚反季节蔬菜种植首次在平寨镇河湾村实施。

5月22日　省武警总队政委陈春华少将到六枝特区看望武警官兵。

是日　美国亚洲医疗交流服务中心宋阳光等，到六枝特区看望做唇裂修补术儿童。

6月1日　牂牁江风景名胜区总体规划通过省级评审。

6月10日　国家文物局副局长郑兴森等一行，到梭戛生态博物馆参观。

6月16日　原六枝矿务局总医院更名为“六盘水市第二人民医院”。

7月10日　副省长莫时仁到三岔河流域六枝段调研，寻求解决贵阳、安顺城市供水和黔中

50万亩农田灌溉问题。

7月14日　特区政府区长朱绍伦等领导，赴镇宁、关岭共商连接周边主骨干公路建设大计。

7月17日　省人大副主任、省铁路建设领导小组副组长杨谨华，率有关专家到六枝特区堕却乡毛稗田村，为许家寨16户村民搬迁问题进行现场办公。

7月25日　特区扶贫开发领导小组邀请省有关专家在特区农行会议室对拟在六枝特区实施的可降解改性树脂及其制品项目进行可行性论证。

8月4日　市长易胜金率市财政局、市卫生局等单位有关人员，到市第二人民医院现场办公，帮助解决该院转制移交后存在的问题。

8月5—6日　省计生委副主任廖昌辉，在市计生委副主任郭静怡的陪同下，到六枝特区检查指导计生工作。

8月7日　中国、挪威两国专家、学者在六枝特区举办生态博物馆国际研讨班。

9月6日　中国贵州六枝梭戛生态社区保护与建设规划在贵阳通过专家评审。

9月20日　总投资655.7万元，日供水量3000吨的抵西人饮工程项目，通过省级有关专家论证。

10月10日　中坝水库至小田坝绿色通道和坝湾农业综合开发试验园区项目通过有关专家论证。

9月26日　特区图书馆在省市文化部门的支持下对外开放。

10月12日　在由省计委、省旅游局主持召开的“贵州省2001年旅游国债项目可行性研究报告会”上，《六枝特区牂牁江风景名胜区旅游资源开发与自然生态环境保护项目可行性研究报告》经过与会专家和有关部门领导认真审查后通过论证。

10月28日　特区党委书记熊德威，率有关部门负责人实地踏勘月亮河流域的张（家湾）捞（河）公路花德河至捞河段走向情况及地质和自然资源等情况。

11月20日　驻六盘水市全国、省、市劳模巡回报告团在六枝特区作汇报。

11月4日　市政协副主席、市“九三”学社主委邓永安，带队“九三”学社医疗小分队赴六枝特区龙场乡开展智力支边活动。

12月13日　特区质量技术监督局在平寨一售米摊点查出58包近一吨黑龙江省五常精米厂生产的有毒“东北大米”。

12月22日　总投资近40万元，占地2000平方米，日平均屠宰生猪60头的特区生猪定点屠宰场正式开业。

12月　特区公安局在“打击人贩子，解救被拐卖妇女、儿童”专项斗争中，成绩显著，获省公安厅授予的全省公安系统“打拐专项斗争先进集体”荣誉称号。

是年　六枝特区在全市计划生育目标管理考核中被评为一等奖，获奖金6万元。

是年　新窑乡计生办主任许千珍、平寨镇计生办副主任陈舜玉、平寨村支书赵学成，获国家计生委授予的计划生育先进个人荣誉称号，并获表彰。

2001年

1月3日　贵州省委宣传部等11个部门组团到六枝特区落别乡坝湾开展以宣传科技、文化、卫生知识等咨询服务为主要内容的“三下乡”活动。并向六枝特区赠送价值10万多元图书和物品。

1月4日　六盘水市委副书记林师荫在六枝特区政府区长朱绍伦及六枝特区农产办领导的陪同下，视察了六枝特区雨禾公司新建的大棚蔬菜示范基地。

2月11日　六枝特区党委召开“三讲”（讲学习、讲政治、讲正气）教育“回头看”活动动员大会。市“三讲”教育“回头看”活动组长邱学武在会上作了指导性讲话。

2月16—18日　中国共产党六枝特区第七届委员会第十二次全体会议暨六枝特区经济工作会议在政府招待所三楼会议室举行。会议讨论通过了《中国共产党六枝特区委关于制定六枝特区国民经济和社会发展第十个五年计划的建议》。

3月7日　贵州省民政厅社会救济处副处长龙超英、六盘水市民政局副局长邹浩帮、六枝特区政府副区长聂志权、特区相关部门负责人等共10人赴牛场乡对移民搬迁工程进行调研，协调解决工程中遗留和存在的问题。

3月9—13日　政协六枝特区五届四次会议在特区人民会场举行。

3月10—14日　六枝特区八届人大第四次会议在人民会场举行。

3月20日　六盘水市委常委、宣传部部长、总工会主席唐方信率市总工会副主席杨少文等一行6人到挂钩扶贫点六枝特区牛场乡进行调研。对牛场乡开展农村“三个代表”重要思想学习教育活动作指导。

3月25—27日　六枝特区19个乡（镇）党委分别召开“三个代表”重要思想学习教育活动动员大会。

4月17日　六枝特区党委在特区人民法院礼堂召开六枝特区农村“三个代表”重要思想学习教育活动转段动员大会。

5月11日　贵州省委农村“三个代表”重要思想学习教育活动督查组组长龙步云一行在市委“学习教育办公室”有关人员陪同下到六枝特区检查指导工作。

5月23—25日　六盘水政协常委会第二十次会议在六枝特区召开，专题商讨六枝和全市旅游业发展大计。

6月16日　六枝特区机关各部门“三个代表”重要思想学习教育活动动员大会在人民会场召开。

6月27日　六盘水市委书记林明达到六枝特区新窑乡骂枝村民组考察地质灾害防治工作。

6月29日　六枝特区党委在特区人民会场举行纪念中国共产党成立八十周年大会。

6月22—24日　中央电视台社教中心文化专题部朱文达编导一行3人到六枝特区进行夜郎文化专题拍摄，拍摄了打铁关、古驿道、牂牁江、月亮洞、木城古榕树、女阴图腾、夜郎天书等夜郎文化遗迹。

7月20日　六枝特区计划生育“村为主”现场会在新窑乡召开。

8月21日　贵州省计生委政策法规处处长李明向一行3人，在市计生委副主任郭静怡的陪同下，到六枝特区检查“计划生育依法行政试点”工作进展情况。

9月12日　六盘水市宣讲团到六枝特区作学习江泽民总书记“七一”讲话专题报告。

9月18日　贵州省计生委副主任曾祥权、六盘水市计生局局长杨光祥到六枝特区检查指导计生工作。

10月19日　国家水利部水利规划院副总工程师司志明、副处长关志诚，贵州省水利厅副厅长涂集、副总工程师杨朝辉，省水利水电勘测设计院副院长张显书，六盘水市水电局副局长余华若及有关专家一行30余人到六枝特区牛场乡平寨村考察黔中水利枢纽取水点。

10月21日　中国共产党六枝特区第八次代表大会在六枝特区人民会场开幕。特区党委书记熊德威代表中共六枝特区第七届委员会向大会作了题为《解放思想、实事求是、开拓创新、真抓实干、为全面加快六枝特区经济与社会各项事业发展而努力奋斗》的报告。

11月3—7日　应六枝特区党委、政府的邀请，中国扶贫基金会理事李特特、国家计委宏观经济调控司司长关键、中国国际工程咨询公司规划部主任宋顺学、中国社科院经济研究所原所长陈栋生、北京师范大学资源与环境系卢云亭、贵州社科院历史研究所所长熊宗仁、贵州自然科学院旅游专家汪朝阳、贵州民研所夜郎文化研究专家高家乐等国家和省级有关专家和领导一行23人到六枝特区考察、策划和规划六枝夜郎古国文化旅游区工作。

11月25—27日　六枝特区党委在人民会场召开六枝特区村党支部书记、居委会党支部书记及部分村委会主任、特区驻各乡督查组全体成员、特区驻村指导组组长和各乡镇分管组织的副书记参加的村级“三个代表”重要思想学习教育活动集中学习培训大会，与会人员500余人。

11月27日　贵州省委副书记、省“三个代表”重要思想教育活动领导小组组长孙淦到六枝特区对村级“学教”活动进行调研。

12月8日　六盘水市委常委、宣传部长唐方信，副部长李建钢、袁国中等一行5人到牛场乡发贡村指导“学教”活动和扶贫工作。

12月9日　六盘水市政府副市长左定超等一行到六枝特区牛场乡就文教卫生工作进行调研。

12月17日　六枝特区党委召开“机关作风整顿”动员大会。

2002年

1月11日　贵州省委常委、副省长王正福到六枝特区落别乡可布村指导村级“学教”活动，并为马应志等3户极贫户送去慰问金。

是日　贵州省副省长马文骏在六盘水市副市长左定超、六枝特区副区长聂志权的陪同下，到大用镇第一小学视察“义教工程”。

1月16—17日　六盘水市委副书记、纪委书记周庄生等一行3人到六枝特区对社会、经济以及资源情况进行调研。

1月19日　六盘水市副市长叶文邦率市交通、计委、煤炭等单位领导到箐口乡现场办公，解决关寨火车站货场启动的有关问题。

1月25—26日　六盘水市乡镇企业工作会议在六枝特区召开。

1月28日　贵州省委在贵阳召开全省村级“三个代表”重要思想学习教育活动总结经验交流电视电话会议，六枝特区党委书记熊德威在会上作了交流发言。

1月30日　六盘水市委副书记李光富带市委慰问团到六枝特区慰问特区困难职工、孤寡老人和烈属。

2月2日　中共中央委员、贵州省委常委、副省长王正福率省政府副秘书长李荣、省民政厅副厅长刘邦华、省总工会副主席张迪威等领导到六枝特区慰问贫困农户和特困职工。

3月5—9日　政协六枝特区五届五次会议在人民会场召开。

3月6—11日　六枝特区八届人大五次会议在人民会场召开。选举产生了六枝特区出席六盘水五届人大的代表。

3月11日　辽宁省大连市甘井子区大连湾镇党委书记卢声彬一行18人到六枝特区新窑乡进行对口帮扶考察。

3月21日　六枝特区“扶贫济困送温暖募捐日”活动捐赠仪式在人民广场举行，募捐活动共捐款22.5万元、物品10469件，作业本26041本，用于支助边远地区的贫困学生。

3月31日　六盘水市委书记林明达在六枝特区党委书记熊德威等领导的陪同下，到六枝调研两路建设情况。

4月15日　贵州省计生委主任王培安到六枝特区调研计生工作。

4月19日　六枝特区乡镇机构改革动员大会在特区法院二楼会议室举行。特区四大班子领导出席会议，特区党委书记在会上作重要讲话，特区党委副书记、政府区长朱绍伦主持会议。

4月20日　中共六枝特区委召开全区农村“三个代表”重要思想学习教育活动总结大会。

4月29日　国家民委副主任李晋有在贵州省民委常务副主任杨东胜、云南省民委副主任马化清、六盘水市副市长黄金的陪同下，到六枝特区调研民族文化和民族旅游事业。

5月15日　美国亚洲医疗服务交流中心与六枝特区人民医院共同开展的为贫困唇腭残疾儿童免费修复的“阳光微笑工程”，在六枝特区人民医院正式挂牌。

5月27日　贵州省水利厅法规处、六盘水市水利局水政监察支队一行7人，到六枝特区重点检查六枝河道行政执法工作情况。

6月16日　六盘水市委常委、常务副市长李保芳一行，对六枝特区新窑乡、大用镇的农业税费改革和地质灾害情况进行调研。

6月26—27日　贵州省农发办项目处副处长杨再军及有关专家在市农发办副主任关显龙等的陪同下，对六枝特区实施的第四期农业综合开发项目进行验收，验收组以81.2分的综合评定成绩认定为合格工程。

6月26—29日　六盘水市计委牵头，市财政、审计、监察、水电等部门参加的国债项目检查组对六枝特区国债项目的基本建设程序、法人责任制、招标投标制、工程监理制、合同管理制的执行情况等方面进行了检查。对人畜饮水、退耕还林、中小学危房改造、六枝职业教育培训中心，农民扶贫搬迁、牂牁江风景名胜区、六枝戒毒所等项目进行了重点检查。

6月29日　贵州省统战部副部长、省工商联党组书记唐世礼一行到六枝特区就非公有制企业的党建工作情况进行调研。

7月1日　贵州省计委副主任李路一行在六盘水市计委副主任邹帮林、六枝特区政府副区长张瑞国、郑学群的陪同下，到六枝特区国债项目的单位特区一小、特区二中、特区职教培训中心、特区戒毒所、郎岱至水城公路、六枝特区农网改造、六枝特区退耕还林等各个项目的实施现场进行检查。

7月17日　六盘水市计生局局长张志祥在六枝特区政府副区长陆儒平的陪同下到牛场乡调研。

7月20日　六枝牂牁江风景名胜区岩脚迴龙溪景区项目建设第一期工程动工，工程主要有二道水停车场、码头、游览步道、管理办公用房、公厕、岩泉码头及景区内的生态环境建设与保护。

7月22日　六盘水煤矿安全技术培训中心在六枝特区职业技术培训中心挂牌，并举行第一期培训班开学典礼。

8月2日　六盘水市委副书记、纪委书记周庄生到六枝特区新窑乡检查无证煤窑拉网式排查工作。

8月7—8日　贵州省委书记钱运录，省委常委、秘书长庹文升，在六盘水市委书记林明达，六枝特区党委书记熊德威等领导的陪同下，到六枝特区的乡镇、企业、现场办公解决改革和发展中存在的困难和问题。

8月14日　六盘水市国土资源局和特区国土局组成联合执法队，依法取缔靛山片区15处非法炼焦窑。

8月18日　六枝特区中寨乡捞河焦化厂发生炸药爆炸事故，造成10人死亡，炸塌钢筋混凝土结构房屋一间，财物损失10万余元。六盘水市委书记林明达亲自到现场指挥抢险。

8月26—27日　贵州省委常委、副省长龙超云率省直有关部门负责人到六枝特区梭戛乡解决民族文化与综合扶贫问题。

9月7—8日　六盘水市委书记林明达到六枝特区梭戛乡高兴村考察调研，并逐一落实高兴村综合扶贫措施。

9月19日　全国政协人口资源环境委员会副主任李伟雄一行到六枝岩脚镇开展人口与计划生育专题调研。

10月12日　六盘水市委副书记娄可平到六枝特区龙场乡、岩脚镇对计划生育工作进行调研。

10月17日　六盘水市政府副市长伍祥华邀请省建设厅及省文物局专家到六枝特区朗岱镇调研。

11月5日　六盘水市安全督查组组长、市安办主任何成远一行5人到六枝特区进行安全督查。

12月6日　六枝特区人民政府在政府四楼会议室召开《六枝特区志》首发式暨续修动员大会，贵州省地方志办副主任罗再麟、六盘水市政府副市长黄金到会祝贺。

12月8日　贵州省纪委常委李跃南一行3人，到六枝特区检查党风廉政建设责任制的落实情况。

12月7—9日　以贵州省计生委组织计生优质服务验收组到六枝特区检查验收优质服务县创建工作，通过“查、看、听、访”等形式进行，六枝优质服务县的创建工作受到验收组的好评。

12月24日　六盘水市委、市政府在六枝特区召开全市农村专业协会座谈会，学习推广岩脚镇发展农村专业协会取得的经验，交流总结各地协会的做法，商讨全市农村专业协会的发展方向。

12月31日　贵州省委宣传部副部长李建国为组长的省委督查组一行3人，就六枝学习贯彻党的十六大精神切实解决困难群众生产生活进行督查。

2003年

1月14日　六盘水市人大常委会副主任陈筑生、贺宗俊到六枝特区新华乡新寨村调研。

1月21日　贵州省政府副省长包克辛到六枝特区调研。

2月1日　水城军分区司令员黄贤忠在六枝特区人武部政委邱平昌、政府副区长王朝荣的陪同下，到箐口乡视察民兵预备役专业队伍造林工作。

2月17—23日　政协六枝特区六届一次会议在特区人民会场举行。

2月18—24日　六枝特区九届人大一次会议在特区人民会场举行。

2月26日　六盘水市委副书记、政协主席易胜金率市政府办、计委、农办、财政局、规划局、农发办等部门负责人到六枝特区洒志乡调查了解国有土地开发工作情况。

3月4日　全省煤矿安全技术培训工作座谈会在六枝特区职业培训中心举行。各地州、市分管的领导人及六枝工矿（集团）公司，水城煤电（集团）公司，盘江煤电（集团），贵阳市林东矿务局的领导共40余人参加会议。省煤矿安全监察局局长何刚出席会议并讲话。

3月12—13日　由国家水利部长江水利委员会水土保持局长江上游治理处处长韩风翔带队的国家水利部长江水利委员会及省水利厅组成的检查组在省、市和特区有关人员陪同下，对六枝特区2002年的“长治”工程进行了全面的检查和验收。

3月19日　贵州省委常委段敦厚一行在六盘水市委常委、组织部部长欧阳光矩、六枝特区党委书记熊德威等领导的陪同下，到梭戛乡视察扶贫开发工作。

3月21—22日　贵州省乡镇企业局局长何国忠带队的省政府检查组检查六枝特区春耕备耕工作情况。

3月23日　挪威驻华大使叶德宏及夫人叶卡琳到六枝特区梭戛乡生态博物馆考察以长角为头饰的苗族民风民俗。

4月1—2日　六盘水市人大常委会副主任陈筑生、黄明露等一行4人到六枝特区岩脚、郎岱两镇调研。

4月3日　六盘水市副市长左定超一行5人到六枝特区进行工作调研。

4月9日　贵州省计委、六盘水市计委、市交通局有关专家组成的验收组一行6人，到六枝特区验收以工代赈暨世行贷款交通建设项目的化董至捞河、郎节坝至关寨、苦竹林至桥梁堡（一期工程）公路。

4月23—24日　贵州省委常委段敦厚率省农办、省教育厅等部门负责人到六枝特区梭戛乡检查公路建设、脱毒洋芋、杂交玉米示范种植、猪牛品改、扩繁、小水窑（池）修建、农业技术培训、土壤改良等8个项目实施情况。

5月4日　六枝特区党委书记、特区“非典”防治工作领导小组组长熊德威在特区党委二楼会议室召开特区“非典”工作领导小组会议。会议分析特区“防非”工作所面临的形势，指出存在的问题和不足，并对下步工作进行安排

5月29日　六盘水市委常委、宣传部长、总工会主席唐方信率市农业局、畜牧局、扶贫局、蔬菜办、畜牧品改站等单位领导及专家到六枝特区牛场乡箐脚村现场办公，帮助该村解决实际问题。

6月4—5日　六盘水市卫生局、监察局、物价局、药监局、交通局、疾病控制中心派人组成的督查组代表市政府到六枝特区检查非典防治工作。

7月6日　贵州省委宣传组成员、省委党史研究室副主任刘志学在六枝特区法院礼堂作“三个代表”重要思想宣传报告，六盘水市委副书记娄可平主持会议并作讲话。

9月5—6日　贵州省委常委段敦厚到六枝调研扶贫工作。

9月8日　国家水利部水利规划总院负责黔中水利枢纽工程项目的项目主审人关志诚率长江水利委员会、珠江水利委员会、国家水利勘测设计院专家共40人，到六枝特区对黔中水利枢纽一期工程项目建议书作现场审查并进行坝址筛选。

10月16日　纳雍至六枝公路延伸段——六枝至朗岱公路工程在解放南路举行开工典礼。

11月5—6日　六盘水市委副书记李光富一行到六枝就基层党建扶贫工作进行调研。

11月23日　贵州省省长石秀诗到六枝特区调研。

11 月 24—26 日　六盘水市委副书记娄可平率领市委党风廉政检查组到六枝特区检查党风廉政建设责任制落实情况。

12 月 28 日　六枝特区创建省级国土资源执法模范县工作通过省级验收。

2004 年

1月上旬　经贵州省“义教工程”领导小组验收，六枝特区“义教工程”获得98.5分，评定为省“特优工程”。

2 月 20 日　六盘水市 2003 年度非公有制经济表彰会上，宏奇制药有限公司，六枝特区信用房地产开发有限公司等 10 家企业或单位分别受到市委、市政府的表彰。

4 月 1 日　六枝特区从区直机关单位抽调人员，组成 66 个工作组到 19 个乡（镇）66 个村开展党建扶贫工作。

6 月 10 日　贵州省“卫生与秩序”创建工作现场会在凯里召开，六枝特区荣获贵州省精神文明建设指导委员会授予的“2003 年度‘卫生与秩序’创建工作先进单位”称号，落别乡荣获“文明大道”筹建工作先进单位称号。

是日　六枝特区“长治”（长江水土流失治理）工程通过贵州省水利厅检查组验收。1999—2003 年全区共治理 10 条小流域，治理水土流失面积 89.29 平方公里。

7月1日　六枝特区并村及第六届村（居）民委员会换届选举工作启动，时间从7月1日开始，10月 31 日结束。

7 月 6—8 日　六盘水市政府副秘书长尹德贵带队到六枝特区督促检查人口与计划生育工作。

8 月 28 日　中国科学院自动化研究所法籍副研究员普琳一行到六枝特区折溪乡、岩脚镇进行农村网络发展状况的调查。

是日　六枝特区作为水土流失治理重点县被正式列入国家“长治”工程项目县，成为全国“长治”七期 90 个重点项目区之一。

9 月 2—3 日　中国共产党六枝特区委员会八届二次全会扩大会议在六枝特区法院二楼会议室召开。

9 月 7 日　底西生态旅游园进场公路开工建设，全长 2.308 公里，总投资 36.2 万元。

9 月 22 日　贵州省农村改革“深化组织形式和经营机制改革，推进农业产业化经营”专题研讨会在六枝特区政府招待所五楼会议室召开。省委政策研究室副主任李昌来阐述农业产业化经营改革工作的重点和方法。

10 月 5—7 日　贵州省人民政府“三秋”生产督查组到六枝特区对“三秋”生产进行督促检查。

10 月 18 日　六枝特区并村及第六届村（居）民委员会换届选举工作圆满结束。特区由原来的 394 个村、2897 个村民小组调整为 220 个村、2396 个村民小组，减少 174 个村，483 个村民小组，减幅分别为 44% 和 16.7%。

11 月 5 日　贵州省爱卫检查组到六枝特区就筹建省级文明城市工作进行复查。并对六枝在2002—2003 年度黄果树杯竞赛活动中获得县城组第二名授牌。

2005年

1月24日　六枝特区党委召开开展保持共产党员先进性教育活动动员大会。特区四大班子副县级以上党员领导、担任过副县级以上实职的离退休党员老同志、各乡镇党委书记和分管组织的副书记、机关单位党员主要负责人等200余人参加会议。

2月5日　在全省人口与计划生育工作会议上，六枝特区被国家人口计生委授予“全国计划生育优质服务先进区”荣誉称号并获奖牌。

2月15—20日　广西电视台《大开眼界》栏目组到六枝特区梭戛乡高兴村，对长角苗风俗文化进行采风。

2月17日　贵州省教育厅副厅级巡视员皮俊林到六枝特区进行“两基”工作培训，各乡镇分管“两基”工作的乡镇长、基教办主任、“两基”业务骨干共140余人参加培训。

3月11日　六盘水市规划局局长朱国民一行到六枝特区平寨镇波凹村小学捐资助学，将捐献的2000元资助了20名贫困学生，向50名学生赠送了书包和文具盒，向270名学生赠送了作业本和笔。

3月14日　六盘水市人大副主任马义卿等一行10人到六枝特区折溪乡把仕寨村慰问五保户，入朝志愿军、孤儿。共发放慰问金1600元。特区领导严永达、蒋承云、王朝荣陪同慰问。

4月12日　六枝特区启动“黄果树”杯首届“多彩贵州”歌唱大赛，积极营造“热爱贵州、唱响贵州、建设贵州”的良好氛围。

4月14—15日　六盘水市委常委、政法委书记何冀到六枝特区检查创建“平安六盘水”工程的情况。并对创建“平安六枝”工程提出具体要求。

5月2日　挪威王国驻华大使贺国安为团长，英国、意大利、韩国等15个国家的专家、学者、政府官员代表130多人，到梭戛生态博物馆进行考察，挪威驻华大使为生态博物馆题词留念。

5月18—19日　“黄果树”首届“多彩贵州”歌唱大赛六枝赛区总决赛在休闲广场和平寨镇文化活动中心举行。

5月23日　六盘水市委书记辛维光及市委、市政府有关领导率市直有关部门主要负责人到六枝特区现场办公。

是日　贵州省林业厅以黔林复〔2005〕92号文件批准六枝特区建立月亮河省级森林公园。规划总面积1332.4公顷，公园规划为浪风台、红林区、戈厂三大景区。

6月1—4日　六盘水市基本农田建设项目验收组对六枝特区2004年基本农田建设项目进行检查验收，认定六枝特区2004年度共完成基本农田建设项目35处面积1.18万亩，为市下达计划的101.4%。

6月10日　六枝特区召开2004年“卫生与秩序”暨“文明大道”创建工作先进单位及先进个人表彰会，水利局、林业局等单位被评为先进工作单位。

6月23日—7月3日　六枝特区派员随六盘水市政府代表团赴上海、香港、澳门等地开展招商引资活动，共发放宣传资料600份，推荐21个项目，签署3个意向性协议，达成协议资金1.4亿元。

7月22日　庆祝贵州省老年教育发展20周年文艺调演中，六枝老年大学合唱团荣获银奖。

7月28日　香港贵族联谊会会长邓廷琮到六枝特区考察。

9月15日　贵州省教育厅厅长孔令中率省、市有关部门负责人到六枝特区检查“两基”工作。

9月19日　六枝特区召开创建全国文明卫生城市动员大会，并举行万人签名游行活动。

11月8日　贵州省农村党员干部现代远程教育领导小组办公室副主任、省远教中心主任宋洪宪一行12人对六枝特区开展农村党员干部现代远程教育试点工作的情况进行调研。走访梭戛乡中学、高兴村党员活动现代远程教育培训基地，查看多媒体传输平台，了解设备配备、运行机制、播出内容、参学情况、运转经费等情况。

11月11—13日　六枝特区举行预防禽流感实施方案培训会，共培训特区及乡镇医务人员50余人。

2006年

1月16日　黔西南州晴隆县委副书记李如群、舒腾元一行16人到六枝特区毛口乡就光照水电站库区移民安置、社会治安等工作进行交流。

2月12日　贵州省委书记石宗源到六枝特区陇脚乡“凉都·月亮河夜郎布依文化生态园”进行调研。

3月23日　挪威驻华大使叶德宏等3人考察六枝特区梭戛生态博物馆，参观博物馆的信息中心，观看苗族歌舞，欣赏梳头、画蜡、刺绣、织布等民俗民风，对梭戛生态博物馆的管理情况表示满意，对当地古朴浓郁的民族风情赞叹不已。

3月28日　贵州省电力公司组织的县级电网规划审查会，专家组对六枝特区“十一五期”电网规划进行了评审，原则通过了“十一五期”六枝特区电网规划。

4月5日　贵州省旅游局副局长李三旗、六盘水市委巡视员管彦鹤、市旅游局局长杨京华到六枝特区陇脚乡考察六枝旅游发展情况，指导乡村旅游工作。

4月12日　贵州省乡镇企业局局长何国忠为组长的省春耕生产检查组到六枝特区检查、指导春耕生产工作。检查组对木岗、落别、大用的春耕生产情况进行检查。肯定六枝春耕生产工作取得的成绩。

4月12日　晴隆县县委书记林永菁率领的代表团到六枝特区进行友好走访，双方就经济和社会事业合作等事宜进行了座谈，促进共同发展。

4月14日　六盘水市第五次地企共建座谈会在六枝工矿（集团）公司召开，实现了地方和企业共叙友谊、共谋发展。

4月22—28日　六枝特区举行第三届“安康杯”职工运动会，参赛队伍26支，运动员500余人。

5月17—19日　六枝特区“长治”工程2005年度治理项目通过省、市“长治”工程检查组检查验收。

5月21—26日　全省科技活动周期间，省科协科普部副部长张金华一行到六枝特区开展科普宣传和专家讲座活动，参与人数达2000余（人）次，共发放宣传资料1000余份。

6月30日　“中国布依铜鼓文化学术研讨会”在六枝特区举行。来自省布依学会，贵阳市、安顺市、黔西南州、黔南州、毕节地区、遵义市、铜仁地区、六盘水市等省内各地、州、市和云南布依学会的近90名领导、专家和学者出席了会议。

7月1日　六枝特区陇脚乡举行盛大的“贵州布依歌节暨凉都·月亮河夜郎布依文化生态园”开园庆典，来自省内外5万多名群众欢庆布依族同胞的节日“六月六”。

7月13日　台湾东森电视台“中国不一样”栏目组一行到梭戛生态博物馆进行采访。

7月28日　联合国亲善大使、著名国际影星成龙到六枝特区郎岱镇，为其捐款修建的郎岱一小落成的“龙子心教学楼”剪彩。

8月17日　贵州省投资100万元的科技养牛扶贫项目工程在六枝特区洒志乡启动，项目覆盖该乡3个村400户农户。

8月17—27日　中央电视台《走遍中国》栏目摄制组到毛口、中寨、郎岱、梭戛等乡镇进行专题片《夜郎之谜》和《梳头》的拍摄。

9月25日　国家石油和化学工业规划院副总李晨率专家组一行到六枝特区调研。并在六枝工矿新迎宾馆四楼会议室召开座谈会。市政府副市长叶文邦、原市委书记管彦鹤、市政府副秘书长任舵、六枝工矿（集团）公司、盘江煤电集团公司、水城矿业集团公司、黔桂发电集团公司、市重大项目办、市发改委、市经贸局、市交通局、市规划局、市水利局负责人、六枝特区、盘县、水城县、钟山区政府领导出席会议，特区有关部门负责人参加会议。

10月29日—11月1日　中共六枝特区九届一次代表大会召开。选举中国共产党六枝特区第九届委员会；选举中国共产党六枝特区纪律检查委员会。

11月1日　贵州省副省长蒙启良、省工商局局长杨正国、省委宣传部巡视员丁福秋等一行到六枝特区督查“整脏治乱”工作。

11月23日　六枝特区被贵州省委确定为全省第四轮农村改革试验试点县。

2007年

1月8日　六盘水市政府副市长杨明达率市政府办、农办、扶贫办、林业局、水利局等市有关部门负责人到六枝特区对农业和农村经济工作、集体林权制度改革工作进行调研。

是日　贵州省第二次全国农业普查领导小组副组长、省统计局局长陶谋立率队到六枝特区检查工作，到六枝特区落别乡牛角村，就农业普查登记入户有关工作进行了检查、指导。检查组认真查看普查员现场登记的情况，并随机抽取部门登记对象进行入户核对。针对检查中出现的问题提出许多宝贵的指导意见。

1月15日　香港善施慈善基金会张玛利到六枝特区洒志乡考察援建的承孝（红那孔）希望小学。

1月18日　月亮河夜郎布依文化生态园被全国农业示范点评定委员会评定为全国农业旅游示范点。

2月1日　六枝特区垃圾无害化处理填埋场环评大纲通过省专家论证，项目计划总投资3160万元。

3月7日　贵州省禁毒督导检查组到六枝特区检查禁毒工作，六盘水市公安局局长赵忠祥、副局长李晓忠等陪同检查。

3月12日　六枝特区召开集体林权制度改革勘界确权工作会议。贵州省林业厅党组成员、纪检组长、省林改办驻六枝督导组组长宋云忠，省林改办成员、省林业厅法规处处长童壁刚以及市林业部门等有关领导到会指导，并对六枝特区林改工作取得的成绩给予了充分肯定。

3月17—18日　六枝特区首届“油团节”在凉都月亮河布依文化生态园举行。中央电视台5台体育频道“迎奥运趣味体育”专题片拍摄组到现场拍摄。

4月3日　六枝特区召开移民工作动员大会，对光照水电站六枝库区移民工作进行动员和部署。会议强调全区人民要齐心协力、排难而进，全力打好移民搬迁攻坚战。

4月6日　六枝工矿（集团）公司和香港瑞安集团公司在六枝特区木岗镇举行畅达日产5000吨熟料新型干法技改项目开工典礼，该项目概算总投资2.2亿元，年产水泥150万吨。

4月26日　香港华润集团六枝电厂项目法人经理伍建池率西南电力设计院、贵州省水利水电勘测设计院、贵州省环境科学院有关专家到六枝进行实地调查，补充完善六枝电厂一期2/100千瓦和二期2/100千瓦可行性研究报告、水资源报告、水土保持方案和环境影响评价报告。

5月2日　六枝特区梭戛乡“箐苗”彩色服饰艺术项目通过贵州省文化厅专家组论证，省政府公布为省级非物质文化遗产代表作名录项目。

5月11日　六盘水市机关作风教育整顿督查巡视组到六枝特区政府机关检查指导作风教育整顿工作。

5月16—17日　六盘水市委常委、政法委书记何冀率市公安局、市移民局等单位到六枝特区就移民工作、新农村建设和关爱“留守儿童”工作进行调研。

5月21日　六盘水市委书记辛维光、市委副书记朱玉、市委常委秘书长周斯弼率市委组织部、整风办、发改委等市直有关部门到六枝特区进行调研。到郎岱青龙村、郎岱镇西瓜基地、郎岱酱业公司、岩脚镇高桥水稻育秧现场、岩脚面条厂、平寨镇那平路社区、九头山公园、实地查看农作物生产情况，城镇建设规划，了解村、社区基层组织建设情况。

5月25日　六枝特区党委书记蒋承云、特区政府区长舒勇率区直相关单位、乡镇、村负责人一行40人赴水城县纸厂乡前进村考察农村基层组织建设和新农村建设。

6月11—13日　六盘水市副市长陈少荣率队到六枝特区调研库区移民、安全生产和地质灾害防治工作。先后到毛口乡、洒志乡、龙场乡及六枝工矿（集团）公司进行调研。

6月15日　六枝特区党建扶贫工作研讨会在折溪乡举行。

6月21—22日　贵州省远程教育检查组到六枝特区检查远程教育工作开展情况。六枝特区实施农村党员干部现代远程教育试点工作，共配套各类资金200多万元，投入全区农村中小学校和农村党员活动室的远程教育站点建设。在党校建成中央党校远程教育C级站1个，在农村中小学校建成信息站19个，终端接收站点137个。

6月26日　《夜郎故地·六枝》专题邮票纪念珍藏册首发式在六枝特区新广场举行。《夜郎故地·六枝》专题邮票纪念珍藏册揭幕。《夜郎故地·六枝》专题邮票纪念珍藏册含72枚邮票简装册和84枚邮票精装册。

7月9日　六枝特区客管办在城管局五楼会议室组织召开六枝公共汽车运输公司18台公交车辆更新招标会。确定云南美的客车有限公司为中标单位。

7月16日　贵州省委组织部副部长、省远程办主任侯正茂一行到六枝特区调研。调研组一行到特区平寨镇六枝村，查看六枝村活动室、查阅党建工作和远程教育资料、听取工作情况汇报、随机提问等方式，对贯彻学习省十次党代会精神、基层组织建设和远程教育工作等情况进行详细了解。

7月19—20日　六盘水市“雨露计划”工作经验交流暨培训会议在六枝特区召开。会议总结了全市“雨露计划”工作开展情况。截至2007年6月，共培训12447人，转移就业率达80%以上，推动了全市人力资源开发“雨露计划”工作进程。

7月20日　六盘水市中级人民法院院长唐林率队到六枝特区人民法院检查指导工作，就特区法院办公楼建设等相关工作与特区政府座谈，特区政府区长舒勇参加座谈会。

7月23日　六盘水市劳动保障局副局长马龙华率由市劳动和社会保障局、市总工会、市卫生局等有关单位人员组成的市检查组，到六枝特区检查整治非法用工打击违法犯罪专项行动工作。市检查组一行到堕却乡白云岩砂厂、和平焦化厂、新窑乡鸡场坝砖厂等用工企业进行检查。

7月25—26日　国家卫生部疾控局专家组一行到六枝特区验收2005年度、督导2006年中央补助地方公共卫生专项资金防治地氟病工作。六枝特区通过验收。

7月27日　贵州省红十字会常务副会长罗治雄率队到折溪乡开展“红十字援助进农家”捐赠活动。共捐赠电视机20台、棉被300床、T恤150件、运动鞋59双，捐赠物资总价值6.7万余元，受赠农户达340余户。特区党委书记蒋承云、省扶贫工作队队长、特区党委副书记顾建设、特区组织部部长鲁玉龙等领导出席捐赠仪式。

8月8日　六盘水市海事局组织举办的全市第一期五等船舶驾机员培训班在六枝交通局开班。学时20天，学员90名。

8月22日　六枝特区党委中心组第五次集体学习在六枝宾馆六楼会议室举行。贵州省委党校汤正仁教育长作了题为：“贯彻落实省第十次党代会精神，推进县（区）域经济社会发展实现历史性新跨越”专题讲座。

8月26—27日　国家卫生部贷款办宋妍、项目办吴茸茸在贵州省卫生厅规财处处长吴小平等领导的陪同下，到六枝特区检查中央补助地方公共卫生专项资金项目执行情况。

8月29日　六枝特区疾控中心艾滋病初筛实验室参加了全省艾滋病检测能力验证考核，五个盲样样品的检验考核均为100分，成绩优秀，位居全省县级前列。

9月6日　贵州省水利厅世行办副主任吕涛率检查组在六盘水市水利局有关负责人的陪同下，到六枝对2006年度“长治”七期工程进行验收。通过现场踏勘检查和业内资料审查等多种方式主要对财务和工程建设进行了检查 。一致通过验收。

9月17—18日　六枝特区党委九届六次全体（扩大）会议召开。会上，特区党委书记蒋承云代表特区党委常委会作题为《坚定信心 狠抓落实 努力完成今年的目标任务》的工作报告。

10月15日　六枝特区“零就业家庭”援助工作启动，第一期认定“零就业家庭”200户，家庭成员525人。

10月15—18日　六盘水市政协副主席王兴建率领的市安全生产工作专项督查组到六枝特区督查安全生产工作。

10月24日　六盘水市副市长杨明达到六枝特区郎岱镇检查市级万亩商品蔬菜基地建设工作。郎岱镇采取搞好蔬菜种植和配套设施建设两个规划，做好技术服务体系、综合服务体系、资金扶持体系、绩效考评体系四个体系建设等措施，万亩蔬菜基地的建设顺利完成。

11月7日　六枝特区现行文件阅览中心在特区档案局正式挂牌成立。现行文件阅览中心已收集全区30个单位2002年以来施行的各类现行文件资料2053件（册）、开放档案447卷（件）。内容涉及人事、劳动保障、房屋拆迁、房产管理、城市管理、农业农村政策、科技、文化、教育、税收等十多个领域。

11月16日　政协六盘水市六届八次主席会议在六枝特区岩脚镇召开，专题研究六枝电厂项目筹备工作情况。市政协主席唐方信出席会议并讲话。

是日　中央民族大学教授李锦芳、周国炎等一行对六枝特区仡佬族文化进行调研。查看了六枝特区搜集整理出的仡佬族语言资料8万余字、仡佬族古歌200余首、仡佬族草药处方30余付、仡佬族民间故事20余则等资料。

11月21—23日　六盘水市委副书记朱玉率市检查考核组一行，对六枝特区2007年度党风廉政建设责任制执行情况进行检查考核。抽查特区法院、财政局、林业局、木岗镇、落别乡等五个单位党风廉政建设责任制的贯彻落实情况。

11月21—25日　六枝特区环保局监测站对城区环境空气测试结果表明：六枝城区环境空气质量达到《中华人民共和国环境空气质量标准》二级标准，空气质量状况良好。

11月22日　贵州省委常委、副省长黄康生到六枝特区调研党建扶贫工作。强调各级党委政府要坚持以党的十七大精神为指导，突出重点，始终把提高农民人均收入作为扶贫工作的重要目标。着力保障民生和改善民生，加快经济发展步伐，不断促进农民增收，以新思维、新举措推进新农村建设，千方百计让老百姓过上好日子。六盘水市委副书记朱玉、市政府副市长杨明达陪同调研。

11月22日　六枝特区学习党的十七大精神宣讲团到各乡镇进行十七大精神宣讲。

11月24日　六枝特区集体林权制度改革工作全面完成，通过省林改检查验收组验收。堪界确权地达77.46万亩，分山到户率、分户登记率及确权发证率均达100%。

11月30日　《中国共产党六枝特区历次代表大会》正式出版发行。全书共28万字，收集自1956年中共郎岱县第一次代表大会召开以来六枝特区的历次代表大会的主要内容、重要文件等。

12月7日　六枝特区召开全区地方志工作会议。会议传达、学习国务院颁布的《地方志工作条例》和全市地方志工作会议精神。全面回顾、总结六枝特区第一轮修志20年以来的主要成绩和基本经验，就第二轮续修工作进行安排部署。省地方志办主任彭钢、六盘水市地方志办主任余朝林应邀出席会议。

12月15日　香港慈善恩基金会援建六枝特区6所小学经重新修建后投入使用。资助284名贫困生。

12月18日　贵州省海事局、省航运局、六盘水市交通局、市海事处等组成的验收小组对六枝特区实施的二道水、龙场、岔河、木底河4道渡口进行了验收。主要工程涉及渡口梯步、渡工房、候船亭、系船环、封渡线等的建设，总投资48.45万元。工程被验收小组评定为合格工程。

2008年

1月3—4日　六枝特区法律援助中心及时处理一起四川女工讨薪案件。1月3日，六枝特区法律援助中心收到四川农民工王志莲亲属为王志莲追讨劳动报酬提供法律援助的申请。法律援助中心工作人员立即到王志莲打工的餐馆调查取证。1月4日晚召集双方达成协议，店主当场向王志莲支付所欠工资1890元。

1月21日　六枝特区平寨镇河湾村工会第一次代表大会召开，选举产生河湾村第一届工会委员会，该工会是区内第一家村级工会。

1月1—28日　六枝特区人事劳动局、建设局、总工会等部门开展农民工工资支付情况专项检查。共检查用人单位85户，清欠农民工工资7.6万元，涉及农民工70余人。

1月21—22日　六盘水市委副书记朱玉、市政协副主席王兴建带领慰问组，到六枝特区城乡困难群众、优秀教师、劳模、企业代表家中，代表市委、市政府发放慰问品。市民政局、市台办及六枝特区党政相关负责同志陪同慰问。

1月29日　六枝特区政府区长舒勇主持召开政府区长办公会议，专题研究、安排部署应对雪凝灾害工作。

1月30日　六枝特区党委副书记、政府区长舒勇率常务副区长肖建军、副区长陈石及特区相关部门有关人员，到地电公司、杨梅山水厂、贵烟线新窑段及特区石油公司，看望和慰问工作在抗击凝冻第一线的值勤人员和工作人员。

2月22日　六枝特区党委召开党委常委（扩大）会议，部署落实全区抗灾救灾及灾后重建工作。

3月1日　杨梅山、尖山、底西三大水厂全面恢复城区正常供水。在1月12日发生的持续凝冻灾害，给负责向特区城区供水的杨梅山、尖山、底西三大水厂设施造成了严重的损坏。其中，杨梅山水厂损坏厂区10KV输电线600米，变压器150KVA一台，厂区DN350管道60米，制氯机一台。尖山水厂损坏厂区10KV输电线300米，变压器50KVA一台，厂区DN250管道100米。底西水厂损坏厂区10KV输电线400米，变压器50KVA二台，厂区DN350管道60米，制氯机一台。由于设施损坏严重，使三大水厂向城区正常供水产生一定的困难。在特区自来水公司进行抢修，使三大水厂于2月28日和3月1日相继恢复了城区正常供水。

3月7日　贵州省红十字会、省文联共同主办的“情系灾区——红十字博爱送万家”系列慰问演出活动在六枝特区影剧院举行。共向六枝特区捐赠了价值30万元的大米、棉衣、食用油、药品等救灾物资和30万元的灾后重建资金，并向灾区10名困难大学生每人送去2000元的助学金。

3月17—19日　六盘水市政府副市长范三川率市政府办、市规划、建设、房管、城管、旅游等有关部门负责人到六枝特区郎岱镇、岩脚镇、木岗镇就古镇保护、新区建设和旅游开发等情况进行了调研。

3月19日　六枝特区公安局刑侦大队在六盘水市公安局网监支队、安顺市公安局网监支队的配合下，经30多个小时破获六枝火车站广场“3·17”杀人案，抓获犯罪嫌疑人满某、杜某二人。

3月22日　政协六枝特区七届二次会议开幕。

3月24日　六枝特区十届人大二次会议在特区影剧院开幕。

4月8日　六盘水市委副书记朱玉率市委办、市农业局、市人口计生局负责同志一行，就春耕生产、农业结构调整、灾后重建、人口计生、基础设施建设、基层组织建设等工作到六枝特区箐口乡调研。

4月29日　六盘水市体育局代表国家体育总局在六枝特区一中举行六枝特区国家青少年体育俱乐部成立暨挂牌仪式。国家体育总局共安排资金80万元，在贵州省四所学校建设青少年体育俱乐部，每所学校20万元，六枝特区一中是此次获得国家体育总局授牌的学校之一。

5月2日　六枝特区工商、公安等部门联手，成功捣毁传销窝点6个，查实传销人员89人，涉案金额40多万元。

5月8日　六枝特区2008年全区党建扶贫工作会议召开。2007年扶贫工作共办实事219件，落实帮扶资金 899.9 万元，其中项目资金 774.7 万元、物资折价 97.8 万元、单位出资 27.4 万元，落实结对子帮扶资金 11.7 万元。

5 月 14 日　六枝特区党委、政府在桃园广场举行了四川汶川“5·12”抗震救灾集中捐款仪式。特区有关领导、机关干部职工、企业代表、围观群众踊跃捐款，现场共向灾区捐款 42 万余元。

是日　六枝仡佬族吃新节申遗文本在京通过专家论证。

5 月 22 日　六枝工矿（集团）公司共向四川地震灾区捐款 108.97 万元，由贵州省民政厅转交四川地震灾区。

5 月 29 日　贵州省集体林权制度改革档案工作现场会在六枝召开。省档案局副局长王传福、张异莲，省林业厅副厅长甘如一，市政府副市长范三川等领导出席会议，六枝特区作了经验交流发言。

6 月 3 日　贵州省委副书记王富玉一行到六枝特区对“三农”（农业、农村、农民）工作进行调研。王富玉一行先后到六枝特区宏奇药厂、郎岱镇万亩蔬菜基地和贵州凉都鑫农牧业有限公司，与企业职工、乡镇干部和农民群众交谈，对企业、乡镇和特区开展的工作和取得的成绩表示肯定。

6 月 5 日　六盘水市政府副市长范三川与市环保局有关负责人，以及六枝特区环保局、平寨镇、六枝工矿（集团）公司等单位有关人员组队上街，发放环境保护宣传资料和环保购物袋。共发放环保法律法规汇编及环保册 7000 册、环境保护宣传挂图 650 份、环保购物袋 600 个。

6 月 16 日　六盘水市乡镇企业第二季度安全生产工作会议在六枝特区召开。市乡镇企业局副局长屠明国出席会议并讲话。各县区、特区乡镇企业局负责人及特区相关部门负责人参加会议。

6 月 24 日　贵州省委常委、常务副省长王晓东率省政府副秘书长唐德智及省财政厅、发改委、国土资源厅等省直有关部门领导一行 14 人到六枝调研，视察六枝电厂厂址。

7 月 4 日　贵州省赴四川地震灾区卫生监督应急救援队第九分队的 2 名六枝特区队员回到六枝。成都市卫生局、彭州市党委、政府等授予六枝特区卫生监督应急救援队“抗震救灾疫病防控，无私奉献众志成城”等锦旗，中华全国总工会授予六枝特区卫生监督应急救援队“抗震救灾，重建家园工人先锋号”荣誉称号。

7 月 3 日　六枝特区 2007 年度基本农田建设项目通过了由六盘水市农办、市发改委、市扶贫办等单位组成的市验收组的验收。通过检查验收，全区 2007 年度共完成基本农田建设项目 18 处，面积 5310 亩，小水池 510 口，超计划完成坡改梯 310 亩。

7 月 17 日　六盘水市人大常委会副主任靳茹一行到梭戛乡调研农村居民最低生活保障工作。

7 月 20 日　由贵州省建设厅、省旅游局主办，《当代贵州》杂志社承办的 2008 年贵州十大影响力风景名胜区暨十大魅力旅游景区新闻发布会在贵阳举行，六枝特区牂牁江——梭戛旅游景区被评为 2008 年贵州十大魅力旅游景区。

7 月 23 日　六盘水市委副书记、代市长何刚率市政府办及市发改、交通、农办、农业、水利、教育、扶贫等有关负责人，到六枝特区新场乡、牛场乡、梭戛乡，对“两基”迎国检、农村低保金发放、公路建设及各项支农惠农政策落实情况进行调研。

8 月 11 日　六盘水市政协副主席张俊昌率市政协经济委员会、市农业局、市农办等有关负责人到郎岱镇调研“菜篮子”工程，特区政府副区长陈松陪同。

8 月 15 日　《中国凉都·六盘水牂牁湖旅游区总体规划》通过评审组终期评审。六盘水市副市长范三川出席评审会。贵州省城乡规划设计院、贵州师范大学、贵州民族学院、六盘水市发改委、市建设局、市交通局、市林业局、市水利局等部门的专家组成的评审组，听取了《规划》编制单位贵州省旅游规划设计中心对规划编制过程和情况的介绍，认真审阅了有关资料，对《规划》进行了评审。认为基本符合国家旅游局制定的《旅游规划通则》的要求，同意通过评审。

8月26—28日　六盘水市妇联组队分别在六枝新华乡兴隆村、落别乡抵耳村2个“巾帼示范村”开展2天的妇女实用技术培训，主要对科学养猪、蔬菜种植等农业实用技术进行培训，发放各类学习宣传资料2000份、实用技术光盘160张，参学人员达166人。

9月11日　六枝特区仡佬学会成立大会在箐口乡居都村召开，贵州省、六盘水市相关领导出席会议。

9月10—12日　六盘水市农村党员现代远程教育“学用成果转化”工作现场会在六枝特区召开。

10月7日　贵州省人大常委会副主任顾久率省义务教育执法检查组一行10人，到六枝特区检查《中华人民共和国义务教育法》执法情况。通过抽查郎岱镇中学、新窑乡中心学校，听取特区政府义务教育执法实施情况汇报，肯定六枝特区取得的成绩。

10月16日　六盘水市秋季农业生产工作现场会在六枝特区召开，副市长杨明达率市直农口部门和各县区分管农业工作的副县（区）长、农口部门、马铃薯种植重点乡镇和部分种植协会、种植大户参加会议。现场观摩郎岱镇田间机耕作业和马铃薯免耕稻草覆盖栽培作业，参观蔬菜生产示范基地、马铃薯大棚栽培示范基地、东山农场金秋梨基地。

10月17日　六盘水市人大常委会副主任金成良率市广播电视局、市人大教科文卫委、市医疗集团传染病院相关领导到六枝特区就2006年以来实施农村广播电视“村村通”工程情况进行调研。调研组一行到新窑乡那玉村徐家桥组、新河村新寨组，落别乡牛角村新寨组进行实地调查，听取特区文体广播电视局关于六枝特区2006年以来农村广播电视“村村通”工程实施情况汇报。

10月31日　中共六枝特区九届七次全会在六枝宾馆六楼会议室举行。会议通过《关于终止和撤销陈炜中国共产党六枝特区第九届代表大会代表资格和中国共产党六枝特区第九届委员会委员职务的决议（草案）》《关于冯成良中国共产党六枝特区第九届人民代表大会代表资格的决议（草案）》《关于递补中国共产党六枝特区第九届委员会候补委员李志军、李林为中国共产党六枝特区第九届委员会委员的决议（草案）》《关于召开中国共产党六枝特区第二次会议的决议（草案）》，并对六板特区有关人事任命进行票决。

是日　中国第一座生态博物馆——六枝梭戛生态博物馆建馆十周年纪念大会在六枝特区梭戛乡召开。

11月10日　黔中水利枢纽工程获国家发改委批准，12日获国务院核准。

11月12日　贵州省政府副秘书长陈训华率省煤矿安全监察局、省煤炭管理局有关负责人到六枝特区对煤矿安全生产工作进行调研。调研组一行到六枝（工矿）集团公司四角田矿实地调查，并听取六枝特区政府和六枝（工矿）集团公司关于本年度以来煤矿安全生产工作情况汇报。

11月25日　贵州省海事局副局长乔晓贤一行到六枝特区检查水上交通安全工作。检查组一行在听取六枝特区水上交通安全管理工作情况汇报后，到毛口码头，对码头、渡口施工情况，海事执法开展情况及水上交通安全情况进行检查，特区政府副区长田景茂陪同检查。

12月上旬　贵州省政府组织检查验收组分别到光照水电站六枝特区、关岭自治县和晴隆县库区，对光照水电站库区淹没处理和移民安置等情况进行检查验收。检查验收组实地查看库区、查阅档案文件资料、听取当地人民政府汇报后，一致认为光照水电站库区淹没处理和移民安置工作符合水电站建设和国家移民安置的有关政策规定，符合国家环境保护的有关要求，电站建设和移民安置工作任务全部圆满完成，通过省级验收。

12月10日　六枝特区举行污水处理厂建设工程奠基仪式。六枝特区污水处理厂位于城区东南面的克妈洞田坝——老豹窝山脚处，距六枝城区1.5公里。工程建设规模为新建污水处理1.8万吨/日，厂区建筑物总建筑面积885.3平方米，新建污水收集系统31794米，检查井798座，总投资4476.54万元。

12月30日　六盘水市旅游发展改革领导小组一行50多人在六枝特区毛口乡牂牁湖区进行调研时，发现一条长约八米的巨型不明水生物。六盘水相关人士表示：希望有关水生动物专家对此事给予关注，对牂牁湖发现的这一不明水生物进行研究，得出正确结果。

是日　六盘水市委常委、市委宣传部部长袁仁庆，副市长范三川带领由市旅游、发改、国土、林业、水利、交通、公关协会等部门有关负责人组成的市调研组，到六枝特区毛口乡、中寨乡，就牂牁湖旅游资源开发情况进行调研。

2009年

11月7日　贵州省发改委副主任张应伟率队到六枝特区检查新增中央投资项目建设情况，在实地察看木岗沼气项目、六枝生活垃圾卫生填埋工程、廉租住房建设项目、平寨镇中心卫生院、折溪乡兽医站建设情况后，张应伟对特区落实新增中央投资项目工作给予肯定。

1月20日　贵州省副省长黄康生到六枝特区折溪乡慰问老党员和困难群众，祝愿他们过一个温暖、幸福的新年。

2月20日　六枝特区招商引资中心在全省招商引资工作会议上荣获2008年全省招商工作先进集体二等奖。

2月27日—3月1日　中共六枝特区九届二次全会在六枝特区影剧院召开。

3月22—27日　政协六枝特区七届三次会议召开。

3月24—28日　六枝特区十届人大三次会议在特区影剧院召开。

4月11日　六枝特区境内发生一起抢劫枪支案件。

4月14日　六枝“4·11”专案组在六枝特区公安局三楼会议室举行新闻发布会，通报六枝特区“4·11”抢劫枪支案件侦破情况。贵州省公安厅刑侦总队副总队长周全富，六盘水市公安局副局长陈际生，特区党委常委、政法委书记王广文，特区党委常委、政府常务副区长肖建军，六盘水市公安局刑侦支队副支队长伍江，特区公安局局长沙征凯、副局长田波出席新闻发布会。六盘水市公安局副局长陈际生代表专案组指挥部在新闻发布会上通报了六枝特区“4·11”抢劫枪支案件侦破情况。这一性质恶劣、影响重大的案件，公安机关仅用三天三夜便成功告破，已抓获犯罪嫌疑人1人，追回被抢枪支及子弹4发，消除了社会隐患。

4月20—22日　六盘水市人大教科文卫工作座谈会在六枝特区召开。会议传达全省人大教科文卫工作座谈会议精神，各县、特区、区人大教科文卫委作交流发言。

5月7日　六枝特区邀请省委常委、副省长黄康生作题为《依法规范公权实现科学发展》的专题讲座。省委学习实践活动办公室副主任张文强、检查指导组组长甄燕驰、六盘水市委组织部副部长方志江、特区四大班子领导及部门副科级以上领导参加了专题讲座。

6月13—14日　六盘水市委常委、市人民政府常务副市长黄金率市发改委、财政局、建设局、规划局、环保局、国土资源局、水利局负责人到六枝特区调研循环经济型煤焦化项目、新增中央投资项目建设情况及财税工作情况。

6月18日　六枝特区2008年度基本农田建设项目被六盘水市发改委、农办、国土局、财政局、扶贫办验收组评为优质工程。项目整合以工代赈坡改梯资金、土地出让金、小水池建设资金321.75万元，完成坡改梯3015亩、土地整治553亩、小水池610口。

7月10日　六盘水市政协副主席石明全率部分市政协委员及提案人对市重点督办提案《关于加快光照电站毛口库区移民新村基础设施建设进度的建议》进行现场督办。督办组在毛口乡政府临时办公地听取了提案办理情况的汇报，并实地察看毛口移民新村进村公路、街道硬化、排洪沟等工程的建设情况。

是日　六枝特区被国家林业局树为全国百个林改典型，明确六枝特区林权档案工作作为全国百个林改典型之一。

7月16日　六枝特区成功破获一起跨国贩毒案，抓获犯罪嫌疑人4人，缴获毒品海洛因168克。将正在进行毒品交易的贵州织金籍男子周某、胡某抓获，并于当天在六枝汽车站附近的一家旅店抓获携带毒品到六枝交易的2名缅甸籍女子王某与郑某，收缴毒资3万余元。

7月26日　六枝特区2009年度易地扶贫搬迁项目可研报告获省发改委批复。项目选址于六枝特区新窑乡那玉村那玉坝，总投资947万元，惠及新窑乡新河村、波渡村、马路村3个村200户806人，采取小城镇建设的方式集中安置，主要解决1500人的饮水困难，架设输电线路2.1公里，新建移民新村村级公路2.9公里，新村道路硬化10000平方米，河道治理1.3公里，新建搬迁农户住房、生产用房及附属房13600平方米。

是日　贵州省知识产权局、贵州省建设经济强县领导小组办公室确定六枝特区为全省首批实施的10个县域经济知识产权试点县之一。同时，确定驻境贵州省宏狮煤机制造有限公司为贵州省第三批知识产权试点单位。

8月7日　六枝特区科学理论进基层六个“为什么”宣讲报告会在特区影剧院召开。六盘水市委讲师团客座副教授邹国庆为特区干部职工作专题报告。邹国庆就为什么必须坚持马克思主义在意识形态领域的指导地位，而不能搞指导思想的多元化；为什么只有社会主义才能救中国，只有中国特色社会主义才能发展中国，而不能搞民主社会主义和资本主义；为什么必须坚持人民代表大会制度，而不能搞“三权分立”等作了详细论述。

是日　六枝特区被省水利厅等部门列为中央财政小型农田水利重点县，每年将获得中央小型农田水利建设补助资金800万元、省级配套资金200万元。

8月17日　六枝特区正式启动整治酒后驾车交通违法行为专项行动。共出动警力39人，警车15台，检查过往车辆730台，查获涉嫌醉酒驾驶7起，酒后驾驶2起，无证驾驶1起，暂扣机动车4台。

9月1日　六枝特区中寨乡移山村“红十字健康新村”、竣工。该项目由澳门红十字会捐赠30万元修建，解决了该村村民看病难和100余名小学生上学难的问题。

是日，国家农业部认定六枝特区为全国农产品加工创业基地。六枝特区申报的《六枝特区夜郎生态农产品加工创业基地项目》获得国家农业部评审通过，成为国家认可的全省七家农产品加工创业基地之一。

9月8日　贵州省环境协会、省水利水电勘测设计院专家组对六枝特区旧院水库工程环境影响评价大纲进行评审，通过现场踏勘、听取汇报及查看材料，专家组认定旧院水库工程环境影响评价大纲评审通过。

9月21—23日　贵州省知识产权局机关党委书记安守海一行到六枝特区检查县域经济知识产权试点工作。安守海一行实地察看古夜郎资源开发有限公司、雾峰纯天然食品厂、岩脚绿色食品加工厂、郎岱酱业有限公司等企业，听取了特区知识产权工作情况汇报。安守海就培育企业品牌、区域品牌和申请农特产品集体商标、地理标志保护、著作权保护等工作提出了意见和建议。

10月18—19日　由辽宁省血液中心副主任陈琳为组长，卫生部“2009年医疗质量万理行—血液安全督导检查”组一行13人，对六枝特区中心血库的质量管理体系进行督导检查。重点检查血站质量管理体系文件建设、血站实验室，无偿献血相关服务，经过两天的检查，中心血库各项工作得到督导专家的好评，初步通过卫生部“2009年医疗质量万理行—血液安全督导检查”的各项要求。

10月20日　贵州省人民政府批准《箐口居都仡佬族吃新节》《梭戛苗族三眼箫音乐艺术》《落别布依族“姊妹箫”》被列入第三批省级非物质文化遗产名录项目。

10月22日　由贵州省档案局局长王传福带队，省政府法制办、省档案局组成的省档案行政专项执法检查组，到六枝特区检查档案安全和档案信息化建设工作。通过听取汇报、查看资料和实地检查，检查组肯定了六枝档案工作取得的成绩，将六枝特区档案安全和档案信息化建设工作评为优秀。

10月28日　六枝特区污水处理厂顺利通水试运行取得成功。六枝特区污水处理工程是省、市重点工程和减排项目，项目建设内容为：新建1.8万吨/日污水处理厂1座，厂区建筑物总建筑面积885.3平方米，新建污水收集管道31794米，检查井798座，总投资4476.54万元。污水处理厂的建成，将使六枝城区污水处理率达68.96%，每年可减少排放BOD5（生化需氧量）657吨、CODcr（化学耗氧量）1248.3吨。

10月28日　六盘水市乡镇企业系统安全生产工作会议在六枝特区召开。

11月3日　贵州省司法厅副厅长邹杨到六枝特区箐口乡对农村危房改造工作进行调研。实地察看了箐口乡坝子村、荒田村危房改造工程进展情况。

11月30日　黔中水利枢纽工程在六枝特区牛场乡举行开工典礼。黔中水利枢纽工程是贵州省最大的水利枢纽工程。工程位于贵州中部地区，水库大坝位于六枝特区与织金县交界的三岔河中游。工程电站总装机容量140.2兆瓦，年调水量7.41亿立方米，总投资约80亿元（其中一期工程约73亿元）。

12月6日　六枝特区供水扩建工程在平寨镇高峰村杨梅山水厂举行开工典礼。六枝特区供水扩建工程建设规模为新增2万吨/日的供水能力，建设内容为新建取水泵房1座，中途加压泵站2座，净水厂1座，输水管12065米，配水管网25410米，工程总投资6378万元。

12月18日　六枝至镇宁高速公路在六枝特区平寨镇小寨村开工建设。六枝至镇宁段高速公路是贵州省高速公路网的第7联，是国家高速公路第12横杭瑞高速公路和第13横沪昆高速公路的联络线，也是省调整公路第3横江口至六盘水高速公路和第4横鲇鱼铺至胜境关高速公路的联络线，为全立交、全控制出入的四车道高速公路。六镇高速公路起点位于六枝特区西侧那玉村，终点位于镇宁县的杨家山，全长45.07公里，总投资概算29.98亿元。全线设计速度80公里/小时。

2010年

1月　农业部对在2009年发展粮食生产中做出重大贡献、取得突出成绩的单位和个人进行表彰，六枝特区被授予“全国粮食生产先进县”称号。

1月19—20日　六盘水市石漠化综合治理工程验收组一行对六枝特区2008年度石漠化综合治理工程进行验收，通过实地查看和听取汇报，认定六枝2008年度石漠化综合治理项目完成总投资440万元，石漠化治理面积8.29平方公里，全面完成了工程建设任务。

2月9日　贵州省省长助理郝嘉伍在黔中水利枢纽工程建设管理局及省有关部门负责同志的陪同下，赴黔中水利枢纽工程建设点——六枝特区牛场乡调研。特区党委常委、政府常务副区长肖建军及牛场乡有关负责同志陪同。

2月24—25日　中共六枝特区九届三次代表大会在六枝人民会场召开。

3月5日　深圳·六盘水劳务合作招聘会在六枝特区桃园广场举行。来自深圳的55家企业，共为城乡富余劳动力、下岗失业人员和大中专毕业生提供19137个就业岗位，现场录用780人。

3月7—12日　政协六枝特区七届四次会议在特区影剧院召开。

3月9—13日　六枝特区十届人大四次会议召开。

3月26日　六枝特区党委在六枝宾馆五楼会议室召开常委扩大会议，安排部署全区抗旱救灾工作。会议分析区内抗旱救灾面临的严峻形势。自2009年10月15日以来，境内出现百年不遇的干旱天气，干旱持续时间长、长期无降雨，水源枯竭，造成农作物枯萎，人畜饮水困难，地表严重开裂，灾民生产生活受到严重影响。全区19个乡镇不同程度受灾，涉及220个行政村、2449个村民组、129681户农户、518698人受灾，农作物受灾面积19200公顷，成灾面积14987公顷，农作物绝收面积2500公顷，苗林受灾250万株，灾害造成直接经济损失21420万元，其中农作物直接经济损失20207万元。会议要求，在大灾面前，全区上下要加强配合，通力合作，确保政令畅通，各司其职，各负其责，充分发挥人民群众的主动性、创造性，加强对乡镇工作的指导力度，充分发挥村支两委的工作职能，在特殊时期，以特殊办法、特殊思路，确保抗旱救灾的各项工作措施得到不折不扣的贯彻落实。

3月30日　贵州省发展和改革委员会副主任张应伟一行到六枝特区新华乡检查大草坝至新华运煤公路建设情况。

4月7日　湖南省娄底市涟源企业家“心系西南灾区”抗旱救灾爱心捐赠仪式在六枝桃园广场举行，娄底市涟源企业家现场捐赠40万元现金和40万元的抗旱救灾物资，支持六枝灾区困难群众抗旱救灾。

4月8日　水城钢铁（集团）公司在六枝特区民政局举行抗旱救灾捐赠仪式，向六枝特区现场捐赠10万元现金。

4月28日　贵州省委常委、副省长黄康生率省政府副秘书长吴跃、省委党校常务副校长韩卫东、省扶贫办副主任袁振华一行，到定点扶贫的陇脚乡调研。

5月25日　国家水利部副部长矫勇率领的国务院安全生产委员会第七督查组到达六枝特区，开展安全生产督查工作。

6月2日　日本驻华使馆利民工程项目官员池田千亚到六枝特区考察日本政府在六枝无偿援

助实施的六枝特区梭戛乡饮用水改善工程，并参观了梭戛生态博物馆。该工程于2004年6月开工建设，2004年11月30日竣工。总投资171.56万元，其中，国内资金104.39万元，日援资金67.17万元。工程选用2个供水水源，主要解决附近5个村1660户6621人及1700头牲畜饮水困难，工程设计使用期限20年。

6月4日　贵州省人大常委会副主任、省依法治省领导小组副组长傅传耀为组长的省“五五”普法依法治理工作检查验收组一行，到六枝特区检查验收“五五”普法依法治理工作。检查组采取听取汇报、查看资料、听取案例介绍等方式，进行全方位的检查。对六枝的“五五”普法工作给予了充分肯定。

6月28日　贵州省关岭县岗乌镇大寨村因连续强降雨引发山体滑坡，造成该村两个村民组107人被掩埋。六枝特区党委政府迅速组织6辆救护车和28名医护人员，于当晚20时30分冒着暴雨赶赴滑坡现场，参与施救工作。

7月5日　贵州省委宣传部主办，省委外宣办、省旅游局、六盘水市委宣传部、贵州人民广播电台承办的第三届“听多彩之声说魅力贵州”全国50家广播电台著名节目主持人入黔采访大型直播活动到六枝特区陇脚布依族乡进行采访。六枝特区郎岱镇、落别乡、折溪乡、梭戛乡等乡镇的文艺团体，表演了《布依铜鼓舞》《欢乐苗娃》等民族舞蹈和折溪地戏《二下南塘》等节目。

7月16日　国家水利部水保司司长刘震到六枝特区大用镇大用村指导2010年国家坡耕地水土流失综合治理试点项目工程选点工作。

8月1日　中国煤矿文工团第二次到六枝特区慰问演出。演出在特区休闲广场举行，观众5000多人。

8月18日　六枝特区森林资源连清复查全面完成。六枝特区完成第八次国家森林资源连续清查省第六次复查（简称连清复查），完成54个样地点（有林地样地6个，灌木林地样地4个，非林业用地样地44个）的外业复查及内业整理工作，并通过“省连清办”检查组的检查。

9月18日　贵州省政协副主席刘鸿庥、省政协人口资源环境委员会主任朱开茗一行视察组赴六枝特区牛场乡视察黔中水利枢纽一期工程建设情况。

10月9日　旧院水库工程举行开工典礼。水库位于六枝特区新场乡旧院村，距六枝特区政府驻地36公里，是一座以城镇供水、农田水利灌溉为主的综合性水利工程。水库总库容为1470万立方米，兴利库容为1098万立方米，属中型水库。工程建设内容包括面板堆石坝一座，副坝一座，泵站一座，灌溉干管25.609公里，支管3.693公里，田间输水管261.45公里。工程建成后，可解决岩脚、新场片区水田24900亩、旱地16600亩的灌溉用水，每天可向六枝特区城区供水3. 4万立方米。该工程总投资3.4亿元。

10月13日　贵州省委巡视四组在六枝特区六枝宾馆五楼会议室召开座谈会，通报在六枝特区开展巡视工作的情况反馈意见，对做好下步工作提出了建议和意见。

10月15日　贵州省人口普查办副主任、省统计局副局长刘带春一行3人到六枝特区督查人口普查准备工作。

11月4日　贵州省红十字会、省文联、省党建扶贫六枝工作队向陇脚乡捐赠物资共计价值50万元。

11月6日　国家统计局局长马建堂一行到六枝特区郎岱镇调研第六次人口普查工作，到青菜塘村慰问村普查员，并进行入户登记调查。

2011年

11月6日　中国共产党六枝特区第九届委员会召开第十五次全体（扩大）会议，研究召开中国共产党六枝特区第九届代表大会第四次会议有关事宜，开展2010年度特区选拔任用干部“一报告两评议”工作，讨论《六枝特区国民经济和社会发展第十二个五年规划纲要》。

1月15日　郎岱蔬菜批发市场暨六枝至郎岱油路改造工程正式启动。六枝至郎岱油路大修工程是全市2010年运煤公路建设计划中的第三批建设项目，计划大修公路里程8公里，工程概算总投资440.7万元。

1月26日　全区经济工作会议召开。会议贯彻了党的十七届五中全会和中央、省、市经济工作会议精神，总结了2010年全区经济工作，全面分析当前经济形势，对2011年全区经济工作进行了安排部署，会上兑现乡镇2010年度人口和计划生育工作目标责任奖、2010年度工作目标考核奖、并对付应荣等24名记三等功的同志进行了表彰奖励。

2月11日　六枝特区人民政府与中石化贵州石油分公司举行投资战略合作框架协议签约仪式。

2月18日　六枝特区黑拉戛运煤公路项目在六枝特区中寨乡木则村举行开工典礼。

2月19—20日　中国共产党六枝特区第九届代表大会第四次会议举行。

2月28日　六镇高速公路项目办公室举行揭牌仪式。

3月4日　六枝特区在平寨镇第一小学举行本林教育基金捐赠仪式。六枝特区祥云小额贷款有限公司总经理三本林向平寨镇第一小学捐赠100万元，建立本林教育奖励基金，基金每年产生的收益用于平寨镇优秀教师和优秀贫困学生的奖励和扶助，标志着六枝特区第一个私营企业全额出资教育基金建立。

3月21—26日　中国人民政治协商会议第七届六枝特区委员会第五次会议召开。

3月31日　贵州省春季农业生产现场会在六枝召开，省人民政府副省长禄智明出席会议。来自省直有关部门和9个地市的有关领导和负责人，还赴六枝特区陇脚乡、郎岱镇现场参观无纺布育秧示范点、生态养殖基地、冬作马铃薯示范点、大棚西瓜种植基地、早熟糯玉米种植示范点、玉米育苗移栽示范点、露地蔬菜规范化栽培示范点。

4月24日　六枝特区党委书记蒋承云对新场乡、牛场乡旧院水库建设情况和窗子洞革命遗址开发保护工作进行调研。

4月27日　六枝特区十届人民政府第八次全体会议暨第五次廉政工作会议在六枝宾馆六楼会议室召开。

5月9日　六枝特区政府舒勇区长率特区政协办、经信局、国土资源局、农业局等单位负责人到龙场乡、岩脚镇、牛场乡及安家寨煤矿、黔中枢纽工程项目点检查工作。

5月16—19日　六盘水市相关工作检查组对六枝特区“项目建设年”、“十大民生工程”、“三项清理”、工程建设领域突出问题专项治理、扩内需新增中央投资项目、保障性住房建设等6项工作进行检查。

5月16日　特区政府区长舒勇率特区财政局、城乡建设局、人资社保局等单位负责人，到平寨镇、新窑乡、折溪乡、陇脚乡、郎岱镇、大用镇检查新农保、农村危房改造、美好家园建设、一事一议等工作。

5月22—26日　2011年全国特殊奥林匹克田径运动会在北京残疾人体育运动管理中心举行。六枝特殊学校的刘登运等6名特殊学生加入到贵州省代表队，经过5天奋力拼搏，荣获8金4银5铜的可喜成绩，罗巧云、刘登连两名学生获得“体育道德风尚奖”个人奖。

6月30日　六枝特区直属机关党委召开。庆祝建党90周年大会。会议表彰“五好”基层党组织、先进基层党组织、优秀共产党员和优秀党务工作者。

7月6日　六枝特区政府与盘江投资控股（集团）公司在贵阳举行项目洽谈会。

7月7日　六枝特区人民政府与七冶建设有限责任公司举行六枝特区旧城区改造战略合作签字仪式。

7月14日　六枝特区党委、政府组织召开六枝特区“三个建设年”（作风建设年、环境建设年、项目建设年）暨“四帮四促”（帮助学习领会精神，促进思想统一；帮助理清发展思路，促进科学发展；帮助解决实际问题，促进增比进位；帮助化解矛盾纠纷，促进和谐稳定）活动推进会。

7月　六枝特区将六镇高速被征地农民纳入社会保障。为妥善解决六枝至镇宁高速路（六枝特区段）被征地农民的社会保障问题，六枝特区出台政策，明确六枝至镇宁高速路（六枝特区段）项目征用地时，失去全部或大部分农用地、人均耕地面积不足0.3亩（含0.3亩）、在征地时享有农村集体土地承包权的在册农业人口，且年龄在16周岁以上（不含在校学生）的人员纳入养老保险范围，逐步建立与经济和社会发展水平相适应的被征地农民社会保障制度。

是月　引进资金1.29亿元开发木贡温泉养殖大鲵项目，岩脚中草药园区已种植太子参、龙胆草、金银花、吉祥草等中药材1.4万亩，覆盖堕却、新华、龙场、新窑等乡镇；引进资金1.5亿元启动建设大用500亩花卉苗圃基地，完成大用园区规划；建成郎岱青林湾特色养殖园区；戈厂林场产业园区建设前期工作有序推进。

8月5日　六枝特区公益信用担保有限责任公司与六盘水市商业银行贷款担保协作协议签约仪式在六枝特区宾馆五楼会议室举行。

8月9日　六枝特区政府区长舒勇带领政府副区长陈石，宣传部长陈松和特区煤电办一行到中电金元集团公司，与公司总经理刘立新、副总经理吴建华、计划发展部主任李华虎、六枝电厂筹建处主任陈可均等就六枝电厂项目前期工作、动工事宜进行洽谈。

8月22日　六枝特区抗旱救灾工作会议在六枝宾馆六楼会议室召开。会议通报2011年6月下旬以来全区旱灾情况及近期天气情况，对抓好当前抗旱救灾工作进行安排部署。

9月1日　六枝特区政府区长舒勇率国土、安监、民宗、等部门和平寨镇负责人到六枝村南极山检查指导地质灾害防治工作。

9月22日　中国共产党六枝特区第九届委员会第十七次全体会议召开。

9月22日　中国·六枝“发现—原始牂牁江”系列活动新闻发布会在贵阳召开。由贵州六枝特区区委、区政府主办的“发现—原始牂牁江”系列活动从即日起正式开启。活动包括野钓大赛、帐篷音乐节、摄影科考活动暨“牂牁江杯”首届原生态摄影大赛及“老王山探秘”科考活动。

9月26日　六盘水市委书记王晓光到六枝特区调研，实地察看木岗工业园区、六镇高速公路建设工地，并听取特区党委、政府近期工作情况汇报。

9月28日　六枝特区中央下放煤矿棚户区改造综合治理建设项目在六枝特区平寨镇水利局仓库举行开工典礼仪式。

10月9日　六枝煤电一体化基地总体规划经贵州省发展改革委、国资委、环保厅、国土资源厅等部门评审通过。

10月19—22日　六枝特区政府区长舒勇率招商引资小分队到山西、湖北等地招商引资和学习考察。

10月31日　中国共产党六枝特区第十次代表大会第三次会议召开，选举产生中国共产党六枝特区第十届委员会委员、候补委员和纪委委员。

是日　中国共产党六枝特区第十届委员会第一次全体会议召开，选举产生特区党委书记、副书记、常委。

11月18日　六枝特区第七届农民法律知识竞赛举行。全区19个乡镇代表队共60余人参加竞赛。经过比赛，平寨镇、牛场乡代表队获得一等奖，大用镇、折溪乡代表队获得二等奖，郎岱镇、中寨乡代表队获得三等奖。

11月29日　六枝特区消除麻风病危害项目召开部省合作启动会议。

11月30日　六枝特区工商业联合会第六次会员代表大会召开。来自全区工商联和商会组织的132位代表参加会议。

12月7日　中国人民政治协商会议第八届六枝特区委员会第一次会议召开。

12月9日　六枝特区第十一届人民代表大会第一次会议召开。

12月15日　中国共产党六枝特区党员代表会议召开。会议选举六枝特区出席中国共产党六盘水市第六次代表大会代表。

第一篇　建置　地理

第一章　建置　区划

第一节　建置沿革

1978年，六枝特区保留了自1970年以来8个区38个公社的建置。1980年12月，特区革命委员会改称“特区人民政府”，政府区长、副区长均由人民代表大会选举产生。

1980—1983年，先后申报平寨、木岗、郎岱、岩脚4个区级镇，1984年，只批准木岗、平寨2个区级镇，而郎岱、岩脚仍恢复乡级镇。1981—1983年，公社又陆续增加到46个，其中落别区增加坝湾公社，六枝区增加头塘公社，新场区增加乌柳、高石坎2个公社，新华区增加陇木、老马2个公社，堕却区增加牛坡、郎节坝2个公社。1984年，将公社改为乡或民族乡，中寨区划出毛口乡归郎岱区管辖，增加鲁戛苗族布依族乡。

1991年9月，根据贵州省人民政府《关于六枝特区建镇、并乡、撤区行政区域变更的批复》（黔府通〔1991〕124号）文件精神，六枝特区撤销了8个区和2个区级镇，共合并组建为5个镇，5个乡和9个民族乡，19个乡（镇）均为正科（局）级。

第二节　行政区划

一、“建并撤”前行政区划

1978—1990年，六枝特区行政区划为8个区、2个镇，47个乡、3个镇（股）5个办事处（股），389个村、50个居委会，区设立区公所，为特区人民政府派出机构。

8个区为：郎岱区、落别区、六枝区、中寨区、岩脚区、新场区、新华区、堕却区。

2个镇为：平寨镇、木岗镇。

二、行政区划变更

1991 年 9 月后，六枝特区行政区划调整为：镇、乡、村（居）民委员会。

1991 年 9 月，按照贵州省人民政府黔府通〔1991〕124 号《关于六枝特区建镇并乡撤区行政区域变更的批复》，六枝特区进行建镇、并乡、撤区（以下简称“建并撤”），撤销了 8 个区，2 个区级镇，合并组建为 5 个镇，5 个乡，9 个民族乡。19 个乡（镇）均为正科（局）级。

（一）新建镇调整情况及驻地

1. 撤销原平寨镇、六枝乡、营盘乡、渔塘乡，合并建立平寨镇，镇人民政府驻地设在那平路，辖原平寨镇的 36 个居委会，11 个村委会；原六枝乡的 8 个村委会；原营盘乡的 5 个村委会；原渔塘乡的 9 个村委会。

2. 撤销郎岱镇、归宗乡、安乐乡，合并建立郎岱镇，镇政府驻地设在郎岱，辖原郎岱镇的 2 个居委会，7 个村委会；原归宗乡的 7 个村委会；原安乐乡的 4 个村委会。

3. 撤销岩脚镇、高桥乡、民乐乡、阿岔乡、羊场乡，合并建立岩脚镇，镇政府驻地设在岩脚，辖原岩脚镇的 2 个居委会，6 个村委会；原高桥乡的 9 个村委会；原民乐乡的 12 个村委会；原阿岔乡的 11 个村委会；原羊场乡的 16 个村委会。

4. 撤销木岗镇、抵簸镇，合并建立木岗镇，镇政府驻地设在木岗。辖原木岗镇的 4 个居委会，15 个村；原坻簸镇的 3 个村委会。

5. 撤销坻簸镇、大用乡、凉水井乡，合并建立大用镇，镇政府驻地设在大用，辖原坻簸镇的 2 个居委会，3 个村委会；原大用乡的 9 个村委会；原凉水井乡的 4 个村委会。

（二）建乡调整情况及驻地

1. 撤销店子乡、头塘乡、二塘乡，合并建立新窑乡，乡人民政府驻地设在新窑，辖原店子乡的 10 个村委会；原头塘乡的 7 个村委会；原二塘乡的 6 个村委会。

2. 撤销龙场乡、陇木乡、老马乡、鼠场乡，合并建立龙场乡，乡政府驻地设在龙场，辖原龙场乡的 1 个居委会，11 个村委会；原陇木乡的 5 个村委会；原老马乡的 5 个村委会；原鼠场乡的 4 个村委会。

3. 撤销堕却乡、龙潭乡、牛坡仡佬族乡、郎节坝乡，合并建立堕却乡，乡人民政府驻地设在堕却，辖原堕却乡的 1 个居委会，5 个村委会；原龙潭乡的 7 个村委会；原牛坡仡佬族乡的 4 个村委会；原郎节坝乡的 5 个村委会。

4. 撤销新场乡、黑塘乡、乌柳苗族乡，合并建立新场乡，乡人民政府设在新场，辖原新场乡的 1 个居委会，7 个村委会；原黑塘乡的 11 个村委会；原乌柳苗族乡的 4 个村委会。

5. 撤新华乡、冷坝乡、鼠场乡，合并建立新华乡，乡人民政府驻地设在新华，辖原新华乡的 1 个居委会，6 个村委会；原冷坝乡的 6 个村委会，原鼠场乡的 3 个村委会。

（三）新建民族乡调整情况及驻地

1. 撤销落别乡、纳骂乡、坝弯布依族乡、索考布依族乡，合并建立落别布依族彝族乡，乡人民政府驻地设在落别，辖原落别乡的 1 个居委会，3 个村委会；原纳骂乡的 11 个村委会；原坝弯布依族乡的 9 个村委会；原索考布依族乡的 8 个村委会。

2. 撤销折溪乡、岩脚寨乡，合并建立折溪彝族乡，乡人民政府设在折溪，辖原折溪乡的 10 个村委会；原岩脚寨乡的 5 个村委会。

3. 撤销牛场乡、上官彝族乡、高石坎苗族乡、代家包苗族彝族乡，合并建立牛场苗族彝族乡，乡人民政府驻地设在牛场，辖原牛场乡的 5 个村委会；原上官彝族乡的 4 个村委会；原高石坎苗族乡的 3 个村委会；原代家包苗族彝族乡的 3 个村委会。

4. 撤销四方井苗族彝族布依族乡、中寨布依族苗族乡、双夕苗族乡、长寨布依族苗族乡、鲁戛苗族布依族乡，合并建立中寨苗族彝族布依族乡，乡人民政府驻地设在中寨，辖原四方井苗族彝族布依族乡的 8 个村委会；原中寨布依族苗族乡的 8 个村委会，1 个居委会；原双夕苗族乡 6 个村委会；原长寨布依族苗族乡的 7 个村委会；原鲁戛苗族布依族乡的 4 个村委会。

5. 撤销毛口布依族乡、鲁戛苗族布依族乡，合并建立毛口布依族苗族乡，乡人民政府驻地设在毛口，2008 年，因光照电站蓄水淹没，迁到西凌村。辖原毛口布依族乡的 7 个村委会，1 个居委会；原鲁戛苗族布依族乡的 2 个村委会。

6. 撤销箐口彝族布依族乡、牛坡仡佬族乡，合并建立箐口彝族仡佬族布依族乡，乡人民政府驻地设在箐口。2000 年 8 月，搬迁到关寨。辖原箐口彝族布依族乡的 10 个村委会；原牛坡仡佬族乡的 1 个村委会。

7. 撤销洒志布依族彝族乡、安乐乡，合并建立洒志彝族布依族乡，乡人民政府驻地设在赖水井，辖原洒志布依族彝族乡的 8 个村委会；原安乐乡的 3 个村委会。

8. 撤销梭戛苗族彝族乡、新华乡，合并建立梭戛苗族彝族回族乡，乡人民政府驻地设在梭戛，辖原梭戛苗族彝族乡的 11 个村委会；原新华乡的 2 个村委会。

9. 陇脚布依族乡升格为正科（局）级。

三、“建并撤”后行政区划

“建并撤”后，六枝特区行政区划为 19 个乡（镇）（5 镇、5 乡、9 个少数民族乡）、389 个行政村、50 个居民委员会。其中，镇、乡、民族乡至 2011 年未变动；389 个行政村和 50 个居民委员会于 2004 年合并为 220 个村，17 个社区，8 个居委会；2396 个村民小组，300 个居民小组。

5 个镇：平寨镇、郎岱镇、岩脚镇、木岗镇、大用镇。

5 个乡：新窑乡、龙场乡、堕却乡、新场乡、新华乡。

9 个少数民族乡：落别布依族彝族乡、折溪彝族乡、牛场苗族彝族乡、中寨苗族彝族布依族乡、毛口布依族苗族乡、箐口彝族仡佬族布依族乡、洒志彝族布依族乡、梭戛苗族彝族回族乡、陇脚布依族乡。

第二章　镇乡

第一节　镇

一、平寨镇

平寨镇位于北纬 26° 09′ ~ 26° 26′，东经 105° 22′ ~ 105° 37′之间，东西最大距离 19.7 公里，南北最大距离 5.1 公里，总面积 104.4 平方公里。人口密度为 1360 人 / 平方公里。地处六盘水东部，东接大用镇，南邻落别乡，西靠新窑乡，北连普定县马场镇、化处镇；是六枝特区的政治、经济、文化、科技和交通中心。六枝特区党政机关所在地。

1982 年 7 月，经贵州省人民政府批准，由六枝区划出云盘乡、六枝乡的部分区域设置平寨镇为区级镇。1991 年 9 月"建并撤"后，撤六枝区，将六枝、云盘、渔塘 3 个乡并入平寨镇。辖六枝、补林、高峰、那固、塔山、青龙、同云、上戛石、下戛石、群力、堕社、戛细、六龙、山脚、抵西、后渔塘、沙子、下坝、河丰、双龙、平寨、兴隆、东风、波乍、波凹、九龙、半坡、云盘、河湾、五龙、小寨、杨丰、茶山 33 个行政村和凉水井、六枝、那固、四角田、铁路一至三、团结路一至二、煤机厂、洗煤厂、加油站、水井寨、电厂、平寨、文化路、那平路、公园路、六十六、矿中、那玉、鸡场坝、142 队、水源队、云盘一至六、六十五、六十四、人民路一至三、地宗 36 个居委会。2004 年，合并为六枝、高峰、那固、塔山、平寨、兴隆、东风、波乍、波凹、云盘、河湾、五龙、小寨、杨丰、茶山 15 个行政村和凉水井、六枝、那固坝、四角田、铁路、平寨、银壶、那平路、公园路、文化路、团结路、云盘、地宗 13 个社区。下设 133 个村民组，138 个居民小组。2011 年，全镇总人口 141939 人。其中城镇常住人口 109443 人，城镇化率 77%。有彝族、苗族、布依族、仡佬族、回族、蒙古族、侗族、土家族等 28 个少数民族 14246 人。

平寨镇地处云贵高原东斜坡，西高东低，属于喀斯特地貌地区，平均海拔 1350 米。属亚热带季风区气候，冬无严寒、夏无酷暑，雨热同季。年平均日照 1252.4 小时，日平均总辐射量 87.07 毫瓦 . 时 / 平方厘米，月均温 14.4℃，积温 4262.3℃ / 年，年降雨量 1466.5 毫米，无霜期 290 天。境内河流六枝河，属北盘江流域珠江水系，黄果树瀑布源头。全长 36.7 公里，落差 335 米，流域面积 228.94 平方公里，年均径流量 5.3 立方米 / 秒。

全镇总耕地面积 17436 亩，人均耕地 0.54 亩，其中：稻田 5400 亩，旱地 11036 亩。有水库 2 个，山塘 3 座，小水窖 268 口，饮水沟渠 13.8 公里，有效灌溉面积 1200 多亩。连片的坝子有六枝至河湾、河丰至下坝、群力、九龙。主要粮食作物有玉米、水稻、小麦、马铃薯、大豆等，经济作物以油菜、蔬菜、茄果类为主。初步形成萝卜、大头菜及苗圃基地、大棚蔬菜等特色农业。

2011 年，生产粮食 8945 吨，人均 276 公斤；油菜种植 0.43 万亩，产量 145 吨，蔬菜种植 2500 亩，产量 47527 吨。生猪存栏 14875 头，牛存栏 2048 头；家禽存栏 7.25 万羽；肉类总产量 1711 吨，禽蛋 50 吨。农业总产值 3317 万元。农民人均纯收入 5260 元。

改革开放以来，累计造林28114万亩。其中退耕还林5466亩，经济林1898亩，荒山造林758亩，封山育林20000亩，林木覆盖率28.6%，活立木蓄积量20万立方米；可利用草地面积6634亩，林地面积34220亩。

辖区内矿产资源主要有煤炭、页岩、石灰石等矿产资源。已探明煤炭储量5亿吨。2011年，工业总产值17.7亿元。规模以上工业企业3家，职工160人，实现工业增加值0.38亿元。

辖区内有商业网点7486个，从业人员27517人，社会消费品零售总额1.51亿元。

二、郎岱镇

郎岱镇地处六枝特区南部，位于北纬26° 06′ ~ 26° 07′，东经105° 20′ ~ 105° 24′之间。东邻关岭县坡贡镇及本特区折溪乡；南连洒志乡；西接毛口乡，北抵陇脚、中寨两乡。东西最大距离19.7公里，南北最大距离5.1公里。总面积98.4平方公里。人口密度为418.5人/平方公里。1991年9月前，郎岱区辖郎岱镇、归宗乡、安乐乡、毛口乡、洒志乡、陇脚乡，47个行政村和2个居委会。1991年9月“建并撤”后，撤销郎岱镇、归宗乡、安乐乡、（划出毛口布依族乡、洒志布依族彝族乡、陇脚布依族乡），合并建立郎岱镇。辖花脚、青菜塘、东山、后营、南华、群峰、驿陇、青龙、坝子、归宗、新塘、新民、上寨、洒米陇、石板、安乐、头塘、石糯尾18个行政村和朝阳、胜利2个居委会。2004年，合并为石糯尾、安乐、头塘、花脚、青菜塘、后营、群锋、驿陇、青龙、坝子、归宗、上寨12个行政村和木城社区。有157个村民小组，20个居民小组。2011年，全镇总人口41181人。有彝族、苗族、布依族、仡佬族等5个少数民族共15710人，占总人口的38%。

郎岱镇是一个历经600余年的古城。2006年8月被省列为历史文化名镇。

郎岱镇四面环山，属溶丘谷地、土地开阔平坦，西北高，东南低。最高海拔1600米，最低海拔1360米。气候温和，属亚热带气候。多年平均气温14.3℃，1月平均气温4.8℃，极端最低气温-4℃（2008年1月8日）。7月平均气温22℃，极端最高气温34℃。最低月均气温4.8℃，最高月均气温22℃。平均气温年较差3.1℃，最大日较差16.8℃。无霜期年平均310天，最长达320天，最短为300天。年平均日照时数1252.5小时。年平均降水量1400 ~ 1500毫米。年平均降雨日数为160 ~ 170天，降雨集中在每年5—8月，其中7月最多。郎岱河贯穿郎岱全境，长为31.25公里。流域面积113.2平方公里，多年平均径流深750毫米，多年平均流量0.85亿立方米。有供电所1家，变电站2个，供电量达2828.2万千瓦时。有自来水厂1座，铺设干线水管3.2公里。供水能力6000吨/日，年生活用水22万吨，城区居民自来水普及率100%。

镇内主要矿产资源有煤、石英砂、雄磺。已探明煤储量10亿吨、石英矿7000多万吨。2011年，工业产值0.37亿元，比上年增加26.3%，占GDP的比重39.6%。有工业企业38家，职工0.38万人。煤矿4对，年产原煤120万吨。焦化厂2个。

镇内土地肥沃，水源富足，拥有5个水库，库容量达254.3万立方米，享有“万亩灌区”之美誉。有耕地面积2.43万亩，人均0.59亩。宜牧宜林荒山8000余亩，适合发展各种立体种养殖业。粮食作物以稻谷、玉米为主。畜牧业以饲养猪、牛、鸡、羊为主。主要经济作物有油菜、蔬菜等。

郎岱农业产业园：园区涉及郎岱镇、洒志乡、陇脚乡和折溪乡部分区域28个村8万余人，规划面积100平方公里。园区规划2万亩蔬菜、3万亩魔芋、3万亩中药材、10万亩经果林。年出栏商品猪20万头、禽类600万羽、生产禽蛋3亿枚。园区年接待观光游客10万（人）次，农产品交易额20亿元，农产品加工年产值100亿元。2011年，蔬菜种植面积0.99万亩，产量3.05万吨，主要品种有西红柿、白菜、茭瓜、黄瓜、四季豆等；生猪存栏2.9万头、牛存栏0.57万头、兰存栏0.2万只、家禽上市23.4万羽。肉类总产量1575吨，畜牧业产值0.25亿元，占农业产值的28.2%。

改革开放以来，累计造林4.04万亩。其中防护林13174亩，经济林27226亩，农民住宅四旁树木5万株，林木覆盖率22.4%。2011年水果种植面积15142亩，水果产量15.8万吨，主要品种有梨子、桃子，其中产梨子12.5万吨、桃子3.3万吨。名优特农产品有茶叶，绿色环保农产品有西瓜、郎岱酱等。

城镇建设以向阳南路作为新区发展骨架，建成长3460米，宽7.5米的街道。完成新桥边至供销社两条连接线间长768米、宽12米的向阳南路进行修建改造，并配套基础设施。完善水、电、通信和排水等设施。改造晴新老路城区段，南门街口到新桥边路段。完成长321.5米、宽20米的两条新老城区连接线道路进行老城区改造，并配套相应基础设施。长83米、宽28米的东兴路，其街道两旁楼房初具规模。完成水黄公路的出口线延伸至向阳南路的道路建设。建成三级汽车站——郎岱汽车站。以满足城镇化建设的需求。夜郎住宅小区建成交付使用。

三、岩脚镇

岩脚镇地处六枝特区西北部，位于北纬26°20′3″～26°21′，东经105°22′9″～105°24′之间。东西最大间距16公里，南北最大距离12公里。总面积131.41平方公里。人口密度为463人/平方公里。东邻龙场乡，南毗新窑乡，西靠堕却乡、新场乡，北抵梭戛乡、新华乡。距特区政府驻地23公里。1991年9月前，岩脚区辖岩脚镇、羊场乡、民乐乡、阿岔乡、龙场乡、高桥乡。65个行政村和2个居委会。1991年9月“建并撤”后，撤岩脚镇、羊场乡、民乐乡、阿岔乡、高桥乡，合并建立岩脚镇。下辖二道水、岱瓮、高桥、水库、青杠林、雨海、那未、马头田、白鸡坡、夏兴寨、老卜底、新寨、胡家寨、田坝、基地、草原、高桥、抵戛、坝子、鱼坝、罗家寨、兴隆、民兴、和平、井中、以支、金中、金基、水屯、水寨、兴中、湾河、前坡、羊昌、二中、幸河、新江、团结、群益、高峰、那控、新院、木贡、大湾、新合、联盟、新发、西龙、岩脚等54个行政村和和平、新华2个居委会。2004年，合并为岩脚、龙泉、太和、羊场、二道岩、木贡、那洒、西北、新院、群峰、金星、水寨、阿岔、民兴、锦钟、联合、青杠林、雨海、岱瓮、高桥、新寨、草原、田坎、民乐、老卜底25个村和迴龙溪社区居委会。下辖223个村民小组，9个居民小组。2011年，全镇总人口60840人，其中镇政府驻地常住人口11036人，城镇化率18.13%。有苗、彝、布依、回、仡佬、蒙古等6个少数民族，共3813人，占总人口的6.27%。

岩脚镇地处云贵高原西北过渡段，以三叠系岩石为主。西北高东南低，最高峰八角屯，海拔1356米，最低点大河湾海拔1172米。属南亚热带气候，年均气温在12℃～15℃。平均日照1252小时。有效积温14℃左右。无霜期320～340天。年降雨量1300～1400毫米。区域内河属长江水系乌江沉域，三岔河从西北向东南环绕本镇。其次是岩脚、木贡、雨海、岱瓮四河。境内流程65公里，年均流量7.39立方米/秒，受益面积23565亩，占可耕地面积的67.5%。

境内有煤、硫、铁、高岭土、陶土、硅石、温泉等。已探明煤储量1亿吨。2011年，有15万吨技改煤矿1对，规模面条厂2家（年产5万吨），砂石厂15家，建材生产37家，布艺鞋类生产15家。有耕地面积34920亩，人均0.64亩，以种植水稻、玉米、小麦为主。林业现有林木8800亩。其中用材林8000亩，经果林800亩。全镇共有林场15个，主要分布在北片。森林覆盖率为15.9%。工业总产值18517万元。有集贸市场4个，商业网点418处，商品销售总额1.2亿元，贸易交易额0.8亿元。

旅游景点 迴龙溪景区距六枝城区20公里，位于岩脚镇西侧。该景区以山奇、水清、谷曲、泉怪为特色，面积为55.3平方公里。从原岩脚酒厂侧新建的平桥逆水而上，至回龙寺背后，长约2公里，是一段岩溶缝隙形成之狭窄河流，宽仅3～5米，高5～10米，两岸陡峭悬绝，石牙、石矛、石潭等岩溶景观十分发育，形态奇异。河流蜿蜒曲折，似巨龙曲行。水深5米不等，清澈见底，波平如镜。若泛舟其中，碧波荡漾，令人心旷神怡。金秋季节，稻美鱼肥。明月倒映水中，争光闪烁，更是别有情趣。古人黄华清的《龙溪望月》诗云："皓月分光印万川，项珠烛处有龙眠，三稿浪涨波翻雪，一鉴光摇水接天。寺枕寒流萦玉带，盘倾急濑走金丸，溪中自具神灵物，霖雨苍生望眼穿。"

迴龙溪温泉度假景区，游客"留得下来，玩得尽兴"。景区是集温泉养生、寺庙朝拜、生态养殖、猎奇探险、民族风情、旅游地产为一体的度假乐园。

城镇建设 城镇建设以提高城镇的集散地服务功能和综合承载能力，把岩脚镇中心区建成集聚经济、文化、人口、服务为中心。镇政府驻地有道路8条，全长21公里，硬化率100%。新修了发展街与铧口尖大街，成为岩脚的商业中心地段。兴建镇一中、镇二中教学办公综合楼和镇二中学生宿舍大楼，教师小区等19幢楼房和计生服务中心楼、精神文明活动中心综合楼。派出所、地税、森警队等单位办公楼相继落成。岩脚客车站建成投入使用。

四、木岗镇

木岗镇地处六枝特区东部，位于北纬26° 01'～26° 18'，东经105° 14'～105° 28'之间。东西最大距离18公里，南北最大距离11公里。总面积60平方公里，人口密度为418人/平方公里。东南接镇宁县丁旗镇，西靠大用镇、落别乡，东北连普定县马关镇、化处镇。镇人民政府驻木岗场村，距特区政府驻地37公里。

1982年，成立木岗镇。1991年9月"建并撤"后，辖抵簸、抵岗、斗蓬、戛陇塘、瓦窑、大新、木岗冲、木岗场、大黄桶、小黄桶、把士寨、小冲、桃子冲、红苑、播东、燕子岩、大木岗、小木岗18个村和木岗一至四居委会。2004年，合并为坻簸、抵岗、斗蓬、戛陇塘、瓦窑、木岗冲、木岗场、小黄桶、把仕、小木岗10个行政村和木岗社区。下设111个村民小组，7个居民小组。有布依、苗、黎、仡佬、蒙古等8个少数民族，共8215人，占总人口的32.8%。其中布依族5302人，占少数民族人口的64.5%。

木岗镇地形以平坝为主，其余均为山地。南部群山起伏较高，西北、东北部较低。境内最高峰"猛虎山"，海拔1520米，最低海拔1230米。属于亚热带湿润温和型气候。

镇内有煤炭、白云石、石灰石等矿产资源，已探明煤炭储量为3000万吨，白云石、石灰石 1000 亿吨。2011 年，工业产值 0.85 亿元，占工农业总产值的 67.5%，比上年增长 51%。境内有水泥厂一座，员工 702 人。年产量 130 万吨以上，年产值 3.64 亿元。有耕地面积 1.3425 万亩，人均 0.54 亩，生产粮食 6412 吨，人均 255.8 公斤。其中水稻 2868 吨，玉米 2544 吨。油菜种植 12630 亩，产量 520 吨。蔬菜、瓜类种植 1845 亩，产量 1629 吨。生猪存栏 0.4 万头，牛存栏 0.2 万头，上市家禽 2.4 万羽。肉类总产量 684 吨，其中猪肉 535 吨，牛肉 91 吨。

境内可利用草地 1.6 万亩。有林地面积 2.66 万亩，森林覆盖率 31.8%。果类种植面积 1450 亩，产量 3625 吨，产值 795.85 万元。有瓦窑纳麻水库 2 座，库容 180 立方米，有近百个地下龙潭，水资源较为丰富。境内有自来水公司 1 个，有净水处理塔 1 座，处理 3000 吨 / 日，自来水普及率 31.6%。

2011 年 3 月，成立六盘水木岗产业园，属于市级产业园区。园区规划总面积约 60 平方公里，由木岗片区和索考片区组成（“一园两区”）。园区核心区规划面积 10.21 平方公里，其中木岗核心区规划面积为 6.9 平方公里。主要以物流、新型建材、装备制造、新能源开发、五金加工等企业。落别索考核心区规划面积为 3.31 平方公里，主要以食品加工，药品、白酒为主的轻工业。

五、大用镇

大用镇地处六枝特区东部，位于北纬 26°　11′　~ 26°　32′　，东经 105°　32′　~ 105°　37′　之间。东西最大距离 7.2 公里，南北最大距离 9.2 公里，总面积 66.1 平方公里。人口密度为 431 人 / 平方公里。东连木岗镇，南接落别乡，西靠平寨镇，北抵普定县化处镇。镇人民政府驻大用村，距特区人民政府驻地 7.5 公里。

1984 年，大用公社改为大用乡，属六枝区。1991 年 9 月，将原大用乡、抵簸镇及凉水井乡的部分地区合并建立大用镇。辖大用、湾寨、新寨、余港、芦果冲、上耳贡、黑晒、耳红、下耳贡、骂冗、凉水井、那未、新兴、木冲、毛坡、岱港 16 个村和岩脚寨、化处矿 2 个居委会。2004 年，合并为大用、黑晒、骂冗、凉水井、耳贡、岱港、汨港 7 个村和大煤山社区。有 55 个村民小组、10 个居民小组。总人口 28653 人，其中城镇常住人口 4342 人，城镇化率 15.26%。有蒙古、仡佬、布依，彝、苗、回、白、黎等少数民族共 3208 人，占总人口的 12%。

大用镇地处云贵高原东部斜坡地带，乌蒙山脉至苗岭山脉的五指山中段，以山地为主。境内最高海拔 1510 米，最低海拔 1340 米。

境内有河流 1 条，全长 4.5 公里，流域面积 5 平方公里。径流量为 2 立方米 / 秒。

境内有煤炭，已探明储量 2 亿吨。2011 年，有国有煤矿 1 对，民营煤矿 1 对，年产原煤 73 万吨。砂石厂 1 个，年产量 3 万吨。工业总产值达 1.42 亿元。有耕地面积 3.04 万亩，人均 1.06 亩。可利用草地面积 1.16 万亩。有小水窖 98 个，总蓄水量 1.68 万立方米。有引水沟渠 11.12 公里，有效灌溉面积 6350 亩，占全镇耕地面积的 20.9%。饮水困难人口 2512 户 10088 人。粮食作物以玉米、马铃薯、水稻、红薯、小麦为主。主要经济作物有蔬菜、油菜籽、花生、茶叶等。畜牧业以猪、牛、禽为主。南部片区：多山间坝子，盛产大米，生产总面积约 3000 亩，为六枝特区商品粮生产基地之一。大用、湾寨坝子土壤肥沃，浇灌条件好，交通便利，离城区近，宜生产蔬菜。早在六盘水“ 三线 ” 建设时期就有 13 个蔬菜生产队。技术力量雄厚，农民科普意识较强，十分有利于农业科学技术的推广。凉水井大米、大用蔬菜、湾寨冬瓜等特区农业产品已形成品牌，发展潜力大。北部片区：多山地，以大煤山山脉为主，平均海拔1506米，有千亩林场1个。常年多雨雾，气候湿润，土壤含硒量高。由于特殊的土壤气候条件，生产的茶叶，属富硒茶。已建成连片高产示范茶园1500余亩，有地坎3000余亩，此外还有5000多亩，适宜种茶的荒坡地待开发利用。该区多黄壤土，适宜胡萝卜、洋芋等生长，上耳贡、下耳贡、黑晒等几个村每年可生产洋芋、胡萝卜几十万公斤，而且产量在逐年增加，产品远销贵阳、水城等地。大煤山的毛坡大蒜因味道独特而远近闻名，每年可产蒜几十万公斤，供不应求。

2011年，农业总产值达4180万元，农民人均纯收入3795元，蔬菜产量3549公斤，油菜籽产量818公斤。生猪存栏0.68万头，牛存栏0.32万头，家禽饲养量7.3万羽。畜牧业产值1450万元。有林地面积2.115万亩，森林覆盖率31%。全镇水果种植面积600亩，主要品种黄花梨、凯特杏。

第二节 乡

一、新窑乡

新窑乡地处六枝特区中部，位于北纬26° 08′ 24″ ~ 26° 17′ 31″，东经105° 19′ 33″ ~ 105° 28′ 39″之间。东西最大距离14.7公里，南北最大距离16.5公里，总面积102平方公里。人口密度450人/平方公里。东接平寨镇，南邻折溪、陇脚乡，西连堕却乡，北抵岩脚镇、龙场乡。乡人民政府驻地新窑村距特区政府驻地14公里。

1991年9月，撤区并乡建镇时，将原六枝区的头塘、二塘、店子3个乡合并为新窑乡。辖新窑、骂枝、骂彩、塘上、靛山、洗马河、铸锅冲、二塘、马路、桥梁、波渡、播雨、箱子洞、上云盘、新河、播洞、那玉、瓦缸、鸭塘、联盟、联合、那秀、和平23个村。2004年，合并为新窑、洗马河、马路、桥良、波渡、播雨、那秀、上云盘、新河、那玉、鸭塘、联盟、联合13个村，下辖142个村民组。2011年，总人口45981人。其中城镇常住人口1772人，城镇化率3.85%。境内有苗、彝、仡佬、蒙古、回、白、黎等少数民族共3331人，占总人口的7.2%。

新窑乡属喀斯特岩溶地区，地势西高东低。最高海拔1793米，最低海拔1210米，乡政府驻地海拔1450米。属亚热带季风区气候。有河流5条、暗河1条，是六枝河的源头。较长的桥梁河8．5公里，锅厂河7公里，流量较小落差较大。暗河地表河段200米，流量较大。

境内有煤炭，硅、冰川石等矿藏资源，已探明煤炭藏量5亿吨。截至2011年，有煤矿7对，年产煤210万吨。工业总产值2.2亿元，比上年增加12%。有22千瓦变电站1个，高压输电线路5条，是南方电网公司确定的重点电网之一。综合电压合格率100%，供电可靠率100%。境内耕地面积3.48万亩，人均0.76亩。农业总产值0.9亿元，农民人均纯收入4220元，粮食总产量13629吨，人均296公斤。主要经济作物有茶叶、水果、土豆、大豆、花生、油菜等。牛存栏0.32万头，猪存栏1.47万头，羊存栏0.09万只，家禽上市4.58万羽。肉类总产量1174吨，畜牧业总产值1882万元，占农业总产值的20%。改革开放以来，累计造林4.90万亩。其中经济林0.52万亩，用材林1.14万亩，竹林3亩，森林覆盖率24%。有商业网点177个，从业人员177人。有贸易集市2个，年交易额1.2亿元。新窑乡新河村、上云盘村有远近闻名的竹篾制品，远销安顺、贵阳、六城、昆明。那玉大棚草莓、鸭塘村的土烟叶，远销安顺、贵阳、水城等地。

二、龙场乡

龙场乡位于北纬 26° 17′ ~ 26° 13′，东经 105° 25′ ~ 105° 32′ 之间。辖区东西最大距离 13 公里，南北最大距离 16 公里，总面积 61.3 平方公里。人口密度每 725 人 / 平方公里。东邻普定县马场镇，西接岩脚镇，南连新窑乡，北抵新华乡和织金县白泥乡，乡人民政府驻双龙村。距特区政府驻地 22 公里。

1991 年 9 月，将原新华区的陇木乡、老马乡及鼠场乡部分区域并入龙场乡。辖龙场、兴隆、永丰、桥梁、民山、中心、和平、太山、红旗、兴益、迎新、陇木、计安、三中、新明、大寨、余戛、那社、营盘、播舍、迎丰、双龙、民主、新城 25 个村。2004 年，合并为林场、红旗、龙场、迎新、永丰、双龙、迎风、陇木、新院、营盘、新场坝 11 个村和龙场居委会。下辖 177 个村民小组。截至 2011 年，总人口 44204 人。其中城镇常住人口 5358 人，城镇化率 13%。有苗族、仡佬族、彝族、布依族、白族、穿青族、回族、土家族、侗族、黎族、水族、仡佬族、哈尼族、蒙古族、土族、壮族、瑶族、佤族 18 个少数民族。共 1541 人，占总人口 3.5%。

龙场乡属乌江上游。地势南高北低，中部为坝子，三岔河南岸以石山为主，南北走向，北岸以土坡为主，海拔 1400 ~ 1600 米。属亚热带温湿气候，境内气候温和，雨热同季，雨量充沛。年平均气温 ll℃，5 月份平均气温在 22．8℃，平均气温大于 10℃，无霜期为 320 天左右、四季变化不太明显。年降雨量 1405．2 毫米，5—10 月份降雨量 1243．7 毫米，月平均降雨量在 100 毫米以上。属三岔河流长江水系，境内总长 7.5 公里，流域面积 50.1 平方公里。径流量 4.82 亿立方米。

境内矿产有煤、铁、硅石等。已探明煤炭储量 1.8 亿吨。截至 2011 年，有煤矿 2 对，年产量 30 万吨。规模以上企业 3 家，职工 500 人。工业总产值 9000 万元，占 GDP 的比重 31%。有耕地面积 1.653 万亩，人均 0.38 亩。生产粮食 6178 吨，人均 384 公斤。农业总产值达到 5900 万元，比上年增加 8%，占 GDP 的比重 20%。农民人均纯收入 3703 元。拥有农业机械 215 台（辆）。生猪存栏 1.94 万头，牛存栏 0.51 万头，上市家禽 17.69 万羽。肉类总产量 1272 吨，其中猪肉 1038 吨，牛肉 102 吨，羊肉 7 吨。畜牧业产值占农业产值的 29%。

改革开放以来，累计造林 1.12 万亩，其中有防护林 795 亩，经济林 2000 亩，农民住宅四旁树 30.11 万株，林木覆盖率 18%。2011 年水果种植面积 1200 亩，产量 2500 吨，以杨梅为主。乡境内有水电站 1 座，发电 6400 万千瓦。其中高压输电线路 2 条，总长度 35 公里，用电负荷 6400 千瓦。年售电量累计完成 6100 万千瓦，综合电压合格率 100%，供电可靠率 100%。有山塘 1 个，蓄水量为 5.3 万立方米。有沟渠 42 公里，有效灌溉面积 0.8 万亩。有个体工商户 444 户，从业人员 1215 人，商品销售额 0.72 亿元。农村集贸市场 2 个，年交易额 0.1 亿元。

三、堕却乡

堕却乡地处六枝特区西部，位于北纬 26° 11′ ~ 26° 21′，东经 105° 14′ ~ 105° 22′ 之间。东邻新窑乡，南接中寨乡，西连箐口乡，北抵新场乡、岩脚镇。乡人民政府驻地大水井居委会，距特区政府驻地22公里。

1991年9月，将原堕却区的堕却、龙潭、郎节坝和牛坡的4个村合并建堕却乡。辖区总面积143.5平方公里。人口密度为211.8人/平方公里。辖黑箐、荒坝、湾河、三块田、中坝、郎节坝、大山、郎树根、左坝、龙井、西克、牛坡、倮那、半坡、新发、王家寨、龙潭、团坡、罗家寨、毛稗田、黄家冲21个村和堕却居委会。2004年，合并为堕却、上寨、龙滩、毛稗田、兴发、团坡、王家寨、郎节坝、朗树根、左坝、牛坡、半坡、西克13个行政村和堕居委会，下设204个村民小组。截至2011年，总人口30600人。其中城镇常住人口975人，城镇化率3.2%。有仡佬、彝、苗、布依、回、土家、壮、白、藏、蒙古族等10个少数民族，共2999人，占人口的9.8%。

堕却乡均为山地，切割较深，落差大。境内最高点上寨村海拔2051.9米，最低点牛坡村倮那河海拔800米。属中亚热带季风湿润型气候，雨热同季、冬无严寒，夏无酷暑。多年平均气温为17.5℃，其中1月3.4℃，7月27.6℃。农作物生长期平均为300天，无霜期在260～290天左右。雨季集中于6—9月。多年年均降水量为1208.5毫米。全年累计日照时数为1449.8小时左右，太阳辐射总量为96.73千卡/立方米。境内有3条河流，总长度35公里，流域面积140平方公里。

乡 境内有丰富的草场、森林和矿产资源。其中草地9.16万亩，林地5.11万亩，覆盖率为23.74%。矿产资源以煤、白云石和陶土为主，另有重晶石、硅铁等。煤炭储量约6．4万吨，主要分布在龙潭、牛坡两片区。白云石储量约300万吨，主要分布在堕却片区的黑箐至荒坝一带。陶土储量约70万立方米，主要分布在郎节坝。

2011年，境内有民营煤矿1对，产量为30万吨。沙石厂4个。工业总产值1.32亿元，占总产值的47.83%，比上年增长51.27%。有耕地面积2.55万亩，人均1.1亩。粮食总产量7065吨，人均367公斤。其中马铃薯11275吨，玉米4779吨，水稻1469吨。主要经济作物有油菜籽、花生，油菜种植面积0.16万亩，产量11.3吨；花生种植面积0.45万亩，产量18.35吨。生猪存栏1.14万头，牛存栏0.61万头，羊存栏0.47万只，上市家禽3.85万羽。有梅花鹿养殖场1个，梅花鹿存栏17头。肉类总产量1016吨。其中猪肉275吨，牛肉123吨，羊肉31吨，禽蛋59吨。畜牧业总产值127.84万元，占农业总产值33.8%。

改革开放以来，累计造林6.32万亩。其中防护林5.82亩，经济林0.5亩，农民住宅四旁树木6.8万株，2011年有林木面积13.26万亩，覆盖率46.5%。可利用草地面积15.3万亩，林地面积13.26万亩。截至2011年，水果种植面积1000亩，主要品种有桃子、梨。干果面积321亩，主要品种有核桃、板栗。果类产值1000万元。农业总产值5530万元，比上年增加119%。农民人均纯收入3241元。农民人均纯收入在2300元以下的贫困户235户3541人。乡境内有水库1座，山塘3个，总储量230立方米。有引水沟渠32.45公里，有效灌溉面积2342亩，占全乡耕地面积的67.45%。六枝特区“六乡一镇”及六枝城区人饮工程的源头——中坝水库，就坐落在中坝村。有个体商业户236户，从业人员442人，社会商品销售总额达1245.7万元，比上年增加13.25%。农村集贸市场1个，成交额906万元，比上年增加19.3%。

四、新场乡

新场乡地处六枝特区西北部，位于北纬26° 15′～26° 31′，东经105° 12′～105° 35′之间。东西最大距离21公里，南北最大距离15公里，总面积138.8平方公里。人口密度为277.4人/平方公里。东邻梭戛乡，南连岩脚镇、堕却乡，西接水城县化乐乡，北抵牛场乡，乡人民政府驻新场村中寨组，距六枝特区政府所在地 47 公里。

新场乡驻地原名付家寨。1991 年 9 月，撤新场区，将新场、黑塘、乌柳三个乡合并建新场乡。辖新场、仓脚、落龙、白果、戛纳、偏坡、岩脚寨、乌柳、岩山、老院子、两路口、上街、下街、松坝、高峰、兴隆、沙地、日院、熊井、中寨、新寨、苦李井 22 个村和新场居委会。2004 年，合并为新场、落龙、白果、仓脚、戛纳、乌柳、老院子、两路口、黑塘、松坝、旧院、沙地、高峰、熊井、苦李井、新寨 16 个村和新场居委会，有 168 个村民小组。2011 年，总人口 40700 人。有苗、彝、回等 17 个少数民族 8358 人，占总人口的 20.53 %。

新场乡属喀斯特地貌。地势东南低、西北高。最高海拔 1793 米，最低海拔 1210 米。属亚热带湿润气候区，年平均气温 13.3℃，1 月最冷，平均气温 3.8℃；7 月最热，平均气温 21℃。无霜期 250 天左右。年日照时数 1252 小时，农作物生长期 280 天。阴雨雾天多。年降雨量 1210 毫米，年最大降雨量为 2342 毫米，最小为 1072 毫米。降水大部分集中在 5—9 月，约占全年雨量的 75%。河流主要有拦龙河，属长江水系乌江流域。全长 10 公里，流域面积 28 平方公里，平均流量 1.3 立方米 / 秒。

乡境内矿产资源有煤炭，重晶石、氟石等。煤炭已探明储量为 4 亿吨。2011 年，工业总产值 5120 万元，比上年增加 1878 万元，占 GDP 的 25.67%。有耕地面积 2.7 万亩，林地面积 5.09 万亩，草地面积 1.92 万亩。粮食总产量 1.05 万吨。油菜籽 236 吨，花生 92 吨，烤烟 193 吨。农民人均纯收入 3459 元，比上年增加 708 元。有苦李井、熊井、新寨等地分布 9 个养殖场。生猪存栏 1.28 万头，羊存栏 0.28 万只，牛存栏 0.6 万头，家禽上市 6.7 万羽。肉类总产量 1405 吨，占农业产值的 49.3%。有乡级林场一个（1.2 万亩），村级林场 12 个，森林覆盖率 24.13%。农民住宅四旁树木 27.8 万株、经济林 0.09 万亩。果类面积 1360 亩，其中水果 710 亩、干果 650 亩，水果产量 1450 吨，产值 0.2 亿元，占工农业生产总值 39%。有水窖 500 个，山塘 17 个，在建水库 2 个，蓄水量 50 万吨，有效灌溉面积 460 亩。有水厂 1 个，年处理能力 8 万吨，管网 154.3 公里。

五、新华乡

新华乡地处六枝特区北部，位于北纬 25°　59′ ~ 26°　33′，东经 105° 08′ ~ 105°　23′ 之间。东西最大距离 11.3 公里，南北最大距离 21.6 公里，总面积 69.6 平方公里，人口密度为 425.93 人 / 平方公里。东邻织金县的白泥乡，南接龙场乡，西连岩脚镇，北抵梭戛乡、织金县的阿弓镇。乡人民政府驻新华居委会，距六枝特区政府驻地 32 公里。

1991 年 9 月，撤新华区，将新华乡、冷坝乡、鼠场乡的三个村合并建新华乡。辖新场、新龙、双屯、新平、新田、双寨、红旗、田坝、新寨、王家冲、冷坝、前寨、鼠场、成功、坝子 15 个村和新华居委会。2004 年，合并为新平、新田、双屯、鼠场、成功、兴隆、田坝、王家冲、新寨 9 个行政村和新华居委会，有 86 个村民小组。截至 2011 年，辖区总人口 29900 人。其中城镇常住人口 4530 人，城镇化率 10.5%。有苗族、彝族、仡佬族、布依族等 11 个少数民族，共 5532 人，占总人口 18.5%。

新华乡属喀斯特地貌。以山地为主，地势北高南低。最高海拔 1926.9 米，最低海拔 1100 米，南北高差 826.9 米。属于暖温带半湿润季风型气候。四季分明，春季干旱少雨，夏季炎热多雨，秋季凉爽干燥，冬季寒冷，雪凝、冷冻天气较多，长达 90 天左右。多年平均气温 14.5℃，1 月平均气温 7℃左右，极端最低气温 -5℃，最低月均气温 6℃。三岔河属长江流域，境内全长 5 公里，年平均流量 1.125 立方米 / 秒。年平均降雨量 140 毫米。

乡境内矿产资源有煤、硫铁矿、磷矿等。探明煤炭储量 3 亿吨。截至 2011 年，镜内有煤矿 3 对，其中在建的 1 对，砂石厂 5 个，职工 1000 人。工业总产值达 1.44 亿元，比上年增长 15.3%，占 GDP 的比重 74.01%。实现工业增加值 4831 万元，比上年增长 13.2%。

2011 年，农业产值 5835 万元，比上年增长 11.61%，占 GDP 的 25.99%。农民人均纯收入 3583 元，比上年增长 8%。农民人均纯收入低于 2300 元的贫困户有 2120 户 8450 人。有耕地面积 22455 亩，粮食总产量 0.7623 万吨，人均 255 公斤。主要经济作物有花生、油菜籽等。种植花生 210 亩，产量 38 吨。种植油菜籽 1680 亩，产量 96 吨。蔬菜种植面积 1740 亩，产量 1216 吨。辣椒种植面积 1000 亩，产量 200 吨。生姜种植面积 100 亩，产量 300 吨。大蒜种植面积 100 亩，产量 75 吨。生猪存栏 8260 头，牛存栏 5345 头，羊存栏 825 只，家禽存栏 4.66 万羽。肉类总产量 1095 吨，畜牧业产值 2496 万元，占农业产值的 42.8%。

改革开放以来，累计造林 6124.2 亩，其中经济林 3670 亩，森林覆盖率 34%。截至 2011 年，果类种植面积 915 亩，其中干果 700 亩，以核桃为主。水果 215 亩，以桃子、樱桃为主。有小山塘 1 座，容量 50 万立方米。 灌溉沟渠 15 公里，有效灌面 3000 亩。饮水困难人口 6500 人，占总人口的 21.8%。有水厂 1 座，年处理能力 120 万立方米，铺设管网 35 公里。有个体工商户 124 户，从业人员 186 人，营业额 1850 万元。农村集贸市场 3 个，年交易额 4800 万元，其中大牲畜年均交易额 210 万元。

第三节　民族乡

一、落别布依族彝族乡

落别布依族彝族乡地处六枝特区东部，位于北纬 26° 03′ ~ 26° 10′，东经 105° 27′ ~ 105° 36′ 之间。辖区东西最大距离 15.5 公里，南北最大距离 12.35 公里，总面积 94.4 平方公里。人口密度为 407 人 / 平方公里。东靠镇宁县丁其镇，南连关岭县坡贡镇，西邻折溪乡，北接大用镇。乡人民政府驻地落别，距特区政府驻地 20 公里。

1991 年 9 月，建镇并乡撤区，将原落别乡、索考乡、坝湾乡、纳骂乡合并建落别布依族彝族乡。辖落别、河边、龙井、坻耳、青杠林、硐口、牛角、水塘、平寨、木厂、屯坡、卡易、纳骂、长寨、程家寨、龙潭口、平寨、马头寨、苦竹林、靛缸寨、新寨、兴明、三合、扯堵、长沟、长湾、和平、禹王、可布、茂林、板照 31 个村和落别居委会。2004 年，合并为落别、底耳、牛角、木厂、长湾、可布、板照、茂林、长寨、纳骂、新寨、马头、川硐 13 个行政村和落别居委会，下辖 95 个村民小组。截至 2011 年，总人口 39223 人，常住人口 5869 人。城镇化率 15.3%。有布依族、彝族、仡佬族、苗族、蒙古族、土家族、回族、穿青族等 8 个少数民族共 21914 人，占人口的 56%。有灌溉沟渠 240 条，总长 89 公里。有效灌溉面积 9270 亩。

落别乡地势西高东低，境内有深谷、坝子、高山。河流深切，岸坡险峻，属喀斯特地貌。属亚热带季风气候，日照时数 1980 小时。年平均气温为 20℃，无霜期 298 天。年均降水量 1400 毫米。农作物生长期200天。境内有河流2条，系珠江水系，总长22.2公里，流域面积14平方公里，年径流总量300亿立方米。河流落差大，水能蕴藏量5.6万千瓦，可开发水能资源1.85万千瓦。

境内矿产资源有煤炭、铁矿石、石灰石、硅等。探明煤炭储量5亿吨，优质煤占90%以上。截至2011年，有民营煤矿2个，职工162人，产值70万元。砂石厂2个，产量2.6万吨，产值90万元。水电站2个，发电量260万千瓦时，产值100万元。实现工业增加值0.74亿元，比上年增加28.2%。工业总产值3.07亿元，占GDP的比重31%。

有耕地面积2.3304万亩，人均0.61亩。粮食总产量1.18万吨。农业总产值0.56亿元，比上年增长34.4%，占GDP的比重22.8%。农民人均纯收入3738元。培育出两优“363”品种获国家银质奖。

大牲畜存栏5600余头，生猪存栏8500头以上。肉类总产量保持在1000吨左右，畜牧业总产值约0.11亿元，占农业总产值的27.99%。

改革开放以来，累计造林1.8万亩，森林覆盖率31.8%。活立木蓄积量7.8万立方米。有农业机械0.35万台（辆）。截至2011年，有可利用草地面积0.3万亩，林地面积6.1万亩。有个体商业点200个，从业人员600人，社会商品销售额0.2亿元。有农村集贸市场3个，年贸易成交额0.2亿元。

民族文化：落别民间文化丰富多彩，许多自然村寨（含学校）建有文艺队。每逢节日，村民自发组织民族文艺演出活动和民族传统体育活动。积极健康向上的群众文化生活占领农村文化阵地。1993年以来，落别乡被省政府命名为“布依族歌舞之乡”、全省首批“文化先进乡”。2000年落别乡文化站又被人事部、文化部评为“全国文化工作先进集体”。民间艺术表演团队12个，文化活动层出不穷。

落别风光之美，美在天然。大自然以其鬼斧神工、精心雕琢，使这里集中了无数奇山丽水。在方圆十多公里的土地上有位于黄果树瀑布上游滴水滩瀑布、宽100余米的仙人坝瀑布、可布瀑布、三道潭瀑布、人称姊妹瀑坝湾瀑布。有多林洞，布依语称“砍独毽”、月宫洞（原名观音洞）、神仙洞、铜钱洞。还有白水河两岸的山巅堡寨。形成“瀑布成群、溶洞成串，星潭棋布，奇峰汇聚”的自然景观。

民族风情独具特色。落别坝湾一带的布依山寨，是一个语言、服饰、民间文化、挑花、蜡染、织锦、节日、礼仪等方面都保持了布依传统习俗及文化风情的地方，具有浓郁地方民族特色。

二、折溪彝族乡

折溪彝族乡地处六枝特区东南部，位于北纬26° 05' ~ 26° 11'，东经105° 10' ~ 105° 15'之间，东西最大距离16公里，南北最大距离3.45公里，总面积55平方公里。人口密度为331人/平方公里。东接关岭县坡贡镇，南邻郎岱镇，西交陇脚乡。北连落别乡、新窑乡，乡人民政府驻地折溪村，距特区政府驻地21公里。

折溪，为彝语，原意为仓库。1984年分设折溪乡。1991年9月，与原岩脚寨乡合并成立折溪彝族乡。辖把士寨、打志、直溜、播改、折溪、水淹坝、郭家院、六堡、木伐田、中寨、新孝、滥坝、隆茂、洛阳、大炉15个村。2014年，合并为中寨、六堡、木伐田、折溪、直溜、把仕寨、隆茂、滥坝、洛阳9个行政村，下辖79个村民小组。截至2011年，总人口18240人。其中城镇常住人口 2386 人，城镇化率 1.3%。除彝族占总人口的 95% 以外，还有苗、布依、仡佬族等少数民族。

折溪彝族乡以山地地貌为主，最高海拔程家小屯 1684 米，乡政府驻地海拔 1380 米，全乡平均海拔 1504.8 米。属亚热带季风气候区。其特点是夏季高温多雨，冬季温和少雨。年平均气温 14.5℃，1 月平均气温 4.8℃，7 月平均气温 21.8℃，无霜期 290 天。有直溜至中寨 11 公里、丁孝塘至隆茂（南北流向）8 公里两条河流。水源主要为山溪集水，夏季与冬季水位差大。年平均流量 1.5 立方米 / 秒，流域面积 53 平方公里。年降雨量为 1405.2 毫米，雨季集中在 5—10 月，月均降水在 117 毫米以上。

2011 年，有耕地 12180 亩。其中田 7995 亩，地 4185 亩，河边片区（隆茂、滥坝、洛阳）以沙壤土为主，把仕寨至中寨一线（把仕寨、直溜、折溪、木伐田、六堡、中寨）以粘壤土为主。农业总产值 3176 万元，占全乡生产总值的 73.2%，比上年增长 31%。农民人均纯收入 4425 元。粮食总产量 7385 吨，人均 410 公斤。生姜、大蒜、油菜籽的产值，占农业总产值的 12.3%。生猪饲养量达 6000 头，年末存栏 3800 头。牛饲养量 5000 头，年末存栏 4500 头。马饲养量 1100 匹，年末存栏 485 匹。肉类总产量 991 吨。财税收入 98.2 万元。其中：国税 16 万元，地税 79.4 万元，非税收入 2.8 万元。一般预算收入 61.5 万元。其中国税 2.4 万元，地税 56.3 万元，非税收入完成 2.8 万元。

改革开放以来，累计造林 1.87 万亩，主要林木树种有松树、杉木、楸树、青岗、杜仲等。经果林 3200 亩。森林覆盖率从 1979 年的 12.3% 提高到 2011 年的 31.91%，提高 19 个百分点。境内有库容 300 万立方米的直溜水库一座。主灌溉沟渠 35.2 公里，新建田间配水管网 84.59 公里，有效灌溉面积 7350 亩，占总耕地面积 12105 亩的 60.1%。解决 8 个村的人畜饮水困难。

三、牛场苗族彝族乡

牛场苗族彝族乡地处六枝特区西北部,位于北纬 26° 29′ ~ 26° 33′，东经 105° 19′ ~ 105° 26′。东西最大距离 13.73 公里，南北最大距离 10.85 公里，总面积 83.1 平方公里。人口密度为 286.7 人 / 平方公里。东邻织金县鸡场乡，南连新场、梭戛乡。西接水城县化乐乡，北抵纳雍县百兴镇。乡人民政府驻牛场村，距特区政府驻地 58 公里。

1984 年分设牛场乡。1991 年 9 月，将牛场乡、上官彝族乡、高石坎苗族乡、代家包苗族乡合并建牛场苗族彝族乡。辖牛场、营盘、雨过、后寨、枝支、埃冲、上寨、大箐、大寨、箐脚、新隆、胡家包、黄平、平寨、发贡 15 个村。2004 年，合并为大箐、黔中、牛场、云盘、尖岩、兴隆、箐脚、黄平、平寨 9 个行政村，下辖 125 个村民组。2011 年，总人口 23828 人。其中城镇常住人口 1250 人。城镇化率为 5.2%。有苗、彝、穿青、仡佬、回、布依族等 12 个少数民族，共 8819 人，占 37%。其中苗族 3545 人、占少数民族人口 40.2%，彝族 3497 人、占少数民族人口 39.7%，仡佬 246 人、占少数民族人口 2.8%。

牛场苗族彝族乡大部为山地，地势呈东南低、西北高的阶梯状。最高海拔 1775 米，最低点大箐村平寨海拔 1168 米。属北亚热带季风气候区。四季分明，雨热同季，光照充足。年平均气温 13.5℃，1 月平均气温 4.6℃，极端最低气温 -5.6℃（2008 年）。7 月平均气温 33.5℃，极端最高气温 36℃（2009 年）。平均气温年温差 28.5℃。农作物生长期年平均 216 天，无霜期年平均 215 天，最长 265 天，最短 195 天。年平均日照时数 1300 小时，年总辐射 129 千卡 / 平方厘米。0℃以上持续期285天（一般为2月28日—12月3日）。年平均降水量1250毫米，极端年最大降水量1380毫米（1998年）。极端年最少降水量786毫米（2009年）。主要河流三岔河、懒龙河，属长江流域。总长18.9公里，流域面积为11.05平方公里，径流量为23.5立方米/秒。

贵州省最大的黔中水利枢纽工程于2009年10月在牛场乡动工建设，主坝址位于牛场乡黔中村。竣工后形成黔中库区，是水上旅游的最佳选择。

境内有煤、天然气、页岩气，探明煤炭储量4.5亿吨、天然气、页岩气地质储量为1.5亿立方米。2011年工业生产总值900万元，比上年增长73%，占GDP比重6.4%。

2011年，牛场乡农业总产值6523万元，占国民生产总值的16.7%。农民人均纯收入3222元。人均纯收入低于2300元的有2125户8927人。有耕地面积2.35万亩，人均0.99亩。生产粮食6446吨，人均305公斤，比上年增长3.6%。其中玉米5350吨，小麦800吨。主要经济作物为辣椒、烤烟、中药材。种植辣椒0.42万亩，烤烟0.12万亩，中药材0.15万亩。辣椒产量60万斤，烤烟产量25万担，中药材产量760吨。牛场辣椒为区级特色农产品。2010年获“全国无公害产品”认证，且已作商标注册。生猪存栏1.42万头，羊存栏0.07万只，牛存栏0.4万头。家禽上市5.2万羽。肉类总产量1018吨。其中猪肉945吨，牛肉88吨，禽蛋111吨。

改革开放以来，累计造林3.32万亩。其中防护林2.1万亩，经济林0.3万亩，竹林0.17万亩，农民住宅四周树木30万株，林木覆盖率31%。活立木蓄积量10万立方米。2011年水果种植面积0.1万亩，产量80吨。有个体工商162户，从业人员285人，社会商品销售总额0.12亿元。有集贸市场2个，全年交易额0.15亿元。其中大牲畜交易额达0.06亿元，辣椒交易额达0.05亿元。财政总收入0.021亿元，其中：地方财政收入98.79万元，比上年增长11%。

苗族的芦笙、舞蹈、民歌、唢呐等民间艺术广泛流行。特别是苗族的跳花节、“打戛”、“牛角酒”文化源远沉长。

四、中寨苗族彝族布依族乡

中寨苗族彝族布依族乡地处六枝特区西南部，位于北纬26°　05′　49″～26°　05′　15″，东经105°　07′　15″～105°　23′　01″之间。东西最大距离26.25公里，南北最大距离18.15公里，总面积219.6平方公里。人口密度为204人/平方公里。东邻新窑乡、陇脚乡、南连郎岱镇、毛口乡，西接水城县的猴场乡、红岩乡、普安县的龙吟镇，晴隆县的长流乡，北靠箐口乡、堕却乡，乡人民政府驻中寨村，距特区政府驻地65公里。

1991年9月，撤中寨区（划拨出鲁戛乡石板村和沈家村归毛口乡），建中寨苗族彝族布依族乡。辖中寨、红专、已西、小补王、箐脚、马安、新场、火坑、四方井、费戛、大补王、阿志、木则、补许、沙戈、毛坪、上寨、红光、岩脚、山背后、双夕、移山、三家寨、长寨、平基、扯扭、西垃、以洗、火烧寨、鲁戛、啊哈、扁槽、捧夯33个村和中寨居委会。2004年，合并为木则、补许、四方井、费戛、大补王、箐脚、小补王、大箐、中寨、移山、双夕、岩脚、红光、鲁戛、扁朝、兴隆、西拉、扯扭、平基、长寨、新场21个行政村和中寨居委会，下辖216个村民小组。2011年，总人口44875人，其中城镇常住人口1795人，城镇化率4%；有苗、彝、布依等12个少数民族，42048人，占总人口的93.7%，其中：苗族25540人，占少数民族总人口的60.7%；彝族10456人，占24.9%；布依族人口7080人，占16.8%。

中寨布依族彝族苗族乡属喀斯特地貌，以山地为主，地势为西北至东南走向，地形西高东低。乡内最低海拔 725 米，最高海拔 2126.9 米。属亚热带季风气候。年平均气温为 19℃，降水量 1482.3 毫米。 极端最高气温 37.7 ℃ ，极端最低气温— 6.6 ℃。全年日照时数 1216 时，无霜期在 270 天左右。境内河流有北盘江过境长 10 公里属珠江水系。干流月亮河长 30 公里。支流龙滩河、木则河、阿志河、打海河、以许河，总长 9 公里。 多年平均径流总量 2.35 亿立方米。年降水量 1446.7 毫米。

境内矿产资源有煤、铁、铅、锌、砷（雄磺）等 。已探明煤储量 5.6 亿吨。煤系地层分布面积占全乡总面积的 30%。2011 年，有煤矿 8 对，年产量 240 万吨。在建煤矿一对，年设计生产原煤 120 万吨。有砂石厂 6 个，从业人员 1772 人。工业产值 7.47 亿元，实现税收 2470 万元。境内有耕地面积 2.24 万亩，人均耕地 0.54 亩。粮食总产量 1.23 万吨，人均 260 公斤。其中水稻 3120 吨，玉米 4718 吨。经济作物主要有油菜和花生，其中油菜籽 171 吨，花生 85 吨，其他 1 吨。农业总产值 4986 万元，同比增长 921 万元，占生产总值的 12%。农民人均纯收入 3751 元，同比增长了 746 元。农民人均纯收入在 2300 元以下的有 4227 户 8922 人。生猪存栏 9728 头，出栏 7105 头。牛存栏 5552 头，出栏 1095 头。马存栏 608 匹，出栏 123 匹。各类家禽 3.65 万羽。肉类总产量 792 吨，畜牧业总产值 1418 万元，占农业总产值的 29.44%。有固定集贸市场 4 个，从业个体工商户 410 户，从业人员 756 人。社会商品销售总额达 3245.7 万元，比上年增加 13.25%。贸易成交额 2106 万元，比上年增加 19.3%。财政总收入 2370 万元，其中：地方财政收入 862 万元，比上年下降 66.22%。存款余额 12517 万元，贷款余额 6912 万元。

改革开放以来，累计完成造林 3.3 万亩。其中防护林 2.3 万亩，经济林 1 万亩，农民住宅四旁树木 5 万株。林木覆盖率 17.6%。水果种植面积 169 亩，优质梨种植 4 万株。

彝族铃铛舞，曾在全国和贵州少数民族传统体育运动会获奖，2004 年六盘水市凉都消夏文化节上取得了第一名。

五、毛口布依族苗族乡

1978—1983 年，毛口公社归中寨区管辖。毛口布依族苗族乡地处六枝特区西南部，位于北纬 25° 59′ ~ 26° 27′ ，东经 105° 12′ ~ 105° 17′ 之间。辖区东西最大距离 10 公里，南北最大距离 18.9 公里，总面积 108.5 平方公里。人口密度为每 99 人 / 平方公里。东邻郎岱镇、洒志乡，南接关岭县岗乌镇，西连晴隆县花贡镇，北抵中寨乡。乡人民政府驻西陵村，距六枝特区城区 68 公里。

1984 年社改乡，建毛口布依族乡，归郎岱区管辖。1991 年 9 月原中寨区鲁戛乡的沈家、石板两个村并入，建毛口布依族苗族乡升格为科（局）级。辖毛口、木城、那当、半坡、板亭、大冲、小田、石板、沈家 9 个村和毛口居委会。2004 年，合并为西陵、牂牁、半坡、沈家、木城、大冲 6 个行政村和毛口居委会，下设 59 个村民小组，1 个居民小组。2011 年，总人口 11278 人，其中城镇常住人口 1788 人，城镇化率 17%。有布依、彝、苗、仡佬等 9 个少数民族，共 7538 人，占总人口的 64%。其中布依族 4115 人，占少数民族的 55%，苗族 1521 人，占少数民族的 21%，彝族 1671 人，占少数民族的 23%。

毛口布依族苗族乡。北盘江纵贯乡境西部，境内地形起伏，层峦叠嶂，地势为四面高，中间低，呈盆地形。最高峰老王山，海拔 2126.9 米。最低海拔牂牁湖面 725 米，落差 1401.9 米。属亚热带季风气候。其特点是夏季高温多雨，冬季温和少雨。年平均气温 18.4℃，1 月平均气温 10℃，极端最低气温 -0.8℃（1988 年 1 月 16 日）。7 月平均气温 26℃，极端最高气温 41℃（2001 年 7 月 24 日）。无霜期 355 天，年平均日照 1227.9 小时，年总辐射 85.28 千卡 / 平方厘米。年降雨量为 890 毫米，雨季集中在 5—10 月，月均降水在 178 毫米以上。境内河道属于珠江水系北盘江流域。过境段称牂牁江，长 61 公里，流域面积 25.6 平方公里。年均流量 229.01 立方米 / 秒。

2011 年，有砂厂砖厂各 1 个，工业总产值 3154.54 万元。农业总产值 1863 万元，比上年增加 9%，占 GDP 的比重 12%。耕地面积 8445 亩，人均 0.75 亩，生产粮食 3000 吨，人均 303 公斤。其中水稻 923 吨，玉米 1542 吨。农民人均纯收入 3421 元，农民人均收入在 2300 元以下的农户 1238 户 3903 人。生猪存栏 3207 头，牛存栏 4467 头，马存栏 474 匹。畜牧业总产值 538 万元，占农业产值的 29%。有水利设施 20 处，有效灌溉面积 3 万亩。人畜饮水工程 12 处，铺设饮水管道 20 公里。有个体工商户 60 户，从业人员 60 人。农村集贸市场 1 个，社会商品销售总额达 120 万元，集市贸易成交额 200 万元。财政总收入 212.95 万元，其中地方财政收入 175.34 万元。

改革开放以来，累计造林 600 亩，其中有乡林场 75 亩，个人商品林 200 亩，灌木林地 385 亩，林木覆盖率 27.3%。水果种植面积 100 亩，产量 374 吨。

1995 年 3 月，省政府批准乡内牂牁江流域为牂牁江省级风景名胜区，牂牁江景区位于六枝特区西部，距六枝城区 67 公里，系珠江流域、北盘江水系。沿岸风景秀丽有壁峡、绿茵洞、一线天木城古榕树、牂牁寨、月亮洞、“惠超郑相”石刻等自然景观，还有神秘的王子坟、龙潭、虎跳石、将军坟、老王山（郎山）九层山、古驿道、梯子岩、狗爬岩等。人文景观奇特，历史悠久，源远流长。

牂牁湖：位于六枝特区西部毛口乡境内，属珠江水系北盘江流域。因光照水电站的建成，在库区水位上升后形成人工湖。牂牁湖水面面积约 18 万亩，属目前贵州省最大的人工湖之一。水库水体属一级水质，无污染。可视度达水下 5 米，库内鱼种繁多，靠食库内天然饵料成长。

少数民族民俗、风情。有牂牁江布依族民间传统节日、民俗活动、歌谣、样梭、板凳舞、蜡染、绣花、织布、布依服饰制作，九层山苗族的芦笙舞等。

六、箐口彝族仡佬族布依族乡

箐口彝族仡佬族布依族乡地处六枝特区西部，位于北纬 26° 13′ 22″ ~ 26° 16′ 58″，东经 105° 13′ 18″ ~ 105° 16′ 25″ 之间。东西最大距离 8.25 公里，南北最大距离 12 公里，总面积 56.4 平方公里。人口密度为 241 人 / 平方公里。东北邻堕却乡，南接中寨乡，西连水城县红岩乡。距特区政府驻地 34 公里。乡人民政府驻荒田村关寨。

1984 年社改乡，改称箐口乡。1991 年 9 月，撤箐口乡，将原堕脚区牛坡乡居都村划入，建箐口彝族仡佬族布依族乡升格为科（局）级。辖箐口、荒田、果落、坝子、上麻翁、化懂、下麻翁、社勒、过瓦、河边、居都 11 个村。2004 年，合并为荒田、箐口、坝子、下麻翁、社勒、过瓦、居都 7 个行政村，下辖 112 个村民小组。2011 年，总人口 13299 人，其中城镇常住人口 1820 人，城镇化率 13.7%。有彝、仡佬、布依、苗等 11 种少数民族，8075 人，占 61.1%。其中彝族 4536 人，占少数民族总人口 56.2%，仡佬族 1738 人，占少数民族总人口的 21.5%。

箐口彝族仡佬族布依族乡属喀斯特地貌，地形以高原、山地为主，主要山脉花赖梁子。最高点位于荒田村老鹰山，海拔1870米，最低点位于下麻翁村捞河，海拔800米。属亚热带季风气候，年平均气温为16.2℃。其中1月9.4℃，7月22.6℃。农作物生长期年平均200天，无霜期年平均298天。年平均日照时数1305.5小时，年总辐射72.6千卡/平方厘米。0℃以上持续期243天。年平均降水量1148.2毫米，降雨集中在每年的4—7月，5月最多。境内的麻翁、捞河2条河流，属珠江水系。总长10.2公里，流域面积1.8平方公里，年径流总量6000万立方米。

境内矿产资源有煤、硅石。煤炭已探明藏量5.41亿吨。2011年，工业总产值0.64亿元，占全年总产值的62%，比上年增加20%。民营煤矿4家，产煤13.1万吨。砂石场1个，年产5万立方米。

2011年，农业总产值2330万元，比上年增长23.3%，人均纯收入3105元。人均纯收入在2300元以下的1164户4541人。全乡耕地面积1.4万亩，人均1.1亩。生产粮食1843吨。粮食作物以玉米、水稻为主。经济作物以蔬菜为主，种植面积0.12万亩，产量3640吨。生猪存栏0.58万头，羊存栏0.73万只，牛存栏0.47万头。肉类总产量731吨，畜牧业总产值701万元，占农业总产值的64%。有宜牧荒山1.3万亩。境内有水库1座，山塘2座，总蓄水量102万立方米。有引水沟蕖2条，总长8.5公里，有效灌溉面积820亩。占全乡耕地面积的6%。饮水困难人口1272户，5156人。有个体工商户18户，从业人员27人。社会商品销售总额达590.4万元，比上年增长1.8%。有集贸市场2个，成交额362万元。财政总收入433.33万元，比上年增长0.39%。其中地方财政收入396.9万元，比上年增长2.4%。

改革开放以来，有林地面积3.7万亩，累计造林3.2万亩。其中防护林7382.37亩，经济林5000亩，竹林165亩，森林覆盖率33.92%。水果面积4700亩。主要品种有桃、梨、樱桃等。干果面积5370亩，主要品种有核桃、板栗等。

七、洒志彝族布依族苗族乡

洒志彝族布依族苗族乡地处六枝特区南部，位于北纬26° 01′ ~ 26° 05′，东经105° 26′ ~ 105° 41′之间。东西最大距离23.2公里，南北最大距离8.6公里，总面积108平方公里。东、南部分别与关岭县的岗乌镇、永宁镇、顶云乡相邻，西连毛口乡，北抵郎岱镇。乡人民政府驻赖水井，距特区政府驻地58公里。

1984年撤公社建洒志布依族彝族乡。1991年9月，撤洒志布依族彝族乡，将原安乐乡的田坝、簸箕田、四轮碑3个村合并建立洒志彝族布依族苗族乡。辖花蛇、营盘、中寨、平桥、把利、渔塘、红那孔、大寨、簸箕田、田坝、四棱碑11个村。2004年，合并为洒志、平桥、中寨、把利、渔塘、磨卜、田坝、簸箕田、跳花坡9个行政村，下设91个村民组。2011年，总人口19776人。其中城镇常住人口3000人，城镇化率15.1%。有彝族、布依族，苗族、黎族、仡佬族等9个少数民族13166人，占66.6%。其中：彝族6495人、占少数民族总人口的49.4%，布依族3115人，占23.7%，苗族3172人、占24%。

洒志彝族布依族苗族乡最高海拔1862米，最低海拔1125.8米。四面环山，中部低凹。属亚热带季风气候，雨热同季，年平均气温15.0℃。7月平均气温22.3℃，极端最高气温34.6℃。1月平均气温6.5℃，极端最低气温–5.0℃。无霜期285天。年均日照时数为1256.3小时，年总辐射86.12

千卡 / 厘米。年降雨量 1333.5 毫米，降雨主要集中在 6—8 月。有河流 1 条，属珠江水系，北盘江流域，总长度 25 公里。年平均流量 1.5 立方米 / 秒，流域面积 52 平方公里。

镜内主要矿产资源有煤炭、萤石等。已探明煤炭贮藏量为 4667 万吨。2011 年，在建煤矿 1 个，规模设计能力为年产 30 万吨。有砂石厂一个，产砂 3 万立方米，产值 105 万元，工业总产值 2910 万元。

2011 年，耕地面积 2.29 万亩，人均 1.2 亩。粮食总产量 5610 吨，人均 241.9 公斤。茶叶种植面积 1800 余亩，产量 12.6 吨；油菜籽种植面积 1980 亩，产量 178 吨。蔬菜种植面积 570 亩，产量 1586 吨。农业总产值 3646 万元，占总产值的 33.9%。农民人均纯收入 3600 元，比上年增长 24%。人均纯收入在 2300 元以下的贫困户 2568 户 6517 人。特色农产品有洒志茶叶、洒志红米等。生猪存栏 6419 头，牛存栏数 3529 头，羊存栏 1665 只。家禽饲养量 4.54 万羽，上市家禽 2.56 万羽。肉类产量 556 吨。其中猪肉 406 吨，羊肉 25 吨，牛肉 59 吨。禽肉 29 吨，禽蛋 21 吨。畜牧业总产值 1893 万元，占农业产值的 51.9%。境内有山塘 6 个，储水量为 30000 立方米。水窖 38 口，储水量为 380 立方米，引水渠道 1.77 公里，有饮水管网 17 公里，有效灌溉面积 800 亩，占耕地面积的 3.5%。饮水困难人口 11000 人，占总人口的 55.6%。有个体工商户 50 户，从业人员 80 人，营业额 150 万元。农村集贸市场 2 个，交易额 180 万元。财政总收入 189 万元，其中一般预算收入 188 万元，比上年增长 270%。

改革开放以来，累计造林 1.06 万亩。其中防护林 1 万亩，经济林 670 亩，农民住宅四旁树木 30 万株，林木覆盖 33%。果类面积 2000 亩。其中水果 1300 亩，干果 700 亩，水果主要以冰脆李为主。

八、梭戛苗族彝族回族乡

梭戛苗族彝族回族乡地处六枝特区西北部，位于北纬 26° 43′ 89″ ~ 26° 44′ 46″，东经 105° 39′ 5″ ~ 105° 40′ 5″ 之间。东西最大距离 15.2 公里，南北最大距离 9.8 公里，总面积 56.7 平方公里。人口密度为 367 人 / 平方公里。东接新华乡，南邻岩脚镇，西连新场乡、牛场乡，北抵织金县的鸡场乡、阿弓镇。乡人民政府驻中寨村复兴街上，距特区人民政府驻地 32 公里。

1984 年，社改乡建梭戛苗族彝族乡。1991 年 9 月，撤梭戛苗族彝族乡升格为科（局）级，将原新华乡的团结、沙子两村并入建梭戛苗族彝族回族乡。辖仓边、安柱、和平、平寨、中寨、顺利、新发、高兴、水沟、罗群、复兴、团结、沙子 13 个村。2004 年，合并为平寨、顺利、高兴、中寨、安柱、乐群、沙子 7 个行政村、下辖 62 个村民小组。总人口 20562 人，其中城镇常住人口 670 人，城镇化率 3.25%。有苗族、彝族、回族、布依族、白族、仡佬族、穿青族、蒙古族等 11 个少数民族，共 7313 人，占总人口的 35.56%。其中苗族 3221 人，占少数民族人口的 44.04%。彝族 2250 人，占少数民族人口的 30.76%。回族 950 人，占少数民族人口的 12.99%。

梭戛苗族彝族回族乡属喀斯特地貌，石漠化现象严重，土地贫瘠，是典型的深山区。最高海拔 1700 米，最低海拔 1151 米。属亚热带季风气候。多年平均气温 14℃，极端最低气温 -1℃（1977 年 1 月）。7 月平均气温 28.9℃，极端最高气温 35℃（1990 年 7 月）。无霜期 280 天，年均日照时数 2915 小时左右。年平均降水量 1342.4 毫米。境内三岔河属长江水系，流域面积 56.7 平方公里，总长 10.2 公里。

2011年，有4个砂石厂，20余个砖厂。工业总产值1980万元。有耕地面积1.246万亩，人均0.61亩。粮食总产量4251吨。其中小麦630吨、水稻94吨、马铃薯726吨。人均207公斤，农业总产值2908万元，同比增长20%。农民人均纯收入3426元。经济作物种植0.46万亩。其中油菜籽种植0.3万亩，产量150吨。烤烟种植0.16万亩，产量160吨。绿肥种植0.5万亩。大牲畜存栏2918头，生猪存栏数4343头，家禽存栏183390羽。肉类总产量606吨，禽蛋产量26吨。全乡林木面积1.83万亩。其中有林地0.89万亩，灌木林地0.33万亩。未成林造林地0.2万亩，宜林地0.38万亩，森林覆盖率14.18%，有0.02万亩的乡林场1个。有水库1个，库容10.4万立方米，灌溉面积300余亩。山塘2个，库容9.5万立方米，灌溉面积280余亩。水窖1000个，容量50立方米。饮水困难人口3581人。有商业点200余个，从业人员600余人，商品销售额500万元。农村集贸市场1个，交易额850万元。其中大牲畜交易额150万元。财政总收入208.86万元，地方财政总收入58万元，同比增长4%。

长角苗歌舞表演队——“箐林之声”，荣获2011年“多彩贵州”歌唱大赛“银瀑奖”。长角苗的乐器“三眼箫”被列为世界非物质文化遗产。梭戛国际生态博物馆位于高兴村陇戛寨，是中国第一座生态博物馆，也是亚洲第一座生态博物馆。1997年7月23日，中共中央总书记、国家主席、中央军委主席江泽民和挪威国王哈拉尔五世出席签字仪式，于1998年10月31日建成开馆。2008年，被省旅游协会、省风景名胜区管理协会等机构评为“贵州省十大魅力旅游景区”。2011年接待游客2.76万（人）次。

黔中水利枢纽工程坝址位于牛场乡平寨村河段。水库正常蓄水位1331米，回水长度38.21公里。水面面积21.01平方公里，总库容10.89亿立方米。兴利调节库容4.48亿立方米，为大Ⅱ型年调节水库。大坝为砼面板堆石坝，最大坝高162.7米。坝后电站装机136兆瓦，年发电量3.4亿千瓦时。

九、陇脚布依族乡

陇脚布依族乡地处六枝特区西南部，位于北纬26° 05′ ~ 26° 10′，东经105° 21′ ~ 105° 27′之间。辖区东西最大距离10.9公里，南北最大距离10.4公里。总面积54.6平方公里，人口密度为263.9人/平方公里。东连折溪乡，南邻郎岱镇，西接中寨乡，北抵新窑乡、折溪乡。乡人民政府驻花德村，距特区政府驻地24公里。

1984年建陇脚布依族乡。1991年9月，升格为正科级建制。辖花德河、那海、新春、何家寨、牧场、大坝、月亮河、补雨、陇脚、新田11个村和花德河居委会。2004年，合并为新春、花德、补雨、月亮河、大坝、牧场、郭家寨、何家寨8个行政村和陇脚居委会。下设72个村民小组。2011年，总人口14954人。其中城镇常住人口1196人，城镇化率8%。有布依族、苗族、彝族、仡佬族、土家族等10个少数民族，共7237人。占总人口的48.4%。其中布依族4050人，占少数民族人口的56%。苗族1570人，占少数民族人口的21.7%。彝族1370人，占少数民族人口的18.9%。

陇脚布依族乡地形起伏，地势东高西低。境内最高海拔1643.5米，最低海拔1109.9米。属亚热带季风气候带。其特点是冬春长、夏秋短，雨热同季。气候温凉湿暖。光、热、水的地域差异明显。多年平均气温13.5℃，1月平均气温6℃，极端最低气温-4.2℃（1967年1月16日）。7月平均气温23.4℃，极端最高气温35.2℃（1958年4月23日）。最低月均气温1.2℃（2009年1月），最高月均气温 28℃（1958 年 7 月）。平均气温年较差 0.1℃。农作物生长期年平均 115 天。无霜期年平均 298 天，最长达 320 天，最短为 284 天。年平均日照时数 1252.4 小时，0℃以上持续期 345 天。年平均降水量 1435.6 毫米，年平均降雨日数为 195 天。降雨集中在每年 5—10 月，7 月最多。河流属珠江水系北盘江流域。最大河流为月亮河，流域面积 3 平方公里，总长 15 公里，年均流量 2.2 立方米 / 秒。镜内有硅砂。探明储量 4.5 亿吨。

2011 年，有耕地面积 0.93 万亩，人均 0.62 亩。粮食总产量 5123 吨，人均 343 公斤。其中水稻 3645 吨，小麦 92 吨。主要经济作物有油菜、花生等。油料、花生种植面积 200 余亩，产量 245 吨。其中花生 10 吨。蔬菜种植面积 2000 亩，产量 1364 吨。农业总产值 2800 万元，比上年增加 5.68%，占 GDP 的比重 31.98%。农民人均纯收入 4380 元，比上年增长 1039 元。有贫困线 2300 元收入以下农户 1743 户 5684 人。该乡以生猪、蛋鸭养殖为主。规模化养殖场 19 个。其中养猪场 10 个，养鸭场 9 个。生猪存栏 5000 头，牛存栏 2000 头。上市家禽 4.3 万羽。肉类总产量 754.1 吨。其中猪肉 572 吨，牛肉 90 吨。禽蛋 180 吨。畜牧业总产值 5800 万元，占农业总产值的 72.88%。拥有小型农业机械 0.01 万台（辆）。名优特农产品有生态鸭蛋、无公害优质米。有引水渠道 85 公里，有效灌溉面积 7000 亩，占耕地面积的 75.5%。人畜饮水管网 85 公里，饮水困难人口 720 人，占总人口的 4.8%。有个体商业网点 45 个，从业人员 105 人，商品销售总额 150 万元。有农村集贸市场 1 个，交易额 600 万元。

改革开放以来，累计造林 4300 亩。其中防护林 1200 亩，经济林 3100 亩，农民住宅四旁树木 2.5 万株，森林覆盖率 53.7%。2011 年，水果种植面积 0.04 万亩。

布依族特色有蜡染、刺绣、铜鼓舞、唢呐等，是该乡典型的布依文化。其中布依铜鼓舞曾在贵州省布依歌舞大赛中获二等奖。境内风景名胜区有中国布依第一村凉都・月亮河布依文化生态园，是全国农业旅游示范点、贵州省乡村旅游示范点。天下第一铜鼓“布依神鼓”、长达 666.6 米的布依文化长廊，展现了布依文化。生态园年接待国内游客 5.5 万（人）次。

第三章　地质　地貌　矿藏

第一节　地质

六枝特区地处云贵高原东斜坡，乌蒙山脉与苗岭山脉的分水岭，其地质状况由紧密线状背向斜构造，褶皱强烈，断裂多呈走向逆断层，有部分走向横断层，以石灰岩和白云石岩为主，出露最古老地层为石炭系。

一、地层

境内出露地层有石炭系、二叠系、三叠系、侏罗系、第四系等。二叠系在本区分布最广，第四系为零星分布，各系间均以整合或平行不整合接触。

六枝特区地层岩性一览表

表 1-3-1

岩 系	岩 性	岩 类	出露及分布	厚度（米）
石炭系（C）	黄龙群（C_2HN）	深灰及浅灰色中厚层和厚层生物碎屑灰岩	堕却背斜的老马地大山、郎节坝、苦李井	36 ~ 400
石炭系（C）	马平群（C_3MP）	浅灰及深灰色中厚夹层薄灰岩、生物碎屑灰岩灰白云岩	顶头山、背斜轴部的半坡塘、汪家地、堕却、天生桥、阿雨	251 ~ 837
二叠系（P）	梁山组（P_2L）	以黑色拌砂质泥岩、砂岩为主，上部夹有石英砂岩和灰岩	郎岱、洒志、箐脚、那邦、西拉、阿志一带	
二叠系（P）	栖霞组（PQ）	浅灰至深灰色厚层块状灰岩，顶部见有少量燧石薄层	打铁关、新窑、戛细等地	246 ~ 775
二叠系（P）	毛口组（P_1M）	浅灰至深灰色厚层块状灰岩，顶部见有少量燧石薄层	打铁关、新窑、戛细等地	246 ~ 775
二叠系（P）	峨眉山玄武岩（P_2B）	灰绿、暗绿、黑色状、玄武岩、夹火山角砾岩及凝灰岩	全区出露较多，主要在中寨、毛口一带	0 ~ 410
二叠系（P）	龙潭组（P_2g）	以砂岩、砂质页岩为主，含有少量灰岩及燧石灰岩	分布较广，是本区主要含煤地层	300 ~ 450
二叠系（P）	长兴组（P_2C）	灰、深灰色燧石结核石灰岩夹黄砾色砂质页岩，硅质页岩	含煤数层，在境内分布较广	110 ~ 196
三叠系	飞仙关组（T_1f）	以灰色泥灰岩和砂页岩、砂岩、页岩为主		412 ~ 564
三叠系	关宁组（T_1gh）	以石类岩为主，夹有少量泥灰岩、白石岩及页岩		503 ~ 649
三叠系	关岭组（T_2g）	泥岩、页岩与泥质白云岩互层	分布于郎岱向斜和六枝向斜轴部，岩脚向斜有广泛分布	1010 ~ 1146
三叠系	法郎组（T_1f）	上部为灰黄色泥质灰岩，下部为灰岩，中夹泥灰岩及白云岩	出露在安乐、骂冗等地	296 ~ 465
三叠系	把南组（T_4B）	辉煌、蓝灰色砂质泥灰岩，长石、石英砂石	郎岱向斜的两翼	107 ~ 226
侏罗系（T）	龙头山砂岩组（J_1L）	以棕黄、灰白色中厚层至块状长石、石英砂岩为主	郎岱向斜翼部的卢家寨、严家寨一带	590
侏罗系（T）	郎岱群（J_2V_4）	以杂色黏土为主，夹黏土质石英砂岩、粉砂岩等	郎岱向斜轴部有广泛出露，如花德、新寨	280
第四系（QN+P）	更新统（QP）	湖泊相耐火材料、黑色淤泥等	河、溪、沟、谷等地带，毛口附近广泛分布	60 ~ 80
第四系（QN+P）	全新统（QN）	残坡带积亚黏土冲击沙砾层，洞穴堆积等	河、溪、沟、谷等地带，毛口附近广泛分布	40 ~ 50

二、构造

六枝特区主体构造体系以北西向构造带行迹为主，并伴有近东西构造北东或北东负（华夏系及新华夏系）构造，S 型构造及旋转构造。不同性质的构造有主次之分，又有部分联合形式表现，但比较分散，仅在局部地区显著。

（一）西北向构造带

西北向构造苛呈线状及带状，紧密褶皱强烈，特别是背斜窄向斜宽，局部褶皱有倒转，发育低，角度于西北向断裂，由东向西推力十分明显，受后期构造影响，仅以断裂出现，规模小，呈北东向，主要涨性断裂突出，发育广泛。

1. 郎岱向斜（关岭向斜）：轴向北西 30 ~ 50 ~ 40 ~ 50 度，轴线呈波状，长 80 公里，宽 2 ~ 8 公里，轴线中部倾状较大，核部地层为侏罗系，两翼地层倾角变化大，局部有倒转。北东翼地层倾角为北段 34 ~ 70 度，中段 50 ~ 70 度，南段 38 ~ 80 度。南西翼地层倾角为北段 40 ~ 60 度，中段 50 ~ 70 度，南段 70 ~ 80 度。向斜边部地层倾角显示箱型褶皱特点，向斜内发育两组断裂，一组为北西走向断裂，属压扭性逆断层，另一组为北东向横切断裂，属涨扭性正断层，两组断裂对地层完整性均有破坏作用。

2. 双夕复向斜（陈家寨向斜）：轴向北西 80 ~ 70 度，长 17 公里，宽 3 ~ 8 公里，核部地层为中三迭统。地层倾角为北东翼 60 ~ 80 度，局部为断裂切割或倒转；南北翼 45 ~ 70 度，复向斜由 3 个次一级褶皱组成，即双夕向斜、巴赖大寨向斜及白羊箐向斜。复向斜北端构造复杂，以走向断裂为主，均以压扭性逆断层展现，少数为横切正断层。

3. 永宁背斜：轴向北西 40 ~ 35 度，长 20 公里，宽 10 公里，为一封闭穹隆状背斜，核部由龙潭组及玄武岩地层级成，两翼地层倾角 30 ~ 50 度，背斜南端有一条斜切走向断层，为北西 20 ~ 30 度方向的压扭性道断层，将背斜切成两段。

4. 黄泥塘向斜：轴向北西 40 度，长 30 公里，宽 10 公里，核部地层为上三叠统，地层倾角北东翼为 50 度，南西翼为 30 度。

5. 三丈水背斜（岩脚背斜）：轴向北西 40 ~ 60 ~ 40 度，长 90 公里，宽 2 ~ 10 公里，向南东逐渐变窄，核部地层为石炭系，背斜轴部宽缓，两翼不对称，北东翼地层倾角为北段 30 ~ 60 度，中段 40 ~ 65 度，南段 50 ~ 75 度。西南翼地层倾角为北段 30 ~ 70 度，中段 40 ~ 75 度，南段 40 ~ 60 度，局部地段地层直立或倒转。中部地层构造简单，两端较复杂。西北部横切断裂发育南东部走向断裂较多，以呈跌瓦状逆断层为主。

6. 镇宁向斜：轴向北西 30 度，长 30 公里，宽 10 公里，核部地层为中三叠统。地层倾角北翼为 10 度，南系翼为 20 ~ 30 度。

7. 大煤山背斜：轴向北西 50 ~ 70 度，长 35 公里，宽 2 ~ 8 公里，北西部与梅子关背斜互交，南东部背斜交走向断裂切割，背斜下落后，由明显示与逐渐倾状成为不明显示，背斜西南翼地层倾角为北部 10 ~ 30 度，南部 10 ~ 20 度；北东翼地层倾角为北部 20 ~ 60 度，南部 15 ~ 45 度。核部为毛口组及玄武岩地层，断裂有两组，一组为走向断层，破坏性大，以压扭性逆断层出现，多分布于西端；另一组为横切断裂，断层大多规模小，以涨扭性正断层为主，次一级褶皱发育，但规模不大，有卜泥向斜、下洞向斜及抵拱背斜等。

8. 六枝复向斜：轴向北西 35 ~ 40 度，长 65 公里，宽 7 ~ 10 公里，核部地层为中三叠统。南西翼地层倾角为北段 30 ~ 60 度，中段 40 ~ 65 度，南段 55 ~ 75 度，北东翼地层倾角为北段 20 ~ 30 度，中段 10 ~ 30 度，南段 10 ~ 20 度。两端横切断裂比较发育，多为涨扭性正断层。次一级褶皱有骂冗向斜、长田褶田（两个向斜及一个背斜）等组成。

（二）东西向构造带

东西向构造带规模较小，褶皱不强烈，展布比较分散，多为联衙构造形成的一种形迹。

1．沙营向斜：轴向近东西，长30公里，宽8公里，核部地层为中三叠统。地层倾角为北翼30～70度，南翼10～20度。

2．河塘背斜：轴向近东西，长15公里，宽10公里，核部地层为上石炭统。地层倾角为北翼10～30度，南翼30～70度。

3．水母向斜：轴向近东西，长15公里，宽5公里，核部地层为中三叠统。地层倾角为北翼18～60度，南翼20～50度。

4．龙场向斜：轴向北东75度，长15公里，宽3公里，核部地区为中三叠统。地层倾角为南东翼25～60度，北西翼20～40度，有斜切及横切断裂，以涨扭性正断层为主。

5．那起背斜：轴向北东80度，长12公里，宽1～3公里，核部地层为毛口组或玄武岩。地层倾角为北西翼25～60度，南东翼40～60度。南东翼被斜切断层破坏，仅西端保留较好。

（三）东北或北东构造带（华夏系及新华夏系）

核构造仅零星分布于煤炭边缘，西部以短轴向背斜褶皱为主，向东逐渐变为宽阔的褶皱。

1．梅子关背斜（大窑背斜）：轴向北东50度，长22公里，宽5—8公里，核部出露地层为下石炭统。地层倾角为南东翼20～60度，北西翼30～65度，背斜上发育较多斜切正断层。本背斜呈斜接复合于大煤山背斜，南部受六枝向斜北西向构造带阻挡而限制了向南发展。

2．波玉向斜：轴向北东30度，长10公里，宽10公里，向北与织金的补郎斜为同一构造，核部地层为中三迭统，地层倾角：北西翼18～60度，南东翼20度左右。

3．安顺向斜：轴向北东60度，长25公里，宽10公里，核部地层为中三叠统，地层倾角为北西翼10～20度，南东翼20～30度，轴部小于10公里。

4．中营复向斜：轴向北东40度，长15公里，宽3～4公里，核部地层为中三叠统，地层倾角为北西翼20～80度，中部直立或倒转；南东翼10～30度，次一级褶皱发育，但均呈北西向。（1）新华背斜：轴向北西40度，长3公里，宽2公里，核部地层为下三叠统，地层倾角为南西翼15～30度，北东翼10～20度。（2）蓝田向斜：轴向北西50度，长5公里，宽3公里，核部地层为中三叠统，向南东翘起。地层倾角为南翼10～20度，北东翼20～30度。（3）鲁戛背斜：轴向北西70度，长3公里，宽2公里，地层为下三叠统，向南东翘起。地层倾角为南西翼20～30度，北东翼30度，断裂比较发育。

（四）反S构造

核部构造分布于东经105度左右，在几种构造下形成，属扭动构造体系，在六枝特区反应较为明显。

毛口背斜：轴向北西 80 ～ 30 ～ 10 度，轴向呈偏 W 形或为反 S 形，长 50 公里，宽 3 ～ 6 公里，核部地层为上石炭统。地层倾角为北东翼北段 30 ～ 60 度，中段 45 ～ 70 度，南段 50 ～ 80 度，南西翼北段 20 ～ 50 度，中段 30 度，南段 30 ～ 75 度，中部断裂较多。

另有龙吟哨背斜、肖家坪背斜等形成反 S 型构造。

第二节　地貌

六枝特区，是由山地与谷地相结合，以石灰岩、白云质灰岩为主要特点的山区，是长江水系与珠江水系的分水岭（北部三岔河为乌江上游，属长江水系，西南部的北盘江及南部诸河为珠江水系）。地形总趋势为：西北高，向东南逐渐降低，山脉多为北西—南东走向，与区内构造大致吻合。局部地段因受构造影响出现转折，使地形复杂化，具有地势高低悬殊，切割强烈，起伏较大的特点。根据形态特征和地貌组合及农业利用的地貌条件，大致可分为三大类型：中部、东部为黔中丘陵，南部属黔南山地，西部、北部属黔西高原地貌。一般地区海拔高度 1350 米左右，海拔 1200 ～ 1400 米的地区约占全区总面积的 45%，以西北部的老黑山（海拔 2051.9 米）和西南部的老王山（海拔 2126.9 米）为最高，西南角的北盘江河谷（海拔牂牁湖面 725 米）为最低，与紧邻的老王山高差达 1401.9 米。东南部的槽谷岔地区海拔为 1200 ～ 1400 米，西北部为 1400 ～ 1800 米，冷坝片区为 1700 ～ 1800 米。

境内山峦逶迤、万峰叠起，海拔 1500 米以上的山峰众多，特别是西北部地区，山高谷深、山峰峻拔。

六枝特区地貌主要为侵蚀地貌系列和岩溶地貌系列。

一、侵蚀地貌

（一）高中山

分布在老王山、老黑山、岩背后及龙井大坡一带，标高大于海拔 1900 米，年平均气温在 13℃以下，为六枝高寒地带，面积 11.56 平方公里，占全特区总面积的 0.6%。老王山、老黑山的坡度大于 30 度，斜坡地带坡度大于 25 度，龙井大坡也大于 25 度。

（二）中山

在西北部及中部呈大片分布，面积 568.15 平方公里，东西部背斜两翼的单斜部分呈长条状平行排列。受地质构造及斜交断裂的切割影响，坚硬地层部分组成锯齿状长岭岗，松软部分冲刷、切割成鞍形、厢形凹地。因受横向断裂影响，进一步侵蚀切割，形成许多 V 形沟谷，标高在 1400 ～ 1900 米，年平均气温 14℃，坡度 25 ～ 35 度，地层以石灰岩为主，还有煤层、泥岩、砂石岩等。

（三）低中山

在北部呈树枝状分布于岩脚、龙场；西部分布在中寨；西南部分布在半坡塘及北盘江附近；东南部分布在河流附近呈长条状，总面积 712.42 平方公里，标高 900 ~ 1400 米，年平均气温为北部 14℃ ~ 15℃，长寨、涝河、毛口一带为 15℃ ~ 16℃，地层以三叠系厚石灰岩为主，还有煤层、砂页岩等，在三岔河附近多见峡谷陡岩。

（四）低山

分布于长寨、毛口一带，沿北盘江呈不规则条状，标高 610 ~ 900 米，年平均气温 17℃ ~ 18℃，坡度 15 ~ 25 度，面积 24.68 平方公里，岩性为碎屑沉积物类。

（五）谷地

包括背斜谷地（大煤山背斜、毛口背斜、三丈水背斜谷地）、向斜谷地（六枝向斜、郎岱向斜、比德向斜谷地）、单斜谷地、河谷区，面积 192.39 平方公里，海拔一般在 1000 ~ 1400 米，坡度大小于 6 度为主，年平均气温 14℃ ~ 15℃，堆积物较厚，一般厚度 5 ~ 10 米。水源条件好，特区境内的几条主要河流流经这里，地形较平稳，田地连片集中，农业生产条件好。

二、岩溶地貌

岩溶地貌是在石灰岩、白云质灰岩广泛出露的条件下，经地表、地下水长期溶蚀发育而成，有以下几种类型。

（一）峰丛谷地

分布于二塘、纳骂两地，海拔 1300 ~ 1700 米，面积 59.58 平方公里，谷地坡度 6 ~ 15 度，峰丛坡度大于 25 度或 30 度，以峰丛为主体。

（二）岩溶残山洼地

分布在新窑、落别，海拔 1200 ~ 1400 米，面积 81.98 平方公里。洼地坡度一般小于 6 度，残山坡度 15 ~ 30 度，以洼地为主。

（三）岩溶丘陵洼地

分布于木岗、抵簸一带，面积 40.09 平方公里，海拔 1250 ~ 1300 米，洼地坡度小于 6 度，丘陵坡度 6 ~ 15 度。丘陵、洼地的相对高差 50 米左右。

此外，境内另有溶孔、溶槽、溶沟、溶蚀塌陷、溶蚀落水洞、溶洞、暗河等岩溶景观，面积约 181.65 平方公里。

三、地形坡度

境内地形坡度分为 5 级。小于 6 度的 230.55 平方公里，占全区总面积的 12.88%；6 ~ 15 度的 577.55 平方公里，占全区总面积的 32.26%；15 ~ 25 度的 486.58 平方公里，占全区总面积的 27.18%；25 ~ 30 度的 192.62 平方公里，占全区总面积的 10.73%；大于 30 度的 302.81 平方公里，占全区总面积的 16.92%。

六枝特区主要山峰情况表

表 1-3-2

山峰名称	所在地	高程（米）	备注
打铁关	郎岱、毛口交界	1559	
马鞍山	郎岱镇	1550	
长岭岗	折溪、陇脚交界	1583	
六枝大屯	平寨镇	1500	
老王山	毛口乡	2126.9	六枝第一高山
雷打坡	堕却乡	2009.30	
观音山	堕却乡	1930.20	
老马地大山	堕却乡	2016.20	
狗爬坡	新场乡	2004.40	

六枝特区主要洞穴情况表

表 1-3-3

洞穴名称	所在地	洞高 / 深（米）	洞穴名称	所在地	洞高 / 深（米）
老熊洞	郎岱镇	4/5	易良洞	新窑、堕却交界	4/500
文家岩洞	郎岱镇	32/20	箱子洞	新窑乡	1.5/33
躲兵洞	落别乡	23/20	和尚洞	平寨镇	29/65
穿洞	落别乡	20/25	金家洞	龙场乡	
小淹洞	平寨镇	1.3/5	付家大洞	新场乡	10/1000
神仙洞	大用镇	15/25			

第三节　矿藏

六枝特区的矿产资源主要有煤炭、黑色金属铁和有色金属铅、锌、铝、砷及萤石、冰洲石、重晶石、水晶石、石膏、石灰石等非金属矿藏。

一、煤炭

境内煤炭保有储存量27亿吨，境内19个乡（镇）均有分布，主要煤种有：肥煤、焦煤、瘦煤、贫煤、无烟煤等，煤层大部分埋藏浅，露头发育，大部分含煤层构造是缓倾斜中厚煤层为主的富煤区，煤炭资源较为集中，已在六枝向斜、大煤山背斜开采了7对矿井，境内处于黔西肥焦煤区与无烟煤带之间，也适于小煤窑开采。

（一）郎岱向斜

郎岱向斜为境内最大的含煤向斜。根据现有资料，该向斜煤炭蕴藏量约为10亿吨，且大部分为焦煤，部分为肥煤，是六枝矿区的重要焦煤基地，煤系总厚440 ~ 600米，含煤11 ~ 37层，煤层总厚12 ~ 25米，可采煤层8 ~ 13层，煤炭中灰分一般为13% ~ 25%，硫分平均2.47% ~ 3.83%，挥发分13% ~ 36%；精煤中灰分一般在10%以下，硫分0.8% ~ 3.4%，磷0.001% ~ 0.026%，煤岩类型主要为米亮煤，煤种主要为焦煤，变质程度由北西向东南，由浅而深增高，向斜北西的滂河一带为肥煤，煤炭发热量为：原煤4500 ~ 8500大卡/公斤，精煤8500 ~ 8841大卡/公斤。

（二）六枝向斜、大煤山背斜

煤炭总储量约为7亿吨，六枝矿务局已开采的7对矿井的储量约为4亿吨。

向（背）斜煤系为二叠系龙潭煤组，以砂页岩为主，其次是类砂岩和灰岩，厚度400 ~ 490米；含煤15 ~ 33层，煤层总厚11.5 ~ 29.1米，可采煤层2 ~ 8层，总厚度5.5 ~ 14.5米。原煤中灰分9.49% ~ 40.08%，一般在20%左右，硫分1.2% ~ 10.49%，一般在2%以上；精煤中，灰分一般在10%左右，硫分1% ~ 2%，磷均在0.01%以下，挥发分10% ~ 27%，煤种以焦煤为主，还有贫煤、瘦煤、无烟煤。煤炭发热量：原煤4500 ~ 8500大卡/公斤；精煤为8550 ~ 8841大卡/公斤。

（三）百兴、岩脚向斜

向斜煤炭储量在8亿吨以上，煤系以砂岩、砂质泥岩为主，中间夹杂少量灰岩。厚度340 ~ 460米，含煤一般为23 ~ 66层，煤层总厚9.16 ~ 21米。原煤中灰分一般为12% ~ 25%，硫分2% ~ 4%，精煤灰分2.89% ~ 12.67%，磷一般在0.003%以下，硫分0.51% ~ 3.53%，多数在2%以下，挥发分8.02% ~ 25%。煤炭类型为亮煤质暗煤型及暗煤型，煤种以贫煤为主，瘦煤次之，北东翼主要为无烟煤。

（四）珠藏向斜南延部分

主要分布在冷坝、鼠场、龙场、新华一带，储量约2亿吨，煤系为砂质泥岩、泥岩、夹隧石灰岩，一般含煤 21 ~ 30 层，煤层总厚 15 ~ 20 米，可采煤层 7 ~ 10 层，可采煤层总厚 8 ~ 14 米，原煤中灰分 12% ~ 21%，硫分 2% ~ 3.5%，挥发分 4% ~ 14%。精煤中灰分 6.5% ~ 7.5%，硫分为 0.82% ~ 1.45%，挥发分 4.82% ~ 5.34%，煤岩类型为暗煤质亮煤型，发热量 8300 大卡 / 公斤，煤种以无烟煤为主。

二、铁矿

六枝特区铁矿主要为褐铁矿，分布于中寨乡的上锅厂、砂锅寨，折溪乡的把士寨、大水井及上二叠统龙潭组煤系中。郎岱镇的褐铁矿含硅较高，储量 1 万余吨。龙潭组煤系的褐铁矿，是含磷铁矿的结核岩石经风化后，在岩面外壳形成铁矿，分布不集中，矿体不规则，以夹层出现，品位一般 10% ~ 20%，部分达 30% ~ 40%，易开采。

三、铅锌矿

主要分布在中寨乡西拉一带，即西背斜轴部与老王山背斜的交会地带。铅锌矿位于下石炭大塘组、中石炭统黄龙群和上石炭统马平群夹岩、隧石灰岩的裂隙带中，多为透状矿体，初步查明，矿带断续延长约 2000 米，厚 8 米，宽 200 米，矿体一般厚 0.8 ~ 2.45 米，含锌 4.51% ~ 8.32%，铅 0.04% ~ 0.32%。

四、砷矿

六枝特区的砷矿，据民国时期《贵州日报》报道："郎岱之雄黄，则为贵州雄黄矿中之最佳者……"境内砷矿有 4 个矿点。

（一）磺厂

位于六枝特区南部，距中寨乡驻地约 15 公里，属中寨苗族彝族布依族乡所辖。为低温热液雄黄 ~ 雌黄矿床类型。矿床受节理裂隙控制，含矿围岩为下二叠统梁山组黑色钙质泥岩和泥灰岩。开采的老石硐控制矿化近千米，开采高差 70 米，可见矿化厚度 0.7 ~ 2.2 米，厚度变化大，局部在 15 米长地段内厚度可达 0.1 ~ 1.5 米，主要脉络较稳定，受倾向 23 度，倾角 65 度节理控制，主脉两段有平行排列的小矿点，纯雄黄的细脉厚 2 ~ 10 毫米，多穿插于泥灰岩隙中，矿石矿物以雄黄为主，偶有雌黄薄膜。

（二）窝多田砷矿点

位于六枝特区南部，距郎岱镇西约 6.5 公里，居丁头山背斜背翼，含矿围岩为下二叠统梁山组灰岩，雄黄多沿倾向 310 度，倾角 65 度的一组裂隙分布，常与方解石脉伴随产出。已知矿化长 100 米，矿化厚度 2 米，矿石矿物主要为雄黄，伴生有黄铁矿。脉石矿物有萤石和滑石。

(三)把利砷矿点

位于六枝特区南部，距郎岱镇南约6公里，位于丁头山背斜背翼下二跌统梁山组底部，仅见一小部分露头。下部为0.5米厚的灰黑色泥岩，上部为黑色泥灰岩，厚有1.1米，雄黄、雌黄呈侵状分布于泥岩、泥灰岩中，含砷0.3%～0.67%，汞0.001%～0.004%，矿石以雄黄为主，雌黄次之，伴生黄铁矿。

(四)窑上砷矿点

位于六枝特区南部，距郎岱镇西南7公里处，居于丁头山背斜南翼下二叠统梁山组地层中下部，雄黄多洞节理表面呈薄膜状态，矿化厚度1.45米，含砷0.087%，最富者达4.66%。

五、萤石矿

又名氟石，分布于六枝特区南部，郎岱丁头山背斜东段的轴部地带，属于碳酸盐地层中的中低温热液型萤石矿床，有矿点3个。

(一)郎岱平桥矿点

位于郎岱镇南，有一条强硅化形成的硅质破碎带，断续延长5公里。一般厚度为5～10米，为紫绿色和粉红色半透明之萤石团块，长3～4米，宽1米。

(二)郎岱邦德大寨矿点

产于上石炭统马平群的断层破碎带中的硅化角砾岩化石灰岩中。主脉有两条，脉向15度，倾角60度，脉宽2～3米，长百余米，两脉相距2～3米，主脉带东北150米的山鞍部，也有含萤石团块的由灰岩经硅化作用形成的硅质精块，萤石呈紫色半透明体，与硅质岩界线不清，钙为27.86%。

(三)郎岱江家地矿点

在上石炭统马平群灰岩中有萤石露头，长0.5米，宽10～20米，萤石显绿、紫、蓝、白色、半透明，与方解石伴生。

六、冰洲石

冰洲石分布于六枝特区纳骂、折溪和郎岱镇安乐簸箕田一带，含晶方解石脉点主要在碳酸盐石节理裂隙及溶洞中，矿点有播雨、朱家寨、上寨、乔家寨、纳骂、凉水井等，这些矿点均位于三丈水背斜南西翼附近的 10 公里范围内，成矿构造条件、岩石层位、性质大致相同，在其范围内 30 ~ 40 平方公里内裂隙和深洞都比较发育。晶体一般为 6 ~ 10 厘米，含钙 54.99%，镁 0.06%，三氧化铁 0.14%。

七、重晶石矿

重晶石矿藏位于六枝特区堕却乡大路坝附近。产于上碳统马平群底部灰岩中，已知矿脉长 30 余米，厚 2 ~ 3 米，硫酸钡 96.11%。此外，在中寨乡西拉已知铅锌矿带近侧或临近的同向构造单元中，重晶石也有零星分布。

八、水晶石矿

水晶石矿多附存于玄武岩中的石英脉内，有鼠场折垮含晶石英脉矿点，黑塘大丫口含晶石英矿点。前者石英结晶良好，长轴 0.5 ~ 5 厘米，短轴 1 ~ 2 厘米，最短者不足 0.5 厘米，多呈乳白色，局部半透明，常有淡绿、淡黄色。后者在玄武岩约 40 平方米范围内见有平行分布的 4 条石英脉，脉长 0.3 ~ 1.2 米，宽 0.2 ~ 0.4 米，多为乳白色，局部在脉体膨胀处的晶洞内，有短小对生的石英晶簇，半透明。

九、石膏矿

石膏矿在境内的分布十分广泛，为沉积型矿床，分上下两层，上层 2 ~ 10 米，下层 8 ~ 48 米，矿石品位一般为 70%，变化在 65% ~ 80% 之间。

十、石灰石

石灰石分布汲广，大部分符合化工业品位的要求，产于中石炭统黄龙群、上石炭统马平群、下三叠统毛口组和中三叠统法郎组、关岭组、下三叠组、下三叠统永宁组等岩层中。

十一、白云岩

分布广泛，一般符合耐火砖用、溶剂用和制玻璃用，达到Ⅰ、Ⅱ级品位的要求。

第四章　气候

第一节　气候特征

六枝特区属北亚热带季风气候，气候特征是：冬春长、夏秋短，雨热同季。暖湿共节，无霜期长。六枝特区气象局地处六枝特区那克燕子岩，位于北纬 26° 12′，东经 105° 28′，区站号 57807，海拔高度 1361.9 米，年平均气温 14.3℃，年降水量 1543.6 毫米，属国家一般气象观测站。

每年的四季以平均气温 10℃～22℃作为临界温度。平均气温高于 22℃的持续期为夏，低于 10℃的持续期为冬，介于 10℃～22℃之间为春、秋季。

根据 1957—1984 年气象资料分析，年平均气温为 14.6℃，年际变化一般在 13.5℃～15.2℃之间，变幅为 1.7℃。

六枝特区四季情况

表 1-4-1

季节	初日	终日	持续期
春	3 月 10 日	7 月 2 日	115 天
夏	7 月 3 日	8 月 4 日	33 天
秋	8 月 5 日	11 月 18 日	106 天
冬	11 月 19 日	3 月 9 日	111 天

注：海拔 1350 米左右地区

气温的地理分布大致是由东向西，由南向北逐渐降低，从年平均气温看，海拔 1200～1500 米的地区约为 13℃～16℃，1600 米以上地区为 13℃左右，800 米以下地区 17℃～18℃，海拔 725 米以下的毛口地区，冬季仅 73 天，夏天 128 天，春季 80 天，秋季 84 天，海拔在 1700 米以上的堕却等地区无夏季，春至秋季共 211 天，冬季长达 155 天，各地气候差异较大，一般年以 7 月份气温为最高，平均 22℃，1 月份为最低，平均气温 5.8℃。

六枝特区各月平均气温及年较差

表 1-4-2

月份	1	2	3	4	5	6	7	8	9	10	11	12	全年	累计年较差
气温	4.9	6.5	11.8	16.10	18.9	20.4	22.0	21.4	18.9	15.1	10.8	6.9	14.5	1.71

第二节　气候要素

一、气温

六枝特区全年积温在 4725℃ ~ 6726℃之间，气温稳定通过 10℃的活动积温 80% 保证率为 3700℃ ~ 6200℃。

据六枝特区气象资料记载：极端最高气温为 34.1℃（1958 年 4 月 23 日），变化范围在 29.5℃ ~ 34.1℃之间，70% 以上年份极端气温在 32℃以下。极端最低气温以 1967 年 1 月 16 日的 －5.6℃为最低。极端最低气温多出现在 1 月。这是六枝特区“冬无严寒，夏无酷暑”的原因。

二、光能

1. 日照

根据气象资料分析，年平均日照为 1252.4 小时，为全年可照时数的 29%，最多年日照为 1494.6 小时（1963 年），最少年日照为 1044 小时（1977 年）。日照的四季分配，以夏季（6—8 月）433 小时为最多，占全年日照时数的 34.6%，冬季（12 月至次年 2 月）最少，仅 182 小时，占全年日照时数的 14.5%。日照时数以 8 月的 164 小时为最多月份，12 月最少，仅 58.9 小时。

2. 太阳辐射

太阳辐射的年平均总辐射量为 3614.61 兆焦耳 / 平方米，以 1975 年 3952.84 兆焦耳 / 平方米为最多，1977 年 3342.94 兆焦耳 / 平方米为最少。全区各乡（镇）的各月及年总辐射量，基本于日照的地理分布相似，年总辐射量以鼠场、新场最多，中寨的长寨村最少。

三、降雨

六枝特区是贵州西部的多雨区，由于地形因素，降雨在境内分配很不均匀。全区有 1 个多雨中心和 3 个少雨中心。中寨是多雨区，年平均降雨量在 1600 毫米以上，毛口、岩脚、堕却是少雨区，年平均降雨量在 1300 毫米以下，其中，又以毛口的 1000 毫米为最少，其他地区的降雨量均在 1300 ~ 1500 毫米之间。

区内常年多云雨，西南静止峰造成雨天日数多，年平均雨日 199 天，5—8 月的雨日量多，平均每月都在 19 天以上，3 月最少，平均 13 天。

每年大部分地区一般在 5 月上、中旬进入雨季，结束于 10 月中、下旬。

四、无霜和霜冻

根据六枝气象资料，平均初霜日出现于 12 月 3 日，终霜日出现于 2 月 11 日，多年平均无霜期 294 天。无霜期的长短与海拔高度、地形、坡向等因素有关，海拔在 1500 米以上地区，无霜期在 240 ~ 260 天左右。堕却、新华等高寒山区一般在 11 月中旬出现初霜，个别年份 9 月上旬就出现初霜。霜冻的另一个特点是山谷、洼地和坡脚受害程度高于其他地区，山腰受冻危害较轻，山顶次之。

第三节 农业气候

一、西南河谷温热区

六枝特区的西南部北盘江畔和月亮河中下游两岸河谷低洼地区，海拔581～1000米之间，年平均气温16℃～18℃，极端最高气温23℃～39℃，极端最低气温－4℃～1℃，全年积温6000℃～6500℃，稳定通过20℃终日在8月底至9月下旬。年降雨量1100～1400毫米。3—4月干燥度1.5～4.5。年总日照时数为1117～1200小时，年总辐射量3474.38～3599.96兆焦耳/平方米。无霜期320～350天。从热量资源看，大部分地区可以一年两熟或一年三熟，水田可实行稻、麦或油菜轮作，旱地可实行玉米、小麦、油菜轮作。区内的南部存在春旱和冬旱，由于山体的遮蔽影响，太阳辐射较其他地区少。

二、东部、南部低中山温和区

六枝特区的平寨、岩脚、落别、木岗、折溪、陇脚等乡（镇）及新华、堕却2乡的部分地区，海拔在1200～1500米之间，年平均气温14℃～16℃，极端最高气温34℃～35℃，极端最低气温－4℃～－5℃，全年积温5300℃～5800℃，稳定通过20℃终日在8月10日—8月底。全年降雨量1200～1500毫米。年总日照时数1250小时，年总辐射量3599.96～3614.82兆焦耳/平方米。无霜期270～320天，有中等程度的秋季低温危害。区内热量尚能满足两季作物生长需要，若能充分利用降水充沛、水利条件好的优势，并适当提早大季作物播种期以避开夏末低温危害，实现高产稳产是完全有可能的。

三、中南部中山、低中山沟谷洼地温和区

六枝特区的中寨乡、郎岱镇部分地区，毛口乡老王山以东，洒志乡以西，新窑乡一部分，折溪、落别乡小部分，箐口乡铁路以南及堕却乡以南的部分地区，海拔在1350～1600米之间，相对高差为500～700米。年平均气温13℃～16℃，极端最高气温33℃～36℃，极端最低气温－7℃～－4℃。全年积温5200℃～5500℃，稳定通过20℃终日在8月10—8月31日。全年降雨量1200～1600毫米。年总日照时数1200～1250小时，年总辐射量3558.1～3599.96兆焦耳/平方米。无霜期270～320天。这里海拔较高，相对落差大，地形复杂，区内小气候明显，水分、热量、光照等资源分布不均，但从地理条件、农业发展方向看，因山高水低，地多田少，耕作多一年两熟，连作套作两熟制共存，具有较好的林业开发前景，适宜生产用材和核桃、板栗、漆树、油桐等经济林的种植。区内水资源分布差异较大，中寨是多雨中心，年降水量在1600毫米以上，多暴雨，箐口等地每年春季多冰雹灾害。

四、北部中槽谷温和区

六枝特区的新场乡、岩脚镇部分地区，牛场乡东部，梭戛、新华大部分地区，海拔在1500～1600米之间，相对高差200米左右。年平均气温13℃～14.5℃，极端最高气温33℃～34℃，极端最低气温－7℃～－5℃，全年积温5000℃～5300℃，稳定通过20℃终日在8月10～20日。年降水量1300～1400毫米，年日照为1250～1300小时，年总辐射量2599.96～3683.68兆焦耳/平方米，无霜期250～280天。这些乡镇光能资源在全特区名列首位，辐射和日照条件较好，热量资源较为丰富，基本能满足一年两熟的需要，但倒春寒天气较多，夏末温度较低，秋收作物开花成熟期很难躲过夏末低温危害。因此，宜采用套作两熟制，选用生长期短或高山耐寒品种，以便提高单产。

五、西北部中山、高中山温凉区

六枝特区堕却乡的大部、箐口乡铁路以北，新场乡、牛场乡中部以西地区，一般海拔在1600米以上，最高2000米，全年平均气温13℃以上，极端最高气温33℃，极端最低气温－7℃以下，全年积温不足5000℃，稳定通过20℃终日在7月下旬。年降水量少于1300毫米，全年日照时数低于1250小时，总辐射量3558.1兆焦耳/平方米左右。无霜期短于250天，夏末低温和倒春寒严重。

本区光、热、水条件较差，绝大部分地区热量满足一年两熟需要，由于倒春寒及夏末低温影响，单产量低于其他片区，但六枝特区的成片草场大都集中在这里，牧草资源丰富，具有发展畜牧业的优势。

第五章　水文

第一节　水系

六枝特区处于三岔河及北盘江两水系上游的分水岭地带，境内河流分别流入长江和珠江水系，大小河流共40余条。其中长10公里以上的河流25条，河流总长度361.20公里。五指山主脉的老马大山—老黑山，是境内的主要分水岭，北部为三岔河流域，属长江水系，南部为北盘江流域，属珠江水系。

一、长江水系

境内属长江水系的河流分布于北部，长5公里以上的河流有12条，其中长10公里以上或流域面积20平方公里以上的有10条。

（一）三岔河

境内段有懒龙河、黑塘河、岩脚河、木贡河、雨亥河、岱瓮河、岔河、沙子河、陇木河。流域面积 662.5 平方公里，占境内总面积的 37%。三岔河源于乌蒙山东麓威宁自治县的香炉山，流经水城、织金、纳雍县后进入六枝特区牛场乡，在境内流经新场、梭戛、岩脚，由龙场乡流入普定县，其下游名鸭池河，汇入六冲河入乌江。本流域内（除三岔河段外）流域面积在 100 平方公里以上的河流有岩脚河、懒龙河。

（二）岩脚河

发源于龙潭山麓一大山脚，海拔高程为 1700 米，为境内河流，从河源呈北东方向流经阿岔落水洞后转为南东方向，流经岩脚后汇入三岔河，其汇口海拔高程为 1130 米。

岩脚河流域面积为 296.76 平方公里，干流长 28.10 公里，高差 570 米，河床平均比降为 20.30‰，多年平均降雨深 1400 毫米，多年平均径流深 785 毫米，多年平均流量 7.39 立方米 / 秒，多年平均流水量 3.33 亿立方米。

岩脚河水系河流长 10 公里以上或流域面积在 20 平方公里以上的支流有黑塘河、木贡河、雨亥河、岱瓮河等 4 条。

1．木贡河发源于堕却乡下坝村，海拔高程为 1741 米，从河流呈北东方向流经上木贡转为正东方向流经石梯子后入岩脚河，河流全长为 11.5 公里，流域面积 29.6 平方公里，落差 545 米。

2．雨亥河发源于堕却乡沙子坡，海拔高程为 1400 米，从河源呈北东方向流经雨亥转为正东方向，流经岩脚戛兴寨村转为正北方向，于高桥处汇入岩脚河，河流全长 14.1 公里，流域面积 53.03 平方公里，落差 232 米。

3．岱瓮河系岩脚河的三级支流雨亥河的支流，发源于堕却乡的毛稗田，海拔高程为 1430 米，从河源呈北东方向流经锅厂转为北西方向，流经石家坡脚北麓汇入雨亥河，流域面积 29.1 平方公里，河流全长 11.3 公里，落差 260 米。

4．黑塘河发源于垭口上，海拔高程 1490 米，从河源呈南东方向流经黑塘后转为北东方向，流经箐脚后在高程 1395 米处潜入地下暗流汇入岩脚河的上游，河流全长 3.85 公里，落差 95 米。

（三）懒龙河

发源于水城县黑岭箐，海拔高程为 1600 米，从河源起流经 11.1 公里后进入六枝境内，入境后转为北东方向，流经牛场乡车田又转为正东方向，经黄家桥后再转为南东方向至小河边汇入三岔河。

懒龙河属跨界县河流，全长 28.1 公里，其中在六枝境内长为 17 公里，境内流域面积 86.36 平方公里。

（四）陇木河

发源于新华乡大鱼塘，源头海拔高程为1780米，河流从起源呈正南方向弯曲流经胡家包包、断桥，于小河口处汇入三岔河，汇口处高程1135米。

陇木河属境内河流，全长14.25公里，流域面积45.4平方公里，多年平均来水量0.36亿立方米。

（五）沙子河

发源于织金县河头上，海拔高程为1800米，从河源呈南西方向流入，在拦龙坡南麓1320米高程处入境，流经地头坝后于高程1220米处潜入地下暗河，伏流1公里后出汇入三岔河，汇口处高程1180米。

沙子河属于跨界县河流，全长12公里，其中在六枝特区境内长5.65公里，境内流域面积16.49平方公里，境内落差140米，多年平均降雨量1400毫米，多年平均流量0.75立方米/秒，多年平均径流深785毫米，多年平均来水量0.24亿立方米。

（六）岔河

发源于普定县陶家烂坝，海拔高程1460米，从河源呈北西方向流来，流经田坝头于1320米高程处入境，流经四角田后转为正北方向，经龙场汇入三岔河，汇口处高程1135米。岔河全长10.5公里，其中六枝境内长8.9公里，总落差325米。

（七）衣龙河

发源于织金县冬瓜村，河源海拔高程1800米，河流源头呈南西方向流来，流经秦家岩脚后潜入地下暗河，伏流300米后出洞，流经杨家小桥后进入六枝境内，海拔1455米，再流经河头上寨于渡口下游海拔1195米处汇入三岔河。

衣龙河属跨两县的河流，全长18.5公里，其中在境内段长3.5公里，境内河段落差260米，境内河床平均比降74.3‰。流域面积51.50平方公里，其中境内流域面积6平方公里，多年平均流量1.27立方米/秒，多年平均来水量0.40亿立方米。

二、珠江水系

六枝特区南部地区的河流属珠江水系，河流长5公里以上的有28条，其中长10公里或流域面积20平方公里以上的有16条。

（一）北盘江

北盘江从水城流入，在水城、普安和六枝特区三县交界处入境后，转东南方向流经2公里花雨岩脚处入晴隆县境，又转向正东方向流经5公里至泥口田处又入六枝特区境内，再转东南方向流经湾河后出境流入关岭自治县。

北盘江境内河段从水城县懒猫河（渡口）起至六枝特区流出止，全长31.7公里，经阿朗坪、鲁戛、毛口等地，是六枝特区与普安、晴隆县的界河，河道狭窄，深切呈“V”型河谷，全段河床平均比降为1.6%，河段出口处多年平均流量229.01立方米/秒。

（二）六枝河

六枝河发源于老鸦山麓的三涨水，河源海拔高程1430米，河流从源头呈北东方向流经那玉转为南东方向，流经六枝、平寨、那克、玉黑、纳果、板梅、可布、与落别河汇流后出境，汇口处高程1095米。属黄果树瀑布源头河。

六枝河系境内河流，全长36.7公里，长10公里以上或流域面积20平方公里以上的支流有一条，即纳骂河。六枝河落差335米，河床平均比降9‰，流域面积228.94平方公里，多年平均径流深740毫米，多年平均流量为5.3立方米/秒，多年平均来水量1.69亿立方米。其支流纳骂河全长7.45公里，落差63米，流域面积为73.47平方公里。

（三）月亮河

月亮河发源于折溪分水岭，河源海拔高程为1280米，从河源起呈北西方向弯曲流经以纳、花德、陇脚、木城、湾河后转为正西方向，再流入以洗海拔725米处与通仲河汇流后，转为南西方向，流经大寨与田坝河汇流后，又转为正南方向，流经凉风洞转南西方向至下屯汇入北盘江，汇口处高程725米。

月亮河全长55.85公里。月亮河水系长5公里以上的支流有8条，其中长10公里以上或流域面积在20平方公里以上的支流有木则河、中坝河、大田河及和平河。月亮河总落差648米，流域面积120.78平方公里。

1. 木则河：发源于尖山，源头海拔1365米，从河源起呈正北方向流经龙滩田、木则小寨后转为北西方向流经大阿志后汇入月亮河。河流全长6.75公里，流域面积35.49平方公里。

2. 中坝河：发源于堕却老马地大山，源头海拔1740米，从河源起呈南东方向流经堕却、柏家田坝，后转为正南方向流经煤厂潜入地下，后转为南西方向流经岔河汇入月亮河，河流全长12.75公里，流域面积20.95平方公里。

3. 大田河：发源于大荒地，属月亮河的二级支流，即中坝河的支流，河流全长6.8公里，流域面积32.67平方公里。

4. 和平河：发源于箐口大寨，源头海拔为1450米，从河源起呈南东方向，流经木房转为正南方向，流经落鸟后转为南东方向，流经天生桥于海拔1000米处潜入地下，再流经300米则汇入月亮河，河流全长6.5公里，落差405米，流域面积28.81平方公里。

（四）郎岱河

郎岱河发源于归宗泡木箐，源头海拔为 1450 米，从河源起呈南东方向流经郎岱、和平、小河边及张家寨等地，再流经树当寨后出境流入关岭县，出境处 1190 米。

郎岱河是打邦河上游的支流，河流全长为 31.25 公里，总落差 260 米，流域面积 113.2 平方公里，多年平均径流深 750 毫米，多年平均来水量 0.85 亿立方米。

（五）磨盘河

磨盘河发源于洒志跳花坡，河源海拔 1320 米，从河源起呈正西方向流经田坝头、大桥、平桥转为正南方向，经 1 公里曲折呈半圆又转为向正西方向，流经邦德大寨后呈北西方向，流经新寨与支流毛口小河汇流后转为南西方向，流经毛口汇入北盘江，汇口处（牂牱湖）海拔 725 米，河流全长 30.2 公里，总落差为 710 米，流域面积 92.9 平方公里，多年平均降雨量 1300 毫米，多年平均径流深 610 毫米，多年平均流量 2.82 立方米 / 秒。磨盘河的支流毛口小河发源于水坝山，从河源起呈南东方向，流经牂牁寨后转为正南方向，流经新寨汇入磨盘河，汇口处（牂牁湖）海拔 725 米，河流全长 12.85 公里，流域面积 52.95 平方公里。

（六）木城河

木城河发源于打志，源头海拔 1415 米，从河源起呈南东方向，流经大直留、郭家院、六堡、中寨，后于 1255 米处潜入暗流出境入关岭县。木成河全长 13.9 公里，总落差 160 米，流域面积 29.16 平方公里，多年平均流量 0.68 立方米 / 秒。

（七）落别河

落别河发源于水塘寨，河源海拔 1240 米，河源为一暗流的出口，从河源起呈南东方向，流经落别后转为南西方向，流经陇脚大坡脚又转为南东方向至老包冲折转为正南方向，流经可布与六枝河汇流后出境入关岭县，河流全长 13.45 公里，总落差 145 米，流域面积为 102.14 平方公里，多年平均流量 2.4 立方米 / 秒。

（八）超子河

超子河发源于马鞍山南麓，河源海拔 1300 米，从河源起呈正东方向流经把士寨后转为南东方向，流经燕子岩的东南麓出境流入普定县。河流全长 10.95 公里，落差 70 米，流域面积 51.71 平方公里，多年平均流量 1.21 立方米 / 秒，多年平均来水量 0.38 亿立方米。

（九）龙潭河

龙潭河发源于中寨大坡南麓海拔 1450 米处，河流从河源起呈北西方向，流经旧屋基、中寨、下龙潭后潜入地下暗河，河流全长 5 公里，流域面积 20 平方公里。

（十）通仲河

通仲河从水城县呈南东方向流来，后转为正东方向进入境内，经阿果寨至以洗海拔 725 米处，与月亮河汇流后又转为南西方向流入北盘江，河流全长 68.75 公里，其中在境内长 2 公里，多年平均流量 14.19 立方米 / 秒，多年平均来水量 4.68 亿立方米。

（十一）田坝河

田坝河从水城县呈南东方向流来，流经白露大田后转为正东方向进入六枝境内，流经大寨后汇入月亮河，汇口处高程 725 米，河流全长 10.5 公里，其中境内长 4.5 公里，境内流域面积 8.97 平方公里。

第二节　水资源

六枝特区多年平均降水量 1400 毫米，地表水径流量多年平均 13.33 亿立方米，径流深为 746 毫米。地下水资源量 2.37 亿立方米，地表、地下水资源量合计 15.70 亿立方米，地表水和地下水均受大气水补给，河川径流同时受地下水补给。

一、降水

境内降水量年内分配极不均匀，年际变化大。六枝多年平均降雨量为 1511.2 毫米，年内分配为 1 月份占 1.25%，递增到 6 月份占 19.74%，然后又降到 12 月份占 1.54%。年际变化大，如 1972 年降雨量 1071.6 毫米，1983 年降雨量 2341.70 毫米。

六枝多年平均降雨量年内分配表

表 1-5-1

项目 月份	降雨量（毫米）	占全年降雨（%）	项目月份	降雨量（毫米）	占全年降雨（%）
1	18.8	1.25	8	229.7	15.20
2	24.7	1.64	9	170.8	11.30
3	25.8	1.70	10	120.8	8.00
4	88.6	5.86	11	46.1	3.05

续表

项目 月份	降雨量（毫米）	占全年降雨（%）	项目月份	降雨量（毫米）	占全年降雨（%）
5	195.3	12.92	12	23.3	1.54
6	298.3	19.74	5 ~ 9	1163.1	76.97
7	269	17.8	全年	1511.2	100.00

二、地表水

据六枝特区 27 年（1958—1985 年）的水文资料分析表明，全特区地表水资源多年平均总径流量为 13.33 亿立方米，多年平均径流深 746 毫米。其中，三岔河流域的 9 条河流多年平均径流量为 5.18 亿立方米。

六枝特区不同保证率地表水总量表

表 1-5-2

项目 典型年	地表水资源（亿立方米）	年产水量（万立方米/平方公里）	人均水资源量（立方米/人）	亩均水资源量（立方米/亩）
P=20%	17.868	90.99	3512	2002
P=50%	14.098	72.35	2792	1592
P=70%	10.52	58.93	22.74	1296
P=955	8.349	44.04	16.98	968
多年平均	13.33	74.59	2878	1641

六枝特区岩溶面积分布广，水土流失较为严重，地势地貌复杂，降水时空分布不平衡，各地水资源有较大差距。

三、地下水

六枝特区的地下水资源大多储存于岩蚀裂隙、孔穴、溶潭之中，以井泉、暗河的形式溢出地面。地下水径流量为 1.94 亿立方米。其中，井泉枯季径流量为 0.5 亿立方米，15 条暗河平水期观测的流量为 4551 升 / 秒（即径流量为 1.42 亿立方米）。

由于地形地貌和水文地质结构不同，以及地下水蕴藏量的差异，地下水开发的条件随之不同，如分水岭斜坡地带，地下水埋藏深，开发困难。河流下游及境内东南部、南部溶丘盆谷地带，是地下水排泄区，水资源丰富，并有天然露头，易被开发利用。深谷和边远山区，虽然地下水丰富，但开发困难，利用率较低。

四、水能资源

由于六枝特区地处长江水系和珠江水系的分水岭，因此，源于境内的河流较短，流域面积小，流量受降雨影响暴涨爆落，有的枯水季节甚至断流，三岔河、北盘江、沙子河等客水流入，境内河流具有中上游平缓，下游落差大且跌水集中的特点，水能资源丰富且易于开发利用，加上六枝特区是全省多雨中心之一，河流洪峰流量大，如能在中上游筑坝拦蓄，对发电和农田灌溉十分有利。全特区水能资源理论蕴藏量为15.06万千瓦，可开发量4.85万千瓦，占理论蕴藏量的32.2%。

六枝特区水能资源情况表

表1-5-3　　　　单位：千瓦

水系	河流名称	理论出力	可开发利用		水系	河流名称	理论出力	可开发利用	
			装机容量	已开发量				装机容量	已开发量
长江水系	三岔河	41099	22552	200	珠江水系	木成河	533	195	55
	岔河	834	200			郎岱河	3190	1040	
	岩脚河	8818	655	200		磨盘河	8124	3152	
	木贡河	1831	260	150		毛口小河	4908		
	雨亥河	2126	185	55		月亮河	46127	14695	2375
长江水系	岱瓮河	864	400		珠江水系	木则河	1321	120	
	黑塘河	375				中坝河	2285	220	
	懒龙河	3933	360	360		大田河	1319	220	
	沙子河	754	110			和平河	1283	460	
	倮木河	3540	1155	75		龙潭河	225		
	合计	64174	25877	1040		田坝河	1162		
珠江水系	北盘江段					超子河	107		
	六枝河	8658	2010	110		合计	182926	22672	2540
	纳骂河	531			全特区合计		150564	48549	3580
	落别河	3153	560						

第六章　土地　土壤

第一节　土地

六枝特区共辖土地面积267.61万亩，其结构及利用情况是：

耕地

耕地面积109.99万亩，占土地面积的41.10%。其中，灌溉水田7万亩，占耕地面积的6.36%；望天田18.30万亩，占16.64%；旱地84.64万亩，占76.61%；菜地0.43万亩，占0.39%。

园地

园地面积1.91万亩，占土地面积的0.71%。其中，果园662亩，占园地面积的9.49%；茶园2884亩，占40.73%；其他园地面积3476亩，占49.78%。

林地

林地面积52.86万亩，占土地总面积的19.75%。其中，林地17.22万亩，占林地面积的32.75%；灌木林地32.61万亩，占61.69%；疏林地0.26万亩，占0.50%；未成林造林地2.77万亩，占5.14%；苗圃仅33.9亩，占0.01%。

牧草地

牧草地面积39.43万亩，占土地总面积的14.73%。

居民点及工矿用地

居民点及工矿用地面积8.08万亩，占土地总面积的3.02%。其中，城镇用地4182亩，占居民及工矿用地的5.17%；农村居民点6.01万亩，占74.38%；独立工矿用地9968亩，占12.33%；特区用地6554亩，占8.01%。

交通用地

交通用地面积1.84万亩，占土地总面积的0.68%。其中，铁路用地2136亩，占交通用地的11.63%；公路用地5233亩，占28.49%；农村道路用地（包括机耕道和农村道路）1.10万亩，占59.88%。

水域

水域面积2.59万亩，占土地总面积的97%。其中，河流水面2.03万亩，占水域面积的78.52%；水库水面0.14万亩，占5.40%；坑塘水面116.亩，占4.48%；滩涂1806亩，占6.97%；沟渠1026亩，占3.96%；水利过程建筑物173.1亩，占0.67%。

未利用土地

未利用土地面积52.14万亩，占土地总面积的19.48%。主要包括尚未利用和难以利用的土地，有荒草地、沙地、裸地、裸岩石砾地等。

第二节　土壤

一、土壤类型

六枝特区土壤资源类型主要有山地黄棕壤、黄壤、石灰土、紫色土、潮土、水稻土6种土类，20个亚类，56个土属，98个土种。全特区土壤总面积148.68万亩，其中，山地黄棕壤占5.67%、黄壤占57.7%、石灰土占3.46%、紫色土占16.48%、潮土占0.42%、水稻土占16.27%，各种土壤类型在形态特征、理化性状、生产性能和改良利用方面均不相同。

（一）山地黄棕壤

主要分布在堕却、中寨和新场的部分地区，海拔1800米左右，面积8.43万亩，分山地黄棕壤、黄棕壤性土和灰包土3个亚类，7个土属（3个土种）。其中，自然土7.66万亩，占全特区自然土面积的11.36%，土壤厚度50厘米以下，表土疏松，心土坚实，有机质积累多，含量高达17.2%，pH值4.5 ~ 6之间，所在地区气候温凉，多湿多雾，宜种草种树，发展林业和畜牧业。

（二）黄壤

黄壤是六枝特区主要土壤类型，广泛分布于海拔1000 ~ 1700米的山区，面积达85.8万亩，占全区总面积的32.01%，分黄壤、灰化黄壤、黄壤性土、黄泥土4个亚类，17个土属，24个土种。黄壤分布与相应成土母岩的岩层分布有关。受岩性影响，各类黄壤属性有较大差异。自然土类的黄壤面积48万亩，占黄壤总面积的55.9%，此类黄壤为土体厚35 ~ 63厘米，表层10 ~ 15厘米，有机质含量4.84% ~ 35.39%，含氮0.22% ~ 0.95%，速效磷4 ~ 16毫克/千克，pH值4.4 ~ 6.3之间。玄武岩和凝灰岩形成的铁质黄壤、砂岩形成的硅质黄壤，煤系地层形成的硅铝质黄壤，土体紧，养分含量较高，宜种植杉、松、杨树等。泥页岩形成的铁铝质黄壤及灰化黄壤和黄壤性土，宜发展畜牧业。

（三）紫色土

紫色土是由紫色母岩风化而发育的土壤，是六枝特区主要的土壤类型，分布于境内的大多数乡（镇），面积24.50万亩，占全区土地面积的9.14%，紫色土分钙淋紫色土、酸性紫色土、紫泥土3个亚类，7个土属，8个土种。

钙淋紫色土主要分布在箐口、龙场、洒志、中寨、新场、牛场、大用、郎岱等乡（镇），海拔在1250 ~ 1650米处的紫色砂页岩、砾岩、紫色砾低中山的缓坡、陡坡及砾石分布地段。成土母质为坡残积物，面积3.94万亩，占紫色土面积的16.09%，占自然土面积的5.84%，含酸性，pH值6.3 ~ 7.0之间，有机质含量2.86% ~ 6.99%，含氮0.16% ~ 0.34%，磷0.43%，速效磷3 ~ 4ppm，速效钾70 ~ 292ppm。

酸性紫色土分布于牛场、新华、落别、折溪、陇脚、郎岱等地，海拔1200 ~ 1800米处的中山、低中山缓坡或丘陵地带，面积5.89万亩，含氮0.9% ~ 0.23%，含磷0.17%，速效磷3 ~ 4ppm，速效钾54 ~ 238ppm，pH值4.7 ~ 6.9之间。

紫色土是钙淋紫色土、酸性紫色土，经人工种植熟化而成的旱作土亚类，是六枝的主要旱作土之一，分布于木岗、郎岱、洒志、落别、折溪、平寨、新窑、新华、新场、牛场、堕却、梭戛、龙场等地，海拔1200 ~ 1650米处的浅切割低中山、中山缓坡地带，面积14.67万亩，分紫色泥土、紫色大土和羊肝石土等3个土种。紫泥土质含矿物质养分丰富，自然肥力高，加之人为耕作，土壤养分得到补充和调养，含氮0.13% ~ 0.22%，含磷0.1% ~ 0.33%，速效磷4 ~ 17ppm，速效钾46 ~ 202ppm，pH值6.7 ~ 7.4之间。

（四）石灰土

石灰土在境内分布范围较广，但很零星。凡有石灰岩出露的地段，都可能有石灰土的形成，但面积不大，约5.15万亩，占石灰土总面积的39%，占全区自然土面积的2.98%。耕作石灰土3.14万亩，占全区旱地耕作土面积的5.51%，有机质和含氮较高，磷钾缺乏，分黄色石灰土和大土泥土2个亚种，3个土属，4个土种。

（五）潮土

潮土主要由河流冲刷而成，分布在毛口、龙场、梭戛等地，以及其他地方的大部分河谷、沟谷及河流漫滩、河沉阶地上，面积6255亩，占全区土地面积的0.23%，占全区旱作土面积的1.1%。土层厚80 ~ 100厘米，成土母质来源复杂，具有较好的分选性，有机质分解性，含量2% ~ 3%，速效磷含量11 ~ 22PPm，速效钾60 ~ 70PPm。

（六）水稻土

水稻土为六枝特区的水田耕作土壤，境内各乡（镇）均有分布，面积24.19万亩，占全区土地面积的9.02%，占全区耕作面积的29.08%。分布海（牂牁湖）拔725 ~ 1800米之间，以郎岱、平寨、洒志、落别、折溪、陇脚的面积最大。水稻土所产水稻占全区粮食总产量的41.9%。

水稻土分为潴育型、淹育型、潜育型、侧渗型、沼泽型和矿毒型等6个亚类，22个土属、57个土种。

二、土壤特性

六枝特区的地貌类型复杂，气候垂直分布明显，区域性成土条件差异较大，因此全区的土壤类型丰富多样，土壤分布规律具有明显的垂直地带性和区域组合特征，反映了山区土壤资源的特异性。

六枝特区的水平地带基带为黄壤地带，与垂直带谱基带山地黄壤相重叠，同时由于高原山地地貌条件多变与制约，区域性生物气候条件和土壤类型在水平展布上，往往容易与山地垂直带谱及深切河谷的“负地带性”相复。但地势从东南部海拔1200米逐渐上升到西北部的2000米左右，高度的变化，使西部与东部水热条件有较大差异东南部是中炎热带气候，而西北部则具有北亚热带的某些特征，海拔1800米左右，分布山地黄棕壤，呈现为高原土壤水平分布与垂直分布的特征。

自东向西推高的地势和较为复杂的地形地貌，东南季风深入特区势力减弱，加上高原下沉气流的影响，黄壤分布基带的海拔1200 ~ 1400米，较黔中高原黄壤分布高200米，山地黄棕壤分布在1800米左右地带，较黔中高原分布基带高300米，西南部北盘江河谷（牂牁湖）海拔725米，具有南亚热带气候特征，按理应分布黄红壤。但由于剖面发育缺乏稳定的生态环境，土壤普查未能划出，此类河谷黄红壤仍应属于“负垂直地带性”范围内。在同一土壤水平分布带内出现土壤的垂直带谱，与气候的垂直差异关系密切，如北盘江河谷（牂牁湖）海拔725米与邻近的老王山海拔

2126.9 米，气候呈明显的垂直带谱，就是老王山的东西两侧，气候也有明显差异，因而土壤的分布带也不尽相同。东坡最低海拔 1380 米，处于东南季风迎风面，黄壤分布基带海拔 1460 ~ 1600 米，西坡最低处毛口河谷（牂牁湖）海拔 725 米，受西南季风的影响，年平均气温 18.4℃，平均降雨量 1053 毫米，黄壤分布基带在海拔 1000 米左右，海拔 1700 米的四个包到老王山梁子，分布山地黄壤。此外，西部箐口小屯至煤梁子一带，海拔 1800 米以上，气候冷凉，分布山地黄壤；堕却大山顶海拔较高，云雾浓，降雨多，制备完好，牧草茂盛，分布灰化黄壤；北部新华的龙井大坡以及梭戛高兴一带，海拔 1800 ~ 1900 米，受母岩影响，分布紫色土。

第七章　自然植被　野生动植物

第一节　自然植被

六枝特区的原生植被现已被次生植被所代替，人造用材林成片分布在郎岱和花德河，岩脚的民山，新场的黑塘，新华的冷坝及大煤山等地，其余为零星分布。草山、草坡主要分布在黑塘的苦李井，堕却的郎节坝，西南部九层山至西拉一带，其余为小片或零星草地。六枝特区的地形复杂，立体气候明显，其植被类型也多呈垂直分布。主要有以下几个植被类型：

一、北亚热带温凉针阔叶、落叶林区

海拔 1600 米以上，地貌类型为中山和高中山，包括新华乡大部，梭戛乡北部，牛场、新场、堕却、箐口等乡大部及中寨、毛口乡小部分地区，面积 481.56 平方公里，占全区土地总面积的 26.95%。常见植物有华山松、栎、桦、杜鹃、箭竹、野樱桃、响叶杨、芸香草，野古草、五节芝、金茅草等。其土壤类型为山地黄棕壤和黄壤过渡带。

二、亚热带温和针叶、阔叶林区

位于海拔 1000 ~ 1600 米，地貌类型为中山、低中山、丘陵盆谷地带，包括境内东、南、中部的大部分地区，面积 1159.60 平方公里，占全区土地总面积的 64.89%。主要植物种类有杉、松、青杠、香樟、椿、楸、核桃、板栗、山茶、白杨、泡桐、漆树等。这里气候温和湿润，雨量充沛。土壤类型为地带性黄壤，兼有紫色土和石灰土分布。除坡土因水土流失，土层浅薄外，其余盆谷地区土壤深厚、肥沃，依照植被组合，又可分为：

（一）花德河、月亮河湿热河谷地马尾松、杉、桦、杨栎小区

沿月亮河一带，包括陇脚、折溪等地，海拔 900 ~ 1200 米，面积 62.89 平方公里，占全区土地总面积的 3.52%，占本区土地面积的 5.24%。水热条件好，土壤类型几乎全为紫色土，土层深，林

地面积较大。

（二）洒志温热槽谷青杠、枫、楸小区

包括洒志乡的大部，毛口乡、郎岱镇的小部，面积125.47平方公里，占全区土地总面积的7.02%，占本区土地面积的10.82%。本区地貌多为槽谷，海拔1000 ~ 1500米，土壤为地带性黄壤为主，有少量的紫色土和石灰土，坡地土层浅薄。

（三）岩脚、营盘、郎岱、木岗温和中山、山间盆谷针阔叶林小区

面积971.24平方公里，占全区土地总面积的54.35%。该小区地势开阔平缓，土壤类型为地带性黄壤，耕地面积大，为六枝主要粮、油、林生产基地。

（四）具有南亚热带气候某些特征的毛口、长寨、月亮河低热河谷季雨林区

位于西南部北盘江及其支流月亮河下游一带，包括中寨、毛口等乡的部分地区，面积145.84平方公里。占全区土地总面积的8.16%。（牂牁湖）海拔725 ~ 1000米。本区山高谷深，河流深切，坡度大，坡面长，水土流失较为严重，土壤分布以地带性黄壤为主，兼有石灰土和紫色土，土壤瘦薄、偏砂，石砾含量多，气温高，为亚热带作物甘蔗、柑橘的生长适宜区。主要植物有柑橘、甘蔗、榕树、仙人掌、霸王鞭、老虎芋、余甘子等。根据其雨量和植被组合特征，本区分为两个小区：

1. 长寨温热河谷柑橘、青杠、枫、斑竹区：本区分布于中寨乡的长寨及陇脚乡月亮河一带，海拔（牂牁湖）海拔725 ~ 1000米，雨量充沛，具有南亚热带季雨林的特征，面积64.41平方公里，占全区总面积的3.6%，占本区土地总面积的44.16%。

2. 毛口河干热河谷枫、樟、栎、苦栎、仙人掌、热黄茅区：包括毛口乡和中寨乡的部分地区，面积81.43平方公里，占全区总面积的4.56%，占本区面积的55.84%，海拔为（牂牁湖）海拔725 ~ 1000米，雨量稀少、气候干热。

第二节　野生动植物

一、野生动物

六枝特区境内主要野生动物有狐、狗獾、黄鼬、野鹿、果子狸、小灵猫、豹猫、獐子（林麝）、山兔、旱獭、野猪、长吻松鼠、红白鼠、竹鼠、松狼、野山羊、水獭、大灵猫、猴等。

主要分布在堕却、中寨、新华、新场、郎岱、木岗等乡（镇）的山林灌木丛中，由于森林资源减少，许多野生动物失去了生存、繁殖地，数量种类逐渐减少。据《郎岱县访稿》载，境内野生动物还有虎、豹、狼、獐、鹿、穿山甲、狐狸、刺猬、竹鼠等兽类，鸟类有雉、凫、鹭、鹌、鸠等5种。《安顺府志》载，有鸟属46种，兽属20种，鳞属25种，虫属13种。由于环境及人为

捕杀等因素，有的野生动物已经稀少乃至绝迹。

二、野生植物

六枝特区大部分属中亚热带气候，西北部的部分地区有北亚热带气候特征，西南部北盘江和月亮河河谷地带有南亚热带气候特征。土壤类型多样，适宜各种植物生长，野生植物也很丰富，主要有：

1. 蔬菜类。蕨菜、折耳根（鱼腥草）、芹菜、木姜菜、鱼香菜、清明菜、茼蒿菜、木耳菜、藤藤菜、椿菜、豆腐菜、黄花菜、汉菜、苦蒜。

2. 水生类。荸荠、茭笋、慈菇。

3. 菌类。冻菌、香菇、毛草菌、鸡枞菌、核桃菌。

4. 薯类。白山药、芋头、魔芋。

5. 野果类。柑子、毛栗、刺梨、猕猴桃（也叫洋桃）、棠梨、山楂、野樱桃、野葡萄、地瓜、红刺猛、黄猛（泡）、栽秧泡、白地泡、桑葚、橄榄、酸枇杷、杨梅。

6. 草类。黄草、老鸦蒜（石蒜）。

7. 花卉类。兰、梅、玉簪、栀子、秋海棠、杜鹃花（映山红）、龙舌兰、山茶花、白芨花、百合花、紫荆。

8. 竹类。苦竹、荆竹、慈竹、钓鱼竹、紫竹、绵竹、斑竹。

9. 木类。松、柏、椿、楸、桑、楠、构、桐、杉、柳、榕、乌木、桂花、苦丁茶。

10. 淀粉类。芭蕉芋、葛根。

11. 珍贵植物类。竹荪、大蕨苔、天麻、银杏等。

附：野生药材

六枝特区野生中草药资源，主要有草木、藤木、木本和菌类等，重点分布在西北和西南部的中山和高山地区。

据调查，六枝特区中草药有 87 科 153 种，草本植物中的桔梗，龙胆草、半夏、泡参、黄精、无冬，在境内各地均有分布。藤本植物中的金银花，在境内处处可见。天麻、茯苓、猪苓，在部分地区有分布。

六枝特区主要中草药产区分布

表 1-7-1

品名	产区分布	品名	产区分布
枳实、枳壳	中寨	金银花	落别、梭戛等乡（镇）
黄草	中寨	桔梗	洒志、平寨、堕却、郎岱、毛口
桃仁	全特区均有分布、生产	半夏	堕却、新华、梭戛

续表

品名	产区分布	品名	产区分布
栀子	主产于陇脚乡	菟丝子	境内各地
麝香	郎岱、中寨、岩脚、新场、堕却、新华	仙茅	郎岱、平寨、堕却
牛膝	岩脚、郎岱、中寨、新场	女贞子	平寨、岩脚
千张纸	中寨等乡	五倍子	郎岱、中寨、岩脚、堕却、平寨
小玉竹	郎岱 落别、梭戛、平寨、堕却		

第八章　自然灾害

六枝特区自然灾害分三大类。第一类是因灾害性气象而引起的灾害；第二类是地质灾害；第三类是病毒、虫害等而引起的疫病或动物、植物灾害。

六枝特区由于自然条件复杂，因而灾害较多，危害最大的有雹灾、水灾、旱灾等，给人民的生产生活带来了巨大损失。

第一节　气象灾害

一、雹灾

雹灾是境内主要的气象性灾害，由于六枝特区地势高差悬殊，地形此起彼伏，冰雹多呈带状，重灾区为牛场、新场、落别、梭戛、箐口、郎岱等乡（镇）。1950 年以前的雹灾少有记载，1950—1995 年，六枝特区只有 6 年无雹灾，其余年份都出现了不同程度的冰雹灾害。

六枝特区的雹灾多发生在春季，进入 80 年代以后，降雹次数和强度均有逐年增加的趋势，也打破了只有春季降雹的规律，几乎一年四季都有降雹的可能，4—5 月份集中了降雹次数的 70%。其中最严重的一次雹灾发生在 1978 年 4 月 26 日，受灾面积达 5 万余亩，冰雹最大直径在 10 厘米以上，重量达 0.5 公斤。

六枝特区出现的冰雹，多从水城、纳雍方向移入，真正形成于境内的极少。六枝特区境内冰雹的主要路径有 2 条，一是从水城的比德到境内的新场、牛场，再转移至新华、梭戛、岩脚。另一条从水城的米箩移入境内的箐口，到郎岱后进入关岭。其他乡（镇）虽也有冰雹灾害，但比起以上两路径的地区，在次数和强度上都要轻得多。

六枝特区主要冰雹灾害情况表

表 1-8-1

1978 年 4 月	六枝特区 14 个乡（镇）	受灾 50647 亩，打坏房屋 302 间
1980 年 4 月	17 个公社、115 个大队	损失小麦 73.3 万公斤，洋芋 49 万公斤，损坏房屋 1000 余间，死 2 人
1982 年 4 月 12 日—5 月 26 日	新华、冷坝、岩脚、民乐、龙场、梭戛、郎岱等地	损失小麦 133.3 万公斤，桐子 5 万公斤，重灾 5 个区 22 个公社、96 个大队、741 个生产队，受灾面积 4.03 万亩，损坏房屋 1700 栋，死 2 人
1984 年 4 月 16 日—5 月 9 日	郎岱、中寨、落别等乡（镇）	受灾 33507 户，夏粮 31860 亩，秋粮 9899 亩，损坏房屋 1320 栋 3960 间，打死牛 31 头
1987 年 5 月 9 日—19 日	归宗、索考、大用、毛口、冷坝等地	夏粮受灾 1.2 万亩，损坏房屋 504 间，伤 4 人，伤牛、马 80 头（匹），吹断大树 200 余棵

二、水灾

六枝特区是全省 3 个暴雨中心区之一，每年 5—8 月为暴雨期，据 1957—1995 年的资料统计，暴雨的天数平均每年为 4—6 天，最多为 15 天，1983 年共出现 11 次暴雨，1992 年 6 月 14 日，在 6 个小时内降雨量为 256.30 毫米，这一年是六枝特区水灾最严重的一年，造成直接经济损失达 3000 万余元。

六枝特区主要暴雨（水）灾害情况表

表 1-8-2

发生时间	受灾地区	受灾情况
1983 年 5 月	六枝特区大部分地区	受灾 2 万余户，损失夏粮 175 万公斤，秋粮受灾 5 万亩
1985 年 5 月	黑塘乡	连续暴雨 5 个小时，受灾 1680 户，粮食损失 0.75 万公斤
1985 年 6 月	全特区	受灾 2140 户、57715 亩，损失粮食 225 万公斤，死 6 人
1991 年 7 月	六枝特区各地	受灾 2000 余户，田地受灾 10 万余亩
1992 年 6 月	六枝特区各地	6 小时降雨量 256.3 毫米，死亡 10 人，经济损失 3000 余万元

三、旱灾

六枝特区 3—5 月的降水量，仅占年降水量的 17% ~ 22%，多数年份由于冬春连续少雨，造成粮缺雨而减产，严重年份导致秋粮播种推迟、减产，甚至造成人畜饮水困难。据六枝气象资料统计，从 1957—1981 年，每年都有不同程度的春旱。1987 年，六枝特区连续干旱 8 个月，从上年冬季到是年夏至，而且持续高温，出现了“头九”不冻，“三九”不寒，“六九”不冷的暖冬天气，2 月 10 日的极端最高气温达到 25.4℃，2 月上旬李花盛开，中旬桃花怒放，造成夏粮减产 8.25 万公斤，丢荒田地 3220 亩。

六枝特区主要旱灾情况表

表 1-8-3

发生时间	受灾地区	受灾情况
1986 年冬、春	六枝特区	持续半年未下一场雨，小麦叶枯，受灾 21 万人，19 万亩
1987 年冬—夏	六枝特区	连续干旱 8 个月，夏粮减产 822 万公斤，丢荒 3220 亩
1988 年 1—6 月	六枝 50 个乡（镇）	久旱无雨，30 余万人受灾，受灾面积 13.3 万亩

四、倒春寒

六枝特区一般年份 3 月下旬已稳定通过 10℃，进入各种喜温作物的生产季节，由于初春天气极不稳定，往往还有连续日平均气温低于 10℃的天气，称“倒春寒”，它对秋季作物的播种造成极大灾害，轻者禾苗停止生长，重则烂秧死苗。

倒春寒对农业生产的危害一般来说，随海拔的增高而加重，1200 ~ 1500 米的地区基本上与上述统计结果相同，1500 米以上的地区，危害程度比较严重，平均每年 2 次以上，而且结束时间偏迟，常延续至 4 月中、下旬，海拔在 1000 米以下的地区，很少受其影响。

五、风灾

1982 年 5 月 3 日、23 日、26 日，先后有冷坝、乌柳等 22 个公社遭狂风和冰雹袭击，风力大，破坏严重，直径 20 ~ 30 厘米的大树连根拔起，吹断、吹到树木 1.3 万余棵。

1988 年 3 月 12—15 日，六枝和中寨区遭受 5—7 级大风袭击，共损坏房屋 939 间，倒塌 22 间，造成 352 户、1696 人受灾。

六、凝冻

凝冻又称冻雨或桐油凌。它是小雨滴在地面和物体上冻结的冰层，有时降雨与降温交替发生，长期冻结不化，形成雪凌。

六枝特区除毛口，中寨等一些低海拔河谷地带外，大部分地区冬季有凝冻或雪凝，尤其以堕却、新华、新场、牛场等乡严重，1976 年 12 月下旬后期出现的凝冻，时断时续，直到第二年 2 月 8 日，长达一个半月，高山地区更长，新华冷坝乡的凝冻厚达 1 尺多，据当地八旬以上的老人反映，这是一次从未见过的大雪冻，冷坝乡被冻死牛马 100 多头（匹）。龙场河、落别河和北盘江等低热河谷地带的竹类全部被冻死。海拔 2012 米的堕却 710 微波站测得 8 号铁丝上冻结冰层直径达 8 厘米，1.5 寸水管上凝冻直径达 15 厘米。公路上冻结冰层厚 20 ~ 30 厘米，很多电线、输电高压电杆、树木被压断压倒，交通、电信中断，有的工矿企业被迫停工停产。2008 年 1 月 13 日—2 月 14 受北方南下较强冷空气和西南暖湿气流共同影响。六枝特区镜内出现低温阴雨雪、冰冻（凝冻）天气，强降温及大范围低温、雨雪和冻雨天气，低温雨雪凝天气累计为 32 天，是自 1984 年以来影响范围最大、持续时间最长以及灾害最重的一次凝冻天气过程，是 20 年一遇的气象灾害。导致交通、电力、供水、通信、农业等造成了重大影响，给全区经济社会发展和人民群众生产生活造成了极大影响。

第二节　地质灾害

六枝特区是一个山高坡陡，地形复杂，林木较少的山区，地表碳酸盐岩石多，岩溶发育，加之气候湿润，大雨暴雨集中，因此滑坡、泥石流、崩塌等地质灾害每年均有发生，给人民的生产生活带来危害。

一、滑坡

滑坡多发生在久雨、大雨或暴雨之时和之后。常由高处向低处滑动，阻塞河道、公路、铁路，冲毁道路、农田、村庄及建筑物，造成各方面重大损失。1991 年 7 月 1 日发生在堕却朱家包包的滑坡，是六枝特区有史料记载以来最严重的一次，一条长约 700 米、宽约 100 米，垂直高度约 200 米的泥石流，将 10 多米高的大树连根推倒，50 多间房屋被埋，30 人被压死，3 人受伤。

二、地震

1981 年 10 月—1982 年 4 月初，在六枝矿务局化处煤矿及其附近，持续发生小震 1000 余次，震中区有几次震级和烈度偏高的地震，国家地震局分析预报中心及有关部门对此进行了考察和监测工作。

根据地震部门的联合考察、监测和分析，关于化处矿工地地震区的成因，大致有 3 种看法，有的认为：是一次矿山地震；另一种看法为这些小震群的发生，主要是与矿区北东向断裂构造的活动有关，应属于构造地震；第三种看法则认为，地震群是由于矿山地下水而诱发的。

化处矿区小震群以频度高，震级小、烈度偏高为特点，其最大震级≧ 3.1 级的在 1982 年 2—3 月间共出现 3 次，其中最后一次出现在 3 月 20 日 11 时 16 分，震级为 3.6 级，破坏最大的极震区，其烈度可达 6 度或 6 度以上，矿区井内亦有相同程度的破坏现象，6 度等烈度线长轴约 2 公里，为北东走向，与第一断层走向近乎平行，其短轴长约 1 公里，震中区烈度呈不对称衰减，5 度区向西偏离于 6 度中心区。

1988 年 5 月 10 日 13 时—11 日 3 时 42 分，堕却区牛坡乡连续发生 6 次地震，波及 5 个乡、32 个村的部分地区，震级较大的有牛坡乡的倮那、牛坡两个村和堕却乡的中坝村煤厂村民组，据市地震台检测，震级为 4.2 级，山上石头向下滚动，房屋动摇，其顶板、墙身震裂，受灾 132 户，损坏房屋 240 间，滚石压坏小麦、洋芋 50 余亩，损失产量近 3000 公斤。

1991 年 7 月 19—23 日，六枝特区在发生特大暴雨的同时，发生波及 30 个乡，面积达 800 平方公里的地震，据昆明市地震台、贵州省地震台、六盘水市、毕节地区和威宁地震台共同测定，并到实地察看后测定，震级为 2.8—3.5 级。在地震的同时，局部地区并发生山体滑坡，房屋倒塌等现象。

第二篇　人口　民族　宗教

第一章　人口

第一节　人口分布

1978 年，中共十一届三中全会以后，随着改革开放深入发展和社会主义市场经济体制的不断健全完善，六枝特区内与区外人员出现人口流动现象。据 1990 年统计，全区总人口 53.8 万人。境内人口密度为每平方公里 300 人。长江水系 7 个乡（镇）居住的人口为 19 万人，占总人口的 36.38%。珠江水系 12 个乡（镇）居住的人口为 33.8 万人，占总人口数的 63.62%。1995 年，境内人口密度为每平方公里达 311.68 人。人口密度最高的乡（镇）是平寨镇，每平方公里 1130.44 人。人口密度最低的是毛口乡，每平方公里 86.91 人。2005 年，境内人口密度为每平方公里 360 人。人口密度最高的乡（镇）是平寨镇，每平方公里 1156 人；人口密度最低的是毛口乡，每平方公里 98 人。

1981—1982 年人口情况表

表 2-1-1　　　　　　　　　　　　　　　　　　　　　　　　　　　　单位：人

单位名称	1981 年	1982 年	年度地区	1981 年	1982 年	年度地区	1981 年	1982 年
郎岱公社	13955	10660	抵簸公社	7881	8087	黑塘公社	11376	11751
归宗公社	8250	8855	中寨公社	36284	9247	牛场公社	15305	15947
安乐公社	9086	9153	四方井公社	7814	8182	新华公社	9838	10302
陇脚公社	8776	9038	长寨公社	5431	5686	鼠场公社	16460	17327
洒志公社	8325	8913	双夕公社	8571	9162	梭戛公社	8854	10057
落别公社	7064	7865	毛口公社	5892	6138	冷坝公社	5949	6384
索考公社	5178	5478	岩脚公社	8099	8018	六枝派出所		22911

续表

单位名称	1981 年	1982 年	年度地区	1981 年	1982 年	年度地区	1981 年	1982 年
纳骂公社	16928	1764	民乐公社	8863	9241	平寨派出所		15004
折溪公社	11680	12416	羊场公社	11230	11725	那克派出所		20685
木岗公社	11561	11979	阿岔公社	7236	7543	云盘派出所		10227
六枝公社	17427	10282	高桥公社	7417	7667	大用派出所		7791
营透公社	11561	5872	龙场公社	11707	12352	木岗派出所		4060
店子公社	17692	17939	箐口公社	9722	10240	郎岱派出所		4885
九龙公社	9256	8628	堕却公社	11707	11376	特区公安局集体户		254
大用公社	9576	9994	龙潭公社	1367	15305			
桥梁公社	12857	13475	新场公社	13730	9838			

1985 年各乡（镇、办事处）人口情况表

表 2-1-2　　单位：人

乡（镇、办事处）	人口数	乡（镇、办事处）	人口数	乡（镇、办事处）	人口数	乡（镇、办事处）	人口数
郎岱镇	15592	二塘乡	7148	新场乡	11321	牛坡乡	4534
归宗乡	8060	头塘乡	6413	乌柳乡	4571	郎节坝乡	4504
安乐乡	9272	渔塘乡	8693	上官乡	3060	箐口乡	9061
洒志乡	8055	大用乡	10234	牛场乡	5613	平寨办事处	17039
陇脚乡	9149	四方井乡	7863	高石坎乡	3781	六枝办事处	21618
毛口乡	6173	中寨乡	9751	代家包乡	4054	那克办事处	19766
落别乡	4914	双夕乡	5595	黑塘乡	11760	云盘办事处	12410
坝湾乡	6319	长寨乡	5771	新华乡	11136	木岗办事处	4979
纳骂乡	1121	鲁戛乡	4478	梭戛乡	10351	木岗镇	12257
索考乡	5416	岩脚镇	8369	冷坝乡	6594		
凉水井乡	4264	高桥乡	7946	鼠场乡	6402		
折溪乡	8933	龙场乡	12953	陇术乡	5326		
抵簸镇	12694	民乐乡	9664	老马乡	6043		
六枝乡	19017	阿岔乡	7844	堕却乡	5987		
云盘乡	13275	羊场乡	12353	龙潭乡	8001		

1990 年人口情况表

表 2-1-3　　　　　　　　　　　　　　　　　　　　单位：户

地区	户数	人口数	地区	户数	人口数
全特区	120365	531790	六枝区	18079	82309
郎岱区	14229	63560	云盘乡	846	3883
洒志乡	2105	9709	头塘乡	1513	7107
归宗乡	2257	10093	二塘乡	1721	7504
陇脚乡	2274	10688	六枝乡	2012	9078
安乐乡	2143	10157	店子乡	4284	20199
毛口乡	1604	7229	渔塘乡	2117	9482
郎岱镇	3846	1568	大用乡	2464	11048
落别区	10599	47462	抵簸乡	3122	14008
纳骂乡	2733	12055	中寨区	8209	36252
坝湾乡	1538	7100	长寨乡	388	6160
岩脚寨乡	860	3935	双夕乡	1444	6004
落别乡	954	1419	鲁戛乡	1156	5023
凉水井乡	1036	4691	四方井乡	1991	8781
折溪乡	2156	9625	中寨乡	2230	10284
索考乡	1322	5907	陇木乡	1254	5827
岩脚区	14160	62305	鼠场乡	1491	7180
阿岔乡	1880	8391	冷坝乡	1685	7257
龙场乡	369	14059	新华乡	2596	1485
高桥乡	1926	8801	梭戛乡	2577	11434
民乐乡	2444	10291	堕却区	7497	34862
羊场乡	2978	13190	堕却乡	1364	6118
岩脚镇	1869	7582	牛坡乡	1045	4918
新场区	10634	47413	龙潭乡	1899	8683
代家包乡	895	4317	箐口乡	2122	10269
牛场乡	1370	5985	郎节坝乡	1067	4874
高石坎乡	920	4054	平寨镇	22064	90300
上官乡	771	3363	木岗镇	2823	17322
新场乡	2648	11495			
乌柳乡	1121	5209			
黑塘乡	2909	12950			
新华区	11065	50001			
老马乡	1462	6818			

1992—2011年境内长江水系区域人口分布情况

表2-1-4　　单位：人

年份＼地区	龙场乡	新华乡	牛场乡	新场乡	岩脚镇	梭戛乡	新窑乡	合计
1992	31017	20495	30740	18166	50315	14877	35250	200860
1993	31451	20727	30837	18378	50650	14992	35452	202487
1994	31915	20688	30575	18801	51176	15111	35625	203891
1995	32375	20924	31050	18998	50976	15287	35340	204950
1996	32783	21169	19339	31520	51392	15486	35551	207240
1997	32688	21478	19603	31882	51833	15703	35641	208828
1998	32647	21525	20034	32683	53069	15853	36327	212138
1999	33281	21673	20210	33258	52591	16110	36445	213568
2000	32443	21922	20212	33178	49736	16272	35178	208941
2001	32721	21550	20082	31619	49295	16325	35350	206942
2002	33009	21552	20079	31850	49946	16262	34841	207539
2003	33218	21630	19878	31828	50462	16486	34324	207826
2004	33736	20525	18762	31378	46740	16489	32432	200062
2005	33800	20395	18637	30856	43777	16119	32117	195701
2006	34016	18802	16771	29730	41909	15680	32372	189280
2007	39124	24204	22077	35406	56788	17751	38585	233935
2008	39969	24667	22547	36261	58416	18260	39633	239753
2009	41121	25244	23143	36866	59957	18870	41262	246463
2010	42215	26254	23705	38756	61902	19608	42880	255320
2011	42890	26625	23877	39356	61835	19815	43652	258050

1992—2011年境内珠江水系区域人口分布情况

表2-1-5　　单位：人

年份＼地区	箐口乡	平寨镇	大用镇	落别乡	木岗镇	折溪乡	郎岱镇	堕却乡	毛口乡	中寨乡	洒志乡	陇脚乡	合计
1992	11345	112905	24595	30400	22318	13969	32609	24108	8272	36070	14059	10839	341489
1993	11449	114649	24662	30478	22399	14071	32673	24538	8331	36100	14241	10916	344507
1994	11435	116975	22496	30832	24809	14239	32958	24697	8409	36320	14314	11309	348793
1995	11530	118216	22652	31275	24973	14377	33305	24049	8476	36591	14469	11442	351352
1996	11835	119093	25123	31881	22979	14824	33546	24184	8839	36950	14616	11634	355504
1997	11903	119016	25253	32371	22891	15008	33814	24396	9151	37198	14725	11775	357501
1998	12072	121387	25238	32621	23176	15160	33693	25276	9477	37349	15097	11829	362375

续表

年份＼地区	箐口乡	平寨镇	大用镇	落别乡	木岗镇	折溪乡	郎岱镇	堕却乡	毛口乡	中寨乡	洒志乡	陇脚乡	合计
1999	12015	119110	24243	32164	23238	15233	34286	24304	9488	37325	15374	11952	358732
2000	12083	115944	23378	29730	23408	15265	33015	24402	9446	36447	15736	12056	350910
2001	12204	116410	23170	29758	23513	15402	34583	23963	9798	37490	15647	12614	354552
2002	12270	117549	23400	30065	22585	15482	34904	22669	9914	38284	15522	12669	355313
2003	12182	119327	22323	30170	22773	14788	32573	23923	10006	38960	15879	12690	356194
2004	11150	125546	21855	30299	19645	13454	33048	22619	9320	36415	13892	10912	348065
2005	10933	125655	21932	29694	19347	13191	32800	22434	9312	36286	14704	10341	346629
2006	10956	127205	22219	29993	18838	12752	30291	21876	9098	36622	14123	9926	345905
2007	13138	127287	26062	33880	24366	16964	37531	25254	10492	40824	17085	13496	388386
2008	13339	125404	26372	34596	24774	38053	17366	25793	10685	41423	17479	13711	391003
2009	13626	128954	27244	36812	25551	17857	38868	26369	10938	42145	17930	13979	402282
2010	14061	132544	27922	39889	26996	19362	40244	27210	10813	44214	20166	14701	420132
2011	14146	131572	27935	40020	27248	19435	41009	27544	10486	44903	20709	14473	421491

第二节　人口构成

一、自然构成

（一）性别构成

性别比：据 1982 年第三次人口普查资料，男女性别比为 103.82 ： 100。1990 年第四次人口普查，男女性别比上升到 108.49 ： 100，与 1982 年对比上升 4 .67 个百分点。2000 年第五次人口普查资料体现，性别比为 110.40 ： 100，与 1990 年对比上长 1.91 个百分点，2005 年男女性别比为 114.61 ： 100。人口性别比失调，呈现不断攀升之势。

1979—2011 年人口自然构成

表 2-1-6　　单位：人

年度	总人口	性别		年龄			
		男性	女性	18 岁以下	18—35 岁	35—60 岁	60 岁以上
1979	452066	231628	220438				

续表

年度	总人口	性别		年龄			
		男性	女性	18岁以下	18—35岁	35—60岁	60岁以上
1980	460818	235270	225548				
1981	465101	241015	224086				
1982	475052	245156	229896				
1983	482367	247908	234459				
1984	488821	251682	237139				
1985	496260	253819	242441				
1986	499417	254658	244759				
1987	502985	255669	247316				
1988	523518	268149	255369				
1989	531410	271528	259882				
1990	537690	276122	261568				
1991	541821	278099	263722				
1992	543092	283884	289208				
1993	546750	279997	266753				
1994	552928	285232	267696				
1995	558209	286909	271306				
1996	564800	289291	275509				
1997	571149	292075	279074				
1998	576137	296876	279261				
1999	581133	297432	283701				
2000	603963	312200	291763				
2001	609878	313987	295891				
2002	614168	316711	297457				
2003	617598	319950	297648	164470	203791	174294	75043
2004	621770	322398	299372	167732	204928	175009	74101
2005	628187	326071	302116	170243	205429	177973	74542
2006	635876	332836	303040	166956	210695	181999	76226
2007	643800	337227	306573	167144	216955	188703	76598
2008	648627	339348	309279	169611	207119	194113	77784
2009	658218	344092	314126	170107	208731	199878	79502
2010	689977	359899	330078	189053	218122	198842	83960
2011	695859	365120	330739	187454	209383	209110	89912

（二）年龄构成

根据不同的需要，将人口分别为 4 种特定年龄组，将 0 ～ 14 周岁定为少年儿童组；15 ～ 34 周岁定为青年组；35 ～ 59 周岁定为中年组；60 岁以上的定为老年组。

1982 年第三次人口普查，全区总人口 475052 人。按照各年龄组统计其构成如下：男性人口为 245327 人，占总人口的 51.64%。与全国同期相比，男性人口比例高于全国 0.2 个百分点，女性人口比例低于全国 0.2 个百分点。与全省同期相比，男性人口比例高于全省 0.42 个百分点。少年儿童组人口 199590 人，占总人口的 42.6%。男性人口为 102958 人，为总人口的 21.70%。女性人口为 96632 人，为总人口的 20.36%。男女性别比为 106.55 ： 100；青年组人口为 143585 人，占总人口的 15.51%。女性人口为 69978 人，占总人口的 14.78%。性别比为 105.19 ： 100；中年组人口为 99488 人，占总人口的 20.97%，男性人口为 54368 人，占总人口的 11.46%；女性人口为 45120 人，占总人口的 9.51%，性别比为 120.50 ： 100；老年组人口为 31861 人，占总人口的 6.71%。男性人口 14394 人，占总人口的 3.03%，女性人口 17467 人，占总人口的 3.68%，性别比为 82.41 ： 100。

1990 年，第四次人口普查，全区总人口为 537695 人。其中男性人口 276719 人，占总人口的 52.04%。女性人口 255071 人，占总人口的 47.96%。性别比为 108.49 ： 100。与全国同期对比，男性人口比例高于全国 0.52 个百分点。青年组人口为 191078 人，占总人口的 35.93%。女性人口 90161 人，占总人口的 16.95%。性别比为 111.93 ： 100。中年组人口为 116145 人，占总人口的 21.84%。男性人口为 6039 人，占总人口的 11.36%。女性人口为 55753 人，占总人口的 10.48%。性比为 108.32 ： 100。老年组人口为 38004 人，占总人口的 7.15%。男性人口 18467 人，占总人口的 3.47%。女性人口 19537 人，占总人口的 3.67%，性别比为 94.52 ： 100。

2000 年，第五次人口普查，全区总人口为 541762 人。其中男性人口 284274 人，占总人口的 52.47%。女性人口 257488 人，占总人口的 47.53%。性别比为 110.4 ： 100。0 ～ 4 岁的人口为 51813 人，占总人口数的 9.56%；5 ～ 9 岁的人口为 48638 人，占总人口数的 8.98%；10 ～ 14 岁的人口为 64690 人，占总人口数的 11.94%；15 ～ 19 岁的人口为 46968 人，占总人口数的 8.67%；20 ～ 24 岁的人口为 39948 人，占总人口数的 7.37%；25 ～ 29 岁的人口 48655 人，占总人口的 8.98%；30 ～ 34 岁的人口为 46759 人，占总人口数的 8.63%；35 ～ 39 岁的人口为 37730 人，占总人口的 6.96%；40 ～ 44 岁的人口数 28047 人，占总人口数的 5.18%；45 ～ 49 岁的人口为 29122 人，占总人口数的 5.38%；50 ～ 54 岁的人口为 23562 人，占总人口 4.35%；55 ～ 59 岁的人口为 20280，占总人口数的 3.74%；60 ～ 64 的人口为 20546 人，占总人口数的 3.8%；65 ～ 69 岁的人口为 13537 人，占总人口数的 2.5%；70 岁及以上的人口为 21431 人，占总人口数的 3.96%。

2010 年，第六次人口普查，全区常住人口为 495162 人。其中男性人口 255140 人，占常住总人口的 51.53%。女性人口 240022 人，占总人口的 48.47%。性别比为 106.3 ： 100。0 ～ 4 岁的人口为 40613 人，占总人口数的 8.202%；5 ～ 9 岁的人口为 45293 人，占总人口数的 9.15%；10 ～ 14 岁的人口为 55259 人，占总人口数的 11.16%；15 ～ 19 岁的人口为 35012 人，占总人口数的 7.071%；20 ～ 24 岁的人口为 27931 人，占总人口数的 5.641%；25 ～ 29 岁的人口 25904 人，占总人口的 5.231%；30 ～ 34 岁的人口为 31440 人，占总人口数的 6.35%；35 ～ 39 岁的人口为 41487 人，占总人口的 8.38%；40 ～ 44 岁的人口数 40878 人，占总人口数的 8.26%；45 ～ 49 岁的人口为 32275 人，占总人口数的 6.52%；50 ～ 54 岁的人口为 24742 人，占总人口

4.997%；55 ~ 59 岁的人口为 26096 人，占总人口数的 5.27%；60 ~ 64 的人口为 20111 人，占总人口数的 4.062%；65 ~ 69 岁的人口为 17085 人，占总人口数的 3.45%；70 岁及以上的人口为 31011 人，占总人口数的 6.26%。

从第二、三、四、五、六次人口普查情况看，六枝特区人口逐渐向老龄化靠近，女性老年人口比例随着年龄的增长逐步上升。

1964—1982 年，平均每年增加 11129 人。1982—1990 年这 8 年间，平均每年增加 7158 人。从人口增长情况看，男性增长速度高于女性，总人口性别比表现为不断攀升的趋势。

第六次人口普查时，全区有百岁以上老人 25 人。

二、人口的社会构成

（一）文化构成

2000 年，第五次人口普查资料，全区有 6 岁及 6 岁以上人口 478647 人。其中有研究生 8 人，大学本科文化程度 1247 人，大学专科文化程度 4320 人，中专文化程度 11373 人，高中文化程度 14544 人，初中文化程度 97230 人，小学文化程度 229169 人（以上各种教育程度的人包括各类学校的毕业生、肄业生和在校生）。较第四次人口普查，研究生从无到有外，各类文化程度人员分别增加了 524 人、2793 人、5279 人、2966 人、25855 人和 58159 人。6 岁及 6 岁以上文盲、半文盲人口有 120756 人，15 岁及 15 以上文盲人口占总人口的比重（即粗文盲率）由 1990 年 29.55% 下降为 2000 年的 18.95%，下降了 10.6 个百分点；文盲人口占 15 岁以上人口同龄人口的由 1990 年的 45. 53 % 下降为 2000 年 27.27% ，下降了 18.26 个百分点。同 1990 年第四次人口普查相比，每 1 万人中拥有各种受教育程度的人数有如下变化：具有大学程度的由 0.42 人上升到 2.8 人。其中大学本科 13 . 6 人上升到 23 人；具有中专程度的由 114.6 人上升到 209.9 人；高中程度的由 217.7 人上升为 268.5 人；具有初中程度的由 1342 人上升为 1794.9 人；具有小学程度的由 3216 人上升为 4230 人。

（二）职业构成

1978 年以后，境内从业人口分布发生了重大变化，随着国家对六枝矿区的开发和各项事业的发展，生产工作、运输从业人员大量增加，商业、服务性行业从业人员比例逐渐上升。

人口职业构成情况表

表 2-1-7

职业 \ 年份	1982 年		1990 年	
	人数（人）	占在业人（%）	人数（人）	占在业人（%）
各类专业技术人员	8382	3.67	10245	3.72
国家机关、党群组织、企事业单位管理人员	2651	1.16	2903	1.06
办事人员及有关人员	2887	1.26	3167	1.15

续表

职业 \ 年份	1982年		1990年	
	人数（人）	占在业人（%）	人数（人）	占在业人（%）
商业工作人员	2365	1.03	4130	1.50
服务性工作人员	3304	1.44	3585	1.30
农、林、牧、渔从业人员	183996	80.46	227748	82.63
生产、运输工人和相关从业人员	24997	10.93	23819	8.64
不便分类的其他劳动者	109	0.05	20	–

（三）民族构成

境内人口中涵盖30个民族族别（不包括未定民族）。据1990年人口普查资料，汉族387442人，占总人口的72.86%；少数民族144348人，占总人口的27.14%。据2000年第五次人口普查资料体现，全国56种民族中同，境内占32种民族（不包括未识别民族），比第四次人口普查增加了2种民族。32种民族中，汉族人口376432人，占总人口的69.48%；少数民族人口（包括未识别民族）165330人，占总人口的30.52%。据2010年第六次人口普查资料体现，全国56种民族中同，境内占37种民族（不包括未识别民族）。37种民族中，常住汉族人口359219人，占总人口的72.55%；少数民族人口（包括未识别民族）135943人，占总人口的27.45%。

第三节 人口变化

1978年，全区总人口444735人。出生10069人，出生率下降到22.84‰，死亡3187人，死亡率为7.20‰，自然增长6882人，自然增长率为15.62‰。2005年，全区总人口542410人。出生率8.51‰，死亡率4 79‰，自然增长率3.73‰。2011年，全区总人口677530人，出生率5.03‰，死亡率5.84‰，自然增长率下降到0.61‰。

1978—2011年人口变动情况一览表

表2-1-8

年份	户数（户）	人口数（人）	出生人数（人）	出生率（‰）	死亡人数（人）	死亡率（‰）	增长人数（人）	增长率（‰）
1978	90245	444735	10069	22.84	3187	7.22	6882	15.62
1979	90729	452066	9495	21.38	2845	6.35	6647	14.93
1980	88860	460503	10015	21.96	2850	6.25	7168	15.71
1981	92514	465101	9674	20.90	3470	7.50	6204	13.40
1982	95343	475052	9503	20.21	4023	8.56	5480	12.24
1983	98392	482367	6035	12.61	3566	7.45	2472	5.16

续表

年份	户数（户）	人口数（人）	出生人数（人）	出生率（‰）	死亡人数（人）	死亡率（‰）	增长人数（人）	增长率（‰）
1984	102691	488821	6233	12.84	3506	7.22	2727	5.62
1985	106011	496260	5759	12.06	3031	6.15	2926	5.94
1986	98632	4499417	6341	12.74	3400	6.83	2941	5.91
1987	111919	502985	5893	11.76	3374	6.73	2519	5.03
1988	119186	523518	6206	12.09	3030	5.90	3176	6.19
1989	124330	532383	7341	13.90	2906	5.50	4435	8.40
1990	120365	537695	8602	16.07	3721	6.95	4881	9.12
1991	131905	511797	7528	13.95	347	6.43	4056	7.52
1992	131838	542349	5960	10.99	3329	6.14	2631	4.85
1993	132352	546994	6336	11.60	3033	5.57	3303	6.03
1994	133561	552684	8657	15.74	3279	5.73	5378	10.0
1995	134858	556302	8913	16.07	3307	5.96	5606	10.11
1996		562774	9404	16.81	3465	6.11	5939	10.12
1997		566329	9098	16.10	3380	6.01	5718	10.13
1998		572179	9242	17.07	3392	5.90	5850	11.12
1999		572600	7961	13.89	3402	5.93	4559	7.95
2000		559851	7659	13.55	3595	6.35	4064	7.18
2001		561494	7158	12.82	3611	6.40	3542	6.37
2002		564265	6584	11.61	3815	6.77	2733	4.84
2003		566720	6170	11.09	3781	6.69	2389	4.35
2004		560251	5295	9.40	3665	6.50	1630	2.90
2005		542410	4619	8.51	2598	4.79	2021	3.73
2006		533179	4443	8.24	3250	6.02	12615	1.48
2007		620314	3118	12.2	3110	5.89	5597	0.91
2008		628748	3165	6.11	3015	5.82	11239	1.82
2009		646736	2950	5.59	2935	5.56	17988	2.86
2010		673442	3621	6.65	3214	5.51	26706	4.13
2011		677530	2783	5.03	3228	5.84	4088	0.61

第四节　人口控制

1979年6月，各区、公社两级都配备专职计生干部。1992年4月，特区计划生育委员会更名为“计划生育局”。全区19个乡（镇）均成立计生办和计生服务站。2003年4月，增设计划生育执法队（设定编制10人，为参公股级事业单位），增设流动人口计划生育管理办公室（设定编制5人，为股级事业单位）。是年，六枝特区计划生育局更名为“六枝特区人口和计划生育局”。2004年，六枝特区计划生育指导站升格为副科级事业单位，并更名为“六枝特区计划生育妇幼保健服务中心”，实行妇幼整合。2008年，增设性别比办公室（设定编制3人，为事业股级科室）。5月，计划生育执法队升格为副科级单位，更名人口和计划生育督查室。

一、宣传教育

1990年以来，人口和计划生育工作，采取报刊、宣传栏、广播电视、宣传画和各种宣传资料及文艺演出等形式，向城乡群众宣传计划生育政策、法律法规、优生优育和奖励扶助等方面知识。2004年，各乡镇、村居、组寨制定两条以上的计划生育永久性宣传标语。1998年，六枝计生局投资8万元在贵烟公路沿线建立了20块固定宣传牌坊。2000—2005年，特区人口和计生局及各乡镇共组织了18场关于人口和计划生育政策法律法规等相关知识的文艺演出，开展16次婚育新风进万家活动现场会。1992—2005年，全区共培训育龄群众63.5万（人）次，发放计生宣传资料500万份。2003年，特区人口计生局创办《六枝计生信息》月刊，每月一期，免费发放。到2005年12月底共编发了30期3万余份。

二、计划生育服务工作

2003年，投入300余万元，新建和扩建19个乡镇计划生育妇幼保健站。除毛口乡（因光照电站水库淹设搬迁）外18个乡镇计划生育服务站全部达到省级优质服务站标准。投入250万多元将原特区人口计生局办公大楼改造为特区计划生育妇幼保健服务中心办公楼。对180个村（居）服务室进行改扩建，建成区、乡、村三级服务网络平台。简单的节育服务扩展到围绕生育、节育、不育的全程服务。2003—2005年，对24.7万余人已婚育龄妇女（人）次进行普查，普治9.95万余人。2004年6月，全省计划生育优质服务暨争做育龄群众贴心人总结表彰大会在六枝召开，六枝特区被授予“贵州省计划生育优质服务先进区”。

三、基层队伍建设

1998年，牛场和新场乡首推计划生育十二联户工作机制和中心户长机制，1999年，在全区进行普遍推广。2000年，配备各村人口主任、计生专干、育龄妇女小组长，推行计划生育“村为主”工作。2004年10月，全面启动“村（居）民自治”工作。特区政府对各乡镇村居进行合并，全区由原来的394个村（居）民委员会，55个居民委员会合并为220个村民委员会和25个居民委员会。各村（居）小组配备育龄妇女小组长，提高村干部待遇，支书主任每人每月150元，村计生专干与支书主任享受同等报酬，育龄妇女小组长每人每年120元。2011年，特区党委、政府对村（社区）支书、主任的报酬提高到每月1000元。增设村计生主任，报酬不低于支书主任的报酬。育龄妇女小组长的报酬提高到每月50元。

四、信息化建设

2003年，投入500万余元，搭建“数字计生”工作平台。为特区计划生育妇幼保健中心购置了腹腔镜、Pc平台阴道探头、台式B超、宫腔镜、细胞免疫分析系统、胎儿心电监护忆麻醉监护仪、电子阴道镜、红外线乳腺治疗仪等先进科技设备。安装生殖健康智能化管理系统。建成大型数字计生工作站。乡镇计生服务站添置了阴道探头B超、电子阴道镜等先进设备，建成现代化、智能化的“数字计生工作站”。特区计生妇幼保健中心与19个乡镇实现了生殖健康系统信息联网。推行节育、优生优育、生殖健康、妇幼保健远程诊断管理服务。为乡镇配置相关设备，建立了全区育龄妇女信息管理系统。实现乡镇、特区和市三级人口信息化管理的互联互访。建成国家流动人口信息交换平台和三个信息网络。

五、利益导向和优惠政策

1979年，全区办理“独生子女父母光荣证”60个。截至到2005年，全区共办“独生子女父母光荣证”7217个。对已办独生子女父母光荣证的子女每月发放独生子女保健费。

2004年，特区自筹资金推行利益导向机制，对农村年满60周岁的独生子女户和二女结扎户兑现奖励扶助。特区政府对全区农村独生子女户、二女绝育户实行农业税及其附加全免。减免农村独生子女和二女结扎户女孩学杂费，对无儿无女家庭的夫妇，每月发放5～100元扶助生活费。对全区101户农村放弃二孩生育的独生子女户家庭一次性兑现2000～4000元的奖励费。2005年，对184户奖励扶助对象兑现奖励扶助金80.6万元。利用10万元的“幸福工程”资金和8万元的财政扶贫专项资金在陇脚乡新春村实施家禽养殖项目。投入20万元为10户农村独生子女和二女结扎户茅草房家庭进行改造。

六、依法行政

2003年，推行《中华人民共和国人口与计划生育法》《贵州省人口和计划生育管理条例》《贵州省人口和计划生育管理办法》《流动人口计划生育工作条例》等人口计生法律法规的培训学习。2005年4月，全区98%的人口计生干部经考试合格办理“贵州省计划生育执法证”，依法查处违法生育的国家公职人员。2004年，查实18件国家公职人员违法生育案件，其中13人被开除公职，2人被解聘，3人按照干部管理权限报其他部门处理，4人被开除党籍。2003—2005年全区立案调查查实计生案件46件。

七、出生人口性别比治理

1997 年前，出生人口性别比基本处在正常值之内，1998 年开始，出生人口性别比出现异常，男性比例攀升。

1998—2011 年出生人口性别比情况

表 2-1-9

年度	出生人口性别比	年度	出生人口性别比	年度	出生人口性别比
1998	107.50	2003	124.20	2008	146.54
1999	111.00	2004	128.33	2009	122.50
2000	114.60	2005	123.25	2010	119.33
2001	117.30	2006	127	2011	106.22
2002	121.59	2007	133		

针对出生人口性别比男性不断攀升，成立特区综合治理出生人口性别比领导小组。2008 年，在人口计生局设立出性别比治理办公室。每年按季度开展宣传活动和执法检查。

八、控制计划外生育

根据国家有关政策，特区政府先后制定一系列控制计划生育的规定。1979 年符合计划生育率 51.90%，1995 符今政策生育率达 83.3%，2005 年符合政策生育率达 97.64%。1996 年，在全区推行计划生育“一票否决”工作机制。1998 年，新场乡因工作严重滞后，计划生育工作被“一票否决”。2000 年，新华乡和陇脚乡因计生工作严重滞后被“一票否决”。2004 年，出台《六枝特区计划生育责任追究办法》。2007 年，出台《六枝特区实行人口和计划生育责任追究规定》。

六枝特区 1979—2011 年计划生育情况

表 2-1-10

项目年底	计划生育率（%）	项目年底	计划生育率（%）	项目年底	计划生育率（%）
1979	51.90	1990	68.67	2001	93.39
1980	44.50	1991	67.11	2002	96.08
1981	41.50	1992	71.17	2003	96.06
1982	45.10	1993	79.60	2004	96.03
1983	64.50	1994	77.79	2005	97.64
1984	68.80	1995	83.26	2006	90.25
1985	67.35	1996	80.69	2007	99.23
1986	72.95	1997	78.13	2008	92.01

续表

项目年底	计划生育率（%）	项目年底	计划生育率（%）	项目年底	计划生育率（%）
1987	82.22	1998	66.94	2009	94.85
1988	51.37	1999	83.17	2010	81.83
1989	72.05	2000	84.85	2011	96.01

第二章　民族

第一节　民族工作

1984年，社改乡，有郎岱区的陇脚布依族乡、洒志布依族彝族乡，落别区的索考布依族乡、坝湾布依族乡，中寨区的中寨布依族苗族乡、长寨布依族苗族乡、四方井彝族布依族苗族乡、双夕苗族乡、鲁戛苗族布依族乡，新场区的代家包苗族乡、高石坎苗族乡、上官彝族乡、乌柳苗族乡，新华区的梭戛苗族彝族乡、堕却区的牛坡仡佬族乡、箐口彝族布依族乡，16个民族乡均为正股级。1991年9月，建镇并乡撤区，六枝特区从原来的8个区2个镇变为19个乡（镇）。其中就有9个民族乡。民族乡分别是：牛场苗族彝族乡、毛口布依族苗族乡、陇脚布依族乡、折溪彝族乡、中寨苗族彝族布依族乡、洒志彝族布依族苗族乡、落别布依族彝族乡、梭戛苗族彝族回族乡、箐口布依族仡佬族乡。

六枝特区的民族工作在特区党委、政府的领导下，在上级业务主管部门指导下，认真贯彻落实《民族乡行政工作条例》《城市民族工作条例》《中华人民共和国民族区域自治法》等民族法律法规。每年年初，民宗局将市直目标责任和区直目标责任进行分解，明确责任领导和具体责任人，按照目标责任扎实开展好各项工作。民族工作主要从四个“着力推动”上开展：一是着力推动少数民族和民族地区加快经济社会发展；二是着力推动少数民族和民族地区文化大发展大繁荣；三是着力推进少数民族和民族地区人才成长；四是着力推动构建和谐民族关系。为了落实好四个“着力推动”，民宗局研究制定措施：一是高度重视民族宗教工作。认真贯彻落实上级民族工作会议精神，强化民族工作目标责任，配合有关部门做好民族干部的培训。二是加强民族工作。积极开展民族团结进步创建活动，做好公民申请民族成分的恢复、更正、审查、申报工作，加强民族工作调研，弘扬民族文化。三是抓好少数民族和民族地区的发展。每年都要指导督促上年度各级少数民族发展资金项目和民族文化项目的实施，积极争取当年度少数民族发展资金项目和民族文化建设项目，加强少数民族和民族地区基础设施建设和弘扬民族文化。如人畜饮水、道路硬化、修缮学校、种养殖业、民族教育、民族体育、民族文化、民族博物馆建设等项目。少数民族发展项目和民族文化项目发挥了作用。特别是六枝特区新场乡乌柳村达连地组实施的养殖项目（主要养羊），其滚动式发展养殖的成功模式得到省、市民族工作部门领导的高度评价。

第二节　民族经费

六枝特区境内的民族经费，由特区民宗局管理，由财政部门监督，项目实施单位使用。经费来源主要由省、市民委和财政部门逐级下拨。

1980—1989年，特区民委向少数民族贫困地区投资228.13万元。其中人畜饮水工程19.19万元、道路交通41.8万元、贫困少数民族民族建房经费30.36万元、文化4.2万元、教育41.2万元、卫生14.77万元、民族村寨照明28.44万元、畜牧4万元。

1990—1995年，特区民委向少数民族乡投入各项资金128.97万元。其中，少数民族民族建房补助46.87万元；教育、文化、卫生补助25.53万元（包括贫困学生助学补助10.5万元）；水、电、路基础设施建设补助17.3万元；有偿周转金（扶持少数民族发展经济）16万元；其他支出23.7万元。

1993年，六枝特区民族事务委员会与六枝特区宗教办公室合并，更名为“六枝特区民族宗教事务局”。2008—2011年，民宗局帮助少数民族乡、村争取到各类少数民族发展资金共317万元，实施项目52个。其中中央少数民族发展资金213万元，占总数的67.2%；省级少数民族发展资金72万元，占总数的22.7%；市级少数民族发展资金32万元，占总数的10.1%。在2008—2011年实施的52个项目中，按照项目用途分类：新建、维修公路项目8个，资金31万元，受益人口5358人；实施少数民族村寨道路硬化路项目15个，资金47万元，受益人口8909人；实施种养殖项目5个，资金27万元，受益人口1877人；实施人饮工程项目9个，资金28万元，受益人口10674人；实施人行桥项目2个，资金8万元，受益人口6016人；实施民居改造项目1个，资金80万元，受益人口305人；实施民族教育及民族文化项目5个，资金20万元，受益人口涉及2个乡、1个博物馆及其他1个村；实施少数民族建房补助项目4个（每年1个），资金45万元，受益90户人口502人；实施其他项目3个，资金31万元，受益人口254人。此外，争取少数民族贫困大学生补助经费7万元，解决35名农村少数民族贫困大学生的入学难问题。

第三节　民族分布

六枝特区境内19个乡（镇）均有少数民族居住，其中落别、折溪、牛场、中寨、箐口、洒志、毛口、梭戛、陇脚等9个乡的少数民族居住较为集中。各民族在境内形成了大杂居，小聚居的格局。

除汉族外，共有30种少数民族（不包括未识别民族），分别是：苗族、彝族、布依族、回族、仡佬族、黎族、土家族、壮族、白族、蒙古族、满族、藏族、朝鲜族、瑶族、哈尼族、傣族、傈僳族、畲族、拉祜族、纳西族、景颇族、羌族、仫老族、京族、侗族、水族、毛南族、土族、佤族、哈萨克族。

一、汉族

汉族是境内人数最多，各乡（镇）分布最广的民族。尤以平寨、岩脚、郎岱等地所占比例较大，也比较集中。

二、彝族

彝族是境内历史悠久且人口最多的少数民族。其远祖来自云南，约在西汉初期定居于境内，经过长期的发展，逐步成为境内各民族中的统治者。随着彝族人口的增多，统治地盘的扩大，逐步建立了君、臣、师“三位一体”的君长制政权。清代以后，其统治地位逐渐被汉族取代。

境内尚有部分是其祖先在明朝洪武时期调北征南时入境后，与当地彝族共同生活，而逐渐融合成彝族。彝族约有7万余人，其中有9000余人讲彝语，分布于箐口乡的过瓦、社勒、坝子、下麻翁、果落；中寨乡的扯扭、大补王、小补王、沙戈寨；洒志乡的磨卜；新华乡的双寨、新平等村寨，村小学用彝语进行启蒙教育。有约6.1万人讲汉语，分布于折溪、郎岱、落别、洒志、牛场、梭戛、平寨等乡镇。

三、布依族

布依族与古代百粤（百越）有渊源关系。境内布依族由邻县陆续迁入。折溪、陇脚一带的陈氏，则由广西迁至贵州晴隆，后迁至六枝。布依族有4.8万余人，语言属汉藏语系壮侗语族壮傣语支。主要分布在落别、折溪、木岗、大用、平寨、梭戛等地，语言为第二土语。分布在中寨、毛口、郎岱、洒志、陇脚、箐口一带的布依族，语言为第三土语。

四、苗族

自称“蒙”“阿蒙”。因服饰及迁徙地不一而称其为小花苗、大花苗、歪梳苗、箐苗、喇叭苗、长角苗等。其迁徙地和时间已难以考证。喇叭苗祖籍湖广，明洪武朱元璋调北征南时期，经云南、盘县到普安县龙吟乡皮古田坝落户，后由皮古分散到晴隆、六枝、水城、普安一带，六枝的喇叭苗主要居住在中寨乡的中寨、双夕、鲁戛、西拉及毛口乡的半坡村、郎岱镇野马厂一带。小花苗居住在西拉村箐脚组、兴隆村的新寨组和大沟组三个自然村寨。大花苗居住在西垃、四个包、龙井、九层山及新场乡的黑塘一带。歪梳苗居住在中寨乡旧寨、鸡打坪、上戈厂、下龙滩、岩脚、大补王，新窑乡的二塘、新场乡境内。箐苗居住在中寨乡箐脚村弯龙坡、新窑乡二塘村境内。长角苗居住在梭戛乡高兴村。

苗族有5.8万余人，语言主要是汉藏语系苗瑶语族苗语支川黔滇方言和黔滇次方言。其中有近一半人操第一土语，近一半人操第二土语。这些人主要分布在中寨、牛场、梭戛、新场、新华、岩脚、龙场、新窑、洒志、郎岱、毛口等地，有约2500余人方言尚待确定。苗族较集中的乡（村）小学，采用苗语和汉语进行“双语”启蒙教学。此外，有万余人操汉语及湘西汉语方言。分布于中寨、洒志、郎岱、平寨等地。

五、仡佬族

仡佬族是境内历史最悠久的民族，约有1.17万人，其中有2000余人讲本民族语言。主要分布在箐口乡的居都、下麻翁村及堕却乡的倮那村、郎节坝村。有9700余人讲汉语，分布于新窑、平寨、落别、新华、堕却、龙场、岩脚等地。

第四节　民族节日

六枝特区境内的少数民族节日，分为所有民族都过的共同节日和单个少数民族特有的传统节日。春节、端午节、中秋节、清明节为共同节日。

彝族：彝族的传统节日有“火把节”“重阳节”“牛王节”。境内的彝族传统节日“火把节”（农历六月二十四日），在中寨乡小补王村过得比较浓重，参加的人员上千人。彝族同胞都盛装出行，邀请其他民族同胞一起举行浓重的文艺演出，庆祝他们的节日。“牛王节”（十月初一），彝族同胞都要打糯米粑作“牛王粑”，然后在牛的两只角上各粘上一坨，把牛牵到水塘边吃水，牛身倒影在水里，牛看见了，以表示对它的耕耘肯定。最后杀两只鸡，鸡血洒在牛圈门上，表示驱除病魔，六畜兴旺。“重阳节”（九月初九），彝族同胞用自己的方式在家中举行，做上一桌丰盛的晚餐祭祀。

苗族：苗族的传统节日有“跳花节”“祭山祭树节”“耗子粑节”“老人节”等。

跳花节，跳花节是正月初十。跳花节较隆重，有专门的跳花场。境内主要是梭戛乡陇戛寨的长角苗对这一节日活动最为浓重。跳花节这天，各苗族支系的同胞都会来参加。她们身着各自的苗族盛装，开展芦笙歌舞表演、赛歌会等活动，极富民族特色。跳花节是未婚青年们谈情说爱的好日子。

祭树节，祭树节是农历二月的第一个龙日。要选定寨子附近比较茂盛的树林中最古老、最高大、具有代表性的一棵大树作为祭祀对象。苗族人认为这样的古树在森林中最有生命力和神圣力。祭树时，全寨群众筹资买猪、鸡，各家各户集粮，由鬼师或者家师咒词后，在古树下挖下坑，埋下4～5个装满水的土坛子，用石板盖好。这项内容外人不准看，族内人也不许随便动，妇女不能祭祀，杀红毛公鸡请祖先享用，祈祷祖先保佑。事毕，全村所有老人小孩（不含女性）痛饮一番，吃饱喝足，祭树宣告结束。

祭山节，祭山节是农历三月第一个龙日。按祭树节的程序进行。祭山节还有一个重要仪式“看神水”，就是鬼师或者家师将祭树节时埋下的水坛起出观察。

耗子粑节，耗子粑节是农历十一月的第一个龙日，祭祀时在家族集中的某家进行。家族祭祀不烧钱、不烧香。属“三限”的家族用33个碗，属“五限”的用55个碗，盛各种供品祭祀祖先。

布依族：布依族的节日有“六月六”、过“小年”、“祭山祭树节”。“六月六”是六枝境内布依族最隆重节日。节日当天都要举行浓重的文艺演出，歌舞比赛等活动。规模涉及全区所有布依族。“小年”节是农历正月的最后一天。各自在家中举行，供奉祖先。“祭山祭树节”是祭山、祭树、祭田坎水口。以祈求来年风调雨顺、五谷丰登、四季平安。

仡佬族：仡佬族的传统节日有“吃新节”“冬月小年节”“祭树节”（树节）。

“吃新节”是仡佬族最隆重的传统节日，六枝特区居都仡佬族选定八月初第一或第二个虎场天过吃新节，祈求来年丰收、祭奠缅怀祖先。由同寨或同族人共同出资买牛买马宰杀，用新谷饭供祖先、五谷大神。祈求他们来年风调雨顺、五谷丰登。“冬月小年节”是仡佬族祭祖、缅怀祖先艰苦创业的日子，一般是冬月的第一个虎场天。“祭树节”每年三月三是仡佬族的祭树节，把树当着他们的恩人来对待，感谢大树使他们平安、幸福。

回族：回族的传统节日，有古尔邦节、开斋节、圣纪节、姑太节。其中：古尔邦节、开斋节、圣纪节回族伊斯兰教统一节日。“开斋节”也称“尔德节”。在伊斯兰教历十月一日庆祝。每年伊斯兰教历的九月（即莱麦丹月，俗称斋月），成年穆斯林要封斋（斋戒）一个月。每日从黎明至日落，禁止饮食、房事和一切非礼行为，以省察己躬，洗涤罪过。根据伊斯兰教先知穆罕默德关于“见新月封斋，见新月开斋”的训谕。每年斋月始于伊斯兰教历九月初新月的出现，结束于教历十月初见到新月为止。即在斋月满二十九天的当晚寻看新月，如看到，次日十月一日即为开斋节；如不见，则再封一日，开斋节也顺延一天。庆祝一个月的斋功圆满完成。

开斋节的主要礼仪有：（1）忙食一物。穆斯林于该日晨礼后速进少许饮食，以示戒满开斋向真主感恩之意（此项在市境内主要是针对参与封斋的人，另外每家每户都要端一个油香到清真寺给阿訇口到，阿訇口到后，家里的油香才能吃，否则其他人是不能吃的）。（2）缴纳开斋捐（也叫费土尔钱或麦子钱）。穆斯林按家庭人口计，数量是每人交二斤半麦子的现金折价。此项施舍定制于伊斯兰教历二年（632 年）十月。（3）举行会礼。当天上午，穆斯林沐浴盛装，（盘县普田乡回民还要端上一盘油香，数量是按家庭人口一人一个计算。手里拿上一柱点燃的巴兰香，拿到清真寺交给主持乡老，以便打散外教客人，凡参加会礼的人会礼结束时也都会得到一个油香）心口默念赞圣词，聚集在清真寺内举行规模盛大的会礼仪式。（4）上坟念经、插香纪念亡人。除以上主要仪式外，穆斯林还要宴会亲友宾客，邻里之间相互赠送节日油香。

第五节　民族习俗

一、长角苗族风俗

梭戛乡高兴村居住着苗族的一个分支——长角苗。长角苗是头绾奇特长角头饰的苗族部落，世界仅存 5000 人左右，分布在以高兴村为中心的 12 个村寨中。自然环境、社会结构、经济生活和文化生活等方面仍然保持比较完整的原生态文化。祭箐：长角苗十分崇敬箐林，每年农历二月初二是长角苗祭箐的日子。祭箐时由寨中属虎、属龙、属马的三位德高望重老人主持祭礼。属马的老人拿着鸡、属龙的老人端着酒、属虎的老人抬着小石头从寨顶人家开始逐个走遍寨中所有人家，为每户举行驱瘟免灾仪式。后杀鸡煮熟祭箐，族人吃喝后散去。

婚俗：农历正月初四至十五是长角苗的跳花节。跳花节是族人欢庆丰年也是男女青年谈情说爱的节日。男女青年穿上节日盛装到跳花场唱歌，吹奏木叶、三眼箫、芦笙等乐器。到了傍晚，青年男女成双成对到山坡歌唱，倾诉情爱。

相亲：确定对相后由男方带上事先准备好的鸡卦与女方家的鸡卦核对，如鸡卦相合，男方便请媒人提亲，约定婚期和举办仪式。

打亲：娶亲队伍到新娘家门前时，由数十个姑娘组成的队伍，手持细条“痛打”三次方可进入家中。进入女方家后媒人代表新郎家人向新娘家人敬酒，新娘的长辈表示祝福后，新郎才能接走新娘。离开时同样接受三次“痛打”，这种迎亲方式俗称“打亲”，据说打得越狠婚姻越牢靠。

二、仡佬族吃新节习俗

六枝特区箐口乡居都村的仡佬族，有着很多古老的风俗习惯吃新节。每年吃新节选在农历八月的第一或第二个虎场天开始持续三天。这就是仡佬族典型的民族节日——“吃新节”。它保留了许多远古时代的风俗信息，气氛热烈，充满情趣。

吃新节第一天（虎场天）。在杀牛场，由寨老杀牛杀马（牛、马由全村人共同出资买。牛一定要杀，如果条件不好，买不起马，则每家每户杀只公鸡代替）。宰杀前，寨老要喊：“请老王山、老黑山、九层山、黑那戛山、人头山、者老山、麻堕山、金坡山、簸箕山，请你们来吃新。”念完之后，让人用布蒙住牛眼，用绳子捆住牛脚，将其放倒，然后杀了剥皮。同时，寨老唱祭祀歌：

今天是新年新节，
我们吃新节已经到来。
要请天要请地到我们这里来。
我们要杀牛祭天，杀马祭地。
请你们天和地各人来领收。
把牛把马杀了以后，
我们要掏新谷子来供天供地，
我们才敢吃新谷子。
祈求风调雨顺。
供天供地之后，
我们要供祖先，
因为祖先对我们有保佑。
保佑子孙繁荣，后代昌盛。
供了祖先之后，
我们才敢吃新米饭。
之后我们还要请九个坡头的祖山，
保佑我们年年顺顺畅畅。

牛心按户切碎分好，与牛肉一起分到各家各户。牛皮卖钱平分。

第二天（兔场天）：各家做饭供五谷大神和祖先，亲朋好友相聚一起喝酒、吃饭。

第三天（龙场天）：各家煮熟分得的牛肉、牛心。到田里摘取两线公谷（谷秆高，谷粒不饱满或空壳）和两线母谷（谷秆矮，谷粒多且饱满），再摘取蔬菜瓜果。公谷挂在炕上留做纪念，母谷用手一粒一粒剥开（新米），然后用新水（刚从井里挑回来的水）煮成饭。拿新米饭捏九个饭团，跟牛肉、牛心一起供天地、祖先和五谷大神。纪念祖先开荒种地付出的辛勤劳动，祈求保佑来年风调雨顺，五谷丰登。供完后全家一起喝酒吃饭，庆祝丰收，分享快乐。

第六节　民族风情

一、住所

彝族村寨，房舍材质不尽相同，均就地取材。住于石山地者多以开石砌墙成房而居。居于无石少林环境者，多以泥沙筑墙成房而居。居于林木多者，多以伐木立柱，木板装修而居。居于多竹地区多以木为柱，竹篱纺织装修而居。建房屋顶多以盖瓦为主，间有盖茅草者。

彝族传统民房，主要有三重堂。房屋构架以椽组合而成。房屋大致可分三大间、五小间、长三间或长五间。三间或五间正堂，彝语称为“阿夺”，为悬挂祖宗牌位和供设神龛之所。右面第一间设火堂，专供饮食之用，彝语谓“阿结”。其他三间均为卧室，彝语称“阿波”。楼，彝语称“黑结”，为炕粮存粮之所。若是三重堂，并有一重、二重、三重。有左厢房、右厢房之别。一重为护院兵丁住所，二重为服务人员居处，三重为主人家居室。此等房屋，全市境内彝区已不复存在。

今传统彝族房屋尚存者，当推盘县马场彝族苗族乡拖腊翁村龙氏土氏遗址。该遗址目前尚保存完好。其余彝寨在保留传统风格时，已随时代的变化有所改变。

“长角苗”民居：他们的民居形式多为一层房，分木结构草盖顶、土墙草房和石墙草房三种。一般为三开间，少数为二开间。妹妹棚是作为婚恋的特殊建筑。

长角苗的房屋多为木结构草房。房屋为木柱、木梁穿斗结构，四壁多用木板，走马板多用竹条编织。房屋正中有屯口（院窝），多数民居带有院坝、茅草顶，这种建筑加厚堆高别具风格。

土墙草房，其构造是土木结构。房屋四周墙体均用黄泥土夯筑而成。房屋正中有屯口，一般为三开间，也有两开间的门。一般用木，也有用竹或藤编织的。隔墙均用竹藤编织，抹上泥土。屋顶盖草。以梭戛乡的陇戛、小新寨较为典型。

石墙草房主要分布在安寨、新发、依不低等村寨，建筑墙体用石块堆砌而成。盖草顶挑檐坊用条石，做工较考究。

布依族村寨：布依族聚族而居，傍山依水为寨。一个自然村一般是一个姓氏的同宗的族人，几十户上百户不等。房屋多为两层，房顶为悬山式（两面坡），盖瓦或盖草，称这种住房为吊脚楼。底层关牲畜，中层住人，阁楼烘炕玉米、杂粮或存放杂物。楼房两侧有竹造的阳台，用来晾晒粮食和衣物。外砌石梯作登楼用，梯级须为单数。层高讲究尾数不离八寸。开间一般是一丈三尺，两边各一丈二尺，进深习惯用双数，二丈二尺或二丈四尺。

受历史原因的影响，仡佬族大都居住在交通不便的大山深处，土地贫瘠、交通不便。房屋多建在半山坡上，以草木或木瓦结构为主，俗话说“高山苗、水仲家，仡佬住在岩旮旮”就是这种居住状况的真实写照。现今已获得重大改变。

箐口彝族仡佬族布依族乡居都村的仡佬族，大都选择依山傍水或半山腰处建筑房屋。房屋结构主要有木房草顶、木房瓦顶，石墙瓦顶、混凝土平房。房屋多为三间，中间为堂屋，设神龛，不住人。左右两间为卧室，并分别隔出半间设灶房、火塘，有楼的房屋，楼上堆放粮食、杂物，楼下住人。

中寨乡的仡佬族（本地称打铁仡佬）民居已是石砌瓦房或混凝土平房、楼房，有的人家还住上比较现代化的三四层砖混小洋楼。现六枝特区部分仡佬族的住房，传统风格已基本改变。

二、服饰

（一）彝族服饰

境内彝族服饰主要有乌蒙型为威宁式。据传，自从发明种麻、纺线、织布后，彝族男性曾穿上对襟短衣，外加袖短褂。胸前为两颗一组的三、五、七排不等的布结纽扣。下着八幅大裙裤，又称灯笼裤。中、青年人头戴用羊毛制作的毡帽。青年人头包青或白帕。脚穿布鞋、皮钉鞋或草鞋。女性上穿领口、袖口、肩、臂、胸部镶刺绣、有花纹图案的短衣，下穿三接式五接头的百褶长裙。头包额是交叉为“人”字形的布帕，脚穿鞋袜相连的超尖绣花鞋。近几十年来，男性中青年人头包青丝帕或青布帕，上穿长衫，下穿中宽裤，腰系青、白布或羊毛腰带，脚穿布底鞋或胶鞋。青年上穿长衫，系白腰带，下穿窄裤脚。

中青年女性上穿青、蓝长衫（一般无任何刺绣点缀图案），下穿裤脚边镶有一块四五寸宽的白底挑花、挑花上压花边和铁链花各一道的中长裤，或穿纯青、蓝布中长裤。腰系青布带，脚穿无花布鞋。青年女性头包青丝帕，上穿肩、领、袖、胸镶有彩色布条和自绣花边、前后摆绣有“月亮形”（白底、黑布条滚绣）图案的“吊四柱”（以前后摆各下垂边缘至腰下镶花边而得名），青蓝长衫（彝语称“补堵”，汉语称“抠圆衣”）“月亮形”图案形似“祥云”和起伏的山峰。下穿镶花边裤脚宽裤式新式小裤脚。腰系白布带，并系白围腰，两条绣花飘带于腰后打结，然后垂于后摆作装饰。

（二）苗族服饰

境内苗族服饰分为以下几种类型：

1. 川黔滇方言、次方言，第一土语区苗族服饰。

男装，穿白色麻布叉襟或左大襟衫，披绣、织穿插细花纹几何图案披肩，穿白色麻布长裤，腰系两端细花纹白麻布长带，头饰蓝布长巾。冬天或节日，小腿着蓝色毡袜，毡袜下部饰细花纹图案小带。平时着朴实便装。女装，穿白色叉襟短衫，披绣、织、蜡染交错细花纹图案披肩，腰系两端有细花纹图案白色长带。未婚女子，穿蜡染花纹图案“三节裙”头用红黄绿毛线与头发挽成包头式，两端汇集于后；已婚女子，裙脚上接一段蓝布，为“四节裙”，挽发于前额顶，呈圆锥形。

2. 川黔滇方言、次方言，第二土语区苗族服饰。

男装，服饰与汉族接近。女装，上穿和服，饰有刺绣和蜡染点缀细长纹图案，短右上襟圆脚衣。穿双层长筒裙，左右皱褶，中上部饰有刺绣或蜡染点缀多种花纹图案，胸前佩戴刺绣和蜡染花图案围腰，着白色绑脚。未婚女子，头部用蓝线与头发挽成帽式。已婚女子，用红头绳和头发挽成包头式，偏于右侧。一部分苗族妇女，用白布长巾包头，穿白色对襟短衫，白色短裙，着白色绑腿。

3. 湘西方言、西部土语区苗族服饰。

男装，披发辫，着无领长衫，宽领口，系腰带。穿朝鞋、敞口鞋、纹子鞋，鞋帮为青蓝布，用手工在帮上和纹上制作若干条线路。女装，为衣裤制，色尚青蓝。里层为窄袖紧身内衣，外层为宽大右衽长衣，矮立领，衣长恰过膝，袖口长齐肘部，宽一尺二寸。半鞍形右襟边和衣袖中部有花带修饰，腰间以青布黑布作束带，绞结右垂，包蓝白黑帽。已婚者包成锥形，未婚者包平顶。穿绣有各种图案花卉虎头鞋、夹尖鞋和布尔草鞋。戴银铜耳环、手镯和戒指。

其中比较突出的有居住在梭戛、新华等地的长角苗妇女其头部扎长 0.4 米左右的木角高翘于头顶两侧，角上包缠着重 1 ~ 3 公斤的假发呈“∞”字形状。上衣前短后长，下穿长花裙。上衣的袖、肩、胸、背以及边都配不同的刺绣蜡染图案，花裙用 12 条不同的彩绸配以彩线刺绣或蜡染不同的花卉，用不同的图案镶边。腿打绑带，脚穿绣花布鞋。全套服饰色调和谐。长角苗男子以青布裹头，着青色短上衣配疙瘩纽扣，下穿白色长裙，配刺绣或蜡染图案的腰带，打绑带穿布鞋，民族特色突出。

（三）布依族妇女服饰

以陇脚为界，东西部略有差异，东部布依族姑娘头部扎辮盘首，盖镶花巾数层，戴牡蛎形银饰。西部布依姑娘头扎彩色飘带。结婚时，改辮为髻，西部包青帕、东部戴镶边的铜考（假壳），上下装颜色以青色为主，穿绿花布鞋、草鞋。

六枝坝湾一带的妇女服饰，上装为窄袖大襟短衣。黑底，衣服上臂、肘、腕施三截蜡染。领口及襟边镶以组饰或蜡染制品，无领无扣，以布带系于右侧，披肩绣花有挑花图案。下装为百褶长裙，多以白底蓝花蜡染布为原料，下部花纹为菱形，排列细密整齐。老年妇女的长裙用绛色自染布缝制，在花裙外系方形花边围腰，衣饰方形织锦花帕。少女着装时，将头发和青丝编为二尺许的长辮，头发上插花或扎彩绸。婚后妇女改戴“更考”。

六枝陇脚一带妇女服饰，交领右衽窄袖紧身上衣，平摆，左开肋叉，长恰覆脐。袖口、领、襟的边缘施以精致的挑花。色以红、蓝、绿三色为主调。图案多八角花，框以菱形边。领饰宽幅挑花，斜叉边缘宽四寸许的挑花，图案以八角花为主，以二方边疆菱形框边，色以胭脂红、下部为青经棕纬织品。着装时，裙束于衣内，裙头恰挂于胯骨之上。头帕用青、蓝、白三色布六折而成，施于流苏。

六枝毛口一带妇女服饰，上衣为蓝、绿色为底色，袖口、肘、腕部用黑色。低交领，窄袖紧身，右衽斜叉深一尺许，摆稍成弧形。领口、袖口、襟边饰挑花。袖口挑花淡雅，饰黑红（黄）相间的几圈花纹。衣外罩深色有户无袖无扣对襟短背心。其摆缘喜抽去纬线，将经线结成若干排列整齐的缨子。系黑色或蓝色方形围裳，长对膝，腰带刺绣工艺精美。下装为布裙或深裆大裤，亦有着百褶裙者。中老年妇女系一小裙于臀后。头帕外青内白的挑花制品，用乳钉银勒固定于脑后，精美的刺绣花朵位于面颊两边。额顶搭几层条带状淡彩色织品。近年以来，日常装扮多用机制提花枕巾取代传统头帕，且不用银带固定，头发梳为一束，散垂于脑后。

三、饮食禁忌

彝族居住的地区多以苞谷、小麦为主食，极少数河谷地区以大米为主。彝族的特色食品有砣砣肉（肥多瘦少，切成方形长条）、咂酒、罐罐茶等。

咂酒酒精度低，既解渴又解暑。饮酒独特，别具风格。用苞谷或糯米蒸熟，加入适量的酒药后，置于瓮坛封好，经一月以上发酵成酒，即可冲进冷开水，再用稀泥或煤面拦稀密封。饮用时，将坛口密封处钻一个或数个孔，插入钻通的竹管达坛底咂吸。据说太平天国翼王石达开领兵经过川南叙水时，在一土司家饮咂酒后，深感饮用方式独特有趣，即赋诗一首曰“万颗明珠一瓮中，君王到此也低头，双手拉住擎天柱，吸得黄河水倒流”。

大块吃肉、大碗喝酒是苗族传统饮食习惯，特别有客人来家，只要家里有，就用这种方式来招待客人。吃猪肉一般不用炒成一盘一盘的菜，三五斤煮成一锅，大缸钵舀在桌上，另加一锅酸菜之类的素菜，荤素搭配，恰到好处。

苗族著名的食品主要有燕麦炒面、糯米粑粑、小米粑粑等。

仡佬族地区大都以水稻、玉米为主食，以豆、麦为副食。肉食以猪肉为主，偶食牛、羊肉。喜吃酸菜豆汤，有“三天不吃酸，走路打蹿蹿”之说，还有豆豉（有干豆豉和水豆豉）、粑粑。

仡佬族人家喜欢饮酒和喝茶。酒有烧酒（包谷酒）、甜酒和黑酒。茶有罐罐茶和大树茶。

金银饭，为仡佬族传统食品之一。每年苞谷成熟时，取包谷面和大米各一半，先将大米煮成半熟，然后将蒸过头道的玉米面拦湿与之混合放入甑内蒸熟。米饭成白色，玉米面为黄色，黄白相间，称金银饭。金银饭色鲜、味美，且制作简便。

黑酒，仡佬族祭祀时有用“黑酒”的传统。制作时用玉米炒好，磨碎、浸泡，蒸熟放篾箱里发酵，最后装罐，表面上放层谷壳，用草塞塞好，最后封口。因封口用煤，故称黑酒，喝时在封口上捅个洞，用芦苇吸取。此酒馨香馥郁，沁人心脾，为仡佬族款待宾客的佳品。

回族在饮食方面有许多讲究。除粮食（玉米、马铃薯等）、菜蔬外，牲畜中只吃牛羊，家禽只吃自喂养的鸡、鸭、鹅，水中动物只吃鱼。带爪的食肉类动物如虎、狼、狗，带鹰钩嘴的猛禽如鹰、鹞、乌鸦，以及蛇、螃蟹之类的形状凶狠的动物一律不吃。马、驴、骡虽系食草动物，因是平蹄，为异型，也不吃。可吃的还必须经阿訇寺辅下刀（不能称“杀”）割断血管、食道、气管，放尽血液才能食用。病死、冻死、压砸而死、自死动物一律不吃。市境居住分散的回民，因附近无清真寺及阿訇，现只在隆重的祭祀场合坚持由阿訇下刀的规矩。回族还禁烟、酒，斋月中更是严禁，对胆敢带烟杆的人连家都不准进。这些规矩，零星散居于其他民族地区的和在外工作的回民有的已不大讲究，但在回族聚居区特别是老一辈的回民仍然恪守。例如，带猪肉猪油进回民家，属犯禁。历史上强迫回民开禁的，都遭到强烈的反抗，甚至刀刃相见。

回民善腌牛肉，用盐、花椒腌后晾干，称“牛干巴”，味美。“油香”是回民喜食的一种食品，各种礼仪场合都少不了。实际是一种油炸的食品，用麦面或当地所产的荞面、玉米面、豆面、糯米面经发酵后差成圆饼放在清油里炸成。炸油香讲究，由阿訇或寺辅操作。

随着人们生活质量的不断提高，不只停留在只追求填宝肚子的阶段，而是向色香味美，营养搭配等方向发展，各民族的饮食也有了巨大的变化，且除回族外，其他民族的生活习惯已基本同化。没有多大区别了。

四、婚姻

彝族的传统婚俗独特而风趣。婚姻有提亲、订婚、结婚等形式。提亲：男女青年在公共场合或经介绍人介绍相识后，为了更进一步相互了解，常以相约到野外对歌或单独幽会谈心等形式向对方吐露爱慕之情。彼此对婚事无异议后，男方的父母要请介绍人到女方家提亲。订婚：男方家择一吉日良辰，媒人领着男方及其父亲等长辈带一升燕麦炒面、两瓶酒和两段布（给女方及其母亲）到女方家正式确定婚姻关系即吃订婚酒。结婚：嫁娶的程序是整个婚嫁过程中最复杂最热闹的过程，整个过程包括接亲、发亲、迎亲、进亲等，每个程序都有严格的规定。

苗族婚姻：境内苗族支系较多，有箐苗、歪梳苗、小花苗、大花苗、长角苗、四印苗、喇叭苗等，他们在婚姻方面有各自的特点，但也有相同之处。苗族婚姻主要是自由恋爱与父母同意相结合，婚姻分恋爱、定亲、接亲三个阶段。青年男女通过跳花坡、晒月亮、串月及平常的喜庆日子和赶场天等。以对歌为社交手段谈情说爱，确定恋爱关系，经过一段时间的交往互相有了感情，在征得双方父母同意后，男方即请媒人带上礼品到女方家提亲。苗族一般不以外族通婚。

“喇叭苗”婚姻：六枝特区中寨乡鲁戛、双夕一带“喇叭苗”，是明初洪武年间来自湖南宝庆一带（今湖南邵阳市）的一个苗族支系。“喇叭苗”传统婚俗的程序是攀亲、认亲、挑酒、送日子、抬花轿等礼仪，每个礼仪又有具体的程序。

第一，攀亲。谁家生下男孩，父母就要为这个男孩打算对象了。一岁左右就要请媒人到女方家攀亲，经过媒人取得女方的生辰八字后，再与自己男孩的生辰八字一起去找当地先生“相科”，如果先生认为八字相合，这门亲事就成功了（订娃娃亲）。如遇属马与属鼠、属牛与属羊、属狗与属龙、属鸡与属兔之类的八字相冲，还有羊和鼠、马和牛也不合，这时就要请媒人给女方家婉言说明“羊鼠相逢一旦休，自古白马怕青牛”等，这门亲事就算罢了。倘若攀亲成功后，男女双方父母即成为亲家礼道，红白喜事礼尚往来，并且要教男孩叫女孩父母做爹妈。

第二，认亲。就是给女方家第一道婚姻礼物。男女双方孩子基本懂事时（一般十一二岁），男方家就请原来那个媒人到女方家去提请认亲之事。取得女方家同意认亲时，男方家择定吉日，带上一坛6公斤酒，糯米粑24对，鸡若干只（根据女方直系亲属一户一只鸡）。布1丈，红包一个，内装现金24元、36元、48元不等。由媒人和家门中长者陪同男孩到女孩家认亲。认亲时住两夜，互叙亲情。被认亲的女孩回避到邻居家，待男方告辞返家时，这女孩才把自己亲手做的（或请人帮忙做的）鞋子和鞋垫叫自己要好的姐妹送给未婚夫作礼物纪念。男女双方没结婚前，一直不能相见，特别是女孩连男方的父母叔伯都不可相遇，如有时途中看见，也要低头躲过。在认亲的同时，要正式挂八字，就要把男女双方的生辰八字排列在一张红纸上，让男方家永远保存。男方家首先得预备两支新毛笔、两锭墨和一张红纸，认亲时带着去。待认亲礼物过送完毕时，女方家就摆放桌子凳子，请一位写字好的人坐上凳子，磨好墨放好纸，男女双方请代表报出自己儿女生辰八字。写字的人用右手写女八字，用左手写男八字。男女的年月日时并排。写完后用信封封装后递给男方，这样就算亲戚永不动摇了。

第三，挑酒。挑酒是男方家给女方家第二道婚姻礼物。一般情况是今年挑酒明年结婚。结婚年龄一般是十七八岁，富裕人家还要提前一些。结婚前一年，男方家请媒人向女方家要求挑酒。取得女方家同意后，择吉日请几个人带上礼金若干元（这礼金是计算去给女孩的嫁妆）、布一丈、猪肉一方一肘（约25公斤）、鸡两只、酒一坛（12公斤），还有女方直系亲属每户一块猪肉，这叫“水礼”（谁受了这块“水礼”就必须给女孩买一份嫁妆礼物去吃结婚酒，如送柜子、送棉被等）。由媒人带队陪男孩一同挑酒去女方家。女方家把所有亲戚、朋友、邻居请来大宴。男方家请去的人还要留住两夜，女孩子必须回避。女孩子心里是高兴地回避。到男方家返家时，女孩子要托人送给未婚夫一定的礼物留念。

第四，送日子。送日子是送举行结婚花轿的期程。先生择日造床、裁衣、合帐、梳头、发旦进亲等吉日成一张单子，用信封封好。男方家配上两瓶（喜）酒，请两个人送给女方家。女方家要请送亲客八人吃饭，以备届时送女孩去男方家。送亲客一般是比较亲信的伯叔、姑舅夫妇四对最好。请客吃饭时，打开封好的单子后，互相通告吃喜酒的日期。女方家父母也要请亲朋好友到时吃喜酒。男方家更是要大宴亲朋。

第五，抬花轿。男方家抬花轿去女方家，抬女孩到男孩家结婚。这一次，男方家要热闹五天。第一天进客，所有“挂红客”都要来。主人家要准备好吃住的，客人们挑着豆腐或糯米粑，准备礼金或布皮、鞭炮、对联等前来祝贺大喜。第二天发旦，发旦时男方家要请先生封伞，封伞的意义在于喜事中不会出现乱事。还要请客中的一部分合作去女方家接亲，共计要去二三十人，去时挑礼品，来时抬新娘的柜子、箱子等一切嫁妆。有给送亲客拉马的（有的人家要男方家拉马去给送亲客骑着送亲），有抬花轿的（花轿用红布扎大红花装饰周围和顶部），有吹唢呐的，带上礼物（此次礼物同挑酒那次一样）热热闹闹地去到女方家门前，新郎和陪郎打扮得最漂亮，身上斜挂着红彩带。女方家门前摆桌子斟几杯酒，还请酒令先生接待新郎和陪郎。酒令先生与新郎、陪郎行酒令，对答如流，方可进屋。如对答较差就以酒代罚。周围有许多亲戚朋友观看热闹，有的也帮助对答。酒令毕，新郎陪郎并排走进堂屋，走一步作一揖，三步三揖。到神台前对祖宗四跪八拜，然后再给岳父母以及叔伯姑舅（女方一个点名）每个一跪一拜，最后转身面向大门，给众位六亲三跪三拜，完毕。神台前面地上放着垫子，这垫子是女方的弟弟或妹妹准备在那里给新郎垫跪的。新郎要发一个红包，方可离去。有时为了取笑新郎，他们在垫子中放一些圆球，在新郎和陪郎一起下跪时，这垫子突然滚开，他们就跪落地上，这样会惹得满屋人哄然大笑。接着是“开坛”“开包点礼”。所谓“开坛”，就是请厨师把新郎家挑去的那坛酒放在堂屋中打开卦口。从中取出两杯放在神台上供奉祖宗，新郎发给厨师一个红包，厨师把酒抱进厨房作待客之用。所谓“开包点礼”就是请女方家管事人把新郎家送来给新娘穿戴的包裹打开清点。将里面的四件衣服、一块包头布、一条腰带、一块蒙脸布、两对银手圈当众清点，清点完毕放回包到新娘房间去。新郎发给开包点礼人红包一个。完毕，女方家管事招呼新郎家来接亲的人入席。席罢，新娘的弟弟、妹妹要给新郎打脚换鞋，新郎要发红包。小姑娘小伙子们打来一盆热水，招呼新郎坐下洗脚，盆旁边放一双新鞋给新郎换穿。新郎脱开脚上的鞋袜，洗脚时周围的人会洒灰入盆，有的抽新郎坐的凳子，把新郎弄得顾此失彼，惹得满堂大笑。新郎不好意思，只会把脚放在盆上表示一下立即站起来了。新郎家去接亲的人，有的同辈也要到新娘房间逗新娘高兴。新娘是头两天就躲在房间的帐内哭呜呜的（哭呜呜是吻吻的意思），随时有几位同伴相陪。去逗新娘的小伙子也有几个。他们挤进帐内，同姑娘们一起嬉戏。这时新娘就哭呜呜骂这些小伙子，催他们赶快出去，新娘生怕父母及兄弟看不过去，才把小伙子驱赶出房间。新娘哭呜呜的内容很丰富。凡是来吃喜酒的客人，每个都会享受到一次新娘的“哭呜呜”。一直把要对姑妈诉说的话讲完才停下来。呜呜每位亲戚大概要三十分钟左右。如果几个亲戚一齐到时，先从长辈或年高的呜起，一个一个地呜完。在没有亲戚接近时，就呜自己的父母或家中的每个亲人。在哭呜呜的内容中，当然也有骂人的话，如和嫂嫂平时吵过嘴，她就趁呜呜的时候，加上一些骂人的话进去，以示把怒气洒在嫂嫂身上，以消心头之恨。相陪的姑娘们也要代替新娘哭呜呜骂新郎和陪郎。她们说“陪郎之人像条狗，这家吃了那家守”等，把陪郎弄得又恨又喜欢。接亲的那个晚上，青年人们玩笑内容很多，闹得通宵达旦。吹唢呐的也不停地吹，相似与哭呜呜的姑娘们对歌。

第二天发亲时，新娘的哥哥把新娘从房间背到堂屋神台前，新娘的脚跪在哥哥的背上，手中拿一把筷子，哭呜呜说："我的哥哥呀呜……呜，冤家出门无人留呀呜……呜，那个留得冤家转呀呜……呜，太阳倒出水倒流呀呜……呜。"边哭边把手中的筷子撒在神台前面地上。哥哥背她上轿了。轿子放在大门当中，打开轿门迎接新娘上轿。上轿后还是继续哭呜呜自己的父母，哭出寨口之后，送亲客随着轿子一直劝说才停止。抬花轿的也会开新娘的玩笑，途中趁送亲人远离时，他们要逗新娘讲话，如新娘不答话，他们就故意踩偏惊动新娘，有的把轿子停放在地上，说新娘要拉尿等，新娘在轿中忍不住会发出笑声。抬到新郎家中门前停下轿，由先生"退喜神"。完毕，送亲客和迎亲客才从轿中接下新娘，扶进堂屋神台前拜堂，一拜天地、二拜祖宗、三拜父母、夫妇对拜后，扶进洞房。进洞房后举行坐床仪式，男左女右坐在床沿上，送亲客端来盘子，盘中放一对杯子斟满酒，要新郎新娘同时干杯，干杯后新娘才开口与客人们讲话。这是新郎家第三天正酒，也是喜事的高峰期。新娘家陪嫁的柜子、箱子中预备有一些米粑、米花、糖果等，送亲客拿出来分给亲朋好友品尝。品尝完毕就设宴安席，新郎家管事陪客就座。送亲客和新郎的长辈亲戚分男女两排在神台左右上席，年轻的排在中席或边席。一次宴四桌八桌不等，一直宴完为止。挑客就座时，要把关系较好的排在一席，让他们有说有笑，多饮几杯喜酒，使主人高兴。正酒宴完，有的亲戚告辞回家，这时要把尽快回家的亲戚招来复席。复席时新郎家的父母要出面陪客并送行，这时客人要与主人相互敬酒，恭喜主人添人进福，早抱孙子。

第四天"请客"，即是进亲二朝。送亲客作主请客，请新郎家父母、叔伯、姑舅等坐成两席，男女分开就座，这席面食物主要是新娘家带去的。席中话交亲事，大意是：女孩年幼无知，教育有限，从今往后拜托公婆多多管教，如有不足之处，敬望谅解等言语。做公婆的要用许多花言巧语回答，并诚心感谢送亲客。

第五天是进亲三朝，这天清晨，新娘出洞房下井挑水，倒水给公婆和长辈客人洗脸。每个洗脸人要发给新娘红包一个。管事人要安排吃圆满饭，为媒人和送亲客饯行。

早晨十点左右，厨师备办了一桌新鲜菜，由新郎、新娘和公婆家人同桌就餐，这叫吃圆满饭。

十二点左右，宴席招待留宿的所有客人。

下午二点左右宴两席招待媒人并为送亲人饯行。席罢，新郎挑着猪头、猪腿欢送媒人和送亲客们。按规矩，媒人受礼猪头一个或猪腿一只。送亲客是长辈的要受礼猪头或猪腿，是平辈的受礼猪肉一块，这叫回亲菜。

下午六点左右，招待帮忙兄弟和厨师。辛苦几天了，男方家人和管事人和他们同席，一同祝贺这桩喜事圆满成功。这样，算这台喜事顺利完成。

满七天后，岳父家派人来接新娘回门，回门在岳父母家住两天后，要回男方家开始新的幸福生活，成家立业。

"喇叭人"结婚之后，是终身夫妇，除丧偶之外，是不会分手的，哪怕叫花子，也要跟随一辈子。岳父母教育女儿，经常说："老人许了口，是猪是狗，也得跟着走。"现在人们对外交往频繁，逐步进行一些婚俗改革，提倡现代婚姻政策，娃娃亲基本上不存在。

布依族婚姻：布依族人主要是通过"浪貌、浪哨"的自由恋爱形式选择终身伴侣，当他们经过一段时间的接触，确定恋爱关系后，便告父母，然后由男方家请媒人到女方家求亲，由此开始谈婚论嫁。

布依族结婚仪式各地大同小异，婚日头天，女家办喜酒。男方家请歌郎和接亲婆带上礼物去接亲。接亲卯时出发，到女家鸣放鞭炮。发亲要在天亮前，新娘哭着唱《哭嫁歌》，诉说父母的养育之恩，难分难舍地走出家门，由接亲婆带路，伴娘陪着，步行到新郎家。有的地方由其弟背到新郎家，也有的由同辈兄弟背出大门上轿。

新娘一到，男家放火炮迎接。新娘到家时，公公婆婆都要回避，以示让新儿媳当家。新郎新娘不拜堂，不同房，婚后三天回门。回门住娘家的时间短的一年，长的达二三年。六枝落别一带的布依族新娘在二十岁左右，理应住夫家，男方就择定日子，为新娘戴“更考”。戴了“更考”，新娘便不能着姑娘装了，这是人生历程中的第二个阶段，即从姑娘变成妇人的分水岭。戴“更考”一般都是在姑娘无任何防范的情况下进行，因此，这天姑娘哭得很伤心。从此，不时到夫家住几天，直至生育才长住夫家。

六枝布依族家庭实行一夫一妻制，父母通常与幼子同住养老。丈夫或妻子去世后，生者娶嫁全凭个人意愿。

仡佬族婚姻：婚姻形式上为一夫一妻制、自由婚与包办婚并存，女子出嫁要带一定的嫁妆。

回族婚姻：实行一夫一妻制，一般在本民族内通婚。过去同姓不开亲。但有的大姓，支系繁多，人丁兴旺，开亲困难，各聚居地的族长议定，已超出五服之外的，血缘关系消泯的可以开亲。

近些年来，随着外出务工人员的增多，人们社交面的不断扩大，各民族的婚姻已基本打破了族内通婚的格局。结婚仪式也大大简化，只要办酒席。部分年轻人还穿戴婚纱，盘新娘头，和新郎一起接待前来道贺的宾客，成为新的民族婚礼仪式。

五、丧葬

（一）彝族丧葬

彝族老人去世后，都举行斋祭奠献活动。按规模大小可分做斋（彝语“数挣”）、打戛（彝语“吉赶”）。请布摩（彝语译音：经师）择吉日，设斋场，装饰灵房，诵经指路，送葬抬灵。斋祭活动少则三天，多则几十天，礼俗繁杂，程序井然，悲歌哀号，跳脚舞贯穿整个过程，具有浓厚的民族传统特色。其礼仪程序依次为：

1. 接气洗丧。老人病危将逝，即告之女儿提米到娘家煮粥反哺。去世前将老人抬至堂屋坐下，由儿子扶其断气。然后鸣炮，梳发洗身，更衣。女用2～8件无花纹长衣，裤、襟各1条，男用3～9件无扣衫，裤1条。男女皆在腰部拴白线作腰带，平直入殓，棺盖留缝，鸣炮哀哭。牵骆鞍或牯牛候于屋外，一长者将一只公鸡扭头捏死作指路鸡，然后定棺报丧。

女儿获丧讯，拿一只雌鸡，砍一根长约1尺的小棍，上刻7道印记，上留部分绿叶插于十字路口，杀鸡滴血，表示引亡灵到此，跪对亡者方向痛哭，然后备牛奔丧。子设灵堂、移棺置其堂中，杀猪献祭，恒祭者绕灵堂3圈，献酒、供祭亡灵。晚上，主人设宴席请孝女、打孝女牛，送孝衣、帕和酒，设宴席招待亲友。

2. 打戛。是给死去的人祈祷解冤，以表子孙尽孝的一种祭祀方式。打戛已有一千多年的历史，是彝族的祖先“擒补陆射”为其母斋祭时发明创造的礼规。

打戛分为热戛和冷戛，热戛就是有钱人家的老人去世时即请布摩做戛；冷戛就是老人去世时经济困难无能力行祭，待集资丰裕时再择吉日给先后亡故的老人一起做戛。打戛时先请布摩择吉日奠基动土，开山架马，立戛房，然后开启道场诵经。古时候做49天，后来做三至七天。戛房多以破木杈杈搭成，用茅草扎结梁脊，用银松盖顶，进门处为圆拱形，两旁张贴挽联。戛房中设灵位，布摩身着法衣，口念法诀，助手诵经，孝子捧灵跪候。若是做冷戛的即往坟山“抬亡魂”，逝于他乡者，则设堂招魂。继而布摩执银松柏枝，蘸松柏油点火，杀牲祭祀。打戛时所有的亲戚都要组织几十人乃至几百人牵牛羊、打纸火、吹唢呐等乐器祭祀。主丧家和前来祭祀的亲戚要绕灵房转鸡翅拐形、马形、底形图案的圈，并且进行“恳合呗”（跳祭祀舞，跳铃铛舞或跳脚舞）。天亮后，做冷戛的将纸火和戛房一起焚烧，做热戛的现时送丧安葬。

彝族的丧葬仪式由“呗慕”主持。经一番悼祭后，“呗慕”用鸡蛋寻测墓地。墓地选好后，“呗慕”念发丧词，孝子跪在灵柩前叩请亲友将死者送上山，每人敬双杯酒表示谢意，灵柩上山后，有的当即安葬，有的择日安葬，且以土葬为主。

（二）苗族丧葬

苗族丧葬仪式。老人在堂屋断气，鸣炮3响报天地，男剃头，女梳洗，净身，更衣入殓。有的建亭式斋屋，有的在堂屋陈棺，向位不一，做斋祭。有的选安葬后择吉日斋祭。其丧仪如下：女性老人去世，则请人带酒到娘家报丧，告之牵牛不牵马。娘家牵牛，带猪，腿裹布、帕，杀鸡均可，带上酒奔丧。将至灵前时，鸣炮3响通报，死者子女在阒道及大道前男跑女啼相迎。死者娘家抚慰，进门后众女子哭诉。安排娘家在平行屋住下。随后，请芦笙师、鼓手奏哀乐。经过献牲、引路、打井、踩牛屎、献财产、献饭等仪式，女在中间，男随后，棺至坟地后，孝子跪拜四方。由鬼师主持，将死者安葬。苗族老人亡故后，经济条件好者要打牛祭奠。经一番仪式后，子、女、媳、婿等皆着孝服，依次围牛转舞。转毕，杀牛出殡。此俗现已遗弃。

（三）布依族丧葬

老人亡故后，家人即在堂屋为其洗身。洗毕，着本族服装，讣告亲友。亡人口含银圆小殓，吉日大殓，取含口银，棺木上盖花被。送葬时，媳在前，子在后。墓地由阴阳先生卜定，放雄鸡跳井穴，烧纸钱。移灵柩入穴，孝子捧土盖棺、垒坟。

（四）仡佬族丧葬

仡佬族老人亡故时，口含钱币，着本族装，由一年长者用一只雌鸡呼死者名杀之。杀死鸡后，将死者入殓，盖棺杀牛，向死者供祭相关物品，为死者开路，绕棺。晚饭后，请6～8人，一手拿白纸，另一只手拿铃铛绕棺舞唱，送死者百年仙逝。孝子手拿鸡蛋到一定地点择坟地，将鸡蛋丢在某地，蛋破处为好地，掘穴而葬。

（五）回族丧葬

回族葬俗尚俭朴，普遍实行土葬。其特点一是不用棺材，不烧香化纸，不择日子，不请阴阳先生看坟地；二是速葬，认为早入土，早得安，人死至安葬不超过三天；三是薄葬，坟墓不占耕地，吊孝不送花圈、不送礼，丧家不办酒宴，不用物品陪葬，请阿訇念经祭奠。

人死后，首先请人洗尸（也叫“用水”或“净身”），洗尸男女有别。洗完后就用白布包裹。白布有三层，第一层称“抛拉”作第一层套尸体，长度依人的身高而定，两头留出扎口；第二层叫“小卧单”或“小殓布”，套在第一层外面；第三层，用两幅白布缝起来称大卧单或大殓布。男的做“缠头”（八角形白帽），女的做“勒奶布”缠住胸部。装殓用白布，总称“卡幡”（“开凡”）。套上卡幡，装殓完毕。从净身到装殓的全过程，孝男孝女均跪于门前默哀。孝子到各家门前跪请族人、亲友参与送葬（安葬时禁其他民族的人参与），并发孝帽（男用）、孝帕。

以上各项礼仪办得越快越好，最迟不超过两天，也就是说无论如何安葬时间不得超出第三天。

六、信仰

彝族、苗族、布依族认为人或物皆有灵魂，因而多神信仰。仡佬族只对具体人或物敬仰。境内各民族皆崇敬祖先，丧祭往往庄严隆重。平时节日亦不祭祀。仡佬族敬盘古王、金角（老龙）、沙达（老蛇）、山、树及祖宗。回族信仰伊斯兰教，亦有少数信仰天主教、基督教、佛教。

第七节　民族文化

一、文学

境内少数民族在漫长的历史中，根据本民族的生活经历，创造了大量丰富多彩的民族文化，反映的各个时期各民族的发展、变化和民族特色，是宝贵的民族文化遗产。

境内少数民族过去的一些文学作品已失传，现仍有部分流传于世。祭祀类的如《宜那经书》。政治、经济、文化方面的如《咋署木》《阿默克》《隐斗署》等。布依族以汉字记音的古籍有《谷谢经》（3部），为五言丧祀经书。此外，还有内容涉及地理、历史、民族等方面的作品。仡佬族以汉字、彝文记音的古籍有《祭词》。

近几年当地民族文化工作者整理出版了《夜郎同亭》《六枝郎山》《“蒙洽”苗人文化研究》《居都仡佬族文化研究》《文化边缘—六枝彝族文化研究》《月亮河流域布依族文化研究》、苗族古籍《苗启蒙科学技术资料》等作品，当地民族工作部门和民族文化工作者，还整理了有关民族古籍。涌现一些少数民族作家、诗人，他们发表了很多文学作品。

二、音乐舞蹈

境内民族民间音乐种类多，题材广，曲目丰富。可分为歌曲、器乐曲两类。歌曲，包括情歌、出嫁歌、娶亲歌、丧歌、叙事歌、儿歌、劳动歌、敬酒歌等。

境内彝、苗、布依、仡佬等民族皆能歌善舞。彝族乐器有四弦胡琴、笛、月琴、木唢呐。彝族青年喜用树叶吹奏山歌、情歌。彝族歌舞中常见有的庆坛歌、祭祖歌、接灵歌，有跳脚舞、跳脚歌、铜歌14曲谱等；布依族的音乐铜鼓十二则、吹奏姊妹箫、笛子、唢呐、三弦琴演奏、都是布依族最擅长的器乐；苗族的芦笙、三眼箫、口玄琴、口琴等都是苗族青年“晒月亮”时随身携带的演奏乐器，长角苗的情歌对唱，特别是箐苗的情歌对唱《箐林之声》曾在多彩贵州获银瀑奖，还到全国多地表演。

三、工艺美术

境内彝、苗、布依等少数民族的刺绣、剪纸、蜡染等各有本民族的特点。彝族、苗族、仡佬族等民族，按布的经纬绣几何图案于衣裙及其他装饰物。苗族、布依族善于蜡染，苗族多为方、棱、圆形图案，布依族多为螺纹图案。苗族妇女用手工编织麻衣历史悠久，至今在一些苗族村寨仍盛行穿麻织衣服。石雕、木雕等，现存有古刻《桃花洞祭礼图摩崖》、新场懒龙桥《彝文摩崖》。

第八节　民族民间艺术

一、落别布依“姊妹箫”

在六枝特区落别布依族彝族乡境内，在其特定的生活环境中，布依族创造了独特的器乐文化，其中，以“姊妹箫”艺术最具代表性。“姊妹箫”属竹管双簧乐器，因一人吹奏两支并嵌在一起的不同音高的箫而得名。布依族人通过吹奏“姊妹箫”表达喜、怒、哀、乐的思想感情，是千百年来布依族文明的积淀。

二、长角苗族艺术

长角苗族艺术历史悠久，表现为古朴、简洁、沉吟。其乐器曲调以哀婉、低沉见长。芦笙、长筒三眼萧、口弦乐器，自制独到，吹奏的音乐低沉徘徊，如倾如诉。舞蹈简明，自成体系。

三、折溪地戏

六枝特区折溪乡境内，有一个独具地方特色的戏种——折溪地戏。每逢三月初三、七月半等节日，邻近县市的人都会到这里来参加集会。在这里，古代民间艺术——“地戏”流传至今。

折溪地戏是融祭祀、操练、娱乐为一体的民间艺术，与当地民情、民俗结合，形成了以折溪村为中心的地戏。这种戏主要流行于六枝特区新窑乡及其周边地区彝族、汉、布依族等民族中。这种戏由四个部分组成，即“开箱”“扫开场”“跳神”和“扫收场”。演员均为当地村民（大部分是彝族）。地戏演出，其目的一是娱乐，二是纳吉驱邪，祈求五谷丰登，因而整个过程充满着祭祀活动内容。地戏演员在演出过程中都要佩戴面具。面具雕刻工艺复杂而又精细，色彩绚丽明亮。演出造型在写实中予以夸张。面具的质料多为丁木和白杨。

四、居都竹编

六枝特区居都仡佬族村产绵竹，居都人男女老幼均善选竹、划竹和编织各种竹器，只需一个多小时便可编成一张竹席（俗称划竹仡佬）。

五、剪纸艺术

六枝特区新窑乡水落洞村歪梳苗妇女李国英剪纸的作品生动地展示了歪梳苗的民族风情。六枝特区剪纸大师陈文洪，2002—2011 年，在全国剪纸大赛中共获得金奖、一等奖 20 多次。其作品展现了六枝特区的民族特色。

第九节　民族文化村寨

一、箐苗社区

在六枝特区和织金县交界的崇山峻岭地区中，居住着一支具有独特文化的苗族，集中分布在六枝特区梭戛苗族彝族回族乡境内，称为梭戛“箐苗”社区，该社区共有 12 个村寨，即六枝特区梭戛苗族彝族回族乡安柱村安柱寨、高兴村陇戛寨、小坝田寨、高兴寨、补空寨，新华乡新寨村大湾新寨、双屯村新发寨，织金县阿弓镇长地村后寨，官寨村苗寨、小新寨，化董村化董寨、依中底寨。

二、居都村

六枝特区箐口乡居都村是贵州省内仡佬族语言保留得较为完整的仡佬族村寨。

三、桥梁村

新窑乡南部的桥梁村，居住着一支特殊的苗族支系——“四印苗”。

新窑“四印苗”的服饰以“四印”为主要标志。“四印苗”服饰保存着许多古老的风俗文化信息。质料主要是以棉布和麻布为主，其服饰的核心和灵魂，是妇女们的纺纱织布、蜡染刺绣艺术。这些艺术变成服饰上极其丰富的图案、线条和种种表意、象征的符号，构成“四印苗”文化的重要内容。“四印苗”服饰上的蜡染刺绣是一种隐喻性的民族文字和民族的史书。

四、瓦岗村

在新窑乡六（枝）纳（雍）公路边上瓦岗村，聚居有几十户歪梳苗族，以妇女头戴小木梳斜缠长发（1.5 ~ 2 米），颇具特色。

五、骂冗村

位于大用镇西南 3 公里的骂冗村，是一个有上百户布依族聚居的大寨，该村布依族人民很喜爱古老的布依地戏。以中老年为主，组成业余地戏队，每年农历正月初五至三月初三都要为村民演出。演唱内容以薛丁山“征西”为主要题材。

第三章　宗教

第一节　宗教活动

六枝特区境内宗教有佛教、道教、伊斯兰教、天主教、基督教。登记在册的信徒 5655 人。宗教活动场所 37 处。其中基督教信徒有 3657 人，活动场所 27 处；佛教信徒 638 人，活动场所 7 处；天主教信徒 80 余人，活动场所 1 处；伊斯兰教信徒 1280 人，活动场所 2 处。

一、佛教

六枝特区境内佛教传播的时间较长，影响也较大。历史考查，从明朝开始，有的教徒住在寺庙，其生活主要源于租谷收入和善男信女敬奉。多数僧尼在寺内早晚撞钟、击鼓、焚香、诵经。部分僧尼四处化缘，传播佛教。从民国起，有部分寺庙被改用于开办学校或为政府办公所用。

解放后，庙田庙土于土改时分配给农民，僧尼部分还俗，参加农业生产。大多数寺庙被改为学校、仓库等。“文化大革命”期间，大部分佛像被焚毁。80 年代以后，随着宗教政策的落实，文物旅游的发展，寺庙活动逐渐恢复，境内现存寺庙有岩脚“三官庙”“万灵山”、郎岱“观音阁”等处。教徒多为妇女，住寺庙。其善男信女除焚香拜佛外，也把这一活动当作“游览”和“散心”的去处。改革开放后，六枝特区登记的佛教活动场所有 7 处。现完成三坛大戒教职人员有 11 名，持有菩萨戒的信教群众有 638 名。其余的随机信仰者，约有 5 万余人。

六枝特区依法登记的活动场所 7 个，在册的信教群众 638 人，分别是大用镇西来寺 96 人，平寨镇南极山观音寺 66 人、林家冲佛灵寺 156 人、干河显灵寺 116 人、折溪乡新兴寺 104 人、六堡庙 89 人、岩脚镇挑水河统领寺 11 人。

二、道教

道教在境内活动场所有玉皇阁、祖师殿、老君殿、三清观，民间活动甚为频繁。道士束发成髻，穿青色道袍，白布高袜及青布鞋。出家道士，以传授教徒，看病讲学烧丹、炼汞生金。“俗家道士（正一派）”则娶妻生育儿女，以给丧家死者“开路”“办灵”“超度亡灵”及农业生产为业，与迷信活动融为一体。六枝境内“俗家道士（正一派）”较多，分布在境内各乡（镇），遇有丧事活动，则为丧家主事，平时仍从事生产、经营活动。

道教在境内活动场所有玉皇阁、祖师殿、老君殿、三清观、民间活动甚为频繁。道士束发成髻，穿青色道袍、白布高袜青布鞋。

三、伊斯兰教

六枝特区境内伊斯兰教信徒多为回族，故又称之为“回教”，随回族迁居境内而传入。伊斯兰教遵循《古兰经》的教规，敬奉“真主”。结婚须经“阿訇”证婚，念“依招补”。2010年年底，在特区党委、政府的重视下，六枝特区城区清真寺着手规划、建设，占地建筑面积400平方米的清真寺主体工程已完工。

六枝特区境内伊斯兰教有依法登记的活动场所2个，在册的信教群众1287人。分别是新场乡新寨清真寺400人。梭戛乡清真寺867人。

四、天主教

1978—2011年，六枝特区境内有天主教教徒80余人。分布在落别乡、毛口乡、平寨镇。2008年10月，贵州省天主教爱国会向民宗局提出申请登记，民宗局及时办理并上报市宗教局，市宗教局于2009年3月批准为固定宗教处所，民宗局同年颁发“宗教活动场所登记证”。自此境内信仰天主教的群众有过宗教生活的固定场所。

六枝特区境内的天主教活动依法登记1个，有信教群众80人。地点在平寨镇银壶社区六十四旁。

五、基督教

1982年后，国家宗教政策逐步得到贯彻和落实，2011年六枝特区登记的基督教活动场所有27处。信教群众3657名。分别是牛场乡大包包活动点354人、黑箐活动点28人、弯刀冲活动点53人。中寨四个包活动158人、长寨活动点55人、西拉活动点104人。郎岱归宗活动点48人。洒志乡花蛇活动点36人。毛口乡九层山活动点64人。箐口乡硕白泥活动点42人。梭戛乡平寨活动点40人、岩头上活动点142人、沙子河活动点111人。岩脚水电活动点39人、屯背后活动点142人、白芨坡活动点92人、骂陇活动点25人。新场乡懒龙桥活动点49人、新场活动点271人、达连活动点57人。新华乡新华活动点77人。堕却乡马麻大冲活动点68人。新窑乡关寨活动点30人。木岗镇木岗活动点46人。龙场乡王家小寨活动点59人。基督教团体2个，分别是六枝特区基督教三自爱国会、教务管理会。设主任1名，副主任2名（其中1名兼任秘书长），常务理事11名。

第二节　宗教事务管理

特区宗教工作的基本任务是：认真贯彻党的宗教政策，维护公民宗教信仰自由的权利。加强对信教群众、宗教界人士进行爱国主义和社会主义教育，调动宗教界爱国力量的积极因素，支持宗教界开展有益的工作。巩固和发展同宗教界的爱国统一战线。依法对宗教事务进行管理，制止和打击利用宗教进行违法的犯罪活动。坚决抵制敌对势力的渗透。为维护稳定，增进团结，统一祖国，振兴中华服务。

一、宗教工作的开展情况

（一）区委、区政府重视宗教工作

区委、区政府每个年度都召开民族宗教工作会议、专门研究分析宗教工作存在的问题，安排部署当年的工作。专门听取区民宗局的工作报告 1 ～ 2 次，分析存在的问题，解决工作中的困难。

（二）完善三级管理网络

2000 年，六枝特区建立了区、乡（镇）村（社区）三级宗教管理网络。有区宗教工作协调领导小组 1 个，乡（镇）民族宗教工作领导小组 19 个，有宗教工作任务的行政村（社区）管理小组 50 个。

（三）发挥爱国宗教团体作用

爱国宗教团体是党委、政府联系信教群众的纽带和桥梁，是引导宗教与社会主义相适应的骨干力量。一是搞好政策、法规宣传教育，确立正确的政治导向。六枝特区基督教，有基督教“三自爱国会”“基督教教管会”2 个组织。两块牌子，一套人马，11 个常委。该“两会”坚持每年都组织教职人员学习一次政策法规、时事政治。各宗教活动场所每月组织民主管理机构成员和信教群众骨干学习一次。通过学习使教职人员和信教群众明确除信仰上的差异外，他们同全国人民的根本利益是一致的。二是帮助宗教团体解决实际困难，融洽党和政府同宗教团体的关系。三是积极参与开展创建“和谐寺观教堂”活动，引导信教群众全面建设小康社会。

（四）开展宣传教育，构筑坚固防线，抵御境外宗教渗透

六枝特区民宗局始终围绕改革、发展、稳定的大局，全面正确贯彻执行党的宗教信仰自由政策，保护正常的宗教活动。依法打击利用宗教进行的各种违法犯罪活动，防范和消除影响社会稳定的隐患，建立和完善抵御境外邪教渗透机制。

二、宗教活动场所管理

1994 年 1 月 3 日，国务院颁布实施《宗教活动场所管理条例》。4 月 13 日出台国家宗教局《宗教活动场所登记办法》。六枝特区根据国家《宗教活动场所登记办法》规定：设立宗教活动场所，必须具备有固定的处所和名称；有经常参加宗教活动的信教公民；有信教公民组成的管理组织；有主持宗教活动的宗教教职人员或者符合各宗教规定的人员；有管理规章；有合法的经济收入等 6 个条件。并向宗教事务管理部门提交申请书，提交场所的有关资料和证件及乡（镇）人民政府的意见。经审核，凡符合规定的，报经政府批准予以登记，并发给登记证书。对不完全符合规定的，视情况予以临时登记或暂缓登记。不符合规定的不审核，不予登记。并书面通知，说明理由。

1995 年，经批准登记设立的宗教活动场所有：

1．基督教活动场所 27 个，分布在 16 个乡镇（陇脚乡、落别乡与大用镇无基督教场所）。

2．佛教活动场所 6 个，分布在岩脚镇、大用镇、平寨镇、郎岱镇和折溪乡。

3．伊斯兰教活动场所 2 个。分布在新场乡和梭戛乡。

2004 年 11 月 30 日《宗教事务条例》由国务院令第 426 号公布，2005 年 3 月 1 日施行。是年 4 月 21 日，国家宗教局《宗教活动场所设立审批和登记办法》出台。原《宗教活动场所管理条例》《宗教活动场所登记办法》相应废止。2007 年 6 月，根据省、市宗教局部署，六枝特区对已登记的宗教活动场所的进行调查了解。对信教人员重新登记造册、上报市宗教局批准换发新的“宗教活动场所登记证”。

第三篇　政党　群团

第一章　中共六枝特区委员会

第一节　工作机构

中国共产党六枝特区委员会下属机构有党委办公室、组织部、宣传部、统战部、政法委、编委办（1980 年 10 月成立，与人事局合署办公，1993 年 9 月更名为六枝特区机构编制委员会办公室，2002 年 6 月作为党委工作部门独立办公）、离退局（由原老干局于 1995 年 5 月更名而成）、机要局、保密局、党委政府督查室、党委政策研究室、直属机关工委、史志办（由原六枝特区党史研究室与地方志办公室于 2005 年 5 月合并而成）、信访局（由原特区党委、政府信访办公室于 2005 年 2 月更名而成）、老年大学、党校等。

第二节　特区党代会

中共六枝特区第二次代表大会于 1978 年 11 月 13—16 日召开，实有代表 546 人，出席 515 人。会议讨论通过刘凤林在第二次代表大会上所作的《全党动员，解放思想，为实现新时期总任务而奋斗》工作报告。会议选举产生第二届委员会委员 41 人，候补委员 4 人。第一次全委会产生第二届常务委员 14 人，第一书记 1 人，书记 1 人，副书记 5 人。

中共六枝特区第三次代表大会于 1982 年 1 月 6—12 日召开，实有代表 264 人，出席 241 人。会议讨论通过徐亲贤在第三次代表大会上所作的工作报告。会议选举产生第三届委员会委员 35 人，候补委员 5 人。第一次全委会产生常务委员会委员 11 人，书记 1 人，副书记 4 人。

中共六枝特区第四次代表大会于 1984 年 12 月 30 日—1985 年 1 月 4 日召开，实有代表 269 人，出席 235 人。会议讨论通过何永东在第四次代表大会上所作的《立志改革，乘胜前进，为尽快摆脱六枝“干人”地位而奋斗》工作报告和《纪委工作报告》。会议选举产生第四届委员会委员 33 人，候补委员 4 人。第一次全委会产生常务委员会委员 9 人，书记 1 人，副书记 3 人。

中共六枝特区第五次代表大会于 1988 年 4 月 13—16 日召开，实有代表 245 人，出席 234 人。会议讨论并通过安威章受第四届委员会委托所作的《团结在十三大旗帜下，为脱贫致富、振兴六枝而奋斗》的报告和《在改革开放中加强党的纪律检查工作》的纪委工作报告。会议选举产生第五届委员会委员 29 人，候补委员 4 人。第一次全委会产生常务委员会委员 9 人，书记 1 人，副书记 3 人。

中共六枝特区第六次代表大会于 1991 年 4 月 25—29 日召开，实有代表 258 人，出席 240 人。会议讨论并通过陈筑生受第五届委员会委托所作的《坚持党的基本路线，为特区九十年代的新发展而奋斗》的报告和《端正党风，严肃党纪，认真查处违纪案件》的纪委工作报告。会议选举产生第六届委员会委员 31 人，候补委员 4 人。第一次全委会产生常务委员会委员 9 人，书记 1 人，副书记 3 人。

中共六枝特区第七次代表大会于 1994 年 5 月 7—11 日召开，实有代表 269 人，出席 265 人。会议讨论并通过李保芳受第六届委员会委托所作的《抓住机遇、加快发展、为实现脱贫致富奔小康的战略目标而努力奋斗》的报告和《深入持久地开展反腐败斗争，为特区的改革、发展和稳定服务》的纪委工作报告。会议选举产生第七届委员会委员 31 人，候补委员 3 人。第一次全委会产生常务委员会委员 10 人，书记 1 人，副书记 2 人。

中共六枝特区第八次代表大会于 2001 年 10 月 21—24 日召开，出席代表 275 人，会议讨论并通过熊德威受第七届委员会委托所作的《解放思想，实事求是，开拓进取，真抓实干，为全面加快留置特权经济与社会各项事业发展而努力奋斗》的报告和《认真实践“三个代表”重要思想努力开创新时期党风廉政建设和反腐败工作新局面》的纪委工作报告。会议选举产生第八届委员会委员 31 人，候补委员 5 人。第一次全委会产生常务委员会委员 10 人，书记 1 人，副书记 3 人。

中共六枝特区第九次代表大会，于 2006 年 10 月 28 日—11 月 1 日召开，出席代表 279 人。会议讨论并通过蒋承云受第八届委员会委托所作的《全面贯彻落实科学发展观，为实现全区经济社会又好又快地发展而努力奋斗》的报告和《标本兼治，惩防并举，深入推进党风廉政建设和反腐败工作》的纪委工作报告。会议选举产生第八届委员会委员 36 人，候补委员 7 人。第一次全委会产生常务委员会委员 11 人，书记 1 人，副书记 2 人。

中共六枝特区第十次代表大会，于 2011 年 10 月 28—31 日召开，出席代表 279 人。会议讨论并通过高玉林同志代表中共六枝特区第九届委员会向大会作关于《奏响“主基调”实施“主战略”为实现六枝特区“十二五”规划目标而努力奋斗》的工作报告和纪委工作报告。会议选举产生第十届委员会委员 37 人，候补委员 7 名。第一次全委会产生常务委员会委员 9 人，书记 1 人，副书记 2 人。

1978—2011 年中共六枝特区委员会领导名录

表 3-1-1

机构名称	姓名	职务	任职起止时间	备注
中共六枝特区第二届委员会	刘凤林	第一书记	1978.11 — 1980.7	代表大会选举产生
	杨静三	书记	1978.11 — 1979.10	代表大会选举产生
	徐亲贤	书记	1980.7 — 1982.1	贵州省委组织部任命

续表

机构名称	姓名	职务	任职起止时间	备注
中共六枝特区第二届委员会	侯庚午	副书记	1978.11 — 1979.4	代表大会选举产生
	贺亮之	副书记	1978.11 — 1980.6	代表大会选举产生
	黄纪伦	副书记	1978.11 — 1981.12	代表大会选举产生
	倪裔昌	副书记	1978.11 — 1982.1	代表大会选举产生
	董建国	副书记	1978.11 — 1982.1	代表大会选举产生
	李玉岭	副书记	1978.11 — 1982.1	六盘水市委组织部任命
	李启富	副书记	1981.12 — 1982.1	六盘水市委组织部任命
	何永东	副书记	1981.12 — 1982.1	六盘水市委组织部任命
	高长金	常委	1978.11 — 1982.1	代表大会选举产生
	林传芳	常委	1978.11 — 1982.1	代表大会选举产生
	朱朝卿	常委	1978.11 — 1982.1	代表大会选举产生
	卢运德	常委	1978.11 — 1982.1	代表大会选举产生
	高广悦	常委	1978.11 — 1982.1	代表大会选举产生
	纳德美	常委	1978.11 — 1981.12	代表大会选举产生
	张 玲	常委	1978.11 — 1981.10	代表大会选举产生
	付应祥	常委	1980.1 — 1982.1	六盘水市委组织部任命
	李继虎	常委	1981.10 — 1982.1	六盘水市委组织部任命
	郭正民	常委	1981.10 — 1982.1	六盘水市委组织部任命
中共六枝特区第三届委员会	徐亲贤	书记	1982.1 — 1983.7	代表大会选举产生
	何永东	书记	1983.12 — 1985.1	六盘水市委任命
	倪裔昌	副书记	1982.1 — 1983.11	代表大会选举产生
	何永东	副书记	1982.1 — 1983.12	代表大会选举产生

续表

机构名称	姓名	职务	任职起止时间	备注
中共六枝特区第三届委员会	李玉岭	副书记	1982.1 — 1984.11	代表大会选举产生
	李启富	副书记	1982.1 — 1984.6	代表大会选举产生
	詹行鹏	副书记	1983.12 — 1985.1	六盘水市委任命
	赵如飞	副书记	1983.12 — 1985.1	六盘水市委任命
	况志坚	副书记	1984.9 — 1985.1	六盘水市委任命
	李继虎	常委	1982.1 — 1985.1	代表大会选举产生
	王兴程	常委	1982.1 — 1983.7	代表大会选举产生
	付应祥	常委	1982.1 — 1985.1	代表大会选举产生
	郭正民	常委	1982.1 — 1983.7	代表大会选举产生
	时惠芳	常委	1982.1 — 1983.7	代表大会选举产生
	孙奎元	常委	1982.1 — 1985.1	代表大会选举产生
	安成章	常委	1983.12 — 1984.9	六盘水市委任命
	徐永全	常委	1983.12 — 1985.1	六盘水市委任命
	陈厚帆	常委	1983.12 — 1984.9	六盘水市委任命
	陆远安	常委	1983.12 — 1984.9	六盘水市委任命
	陈月枢	常委	1984.1 — 1984.9	六盘水市委任命
	匡元柱	常委	1984.1 — 1984.9	六盘水市委任命
中共六枝特区第四届委员会	何永东	书记	1985.1 — 1987.7	代表大会选举产生
	安成章	书记	1987.7 — 1988.4	六盘水市委任命
	况志坚	副书记	1985.1 — 1986.1	代表大会选举产生
	詹行鹏	副书记	1985.1 — 1987.8	代表大会选举产生
	赵如飞	副书记	1985.1 — 1988.4	代表大会选举产生
	陈月枢	副书记	1985.9 — 1985.11	六盘水市委组织部任命

续表

机构名称	姓名	职务	任职起止时间	备注
中共六枝特区第四届委员会	娄可平	副书记	1986.1 — 1987.6	六盘水市委组织部任命
	马义卿	副书记	1987.5 — 1987.11	六盘水市委组织部任命
	宋崇书	副书记	1987.10 — 1988.4	六盘水市委组织部任命
	陈月枢	常委	1985.1 — 1985.11	代表大会选举产生
	徐永全	常委	1985.1 — 1988.4	代表大会选举产生
	陈厚帆	常委	1985.1 — 1988.3	代表大会选举产生
	匡元柱	常委	1985.1 — 1988.4	代表大会选举产生
	陆远安	常委	1985.1 — 1986.6	代表大会选举产生
	陈学忠	常委	1985.9 — 1988.4	六盘水市委组织部任命
	张廷模	常委	1986.7 — 1988.4	六盘水市委组织部任命
	张大忠	常委	1987.10 — 1988.4	
中共六枝特区第五届委员会	安成章	书记	1988.4 — 1990.11	代表大会选举产生
	陈筑生	书记	1990.11 — 1991.4	六盘水市委任命
	赵如飞	副书记	1988.4 — 1991.4	代表大会选举产生
	徐永全	副书记	1988.4 — 1990.11	代表大会选举产生
	宋崇书	副书记	1988.4 — 1990.6	代表大会选举产生
	陈庆笙	副书记	1990.3 — 1992.3	六盘水市委任命
	时宏国	副书记	1990.11 — 1992.3	六盘水市委任命
	张阳武	常委	1988.4 — 1991.4	代表大会选举产生
	张大忠	常委	1988.4 — 1991.4	代表大会选举产生
	沈福康	常委	1988.4 — 1991.4	代表大会选举产生
	张廷模	常委	1988.4 — 1991.4	代表大会选举产生
	陈学忠	常委	1988.4 — 1991.4	代表大会选举产生

续表

机构名称	姓名	职务	任职起止时间	备注
中共六枝特区第六届委员会	陈筑生	书记	1991.4 — 1994.3	代表大会选举产生
	李保芳	书记	1991.4 — 1994.5	六盘水市委任命
	赵如飞	副书记	1991.4 — 1994.5	代表大会选举产生
	苟永富	副书记	1992.4 — 1994.3	六盘水市委任命
	刘书略	副书记	1991.4 — 1993.4	代表大会选举产生
	肖昌红	副书记	1993.5 — 1994.5	六盘水市委任命
	时宏国	副书记	1991.4 — 1994.5	代表大会选举产生
	贺兴发	常委	1992.6 — 1994.5	六盘水市委组织部任命
	黄志祥	常委	1993.5 — 1994.5	六盘水市委组织部任命
	陈光明	常委	1991.4 — 1994.5	代表大会选举产生
	喻泽富	常委	1991.4 — 1994.5	代表大会选举产生
	张廷模	常委	1991.4 — 1994.5	代表大会选举产生
	张大忠	常委	1991.4 — 1994.5	代表大会选举产生
中共六枝特区第七届委员会	李保芳	书记	1994.5 — 1995.9	代表大会选举产生
	孙乾卫	书记	1995.10 — 1997.8	六盘水市委任命
	李保芳	书记	1997.9 — 1998.10	六盘水市委任命
	陈凌华	书记	1998.10 — 2000.1	六盘水市委任命
	赵如飞	副书记	1994.5 — 1997.9	代表大会选举产生
	梁宜章	副书记	1994.5 — 199803	代表大会选举产生
	肖昌红	副书记	1994.5 — 1998.8	代表大会选举产生
	孙乾卫	副书记	1994..12 — 1995.10	代表大会选举产生
	邹挖夫	副书记	1995.3 — 1997.3	六盘水市委任命
	吕贵平	副书记	1995.3 — 1997.3	六盘水市委任命

续表

机构名称	姓名	职务	任职起止时间	备注
中共六枝特区第七届委员会	陈凌华	副书记	1995.6 — 1998.9	六盘水市委任命
	徐光毅	副书记	1997.9 — 1999.9	六盘水市委任命
	王树利	副书记	1998.2 — 1998.8	六盘水市委任命
	黄志祥	常委	1995.6 — 1995.12	六盘水市委任命
	刘锦章	常委	1994.5 — 1998.3	代表大会选举产生
	贺兴华	常委	1994.5 — 1998.8	代表大会选举产生
	宋　剑	常委	1994.5 — 1997.7	代表大会选举产生
	张廷模	常委	1994.5 — 1998.8	代表大会选举产生
	袁　美	常委	1994.5 — 1998.8	代表大会选举产生
	王树利	常委	1994.5 — 1998.2	代表大会选举产生
	陈光明	常委	1994.5 — 1994.12	代表大会选举产生
	汪兴福	常委	1996.4 — 2001.4	六盘水市委任命
	沈成秀	常委	1998.2 — 2005.4	六盘水市委任命
中共六枝特区第八届委员会	熊德威	书记	2000.2 — 2003.8	六盘水市委任命
	朱绍伦	书记	2004.2 — 2006.2	六盘水市委任命
	熊德威	副书记	1998.4 — 2000.2	六盘水市委任命
	朱绍伦	副书记	1999.9 — 2004.2	六盘水市委任命
	高玉林	副书记	2001.2 — 2005.4	六盘水市委任命
	陈盛德	副书记	2000.2 — 2002.6	六盘水市委任命
	严永达	副书记	2003.2 — 2006.12	六盘水市委任命
	沈成秀	副书记	2005.5 — 2006.8	六盘水市委任命
	夏　明	副书记	1998.11 — 2005.4	六盘水市委任命
	马跃东	常委	2001.5 — 2002.4	六盘水市委任命

续表

机构名称	姓名	职务	任职起止时间	备注
中共六枝特区第八届委员会	张跃东	常委	1999.9 — 2003.5	六盘水市委任命
	马秀峰	常委	1996.6 — 2002.11	六盘水市委任命
	余红亚	常委	2001.10 — 2006.12	六盘水市委任命
中共六枝特区第九届委员会	蒋承云	书记	2006.3 — 2011.6	六盘水市委任命
	蒋承云	副书记	2002.6 — 2006.3	六盘水市委任命
	舒 勇	副书记	2006.5 — 2011.10	六盘水市委任命
	陈本友	副书记	2005.6 — 2006.7	六盘水市委任命
	郭收年	副书记	2002.6 — 2006.7	六盘水市委任命
	王 刚	副书记	2006.8 — 2009.3	六盘水市委任命
	王朝荣	副书记	2009.3 — 2011.12	六盘水市委任命
	蒋泽选	常委	2004.5 — 2006.8	六盘水市委任命
	邱平昌	常委	2002.5 — 2007.4	六盘水市委任命
	周文跃	常委	2007.5 — 2010.3	六盘水市委任命
	盛向阳	常委	2010.4 — 2011.3	六盘水市委任命
	周应寿	常委	2003.1 — 2007.7	六盘水市委任命
	王广文	常委	2004.11 — 2010.10	六盘水市委任命
	肖建军	常委	2006.10 — 2011.9	六盘水市委任命
	胡学华	常委	2006.8 — 2010.6	六盘水市委任命
	闫秀春	常委	2004.9 — 2006.9	六盘水市委任命
	包崇刚	常委	2011.7 — 2011.12	六盘水市委任命
	陈 石	常委	2008.3 — 2011.12	六盘水市委任命
	鲁玉龙	常委	2006.11 — 2011.10	六盘水市委任命
	王文明	常委	2006.11 — 2011.10	

续表

机构名称	姓名	职务	任职起止时间	备注
中共六枝特区第十届委员会	高玉林	书记	2011.10 —	代表大会选举产生
	舒 勇	副书记	2011.10 —	代表大会选举产生
	王文明	副书记	2011.10 —	代表大会选举产生
	黎明棣	常委	2011.6 —	六盘水市委任命
	鲁玉龙	常委	2011.10 —	代表大会选举产生
	陈 松	常委	2011.6 —	六盘水市委任命
	马战营	常委	2011.4 —	六盘水市委任命
	宿 刚	常委	2011.10 —	代表大会选举产生
	幸雪梅	常委	2011.10 —	代表大会选举产生

第三节　要务决策

中共六枝特区委对全区经济建设、政治建设、文化建设、社会建设和党的建设等方面的重大问题，在讨论研究后，以中共六枝特区委名义或与六枝特区人民政府联合行文，各级党政组织贯彻执行。

国民经济和社会发展“九五”计划和 2010 年远景目标

1996 年初，中共六枝特区委在认真总结经验和分析形势的基础上，讨论制定了六枝特区国民经济和社会发展“九五”计划（1996—2000 年）和 2010 年远景目标的问题，并通过如下建议。

未来 15 年的起步环境

“八五”期间，在特区党委的领导和特区人大及其常委会的监督、支持、帮助下，坚持邓小平同志建设有中国特色社会主义理论、党的基本路线和基本方针，正确处理改革、发展、稳定的关系。经过全区各族人民的共同努力，较好地完成了国民经济和社会发展的各项任务。

国民经济持续增长。1995 年国民经济生产总值达 8.19 亿元，比“七五”期末增长 180.48%；税务收入达 5171 万元，完成 1995 年计划的 105%，比上年增长 12%，比“七五”期末增长 226.78%，其中：工商税收完成 4055 万元，是 1995 年计划的 103.3%，比上年增长 14%。县级财政收入完成 17.14%。

农业生产稳步增长，农村经济全面发展。“八五”期间通过各种渠道，共对农业投入1.13亿元，农业生产条件得到初步改善。几年间累计完成坡改梯9.15万亩，改造中低产田土7万亩，建成0.6万亩茶叶基地、0.5万亩果品基地、0.7万亩桑叶基地、8.2万头省级瘦肉型生猪基地和1.4万头城郊商品猪示范基地。“八五”期间，累计生产粮食57.85万吨，年递增5.4%，比“七五”期末增长29.9%；1995年油菜籽产量达5169吨，为计划的105.4%，比上年增长11.23%，比“七五”期末增长130.5%。生产条件的改善和各类基地的建设，促进了生产力的发展，1995年农业总产值达到1.9198亿元，比“七五”期间增长103.3%，年均递增15.25%。1995年，造林合格面积3.6万亩，是计划的103.39%，比上年增长6.43%，比“七五”期末增长67.3%。目前，全区森林覆盖率已达14.21%

乡镇企业得到快速发展。1995年乡镇企业总产值达到5.5117亿元，完成年计划108%，比上年增长52.8%，比“七五”期末增长314.50%，年均递增32.89%。

工业生产在困难中保持增长的势头。1995年工业总产值达到2.6781亿元，完成年计划105.85%，比上年增长22.9%，比“七五”期末增长75.2%，年均递增15%。

地方煤炭工业有新的发展。1995年生产原煤247.01万吨，是计划的102.9%，比上年增长19.26%，比“七五”期末增长23%。其他工业企业面对市场竞争，狠抓产品结构调整，不断进行技术改造，提高了产品的质量和产量。1995年生产水泥6.49万吨，完成年计划52.77%，比上年下降5%。“八五”期间，累计生产水泥32.81万吨，比“七五”期间增长61.39%。

基本建设和技术改造取得新成绩。1995年全社会完成固定资产投资0.2786亿元，“八五”期间，全社会累计完成固定资产投资4.567亿元。先后建成磷肥厂、复合肥厂、双喜制革厂、郑家寨铁厂、塑料编织袋厂等一批为工农业生产服务的相关项目。修通了堕己公路、牛白公路和贵烟路六枝城区过境段400余米，建成了那平路、建设北路、一中教学楼、人民医院门诊楼，兴建了瓦斯燃气工程。完成了折溪、中寨、郎岱、新华、牛场、木岗等10多个乡镇中心的街道水泥硬化路面建设。建立了有线电视和地面卫星接收站。开通了程控电话、移动电话和传呼电话，完成了特区中心区供水工程、桃花公园改建工程、胜利路扩建和中坝、白岩脚、瓦窑3个重点水库的整修。

各项社会事业不断发展。1995年，改造中小学危房7597平方米，完成计划101.3%；新增校舍面积3310平方米。“八五”期间，改造中小学危房3.92万平方米；新建特区四中。普及九年义务教育已开始起步。新建了4所希望小学和12个希望班，使11474名失学儿童重返校园。1995年，全区适龄儿童入学率达96.6%，比上年提高0.1个百分点，比“七五”期末提高4.6个百分点。

科技事业成绩显著，共安排了16项适用技术的推广运用。

计划生育工作的各项指标都达到“八五”计划的要求，按照“八五”期间的增长比例，五年来全区共少生人口约1.26万人。

公安、监察、工商、物价、人事劳动、国土、环保、矿管、交通、信访、统计、审计、司法、民族、宗教等工作得到加强。文化、卫生、体育、广播电视、民政救济、外事旅游等社会事业有较大进步。社会治安综合治理成绩明显，安定团结的局面继续巩固和发展。

人民生活水平逐步改善。1995年，农民人均纯收入达602元，比上年增加100元，比“七五”期末增加335元，增长225.5%；农村和城镇居民储蓄存款大幅度增加，存款余额达3.4405亿元，比上年增长2.9%，比“七五”期末增长237%。“八五”期间，新建居民住宅28万平方米，新建农村住房372万平方米，多数城乡居民住房条件逐步得到改善。实施“八七”扶贫攻坚计划以来，全区有 7.5 万人越过了温饱线，全区人民群众生活水平正在逐步提高。

经济体制改革不断深化，扩大开放的力度逐步加大。继国家体改委批准六盘水市为全国综合配套改革试点联系城市后，又批准六枝特区为全国综合改革试点县，国家授予了特区改革“实验权”。根据上级精神，六枝特区制订了综合改革总体方案和其他有关专项方案，针对这些方案，联系实际，采取各种有效措施认真抓好落实。农村改革在稳定完善家庭联产承包责任制和统分结合的双层经营体制的基础上不断得到深化，非耕地资源开发有了良好的起步；国有企业在转换经营机制、落实经营自主权和产权制度改革等方面取得了一定进展；平寨经济开发区和乡镇工业小区建设的进度逐渐加快；非国有经济长足发展；社会保障制度改革有新进展；市场体系建设的力度不断加大，绝大多数商品价格已放开市场调节。

“八五”期间，六枝特区经济和社会发展虽然取得了较好的成绩，但与其他先进市县相比，还存在着不少差距，工作中也存在许多困难和问题。主要表现在：一是农业基础仍较脆弱，农业生产水平低而不稳，还有 14 万人没有解决温饱问题，脱贫任务十分艰巨；二是国有企业生产经营困难较多，改革步伐较为缓慢，管理体制和经营机制还不适应社会主义市场经济发展的要求，经济的整体素质低，产业结构不尽合理，经营粗放，效益不高的问题较为突出；三是财政收支平衡的难度较大，发展经济和资金紧缺的矛盾十分突出；四是科技推广的力度不够；五是社会治安工作仍存在一些薄弱环节，其他方面的工作也不同程度地存在一些问题和困难。这些困难和问题都是在前进中出现的。在“九五”计划执行中，要不断地用改革的办法来逐步加以解决。

“九五”计划及 15 年远景

（一）指导思想

1996—2010 年，是六枝特区实现第二部战略目标，向第三步战略目标迈进的关键时期。特区发展的指导思想是：坚持党的基本理论、基本路线和基本方针，认真贯彻执行中央关于国民经济和社会发展的方针、政策，积极推进经济体制和经济增长方式的转变，正确处理好改革、发展、稳定的关系。按“三个有利于”的标准，把加快发展作为全部工作的出发点和落脚点，实施科教兴区和开放带动战略，提高国民经济发展中的科技含量。重视和加强农业基础设施建设，加强社会主义精神文明建设，推进社会经济全面进步。

（二）主要任务和要求

1996—2010 年经济建设的总任务是：优化产业结构，提高经济增长的质量和效益，增强经济实力，切实转变经济体制和经济增长方式，使社会生产力有一个大的发展。总体要求是：全面发展农村经济；发挥资源优势，加快发展能源原材料工业和以能源原材料产品为基础的深加工产业，形成新的支柱产业和经济增长点；大力开展基础设施建设；因地制宜地发展轻工业和支农工业；加快第三产业发展步伐。“九五”期末一、二、三产业的比例调整为 1 ∶ 2.37 ∶ 4；2010 年调整为 1 ∶ 4 ∶ 5。

（三）主要奋斗目标

"九五"期末，国民生产总值达到14.74亿元，实现人均国民生产总值比1980年翻两番，解决14万贫困人口的温饱问题，实现全区脱贫。农民三分之一达小康型，三分之一达富裕型。"九五"期间国民生产总值年递增12.47%，人均达到2457元，比"八五"期末增加979元。工业总产值达到10.23亿元，年均递增14.2%；农业总产值达到2.7亿元，年均增长7.4%。财税总收入达到0.8亿元，年均增长11.6%；人口自然增长率控制在12‰以内。到2010年，国民生产总值达到50亿元，人均达到7376元，比"九五"期末增加4918元；工业总产值达到42亿元，年均增长15%；农业总产值达到6亿元，年均增长8.3%；财税收入达2.8亿元，年均增长13.35%；人口自然增长率控制在11.8‰以内，全区人均纯收入达5000元以上。

（四）经济建设的重点布局

1. 加强农业生产，全面发展和繁荣农村经济

"九五"期末，农业生产条件要明显改善，农村经济结构和生产力布局趋向合理，主要农产品商品率达55%，要大力发展粮食生产，逐步提高粮食自给能力。"九五"期末粮食产量达到15.5万吨，农业人口人均拥有量达到323公斤，比"八五"期末增加30公斤。2010年总产量达到23万吨，农业人口人均拥有量达到424公斤，比"九五"期末增加101公斤。

继续抓好粮食丰收工程、"菜篮子"工程和烤烟优质生产工程。因地制宜，积极发展林业和畜牧业。林业发展以开发非耕地资源为主，每年造林3万亩，成片发展一批速生经济林、用材林。畜牧业重点发展生猪和牛、羊等食草牲畜。增加各类畜禽商品产量，特别是肉类商品产量。

发展农业的主要措施：一是依法保护耕地，建立基本农田保护区，努力提高复种指数，稳定粮食播种面积；二是依靠科技、教育振兴农业，抓好各类优质示范工程建设，积极培养农业技术人才，加强山地中小农机具的推广和运用；三是努力增加农业投入，加强支农资金的管理，确保支农资金逐年有所增长；四是培养农村市场体系，疏通农产品和农业生产资料流通渠道；五是加快支农工业的发展；六是深化农村经济体制改革，稳定和完善家庭联产承包责任制和统分结合的双层经营机制，发展各种形式的贸工农一体化的经营方式，壮大集体经济实力；七是抓好良种繁育基地和绿色食品基地建设，走农业产业化的路子。

2. 发展烤烟等支柱产业

烤烟生产是区内增加农民收入，实现富民富县，脱贫致富的新的经济增长点。1996年种植面积要达到4万亩，产量0.4万吨，"九五"期末面积达到10万亩，产量达到1万吨，后10年在保持稳定面积的基础上，努力提高单产和加工产值。发展烤烟生产：一要加强技术指导，按照技术规范，实行"三化"种植；二要积极培养和造就一支农民技术员队伍；三是要推行烤烟生产保险制度；四要搞好与烤烟生产相适应的复烤厂等设施建设，提高烤烟生产附加值。

要加大其他支柱产业的工作力度，促进商品牛羊、经济林果、蚕桑、茶叶、水产品和中药材的协调发展。

3. 发展乡镇企业

抓好国家对中西部地区乡镇企业实行倾斜政策的机遇，坚持"积极扶持、合理规划，正确引

导、加强管理”的方针，大力发展乡镇企业，加快脱贫致富的进程。“九五”期间，乡镇企业年均递增速度要在30%以上，2000年乡企产值达到10亿元，2010年达到62亿元，乡镇企业的发展要背靠资源，面向市场，加快改革，提高管理水平和技术水平。要充分利用矿产资源和其他社会经济条件继续发展农村工业和运输业，发展农村建筑业和为城镇、工矿服务的商业、服务业。

要加快塔山、新堕、捞河、木岗、落别等工业小区的建设步伐，发挥工业小区的示范和辐射作用，促进农村剩余劳动力的转移。

发展乡镇企业的主要措施：一要积极推进股份合作制，通过改制，再造乡镇企业优势；二要积极做好项目储备和招商引资工作，吸纳社会各方面的资金兴办乡镇企业；三要依托大企业发展乡镇企业；充分利用大企业的技术、装备、管理和资金优势，采取多种形式联办乡镇企业；四要鼓励和支持机关社会团体兴办乡镇企业。

4. 加强扶贫开发工作

“九五”期间，稳定地解决14万人的温饱问题，是全区扶贫开发的攻坚任务。要认真实施“八七”扶贫攻坚计划，围绕“两高一优”农业和相关的加工业，发展资源开发型和密集型的种养业和乡镇企业。要从以工代赈、扶贫开发、科技扶贫、世行贷款、乡镇企业、农业综合开发、水保工程、绿色工程等渠道争取更多的资金，支持少、边、穷地区的经济发展，加快农村脱贫致富步伐。

5. 加强基础设施建设

基础设施建设要按照“统筹规划、合理布局、突出重点、兼顾一般”的原则，力争在“九五”期间集中力量建设一批高质量高效益的重点骨干工程。

水利以治理、配套、完善水利设施为重点，提高防洪、抗旱、排涝能力，逐步扩大农田灌溉面积。基本解决农村人畜饮水困难问题。建成大用防洪工程。

交通道路在改、扩建贵烟公路六枝过境段的同时，加快县、乡公路建设，提高县乡公路等级。不断完善路网结构，增强通过能力。“九五”期末，境内公路通车里程达到2200公里，县等级公路达到3000公里，乡等级公路达到1000公里，公路绿化率达到60%。

邮电通信以提高通信质量为主，“九五”期末市话容量增至1万门，农村实现乡乡通电话。

加强乡镇“七所八站”基础设施建设，增强服务功能。加快城镇化建设步伐，“九五”期间重点搞好落别、大用、木岗、新窑、堕却、郎岱、中寨、岩脚等公路干线上和商品聚集地的小城镇建设，以后逐步推开。小城镇建设主要抓好道路、排水、供电、邮电通信、居民住房、集市设施等建设，不断完善和增强城镇功能。

加强基础设施建设的主要措施：一是拓展筹资渠道，积极向上争取资金，建立城市建设、公路建设、通信等专项发展资金；二是发挥项目间的关联作用，以骨干项目带动全区，提高投资效果；三是依法对基础设施建设及建成的设施加强管理；四是提高基础设施的运营效益，增强自我发展、自我积累的能力。

6. 继续发展煤炭工业

坚持“扶持、改造、整顿、提高”的方针和“统筹规划、合理布局、保护资源”的原则，积极发展煤炭工业。“九五”期间，新建中寨矿井，设计能力30万吨；新建大用、中寨洗煤厂，新增入洗能力180万吨。15年间，新建和改建矿井14对，生产能力210万吨，原煤产量在“九五”期末达300万吨，2010年达400万吨。

发展煤炭生产，一要抓好重点项目建设，抓住国家产业政策向能源原材料工业倾斜的机遇，积极争取建设一批骨干矿井；二要依托大企业联合发展煤炭工业；三要加强煤炭发展基金的管理，确保各项基金主要用于发展生产；四要强化市场的辐射作用，切实加强煤炭批发市场建设。

7. 发展建材工业

“九五”和今后一个时期，对现有企业进行技术改造，提高产品质量和档次，不断开发系列产品。2000 年水泥产量达 20 万吨，并在墙体装饰材料和耐火材料等产品方面有较大发展。

8. 重视电力工业的发展

利用煤炭资源发展坑口电站，是实现煤炭的加工、转化、增值，提高经济效益和社会效益的有效途径。“九五”期间力争建设火力发电厂 2 座，装机容量达 4.9 万千瓦。

积极开发水能资源，兴建中、小型水电站，在“九五”期间要重点搞好三岔河的梯级开发及岩脚河、捞河的开发，建设水电站 4 座，装机容量 8 万千瓦。到 2000 年，水电装机容量达 8.5 万千瓦，2010 年达 10 万千瓦。

9. 积极扶持支农工业

“九五”期间，新建腐殖酸厂，年生产能力 2 万吨；新建饲料厂，年生产配合饲料 5 万吨；改造塑料制品厂，年生产农膜 600 吨，生产编织袋料 1100 万平方米的生产能力。

10. 加快发展轻工业

“九五”期间，轻工业的发展要着眼于内部深层次改革和技术改造，恢复现有企业的生机和活力，在市场前景较好的前提下，新建一批骨干企业，增强发展后劲。今后发展的重点是烟草工业、食品工业、塑料制品工业。烟草工业在扶持烤烟生产发展的基础上，积极筹建烟叶复烤厂，增加产品附加值。食品工业要着力开发土豆、魔芋、富晒茶等系列产品。

（五）发展第三产业

继续发展商业和为生活服务的产业，加快发展旅游、信息、咨询、法律服务和会计服务等新兴产业。积极发展金融、保险业，引导房地产健康发展。

国合商业重点要抓好人民生活必需品和石油、化肥等重要生产资料的供应，抓好农副产品和本地工业品的购销。“九五”期末，社会商品零售总额要达到 4 亿元，2010 年达到 15 亿元；出口商品总值在“九王”期末达到 500 万元，2010 年达 2000 万元；金融保险业增加值在 2000 年达到 1300 万元；居民服务业有较大的增长。

发展第三产业，一要深化流通体制改革，加快企业经营机制的转换步伐，发挥国合商业在流通领域中的主要渠道作用；二要按照“三个有利于”标准，放手发展非公有制经济，鼓励和支持个体、私营经济超常规发展；三要增加投入，加强运输、储存及商业网点的建设，改善经营条件；四要培育和完善农村集市贸易初级市场，建立煤炭、建材等重要生产资料市场；五要建立健全重要生产资料、生活资料的储备制度；六要加强以养老、失业和医疗保险为重点的社会保障体系建设。

（六）实施科教兴区战略，加速科技进步

1996 — 2010 年，科技工作的重点是加强科技成果的推广和开展科普教育。要深化科技体制改

革，建立健全技术经营服务体系和技术市场体系；不断增加对科技的投入，改善科技工作条件；继续抓好“星火计划”的实施；鼓励和发展民办科技机构；抓好科技管理网络、农村科技服务体系、专业科技队伍和群众性技术队伍建设，促进科技成果向生产力的转化。

（七）加强生态环境的治理与保护

要依法保护水、土地、矿产、森林资源，确保合理开发，加大环境整治与保护力度，逐步实现人口、资源、环境的协调发展。生态环境的整治重点是整治水土流失，要继续实施以长防、珠防工程为主的生态建设，逐步建成主要河流流域防护林体系，不断提高森林覆盖率；在重点区域建设防洪工程。到2000年，基本控制水土流失的蔓延；2010年水土流失面积有较大下降，流失强度明显减弱。

引进和推广先进生产工艺和先进适应的环保技术，把工业污染由过去单一的尾端控制转向生产过程全控制，大力提高“三废”排放量控制在自然净化能力以内。新建工业项目，必须严格执行“三同时”，避免新的重大污染源产生。

（八）进一步发展社会各项事业，加强精神文明和民主法制建设

严格控制人口增长，提高人口质量。计划生育工作要贯彻“三为主”“三结合”的方针，把工作重点放在农村和流动人口上，“九五”期内要实现计划生育工作由突破性向常规化管理的根本转变。“九五”期末全区总人口控制在60万人以内，2010年控制在67.8万人以内。实现计划生育工作的主要措施：一要加强领导，实行控制人口增长目标责任制；二要建立健全县、乡、村计生网络，健全乡级计生服务站，不断改善计划生育工作条件；三要坚持“妇检”“准生证”制度，执行“一孩上环，二孩及二孩以上结扎”的措施；四要建立健全与计划生育工作相协调的社会保障制度，设立计划生育基金，推行社会人身保险，兴办福利院、敬老院、农村劳动互助组等机构和组织。

树立大教育观念，抓好人才培养。教育事业发展的重点是基础教育和职业教育。“九五”期末全区基本普及九年义务教育，基本扫除青壮年文盲。适龄儿童入学率达到98%以上。要认真贯彻《中华人民共和国教育法》和《中国教育改革和发展纲要》，逐步建立起适应六枝特区经济和社会发展需要的基础教育、职业教育、成人教育协调发展的新格局。发展教育，一是要深化教育体制改革，形成以政府办学为主，社会各界参与办学相结合的新体制；三要增加收入，不断改善办学条件，积极发展广播电视教育和学校电化教育，促进教育现代化建设；四要继续开展“希望工程”，实施“春蕾计划”，动员社会力量帮助贫困地区失学少年重返校园。

加强卫生保健事业，实现人人享有初级卫生保健的目标。卫生保健事业发展的任务是：基本控制地方病和传染病，加强职业病的防治和妇幼保健，开展卫生城市达标活动。到2000年，实现“人人享有初级卫生保健”的目标。发展卫生保健事业，一要进一步改善卫生保健条件，“九五”期间要把乡镇卫生院作为重点加以考虑；二要深化卫生管理和医疗保健制度的改革；三要积极培养卫生技术人员，充实农村卫生技术力量；四要积极开展群众性的爱国卫生运动。

积极发展体育事业，增强人民体质。加强城市体育设施建设，广泛推行全民健身计划。抓好以

学校为重点的青少年体育，推动群众体育的发展。“九五”期末，适龄中小学生95%要达到《国家体育锻炼标准》。

继续发展文化、广播、电视事业，丰富人民群众的生活。文化事业要坚持“双百”方针和“二为”方向，发掘和整理民族民间文化。文化馆（站）、图书馆要办成群众业余文化、读书活动的中心，做到宣传时事政治，宣传党的方针政策，宣传科学文化知识，不断提高群众的思想政治觉悟和科学文化水平。广播电视要采用先进技术，扩大覆盖面。大力发展有钱广播电视，恢复和发展农村有线广播，不断提高节目质量，丰富节目内容。

发展文化、广播电视事业，一要进一步整顿文化市场，严厉打击贩卖“黄金书刊”和“金色音像”的违法活动；二要多渠道筹集资金，建成特区图书馆，促进基层文化活动发展和基础设施的改善，“九五”期间要切实加强乡镇文化站、广播站建设，推动全区文化、广播事业健康发展。

继续坚持“两手抓，两手都要硬的方针，在抓经济建设的同时，切实加强精神文明建设。要加强思想政治工作，深入开展爱国主义，集体主义和社会主义思想教育，加强各行业的职业道德教育，提倡健康文明的生活方式，广泛开展各种形式的群众性精神文明活动。

进一步发扬社会主义民主，加强社会主义法制建设。要全心全意依靠工人阶级和广大人民群众，建立健全民主参与、民主决策和民主监督制度。各级政府和部门要在同级党委的领导下依法行政，自觉接受人大及其常委会的法律和工作监督，认真执行人大的各项决议和决定。加强同人民政协和各民主党派、工商联以及无党派爱国人士的联系，建立和完善与政协的定期联系制度，主动向政协通报情况和接受民主监督。逐步和完善工会、共青团、妇联等人民团体对政府工作的民主参与。继续做好民族、宗教工作，促进民族团结。抓好以劳养武，广泛开展“双拥”活动。重视加强政府法制工作，搞好普法教育，提高政府公务人员和广大公民的法律意识。进一步加强社会治安综合治理，严厉打击各种刑事犯罪和经济犯罪，扫除各种社会丑恶现象，促进社会治安的进一步好转。

实现“九五计划”和2010年远景目标，是一项跨世纪的宏伟工程。在前进的道路上，将面临着许多的机遇，同时也一定会遇到许多困难。道路曲折，前途光明。特区委将紧紧围绕经济建设这个中心，调动一切积极因素，及时解决好建设和发展中出现的各种问题，创造性地开展工作。相信有全区各族人民的共同努力，有全区广大干部、职工的开拓进取和扎实工作，面临的困难一定能够克服；各项工作一定能够完成或者超额完成；六枝特区的经济建设和社会发展目标一定能够实现。

第四节 纪检监察

一、历次代表大会选举产生的纪律检查委员会

1978年11月17日，中共六枝特区第二次代表大会召开，会议选举产生纪律检查委员会。报六盘水地委批准，中共六枝特区纪律检查委员会委员9人，书记1人，副书记1人。

1982年1月，中共六枝特区第三次代表大会召开，会议选举产生纪律检查委员会。报市委批准，中共六枝特区纪律检查委员会委员7人，书记1人，副书记2人。

1985年1月，中共六枝特区第四次代表大会召开，会议选举产生纪律检查委员会。报市委批

准，中共六枝特区纪委委员 13 人，常务委员会委员 5 人， 书记 1 人，副书记 2 人。

1988 年 4 月 16 日，中共六枝特区第五次代表大会召开，会议选举产生特区纪律检查委员会。报市委批准，中共六枝特区纪委委员 12 人，常务委员会委员 5 人， 书记 1 人，副书记 2 人。

1991 年 4 月 29 日，中共六枝特区召开第六次代表大会召开，会议选举产生纪律检查委员会。报市委批准，中共六枝特区纪委委员 12 人，常务委员会委员 5 人， 书记 1 人，副书记 2 人。

1994 年 5 月，中共六枝特区委员会第七次代表大会召开，会议选举产生六枝特区纪律检查委员会。报市委批准，中共六枝特区第六届委员中共六枝特区纪委委员 15 人，常务委员会委员 6 人，书记 1 人，副书记 2 人。

2001 年 10 月 14 日，中共六枝特区第八次代表大会召开，会议选举产生六枝特区第八届纪律检查委员会。报市委批准，中共六枝特区第六届委员中共六枝特区纪委委员 15 人，常务委员会委员 6 人，书记 1 人，副书记 2 人。

2006 年 10 月 29 日，中共六枝特区委第九次代表大会召开，会议选举产生第九届中共六枝特区纪律检查委员会。报市委批准，中共六枝特区第六届委员中共六枝特区纪委委员 19 人，常务委员会委员 7 人，书记 1 人，副书记 2 人。

2011 年 10 月 29 日，中共六枝特区委第十次代表大会召开会议，选举产生第十届中共六枝特区纪律检查委员会。报市委批准，中共六枝特区第六届委员中共六枝特区纪委委员 19 人，常务委员会委员 7 人，书记 1 人，副书记 2 人。

1978 — 2011 年历届纪委书记、副书记名录

届 次	姓 名	职 务	任职时间	备 注
第一届	倪裔昌	书 记	1978.11 — 1982.1	大会选举产生
	胡培恭	副书记	1978.11 — 1982.2	大会选举产生
	韩守保	副书记	1981.4 — 1982.3	市委任命
第二届	李启富	书 记	1982.1 — 1984.6	大会选举产生
	况志坚	书 记	1984.11 — 1985.1	市委任命
	胡培恭	副书记	1982.1 — 1984.2	大会选举产生
	韩守保	副书记	1982.4 — 1985.3	市委任命
第三届	况志坚	书 记	1985.1 — 1986.1	大会选举产生
	娄可平	书 记	1986.1 — 1987.6	市委任命
第三届	喻永兴	副书记	1985.1 — 1988.2	大会选举产生
	沈福康	副书记	1985.1 — 1988.4	大会选举产生
	宋 剑	副书记	1986.4 — 1988.4	特区党委任命
第四届	张阳武	书 记	1988.4 — 1991.4	大会选举产生
	时宏国	副书记	1988.4 — 1989.9	大会选举产生
	宋 剑	副书记	1988.4 — 1989.11	特区党委任命
	胡国勤	副书记	1989.9 — 1990.7	特区组织部任命
	袁 美	副书记	1989.11 — 1991.4	特区组织部任命
	陈志祥	副书记	1990.6 — 1991.4	特区组织部任命
	刘同祥	副书记	1990.10 — 1991.4	特区组织部任命

续表

届 次	姓 名	职 务	任职时间	备 注
第五届	喻泽富	书 记	1991.4 — 1994.4	大会选举产生
	袁 美	书 记	1994.4 — 1994.5	市委任命
	刘同祥	副书记	1991.4 — 1994.5	大会选举产生
	喻永兴	副书记	1991.4 — 1994.5	市委组织部任命
第五届	陈志祥	副书记	1994.4 — 1994.5	大会选举产生
	袁 美	副书记	1992.5 — 1994.4	特区党委任命
	陈昌明	副书记	1993.8 — 1994.4	特区组织部任命
第六届	袁 美	书 记	1994.5 — 2001.10	大会选举产生
	喻永兴	副书记	1994.5 — 2001.10	大会选举产生
	陈昌明	副书记	1994.5 — 2001.10	大会选举产生
第七届	陈盛德	书 记	2001.10 — 2002.6	大会选举产生
	郭收年	书 记	2002.6 — 2006.7	市委任命
	郭显元	副书记	2001.10 — 2006.10	大会选举产生
	张 洪	副书记	2001.10 — 2006.10	大会选举产生
第八届	胡学华	书 记	2006.10 — 2010.7	大会选举产生
	刘德仲	副书记	2006.10 — 2009.11	特区党委任命
	王文乐	副书记	2006.10 — 2010.7	大会选举产生
第九届	黎明棣	书 记	2010.7 — 2011.12	大会选举产生
	钱国富	副书记	2010.5 — 2011.12	大会选举产生
	杨朝中	副书记	2007.2 — 2011.12	大会选举产生

二、纪律检查

1978—1995 年，中共六枝特区纪律检查委员会，在特区党委和上级纪委双重领导下进行工作。主要任务：按照党的章程和其他重要的规章制度，协助党的委员会整顿党风，检查党的路线、方针、政策和决议的执行情况，查处各种违纪案件。

1996—2000 年，全区各级纪委把维护党的政治纪律和特区党委的权威放在突出的位置，着重对各级党组织和党员领导干部贯彻党的路线、方针、政策和特区党委决定、决议，贯彻执行民主集中制原则、发扬党内民主、健全党内政治生活、保障党员权利、支持党员干部勇于开拓创新，维护人民群众利益和党群、干群关系的情况进行了监督检查。对违反政治纪律，对有令不行、有禁不止、阳奉阴违、弄虚作假、从事非组织活动等行为，坚持予以制止和处理，并有选择性地给予全区通报批评，起到了较好的警示教育作用。

2001—2005 年，在全区 37 个行政机关和具有行政职能的事业单位开展行政效能监察和专项治理工作，解决群众反映强烈的问题。在房管、卫生、环保等 13 个重点部门开展优化服务工作，整治医药购销和医疗服务中的不正之风。监督特区人民医院做好药品招标采购，药品平均价格下降 11.5%。推行住院病人“一日一清单”和药物明码标价制度。配合相关部门检查药品生产经营企业 778 家（次），清理销毁伪劣和过期药品、医疗器械案值 5.12 万元，查获假劣药品 554 批（次），查处医药违纪违规案件 60 件，涉及金额 8 万余元。取缔非法行医 21 户、无证行医 24 户；治理教育乱收费，组织对中小学收费检查10余次，查处中小学乱收费行为5件，2个学校负责人受到行政记过处分，清退违规收费29万元；参与农民负担检查10次，查处涉及农民合理负担案件5件，涉及金额13万余元，3名违纪人员受到党政纪处分。查处涉及企业的案件，取消涉及企业的不合理收费6项，核减企业负担70多万元。清理拖欠工程款285.75万元，清理拖欠农民工工资145.13万元；开展行风评议，评议了卫生、交通等14个部门的行风；组织检查治理公路“三乱”（乱收费、乱摊派、乱罚款）20余次，实现了全区公路基本无“三乱”的目标；对经营性土地实行招标拍卖和挂牌出让，六枝特区被省政府评为“土地执法模范县”。基建工程公开招投标率达100%。2003—2005年，全区共出让经营性土地20宗，获拍卖地价款2385万元，严肃查处建设领域违纪违法案件6件，处分8人。对专项资金管理使用情况的监督检查，确保管好、用好各类专项资金；查处煤矿安全生产责任事故，34（人）次受到责任追究；开展国家机关工作人员和国有企业负责人违反规定投资入股煤矿问题的清理纠正工作，开展商业贿赂警示教育活动，重点在交通、卫生、建筑等领域开展治理商业贿赂专项工作。五年中，全区各级纪检监察机关共办结执法监察项目81个，提出监察建议45条。

2006—2011年，共对区直属学校检查76所（次），乡镇学校检查169所（次），查处违纪金额36万余元，对3名学校负责人进行了处理。查处医疗机构违纪违法案件41起，没收药品，器械47箱，罚款4.2万元。收缴郎岱镇卫生院多收群众住院费用3130.62元、虚报贫困孕妇救助名单领取专项资金13300元。对机关、事业单位及乡镇107个单位评比达标表彰进行了审核、清理，制止了5项，撤销3项，节约资金16.5万元。开通政风行风热线，98家（次）单位负责人上线与听众进行交流，回答、提问、听取投诉和建议，就存在问题进行整改。开展行风评议工作，对148个基层站所进行民主测评和民主评议。治理公路“三乱”，组织专项大检查9次，公路管理部门常规监察36次。

三、案件查处

1978—1995年，共查处案件406件（其中警告73人。严重警告67人，撤销党内职务34人，留党察看69人，开除党籍163人）。

1996—2000年，全区纪检监察机关坚持以查办党政机关、行政执法机关、司法机关、经济管理部门和科级以上领导干部为重点的违纪违法案件，注重与法院、检察、公安、审计、财政、计生等执法监督部门的联系、配合，形成办案整体合力。5年中，全区共受理群众来信来访和电话举报2074件（次）。其中涉及副科级以上干部386件（次），一般党员干部1093件（次），其他人员595件（次）。信访初查了结658件。按照分级负责、归口办理的原则，进行其他信访件的处理。初查案件线索292件。转立案234件252人。其中大案要案78件84人，涉及金额230余万元。结案234件252人。给予党政纪处分252人，其中，党纪处分192人、政纪处分131人、受党政纪双重处分71人、同时受到刑事处分36人。在受党政纪处分人员中，有60名副科级以上干部因贪污受贿、挪用和私分公款、失职渎职、贪赃枉法、以权谋私、腐化堕落等违规违纪行为被查处。为国家和集体挽回经济损失总计270余万元。

2001—2005年，全区纪检监察机关共受理群众来信来访电话举报1674件（次）。初查核实案件线索398件。立案查处各类违纪案件285件涉及345人。已审结285件345人，其中大要案件

111件涉案人数116人。在审结的案件中，党纪处分203人，政纪处分175人，党、政纪双重处分36人，免予处分3人。受处分人员中，科级干部66人，一般干部266人，其他人员13人。为国家挽回直接经济损失总计324.2万元。影响较大的案件有特区建设局原局长刘 × 受贿案、人民医院原院长廖 ×× 受贿案、国土局原局长卢 ×× 受贿案、房管局原局长李 ×× 受贿案、水利局原局长李 × 等人受贿案、有线电视台原台长张 ×× 贪污受贿案等。通过调查核实，为137名党员干部澄清了举报所反映的问题。对一批轻微违纪的单位和个人，采取诫勉谈话和发纪检、监察建议书等形式进行教育和帮助，促使其改正错误。其中诫勉谈话77人，发监察建议书9件。

2006—2011年，共接受群众来信来访电话举报624件（次），初核案件线索111件，立案92件给予纪律处分118人。其中党纪处分60人，政纪处分75人，双重处分17人。受处分人员中，科级干部31人。挽回经济损失总计210.83万元。

四、党风廉政

1978—1995年，全区党风廉政建设，主要是贯彻执行中央的路线、方针和政策，根除派性和“左”的思想干扰，开展清理“三种人”。完善党的民主集中制原则，解决各级领导班子软、弱、涣、散问题。增强干部法制观念，狠刹以权谋私和严重官僚主义作风等问题。抓商品流通环境建设，对在商品流通中存在的回扣、请客、送礼等问题，进行清理整顿。解决政企不分、官商不分、牟取暴利等问题。参与税收大检查和清理整顿公司工作。

1996—2000年，全区各级纪委十分重视抓好党风廉政建设教育。按照党委的部署，认真组织广大党员干部学习《中国共产党章程》《中国共产党纪律处分条例（试行）》《中国共产党党员领导干部廉洁从政若干准则》等党章党规、纪律条规，并先后三次组织党员干部进行党纪政纪、党风廉政建设以及纪检监察知识的答卷和竞赛活动。在进行以讲学习、讲政治、讲正气为主要内容的党性党风党纪教育和“三个代表”重要思想学习教育活动的同时，坚持不断地对党员干部进行党的宗旨、理想信念教育，不断增强广大党员干部的公仆意识、责任意识、廉洁自律意识。一是广泛开展了学习孔繁森、李国安等先进模范的活动。利用成克杰、胡长清等重大典型案件对党员干部进行警示教育。二是组织征订《中国监察》《贵州党风廉政》等书刊作为党风廉政教育材料进行学习教育。利用报刊、橱窗等形式宣传党风廉政工作情况、典型案例等。积极购买和租借《中国共产党纪律处分条例（试行）》《雷池》《滨海之鹰》《生死抉择》《胡长清案件警示录》等一系列电教片在特区有线电视台进行播放。三是积极协助特区党委抓好一年一度的党风廉政建设检查和考评。在庆祝建党八十周年之际，特区纪检监察等4个党风廉政建设先进单位和付应刚等2名先进个人受到市委、市政府的表彰。落别乡、计生局等10个先进集体和马秀峰等21名先进个人受到特区党委、政府的表彰。四是认真组织纪检监察干部参加省、市纪检监察调研工作，撰写调研文章22篇。

2001—2005年，全区各级纪委认真落实中央关于领导干部廉洁自律的各项规定，下发《关于进一步贯彻落实党风廉政建设责任制的意见》，制定《六枝特区党风廉政建设和反腐败各项任务分解表》。对特区领导干部廉洁自律重点工作及查办违纪违法案件、反腐败源头治理等工作进行了责任分解。严格责任追究，使每个领导干部切实履行起党风廉政建设责任制“一岗双责”（工作岗位、领导责任和监督责任）的责任，形成齐抓共管的良好格局。围绕贯彻廉政准则和一系列廉洁从政规定，纪检监察机关加大监督检查和专项治理力度。为巩固和深化治理成果，防止不良风气反弹，着眼于制度建设和超前防范，先后出台了规范领导干部住房、配车、操办婚丧嫁娶、通信费报销等事宜的有关规定。建立完善了领导干部重大事项报告审批、廉政档案、廉政谈话等制度，重点加强对领导干部借机敛财问题的监督检查，严肃查处顶风违纪行为。

2006—2011 年，对各乡镇、各部门落实党风廉政建设责任制情况进行全面考核，突出考核重点，加大追究力度，确保党风廉政建设和反腐败各项任务落到实处。把责任制执行情况的考核结果作为领导干部业绩评定、奖励惩罚、选拔任用的重要依据。区乡两级纪检机关共举办培训班培训干部 338（人）次，选派 40 人参加上级纪委举办的培训班学习。设立特区非公有制经济侵权发展投诉中心，配齐配强乡镇纪委和区直机关委（纪检组）队伍。在纪检监察机关实行干部岗位轮换，有计划地进行了干部交流。一批优秀纪检监察干部得到了提拔重用，一批德才兼备、年富力强的干部进入了纪检监察系统，改善领导班子和干部队伍的年龄、知识结构，调动纪检监察干部的工作积极性。2007 年，特区纪委监察局被省委、省政府评为“贵州省勤政廉政先进集体”。2011 年，特区纪委监察局、公安局纪委和岩脚镇纪委被评为全市纪检监察系统先进集体，2 名同志被评为全市纪检监察系统先进个人，4 名同志获市纪委嘉奖，1 名同志被评为全省纪检监察系统先进个人，1 名同志获省纪委嘉奖。在特区的年终目标考核中，委局获一等奖 3 次，二等奖和三等奖各 1 次。

第五节　组织工作

一、干部管理

1978 年开始，对干部管理制度进行改革：一是实行干部离退休制度，凡男年满 60 周岁和女满 55 周岁的干部均离岗休养（其中，1949 年 10 月 1 日前参加工作者为离休，10 月 1 日后参加工作为退休），并对离退休干部颁发“荣誉证”；二是按干部“四化”（革命化、知识化、年轻化、专业化）方针和德才兼备的标准，对干部进行跟踪管理，采取民主评议、述职报告、纵横比较的方法考察干部。1984 年后，建立后备干部制度，加强干部“第三梯队”建设。同时将文化水平低的干部和后备干部陆续送到各级党校培训，提升文化理论知识水平。

1985—2003 年，根据《关于领导干部个人有关事项的规定》，每年按照《领导干部个人有关事项报告表》及时上报市委组织部。督促各乡镇、各单位填报各年度《领导干部个人有关事项报告表》。一是实行个人重大事项报告制度。对干部婚姻变化、因私出国（境）配偶或子女经商或投资等情况要求向组织进行书面报告。二是组织部长谈话谈心制度。采取走下去访谈、请上来座谈、电话约谈等方式深入开展组织部部长与乡镇、部门领导干部交心谈心活动。适时了解掌握和帮助解决他们在思想、学习、工作、生活中遇到的困难和问题。开展领导干部述职述廉、勤廉公示工作。

2004—2010 年，分别对特区检察院、计生局、环保局、平寨镇、牛场乡、人事局、卫生局、司法局、大用镇、陇脚乡、新场乡、大用镇、木岗镇、安监局、房管局、物价局、民宗局、财政局、经贸局、民政局、落别乡、新华乡、梭戛乡、煤炭局、洒志乡、岩脚镇、中寨乡、建设局、发改局、箐口乡、新窑乡、新场乡、交通局、水利局、农业局、信访局、堕却乡等单位、乡镇的主要领导干部开展述职述廉公示。加强对机关、乡镇领导主要干部进行监督管理，促进领导干部勤政廉政，推进反腐倡廉建设。

根据《中共中央办公厅、国务院办公厅关于印发〈县级以下党政领导干部任期经济责任审计暂行规定〉和〈国有企业及国有控股企业领导人员任期经济责任审计暂行规定〉的通知》，建立领导干部任期经济责任审计制度。认真开展经济责任审计工作。每年对部分乡镇和部门主要领导开展经济责任审计，审计结果载入个人档案。同时，对工作发生变动的领导干部开展离任审计工作。

1999—2011年，委托特区审计局对单位、部门、乡（镇）领导干部进行经济责任审计。

1999年，对民政局3名领导干部，茶叶开发公司1名领导干部进行经济责责任审计。2001年，对房地产开发公司1名领导干部进行经济责任审计。2002年，对平寨镇2名领导干部，水利局主要领导干部、建设局主要领导干部进行经济责任审计。2003年对木岗镇、林业局2个单位主要领导干部进行经济责任审计。2004年，对自来水公司、经贸局、新窑乡、交通局4个单位主要领导干部进行经济责任审计。2005年，对环保局、农机中心、农业局、箐口乡、烟叶复烤厂5个单位主要领导干部进行经济责任审计。2006年，对教育局、落别乡、中寨乡、一建公司4个单位主要领导干部进行经济责任审计。2007年，对卫生局、计生局、大用镇3个单位主要领导干部进行经济责任审计。2008年，对民政局、有线电视台、林业局3个单位主要领导干部进行经济责任审计。2009年，对城管局、木岗镇、月亮河省级公园管理处3个单位主要领导干部进行经济责任审计。2010年，对国土局、新窑乡、民宗局3个单位主要领导干部进行经济责任审计。2011年，对供销社、牛场乡、教育局3个单位主要领导干部进行经济责任审计。

特区各乡镇党委、各单位党组（党委）区直机关各支部都建立了民主评议制度。在每年开展的述职述廉评议、民主生活会评议、党组（党委）书记、支部书记抓党建工作评议、年度考核测评会议上，分别对领导干部开展评议和测评工作，评议和测评结果计入个人档案。评议和测评情况作为干部评先选优及组织调整的重要依据。

二、干部选拔任用

党政领导干部选拔任用，依照《党政领导干部选拔任用工作条例》《贵州省乡（镇、街道）党政领导干部选拔任用工作办法》，对干部选拔任用和监督。定期或不定期对各单位学习宣传和贯彻落实干部选拔任用和监督工作法规进行监督检查。

2006年，乡镇、区换届，全区担任实职科级、副科级干部中，女干部占17.25%，少数民族科级干部占30.09%，非党科级干部占6.42%。学历层次上，大专以上学历科级干部占85.14%，中专学历占12.47%，高中及以下学历占2.39%。年龄层次上机关科级干部平均年龄43.06岁，乡镇科级干部平均年龄38.31岁。

2007年以六特组字〔2007〕15号“关于进一步学习贯彻《党政领导干部选拔任用工作条例》和《贵州省乡（镇、街道）党政领导干部选拔任用工作条例》的通知”。开办两期副科级培训班，对新提拔的39名副科级学员，40名副科级后备干部学员进行了培训。

2008年以六特组字〔2008〕29号“关于进一步学习贯彻《党政领导干部选拔任用工作条例》和《贵州省乡（镇、街道）党政领导干部选拔任用工作办法》的通知”。组织部分乡镇、单位二级班子以上人员654人进行《干部任用条例》和《干部任用办法》知识测试。

2010年，中央相继出台《党政领导干部选拔任用工作责任追究办法（试行）》《党政领导干部选拔任用工作有关事项报告办法（试行）》《地方党委常委会向全委会报告选拔任用工作并接受民主评议办法（试行）》《市县党委书记履行干部选拔工作职责离任检查办法（试行）》等四项监督制度。特区党委组织部制作印发宣传手册4926份，组织各单位领导干部职工测试77场次4108人，各单位开展中心组学习78场次，先后组织集中学习387次。运用《六枝远程教育报》、六枝党政信息网、六枝公众信息网，开展“四项监督制度”宣传。利用各单位橱窗、活动展板、悬挂横幅、张贴标语、举办知识测试等多种形式宣传。组建四项监督制度宣传队上街宣传10余次。各乡镇、各部门利用乡场组织上街宣传20余次，发放宣传资料10000余份。特区党委组织区管干部签订承诺书4926份，向“两代表一委员”致函4926份。通过相关媒体向社会进行公示，接受群众监督。开展干部实绩公示，“晒”出干部业绩帐。对公示无问题的干部，区委组织部会同区委纪检监察部门对干部进行任前廉政谈话，提前打好廉政“预防针”。

是年，根据中央相继出台《党政领导干部选拔任用工作责任追究办法（试行）》《党政领导干部选拔任用工作有关事项报告办法（试行）》《地方党委常委会向全委会报告选拔任用工作并接受民主评议办法（试行）》《市县党委书记履行干部选拔工作职责离任检查办法（试行）》等四项监督制度，严把用人关。坚持党委常委会讨论决定干部票决制，完善干部工作备案申报审批制度。对越级提拔、破格提拔、一批集中调整干部数量较大的等12种类型的干部任用，在党委研究决定前，均报市委组织部审查同意。

2011年，全区以中纪委和中组部严密组织、严明纪律、严肃教育、严格监督、严厉查处、严加考核“六严”要求为核心，以换届纪律“5个严禁、17个不准和5个一律”为重点，营造风清气正的换届环境。

全区共组织学习624场次，参学干部、职工（含村组干部）14231（人）次。印发宣传资料、电视播报、制作宣传栏、电子显示屏滚动屏播、张贴标语、悬挂横幅、发送手机短信、制作卡片、出动巡回宣传车等广泛宣传换届精神。同时，以各中小学为主阵地，开展换届纪律宣传“小手牵大手”活动。将严肃换届纪律知识宣传明白单交由学生带回家中，家长阅读后签字返回学校留存。全区各级党组织共签订《严肃换届纪律承诺书》458份，参与签订承诺领导干部864人，职工13000余（人）次，发出《严肃换届纪律提醒函》11500余份，签订干部考察员承诺书40份。组织观看中组部严肃换届纪律保证换届风清气正视频。特区及时成立了以特区党委书记为组长、党委常委、组织部部长和党委常委、纪委书记为副组长的换届纪律工作领导小组。聘请10名干部工作监督员，组建6个由党委常委为组长的换届纪律工作督导组对全区严肃换届纪律学习宣传和贯彻落实情况进行督查指导。建立和完善电话、网络、信访“三位一体”举报平台，进一步畅通监督、举报渠道，让党员干部接受群众监督。严格执行“12380”专用举报电话24小时专人值守制度。

换届结束后，中国共产党六枝特区第十次代表大会选举产生新一届党委委员37名，党委候补委员7名，纪委委员19名。新当选的党委委员平均年龄为45.17岁，35岁以下的2人，占总数的5.40%；36～40岁的10人，占总数的27.03%；41～45岁的7人，占总数的18.92%；46岁以上的18人，占总数的48.65%。年龄最大的54岁，最小的30岁。女干部5人，占总数的13.51%；少数民族干部13人，占总数的35.14%；研究生学历14人，占总数的37.84%；大学学历16人，占总数的43.24%；大专学历7人，占总数的18.92%。新当选的纪委委员平均年龄为43.27岁。其中35岁以下的2人，占总数的10.53%；36～40岁的6人，占总数的

31.58%；41 ~ 45 岁的 2 人，占总数的 10.53%；46 岁以上的 9 人，占总数的 46.37%；年龄最大的 52 岁，最小的 34 岁。女干部 3 人，占总数的 15.79%，少数民族干部 5 人，占总数的 26.31%。研究生学历 3 人，占总数的 15.79%；大学学历 12 人，占总数的 63.16%；大专学历 4 人，占总数的 21.05%。

六枝特区第十一届人民代表大会、政协六枝特区第八届委会委选举产生新一届人大、政府、政协班子成员。新当选的人大班子中，主任 52.08 岁，大学本科学历。6 名副主任平均年龄 50.57 岁，年龄最小的 46.19 岁，大学学历 4 人，大专学历 2 人，女干部 2 人。少数民族干部 1 人，党外干部 1 人。新当选的政府班子中，区长 47.02 岁，研究生学历；6 名副区长平均年龄 42.71 岁，研究生学历 2 人，大学学历 3 人，大专学历 1 人，女干部 1 人，少数民族 2 人，党外干部 1 人。新当选的政协班子中，主席 54.10 岁，大专学历。6 名副主席平均年龄 48.89 岁，年龄最小的 45.04 岁，研究生学历 1 人，大学学历 3 人，大专学历 2 人，女干部 1 人，少数民族干部 1 人，党外干部 3 人。

全区 19 个乡（镇）党委、人大换届后，共新当选的 208 名党委委员，平均年龄 40 岁。其中 35 岁以下的 25 人，占总数的 12.01%；31 ~ 50 岁的 180 人，占总数的 86.53%；50 岁以上的 3 人，占总数的 1.44%。年龄最大的 51 岁，最小的 29 岁。女干部 19 人，少数民族干部 111 人，占 53.36%。研究生学历 16 人，占总数的 7.69%。大专以上学历 171 人，占总数的 82.21%。新当选的 19 名乡镇人大主席团主席，平均年龄 42.57 岁。其中 50 岁以上的 1 名，占 5.26%；40 ~ 50 岁的 13 名，占 68.42%；35 ~ 40 岁的 4 名，占 21.05%；35 岁以下的 1 名，占 5.26%。年龄最大的 50.09 岁，年龄最小的 33.06 岁。研究生学历 1 名，占 5.26%；大学本科学历 9 名，占 47.36%；大学专科学历的 7 名，占 36.84%；中专以下学历的 2 名，占 10.52%。女干部 2 名，占 10.52%；少数民族干部 8 名，占 42.10%。新当选的 94 名乡镇政府班子成员，平均年龄 38.25 岁。其中 40 ~ 50 岁的 28 名，占 29.78%；35 ~ 40 岁的 51 名，占 54.25%；35 岁以下的 15 名，占 15.95%。年龄最大的 49.09 岁，年龄最小的 29.08 岁。研究生学历 6 名，占 6.38%；大学本科学历 42 名，占 44.68%，大学专科学历的 44 名，占 46.8%，中专以下学历的 2 名，占 2.12%；女干部 16 名，占 17.02%；少数民族干部 52 名，占 55.31%。继续当选的 30 名，占 31.91%。新当选的 64 名，占 68.08%。

三、干部学习教育

1980—1993 年，根据形势发展，开展多种形式学习教育。1994 年举办两期县级领导干部《邓小平文选》第三卷研读班；举办两期乡镇书记、乡镇长《邓小平文选》第三卷读书班；组织部与宣传部联办一期特区机关主要领导干部和乡镇分管党务的副书记《邓小平文选》第三卷读书班。委托贵州民族学院在六枝特区党校开办少数民族行政管理大专班，共有学员 150 名。选派 10 名少数民族干部到徐州市委党校学习，选派 6 名副科级青年干部参加六盘水市委组织部举办的短期培训班。

1995 年，分期分批抽调和选派 162 名副科级以上领导干部参加省内外各类培训和挂职交流。

1996 年，特区党委制定印发了《1996—2000 年六枝特区干部教育培训规划》。选派 37 名干部外出培训、到先进地区挂职学习。完成 19 个乡（镇）3702 名党员的轮训和 860 名村（居委会）支书、主任的培训工作。

1997年，选派59名干部参加各类院校、干校培训和外出考察学习。与特区农办联合组织65名机关、乡（镇）和村干部到罗甸县大关村参观学习。

1998年，抽调特区机关、乡（镇）部分副科级干部到贵州省畜牧学校、四川联合大学、徐州市委党校、浙江大学学习深造。组织贵州民族学院少数民族行政管理六枝教学班集中授课、考试，完成毕业生毕业审查和发证工作。组织培训了村支书、主任276名。抽调两批共20人参加六盘水市农村村支书、主任培训班学习。

1999年，在特区党校举办一期100人参加的村支书、乡（镇）党员干部培训班。机关副科级以上干部和乡镇党委书记共270人参加了培训。选派202名干部到省内外参加集中学习培训。其中县级9名，科级111名，一般干部82名，202名干部中，乡（镇）干部174名，机关干部28名。

2000年，选派350名干部到省内外参加各级各类学习培训。

2001年，选派2名县级干部、26名科级干部、8名选调生共37人分别到省内外参加各级各类学习培训。

2002年，举办六枝特区领导干部学习十六大精神培训班，聘请省委党校7位专家为新提拔的76名科级领导干部讲课。组织394个行政村支书、主任和部分居委会主任进行十六大精神培训，请省委党校专家讲课。选派5名县级干部、74名科级干部、9名乡（镇）妇联主席共88人分别到省内外参加各级各类学习培训。

2003年，组织136名乡（镇）机关正科级主要领导进行“三个代表”重要思想封闭学习。在特区党校举办一期副科级干部培训班，培训干部80名。选派88名干部参加各级各类学习培训。

2004年，在特区党校举办各类培训班，共培训乡（镇）机关、村干部526名。

2005年，在上海经济干部管理学院举办六枝特区第一期科级领导干部培训班，共40人参加培训。在特区党校举办一期非党科级后备干部培训班，培训干部50名；举办一期副科级干部培训班，培训干部40名；举办一期《信访条例》短训班，培训干部100人；举办一期纪检监察干部培训班，培训干部25人；举办一期农村党员干部现代远程教育计算机管理操作人员培训班，培训村干部100人。选派6名县级领导、24名科级干部共30人分别到省内外参加各级各类培训班学习。

2006年，选派7名县级干部、47名科级干部、19名一般干部分别到省内外参加各级各类学习培训。

2007年，举办一期村党支部书记培训班，培训村党支部书记116名。选派250（人）次参加省市各级干部培训班。其中市委组织部调训县级干部18（人）次，科级干部48（人）次，村干部145（人）次。省委组织部调训县级干部16（人）次，科级干部23（人）次。

2008年，举办一期基层妇女干部培训班，培训45名。邀请省委党校韩卫东教授作“科学发展观与当代中国”专题讲座，特区在职县级以上领导、区直部门主要负责同志、各乡镇党委、政府主要负责同志170余人参加学习。在特区职校举办一期矿区所在地村干部培训班，培训村干部102名。在特区宾馆举办四期领导干部培训专题讲座。邀请省民宗、省党校等4位专家教授讲课，全区各级领导干部400多人参加学习。在特区职校举办一期全区乡干（镇）部国土资源法律知识宣传教育培训班，培训乡科（镇）级干部117人。选派132（人）次参加省市组织部门干部培训班，其中省委组织部调训县级干部 11（人）次，科级干部 4（人）次。市委组织部调训县级干部 31（人）次，科级干部 86（人）次。

2009 年，举办一期基层团干部培训班，培训人员 48 名，选派 90（人）次参加省市组织部门干部培训班。其中省委组织部调训县级干部 5（人）次，科级干部 15（人）次。市委组织部调训县级干部 2（人）次，科级干部 68（人）次。

2010 年，11 月，在省委党校举办一期县级干部、科级干部、非公企业负责人参加的培训班，培训人员 40 名。选派 39（人）次参加省市组织部门干部培训班。其中省委组织部调训县级干部 5（人）次，科级干部 13（人）次；市委组织部调训县级干部 3（人）次。科级干部 12（人）次，科员 6（人）次。

2011 年，在省委党校举办一期“四帮四促”培训班。培训折溪乡、梭戛乡、陇脚乡选派到村任职干部、村干部 51 名。举办一期区直机关选派到村任职干部培训班，培训选派干部 100 名。

第六节　宣传工作

1978—2011 年，六枝特区的思想宣传工作由区委宣传部负责。主要开展理论工作、思想宣传教育、新闻宣传和精神文明建设等。每年年初召开全区思想宣传工作会议，年终进行考核评比，推进全区工作落实。

1995 年 1 月 1 日创办《六枝特区报》。该报系中共六枝特区委员会机关报，为四开四版小报。初为周刊，后为周二刊。内部发行，期发数 2000 份。1994 年下半年，中共六枝特区委员会组织《六枝特区报》筹备领导小组，下设办公室于特区宣传部。1995 年元旦开始出报。1995 年 1 月—1996 年 3 月，内部资料刊号出版 39 期，正式内部报纸刊号出版 5 期。此间，采编人员以特区宣传部有关人员为主，同时从特区文联、特区地方志办公室、特区政协文史办、特区文化馆抽调人员组成。完成贵州省内部报刊准印证办理工作，由内部资料向内部报刊过渡，并由试刊到正式出刊。1996 年 4 月起，正式成立六枝特区报社，明确报纸性质和报社级别、编制、领导职数及部室设置，落实办公地点，基本上解决办公设施问题。1996 年 7 月 1 日报社正式挂牌，实现机构分设、独立办公、集中管理。1997 年 8 月，改为周二刊。2000 年有采编人员 9 人，设编辑部、记者部、通联部、办公室。

1991—1996 年，修建中寨乡、坝湾村、新窑乡、陇脚乡等 4 个精神文明活动中心。

1992—1994 年，经特区宣传部组织复查，评选，特区党委、政府以及省市文明委批准，全特区（包括驻境企业），评为省级文明单位、文明村镇 8 个，评为省红旗单位 1 个，评为市级文明单位、文明村镇 26 个，评为市红旗单位 3 个。

1995—1996 年，特区党委批准，宣传部门共同行文，确定了郎岱“三三”暴动烈士陵墓、新场懒龙桥烈士陵墓、大用烈士陵园、岩脚烈士墓四个爱国主义教育地。

荣誉表彰：2004 年 3 月荣获特区党委政府授予的“二〇〇三年度宣传人民代表大会制度先进单位”称号。2005 年六枝特区被评为 2004 年度全省“卫生与秩序”暨“文明大道”创建工作先进县城。

一、理论工作

1978—2011年，全区区直机关单位、乡（镇）和全区范围内的理论学习，均由区委宣传部组织进行。

1995年以来，组织“三线建设演讲团”为特区机关干部演讲。特区组队参加了市举办的“情系乌蒙演讲比赛”，3人参赛，1人获二等奖，2人获优秀奖。

1996年，组织“向孔繁森同志学习”演讲比赛。

1997年3—4月，组织全区集中学习十四届六中全会《决议》和《社会主义精神文明建设的伟大纲领》。5—6月，组织全区学习邓小平“一国两制”理论，加强爱国主义教育，迎接香港回归。同时，在全区掀起学习宣传贯彻十五大精神的热潮。组织全区“十四届六中全会和省委七届五次全会精神，以及邓小平关于精神文明建设的论述”的干部党员理论学习考试。拟定《关于一九九七年干部理论学习安排意见》《关于学习宣传党的十五大精神的安排意见》。征订《学习党的十四届六中全会文件考试复习题》《邓小平经济理论学习纲要》《学习十五大文献》《理论与当代》10—11期合刊、《党的生活》《半月谈内部版》《时事资料手册》《求是》等刊物。5月18日，在六枝特区供销社贸易中心门口（那克大街）举办迎香港回归祖国万人签名活动，并将签名布标送六枝特区生态博物馆永久收藏。

1998年，组织全区在职干部对1997年9月12日江泽民同志在中国共产党第十五次全国代表大会上的报告进行理论学习考试。征订1999年度《半月谈内部版》《时事资料手册》《贵州内参》《走向21世纪的中国澳门》等。6月，在特区二小举办“热爱我们共有的家园”读书活动演讲选拔赛。7月，与特区贸易局、人事劳动局、工商局、总工会、妇联、团委、人民广播电台联办《再就业之路》有奖征文活动。

1999年，向全区19个乡（镇）的党委书记、乡（镇）长、宣传委员和宣传系统各单位负责人传达了中央、省、市关于1999年宣传思想政治工作会议精神。安排部署六枝特区1999年的宣传思想政治工作、精神文明建设工作和理论教育工作。会上，特区党委副书记王树利作了题为《唱响主旋律，打好主动仗，努力做好世纪之交的宣传思想工作》的讲话。组织全区19个乡（镇）的宣传委员到市委党校参加市委宣传部举办的全市乡（镇）宣传委员培训班的学习。 7月中旬，组织全区党员、干部进行建设有中国特色社会主义理论学习考试，参考人数3850名。占应考人数的98%。同时与特区报社联合举办“建设有中国特色社会主义理论知识竞赛”。配合特区组织部在党校举办了乡（镇）干部及村支书培训班，培训人数100名。组织特区农委、金融、党校等系统部门和单位召开座谈会，探讨六枝特区各行各业目前所面临的困境、解决办法和今后的工作思路。要求行业性强的部门和单位撰写理论文章，积极为“两个文明”建设建言献策。组织全特区干部职工共1560人参加省委宣传部组织的建设有中国特色社会主义理论竞赛。

2000年3—6月，在全区范围内开展了“西部大开发，六枝怎么干”大讨论活动。并印发《“西部大开发，六枝怎么干”大讨论学习资料汇编》。12月初编辑出版《“西部大开发，六枝怎么干”大讨论文集》。共收录文章98篇，约36万字，印数2000册。4月，在特区政府招待所召开全区宣传思想工作会议。传达全国、省、市宣传部部长会议精神，安排部署了《2000年六枝特区宣传思想工作要点》和《六枝特区2000年精神文明建设工作安排》。全区开展了“三讲”（即讲学习、讲政治、讲正气）集中教育。认真落实“理论学习思想制度”，特区党委中心学习组共组织学习 11 次。征订《毛泽东邓小平江泽民论思想政治工作》420 册、《党在社会主义建设新时期的主要历史经验》276 册。并向全区基层党支部赠送《理想信念教育》850 册。

2001 年，举办“七一”重要讲话心得体会征文比赛，有 14 篇文章获奖。组织理论文章参加市委宣传部召开的纪念中国共产党成立 80 周年理论研讨会。成立了机关作风教育整顿活动领导小组，制订实施方案并召开动员会。

2002 年，组织十六大精神宣讲组，奔赴各乡（镇）进行宣讲。制定发放 30 余万册十六大学习宣传资料。9 月，选派 16 名村支书（主任）参加市委宣传部、组织部举办的“全市农民素质教育活动骨干培训班”。在特区党委二楼会议室召开六枝特区新时期农民素质教育活动动员大会。6 月，在六枝特区报开辟了公民道德建设大家谈专栏，刊登近十篇优秀理论文章。组织全区干部职工进行政治理论考试。全区共征订《马克思主义发展史教育读本》566 册，《六盘水日报》4699 份。

2003 年 6 月，组织召开全区学习贯彻“三个代表”重要思想理论研讨会。2004 年，编印《加强和改进党的执政能力建设学习辅导材料》2000 本，赠送到全区 19 个乡（镇）和机关单位。4—5 月，与特区党办、政府办、人大办、政协办、发改局、组织部等 12 家单位开展“非公经济与六枝发展”课题调研活动，写作形成调研文章 15 篇。8 月，组织全区“非公经济与六枝发展”理论调研会，共收到研讨文章 38 篇。

2005 年，与中共六枝特区委保持共产党员先进性教育活动办公室共同编印《六枝特区保持共产党员先进性教育辅助读本》5000 册、《旗帜》3000 册、编发《宣传思想工作简报》8 期。

2006 年，组织召开“加强党的先进性建设、创建和谐凉都六盘水”——学习贯彻十六届五中全会精神理论研讨会。组织全区学习《科学发展观学习读本》和《理论热点面对面（2006）》。

2007 年，向特区四大领导班子、各乡镇、各有关单位赠送理论学习书籍《省第十次党代会宣传提纲》800 本、《农村形势政策》100 本、《辩证法随谈》25 本、《党的十七大报告学习宣传提纲》900 本、《十七大报告学习辅导百问》840 本、《理论热点面对面》905 本。赠送爱国主义教育专题片《永远的丰碑》（光碟）40 套。为全区党员干部职工的学习提供必要的资料。同时，以机关作风教育整顿活动为载体，制订学习计划，明确学习内容。邀请市委讲师团到六枝作“机关作风教育整顿活动”和“社会主义新农村建设”专题宣讲报告。举办了“领导干部作风谈”征文、“加强作风建设，构建和谐六枝”专题演讲等活动。召开以“学习贯彻党的十七大精神”为主题的理论研讨会。承办以“新农村建设”为主题的全市第一季度思想政治工作联席会议。11 月，组织十七大精神宣讲团到 19 个乡（镇）进行宣讲 38 场，2000 余名乡（镇）村干部听了宣讲。

2008 年，特区党委中心组学习 6 次，并举办《科学发展观专题讲座》。各乡（镇）各部门认真制定中心组学习计划，不断创新学习形式，参学人员扩大至各股室、站、所负责人，深化了学习内容，取得较好的效果。征订《十七届三中全会辅导读本》655 本、《科学发展观 100 问》621 本。向《当代六盘水》推荐理论文章 5 篇均被采用。围绕学习贯彻十七大精神、多彩贵州（六枝）歌唱大赛为主题，编发 3 期《宣传思想工作简报》。根据市宣通（2008）4 号文件《关于开展学习贯彻党的十七大精神征文活动的通知》，组织全区副县级以上领导干部参加全省县（处）级以上领导干部学习党的十七大精神征文活动和专题研讨会。向市委宣传部推荐调研文章 2 篇。

2009 年，特区党委中心组学习 6 次，编发《宣传思想工作简报》6 期。7 月，邀请市委讲师团到六枝作《中国特色社会主义理论体系》宣讲报告。9 月，组织巡视组对各乡（镇）特区机关各单位的理论考试进行检查巡视。12 月，召开以“学习实践科学发展观”为主题的理论研讨会，组织评审组对入选调研文章进行评选。向《当代六盘水》《中国凉都》推荐理论文章36篇，采用16篇。征订《2009年政治理论学习辅导资料》5717册，考试试卷10088份。

2010年，以深入学习实践科学发展观为主线，配合省、市宣传部门开展学习型党组织建设征文活动，上报理论文章28篇。征订《2010年政治理论学习辅导资料》5905册，考试试卷10188份。按照省市宣传部门的安排，完成“百村、百企、百校”思想政治工作调研任务。上报调研文章3篇。完成《六盘水市实施西部大开发10周年文集》组稿任务。组织召开以“深入实施大开发战略”为主题的理论研讨会，共收到论文46篇。推荐6篇参加市研讨会，2篇获奖。向《六盘水日报》《当代六盘水》《中国凉都》推荐理论文章25篇，被采用11篇。

2011年，开展“创先争优”“三个建设年”“四帮四促”教育活动。为确保活动的顺利进行，制定调研方案和学习计划。邀请市社科联到六枝为广大干部职工作“社科理论下基层”专题报告。邀请市委讲师团到六枝为广大干部职工作“胡锦涛总书记‘七一’重要讲话精神宣讲报告”。邀请省委讲师团到六枝宣讲“中共十七届六中全会精神”。组建宣讲团分赴19个乡（镇）特区机关各系统进行宣讲。5月，组织开展“建党90周年”理论研讨会和“学习理论、指导实践”读书征文活动。

二、精神文明建设工作

1997年，拟定《六枝特区一九九七年精神文明建设工作要点》《关于进行先进典型推荐和做好文明单位申报评选准备工作的通知》《关于复查、申报省级、市级、特区文明单位、文明村镇的通知》。

1999年，特区党委、政府下发六特通字〔1999〕32号文，将原“六枝特区精神文明建设委员会”更名为“六枝特区精神文明建设指导委员会”。由特区党委一名副书记兼任主任，下设办公室于宣传部，进一步将机构建立健全。截至1999年底，共建农村电视卫星地面接收站15座（特区要求建7座）。建址分别在折溪乡的洛阳村、把士寨，龙场乡的新院村，落别乡的长寨村、平寨村、苦竹林；堕却乡的朗树根；岩脚镇的金星村；新窑乡的塘上村、新河村；木岗镇的阿生村、屯脚村；新华乡的鼠场村；新场乡的黑塘村；平寨镇的河丰村。配合纪检监察部门完成对特区邮政局、电信局、国税局、地税局及文化稽查队的民主评议行风检查工作。与特区政协、司法局和部分离退休老干部深入到部分乡（镇）进行法制教育和爱国主义教育宣传。与特区教育局、电影公司联合，在人民会场公映爱国主义教育片《国歌》。与特区总工会联合，开展对特区金融系统、税务系统、邮电系统等单位的文明窗口示范点的评比活动。协同省社科院调查六枝特区农村精神文明建设情况。1999年，与特区文化局、公安局等部门联合，加大“扫黄”“打非”工作力度。共出动车辆30多次，人员150余（人）次。对中心城区和部分乡（镇）进行突击检查，共收缴非法音像制品500余盘、非法书刊300多册。利用赶场天取缔城区公共场所的算命摊点100多个，销毁算命工具100余套。进一步净化文化市场，严格文化市场的管理。组织实施“万村书库”和“千乡万村书库”工程。截至12月31日，共发出“万村书库”73套，“千乡万村书库”205套。与文化局共同承办了2000年春节年欢晚会。2月，组织科协、科技局、文化局、新华书店、人民医院、农委系统等12个单位开展大规模的“科技、文化、卫生”三下乡活动。巡回5个乡（镇），共向群众发放各种宣传资料22200份，书籍2000余册，义务就诊500（人）次，受益群众2万余人。5月，与特区新华书店在特区二小共同主办“走向新世纪”青少年读书教育活动，参加人数达7万余人。8月，完成农村地面卫星接收站84座。发出农村科技使用图书近300套（3.7万多册）。2000年6月，与特区关工委组织开展“中小学生社会道德知识竞赛”，选拔出2个优胜队代表六枝特区赴市参加竞赛。为配合省文明办开展的“个十百千典型工程”，上报25户文明示范户、2个文明示范村作为带动发展的典型。与科协在城区和各乡（镇）联合举办“崇尚科学文明，反对封建迷信”图片巡回展，共有1500余人观看展出。广泛开展“十星级文明户”活动和文明单位、文明村镇的复查、申报工作。

2001年，六枝特区计生局等27个单位和六枝特区新场乡等17个村镇被授予“1998—2000年度特区级文明单位、文明村镇”称号。经过复查，同意保留六枝特区机要局等16个单位和六枝特区中寨乡等3个村镇的文明单位和文明村镇称号。受市委市政府表彰的1998—2000年度市级文明单位有20家、市文明村镇有4家。全区19个乡（镇）共评选出840户“星级文明户”。配合市委宣传部对六枝特区平寨镇所辖居委会情况进行调研。完成梭戛生态博物馆所在陇戛社区5户传统民居的维修工作。2001年，成功举办2001年春节联欢晚会。3月和10月，举行专场文艺演出、“夜郎杯”小品曲艺比赛等。由文化馆编创的花灯歌舞《荧屏连山寨》在参加贵州省花灯表演中获优秀节目奖。

2002年，拟发《六枝特区2002年精神文明建设工作安排》《关于开展2002年“卫生与秩序”主题创建活动四次集中行动安排意见的通知》。特区成立“门前三包”工作领导小组。1月，积极参与“三下乡”活动。发放十套“千乡万村”书库丛书1260本、“星火计划”丛书283本、其他宣传资料5000多份、《公民道德建设实施纲要》宣传画10套、社会治安宣传画10套、义务写春联480幅、完成宣传任务170场（次）。3月，特区文明办牵头制作画版，在街心花园开展《公民道德建设实施纲要》大型宣传活动。播放《纲要》录音，共发放“六盘水市市民公约”5000余份。特区报社召开学习《纲要》座谈会。

2003年，以“绿化六枝，建设美好家园”为主题，组织特区机关各单位、平寨镇干部职工、城区各直属中学生、武警官兵等在城郊开展义务植树造林活动，共植树1.2万余株。9月，选派文艺节目参加六盘水市第二届艺术节比赛，六枝特区《白毛女》选段荣获一等奖。配合市委宣传部在木岗镇开展“全市文艺下乡巡回演出”。向省文明办申报梭戛乡精神文明活动中心项目（省、市、特各配套资金5万元）和向市文明办申报平寨镇底西村、梭戛乡高兴村实际文明示范项目（配套资金3万元）全部落实。向市文明办推荐上报26家市级文明单位、文明村镇；文明示范窗口3家，星级文明户693户。

2004年，全区有50个单位获2001—2003年度特区级文明单位称号；9个乡（镇）获市级文明乡（镇）称号；29个村获市级文明村称号；22个单位获市级文明单位称号；5个村镇获市级文明村镇称号。

2005年，召开创建全国文明卫生城市动员大会，举行万人游行签名活动。制定2005年“卫生与秩序”暨“文明大道”主题创建活动工作方案。申报岩脚镇金星村、箐口乡坝子村、牛场乡平寨村3个文明示范村。创建了落别、木岗、梭戛等三个“卫生与秩序”文明乡（镇）。2007年，在全区广泛开展“共铸诚信六枝”活动、“热爱六枝、建设六枝”主题教育活动。认真组织“在社会做个好公民、在单位做个好建设者，在家做个好成员”为主题的道德实践活动。组织大用镇、郎岱镇、岩脚镇、新窑乡、梭戛乡等乡（镇）党员、干部、职工和学生共2万余人到大用湾寨烈士陵园、郎岱“三三”暴动烈士陵园、岩脚镇烈士陵园等爱国主义教育基地接受爱国主义教育。

2008年，以“迎奥运、讲文明、树新风”为主题，在全区开展“公民道德建设—满意在六枝”和“创建及整脏治乱”主题活动。评选出木岗镇把仕村金宗祥、箐口乡中学张美娇2位同志参加贵州省“大山的脊梁”评选活动。围绕重大节日，积极开展革命、建设和改革开放各个时期的历史教育。在有线电视台播出《永远的丰碑》等大型爱国主义教育纪实片。深入开展“四进社区”“三下乡”等社会宣传活动。积极配合特区团委、妇联开展各种宣传爱国主义、保护妇女儿童权益活动。与特区教育局、团委开展纪念雷锋活动45周年及“3·5中国青年志愿者服务日”等活动。已建成“农民文化家园”12个、农村精神文明活动中心17个、文化服务中心19个、农村地面卫星接收站534座。广播、电视覆盖率分别为97.9%和96.8%。认真做好2008年度“西部开发助学工程”，巩固了基层精神文明阵地建设。2008年，以开展“满意在六枝，整脏治乱”为主题的大型文艺晚会，大力宣传倡导文明卫生习惯。共组建群众业余演出队、健身队30多支。开展创建“三优”文明监管活动和目标管理工作，进一步转变工作作风，改进工作方法。春节期间开展了慰问活动，积极为村支两委发展本村经济出谋划策。认真做好退休干部职工的管理和日常服务工作。

2009年，强化“整脏治乱”工作，组织评选出2008年度文明社区3个，文明家庭46户、文明店堂20个。制定下发了《六枝特区2009年“创建及整脏治乱”工作实施方案》《六枝特区2009年“满意在六枝”工作实施方案》。组织筹备全区“满意在六枝”暨“整脏治乱”工作大会。组织各乡（镇）各单位观看优秀教育片《水凤凰》。认真做好文明示范村、精神文明活动中心、“农民文化家园”“西部助学工作——宏志班”工作和文明单位评选工作。

2010年，多形式开展公民道德教育活动。12月，在特区影剧院举行《六盘水市道德模范巡回宣讲报告会》，组织特区机关各单位、各乡（镇）干部职工800余人参加。按照特区党委的安排，组织民政局、交通局、史志办等单位完成了岩脚碓窝冲爱国主义教育基地建设任务。联系民政局、史志办、岩脚镇等单位，协助《贵州日报》等媒体开展烈士亲属寻亲活动。为山东郑永华兄弟等寻找烈士爷爷郑金兴（为解放六枝牺牲）之墓，并安排其在岩脚烈士陵园举行了祭拜仪式。配合特区机关工委举办“六枝特区关心下一代工作20周年回顾展”。

2011年，制定下发《六枝特区“满意在六枝”主题活动实施纲要（2011—2015）》《六枝特区“整脏治乱”专项行动纲要（2011—2015）》《六枝特区“满意在六枝”2011年实施方案》《关于开展“双创双建”工作的意见》和《六枝特区“双创双建”宣传方案》。组织召开全区“满意在六枝”暨“整脏治乱”工作大会和“双创双建”动员大会。广泛开展净化社会文化环境活动，做好“农民文化家园”“美好家园（居民）”创建活动。

三、新闻宣传工作

1997年，与特区环保局、教育局、总工会、团委、文化局、新华书店联合行文，下发《开展全市“热爱我们共有的家园”环境保护宣传教育的活动的通知》《关于“讲文明、树新风”第二阶段的实施意见及宣传报道方案》。对全区劳务输出工作进行宣传。5月，对迎香港回归祖国万人签名活动进行宣传报道。对《离开雷锋的日子》影片进行宣传。对十四届六中全会和省委七届五次全会精神以及党的十五大会议精神进行宣传。

1998年，开展全特区青少年“光辉的五十年”读书活动。6月，在特区二小举办“热爱我们共有的家园”读书活动演讲选拔赛。

1999年，围绕主题为“三迎三颂”（即迎建国50周年、迎澳门回归、迎接新世纪，祖国颂、社会主义颂、改革开放颂）进行宣传，充分发挥正确的舆论导向，为促进改革、发展和维护稳定做出了积极的贡献。3月，组织特区报社、有线电视台、调频广播电台圆满完成对特区八届二次人代会和政协五届二次全会进行了宣传报道。5月8日，组织特区各新闻单位及时、准确地对全区社会各界、各单位和各族人民愤怒声讨以美国为首的北约暴行进行报道。对邪教组织“法轮功”修炼者的解脱和思想教育转化进行报道，加大“崇尚科学，破除迷信”的宣传力度。在揭批邪教组织“法轮功”的斗争中，出特刊一期。7月，为迎接祖国母亲的50华诞，组织特区报社、有线电视台、调频广播电台对全区各单位迎国庆50周年的活动进行报道。同时设置专栏、专版展示全区各行业50年来所发生的巨大变化。9月26日，组织全区16个单位在人民会场举办“祖国颂”为主题的庆祝中华人民共和国建国50周年歌咏大会。与特区有线电视台联合摄制农业、卫生、交通、城建、教育、通信、扶贫攻坚等7个系列专题片。以大量的历史资料和前后鲜明的对比反映建国50年以来六枝特区各条战线上所取得的巨大成就。组织特区报社、有线电视台、调频广播电台对建国前参加革命的老干部、老同志进行专访。及时组织新闻单位对特区检察院反贪局被省检察院授予集体二等功进行典型报道。1998年，对平寨镇河湾村被省政府授予“小康村”称号，该村党支部书记喻英也被全国妇联、农业部、科技部、国家林业局等12部委联合授予“全国十大农民女状元”，并进京接受表彰进行宣传报道。11月10日，配合司法部门，撰写《宣传提纲》，充分调动广播、电视、报纸等传播媒介，宣传《中华人民共和国刑法》（摘要）《中华人民共和国集会游行示威法》《中华人民共和国铁路法》等。使广大群众普遍受到一次法律法规教育，做好1999年通信员用稿统计工作。1999年六枝特区通信员共在省级报刊用稿22篇，市级报刊用稿337篇，特区报发表理论文章15篇。

同时围绕迎接澳门回归祖国，要求城区各主干街道沿线单位张贴庆回归标语，挂彩旗、彩灯，以各种文体活动形式庆祝澳门回归祖国。利用已建成的梭戛生态博物馆和“两线”（株六铁路复线与贵烟线公路改造）建设之机，积极配合中央、省、市新闻单位对六枝特区进行宣传报道。出台了《关于接待新闻单位记者采访制度的通知》（六特宣字〔1999〕17号），进一步加大六枝特区外宣工作力度。配合特区人大召开人大宣传工作会议，对新闻宣传部门如何加强人大的宣传作了安排部署。拟写了六枝特区优化投资环境的宣传提纲。

2000年3月，召开宣传系统（含市属的763中波台、794电视插转台和驻境六枝工矿集团、一四二队、水源队等大企业宣教部、宣传部负责人）外宣工作座谈会。邀请了省报社、省电视台、市报社、市电视台、市有线电视台、市广播电台等新闻单位的记者对六枝特区“六月六”等少数民族风情进行采访。6月10日，宣传部与特区财政局联合出台《六枝特区新闻奖励办法》。10月初，新华社贵州分社到六枝特区拍摄电视专题片《乌江——中国“田纳西河”之梦》等。积极宣传“西部大开发，六枝怎么干”大讨论、“加强党的建设，整顿干部作风”和“三讲”教育等三项活动。组织全区各新闻单位加强报道，报社和有线电视台还制作专题和专题片《百姓看“三讲”》。2000年，《贵州日报》《六盘水日报》刊用六枝特区通信员新闻稿件300余篇。

2001年，在党代会期间，共发简报九期，采访党代表55人。刊发文章20篇、社论2篇。有线台播放新闻14条，广播电台播放稿件17篇。对全区“学教”活动进行组稿、宣传和报道。特区报社在四版开辟“打响旅游品牌”系列栏目，对六枝特区的旅游景点做系统介绍。完成六枝特区第五次人口普查宣传任务。配合政法部门对六枝特区开展的“严打”斗争进行宣传报道。对劳动保障学习活动进行宣传。国家《民族画报》以“走进梭戛生态博物馆”为题，到六枝摄影采风。《民族画报》2001 年第 7 期 65 页刊登长角苗风情的 3 张图片，并配有中英文对照文字。6 月，中央电视台社教中心文化专题部一行到郎岱镇、毛口乡一带拍摄专题《夜郎古国探谜》。7 月，贵州电视台国际部《发现贵州》栏目到梭戛拍摄长角苗风情。复旦大学暑期社会实践贵州小组到六枝梭戛生态博物馆调研。8 月，六枝特区政府、中国扶贫基金会、温州财团联合举办“六枝夜郎文化旅游区选址定点论证会”。10 月，做好“六盘水建设成果展”六枝特区展区工作。2001 年，成功举办 2001 年春节联欢晚会。3 月和 10 月，举行专场文艺演出、“夜郎杯”小品曲艺比赛等。由文化馆编创的花灯歌舞《荧屏连山寨》在参加贵州省花灯表演中获优秀节目奖。

2002 年，组织报道特区“两会”精神。5 月，参与城建局、建委组织六枝特区“城市之光’音乐舞蹈大赛活动。完成十六大电视系列报道 11 个专题策划工作。10 月，组织城区机关党员、职工、中小学生观看批判邪教“法轮功”影片《走出死亡陷阱》，人数达 3700 余人。参加特区旅游局组织的中西部经贸洽谈会（针对有国债项目单位），印制“中国贵州六枝风景名胜”宣传折页 10000 份。贵州电视台拍摄《高原春潮涌·六枝一根扁担挑两头》《贵州日报》刊登《民营科技撑起六枝农业发展新天地》《六盘水日报》刊登《六枝切分“经济蛋糕”解决下岗人员再就业》等文章。

2003 年，六枝特区通信员在《六盘水日报》上发表新闻稿件 380 条（篇），有线电视台向省电视台送播新闻稿件 14 条（篇），专题 5 部，向市电视台送播新闻稿件 358 条（篇），专题 2 部，与贵州电视台《今日视点》栏目合拍专题片 4 部；广播电台向省、市电台报送新闻稿件 30 余条（篇）。

2004 年，六枝特区《窗子洞天险》《夜郎风情》《六枝富硒茶》《落别苦荞糊》等专题片分别在中央电视台第七套节目播出。5 月，央视 12 频道《新闻观察》栏目到六枝制作回眸《大三线》、中央一号文件落实情况。与安徽电视台联合制作专题《箐苗女儿》获《魅力贵州》全国易地采访活动节目评比二等奖，参加中央 4 台 10 月份展播。6 月，制作《夜郎故土——六枝》大型宣传画册 6000 册，“以人为本抓计生，优质服务创佳绩”光碟 100 盘。

2005 年，制作两部全区重大项目和在建项目专题片《见证 2004 年》和《八件实事近踪》。有线电视台播出《六枝新闻》97 期 955 条，制作访谈节目 11 个。在首届六盘水电视新闻评选中《舞台旋律的背后——新闻调查》获二等奖，《破获一起禁毒跨国走私案》获三等奖。在第七届六盘水市人大好新闻评选中，《实行“票决”为一府两院上紧箍咒》获二等奖，送省台新闻 17 条，市台 387 条；广播电台共播出新闻稿件 1296 条共 3888 条（篇）。做好二十集电视连续剧《夜郎王》在六枝特区堕却乡长箐军马场，岩脚镇廻龙溪、落别乡板梅古堡、滴水滩，毛口乡牂牁江等景区进行有关拍摄服务工作，完成电视剧《月亮河乡恋》拍摄前期准备工作。

2006 年，对社会主义荣辱观学习教育活动进行宣传报道。组织有线电视台、广播电台等新闻单位，对广大党员干部群众学习《读本》和《理论热点面对面（2006）》的经验和典型进行宣传报道。3 月，做好 2006 年多彩贵州（六枝）旅游形象大使选拔大赛相关工作。5 月，对平寨镇、岩脚镇、陇脚乡、牛场乡、新场乡等 5 个乡（镇）在 2005 年度宣传工作进行表彰。

2007 年，集中宣传构建和谐六枝、建设社会主义新农村、“整脏治乱”、移民、林权改革、机关作风教育整顿、禁毒等重点领域取得的工作成效。在移民宣传工作中，把移民搬迁工作的政策法规、补偿规定等内容制作成磁带，通过高音喇叭播放、流动宣传车等形式分别到中寨、洒志、毛口进行移民政策宣传。同时，深入各级各部门宣传，大力弘扬胡锦涛同志在中纪委第七次全体会议上提出的“八个好作风”、践行社会主义荣辱观、贯彻落实党的十七大和特区第九次党代会精神的经验做法。与人事局、纪委、六盘水日报社联合成立考试领导小组。通过公开招考录用3名综合素质较高的《六盘水日报》驻六枝记者站记者。六枝特区通信员在六盘水日报发表新闻稿件855篇；在《贵州日报》上发表20篇；特区有线电视台共完成播出《平安六枝》专栏48期1258条、《六枝三农》96期280条、《卫生与健康》48期245条、《整脏治乱曝光台》132条、《六枝新闻》77期1206条。完成《长角苗服饰文化》《六枝公安局三基建设保平安》《基本农田建设——农民致富的希望》等8部电视专题宣传。选送梭戛长角苗“三眼箫”参加“2007CCTV民族器乐电视大赛”现场展演，获优秀奖。春节期间举办以“夜郎文化”为主题的2007“六枝—自贡”国际恐龙灯会。创星级文明户5600多户，省级文明单位和文明村镇7个，市级文明单位和文明村镇21个，特区级文明单位和文明村镇89个，并连续3年荣获全省“卫生与秩序”创建活动先进单位。建好2个“农民文化家园”，建成农村精神文明活动中心14个。配置农村电影放映“2131”工程专用车。

2008年，充分利用电视、广播、网络等载体，宣传全区学习贯彻党的十七大精神。组织全区通信员向各级媒体投稿997篇。每季度召开一次新闻联席会议，征求四大班子、纪委、组织等部门对新闻工作的意见。配合日本亚洲传媒公司到新华乡拍摄长角苗纪实片。陪同《香港大公报》《西部开发报》《劳动时报》《当代贵州》等媒体在六枝采访。

2009年，组织召开“两个会议”，认真分析解决新闻宣传工作中存在的问题。围绕社会主义新农村建设、学习实践科学发展观，特区重大项目建设、学习宣传贯彻十七届四中全会精神主题，及时分别组织召开了全区第一、二、三、四季度思想政治工作联系会议，加强与乡（镇）的联系。《人民日报》《贵州日报》《六盘水日报》等主流媒体共发宣传报道六枝的新闻稿件1086篇。对获得2007年和2008年新闻奖的通信员兑现了奖金。

2010年6月，围绕“机构改革与思想政治工作”主题，组织召开全区上半年思想政治工作联系会议。12月，围绕“总结十一五，谋划十二五”主题，组织召开全区下半年思想政治工作联系会议。圆满完成贵州省第三届“听多彩之声，说魅力贵州·中国凉都行”全国50家广播电台著名主持人到六枝采访任务。陪同中央电视台《经济半小时》栏目组到新场乡拍摄抗旱救灾专题片。

2011年，制定了《六枝特区新闻战线广泛深入开展“走基层、转作风、改文风”活动实施方案》（六特宣发〔2011〕5号）。邀请《贵州日报》《六盘水日报》到六枝就“十二五”六枝的宏伟蓝图和“十二五”期间所取得的辉煌成就进行宣传报道。与《大公报》合作，专版《六枝特区厚积薄发 打造工业发展新高地》对六枝的招商形势、地理优势、产业结构、执政理念等方面进行宣传报道。邀请中央电视台、贵州电视台对六枝的旅游文化产业、三线建设精神和本地企业家“新干线”进行了专题采访报道，制作长达10分钟的《夜郎寻梦 神秘牂牁》专题宣传报道片。举办“发现——原始牂牁江”系列活动，并在贵阳举行六枝特区“发现——原始牂牁江”系列活动新闻发布会。制定下发了《六枝特区新闻发言人和新闻发布制度》《六枝特区重大突发事件公共事件新闻报道应急办法》《关于改进会议和领导同志活动新闻报道的意见》和《六枝特区新闻报道奖励办法》。建立特区新闻发言人和新闻联络员队伍共103名。

2009—2011年，按照中宣部、省市宣传部门的安排，结合六枝实际，特区宣传部将庆祝新中国成立 60 周年活动纳入 2009 年下半年宣传思想文化工作的重要内容，围绕庆祝新中国成立 60 周年，在全区广泛开展以“热爱伟大祖国，建设美好六枝”为主题的群众性爱国主义教育系列活动。加强宣传文化系统班子建设，加强对重要岗位、重要舆论阵地主要领导干部的管理。加强宣传支部建设，充分发挥共产党员的先锋模范作用。举办全区性的“中天城设杯”2011“多彩贵州”歌唱大赛六枝赛区选拔赛。开展庆祝建党 90 周年系列活动。

四、舆情引导

1999 年，对“三迎三颂”进行的舆论导向。组织新闻单位对邪教“法轮功”参与者的解脱和思想教育转化进行报道，以大量的事实和证据揭批邪教“法轮功”的伪科学和反人类性，充分发挥了新闻宣传的舆论导向作用。2007 年，建立健全舆情信息报送网络机制，出台舆情信息及调研工作奖励办法，加大奖励力度，及时向市委宣传部上报舆情信息 38 期。围绕特区党委、政府的中心工作、重点项目、重点工程进展情况及新农村建设的措施、经验、成效进行重点报道。2008 年，进一步建立健全舆情信息报送网络机制，加大了奖励力度。向市委宣传部上报舆情信息 49 篇，采用 13 篇。围绕党的基层组织建设年、“整脏治乱”、禁毒、严打“两抢一盗·平安创建活动”等主题，通过报纸、有线电视台、广播电台等为六枝发展创建良好的舆论环境。2009 年，制定下发《舆情信息报送管理办法》，明确社会舆情信息工作原则，报送内容、方式及要求等。并对舆情信息报道任务进行了分解，明确平寨镇、木岗镇、牛场乡为市级舆情信息直报单位。宣传部向市委宣传部报送舆情信息 41 篇，采用 11 篇，省委宣传部采用 2 篇。

2010 年，制定下发《舆情信息暨调研工作意见》，明确舆情信息工作的指导思想、工作重点。确定平寨镇、木岗镇、牛场乡、新干线、银壶社区为市级舆情信息直报单位。向市委宣传部报送舆情信息 47 篇。2011 年，按照市委宣传部安排，下发《六枝特区加强舆论监督工作的实施意见》。报送舆情信息 83 篇。

第七节　统战工作

1978 年，中共十一届三中全会召开，统一战线工作部成立。广泛开展新时期统战方针政策的宣传教育，认真落实知识分子政策、侨务政策、宗教政策和原国民党起义、投诚人员政策。平反纠正“文化大革命”时期统战工作中造成的冤假错案。对原国民党起义、投诚人员，经调查认定后，发给起义、投诚证明书。按有关政策，对 14 名无生活来源的起义、投诚人员发给生活补助费。认真做好党外人士的安排，充分发挥他们的作用。人大、政协委员会吸收党外人士参政议政，选入人大、政协领导集体。统战工作由宣传部明确一名同志具体负责。

1980—2000 年，六枝特区统战部主要开展新时期统战方针政策的宣传，配合有关部门认真落实民主党派、知识分子、非公有制经济、民族、宗教、对台、侨务、原工商业者、原国民党军政起义、投诚人员等统一战线各个方面的政策，对各方面的统战对象进行摸底，复查平反“文化大革命”时期造成的大量冤假错案。为在“文化大革命”中受打击、迫害或诬陷的民主人士、知识分子等恢复名誉。为 1957 年被错划为右派分子的人平反，其家属、子女受株连的也得到妥善安置。

2000—2011 年，中共六枝特区委员会认真贯彻落实中央文件精神，先后出台《中共六枝特区委员会关于加强统一战线工作的意见》《中共六枝特区委员会关于加强人民政协工作的实施意见》《中共六枝特区委员会关于巩固和壮大新世纪新阶段统一战线的实施意见》等文件。将统战工作纳入重要议事日程、纳入宣传工作计划、纳入党校培训内容、纳入乡镇工作目标考核。建立党委领导定期研究统战工作、走访联系统战对象、与党外人士协商、通报、座谈等相关工作制度，每年定期召开全区统战工作会议，建立健全各界统战代表人士档案资料。特区党委、人大、政府、政协明确了分管和联系统战工作的领导。全区 19 个乡（镇）明确分管统战工作的领导和统战业务人员，建立特区、乡（镇）村（社区）三级统战工作网络和相关工作制度。基层统战工作有人管、有人抓。2009 年出台《特区人民政府有关部门与各民主党派、工商联对口联系制度的通知》和《关于进一步做好聘请民主党派成员无党派人士担任特约人员工作的意见（试行）》统战工作逐步得到各级各部门的重视、关心和支持，全区大统战意识逐步增强，统战工作上了一个新台阶。

一、组织机构

1980 年 10 月统战部成立，编制 3 名。1988 年扩编为 8 名。1993 年机构改革，统战部与对台办合并，定编 6 名，领导职数一正一副，内设机构办公室。1998 年机构改革，统战部定编 5 名，领导职数一正一副，内设办公室。2002 年 6 月机构改革，统战部定编 6 人，领导职数一正二副，内设办公室、业务股。

二、党外干部和知识分子工作

1978—1999 年，主要抓“右派”知识分子政策的落实，对错划为“右派”的知识分子进行复查改正，对党外知识分子做好安排使用。解决他们的政治待遇、工资福利和技术职称等问题。对非党高、中级知识分子和局级以上非党干部进行摸底造册，建立党外人才卡片。推荐优秀党外干部和党外知识分子担任领导职务或担任各级人大代表和政协委员，充分发挥他们的参政议政和民主监督作用。

2000—2005 年，先后出台《中共六枝特区委员会关于加强统一战线工作的意见》《中共六枝特区委员会关于做好培养选拔党外干部工作的实施意见》。做好有代表性、有影响的党外知识分子工作。反映情况、掌握政策、协调关系、举荐人才。建立特区党委常委与党外人士的交友联谊制度和特区党政领导联系专家制度。特区统战部对全区大专以上文化或中级以上职称的党外知识分子、担任副股级以上实职的党外干部进行了普查登记。形成制度，常登常统，建立党外知识分子名册和党外后备干部队伍名单，形成人才库。加强对党外干部和党外知识分子的培养、选拔、推荐。一批政治素质好，业务能力强的党外干部走上了领导岗位。一批具有较强参政议政能力的党外人士被推荐担任各级人大代表和政协委员。

2005—2011 年，特区统战部与特区组织部共同举办一期党外后备干部培训班，培训党外干部 50 人。召开全区统战工作会议。制定出台《中共六枝特区委员会关于进一步巩固和壮大新世纪新阶段统一战线的实施意见》，加大对党外干部的培养选拔力度，加强了与党外知识分子的培养、联系和教育。在全区组织开展无党派人士主题教育活动，召开党外干部及党外人士座谈会。通过多种渠道组织无党派人士开展学习培训、调查研究，围绕特区党委政府的工作提出意见建议。特区统战部、特区组织部、特区党校共同举办了一期党外干部培训班，培训优秀党外干部38人。作为副科级后备干部向组织推荐。

截至2011年12月，特区政府5个工作部门和6个事业单位领导班子中配备了党外干部，12个乡（镇）政府领导班子中配备了党外副乡镇长。全区担任副科级以上职务的党外干部已达53人，其中，副县级5人、正科级3人、副科级45人；有90名党外人士担任特区十一届人大代表，142名党外人士担任特区政协八届委员。

三、民族宗教工作

1978—1980年12月，接省委统战部省统〔1978〕30号文件，对特区境内天主教、基督教、佛教、道教和伊斯兰教的分布情况进行调查。对现有神职人员和教徒人数，宗教的正式活动场所进行摸底调查。

1981年3月，到岩脚镇白鸡坡、民乐、阿岔等地对基督教活动场所走访，了解有关情况。撰写《关于对基督教活动的调查报告》，对六枝特区境内基督教的分布情况，现有神职人员和教徒人数，宗教的正式活动场所情况进行统计上报。是年11月，成立六枝特区民族识别工作组。从各区（镇）抽调有关人员分三个片区对境内民族进行调查识别，郎岱负责调查里民人，中寨片负责调查湖广（喇叭）人，新场片负责调查蔡家、穿青人。

1982年12月18日，特区政府宗教事务科组织召开第一次基督教代表座谈会，会议向参会代表人士宣传党的方针政策，安排有关工作。

1983年9月，根据六府〔1983〕72号文件精神，取缔六枝大屯观音阁等寺庙。

1984年4月，根据上级批准建立中寨、四方井、双夕、长寨、鲁戛、洒志、陇脚 、毛口、索考、坝湾、代家包、高石坎、上官、乌柳、梭戛、牛坡、箐口等17个民族乡。4月，特区公安局、特区民族事务委员会联合行文，要求特区各有关单位、各派出所认真贯彻党的民族政策，做好民族成分填报工作。

1988年12月17日，六枝特区基督教“三自”爱国委员会成立。

1990年，全区有佛教、天主教、基督教、伊斯兰教等四种宗教，共有教徒3800余人，宗教活动场所40多处。9月，统战部组织宗教界人士认真学习中办发〔1989〕3号、省办发〔1989〕38号和市办通字〔1990〕1号文件精神，对广大信教群众进行以坚持四项基本原则为核心的爱国主义教育。制定相应执行意见：协助爱国宗教团体建立健全教务管理制度、培训教务管理人员，加强对宗教宣传品和宗教经典销售工作的管理，引导和鼓励宗教界人士、广大教徒群众为改革开放服务、为社会主义两个文明建设服务。党委政府应按照上级要求加强对宗教工作的领导，明确1名副书记、1名副区长分管民族宗教工作。11月，分两次召开堂点基督教负责人会议和特区基督教“三自”委员会扩大会，明确遵守国家法律法规，依法开展宗教活动的方向。

1991年9月，撤区并乡建镇，成立落别、折溪、陇脚、中寨、毛口、洒志、箐口、梭戛、牛场9个民族乡，民族乡政府的主要领导人多数由少数民族干部担任。12月，六枝特区统战部出台“八五”工作规划，明确部署民族宗教工作：配合民委，宗教科，公安局对全区民族、宗教活动点重点调查，随时掌握新情况，注意新动向。充分发挥民族上层人士和爱国宗教团体的作用。依法加强宗教活动场所的管理，保障正常的宗教活动，制止打击非法宗教活动。加强有关职能部门的协调工作。做好选拔、培养少数民族干部的工作。

2000 年 1 月，新场乡懒龙桥基督教堂卢国富、雷天荣等 8 名信教群众上访省民宗局等部门，反映乡干部打砸教会大门，打伤教会负责人陶荣辉一事。经特区党委、政府及特区统战部、民宗局有关部门协调后，作出处理：由打坏教堂大门及与陶荣辉发生撕扯的 2 名乡干部向陶荣辉当面道歉；新场乡政府出资 300 元为教会修复大门；解决陶荣辉医药费 440 元，补助费 500 元。

2002 年，特区党委政府联合行文，成立特区民族宗教工作协调领导小组，领导小组下设办公室于统战部，牵头协调全区的民族宗教工作。

四、经济统战工作

1991 年 7 月，中共中央批转中央统战部《关于工商联若干问题的请示》。明确统战部领导工商联党组，指导工商联的业务工作。工商联作为党领导下的以统战性为主，兼有经济性、民间性的人民团体，可以配合党和政府承担这方面的任务，成为党和政府联系非公有制经济的桥梁。根据中央、省、市的有关文件精神，六枝特区统战部主要协调工商联加强对私营企业、个体工商户以非公有制经济人士为主的新社会阶层人士的工作。向他们宣传党的方针、政策，进行爱国、敬业、诚信、守法、贡献的教育。维护他们的合法权益，反映他们的正确意见。全面贯彻党对非公有制经济代表人士团结、帮助、引导、教育的方针，做好非公有制经济代表人士的思想政治工作。在他们中逐渐培养起一支坚决拥护党的领导的积极分子队伍，条件成熟的向特区党委政府推荐，作出实职安排和政治安排。

1991 年 12 月，六枝特区统战部出台“八五”工作规划，对经济统战工作做出明确部署：树立经济统战观念，努力调动经济领域的统战对象在做好本职工作的同时积极参加社会经济活动。支持工商联工作，做好工商联现有成员中非公有制经济代表人士思想、政治工作，贯彻落实中央〔1991〕15 号文件，做好工商联换届工作，继续主动参与智力支边和咨询服务工作。

1992 年 6 月，指导帮助工商联召开第二次代表大会，选举产生第二届领导班子。

1999 年 10 月，统战部协商推荐了六盘水市第一届光彩事业促进会理事人员名单。六枝特区统战部、工商联的负责人，非公有制经济代表人士 6 名被推荐为候选人员。11 月，民盟六枝支部 1 名成员被推荐为民主行风评议代表。

2000 年 6 月，统战部结合“西部大开发，六枝怎么办？”讨论活动，召开非公有制经济人士座谈会，出台为个体经营户服务的举措书。提出三条建议：建议政府明确非公有制经济的主管部门；建议政府出台保护非公有制经济的文件；建议设立六枝特区非公有制经济投诉中心。8 月，对特区境内 71 名原工商业者生活情况进行调查登记。

2001 年 8 月，统战部指导工商联召开第四届代表大会；2006 年 8 月，召开第五届代表大会，分别选举产生新一届领导班子。

2008 年，统战部牵头组织 18 家单位对境内 27 名非公有制经济代表人士思想政治素质、履行社会责任情况、企业发展与经营管理状况、个人修养及公众形象等方面进行综合评价。为今后非公有制经济人士的考察、评价和政治安排以及非公有制企业的信用、信誉、资质评定提供依据。

2011 年 10 月，统战部、工商联牵头启动“千家企业联村助村活动”。11 月，指导工商联召开第六届代表大会，选举产生新的领导班子。

五、对台工作和侨务工作

（一）对台工作

1. 机构设置

1980年10月，特区统战部成立，对台工作归口统战部。12月，特区党委成立特区对台工作领导小组。1982年3月，特区党委调整、充实特区对台工作领导小组，设对台工作办公室在统战部。工作人员由武装部、宣传部、统战部、公安局各抽1人组成。1988年1月，特区党委对特区对台工作领导小组再次进行调整和补充。1989年，设立“六枝特区人民政府台湾事务办公室”。在六枝特区党委对台工作办公室加挂“六枝特区人民政府台湾事务办公室”牌子，一个机构，两块牌子，属党委编制，正局级行政单位，编制3人。1993年8月机构改革，六枝特区台办与六枝特区统战部合并为一个单位，一套机构，两块牌子，在特区统战部加挂“六枝特区党委台湾工作办公室、六枝特区人民政府台湾事务办公室”两块牌子，特区台办主任由特区统战部一名副部长兼任。

2. 主要工作

中共十一届三中全会召开后，对台工作得到了恢复和发展，对台工作主要抓台胞台属的政策落实。配合有关部门复查在“文化大革命”和“四清运动”（清思想、清政治、清组织、清经济）中，因有台湾关系而被判刑、下放和未得安排工作的台属案件。根据党的政策进行纠正、平反，落实相关待遇。对六枝特区去台人员和去台人员留在大陆的亲属进行普查登记，帮助台胞寻找大陆亲人，做好台胞来大陆探亲的接待工作。为台胞探亲途中搞好协调服务，排忧解难，热情接送。向台胞介绍家乡的发展变化、建设成就及党的富民政策，使台胞高兴而来，满意而归。为台胞办理婚姻公证、定居、探亲延期等相关事宜。走访台属，帮助台属排忧解难，教育他们不向在台亲人索要钱、物，要“自尊、自强、自富”，搞好生产，发展经济，提高生活水平。

进入新世纪新阶段，对台工作认真贯彻“和平统一、一国两制”的基本方针和江泽民关于推进祖国和平统一进程的八项主张及胡锦涛总书记关于新形势下发展两岸关系的四点意见。对建国前随国民党去台、建国后因婚姻或其他原因去台的人员进行普查登记，摸清底数，掌握情况。接待、走访回乡探亲台胞，宣传党的对台政策及家乡的发展。走访定居台胞和台属，看望、慰问他们，关心他们的生产生活，为他们解决实际困难。鼓励他们多与在台亲人沟通联系，多做在台亲人的工作。向在台亲人宣传祖国大陆的好政策，多渠道联络感情，增进共识，促进两岸人员的交流交往和经贸往来，共同推进祖国统一。

（二）侨务与港澳工作

1. 机构设置。1978年中共十一届三中全会召开后，侨务工作主要抓党的侨务政策的落实。对归侨、侨眷进行摸底，掌握情况，对“文化大革命”中错划错判归侨侨眷的冤假错案进行复查落实、平反纠正。广泛宣传党的侨务政策，增强了归侨侨眷对祖国的向心力。使他们更加热爱祖国，在各自岗位上努力工作，为祖国作贡献。

1990年10月，特区人民政府成立“六枝特区侨务办公室”，与特区人民政府台湾事务办公室合署办公，一套人员，两块牌子。1993年8月，因机构改革，特区侨务办划归特区政府办，由外事办兼管。1994 年 8 月，特区外事旅游局成立后，侨务工作职能划归外事旅游局。2003 年，机构职能调整，又将侨务工作职能划归特区政府办。

进入新世纪，侨务工作范围进一步拓宽。发展到归侨侨眷、出国和归国留守人员等。主要工作是对归侨、侨眷、出国和归国留守人员进行普查登记。广泛联系他们中的代表人士，走访慰问，关心他们，组织他们参加座谈会。向他们宣传党的政策及各项社会事业的发展，引导和鼓励他们为特区经济社会发展贡献力量。

2. 主要工作。1978 年至 90 年代，主要抓好原工商业者、原国民党军政的起义、投诚人员、黄埔同学的政策落实工作。通过调查取证、核实，为“文化大革命”中造成的冤假错案进行了平反纠正，为他们恢复工作和名誉，颁发相关证件。

进入新世纪新阶段，对原工商业者及遗孀、起义、投诚人员及眷属、黄埔同学进行走访看望慰问。关心他们的生活情况及身体状况，为他们送去党委政府的关怀和温暖，让他们发挥余热，为祖国作贡献。2008 年，境内有黄埔同学 3 名，未安排工作的起义、投诚人员 5 名。2011 年，有黄埔同学 2 名，未安排工作的起义投诚人员 3 名。

第八节　党校教育

一、组织机构

1976 年 4 月，经特区党委批准，成立中国共产党六枝特区委员会党校。1989 年，六特编〔1989〕29 号文件，定编 42 人，为特区培训领导干部和进行理论研究的直属事业单位。既是六枝特区培训、轮训党的各级干部的学校，又是党委的重要工作部门。2007 年 5 月 23 日经省委党校和行政学院批准，成立中共贵州省委党校、贵州省行政学院管理学院六枝站，负责全区领导干部的培训工作。

1983 年，中央下发《关于实现党校教育正规化的决定》，正式明确党校为中专（大专）体制的学校。党校的人事和工资实行分类管理：对行政管理和党务工作干部实行公务员制度和公务员工资序列；对专业教研人员实行专业技术职务制度和相应的工资序列。从 1986 年起，历任校长均由特区党委副书记或组织部部长兼任。1995 年 9 月，中央颁发《中国共产党党校工作暂行条例》，党校实行党委委员会领导体制，特区党委任命 3 名校委委员，日常工作由校党委书记、常务副校长主持。

2011 年，校园占地面积 13.29 亩，校舍建筑面积 4336.12 平方米，可容纳 200 名学员上课。有教职工 32 人，获得讲师资格的有 13 人、获得副教授以上资格有 10 人。

二、教学教育

1981 年 3 月—1982 年 2 月，举办一期全区统一招考的边远山区公社补充干部培训班，培训干部 36 人。1984 年 3—7 月，举办一期特区民委和特区人事局统一招考的少数民族干部培训班，培训少数民族干部 25 人。这两批干部为六枝特区乡（镇）充实干部队伍，解决乡镇干部短缺的问题。

1993 年起，党校教学转向以正规化培训为主的正规化教育。从 1993—2008 年，开办贵州省委党校函授学历教育（2004—2006年开办一届中央党校函授学历教育）。2008年以后，党校停止举办函授学历教育，将工作重心全部放到干部教育培训上，并开始进行教育教学改革，从2011年开始，党校重新建立学员食堂和宿舍，采用封闭式干部教育培训模式。

1993—1995年，与省电大联合举办电视中专班，学员236人。招收省委党校函授专科班，学员927人。与贵州民族学院联合开办少数民族行政管理大专班，共有学员274名。

1996—2000年，招收省委党校函授本科、专科学员1116人。举办了一期100人参加的村支书、乡（镇）党员干部培训班。举办一期特区副科级以上领导干部集中培训班，机关副科级以上干部和乡镇党委书记共270人参加培训。

2001—2005年，招收省委党校函授本科、专科学员783人。2002年，举办六枝特区领导干部学习十六大精神培训班，聘请省委党校7位专家为新提拔的76名科级领导干部讲课。2003年，举办一期副科级干部培训班，培训干部80名。2004年，招收中央党校函授法律本科学员40名。举办各类干部培训班，共培训乡（镇）机关、村干部526名。2005年，举办一期非党科级后备干部培训班，培训干部50名。举办一期副科级干部培训班，培训干部40名。举办一期100人参加的《信访条例》短训班。举办一期25人参加的纪检监察干部培训班。

2006—2010年，招收省委党校函授本科、专科学员481人。2006年，5月16日—6月4日，举办一期为期一个月的副科级干部培训班，培训干部40名；9月，举办两期副科级干部短训班，培训副科级干部56人；11月，举办一期副科级后备干部培训班，培训副科级后备干部39名。

2007年，开办经济管理专业函授研究生班，共有32人就读。11月，举办一期特区副科级后备干部培训班，培训副科级后备干部40人。

2008年4月，举办一期副科级后备干部培训班，培训副科级后备干部40名。举办一期妇妇干部培训班，培训基层妇女干部45名。5月，举办一期正科级干部培训班，培训干部33名。

2009年，举办一期副科级后备干部培训班，培训副科级后备干部44名；举办一期科级干部培训班，培训人员42名；举办一期基层团干部培训班，培训人员48名。

2010年6月，举办一期副科级后备干部培训班，培训副科级干部40名；10月，举办一期科级干部培训班，培训科级干部33人。

2011年7月，举办一期副科级后备干部培训班，培训副科级后备干部及省委组织部选调生30名；8月，举办一期区直机关选派到村任职干部培训班，培训选派干部100名。举办一期副科级干部培训班，培训干部38名。9月，举办一期党外后备干部培训班。培训干部38名。

第九节　信访工作

一、组织机构

1987年1月，党委办公室信访科和政府办公室工农关系科合并成立中共六枝特区委员会、六枝特区人民政府信访办公室，定行政编制7人，单位组织关系隶属特区党委办公室，无内设机构。

1993年8月，撤销特区信访办公室，分设特区党委办公室信访股、政府办公室信访股。

1994年7月，重新成立中共六枝特区委员会、六枝特区人民政府信访办公室，定行政编制4人。

2002 年 6 月，按照机构改革的要求，经中共六枝特区委、六枝特区人民政府批准，中共六枝特区委员会、六枝特区人民政府信访办公室属正科级建制，定行政编制 4 人，内设机构综合股。单位党务和行政后勤由党委办公室统一管理。

2005 年 2 月，改“中共六枝特区委员会、六枝特区人民政府信访办公室”为“六枝特区信访局”，定行政编制 4 人，事业编制 1 人。内设机构除综合股外，增设“六枝特区信访预测中心”（事业机构）。同年 8 月，经特区机构编制委员会同意，在“六枝特区信访预测中心”加挂“六枝特区信访投诉受理中心”牌子，并增加事业编制 1 人。

二、信访工作接待与办理

2006 年，特区党委书记、区长、副书记、副区长等领导开始参加特区党政领导工作日接待群众来访，主要领导和分管信访工作的领导开始率先垂范，带头阅批群众来信和接待群众来访，并对重大信访问题亲自接待上访群众、坚持靠前指挥，疏导群众、协调处理。特区党委、政府领导共阅批群众来信 15 件，接待来访 61（人）次，亲自协调处理重大信访问题 23 件，共召开三次党委常委会议、区长办公会议，六次政府专题会议，对重大疑难信访问题进行妥善处理。区信访局全年共接待群众来访 384 批（次）1245（人）次，其中集体访 65 批（次）693（人）次，重复访 81 批（次）408（人）次。共受理群众来信 133 件，其中市转信 108 件，直接来信 25 件。共排查出信访热点难点问题 49 件。共办理上级业务部门排查交办的信访突出问题 3 件，办结 3 件，办结率达 100%；本级排查出来的信访突出问题 3 件，办结 3 件，办结率达 100%；办理市信访部门立案交办、转办信访事项 13 件，办结 13 件，办结率为 100%；办理省长电子信箱 3 件，办结 3 件，办结率 100%；办理市信访局《群众到市上访情况通报》11 期 35 件，办结 35 件，办结率 100%；特区领导批办 15 件，办结 15 件，办结率 100%；特区信访局自立信访事项 254 件，办结 254 件，办结率为 100%。

2007 年，特区信访局共接待群众来访 141 批 875（人）次，与上年同期 354 批 1174（人）次相比，分别下降 60% 和 26%。来访中集体访 39 批 684（人）次，与上年同期 62 批 665（人）次相比，批次下降 37%、（人）次上升 3%。重复访 12 批 84（人）次，重访率分别为 9% 和 10%，与上年同期 74 批 374（人）次相比，分别下降 84% 和 78%。共受理群众来信 20 件，与上年同比上升 5%。到市上访 58 批 147（人）次，与上年同期 43 批 127（人）次相比分别上升 35% 和 16%。其中集体访 9 批 52（人）次，与上年同期 7 批 71（人）次相比批次上升 29%、（人）次下降 27%；重复到市上访 23 批 62（人）次，重访率分别为 40% 和 42%。进京上访群众 12 人 30 批次 33（人）次，其中进京非正常上访 8 人 28 批次 28（人）次；岩脚镇盲人赵德敏 3 人 1 批次 3（人）次进京上访；堕却乡西克村杨朝科 1 人 1 批次 1（人）次。无集体进京上访。到现场接回上访人的有原六枝矿务局一次性安置人员及所属集体企业人员共 4 批次 200 余（人）次；六盘水煤机厂集体企业人员 2 批次 50 余（人）次。

2008 年，群众信访总量为 1826 件（人）次，与上年同期 965 件（人）次相比，上升了 89%。其中，群众直接来信 12 件，与上年同期 14 件相比下降 14%；群众来访 406 批次 1814（人）次，与上年同期 170 批次 951（人）次相比，批次和（人）次分别上升 139% 和 91%，群众集体访 92 批次 1278(人)次，与上年同期 39 批次 784(人)次相比，批次和(人)次分别上升 136% 和 63%。在当年的“大接访”活动中，对排查出的73件突出信访问题，以六特办通字〔2008〕81、124号和六特信联办发〔2008〕13、16号文件落实领导包案和进行责任分解，同时加强督查督办，其中特区领导包案35件。73件中已化解和息访的有37件，占51%；已稳控和正在化解的有29件，占39%；无政策依据需要稳控的有7件，占10%。北京奥运会期间，对可能到市赴省进京上访人员，各涉及责任单位均明确专人负责，普遍采取“人盯人”的稳控措施，做到人员、经费、措施“三落实”，确保“视线不离人、人不离视线、人员不失控”。向六枝火车站提供相关人员名单，协调对进京列车实行实名购票，六枝火车站对名单所列重点人员进京不予售票等等。特区“县委书记大接访”办公室切实加强值班和信息收集，对各乡（镇）各部门严格实行一日一报制度，及时掌握重点上访人员的动向，并采取必要的措施进行稳控。

2009年，特区党政领导共接待来访群众30批次167（人）次，群众来访事项均得到妥善处理。对原六枝矿务局一次性安置人员33人在全国“两会”期间（2月26日—3月18日）进京上访的情况，组织有关单位的40余名同志赶赴北京及时对非正常上访人员进行劝返接回。特区公安部门对违法上访行为的2名一次性安置人员依法处以行政拘留10天的处罚。

2010年，群众到区信访1624件（人）次，与上年1551件（人）次相比上升4.7%。其中办理群众来信27件，比上年同期上升12.5%；接待群众来访1597（人）次，与上年同期相比上升4.6%；集体访1263（人）次，同比上升了26.4%。重复访446（人）次，重访率为27.9%，同比重访率上升7个百分点。群众进京非正常上访19（人）次，赴省集访133（人）次，到市集访445（人）次，党政领导接待群众来访19批次365（人）次，协调处理信访事项32件。特区信访局交办信访事项60件，办结57件，市排查分解给六枝特区的9个信访案件现已办结5件，六枝特区排查出来的31个重点突出矛盾纠纷和重复到市赴省进京信访问题得到了有效稳控。其中行政拘留1人，依法告诫非正常上访人员17人，对新窑乡6人进京非正常上访情况进行通报批评。

2011年在省、市信访部门的安排下，救济信访困难群众4（人）次，涉及金额16.2万元。

第十节　编制管理

1980年10月14日，成立六枝特区编制委员会，下设办公室，编制定员暂定一人，与特区人事局合署办公。

1993年，六枝特区党政机构改革，机构编制委员会办公室挂靠人事劳动局，定编3名。

2001年3月10日，成立六枝特区事业单位登记管理局，与特区编委办公室合署办公，为特区财政全额拨款副科级事业机构，核定事业编制3名（可参照过渡国家公务员），定领导职数1名。

2002年，六枝特区党政机构改革，机构编制委员会办公室单独设置，列入党委机构系列，内设行政机构编制管理股、事业机构编制管理股，定行政编制4名，工勤人员编制1名，定主任职数1名、副主任职数1名，定正副股长职数2名。

2005年6月，理顺六枝特区事业单位登记管理局工作体制。理顺后为六枝特区机构编制委员会办公室下设的副科级行政机构，是法定的事业单位登记管理机关，负责全区事业单位登记管理工作。六枝特区事业单位登记管理局核定编制5名（在原有3名编制的基础上增加2名编制）。定局长职数1名，内设综合股，定股长职数1名，所有人员列入参照试行国家公务员制度范围。

2011年9月10日，成立“六枝特区机构编制信息域名管理中心”，为特区财政全额预算管理的副科级事业单位，隶属于六枝特区机构编制委员会办公室，核定事业编制 4 名。

一、编制管理

1980 年 10 月，特区机构编制委员会办公室成立后，对全区机构编制实行统一管理。

（一）机构编制管理有关工作程序

1. 机构、编制审批程序。部门提出申请—编委办审查、调研、拟定初步意见—提交编委会研究—编委办以编委名义行文。

2. 人员调动及领导职数配备程序。人员调动：申请人提出申请—调出单位意见—调入单位意见—编委办按调入单位空编情况和人员结构进行审核—组织、人事部门研究后行文调动。

领导职数配备：编委办审查需配备领导的部门（单位）领导职数及在职领导情况—特区党委（政府）研究—行文。

（二）机构编制管理的主要手段和方法

1. 主要领导审批制度。机构编制管理实行主要领导审批制度，由编委统一管理本辖区的机构编制工作，重要事项报特区党委、政府和市编委决定；凡属机构编制事宜，编制部门一家承办，由编委主要领导审批，编制部门一家行文。需经党委、政府批准的，由编委会议审议后，报特区党委政府决定；重大机构编制问题未经编办、编委研究，特区党委政府不得将其列入会议议题；凡涉及职能调整、机构、编制和领导职数的增减，严格按照审批程序，报经机构编制委员会办公室审核后，提交机构编制委员会或党委、政府审批。由编委主任签发，未按规定程序进行的，一律无效。凡未按审批程序经机构编制部门审核的事宜，财政部门不得拨付经费，组织、人事部门不得调配人员。各级各部门及其领导干部不得对未经编办、编委和党委、政府研究同意的有关增设机构、机构升格、增加编制的问题作指示，提要求。下发涉及机构编制事项的文件时，承办部门应先征求机构编制部门的意见，除机构编制工作部门外，上级业务部门不得以任何形式干预下级的职能配置、机构设置、编制和领导职数的核定，不得对下级的机构编制作出规定。部门下发文件和召开会议擅自作出涉及机构编制事项的规定一律无效，禁止业务部门把机构编制列入检查达标内容或作为评先进，“给钱给物”的条件。

2003 年 9 月 17 日，经六枝特区机构编制委员会办公室拟文上报特区党委政府批准以六特办通字〔2003〕116 号《中共六枝特区委办公室、六村特区人民政府办公室转发〈中共贵州省委办公厅贵州省人民政府办公厅关于进一步加强机构编制管理工作的意见〉的通知》，对机构编制管理主要领导审批制度进一步作出了明确规定。

2. “机构编制管理证”制度。“机构编制管理证”是机关、事业单位机构名称、机构性质、机构规格、内设机构、人员编制、人员结构、经费来源、领导职数、实有人数、单位代码等内容的法定凭证。各有关部门应严格按照“机构编制管理证”所载事项办理相关业务，财政部门依照“机构编制管理证”所核定的编制核拨经费。超编单位按照编制部门核定的注册人数核定；满编单位按照编制核定；空编单位按实有人数核定；新增人员和超编人员未经编制管理部门审批、注册的，不予核拨经费；组织人事部门依照“机构编制管理证”评定职称、配备领导干部；新增人员、超编人员未经编制管理部门审批、注册的，不予审批工资和办理相关手续；社会保险、房管等部门要依照“机构编制管理证”核定各项社会保险，办理住房补贴和住房公积金事宜；新增人员未经编制管理部门审批、注册的，不予办理社保手续、住房补贴和住房公积金事宜；技术监督部门凭“机构编制管理证”发放组织机构代码证书；编办负责“机构编制管理证”的统一管理，其他任何单位、个人，都不得随意涂改、伪造、私自填写“机构编制管理证”，编制部门凭借“机构编制管理证”检查各使用单位的机构编制执行情况。持证单位在证内所列内容有变动时，须在一个月内到编办办理注册变更手续，编办对“机构编制管理证”定期审核。各级机关、事业单位（全额拨款、差额补贴单位）分别于每年的6月底和12月底以前持证和相关手续到同级编办审核，自收自支单位于每年的12月31日之前持证和相关手续到同级编办审核。

1993年11月，六枝特区编委办公室开展“机构编制管理证”办证管理工作。1997年6月，根据中共中央办公厅、国务院办公厅《关于加强管理防止机构编制再度膨胀的通知》（中办发〔1997〕7号）精神，为加强机构编制管理，特区编委办对全区行政机关、事业单位的“机构编制管理证”进行了换证、办证核发工作。1999年10月，根据《六盘水市编委办关于〈机构编制管理证年审及换证〉的通知》精神，特区编委办实行“机构编制管理证”一年一审换证制度，对全区行政、事业单位“机构编制管理证”进行年审及换证。2003年，按照省、市编办要求，结合事业单位登记管理工作，特区编委办对全区行政、事业单位重新进行了换证及发证工作。

1997年8月，为有效控制特区机关、事业单位人员编制的增长，减轻财政开支负担，特区编委就全区行政机关、事业单位人事调动管理问题作了明文规定，实行《调动人员编制审批表》。凡特区党政机关、事业单位必须把进人严格控制在编制定员以内，调动人员需持“机构编制管理证”在特区编委办申请填报《调动人员编制审批表》，然后到有关部门办理调入手续。凡未领取《调动人员编制审批表》要求进人的，组织、人事劳动部门不办理调动录用手续，财政部门不核拨行政、事业经费。严格把好审核关。特区机关、事业单位要进人，必须先向编委写出增人计划的专题报告，报编制部门审核签署意见，下达进人指标后，方可按指标持“机构编制管理证”到组织人事部门共同选择选调人员，到特区编委办办理入编手续后才能办理落户，追加工资基金手续，做到先落编，后起薪。

3. 控编补员审批制度。（1）人员编制年度使用计划的申报。各乡镇、各部门、各事业单位申报人员编制使用计划的条件是：人员未满编的；人员虽已满编但当年有离退休、离岗退养及辞职辞退的；其他原因减员的。

各乡镇、各部门、各事业单位，每年11月30日前向特区编委办申领填报下一年度的《年度编制使用计划审批表》，业务主管部门统一管理编制、人事事项的事业单位，由业务主管部门统一申报。特区编委办结合“机构编制管理证”的年审和统计年报工作，依据乡镇、部门和事业单位编制空缺和人员结构情况，经过审核和综合平衡，于翌年1月底前将核准的人员编制使用计划数下达给有关乡镇、部门和事业单位、人员编制使用计划本年度使用不完的，可转入下年度使用。

（2）《申请使用编制审批表》的申办程序。《申请使用编制审批表》是机关和事业单位办理补员手续的首要凭证，各乡镇、各部门、各事业单位补充人员，应首先填报《申请使用编制审批表》；用编单位持编委办批准的《申请使用编制审批表》到组织、人事、教育、民政等部门办理调配、派遣、安置、招工、录用等补员手续；用编单位持《申请使用编制审批表》和“机构编制管理证”及有关补员证件到机构编制部门办理入编手续，入编人员记入“机构编制管理证”，对不按程序擅自补员的不予入编。未按以上程序擅自补员的乡镇、部门和单位，编制部门不予审批下一年度的人员编制使用计划，并停止办理其他有关机构编制事宜，有关部门不予核拨人员经费和公费医疗。

1997 年 12 月，为贯彻党的十五大关于“深化行政体制改革，实现国家机构组织、职能、编制、工作程序的法定化，严格控制机构膨胀，坚决裁减冗员”的精神，特区编委办转发了省编办《关于在全省各级机关和事业单位建立和实施控编补员审批制度的通知》文件。2006 年 3 月，为进一步严格机构编制管理，控制机构编制增加，巩固和发展改革成果，特区编委办以《关于加强机构编制管理有关事项的通知》，对“控编补员审批制度”的各项规定和程序作了进一步明确。

4. 机构编制督查机制。机构编制督查工作，是机构编制工作中的督促与监督检查，是做好机构编制工作的一项重要保证措施，在机构编制工作中具有非常重要的作用和地位。所谓督促，是指对党委、政府、上级业务部门和机构编制委员会确定的重要机构编制工作事项实行督办，督促检查其工作进展和办事效率。机构编制督查工作的对象，既包括机构编制工作的管理服务对象，也包括机构编制部门和配人、任人部门。督促检查的重点是：中央和省有关机构编制工作的方针、政策的贯彻落实情况；上级批准的重大改革方案的实施情况；机构限额、编制数额和领导职数配备的执行情况；超编制、违反规定进人的情况等。

2004 年 4 月，为加大对全区机构编制监督检查工作力度，切实巩固和发展机构改革成果，根据省编办《关于开展机构编制管理督促检查工作的通知》精神，特区编委办明确机构编制督查工作人员，负责全区机构编制督查工作。同年 2 月，特区编委办组织相关人员开展首次全区机构编制督查工作。这次督查工作的内容有：机构改革“三定”方案执行情况；乡镇事业站、所归并情况；单位内设机构、领导职数的配备情况；有无超编制违反规定进人情况；人员分流情况及措施；事业单位开展业务活动情况是否有随意增设机构、增挂牌子现象等，对现有事业单位机构设置有何好的建议和意见，怎样才能促进各类事业单位的发展。2004 年、2005 年、2006 年，特区编委办采取常规性审查与重大机构改革方案实施跟踪督查相结合，定期检查与不定期抽查分析相结合，年终统计与事业单位法人登记年检相结合等方式，每年对特区各单位的机构编制执行情况进行监督，及时发现问题，解决问题。

2008 年 5 月，根据《中央机构编制委员会办公室关于对各地控制乡镇机构编制和实有人员情况开展督促检查的通知》和省编办精神，特区编委办进一步加强对乡（镇）机构编制实名制管理进行督促检查。于 5 月 13 — 15 日，对乡（镇）贯彻落实中央编办精神的情况进行督查，指导乡（镇）完善机构编制实名制管理工作。

2009 年 3 月 16 日，根据《中共贵州省委办公厅贵州省人民政府办公厅关于进一步加强和完善机构编制管理严格控制机构编制的通知》和《关于实行机构编制实名制管理的通知》精神，为进一步改进和提高机构编制工作信息化和自动化管理水平，六枝特区编委办以《关于更换新“机构编制管理证”的通知》印发给特区各乡（镇）、区直机关、各事业单位，要求特区各乡（镇）、区直机关及事业单位更新机构编制管理信息库，及时到编委办将本单位的“机构编制管理证”换成电子打印式。明文规定今后各乡（镇）、区直机关各部门、各事业单位办理进出人员列编手续将使用微机管理，各乡（镇）、区直机关各部门、各事业单位必须在人员变动 15 日之内将相关数据报送特区编委办公室，及时办理进出人员列编手续。

自开展换证工作以来，六枝特区更换机构编制证共412本，其中：区直行政机关37本（含法院、检察院、司法局、公安局）、区直事业单位147本；乡（镇）机关7本、乡（镇）事业单位221本［含乡（镇）学校62本］。

5. 机构编制年报统计工作。机构编制统计，既是机构编制工作中一项重要业务，也是机构编制工作的基本方法和重要监督措施，在机构编制工作中具有重要的作用和地位。机构编制统计的基本特点是用数字语言来表述客观事实，是靠数字语言来提供决策和管理依据，其统计对象是：各级党政群机关和事业单位，统计内容主要有：党政群机关和事业单位的机构名称、内设机构、机构编制和实有人员情况、事业单位经费开支渠道及机构级别等。

自成立特区编委办以来，按照省、市编委办要求，特区编委办每年均对全区行政机关、事业单位开展编制年报统计汇总及上报工作。

（三）机构编制实名制管理工作

为贯彻落实省编委办关于加快推进全省机构编制实名制网络管理工作的要求，推进机构编制工作的网络化、规范化、制度化建设，进一步改进和提高六枝特区机构编制工作信息化和自动化管理水平。于2012年4月13日举办了机构编制实名制网络管理软件培训班，聘请软件公司的老师及市编委办的领导对全区各机关、单位140余名管理专干进行业务培训。及时开展“机构编制管理证”新证更换工作，完成机构编制网络实名制管理工作。

（四）机构编制管理的其他工作

1. 全区中小学教职工定编工作。为加强和规范六枝特区中小学编制管理及教职工队伍建设，提高教育教学质量和办学效益，促进教育体制改革和教育事业的发展，2002年9月—2003年2月，根据《省人民政府办公厅转发省编办省教育厅省财政厅贵州省中小学教职工编制标准实施意见的通知》精神，特区编委办经调研、统计、分析，下文核定，完成全区中小学教职工定编工作。这次核编工作，撤并乡（镇）以往过多、过散的村级小学、教学点，规范学校名称，对全区中小学进行新的布局调整。通过这次中小学布局调整，六枝特区共有中小学199所（其中：高中1所，初中31所，小学167所），共核定中、小学教职工编制4637名（其中：高中142名，初中1324名，小学3171名），在原编制3267名的基础上增加1370名。

2008年2月25日—4月25日，根据《六盘水市机构编制委员会办公室关于加强县、乡中小学编制管理的通知》精神，对六枝特区中、小学教职工编制重新进行清理、核定。此次重新核定中小学编制，六枝特区中、小学教职工编制累计4953名，比重新核编前的4884名净增69名，其中直属中小学增加33名，乡（镇）中小学增加36名。全区共有32所中学（其中区直高中2所，区直初中4所、乡镇初中26所）；162所小学［其中区直小学4所；乡（镇）小学158所］；2所幼儿园［其中区直1所，乡（镇）1所］；特殊学校1所、职业技术学校1所。

2. 行政管理体制和机构改革情况调研工作。2004年6月，根据省编办《关于对县乡行政管理体制和机构改革情况调研的通知》和全市县乡行政管理体制和机构改革情况工作会议精神，特区编委办在特区组织部、人事劳动和社会保障局、财政局、民政局、统计局的协助下，组织相关人员开展六枝特区行政管理体制和机构改革情况调研工作。共发放调查问卷（《县乡基本情况调查统计表》《市、县基本情况统计表》《县乡管理体制调查问卷》）90 份。通过调研，统计、分析、汇总，于同年 7 月 14 日拟定《六枝特区县乡行政管理体制和机构改革情况的调研报告》进行上报，对此次调研涉及的 36 个问题提出明确建议。

3. 清理清退临时人员。2000 年 10 月，六枝特区组织部、机构编制委员会办公室、人事劳动局、财政局、教育局以《关于清退特区及乡（镇）机关、事业单位临时人员的实施意见》开展全区第二批清退临时人员工作；2005 年 3 月，为全面贯彻落实省编办《关于贯彻中央编办〈关于严格控制乡（镇）机构和人员编制的通知〉的通知》精神，特区编委办牵头，由特区纪委（监察局）、组织、人事、编制、财政等部门抽人组成相关工作组，督促全区 19 个乡镇及时核定机构和人员编制，上报有关材料和解决存在问题，同时开展清理清退超编、借用和临时聘用人员，对乡（镇）人员编制实行总量控制管理，空出的编制，只能用于政策性人员的安置；2005 年 10 月，特区编委办开展全区行政、事业单位吃“空饷”人员清理检查工作。

4. 机构编制管理“五不准”。2005 年，六枝特区编委办贯彻落实中央编办机构编制管理“五不准”，一不准超编进人；二不准擅自设立内设机构和提高内设机构级别；三不准违反领导职数配备的有关规定；四不准越权审批机构编制；五不准上级业务部门干预下级的机构编制。

5. 事业单位运行状况调研工作。根据六盘水市机构编制委员会办公室《关于转发省编委办〈关于印发事业单位运行状况调查报告的通知〉的通知》精神，特区编委办于 2008 年 7 — 8 月，组织相关人员对六枝特区事业单位运行状况进行为期近两个月的调研，对事业单位运行状况存在的问题提出解决的意见和建议。

6. 核销党政机关自定编制工作。根据《六盘水市机构编制委员会关于转发省编办〈关于转发中央编办关于进一步做好地方党政机关消化超编人员工作的通知〉的通知》精神和“党政机关和使用行政编制的其他机关混用的单列编制、事业编制一律核销，原使用单列、事业编制的相关人员统一作超编处理”的文件要求，六枝特区党政机关原有单列编制 54 名，事业编制 35 名（其中：群众团体事业编制有 19 名）。通过利用省逐年下达的 41 名行政编制充减。至 2007 年，六枝特区还有单列编制 25 名、事业编制 23 名（其中：群众团体事业编制有 19 名），2008 年核销单列编制 25 名，事业编制 4 名，保留群众团体 19 名事业编制。2011 年，六枝特区除残联、红十字、文联、科协 4 家单位使用 2002 年机构改革时 19 名事业编制外，其余党政机关已无单列编制和事业编制。

（五）事业单位登记管理及年检工作

事业单位的登记管理工作是根据《事业单位登记管理暂行条例》实施，依据事业单位登记管理制度而操作的行政执法工作，是各类事业单位获得社会法人地位的重要手段和法律依据；同时也是实现事业单位规范化、法制化和科学化管理的重要途径，是事业单位机构改革的主要举措之一。开展事业单位登记管理工作，是依法治国和依法管理的需要，是实行“市场准入”的需要，是推进事业单位管理体制改革和机构改革的客观需要和重要的工作步骤，是保障事业单位合法权益和维护社会经济秩序的需要，是机构编制部门加强和完善事业单位机构编制监督管理工作的需要，同时也是编护事业单位的国有资产，促进事业单位健康发展的需要。

1．事业单位登记管理工作的内容和有关程序。事业单位登记管理的主要内容包括：办理事业单位的设立登记或者备案、变更登记和注销登记，审查事业单位的年度报告并按规定作出相应处理；依法保护事业单位与登记事项有关的合法权益；监督事业单位按照登记事项开展活动，处理违反《事业单位登记管理暂行条例》的事件等。

（1）事业单位法人设立登记（备案）程序

申请—受理—审查—核准—发证—公告。

（2）事业单位法人变更登记程序

申请—受理—审查—核准—换证—公告。

（3）事业单位法人注销登记（备案）程序

申请—受理—审查—核准—收缴证书和印章—公告。

（4）年度报告的工作程序

自查—填报—审查—做出结论。

2．六枝特区事业单位登记管理工作简况。2001年3月10日，成立六枝特区事业单位登记管理局，全面启动全区事业单位法人初始登记工作。2001年核准登记（备案）的事业单位共35家；2002年核准登记86家；2003年核准登记318家，年检86家；2004年核准登记406家，年检399家；2005年核准登记421家，年检406家；2008年核准登记1家，年检233家。2009年，新登记事业单位25家，对涉及法定代表人、机构名称、单位住所、开办资金、举办单位等发生变化的事业单位为其办理变更登记，共办理变更登记48家。截至2009年3月31日，全区符合年检条件的事业单位共303个，已年检303家，年检率100%；2011年，全面完成符合年检条件的312家事业单位年度检验工作，不需年检11家，年检率为100%。在年检过程中，编委办对42家事业单位法人进行了变更登记，办理3家证书补领。同时办理了公告的相关事项。

在监督管理方面，六枝特区事业单位登记管理局以年度报告的提交和审查处理为基本程序，听取被监督单位的意见并接受被监督单位提交的有关材料，检查、核实督查内容事宜，提出处理意见。

为加强对事业单位法人的监督管理，提高事业单位登记管理工作水平，保障事业单位法人的合法权益。根据《事业单位登记管理暂行条例》和《事业单位登记管理暂行条例实施细则》的有关规定，六枝特区事业单位登记管理局采取定期培训和临时培训的方式进行《事业单位登记管理暂行条例》及相关法律法规的宣传。于2003年6月举办培训1期，共培训事业单位法定代表人54名。办理初始登记和相关业务时临时培训事业单位法定代表人312名。

针对事业单位网上登记工作的新情况、新特点和新要求，编委办注重做好以下四个方面的工作：一是加强组织领导。成立了全区推进事业单位网上登记工作领导小组，并明确事业单位登记管理局局长主抓网上登记工作，强化对全区事业单位网上登记工作的协调指导；二是加强业务培训。为确保网上登记工作顺利实施，登记管理局一方面向上级积极申请到了操作光盘和手册500套。2010年10月，选派人员参加国家局在长沙举办的网上登记师资力量培训。2011年6月15日，举办全区事业单位网上登记培训班，培训各单位、各部门、各乡（镇）的业务人员近280人。邀请新闻媒体单位对整个培训过程进行全程跟踪报道，通过电视滚动播出，进一步加大了全区干部职工和群众对事业单位网上登记工作的知晓程度。同时，通过在办公场所制作悬挂《事业单位网上登记工作流程》《事业单位网上登记工作一次性告知事项》和工作宣传展板等措施，为事业单位学习掌握登记管理工作政策规定，展示登记管理机关窗口形象；三是完善设备设施。积极向分管领导汇报，并主动与财政等相关部门联系，配备了电脑、打印机、传真机、扫描仪、照相机等硬件设施；四是责任到人，及时捆绑专用光盘，将全区已经登记的332家事业单位进行分解，由4个人负责绑定光盘，采取电话指导、亲手演示、手把手操作或直接代为操作等多种方法，通过努力，仅用五天的时间全部完成全区332家事业单位专用光盘绑定工作。

（六）政务和公益域名注册管理工作

2011年11月，按照中编办和省、市编办关于开展中文专用域名注册普及部署的有关要求，在市编委办和区委、区政府的领导下，六枝特区编委办精心组织、积极协调、严格审核、多举措积极推动政务和公益域名注册续费管理工作。

二、机构改革及设置

（一）1993年机构改革

1993年，区内党、政、群、团、机构设置：六枝特区党委设党委工作部门8个：即党委办、组织部、宣传部、统战部、政法委、人武部、机关党委、纪委。政府设职能部门27个：即政府办、财政局、民政局、监察局、编委办、计划与经济局、人事劳动局、贸易局、建设局、民族与宗教事务局、审计局、税务局、国土资源管理局、统计局、煤炭工业局、交通局、乡镇企业局、农业局、林业局、水利电力局、卫生局、教育科技局、文体广播电视局、计划生育局、平寨开发区、公安局、司法局。群众团体8个：即总工会、共青团、妇联、科学技术协会、文联、工商联、残联、老龄委。人大、政协机关和法院、检察院按有关规定设置。

（二）1994年机构改革

1994年，六枝特区机构改革在1993年机改基础上作了进一步调整和完善，六枝特区党委设工作部门10个：即党委办、组织部、纪委、宣传部、统战部、政法委、机关党委、机要局、离退休干部管理局、保密局。政府设职能部门41个：即政府办、财政局、编委办、农村经济委员会、计划局、人事劳动局、建设局、贸易局、体制改革局、民政局、监察局、民族与宗教事务局、审计局、工商行政管理局、地方税务局、国家税务局、技术监督局、环境保护局、统计局、国土资源管理局、煤炭工业局、交通局、粮食局、乡镇企业局、农业局、林业局、水电局、工业局、矿产资源管理局、贫困地区扶贫开发局、教育局、卫生局、科学技术局、计划生育局、文体广播电视局、人防战备办公室、信访办公室、平寨经济开发区、人武部、公安局、司法局。群众团体8个：即总工会、共青团、妇联、科学技术协会、文学艺术界联合会、工商业联合会、残疾人联合会、老龄委。人大、政协机关和法院、检察院按有关规定设置。

（三）1997年乡（镇）机构改革

根据省办发〔1996〕23号、黔机编办〔1996〕45号、市机编〔1997〕17号文件精神，1997年，六枝特区乡（镇）机构改革对特区19个乡（镇）机关职能配置、机构设置、领导职数以及编制分配作了进一步的调整和完善。机改后19个乡（镇）党的工作机构设纪律检查委员会与监督室合署办公，一个机构两块牌子，党政办公室、政法委员会（与社会治安综合治理办公室合署办公，一个机构两块牌子），人民武装部。政府工作机构设：教科文卫办公室、民政办公室、计划生育办公室、街道管理办公室［19个乡（镇）只有平寨镇、岩脚镇设置］。19个乡（镇）均设有人大主席团、团委和妇联，部分乡镇设有办事处。郎岱镇下设安乐办事处；中寨乡下设鲁戛，长寨2个办事处；新场乡下设黑塘、熊井2个办事处。

（四）2002年机构改革

1．六枝特区县级机构改革

根据《中共中央、国务院关于地方政府机构改革的意见》《中共中央办公厅、国务院办公厅关于市县乡人员编制精简的意见》和《中共贵州省委、贵州省人民政府关于印发〈贵州省县乡（镇）党政机关机构改革方案〉的通知》精神，2002年，六枝特区县级机构改革，党委工作部门设8个：纪委（监察局）、区委办公室（含机要局、保密局、信访办）、组织部、宣传部（含精神文明建设指导委员会办公室）、统战部、政法委（综治办）（维护社会稳定领导小组办公室）、编委办（下设事业单位登记管理局）、直属机关党委，归口管理机构1个：离退休干部工作局。政府职能部门设25个：政府办（含国防教育办公室、体制改革办公室）、发展改革局、经济贸易局（含安全生产委员会办公室）、教育局、科学技术局、民族宗教事务局、民政局（含老龄委办公室）、财政局、人事劳动和社会保障局、国土资源局、建设局、交通局、水利局、农业局、林业局、文体广播电视局、卫生局、计划生育局、审计局、统计局、环境保护局、粮食局、煤炭管理局、物价局（不占政府机构限额）、扶贫开发办（不占政府机构限额）、监察局（与纪委机关合署办公，不占政府机构限额）。公安局、司法局。议事协调机构2个；农业办公室、移民办公室。受政府委托行使部分行政管理职能的事业机构5个：档案局（馆）、旅游事业局、供销合作社联合社、房产管理局、乡镇企业局。群众团体8个：共青团、总工会、妇联、工商联、残联、红十字会、文联、科协。人大、政府机关和法院、检察院按有关规定设置。

2002年，六枝特区党政机构改革，特区党委工作部门从原有11个调整为8个，机构减少3个，精简27.3%。政府机构从原有37个调整为25个，机构减少12个，精简32%。六枝特区区级机关行政编制从原有589名减少到436名，减少153名，精简26%。公安局、人民检察院、人民法院、司法局四家专项行政编制从原有480名减少到432名，减少48名，精简10%。

2．乡（镇）党政机构改革

根据《中共贵州省委、贵州省人民政府关于全省市县乡机构改革的实施意见》和《中共贵州省委、贵州省人民政府关于印发〈贵州省县、乡（镇）党政机构改革方案〉的通知》精神，2002年六枝特区乡镇党政机构改革。19个乡（镇）党的机构设4个：即纪律检查委员会（监察室与其合署办公，实行一套工作机构，两个机关名称的体制），党政办公室、政法委员会（社会治安综合治理委员会办公室与其合署办公，一个机构两块牌子），人民武装部。政府机构设4个：即社会事务办公室、计划生育办公室、经济发展办公室、城镇管理办公室［19个乡（镇）只有平寨镇、郎岱镇、岩脚镇设置］。19个乡（镇）均设有人大主席团、团委和妇联。

2002年，六枝特区乡（镇）党政机构改革，19个乡（镇）总行政编制从原有645名减少到548名，减少97名，精简15%。

（五）2004年六枝特区政府机构改革

根据《中共贵州省委办公厅、贵州省人民政府办公厅关于贵州省市（州、地）、县（市、区、特区）政府机构改革实施意见》和《中共六盘水市委办公室、六盘水市人民政府办公室关于印发〈六枝特区人民政府机构改革方案〉的通知》精神，2004年，六枝特区政府机构改革，对部分政府职能部门的名称及职能作了更换和调整。对政府办公室、发展和改革局、人口和计划生育局、经济贸易局、建设局、安全生产监督管理局、移民开发办公室重新下达"三定"（人员、编制、岗位）方案。对人事劳动和社会保障局、财政局、扶贫办公室、乡镇企业局、城管局作了单项职能调整。

经过调整，特区政府职能部门设25个：即政府办（含国防教育办公室、体制改革办公室、法制办公室）、发展改革局、经济贸易局、教育局、科学技术局、民族宗教事务局、民政局（含老龄委办公室）、财政局、人事劳动和社会保障局、国土资源局、建设局、交通局、水利局、农业局、林业局、文体广播电视局、卫生局、人口和计划生育局、审计局、统计局、环境保护局、粮食局、煤炭管理局、物价局（不占政府机构限额）。公安局、司法局、监察局（与纪委机关合署办公，不占政府机构限额）；议事协调机构2个：即农业办公室、扶贫开发办公室。受政府委托行政部分行政管理职能的事业机构7个：即安全生产监督管理局、档案局、房产管理局、旅游事业局、乡镇企业局、移民开发办公室、供销合作社联合社。

这次机构改革调整面不大，不涉及人员分流和提高干部职级待遇的政策规定，在机构限额上坚持了不突破，人员编制不超出核定的现有行政编制总数，领导职数严格按规定配备。

（六）2007年乡（镇）机构改革

根据省编委《关于开展乡（镇）机构改革试点工作的指导意见》和省农村综合改革领导小组办公室《关于对六盘水市农村综合改革试点工作实施方案的批复》和省编办《关于六盘水市乡（镇）机构改革试点工作方案的批复》精神，2007年11月21日—12月11日对全区19个乡（镇）机关及其所属事业站所进行了机构改革，进一步理顺关系、精简机构及领导职数，调整事业编制结构，推进乡镇政府职能转变。机改后，19个乡（镇）党政机构设置情况如下：一类乡（镇）设5个综合办公室，即党政办公室、民政社会事务办公室、人口和计划生育办公室、经济发展办公室（挂村镇建设管理办公室牌子）、社会治安综合治理办公室。二类乡（镇）设4个综合办公室，即党政办公室（社会治安综合治理办公室与党政办公室合署办公）、民政社会事务办公室、人口和计划生育办公室、经济发展办公室（挂村镇建设管理办公室牌子）。

乡（镇）事业单位设：农业综合服务中心（扶贫工作站）、科技教育文化服务中心、人口和计划生育技术服务站（含流动人口服务工作）、林业站、水利水保站、卫生院（含妇幼保健工作）、财政所（含统计工作，挂基层财政管理分局牌子）、社会救助和劳动保障所（挂农村合作医疗站牌子）、移民工作站（毛口、中寨、洒志、龙场、牛场、岩脚6个乡〈镇〉设置）。

由特区政府工作部门和乡（镇）双重领导、双重管理，人事关系在特区政府工作部门管理的延伸机构4个：即安全生产监督管理站、煤炭管理站、畜牧兽医站、农业技术推广站。

由特区政府工作部门和乡（镇）双重领导、双重管理，人事关系和人员管理在区以上工作部门管理为主的派驻机构6个：公安派出所、司法所、国土资源所、人民法庭、工商管理所、地方税务所，此6个派驻机构仍维持原有管理体制。

各乡（镇）撤销的机构有：乡镇企业管理站、交通管理站、环境监理所、统计站、劳动保障事务所、最低生活保障办公室、文化服务中心、村镇建设管理所和城镇建设所。

此次乡镇机构改革，核定科级领导职数161名，在2002年乡（镇）机构改革时核定的218名基础上减少57名，精简26%。核定乡（镇）行政股室领导职数140名，在2002年核定的145名基础上减少5名，精简2%。设置乡镇党政机构85个，在原212个基础上减少了127个，机构精简59%；设置了乡（镇）事业机构158个，在改革前299个基础上减少了141个，精简47%。事业机构领导职数核定为277名，在改革前367名的基础上减少90名，精简24%。

通过此次乡（镇）机构改革，重新调整了乡（镇）事业编制结构。调整后，全区乡（镇）1516名事业编制中：管理人员288名，占18%。专业技术人员1228名，占82%。

2010年，根据工作需要将19个乡（镇）畜牧兽医站、农业技术推广站连人带编制划入农业综合服务中心（扶贫工作站）。

2011年，根据市编委《关于成立六盘水市煤矿安全生产监督管理局等有关事项的通知》及《关于六枝特区乡（镇）煤炭管理站与安全生产监督管理站整合事项的批复》精神，将六枝特区19个乡（镇）现有煤炭管理站与安全生产监督管理站整合，按乡（镇）设立“六枝特区XX安全生产监督管理站”，该站为特区安监局设在乡（镇）的正股级财政全额预算派出机构，由特区安监局统一管理。

（七）2010年政府机构改革

根据中共贵州省委、贵州省人民政府《关于市（自治州、地区）、县（市、区、特区）政府机构改革的指导意见》和《中共六盘水市委办公室六盘水市人民政府办公室关于印发〈六枝特区人民政府机构改革方案〉的通知》精神，2010年，政府机构改革主要是以建立大部门体制为突破，整合优化组织结构，规范政府机构设置。

通过调整组合，六枝特区政府设置24个工作部门，2个政府直属事业单位和1个其他机构。

24个工作部门是：特区政府办公室、发展和改革局、教育局、财政局、民族宗教事务局、公安局、司法局、监察局（与纪委合署办公，不占政府机构个数）、民政局、国土资源局、环境保护局、林业局、水利局、人口和计划生育局、审计局、统计局、农业局（挂扶贫开发局、科学技术和知识产权局牌子）、经济和信息化局、交通运输局、住房和城乡建设局、卫生和食品药品监督管理局、文体广电旅游局（挂新闻出版局、版权局牌子）、安全生产监督管理局（由政府直属事业单位调整为政府工作部门）、人力资源和社会保障局、煤炭局（原煤炭管理局更名为煤炭局）。

2个政府直属事业单位是：档案局（特区档案馆）、水利水电工程移民局（原移民开发办公室更名为水利水电工程移民局）。

1个其他机构是：区供销合作社联合社。

机改前六枝特区政府机构设置26个（其中政府工作部门24个、议事协调机构2个），政府直属事业单位7个。机改后六枝特区政府设置工作部门24个、直属事业单位2个和其他机构1个。政府工作部门精简7.7%，减少2个；直属事业单位精简57.1%，减少4个。

机改前六枝特区政府设置部门领导90名（不含监察局、公安局、司法司），机改后六枝特区政府设置部门领导65名。精简27.8%，减少25名。

第十一节　老干部工作

一、离退局基本情况

1979年8月，六枝特区组织部成立老干科。1983年5月，成立“中共六枝特区委老干部局”老干部局配备了工作人员5人，其中正副局长各1人，办事员3人；1994年6月撤销“中共六枝特区老干部局”并入组织部，成为“老干部工作室”；1995年更名为“中共六枝特区委离退休干部工作局”，内设科室有办公室、业务股，老干部离职休养所、老年活动中心、关工委办公室5个股室，工作人员也由原来的5人增加到18人。

二、老干部基本情况

六枝特区共有离休干部和副县级以上退休干部共92人其中离休干部56人（省直管4人），副县级以上退休干部36人；离休干部遗孀40 人；属于1949年10月1日至1950年6月30日参加工作的建国初期干部67人。

离休干部中：男性51人、女性1人；年龄最小的79岁、最大的96岁；党员40人，非党12人；享受地专级待遇4人；抗日战争前参加革命工作的2人，抗日战争后期参加工作的3人，解放战争时期参加工作的47人；异地居住2人，两地居住十余人。

退休干部中：男性32人、女性4人；正县级9人，副县级27人；党员32人，非党4人。异地居住10人。

三、老干部离职休养所

老干部离职休养所为股级事业单位，核定事业编制7名（其中所长一名，副所长1名）。其宗旨是为离退休干部提供休养与相关服务；为离退休干部进行医疗服务，组织离退休干部开展文体活动和阅读文件。

四、老年活动中心

老年活动中心为正股级财政全额拨款事业单位，核定事业编制3名（其中主任一名）。其宗旨是为老年人的精神文化生活提供服务，开展以老年人为主体的文体活动，满足老年人精神文化生活，发挥老年人特长，鼓励老年人参与社会物质文明和精神文明建设。

五、关心下一代工作委员会

关心下一代工作委员会办公室，是特区关工委的常设机构，为正股级财政全额拨款事业单位，核定事业编制 2 名，领导职数 1 名。其宗旨是为关心下一代工作提供服务，协调关工委成员单位，在青少年中开展革命传统教育、思想道德教育、法制教育，处理日常事务。

第十二节　党史研究

1983 年，在特区党委办公室设党史资料科。1985 年 5 月，正式成立党史办公室，后称党史研究室。2005 年 5 月，六枝特区党史研究室与六枝特区地方志办公室合并为六枝特区史志办公室，归口党委工作部门。

党史研究工作围绕“存史、资政、育人”的工作职责和“以史为鉴”的社会功能，在征集大量资料的基础上，开展了研究编纂工作，20 世纪 80 年代编辑出版《郎岱风云》，1990 年 6 月编辑出版《六枝英烈人名录》《六枝特区组织史 (1934 — 1987)》，1992 年 5 月编辑出版《六枝英烈》，1993 年 11 月编辑出版《璀璨的星星》，1998 年 11 月编辑出版《中共六枝特区委历史大事记 (1987 — 1997)》，2000 年 8 月编辑出版《六枝特区组织史 (1988 — 1998)》，同年 11 月编辑出版《中共六枝特区委历史大事记 (1998 — 2000)》，2006 年 6 月编辑出版《夜郎布依风情》，2007 年 11 月编辑出版《中国共产党六枝特区历次代表大会 (1956 — 2006)》，2008 年 12 月编辑出版《中国共产党六枝特区历史 (1934 — 1978)》，2011 年 9 月编辑出版《六枝特区爱国主义教育辅助读本》，同年 11 月编辑出版《中共六枝特区委历史大事记 (2001 — 2010)》。

2006 — 2011 年，结合六枝特区实际情况，先后选择六枝特区陇脚乡月亮河村、箐口乡坝子村、新窑乡鸭塘村、岩脚镇金星村几个点，并组织人员走访村支书和村民，实地拍照和收集资料。完成《打造“中国布依第一村”——贵州省六枝特区陇脚乡月亮河村社会主义新农村带头人口述历史》《文明村寨典范——贵州省六枝特区箐口乡坝子村建设社会主义新农村带头人口述历史》《稳步发展的鸭塘村——六枝特区新窑乡鸭塘村新农村建设带头人口述历史》《一个贫困村的崛起之路——六枝特区岩脚镇金星村新农村建设带头人口述历史》。把非公企业带头人口述史作为一个尝试，以六枝新干线为亮点，完成了非公企业带头人口述史《创业带富“领航员”——贵州省六盘水市六枝特区非公企业创业致富带头人口述历史》。完成六枝特区革命遗址普查工作。以乡镇党委为基本单位，采取地毯式的铺开方式实地展开革命遗址调查工作，编制革命遗址档案，制定革命遗址名录。革命遗址总数 24 个，其中重要机构旧址 2 个，重要活动纪念地 5 个，历史人物故居 2 个，烈士墓 (陵园)6 个，纪念设施 1 个，重要战斗遗址 8 个。

第二章　民主党派

第一节　民盟六枝总支

一、组织机构

六枝特区民盟组织始建于1985年。1985年以前，六盘水市只有1名1956年在吉林省入盟的盟员。1985年后，六盘水市面向全国招聘人才，应聘而来的人员中有5位来自云南省的盟员，其中两位在六枝。1985年6月30日，成立了中国民主同盟六盘水支部，六枝和水城同时成立小组。当时全市共有盟员7人，其中六枝小组3人。1990年2月12日，民盟六枝支部成立，时有盟员18人。2003年11月，民盟六枝总支第一届委员会成立，时有盟员48名，民盟六盘水市委委员2人，市人大代表1人，市政协委员3人，特区人大代表1人，特区政协委员4人。2004年，民盟六枝总支根据工作需要下设4个支部，即一中支部，三中支部，平寨支部，科技支部。2008年，根据工作需要增设1个支部，医卫支部。2011年有盟员112人，其中：女盟员58人，占51.78%。教育界70人，占62.5%，医药卫生界16人，其他综合部门26人。离退休16人。已加入中共具有双重身份的4人。大学学历56人，占47.5%，大专学历53人，占44.9%，硕士学位2人，学士学位34人。副高职称46人，占39.0%，中级职称50人，占42.4%。平均年龄48.1岁，40岁以下的28人，41—50岁的59人，60岁以上的15人。

二、主要工作

民盟六枝总支一贯坚持以“三个为主”的原则发展盟员，经常教育盟员模范地搞好自己的本职工作。十多年来，先后有几十（人）次在国家、省、市级学术刊物上发表过论文数十篇。数十（人）次受到国家、省、市、特区等各级部门表彰。一名盟员获准成为六枝特区享受国务院津贴的高级农艺师，两人先后获“特级教师”称号，一人获六盘水市“人民教育基金奖”，两人先后当选省人大代表，一人当选省政协委员，两人先后担任六枝特区政协副主席。

六枝民盟成立后，本着与中国共产党“长期共存，互相监督，肝胆相照，荣辱与共”的方针，踏实履行“政治协商、民主监督、参政议政”的职能，努力工作。

关注职业技术教育，尤其是农村职业技术教育，主张农科教结合。先后对六枝特区职业技术教育进行过多次调研，并于1990年暑期赴全国农村教育综合改革试点县之一的独山进行考察、学习，撰写了6000多字的考察报告。通过调研和考察，对六枝特区的职业技术教育提出了许多建设性的意见和建议。本着“量力而行，尽力而为”的原则，创办云盘职业技术学校，历时4年半，开设美工、园艺、刺绣、蜡染等专业，培训学员340多人。

扶持农村学校。民盟六枝总支长期以来，将梭戛乡沙子河村小学作为联系点，多次组织盟员到该校调查培训师资，为其多方奔走，解决资金修建教学楼。号召盟员为该校贫困失学儿童捐钱捐物，救助贫困失学儿童重返校园。捐款千余元。

履行职能，做好参政议政工作。民盟组织通过盟员中的各级人大代表、政协委员先后提出议案、提案100多件，作大会发言14次。省政协委员《关于要求在六枝兴建坑口电站的建议》《关于晴隆经六枝至纳雍公路等六项建设的建议》《关于对六枝实行定额补贴、帮助六枝渡过难关的建议》，市政协委员《充实乡（镇）医疗结构技术力量，改善人民群众就医条件》《关于建立矿山开采所致地质灾害补偿机制的建议》《怎样使初中升学考试更公平公正的建议》、特区政协委员《切实体现教育的战略地位，改善办学条件，稳定教师队伍》《整顿文化市场、创造良好的校外教育人环境》《木岗电灌群工程为何半途而废》《关于我市教育的几点思考及建议》《关于六枝特区教育发展中存在的问题及建议》提案，《运用市场经济眼光，做好谋划市场，抓住西部大开发机遇发展六枝经济》大会发言。这些意见和建议，对促进六枝经济社会发展起到积极作用。

第二节　九三学社六枝支社

一、组织机构

1991年10月19日，九三学社六枝特区支社成立。时有社员10人。到2011年九三学社六枝特区支社经历了四次换届，社员发展至44人。有特区政协委员10人，政协常委3人。

二、主要工作

九三学社六枝特区支社成立以来，把工作重点放在为特区现代化建设服务上，为六枝的经济社会发展作出了积极贡献。

参政议政、建言献策，智力支持。为六枝特区、原矿务局系统进行多次工程技术项目论证、自然灾害、资源考察、中心区水资源调研、考察提供技术咨询服务；为社员所在单位培训大批技术人才，对地区畜禽养殖业多次进行技术咨询服务；为六盘水市科委对箐口机焦厂进行考察论证；应安顺轿子山镇和普定乡企局的邀请，为其实地进行煤炭资源考察；为六枝“高尔夫”矿泉水的开发、利用和立项等做了大量工作；与南玻集团牵线搭桥，输送培训劳务人员；为六枝龙场乡、落别乡培训数百名人员；为原六枝特区铁锅厂提供技术咨询、培训服务；为六枝矿务局破产重组、维护稳定提供服务。据统计，在特区各种会议上建议献策数百条，提交提案100多件，其中多篇提案受到嘉奖和好评。

1991—2011年，20年以来，社员发表国家级科技论文37篇，其中15篇科技论文获“科技进步奖”“优秀论文奖”“科技三等奖”“科技四等奖”，有的被纳入科技大会论文集。社员连丰厚被入选《中国当代地球科学家大辞典》；社员曹明寿多次被评为省级科技先进工作者；社员盛嘉凌在同行业竞赛中曾获得国家级优质奖1次、省级一等奖2次，被命名为贵州省首届“五笔字型”比赛优秀教师和煤炭总公司“煤炭经营调度”优秀网员的称号；社员冯安喜多篇科技论文发表并获优秀论文证书奖，为本单位培训科技人员2500余（人）次，获全国煤炭标准化先进工作者、贵州省机械工程学会积极分子、贵州省煤炭行业先进代表、贵州省工业企业先进工作者称号，获国家质量技术监督局颁发资格证书，获国家标准化管理委员会颁发“中华人民共和国全国标准化技术委员会委员证书’“荣誉证书”“贵州省标准化协会理事证书”，全体社员在不同的岗位上均获得各种奖励和荣誉。

九三学社六枝特区支社具有高级职称占62.5%，处级干部占42%，科级干部占50%以上。其中科研、工程技术、医疗卫生科技占总人数的93.2%，有注册会计师1名、律师1名、经济师3名、评估师1名。

2009年9月，分别组织九三学社六枝支社和民盟六枝总支召开纪念新中国成立60周年、人民政协成立60周年、多党合作和政治协商制度确立60周年座谈会。

2011年，特区开展了“同心工程”实践活动。组织九三学社六枝支社到乡镇开展医疗卫生下乡服务活动，组织民盟六枝总支到乡镇开展智力支教活动，协调相关部门开展贫困学生助学活动。协调非公有制经济人士参加社会公益事业捐赠活动。在少数民族村寨实施饮水工程、道路修建等。6月24日，组织民主党派成员30余人参加全区统一战线庆祝中国共产党成立90周年大会。

第三章　群众团体

第一节　总工会

一、工会基层组织建设情况

1978—1981年，全区基层工会发展到93个，会员人数6044人，占职工总数的65.8%。1991年，全区基层工会138个，会员人数9464人。1995年，组建乡镇、企业工会组织12个，1996年组建4个，发展会员1687人。1997年，全区基层工会165个，建会率达95.3%。1999年，新建企业工会14个。2000年，新建企业工会23个。全区基层工会186个。2001年，总工会把19个乡（镇）机关工会改建为乡（镇）工会委员会，在新建企业相对集中的平寨、中寨、新窑三个乡（镇）成立了新建企业工会联合会。2002年，总工会按照行业、系统归类，成立了乡（镇）党群、政府、煤炭、乡企等43个行业系统直管工会；新建企业建会93家，建会率为100%，新建企业职工人数6301人，入会率为100%。2003年，增加3个直管工会，总工会直管工会数46个，覆盖基层工会241个，新建企业工会增加16个，全区会员总数19930人。2005年，全区工会组织276个，新建企业工会144个，全区职工数22598人，会员22185人，入会率98.2%。2007年，全区工会组织362个，新建企业工会215个，全区职工数30487人，会员30487人，入会率100%。2008年12月，全区工会组织437个，新建企业工会182个，全区职工数38555人，会员38555人，入会率达100%。

二、历次工会代表大会

1979年1月18日—20日，六枝特区总工会召开第三次代表大会。与会代表189人，大会选举产生六枝特区总工会第三届委员会委员35人，主席1人，副主席3人。

1989 年 7 月 13 日—14 日，六枝特区总工会召开第四次代表大会。与会代表 117 人，大会选举产生第四届特区工会委员会委员 19 人和 2 名候补委员，主席 1 人，副主席 1 人。

1995 年 8 月 28 日—29 日，六枝特区总工会第五次代表大会召开。与会代表 120 人，会议选举产生六枝特区总工会第五届委员会委员 21 名，常委 9 名。主席 1 人，副主席 2 人。

2000 年 12 月 15 日—16 日，六枝特区总工会召开第六次代表大会。与会代表 141 人，大会选举产生六枝特区第六届特区工会委员会委员 21 名，常委 9 名，主席 1 人，副主席 2 人。

2005 年 10 月 14—16 日，六枝特区总工会召开第六次代表大会。与会代表 141 人，选举产生六枝特区总工会第七届委员会委员 21 名，常委 9 名。主席 1 人，副主席 3 人。

2011 年 1 月 10 日—11 日，六枝特区总工会召开第八次代表大会。与会代表 168 人，大会选举产生六枝特区总工会第八届委员会委员 21 名，常委 9 名，主席 1 人，副主席 2 人。

三、工会活动

（一）思想文化教育活动

1981 年，六枝特区成立了职工教育领导小组，开展“双补”工作（补文化和技术课）。1982—1985 年，参加文化补习课的职工 1867 人，其中女职工 510 人。各系统（银行、邮电、政法部门）还举办了各种类型的短期培训班。六枝特区总工会多次举办基层工会主席、财务干部、宣教干部、女工干部培训班，参加学习人数达 568 人。1996—1997 年，总工会组织开展职工读书自学成才活动，参加活动的职工有 3400 余人。1998—2001 年，总工会采取了本级办班和向上级推选培训的方式，共举办各类工会干部培训班 12 期，培训人数 860 余（人）次，共推选 65 名工会干部参加市级以上培训。2002 年，举行《工会法》学习培训 2 期 140 余（人）次。2003—2005 年，总工会共举办全区基层工会干部培训班和安全生产知识培训班 6 期，培训人数 460 余（人）次。举办了预防与控制艾滋病知识讲座，120 余名女职工参加。2006—2010 年，通过技术讲座、知识竞赛、工会办班和联合办学等方式，开展职工文化素质、岗位技能培训，共培训职工 2.5 万余（人）次。围绕重点工程、重点项目开展各种劳动竞赛和职工技能竞赛 50 余项，参加职工 1.5 万（人）次。推荐评选出省级先进集体 2 个，省劳模 2 名，省“五一劳动奖章”1 名。推荐评选市级先进集体 12 个，市劳模 27 名，市先进个人 8 名。在四川・汶川地震、甘肃舟曲特大泥石流等特大自然灾害期间，工会系统组织开展“重建家园、再献爱心”活动，各级工会组织广大职工捐款近 50 万元。

（二）劳动竞技活动

1980 年，邮电局开展“小指标百分赛”（即把下达的收支差额、业务量、通信质量等考核指标分解成若干小指标，总分为 100 分，按月评分授奖）。1985—1989 年，全特区开展了劳动竞赛，掀起了学先进赶先进的热潮，评选出先进集体 338 个，先进工会小组 216 个，先进个人 2586（人）次。1990 年，总工会组织基层工会开展劳动竞赛活动，有 17 个单位 5023 人参赛，可计算双增双节效益 12 万元。评选出先进集体和先进班组 59 个，先进生产工作者 217 人，其中女工

83人。1991—1994年，在组织全区各级工会积极开展劳动竞赛活动中，评选出先进集体和先进班组136个，先进个人246（人）次。1995年，总工会开展“学比”（即学知识，比效率）竞赛活动，参赛职工达3294人，表彰先进个人37名。1998年，组织全区各单位开展“建功立业”竞赛活动，授予印刷厂、供销贸易中心“建功立业”先进单位称号。1999—2002年，全区各级工会大力实施以增产节约、增收节支、技术革新等为内容的劳动竞赛活动，评选出先进集体162个，先进个人467（人）次。2003—2008年，全区各级工会开展“创争”（创建学习型组织，争做知识型职工）活动，参加单位达380个，参加职工达6.5万余（人）次。2011年，全区开展劳动竞赛的企事业单位达186个，参赛职工3.6万余人，参赛工种23个，职工提出“金点子”合理化建议750条，采纳实施近600余条，创经济效益80万元。组织1.2万名职工实名制参加了全省职工安全生产出谋划策和网络知识竞赛。全区125家企事业单位开展节能降耗、双增双节活动35项，创经济效益近120万元。

（三）职工文体活动

1981年，特区工会举办篮球、羽毛球、乒乓球、拔河、象棋、围棋等多项运动比赛，参赛队110个2500余（人）次，优胜队47个，优秀运动员73人。1984—1988年，特区总工会举办了两届职工书画展，并组织评委评奖。1991年，特区总工会第一次举办“露天舞会”，有1000多名职工参加。1992—1994年，全区各级工会因地制宜举办歌舞比赛、演讲比赛、篮球比赛、棋类比赛、拔河比赛等，丰富了群众文化生活。1995年5月，特区总工会举行迎“五一”职工广播体操比赛，有500余名职工参赛。1996年5月，特区总工会举办第七套广播体操比赛，有400余名职工参赛。1997年4月，特区总工会举办“庆‘五一’，迎回归”游园活动，有300余名职工参加。1998—2001年，特区总工会连续举办4次庆“五一”职工拔河比赛，共有1000余名职工参赛。2002年，总工会组织开展 “安康杯”竞赛活动，参赛企业达160余家。2003年5月，总工会举办六枝特区第一届“安康杯”职工运动会，项目涉及篮球和拔河比赛，有600余名职工参加。2004年4月，总工会组织召开六枝特区第一届职工运动会，项目涉及篮球、拔河、象棋、围棋等比赛，有1600余名职工参加。2005年5月，总工会举办六枝特区第二届“安康杯”职工运动会，项目涉及篮球、拔河、象棋、围棋、猜谜、安全生产知识竞赛等，共有2100余名职工参加。2006年5月，总工会举办六枝特区安全生产知识竞赛和六枝特区第三届“安康杯”职工运动会。2007年，特区总工会、安监局、文体广电局组织开展安全生产月“安康杯”男子篮球赛。组织职工代表队参加六盘水市第三届职工运动会，荣获男子篮球第二名，女子篮球第三名，女子拔河团体第三名，女子象棋个人第一名、第二名。2008年4月，特区总工会举办六枝特区迎奥运、五一“安康杯”职工运动会，比赛项目包括长跑、象棋、围棋三个项目，共有2000余名职工参加。

（四）“送温暖”活动

1980—2011年，每年困难职工都得到了困难补助，其中1990年补助资金2.17万元。1991—1995年，总工会补助困难职工2376（人）次，金额为12.46万元。1996年，总工会慰问特困职工130户，资金1万元。1997年，慰问特困职工104户，资金1.04万元。1998年，慰问特困职工130户，资金1.8万元。1999年，慰问特困职工247户，资金2.5万元。2001年，慰问405户特困职工。发放慰问金4.5万元。2002年，共向614户特困职工送去10.2万元的慰问金。2003年，对744户困难职工和25名省、市、劳模进行慰问，慰问金额12余万元。2004年，向800余户困难职工和30名省、市劳模进行慰问，送去慰问金20余万元。2005年，慰问1400余户特困职工、20名劳模和2个困难企业。发放慰问金22万余元。2006年，筹措送温暖资金23万余元慰问困难职工1470余户，困难企业3家，全国劳模1人，省劳模3人，市劳模24人，工会系统退休职工12人。开展为进城务工人员送温暖慰问活动，为130余名建设系统进城务工人员送去2000元慰问金和价值3000余元的大米、猪肉、白酒、水果、香烟等物资。2007年，慰问困难职工1573余户，困难企业3家，全国劳模1人，省劳模3人，市劳模24人，发放送温暖资金22.84万元。慰问特区环卫站30名一线环卫工人，为建设系统、煤炭行业的200名农民工送去了20000元慰问金。开展“金秋助学”活动，筹集、发放助学资金1万元，保证了22名困难职工子女都能按时入学。2008年，总工会积极筹措送温暖资金38.5万元，共慰问困难职工1546户，建设系统、煤炭行业400名农民工，抗雪凝救灾一线职工300余人，慰问了28名劳模和先进生产（工作）者，其中，全国劳模1人，省劳模3人，市劳模、先进生产（工作）者24人。2009年，春节期间，通过自筹资金、政府拨款、上级帮助和社会捐助等多种形式，筹集慰问金44.03万元，共慰问困难职工2086户、困难企业2家、市级以上劳模28人、150名农民工。2010年，筹集慰问金59.35万元，深入开展“两节”送温暖活动，共慰问困难职工1854人、市级以上劳模28人、150名农民工。“六一”儿童节，慰问了折溪乡六堡村20名外出务工农民工留守儿童，发放资金2000元。在“金秋助学”活动中，筹集发放助学资金3.1万元，资助困难职工子女上学31人。2011年“两节”期间，全区各级工会共筹集送温暖资金50.08万余元，共慰问困难职工、劳模代表1745户。“六一”期间，慰问1所村级小学，送去价值3000元文体用品。“30人金秋助学”活动中，共发放助学资金2.3万元，资助困难职工子女上学。

2002年，总工会向7户特困职工提供7000元小额无息贷款帮助其脱贫。2003年，帮扶6户特困职工家庭，帮扶款4800元。2004年，总工会机关职工和特困职工家庭实施挂钩联系“一帮一”活动，帮扶10户困难职工。2005年，向7户特困职工提供小额无息贷款10000元。2004—2005年，开展“金秋助学”活动，资助就读于小学、初中、高中、大中专院校的困难职工子女31名6420元，2005年8月，组织各单位为身患白血病的下岗女职工子女张瑶小朋友捐助资金7660元。2006—2008年，在“金秋助学”活动中，资助困难职工子女100名共47600元。2007年，工会干部与特困职工的结对帮扶活动中，共结成帮扶对子65对。开展“温暖农民工，构建和谐六枝”主题活动，为农民工捐款3000元、募集衣物400余件、放电影1场。2008年，按规定用好10万元中央财政专项帮扶资金，帮扶困难职工230名。开展“一帮一”结对子帮扶活动，使困难职工得到及时有效的帮扶。总工会向上门求助的3名困难职工实施应急救助、发放救助款6000元。2008年初，各级工会积极投入“抗雪凝、保民生、抓重建”斗争中，筹集慰问金6万元，走访慰问80名受灾职工，前往12个抢险救灾点，看望慰问参与抢险救灾和重建的300余名职工。“5·12”汶川大地震发生后，全区各级工会和广大职工群众踊跃捐款，全力支持抗震救灾，共计捐款24万余元，其中总工会机关职工捐款1850元，总工会机关党员另缴纳特殊党费1001.2元。2009年，建立健全上门求助职工应急帮扶机制，发放生活补助、医疗救助、法律援助资金2.3万元，资助22（人）次。2010年，开展女职工“关爱行动”，筹措发放“关爱行动”资金3万元。2011年，筹集资金0.5万元，组织32名女职工进行了“两癌”检查，争取中央财政帮扶资金10万元，按生活、医疗、助学、法律援助、就业培训和职业介绍6个项目，对困难职工进行集中帮扶，对上门求助的2名职工（农民工）进行临时应急救助。

（五）信访维稳和安全生产工作

2002年开始，总工会独立受理职工信访案件，全年共受理职工上访案件30件，接待40余（人）次。2003年，共受理职工上访案件25件次，接待职工上访75（人）次。皮鞋厂厂长将厂资产部分拍卖给自己的儿子，职工反映强烈，总工会积极配合政府及有关部门进行处理。2004年，共受理职工上访案件30件次，接待职工上访60（人）次，特区水泥厂职工上访要求解决养老保险问题，总工会及时与主管部门协商并得到了解决。2005年，共受理职工上访案件16件次，接待职工上访30（人）次。2006年，受理职工上访案件12件次，接待职工上访18（人）次。2007年，受理职工上访案件18件次，接待职工上访25（人）次，对这些上访案件均做到事事有答复、件件有着落。2008年，总工会共接处职工来信来访18起30（人）次，信访案件办复率达100%。接处了职工热线电话、共26件50（人）次，结案25件，案件完结率达96%。2009年，特区总工会困难职工帮扶中心从“基本生活救助、法律援助、子女入学救助、再就业援助”等方面为特困职工提供帮助，共受理职工上访案件8件次，救助特困职工6人，“12351”维权帮扶热线共接受职工咨询12（人）次。2010年，全区建立健全各级劳动争议调解委员会46个、行业性劳动争议调解委员会1个、区域性劳动争议调解委员会13个。各级工会劳动争议调解委员会共受理争议案件60起，成功调解45起。参加安全事故调查处理11起。困难职工帮扶中心接待职工来电来信来访16件、涉及职工21（人）次，已办理16件。2011年，在本级和所属43家直管工会建立了工会劳动法律监督、劳动争议调解组织。认真处理职工来电来信来访，共接处职工来电来信来访6件次，已全部办结。

1999—2011年，共参加12起安全生产事故的调查、分析、处理。2002年，参加那雨煤矿瓦斯爆炸、中寨“8·18”捞河爆炸等事故的调查、分析、处理工作。2003年，共参加10起安全生产事故的调查、分析、处理。2004年，与特区安监局对全区56对煤矿矿长、工会主席、安全生产检查员进行培训。共参加16起安全生产事故的调查、分析、处理。2005年，举办全区地方煤矿工会工作暨安全生产工作现场培训会，共参与7起煤矿安全生产事故的调查、分析和处理。2006年，参与13起煤矿安全生产事故的调查、分析和处理，2007年参与12起煤矿安全生产事故的调查、分析和处理。2008年参与6起煤矿安全生产事故的调查、分析和处理。2009年，特区总工会在全区建立工会劳动监督检查网络体系，签订安全生产专项集体合同36份，监督有关部门认真落实安全生产责任制。2010年，配合安监局参加4次安全生产大检查，参与全区11起煤矿及非煤矿安全生产事故检查、调查、分析、处理工作（其中地方5起、工矿集团6起）。2011年，全区共签订集体合同136份，覆盖职工3.48万人；签订煤矿劳动安全生产专项集体合同33份；女职工特殊权益保护专项集体合同23份。

（六）民主管理

1995年，总工会在邮电局等7家单位进行建立平等协商和签订集体合同试点工作，1996年以后全面铺开。2001年，全区68家国有、集体企业全部签订集体合同，33家新建企业签订集体合同，新建企业签订集体合同率达100%。2002年，63家新建企业签订集体合同制度，签订率为67.8%。2003年以后，集体合同签订率逐年递增。2008年，全区国有企业集体合同签订率达100%，新建企业集体合同签订率达70%以上。2009—2011年，结合特区企业实际情况，深入推进“两个普遍”，构建和谐稳定劳动关系，印发了《六枝特区总工会关于统一实施工会组建台账、工资集体协商台账和工会会员实名登记台账统计制度的通知》（六特工总字〔2012〕6号），统一实施工会组建台账、工资集体协商台账和会员实名制台账管理，共建基层工会组织615个，职工人数17488人，会员人数17488人，入会率达100%。

1999年，总工会启动厂务公开工作，出台《六枝特区厂务公开工作实施细则》，并在九龙酒厂、盐业公司进行试点。2000年，全面推行厂务公开工作。2002年，全区83个企事业单位推行厂务公开，并在新干线等5家新建企业中开始推行，自来水公司被评为2001年度全市厂务公开工作先进单位。2003年3月，总工会组织召开全区厂务公开工作表彰会议，表彰花德河林场等7家单位。2004年，全区73家国有和集体企业已实行了厂务公开。2005年，全区推行厂务公开的企事业单位达360家，占总数的93%；非公有制企业推行厂务公开制度的已达96家，为总数的65.3%；事业单位中，实行校务公开的达100%，其他事业单位实行内部事务公开的达98%；2007年，六枝特区推行厂务公开的企事业单位达100%；非公有制企业推行厂务公开制度为总数的85%。截至2012年12月，厂务公开工作进一步深化，推行厂务公开的企事业单位达100%；非公有制企业推行厂务公开制度为总数的88%以上。

1998年，总工会开展对国有企业领导干部进行民主监督民主评议工作。2001年，总工会与各企业主管部门亲自参与，评议结果为优秀7名，称职62名，不称职2名（一名是特区药材公司经理、一名是特区印刷厂副厂长），对不称职的企业领导进行了罢免。2002年，对全区73名企业领导干部进行测评，结果为优秀6名、称职67名。2003年，在测评76名的企业领导干部中，优秀为2名、称职为63名、基本称职为5名、不称职的为6名，对不称职的企业领导干部由职代会依法进行了罢免。2004年，66名企业领导干部参加测评，评议结果为63名称职，3名优秀。2005年，参加测评的70名企业领导干部全部称职。2006年，参加测评的54名企业领导干部全部称职。2007年，参加测评的32名企业领导干部全部称职。2008年，参加测评的46名企业领导干部全部称职。

四、基础设施建设情况

1984年，经请示特区政府同意，划拨土地2亩给总工会修建办公楼900平方米，宿舍500平方米。2001年5月和2002年8月，总工会与房地产开发商分别达成协议，由总工会提供地基1000平方米，建成商住综合楼2栋4200平方米，增加一层办公楼，工会净得门面6个（200平方米）。

第二节　共青团

一、历次共青团六枝特区委员会代表大会

1978 年 12 月，召开共青团六枝特区第二次代表大会召开，出席大会的代表 453 人，会议动员全区团员、青年站在新长征的前列，为实现社会主义现代化贡献青春。会议选出委员 39 人，第一次全委会选举书记 1 人，副书记 3 人。

1982 年 7 月，共青团六枝特区第三次代表大会召开，出席大会的代表 295 人，会议动员全区青年和团员，坚持四项基本原则，同心同德，艰苦奋斗，为进一步实现经济调整和政治安定的重大任务作出贡献。会议选出委员 37 人，第一次全委会选举常委 17 人，书记 1 人，副书记 1 人。

1986 年 9 月，共青团六枝特区第四次代表大会召开，出席大会的代表 267 人，大会动员广大团员青年在“七五”期间振奋团威，为实现“富民兴黔”“振兴六枝”的宏伟目标贡献青春和力量。会议选出委员 27 人，第一次全委会选举常务委员 7 人，书记 1 人、副书记 1 人。

1990 年 8 月，共青团六枝特区第五次代表大会召开，出席大会的代表 190 人，大会动员广大团员青年站在生产第一线，站在“科技兴农”的前列，站在改革开放的最前列，为把改革腾飞的共青团工作推向新的局面而奋斗。会议选出委员 31 人，候补委员 15 人，第一次全委会选举书记 1 人，副书记 2 人。

1994 年 8 月，共青团六枝特区第六次代表大会召开，出席大会的代表 228 名，大会号召广大青年要“投身改革，敢作敢为，在建立社会主义市场经济体制进程中，团结带领全区各族青年奋发工作，为振兴六枝经济、为开创区共青团工作新局面而努力奋斗”。会议选举委员 31 人，候补委员 5 人，第一次全委会选举常委 9 人，书记 1 人，副书记 1 人。

1998 年 12 月 20 日，共青团六枝特区第七次代表大会召开，出席代表 198 人。大会号召全区广大团员青年要“高举邓小平理论伟大旗帜，紧密地团结在以江泽民同志为核心的党中央周围，坚定信念，增强信心，锐意进取，抢抓机遇，求实创新，为完成本次大会提出的各项任务而努力奋斗”。会议选举委员 35 人，候补委员 10 人，第一次全委会选举常委 9 人，书记 1 人，副书记 2 人。

2002 年 8 月 13 日，共青团六枝特区委员会第八次代表大会在特区政府招待所召开，大会号召全区广大青年要“以‘三个代表’重要思想为指导，与时俱进、开拓创新，奋发图强、艰苦奋斗，为实现富民兴区的宏伟目标而努力奋斗”。大会选举委员 31 名，第一次全委会选举常委 7 名，书记 1 人、副书记 2 人。

2005 年 8 月 13 日，共青团六枝特区委员会第九次代表大会在工矿集团召开，大会号召全区广大团员青年要“高举邓小平理论伟大旗帜，以‘三个代表’重要思想为指导，全面贯彻党的十六大和团的十五大精神，继承光荣传统，肩负历史使命，坚持与时俱进，团结带领全区广大团员青年为构建社会主义和谐社会贡献青春和力量”。大会选举委员 25 名，第一次全委会选举常委 9 名，书记 1 人，副书记 2 人。

2008 年 10 月 11 日，共青团六枝特区委员会第十次代表大会在特区影剧院召开，大会号召全区广大团员青年要“高举邓小平理论和‘三个代表’重要思想伟大旗帜，全面贯彻落实科学发展观，抢抓机遇，凝聚合力，求真务实，开拓创新，为实现六枝经济社会发展历史性跨越谱写

一曲曲绚丽的青春乐章”。大会选举产生委员25名，候补委员12名，第一次全委会选举常委9名，书记1名、副书记2名。

2011年11月26日，共青团六枝特区委员会第十一次代表大会在特区影剧院召开，大会号召全区广大团员青年“紧密团结在以胡锦涛同志为总书记的党中央周围，高举发展、团结、奋斗旗帜，全面贯彻落实科学发展观，认真落实六枝特区第十次党代会确定的各项目标任务，勇担历史使命，唱响主基调，实施主战略，勇做突击队，在全面实现‘十二五’宏伟目标、建设文明和谐新六枝的伟大征程中建功立业，谱写更加壮丽的青春诗篇”。选举产生委员25名，候补委员12名，第一次全委会选举常委9名，书记1名、副书记2名。

二、组织建设

1979年后，团组织把工作重点转移到社会主义现代化建设上来。1984年，对农村团组织进行整顿，对团干部进行培训。共培训农村团干部815名。推荐25名优秀团员作党员发展对象。特区团委表彰11个先进团组织、65名优秀团员、11名优秀团干部。1992年起，农村团组织抓住“撤、并、建”村级组织配套建设 和农村“社教”的工作中，加强团的制度、阵地、思想建设。全区90%以上的农村团支部得到整建，配齐19个乡（镇）团委，394个行政村专兼职团干，并培训团干部，按党组织的“四化”标准，考察、调整、配备了乡（镇）以上团干部35名。1990—1994年发展新团员3500名，推荐75名优秀团员入党。

1995年，以党建带团建，从支部建设、团干选拔培训，团员教育，团员发展和推优入党等方面入手，按照“四个一”的要求和“五个好”的目标全面加强团的基层组织建设，农村团支部本着巩固一类、提高二类、整建三类的原则进行整建。整建面达95%，60%以上的农村团支部班子有力、制度健全，运转正常。1996—1997年，在团干部建设工作中，紧紧抓住“配、管、用、训”四个环节，着重提高团干部的政治理论水平和业务素质，举办了两期机关团干部微机培训班，培训人数40人，组织60余名团干参加团市委举办的昆明市团校六盘水市团干部考察培训班和中央团校培训班。1995—1998年，各级团组织举办的各种形式的培训班多达80余期，培训达6000次，发展团员7000人，推优入党300人。

1999年，团员总数13600人，团青比12.8%。2000年，团员总数14011人，团青比达15%。2001年，团员总数为15111人，团青比为16.2%。2002年，团员总数为16210人，团青比为17.1%。2003年，团员总数为17406人，团青比为19.1%。2004年，团员总数为18312人，团青比为20%。2005年，团员总数为20863人，团青比为21%。2006年，团员总数21862人，团青比为23%。2007年，团员总数25216人，团青比45%。2008年，团员总数31572人，团青比56%。2009年，团员总数34360人，团青比64%。2010年，团员总数35680人，团青比67%。

三、团务活动

（一）青年活动

1978年，恢复少先队组织和称号。1989年，少先队城镇儿童入队率100%，农村儿童入队率

62%。有 14 名辅导员被推荐到团市委进行业务理论学习和技能技巧学习。1992 年，特区直属小学少先队“五有”（即：有组织、有纪律、有文化、有道德、有理想）建设率达 100%，入队率达 100%，农村建队率达 80%。全区 2 名少先队辅导员受到全国少工委表彰，1 个中队被表彰为全国“红旗中队”，3 名少先队员获学赖宁奖章。

1994 年，实施的青年志愿者活动。全区各级团组织创建青年之家 20 余个，工矿、机关、学校团员青年积极开展为少数民族和边远地区捐书赠书活动，累计送书 13000 多册。举办“洒向人间都是爱”赈灾义演晚会，收到捐款 3 万余元、粮票 12 万余斤，支持特区抗洪抢险工作。在农村，广大青年们逐步树立依靠科技致富，发展商品生产的思想，积极投身坡改梯青年绿色工程、兴修水利和农田水利建设，涌现出植树造林好青年杨松、2 名省级“青年星火带头人”、3 名市级“优秀示范户”。在企业广泛开展“双增双节”活动。19 个乡（镇）陆续成立未成年人保护机构，特区法院成立“少年合议庭”。两次举办大规模宣传活动，印发宣传《中华人民共和国未成年人保护法》和《贵州省未成年人保护条例》资料 5000 多份。在营业性歌舞厅、酒吧、录像场、游戏机室等未成年人不宜进入的场所设置“禁止未成年人入内”的标志。本着教育、感化、挽救的宗旨分别到轿子山监狱、花贡农场帮教六枝籍少年服刑人员。

1995 年，开展结对帮扶工作，特区机关 10 个团组织与 10 个乡（镇）团委之间开展卓有成效的帮扶工作。特区卫校为新场乡免费培训医士；矿管局团支部争取 4000 元资金为木岗镇团委建设砂砖厂、为挂钩扶贫村落别程家寨筹集 6 万元资金，修通 4 公里进村公路、修善党建活动室。

1996 年，举办“庆‘五四’暨希望工程答谢晚会”，“首届成人仪式”，启动“青年文明号”“文明社区”、创建活动。在实施跨世纪素质发展计划中，加大“双推”（入团、入党）工作，开展 “千校结对，万人牵手”少先队“手拉手”活动，推荐一中、三中、四中 38 名学生参加中学生暑期社会实践活动。推进青年农民 “创百争万”活动，成立领导小组，出台实施方案，从培养青年星火带头人和新型农民入手，动员农村青年积极参与坡改梯工程，绿色工程和星火工程项目。从乡（镇）团委上报的 40 余个可行性项目中，选出示范点，先后建起了中寨百亩青年林及早熟蔬菜基地、陇脚乡石英沙厂、岩脚镇民兴村经济林及用材林等项目。为中寨乡、箐口乡、堕却乡、平寨镇引进树苗 100 万株，建起 10 个“青年林”，面积近 2000 亩。

1997 年，继续深入实施“跨世纪青年人才工程”和“跨世纪青年文明工程”，扎实推进“服务万村”活动。举办二期“绿色证书”培训班。为中寨、箐口两乡联系树苗 50 万株，建 6 个“青年林”，面积 1500 多亩。举办“送文化下乡活动”，为挂钩扶贫村送去科技图书 300 册，精心组织文艺下乡，为贫困农民捐款 800 余元。

1998—2003 年，召开了“讲文明、树新风”表彰大会，对 7 个先进个人，10 个先进集体进行表彰。“6・3”“6・26”举办禁毒日活动，发放禁毒资料累计 4000 多册，制作禁毒知识展板在各学校巡回展出，让青少年远离毒品、珍惜生命。韦仕龙、明朝林等基层团组织负责人先后获得了团中央、国家科委授予的“全国青年星火带头人”称号，白音敏、付俊分别获得团省委等部门表彰的“全省青年星火带头人”“贵州优秀青年农民”称号，大用镇周定远被评为“六盘水市十大杰出青年农民”。

2004 年，在开展志愿服务奉献社会活动——“千村行动”中，全区 220 个行政村每村都有一名志愿者宣传党的方针政策，宣传科技、文化、卫生知识。在争创文明城市活动中，组织志愿者 4 次义务清扫城区环境卫生。组织 40 名优秀青年志愿者为省计生现场会提供礼仪服务，组织 10 名青年志愿者协助参加特区外事接待工作。招募帮教志愿者20人，帮教失足青少年10（人）次。招募禁毒宣传志愿者12名，支持毒品重点整治乡（镇）的禁毒工作。举办“做豪迈中国人”——北京夏令营活动，60名中小学生参加这次活动。举办“自然之子——绿色夏令营”社会实践活动，28名中小学生到遵义参观旅游。

2001—2004年，组织200（人）次的支教志愿者，分布在全区的14个乡（镇）69所中小学任教，为特区财政节约资金150余万元。

2005年，组织城区55名志愿者为在六枝特区召开的全省计划生育表彰现场会、中寨彝族文化节活动、特区外事接待提供礼仪服务。

2006—2007年，全区注册志愿者发展到10000余人，组建“119”消防志愿者服务队23支。组建禁毒志愿者服务队21支。省、市支教支医志愿者110人。各乡（镇）建立了稳定的志愿者服务队。开展敬老助残、整脏治乱、计生宣传、禁毒宣传、“119”消防宣传、“青春红丝带”预防艾滋病宣传、陇脚布依生态园开园礼仪服务等活动。

2008年，全区各级团组织参加便民服务的单位有50多个，接受便民服务的群众6000多（人）次，慰问贫困家庭100多户。组织志愿者300余人，清理城区卫生死角50多处。发放“整脏治乱”及节能降耗宣传资料3000余份。向省团组织争取“西部计划”志愿者12名，市农村支教志愿者25名，支援偏远乡村教育工作，为特区财政节约开支约40余万元。

2009年，筹资6000元资助中寨乡平基村伍正雄、陈正财2名返乡青年新建桃树种植基地。联合职业技术学校和省机械学校在龙场乡、大用镇、洒志乡、木岗镇举行为期半月的农村返乡青年创业培训，培训农村青年1000余（人）次。召开六枝特区各行业青年代表就业创业座谈会。完成该年度西部计划志愿者转考和满2年期市农村支教志愿者转考工作。组织城区青年志愿者开展禁毒、整脏治乱、综治、普法、宣传，志愿者服务活动达3000余（人）次。招募市农支教志愿者20名，向团省委争取“三支一扶”志愿者16名，分别充实到六枝特区教育、医疗和远程教育工作一线，为特区财政节约开支60余万元。

2010年，就《网络与青少年健康成长的问题》组织召开六枝特区共青团与人大代表、政协委员面对面座谈会，争取与会人大代表和政协委员在“两会”期间通过提案、议案、大会发言等形式，呼吁学校、社会、家庭关注青少年的健康成长。组织特区一中、二中、实验中学等直属中学近300余名学生前往百年古镇郎岱镇开展纪念“五四”系列活动：瞻仰烈士墓、接受红色革命教育、清扫白色垃圾、劳动实践、文娱大联欢。

2011年，向团省委争取“三支一扶”志愿者22名，分别充实到教育、医疗和远程教育工作一线。注册各类青年志愿者2000余人，组织志愿者开展“双创双建”、禁毒、防艾滋病、综治、普法宣传活动4000余（人）次。联系南昌大学、华中科大、六盘水师范学院师生到六枝开展“三下乡”暑期社会实践活动。

（二）少先队工作

1978—1995年，各级团组织以活动为载体开展爱国主义、社会主义、集体主义为主题的教育活动，帮助少年儿童树立正确的人生观、世界观、价值观。

1996—1997年，分别组织两批100名中小学生参加夏令营活动。

1996—2003年，在开展“为了贫困的同学，奉献我们的爱心”活动中，号召广大小学生捐献一元压岁钱，共收到压岁钱1000多元。开展“手拉手”互助活动，300名城区学生与贫困山区的孩子结成互助对子。特区二小六（1）中队因成绩突出，被团省委、省少工委评为96年度省级“手拉手”优秀中队。共有6名少先队辅导员获全国少工委表彰。特区直属小学“五有”建设达100%，入队率100%，农村建队率达95%以上。

2004年，首届“红领巾”舞蹈大赛在煤机厂工会礼堂举行，21个基层团队参赛。2005年，第二届“红领巾”舞蹈大赛在六枝工矿集团礼堂举行，有14家单位参赛。2006年，第三届“红领巾”舞蹈大赛在六枝特区影剧院举行，共有22家单位选送23个节目参赛，其中14个乡（镇）选送15个节目。2007年，在全区范围内开展了以“庆‘六一’关爱农村留守儿童”为主题的慰问活动，六枝新干线为折溪乡把仕小学的留守儿童送去了价值1500元的作业本、书包、文具盒等文具用品。举行“春晖行动——义卖义捐”爱心助学活动，由商家提供商品300余套进行义卖，所得资金全部捐给留守儿童和贫困学生。

2008—2009年，主办或参办“庆祝建国60周年‘新干线杯’全区中小学生作文大赛”、“‘工行杯’中学生校园十大歌手”比赛、“喜迎祖国60华诞暨庆祝第60个国际儿童节少先队员联欢活动”、“追溯端午渊源·传承民族文化，弘扬爱国主义精神”——我们的端午庆祝活动、“颂祖国·知区情”六枝特区少先队员演讲比赛等各种政治色彩鲜明、时代气息浓厚的文娱活动和“红领巾心向党——春晖感恩”主题实践教育系列活动。

2010年，全区少先队组织广泛开展中国特色社会主义理论体系宣传教育。以“我与祖国共奋进、我与六枝同发展”为主题，加强爱国主义教育和民族团结教育。3月，特区一小组织学生开展“公民道德宣传月”演讲比赛。特区二小开展以“倡文明·树新风”为主题的黑板报评比活动。6月1日，举行全区直属小学少先队辅导员才艺展演，来自各直属学校和乡（镇）学校1000余师生观看了演出。10月15日，为庆祝“少先队建队日”特区团委举行以“红领巾心向党——春晖感恩”为主题的六枝特区第五届红领巾舞蹈大赛，来自特区直属机关、乡（镇）学校的23个代表队参赛。

2011年3月15日，组织特区一小、二小60名“红领巾志愿者”和青年志愿者前往特区福利院，打扫卫生，为老人和儿童清洗衣服，表演自编自导的文娱节目，让老人和孩子在欢笑声中真正感受到了社会大家庭的温暖。组织特区直属学校学生走上街头宣传《中华人民共和国未成年人保护法》《贵州省未成年人保护条例》和《中华人民共和国预防未成年人犯罪法》。“6·3”“6·26”，组织特区直属学校学生上街开展禁毒宣传。

四、希望工程

（一）组织机构

1992年9月，六枝特区希望工程领导小组成立，下设办公室于特区团委。确立希望工程工作会议制度，并及时根据人员变动调整工作分工。开展希望工程宣传周活动，通过发倡议书，发表电视讲话，召开动员大会宣传希望工程，发动社会募捐，共收到捐款1947.98元。举办希望工程义演晚会，当场收到捐款491.56元。1993年，特区第一个希望班折溪乡小希望班举行开班典礼。市供电局捐资19800元，资助50名贫困儿童完成小学学业。为折溪乡直溜村小捐资3000元。1994年，市建行捐资15000元为郎岱石糯尾村修建2个希望教室。

1995年3月，六盘水市商校陈玲玲捐资1000元开办新兴希望班，特区矿务局捐资办起新窑播洞希望班，市国税一分局捐资19500元举办的中寨乡小希望班开学，部分希望小学也陆续落成。8月30日，北京朝阳区捐资15万元修建的陇脚布依族希望小学举行竣工暨开学典礼，朝阳区人大副主任陈锡洪等有关领导到会祝贺，副市长马义卿为希望小学写校名。9月18日，六盘水市委书记王三运牵线，贵州东鼎实业有限公司捐资15万元修建的大用东鼎希望小学落成，省老领导苏钢亲笔题写了校名。六枝特区还与北京、南京、常州、武进、上海等地组织建立希望工程友好联系，筹到资金10万余元。9月22日，落别抵耳五菱希望小学落成庆典，江苏武进柴油机厂副厂长赵用芳、团委书记汤国荣前往祝贺。

1996年3月，召开第4次希望工程工作会议，表彰一批有突出贡献的先进集体和个人。4月，特区烟草局捐资2万元办起龙场乡小希望班，特区工行捐资2万元开办洒志平桥希望班，工行80多名职工在毛口乡救助47名失学儿童。“五四”希望工程义演晚会收到的2000元捐款转赠毛口乡小。香港佛教协会考察梭戛、洒志的学校后，捐款2万余元。4月6日，贵州省人大常委会主任王朝文到梭戛乡考察，引资6万元，修建陇戛苗族希望小学。30日，市中行为折溪乡隆茂民族希望小学捐款2万元。10月，六盘水市委副书记林师荫，为木岗镇小木岗村小学引进资金3000元，购置篮球板。省煤炭厅捐资近10万元修建的堕却乡朗树根煤炭希望小学竣工投入使用，贵州省省长陈仕能为小学题写了校名。

1997年1月，大连市政府捐资15万元修建岩脚木贡大连希望小学。北京朝阳区捐资20万元在中寨乡修建朝阳希望小学。4月，朝阳区委副书记安训生一行亲临六枝特区检查陇脚希望小学教学情况后，向该校捐资2万元。5月2日，特区团委举办希望工程答谢晚会，贵阳市何扬先生当场捐款1万元。5月15—17日，全国政协委员赵展岳为六枝特区希望工程捐资30万元，其中20万元用于修建新华乡希望小学，10万元作为乡村贫困教师奖励基金。5月26日，中国扶贫基金会理事李特特联系港商陈华智先生捐资1200元，救助2名少数民族儿童。6月11—15日，对口帮扶六枝特区的大连市甘井子区组团到六枝考察，与六枝特区签订一系列希望工程协议。即：大连市甘井子区政府捐资25万元修建一所希望小学，甘井子区团委捐资10万元在新窑乡修建一所希望小学，凌水镇捐资15万元在郎岱镇修建一所希望小学，红旗镇捐资10万元在落别建一所希望小学，革镇堡镇捐资10万元在大用建一所希望小学。甘井子区党政及社会各界还积极捐款2万元，资助238名失学儿童。7月18—21日，特区团委组织30名品学兼优的中学生、部分希望工程受助生到贵阳与惠友私立艺校的学生开展手拉手夏令营活动。1997年8月，北京朝阳区人大教科文委员会一行6人在副主任陈锡洪的带领下，亲临中寨看望朝阳希望小学修建情况，并代表朝阳区人大捐资3万元。北京朝阳区人大教科文委员会委员、朝阳区管庄街道办事处书记蒋自伟为特区配置希望书库丛书8套。1998年5月，江苏武进柴油机厂，再次捐资4.2万元，作为落别乡抵耳五菱希望小学完善硬件设施经费。全国希望工程监察巡视员云雨霖，韩小平视察郎岱希望小学建设开发和中寨乡希望工程实施情况。9月汛期，特区广大团员青年积极交纳特别团费6000元，支援灾区搭建帐篷希望小学。9月28日，市计生委捐资开办的落别乡小计生希望班举行开班典礼。11月，特区“98希望工程志愿者劝募行动”劝募资金达61132元。

1998年，全区累计接受希望工程捐款270余万元，市县乡配套50余万元，已建成希望小学

16 所，面积 1.1 万平方米，可容纳学生 8000 多名。在建希望小学 4 所，办成 11 个希望书库，开办 11 个希望班。希望工程在全区 19 个乡（镇）80 余个村，90 多所学校中实施。

2001—2004 年，投入资金 18 万元，共完善学校 11 所。引资 96 万元，修建希望小学 8 所。为学校引资配备电脑 30 余台，解决课桌凳 550 套，图书 2 万余册及衣、鞋等价值 15 万元的物资。

2005—2006 年，共接受社会各界捐款 30 余万元，新援建 2 所希望小学（洒志乡田坝希望小学、陇脚乡补雨希望小学），捐书 2.1 万册。救助资金 17 万元，衣物 1000 余件。救助贫困小学生 452 名，初中、高中学生 92 名，大学生 9 名。六枝移动公司与岩脚镇联合在岩脚镇共建 1 所农村青年活动中心——“岩脚镇爱心书屋”。

2007 年，引进资金 25 万元援建堕却乡荒坝希望小学。争取到社会各界热心人士无私援助 4 万元，解决 400 名贫困中小学生的入学困难。六枝特区党委副书记王刚个人为留守儿童捐赠 2000 元救助金，联系协调社会各界爱心人士，筹集助学金 5 万元，支持 13 名考取大学的贫困学生入学。

2008—2009 年，共筹集资金 10 万元，救助贫困大学生 5 名，中学生 2 名，小学生 200 余人。启动“手拉手红领巾图书室”创建活动，全区共创建“红领巾图书室”3 个，“红领巾图书角”54 个、“红领巾书架”8 个，捐赠图书 6000 余册。与非公企业新干线联系，共筹集资金 6000 余元，慰问 50 名农村留守儿童。

2010 年，筹集资金 100 余万元钱（物）用于资助贫困学生。“六一”节来临之际，特区团委组织开展全区“城区少年手拉手团结互助活动”，选拔 20 名来自边远山区的农村留守儿童与特区直属学校的 20 名少年结对子，为 40 名小朋友搭建相互学习、共同进步的平台。组织 20 名留守儿童参观了德克士、新干线五分店超市，新干线团总支向小朋友赠送价值 2000 多元的书包、牛奶等物品。

2011 年，募集助学金 5 万元，资助贫困学生 10 名，“圆梦大学”助学金 3 万元，资助贫困学生 10 名。筹集资金 27 万元援建希望小学 3 所。开展青年就业创业小额贷款工作，共完成小额贷款 82 笔，合计 265.7 万元。

第三节　妇联

全区共有 19 个乡（镇）妇联，220 个村妇代会，17 个社区妇联，5 个居委会妇联，2 个非公经济妇委会及 29 个机关事业单位妇委会及妇代小组，妇联组织网络基本达到全覆盖。

一、妇女联合会代表大会

1978 年 12 月 25—30 日，六枝特区第二次妇女代表大会召开，出席代表 450 人，选举出委员 41 人，常委 13 人，主任 1 人，副主任 2 人。

1985 年 6 月 24—28 日，六枝特区第三次妇女代表大会召开，出席代表 230 人，选举出委员 29 人，常委 13 人，主任 1 人，副主任 1 人。

1990 年 8 月 7—9 日，六枝特区第四次妇女代表大会召开，出席代表 197 名，特邀 3 名。大会选举产生执行委员 27 名；常务委员 9 名，主任 1 名，副主任 2 名。

1995 年 8 月 21—24 日，六枝特区第五次妇女代表大会召开，出席代表 195 名，特邀代表 6 名。大会选举产生执行委员 31 名；常务委员 9 名；妇联主席 1 名，副主席 2 名。

2000 年 8 月 9—11 日，六枝特区第六次妇女代表大会召开，出席代表 193 名，特邀代表 4 名。大会选举产生执行委员 29 名；常务委员 9 名；妇联主席 1 名，副主席 2 名。

2005 年 7 月 26—29 日，六枝特区第七次妇女代表大会召开，出席代表 195 名，特邀代表 5 名。大会选举产生执行委员 29 名；常务委员 9 名；妇联主席 1 名，副主席 2 名。

2010 年 8 月 29—31 日，六枝特区第八次妇女代表大会召开，出席代表 197 名，特邀代表 5 名。大会选举产生执行委员 31 名；常务委员 9 名；妇联主席 1 名，副主席 2 名。

二、主要工作

1978 年，改革开放以后，全区各级妇联以经济建设为中心参加“四化”建设，开展争当“三八红旗手”“三八”红旗集体、“五好”家庭活动，兴办托幼组织，作计划生育思想发动工作。

1979—1994 年，在农村开展“双学双比”（学技术、学文化、比成绩、比贡献）活动。据 1990 年统计，全年共举办扫盲班 544 个，扫盲妇女 16997 人，脱盲 9156 人。举办各种实用技术培训班 919 期，有 85950 名妇女参加培训。在城镇妇女中开展“巾帼建设”活动。在农村举办各类实用技术培训 1103 期，培训妇女 61231（人）次。建立妇女丰产坝 23 个 4400 亩，涌现出“女老板”3 名。在城镇开展以提高妇女整体素质，造就妇女人才，增效益、比贡献为主要内容的巾帼建功活动，有 41 名妇女干部职工受到省、市、特区三级政府表彰。

1995 年，全区组织 5101 名妇女参加扫盲，4336 名妇女脱盲。举办各类实用技术培训 1073 期，培训妇女 28539 人。建“三八”绿色工程 8 个 5760 亩，“三八”果园 30 个 2415 亩。组织妇女义务植树 500 万株，培养以妇女为主的科技示范户 1009 户。帮扶贫困户 378 户，脱贫 409 户 1536 人。44 名妇女被评为“三八”红旗手，17 个岗位被评为“三八红旗集体”，25 户家庭被评为“五好”家庭，8 名妇女被评为企事业能手。

1996—2000 年，全区有 113712 名农村妇女参加“双学双比”活动，占农村妇女劳动力总数的 98%。全区各级妇联配合有关部门办扫盲班 1661 个，组织 25819 名文盲妇女参加扫盲班学习，脱盲 17325 人。配合有关部门办农村实用技术培训班 12186 期，培训妇女 121986（人）次，760 名妇女获得了绿色证书。在巾帼扶贫行动中，各级妇联、农村妇代会主任、女科技示范户、女能手、女党员分别与贫困妇女结对帮扶，共帮扶 2514 户贫困妇女。在十二个行业的女职工中开展“十创十评”活动，12 名女职工受到市表彰，2 名女职工受到省表彰。特区妇联表彰“双学双比”女能手 40 名，“三八红旗手”76 名，“三八”红旗集体 19 个，“五好文明家庭”50 户，授予 14 个单位“巾帼文明岗”称号。开办“春蕾”女童班，共救助 425 名女童。开展“树九县、带百乡、促千村”活动，推荐 1 个先进乡、15 个先进村参加省评选。1999 年，1 名女村支书被评为“全国十大农民女状元”，特区妇联被全国妇联评为“三八”红旗集体。

2001—2005 年，全区各级妇联组织共举办各类农村科技培训班 3660 期，培训妇女 276959（人）次。建女农民技术学校示范点 2 个。办农业、种养殖业绿色证班 34 个，共培训农村妇女学员 1448 名，有 1307 名妇女获得绿色证书。培训女中学生 280 名。全区共建“三八绿色工程”42 个，面积4090亩，“三八科技示范基地”5个，面积350亩。参加植树造林的妇女36460（人）次，植树面积17700亩。争取到“大地之爱·母亲水窖”项目三期在特区实施，共投入资金101.29万元，修建水窖1514口，解决6800余人、4500余口牲畜的饮水问题。协调投入资金5万元，修建沼气池50口。协调发放小额循环金16万元、小额扶贫贷款45万元帮助农村妇女增收致富。共建扶贫联系点23个，“计生三结合”帮扶结对子2462户，2000余户脱贫。表彰“五好文明家庭”708户，“三八红旗手”113个，为18个“巾帼文明示范岗”授牌。创建“美德在农家”活动示范点2个。启动“安康教室”项目，争取到价值3万余元的电教设备3套，分别送到木岗、箐口、新窑三个“安康教室”试点学校，改善农村学校的办学条件。加大“春蕾计划”救助力度，争取到社会各界人士助学款46080元，576名贫困女童得到救助。启动“母亲健康快车”项目，为农村贫困人口、贫困母亲、孕产妇及危急症病人提供服务。开展“关注妇女健康”活动，办培训班19期、培训妇女2000余人，发放药品、宣传手册等6500余套，价值23000余元。开展各类宣传咨询活动45次，发放各种宣传资料80000余份，接待群众4000余（人）次。开设“148”维权专线。接待处理群众来信790件、来访886（人）次。开展“争做合格父母，培养合格人才”和“关注未来、关爱孩子”思想道德教育传播行动。构建妇联基层组织网络，先后完成乡镇、村委、社区妇联组织及机关妇委会的换届选举工作，推荐村妇代会主任进“两委”。成立首家非公有制经济领域的妇女组织新干线超市妇委会。向有关部门和上级妇联推荐优秀妇女人才。

2006—2010年，全区各级妇女组织把团结动员妇女参与经济发展作为首要任务，以提高妇女科技文化素质和增收致富能力为重点，对贫困妇女、失业待业妇女、闲散妇女实施扶贫+就业培训+就业创业服务的“六枝妇女创业行动”，共组织14800名农村妇女骨干、外出务工妇女和农村“留守妇女”参与农村实用技术、绿色证书等培训，获得绿色证书妇女800名。在政府推动的失业人员再就业培训、创业培训、“女性素质工程”培训中，培训妇女3642名，其中有1040名在二、三产业中实现了就业，一大批创业致富带头人脱颖而出。全区共有区级以上“女能手”60名，其中市级10名；荣获区级以上“三八”红旗手称号妇女75名，“三八”红旗集体15个。各级“妇”字号示范基地8个。向上级部门争取小额贷款、小额循环金49万元，扶持110名妇女创业致富。启动了“岗村结对、巾帼共建新农村”活动。创建巾帼文明示范岗7个，其中市级2个、区级5个。创建“巾帼文明示范村”8个。引导4个“巾帼文明示范岗”与村结对组成共建单位。深入开展“文明家庭”“绿色家庭”“平安家庭”“学习型家庭”“廉洁家庭”“无毒家庭”创建和“不让毒品进我家，做合格妈妈”及“整脏治乱”等活动。举办以“家庭助廉人人有责，建设和谐家庭”为主题的“百万妇女学法律”维权宣传活动。开展“节能减排进家庭进社区行动”。在全区未成年人中开展一年一个主题实践活动。开展“三八维权周”“反家暴宣传周”“法制宣传月”“禁毒宣传月”“母亲健康快车”宣传咨询活动。利用“母亲健康快车”服务站为妇女免费义诊25089（人）次，为39名特殊病例妇女提供救助，减免费用68275元。深入实施留守儿童结对关爱行动和“春蕾计划”。挂牌四家亲情活动室和留守儿童之家，与42名春蕾儿童结对。在扶贫助困、抗灾救灾活动中，与1299名妇女开展结对帮扶，协调贷款金额达204810元。慰问特困儿童（留守儿童）1088（人）次，慰问资金达87009元。为孤残儿童募捐新旧毛衣共472件。为扶贫点送去慰问金及生活所需物品折合人民币42000元，雪凝灾害和“5·12”汶川大地震之后，号召全区妇女为灾区捐款156636元。

2011年，全区妇联系统共举办各类短期种养殖实用技术培训班16期，培训妇女1900余人。营建“三八”绿色工程林2个，面积达100亩。在郎岱镇青菜塘村创建了以妇女为主的“科技示范蔬菜基地”1个，涉及农户48户，面积600亩。共审核申报发放农村妇女创业就业小额扶贫担保贷款70户，364.5万元。建立帮扶联系点20个，帮扶270户农户。创建“巾帼示范村”18个，其中梭戛乡高兴村为县级“巾帼示范村”示范点。开展以“关爱留守儿童”为主题的“六一”慰问活动。深化“五好文明家庭”创建工作，组织全区广大妇女积极参与“平安家庭”“学习型家庭”“绿色家庭”“低碳家庭”“廉洁家庭”创建和“双创双建”活动。抓好“妇女之家”建设管理工作，在全区220个村和17个社区挂牌建立“妇女之家”，实现“妇女之家”全覆盖。开展普法宣传，深化“不让毒品进我家，做合格妈妈”，创建“无毒社区”宣传活动。

第四节　工商联

一、组织机构

1988年10月4日，六枝特区工商联第一届会员代表大会召开。1994年11月25日经特区党委批准加挂六枝特区“商会”牌子。执行一套人马，两块牌子。1995年8月，特区党委批准成立六枝特区工商联（商会）党组。

二、会员代表大会

1988年10月4日，六枝特区工商联第一届会员代表大会召开选举主任委员1名，副主任委员2名。常务委员7名，执委22名。

1993年8月3日，六枝特区工商联二届会员代表大会召开，选举主任委员1名，副主任委员3名，秘书长1名，执委23名。根据工作实际不设常务委员会。

1997年4月3－4日，六枝特区工商业联合会（商会）第三届会员代表大会召开，选举任副会长5名（2名不驻会），同年10月30日二次执委会选举会长1名，秘书长1名。

2001年8月28－29日，六枝特区工商业联合会（商会）第四届会员代表大会召开，选举会长1名，副会长7名（5名不驻会），秘书长1名，执委29名。

2003年4月，六枝特区工商业联合会第四届四次执委会改选会长。

2006年8月9日，六枝特区工商联（商会）第五届会员代表大会召开，选举工商业联合会（商会）第五届执委会主席（会长）1名，副主席（副会长）2名，执委49名。

2011年11月29－30日，六枝特区工商联（商会）第六届会员代表大会召开，选举工商业联合会（商会）第六届执委会主席（会长）1名，副主席（副会长）2名，10名不驻会副会长，执委59名。

三、组织发展和基层队伍建设

1994年1月，特区工商联拟成立工商联乡镇分会组织获批准。1995年特区工商联出台《关于建立工商业联合会乡镇分会的意见》后，平寨、郎岱、岩脚、大用、木岗、中寨、落别7个乡镇成立了工商联分会组织，设立理事会，成员由 9 人组成（乡镇党委或政府一名副职领导任会长，2 名有影响、表现好的非公人士任副会长，乡镇抽专人 1 人任秘书，由工商所长、税务所长和非公有制经济代表人士中的积极分子共 5 人担任理事）。

2011 年，全区有工商联会员 1039 个。其中，团体会员 1 个，企业会员 122 个，个人会员 918 个，骨干会员 100 余名。全区共有基层组织和行业商会 20 个，除洒志、折溪、毛口、牛场、新场 5 个乡外，其余 14 个乡镇都有工商联分会。建成工商联行业商会 5 个，分别为六枝特区工商业联合会（商会）煤炭行业商会、冬瓜商会、蜂窝煤商会、外来投资企业商会、医疗行业商会。建成同业工会 2 个，分别为六枝特区工商业联合会（商会）运输同业工会，饮食同业工会。异地商会 1 个，六枝特区工商业联合会（商会）浙江商会。各商会组织在特区工商联的指导下，按照“自愿入会，自选领导，自聘人员，自筹经费，自理会务”的原则，实行管理、服务、约束、协调、教育。

四、非公经济企业党建情况

2011 年，全区 690 家经工商行政部门注册登记的非公企业，已建 28 个规模以上非公党组织以及 19 个乡（镇）非公经济党支部。现有规模以上非公经济组织党员 173 名。

五、参政议政情况

2011 年，会员中非公经济代表人士有省工商联执委 1 人，市工商联常委 4 人，市工商联执委 15 人；省党代表 1 人，市党代表 1 人，特区党委候补委员 1 人，市人大代表 7 人，特区人大代表 7 人；市政协常委 2 人，市政协委员 8 人，特区政协常委 7 人，委员 24 人。他们通过“两会”发言、代表议案、委员提案及各种会议形式参政议政，建言献策，为六枝经济社会发展作贡献。

第五节　科协

一、组织机构

1979 年，六枝特区科学技术协会从六枝特区科委分离出来。1981 年 3 月，召开六枝特区科协第一届委员会。先后成立气象学会、会计学会、医学会、林学会、水利学会、农学会、电子学会、科教电影学会、青少年科技辅导协会、果树栽培协会、庭院经济协会杜仲栽培协会、养鸭协会、小学语文教学研究会、小学数学教学研究会、中学英语教学研究会。1992 年，增加科普美术协会、蔬菜栽培协会、锅炉协会、花卉协会、中草药研究会。1993 年，增加了西瓜协会、葡萄协会。1995 年，成立六枝特区科普工作领导小组，协（学）会发展到 27 个。1998 年，全区 19 个乡（镇）相继成立科普领导小组及乡（镇）科协。

二、科技宣传与普及活动

第一届科协，因为刚成立，主要是打基础，成立学会、协会、研究会，摸索科普工作新路子。第二届工作主要为：每年3月18日是全省科技宣传日，5月有全国科技宣传活动周，9月中旬有一周的全国科普日系列活动。科技宣传形成制度化，同时应用群众喜闻乐见、易于接受的内容和方式开展科技宣传。

1980—1983年，深入农村、厂矿放映科技电影、展出科技图片。开办《科普小报》和《六枝科技》刊物，推广先进技术。在科协点上引进农作物新品种和畜禽新品种进行试种、试养示范，先后在店子、老卜底引进“万农一号”和小麦“贵农一号”试种，获得成功，在境内推广。引进畜禽新品种樱桃谷鸭、埃及胡子鲶在渔塘、纳骂试养，示范、试养成功后，召开全区农村现场会进行推广。

1999—2001年，科协牵头组织科技、农业、水利、林业、宣传、卫生、国土、环保、气象部门的广大科技工作者利用乡镇赶集日开展科技下乡活动46次，参加学（协）会22个，参加人员246人发放科技资料129377份，图书8675册，药具1074盒，农药100包，科技刊物1807册，义务就诊13060（人）次，科技咨询37678（人）次，展出科技图片1698幅，放科教电影、录像24场，制作展板129块，建科普宣传栏1个。举办科技培训。“农函大”“绿证”培训共30期，培训内容有种植、养殖、庭院经济等13个专业，参培人数2137人，办证1228人，赠送“农函大”教材3000余本，培训科技示范户8户。短期培训共353期，52692人，其中包括“世行”培训1万余人，以及林学会、农学会、气象学会等专业技术科技培训。新技术新品种试验示范。科协引进“热研4号”王草、小黑牧草、鲁梅克斯草、紫花苜蓿草、虎坚果试验示范。培养带动科技示范户190户，科技带头人47人。开展青少年科普活动。科协和青少年科技辅导员协会共同开展“人与自然”“科技夏令营”，参加学生236人。组织科普知识竞赛，共参加学生5万余人。组织学生搞科技发明制作比赛2次，参赛作品125件，科普绘画1次，共收作品486件。组织学生参加“我与环保”小论文活动，共收小论文46篇，获得省、市科技小论文、科技小发明作品奖21（人）次。中学生英语教学研究会组织4000余人参加全国英语竞赛活动，获全国特别奖10名、一等奖30名。在党建扶贫工作中，为洒志乡四棱碑村解决了农村用电问题、修通通村公路、培训农民实用技术。

2002年《中华人民共和国科学技术普及法》颁布实施，科协复印10000份发送给乡（镇）和社区居委会。

2003—2007年，科协对乡（镇）科协实施目标管理。科普下乡活动26次，科技人员参与活动508人，发放农业实用技术法律法规、农村政策等宣传资料38.3万份（册），图片资料2350份，避孕药具18400件（套），义诊8800（人）次，发放价值3.57万元的药品，B超检查656（人）次，科技咨询25270（人）次。在特区那平路休闲广场建一个长10米，高2.55米科普橱窗一座。科协、特区有线电视台与中国科协签订协议，在特区有线电视台播放中国科协提供的科普光碟，每周星期六18时首播，周日同一时间重播，每次15分钟。科协组建一支学历高、职称高、素质高、热爱科普事业的科普志愿者队伍，共119人，参与科普宣传活动。对全区科技带头人数量、结构、地区和行业分布进行全面调查，有科技带头人323户，其中，种植业83户，占25.4%；养殖业146户，占45.2%；林业6户，占1.9%；综合类（种养殖及加工）89户，占

28.6%。开展首次公众科学素养调查，涉及平寨、郎岱、新窑、堕却等4个乡（镇）8个村40户。申报实施中国科协和财政部“十一五”期间联合实施的奖励项目科普惠农兴村计划，六枝特区岩脚养鸡协会获得农村专业技术协会奖20万元，贵州鑫农牧业公司经理刘挺获得农村科普带头人奖金5万元。对学（协）会的服务与指导。2003年7月，指导特区珠算协会举办每年全区珠心算比赛。指导六枝特区药学会对全区中药材种植情况进行调研。指导特区盆景艺术协会选送优秀作品参加“凉都消夏文化节”展览。邀请省科协科普教育专家到六枝对全区100多名科技辅导员教师进行培训。5年间，科协共组织五届青少年科技创新大赛，参赛作品748件，其中参加市级以上竞赛作品218件，有112件作品获市级奖，30件作品获省级奖，2件作品获全国三等奖。特区科协分别获全国、省、市组织奖各1次。组织全区7000多名学生参加“智力七巧板”竞赛活动，其中2006年3000名，2007年4000名。2007年推荐17名优秀选手参加市级竞赛，17件作品全部获奖，其中一等奖13名，二等奖3名，三等奖1名，一等奖获奖人数居全市首位。组织学生开展消防知识培训，观看消防演练，参与消防知识抢答。举办“绿证”培训21期，培训学员1020名。短期农民实用技术培训12期，培训农民700人。区级学会25个，会员1618人。农村专业技术协会发展到58个，会员6337人，岩脚养鸡协会、大用毛坡大蒜协会、洒志茶叶协会，成为带领农民共同发展、共同富裕的先进典型。

2008—2011年，组织大型科普宣传活动10次，参与科技人员520人，发放农业实用技术、法律法规、农村政策宣传资料17.3万份（册），图片资料4350份，避孕药具8400件（套），义诊3800（人）次，科技咨询5270（人）次。进社区，宣传科学技术，在那平路社区、文化路社区、那固坝社区、公园路社区开展“讲科学生活、建文明社区”活动。进校园，每年均邀请市科协科普大篷车到六枝2至3所学校展示科普知识图片，9所学校2万余名学生观看展出。“气象日”，组织11000余名学生到气象科普基地开展活动、接受教育。组织学生到消防部队接受消防知识教育，邀请省地震专家到二中、一中讲解地震知识。申报实施中国科协和财政部“十一五”期间联合实施的奖励项目科普惠农兴村计划。洒志乡茶叶协会、龙场乡蔬菜协会、郎岱酱业协会、郎岱镇石糯尾村陈亚祥分别获得全国“科普惠农兴村计划”项目奖励。抓好新项目新品种的示范。充分利用堕却、新华适合种洋芋的特点，到甘肃引进太空乌、紫云1号、黑美人、黑金刚、庄署3号、云署6号等17个品进行试验。引进梅花鹿、太和乌鸡到乡（镇）进行试养，获得成功，梅花鹿达167头，太和乌鸡达10万羽。引进太子参、龙胆草、桔梗、丰夏、黄柏等中药材到随却、岩脚、新场、新华试种并获成功。指导新华乡群众养殖山鸡、竹鼠获得成功，存栏山鸡5000羽、竹鼠200只。举办“绿证”培训6期，培训学员240名。举办农民实用技术短期培训5期培训学员1470人。举办科技致富“二传手”培训2期，培训学员121名。举办“农函大”农业实用技术培训1期，培训学员60人。指导学（协）会依法进行社团登记，对新成立的学会进行业务培训和工作指导。组织乡镇农技协代表外出参观学习。共培训青少年科技辅导员400（人）次。组织青少年科技辅导员观摩省、全国科技创新大赛活动，观摩省科技创新大赛的辅导员达300（人）次，参加观摩全国科技创新大赛的辅导员35（人）次。组织青少年科技创新大赛比赛活动。五年中，共收到参赛作品605件。其中：2008年101件，2009年152件，2010年122件，2011年120件。并推荐320件作品参加市级竞赛，有215件作品获市级奖，推荐23件作品推荐参加省级科技创新大赛，获特等奖1件，一等奖3件，二等奖13件，三等奖16件，推荐3件作品参加全国科技创新大赛，获三等奖。特区科协获省级组织奖1次。

第六节　文联

一、组织机构

1983年6月20日，六枝特区文艺创作者协会成立，任命主席1名，副主席5名，同时成立下属音乐、美术、摄影和书法协会。1985年9月，成立六枝特区桃花诗社。1988年1月，成立六枝特区文学戏剧协会。1988年1月，六枝特区文学艺术界联合会第一次代表大会在六枝召开，出席会议代表62人。会议选举产生六枝特区文学艺术界联合会第一届委员会主席、副主席、委员及下属协会负责人。1988年7月，六枝特区成立音乐舞蹈协会、六枝特区京剧协会。1994年更名为“六枝特区作家协会”。1994年7月，六枝特区文学艺术界联合会设办公室，配4名专职干部。2010年6月，六枝特区文学艺术界联合会第二次代表大会召开，会议选举产生文联主席1名、副主席1名。

二、主要活动

六枝特区文联通过主办、联办、协办等多种形式开展各类文艺活动。常规活动主要有：书画展、收藏展，以及特区、宣传部交办的各类大小型文艺活动。开展文艺调演和采风活动，赴革命老区、历史人文景观和工农业重点地区考察、写生，体验生活，创作一系列小说、诗歌、散文、戏剧、民间故事传说等作品，在国家、省、市、县媒体发表。加强文艺交流活动，请外地名家到六枝，或组织本地作家赴外地进行艺术交流活动。举办小型书画笔会、文学笔会，送文艺到基层，组织书法家到农村义务写春联；组织音舞协会送文艺节目到企业、乡（镇）学校巡回演出。开展形式多样的文艺赛事，组织征文及其他艺术大赛活动。面向社会，参与有关单位开展文艺类竞赛、评比、联欢活动，为活动单位或主持、或写串词、或策划。负责《六枝文艺》和《桃花诗社》的印刷出版。

（一）文艺创作者协会

组织全区文学爱好者进行文学创作活动，建立了六枝特区作家协会QQ群、六枝文艺QQ群和文学交流网站，为会员提供交流学习的平台。作协与社会多方合作，开展“走进龙场·感受发展”“蜂王屯采风”活动，增强会员之间的交流，扩大作协在社会的影响。邀请多名著名作家、诗人、理论家指导作协工作和开展文学交流。协助办好文联内部刊物《六枝文艺》，参加省、市作协举办的有关活动。

（二）美术协会

组织作品参加全国省市各级美展，有不少会员作品入选并获奖。

（三）书法协会

以繁荣创作为中心，通过开展丰富多彩的活动，推动书法艺术创作、书法培训、书法展览等工作的开展，进一步扩大六枝书法艺术的影响力。

（四）摄影协会

举办多次摄影比赛和征集活动，多次组织会员赴云南、四川等地采风创作，举办多次摄影艺术及个人影展。

（五）音乐舞蹈协会

六枝特区音乐舞蹈协会成立后，开展理论研究、在音乐舞蹈表演等各方面工作做出积极的努力，培养人才，繁荣创作，协会队伍不断壮大。

（六）京剧协会

会员坚持每周一次学唱、排练、演唱，不断提高演唱水平。培养京剧爱好者后备人才。开展对外交流，组织会员观摩，向专业名家老师学习，向兄弟协会票友学习。开展公益性演出活动，到机关、街道社区、广场、学校演出京剧节目，配合全区重大宣传活动，普及京剧艺术，活跃群众业余文化生活。

（七）桃花诗社

桃花诗社主要吸收本地部分诗词爱好者为会员，1989 年第 2 届桃花诗会首次集印《桃花集》之后，遂不定期出版诗词选集。1993 年改版，定名为《桃花诗萃》，每年编印一册，两年召开一次诗会。2011 年，有固定会员 300 余人，共编印诗集 24 本。《桃花诗萃》设有“格律诗”“古体诗”“新体诗”“散文诗”“歌词”“诗词评论”等栏目，每册约发表 400 余件诗词作品，是六枝的特色文化。编选的诗词作品多次获各类奖项，被省、市多种文艺刊物选载。

第七节　残联

一、组织机构

六枝特区残疾人联合会前身为六枝特区盲人聋哑人协会，成立于 1984 年 7 月，由特区民政局代管。1990 年 9 月，六枝特区残疾人联合会成立，为副科级事业单位，编制 7 人，计划单列，办公地点设在特区民政局。2002 年政府机构改革，残联定事业编制 6 名，定理事长职数 1 名、副理事长 1 名，正副股长（主任）3 名。残联机关内设办公室、教育就业股、康复股。经费由财政预算，管理人员列入参照试行国家公务员制度范围。

二、历次代表大会

1984 年 7 月 22 日，六枝特区第一次聋哑人代表大会召开，选举产生六枝特区盲人聋哑人协会第一届委员会委员 19 名，选举主席 1 名，副主席 5 名，协会设办公室，由 1 名专职人员负责日常工作，由特区民政局代管。

1986 年 11 月 23 日，六枝特区盲人聋哑人协会召开第一届委员会第二次会议，调整协会领导成员。

1990 年 10 月 31 日，六枝特区残疾人联合会召开第一次代表大会，选举六枝特区残疾人联合会第一届主席团委员 27 名，选举主席 1 名，副主席 4 名。残疾人联合会主席团设立执行理事会作为主席团的执行机构，代表六枝特区残疾人联合会主席团负责日常工作。推举并经特区人民政府批准，特区残联常设执行理事会理事长，由理事长提名聘任副理事长 1 名。

1996 年 4 月 9 日，在六枝特区政府第二招待所召开六枝特区残疾人联合会第二次代表大会，选举六枝特区残疾人联合会第二届主席团委员 36 名，选举主席 1 名，副主席 4 名，推举六枝特区残疾人联合会第二届主席团执行理事会理事长和副理事长各 1 名。聘请名誉主席 1 名。

2003 年 4 月 28 日，召开六枝特区残疾人联合会第三次代表大会，选举六枝特区残疾人联合会第三届主席团委员 37 名。选举主席 1 名，副主席 5 名，聘请名誉主席 1 名。推举残疾人联合会第三届执行理事会理事长、副理事长各 1 名。

2007 年 10 月 19 日，召开六枝特区残疾人联合会第四次代表大会，选举六枝特区残疾人联合会第四届主席团委员 45 名，选举残疾人联合会第四届主席团主席 1 名、副主席 10 名，推荐残疾人联合会第四届执行理事会理事长 1 名、副理事长 2 名。名誉主席 1 名，名誉副主席 2 名。设立 5 个残疾人专门协会：盲人协会、聋人协会、肢残协会、智残亲友协会、精神残疾人及亲友协会。

三、开展的主要活动

六枝特区辖 5 镇 14 乡，25 个居委会，220 个村委会。据 2008 年对全区残疾人建档立卡统计，有各类残疾人 50086 人，占人口总数的 7.2%。肢体残疾 30066 人，视力残疾 11185 人，听力残疾 6199 人，言语残疾 605 人，智力残疾 504 人，精神残疾 378 人，多重残疾 1149 人。0 ~ 6 岁残疾儿童 279 人，7 ~ 17 岁残疾少年 1200 人，18 ~ 60 岁残疾 23801 人，60 岁以上残疾人 24806 人。农业人口残疾人 38280 人，非农业人口残疾 11806 人。参加医疗保险的残疾人 47212 人，占 94.3%（参加农村合作医疗的 36782 人，参加城镇医保的 10430 人）。纳入低保救助的残疾人 43489 人，占 86.8%（农村低保 33484 人、城镇低保 10005 人）。有就业能力的残疾人 21676 人（现已就业的残疾人 16376 人，占 75.5%；未就业的残疾人 5300 人，占 24.5%）。

（一）不断加大对《中华人民共和国残疾人保障法》和残疾人相关法规的宣传贯彻力度，通过有线电视、广播、标语多种形式以及全国助残日宣传“残疾人保障法”，发放各种资料上万份；开展执法检查，维护残疾人合法权益；落实残疾人政策，应收尽收残疾人保障金。2006—2011 年，共征收残疾人保障金1000多万元；落实残疾人最低生活保障政策，全区贫困残疾人全部纳入低保，实现了贫困残疾人低保全覆盖。

（二）做好残疾人基本医疗保障工作，动员残疾人参加新型农村合作医疗保险及城镇医疗保险，明确贫困残疾人的参保费用由特区财政统一支付，提高参保率，有效解决残疾人看病难和因病返贫的问题。

（三）做好残疾人维权和法律援助工作。依法维护残疾人的合法权益，深入基层调研，解决残疾人的重点、难点问题。2008—2011年，接待各类残疾人来信来访468（人）次364件，办理答复364件。协调司法部门帮助龙场乡残疾人陈洪国和中寨乡残疾人吕阳爱两人讨回伤残补助60万元，减免法律援助费上万元。

（四）残疾人康复工作稳步推进。一方面积极协调特区人民医院、市二医深入全区19个乡（镇）开展对白内障、肢体残疾、聋哑、肢残、精神残疾患者筛查登记工作，另一方面争取资金为残疾人进行康复治疗，2008—2011年，共争取资金326万元，为766名白内障患者进行手术治疗，为137名肢体残疾人安装了假肢，为33名低视力患者配置了助视器，为77名肢体残疾人肢体矫治及肢体康复训练，培训46名聋儿家长，训练22名弱智儿童家长及弱智儿童，为115名精神病患者综合治疗，为294名精神、智力和重度残疾人发放居家托养补助金106万元。

（五）残疾人教育培训工作力度加大。在残疾人教育、培训工作中，始终坚持以普及九年制义务教育和职业技能培训为重点。一方面帮助残疾人儿童、少年普及义务教育；另一方面开展城镇、农村残疾人农业实用技术和职业技能培训，使他们掌握一技之长。全区残疾人适龄儿童入学率从2007年的65%提高到2011年的75%。培训城镇、农村残疾人20期1960人。

（六）2008—2011年，引导扶持12560名农村残疾人参加农村生产劳动，帮助130名残疾人自主择业，集中、分散安置286名城镇、农村残疾人到企、事业单位就业。

（七）2008—2011年，争取《中国残疾人联合会国家专项彩票公益金农村贫困残疾人危房改造项目》和《农村茅草房改造项目》资金92.5万元，为185户贫困残疾人改造危房，为45户残疾人作了障碍设施改造。

（八）丰富残疾人文体生活。组织参加贵州省第三、四届残疾人运动会和全国残疾人特殊奥运会，在2010年贵州省第四届残疾人运动会上，运动员冯帮云获得男子举重60公斤级金牌，刘磊获得男子飞镖团体金牌和男子飞镖站立组第四名，耿亚洲获得男子50米仰泳银牌，朱金平获得男子象棋第六名，张庭江获得男子田径200米金牌、400米金牌和100米第六名的好成绩。2011年5月在北京召开的全国特奥田径运动会上，何登伟获得女子800米金牌和女子4×100米接力铜牌，田力获得男子800米金牌和男子400米金牌，刘登运获得男子200米、4×400米接力两枚金牌和男子4×100米接力，男子100米银牌两枚，罗巧云获得女子铅球金牌和女子200米银牌及女子4×100米接力、女子4×400米银牌，苏明获男子400米金牌和男子跳远银牌，杨江龙获男子跳远金牌和男子铅球铜牌。六枝特区残疾人联合会荣获六盘水市人民政府授予六盘水市2011年全国特奥田径比赛先进集体，罗巧云、刘登运荣获2011年全国特奥田径比赛道德风尚奖，罗巧云、刘登运、苏明、田力、杨江龙、何登伟被六盘水市人民政府授予“六盘水市2011年全国特奥田径比赛优秀运动员”称号。在2011年贵州省残疾人游泳锦标赛中，运动员杨天顺荣获男子组100米蝶泳第三名，男子组100米自由泳第四名、男子组400米自由泳第四名及男子4×100米混合泳第五名。组织参加第七届贵州省残疾人艺术汇演，参加了第三、第四届全省残疾人职业技能竞赛。充分利用“全国助残日”“国际残疾人日”“聋人节”“盲人节”等残疾人节日，开展全区文体活动，使六枝特区人道主义思想广泛弘扬，扶残助残蔚然成风，残疾人参与社会活动的环境进一步得到改善。

第八节 红十字会

一、机构

特区红十字会是原特区卫生局的股室，1988 年 12 月，召开六枝特区红十字会第一次会员代表大会。业务工作由特区卫生局下设的股室负责。2002 年 6 月，六枝特区红十字会成立，明确为正科级建制，内设办公室、业务股。2004 年 11 月 30 日，召开特区红十字会第二次会员代表大会，出席代表 96 人。会议选举特区红十字会第二届理事会理事 25 人，常务理事 11 人，会长 1 人，常务副会长 1 人，副会长 7 人。

2010 年 11 月 24 日，召开特区红十字会第三次会员代表大会，出席代表 124 人。会议选举特区红十字会第三届理事会理事 23 人，常务理事 11 人，会长 1 人，常务副会长 1 人，副会长 5 人。2011 年，成立基层红十字会组织 60 个，发展会员 5593 人，青少年会员 3210 人，红十字志愿者 248 人。

二、业务活动

面对境内发生的各种自然灾害，争取到大米、药品、棉被、棉衣、食用油、抽水机等价值 200 万余元的救灾物资。

2005 年 1 月，组织全区机关干部为印度洋海啸灾区捐款 4.7 万余元。

2008 年，“5・12”汶川大地震期间，组织特区社会各界向汶川地震灾区捐款 280 万余元。

2009 年，向受“莫拉克”台风袭击的台湾灾区同胞捐款 5 万余元。争取中国红十字会援助 3.6 万元建起 6 个“红十字书库”，30 万元新建中寨乡移山村博爱小学 1 所、20 万元新建堕却乡博爱卫生院 1 所、15 万元新建堕却乡博爱卫生站 3 所、15 万元重建牛场乡民房 10 户、20 万元新建折溪乡饮水工程 2 处。2009 年 5 月，岩脚镇木贡村 18 岁男青年左某某因患骨癌去世，自愿将自己的眼角膜捐献，成功帮助 3 名患者重见光明，实现六枝首例器官捐献。

2010 年，争取总投资 103 万元的央企援助“博爱饮水”工程项目 6 个（平寨镇高峰村、东风村、杨丰村，中寨乡扯扭村，落别乡川硐村各 15 万元，陇脚乡郭家寨村 28 万元）。

每年元旦、春节，组织开展“红十字博爱送万家”救助活动。到 2011 年，发放 20 余万元物资，慰问受灾和生活困难群众 1 万余户，受益人口 5 万余人。组织 1000 余（人）次志愿者到特区社会福利院打扫卫生、免费剪发、表演文艺节目。为了降低自然灾害及突发公共事件所造成的经济损失和人身伤害，通过中国红十字会总会、省红十字会培训师资 16 人。在特区二中、特区五中、平寨镇团结路社区、银壶社区、文化路社区、云盘社区等地开展群众性初级卫生救护培训 14 期，培训 3400 余（人）次。

第四篇　政权　政协

第一章　人民代表大会

第一节　人民代表大会会议

1978 年 12 月 11—14 日，六枝特区第二届人民代表大会在下营盘举行，大会选举产生六枝特区第二届革命委员会委员 55 名；选出人民法院院长和人民检察院检察长各 1 人。

1980 年 12 月—1996 年 3 月，六枝特区第三届至第七届人民代表大会分别举行，每届大会均听取和审议政府工作报告、国民经济计划报告、财政预算报告、人民法院工作报告、人民检察院工作报告和人大常委会工作报告及关于议案办理的情况报告，并对各个报告作出决议，选举产生新一届人民代表大会常务委员会主任、副主任、常委会委员，人民政府区长、副区长，人民法院院长和人民检察院检察长。

1993 年 3 月，六枝特区第七届人民代表大会召开，选举产生人大主任 1 名、副主任 6 名、人大常委会委员 12 名，区长 1 名、副区长 5 名，法院院长 1 名，检察院检察长 1 名。本届人代会后，每届区人大、政府任期从 3 年改为 5 年。

六枝特区第八届人民代表大会第一次会议于 1998 年 3 月 6—11 日召开，出席代表 239 名，列席 424 名。会议听取和审议特区人大常委会工作报告及“一府两院”工作报告；审查和批准特区 1998 年国民经济和社会发展计划的报告；特区 1997 年财政预算执行情况及 1998 年财政预算的报告；选举产生第八届人大常委会主任 1 名，副主任 6 名，常务委员会委员 16 名；特区人民政府区长 1 名，副区长 5 名；特区人民法院院长，特区人民检察院检察长；会议对所作的报告作出相应的决议，共收到议案及建议、意见 227 件。

第二次会议于 1999 年 3 月 10—15 日召开，应出席代表 244 名，实到 241 名，列席 154 名。会议听取和审议特区人大常委会及“一府两院”工作报告，审查和批准特区 1999 年国民经济和社会发展计划的报告，特区 1998 年财政预算执行情况及 1999 年财政预算的报告；补选第八届人大常委会委员 4 名；会议对所作的报告作出相应的决议，共收到议案、建议、批评和意见 229 件。

第三次会议于2000年3月7—13日召开。会议听取和审议特区人大常委会及“一府两院”工作报告；审查和批准特区2000年国民经济和社会发展计划的报告，特区1999年财政预算执行情况及2000年财政预算的报告；会议对所作的报告作出了相应的决议；补选特区人民政府区长。

第四次会议于2001年3月10—16日召开，应到代表237名，列席182名。会议听取和审议特区人大常委会工作报告和“两院”工作报告及特区国民经济和社会发展第十个五年计划纲要（草案）的报告；审查和批准特区国民经济和社会发展第十个五年规划纲要，特区2001年国经济和社会发展计划报告；特区2000年财政预算执行情况及2001年财政预算的报告；对所作的报告作出了相应的决议，共收到议案、建议、批评和意见140件。

第五次会议于2002年3月6—11日召开，应到代表237名，列席172名。会议听取和审议特区人大常委会工作报告及“一府两院”工作报告；审查和批准特区2002年国民经济和社会发展计划的报告，特区2001年财政预算执行情况及2002年财政预算的报告；选举出席六盘水市第五届人民代表大会代表77名；对所作的报告作出相应的决议，共收到议案、建议、批评和意见122件。

六枝特区第九届人民代表大会第一次会议于2003年2月18—24日召开，出席代表242名，列席193名。会议听取和审议特区人大常委会工作报告及“一府两院”工作报告；审查和批准特区2003年国民经济和社会发展计划的报告，特区2002年财政预算执行情况及2003年财政预算的报告；选举产生特区第九届人民代表大会常务委员会主任1名，副主任6名，常务委员会委员14名；政府区长1名，副区长6名；特区人民法院院长，特区人民检察院检察长；对所作工作报告作了决议，收到议案、建议、批评和意见246件。乡镇人大及政府任期从3年改为5年。

第二次会议于2004年3月17—23日召开，出席代表239名，列席214名。会议听取和审议特区人大常委会工作报告及“一府两院”工作报告；审查和批准特区2004年国民经济和社会发展计划的报告，特区2003年财政预算执行情况及2004年财政预算的报告；补选了政府区长；此次会议对所作工作报告作出相应的决议，共收到议案、建议、批评和意见353件。

第三次会议于2005年4月17—23日召开，应到代表241名，实到240名，列席234名。会议听取和审议特区人大常委会工作报告及“一府两院”工作报告；审查和批准特区2005年国民经济和社会发展计划的报告，特区2004年财政预算执行情况及2005年财政预算的报告；对所作的报告作出相应的决议，共收到议案、建议、批评和意见304件。

第四次会议于2006年3月17—23日召开，应到代表241名，实到234名，列席233名，会议听取和审议特区人大常委会工作报告，“两院”工作报告及特区国民经济和社会发展第十个五年计划完成情况和第十一个五年规划纲要的报告；审查和批准特区国民经济和社会发展第十一个五年规划纲要，特区2005年国民经济和社会发展计划执行情况的报告及2006年国民经济和社会发展计划的报告，特区2005年财政预算执行情况的报告及2006年财政预算的报告；补选特区检察院检察长和九届人大常务委员会委员3名；对所作的报告作出相应的决议，共收到议案、建议、批评和意见232件。

六枝特区第十届人民代表大会第一次会议于2006年12月4—10日召开，应到代表241名，实到240名，列席196名。会议听取和审议特区人大常委会工作报告及“一府两院”工作报告；审查和批准特区2007年国民经济和社会发展计划的报告，特区2006年财政预算执行情况及2007年财政预算的报告；选举特区十届人民代表大会常务委员会主任1名，副主任6名，常务委员会委员18名；政府区长1名，副区长6名；特区人民法院院长，特区人民检察院检察长；六盘水市第六届人民代表大会代表79名；对所作工作报告作了决议，共收到议案、建议、批评和建议318件。

六枝特区第十届人民代表大会第二次会议于2008年3月23—29日召开，应到代表242名，列席223名。会议听取和审议特区人大常委会工作报告及“一府两院”工作报告；审查和批准特区2008年国民经济和社会发展计划的报告，特区2007年财政预算执行情况及2008年财政预算的报告；会议对所作工作报告作出相应的决议，共收到议案、建议、批评和意见234件。

六枝特区第十届人民代表大会第三次会议于2009年3月24—29日召开，应到代表240名，实到230名，列席229名。会议听取和审议特区人大常委会工作报告及“一府两院”工作报告；审查和批准特区2009年国民经济和社会发展计划的报告，特区2008年财政预算执行情况及2009年财政预算的报告；补选了特区人大常委会副主任1名；对所作工作报告作出相应的决议，共收到议案、建议、批评和意见191件。

六枝特区第十届人民代表大会第四次会议于2010年3月9—14日召开，应到代表236名，列席232名。会议听取和审议特区人大常委会工作报告及“一府两院”工作报告；审查和批准特区2010年国民经济和社会发展计划的报告，特区2009年财政预算执行情况及2010年财政预算的报告；对所作的报告作出相应的决议，共收到议案、建议、批评和意见178件。

六枝特区第十届人民代表大会第五次会议于2011年3月22—26日召开，应到代表233名，列席228名。会议听取和审议特区人大常委会工作报告及“两院”工作报告；审查和批准特区国民经济和社会发展第十二个五年规划纲要，特区2011年国民经济和社会发展计划的报告、特区2010年财政预算执行情况及2011年财政预算的报告；补选第十届人大常务委员会副主任1名；对所作工作报告作出相应的决议，共收到议案、建议、批评和意见135件。

六枝特区第十一届人民代表大会第一次会议于2011年12月7—14日召开，应到代表241名，列席185名。会议听取和审议特区人大常委会工作报告及“一府两院”工作报告；审查和批准特区2012年国民经济和社会发展计划的报告，特区2011年财政预算执行情况及2012年财政预算的报告；选举第十一届人大常务委员会主任1名，副主任7名，常务委员会委员17名；特区人民政府区长1名，副区长6名；特区人民法院院长，特区人民检察院检察长；选举出席六盘水市第七届人民代表大会代表75名；对所作的报告作出相应的决议，共收到议案、建议、批评和意见161件。

第二节　常务委员会

1980年12月，六枝特区人民代表大会常务委员会成立，人民代表大会常务委员会组成人员由六枝特区人民代表大会选举产生。

1980-2011年六枝特区人大常委会主任、副主任、委员组成名录

表4-1-1

届次	姓　名	职　务	任职时间
六枝特区第三届人民代表大会常务委员会	高广悦	主　任	1980.12 — 1984.7
	杨传文	副主任	1980.12 — 1984.4
	孙奎元	副主任	1980.12 — 1984.4
	王桂兰	副主任	1980.12 — 1984.7
	林传芳	副主任	1980.12 — 1981.4
	张志德	副主任	1980.12 — 1984.7
	王泽民	副主任	1980.12 — 1983.8
	范同杞	副主任	1980.12 — 1984.7
六枝特区第四届人民代表大会常务委员会	付应祥	主　任	1984.7 — 1987.9
	孙奎元	副主任	1984.7 — 1987.9
	张志德	副主任	1984.7 — 1986.7
	武之振	副主任	1984.7 — 1986.7
	卢运德	副主任	1984.7 — 1987.9
	唐承俊	副主任	1984.7 — 1986.4
	詹慧琳	副主任	1984.7 — 1987.9
六枝特区第五届人民代表大会常务委员会	付应祥	主　任	1987.9 — 1990.4
	卢运德	副主任	1987.9 — 1990.4
	李继虎	副主任	1987.9 — 1990.4
	詹慧琳	副主任	1987.9 — 1990.4
	孙奎元	副主任	1987.9 — 1990.4
六枝特区第六届人民代表大会常务委员会	任万英	主　任	1990.4 — 1993.3
	卢运德	副主任	1990.4 — 1993.3
	李继虎	副主任	1990.4 — 1993.3
	杨熏诚	副主任	1990.4 — 1993.3
	詹慧琳	副主任	1990.4 — 1993.3
	沈福康	副主任	1990.4 — 1993.3
六枝特区第七届人民代表大会常务委员会	任万英	主　任	1993.4 — 1995.12
	卢运德	副主任	1993.4 — 1998.3
	杨熏诚	副主任	1993.4 — 1998.3
	沈福康	副主任	1993.4 — 1998.3
	赵毓荣	副主任	1993.4 — 1998.3
	王关恒	副主任	1993.4 — 1998.3
	李　毅	副主任	1993.4 — 1998.3
六枝特区第八届人民代表大会常务委员会	沈福康	主　任	1998.3 — 2003.2
	胡国勤	副主任	1998.3 — 2003.2

续表

届次	姓　名	职　务	任职时间
六枝特区第八届人民代表大会常务委员会	王关恒	副主任	1998.3 — 2003.2
	李　毅	副主任	1998.3 — 2003.2
	赵发礼	副主任	1998.3 — 2003.2
	高朝正	副主任	1998.3 — 2003.2
	蒯正学	副主任	1998.3 — 2003.2
六枝特区第九届人民代表大会常务委员会	严永达	主　任	2003.2 — 2006.12
	胡国勤	副主任	2003.2 — 2006.12
	高朝正	副主任	2003.2 — 2006.12
	蒯正学	副主任	2003.2 — 2006.12
	张世坤	副主任	2003.2 — 2006.12
	陆儒平	副主任	2003.2 — 2006.12
	王礼琴	副主任	2003.2 — 2006.12
六枝特区第十届人民代表大会常务委员会	严永达	主　任	2006.12 — 2011.12
	王朝荣	副主任	2006.12 — 2009.3
	陆儒平	副主任	2006.12 — 2011.12
	黄秋英	副主任	2006.12 — 2011.12
	李德兴	副主任	2006.12 — 2011.12
	龚鸿文	副主任	2006.12 — 2011.12
	吴开发	副主任	2006.12 — 2011.12
	何益贵	副主任	2006.12 — 2011.12
六枝特区第十一届人民代表大会常务委员会	王朝荣	主　任	2011.12 —
	韩伟兴	副主任	2011.12 —
	金　芬	副主任	2011.12 —
	李德兴	副主任	2011.12 —
	龚鸿文	副主任	2011.12 —
	何益贵	副主任	2011.12 —
	王　菁	副主任	2011.12 —
	王道洪	副主任	2011.12 —

第三节　乡（镇）人民代表大会

1984 年，设立乡（镇）人民代表大会，成为乡级国家权力机关。乡（镇）人大主席团只限于会议期间工作，闭会期间没有开展工作，基层权力机关的作用没有充分发挥。1986 年 12 月，六届全国人大常委会第十八次会议修改的《中华人民共和国地方各级人民代表大会和地方各级人民政府组织法》，对乡（镇）人大的规定作了补充和改动。1988 年 7 月，贵州省人大常委会根据《中华人民共和国地方各级人民代表大会和地方各级人民政府组织法》的有关规定，结合贵州省的实际情况和需要，制定了《贵州省乡（镇）人民代表大会主席团工作暂行条例》，从法律、法规上明确乡级人大主席团的职权和任务。六枝特区乡（镇）人大主席团发挥乡级国家权力机关的职能作用。

1995 年 2 月，八届全国人大常委会第十二次会议，再次对《地方组织法》进行修订，进一步完善了乡（镇）人大制度，对乡（镇）人大建设有所加强。乡、民族乡、镇的人民代表大会设主席、副主席 1 ~ 2 人。乡、民族乡、镇的人民代表大会主席、副主席在本级人民代表大会闭会期间，负责联系本级人民代表大会代表，组织代表开展活动，并反映代表和群众对本级人民政府工作的建议、批评和意见。

2004 年 3 月，十届全国人大二次会议通过宪法修正案，将乡（镇）人大的任期由 3 年改为 5 年。乡（镇）人民代表大会设主席 1 名，副主席 1 名，其中主席由乡镇党委书记兼任。2009 年贵州省委出台关于加强基层人大干部队伍建设的意见后，各乡（镇）人大单设主席 1 名，不再由乡（镇）党委书记兼任主席，乡（镇）人大主席团主席由乡（镇）人民代表大会选举产生。

2000 年，六枝特区人大常委会开始对全区 19 个乡（镇）人大工作进行目标量化考核，乡（镇）人大工作沿着依法、有序、规范、实效的轨道向前发展。

第四节　代表选举

一、选举产生市人大代表

1987 年 4 月 21—25 日，特区四届人大四次会议召开，选举产生 65 名六盘水市二届人大代表。

1992 年 3 月 25 日—4 月 1 日，特区六届人大三次会议召开，选举产生 75 名六盘水市三届人大代表。

1997 年 3 月 10—15 日，特区七届人大五次会议选举产生 45 名六盘水市四届人大代表，本次会议未选足，缺额 32 名。3 月 31 日—4 月 1 日，召开特区七届人大六次会议，补选产生 32 名六盘水市四届人大代表。

2002 年 3 月 6—11 日，特区八届人大五次会议选举产生六盘水市第五届人大代表 77 名。

2006 年 12 月 4—10 日，特区十届人大一次会议选举产生六盘水市第六届人大代表 79 名。

2011 年 12 月 7—14 日，特区十一届人大一次会议选举产生六盘水市第七届人大代表 75 名。

二、选举产生特区人大代表

1979 年 5 月，五届全国人大二次会议通过的《中华人民共和国全国人民代表大会和地方各级人民代表大会选举法》《中华人民共和国地方各级人民代表大会和地方各级人民政府组织法》规定，恢复了自“文化大革命”以来中断 15 年的普选。特区、乡人民代表选举，分别由特区、乡（镇）选举委员会主持。

1980 年 5 月，六枝特区部署特区、乡（镇）人大代表直接选举工作，9 月底，特区、乡人民代表直接选举工作结束。

1987 年，特区、乡（镇）选举年，特区人大常委会成立选举工作领导小组，负责区乡（镇）

换届选举工作。适时召开选举座谈会，交流情况和经验，讨论和解决换届选举中出现的问题，确保换届选举工作完成。

1991—1992年，贵州省实行建镇并乡撤区工作，将原六枝特区的8区1镇（50个小乡、5个街道办事处），合并为19个乡（镇）即：5镇、5乡、9个民族乡。1993年，在选出的县、乡两级人民代表中，妇女代表占20.2%、17、2%；中共党员代表占72.7%、62.3%；少数民族代表占34.6%、32.6%。

1998年，特区、乡两级换届，任期由3年改为5年，选举产生特区第八届人大代表239名。

2003年1月8—12日，各乡（镇）选区和中国人民解放军六枝特区人民武装部、武警、消防等选举单位，召开选民大会和军人代表大会，选举产生六枝特区第九届人民代表大会代表242名。

2006年10月25—29日，全区19个乡（镇）120个选区组织选民投票选举，产生六枝特区第十届人民代表大会代表241名。当选的代表中，妇女72名，占29.9%；非党83名，占34.4%；少数民族93名，占38.6%（其中：2名军队自选代表）。

2011年10月25—28日，全区19个乡（镇）122个选区组织选民投票选举，产生六枝特区第十一届人民代表大会代表241名。当选的代表中，妇女73名，占30.3%；非党89名，占36.9%；少数民族108名，占44.8%。

第五节　视察和评议

六枝特区人大自1980年设立常委会以来，分别组织辖区内的省、市及区人大代表对人民群众关心的民生工程和政府的重点工作进行视察。

1983年12月27日，六枝特区第三届人大常委会对郎岱镇老街的街道修建工作进行视察，建议特区政府在当年的经费中解决郎岱镇修建老街超支的5568.7元。

1989年9月5—8日，六枝特区五届人大常委会组织部分市人大代表和特区人大代表对乡镇企业的发展情况进行了为期4天的视察。

1990年12月4—7日，特区六届人大常委会组织特区境内的部分省、市人大代表对六枝特区1990年国民经济和社会发展计划执行情况、财政预算执行情况进行了视察。

1991年6月18—19日，特区六届人大常委会组织境内的部分省人大代表围绕农业生产情况、贯彻实施《中华人民共和国土地管理法》《中华人民共和国水法》《贵州省实施〈中华人民共和国土地管理法〉办法》《贵州省农业技术推广条例》《贵州省种子条例》情况以及人民群众关心的问题进行了视察。

1991年8月8—10日，特区六届人大常委会组织市、特区两级人大代表对中寨区上半年工作开展情况进行为期3天的视察。

1992年11月3—5日，特区六届人大代表对落别、新窑、新场、梭戛、龙场、平寨等乡（镇）的"三秋"生产情况、民族工作和民族经费安排情况、乡镇企业生产经营情况、第三产业生产经营和今后二作安排等进行视察。建议有关部门采取措施，尽快解决近年来遗留的资金、化肥、物资的到位、配套和兑现问题；建议有关部门重视因特区新建的平寨开发小区占地后菜农日后的生活来源及今后城镇居民的"菜篮子"问题；各乡（镇）煤管站，由于政出多头，互相不协调，各说一套，收费不统一，不仅影响税收，增加矛盾，而且造成管理混乱，跑、冒、滴、漏现象加剧。建议政府将堵塞这一现象作为工作的当务之急。

1994 年 6 月 2—4 日，特区人大财经委组织了财贸系统的特区人大代表对特区国营商业的郎岱镇供销社、新场乡供销社、特区土产公司、特区纺织品公司 4 个商业企业的经营情况、企业转换经营机制情况、企业存在的问题进行了视察。

2005 年 10 月 31 日—11 月 4 日，特区九届人大常委会受市人大常委会委托，组织境内的省、市人大代表和部分特区人大代表共 80 人，对六枝特区人民政府关于六枝电厂建设项目、六枝城区防洪工程计划实施情况、原六枝矿务局破产移交地方人员经费、农村生产生活用煤、农村电网建设与改造、病险水库除险加固工程实施、高载能产业发展等情况进行了视察。

2007 年 6 月 28 日，六盘水市人民代表大会六枝特区第二代表小组通过“看、听、议”的方式，对六枝特区阿珠水电站库区旅游业的开发情况进行了集中视察，对加快库区旅游开发提出很好的建议。

2008 年 11 月 11—13 日，特区十届人大常委会受市人大常委会的委托，组织境内的省、市人大代表及部分特区人大代表共 70 余人，对特区 1—10 月国民经济和社会发展计划执行情况、财政预算执行情况、特区人民政府 2008 年拟办的“八件实事”完成情况、整脏治乱工作开展情况、高中阶段教育发展情况进行集中视察。

第六节　议案办理

1998 年，特区八届人民代表大会第一次会议共收到代表议案、建议和批评意见 227 件，其中 10 人以上代表提出的批评意见及建议 47 件，占 20.7%；农林类 28 件，占 12.3%；公交类 25 件，占 11%；财经类 17 件，占 7.5%；政法类 7 件，占 3.08%；城建类 5 件，占 2.2%；科教文卫类 9 件，占 3.96%；电力类 4 件，占 1.76%；煤炭类 2 件，占 0.88%；环保类 2 件，占 0.88%。已经落实或基本落实的 123 件，占 54.2%；因条件限制暂不能办理的 104 件，占 45.8%。

1999 年，特区八届人民代表大会二次会议共收到代表议案、建议、批评和意见 229 件，其中议案 2 类 4 件，10 人以上代表提出的批评意见及建议 125 件，代表针对各项工作个人提出的批评意见及建议 100 件。其中农林类 64 件，占 27.9%；公交类 36 件，占 15.7%；教科文卫类 36 件，15.7%；财经类 31 件，占 13.5%；政法类 14 件，占 6.1%；其他类 48 件，占 21%。特区人民政府通过召开有关部门负责人会议，以文件形式将 229 件议案、建议。批评和意见办理情况全部答复了代表。

2001 年，特区八届人民代表大会四次会议共收到代表议案、建议、批评和意见 140 件，特区人民政府通过召开有关部门负责人会议，以文件形式将 140 件议案、建议、批评和意见办理情况全部答复了代表。已经解决或基本解决的 65 件，占 46.42%；因条件限制暂不能办理的 75 件，占 53.58%。

2002 年，特区八届人民代表大会五次会议共收到代表议案、建议、批评和意见 122 件，特区人民政府通过召开有关部门负责人会议，以文件形式将 122 件议案、建议、批评和意见办理情况全部答复了代表。已经解决或基本解决的 52 件，占 42.6%；因条件限制暂不能办理的 70 件，占 57.4%。

2003 年，特区九届人民代表大会一次会议共收到代表议案、建议和批评意见 246 件，已经解决或基本解决的 220 件，占 89.4%；因条件限制暂不能办理的 26 件，占 10.6%。

2004 年，特区九届人大二次会议共收到代表议案、建议、批评和意见 353 件，已经办理落实 47 件，占 13.31%；正在办理和列入计划办理的 318 件，占 90.08%；因条件限制暂不能办理的 235 件，占 66.57%。会议列出 2 件议案，即六枝城区 21 个可视山头封禁绿化治理和河道行洪保畅治理，特区人民政府采取强有力的措施全部办理完毕。

2005 年，特区九届人大三次会议收到的代表建议、批评和意见 304 件，已经办理落实的 275 件，占 90.46%；暂不具备办理条件的 29 件，占 9.54%。

2006 年，特区九届人大四次会议共提出代表建议、批评和意见 232 件，已经办理落实 190 件，占 81.9%；正在办理和列入计划办理 23 件，占 9.9%；暂不具备条件办理的 19 件，占 8.19%。

2007 年，特区十届人大一次会议共收到代表议案、建议、批评和意见 318 件，其中 3 件转特区党群部门办理，315 件转特区人民政府办理。截至 2007 年底，已经解决或基本解决的 50 件，占 15.9%；正在解决或列入特区“十一五”规划逐步解决的 152 件，占 48.3%；因条件限制暂不能办理的 113 件。

2008 年，特区十届人大二次会议共收到代表议案、建议、批评和意见 245 件，所提议案全部转为建议，其中 3 件为重点督办建议。已经办理落实 47 件，占 19.10%；正在办理和列入计划办理的 103 件，占 42.10%；留作参考的 95 件，占 38.8%。

2009 年，特区十届人大三次会议收到的 203 件代表建议、批评和意见，截至 2010 年 2 月，203 件代表建议、批评和意见已办理答复。已经办理落实的 35 件，占 17.24%；正在办理或列入计划解决的 87 件，占 42.86%；暂不具备办理条件的 81 件，占 39.9%。

2010 年，特区十届人大四次会议共提出代表建议、批评和意见 182 件，已经办理落实 23 件，占 12.64%；正在办理和列入计划办理 126 件，占 69.23%；留作参考 33 件，占 18.13%。

2011 年，交办 120 件，已经办理落实 20 件，占 16.67%；正在办理和列入计划拟办理的 69 件，占 57.5%；暂不具备条件办理的 31 件，占 25.83%。

第七节 执法检查

1991 年 6 月 19 日—7 月 10 日，特区人大对全区贯彻实施《中华人民共和国义务教育法》情况开展执法检查。

1992 年 5 月 30 日—6 月 13 日，特区人大对全区宣传、贯彻实施《中华人民共和国水法》及《贵州省实施〈水法〉办法》情况开展执法检查。

1997 年 4 月 23—27 日，特区人大对全区贯彻实施《中华人民共和国食品安全法》情况开展执法检查。

1997 年 6 月初—7 月上旬，特区人大对全区贯彻实施《中华人民共和国种子管理条例》情况开展执法检查。

1997 年 6 月 22 日—8 月 8 日，特区人大对全区贯彻实施《中华人民共和国环境保护法》《中华人民共和国水土保持法》《中华人民共和国矿产资源法》情况开展执法检查。

2009 年 6 月 16—23 日，特区人大对全区贯彻实施《中华人民共和国广播电视管理条例》《贵州省广播电视管理条例》情况开展执法检查。

第二章　六枝特区人民政府

第一节　特区人民政府

1980 年，六枝特区革命委员会改为“六枝特区人民政府”，区长、副区长由六枝特区人民代表大会选举产生。

1980 年 12 月第三届人民代表大会至 1990 年 4 月第六届人民代表大会，选举产生了 4 届人民政府领导班子成员，每届任期三年。1993 年 4 月—2008 年 3 月，第七届至第十届人民代表大会共选举产生了 4 届六枝特区人民政府领导班子成员，每届任期 5 年。

1979—2011 年政府领导任职情况

表 4-2-1

名称	姓名	民族	职务	任职起止时间	备注
六枝特区革命委员会	杨静三	汉	主任	1979.1 — 1979.1	人代会选举
	孙宝春	汉	副主任	1979.1 — 1980.12	人代会选举
	黄纪伦	汉	副主任	1979.1 — 1980.12	人代会选举
	林传芳	汉	副主任	1979.1 — 1980.12	人代会选举
	卢运德	布依	副主任	1979.1 — 1980.12	人代会选举
	付应祥	汉	副主任	1979.1 — 1980.12	人代会选举
	杨传文	汉	副主任	1979.1 — 1980.12	人代会选举
	王宝岱	汉	副主任	1979.1 — 1980.12	人代会选举
	武梦修	汉	副主任	1979.1 — 1980.12	人代会选举
六枝特区第三届人民政府	倪裔昌	汉	区长	1980.12 — 1983.11	人代会选举
	詹行鹏	汉	代区长	1984.1 — 1984.7	六枝特区三届人大常务委员会第 19 次会议任命
	付应祥	汉	副区长	1980.12 — 1984.7	人代会选举产生

续表

名称	姓名	民族	职务	任职起止时间	备注
六枝特区第三届人民政府	宋崇书	汉	副区长	1980.12 — 1984.2	人代会选举产生
	李逢时	汉	副区长	1980.12 — 1984.7	人代会选举产生
	卢运德	布依	副区长	1980.12 — 1984.7	人代会选举产生
	时惠芳（女）	汉	副区长	1980.12 — 1983.8	人代会选举产生
	武之振	汉	副区长	1980.12 — 1984.7	人代会选举产生
	陈月枢	汉	副区长	1980.12 — 1984.7	人代会选举产生
	安成章	土家族	副区长	1984.1 — 1984.7	六枝特区三届人大常务委员会第 19 次会议任命
	娄可平（女）	汉	副区长	1984.1 — 1984.7	六枝特区三届人大常务委员会第 19 次会议任命
六枝特区第四届人民政府	詹行鹏	汉	区长	1984.7 — 1987.7	人代会选举产生
	陈登亮	汉	代区长	1987.7 — 1987.9	人代会选举产生
	安成章	土家族	副区长	1984.7 — 1984.9	人代会选举产生
	李逢时	汉	副区长	1984.7 — 1987.9	人代会选举产生
	陈月枢	汉	副区长	1984.7 — 1985.9	人代会选举产生
	娄可平（女）	汉	副区长	1984.7 — 1986.1	人代会选举产生
	陈学忠	汉	副区长	1984.11 — 1987.9	六枝特区人大常委会第 3 次会议任命
	李光富	汉	副区长	1986.2 — 1987.9	六枝特区人大常委会第 11 次会议任命
	陈发昌	汉	副区长	1986.8 — 1987.9	六枝特区人大常委会第 11 次会议任命
	任万英	汉	副区长	1987.7 — 1987.9	六枝特区人大常委会第 14 次会议任命
六枝特区第五届人民政府	宋崇书	汉	区长	1987.9 — 1990.4	人代会选举产生
	陈学忠	汉	副区长	1987.9 — 1989.11	人代会选举产生
	任万英	汉	副区长	1987.9 — 1990.4	人代会选举产生

续表

名称	姓名	民族	职务	任职起止时间	备注
六枝特区第五届人民政府	陈登亮	汉	副区长	1987.9 — 1990.4	人代会选举产生
	陈发昌	汉	副区长	1987.9 — 1989.11	人代会选举产生
	肖昌洪	彝	副区长	1988.10 — 1990.4	六枝特区第五届人民代表大会常务委员会第 7 次会议任命
六枝特区第六届人民政府	刘书略	汉	区长	1990.4 — 1993.4	人代会选举产生
	肖昌洪	彝	副区长	1990.4 — 1993.4	人代会选举产生
	刘锦章	汉	副区长	1990.4 — 1993.4	人代会选举产生
	张 雄	汉	副区长	1990.6 — 1992.6	任命挂职
	付召祥	汉	副区长	1990.11 — 1993.4	任命
	陈登亮	汉	副区长	1990.4 — 1993.4	人代会选举产生
	杨承裔	汉	副区长	1992.7 — 1994.7	六枝特区人民代表大会常务委员会第 14 次会议任命挂职
	赵毓荣	汉	副区长	1992.6 — 1993.4	任命
	黄志祥	汉	副区长	1992.11 — 1993.4	六枝特区人民代表大会常务委员会第 16 次会议任命
六枝特区第七届人民政府	肖昌洪	彝	区长	1993.4 — 1997.9	人代会选举产生
	刘锦章	汉	副区长	1993.4 — 1998.3	人代会选举产生
	付召祥	汉	副区长	1993.4 — 1995.12	人代会选举产生
	宋 剑	汉	副区长	1993.4 — 1995.12	人代会选举产生
	江 涛	汉	副区长	1993.4 — 1998.3	人代会选举产生
	杨承裔	汉	副区长	1993.5 — 1994.7	六枝特区人民代表大会常务委员会第一次会议任命挂职
	郑学群	汉	副区长	1994.12 — 1998.3	任命
	赵发礼	汉	副区长	1994.12 — 1998.3	任命
	鲁全国	汉	副区长	1994.12 — 1997.1	六枝特区第七届人民代表大会常务委员会第十三次会议任命

续表

名称	姓名	民族	职务	任职起止时间	备注
六枝特区第七届人民政府	张瑞国	汉	副区长	1995.3 — 1998.3	任命
	张廷模	汉	副区长	1996.5 — 1998.3	六枝特区第七届人民代表大会常务委员会第二十一次会议任命
	江胜东	苗	副区长	1995.10 — 1998.3	任命
六枝特区第八届人民政府	徐光毅	汉	副区长	1997.9 — 1998.3	六枝特区七届人大常委会第31次会议任命
			区长	1998.3 — 1999.9	六枝特区七届人大常委会第31次会议任命
	朱绍伦	汉	副区长	1999.9 — 2000.3	六枝特区第八届人民代表大会第十次会议任命
			区长	2000.3 — 2003.3	六枝特区九届人大一次会议选举
	赵 洪	汉	副区长	1998.3 — 2001.3	六枝特区八届人大常委会第一次会议任命
	张瑞国	汉	副区长	1998.3 — 2003.3	人代会选举产生
	郑学群	汉	副区长	1998.3 — 2002.12	人代会选举产生
	江胜东	苗	副区长	1998.3 — 2001.9	人代会选举产生
	袁建国	汉	副区长	1998.3 — 2000.12	人代会选举产生
	王朝荣	汉	副区长	1998.3 — 2003.3	人代会选举产生
	熊德威	汉	副区长	1998.10 — 2000.2	六枝特区八届人大常委会第四次会议任命
	严永达	仡佬	副区长	1999.9 — 2002.6	六枝特区人民代表大会第十次会议任命
	聂志权	汉	副区长	1998.12 — 2002.6	六枝特区第八届人大常委会第六次会议任命
	蒋承云	汉	副区长	2002.6 — 2003.3	六枝特区九届人大一次会议选举
	夏思盛	汉	副区长	1999.9 — 2003.3	六枝特区第八届人大常委会第十一次会议通过
六枝特区第九届人民政府	朱绍伦	汉	区长	2003.3 — 2004.2	六枝特区第九届人民代表大会第一次会议选举
	蒋承云	汉	副区长	2003.3 — 2004.3	六枝特区第九届人民代表大会第一次会议选举
			区长	2004.3 — 2006.3	人代会选举产生

续表

名称	姓名	民族	职务	任职起止时间	备注
六枝特区第九届人民政府	舒 勇	汉	副区长	2006.5 — 2006.12	人代会选举产生
			区长	2006.12 — 2008.3	人代会选举产生
	蒋泽选	汉	副区长	2004.5 — 2006.8	人大常委会任命
	陈 石	穿青	副区长	2004.10 — 2008.3	人大常委会任命
	张瑞国	汉	副区长	2003.3 — 2004.5	六枝特区九届人大一次会议选举
	李用凯	汉	副区长	2003.2 — 2008.3	六枝特区九届人大一次会议选举
	王朝荣	汉	副区长	2003.3 — 2006.12	六枝特区九届人大一次会议选举
	张 涛	汉	副区长	2003.3 — 2004.10	六枝特区九届人大一次会议选举
	王玉敏	汉	副区长	2003.3 — 2004.8	六枝特区九届人大一次会议选举
	张大炼	汉	副区长	2003.10 — 2005.11	人大常委会任命
	邢 华	汉	副区长	2004.5 — 2008.3	人大常委会任命
	王礼琴	彝	副区长	2004.10 — 2008.3	人大常委会任命
	陈 松	汉	副区长	2005.4 — 2008.3	人大常委会任命
六枝特区第十届人民政府	舒 勇	汉	区长	2008.3 — 2013.3	人代会选举产生
	肖建军	汉	副区长	2006.10 — 2011.7	人代会选举产生
	包崇刚	汉	副区长	2011.8 — 2011.12	人大常委会任命
	陈 石	穿青	副区长	2008.3 — 2011.12	人代会选举产生
	李用凯	汉	副区长	2008.3 — 2011.9	人代会选举产生
	邢 华	汉	副区长	2008.3 — 2009.6	人代会选举产生
	王礼琴	彝	副区长	2008.3 — 2011.9	人代会选举产生
	陈 松	汉	副区长	2008.3 — 2010.7	人代会选举产生

续表

名称	姓名	民族	职务	任职起止时间	备注
六枝特区第十届人民政府	田锦茂	汉	副区长	2008.3 — 2010.2	人代会选举产生
	周金平	汉	副区长	2010.3 — 2011.12	人大常委会任命
	李仕强	汉	副区长	2011.10 — 2011.12	人大常委会任命
	石灿敏	汉	副区长	2011.12 —	人代会选举产生
	撒玉怀	回	副区长	2011.12 —	人代会选举产生

第二节　区（镇）乡人民政府

一、区公所

1978 — 1991 年，六枝特区设立郎岱、落别、六枝、中寨、岩脚、新场、新华、堕却 8 个区公所和平寨（1982 年成立）、木岗（1982 年成立）镇，下辖 47 个乡、3 个镇、5 个办事处。区公所为特区人民政府派出机构，负责管理各辖区内的行政事务，设区长 1 名，副区长 1 ～ 3 名，1991 年 9 月后，六枝特区建镇并乡撤区，设立 5 镇 5 乡 9 个民族乡，区公所从此不复存在。

二、乡镇人民政府

1991 年 9 月，全特区实施建镇撤区并乡工作，将原 8 个区 2 个区级镇 47 个乡、3 个镇、5 个办事处调整为 19 个乡镇，平寨、郎岱、岩脚、大用、木岗 5 个镇和新窑、新场、新华、龙场、堕却 5 个乡，落别、折溪、中寨、毛口、洒志、陇脚、箐口、牛场、梭戛 9 个民族乡。下辖 389 个村、50 个居委会。2004 年合并为 220 个村，17 个社区，8 个居委会。2396 个村民小组，300 个居民小组。

第三节　机构设置

1978 年，建科委、税务局和统计局，改科教办为文教办，增设畜牧局和劳动局。

1979 年，增设人事局和物价局，撤销战备办公室，成立人防办公室和交通战备支前办公室，恢复人民武装委员会。

1980 年，重建民族事务委员会，撤销工业局，增设环保局和司法局。

1981 年，革委会办公室改为“政府办公室”，撤销人防办，增设特区档案局，工交办改为经委，基本建设局改为城建局，撤销文教办公室。

1983 年，特区人民政府工作部门设：特区人民政府办公室、计划委员会（含农业区划工作）、经济委员会（含职工教育工作）、科学技术委员会（科学技术委员会和科学技术协会合并，保留科协名称）、计划生育委员会、体育运动委员会、民族宗教事务委员会（由民委、宗教科合并组成）、人事局（保留编制委员会名称）、劳动局、民政局（保留盲人聋哑人协会名称）、公安局、司法局、财政局、税务局、粮食局、商业局（含蔬菜水产公司）、统计局、物价局、审计局、交通局、卫生局（含爱委会工作）、教育局（含高等教育自学考试工作）、城乡建设环境保护局（由建委、城建局、环保局、房产局合并组成）、文化广播电视局（由文化局、广播事业局合并组成）、农牧局（由农业局、畜牧局合并组成，含土地管理工作）、水利水电局（含水土保持工作）、工商行政管理局、林业局、人民防空战备办公室。档案局改为档案馆［区（局）级事业单位，委托党办、政府办双重领导，以党办为主］，供销社改为供销合作联社。

1984 年 1 月，在机构改革中，撤销农林办和财贸办；轻工局改为手工业联社；城建局、环保局合并为城乡建设环境保护局；社队企业局改为社队企业总公司；物资局改为物资供应公司；农机局改为农机管理服务公司；农业局与畜牧局合并为农牧局，增设审计局。2 月，广播电视局改为文化广播电视局。3 月，增设烟草专卖局，撤销档案局。4 月，增设煤管局。5 月从文化广播电视局分出文化局、广播电视局。8 月，成立农业委员会（与农工部一套人马，两块牌子）。10 月，增设房管局；社队企业总公司改为乡镇企业局和乡镇企业总公司；实行“一套人马，两块牌子”；农机管理服务公司改为农机管理局。12 月，手工业联社改为轻工业局。

1985 年，撤销城乡建设环境保护局，设立城乡建设委员会、城建局、环保局，计量所改为计量局。成立财政贸易委员会（与财贸部一套人马，两块牌子）。

1986 年，增设地方志办公室，恢复档案局。增设文明城市建设委员会办公室，成立物价局。人武部改归地方建制。

1987 年，教育局改为教育委员会，农业委员会改为农村经济委员会。

1988 年 11 月 17 日，成立经济体制改革委员会。

1992 年 2 月，成立六枝特区招商引资局，与引资中心（外协办）实行一套人马，两块牌子。7 月 31 日，成立六枝特区对外经济技术协作委员会，下设贵阳、昆明、贵港三个办事处。8 月 12 日，成立六盘水市平寨经济开发区管理委员会。12 月，六枝特区轻纺工业局更名为“六枝特区轻工业局”。

1993 年，机构改革，政府设职能部门 27 个：政府办、财政局、民政局、监察局、编委办、计划与经济局、人事劳动局、贸易局、建设局、民族与宗教事务局、审计局、税务局、国土资源管理局、统计局、煤炭工业局、交通局、乡镇企业局、农业局、林业局、水利电力局、卫生局、教育科技局、文体广播电视局、计划生育局、平寨开发区、公安局、司法局。

1994 年，在 1993 年机改基础上，对特区政府职能部门进一步调整和完善，政府设职能部门 41 个：政府办、财政局、编委办、农村经济委员会、计划局、人事劳动局、建设局、贸易局、体制改革局、民政局、监察局、民族与宗教事务局、审计局、工商行政管理局、地方税务局、国家税务局、技术监督局、环境保护局、统计局、国土资源管理局、煤炭工业局、交通局、粮食局、乡镇企业局、农业局、林业局、水电局、工业局、矿产资源管理局、贫困地区扶贫开发局、教育局、卫生局、科学技术局、计划生育局、文体广播电视局、人防战备办公室、信访办公室、平寨经济开发区、人武部、公安局、司法局。

1994 年 6 月，成立六枝特区依托大企业发展地方经济协调领导小组。7 月，成立六枝特区依托大企业发展地方经济研究协调办公室。8 月，成立六枝特区外事旅游局。10 月 24 日，特区外协办与引资中心合署办公，实行一套人马，两块牌子。

1995 年 2 月，成立六枝特区支柱产业办公室。

1996 年 3 月，人武部收归军队建制。5 月，成立六枝特区地方电力集团开发总公司。

1997 年 1 月，六枝特区人民政府办公室督查科改为“六枝特区人民政府督查室”。3 月，六枝特区地方电力集团开发总公司更名为“六枝特区地方电力开发有限责任公司”。4 月，成立六枝特区国有资产管理局。11 月，六枝特区矿产资源管理局更名为“六枝特区地质矿产局”。

2002 年，经机构改革，六枝特区政府职能部门设 25 个：政府办（含国防教育办公室、体制改革办公室）、发展改革局、经济贸易局（含安全生产委员会办公室）教育局、科学技术局、民族宗教事务局、民政局（含老龄委办公室）财政局、人事劳动和社会保障局、国土资源局、建设局、交通局、水利局、农业局、林业局、文体广播电视局、卫生局、计划生育局、审计局、统计局、环境保护局、粮食局、煤炭管理局、物价局（不占政府机构限额）扶贫开发办（不占政府机构限额）监察局（与纪委机关合署办公，不占政府机构限额）、公安局、司法局。议事协调机构 2 个：农业办公室、移民办公室。受政府委托行使部分行政管理职能的事业机构 5 个：档案局（馆）旅游事业局、供销合作社联合社、房产管理局、乡镇企业局。政府机构从原有 37 个调整为 25 个，机构减少 12 个，精简 32%。

2004 年，对部分政府职能部门的名称及职能作了更换和调整，对政府办公室、发展和改革局、人口和计划生育局、经济贸易局、建设局、安全生产监督管理局、移民开发办公室重新下达了“三定”方案；对人事劳动和社会保障局、财政局、扶贫办公室、乡镇企业局、城管局作了单项职能调整。经过调整，特区政府职能部门设 25 个：政府办（含国防教育办公室、体制改革办公室、法制办公室）、发展改革局、经济贸易局、教育局、科学技术局、民族宗教事务局、民政局（含老龄委办公室）财政局、人事劳动和社会保障局、国土资源局、建设局、交通局、水利局、农业局、林业局、文体广播电视局、卫生局、人口和计划生育局、审计局、统计局、环境保护局、粮食局、煤炭管理局、物价局（不占政府机构限额）公安局、司法局、监察局（与纪委机关合署办公，不占政府机构限额）。议事协调机构 2 个：农业办公室、扶贫开发办公室。受政府委托行政部分行政管理职能的事业机构 7 个：安全生产监督管理局、档案局、房产管理局、旅游事业局、乡镇企业局、移民开发办公室、供销合作社联合社。

2007 年 11 月，撤销“六枝特区人民政府驻贵阳办事处”和“六枝特区人民政府驻贵阳办事处招待所”。

2010 年，通过规范政府机构设置，特区政府机构从 26 个工作部门（其中政府工作部门 24 个、议事协调机构 2 个），7 个直属事业单位调整组合为 24 个工作部门、2 个直属事业单位和 1 个其他机构。政府工作部门精简 7.7%，减少 2 个。直属事业单位精简 57.1%，减少 4 个。24 个工作部门是：政府办公室、发展和改革局、教育局、财政局、民族宗教事务局、公安局、司法局、监察局（与区纪委合署办公，不占政府机构个数）、民政局、国土资源局、环境保护局、林业局、水利局、人口和计划生育局、审计局、统计局、农业局（挂扶贫开发局、科学技术和知识产权局牌子）、经济和信息化局、交通运输局、住房和城乡建设局、卫生和食品药品监督管理局、文体广电旅游局（挂新闻出版局、版权局牌子）、安全生产监督管理局（由政府直属事业单位调整为政府工作部门）人力资源和社会保障局、煤炭局（原煤炭管理局更名为煤炭局）。2 个政府直属事业单位是：档案局（特区档案馆）水利水电工程移民局（原移民开发办公室更名为水利水电工程移民局）。1个其他机构是：供销合作社联合社。

第四节　政务决策

一、政府常务会议

1978 — 1980年，六枝特区革命委员会每年都召开专题会议，研究和部署相关工作。1981 — 1988年，六枝特区革命委员会改称六枝特区人民政府， 工作问题，主要在政府常务会议上研究解决。

1989年，政府常务会议四次，第一次会议8月4日召开，会议对特区下半年的工作作了认真研究。听取特区工商局工作情况汇报。决定将六枝特区种子公司位于体育场旁的房屋全部划归特区体委使用。同意特区审计局关于落别区医院1988年度财务收支情况的审计报告。研究关于特区磷肥厂要求免税的问题。第二次会议于8月11日召开，听取宋崇书区长关于在那克街心花园修建雕塑的情况汇报。讨论关于清理干部、职工建私房问题。要求特区审计局九月底前务必提交审计报告。认真研究了特区水泥厂的基建问题。第三次会议于10月27召开，决定在特区政府办设立“矿产资源管理科”。决定成立“六枝特区煤炭建设指挥部”。同意特区颁发居民身份证办公室开展办理临时居民身份证和出具出差居民身份证明业务。决定成立城市管理委员会。第四次会议于11月17日召开，会议决定成立“六枝特区劳动鉴定委员会”。同意解决平寨镇郑家寨村民组280人的农转非问题。认真研究了特区医药公司要求继续履行承包合同的问题。决定成立“六枝特区残疾人联合会筹备组”。

1990年，政府常务会议二次，第一次会议于2月2日召开，同意支付修建特区磷肥厂，特区自筹资金10万元。将头塘乡政府原办公地点的固定资产全部收缴特区财政，由财政将其划拨给头塘中学使用。决定从元月起发放全区行政、事业单位在职职工业务交通费。决定对特区第四次人口普查领导小组作适当调整。第二次会议于7月14日召开，决定近期召开一次政府全会，研究安排部署政府下半年的各项工作。对特区区长、副区长的分工进行工作调整。

1991年，政府常务会议二次 第一次会议于1月31日召开，议定市场问题和那平路农贸市场和胜利路的修建问题。研究解决那平路二期工程及老干部宿舍修建问题。同意将原财政局房产划拨给六枝区公所作新建办公楼用。同意由罗启志领办中寨煤矿建设。听取特区人民政府副区长张雄汇报市安全表彰会议精神。 第二次会议于9月10日召开，会议要论了播洞吴来福私人小煤窑重大安全隐患问题。

1992年，政府常务会议一次，1月2日召开，会议同意特区政府办公室征用修建职工宿舍楼，但必须不影响今后公园路的建设。

1993年，政府常务会议三次， 第一次会议于5月25日召开，决定成立六枝特区乡镇企业工作领导小组。决定在全区乡镇企业工作会议上表彰和奖励1993年度乡镇企业先进集体和先进个人。讨论关于提高离退休人员生活补贴，增发离退休费问题。议定特区公共汽车公司经营运输的问题。议定恢复特区公安局干警李德金工作籍的问题。议定蓝印户口待遇问题。第二次会议于8月17日召开，会议安排全区各方面工作。 第三次会议于11月25日召开，议定特区有关人事任免以及有关人员恢复工作问题。议定农业局、计经局、轻纺等部门内管理权限和范围的问题。议定建立项目库有关问题。议定肉食补贴问题。议定将洒志小学初中部改为洒志民族初级中学的汇报。

1994 年，政府常务会议共六次，第一次会议于 4 月 25 日召开，传达市经济工作会议和市签订责任状会议精神，对 2014 年拟办 11 件实事工作进行安排部署。第二次会议于 6 月 14 ~ 15 日召开，讨论《政府工作制度〈讨论稿〉》《乡镇企业发展规划〈讨论稿〉》。第三次会议于 8 月 10 日召开，学习讨论辽宁省朝阳市脱贫致富经验，研究下步工作。第四次会议于 9 月 8 日召开，学习讨论《县级领导者的素养》一文，传达有关会议精神。第五次会议于 11 月 3 日、4 日、7 日召开，研究七个支柱产业进展情况、1994 年财政预算调整意见等事宜。第六次会议于 12 月 21 日召开，研究人事、工资改革等。

1995 年，政府常务会议共九次，第一次会议于 3 月 4 日召开，讨论研究特区 1994 年国民经济社会发展计划执行情况和 1995 年计划安排意见的报告、特区 1994 年财政结算和 1995 年财政预算情况的报告、1995 年特区人民政府工作报告等事宜。第二次会议于 4 月 10 日、12 日召开，研究城市卫生管理等事宜。第四次会议于 5 月 8 日召开，传达市人代会，安全、煤炭、乡企、体改工作会议精神，研究岩脚酒厂破产前清产工作。第三次于 4 月 17 日召开，特区人民政府在特区煤炭局五楼会议室召开政府常务会议，研究特区人民政府《关于行政、事业单位公费电话管理的暂行办法》、房改工作等。第五次会议于 5 月 19 日召开，听取财政部门、扶贫开发、民政救济等方面的工作汇报，研究有关事项。第六次会议于 6 月 19 日召开，研究福建省顺昌捷达实业集团总公司承包特区水泥厂涉及的有关问题。第七次会议于 8 月 28 日、29 日、31 日召开，听取分管副区长工作情况汇报，研究有关问题。第八次会议于 10 月 30 日、31 日召开，听取分管副区长汇报工作情况及下步工作安排，听取农委、烟草局、财政局工作汇报，研究有关工作。第九次会议于 12 月 22 日召开，讨论修改《六枝特区人民政府 1996 年工作要点》《六枝特区关于大力发展烤烟生产的决定》。

1996 年，政府常务会议共六次，第一次会议于 4 月 2 日召开，研究特区上年度责任状的考核兑现问题。研究《六枝特区国家机关事业公费医疗试行办法》。研究《六枝特区关于财政上台扶持方案》。研究《六枝特区调整企业退休人员基本养老金办法》和《六枝特区机关行政事业单位职工基本养老保险统筹实施办法》。第二次会议于 5 月 3 日召开，听取市政府召开的领导干部会议和市安全工作会议汇报。听取近期烤烟生产情况汇报。研究特区安居工程的有关问题。研究桃花公园的管理问题。研究特区酒厂破产的有关问题。研究 1995 年责任状兑现和 1996 年责任状的签订工作。研究预算外资金清理的有关问题。研究部门急需处理的请示、报告。第三次会议于 8 月 31 日召开，研究特区火柴厂、纸箱厂、塑料制品厂、水泥厂、复烤厂等几个国有企业的改革和生产问题。研究特区预算外资金的管理办法。研究煤焦调运和税费征收管理办法。研究城镇供水改革方案。研究部分急需处理的请示、报告。第四次会议于 10 月 16 日召开，研究《1997 年大力发展烤烟生产的决定》。研究部分机构的设置工作。研究部分请示和研究人事问题。第五次会议于 10 月 31 日召开，讨论 1996 年财政预算平衡调整报告。研究部分请示、报告和人事问题。第六次会议于 11 月 6 日召开，研究农业综合开发的有关问题。研究以工代赈工作。研究人事问题。

1997 年，政府常务会议共八次， 第一次会议于 1 月 2 日召开，研究讨论了 1997 年国民经济和社会发展主要指标及有关工作。研究供水管理问题。研究公费医疗改革工作。研究供销社体制改革方案和人事问题。第二次会议于4月3日召开，研究烤烟生产和建立省优质烟生产基地的有关问题。研究教育工作和民办教师转为公办教师的有关问题。研究城区供水管理问题。讨论乡镇机构调整方案。讨论平寨经济开发区升格为省级开发区的报告。研究人事问题。第三次会议于5月6日召开，研究供水管理方案。研究土地管理工作。研究复退军人安置工作。研究市场建设的有关事项。讨论和研究乡企、邮电、民政、煤焦、科技、供销、坡改梯、房管等工作。研究人事问题。第四次会议于5月6日召开，研究计生工作。研究水库管理的有关问题。研究职业教育的有关问题。研究部分请示、报告。第五次会议于8月6日召开，研究烤烟收购工作。研究秋冬种和坡改梯工作。研究交通工作。研究教育、卫生工作。研究人事管理工作。研究国有企业改革工作。研究国土、城建和房管工作。研究部分请示、报告。第六次会议于11月6日召开，研究秋冬种工作。落实1997年全区粮食总产量及农民人均占有粮食统计上报数。研究1998年烤烟种植计划。研究乡镇企业工作。研究国有企业改革的有关问题。研究计生工作。研究1997年大中专毕业生就业安排中的有关问题。研究教育工作的有关问题。讨论研究郎岱种畜场、良种场和特区食品公司离退休职工工资发放问题。第七次会议于11月26日召开，讨论《政府工作报告》提纲。落实1998年考烟生产计划。研究烤烟乡镇烟税考核问题。研究乡镇企业有关工作。研究今冬明春农业三项工作（坡改梯、冬修水利、造林）。第八次会议于年12月20日召开，讨论下年度烤烟生产种植计划的问题。讨论烤烟生产的物资供应问题。原则确定下届政府工作主要目标。讨论江涛同志工作变动后，其分管工作问题。

1998年，政府常务会议共六次， 第一次会议于3月30日召开，议定特区财政局关于乡镇财政体制实行办法和关于对六枝本级行政事业单位实行预算包干管理实行办法的汇报。议定特区人事劳动局关于全市调整工作会议精神的汇报。议定研究1998年扶贫工作安排意见。议定研究特区水电局《关于成立特区供水总公司的请示》；议定特区水电局关于成立《特区水政监察大队的报告》；议定南极山公园的管理问题；研究当前计生工作情况；同意聘请贵州大学农学院戴保威教授为我区农业生产顾问。第二次会议于4月21日召开，议定当前工作进展情况以及急需解决的一些问题。明确第二季度须重点抓好的工作。徐光毅区长在水城开“两会”区间，由张瑞国副区长主持政府工作。第三次会议于6月12日召开，研究《六枝特区人民政府工作规则》初稿。议定特区煤炭局关于特区煤焦收费管理方法的汇报。研究《六枝特区职工医疗保障制度实行办法》草拟方案。研究各位副区长分管工作当前急需解决的一些问题。议定人事工作问题。通报当前的财政收支情况。第四次会议于7月24日召开，研究市领导干部会议精神。研究全省国有小企业改革现场经验交流会议精神。总结省煤炭“五统一”（统一工作信息、统一培训、统一签订合同、统一参加保险、统一管理）管理经验交流会议精神。议定1998年财税工作存在的问题。研究粮食流通体制改革问题。研究《六枝特区残疾人就业保险金征收办法》。议定《六枝特区招商引资与经济技术协作试行办法》和《六枝特区招商引资奖励办法》。议定阿珠电站建设的有关问题。研究特区计生工作目前存在的主要问题及下步采取的主要措施。研究水电专项资金审计处理意见的有关问题。研究《六枝特区清理整顿土地隐形市场若干规定》。议定城管局汇报的“要求拨款开展清掏中心区道路下水道工作”的问题。议定公路建设的有关问题。议定旅游学校关于特区农业局提前收回校舍及处理相关问题的报告。第五次会议于9月11日召开，研究《特区食品系统改革改制实施方案》。研究《六枝蔬菜公司改制方案》。研究《六枝特区工业局系统改革方案》。研究《六枝特区医药采购供电站改制实施方案》。研究《六枝特区乡镇集体企业改革意见》。第六次会议于 10 月 10 日召开，通报近期工业生产情况。讨论工交成产年度计划完成办法。通报元月至九月财政收支情况，讨论财税工作年度收入计划完成办法。研究议定世行二、三产业转贷问题。研究议定特区人事劳动局关于临时用工请示。

1999 年，政府常务会议共十次，第一次会议于 1 月 6 日召开，听取计划局关于 1998 年国民经济社会计划执行情况的汇报和财政局关于 1998 年财政收支预算执行情况的汇报。会议听取传达全省烤烟工作会议精神，提出六枝特区烤烟工作需要研究的问题。讨论研究《1998 年特区政府工作安排意见》。第二次会议于 2 月 2 日召开，对区长、副区长的分管工作作调整。原则同意计划局拟定的国民经济发展计划指标分解草案。听取财政局关于 1999 年财政收支预算情况汇报。议定春节期间的有关工作。听取特区八届人大常委会第 6 次会议对特区人民政府工作所作有关报告的审议情况汇报。研究农业系统几家公司与财政脱钩问题。第三次会议于 3 月 23 日召开，研究 1999 年特区政府拟办 8 件实事的落实问题，明确赵洪副区长全面负责 8 件实事的督促工作。研究农村电价、城区水价调整问题。研究南环路建设方案。研究特区八届二次人代会人大代表提出的批评意见及建议、政协委员提案的办理落实问题。研究乡（镇）、部门执行责任的有关问题。通报当前政府工作中急需解决的几个问题。研究城市管理的有关问题。研究三查办撤销问题。研究桃花湖占地补偿问题。研究乡（镇）土管所管理体制问题。 第四次会议于 5 月 6 日召开，听取防汛工作有关问题的汇报。研究箐口乡政府机关搬迁方案。研究当前教育工作中存在的有关问题。研究计划生育工作的有关问题。研究平寨经济开发区国土分局撤并的有关问题。研究 1998 年 19 名大学本科毕业生分配问题。研究“建设项目前期工作经费管理试行办法”。研究 5 月份安全月安全工作宣传活动安排意见。研究城区人力车整治工作问题。第五次会议于 6 月 10 日召开，研究“六枝特区基础设施项目建设监督检查办法”。研究危房 11# 楼的紧急报告。研究“关于全市清理两会一部工作会议贯彻落实意见”。研究“房管局关于动用部分住房公积金解决第二期安居工程专项贷款的请示”。研究六枝特区公安局没收岩脚等 4 个乡（镇）火工材料的有关问题。听取建设局“关于开发区安排农机公司用地的规划意见”汇报。听取全区乡镇企业工作会议召开准备情况汇报。研究全区关井压产工作进展情况。通报全市交通工作会议精神。研究民兵管理办法（试行）。第六次会议于 7 月 9 日召开，研究“六枝特区 1999 年上半年经济运行情况”。研究“关于促进乡镇企业大发展大提高的若干规定”。研究“六枝河的管理办法”。研究勘界工作的有关问题。研究广场建设方案。研究城区车辆管理“通告”的执行情况。研究“关于贵州省质量技术监督管理体制改革的方案”。议定锅炉烟尘污染情况和治理意见的方案问题。研究国有企业改制实施细则。研究六枝街街道治理整顿方案。研究组建农业产业化办公室的方案。研究城镇居民最低生活保障问题。研究 1999 年财政预备经费的使用方案。研究桃花公园的票价问题。研究平寨经济开发区机构职能调整方案。第七次会议于 8 月 13 日召开，议定六枝特区“十五”计划和 2015 年长期规划研究工作方案。研究组建梭戛长角苗风情旅游管理处有关问题。议定关于贵州医药（集团）公司兼并贵州省医疗器械工业公司和贵州省医药供销公司问题。议定城市居民最低生活保障线的落实问题。议定研究特区八届人大常委会第 9 次会议审议情况。议定平寨经济开发区国土分局撤销后人、财、物交接工作的有关问题。议定撤乡建镇的有关问题。议定关于修编六枝特区中心城区总体规划的问题。第八次会议于 10 月 20 日召开，议定特区职中音美班毕业生待遇问题。议定民办教师转为公办教师工资发放问题。研究“关于落实执行市府办发〔1992〕82号文件的实施意见”。研究“关于加快六枝特区骨干矿井建设的若干意见”。议定关于六枝特区部分乡（镇）行政区划变更问题。听取文化市场管理收费权的有关情况汇报。研究“关于维修胜利路东侧排污沟的请示”。议定关于接管开发区部分人员有关问题。研究《六枝特区城镇住房分配货币化改革方案》。议定领先食品有限公司伊妹方便饭厂请求特区政府退股有关问题。议定贵州三环技术开发公司关于在六枝生产纯天然饮料“笑笑牌玉米爽”有关问题。听取“关于落别乡淹岭洞旅游区引资开发的情况汇报”。研究“矿管局关于实行职工竞争上岗方案的请示”。第九次会议于11月3日召开，议定各乡（镇）和各职能局要及时认真组织干部、职工学习党的十五届四中全会精神。各经济主管部门要在努力完成1999年的任务指标的同时，为做好2000年的工作打下基础。议定农业方面工作问题。研究工业和乡镇企业方面工作问题。研究财政税收方面问题。计划在12月上旬召开1999年计生工作总结表彰和2000年计生工作安排部署专题会议。讨论关于指标数据不统一的问题。第十次会议于12月10日召开，会议听取全区1999年度计生工作情况及召开全区计生专题会议方案汇报。研究议定关于成立中国贵州六枝牂牁江夜郎古都文化研究及旅游开发中心的报告。议定关于召开全区农业生产总结表彰大会的有关问题。听取全区第五次人口普查工作筹备情况汇报。研究特区医药采购供应站关于国家股五年内不参与分利的请示。议定关于拆除特区三中内原牟家祠堂的有关问题。议定木岗镇中学教学楼鉴定为危房的处理问题。研究关于成立六枝特区特殊教育寄宿制学校的请示。研究平寨镇政府要求减免修建平寨商品批发市场城市基础设施建设配套费的报告。议定关于动用农业税减免款调运杂交玉米种子的请示。议定世行回补资金担保形式的有关问题。研究关于成立农村电网建设改造领导小组的请示。议定梭戛生态博物馆建设的有关问题。听取全省体改工作会议精神。听取特区参加“99湛江经贸洽谈会”情况汇报。

2000年，政府常务会议六次，第一次会议1月13日召开，议定“六枝特区社会保险面临的突出问题及下一步应采取的措施”的汇报。议定“关于强化服务，加强管理，确保畜牧业稳步发展的意见”。议定“关于公布六枝特区城镇基准地价的请示”。议定“六枝特区深化城镇住房制度改革实施方案”。议定“关于民政工作2000年慰问办法”。第二次会议于4月5日 召开，听取并讨论城市管理工作有关问题。研究“国有企业改革的初步方案”。讨论并研究“关于加快非公有制经济发展的决定（草案）”。讨论并研究“关于进一步扩大对外开放，加强对外招商与经济技术合作的若干规定”。研究“招商引资‘一站式’办公制度试行办法”。听取西部大开发工作汇报。议定质量技术监督有关工作。从本次会议开始，政府督查室要对政府各次常务会议议定事项的落实情况进行跟踪调查。第三次会议于5月24日召开， 研究“关于加强乡（镇）专职人员武装干部队伍建设的规划”。议定梭戛旅游管理处停建的预留问题。议定军属优待金收缴兑现的有关问题。研究并议定“关于农业建设项目资金捆绑使用的实施意见”。听取“关于重庆市铜梁县建筑工程公司、重庆万兴房地产开发有限公司自带资金到六枝从事房地产开发和经营工作”的情况汇报。研究并议定“关于加快焦化工业发展的优惠政策（试行）”和正元腾飞有限公司、新窑示范焦化厂要求贷款贴息的问题。研究并议定“人事劳动局关于修建就业培训中心的请示”。研究并议定“关于成立森林警察大队的报告”。研究并议定“关于参加‘2000年全国乡镇企业东西合作经贸洽谈会’”。听取全市社保工作会议精神的汇报。研究并议定“关于解决桃花湖遗留问题的请示”。议定农村卫生工作有关问题。议定关于取缔特区境内木材市场的问题。第四次会议于7月6日召开，听取并讨论“关于六枝特区2000年元月至六月份国民经济和社会发展计划执行情况的报告”。讨论“关于解决配套经费修建平寨镇、堕却乡计生服务站的请示”。研究并议定“关于加快住房建设优惠政策的有关规定”。研究并议定关于寄宿制学校筹备开学的有关问题。讨论并研究关于接收矿务局社会职能的有关遗留问题。听取并讨论“关于六枝特区2000年元月至六月份财政预算执行情况报告”。讨论并研究“六枝特区预算外资金收缴分离暂行办法”和“六枝特区预算外资金统一征收管理制度”。研究“关于云盘综合集贸批发市场建设选址的报告”。通报关于贵（阳）烟（堆山）公路六枝城区过境段两侧违法违章建设的情况。通报关于贵烟公路六枝城区过境段两侧土地的使用情况。第五次会议于8月10日召开，听取并讨论“关于城市创卫工作的情况汇报”。研究并议定“关于城区合理配置教育资源和调整学校布局的请示”。讨论并研究“关于98届师范类定向毕业生和非师范院校毕业生任教安排意见”。讨论并研究“关于开发六枝特区物资局花园小区报告”。讨论并研究“关于2000年退伍（转业）军人安置意见”。听取全省烤烟收购工作会议精神汇报。第六次会议于11月14日召开，听取并讨论“关于农村电网改造工作进展情况汇报”。听取并讨论“平寨小商品批发市场建设进展情况汇报”。听取并讨论“人民公园广场和小吃城建设进展情况汇报”。听取并讨论“2001年烤烟生产安排意见”。听取并讨论“2000年1至10月份财政预算执行情况和预算调整方案”。听取并讨论“中坝水库库区综合治理实施方案”。听取并讨论“特区机关事务管理服务中心关于要求及时划拨资金的请示”。

2001年，政府常务会议共三次，第一次会议4月3日召开，听取各单位2001年工作安排后对相关问题进行议定。研究并议定中坝水库治理退耕种竹有关问题。研究并议定水电局关于征收中坝水库原水费的报告。第二次会议于5月31日召开，听取各单位2001年1至4月份工作情况汇报以及部分工作安排意见后对相关问题进行议定。议定安委办工作职能和全区目前的安全生产状况。第三次会议于9月20日召开，会议听取特区招商引资局、建设局等单位1—8月工作情况汇报，并对相关问题进行议定。

2002年，政府常务会议二次，第一次会议于3月22日召开，听取特区国土局、建设局、城管局、房管局工作情况及安排意见汇报，并议定相关事项。议定“六枝特区城市房屋拆迁管理办法”。研究特区房管局“关于完善六枝特区城镇职工住房公积金缴交办法实施意见”。研究平寨镇平寨村朱炳忠“关于解决铁路建设拆迁宅基地补偿问题的请示”。研究特区人事局“关于要求减免各种建筑配套统筹及管理经费的请示”。第二次会议于6月12日召开，会议听取贵州省城乡规划设计研究院“关于六枝牂牁江风景名胜区迴龙溪景区岩脚片区的详细规划（方案）”介绍后，对相关问题进行议定。

2003年，政府常务会议共二次，第一次会议于5月18日召开，听取特区“非典”防治办“关于第一阶段非典防治工作情况及第二阶段非典防治工作安排汇报”并议定相关问题。议定特区农办“关于全区春耕生产工作情况汇报”。第二次会议于12月25日召开，听取特区行政审批制度改革工作领导小组办公室“关于六枝特区行政审批制度工作情况汇报”并议定相关问题。听取民政局“关于调整全区村民委员会管理区域汇报”并议定相关问题。听取特区移民办“关于建设阿珠水电站征占耕地补偿标准及有关移民问题的情况汇报”并议定相关问题。研究议定平寨镇“关于暂迁党政办公地点的请示”。

2004年，政府常务会议共三次，第一次会议于3月2日召开，研究设置郎岱建设分局和岩脚建设分局等。第二次会议于3月28日召开，研究六枝特区行政许可清理工作、六枝特区乡镇行政区划调整等事宜。第三次会议于7月16日召开，研究六枝特区行政许可清理工作、国民经济和社会发展“十一五”规划编制工作等。

2005年，政府常务会议共十次，第一次会议于4月16日召开，讨论特区物价局关于煤炭价格调节基金收缴使用管理规定和对省内生产生活用煤暂缓征收价格调节基金的实施方案、讨论《六枝特区殡葬管理实施细则（草案）》等。第二次会议于5月10日召开，讨论特区发改局关于举债建设资金预安排计划。研究特区党史研究室、地方志办合并组建六枝特区史志办公室的有关问题等。第三次会议于6月5日召开，研究开发建设平基水电站和坝湾（一级）水电站有关问题、讨论《关于进一步加强安全生产工作的意见（送审稿）》等。第四次会议于6月18日召开，研究新窑乡波渡村地质灾害移民安置有关问题、研究发放全区财政供养人员岗位补贴和生活补助的有关问题等。第五次会议于7月11日召开，听取关于水黄公路建设遗留问题的汇报、研究洒志乡小城镇总体规划等。第六次会议于8月3日召开，研究增设洒志乡、牛场乡移民工作站、拟安装煤炭税费征收综合信息系统等。第七次会议于8月31日召开，研究2005年人工影响天气工作、地氟病防治及新型农村合作医疗工作等。第八次会议于10月21日召开，听取迎接省政府“两基”工作验收的情况汇报、工伤保险工作情况汇报、九层山飞播区归属花德河林场管理的情况汇报、对特殊项目收费标准进行核定的方案等情况汇报，研究有关工作。第九次会议于11月27日召开，通报《关于进一步规范特区政府常务会议的通知》、研究特区地电公司关于理顺原新华供电所有关问题的请示等。第十次会议于12月7日召开，研究2006年特区人口和计划生育工作安排意见，听取全区煤炭工作情况汇报、特区“十一五”规划办关于六枝特区国民经济和社会发展“十一五”规划纲要编制情况汇报，研究有关工作。

2006年，政府常务会议共六次，第一次会议于1月19日召开，研究《六枝特区2006年经济工作要点（征求意见稿）》《六枝特区“十一五”规划纲要（草案）》等。第二次会议于4月2日召开，研究关于表彰2005年度安全生产先进个人的决定、特区危险化学品重特大生产安全事故应急救援预案等。第三次会议于6月22日召开，听取关于增发在职干部职工岗位补助（退休人员生活补贴）及配缴住房公积金的汇报、关于进一步加强中心城区规划区闲置土地管理等情况汇报，研究有关事宜。第四次会议于7月16日召开，听取特区煤炭局关于全区煤矿整合关闭工作的情况汇报、特区人民政府办公室关于特区九届人大常委会第24次会议审议意见的通报，研究有关事宜。第五次会议于7月22日召开，传达市政府九届九次全体会议精神，研究贵（阳）烟（堆山）公路六枝城区过境段改造等。第六次会议于9月19日召开，听取特区政府法制办关于聘请特区政府法律顾问有关问题的汇报，研究《六枝特区人民政府行政规范性文件制定程序规定》等。

2007年，政府常务会议共七次，第一次会议听取特区维稳工作、关于上年度计生考核情况和本年度全区计生工作安排意见及目标考核办法的汇报，研究特区集体林权制度改革实施方案。第二次会议传达市六届人民政府第一次全体会议精神、听取特区监察局关于市六届人民政府第一次廉政工作会议精神、特区煤炭局关于全市第三次煤矿业主安全生产对话会议情况、全区财税工作、关于平寨、郎岱、岩脚等小城镇建设中土地及土地收益处置有关问题的汇报，研究特区煤炭局《关于请求提取煤炭生产安全费用的请示》等。第三次会议于3月29日召开，专题研究光照水电站六枝库区移民工作。第四次会议于4月10日召开，传达市委常委会安全生产专题会议精神，听取特区安全生产工作、维稳工作、禁毒工作汇报，研究有关事宜。第五次会议于5月

9日召开，听取特区集体林权制度改革乡镇、村（组）实施方案审查情况汇报，研究特区城镇职工基本医疗保险实施方案等。第六次会议于6月14日召开，听取关于区划地名变更工作情况汇报，研究劣质煤调运、倒运管理有关问题等。第七次会议于10月22日召开，研究《六枝特区人民政府督查工作细则》等。

2008年，政府常务会议共九次，第一次会议于4月16日召开，研究《六枝特区生育保险实施方案（试行）》等。第二次会议 于4月24日召开，听取第一季度经济运行情况汇报，研究有关事宜。第三次会议于4月29日召开，传达全市安全生产工作紧急会议精神，听取特区安监局、维稳办、信访局汇报当前安全生产、维稳信访工作情况。第四次会议于5月13日召开，研究关于进一步加快旧城改造有关问题等事宜。第五次会议于6月12日召开，听取全区安全生产、地质灾害防治工作汇报，研究安全生产等有关工作。第六次会议于6月19日召开，研究贵烟线城区油路改造配套资金有关问题。第七次会议于7月31日召开，研究《六枝特区解决城市低收入家庭住房困难的实施方案》。第八次会议于10月29日召打开，研究《六枝特区非煤矿山企业安全生产管理办法》等事宜。第九次会议于12月30日召开，研究《六枝特区农村饮水安全工程管理实施细则（试行）》等。

2009年，政府常务会议共七次，第一次会议于2月13日召打开，听取《六枝特区人民政府工作报告》《六枝特区2008年国民经济和社会发展计划执行情况及2009年国民经济和社会发展计划草案的报告》《六枝特区2008年财政预算执行情况及2009年财政预算草案的报告》3个报告起草情况、信访维稳工作情况、“两基”迎“国检”工作情况汇报，研究《关于2009年促进农业稳定发展农民持续增收的实施意见（稿）》等事宜。第二次会议于6月23日召开，研究《中共六枝特区人民政府党组贯彻落实科学发展观情况分析检查报告（稿）》等事宜。第三次会议于6月23日召开，研究《中共六枝特区人民政府党组贯彻落实科学发展观情况分析检查报告（稿）》有关事宜。第四次会议于7月16日召开，研究《六枝特区煤炭洗选行业发展与布局总体规划（稿）》等事宜。第五次会议于9月8日召打开，研究《特区人民政府常务会议学法制度》等七项工作制度（稿）等事宜。第六次会议于9月20日召开，研究六枝特区地电公司整体无偿划转贵州电网公司等事宜。第七次会议于12月30召开，研究《六枝特区农村客运发展规划（2010—2014年）》等事宜。

2010年，政府常务会议共七次，第一次会议研究执行公务员津贴补贴预期目标标准等事宜。第二次会议于1月21日召开，听取《六枝特区人民政府工作报告（稿）》《六枝特区2009年国民经济和社会发展计划执行情况及2010年国民经济和社会发展计划草案的报告（稿）》《六枝特区2009年财政预算执行情况及2010年财政预算草案的报告（稿）》起草情况汇报等。第三次会议于3月22日召开，专题研究启动“法治六枝”创建工作有关问题。第四次会议于9月1日召开，研究《六枝特区旧院水库水源工程区移民安置工作实施细则（稿）》和《六枝特区旧院水库水源工程区建设征地移民政策宣传提纲（稿）》等事宜。第五次会议于10月19日召开，研究我区投资入股贵州农贸大厦股份有限公司工作等。第六次会议于11月10日召开，研究《六枝特区安全生产问责工作实施方案（稿）》等。第七次会议于12月20日召开，研究地方煤矿矿井建设及安全生产二作。

2011年，政府常务会议共八次，第一次会议于1月24日召开，研究2011年全区经济工作会议讲话（稿）等。第二次会议于2月18日召开，研究《六枝特区创建省级创业型城市实施意见（稿）》等。第三次会议于4月28日召开，研究《六枝特区政府非税收入管理暂行办法（稿）》等。第四次会议于7月27日召开，研究六枝特区十届人大五次会议财经类2～1号《特区政府应按省老干字〔1997〕28号文件规定兑现离退休人员的生活补贴的建议》等6件建议办理工作。第五次会议于8月29日召开，研究调整津贴补贴工作等。第六次会议于9月14日召开，专题研究政府信息公开工作。第七次会议于11月13日召开，听取《六枝特区人民政府工作报告（稿）》《六枝特区2011年国民经济和社会发展计划执行情况及2012年国民经济和社会发展计划草案的报告（稿）》《六枝特区2011年财政预算执行情况及2012年财政预算草案的报告（稿）》拟写情况汇报，研究撤乡建镇工作等。第八次会议于11月24日召开，专题研究《六枝特区投融资管理工作指导意见（稿）》。

二、区长办公会议

1978-1980年，六枝特区革命委员会每年都召开主任办公会议，研究和处理相关工作。1980年12月，第三届六枝特区人民政府产生，原来的主任办公会改称区长办公会。区长办公会由区长或区长委托副区长主持召开，研究处理六枝特区人民政府日常工作的重要问题，定期或不定期召开。

1981年，六枝特区人民政府第一次区长办公会议。一是讨论区长和副区长的工作分工；二是讨论改进领导作风问题；三是讨论建立健全机关工作制度。

1982年，六枝特区人民政府共召开11次政府办公会议。内容涉及调整正、副区长的工作分工，听取有关部门工作汇报，谈论国民经济计划执行情况，布置植树造林，人口普查等工作。

1983年，六枝特区人民政府召开23次区长办公会议。其中第一次会议研究1982年工作总结及1983年工作安排；第二次会议传达市经济工作会议精神和研究相关事宜；第三次会议研究政府工作报告，第二十一、二十二、二十三次会议讨论研究召干招工事宜。

1984年，六枝特区人民政府召开24次区长办公会议。其中第一次会议研究机构设置事宜；第二次会议待达到市计划会议精神和研究全区计划工作；第三次会议研究各部办委局二级班子的组建事宜，最后一次研究财贸工作事宜。

1985年，六枝特区人民政府召开9次区长办公会议。其中第一次会议讨论修改1984年工作总结，对1984年各部门向政府签订责任状的情况兑现奖惩；第二次会议研究签订1985年目标责任事宜和讨论计划平衡问题。

1986年，六枝特区人民政府召开7次区长办公会议。第一次会议，对新招聘的专业技术人员进行工作安排，并讨论其粮户津贴及住房问题；第二次会议讨论了正、副区长调整后的工作分工；第三次会议讨论加强土地管理和给六枝特区麻风病防治所配备事业编制人员。

1987年，六枝特区人民政府召开8次区长办公会议。其中第一次会议议定关于建立1987年经济工作目标责任制，并讨论在经济工作中要坚持和注意的有关问题。第二次会议一是研究讨论六枝酒厂试行吨酒工资含量包干问题；二是听取区划办关于1987年区划工作意见的汇报；三是审议财政局关于1987年财政收支预算安排情况的报告；四是研究机构和人事问题。第八次会议着重讨论1988年的工作安排。

1988年，六枝特区人民政府召开4次区长办公会议。其中第一次会议听取特区财政局对罚没款返还的意见，讨论公费医疗问题，议定有关单位工作人员在平寨镇范围内出差的补助问题；第四次会议对政府副区长的分工调整，并同意煤炭工业公司和特区乡企总公司的承包经营合同书。

1989 年，六枝特区人民政府召开 3 次区长办公会议。第一次会议听取特区民政局关于退伍军人安置工作的汇报，讨论对全省扶贫工作会议精神的贯彻意见，决定将原属政府直管的特区经济开发区归口特区农经委；第二次会议一是决定对 1987 年以来干部职工建私房问题进行一次全面清理；二是决定近两年内不批准征用蔬菜地；三是商讨新菜地开发基金问题。

1990 年，六枝特区人民政府召开 1 次区长办公会议。讨论特区企业第二轮承包有关事宜，研究解决岩脚酒厂欠税问题。

1991 年，六枝特区人民政府召开 11 次区长办公会议。主要研究搞好一次性削价处理积压商品，财政信用资金存款，以工代赈工作，筹建六枝特区洗煤厂和成立日援农村改水项目指挥部等问题。

1992 年，六枝特区政府召开 6 次区长办公会。主要研究对郎岱硅铁厂的账目债权债务进行审计，对凉风洞电站实行深化改革，强化管理，引入市场竞争机制问题，对新窑乡平坝化肥厂六枝分厂的土地纠纷进行协调。

1993 年，六枝特区人民政府召开 6 次区长办公会议。主要研究修建六枝特区烈士陵园的有关事宜，新建爱建冶炼厂事宜和六枝轧钢厂事宜。听取农业局、水电局工作汇报，还研究开发六枝富硒茶的有关具体问题。

1994 年，六枝特区人民政府召开 8 次区长办公会议。主要研究六枝矿务局木岗矿特种水泥厂建设征地问题，国有企业离退休职工基本生活保障费问题，大用排洪工程勘测设计方案有关问题，六枝特区集资入股参加贵州省农副产品综合批发市场问题，矿业路扩建工程问题，贵烟公路六枝交警队门前至平寨街桥头段公路的修建设计和预示审查等问题。

1995 年，六枝特区人民政府召开 4 次区长办公会议。第一次会议研究防洪工作；第二次研究贵烟公路过境段改建工作；第三次会议是协调处理平寨镇补林村水淹坝附近农田被污染问题；第四次会议研究九五年大中专毕业生安置遗留问题。

1996 年，六枝特区人民政府召开 15 次区长办公会议。研究平寨镇民转公教师的工作安排，六枝特区烟叶复烤厂的筹建工作，解决特区人武装部移交地方期间超支经费及部分人员的工资问题。六枝特区经济开发总公司的改制问题，特区建设局与城市管理局分家的问题，特区供销社实行定额纳税问题等。

1997 年，六枝特区人民政府召开 17 次区长办公会议。第一次讨论两节期间特困职工、特困农户生活补助或发放救济款问题，《六枝特区城管（建）监察处罚办法》，及有关问题的处理；第二次会议研究如何贯彻落实全省体改工资会议精神，议定在春节前召开特区世行项目工作会议；第三次会议讨论烤烟生产问题和关于筹备参加“5·28”通航庆典及招商引资活动；第四次会议讨论坡改梯工作和夏季粮油收购资金问题。第十六次会议一是冬季征兵工作；二是三秋生产；三是烤烟收购；四是 1998 年以工代赈建设项目上报工作。

1998 年，六枝特区人民政府召开 6 次区长办公会议议。第一次会议研究区长、副区长的临时分工，政府招待所的改造，政府驻昆明和贵阳两广办事处撤销，政府与乡镇和有关工作部门签订任期目标责任书，明确政府今年要办的 8 件实事责任人，关于阿珠电站开工的准备工作；第二次会议研究落别乡的公路和集贸市场建设。第三次会议研究如何将梭戛生态博物馆这一文化科研项目向综合性开发项目转变问题，还讨论了社区建设规划问题。第六次会议研究在人民北路建“夜市一条街”的有关具体事宜。

1999年，六枝特区人民政府召开12次区长办公会议。第一次会议研究把六枝特区军供站移交民政局管理及相关事宜，第二次会议研究促进煤炭调运积极性，促进税收增收的有关问题；第三次会议讨论全区劳务输出问题；第四次会议研究委托六盘水供电局代管六枝特区地电公司问题；第五次会议讨论宏奇制药厂规划区的坟墓搬迁，土地征用及绿化等问题。第十二次会议研究了修建平寨镇精神文明活动中心和教育局修建教师住宅小区等问题。

2000年，六枝特区人民政府召开12次区长办公会议。第一次会议研究洒志、中寨、郎岱、陇脚四个乡镇的供电问题；第二次会议讨论治理“三乱”，减轻企业负担问题；第三次会议讨论宏奇制药厂的项目建设问题。第六次会议讨论培育和发展文化市场问题，第9次研究全区大中专毕业生的指导就业问题。

2001年，六枝特区人民政府召开4次区长办公会议。第一次会议研究前程食品公司向特区财政局借款问题；第二次会议听取特区供销社、科技局、民政局、交通局、农机局、水电局的工作汇报请示，还讨论特区党委、政府大院的拍卖问题和特区政府驻贵阳办事处的办公用房问题；第三次会议对高中扩招，扶贫工作和旧城改造相关问题进行研究；第四次会议对医药公司、特区三中、建设局、郎岱镇、人民医院的有关请示进行讨论和作出决定。

2002年，六枝特区人民政府召开14次区长办公会议。除听取有关部门的汇报、请示外，就制定《六枝特区人民政府加强城市绿化建设的若干规定》，《关于加强中心区旧城改造有关规定》。地面卫星广播电视收转站建设、易地扶贫搬迁工程建设、治理整顿土地市场、将六枝特区更名为夜郎县、株六复线六枝站生活小区建设、军队转业干部安置、退耕还林、特区党政办小区建设，成立“六枝特区牂牁江风景名胜区管理处”，那平路休闲广场建设小额贷款工作等工作进行了研究。

2003年，六枝特人民政府召开15次区长办公会议。第一次会议研究议定《六枝特区离退休干部医疗保障管理办法》和《六枝特区行政、事业单位职工基本医疗保险制度实施方案》《六枝特区行政、事业单位车辆编制计划》《六枝特区政府采购方案》《新一轮乡镇财政体制方案》，以后的区长办公会对成立“六枝特区重大项目协调领导小组”，乡镇财政管理、安全生产、教育部门的“两基”攻坚、四校合并、森林防火、计生工作，创建省级文化卫生县城等方面的工作进行研究。

2004年，六枝特区人民政府召开24次区长办公会议。研究召开全区农业农村工作会议、卫生工作会议。修建木岗灌区渠道，到省直部门申报煤炭、电力、农业等重大项目，火车站站前广场国有土地使用权招标，召开特区廉政工作会议，2004年特区政府“八件实事”，驻贵阳办事处承包经营，2004年特区级项目前期工作经费安排，举行全省“信合杯”围棋赛，在六枝召开全省计生工作现场会，城区可视山头封山绿化工作，拆迁安置。“六枝特区政府投资项目管理办法”军队转业干部安置，市政公用设施项目建设、2004年经济指标调整和2005年经济指标安排，六枝民用煤供应方案，特区公益信用担保有限责任公司组建等事宜。

2005年，六枝特区人民政府召开10次区长办公会议。第一次会议听取旅游局工作汇报；第二次会议听取政府办汇报2005年政府工作报告事宜，研究2005年财政资金安排计划；第三次会议听取重大刑事案件侦破情况，讨论《六枝特区人民政府工作规则》，研究特区事业单位人事制度改革。第五次会议研究乡镇卫生院内部运行机制改革。第八次会议研究特区水泥厂职工养老金问题。2006年特区拟办“十件实事”等有关事宜。

2006年，六枝特区人民政府召开15次区长办公会议。除听取政府有关部门的工作汇报外，还就17个社区居委会办公用房建设，蚕桑公司遗留问题，“十件实事”办理情况，招商引资和非公有制经济，城区南环路建设，进一步做好增收节支工作，讨论特区人民政府工作报告，2007年拟办实事等问题进行认真研究。

2007年，六枝特区人民政府召开14次区长办公会。第一次会议传达全省经济工作会议精神，研究六枝特区基准地价调整更新事宜。第二、三次会议听取特区安监局、移民局工作情况汇报，研究“整脏治乱”及南环路建设工作。第五次研究支农资金安排，2007年财政农村税费改革转移支付资金用于教育经费安排。第九次会议研究特区公路管理养护体制改革方案。第十至十四次会议研究成立凉都·月亮河布衣生态文化生态园旅游开发公司事宜，听取光照水电站六枝库区移民工作情况汇报，修建毛口乡党政办公楼，在农村支教志愿者中招考教师，箐口乡塔河公路有关事宜等。

2008年，六枝特区人民政府召开16次区长办公会议。除听取有关部门工作情况外，还就2008年拟办实事，应对雪凝天气、规划津贴和通信费，国民经济和社会发展计划，财政预算执行情况，增加环卫工作经费，办理政协委员提案，城区供水改扩建工程，计划生育工作，规范地方煤矿转让管理，启动城镇居民基本医疗保险，垃圾填埋场项目配套资金使用等问题进行研究。

2009年，六枝特区人民政府召开15次区长办公会议。就2009年区级项目前期工作经费安排，2009年经济工作、“整脏治乱”工作、招商引资工作、公路建设贷款、城镇职工大病补充医疗保险、2009年财政预标安排、民族宗教工作、整治违法排污企业、公开招考事业单位工作人员、2009年目标管理工作、禁毒工作、安全生产、城市基础设施配套费预算安排、农村公路安全隐患治理、九龙酿造厂改制预安排等工作进行研究。

2010年，六枝特区人民政府召开15次区长办公会议。除听取综治工作和有关工作汇报外，还研究了大华药业改扩建、人口和计生工作、抗旱救灾资金使用、档案馆综合楼建设用地、南环路二期路面工程建设、第二批区级项目前期工作经费安排、节能减排工作、农村美好家园建设工作、第八届村（居）民委员会换届、校园安全工作、中坝水库库区退耕还林补助、国有企业改革改制等方面的工作。

2011年，六枝特区人民政府召开10次区长办公会议。第一次会议研究2010年度目标考核工作；第二次会议研究全市旅游工作会议及国家、省、市粮食生产电视电话会议精神的贯彻落实意见；第三次会议研究2011年专项资金总体安排计划；第四、五次会议研究2011年财政预算安排和乡镇财政收支预算管理暂行办法；第六、七次会议研究综治维稳工作和保障性住房建设工作；第八、九次会议研究《六枝特区退城进园政策规定（稿）》和防汛抗旱工作。第十次会议研究将煤炭局6名退休人员列入财政全额拨款事业退休人员事宜。

三、政府专题会议

1978 — 1987年间，政府专题会议较少，需要会议研究的工作问题，主要在政府常务会议或政府办公会议上解决。

1988年，政府专题会议共召开9次，其中，主要研究特区公安局用地建房协调，成立夜郎国考察领导小组，特区磷肥厂可行性论证，医药公司建库房画线问题，磷肥厂工程及联营问题，解决凉水井乡和平寨镇同云村土地纠纷问题，公路绿化工作。

1989年，共召开8次，主要研究凉风洞电站与中寨区、双夕、鲁戛二乡有关供电、用路、占地等问题，特区旅游资源考察座谈会议纪要，处理桃花公园内影响公园风景的楼房的座谈，解决九龙村稻田被冷冻厂污水污染问题，将种子公司房产有偿划拨给体委使用的协调。

1990年，共召开7次，主要研究郎岱镇群丰村三岔勾无证煤窑“12·20”瓦斯爆炸事故分析，协调解决渔塘乡九龙村部分土地受污染问题，六枝矿务局电厂征用拉固坝村民组土地协调，解决六枝矿务局地宗矿与波榨娄某某煤窑纠纷问题，解决平寨农贸市场征用土地遗留问题的会议纪要，特区中心区抗震防灾规划初论，协调解决特区砖瓦厂与店子乡瓦岗村土地界线问题。

1991年，共召开12次，主要研究马老箐石山滑坡造成补林村三十余亩土地受害补偿问题，特区1—5月工交生产情况经济分析，整顿国营大矿与小煤窑秩序，特区食品公司牛羊肉分割车间大跨度工程协调，协调解决特区外贸公司贷款问题，解决710站瓦斯供应问题，解决特区铸铁管厂承包问题，成立特区扶贫开发总公司的问题，工业品以工代赈坡改梯工程工业券转换问题，解决百货大楼20万元损失，解决食品产销公司牛羊肉分割车间开工问题，解决以工代赈粮发放有关问题。

1992年，共召开11次，主要研究特区交警队罚没经费上缴及使用问题，特区蚕桑工作，修建六枝那平路，解决修复鼠场人饮工程的有关问题， 特区桑果茶开发公司工作，解决生猪收购奖售化肥遗留问题，协调解决长箐牧场与长箐村民组土地纠纷，协调解决药材公司与云盘百货商店土地使用权纠纷，解决百货公司贷款问题，规划修建人民路口至糕点厂工业品市场，特区人民政府关于四角田煤矿扩建排矸场选址问题。

1993年，共召开8次，主要研究特区磷肥厂产品销售问题，六枝火车站货场进站发运物资及集资修路，郎岱硅铁厂权属变更有关问题，六枝跃进桥至小水井沿河市场用地问题，特区水泥厂32名职工联名上访反映该厂第三轮承包有关问题，地方与矿务局共同发展经济的座谈，白岩脚水库坝堤除险加固问题。

1994年，共召开28次，主要研究六枝矿务局与特区联办煤矿的发展规划、联办植物油厂有关事宜，专题研究1994年财政税收工作。

1995年，共召开22次，主要研究牂牁江风景名胜区资源评价及开发前期准备工作，安排郎岱、岩脚日援改水工程扫尾工作，平寨镇云盘村村民农转非有关问题，联营企业中寨焦化厂的债权债务及享受有关优惠政策问题，煤焦税费征收有关问题，特区煤炭局与新窑乡1995年煤焦税费征收工作，瓦斯利用工程有关问题，六乡一镇人饮工程供水问题，财政税收工作协调，有关依托大企业联合办矿问题，地方小水电行业管理有关问题，中寨乡综合配套改革试点方案论证会议，“建、并、撤”遗留的原岩脚区林场权属及有关问题，堕却乡后坝林场下寨林区的权属问题，贵烟线六枝过境公路勘测设计评审，粮食收购工作，中国建设银行六枝支行与特区酒厂签署和解协议，“六盘水戒毒劳动教养管理所”挂牌和特区酒厂进入破产程序有关事宜。

1996年，共召开17次，主要研究金家洞、屯脚引灌工程有关问题，岩脚酒厂破产有关问题进行协调处理，用好特区水泥厂闲置设备，贵烟线六枝特区过境段（玻璃厂至四角田矿路口段）改建问题，贵烟公路大用段改线工程有关问题，解决烟叶复烤计费及机烟利润分配问题。

1997年，共召开27次，主要研究春节活动安排，修建前六郎公路，把郎中、郎洒、郎毛公路维修，牛场、梭戛两乡国家扶贫教育工程项目建设，银姜公路维修，下云盘路口垃圾清运，治理南兴路脏、乱、差，铁路反货盗专项斗争有关问题，1996年度世界银行六枝特区扶贫项目资金审计，城区供水管理有关问题，解决六枝群办洗煤厂建设自筹资金，解决特区复烤厂等企业供电，六未加药业有限责任公司六枝制药厂建厂事宜，协调塔山村与森源总公司执行拆机还贷协议问题，六枝特区中医院筹备工作，协调解决1997年税粮收购资金，全省工农文化带建设现场会前期准备工作，解决供销社机关事业编制人员工资，协调解决四角田矿沉淀池纠纷，贵阳宏奇药业有限公司制药厂迁建六枝项目享受有关优惠政策，解决落别供水问题的会议纪要，治理公路“三乱”有关问题，特区化肥厂申报生产销售计划有关事宜的会议纪要，对一干光缆工程建设有关问题，落纳公路改造，解决落别供水站管理有关问题，清收1991年以物放贷兴建农业综合经营服务站款项。

1998年，共召开40次，主要研究解决六枝农发行兴建办公楼用地，南贵昆光缆通信干线六枝段动工，中坝水库库区周围绿化造林，落实困难企业困难职工两节期间生活补助问题，梭戛华智富民小学修建中有关问题，木岗公路续建工程，木岗至黄桶公路改造，禁止在城市和规划区内开山采石，协调解决1998年夏粮收购资金，协调解决胜利路扩建工程改水问题，协调解决当前税收工作有关问题，整顿夏季粮油收购市场，解决食品公司、外贸公司退休人员工资，特区食品公司肉类联合加工厂国有资产委托经营事宜，清收1991年温饱工程以物放贷以粮还贷款项，协调解决当前财税工作，宏奇药业公司建厂占用煤机厂小路有关事宜协调，协调解决城区夜市收费有关问题，1997年冬季复员退伍军人安置工作，加强煤矿安全生产、防止责任事故发生等有关问题，塑料制品厂债权债务有关问题，木岗公路建设有关问题，马红公路建设有关问题，铁路护路联防工作有关问题，粮食收购有关问题，进行清理欠税工作，明确平寨经济开发区与特区国土资源管理局土地管理权限及有关问题，农业系统下阶段工作目标及第三季度工作任务，煤炭“五统一”管理工作有关问题，规范盐务市场有关问题，城市环保卫生管理工作有关问题，人民南路桥至党校门口便道建设用地及有关问题，协调解决中寨乡红砖村第八组反映青龙山煤矿开采影响该组村民饮水水源和住房安全，加强民用爆炸物品管理有关问题，株六复线六枝过境段平寨镇段建设征地拆迁有关问题，贵州田家福食品有限公司使用土地问题，大用橡胶厂改制工作，岩脚河及龙场河小流域综合治理，株六复线拆迁安置有关问题，贵烟公路六枝过境段改造工程拆迁有关问题的会议纪要。

1999年，共召开12次，主要研究贵烟公路六枝过境段改建工程拆迁征地有关问题，特区建设工程质量有关问题，解决贵烟公路六枝矿务局医院门口至桥涵碍洪问题，新窑示范焦化厂要求借支土焦改造费的问题，株六铁路复线建设拆迁广场路安置小区建设有关问题，治理整顿医药品市场，株六复线建设拆迁广场路安置小区建设有关问题，水黄公路改造有关问题，箐口乡政府驻地搬迁基地和资金等筹措问题，六枝河城区段防洪紧急处置措施，六枝火葬场选址等有关问题，正元焦化厂炼焦收费问题，协调解决特区农机公司推广展场选址等问题，开发建设六枝特区公园广场和公园路小吃城有关问题，平寨镇教师住宅小区建设有关问题，省医药（集团）有限责任公司兼并省医疗器械工业公司和省医药供销公司，箐口乡政府业务大楼建设有关问题，协调解决郎岱镇供销社与食品站房屋产权纠纷有关问题，协调解决消防大队营区通道暨建筑工程消防监督审核管理有关问题，创建“双拥”模范城（县）等有关问题，中坝水库生态环境保护与管理，株六复线建设拆迁安置小区等问题，岱港煤厂转让有关问题。

2000年，共召开35次，主要研究特区民族村镇保护与建设，改善高尔夫矿泉水厂公路设施和供电条件等有关问题，何夕林上缴税金，扶持六枝工矿（集团）有限责任公司植物油厂发展有关问题，建设垃圾场有关事宜，特区化肥厂恢复生产有关问题，建设六枝市场有关问题，平寨经济开发区移交城市管理职能有关问题，店子、底西两个农发工程有关问题，原六枝矿务局学校、医院交接工作，特区煤炭局代收税费提取手续费问题，协调解决实施以粮代赈温饱工程遗留问题，建设生猪定点屠宰场有关问题，解决食品公司、外贸公司退休人员工资有关问题，“5·7”特大交通事故处理等有关事项，解决烟草局与糖酒公司争议门面有关问题，协调解决复烤厂与烟草公司九六、九七年的烟叶复烤加工费结算等有关问题，修建停车场和开发建设桃花湖详细规划方案有关问题，金属化轻公司炸药库和日杂公司烟花爆竹成品库周边安全管理有关问题，于对全区教育费附加进行审计，拆除区划办侵权建筑，建设生猪定点屠宰场有关问题，将原六枝乡卫生所房地产用于建设六枝农贸市场，开展城区消防规划编制工作，2000年玉米收购兑现粮款，堕却绿色通道建设中坝水库库区综合治理及落别坝湾农发项目建设，特区民族村镇保护与建设领导小组第二次联席会，特区食品公司离退休职工学习费和洗理费发放有关问题，宏福润滑油品分装厂补办土地使用手续有关问题，修建停车场有关问题，中坝水库区综合治理有关问题，生猪定点屠宰工作有关问题，协调解决桃花湖开发占用茶叶公司原征用土地有关问题。

2001年，共召开49次，主要研究全区农村电网改造工作中有关问题，乡镇卫生院人员工资拨付有关问题，中寨乡农网改造有关问题，开发解放南路、建设南路、平寨商住小区有关事项，调拨烟叶有关问题，大用至落别排洪治河工程有关问题，盐业市场专项打假行动，粮食清仓查库工作有关事宜，对外调运商品猪、牛、羊有关问题，建立乡镇牲畜定点屠宰场及对外调运商品猪、牛、羊有关问题，堕却中坝库区移民搬迁工作，特区中小学危房改造工作，“两路一区”开发建设有关问题，夏季粮油收购市场管理有关问题，协调解决那平路文化馆旁公厕修建有关问题，清理整顿城区房屋交易、租赁市场有关问题，原六枝矿务局社会职能移交地方后有关遗留问题，平寨经济开发区办公楼旁修建垃圾中转站和公共厕所有关问题，平寨镇六枝街牛市片区防洪及河道治理，处理安居工程8#、9#楼底层小车库有关问题，落实消防装备经费，堕却中坝水库库区农民搬迁及建房有关问题，旧城改造及“两路一区”开发建设有关问题，开发建设贸易局糕点厂至工矿（集团）公司二分厂地段有关问题，城市采石采砂及金属化轻公司炸药库搬迁有关问题，生猪（含牛、羊、狗）定点屠宰和对外调运商品猪、牛、羊管理有关问题，正元焦化厂申请兑现优惠政策有关问题，特区民族村镇保护与建设工作，组建六枝特区摩托化民兵应急分队有关问题，贵阳高新瑞得科技开发有限公司六枝分公司缴纳农业特产税问题，六枝汽车站建设机动车辆交易市场有关问题，水源队片区环境卫生区域管理，解决中寨煤矿欠中国华融资产管理公司债务问题，“两路一区”开发建设有关问题，加强非煤矿山整顿治理工作，公路建设砂石用料有关问题，第二次基本单位普查工作有关问题，解决六枝特区鞋帽站有关问题，全区城市居民最低生活保障有关工作，实施天然林资源保护和退耕还林还草工作有关问题，新华乡建设大草坝集贸市场有关问题，化董至捞河公路湾河路段村民搬迁有关问题，特区玻璃厂资产权属问题，在特区中心城区等地修建4座公厕有关问题，六枝六未加制药厂资产权属确认有关问题，婚前体检工作有关问题，平寨商品批发市场有关问题，折溪农业综合开发项目公厕有关问题，中国扶贫基金会在特区开展农户自立能力建设项目有关问题。

2002年，共召开54次，主要研究实施退耕还林还草工程有关问题，解决中寨乡红专村苗冲组房屋开裂问题，协调解决六枝皮鞋厂有关问题，公园路人民广场管护有关问题，划拨三间房土地用于毛口乡石板、沈家两村农户移民搬迁安置有关问题，建设特区一中男女学生宿舍楼有关问题，六枝特区牂牁江风景名胜区申请列为省投融资体制改革试点有关问题，地方有证煤矿停产整顿，国债建设项目实施工作有关问题，六枝工矿（集团）公司植物油厂缺乏流动资金有关问题，城建城管工作有关问题，《六枝特区中心城区城市消防规划》征求意见，改造郎岱至牂牁寨旅游公路有关问题，中寨乡湾河村地质灾害特别危险点搬迁有关问题，对六枝特区地质灾害特别危险点核查工作，六枝工矿（集团）有限责任公司补征土地使用税有关问题，举办“六县两区一市”篮球运动会有关问题，六枝牂牁江风景名胜区迴龙溪景区建设有关问题，梭戛生态博物馆管理和建设有关问题，特区电影公司和文化馆修建商贸大厦有关问题，建设六盘水供电局六枝供电分局办公大楼有关问题，六枝牂牁江风景名胜区迴龙溪景区前期建设工作有关问题，六枝郎岱华夏高级中学建设有关问题，凉风洞电站权属及供电区域有关问题，晴（隆）新（窑）公路（六枝段）工程施工中有关问题，特区农业办公室有关问题，在洒志乡造地有关问题，特区防保中心机构改革有关问题，解决特区劳务输出培训中心楼建设资金缺口有关问题，特区政府招待所改扩建有关问题，平寨镇补林村农户李荣美原宅基地遗留问题，各焦化厂焦炭生产税费征收标准及恒基焦化厂资金有关问题，协调解决六枝基督教堂修建厕所引起纠纷问题，实施2002年义教工程有关问题，特区煤炭管理局验票处规范化建设有关问题，各焦化厂税费征收有关问题，六枝特区一中发展有关问题，解决特区药监局对平寨镇医院药品代购分发村卫生室处理争议，特区消防大队营房建设有关问题，木岗制种基地种子回收工作有关问题，贵州宏奇药业有限公司六枝制药厂有关发展问题，实施2002年度退耕还林、宜林荒山造林和“天保”工程以植代播有关问题，浙江武义三泰实业有限公司投资开发六枝特区青菜塘煤矿，修建中寨乡西拉小学有关问题，在沿河路修建杀鸡房有关问题，特区中心城区消防规划评审，解决新窑店子排洪工程遗留问题，山东薛城外贸公司投资开发郎岱青菜塘二号煤矿有关问题，郎岱城镇建设有关问题，贵州省医药（集团）有限责任公司要求转让股权问题，六枝医药采购供应站企业所得税返还的有关问题。

2003年，共召开106次，主要研究山东薛城区张成果投资开发箐口猴子田煤矿有关问题，建设六枝特区下岗职工再就业夜市街有关问题，解决六枝特区宏源煤矿异地技改扩能有关问题，春节期间开展文娱及其他活动有关问题，考（选）调计划生育执法队人员有关问题，六枝特区底西人饮工程建设工作有关问题，1999届非师范类大中专毕业生就业问题，修建环卫工人休息亭有关问题，六枝特区戈厂水库项目和比德向斜等煤田勘查有关问题，完善中寨乡山背后小学校园基础设施进一步巩固“两基”成果有关问题，岩脚镇戛兴村与龙场乡桥梁村引水纠纷调处及荒山权属争议的界定，六枝特区底西人饮工程建设工作有关问题，修建新华乡党政办公楼有关问题，六枝工矿（集团）公司植物油厂与湄潭县植物油厂联营有关问题，解决安全生产工作中存在问题，迴龙溪景区国债工程项目建设有关问题，特区政府招待所改造工程有关问题，治理整顿城区市容市貌及交通秩序有关问题，贵阳办事处审计及管理有关问题，特区人民会场小区改造有关问题，迴龙溪景区及岩脚环境卫生工作有关问题，特区人民会场小区国有土地公开拍卖开发建设有关问题，六枝福鑫电冶厂项目建设有关问题，拍卖人民会场小区国有土地使用权有关问题，六枝裕兴硅业有限公司项目建设有关问题，特区人民会场小区国有土地使用权公开拍卖有关问题，40至50岁下岗职工再就业工作有关问题，拟建下云盘综合市场有关问题，六纳公路六枝至梭戛段建设征地拆迁有关问题，堕却乡小城镇建设有关问题，特区“义教工程”项目贷款有关问题，六枝大华药业公司厂区拓展有关问题，特区人民会场小区国有土地使用权公开拍卖有关问题，明确凉风洞电站经营管理权问题，实施易地扶贫搬迁工程项目有关问题，治理整顿土地市场秩序有关问题，六枝特区更名为夜郎县有关问题，对六枝工商所门前市场进行规划建设有关问题，特区旧城改造有关工作安排，扶持部分焦化厂和有证煤矿发展有关问题，旧城改造有关问题，六枝商汇担保公司承办下岗失业人员小额贷款有关问题，改造桃花公园（公园路）垃圾中转站及公厕有关问题，重新选址建设特区电影院、文化馆有关问题，特区电影公司和文化馆经特区政府拍卖出让土地使用权缴税有关问题，旧城改造相关工作安排，协调解决箐口乡小城镇建设有关问题，普定至镇宁公路六枝过境段建设征地拆迁有关问题，关闭取缔非法无证煤窑有关问题，世行扶贫项目回补资金有关问题，四川龙蟒集团公司投资开发中寨乡黑那戛煤田相关事宜，选址新建特区化轻公司炸药库，新场乡中心卫生院建设有关问题，建立岩脚寨乘降所有关问题，对箐口乡下麻翁村险石进行排险爆破有关问题，维修木岗医院大桥，重新选址修建云盘派出所有关问题，货运路改造有关问题，六枝合一冶炼厂项目建设有关问题，特区皮鞋厂企业终止有关问题，2002 年度天保工程资金使用情况有关问题，从特区烟办连人带编调剂 10 名工作人员充实特区移民办和安委办有关问题，开发堕却乡左坝村硅石矿有关问题，六枝石油液化气充装站项目建设有关问题，六枝火车站站前广场建设有关问题，特区糖业烟酒公司平寨宗地开发有关问题，阿珠水电站水库水位线方案有关问题，毛口乡三间房易地扶贫移民搬迁有关问题，箐口乡小城镇建设有关问题，对《六枝特区花园小区详细规划》进行审定，修建特区检察院询问室有关问题，处理好原民办教师清退后有关问题，实施底西人饮工程有关问题，岩脚镇新院村易地扶贫搬迁工程有关问题，特区离休干部医疗保障管理，人民路、和平街片区开发有关问题，建设底西生态旅游园等有关问题，特区乡镇企业局宗地拍卖有关问题，特区粮油购销企业历年遗留潜亏及呆坏账处理有关问题，特区中心城区东部交通基础设施建设有关问题，认定特区影剧院建筑设计方案，六（枝）纳（雍）公路六枝至郎岱延伸段建设有关问题，修建岩脚镇大湾桥有关问题，在特区玻璃厂内建立平寨汽车专业修配市场有关问题，新建洒志乡政府机关食堂有关问题，特区公安局培训和录用保安人员有关问题，泰华公司在新窑乡桥梁村那贝组投资建焦化厂有关问题，维简费使用有关问题，黑箐至大竹林和上戛石至沙子坡两条铁合金产业配套公路建设有关问题，重新建设特区三中校门有关问题，硬化新窑乡桥（梁）马（路）公路二塘过境段路面有关问题，中小学危房改造工作及郎岱华夏高中规划设计有关问题，消防工作联席会（第一次），在六枝特区新窑乡联合村征地建料石场有关问题，中寨煤矿转让有关问题，理顺长箐牧场地界及林木权属等相关关系，解决迴龙溪景区种竹治理生态环境有关遗留问题，加强城市建设与管理有关问题，解决农村贫困农户冬季用煤问题，确保年底财政税收及时入库等有关问题，解决开展发票有奖活动经费等有关问题，落实特区三中校门建设经费等有关问题，处理特区陈化粮有关挂账问题，成立六枝特区招商引资“一站式”服务办公室有关问题，启用下云盘云桥市场有关问题。

2004 年，共召开 114 次，主要研究取缔毛口乡境内的土法炼焦相关事宜，建设项目工程使用炸药的相关事宜，大用镇木冲村和木岗镇抵岗村的土地争议问题，六枝火车站站前广场和解放南路、建设南路的移交和管理工作，实施大用至落别排洪治河收尾工程的有关问题，支持宏奇药业发展的有关问题，新窑乡杉树林、播雨二号井、杉兴 3 对煤矿的交通问题，特区高致病性禽流感防治工作的有关问题，云盘分局水井寨派出所 7 名干警划归地方管理的有关问题，研究修建凉水井综合集贸市场有关问题，桃花山景区维修工程的有关问题，郎岱华夏高中建设的有关问题，折溪乡中、箐口乡中“义教工程”招投标工作及乡镇教师住宅小区二期工程建设的有关问题，将五洲酒楼捐赠给特区信合联社用以解决该社办公用房困难的问题，特区优质米生产的有关问题，协调处理水黄公路郎岱镇至中寨乡过境段有关遗留问题，解决新窑乡播雨二井与永新煤矿矿界纠纷问题，特区乡企局宗地开发规划调整的有关补偿问题，特区计划生育技术宣传指导站与妇幼保健站资源整合后的有关问题，堕却乡小城镇建设事宜，中坝水库大坝除险加固工程涉及的施工及车辆通行问题，修建郎岱镇夜郎焦化有限公司等 3 家企业进厂公路的有关问题，协调解决更改郎岱镇夜郎大街建设设计方案的有关问题，“凉都・六盘水消夏文化节”月亮洞探谜活动有关问题，中国扶贫基金会农户自立工程配套资金问题，特区政府驻贵阳办事处签订承包合同及资产移交等有关问题，维修特区劳动力市场办公楼的有关问题，煤矿产品税费征收有关问题，中寨乡黑那戛井田开发相关事宜，龙场桥水文站迁建有关问题，夜郎商业区建设的有关问题，推进粮食体制改革有关问题，六枝特区九头山公园规划方案审查，协调解决落别乡财政所、工商所办公楼建设用地有关问题，国有花德河林场的脱困改革发展有关问题，迴龙溪景区建设有关遗留问题，南环路和健康路建设涉及四回高压线搬迁的有关问题，特区有线电视台位于平寨镇友谊路的房屋转让有关事宜，特区文化馆拆迁安置遗留问题、特区酒厂、复烤厂片区开发等有关问题，特区烟草公司与复烤厂烟叶复烤加工费用处理问题，茶叶产业发展规划的有关问题，直管公房老干所片区供水设施管理有关问题，供销社预收商住楼二楼租金支付二楼购房款的有关问题，招待所改扩建工程室内装修有关问题，县级储备粮轮换的有关问题，花德河林场职工参加养老保险的有关问题，重新选址建设特区文化馆有关问题，解决特区报社撤销后有关问题，解决特区工商局、药监局、质监局在职及离退休职工参加特区医疗保险的有关问题，在平寨修建垃圾池和货运路建设等有关问题，特区烟花爆竹安全监督管理职权移交的有关问题，解决特区电影公司拆迁后有关遗留问题，特区城区猪肉价格管理有关问题，划拨特区有线电视台和原特区区划办资产的有关问题，特区酒厂办公楼装修工程招标及酒厂外违章建筑的拆除等有关问题，解决箐口乡小城镇建设等有关问题，落别乡小城镇建设及党政办公楼修建选址的有关问题，长箐牧场、良种场、鱼种场、种畜场改制等有关问题，特区粮食工作的有关问题，九头山公园、南环路、健康路、货运路建设等问题，实施城区防洪工程的有关问题，新窑乡三家寨煤矿协调厂地纠纷有关问题，解决市政消火栓安装的有关问题，健康路、南环路和六枝矿支流河道治理工程建设用地问题，六枝特区福星电冶有限公司、德昌商贸有限公司贷款有关问题，岩脚、郎岱、堕却、中寨、新华、龙场六个基层公安派出所工程建设议标有关问题，大用镇下耳贡小学建设的有关问题，殡仪馆建设工作中存在的有关问题，货运路拆迁补偿有关问题，郎岱镇小城镇建设有关问题，原六枝特区酒厂破产抵押给建设银行土地转让有关问题，教育项目有关规费减免问题，论证九头山公园规划，研究南环路建设有关问题，月亮河夜郎布依文化园建设的有关问题，协调处理教师小区在建宿舍楼规划与六枝矿支流治理规划范围的有关问题，划拨特区交通局部分土地给特区政府招待所管理使用的有关问题，长寨水电站建设涉及的土地征用、道路建设等有关问题，健康路通信光缆搬迁问题，六枝特区（大用）农产品批发市场建设有关问题，特区白坟公墓建设有关问题。

2005 年，共召开 130 次，主要研究协调高载能企业贷款有关问题，水矿集团公司六十四处四合院片区（特区公安局对面）整体开发建设有关问题，南环路补林至九龙段路线规划设计方案有关问题，推荐参加全市 2004 年度非公有制经济表彰评审工作的有关问题，协调解决晴雨（晴隆至六枝中寨雨洗）、六纳（六枝至纳雍）两条县际油路建设的有关问题，六枝影剧院建设装饰工程进度的有关问题，六枝征费稽查所修建办公楼的有关问题，部分机关单位搬迁到政府机关综合楼（原酒厂办公楼）和原发改局办公楼有关问题，解决新窑乡鸡场坝片区企业供水问题，制作特区对外招商引资推介资料（投资指南及光碟）的有关问题，中寨乡大田煤矿和湾田煤矿矿界重叠有关问题，凉都·月亮河夜郎布依文化生态园建设有关问题，完善特区人武部家属楼房产手续的有关问题，区内建国初期参加革命工作的部分退休干部生活补助费的问题，信访有关问题，落别乡国家投资土地开发整理项目规划设计有关问题，新建特区法院办公楼有关问题，龙场乡新场坝村那摆寨地质灾害的防治工作，堕却乡小城镇建设总体规划及中坝水库有关遗留问题，特区中心城区建设项目建设工作中的有关问题，新窑乡永盛冶炼有限公司有关问题，郎岱古镇保护与开发的有关问题，拟建花德河林场黑羊箐旅游山庄有关事宜，解决长寨水电站施工受阻等有关问题，光照水电站六枝库区移民搬迁点及毛口集镇新址地质勘测队伍事宜，解决地宗矸石山煤矸石利用及林地征用等有关问题，六枝汽车站实行微机售票管理的有关问题，协调六枝工矿（集团）公司的竹林煤炭公司在落别乡乔家寨、吴家寨、姜家寨生产生活用水有关问题，重建六纳公路高桥公路桥的有关问题，酒厂片区整体开发有关问题，“两基”攻坚有关问题，解决新窑乡波渡村滥坝寨、大寨地质灾害的有关问题，完善“凉都·月亮河夜郎布依文化生态园”建设有关问题，中寨乡小寨民族煤矿矿农关系问题，乡镇煤矿入井人员意外伤害保险有关问题，底溪森林生态园旅游总体规划，特区农电管理体制的有关问题，解决原六枝矿务局学校、医院资产移交地方管理的有关遗留问题，六盘水煤机厂家属楼片区开发有关问题，特区一中、二中、二小及职业技术学校开办“清华附中网校远程教育实验学校”的有关遗留问题，新窑乡新河煤矿和堕却乡新发煤矿矿界纠纷问题，火坑公路维修有关问题，政府机关综合楼和政府招待所安装电梯的有关问题，煤炭税收征管的有关问题，桃花公园维修改造、平寨镇派出所及残联综合办公楼选址等项目规划方案，盘活六枝特区大用橡胶厂有关问题，永盛冶炼有限公司建设中的有关问题，毛口集镇新址和光照水电站库区 8 个移民安置点详细规划选择承办单位的问题，南环路与六纳公路延伸段平交路口建设等有关问题，解决特区影剧院片区部分土地规划选址调整的有关问题，解决城区排水不畅的有关问题，解决火车站站前广场西侧商住楼开发及拆迁安置有关问题，坝湾一级水电站项目建设有关问题，板照村酒郎组地质灾害点有关问题，解决中寨乡长寨、平基两个水电站施工建设中的有关问题，特区机要局等单位享受有关津贴（补助）的问题，光照水电站六枝库区移民搬迁点及毛口集镇新址规划设计单位事宜，六枝茶叶产业发展的有关问题，九头山公园北门山头地质灾害点协调处理的相关事宜，桃源广场浮雕设计及修建的有关问题，货运路拆迁安置补偿的有关问题，解决六枝影剧院建设、桃源广场改造、六盘水煤机厂住宅区开发建设有关问题，农村信用社旧贷清收有关问题，工行六枝支行、农行六枝支行旧房开发有关问题，特区森林警察大队二中队办公楼建设选址及土地等有关问题，解决六枝医药公司与重庆医药公司合作经营过程中的有关遗留问题，九龙路等建设项目方案有关问题，四合院片区开发有关问题，六枝影剧院工程建设有关问题，原六枝矿务局退休教师有关待遇问题，解决中寨捞河盛源煤矿的有关问题，新华煤矿开发的有关问题，理顺农电管理体制的有关问题，治理贵烟线六枝过境段路容路貌的有关问题，特区房开公司及酒厂片区土地开发的有关问题，煤焦税费征收有关问题，解决阿珠水电站库区移民工作有关问题，协调解决六枝工矿（集团）公司四角田煤炭分公司与新窑乡联合村的工农纠纷问题，解决梭戛生态博物馆长角苗社区群众生产生活中存在的有关问题，中心城区总体规划涉及团结路规划道路红线调整及室内体育馆建设的有关问题，堕却乡新发煤矿和新窑乡新河煤矿矿界纠纷问题，水矿集团六枝基地四合院国有土地使用权挂牌出让的有关问题，店子至羊场、双夕至凉风洞县际油路建设的有关问题，六枝影剧院工程建设有关问题，全区煤炭价格调节基金征收及管理有关问题，龙场大桥建设工程勘察设计的有关问题，纳麻水库除险加固工程进场公路建设的有关问题，部署水城至黄果树高等级公路六枝过境段征用土地勘界工作及协调解决有关遗留问题，龙场大桥建设的有关问题，解决新窑乡地方煤矿双回路电源建设有关问题。

2006 年，共召开 84 次，主要研究规范管理新增小型班线客运车辆有关问题，农电体制改革中涉及国有资产移交有关问题，高致病性禽流感防控工作的有关问题，特区法院综合楼建设的有关问题，特区煤炭价格调节基金征收及管理的有关问题，影剧院西侧（兴隆路东侧与健康路南侧交叉处）土地开发的有关问题，六枝城区河道治理涉及那克派出所家属区煤棚拆迁的有关问题，龙场乡计生妇幼保健站与卫生院整合建设有关问题，九龙路建设及九龙酿造厂大楼拆迁的有关问题，解决六枝城区河道治理涉及六盘水煤机厂河段工程占地、附着物补偿等有关问题，六枝工矿（集团）有限责任公司矿山救护大队（以下简称救护队）至丁字路口段公路改造、大用镇老街水泥路面硬化、六纳公路延伸段城区进出口道路建设有关问题，纳麻水库除险加固工程有关问题，对光照水电站六枝库区移民安置点施工设计及供水设计进行评审，货运东路土地拆迁安置补偿的有关问题，三家寨煤矿开采造成店（子）羊（场）公路部分路段塌陷有关问题，协调解决特区三中、四中等八所寄宿制学校办理“两证一书”的有关问题，贵烟公路六枝过境段提等改造有关问题，迴龙溪景区的建设、管理及开发经营等有关问题，教育、卫生系统职工病退问题，解决中寨捞河盛源煤矿（原六枝特区中寨焦化厂附属煤矿）的有关问题，特区信合联社新建办公大楼有关问题，六纳公路延伸段城区进出口道路建设有关问题，大用至化处公路建设等有关问题，阿珠电站库区水上运输安全的有关问题，协调解决箐口乡农电网移交有关问题，防旱抗旱工作的有关问题，六枝中心城区项目建设的有关问题，解决梭戛乡安柱村上石龙地质灾害有关问题，建立煤矿安全通信平台有关问题，解决特区党校教学楼装修的有关问题，六枝特区行政办公中心选址的问题，特区农业科技园区建设的有关问题，贵烟公路六枝老街及交警队至铁五局水泥厂路段路面改造和铁五局水泥厂至收费站排水设施建设的有关问题，30 集电视连续剧《竹王夜郎传奇》影视拍摄基地建设问题，狂犬病防控工作的有关问题，城区南环路建设的有关问题，城区安全应急饮水工程建设的有关问题，解决矿业南路和六枝工矿集团救护队至丁字路口公路维修工程有关问题，协调解决光照水电站毛口、洒志移民安置工程砂石供应的有关问题，特区职业技术学校扩建用地及部分学校办理土地使用证的有关问题，平寨镇事业单位人事制度改革工作中的有关问题，落别乡马头村乔家寨等 3 个自然村寨人畜饮水工程的有关问题，解决岩脚供水站移交特区自来水公司管理的有关问题，特区煤炭产品税费征收管理的有关问题，六枝铁合金企业环保治理的有关问题，大烟公路城区交警队至铁五局水泥厂、六枝街维修改造和铁五局水泥厂至阳光学校道路边沟建设工程的有关问题，特区中心城区供水管网改造工程的有关问题，解决国有企业转供电和转供水的有关问题，箐口乡农电网改造的有关问题，中国扶贫基金会六枝农户自立服务社的有关问题，打击制贩假票据偷逃煤焦税费的有关问题，特区农村公路管理养护体制改革等有关问题，协调处理原有线台住宅楼工程遗留有关问题。

2007 年，共召开 84 次，主要研究治理大烟公路城区过境段环境卫生的有关问题，协调解决大用箐背大坡麻窝砂石厂搬迁的有关问题，特区煤炭产品产量远程监控系统建设的有关问题，解决郎岱镇洒米陇煤矿、堕却乡新发煤矿和新窑乡大水洞煤矿整合关闭工作有关问题，光照水电站毛口集镇新址场平工程施工有关问题，解决特区汽车运输公司经济适用住房建设有关问题，民用爆炸物品供需有关问题，底大湾马路市场迁至水源队路段的有关问题，大用箐背大坡麻窝砂石厂搬迁的有关事宜，对毛口乡政府机关场平工程施工图设计及毛口集镇新址场平工程中的道涵施工图设计进行审查，解决落别乡国强煤矿地质灾害及技改等有关问题，协调解决平寨收费站收取城区客运车辆月票费的有关问题，南环路建设有关问题，协调解决六枝电厂项目资料申报的有关问题，解决落别坝湾片区农户建房违法用地的有关问题，光照水电站六枝库区移民修建临时房屋和搬迁建房有关问题，落别乡纳骂村松乃组国强煤矿地质灾害有关问题，移民工程监管有关问题进行专题研究，全区地方煤矿瓦斯监测监控系统联网建设有关问题，南环路建设工程有关问题，2007年经济适用住房建设有关问题，六枝特区东部老年供养服务中心有关问题，特区轻纺总会（包括原成立的联社）机构职能及人员安置移交工作的有关问题，特区二中教学楼建设工程招标的有关问题，洒志乡平桥小城镇移民安置点有关问题，盛源煤矿产权纠纷有关问题，信访工作中的有关问题，研究南环路建设工程有关问题，毛口乡移民工作中的有关问题，解决落别乡国强煤矿地质灾害有关问题，大用镇耳贡村新寨组危石爆破有关问题，木贡河水资源开发和“三小工程”建管用等有关问题，煤炭产品产量远程监控系统建设、管理等有关问题，六盘水煤矿机械厂改制的有关问题，煤炭价格调节基金征收有关问题，洒志乡平桥移民安置点场平工程招投标问题，特区中、小学学生平安保险有关问题，农村沼气池建设有关问题，处理光照水电站六枝库区移民返迁的有关问题，凉风洞水电站有关问题，特区国有重点煤矿采煤沉陷区治理工程有关问题，原六枝铁中退休教师移交地方管理有关问题，六枝电厂项目前期工作有关问题，南环路、贵州宏狮煤机制造有限公司进厂公路、大用多经处厂区公路建设的有关问题，凉风洞电站拆迁工作有关问题，电煤供应的有关问题，六枝特区城区配水管网改造工程贷款有关问题，贵州宏狮煤机制造有限公司进厂公路遗留工程及相关公路建设问题，市二中校园周边“整脏治乱”工作，城区公园路道路建设有关问题，特区产品质量和食品安全工作有关问题，解决企业工资拖欠的有关问题，特区城区视频监控系统工程建设问题，环保工作的有关问题。

2008年，共召开51次，主要研究移民工作有关问题，特区一中申报省级示范性高中的有关问题，平寨镇补林小学内六盘水煤矿机械厂高压电线杆搬迁问题，全区整合煤矿安全生产和2008年电煤供应等有关问题，特区开发投资中心划转归口特区发改局管理有关问题，特区二中教学楼等6个工程项目有关问题，协调解决六枝火车站修建围墙实施封闭管理的有关问题，迴龙溪景区固定资产使用权移交的有关问题，新窑乡波渡村大寨、滥坝田等地质灾害点搬迁有关问题，抗雪凝灾害及灾后重建工作，箐口塔（山）河（尾巴）运煤公路有关问题，继续实施南环路建设工程的有关问题，加强网吧管理有关问题，移民工作的有关问题，中寨煤矿建设的有关问题，平寨镇河湾村下戛石片区村民饮水有关问题，拆除六枝火车站货运桥涵下违规建筑有关问题，洒志乡平桥移民安置点防洪工作有关问题，开展“两抢一盗”及“打黑除恶”严打专项行动有关问题，卡（房）凉（水井）公路维修改造有关问题，煤炭生产有关问题，矿群纠纷的有关问题，堕（却）中（寨）公路维修改造有关问题，六枝特区2005—2007年度农业综合开发项目迎接国家验收考评准备工作，六枝国有煤矿采煤沉陷区综合治理工程临时料石厂选址有关问题，特区成品油价格改革财政补贴工作有关问题，光照水电站六枝库区移民安置自查验收的有关问题，新华煤矿建设、六枝征地统一年产值标准和征地片区综合地价测算等问题，晴隆县民工到毛口乡务工死亡调解的有关问题，光照水电站六枝库区库岸地质灾害防治问题，阿珠水电站环湖公路建设的问题，牂牁江风景名胜区规划范围调整有关问题，水矿六枝学校土地及房屋移交地方的问题，木岗镇瓜农种植“台农七号”西瓜种子减产有关问题，全区水上交通安全治理有关问题，国有重点煤矿采煤沉陷区综合治理城区沥青置面工程的有关问题，生活垃圾卫生填埋场建设的有关问题，耕地占用税、契税征管工作职能调整的有关问题，黔中水利枢纽一期工程移民工作有关问题、建设工作有关问题。

2009 年，共召开 61 次，主要研究交通运输营业税征收管理有关问题，对原六枝矿务局一次性安置人员及所属大集体家属临时工中特殊困难群体开展春节慰问有关问题，2009 年烤烟生产工作有关问题，协调处理城区污水处理厂建设有关问题，黔中水利枢纽工程灌区调查工作有关问题，光照电站六枝库区移民工作有关问题，城区污水处理工程、生活垃圾卫生填埋工程、农村危房改造等项目建设有关问题，黑塘矿区开发建设有关问题，落实国家审计署驻深圳特派员办事处对六枝特区国有重点煤矿采煤沉陷区综合治理工程进行审计提出的整改意见，六枝循环经济煤焦化项目建设有关问题，特区国有重点煤矿采煤沉陷区综合治理工程有关问题，洒志乡平桥安置点原住户抢种移民土地有关问题，特区职业技术学校扩建项目有关问题，高考、中考期间学生集体包车道路交通安全工作有关问题，生活垃圾卫生填埋工程设置临时砂石厂的有关问题，解决新窑乡播雨村地质灾害有关问题，城区河尾巴应急供水工程建设有关问题，堕却乡财政所、堕却信用社办公用房建设有关问题，落别乡马头村姜家寨、吴家寨、乔家寨与竹林煤炭公司人畜饮水工程纠纷有关问题，龙场乡龙场村部分村民反映阿珠电站征用土地、树木的赔偿金额与其他村的数额不一致等有关信访问题，阿珠水电站移民安置和库底清理自查验收工作，特区境内面的车运营安全管理有关问题，农民人均纯收入统计工作有关问题，省级小型农田水利建设重点县工作有关问题，区内国有企业改革改制有关问题，堕却乡牛坡村倮纳组地质灾害防治有关问题，巩固退耕还林成果项目建设有关问题，新华煤矿征地工作有关问题，特区人民医院门急诊综合楼工程进场开工有关问题，旧院水库工程建设征地移民安置规划大纲及规划报告编制工作有关问题，特区新增中央投资项目整改工作有关问题，六枝特区循环经济煤焦化项目工作有关问题，落实种草养羊项目工作有关问题，黔中水利枢纽一期工程施工区进场公路建设有关问题，协调解决南环路建设的有关问题，协调解决高速公路建设中的有关问题，讨论《六盘水市煤炭资源非国家规划矿区矿业权设置方案》（初稿）有关问题，征兵工作有关问题，特区污水处理厂岗位设置及特区建筑材料检测中心管理有关问题，协调解决南环路建设与兴隆村砂石场开采的有关问题，黔中水利枢纽一期工程六枝水源工程区移民有关工作问题，岩脚木贡温泉开发有关问题，垃圾卫生填埋场建设的有关问题。

2010 年，共召开 58 次，主要研究落别乡川硐村人畜饮水有关问题，平寨镇兴隆村砂石场的有关问题，南环路供电线路改线的有关问题，2010 年度农业工作进行了安排部署，郎岱镇经济社会发展有关问题，新华煤矿、黑拉戛煤矿建设临时用地有关问题，聚鑫煤矿新系统风井安全出口建设受阻有关问题，抗旱救灾工作，沪昆铁路六枝特区境内提速改造工作有关问题，龙场乡安家寨煤矿建设及老系统（原那雨煤矿）开采受阻有关问题，整改落实扩内需新增中央投资项目及工程建设领域突出问题专项治理工作的有关问题，六枝清真寺建设有关问题，六枝特区国民经济和社会发展“十二五”规划编制工作有关问题，解决梭戛乡顺利村烤烟烘烤供电有关问题，中坝水库管理及城区供水有关问题，研究煤焦税费征管工作有关问题，旧院水库工程建设移民安置工作有关问题，财政支农资金整合、小型农田水利建设及农业综合开发高标准农田建设工作，保障性住房建设、农村危房改造工程、美好家园建设、煤矿棚户区治理及采煤沉陷区治理工作，特区一中申办省级示范性高中有关问题，光照水电站六枝库区土地集体资产实物指标分解有关问题，扩大内需中央投资项目建设工作，盘县电厂至普定220KV双回路改进六枝变电站建设工程有关问题，进一步扩大固定资产投资规模等有关问题，面向央企招商引资工作，协调新场乡“10·4”交通事故赔偿事宜，六枝特区第六次全国人口普查工作有关问题，六枝特区工业发展有关问题，中寨乡移民后期扶持项目建设有关问题，六枝特区廉租住房建设工作，六枝特区供水扩建工程有关问题，协调解决六枝工矿（集团）黑拉戛煤矿与六枝特区宏顺发煤矿矿权评估收购等有关问题，全区中小河流治理和山洪地质灾害防治规划编制问题，区内工业产业项目建设用地报批工作，六枝特区九龙酿造厂异地技改有关问题，六枝特区农村美好家园（民居）建设工作，特区煤炭洗选项目建设工作，六枝特区地方煤矿整合技改有关问题，旧院水库移民工作有关问题，六枝特区九龙片区开发有关问题，安排部署2011年全省春季农业生产现场会筹备相关工作，六枝河平寨河段治理工程有关问题，2000－2001届定向合同生安置工作有关问题，沪昆线下行K2153+160米处（六枝火车站）人行立交涵引道建设有关问题，那雨煤矿关闭有关问题。

2011年，共召开67次，主要研究梭戛乡平寨小学建设的有关问题，研究棚户区改造工程有关问题，六枝特区2011年固定资产投资及“十二五”规划纲要（草案）编制工作，龙岭煤矿与龙场乡迎新村高家寨、大田边村民矛盾纠纷有关问题，调整龙岭煤矿技改设计矿界有关问题，黔中水利枢纽一期工程输配水区征地补偿拆迁安置工作有关问题，梭戛乡经济社会发展有关问题，六枝煤矸石电厂（2×30万千瓦）建设有关问题，六枝特区职业技术学校与贵州省机械职业技术学校整合有关问题，六枝特区九龙酒业有限责任公司异地技改项目建设有关问题，六镇高速公路征地拆迁工作调度，王本林捐资助学有关事宜，六枝特区2006年以来已公告关闭煤矿和关闭（取消）保留一套独立生产系统矿井排查工作有关问题，岩脚廼龙溪温泉景区开发有关问题，三家寨煤矿与新窑乡三家寨村村民矿群纠纷有关问题，国家规划矿区外矿业权设置方案编制和国家规划矿区矿业权设置方案修编工作有关问题，盘江六盘水装备制造有限公司保障性住房相关工作，六枝特区第七中学建设有关问题，旧院水库工程涉及夹岩水电站补偿有关问题，六枝至镇宁高速公路项目征地拆迁工作有关问题，特区政府酒厂综合办公楼管理有关问题，沪昆线下行K2153+160米处（六枝站）人行立交涵引道建设有关问题，大用镇2010年坡耕地水土流失综合治理试点工程项目纠纷问题，毛口乡星桥水电站建设项目及有关工作，六枝特区宏奇制药有限公司异地技改项目建设有关问题，特区电煤供应有关问题，解决温泉度假区开发项目和大鲵开发项目有关问题，旧院水库移民工作有关问题，地方煤矿联合试运转有关问题，郎岱农业产业园区建设工作，六枝工矿（集团）四角田煤炭分公司供电安全隐患整改有关问题，全区重点建设项目工作，特区园区建设有关问题，郎岱农业产业园区基础设施建设工程BT项目竞争谈判，特区林业局森林公安派出所建房有关问题，科技扶贫种草养羊项目相关工作，中央下放煤矿棚户区改造综合治理项目调度，招商引资工作的有关事宜，木岗工业园区建设有关问题，新场乡两路口村转坡组地质灾害防治有关问题，特区农村寄宿制学校建设攻坚工程及学前教育、高中阶段教育突破工程有关问题。处理国有重点煤矿采煤沉陷区综合治理工程东苑小区住户反映的有关问题，投资促进及旧城改造工作，电煤应急保障工作有关问题，精神病患者医疗管理救助有关问题，猴子田煤矿建设有关问题，煤炭行业税收工作有关问题，申报省级开发区有关事宜，中央下放煤矿棚户区改造综合治理工程有关费用减免问题，六枝特区美好家园（民居）建设有关问题，郎岱现代农业产业园区建设有关问题，六枝特区第七中学、青少年活动中心、补林小学等教育工程建设项目调度协调工作，六枝特区烟叶复烤厂有关问题，特区工业产业项目建设用地报批工作，外商投资与平寨镇卫生院合作办医有关问题，六枝至镇宁高速公路炮损有关问题，造纸房煤矿至播雨丫口通村公路改造有关问题，梭戛乡顺利村石灰石砂厂有关问题，六枝特区乡镇煤管站与安监站整合有关问题，追加工业园区建设等经费有关问题。

第三章　六枝特区政协

第一节　　政协会议

1984 年 7 月 24—27 日，政协第一届委员会第一次会议召开。会议选举产生第一届常务委员会。选举主席 1 名、副主席 6 名、秘书长由一名副主席兼任、常务委员 25 名。

1985 年 4 月 22—25 日，一届二次全体委员会议召开，会上增选谭伦、胡家义、黄传俊、陈安国为常务委员。

1986 年 4 月 7—12 日召开一届三次全体委员会议，会上选举罗克卫为常务委员。

1987 年 9 月 17 日—24 日召开政协六枝特区第二届委员会第一次会议，选举产生第二届常务委员会。选举主席 1 名、副主席 5 名、秘书长 1 名、常务委员 30 名。

1988 年 4 月 5—9 日召开二届二次会议。

1989 年 3 月 14—17 日召开二届三次会议，选举柯慧贤为政协副主席，张金辉为常务委员。

1990 年 4 月 22—29 日召开政协六枝特区第三届委员会第一次会议，选举产生第三届常务委员会。选举主席 1 名、副主席 4 名、秘书长 1 名、常务委员 25 名。

1991 年 3 月 31 日—4 月 4 日，召开三届二次会议，会上选举程德元为常务委员。

1992 年 3 月 24—31 日，召开三届三次会议。

1993 年 4 月 7—13 日召开政协六枝特区第四届委员会第一次会议，选举产生第四届常务委员会。选举主席 1 名、副主席 2 名、秘书长 1 名、常务委员 26 名。

1994 年 3 月 28 日—4 月 2 日，召开四届第二次全体会议。选举宗玉祥为副主席。1994 年 3 月四届六次常委会协商同意：陈文选辞去政协六枝特区第四届委员会委员职务；增补勾永斌为政协六枝特区委员会第四届委员会委员。

1995 年 3 月 23—28 日召开四届第三次全体会议。

1996 年 3 月 25—29 日召开四届第四次全体会议，选举丁学坚、李用凯为副主席。1996 年 3 月四届十四次常委会协商同意：张雅萍、黄军育、刘成学不再担任政协六枝特区委员会第四届委员会委员、常务委员职务；增补陶然、胡小单为政协六枝特区委员会第四届委员会委员。1996 年 11 月四届十七次常委会协商同意：郭保和不再担任政协六枝特区委员会第四届委员会委员、常务委员、秘书长职务；赵桂兰不再担任政协六枝特区委员会第四届委员会委员、常务委员职务；张华不再担任政协六枝特区委员会第四届委员会委员职务。增补龙明红、李桔为政协六枝特区委员会第四届委员会委员。

1997 年 2 月四届十八次常委会协商同意：增补王勇为政协六枝特区委员会第四届委员会委员。1997 年 3 月 9—13 日召开四届第五次全体会议。1997 年 5 月四届十九次常委会协商同意：增补陈默为政协六枝特区委员会第四届委员会委员。

1998 年 3 月 5—10 日召开政协六枝特区第五届委员会第一次会议，选举产生第五届常务委员。选举主席 1 名、副主席 6 名、秘书长 1 名、常务委员 23 名。

1999 年 3 月 9—13 日召开五届第二次全体会议，补选张世坤为政协五届常委会副主席。1999 年五届七次常会协商同意：增补李素艳为政协六枝特区委员会第五届委员会委员。

2000 年 3 月 6—11 日召开五届第三次全体会议。2000 年 6 月五届十二次常委会协商同意：增补陶玉国为政协六枝特区委员会第五届委员会委员。

2001 年 3 月 9—13 日召开五届第四次全体会议。

2002 年 3 月 5—9 日召开五届第五次全体会议。

2003 年 2 月 17—23 日召开政协六枝特区第六届委员会第一次会议，选举产生第六届委员会常务委员会。选举主席 1 名、副主席 5 名、秘书长 1 名、常务委员 23 名。

2004 年 3 月 17—22 日召开六届第二次全体会议，会上补选张廷模为政协第六届委员会主席；补选谭有奇、叶波、高霞为政协常务委员。是年 6 月，六届八次常委会协商同意：杜娟、陈登学辞去政协六枝特区委员会第六届委员会委员、常委职务；熊德威、俞礼科、张增林、倪裔松辞去政协六枝特区委员会第六届委员会委员职务；增补龙明红为政协六枝特区委员会第五届委员会委员；撤销张玉林政协六枝特区委员会第六届委员会委员常委资格；撤销李贵政协六枝特区委员会第六届委员会委员资格。

2005 年 4 月 16—22 日召开六届第三次全体会议，会上补选夏明为政协第六届委员会主席；李德兴、黄世杰为政协第六届委员会副主席；2005 年 3 月同意方菊生辞去政协第六届委员会委员、常委职务；同意李兴明辞去政协第六届委员会委员职务；免去杨克宽政协第六届委员会委员职务。2005 年 4 月十二次常委会协商同意增补夏明为政协第六届委员会委员；2005 年 4 月六届十三次常委会协商同意：张廷模辞去政协第六届委员会主席职务；2005 年 9 月六届十五次常委会协商同意增补夏昌锦为政协第六届委员会委员。2006 年 3 月，六届十七次常委会协商决定撤销刘辉、廖清朝政协第六届委员会委员资格。

2006 年 3 月 17—22 日召开六届第四次全体会议。

2006 年 12 月 4—9 日召开政协六枝特区第七届委员会第一次全体会议，会议选举产生第六届委员会常务委员会。选举主席 1 名、副主席 6 名、秘书长 1 名、常务委员 25 名。

2007 年 3 月七届二次常委会协商决定免去杨涛政协第七届委员会委员职务。2007 年 9 月增补马淑元为七届委员会委员。2008 年 3 月七届六次常委会协商同意刘远志辞去政协第七届委员会委员职务。

2008 年 6 月七届八次常委会协商同意郭燕、释宗曦辞去政协第七届委员会委员职务；撤销陈炜政协第七届委员会委员职务。2008 年 12 月七届十次常委会协商同意沈广豪辞去政协第七届委员会委员、常委职务。

2009 年 3 月第七届十一次常委会同意曾利辞去委员职务。

2010 年 1 月第七届委员会第十六次常委会协商决定免去王关恒、梁适生第七届委员会副主席职务；2010 年 3 月 12 日政协第七届委员会第三次全体会议选举赵孝和、叶发伦 2 名同志为政协第七届六枝特区委员会副主席。

1984—2011 年政协六枝特区委主席、副主席名录

表 4-3-1

	姓　名	职　务	性别	民族	任职时间
政协六枝第一届委员会	李玉岭	主　席	男	汉	1984.7 — 1987.9
	王启达	副主席	男	布依	1984.7 — 1987.9
	周镇隆	副主席	男	汉	1984.7 — 1987.9
	明　萌	副主席	男	汉	1984.7 — 1987.9
	张太达	副主席	男	汉	1984.7 — 1987.9
	王长生	副主席	男	汉	1984.7 — 1987.9
	吴帮骥	副主席	男	汉	1984.7 — 1987.9
政协六枝第二届委员会	李逢时	主　席	男	汉	1987.9 — 1990.4
	明　萌	副主席	男	汉	1987.9 — 1990.4
	周镇隆	副主席	男	汉	1987.9 — 1990.4
	李　兴	副主席	男	汉	1987.9 — 1990.4
	张太达	副主席	男	汉	1987.9 — 1990.4
	冯克强	副主席	男	汉	1987.9 — 1990.4
	柯慧贤	副主席	女	汉	1987.9 — 1990.4
政协六枝第三届委员会	李逢时	主　席	男	汉	1990.4 — 1993.4
	王有志	副主席	男	汉	1990.4 — 1993.4
	柯慧贤	副主席	女	汉	1990.4 — 1993.4
	陶家华	副主席	男	彝	1990.4 — 1993.4
	冯克强	副主席	男	汉	1990.4 — 1993.4
政协六枝第四届委员会	李逢时	主　席	男	汉	1993.4 — 1998.3
	柯慧贤	副主席	女	汉	1993.4 — 1998.3
	谭明达	副主席	男	汉	1993.4 — 1998.3
	宗玉祥	副主席	男	汉	1993.4 — 1998.3
政协六枝第五届委员会	梁宜章	主　席	男	汉	1998.3 — 2003.2
	张廷模	副主席	男	汉	1998.3 — 2003.2
	袁　美	副主席	女	彝	1998.3 — 2003.2
	柯慧贤	副主席	女	汉	1998.3 — 2003.2
	李用凯	副主席	男	汉	1998.3 — 2003.2

续表

	姓　名	职　务	性别	民族	任职时间
政协六枝第五届委员会	王光华	副主席	男	汉	1998.3 — 2003.2
	梁适生	副主席	男	汉	1998.3 — 2003.2
政协六枝第六届委员会	熊德威	主　席	男	汉	2003.2 — 2004.3
	张廷模	主　席	男	汉	2004.3 — 2005.4
	张廷模	副主席	男	汉	2003.2 — 2006.12
	王关恒	副主席	女	布依	2003.2 — 2006.12
	梁适生	副主席	男	汉	2003.2 — 2006.12
	黄秋英	副主席	女	汉	2003.2 — 2006.12
	金　芬	副主席	女	汉	2003.2 — 2006.12
政协六枝第七届委员会	夏　明	主　席	男	汉	2005.4 — 2011.12
	余红亚	副主席	男	汉	2006.12 — 2011.12
	王关恒	副主席	女	布依	2006.12 — 2011.12
	梁适生	副主席	男	汉	2006.12 — 2011.12
	金　芬	副主席	女	汉	2006.12 — 2011.12
	黄世杰	副主席	男	汉	2006.12 — 2011.12
	吴文英	副主席	男	汉	2006.12 — 2011.12
政协六枝第八届委员会	夏　明	主　席	男	汉	2011.12 —
	余红亚	副主席	男	汉	2011.12 —
	黄秋英	副主席	女	汉	2011.12 —
	黄世杰	副主席	男	汉	2011.12 —
	吴文英	副主席	男	汉	2011.12 —
	赵孝和	副主席	男	布依	2011.12 —
	叶发伦	副主席	男	汉	2011.12 —

第二节　政协机构

1984年5月筹备委员会召开第一次会议，协商讨论通过了120名委员人选名单。1984年7月24—27日召开政协第一届委员会第一次会议。到1994年，共召开了4届委员会11次全体会议。政协第一届委员会设工作机构有学习委员会、文史资料研究委员会 、提案工作委员会、工作组委员会。政协第三届委员会设工作机构有学习委员会、文史资料委员会 、提案工作委员会、经济委员会、社会发展委员会。政协第四届委员会设工作机构有政协办公室、提案委员会、学习委员会、文史资料委员会 、经济委员会、社会发展委员会。政协第五届委员会设工作机构有政协办公室、提案委员会、学习文史委员会、经济科技委员会、社会法制教育文卫委员会。政协第六、七届委员会设工作机构有政协办公室、提案委员会、学习文史联谊委员会、经济科技委员会、社会法制教育文卫委员会。政协第八届委员会未对工作机构进行调整。

第三节　提案及办理

一、历届历次政协会议提案统计

1984 — 2011 年政协六枝特区委员会第一届至第八届一次会议共收到提案 2598 件，立案 2231 件，其中经济建设类 1045 件，科教文体类 565 件，其他类 433 件。

第一届政协六枝特区委员会共收到提案 227 件，立案 227 件。

1984 — 2011 年政协委员提案情况统计表

表 4-3-2

年份	提案数（件）	立案数（件）	经济建设类（件）	科教文卫体类（件）	其他类（件）
1984	153	153			
1985	37	37	13	14	10
1986	37	37	13	14	10
1987	35	35			
1988	51	51			
1989	81	81			
1990	57	57	31	11	15
1991	40	39	12	18	8
1991	58	57	27	12	8
1993	69	66	22	20	24
1994	44	42	17	18	7
1995	57	54	17	13	24
1996	27	27	13	13	1
1997	76	76	40	20	16
1998	96	95	41	32	22
1999	89	89	45	29	15
2000	91	88	47	25	16
2001	97	88	57	21	10
2002	84	80	56	19	5
2003	137	104	69	30	5

续表

年份	提案数（件）	立案数（件）	经济建设类（件）	科教文卫体类（件）	其他类（件）
2004	163	144	94	29	21
2005	199	164	103	38	23
2006	156	134	89	24	21
2007	148	141	71	44	26
2008	177	166	67	47	52
2009	130	101	48	22	31
2010	96	87	36	25	26
2011	113	100	37	26	37
合计	2598	2231	1045	565	433

二、政协提案办理案例选录

（一）政协七届一次会议提案

〔2007〕第9号

案　由：强化农村土地承包合同管理，促进农村经济稳定发展

提案人：邓红等5名委员

内　容：农村土地承包合同管理工作，事关农民的切身利益，事关农村稳定。六枝特区1998年实行了二轮土地延包工作，延长了农村土地承包期限50年不变，发放了农村土地承包经营权证书。但由于起步晚，工作经费不足等多方原因造成历史遗留问题多，引发了农村土地承包纠纷案件（如一地多证，既有土地承包经营权证，又有宅基地使用证等），且纠纷案件增多，增幅大，影响了农村的社会稳定，不利于农村和谐社会的构建。

建　议：

1．落实工作经费，确保有钱办事。

2．筹备成立农村土地承包仲裁委员会。

3．加大力度，深入宣传《农村土地承包法》《农村土地承包经营权证管理办法》《农村土地承包经营权流转管理办法》等相关法律法规。

4．强化指导，规范农村土地流转。

承办单位：六枝特区农业局

办理情况：六农提复〔2007〕1号

你们提出的关于《强化农村土地承包合同管理，促进农村经济稳定发展》的提案收悉，现就提案提出的有关问题答复如下：

1．我区于1998年根据中央、省、市精神开展了延长农村土地承包期工作，耕地承包期延长50年，非耕地承包期延长60年，承包期从1995年1月1日起计算。根据土地承包期“大调整、小稳定”的原则，全区承包农户97706户，合同签订97706户，发放“农村土地承包经营权

证书”97706本。合同签订率、证书发放率均达100%，并通过了上级验收。但随着农村经济的发展，农村各种基建占地、土地流转日益增多，由于机构、经费人员等诸多因素的制约，造成土地流转不尽规范，土地变更登记工作未及时跟上，引发了一些矛盾和纠纷，一定程度上影响了和谐农村建设。

2. 随着《中华人民共和国农村土地承包法》的颁布实施，我区农村土地承包工作将逐步规范，一是积极向上级争取经费，特别是更换新证的经费，确保农村土地承包合同有序开展；二是努力争取成立农村土地承包仲裁委员会；三是加大农村土地承包纠纷的查处力度，规范各种制度建设；四是加大《中华人民共和国农村土地承包法》等相关法律法规的宣传贯彻力度，不断强化农村土地承包工作指导，规范农村土地流转。

〔2007〕第10号

案　由：关于加快发展茶叶产业化的建议

提案人：卿太平等4名委员

内　容：六枝特区富硒茶生产具有得天独厚的优势和条件，几年来，在上级有关部门的支持下，我区茶叶得到了一定的发展。全区现有高产密植茶园5000亩，分布于龙场、新场、大用、木岗、洒志等乡镇。年产名优茶5吨，大宗六枝天然富硒茶叶30吨。六枝特区茶叶公司作为六枝特区茶叶产业的龙头企业，营销网络遍及省内外，为六枝茶叶产业的发展奠定了基础。但是，由于茶叶产业投入大，周期较长，我区茶叶发展资金严重不足，具体表现在茶叶基地规模小，加工能力严重不足，同时特区茶叶公司作为国有企业，存在着体制不顺、产权不明、自身实力弱等原因，造成特区茶叶产业发展较为缓慢。为加快我区茶叶产业发展步伐。

建　议：

1. 加大项目资金的投入力度，使基地建设有一个较大的突破，充分整合特区发改、农发、扶贫、水利、水保等部门资金，大力发展茶叶基地，改善茶叶生产基础设施；

2. 扶持茶叶产业龙头企业。一是加大龙头企业的改制、改革工作，使企业建立起产权明晰，自主经营的现代企业制度；二是对茶叶龙头企业给予税收优惠或给予税收减免。具体可以采取先征后返的办法给予税收优惠；三是给予茶叶产业龙头企业贷款贴息。

承办单位：六枝特区农办

办理情况：六特农办提复〔2007〕2号

你们提出的《关于加快发展茶叶产业化的建议》的提案收悉，现就提案提出的有关问题答复如下：

发展茶叶产业是我区“十五”期间提出的“32111”工程的一项重要内容，是一项强区富民的绿色产业。目前全区茶园面积5000亩以上，已初具茶业产业化发展的规模。为形成产业一体化，于上世纪九十年代成立了六枝特区茶叶开发公司，多年来积极协调林业、水利、农发等部门资金，用于该公司发展茶叶基地建设、老茶园改造、基础设施等建设，六枝茶叶产业发展步伐加快，六枝茶叶公司已成为我区茶叶龙头企业。目前，特区茶叶开发公司正在进行改制，已办理生产许可证，下一步将按照省、市出台的相关优惠政策，加大各类涉农资金的整合力度，进一步扶持农业产业化龙头企业，使其早见效益，发挥带头作用，做大做强茶叶产业。关于能否给予茶叶产业龙头企业贷款贴息问题，需逐级向上争取。

（二）政协七届二次会议提案

〔2008〕第 42 号

案　由：关于尽快成立医疗垃圾处理站的建议

提案人：乔玉梅

内　容：医疗垃圾是指医疗机构在医疗预防保健以及其他相关活动中产生的具有直接或间接感染性、毒性以及其他危害性的废物。具体包括感染性、病理性、损伤性、药物性、化学性废物，这些废物含有大量的细菌性病毒，而且有一定的空间污染、急性病毒传染和潜伏性传染的特征，如不加强管理，随意丢弃，任意混入生活垃圾，流散到人们生活环境中，就会污染大气、水源、土地及动植物，造成疾病传播，严重危害人的身心健康。目前我区有市二医、特区人民医院、四家私立医院以及 9 家社区服务站及私人诊所，这些医疗垃圾都由各家医院自行处理，少的放置了 3—4 天处理，多数是 1 周处理 1 次，很不规范。按国家《医疗废物管理条例》，医疗废物放置不可超过 24 小时，所以这些医疗废物很可能造成对大气、水源、土地以及动植物的污染而致疾病的传播，危害人的身心健康。

在环境保护意识逐渐增强的今天，保护环境是我们每个公民的责任和义务，当今已有多种技术可用于对医疗垃圾的处理，其中，高温焚烧处理就能完全保证医疗垃圾的稳定性、安全化减量化和无害化的环保要求，同时又符合当代医疗垃圾处理的发展趋势。此外，环卫部门在上世纪 90 年代中期就开始开展了医疗垃圾的管理与处理工作。2003 年 6 月 4 日国务院总理温家宝签发并公布国务院第十次常务会议通过的《医疗废物管理条例》，逐步完善了医疗垃圾污染控制度。

建　议：目前，贵阳、遵义、安顺等地区已专门成立垃圾管理中心，所以建议我区应尽快投入一定的资金、人力及专业技术人员，成立医疗垃圾管理中心，使我区的医疗垃圾能够在符合国家规定的时间内无毒无害的销毁，以保障人民的身心健康，也可以解决部分再就业的问题。

承办单位：六枝特区卫生局

办理情况：六卫提复〔2008〕5 号

您提出的《关于尽快成立医疗垃圾处理站的建议》提案已收悉，现将提案提出的有关问题答复如下：

经研究和测算，建设一个标准的垃圾处理站需投入资金 1000 万元左右，建成后我区医疗垃圾处理量又不能满足处理要求，再加上我区的财力又十分困难，因此一直没有投入建设医疗垃圾处理站。下步，特区将采取以下方式尽快解决：一是通过招商引资的方式，引进外资投入修建；二是积极争取国家环保项目的投入修建。

（三）政协七届三次会议提案

〔2009〕第 1 号

案　由：关于加强六枝河治理的建议

提案人：乔玉梅

内　容：“六枝河”又称“白水河”，贯穿六枝特区主要中心城区，并是黄果树的上游，原本是一条很美丽的河，由于几十年来煤炭、工业、化工、医疗垃圾、生活垃圾等污染，使这条河变成了“垃圾河”。近几年来，经多方治理，河的两岸部分建起了防护墙，洗煤厂等大型工业废水已基本上消灭，但一些小型工厂的废水及生活垃圾却与日俱增，我就 2009 年 2 月中旬从六枝至人民医院沿河行走观察，导致这条河污染的主要原因是生活垃圾、小型工厂、浴室等排出的污水，河中见不到一条鱼，甚至河的两边蚯蚓都难以挖到，老百姓却用河中的水灌溉蔬菜，菜农还将蔬菜在河中清洗后卖给居民，可想而知人们吃了这些蔬菜能不得病吗？

建　议：1. 针对六枝河的特性，制订《六枝特区河道管理条例》，完善符合六枝特点、具有可操作性的法规体系。

2. 结合六枝特区整脏治乱，大力宣传保护环境的重要性，使全民认识到“爱六枝、爱六枝河”人人有责，从而提高全民保护环境的意识。

3. 由特区政府牵头，以卫生局、环保局、城管局、乡企局及沿河社区组成六枝河治理专门机构，落实河流具体管理单位及管理经费，落实到人头。

4. 彻底治理沿河两边生活垃圾和浴室污水的排放，尤其是煤机厂大桥至那克菜场生活垃圾的排放，另外拆除沿河两边建在河道上的民用住宅房。

5. 沿河两边能否建立排污沟、化粪池，这些生活垃圾经处理后再排入河中。

6. 做好河道两旁绿化工作的规划和实施。

承办单位：六枝特区环保局

办理情况：六环提复〔2009〕5 号

您提出的《关于加强六枝河治理的建议》提案已收悉，现就提案提出的有关问题答复如下：

特区政府历来高度重视六枝河的污染治理工作，2005 年以来，先后对六枝电厂、四角田煤矿、凯豪洗煤厂、鹏远造纸厂、平寨生猪定点屠宰场、人民医院等企事业单位进行了限期治理。造成六枝河受污染的原因主要是六枝河穿城区而过，沿线居民排放生活污水、生活垃圾污染了河水。部分企业存在闲置环保设施，偷排生产废水的环境违法行为。针对存在的问题，拟采取以下措施进行治理：

1. 环保部门进一步加大对六枝河沿岸超标排放废水企业的治理力度；强化对企业环保设施运行情况及废水排放情况的日常监督管理，采取定期和不定期的检查方式；对重点污染源（四角田煤矿、鹏远造纸厂、凯豪洗煤厂等）每月检查一次，一般污染每季度检查一次。加强对企业业主的环保法律法规培训，提高企业领导的环保意识和水平，加大环境执法力度，严厉打击环境违法行为，加大对环境违法行为的处罚力度，确保企业污水处理设施正常运行，废水达标排放。进一步加大对环境保护法律法规的宣传力度。利用“六五”世界环境日和赶集天等有利时机，向广大人民群众发放环保宣传画、环保手册等相关宣传资料，引导广大人民群众充分利用环保投诉和环境违法行为的举报热线“12369”，提高市民的环保意识，营造一个人人爱护、保护环境的良好氛围。

2. 水利局对河道实施有效管理。加大执法力度，严格按照《六枝河管理办法》审批河道管理范围内的各种建筑物，依法加大对违章建筑的拆除力度，督促河道协勤人员加强对河道的治理，严禁向六枝河倾倒建筑垃圾、生产生活垃圾、废水和杂物，加大对倾倒单位和个人的查处和处罚力度，确保河道畅通无阻。

3. 城管局负责协调平寨镇完善涉河两岸村（居）民委员会的市政设施、环境卫生管理制度，并在沿河重要区域修建垃圾池，使沿河居民的生活垃圾集中收集，并及时清运，实行日常保洁和动态管理，维持河岸的清洁。

4. 发改局、建设局进一步加快六枝生活污水处理厂的建设进度，力争早建成投入使用，使六枝城区居民的生活污水得到有效治理。

5．平寨镇要做好各街道、村的宣传工作，教育城区居民保护、爱护环境，注意搞好环境卫生，禁止向河道倾倒生活垃圾和生活污水，严禁污染环境违法行为的发生。

（四）政协七届四次会议提案

〔2010〕第22号

案　由：关于加大通乡油路维护力度的建议

提案人：马黔豫

内　容：近年来，随着各项项目的大力建设，政府加大了对通乡、通村公路的建设力度，促进了地方经济的发展，为老百姓的出行提供了诸多便利。但是受各种因素的影响，通乡油路的破损越来越快，也越来越严重，路面坑坑洼洼，甚至出现多处塌方，以离城区最近的“店羊”路为例，此路修建时名为柏油路，可只铺了一层粗沙并未铺细沙，建成没多久，村民为了引水浇田，有时直接在路面上凿渠开道，加上那玉货场的大车长期重压，短短几年时间这条新建的通乡油路不堪重负，变得崎岖不平，农村公路出现了“有人建、无人养”的问题。

以前农村公路养护金主要来源于养路费，但现在养路费取消后，不少农村公路破损严重，却得不到及时修复，影响了公路作用的正常发挥。

建　议：1．尽快出台有关农村公路资金筹措和管理方面的政策。

2．采取有效措施，制止超重车辆损坏公路。

3．加强监管力度，可责任到村，对人为性破坏路面的行为及人要严惩。

承办单位：六枝特区交通局

办理情况：六交提复〔2010〕8号

您提出的《关于加强通乡油路养护力度的建议》提案已收悉，现就提案提出的有关问题答复如下：

1．为加强和规范农村公路养护与管理，巩固农村公路建设成果，发挥农村公路在建设社会主义新农村进程中的重要作用，促进农村经济快速发展，根据《中华人民共和国公路法》、国务院《农村公路管理养护体制政策方案》（国办法〔2005〕49号）有关规定，由于该路修建时，是国家补助性投资，资金严重不足，地质条件差，很多路段的涵洞设置过少满足不了排水的需要，抗灾能力弱，雨水来时，经不住冲刷而造成严重的路基垮坍，路面被冲毁。根据国家养护体制改革的有关文件精神，从2008年开始我区的农村泥路养护将由特区财政负责日常养护资金。对该条公路的维修我局将按照程序争取在今年雨季来临之前向市交通局和省公路局争取大中修工程费进行维修。该条公路我局已纳入我区的油路改造修编计划，争取按通乡油路进行改造。六盘水市《农村公路管理养护体制改革实施方案》（以及我区的《农村公路管理养护体制改革实施方案》等相关法律法规及文件）的规定，今年市交通局已将农村公路管理办法上报市政府，待市政府批复后，将出台六盘水市农村公路管理养护实施细则，届时将按出台的实施细则中村公路养路费的标准补助。

2．为加强对公路的巡查管理，路政大队长期以来严格按照省公路局，公路巡查制度黔路发〔2004〕616要求，对我区公路定期巡查，对损害破坏公路的行为进行严处，针对您提出的建议，下一步我们将加大对该条公路的巡查密度，加大案件的查处力度，对损害、破坏公路的行为依照有关法律进行处罚，同时我们将积极向省、市治超部门反映，争取在该路段批准设置流动治超点，以制止超限载运输车辆损害公路。

〔2010〕第 36 号

案　由：关于将国学文化纳入地方课程的建议

提案人：李西铁

内　容：中国文化博大精深，特别是国学中的诸子文化影响了一代又一代中国人，也给世界一个惊喜，《论语》《大学》《孟子》《道德经》……影响了每个中国人的思想和灵魂，左右了一个国家的进步与发展，每个中国人，特别是小孩子，都应以祖国有如此深厚的文化底蕴而自豪。然而在现行的国家课程，地方课程，标本课程中，除了在国家课程中有一些国学的东西在，地方课程，标本课程中基本没有，有些地区甚至无地方课程及标本课程，更谈不上对学生进行中国传统文化的教育，因此，建议特区政府组织相关人士编写地方课程及标本课程，将中国传统的文化（民俗、礼仪、节日……）纳入其中，让学生得到更多的教育。

建议：1. 政府牵头，组织学者、专家编写课程。

2. 教育局具体落实。

承办单位：六枝特区教育局

办理情况：六教提复〔2010〕7 号

您提出的《关于将国学文化纳入地方课程的建议》提案已收悉，现就提案提出的有关问题答复如下：

中小学课程设置和课程内容由国家统一规定，学校必须严格按照国家规定开设课程。作为教育行政部门，我们将在组织课程实施的过程中，认真吸纳提案中有益且能够操作的意见和建议，在相关课程中，加强中华民族优秀传统文化精神，加强对学生的人文关怀，注重他们文化人格的养成。

同时，我们也将向上级教育部门吁请，在基础教育课程改革和课标研制修订过程中，充分注意中华民族优秀文化的教育和认知功能，厚植民族精神。

目前，在我区地方课程研究和推广尚不成熟的情况下，我们将要求各学校在各科教学中，进一步加强国学精神的教育，多途径开展民族优秀传统文化教育，弘扬国学和民族精神，培养学生的道德和人文精神，提高学生综合素质。同时，我们已安排各乡（镇）各学校收集地方文化、乡土风情及有关国学文化资料，先以校为单位逐步进行渗透，待信息量收集到位，各方面条件成熟后集中编印成地方课本，提供给学校进行地方课教学。

〔2010〕第 46 号

案　由：关于加快发展特区幼儿教育的建议

提案人：马黔豫

内　容：随着两基验收工作的顺利落幕，我国现已出台公开征求意见的《国家中长期教育改革和发展规划纲要（2010–2020）》中提出，将在有条件的地区普及幼儿三年制教育，即使是无条件的地区也要普及幼儿一年制教育。由此可见，加快发展特区幼儿教育迫在眉睫。

现特区公立幼儿园仅特区实验幼儿园和郎岱镇幼儿园。即使加上今年即将动工的大用、新窑、中寨三所幼儿园，也仅有 5 所。但如今大街上随处可见的所谓“幼儿园”招牌不计其数，这些“幼儿园”不是规模太小，就是师资不合格，严格意义上说只能称其为“托儿所”，而这些“托儿所”的老板只是为了一味地追求利润，根本不具备教学能力和法人资格，甚至不具备办园资格，这不仅不利于幼儿的学前教育，也对特区发展幼儿教育事业形成了阻碍。

建　议：1. 尽快在城区内建立一至两所公立幼儿园和大力修建乡镇直属幼儿园，扩大公立幼儿园的影响力，规范特区幼儿教育事业。

2. 关闭规模小，师资不合格、不合法的私立幼儿园。

3. 选拔具备幼师资格的教师到相应的岗位执教。

承办单位：六枝特区教育局

办理情况：六教提复〔2010〕2 号

您提出的《关于加快发展特区幼儿教育的建议》提案已收悉，现就提案提出的有关问题答复如下：

近几年来，我区幼儿教育事业取得较快发展，全区现有幼儿园 52 所，其中公办幼儿园 2 所，民办幼儿园（有证 10 所，正在办证的 40 所），省级示范幼儿园的有岩脚、新场、落别，今年即将启动的有大用、新窑、中寨，其余乡镇的中心幼儿园建设已在计划中，同时，将城区幼儿园的建设已列入了我区教育发展的“十二五”规划中。但在整个基础教育体系中，我区幼儿教育尚属于薄弱环节，管理工作有待进一步规范，教师队伍建设有待进一步加强，教育质量有待进一步提高，这已经引起区政府的高度重视、密切关注。为继续推进我区幼儿教育在原有基础上快速、健康、可持续发展，特区政府主要领导和分管领导多次到教育部门开展调研，要求各级各部门牢固树立以人为本、关注民生的理念，进一步完善机制，落实措施，着力提升幼儿教育质量和水平。

1. 要明确幼儿教育改革和发展的目标。我区已建立以公办幼儿园为骨干和示范，以社会力量举办幼儿园为主体，着力形成公办与民办教育相结合，布局合理，办园条件良好的幼儿教育发展格局。

2. 继续完善幼儿教育管理体制和机制。坚持在特区党委政府的统一领导下，尽快出台《关于加快我区幼儿教育事业发展的若干意见》，进一步完善政府负责、分级管理和有关部门分工负责的幼儿教育管理体制，统筹制订幼儿教育发展规划和相关政策，积极扶持农村幼儿教育工作，促进全区幼儿教育事业均衡健康发展。

3. 完善幼儿教育经费投入机制。鼓励个体、私人投资办学，对条件改善较好幼儿园实行奖励补助，对规模小、不规范幼儿园予以淘汰，着力推进幼儿教育向规模化、规范化发展。

4. 要加强幼儿教师队伍的建设。进一步整顿提升现有幼儿教育队伍，加强幼儿教师培养、培训机构建设，继续将幼儿教师培训纳入当地中小学教师继续教育规划，严格实行幼儿园园长、教师资格准入制度和持证上岗制度，着力提高教师队伍的素质和水平（今年 4 月 27—29 日我们在特区实验幼儿园举办了全区幼儿园园长及骨干教师培训，全区共有 92 人参培，其中 88 人获结业证）。

5. 要加强对制度落实情况的督导。把幼儿教育事业发展、幼儿教育质量、幼儿教育经费投入等列入政府教育督导内容，积极开展对幼儿教育热点难点问题的专项督导检查；定期对各类幼儿园的保育、教育质量和管理水平进行督导和评估，并将评估结果向社会公示，接受社会和家长的监督。

（五）政协七届五次会议提案

〔2011〕第 30 号

案　由：关于请求特区政府帮助更换居都村人饮工程管道的建议

提案人：龙尚国等 2 名委员

内　容：居都村 2000 年实施了人饮工程，从堕却乡引水到居都村，全长 13 千米管道，因为都是铁管，实施时没有深埋，裸露于地面，经日晒雨淋，腐蚀严重，正常供水几年就漏水，加上 2008 年的雪灾，80% 的铁管爆裂。因为乡村无财力维修，供水不正常，今年受极端天气影响，水管几乎爆废，又由于村民的原自然村寨取水点已被煤矿开采沉陷，现在村民用水都要到堕却乡境内运，极为不便。为了全居都村老百姓的饮水安全，让少数民族人民感受到国家的好政策，构建和谐六枝，请求特区政府帮助解决更换居都村的饮水管道。

建　议：特区政府抽出资金，水利部门负责实施。

承办单位：六枝特区政府办

办理情况：六府办提复〔2011〕13

您提出的《关于请求特区政府帮助更换居都村人饮工程管道的建议》提案已收悉，现就提案提出的有关问题答复如下：

特区政府已责成由箐口乡牵头，水利局配合进行办理落实。目前，已组织相关技术人员进行现场踏勘，并完成了工程预算等基础资料，正积极争取项目资金进行建设，争取 2011 年 12 月底前完工。

〔2011〕第 33 号

案　由：关于加快修建岩脚污水处理厂的建议

提案人：谭明星等 5 名委员

内　容：岩脚河发源于岩脚镇木贡村、流经木贡，湾河、羊场、干坝子、高桥、二道水、新桥坡等十几个村寨。河水四季长流，基本解决了拥有 540000 多人口的岩脚镇 40% 人的良田灌溉及人畜饮水问题。2010 年，为解决六枝城区居民用水紧缺问题，特区人民政府又拨专款安装管道西水东流，从高桥引调水到城区，解决城区居民用水困难的问题。但近几年来，岩脚河水污染极为严重，沿河两岸居民任意向河内倾倒建筑废物，生活垃圾。特别严重的是从岩脚酒厂至挑水河河段，污染令人触目惊心，整个岩脚镇中心区几条街道的居民生活废水，乃至粪便全部都是通过地下排污沟全部排放到这段河内。导致河道变为粪沆。每到秋、冬、春三季，此处河道便臭气熏天，令人作呕。如此河水，将会给人畜饮水带来安全隐患。

建　议：1. 尽快在梁家鱼坝和挑水河处修建污水处理厂，对镇中心几条大街的居民生活废水进行高质性处理。

2. 当地人民政府应尽快出台相关的治理措施或处罚条令，严禁居民任意向河内倾倒生活垃圾及建筑废物。并实施到位，彻底杜绝污染河水行为。

3. 对已被污染的河道进行一次全面的，彻底性清理。

承办单位：六枝特区政府办

办理情况：六府办提复〔2011〕12 号

您提出的《关于加快修建岩脚污水处理厂的建议》提案已收悉，现就提案提出的有关问题答复如下：

特区政府已责成由岩脚镇牵头，环保局、城乡建设局、水利局配合，加快推进岩脚镇污水处理厂的建设。目前已完成项目选址（选址于高桥二道水），环评、可研报告等正在评审批复之中，项目已进行了上报，待批准资金到位后，可开工建设。

第五篇　政　法

第一章　社会治安综合治理

第一节　机构沿革

1982 年 2 月，六枝特区政法委员会成立。1987 年，成立六枝特区综合治理领导小组及办公室。1991 年，六枝特区综治委与政法委合署办公。1996 年，根据省厅字〔96〕27 号，成立六枝特区国家安全组，属特区政法委内设机构。1997 年，全区的 19 个乡镇成立政法委员会；1998 年，19 个乡镇配备政法委书记；1998 年，六机编〔98〕4 号，设立六枝特区铁路护路联防办公室，为综治办内设机构，股级，定编 2 名，由省编委下达的专项行政指标，领导职数 1 名。

2011 年，根据市政法〔2011〕08 文件精神，成立六枝特区国家安全领导小组办公室，为特区政法委所属正科级，常设行政机构，指定编制 2 名，设主任 1 名兼任特区政法委副书记（不占政法委领导职数）。特区政法委、特区综治办下设：政工科（执法监督科）、办公室、铁路护路联防办公室、区维护社会稳定领导小组办公室、国安办、信息中心（事业编制）。区委政法委、综治办、区维稳办编制 7 名，单列编制 3 名，工勤人员 1 名，书记职数 1 名，副书记职数 2 名，综治办主任 1 名（由区政法委一名副书记兼任）、副主任职数 1 名副书记兼任，副主任 1 名；国安办主任 1 名（由政法委 1 名副书记兼），综治信息中心事业编制 2 名、主任或副主任 1 名；政工科科长职数 1 名；副主任 2 名，主任科员或副主任科员 2 名。

第二节　综治工作

1982 年 2 月，特区政法委成立后，向特区党委提出了许多加强政法工作的对策和建设制定出台了很多行之有效的方案措施，为六枝特区的经济社会发展作出了贡献，组织严厉打击各种刑事犯罪和经济犯罪，有力地震慑了犯罪分子，严厉查处了政法机关违法违纪案件，查处了违害公安队伍形象的人员，协调和处理了有争议的重大疑难案件，制定了行之有效的稳控工作方案，做好全国、省、市、特区会议和重大活动、节假、国庆安全维稳工作，参与协调光照电站等大项目的移民搬迁工作，协调处理了工业园区堵工问题。对全区乡镇机关，社会治安综合治理实行目标管理，签订目标责任书，组织与乡镇部门矛盾纠纷排查，妥善处置了原矿务局等集体上访事件。

1989—1990 年，针对“89 政治风波”，制止和妥善处理了六盘水党校和六枝矿务局技校部分学生打着声援幌子，企图冲击特区党政机关制造动乱的事件。做好区内在京就读学生及家长思想工作。

1990 年 5—10 月，全区范围开展社会综治专项调查。出台关于集中开展严厉打击严重刑事犯罪活动方案。重点区域：党政机关、公路、铁路交通沿线，工矿区、治安状况不好的乡镇、村，其中那克、云盘、平寨为重中之重。重点对象：行凶杀人、制造爆炸、盗窃枪支，拦路抢劫车路霸，破坏水电路通讯及厂矿企业设施，贩毒、贩枪、拐卖儿童，重大诈骗、煽动闹事的反革命行为等。是年，对会道门和宗教重占进行清理，收缴空需传单 17 种 480 张。

1991 年，六综发〔1991〕2 号出台《关于开展社会治安综合治理达标活动的实施方案》及实施细则，成立了有驻境大企业及特区工、青、妇等 26 个单位 33 人的社会治安综合治理委员会下设办公室与特区政法委合署办公，驻境大企业和相对独立单位 98 个都成立综治委或领导小组共成员 686 人，19 人乡镇正式成立社会治安综合治理办公室列入国家正式编制定编 53 人。

1992 年，六特综治〔1992〕1 号下发《关于开展九二年社会治安综合治理通知》开展社会治安综合治理“两个决定”发布一周年宣传活动，各乡镇、大企业，以报告会、座谈会、党会等形式开展活动。举办社会治安综合治理知识竞赛。第一名：矿务局洗煤厂、新窑乡；第二名：矿务局公安处、公安局、郎岱镇；第三名：煤机厂、检察院、木岗镇。为迎接省、市、对六枝特区社治综治检查验收特区党委从政法部门、党政机关选派 14 名干部到乡镇挂职、副乡长或乡长助理，专抓社会治综治理工作。是年，社会治安综合治理省级验收合格，六枝特区成为全省首批达标县。

1996 年 1 月 11 日，在六枝特区召开四地州市十二县区周边社会治安综合治理联防工作会议，总结 1995 年联防工作，交流联防及社会治安综合治理经验，交接联防会议值班县，并签定了联防工作协议。联防工作协议内容：1. 携手共同搞好周边地区的社会治安，维护社会稳定、保障经济发展；2. 跨地区之间发生案件必须 15 日内通报情况；3. 相互委托或要求协办事项应积极主动办好；4. 对发生在接合部位的案件应互相支持联手侦破和调处；5. 适时组织联合行动，对周边治安治乱地区近地集中整治；6. 加强联防联治工作的信息反馈。会上成立了六枝特区见义勇为基金会。

1997 年，六枝特区的 19 个乡镇建立政法委，与综治办合署办公。乡镇政法委书记由分管政法的副书记兼任，副书记由分管的副乡长兼任，成员是：人武部长、综治办主任、派出所所长、法庭庭长、司法助理员及检查室主任。市政法委综治办开始对县区社会治安综合治理进行目标考核，六枝特区对各乡镇及综治成员单位也实行目标考核，实行一票否决制。是年，贵州省综治委对六枝特区社会治安综合治理“平安工程”进行检查考核。

1998 年 2 月，省综治委第 8 次全会审议对六枝特区社会治安综合治理“平安工程”进行检查考核的结果，按有关规定认为不合格。以黔综治〔98〕6 号行文，向六枝特区发出限期整改通知，要求六枝特区对存在的问题进行整改。并建议市委市政府追究其直接责任人、分管领导、主要领导的责任，追究整处情况及时向省委省政府及省综治委汇报。

1998 年 3 月，中央政法委在全国开展反腐集中教育整顿。六枝特区以此为契机，提出“挽回影响，重塑形象”的教育整顿目标，围绕目标加强政法系统领导班子建设和思想作风建设对公、检、法、司领导班子正职和部分副职进行交流，调整政法各部门的二级班子。公安原任 26 名正、副科级派出所所长不再任职，对 27 名科所队领导和热点岗位进行交流，调整法、检两院二级班子对 1996—1998 年间调进公安的 112 名人员进行整理，处理了违规为法干警，判刑 7 人，辞退 1 人，补聘 1 人，调离 1 人，党纪处分 15 人，通报批评 15 人。建立了综治委工作制度，重大事项打击制度，平安工程例会制度，定期联合检查落实社会治安综合治理领导责任制等。召开平安工程例会 11 次、开展严打 10 余次，向几大班子汇报 3 次。年 19 个乡镇配备政法委书记，机关、企业都成立综治委或领导小组，共有成员 600 余人，全区有自保组织 512 个 1871 人，帮教组织 536 个 1701 人，护村寨队 613 支 5324 人，普法依法治理机构 498 个，驻境大企业保卫力量近 300 人。

1998 年底，经省综治委再次负责并经省综治委第 9 次主会审计六枝特区社会治安综合治理合格，并授予六枝特区为实施“平安工程”红旗县称号，受到市委市政府通报嘉奖，实现了“挽回影响重塑形象”的目标。

1999 年，开展“三讲”教育活动，开展争创人民满意的政法委（综治办）政法工作者活动，根据市综治委〔1999〕10 号，社会治安综合治理“百佳创建活动”，继实施“平安工程”提出保红旗争模范目标开通“148”法律服务专线电话，加大六五普法力度，开展政法系统执法的检查，六枝特区授予 76 个单位社会治安综合治理平安工程等级称号，其中模范单位 17 个，红旗单位 29 个，六枝特区检察院顺利通过“五好”检察院检查验收。

2001 年，组织治安严打测评，认为治安状况好和较好的占 91%，认为居住地有安全感的 87.53%。认为整治后治安很好和较好的占 81.57%，召开政法委员会议 17 次，协调处理案件 9 次，制定了《六枝特区社会治安综合治理第三个五年规划》及《实施方案》，创建治安模范系单位 18 个，红旗单位 35 个，合格单位 25 个，无毒乡镇 13 个，无毒机关企业单位 396 个，无毒村（居）385 个，无毒学校 282 个，安全文明小区 109 个，安全文明村寨 847 个，创安覆盖率达 60%。12 月 29 日，召开了四地州（市）十二县（区）社会治安综合治理联防工作会议

2002 年 5 月 28 日，妥善疏导化解了工矿集团公司下属分公司离退休人员、工伤、残亡家属 500 余人的集体上访。是年，开展了打盗窃、清积案、抓逃犯、破大案万日集中统一活动，六枝特区被市委市政府评为严打先进集体。

2003 年，开展六枝特区政法系统警示教育活动，对不适合做政法工作的人员进行清理，清理了 2 名干警，妥善处理了 150 余辆摩托车主要求在那克街经营短程带客的群众上访及 100 余辆出租车要求在非典期间减少相关收费的群体上访。是年，六枝特区严打办，公安局刑侦队、中寨乡党委在严打整治斗争中，受到市委、市政府表彰，六枝特区获全市目标考核一等奖。

2004 年，19 个乡镇将综治工作经费纳入本级财政预算，最高的乡镇到 5 万元，开展了“公正执法树形象”及“三满意”创建活动。六枝特区政法委申报并评定为 2001—2013 年度文明单位，全市实行社会治安综合治理一票否决制和领导责任追究制、建立了五部门联席会议制度和社会治安综合治理例会制度。

2005 年，开展“平安六枝”创建活动。时限为：2005—2006 年。要求是：社会政法稳定、治安状况良好、经济运行稳健、市场秩序规范，人民群众安居乐业，建立科学的符合六枝实际的各种工作制度，坚持在维护社会稳定中推进改革发展在改革发展中保持社会稳定，实现客观改革的力度，发展的速度和社会可承受的程度相统一，实现三个文明建设协调发展，努力创造居住在六枝、创业在六枝、平安在六枝的良好氛围，通过 2 年的努力，社会治安防控体系基本建成防范网

络严密，防范队伍健全，防控能力提高，全区 85% 以上乡镇、80% 以上社区（村）达到平安乡镇和平安社区（村）创建标准，实现发案率明显下降，破案率明显提高，群防群治工作明显加强社会治安状况明显为转、人民群众安全感明显提升。是年，特区经贸局、卫生局、被市委、市政府评为反邪教先进单立、中寨乡、新窑乡、煤炭局、信访办、六枝工矿（集团）地宗公司被评为维稳先进单位，特区综治办、岩脚镇获全市社会治安综合治理工作成绩突出奖。

2006 年，继续开展“平安六枝”创建，出台社会治安综合治理暨“平安六枝”创建领导责任追究办法，创建平安六枝模范单位 24 个，红旗单位 48 个，合格单位 20 个，表彰先进集体 10 个，政法委综治委出台了关于开展创建平安六枝工程努力构建和谐社会的意见。

2007 年，制定并印发了《六枝特区社会治安综合治理四个五年规划》和《实施方案》，制定并出台了《六枝特区党政领导干部维护稳定一岗双责任执行办法》《六枝特区预防和处置群性事件实施办法》《特区维稳工作责任制暂行办法》，开展学校及周边、企业周边集中整治行动。是年，经省测评六枝群众安全感 64.9%，全市排名第一。

2008 年，开展学习科学发展观活动和“实践宗旨，履行职责”，“进万家察民情、保平安”等一系列活动，开展集中打击制售假证专项活动和创建无信访社区（村）活动，拟创建市级平安乡镇（社区）8 个，即折溪乡，洒志乡、岩脚镇迴龙社区，平寨镇云盘社区、铁路社区、建立政法系统干警执法档案，积极参与抗冻救灾和灾后重建工作，对政法系统警用枪支、弹药、警用车辆管理开展安全大检查；集中清理积案，政法机关领导开展大接访活动并建立领导接待日制度，当年经省测评六枝特区群众安全感为 76.7%，排全市第一。

2009 年，开展“讲党性、重品行、做表率”活动和“求实创新加快发展”解放思想计论，建立涉法涉诉基金，成立了涉法涉诉基金管理委员会，制定出台涉法涉诉基金管理委办法，建立乡镇政法综治服务中心，拟建新华乡、中寨乡、新窑乡、堕却乡、岩脚镇、平寨镇 6 个乡镇服务中心。创建市级平安乡镇 14 个，市级平安社区 11 个，县级平安乡镇 2 个，县级平安社区 2 个，创建无毒乡镇 17 个，无毒学校 237 个，无毒社区 6 个，无毒村 212 个。是年，经省测评六枝群众安全感为 79%，全市排名第一。

2010 年，开展忠实践行宗旨、勤政廉政为民教育活动，巩固扩大学习科发展观活动成果。开展牢固树立社会主义法制理念，忠实践行执法为民宗旨活动，促活动社会又好又快，更好更快发展，在党员干部中开展“创先争优和三个建设年”和“四帮四促”活动，开展法制六枝创建。

2011 年，六枝特区被评为安全感测评先进单位。六枝特区群众安全感为 92.32%，上升 6.31 个百分点。在全省县级排位由 2010 年的 59 位升 25 位，获得省级鼓励奖金 30 万元、创新奖励 2 万元。

第二章 公安

1978 年 11 月，六枝特区公安局成立刑侦队。1982 年，撤销各区公安特派员。在郎岱、落别、六枝、中寨、岩脚、新场、新华、堕却 8 个区设立派出所。另增设六枝区凉水井派出所和坻簸派出所。1986 年 10 月，设立公安水电派出所。1987 年 10 月，六枝特区交通监理所与公安交通科合并，成立交通警察队，增设林业派出所。1990年5月，增设法制科。6月，设户政科、行政科。1991年，成立治安队。1992年，六枝特区实行建镇、并区、撤乡后，公安局下属有城区的六枝、平寨、那克、云盘派出所及19个乡镇派出所，撤销抵簸派出所和凉水井派出所。10月，公安局办公地点迁至平寨镇那平路。1995年，六枝特区公安局内设有纪委、政治处、秘书科、行政科、户政科、法制科、预审科、保卫科、治安科、消防科、刑警队、巡逻队、交警队、禁毒队、看守所、戒毒所、刑拘所。1996年3月，交通警察队更名为交通警察大队。

1997年，特区公安局刑侦队更名为刑事侦查大队。公安局消防科更名为消防大队，隶属市消防支队和六枝特区公安局领导。1998年，成立公路巡逻警察大队，与交通警察大队同属一支队伍两块牌子。2003年1月，特区政府将公安局23个派出所升格为副科级。确定公安局行政编制257名（机关79名，23个派出所78名），事业编制110名（防爆巡逻警察大队60名，23个派出所50名）。将秘书科更名为办公室，行政科更名为装备财务科。增设机要通信科、出入境管理科。成立警务督察大队、国内安全保卫大队、经济犯罪侦察大队、监所管理大队。2005年10月1日，在六枝、平寨、那克建立3个警务管理平台（简称交巡警平台），隶属于交通警察大队管理，负责接处警务工作和城区交通管理工作。2006年6月25日，六盘水市公安局云盘分局与六枝特区公安局整合，六盘水市公安局云盘分局78名专项编制民警并入六枝特区公安局，内设机构对口合并。2007年，公安局行政编制总数为427名。2008年，全区19个乡镇派出所作行政换地域更名。将国内安全保卫大队、经济犯罪侦察大队、出入境管理大队、法制室、指挥中心（办公室）警务保障室、看守所、戒毒所、拘留所升格为副科级单位。2010年，六枝特区公安局设13个内设机构和政治处、纪委，下设看守所、拘留所、戒毒所和23个派出所。2011年、设立情报信息股，负责公安机关情报信息管理工作。

第一节　执法监督

1978年，中共十一届三中全会后，公安执法检查主要针对群众普遍关注的治安、交通、劳教、收审、刑事拘留等涉及公民人身、财产、生命健康权利的问题进行执法检查。1990年1月，贵州省公安厅下发《关于认真做好〈行政诉讼法〉实施前准备工作的通知》，要求全省公安机关尽快组建行政复议应诉队伍。是年5月，公安局设立法制科，其职能为案件审查、审批、行政复议，行政诉讼及法制宣传等。

1994年7月，公安局对286名民警进行法律知识培训，全面开展未结案件清理工作。2001年，全省公安机关推行执法质量考评制度，法制室全面推行执法质量考评“日查季考”制。2006年1月，公安局出台实施了《执法质量考核评议规范》《执法质量考核评议标准》《执法过错责任追究工作规范》《六枝特区公安局行政复议工作规范》《六枝特区公安局国家赔偿工作规范》。2008年，全省推行网上办案，全面启用案事件系统。六枝特区公安局出台实施了《六枝特区公安局刑事案件法律审核制度》。是年，六枝特区公安局被评为全市执法质量考评先进集体。2009年7月，成立了六枝特区公安局人民警察执法过错责任追究委员会。具体职责是预防和及时纠正执法过错行为。出台实施了《六枝特区公安局应诉、旁听、案例点评及阅卷制度》。

第二节 治安管理

一、民爆物品管理

1984年1月，国务院出台“关于加强民用爆炸物品管理的规定”，六枝特区公安局成立民用爆炸物品管理领寻小组，对全区144名爆破员、押运员、保管员进行考核、审查、培训。1990年，对各个管理环节进行一次大检查，查获违反管理规定案件5起。1991年，查处案件2起，收缴炸药245千克。1992年，查办案件3起，收缴炸药949千克，导火绳550米，开办管理员培训班2期117人。1993年后，对境内沙石厂使用炸药实行登记供应，对炸药库实行定期检查，对爆破员实行年审制，彻底消除不安全因素。1999年，公安局成立民用爆炸物品管理领导小组。对全区爆破员、押运员、库管员进行考核、审查、培训。取得作业资格后，方可进行持证上岗。对区内非法私藏的爆炸品烟花爆竹予以收缴，对非法制造的烟花爆竹予以销毁。对涉案人员依法予以处理。1999—2011年，收缴炸药28822公斤。其中含过期炸药6306公斤，土制炸药50公斤。收缴雷管128362枚。其中电雷管10778枚。收缴导火索46347米。其中1999年收缴炸药4000多公斤、雷管20000多枚。2001年收缴炸药10000多公斤、雷管50000多枚。是收缴数量较多的年份。1996—2011年，六枝特区因非法制造土爆竹和管理不善，发生爆炸致人死亡事故8起，死亡24人。收缴销毁非法烟花爆竹11505公斤，含烟火药103公斤。收缴销毁土爆竹193611头。取缔爆竹非法销售点61个，取缔非法制造窝点80个。逮捕1人，刑事拘留17人，行政拘留36人。

二、特种行业管理

1986年后，把打字、复印业、卡拉ok厅、录像厅、歌舞厅、影剧院列入特种行业管理。对招待所、旅社进行检查、清理整顿。对条件具备、制度完善的，核发新证，继续营业；对条件不具备、制度不健全的，限期整顿；对无证经营和违法乱纪的，予以取缔。1992年，公安局对制度不健全、治保组织管理不力的特种行业进行全面清理整顿，取缔非法经营。全区共有特种行业301家，其中台球室18家，卡拉OK18家，舞厅6家，录像场51家，收购点15家，电影院21家，寄卖行2家，射击场2家，印刷业9家（其中复印店5家），旅店158家，刊刻1家。1978—2011年，在实施对特种行业的管理过程中，破获贩毒案1件、盗窃案1件、其他刑事案1起。破获赌博案16起查获卖淫嫖娼案3起。查获淫秽影碟126张。抓获吸毒人员34名。抓获网上在逃人员6人。抓获涉案嫌疑人11人。对违法经营的场所予以取缔。

三、查禁社会丑恶现象

1983—2011年，六枝特区公安局抓获卖淫嫖娼案件357起，涉案人员847人。抓获赌博案件245起，涉赌人员1071人。共收缴赌资人民币87008元。销毁啤酒机主机37台、水果机126台、赌博游戏机10台。对参赌人员和卖淫嫖娼人员及业主，分别作出行政处罚。

四、枪支弹药管理

1981 年，中华人民共和国国务院颁发枪支管理办法，六枝特区公安局对辖区内各类枪支进行登记。对不符合佩枪支的持枪者予以收回。并收缴流散在民间的枪支、器械。1989 年，对全区非军事系统的枪支弹药进行彻底登记后，换发新证。共办火药枪、猎枪、气枪证 104 个，办警械通行证 95 个。1996 年 4 月 6 日，公安局对枪支管理使用作出通知：凡需配枪的民警，一律由局党委集体研究决定，并实行武器使用报告制度。对公用各类枪支、弹药实行集中保管，实行 24 小时值班制度。

（一）非法枪支的收缴

1992 — 2011 年，收缴各类枪支 327 支，其中仿真枪 244 支，自制猎枪 16 支，火药枪 4 支，收缴子弹 1334 发，气枪铅弹丸 423 颗，收缴手榴弹一枚，摧毁地下制枪窝点 5 个。对相应的责任人依法处理。

（二）公用枪支丢失情况

干警手枪被抢一支，已破案追回。丢失五四式手枪一支，至今未找到。

五、治安巡逻与 110 报警服务

1996 年 10 月 31 日，六枝特区公安局 110 接警服务台开通。实行全天候 24 小时受理群众报警求助。2000 年，110 报警服务台出动车辆 3014 台次，警力 5548（人）次，接受群众求助 126 起，处置报警 1780 起，抓获各类违法犯罪嫌疑人 67 人。2001 年，110 报警服务台出动车辆 4054 台次，警力 6741（人）次，接受群众求助 310 起，处置报警 2494 起，抓获各类违法犯罪嫌疑人 90 人。2002 年，110 报警服务台共接警 2250 起，处警 2250 起，出动警力 5688（人）次，车辆 3546 台次。2003 年，110 报警服务台全年共接群众报警 2591 起，处置报警求助 2465 起，出动车辆 4374 台次，出动警力 6354（人）次，抓获作案人员 79 人。是年，公安局开始使用单频对讲机调度处警工作。2004 年，各派出所陆续形成以公安民警、协勤、治安联防队员、保安组成的辖区巡逻队伍，开展辖区内治安巡逻防控工作。共抓获 7 名盗窃嫌疑人。2006 年，公安局开始“三台合一”接处警系统建设，逐步整合匪警（110）、交通（122）、火灾（119）报警电话。2008 年 5 月 12 日，六枝特区公安局“三台合一”系统正式启用，视频监控系统正式投入使用。2009 年对“三台合一”系统进行升级改造，实现报警实时录音功能。全年共接警 43015 起，现场调解纠纷 900 余起。破获刑事案件 18 起，抓获嫌疑人 19 人，收缴毒品海洛因 91 克，抓获网上在逃人员 2 人。2010 年，“三台合一”系统共接群众报警 68586 起（其中：110 警情 53549 起、122 警情 8364、119 警情 6676 起）调度处置各类群体性上访事件 140 起。2011 年，“三台合一”系统共接群众报警 86847 起，其中有效警情 6251 起，指挥中心共调度各值班单位处警 11 万余次，调解纠纷 3673 次，救助群众 79 人。

自开展“三台合一”系统的两年中，特巡警大队共出动警力 7314（人）次，车辆 1629 辆次；参加处置警情2860起，盘查可疑人12000余人，抓获各类违法犯罪嫌疑人384人，其中扒窃143人、盗窃103人、处理纠纷23起、非法携带管制刀具7人、吸毒14人、救助4人、肇事逃逸3人、抢劫35人、打架28人、诈骗8人、网上在逃2人、绑架1人、其他13人。

第三节　户政管理

一、户籍管理

1982年，《中华人民共和国户口登记条例》实施，六枝特区对居住在境内的无户人员、自流人员、集体或个人雇佣人员以及施工队人员进行登记，加强外来人口管理。农村建立户籍核对制度，生产队对出生、死亡、迁出、迁入变动每月逐人进行一次登记，公社对大队的“四项”变动每季度进行一次登记上报公安局。1983年5月，对煤矿井下职工家属“农转非”工作在六枝特区全面推行。1990年，六枝特区公安局户政管理科成立，户籍管理制度进一步规范，办理科技专业技术人员及科技干部家属、民办教师、驻乡民警、农村计生员、铁路职工家属等专项指标的“农转非”户口。1994年，办理六盘水平寨经济开发区征用土地“农转非”户口。1996—2011年，共办理农转非3629户，12028人。

二、公民身份证管理

1989年，公安部发布《关于在全国范围内实施居民身份证使用和查验制度的通告》和《临时身份证管理暂行规定》，六枝公安局在部分派出所配备了负责颁发身份证工作的专职内勤。建立了照相、制卡、申领、换证、撤销、资料保管以及查验使用等一系列配套管理的工作程序，使户口管理与居民身份证管理融为一体。1996年，办理居民身份证19748人；1997年，办理居民身份证198552人；1998年，办理居民身份证14864人，制发临时身份证2900人；1999年，办理居民身份证114087人；2000年，办理居民身份证15123人；2001年，办理居民身份证15715人；2002年，办理居民身份证13340人、办理临时身份证2500人。2003年6月28日第十届全国人大常委会第三次会议通过中华人民共和国居民身份证法，规定居民身份证原数码15位增加到18位。前6位是地址码，第7位至14位为出生日期码，第15位至17位为顺序码，第18位是检验码。2005年，全面集中换发第二代居民身份证。全年共办理居民身份证2560人，临时身份证7000人。2006年，办理居民身份证78933人，办理临时身份证4800人。2007年，办理居民身份证84033人。2008年，办理居民身份证57321人，办理临时身份证4800人。2009年，办理居民身份证25080人，办理临时身份证25930人。2010年，办理居民身份证49379人，办理临时身份证7700人。2011年，办理居民身份证44031人，办理临时居民身份证7000人。

三、人口普查

1982年7月1日零时进行第三次人口普查。六枝特区有96268户475052人，其中男性245156人，女性229896人。1990年7月1日，进行第四次人口普查。六枝特区有126356户531790人，其中男性276719人，女性255071人。2000年11月1日，进行第五次人口普查。六枝特区有145098户541762人，其中男性284274人，女性257488人。2010年11月1日，进行第六次人口普查，六枝特区有179858户696242人。其中农业人口561590人。

第四节　刑事侦查

一、刑事犯罪

1979—1982年，全区共破获刑事案件557起，其中9起重大抢劫案件。

1983—1990年，共破刑事案件4627起，批捕1063人，捣毁犯罪团伙143个。投案自首136人。1990—1998年，共破刑事案1953起。1999—2000年，共破获刑事案件562起，解救被拐卖妇女儿童176人，其中有外籍妇女2人。破获作案团伙10个，成员53名，缴获赃物赃款共计9万元。2001—2011年，破获刑事案件296起，其中命案7起。捣毁犯罪团伙7个。

二、刑事侦查技术工作

1980年，公安局设立刑事技术组，隶属刑侦队。

1984年6月，建立专业齐全的三级技术点，配有法医、痕迹、文检、照相等专业。1996年，建立警犬基地，有驯犬员6名，警犬6条。1999年，配置远程指纹查询系统。2000年，配置刑事勘察车及数码相机。1978—2011年，共出勘各类案件现场5000余起，其中痕迹专业4600起。利用痕迹物证直接破案378起。出具痕迹检验鉴定书3800份。1999年，配置远程指纹查询系统、2000年，配置刑事勘察车及数码相机等科技含量较高的技术设备。1991年、2002年启用警犬成功破获盗窃案各一起。

三、打击毒品违法犯罪

1978年，刑侦队成立后，抽出警力成立缉毒组，开展专项禁毒工作。1980—1996年，共查处毒品案件129起。收缴烟土317斤、收缴海洛因6165克。捣毁吸毒窝点66个、收缴烟具10付。铲除罂粟苗18133株。1997—2004年，共查处毒品案件481起。收缴烟土2963克、海洛因10127克、三唑仑29850片。捣毁窝点135个。铲除罂粟苗7317株。2005—2011年，共查处毒品案件611起。收缴烟土966克、海洛因6095克、冰毒3克。铲除罂粟苗5160株。

第五节　安全保卫

一、重大活动和重要会议的安全保卫

1980年10月28日，中共中央总书记胡耀邦在贵州省委员会第一书记池必卿等领导的陪同下，到六盘水视察工作。1984年3月9日，国务院总理赵紫阳在贵州省委第一书记池必卿、省长

王朝文的陪同下，到六盘水视察工作。1996 年 10 月 26 日中共中央总书记、国家主席、中央军委主席江泽民等在时仁贵州省委书记刘方仁、省长吴亦侠等陪同视察六盘水市，六枝特区公安局圆满完成上述活动的安全保卫工作。1995 年 10 月 28 日，全国政协副主席孙孚凌率全国政协考察组一行 13 人，参观了六枝特区梭戛乡长角苗寨。1997 年 5 月 15—17 日，全国政协副主席孙孚凌率全国政协委员 20 人，对六枝特区陇脚乡、梭戛乡进行考察。六枝特区公安局都采取了严密的保卫措施，圆满完成了安全保卫任务。2008 年 10 月 31 日，圆满完成“中央、省、市领导参观考察六枝特区夜郎布依文化生态园”安全保卫工作。2009 年 8 月 12 日。圆满完成煤炭部文工团在六枝特区演出的安全保卫工作。11 月 30 日，圆满完成“黔中枢纽”工程开工典礼安全保卫工作。2011 年 6 月 3 日，圆满完成“加勒比外交官访问团在六枝活动”期间安全保卫工作。自二十世纪八十年代中期以来，每年都完成全区“两会”和历届党代会的安全保卫工作。

二、反敌特、反邪教工作

1981年1—11月，境外敌特通过空飘在区境散发反动传单和食物。特区公安局收集并上报。1987 年，发现并取缔邪教奋兴会、生命会。1996—2006 年，境内对邪教“法轮功”予以取缔。对邪教“法轮功”反动宣传书本、光碟、卡片及其他宣传资料实施收缴。对相关骨干成员予以治安处罚、悔过、依法刑事拘留。

第六节　监所管理

改革开放以来，看守所对人犯的管理、教育、改造的方针、政策和基本制度。以保证安全为主，逐步建立健全了各项规章制度。主要在值班、收押、警戒、提审、押解、通信、接见、送物等方面作了严格的规定。同时对人犯的教育改造、档案材料及财务管理、生活卫生管理等方面也作了详尽的规定。在严格监所秩序管理的同时，抓好对人犯的教育改造、挽救工作。在生活、卫生管理上，实行革命人道主义的精神，尽量改善人犯的伙食和卫生环境。1992 年 12 月 24 日，六枝特区看守所在放风时，由于看管不严，发生死刑犯毛炼红脱逃的重大事故，六枝特区公安局加强监所管理整顿。1993 年，对看守所进行维修改造，加高围墙，加盖放风覆盖网等基础设施。监狱内分设男女人犯号房。16 个监室。坚持 24 小时值班制度。1997 年 5 月 1 日，六枝特区公安局戒毒所成立。全年看守所收押 291 人，投送劳改 205 人，刑满释放 125 人，执行死刑 3 人，病死 1 人，转外地案件 7 人，未执行死刑犯 3 人；戒毒所收戒吸毒人员 267 人，其中自愿戒毒 10 人。2006 年，监所管理以管理教育与安全工作相结合、坚持依法、严格、科学、文明管理。2007 年，县级监所管理规定出台，注重对在押人员的训练，检查和考评、打击“牢头狱霸”。看守工作接受驻所检察室的法律监督和社会监督，规范警务公开内容。2008 年，监所管理部门深化“三基”工程建设，全面贯彻执行“教育、感化、挽救”方针。2009 年，全年共收押犯罪丈嫌疑人 385 人，释放 346 人（其中刑满释放 79 人，缓刑释放 22 人，撤案释放 44 人，取保候审 53 人，监视居住 24 人，暂予监外执行 2 人，假释 2 人，投送监狱 112 人，执行死刑 2 人，转本省其他所 3 人，其他处理 3 人）。2010 年，全区刑释人员 240 人，解教人员 71 人，安置 76 人，帮教 121 人。2011 年全区刑释人员 130 人，解教人员 27 人，返原籍 62 人，安置 49 人，帮教 62 人。1997—2011 年，六枝特区监所关押人数为：戒毒所收戒人数 5742 人。拘留所收拘人数 3284 人。看守所关押人数 3365 人。

第七节 交通管理

1978 年，成立六枝监理站，属六盘水交通监理所管辖。1984 年 5 月，公安局成立交通科，负责交通安全管理工作。1987 年，成立六枝公安局交通警察队。1995—2011 年，更名为六枝特区公安局交通警察大队，升格为副科级单位。

一、牌号管理

1986 年 7 月 1 日起，根据省公安厅、交通厅通知，六枝牌号分配为贵州 86-*****。理顺后的牌号为：六枝“贵州 09-20001 至 29999”。1986 年前，统一规定代号，贵州为“22”字头，号牌编号：六枝为 22-45001 至 49999。1994 年同年 7 月 1 日，启用新的九二式号牌，六盘水代号字头为“贵 B”，警车号牌为“贵 B**** 警”、公安专段号牌为“贵 OB****”。

九二式牌照编号表

表 5-1-1

起止号	特区系统	车　类
40000-49999	六枝特区	大小型汽车、农用车、摩托车
80000-89999	六枝矿务局	大小型汽车
94000-94999	六枝特区	小型出租客车

二、公路过境路段警示及安全管理

贵烟大道过境路段被占道赶场情况表

表 5-1-2

序号	地名	公路里程	序号	地名	公路里程
1	落别	贵烟大道过境 151M+300M 处	3	堕却	贵烟大道过境 29M+400M 处
2	六枝	贵烟大道过境 174M+700M 处	4	小马场	贵烟大道过境 290M+50M 处

六枝特区境内公路警示情况表

表 5-1-3

1	省道过境线（贵烟线）	大用矿二大队	急暗弯、无护栏
2	境内郎岱→毛口	打铁关	坡长、路况差
3	境内六枝→岩脚→牛场	林场大坡、懒龙桥	坡长、弯多、路险
4	新窑→郎岱	长岭岗	坡长、弯急
5	省道过境线（贵烟线）	堕却、小田砍	坡度长、转弯多
6	省道过境线	那克、丁字路口	路窄、路口暗弯

三、道路交通事故警示录

1985—2011年特重大事故录：特大事故6起，死亡26人，受伤8人。重大事故242起，死亡215人，受伤195人。1985—2011年，一般事故427起，死亡216人，受伤355人。

1985—2010年重特大交通事故情况统计表

表5-1-4

年度	重大事故起数	死亡人1数	受伤人数	特大事故起数	特大事故死亡数	受伤人数
1985	7	7	3	0	0	0
1986	8	8	2	0	0	0
1987	9	10	4	0	0	0
1988	10	11	5	0	0	0
1989	6	6	2	0	0	0
1990	9	9	4	0	0	0
1991	8	8	6	0	0	0
1992	11	11	3	0	0	0
1993	7	7	3	0	0	0
1994	9	9	5	0	0	0
1995	8	8	7	0	0	0
1996	9	9	2	0	0	0
1997	8	8	4	0	0	0
1998	10	11	5	0	0	0
1999	7	7	1	0	0	0
2000	8	8	7	1	7	5
2001	10	10	4	0	0	0
2002	9	9	3	0	0	0
2003	8	8	4	0	0	0
2004	7	7	5	0	0	0
2005	11	11	7	1	5	1
2006	9	9	3	1	3	0
2007	18	6	42	0	0	0
2008	19	6	32	1	3	0
2009	10	9	18	2	8	7
2010	7	3	11	0	0	0

1985—2011年交通事故情况统计表

表5-1-5

年度	事故起数	死亡人数	受伤人数	财产损失（万元）	年度	事故起数	死亡人数	受伤人数	财产损失（万元）
1985	24	7	16	1.5	1999	14	7	11	1.5
1986	21	8	13	1.1	2000	15	8	13	2.0
1987	26	10	20	2.5	2001	17	10	15	2.2
1988	29	11	15	1.3	2002	19	9	11	2.5
1989	18	6	12	1.5	2003	16	8	8	2.2
1990	20	9	17	1.4	2004	17	7	12	2.9

续表

年度	事故起数	死亡人数	受伤人数	财产损失（万元）	年度	事故起数	死亡人数	受伤人数	财产损失（万元）
1991	25	8	11	1.9	2005	17	11	7	3.5
1992	19	11	10	2.3	2006	24	9	9	2.4
1993	15	7	9	1.7	2007	18	7	22	1.7
1994	21	9	14	2.0	2008	19	5	15	1.3
1995	20	8	13	1.9	2009	10	9	18	3.8
1996	19	9	15	2.1	2010	7	3	11	1.5
1997	21	8	16	1.8	2011	8	1	13	3.2
1998	17	11	9	1.6					

为加强道路交通管理，交警队1990年落实目标管理责任制和安全承包责任制，严格道路检查，实现交通事故在上年基础上稳步下降的要求。1991年又推行道路交通安全责任制，与各车主、驾驶员签订交通安全责任状，对交通运输车辆实行动态和静态管理。1992年按照“压事故保畅通”的要求，在道路交通安全方面强化交通安全的宣传教育。1997年，开展打击车匪路霸的专项行动。2000年，以创建“平安大道”为目标，在各路段设检查站，对客运车辆进行登记，对客运驾驶员实行“客运准驾证”上岗制。

第八节　出入境管理

1978年，六枝公安局开始办理边境通行证，1983年暂停，1984年开办。1985年11月22日，第六届全国人大常委会第十三次会议通过了《中华人民共和国公民出境入境管理法》和《中华人民共和国外国人入境出境管理法》，完善出入境法定管理。1998—2005年，办理边境通行证3950人，办理出境261人，入境639人。2007—2011年，办理边境通行证4065人，港澳双程证2049人，护照1476人，大陆证58人，单程15人，赴台30人。出入境案例：1998年2月澳大利亚一游客六枝矿务局迎宾馆被盗，两天案破。2007年5月11日，几内亚人六枝超期居留58天被罚款1500元。1978年，六枝特区正式成立六枝特区公安消防中队，配备干战40人，贯彻“以消为辅，防消结合”的方针。

第九节　消防管理

1979年12月4日，六枝特区革委会对消防工作提出意见，建议各单位加强防火领导工作，建立消防科。一、二级防火单位由特区消防部门负责，三级防火单位由派出所负责，开展以防为主的百日竞赛活动。

1980年1月，六枝特区革委会研究决定，取消六枝特区安全委员会防火领导小组，成立六枝特区防火安全委员会，督促和检查有关部门的消防工作。

1981年，在全区范围内开展“防火百日安全”活动，共罚款2人，警告和批评教育12人。

1982年，六枝特区公安局成立消防科，根据严格、科学、依法管理的原则，领导各级消防组织进一步开展消防宣传教育工作，提高全民消防意识。

1983 年 4 月，消防干警列入军队现役编制，隶属于中国人民武装警察部队六盘水消防支队，业务受上级指示，行政由特区公安局代管。4 月 16 日，公安局根据春季天干风大、火灾事故不断发生的情况，向六枝特区境内各部门下发了《关于加强春季防火安全的紧急通知》，要求立即贯彻执行。5 月 13 日，国务院公布实施了《中华人民共和国消防条例》，六枝特区消防科开展"宣贯消防条例"的活动。8 月 18 日，为确保农业"三秋"安全生产的顺利进行，向各区、镇、公社、派出所发出《关于做好秋季防火工作的意见》，要求在抓"三秋"工作的同时，把防火安全工作认真抓紧抓好，努力做到防患于未然。

1985 年，六枝特区消防科严格贯彻落实省人民政府通报，加强对防火工作的监督，整改火险隐患，严格各种安全制度。

1986 年 4 月 4 日，公安局发出《关于做好防火工作的紧急通知》，做出严格规定和要求，违者将依法追究责任。

1987 年，六枝特区公安局消防科认真执行消防条例，落实消防责任制。采取各种有效措施，全年共开展 7 次大的防火安全检查。检查单位 134 个，验收 173 个村寨。组建防火安全委员会 9 个，防火领导小组 192 个共 707 人。建立义务消防队 173 个 10863 人，提高了自防自救能力。

1988 年，六枝特区公安局消防科分别荣获贵州省、六盘水市、六枝特区先进集体。

1989 年年初，六枝特区公安局与六盘水市政府、六枝特区政府签订《责任书》，规定火灾 5 项指标控制数。取得控制指数四降一升的好成绩，荣获六盘水市消防先进集体称号。

1990 年 4 月 15 日，消防科举办两期消防业务知识培训班，为期 13 天，受训人员共计 51 人，于 27 日圆满结束。9 月 4—28 日，为确保亚运会及国庆期间的安全，消防科进行了历时 25 天的消防检查。对 43 个单位查出重大隐患 6 条，一般隐患 222 条。填发调查登记表 172 份，罚款 1 人，罚金 100 元，重点复查 5 个重点单位；组织消防宣传教育共计 10 天，出动车辆 10 台次，宣传人员 40（人）次，受宣传教育的干部、职工、群众达 10 万余人。全年共发生火灾 4 起，伤 1 人，无人死亡。烧毁粮食 1650 公斤，经济损失 3.6 万元。与上年同期相比，火灾次数下降 50%，死亡人数下降 100%，烧毁粮食下降 12.7 倍，经济损失下降 14.2%。全年无重、特大火灾事故发生。

1991 年，六枝特区消防科认真贯彻"预防为主，防消结合"的方针，实施防火工作分级管理办法，开展群防群治宣传教育，进一步增加了群众的安全防火意识，取得了五项指数全面下降的好成绩。全年全区共发生火灾 5 起，占控制数 41.6%，无人员死亡，比控制数下降 200%，受伤人员 2 人，占控制数的 35%，烧毁粮食 2100 公斤，占控制数 9.5%，经济损失折款 1.39 万元，占控制数的 9%。

1992 年，六枝特区消防科通过全省消防科达标验收。六枝特区公安消防科以 94.5 的好成绩，为全省 10 个达标所之一。

1993 年，六枝特区消防科落实岗位责任制，经常与地方单位沟通联系，深入人口房屋密集区，检查危险易爆地段防火设备，排除事故隐患。全年共发生火灾 10 起，与上年同期相比上升 8 起。粮食损失 3613 公斤，经济损失共计 4.41 万元，无人员伤亡。总结火灾次数上升的原因：一是用火不慎引起；二是家用电器设备涉及安装不合理；三是玩火引起。

1994 年，六枝特区消防科强化防火设备及组织机构检查，加强消防法规监督。按谁主管谁负责的原则，以人口密集区及危险易燃地段为主，落实防火安全责任制。全年全区共发生火灾 4 起，与上年同期相比下降 16.7%，伤 1 人，无人员死亡，经济损失为 27.44 万元。

1995 年，六枝特区消防科在加强自身管理的同时，狠抓消防安全检查和督促，收到了一定成效。全年全区共发生火灾 2 起，与上年同期相比下降 60%，无人员伤亡，损失折款 0.73 万余元，与上年同期相比下降 26.7 万余元，是历年火灾事故中 5 项指数最低的一年。

1996 年，六枝特区人民政府提出认真贯彻落实“谁主管、谁负责”的原则。消防科结合六枝特区实际，研究制定“百日消防安全活动”工作计划。采取多种宣传形式，利用广播、电视和媒体广泛宣传。加强对农村、城镇、中小学生、个体工商户、市场、企事业单位的宣传教育，对农村消防安全管理采取指标工作，修订村规民约，张贴宣传标语，兴修防火水池。消防科制定防火安全工作计划，组织开展“119”防火宣传活动。督查火灾隐患，加强对重点单位进行检查。对娱乐场所采取以点带面专项治理，对重点要害部位、仓库区、宾馆、集贸市场、卡拉 OK、舞厅进行全面检查。把城镇重点防火单位和农村 50 户大村寨作为防火工作的重点。组织 6 期安全培训班，受训 165 人。全年进行了防火检查 4 次，复查 4 次，防火宣传 8 次，查出火患 367 条。其中重大隐患 29 条，一般隐患 338 条，全区 116 个重点保卫单位，验收 102 个。对未达标验收的发出整改通知，对娱乐场所进行专项治理和验收。停业整顿 11 家卡拉 OK 厅。对辖区内加油站、液化气站、汽车修理厂和木材加工厂进行检查，查出隐患 36 条，整改 36 条。全年发生火灾 5 起，损失折款 17.91 万元。烧毁粮食 1.7 万公斤，无人员伤亡，与去年同期相比一升四降。

1997 年，在全区安全生产工作会议上，分管安全的区长与各乡镇领导分别签订防火安全责任状。在与特区安委联合检查中，消防大队与各乡镇签订防火安全责任状，做到层层签状，责任到人。全年进行防火检查 6 次 138 个单位，重点针对重点防火单位、防范工作侧重于特殊行业消防安全专项治理上。对经营、运输易燃易爆化学危险品、木材加工行业消防安全整顿 2 次，对 50 户大村寨检查 78 次。全年发生一般火灾事故 8 次，无人员伤亡，损失折款 4.3 万元。其中 1 起为盗窃纵火，火灾四项指标相比一升三降（火灾起数上升，其余均为下降或持平）。

1998 年，贵州省学天津消防经验交流会在六盘水市召开。六枝消防大队为确保学天津消防活动的开展，成立安全防范事故小组，实行分片包干，责任到人。9 月 1 日，《中华人民共和国消防法》正式施行。为使特区消防监督工作达到群防群治，做到“有法可依、有法必依、执法必严、违法必究”，消防大队围绕《中华人民共和国消防法》开展大规模的宣传活动。利用广播、电视、报纸、培训中心进行宣传。特区领导发表电视讲话，重点防火单位组织干部职工认真学习《中华人民共和国消防法》，宣传车到城区和乡镇进行巡回宣传。全年消防工作侧重抓基础、查重点。防火业务部门主要以党政机关、大型商场、公共场所、易燃易爆场所、邮电通信枢纽为重点。农村 50 户以上大村寨为重点。50 户以上大村寨 258 个，重点防火单位 146 个，一级重点防火单位 46 个。全年共发生火灾事故 10 起，经济损失达 13.05 万元。

1999 年，特区公安局根据《贵州省公安派出所消防监督检查规定》和《贵州省乡镇村消防目标考核验收标准》的通知精神，由消防大队到 23 个乡镇派出所督查指导，促进农村防火工作。消防部门开展文明窗口建设，公开执法程序和办事制度。接受社会监督，聘请警风廉政监督员，促进消防执法的严肃性和公正性。为消除大灾隐患，强化防火监督检查，全年进行大型防火检查 3 次，共检查隐患 279 个。出动车辆 121 台，对易燃易爆、公共场所进行专项治理。在百日安全活动期间检查重点单位 29 个，易燃易爆场所 20 个，公共场所 20 个。对隐患单位下发限期整改通知书。后勤保障工作上得到特区政府支持，基础设施得到一定改善，增加消防大队的硬件设施。因消防装备比较落后、软件建设和消防栓建设还比较薄弱，全年共发生火灾 8 起，共计损失折款 2.75 万元，无人员伤亡。与去年同期相比起数下降 42.8%。

2000 年，消防大队按照“预防为主、防消结合”的方针，制定了管理措施，在消防安全宣传上推进防火网点向基础延伸。加强基层防护队伍培训，举办培训班 2 期，培训人员 67 人。对重点单位防控工作上采取调查摸底，调整单位的管理级别，建立数据库和单位防火档案。一、二级单位建档率达 100%，三级单位 70%，加大建审工作，全年共审核工作项目 13 项，减少先天性火灾隐患。开展文明窗口建设，公开执法程序和办事制度。接受社会监督，聘请警风廉政监督员。基础建设得到消防总队、市政府、消防支队、特区政府的关心支持。先后为六枝消防大队拨款 40 万余元，配备了 2 台消防水罐车，大队增设了娱乐俱乐部，修建篮球场，改善了官兵业余文化生活。全年全区发生火灾 18 起，共计损失折款 5.33 万元，无人员伤亡。与上 年相比起数上升 80%，经济损失折数上升 82.7%，死亡人数下降 100%。

2001 年，特区政府组织召开全区安全工作会议，将消防工作目标分解量化，与政府各部门签订《责任状》。要求各级各部门层层落实，责任到人，落实《消防法》《消防条例》所规定的各项责任。7 月，消防大队投资 7000 余元，制作了包括火灾预防、火场逃生、火灾案例、消防法规等消防安全知识宣传展板 20 块。编印“消防知识十九条”小册发放到学校和重点单位。政府投资 10.3 万余元，新增消防栓 25 个，维修 4 个，中心城区消防栓达到 31 个，达到应建数的 46%。增设 2 对火警电话专线。全年进行大型防火监督检查 6 次，共检查 208 个单位或部门。发现火灾隐患 462 起，下发《重大火灾隐患整改通知书》5 份，提出火灾隐患整改意见 462 条。全年共发生火灾 11 起，共计损失折款 7.9 万元，无人员伤亡。与上年相比发生火灾数目下降 39%。

2002 年，消防大队坚持“预防为主、防消结合”的方针，建立和完善各项管理制度，落实各项安全责任。加大消防安全宣传和安全检查，积极推进防火网点向基层延伸，按规定进行消防审核。全年共发生火灾 9 起，无人员伤亡。经济损失 11 万元。

2003 年，贵州省公安厅出台《贵州省公安派出所消防监督检查暂行规定》，要求派出所依据此规定实施消防监督检查工作，消防大队对派出所消防工作进行业务指导，派出所明确 1 名所领导负责消防工作，明确 1 民警为专兼职消防民警负责日常消防工作。同时，把农村防火试点工作作为一项重要工作来抓，采取“谁主管、谁负责”的原则，大力推行农村消防工作的社会化管理。对全区 50 户以上的大村寨进行摸底调查，消防大队根据实际情况，制定农村防火试点工作方案，制作农村防火档案。派专人负责，积极与政府部门联系，全面组织开展农村防火试点工作。为加强社区消防工作，特区人民政府成立消防工作领导小组，各社区充分利用广播、宣传栏、标语开展消防法律法规和消防基本知识的宣传工作。在平寨镇团结路社区进行社区消防试点工作，取得良好效果。6 月 8 日，消防大队联合有关单位进行“安全生产月”宣传活动。组织消防监督人员到学校给学生开展消防安全知识讲座 1 次，举办消防安全知识培训 1 次，参训单位 64 家共 110 人。8 月，六枝消防大队新营房落成。11 月 9 日。特区政府组织开展了以“关注消防安全环境、打开生命通道”为主题的消防宣传活动。消防大队全年共下发《责令限期改正通知书》47 份，《重大隐患整改通知书》2 份，处罚单位 9 家，下发《行政处罚决定书》91 份。全年共发生火灾事故 6 起，经济损失 1.03 万元。

2004年3月9日，特区政府召开全区安全工作会议。将消防工作作为会议的主要内容之一，明确全年的消防工作目标和任务。3月26日、7月30日、10月11日，特区政府组织召开3次消防联席会议。主要研究学习消防安全，开展人员密集场所专项治理，实施火灾隐患排查整改、建筑工程消防审核、验收等方面的问题。农村和社区消防管理，各乡镇政府在消防、公安派出所等部门配合下建立农村消防安全制度，落实消防安全责任制，建立农村防火试点。新窑乡二塘村作为试点村建立义务消防队伍，制定十户联防、防火巡查等消防安全制度。修建了消防水池3个。平寨镇团结路社区作为社区消防试点，以点带面推动社区消防工作的开展。5月20日，特区公安局下发《关于明确公安派出所消防安全负责人的通知》，具体明确派出所的分管领导和监督检查的职责。6月10日，特区政府下发《关于开展人员密集场所消防安全专项治理活动的通知》，成立以副区长张涛为组长的领导小组。对辖区内人员密集场所进行拉网式检查，共检查单位54家，查处火灾隐患274条，下发《责令限期改正通知书》26份。各乡镇、行业向全区人员密集场所、易燃易爆场所、50户以上自然村寨发出《单位火灾隐患自查整改承诺书》和《农村火灾隐患自查整改承诺书》，督促各单位认真开展火灾隐患自查工作。共有108所学校、7个社区、19所医院、13个易燃易爆成所、52个党政机关、368个村寨、117个企事业单位进行自查。9月23日，消防大队对23个派出所民警进行公安部73号令和消防监督检查业务培训。2004年1月21日（除夕），毛口乡九层山发生森林火灾，200余名消防官兵和公安民警参加扑救。经过12小时的奋力扑救，将森林大火扑灭。消防大队荣获特区党委授予森林火灾扑救先进单位，6名民警荣立个人三等功。11月，特区消防大队下发《六枝特区火灾隐患排查整治实施方案》，与有关部门对全区人员密集场所进行了地毯式排查。共检查学校、医院、网吧、超市、夜总会等人员密集场所54家。查处火灾隐患274条，下发《责令限期改正通知书》26份、《责令当场改正通知书》3份、《复查意见书》21份、《公安行政处罚告知书》1份、《公安行政处罚决定书》1份。全年全区共发生火灾11起，占控制指标的31%。无重、特大火灾事故发生，无人员伤亡，直接经济损失1.33万元，占控制指标87万元的1.5%。

2005年6月28日，特区政府组织召开消防安全工作会议。通过以会代训的方式对全区62家消防安全重点单位的消防安全责任人和消防安全管理人进行了消防安全培训。8月4日，特区政府下发了《六枝特区消防宣传“四进”工作实施方案》。召集各乡镇、社区、城区部分学校、大型企业等召开联席会议。确定8个试点单位，明确了考核标准和工作要求。消防大队与特区科协联合创建了青少年消防教育基地。邀请学校、机关、企事业单位人员到消防大队参观、座谈。开放消防站22次，参观消防站人数达2000余（人）次。为推进农村消防工作，特区政府制定了《六枝特区农村防火试点建设方案》，将堕却乡作为全区“消防安全文明乡”，作为农村防火试点乡镇。各乡镇、村寨进一步健全完善了防火安全委员会和消防安全领导小组，配备一定数量的消防器材设备。全区各乡镇、村寨共建立义务消防队1262支，有义务消防队员26811人。堕却乡成立了20人的摩托车消防应急分队。是年，六枝特区消防大队荣获贵州消防总队授予的全省消防部队正规化建设先进单位和全省消防部队执法质量先进单位。全年全区共发生火灾6起。无重、特大火灾事故和人员伤亡，直接经济损失9.1万元，占控制指标的1.5%。与上年同期相比，起数下降40%，直接财产损失上升582.01%。

2006年7月2日，平寨镇与消防大队建立社区消防工作的计划，由平寨镇人民政府出资3万元，消防大队负责帮助指导每个社区建立消防宣传栏、制作消防展板和宣传标语，购置消防器材，印制消防宣传资料，建立健全消防工作档案等一系列工作。7 月 12 日，六盘水市消防部队执勤岗位练兵季度对抗竞赛在六枝消防大队举行。

2007 年 7 月，消防大队筹资 46 万元购置 8 吨斯太尔王大吨位消防车 1 辆。12 月 3 日，消防大队为全区 40 余名副科级干部进行消防培训。全年全区共发生火灾 8 起，直接财产损失直接财产损失 15.38 万元，无人员伤亡，实现火灾“零增长”。

2008 年 4 月，六盘水市消防支队消防接处警“三台合一”现场会在六枝消防大队召开。6 月 13 日，消防大队联合多家部门、单位举办“迎奥运、保平安”大型高层建筑灭火救援演练全年全区共发生火灾 5 起、直接财产损失 1.5 万元，无人员伤亡。

2009 年 5 月 17 日，消防大队对辖区内 23 个派出所 50 余名民警业务培训，培训会由公安局副局长符平主持。8 月，消防大队争取特区财政装备器材专项经费 100 万元，购置了 16 米高喷消防车 1 辆。12 月 5 日，消防大队与特区团委联合，开展六枝特区“消防志愿者冬季防火百日宣传活动”启动仪式，切实打好冬季防火攻坚战。全年全区共发生火灾 5 起，直接财产损失四万余元，未发生重、特大火灾事故。

2010 年 2 月 24 日，岩脚镇西北村五组村民罗 XX 冲头陡坡处铲土皮烧灰时不慎引起森林火灾，造成 2 人死亡 1 人受伤，价值上百万元的 78 公顷森林被毁，罗 XX 被追究刑事责任。4 月 5 日，六枝特区陇脚乡因花德村村民上坟烧纸引发森林火灾。经 200 余人扑救，火灾于当日 18 时扑灭，过火面积约 6.6 公顷，肇事者于火灾中遇难。7 月 5 日，消防与特区组织部联合对 40 余名副科级后备干部进行了消防安全培训。9 月，消防大队出资 1 万余元，在新场乡乌柳村建立“爱心书屋”。

2011 年 2 月，消防大队斥资为消防监督执法人员配备 PDA，消防监督人员利用 PDA 进行消防监督现场采集数据。3 月，公安局下发文件，明确各派出所消防重点单位、派出所消防领导及专（兼）职民警。消防大队与各派出所签订《派出所消防工作目标责任书》。5 月 6 日，消防队应邀为六枝工矿（集团）公司 60 余名职工进行消防知识培训。9 月，消防大队投入经费 20 万元，建立影视吧。

1978—2011 年火灾事故统计表

表 5-1-6

年度	起数	年度	起数	年度	起数
1978	2	1990	4	2001	11
1979	3	1991	5	2002	9
1980	3	1992	2	2003	6
1981	4	1993	10	2004	11
1982	4	1994	4	2005	6
1983	3	1995	2	2006	5
1984	5	1996	5	2007	7
1985	4	1997	8	2008	3
1986	3	1998	10	2009	5
1987	5	1999	8	2010	3

续表

年度	起数	年度	起数	年度	起数
1988	3	2000	18	2011	2
1989	4				

第十节　执法监督

一、新警录用

1992—1998 年，公安局的进人渠道主要是大中专毕业生分配进入、复员退伍军人安置进入和从其他行政单位、企事业单位调入。1999—2005 年，深入贯彻落实《中共中央关于进一步加强和改进公安工作的决定》，新警录用除安置军队转业干部和公务员资格考试合格的，公安院校公安类专业毕业生外，公安机关录用主任科员（含主任科员）以下非领导职务人民警察，一律“凡进必考”，面向社会实行省级统一考试录用。2005 年，公安局通过面向社会招录方式共招录人民警察 32 名，新录用人民警察经贵州省警官职业学院培训 3 个月后分配到基层一线部门工作。2006—2011 年，六枝特区公安局面向社会招考录用民警 109 名。

二、教育培训

1978 年，中共十一届三中全会召开后，公安局在全局民警中开展真理标准问题讨论，开展“三学”（学雷锋、学硬骨头六连、学航空兵一师）活动，对全体公安民警进行思想路线教育，确保队伍思想路线的正确性和忠诚性。

1979—1994 年，学习中共十一届三中全会精神、邓小平理论、学习国家大政方针和法律法规、进行时事政治教育。1995 年，省公安厅出台《关于加强队伍纪律作风建设的十条禁令》后，公安局全面开展自查自纠，严格约束民警的行为。

2003 年 2 月 1 日，公安部出台“五条禁令”后，六枝特区公安局严格按照省公安厅，六盘水市公安局的安排部署，全面开展遵守“五条禁令”的教育整顿活动。2006 年 7 月 12 日，公安局出台《六枝特区公安局关于强力推进信息化应用工作方案》，要求全体民警汉字录入每分钟不少于 30 字，并做到“会上网、会录入、会查询、会比对、会下载业务数据资料、会收发电子邮件、会签发批文”（八会）。局党委提出“不会信息化的领导将失去指挥权，不会信息化的民警将失去工作岗位”口号。举办信息化应用培训班 5 期，对全局民警进行信息化应用培训。2008 年 4 月，公安局分 7 期对全局 425 名民警进行了每期 15 天“战训合一、轮训轮值”的集中培训。主要学习《中华人民共和国警察法》《中华人民共和国刑法》《中华人民共和国刑事诉讼法》《中华人民共和国治安管理处罚法》《中华人民共和国行政许可法》《中华人民共和国行政处罚法》《中华人民共和国行政复议法》等基本法律法规、与本警种相关的法律及业务知识。2009 年，公安部出台《关于加强和改进公安教育训练工作的意见》，公安局举办计算机培训 6 期 380 人；网络安全培训 2 期 40 人；案件系统培训 2 期 60 人；执法规范化培训 2 期 70 人。是年，公安部组织县级公安局长和首任局长、政委等培训班，公安局政委宿刚参加了培训。是年，公安局举办“战训合一、轮值轮训”培训班6期共180人。2010年7月9日，六枝特区公安部出台《关于加强公安信息化应用技能训练工作的指导意见》，公安局出台《六枝特区公安局信息化应用技能训练工作实施方案》，着重强化网上信息采集录入、查询比对、办公办案以及信息安全等通用应用技能的训练。是年，公安局举办“战训合一、轮值轮训”培训班11期共139人。2011年3月21日，根据《粤黔地级市（州、区）公安局素质强警行动计划合作框架协议》，六枝特区公安局与广东省肇庆市公安局端州分局签订了《2010—2012素质强警行动计划合作框架协议》。6月，公安局派出4名民警到肇庆市公安局端州分局跟班学习15天。

第三章 检察

1978年10月，经中共六盘水地委批准，六枝特区人民检察院重建。1979年底，配备检察干警18人。

1988—2011年，先后在金融和相关企业设立检察室。1998年上半年，根据上级要求，检察机关所有派驻检察室全部撤销。六枝检察院内设机构有：办公室、政工科、纪检组、反贪污贿赂局（内设侦查科、技术科、职务犯罪预防科）、反渎职侵权局、公诉科、侦查监督科、控告申诉检察科、民事行政检察科、监所检察科、法警大队。并在六枝看守所设立检察室。

第一节 刑事检察

1978年12月，重建检察院，行使审查、批捕、起诉职权。1979年，刑检工作的重点是打击杀人、抢劫、纵火、强奸、聚众斗殴等严重破坏社会秩序“五类”犯罪分子。

1980—1994年，受理提请逮捕犯罪嫌疑人4113人，经审查逮捕2783人，不逮捕265人。决定起诉3363人、免予起诉138人，不起诉29人。

1995年，受理移送审查逮捕案件160件306人。经审查，依法批捕132件251人，不捕10件23人，退查24件44人。受理移送审查起诉案件210件324人。经审查，依法起诉140件208人。移送上级检察院起诉23件50人。依法免予起诉20件31人。不起诉1人，退查26件42人。公安机关撤回1件1人。诉讼监督工作方面，依法对法院量刑畸轻的3件4人提出抗诉，二审法院审判后，改判2件3人。

1996年，共受理提请批捕案件232件493人，依法批捕213件422人。在批准逮捕的案件中，有重特大案件63件122人。不批准逮捕7件42人，公安机关撤回6人，退查12件23人。受理移送审查起诉案件350件559人，依法起诉281件447人。其中：重特大案件87件152人。依法作出免诉决定27件41人。不起诉2件3人。退查33件66人。建议公安机关撤回2件2人。诉讼监督工作方面，依法对法院量刑畸轻的3件5人提出抗诉，二审法院审判后，改判2件4人；对6名应予以逮捕而公安机关未报捕的案犯作了增捕；对公安机关漏诉的8名案犯作了追诉。

1997年，受理提请逮捕案件172件267人。依法批准逮捕159件246人。不批捕30人，公安机关撤回1件2人。积存3件4人。受理移送审查起诉各类刑事案件189件229人。依法提起公诉

141件198人。移诉22件34人。依法不起诉6件13人。退回公安机关补充侦查10件14人。积存19件29人。诉讼监督工作方面，依法对法院量刑畸轻的5件案件提出抗诉，二审法院审判后，改判3件；对8名应予以逮捕而公安机关未报捕的案犯作了增捕；对公安机关漏诉的4名案犯作了追诉。

1998年，共受理提请批捕案件333件535人。经审查，依法批准逮捕273件409人。不批准逮捕60件126人。受理移送审查起诉案件285件392人。经审查，依法起诉243件330人。移送市检察院起诉28件44人。不起诉7件11人。退查7件7人。诉讼监督工作方面，依法对法院量刑畸轻的2件案件提出抗诉；对17名应予以逮捕而公安机关未报捕的案犯作了增捕，对公安机关漏诉的5名案犯作了追诉。

1999年，共受理提请批捕案件318件537人。经审查，批准和决定逮捕259件394人。不批捕54件137人。公安机关撤回5件6人。受理移送审查起诉案件293件408人。经审查，起诉230件309人。移送市检察院起诉22件32人。不起诉5件9人，退查36件58人。诉讼监督工作方面，依法对法院量刑畸轻的2件案件提出抗诉；对9名应予以逮捕而公安机关未报捕的案犯作了增捕；对公安机关漏诉的1名案犯作了追诉；办理立案监督案件6件，公安机关已立案2件2人。

2000年，共受理移送审查批捕案件306件500人。经审查，批准和决定逮捕227件355人。不批准逮捕67件123人。公安撤回11件21人。自侦部门撤回1件1人。共受理移送审查起诉案件334件540人。经审查，提起公诉215件327人。移送其他院审查起诉17件25人。不起诉10件12人。退查92件176人。诉讼监督工作方面，依法对法院量刑畸轻的1件案件提出抗诉；对3名应予以逮捕而公安机关未报捕的案犯作了增捕；对公安机关漏诉的3名案犯作了追诉；办理立案监督案件5件，公安机关立案2件3人。

2001年，共受理移送审查批捕案件386件665人。经审查，批准和决定逮捕314件506人。不批捕52件123人。公安机关撤回20件36人。受理移送审查起诉和不起诉案件443件669人。提起公诉310件430人。移送其他院审查起诉183件34人。不起诉15件18人。退查33件184人。公安机关撤回1件3人。诉讼监督工作方面，对12名应予以逮捕而公安机关未报捕的案犯作了增捕；对公安机关漏诉的7名案犯作了追诉；对公安机关应当立案而不立案的，要求公安机关说明不立案理由8件11人，公安机关立案7件10人。

2002年，共受理移送审查批捕案件400件612人。经审查，批准和决定逮捕322件450人。不批捕47件106人。公安机关撤回31件56人。共受理移送审查起诉案件484件786人。审查后，提起公诉353件503人。移送其他院审查起诉14件26人。不起诉8件8人。退查109件249人。诉讼监督：对法院的审判活动依法进行监督；提请抗诉1件2人；对2名应予以逮捕而公安机关未报捕的案犯作了增捕；对公安机关漏诉的1名案犯作了追诉；对公安机关应当立案而不立案的，要求公安机关说明不立案理由3件3人。

2003年，共受理移送审查批捕案件264件409人。批准和决定逮捕222件332人。不批捕37件70人。公安机关撤回5件7人。受理移送审查起诉案件346件493人。经审查，起诉249件337人。移诉7件12人。退查82件117人。公安机关撤回6件24人。诉讼监督：对3名应予以逮捕而公安机关未报捕的案犯作了增捕，对公安机关漏诉的3名案犯作了追诉；对公安机关应当立案而不立案的，要求公安机关说明不立案理由3件3人，公安机关已全部立案。

2004年，共受理移送审查批捕案件270件420人。批准和决定逮捕217件339人。不批捕47

件74人。公安机关撤回6件7人。受理移送审查起诉案件337件492人。提起公诉229件327人。不起诉1件1人。移送上级院审查起诉13件17人。公安机关撤回12件18人。退查82件129人。诉讼监督工作方面，对法院的审判活动进行监督，依法提出抗诉3件4人，对6名应予以逮捕而公安机关未报捕的案犯作了增捕，对公安机关漏诉的3名案犯作了追诉；对公安机关应当立案而不立案的，要求公安机关说明不立案理由2件2人，公安机关立案1件1人。

2005年，受理移送审查批捕案件232件399人。批准和决定逮捕183件297人。不批捕47件100人。公安机关撤回2件2人。受理移送审查起诉案件324件498人。提起公诉214件302人。移送其他院审查起诉15件32人。不起诉1件1人。公安机关撤回17件26人。退查77件137人。诉讼监督：对法院的审判活动进行监督，依法提出抗诉1件2人；对漏移送批捕、起诉的依法增捕2人、追诉漏罪6次；对公安机关应当立案而不立案的，要求公安机关和本院自侦部门说明不立案理由21件22人，公安机关立案7件8人，自侦部门立案14件14人。

2006年，共受理移送审查批捕案件236件456人。依法批准和决定逮捕196件367人。不批捕36件83人。公安机关撤回4件6人。受理移送起诉317件513人。提起公诉208件319人。移送市院审查起诉12件20人。不起诉1件1人。公安机关撤回16件22人。退查80件151人。诉讼监督：对漏移送批捕、起诉的依法增捕10人、追诉漏罪8次；对公安机关应当立案而不立案的，要求公安机关和本院自侦部门说明不立案理由9件9人；公安机关已立案6件6人；自侦部门已立案3件3人。

2007年，共受理移送审查批捕案件212件382人。依法批准和决定逮捕183件310人。不批捕28件70人。公安机关撤回1件2人。受理移送起诉320件564人。提起公诉202件307人。移送其他院审查起诉11件26人。不起诉1人。公安机关撤回18件32人。退查89件198人。诉讼监督：对漏移送批捕、起诉的依法增捕3人；依法追诉漏罪3次，追加起诉犯罪事实1桩；依法纠正公安机关不应当立案而立案1件1人；对应当立案而不立案的，要求公安机关和本院自侦部门说明不立案理由11人；公安机关立案3人。

2008年，共受理移送审查批捕案件237件409人。经依法批准和决定逮捕192件317人。不批捕37件82人。公安机关撤回8件10人。受理移送起诉325件564人。提起公诉196件303人。移送市院审查起诉20件33人。不起诉2件3人。公安机关撤回13件27人。退查94件198人。诉讼监督：对漏移送批捕的依法增捕4人；依法纠正公安机关不该立案而立案2件2人；纠正本院自侦部门应当立案而不立案的2件2人。

2009年，共受理移送审查批捕案件264件433人。依法批准和决定逮捕212件331人。不批捕46件92人。公安机关撤回6件10人。受理移送起诉367件570人。提起公诉201件287人。移送市院审查起诉25件41人。不起诉5件7人。公安机关撤回15件18人。退查121件217人。诉讼监督：对漏移送批捕、起诉的依法增捕3人；依法追诉漏罪1次，追加起诉犯罪事实8桩；追诉漏诉案犯2人；依法纠正公安机关应当立案而不立案7件7人；公安机关立案6件6人。

2010年，共受理移送审查批捕案件277件438人。依法批准和决定逮捕190件268人。不批捕80件161人。公安机关撤回7件9人。受理移送起诉410件618人。提起公诉256件351人。移送市院审查起诉15件20人。不起诉1件3人。公安机关撤回17件35人。退查121件209人。诉讼监督：对法院的审判活动进行监督，依法提出抗诉2件，市检察院支持抗诉1

件；对漏移送批捕、起诉的依法增捕 1 人、追加起诉犯罪事实 11 起；增加起诉被告人 1 人；对公安机关应当立案而不立案的，要求公安机关说明不立案理由 1 件 2 人；公安机关立案 1 件 2 人。

2011 年，受理移送审查批捕案件 279 件 398 人。依法批准和决定逮捕 199 件 264 人。不批捕 70 件 130 人。公安机关撤回 4 件 4 人。受理移送起诉案件 350 件 545 人。提起公诉 229 件 327 人。移送市院审查起诉 8 件 10 人。不起诉 1 人。公安机关撤回 9 件 13 人。退查 104 件 194 人。诉讼监督：对漏移送起诉的依法追加起诉犯罪事实 1 起；对公安机关应当立案而不立案的，要求公安机关说明不立案理由 1 件 1 人；公安机关立案 1 件 1 人；对不应当立案而立案的 2 件 6 人，依法提出纠正意见。

第二节　反贪污贿赂

1990 年 3 月，六枝特区人民检察院经济检察科更名为贪污贿赂检察科。1995 年，贪污贿赂检察科撤销，成立反贪污贿赂局。

1980—1995 年，共立案侦查经济案件 272 件，涉及 275 人。其中贪污案、贿赂案 50 件。盗伐、滥伐林木案 8 件 13 人。总计挽回经济损失 341 余万元。

1996 年，立案 23 件 26 人，为国家和集体挽回经济损失 41.33 万元。

1997 年，立案查处经济犯罪案件 21 件 24 人。万元以上大案 16 件 19 人，为国家挽回直接经济损失 43 万余元。查办了原公安局刑侦队副队长张某某贪污 12 万余元和六枝特区水电局杨某某贪污挪用公款 11 万余元等典型经济犯罪案件。

1998 年，立案查处经济犯罪案件 17 件 19 人，为国家和集体挽回直接经济损失 100 万余元。查处了六枝特区保险事业局财务股长兼出纳周宜将贪污、挪用公款 66 万元案。

1999 年，共立案侦查经济案件 17 件 18 人。为国家挽回经济损失 70 余万元。

2000 年，立案侦查经济案件 17 件 19 人，其中贪污案 9 件 10 人，挪用公款案 7 件 8 人，贿赂案 1 件 1 人。为国家挽回经济损失 80 余万元。

2001 年，立案侦查贪污贿赂犯罪案件 13 件 14 人。其中贪污案 9 件 9 人。受贿案 1 件 1 人。挪用公款案 3 件 4 人。

2002 年，立案侦查贪污贿赂犯罪案件 13 件 15 人。为国家挽回直接经济损失 47.52 万元。

2003 年，立案侦查贪污贿赂犯罪案件 17 件 17 人。其中贪污案件 6 件 6 人，受贿案件 6 件 6 人，行贿案件 1 件 1 人，挪用公款案件 4 件 4 人。为国家挽回直接经济损失 70 余万元。

2004 年，立案侦查 14 件 16 人，其中贪污案件 10 件 12 人，贿赂案件 4 件 4 人，大案 13 件 15 人。查处土管局原党组书记卢某某等人贪污贿赂窝案、串案。为国家挽回经济损失 160 余万元。

2005 年，立案侦查 22 件 25 人。其中贪污案件 3 件 4 人，贿赂案件 17 件 19 人，挪用公款案件 2 件 2 人，5 万元以上大案 16 件 17 人。为国家挽回经济损失 150 余万元。查办六枝特区建设局局长刘某（受贿 106.5 万元）等 18 件 19 人受贿窝案。

2006 年，立案侦查 19 件 25 人。贪污案 3 件 4 人，贿赂案 16 件 21 人，为国家挽回经济损失 500 余万元。

2007年，立案侦查15件20人。其中贪污案1件3人，受贿案6件8人，行贿案8件9人。为国家挽回经济损失190余万元。

2008年，立案侦查14件20人。其中贪污案6件12人，受贿案4件4人，行贿案2件2人，挪用公款案2件2人。为国家挽回经济损失152.05余万元。

2009年，立案侦查6件8人。其中贪污案2件3人，贿赂案3件4人，挪用公款案1件1人。为国家挽回经济损失160余万元。

2010年，立案侦查7件19人。其中贪污案3件15人，贿赂案4件4人。为国家挽回经济损失110余万元。

2011年，立案侦查9件17人。其中贪污案2件10人，贿赂案7件7人。为国家挽回经济损失110余万元。

第三节　反渎职侵权

1985—1995年，检察院受理各种法纪案件共101件63人。重大案件31件，提起公诉20件。免予起诉16件。其中，涉及国家机关工作人员8人，（正处级1人，正科级4人，一般干部3人）。非法拘禁案10件11人，徇私舞弊案2件2人，刑讯逼供案1件1人。

1996年，立案侦查12件13人。其中玩忽职守案2件2人，重大责任事故案4件5人，非法拘禁案5件5人，泄露国家重要机密案1件1人。

1997年，立案侦查5件。其中非法拘禁1件，玩忽职守1件，徇私舞弊1件，其他案件2件。

1998年，立案侦查3件3人。其中破坏选举案2件2人，非法拘禁案1件1人。

1999年，立案侦查2件3人。其中非法拘禁案1件1人，玩忽职守案1件2人。

2000年，立案侦查2件3人。

2001年，立案侦查3件3人。其中滥用职权案、徇私舞弊案、非法拘禁案各1件1人。

2002年，立案侦查2件3人。

2003年，立案3件3人，均为玩忽职守案。

2004年，立案侦查2件2人，均为滥用职权案。

2005年，立案侦查1件2人，为滥用职权案。

2006年，立案侦查玩忽职守案2件3人，均为玩忽职守案。

2007年，立案侦查玩忽职守案2件2人。均为玩忽职守案。

2008年，立案侦查玩忽职守案1件1人。为玩忽职守案。

2009年，立案侦查2件4人。其中1件3人为玩忽职守案，1件1人为枉法裁判案。

2010年，立案侦查2件3人。其中1件2人为玩忽职守案，1件1人为帮助伪造证据案。

2011年，立案侦查玩忽职守案1件3人。为玩忽职守案。

第四节　监所检察

1978年，检察院重建后，恢复了监所检察职能。1979年，最高人民检察院明确了监所检察工作的职责和任务。1984年，根据《中华人民共和国刑法》《中华人民共和国刑事诉讼法》规定的各级检察机关对狱内执行的变更实行监所检察。1985—1987 年，打击刑事犯罪和经济犯罪。1988 年，六枝检察院抽调干警对全区 90 名“五种罪犯”的执行情况进行检查。1990—1993 年，对刑事判决、裁定的执行和看守所执行法律的情况进行监督，建立十二类登记表册，维护在押人犯的合法权益。

1994—1995 年，六枝人民检察院监所检察有明确登记，六枝看守所共关押人犯 1147 人。依法监督按时释放和取保就医、假释等 223 人，送劳改单位服刑 340 人，交付执行枪决 28 人。正常死亡 3 人。提出催办建议 446（人）次。

1996 年，六枝看守所关押人犯 668 人（当年新收 408 人）。其中监督投劳执行刑罚的 253 人，按时释放和取保候审 126 人，交付执行死刑 15 人，转送 11 人，因病死亡 2 人。

1997 年，六枝看守所关押人犯 543 人。其中监督按时释放 113 人，取保候审 8 人，投劳 190 人，执行死刑 3 人，正常死亡 1 人，转送外地 3 人。

1998 年，六枝看守所收押人犯 798 人。其中监督释放 209 人，投劳 206 人，执行死刑 4 人，转外地 31 人、取保候审 2 人。

1999 年，六枝看守所关押人犯 884 人。其中投劳 145 人，执行死刑 2 人，正常死亡 2 人，转外地 38 人，取保候审 49 人，保外就医 2 人。释放 344 人。

2000 年，六枝看守所关押 621 人。其中监督释放 278 人，送劳改单位 208 人，交付执行死刑 3 人，转外地看守所 60 人，取保就医 1 人，投入劳改 208 人。

2001 年，六枝看守所关押人犯 676 人。其中投劳 251 人，执行死刑 4 人，转送 32 人，刑满释放 120 人，不捕释放 50 人，缓刑释放 16 人，不诉释放 1 人，保外就医 1 人。

2002 年，六枝看守所对 7 名暂予监外执行，1 名保外就医人员的有关手续进行认真审查，并进行回访考察。

2003 年，六枝看守所投劳 147 人。执行死刑 7 人，刑满释放 145 人，缓刑释放 20 人，暂予监外执行 3 人，保外就医 8 人。

2004 年，六枝看守所关押人犯 674 人。其中投劳 168 人，刑满释放 116 人，缓刑释放 35 人，撤案释放 17 人，执行死刑 3 人，暂予监外执行 2 人，保外就医 1 人。

2005 年，六枝看守所收押人犯 584 人。其中投劳 145 人，转所 6 人，刑满释放 101 人，缓刑及其他释放 31 人，不捕释放 37 人，执行死刑 3 人，取保候审 31 人，撤案 26 人，保外就医 1 人，正常死亡 1 人。

2006 年，六枝看守所收押人犯 606 人。其中投劳 170 人，刑满释放 86 人，执行死刑 2 人，缓刑及其他释放 30 人，保外就医 1 人。

2007 年，六枝看守所收押人犯 557 人。其中投劳 119 人，刑满释放 70 人，缓刑及其他释放 27 人。

2008 年，六枝看守所收押人犯 584 人。其中投劳 149 人，刑满释放 84 人，执行死刑 1 人，缓刑及其他释放 36 人。

2009 年，六枝看守所收押人犯 630 人。其中投劳 141 人，刑满释放 81 人，执行死刑 2 人，缓刑及其他释放 22 人。

2010 年，六枝看守所收押人犯 678 人。其中投劳 153 人，刑满释放 83 人，执行死刑 1 人，缓刑及其他释放 40 人。

2011 年，六枝看守所收押人犯 692 人。其中投劳 156 人，刑满释放 130 人，缓刑及其他释放 18 人。

第五节 控告申诉检察

1978—1984 年，检察机关控告申诉检察，由院办公室或法纪部门设专职或兼职人员办理人民群众来信来访。1985 年 1 月，成立了“控告申诉检察科”。1986 年，设立“检察长接待日”，检察长阅处亘要信件形成制度。

1988 年 12 月，六枝检察院设立“国家工作人员职务犯罪案件举报中心”隶属于控告申诉检察科。1985—1995 年，共受理提供犯罪线索 383 件。复查不服本院免予起诉决定申诉案件 5 件。受理群众来信来访 5960 件（次）。其中刑事案件控告 294 件，法纪案件 43 件，告急信访 6 件，其他举报线索 30 件。

1996 年，受理群众来信来访 215 件次。

1997 年，接待人民群众来信来访 191 件（次）。受理举报线索 73 件，初查结案 9 件，移送自侦部门立案侦查 2 件，处理群众告急信访 2 件。

1998 年，收到人民群众来信来访 251 件（次）。其中举报贪污贿赂 14 件、侵权渎职 18 件、刑事控告 115 件、一般违法控告 10 件、刑事赔偿申请 1 件、刑事立案监督 1 件。

1999—2010 年，共受理群众来信来访 1093 件（次）。

2011 年，受理群众来信来访 62 件（次），立案复查刑事申诉案件 4 件。

第六节 民事行政检察

1978 年，检察机关恢复重建以后，担负起对民事、行政诉讼的法律监督职责。1988 年，开展民事、行政诉讼活动法律监督的试点工作。1989 年 4 月 4 日，明确赋予人民检察院对行政诉讼实行法律监督的手段即审判监督程序抗诉。

1992 年 3 月，开展民事行政检察工作，接受和处理民事纠纷申诉案 3 件。

1993 年，受理审结案件 6 件。其中：民事纠纷 4 件、合同纠纷 1 件、行政申诉 1 件。

1994 年，受理民事行政申诉案件 16 件。其中民事案件 11 件，行政案件 2 件，积存 3 件。协助上级院办理了辖区内的案件 4 件。

1995—1996 年，共受理民事、行政申诉案件 33 件。

1997 年，受理司法人员徇私舞弊，枉法裁判及民事、经济、行政申诉案件 12 件，审结 12 件，审结率 100%。

1998 年，共受理民事申诉案件 19 件。

1999 年，共受理民事申诉案件 13 件。其中民事申诉案件 11 件，经济申诉类案件 2 件。

2000 年，受理民事申诉案件 14 件，立案审查 4 件，提请和建议抗诉 2 件。

2001 年，受理各类民事、行政、申诉案件 15 件，立案审查 3 件，提请抗诉和建议抗诉 2 件。

2002 年，共受理各类民事行政纠纷案 16 件（含上年结余 7 件）、审结 16 件，其中：提请抗诉 1 件，建议提请抗诉 1 件。

2003—2004年，受理各类民事、行政、经济纠纷案件35件。

2005年，受理各类民事、行政、经济纠纷案件8件。经审查立案3件，所立案件中，提抗1件，终止审查2件。

2006年，受理各类民事、行政、经济纠纷案件7件。

2007年，受理各类民事、经济纠纷案件14件。经审查立案6件，其中建议提抗4件，不提抗1件，建议向法院作检察建议1件，息诉8件。初查徇私舞弊案件线索1件。

2008年，共受理民事、行政申诉案件5件，办理其他案件34件。其中，办理支持起诉案件28件，向单位发出支持起诉意见书28份；办理督促起诉案3件，向单位发出检察督促建议3份，为国家挽回经济损失7万余元；办理刑事附带民事诉讼2件；初查司法人员徇私舞弊案1件。

2009—2010年，办理民事、行政申诉案件16件，其他案件12件。

2011年，受理各类民事、行政、经济纠纷案件4件。

第四章　法院

1982年，六枝特区人民法院建立经济审判庭。1984年2月，建立执行科。1985年，增设平寨人民法庭。1987年，内设行政审判庭和刑事审判二庭，将执行科改为执行庭，建立木岗人民法庭。1988年，设立政工科，将刑事审判二庭改为告诉申诉庭，原属民庭的接待室划归告诉申诉庭管理。1993年，平寨法庭与六枝法庭合并，负责审理中心区案件。1994年，增设立案室，归告诉申诉庭管理，执行立案、审判分离制度。2000年3月，非诉行政案件的执行，由行政庭审查作出裁定，交执行庭执行。2000年8月，六枝特区编制委员会批准，六枝法院成立执行工作局。为副科级行政机构，与执行庭合署办公，两块牌子，一套人马，职能与执行庭相同，执行庭不复存在。

1995年，六枝特区人民法院共有13个内设机构和8个派出人民法庭。1997年，特区编委核定法院编制人员98名。内设机构为13个：即政工科、法院办公室、刑事审判庭、民庭、经济庭、行政庭、少年庭、立案庭、审判监督庭、执行庭、司法警察大队、研究室、人民法庭。4月，成立大用人民法庭，管辖大用镇及化处矿区案件。1998年9月，撤销平寨人民法庭及木岗法庭。1999年9月，撤销了大用法庭。2011年，保留岩脚、新华、新场、郎岱、中寨、堕却、落别7个人民法庭。2000年8月，成立执行工作局，为副科级规格，与执行庭一套人马两块牌子，局长高配为正科级。是年，增设书记员管理办公室负责管理调配书记员相关工作，规格为股级。2002年7月，按照特区党委对法院的机构、编制、人员“三定”方案，明确民事审判二庭变更为经济审判庭。2009年2月，设置了工矿和环境保护审判庭，规格为副科级，专门审理涉及工矿企业及环境保护方面的民商事纠纷案件和行政案件。2001年，省机构编制委员会将六枝法院编制数从98名减到86名。2011年，六枝法院编制为96名。

第一节 刑事审判

1980 年，《中华人民共和国刑法》《中华人民共和国刑事诉讼法》颁布实施，改变由党委内部批案量刑的规定，人民法院依照法律独立行使审判权。刑事审判严格按照“有法可依、有法必依、执法必严、违法必究”的原则。

1983 年，全区共审结各类刑事案件 235 件 393 人。依法处决罪大恶极的犯罪分子 52 人。

1984—1987 年，全区共审结各类刑事案件 463 件，判处人犯 1065 人。

1987—1989 年，全区继续开展从重从快严厉打击流氓犯罪集团、杀人、抢劫、强奸、重大盗窃等“七类”刑事犯罪分子的斗争。进行打击盗窃、拐卖人口犯罪的专项斗争，使社会治安持续稳定。

1990—1992 年，拐卖人口案件发案率居高不下，犯罪主体多元化，拐卖对象趋于低龄，作案者大多是团伙行动，手段凶残狡诈。盗窃案件发案率一直处于上升趋势。经过依法从严从重惩处，使拐卖人口、盗窃犯罪得到了有效的控制。

1995 年，为扩大办案效果，教育群众，震慑犯罪分子，特区法院配合公安局、市中级人民法院，召开公捕公判大会 7 次，公开宣判刑事案件 32 件 96 人，旁听群众达 7 万余（人）次。全年共受理各类刑事案件 190 件 279 人。

1996 年，特区人民法院受理的各类刑事案件，盗窃（农村偷牛盗马案件居多）和未成年人犯罪（伤害案件）居多。毒品犯罪、暴力犯罪、严重破坏社会秩序、交通肇事、非法经营、贷款诈骗、行贿受贿等案件。

1996—2001 年，共受理各类刑事案件 1794 件，结案 1794 件，当庭宣判 1547 件。

2002—2008 年，共受理各类刑事案件 2174 件，结案 2174 件。

2009—2011 年，共受理各类刑事案件 693 件，结案 692 件。

案例 1：侯某某合同诈骗和贷款诈骗案。

公诉机关指控被告人侯某某犯合同诈骗罪、贷款诈骗罪。于 2010 年 8 月 30 日向本院提起公诉，六枝法院于 2010 年 11 月 2 日公开开庭进行了审理。审理后判决：被告人侯某某犯合同诈骗罪，判处有期徒刑 15 年，附加剥夺政治权利 3 年，并处罚金人民币 15 万元；犯贷款诈骗罪，判处有期徒刑 12 年，附加剥夺政治权利 2 年，并处罚金人民币 12 万元；与前罪判处的有期徒刑，实行数罪并罚，决定执行有期徒刑 20 年，附加剥夺政治权利 5 年，并处罚金人民币 27 万元。

案例 2：周某某、段某某贪污案。

公诉机关指控被告人周某某、段某某犯贪污罪。于 2010 年 5 月 17 日提起公诉，六枝法院依法组成合议庭，公开开庭进行了审理。审理后判决：被告人周某某犯贪污罪，判处有期徒刑 14 年，附加剥夺政治权利 2 年，并处没收财产人民币 50000 元。被告人段某某犯贪污罪，判处有期徒刑 14 年，附加剥夺政治权利 2 年，并处没收财产人民币 50000 元。

案例 3：陈某故意杀人案。

被告人陈某因其妻洪秀云离家出走，与洪某某家人发生矛盾。1993 年 1 月 20 日 16 时许，陈某在龙场乡新场坝集市上与洪某某之弟相遇，陈某持刀追杀洪某某之弟，将其杀死。陈某被抓获归案。2011 年 5 月 10 日公诉机关指控被告人陈某犯故意杀人罪提起公诉。六枝法院于 2011 年 6 月 13 日公开开庭对本案进行了审理。审理后判决：被告人陈某犯故意杀人罪，判处有期徒刑 15 年，附加剥夺政治权利 2 年。

第二节　民事审判

1980 年，新《中华人民共和国婚姻法》颁布实施后，婚姻案件有所下降。1980—1987 年，共审理婚姻案 2183 件，年平均审理 272.86 件。1988—1994 年，共审理婚姻案 3136 件，年平均审理 448 件。1995 年，审理婚姻案 522 件。1996 年，共受理各类民事案件 997 件，审结 975 件，结案率为 99.79%。其中，婚姻家庭纠纷案件 582 件，继承纠纷 5 件，房屋纠纷 33 件，其他不动产纠纷 25 件，相邻关系纠纷 7 件，赔偿纠纷 93 件，债权债务纠纷 222 件，人身权纠纷 5 件，其他纠纷 5 件。审结的 975 件案件中，调解结案 481 件，判决结案 399 件，撤诉 87 件，驳回起诉 4 件，移送 4 件。1997 年，共受理各类民事案件 1003 件（含旧存 2 件），审结 993 件，结案率为 99.%。审结的 993 件案件中，调解结案 428 件，判决结案 443 件，撤诉 110 件，驳回起诉 8 件，终结 3 件，移送 1 件。其中，离婚案件 484 件，解除非法同居关系 49 件，抚养纠纷 1 件，赡养纠纷 3 件，家庭财物纠纷案件 12 件，其他婚姻家庭纠纷案件 2 件，继承纠纷 4 件，房屋纠纷 22 件，土地纠纷 23 件，林木纠纷 4 件，相邻关系纠纷 7 件，人身损害赔偿纠纷 83 件，财产损害赔偿纠纷 34 件，债务纠纷 236 件，人身权纠纷 3 件，宣告死亡 1 件，其他纠纷 14 件。1998 年，共受理各类民事案件 1301 件。审结 1283 件，结案率为 98.6%。审结的 1283 件案件中，调解结案 571 件，判决结案 530 件，撤诉 167 件，驳回起诉 11 件，其他方式处理 4 件。其中，离婚案件 550 件，解除非法同居关系 63 件，婚姻家庭纠纷案件 39 件，继承纠纷 11 件，房屋纠纷 18 件，土地纠纷 26 件，林木纠纷 8 件，相邻关系纠纷 15 件，人身损害赔偿纠纷 112 件，财产损害赔偿纠纷 46 件，债务纠纷 359 件。1999 年，共受理各类民事案件 1424 件。审结 1400 件，结案率为 98.3%。审结的 1400 件案件中，调解结案 613 件，判决结案 495 件，撤诉 253 件，驳回起诉 24 件，其他方式处理 14 件，移送 1 件。其中，离婚案件 749 件，解除非法同居关系 57 件，婚姻家庭纠纷案件 4 件，抚养纠纷 24 件，赡养纠纷 9 件，房屋纠纷 31 件，其他不动产纠纷 46 件，相邻关系纠纷 163 件，赔偿纠纷 113 件，债务纠纷 303 件，人身侵权纠纷 6 件，宣告死亡 2 件，其他特别程序 6 件，其他民事纠纷 27 件。2000 年，共受理各类民事案件 1412 件，审结 1412 件，结案率为 100%。审结的 1412 件案件中，调解结案 567 件，判决结案 573 件，撤诉 252 件，驳回起诉 12 件，其他方式处理 7 件，移送 1 件。适用简易程序审理 1042 件，普通程序审理 370 件。其中，离婚案件 762 件，解除非法同居关系 83 件，其他婚姻家庭纠纷案件 18 件，抚养纠纷 17 件，赡养纠纷 10 件，扶养纠纷 3 件，房屋纠纷 29 件，其他不动产纠纷 43 件，相邻关系纠纷 13 件，赔偿纠纷 113 件，债务纠纷 301 件，继承纠纷 5 件，人身侵权纠纷 2 件，宣告死亡 1 件，其他特别程序 1 件，其他民事纠纷 11 件。2001 年，共受理各类民商事案件 1696 件。审结 1659 件，结案率为 97.81%。审结的 1659 件案件中，调解结案 643 件，判决结案 644 件，撤诉 263 件，驳回起诉 15 件，其他方式处理 10 件，移送 2 件，支付令 82 件。其中，离婚案件 769 件，其他婚姻家庭纠纷案件 147 件，继承纠纷 6 件；房屋纠纷 23 件，其他不动产纠纷 40 件，相邻关系纠纷 28 件，赔偿纠纷 140 件，债务纠纷 327 件，人身权纠纷 6 件，宣告死亡 1 件，其他民事纠纷 13 件。民商事合同纠纷 95 件，经济损害赔偿纠纷1件，其他民商事纠纷17件，适用督促程序、公告催告程序83件。当月内审结的案件1555件，占全年结案的93.73%；在判决的673件案件中，当庭宣判的案件有552件，占判决案件的82.02%。2002年，共受理各类民商事案件1466件，审结1420件，结案率为96.9%。审结的1420件案件中，调解结案489件，判决结案563件，撤诉203件，驳回起诉10件，特别程序75件，其他方式处理的80件。其中，离婚案件637件，其他婚姻家庭纠纷案件100件，继承纠纷5件；买卖合同纠纷52件，借款合同纠纷259件，建设工程合同纠纷17件，运输合同纠纷7件，劳动争议纠纷5件，劳务合同纠纷14件，其他合同纠纷92件；所有权及所有权相关权力纠纷89件；人身权纠纷106件；其他权属、侵权纠纷7件，适用公告催告程序1件，支付令75件。在审结的1420件案件中，适用简易程序审结的案件达1107件，占75.5%；当月内审理结案的案件达1334件，占所审结案件的93.9%。为化解各类矛盾，在审理中力争调解结案，通过调解结案和经调解原告撤诉结案的有692件，占所结案件的48.7%。2003年，共受理各类民商事案件1528件，审结1513件，结案率为99.0%，结案总标的1350万元。在结案方式上，调解结案658件，判决结案642件，撤诉196件，驳回起诉9件，其他方式处理的12件。其中，离婚案件659件，其他婚姻家庭纠纷案件48件，继承纠纷2件；所有权纠纷107件；人身权纠纷254件；其他权属侵权纠纷3件；买卖合同纠纷35件；借款合同纠纷411件；建设合同纠纷9件；运输合同纠纷2件；劳动劳务合同纠纷8件。小型案件，立案时就对双方当事人进行调解，使这类案件立案当天就调解结案，全年通过这类方式共调解结案244件，极大地方便了原被告当事人。为了让经济确有困难的群众打得起官司，全年共为20起案件的群众缓交诉讼费1万余元。2004年，共受理各类民商事案件1227件，审结1215件，结案率为99.0%，结案总标的1144万元。审结1215件，适用普通程序审理157件，适用简易程序审理1058件。在结案方式上，调解结案506件，判决结案492件，撤诉188件，驳回起诉3件，终结19件；其他方式处理的7件。其中，离婚案件470件，其他婚姻家庭纠纷案件68件，继承纠纷6件；所有权纠纷88件；人身权纠纷135件；其他权属侵权纠纷4件；买卖合同纠纷51件；借款合同纠纷346件；建设工程合同纠纷4件；劳动劳务合同纠纷6件；租赁合同纠纷15件；经营合同纠纷14件；借贷合同纠纷3件；其他合同纠纷17件。在审理中，对起诉的案件当天予以立案，五日内送达各种法律文书，除法定60日公告、鉴定等因素确需延期审理经院长批准外，所有案件均在一个半月内审结。是年，一个半月内审结的1197件，占98.5%；简易调解法庭对当事人自愿调解当天立案当天解决87件。适用简易程序审理了1058件，占总结案数的87.0%。为保障弱势群体打得起官司，共为117案当事人缓交诉讼费67万元。2005年，共受理各类民商事案件1100件，审结1078件，结案率为98.0%，结案总标的1145万元。审结的1078件案件中，适用普通程序审理164件，适用简易程序审理912件，适用特别程序审理2件。在结案方式上，调解结案435件，判决结案450件，撤诉180件，驳回起诉5件，终结1件；其他方式处理的7件。其中，离婚案件434件，其他婚姻家庭纠纷案件57件，继承纠纷3件；所有权纠纷104件；人身权纠纷118件；其他权属侵权纠纷14件；买卖合同纠纷60件；借款合同纠纷236件；建设工程合同纠纷16件；劳动劳务合同纠纷9件；租赁合同纠纷16件；经营合同纠纷13件；承揽合同纠纷7件；其他合同纠纷13件。适用简易程序审理912件，占总结案数的84.6%。是年，共为47案当事人缓交诉讼费、执行费人民币26万元。2006年，共受理各类民商事案件1062件，结案1045件，结案率为98.4%，所结案件中，调解撤诉529件，调解撤诉率达到50.62%，其中：离婚纠纷440件；继承纠纷3件；其他婚姻家庭纠纷67件；所有权纠纷96件；人身权纠纷121件；其他权属纠纷9件；借款合同纠纷195件；买卖合同纠纷61件；建设工程合同纠纷10件；租赁合同纠纷16件；经营合同纠纷9件；劳动争议纠纷9件；房地产开发经营合同纠纷5件；担保合同纠纷2件；承揽合同纠纷2件；货运合同纠纷3件；其他合同纠纷14件，适用简易程序审理849件，占结案数的81.2%。是年，共为75案当事人缓交诉讼费、执行费89.2万元。2007年，共受理各类民商事案件1100件，结案1081件，结案率为98.27%。其中，调解撤诉665件，调解撤诉率达到61.52%，同比上升11.72个百分点。2007年法庭巡回审判率33.66%，全年适用简易程序审理的民商事案件比例达84.62%。2008年，受理民商事案件1111件，审结1100件，结案率为99.01%。民商事案件调解撤诉率为71.55%，同比提高9.92%。2009年，受理民商事案件1169件，审结1162件，结案率为94.2%。审结婚姻家庭、继承纠纷案件542件；审结各类权属、侵权纠纷案件及其他民事纠纷案件243件；审结借款、租赁、买卖、承包等各类合同纠纷案件345件；审结农村土地承包、经营权流转等涉农纠纷案件32件。审结的1162件民商事案件中，巡回审理835件，占审结案件的71.86%。是年，以调解撤诉方式审结民商事案件836件，调撤率达71.94%，同比增加0.39个百分点。2010年，受理民商案件1347件，审结1339件，收案同比上升15.23%，结案率为99.41%。审结婚姻家庭、继承纠纷案件598件、审结合同纠纷案件452件、审结权属侵权纠纷案件289件。全年审结的1347件民商事案件中，巡回审理731件，占审结案件的54.3%。以省法院组织的“百千万”活动为载体，共走访群众1000余户，解答法律咨询3000余（人）次，发放便民诉讼手册3000余份，巡回审理案件200余件。2011年，受理民商案件1321件，审结1314件，结案率99.5%，其中调撤1041件，调撤率79.2%。

第三节　经济审判

1978年，十一届三中全会以后，各项工作重心转移到经济建设上来，市场经济活动量大幅度上升，经济纠纷案件亦随之猛升。

1982—1987年，共审理购销合同、建设工程承包合同、加工承揽合同、货物运输合同、供电合同、租赁合同、借款等经济合同纠纷案158件。

1990—1992年，共受理各类经济犯罪案件50件60人。依法判处徒刑的60名罪犯中，基本上都是国家干部职工。为国家和集体挽回经济损失30.21万元。受理经济合同纠纷案件117件，诉讼标的369.4万元。

1995年，审结经济犯罪案件17件22人，为国家、集体挽回经济损失34.23万元。1995—1996，共审结经济纠纷案件202件，标的1000.15万元。

1997年，共受理经济合同纠纷案件72件（含旧存8件），审结68件，结案率94.4%，结案标的4705.21万元。审结的68件案件中，调解结案31件，判决结案25件，撤诉7件，驳回起诉1件，裁定终结1件，移送1件。收案数比上年降低了36%。

1998年，共受理各类经济合同纠纷案件199件，审结195件，结案率98.0%，结案标的3522.8万元。审结的195件案件中，调解结案129件，判决结案53件，撤诉9件，驳回起诉2件，移送2件。适用督促程序发出支付令24件，均全部结案。是年，审结的典型案件有：六盘水市水泥厂（原六枝特区水泥厂）申请破产案，标的达1700万元；六盘水市轧扎钢厂破产案；特区计划局、财政局、农业银行诉六枝特区塑料制品厂欠款288万元的经济纠纷案。

1999年，共受理各类经济合同纠纷案件145件，审结141件，结案率97.2%，结案标的768.07万元。审结的141件案件中，调解结案57件，判决结案52件，撤诉23件，驳回起诉1件，终结3件，其他方式处理4件。适用督促程序审理7件，均全部结案。

2000年，共受理各类经济合同纠纷案件179件，审结179件，结案率100%，结案标的994.3万元。审结的179件案件中，调解结案71件，判决结案49件，撤诉57件，驳回起诉1件，其他方式处理1件。

2001年，实行大民事审判，经济纠纷案件不在单独分出，统一划归为民商事案件，经济审判庭改为民事审判二庭。

第四节 行政审判

1978年，十一届三中全会后，随着社会主义民主和法制建设的不断加强，国家制定大量有关行政管理的法律法规。规定当事人不服行政部门的行政处罚决定和其他处分决定的，可以在法定期限内，向法院提起行政诉讼。1987年，六枝特区人民法院组建行政审判庭。1988—1989年，共审洁行政案件4件。1990—1993年，共审结行政案件58件。其中土地争议15件；林业争议1件；不服收容审查7件；不服治安处罚26件。其他9件。1994—1995年，行政案件类别不断增多，包括劳动处罚、路政处罚、公安查封、扣押、权属决定、行政赔偿、劳教、食品卫生管理处罚等案件。1995年，受理行政执行案件及非诉讼行政执行案件10件，执行完结9件，中止1件。1996—2002年，共受理各类行政诉讼案件135件，执行非诉行政案件34件。1999年，受理各类行政案件25件，全部审结，是行政审判庭成立以来，受案最多的一年。2003年，受理各类行政诉讼案件7件，其中4件系旧存案，实际新收案3件，同比收案减少17件，全部审结，结案减少9件，结案率上升了20个百分点。审查受理非诉行政执行案件11件。2004年，收结案与2003年相同。2005年，受理行政案件9件，全部审结，收结案比上年增加2件。所受理的张某某、李某某诉特区计生局不服计划生育社会抚养费征收一案，其案法定代表人的亲自出庭，在本院尚属首例。此外，审查了行政非诉执行案13件，全部裁定准予执行。2006—2007年，共受理各类行政诉讼案件15件，均全部审结。审查非诉行政执行案件13件。全部裁定准予执行。2008年，受理行政案件18件，审结18件，结案率100%；审查非诉行政案件22件。2009年，通过法律宣传释明，采取行政机关主动变更具体行政行为，或由原告申请撤回起诉的方式化解行政争议。4件行政案件经法院协调后，原告与行政机关达成和解并自愿撤诉。受理了行政案件15件，审结15件，结案率为100%。审查非诉行政执行案件33件，结案33件，结案率为100%。2010年与2009年收结案件数相同。2011年，审查行政起诉9件，对不服公路运输管理的4件裁定不予受理（4件均提起上诉，市中级法院审理后维持原裁定）；受理行政案件5件，已全部审结。结案率为100%。审查非诉执行案件15件，其中计生局行政罚款（征收社会抚养费）14件，经审查：依法裁定准予强制执行8件。未准予执行6件。

第五节 案件复查

1978年，十一届三中全会后，根据中共中央关于“全错全平、部分错部分平、不错不平”的方针，对历次政治运动造成的冤、假、错案进行全面复查，平反。1979—1988年，对以下几类案件进行复查：（1）对第二次“镇反”运动中判处案件进行复查，查出错判案件115件，可判可不判的59件，量刑偏重的45件，法律手续不全的34件。（2）对1958—1961年判处的981件刑事案件进行复查，共查出冤、假、错案21件，其中干部判刑案件12件。（3）复查纠正“文化大革命”期间的冤、假、错案件，对在“文化大革命”738件刑事案件进行复查。重点复查反对林彪、江青反革命集团和为邓小平同志鸣冤叫屈的“三类”案件78件，全错全平32件35人，维持原判46件98人。（4）对1977—1978年刑事案件的复查，列入复查的普通刑事案件2件，反革命案件1件。维持原判1件，无罪释放1件，改判1件；（5）对统战案件进行复查。复查统战案件98件。其中起义投诚25件，台胞台属2件，民主党派成员案3件，地下党游击队32件，知识分子案件36件。通过复查改判24件32人，撤销原判无罪平反21件28人，免予刑事处分3件4人。（6）对“反右派”“反右倾”“四清”案件和其他部分历史老案的复查。截至1986年底，共复查三个时期的案件105件。其中反右派时期案件19件。维持原判6件，改判13件。无罪释放2件2人。反右倾时期案件56件。其中维持原判26件，改判30件。无罪释放5件5人。“四清”时期案件30件。其中维持原判20件，改判10件，无罪释放3件6人。复查其他历史老案28件。其中反革命案件7件，维持原判2件，改判5件，无罪释放1件1人。复查普通刑事案件21件。其中维持原判13件，改判8件。无罪释放4件4人，免刑1件1人。1989年成立了告诉申诉庭，工作重心由原来的6类案件的复查转向审理上级法院发回重审的案件，并办理各类来信来访案件。告诉申诉工作开展至1997年，撤销告诉申诉庭，成立审判监督庭，主要是审理各类再审案件和中院发回重审的各类案件。

第五章　司法行政

1980年12月，成立六枝特区司法局，下设9个职能科（股、室）、19个司法所、1个律师事务所、1个公证处。

第一节　法制宣传

1978—1980年，六枝的法制宣传教育工作由公安、检察、法院三家单位开展实施。1980年12月，六枝司法局成立，法制宣传转为司法局主管。

1983年，为配合严打，宣传《治安管理处罚条例》和《关于严惩严重危害社会治安的犯罪分子的决定》。1985年，组织录音广播宣传10余次，利用有线广播宣传300余次。1983—1990年，共印发宣传资料19520份；办法制宣传栏1314期；展出图片5987幅；在学校、机关、农村上法制课179场次；开展法律咨询260场次；张贴大型标语4220条；出动宣传车巡回宣传676场次。特区完成“一五”普法工作任务，获得普法合格证。全特区总人口487870人（不包括中央、驻省六枝的企业），全区应普对象333481人，已普及258640人，普及率77.46%。1991年，制定《六枝特区法制宣传教育第二个五年规划》《专业法学习规划》《依法治理规划》。对全区副科级以上领导干部262人进行培训，乡镇培训普法骨干278期4100人。组织两次普法考试。参考人员 2300 人，及格率 99.3%。组织初中以上学生 13968 人进行普法考试，及格率 98.6%。1995 年，通过六盘水对六枝“二五”普法检查验收，全特区 287292 名应普对象合格率达 85.6%。“二五”普法的验收现场会被贵州省电视台和中央电视台新闻联播报道。“二五”普法期间，组织征订普法读本 14 种 13260 册；印发普法学习资料 28 种、15500 份；编印法制宣传资料 8 种 3000 余份；举办法律讲座和组织各种专业培训 78 次；给各学校上法制课 2064 课时，受教育面达 98.5%。1996 年，进入“三五”普法，培训普法骨干 329 期 5978 人。共组织 5 次领导干部、执法人员、在职职工通过普法考试，参考人员 3104 人，及格率 99.5%。通过“三五”普法的验收，全特区 290163 名应普对象合格率达 86.6%。“三五”普法期间，组织征订普法读本 16 种 17325 册；印发普法学习资料 25 类，20000 份；编印法制宣传资料 9 种 5000 余份；举办法律讲座和组织各种专业培训 102 次；给各学校上法制课 2213 课时，受教育面达 98.7%。2001 年，“四五”普法以学习宣传宪法为核心。培训普法骨干 341 期 6012 人。共组织 5 次领导干部、执法人员、在职职工的普法考试。参考人员 3313 人，及格率 99.6%。2005 年，通过上级对六枝开展“四五”普法的验收，全特区 301642 名应普对象合格率达 86.8%。2001—2005 年，组织征订各类普法读本；印发普法学习资料 25 类，22000 份；编印法制宣传资料 9 种 6000 余份；举办法律讲座和组织各种专业培训 232 次；给各学校上法制课 2426 课时，受教育面达 98.7%。2006 年，制定《六枝特区法制宣传教育第五个五年规划》《依法治理规划》。培训普法骨干 336 期 6114 人。共组织 5 次领导干部、执法人员、在职职工的普法考试，参考人员 3104 人，及格率 99.5%；开展农民学法用法法律知识竞赛 5 次；开展青少年法律知识竞赛 5 次。2010 年，上级对六枝开展“五五”普法检查验收。“五五” 普法期间，开展普法培训普法骨干 210 期，参训人数 6114 人。上法制课 3560 课时。法律咨询 283 次，接待 7640（人）次。设点宣传 952 次，发放宣传资料 54000 份（册）。印发谱治简报信息 40 期 11560 份。出法制宣传栏 852 期，黑板报 728 期。出动宣传车 562 辆（次），宣传 1420 场（次）。书写标语口号 24000 余条：法律知识竞赛 8 场（次）15000（人）次参加。全特区 290163 名应普对象合格率达 87.4%。“五五”普法期间，组织征订普法读本 21 种 20000 册；印发普法学习资料 26 类，22000 份；编印法制宣传资料 10 种 6000 余份；定期不定期举办法制讲座，到各企业宣传法律 112 次，组织各种专业培训 116 次；给各学校上法制课 2285 课时，受教育面达 98.7%。

第二节 律师事务

1981 年 12 月，六枝特区司法局建立律师机构。称法律顾问处。担任法律顾问、接受民事代理、担任刑事辩护、参加调解或仲裁、提供法律帮助和法律咨询、代写诉讼文书等。应聘法律顾问：1985 年受贵州省煤炭基建局聘为法律顾问；1987—1989 年，担任六枝特区人民政府、六枝粮食局车队常年法律顾问。1991—2011 年，先后拟任特区政府、郎岱镇政府、木岗工业园区、公共汽车运输公司、中寨焦化厂、特区水泥厂、保险公司、六枝金燕翔担保公司、贵州美升能源有限公司、路鑫喜义工矿股份有限公司等单位常年法律顾问。代理参加诉讼，挽回经济损失百万余元。

民事经济行政诉讼代理。受理刑事辩护和提供法律咨询。1981—2011 年，共代理案件 800 余起挽回经济损失 300 万元。办理法律援助案件百余件。刑事辩护：1981—2011 年，代理刑事辩护 933 件。无罪释放 1 件。改变起诉性质 4 件。代写法律文书：1981 至 2011 年，代写法律文书 2900 余件。法律咨询：1981—2011 年，提供和解答法律咨询万余件。

第三节 公证工作

1981 年，由贵州省司法厅批准设立六枝特区公证处。成立后办理各类经济、民事公证及其他非诉讼法律事务上万件，赢得社会的广泛信赖。1981—2011 年，共办理各类民事、经济公证案件 7235 件（其中接受援助中心指派的法律援助公证案件 1408 件）。接待法律咨询 26175（人）次，接待来访 39175（人）次，组织法律宣传 29 次。为经济困难户办理公证 2798 件。公证回访 300（人）次。调解纠纷 1963 件。办理公证事项涉及金额上亿元。近些年来，服务于特区政府开展的城市房屋征地拆迁、棚户区改造、廉租住房项目建设、拍卖、拍租、现场监督、土地承包、公益性事务等涉及公证法律服务工作 50 余次。在扶助贫者、弱者、免费为其提供法律服务的工作中作出了积极的努力，充分发挥公证工作预防纠纷、减少诉讼的职能作用，积极为当事人提供法律服务和法律援助，为六枝特区经济发展和城镇化发展保驾护航。

第四节 人民调解

全区有人民调解机构 261 个。其中乡镇调委会 15 个，街道调委会 3 个，村调委会 213 个。居委会调委会 26 个，道路交通事故调解工作室 1 个。医疗纠纷调解室 1 个。劳动纠纷调解室 1 个。物业纠纷调解室 1 个。共有人民调解员 1209 人。其中村调解员 847 人，居委会调解员 114 人。2010 年，全区调民事纠纷 1675 件（含村级调委会调解的纠纷数），调处成功 1670 件，调解成功率达 98%，防止民间纠纷转化为刑事案件 26 件，防止群体性上访 24 起 250（人）次。

第五节 法律援助

六枝特区建立机关部门、乡镇法律援助工作站 25 个，村级法律援助联络站 120 个。执业人员 39 人。其中执业律师 5 人，法律援助人员 4 人。法律服务人员 30 人。2006 ~ 2010 年，法律援助中心接受法律援助咨询 2389 件，受理法律援助案件 762 件。其中刑事案件 269 件，民事代理案件 410 件。代写法律文书 83 件。其中未成年人 199 件，儿童 12 件，妇女 149 件，残疾人 28 件，老年人 67 件。共收“两劳”（劳改、劳教）到释放人员通知书 157 份。其中刑满释放人员 130 人，解除劳教人员 27 人，返乡 62 人，安置 49 人，帮教 62 人，从监狱无缝对接刑满释放人员 3 人。

第六篇 军 事

第一章 人民武装

第一节 机构

1979年8月，奉中共中央、中央军委指示："恢复省、地县（市）党委书记兼任省军区、军分区，县（市）人民武装部第一政委，党委书记制度""恢复各级人民武装委员会"。1981年3月。六枝特区人民武装部组训科改称军事科。1986年6月，六枝特区人民武装部改归地方建制。隶属六枝特区党委、六枝特区人民政府。定为副县级单位。科室定为局级单位，定编24人，设部长、政委各1人。下设军事科、政工科、办公室。1995年12月20日，中共中央〔1995〕12号文件下达《中共中央、国务院、中央军委关于县（市、区）人民武装部收归军队建制的通知》决定，从1996年4月1日起，将1986年改归地方建制的县（市、区）人民武装部收归军队建制。明确：收归后的人武部由地方副县级部门恢复为军队正团级单位。属本地区军事领导指挥机关，仍为地方党委的军事工作部门和同级人民政府的兵役机关。接受上级军事机关和同级地方党委、政府的双重领导。县（市、区）委书记兼任人武部党委第一书记，人武部一名主官参加同级地方党委常委、一名主官参加同级人民政府常务办公会议。县人武部按规定属二类人武部，定编12人。设部长、政委、副部长各1人。设军事、政工、后勤3个科，各设科长1人，参谋、干事、助理员各1人，职工编制10人。之后，副部长兼任军事科科长。后勤科取消助理员编制，设二官1人任后勤科财务出纳。1996—2011年，六枝特区人民武装部，隶属于水城军分区。

第二节　组织建设

一、党管武装

（一）第一书记制度

1981 年 5 月 12 日，水城军分区以〔1981〕政干通字第 4 号文件任命中共六枝特区区委书记徐亲贤为六枝特区人武部第一政委。1984 年 6 月 20 日，水城军分区以〔1984〕政干通字第 11 号文件任命中共六枝特区区委书记何永东兼任特区人武部第一政委。1986 年，地方党委书记兼任同级军事部门第一政治委员的规定改为兼任党委第一书记。此后，中共六枝特区委书记何永东、安成章、陈筑生、李葆芳、孙乾卫、陈凌华、熊德威、朱绍伦、蒋承云、高玉林等先后兼任六枝特区人武部第一书记。

（二）地方党委专题议军会

1978—1994 年，六枝特区认真贯彻上级党委、军事机关关于坚持议军制度的指示，不断加强和改进议军工作。

1995 年 2 月 13 日，六枝特区党委、政府联席会议议定。1）人武部修建民兵训练基地的 7 万元缺口资金，从 1995 年基建计划中解决。2）同意近期内召开特区武装工作会议。3）部分专武干部年龄老化，从乡镇机关熟悉武装工作的年轻干部中选配充实。

1996 年 3 月 25 日，六枝特区党委政府联席会议议定：人武部收归军队建制工作有关问题，同意特区政府所提出的有关处理意见。4 月 20 日，特区政府常务会议议定：（1）人武部收归军队前超支的 36.68 万元经费，由特区政府逐步解决，财政局于 6 月底前，先拔 17 万元给人武部，其余部分在 10 月底前全部拨付到位。（2）人武部收归军队工作中开销的办公经费，由财政局核实后给予解决。（3）人武部在收归军队前所欠的部分人员工资，由地方财政拨付。（4）由财政拨款 4000 元给人武部部长、政委各安装一部电话。（5）人武部职工家属的工作调动问题由特区人事劳动局在近期内给予办理。6 月 18 日，特区党委政府联席会议议定：同意人武部关于《预备役军官授军衔工作的实施意见》。10 月 28 日，特区党委政府联席会议议定：征兵工作，坚持“谁主管，谁签字，谁负责”的原则，严把政审、体检关，保证征兵的质量。

1999 年 6 月 10 日，特区人民政府常务会议议定：同意按《民兵管理办法（试行）》批转下发。

2000 年 5 月 24 日，特区人民政府常务会议议定：同意《关于加强乡（镇）专职武装干部队伍建设的规划》。

2006 年，中共六枝特区委、特区人民政府、特区人民武装部制定了《关于贯彻落实中发〔2006〕13 号文件精神的措施》。

2009—2010 年，每年在议军会上组织学习中央军委、总部、成都、贵州两级军区和水城军分区重要指示，听取乡镇书记党管武装述职报告。

2011 年 12 月 22 日，六枝特区党委主持召开六枝特区党委 2011 年度专题议军会议定：（1）同意人武部选址新建。（2）同意组建六枝特区民兵应急骨干分队建设，从2011年起，每年不低于40万的经费保障。（3）同意关于国防后备力量建设综合保障的相关事宜。

（三）军事主要领导参加同级地方党委会制度

人民武装部是本地区的军事领导指挥机关，是同级地方党委的军事部门和同级人民政府的兵役机关，接受上级军事机关和同级地方党委领导。同时也坚持了军地领导双向兼职制度。六枝特区除严格落实特区党委书记兼人武部党委第一书记的制度外，还坚持人武部一名主官参加同级地方党委常委，一名主官参加同级人民政府常务办公会议的制度。

（四）人民武装部委员会

1979年，中共六盘水市委下发《关于恢复地方党委人民武装委员会的通知》，决定恢复六盘水市和各特区人民武装委员会。1980年，六枝特区人民武装委员会正式恢复。由中共六枝特区委员会书记任主任，特区人民政府区长和人武部部长为副主任。1995年5月，中共六枝特区委员会对六枝特区人民武装委员会成员进行调整充实。

二、党组织建设

1978年，中共十一届三中全会以后，恢复县委书记兼任人武部第一政治委员制度。1986年6月，六枝特区人武部移交六枝特区人民政府管理，张廷模任人武部部长，黄华明任政委。

1996年4月，六枝特区人民武装部收归军队建制，干部人数达不到应配人数的70%，报经水城军分区党委批准成立临时党委。1997年10月，干部人数超过应配人数的70%。经请示水城军分区党委批准，1997年10月16日召开六枝特区人民武装部第一次党员大会，选举产生第一届党的委员会和纪律检查委员会。

2001年，经请示水城军分区党委批准，六枝特区人民武装部于11月4日召开第二次党员大会，选举产生第二届人武部党委、纪律检查委员会。

2006年9月25日，六枝特区人民武装部召开第三次党员代表大会，选举产生第三届人武部党委、纪律检查委员会。

第三节　军事训练

一、机关训练

1986年6月，特区人武部改归地方建制，干部职工年度军事训练参照军队军事训练大纲和水城军分区年度军事训练指示要求，集中军事训练20天。训练内容有队列，步枪、手枪第一练习射击，单兵战术、班进攻战术、连进攻战斗队形等。

1995年5月29—31日，特区人武部组织一次机关作业和民兵应急分队快速收拢，集结开进、展开、围歼的综合演练。受到分区工作组的好评和特区政府的赞扬。同年，特区政府和人武部联合下发《一九九五年基干民兵军事训练工作指示》，制定训练计划。举办一期民兵军事教员教学法集训，共集训 36 人（专武干部 18 人，民兵教员 18 人）。

1996 年，人武部收归军队建制，军队干部训练按训练大纲进行。包括军事基础训练、业务技能训练、体能训练和组织网上演习。

1998 年 2 月—3 月，组织机关全体干部进行条令条例、队列、射击技术等科目训练 5 天，机关业务学习 10 天，民兵工作业务学习 10 天，高科技知识学习 5 天。4 月，组织本部全体干部进行拟制军用文书，民兵工作业务，部队条令条例集训。同年，人武部组织组织机关干部进行队列，射击训练。有针对性地进行民兵工作，征兵工作，军事训练等业务培训。全年训练 25 天，参训率 90% 以上。

1999 年 3 月，人武部组织干部进行拟制军用文书、民兵工作业务、部队条令条例的集训。6 月，组织了 20 余名干部、职工进行为期 30 天的训练。

2000 年，人武部每周安排半天时间集中学习，内容为《军事高科技知识教材》上下册、《现代科学技术基础知识》、微机。

2005 年 2—3 月，开展“学条令、用条令、严军纪、守规章”教育整顿活动，学习内容为《政治工作条例》《安全工作条例》《预防犯罪工作条例》《车辆使用安全管理规定》《营区安全管理规定》《武器弹药安全管理实施细则》等。

2006 年，依据《军事训练与考核大纲》和《军分区按纲施训基干规定》设置训练课目。采取“共同科目短期训、专业科目严格训、高科技科目重点训”的方法。实现了练体能、练技能、练程序向练智能、练战法、练谋略的转变。全年受训民兵 371 人。2008 年，共实训民兵 542 人，军训学生 1500 余人。2010 年，共实训民兵 668 人，军训学生 2900 余人。2011 年 3 月，共训 35 天，245 小时，平均参训率为 80%。先后组织了军事理论、队列、基本技能、应用性等科目训练。

二、军事理论研究

人武部部长徐祥潜 2000 年完成《流动民兵管理办法》一书编写。经特区党委、政府讨论通过并在全区范围内施行。人武部政委周文跃完成的《青年民兵思想政治教育读本》《党员干部国防教育读本》和《高寒山地一体化联合作战》三篇理论性文章出版，共 22 万余字。人武部副部长李武钦所写《高寒山地炮兵火力动用初探》一文发表在《现代炮兵学报》上；《增强服务本领推动民兵预备役建设》一文收录在《军队思想政治工作实务》一书中。

三、战备工作

（一）战备制度建设

六枝特区战备工作，坚持每个季度一次的形势教育。每年都要修订落实完善战备方案和战备制度。1999 年特区人民政府出台《六枝特区民兵预备役工作暂行规定》。对战备执勤和维护社会治安方面提出了明确要求。2007—2011 年，人武部先后制定《政治工作预案》《抢险救灾预案》。针对节假日多、辖区抢险救灾、移民搬迁、维护稳定任务重的实际，修订完善各类预案，严格落实各类值班，装配充实部分战略器材，战备工作得到有效落实。

（二）应急战备措施

主要抓战备值班制度和战备队伍建设。各项战备值班和节假日值班落实领导值班制度，规范了干部行政值班和战备值班。与特区公安局、维稳办保持紧密联系，随时掌握社会稳定情况。战备队伍建设上，主要成立“六枝特区民兵摩托应急维稳分队”和“六枝特区民兵摩托应急救援分队”两支队伍。每年完成训练任务，健全组织，配强配齐干部。确保民兵应急分队政治可靠、训练有素。做到招之能来，来之能战，能打胜仗。

（三）战备执勤

1989年，人武部战备民兵执勤9760（人）次。其中护厂、护矿、执勤巡逻2845（人）次。民兵主动配合公安机关维护社会治安4636（人）次。节假日担任战备执勤的有2160（人）次。加强重点目标守护119（人）次，抓获各种犯罪分子470（人）次。收缴各种作案工具500多件。破获千元以上大案4起。在北京春夏之交政治风波期间，人武部组成13个应急小分队，共225人。进行国防知识教育和形势教育4次。

1994年，人武部对各乡（镇）厂矿武装部护路民兵连发出战备执勤工作指示，提高民兵的敌情观念、忧患意识及政治觉悟，增强战备观念，自觉搞好战备执勤。认真作好应对突发事件的准备，做到拉得出、用得上、听指挥、有作用。

1995年，人武部制定了各种预案，建立了情报网站，乡镇、矿设立情报点，各村设立了情报员。5月，组织了从机关到分队带有战斗背景的追逃犯综合演练。在春运工作中，出动民兵800余（人）次。查获鞭炮、汽油等易燃易爆品，排除路障14次，为旅客送温暖115次，避免人员伤亡5起，保证了铁路行车安全。

1996年，人武部采取措施，做好应对突发事件的准备，抓好战备制度的落实，建立健全从基层民兵到上级军事机关的情报网络。

1997年2月，人武部下发了《关于进一步加强战备工作的通知》。8月，对各乡（镇）厂矿武装部、护路民兵连下发了《关于加强战备做好应对突发事件的通知》，加强对重点目标的警卫执勤和分散弹药的管理使用，严防各类事故的发生。

1998年，战备工作重点抓民兵应急分队的建设。扩建160人的民兵应急分队，由原来的120人增至280人。复训140人。进行技术和应对紧急突出情况的演练和追歼逃犯的训练。先后组织和发动民兵12次184人协助公安机关侦破各类案件8起，抓获犯罪嫌疑人16人；加强对贵昆铁路3个隧道，1座桥梁的守护。

1999年，国庆前夕，人武部接到市委、市政府和特区党委、政府关于做好国庆期间铁路安全警卫工作指示，立即组织召开领导小组会议，研究制定工作计划。迅速抽调铁路沿线的150名民兵，对沿线铁路进行昼夜站岗巡逻。11月10日，六枝矿务局部分职工、家属受少数人挑动，集结千余人在贵昆铁路六枝火车站以东，水源队大桥铁路地段静坐、拦截列车，干扰列车正常运行。人武部接到命令后，在20分钟内迅速组织民兵应急分队200人集结到特区政府指定位置。耐心细致开展疏导劝解工作。组织民兵对铁路实行昼夜巡逻执勤，完成守护任务。全年民兵战备执勤人数1500余（人）次。其中，护厂护矿执勤巡逻150（人）次，节日战备执勤720（人）次，配合公安部门维护社会治安460（人）次，看守重点目标110（人）次。抓获各种犯罪嫌疑人105名，收缴各种作案工具300多件，协助公安破获千元以上案件4起。2009年，　组织民兵参加安保执勤。国庆和春节期间维护社会治安，共出动民兵6000余（人）次。2011年6月，人武部出动民兵30人参与地方拆迁维稳工作。配合公安部门制止了聚众闹事，平息事态。

四、管理工作

（一）行政管理

1978—1994年，驻境部队一直贯彻执行国家和军队各种条令条例。

1995年，人武部制定了干部管理十条规定，驻境部队严格按规定执行。

1998年，六枝特区人武部成立了贯彻学习新条令教育整顿小组，组织全区人武部专职武装干部和民兵预备役骨干进行为期5天的“新条令、新法规”集训。人武部机关每月进行一次的法纪法规、条令条例和各种规章制度的教育学习。

2002年，对人武部61名专武干部进行全面考核后，按照干部队伍“四化”标准，坚持德、才兼备的原则，征得特区组织部、人事部门的同意，任用46名。

2003年，开展“两个经常”“双四一”活动，抓好《计划生育条例》的落实，组织70人参加省军区组织的计划生育知识竞赛，2人获奖。

2004年，人武部、消防大队、武警中队开展“学条令、用条令、严军纪、守规章”的教育整顿。加强对《内务条令》《纪律条令》《队列条令》《政治工作条例》和《安全工作条例》《防治罪犯工作条例》的学习。

2003年，开展“两个经常”“双四一”活动，抓好《计划生育条例》的落实，组织70人参加了省军区组织的计划生育知识竞赛，2人获奖。

2005年人武部制定行政管理安全实施细则，共十二章八十四条。

2006年，制定《人武部保密规定》《涉密载体管理规定》《手机管理规定》《文件资料管理规定》《值班室管理规定》等，逐级签订安全工作责任书营院正规化管理。

1973年，六枝特区武警中队营房与特区公安看守所同期修建，为二层楼房，中队住二楼，一楼为公安局家属房，中队实有住房面积800平方米。

1991年，特区政府解决1.5万元，对中队住房、伙房进行修整。

1992年，人武部实施民兵训练基地大楼和武器弹药库的基建工程，1993年工程全面竣工。

1994年，贵州省副省长张玉芹视察六枝中队，对中队住房紧张问题作出批示，公安局家属从一楼迁出，住房全部交付于六枝武警中队使用。

1998年，人武部加强对六枝民兵武器装备仓库建设。投资3万多元购置了密闭门；投入1.3万元，安装了高压脉冲电网；出资8000多元收回原110枪柜存放武器；修建了岗楼，加固通风窗。

2000年，人武部投资3000元，完善计划生育办公室的“硬件”建设。购置柜子、桌子、凳子，绘制计划生育承包责任图和情况统计表。坚持每季度一次计策情况分析会，坚持对干部职工、育龄妇女进行妇检和证件调查制度。计划生育工作受到省军区表彰。

2004 年，人武部重点进行信息化建设。投入资金 15 万元，对已建成的网络系统进行重点改造。保证了军内网络、电视电话会议的开通。保证了图像、数字、音质传输质量提高。

2006 年，筹措 20 万元维修办公楼、民兵训练基地和民兵武器库；添置了两台电脑，添置办公用品。

2009 年人武部完成“部库合一”建设和武器弹药搬迁，成功销毁 6 枚报废炮弹。

2010 年争取地方资金 6 万元，本部投入 4 万元。2 月，完成民兵武器装备仓库“部库合一”建设，新建了军械室。

（三）武器装备管理

1984 年，人武部建有民兵武器库、武警中队设有武器室。是年，人武部重新选址修建了总面积 2647 平方米，建筑面积 220 平方米的民兵武器装备库。1998 年，投入 3 万多元购置了两道钢质密闭门；投入 1.3 万元，对仓库周围安装了高压脉冲电网。1999 年 2 月，人武部对各乡镇、厂矿武装部、铁路护路民兵连发出了《关于再次彻底清查民兵武器弹药的通知》。1999—2002 年，每年一次的武器弹药清查。2004 年，投入 20 万元对武器库进行了补漏，维修消防池、整修仓库院坝、围墙，购置各种消防设备，改造厕所位置，安装四道钢质密闭门，加固通风窗，对武器库、弹药库安装了红外线监视器、报警器和电视监控器，仓库围墙安装了高压脉冲电网和铁系系网。新安装了 3300 米饮水管道；新置了两台除湿机；投入 8 千多元购买枪柜。2010 年，建兵器室、弹药室、器材室，进行“部库合一”建设。

五、后勤保障

（一）财务管理

1990 年，完成 2 万元的生产收余任务。完成部办公楼门前围墙、大门改建，对家属住宅加盖防热层。维修清理水电线路，当年节约 2000 多元。

1996 年，由政工科和后勤科抽调人员成立生产办公室，狠抓全年经营管理，收入 62780 元。

1997 年，开发民兵训练基地招待所、堕却训练场和生产基地土地。创办钢件厂，全年生产经营收入约 10 万元。

1998 年，人武部立足现有条件，着力抓好干部职工食堂建设，做到一日三餐吃上热饭热汤，有力地保证干部职工工作顺利。

2003 年，人武部投资 20 余万元，对办公区进行了改造和绿化。投资 1 万元统一干部宿舍用具，新置内部接待室用品，植草坪 200 余平方米，植树 10 余株，改善了办公条件和生活环境。2011 年，按照“一保战备、二保生活”的原则，从节约一滴水、一张纸、一度电、一升油做起，加大经济物资的管理力度。杜绝各种跑冒漏滴、确保把有限的经费用在刀刃上。

（二）基建营房

1983年，人武部修建了四层办公楼一栋，二层宿舍楼一栋。1986年，修建了六枝特区民兵武器装备仓库建有库房4间约120平方米，修理间和贮物间各一间，约100平方米。生活区建有两层住宿楼一栋，共12间。建有岗亭2个，围墙、铁丝网、摄像头等安全防范设施齐全。1992年，重修办公楼，改建为民兵训练基地。2000年，修建了七层住宅楼一栋共14套，停车库3间，篮球场1个，改建仓库2间。

（三）车辆管理

人武部制定了《车辆管理措施》，做到出车“三证一令”（驾驶证、准驶证、准驾证，派车令）手续齐全。定期组织车辆保养，落实不准非驾驶人员开车，不准开带故障车，不准酒后开车，不准赌气开车等“八不准要求”。

（四）营院管理

1997年3月，人武部制定了营院卫生管理措施。落实食堂卫生管理规定。做到食品采购、贮存、加工符合《中华人民共和国食品卫生法》，炊事人员每年至少进行一次体检，水、电、煤专人管理。所有房屋、门面不得经营桑拿、按摩、歌舞厅、游戏厅、棋牌室等项目的规定。

六、基层武装部建设

（一）机构设置

1982年，对区、社专职武装干部在调查、考核的基础上进行调整和充实。

1991年，全特区由原来八个区56个乡（镇）改为19个乡（镇）。1992年2月以六特通字〔1992〕3号文件明确原各区（镇）人民武装部机构自然撤销，人员职务自然免除。新建的19个乡（镇）成立人民武装部。按照大乡（镇）人民武装部2～3人，小乡（镇）人民武装部1～2人的原则，全特区19个乡（镇）共配专武干部47人。

1998年11月，全特区共有乡镇武装部19个，厂矿企（事）业单位武装部20个。2006—2010年，特区林业局、水利局、住建局先后成立武装部，配备专职武装干部。

（二）专职武装干部的培养、管理和使用

1978年，中共十一届三中全会后，为适应新时期民兵工作需要，按照干部“四化”（革命化、年轻化、知识化、专业化）的要求，对各区镇及厂矿企（事）业单位的专武干部队伍进行较大的调整和充实。

1996年，六枝特区人武部、组织部在对专武干部实施考核的过程中，认真听取各方面的介绍

和评价。不仅看考核对象的基本素质、工作实绩，而且看在重大政治问题上以及执行重大政治任务时的态度和表现。从部队转业干部、退伍军人、优秀民兵干部以及其他适合做武装工作的干部中选定考核对象，经考核合格报特区党委审定，以特区人武部部长、政委命令公布。对专职武装干部的调整要经过特区人武部同意。

2000 年 4 月，六枝特区人武部向各乡（镇）发出《关于全面加强乡（镇）专职人民武装干部队伍建设的规划》。2002 年，通过考核调整，全区 39 名专武干部年龄年轻化，文化结构有较大改善和提升。

2006—2011 年，六枝特区人武部注重专武干部的培养，每年组织二期专职武装干部业务集训。重点对征兵工作业务、民兵整组等项工作进行业务指导，突出抓好军事训练。

2007—2011 年。通过考核调整，全区 42 名专武干部年龄年轻化，平均年龄 32 岁。文化结构均达到大专以上学历。

（四）履行职责

1990 年，亚运会期间，人武部组织 96 名民兵对城区和重要目标昼夜巡逻，连续奋战 18 天，完成了执勤任务。同年，全区武装部共组织民兵配合公安维护社会治安共 1700 多次，参加民兵 830 人，抓获罪犯 230 人，追赃款 11100 元。大用林场失火，人武部组织 400 多名民兵及时赶到，经过 6 个多小时的奋力扑救，扑灭了大火，保住了林场。

1992 年 2 月 18 日，牛坡至新窑铁路 174+500 米处路段塌方。特区人武部组织堕却乡和新窑乡民兵 300 余人，经过 8 小时的抢修，铁路及时通车。6 月 15 日，六枝特区大部分地区遭暴雨袭击，平寨镇境内牟家大寨 147+70 米处铁路塌方。人武部组织 147 名民兵赶赴现场，奋战 8 个小时，铁路及时通车。大用镇粮店被洪水淹没，镇武装部组织男女民兵 47 人苦战 5 天 5 夜，为粮店转移面粉、大米 200 袋，帮助 12 户农户安全转移。落别乡干河桥公路被洪水冲断，境内部分秧田被淹没，出现山体滑坡，房屋倒塌。乡武装部组织民兵千余人抢修公路桥梁、筑坝、刨泥沙，进行生产自救互救。梭戛乡高兴村杨学思家房屋倒塌，家人被压，乡武装部带领 10 名民兵从 6 公里外连夜奔赴现场，抢救出 8 名伤员。中寨乡火烧寨村田坝村民组 8 户人家被淹，乡武装部组织和带领 28 名民兵泅渡过河救援群众。共抢救受灾群众 28 户，95 人。救出耕牛 16 头、猪 20 头。使 1.5 万公斤粮食，156 件物资不受损失。

1997 年，特区人武部组织发动民兵 1857（人）次，专武干部 144（人）次，现役干部 14（人）次，配合公安部门打击各种违法犯罪活动。抓获各类罪犯 108 人，捣毁赌博团伙 2 个 12 人。收缴赌资 1500 元，追回被盗耕牛 10 头、被盗电视机 31 台、自行车 3 辆、胶鞋 400 双、毛线 300 公斤及其他赃物。为国家和人民挽回经济损失 20 多万元。同年，各厂矿武装部积极组织民兵开展“五比五看”和“收旧利废”“增收节资”活动。地宗矿、化处矿、六十五处 3 个单位，民兵出勤 17695 个工日，为单位增收 47.01 万元。“收旧利废”“双增双节”为单位节约、创造价值 53.74 万元。全区乡镇武装部组织民兵 14500 人参加改梯地 2300 亩、新修沟渠 13 公里、修复沟渠 27 公里、新修公路 25 公里、维修乡村公路 15 公里。组织民兵 1500 人植树造林 1500 亩，达 19 万株。组织民兵 13000 人发展烤烟种植万余亩，收入 1300 多万元。

2000 年，全区乡镇武装部共组织发动民兵 4780（人）次，完成坡改梯 8350 亩、新修沟渠和修复沟渠45150米，新修公路和维修乡村公路203.4公里、植树造林11956亩。铁路沿线乡镇武装部组织民兵1500余人，投入株六复线工程建设。在抗洪抢险救灾中，共组织民兵8000多（人）次，专武干部50（人）次，人武部干部8（人）次，为国家和群众挽回经济损失35万余元。组织民兵380（人）次，专武干部45（人）次，人武干部9（人）次配合公安机关维护社会稳定，抓获犯罪嫌疑人15人、追回耕牛15头、追缴各种赃物10价值万余元。抓获贩毒人员5人、吸毒人员15人。

2002年4月4日，龙场乡老马大湾550亩的林场发生火灾，过火面积225亩。人武部组织专武干部及民兵112名人迅速赶到现场投入抢险。8月18日，中寨乡捞河焦化厂发生爆炸事故，人武部组织应急分队民兵80人及时赶到事故现场参加排险。是年抽调83名民兵参与公安部门的抓捕活动，协助抓获各类犯罪嫌疑人30人，追回被盗耕牛80头，清理清查卖淫嫖娼窝点3个。

2003年5月，发生全国性“非典”疫情，人武部成立“非典”防治工作领导小组，组织民兵20余人，到大用镇进行应急演练并投入疫情防治工作。

2006年，人武部组织民兵预备役人员2000余（人）次，扑灭山火3起。其中在新场乡境内发生的森林火灾中，100余名民兵连续奋战10多个小时扑灭山火。人武部组织民兵在“投身大开发，建设新凉都”系列活动中，开展“一帮一”拉钩扶贫结对子活动。新窑乡武装部两次组织民兵120人在波度村、联盟村、菜子地山体防裂区域，疏散村民、帮助搬迁，协助维护治安；在全省布依歌节暨凉都夜郎布依文化生态园活动中，人武部组织民兵200余人参与景点、沿线交通维护秩序。人武部开展向灾区捐款捐物、献爱心活动，共捐款5000余元，捐物200余件。2009年12月28日，黔中水利枢纽工程在六枝特区牛场乡境内举行开工典礼及奠基仪式，六枝人武部组织民兵共360人，维护现场安全，协助维护交通秩序，完成庆祝奠基典礼任务。2010年7月5—12日，六枝特区普降大雨，新窑乡波渡村境内国家地质灾害重要防范点发生险情。新窑乡武装部组织民兵70（人）次，前往坡渡村地质灾害点进行监控守护。完成该村70余户近700村民的疏散安置任务。2011年1月，六枝特区19个乡镇不同程度遭受凝冻灾害。六枝人武部成立200人的民兵应急分队，购置发放了1万余元的救灾物资和食品。成立200人的民兵应急分队。抗雪凝救灾期间，累计组织投入抗灾兵力7800余（人）次，车辆80余台次。成都军区2011年1月31日《战旗报》宣传报道六枝特区武装部组织民兵抗雪凝保民生的行动。

（五）教育训练

1978年，中共十一届三中全会以后，随着改革开放的深入发展，对民兵主要进行服从和服务于国家经济建设这个中心的形势任务教育；强调抓好坚持四项基本原则的教育，共产主义理想、道德和人生观的教育，以及社会主义民主法制的教育。1978—1979年，向民兵进行对越自卫还击、保卫边疆、反对霸权主义的形势战备教育。民兵在申请书上写下了：“宁愿鲜血洒战场，不让国土丢半寸”的誓言，涌现出716位父母送子报名参军、弟兄相争上前线的动人事迹。全特区要求上前线的民兵就有3000人。六枝矿务局各武装连进入战备状态，并完成应急征集对象20人、汽车司机49人、医疗队54人和解放牌汽车20辆的支前参战任务。

1981—1984年，实行基干民兵两年一周期军事政治训练，每年15至20天，分别以公社、区、企业为单位集中，采取走训和集中住训相结合的形势进行。1985—1986年，改为每年一次训练，每次25至30天，农村基干民兵集中到区住训，专业技术兵集中到特区人武部住训。

1987 年 3 月，人武部组织进攻战斗中的步兵班实枪实弹战术演练，队员们从实战需要出发以训练场为战场，在规定的时间内完成整套演练动作。

1990 年 8 月 1 日，人武部举行了阅兵分列式、侦察兵表演和单兵射击比赛，参观人员达数千人。组建侦察、通信、高射机枪、重机枪等阅兵方队 8 个，参加各科单兵战斗射击 12 个代表队。洗煤厂夺得团体第一名，煤机厂、六枝电厂分别夺得第二、第三名。

1992 年，六枝特区成立国防教育小组，下设办公室。

1994 年 5 月 22 日，特区人武部下发《关于大力开展纪念兵役法颁布 10 周年宣传活动的通知》。采用报刊、文艺、标语、黑板报、电影、电视、广播、街头宣传等多种形式进行宣传。开展座谈会、知识竞赛、知识问答等纪念活动。

1996 年，对《中华人民共和国兵役法》《中华人民共和国民兵工作条例》《贵州省公民兵役登记管理教育》《中华人民共和国国防法》进行宣传、学习和教育。

1997 年，迎香港回归，人武部组织机关、各级专武干部和民兵预备役人员共 6000 余人参加全国国防知识答题竞赛和成都军区举办的“爱党、爱国、爱军队”函授作业。

1998 年 3 月，利用 10 天时间，对 20 名承担训练任务的专武干部和民兵连（排）长进行培训。4 月，组织全区人武部干部、专武干部和民兵预备役干部共 89 人进行为期 5 天的“新条令、新法规”集训。

1999 年，人武部组织开展深入揭批邪教“法轮功”邪教组织活动。3 月，人武部组织开展宣传学习新兵役法活动。

2006 年 3 月，人武部利用 10 天时间，组织部分专武干部和民兵干部共 19 人在中寨乡召开现场会，以会代训，进行组织指挥、本职业务和民兵正规化建设训练。组织 12 名乡镇部部长参加军分区为期 7 天的集训。新场乡武装部部长石元龙等 4 人被评为先进个人。2009 年 4—6 月，特区人武部组织六盘水市工兵二连（六枝矿难救援应急分队），进行矿难救援专业训练。其间省军区司令员凌峰、政委石晓等领导先后到六枝检查指导工作。6 月 30 日，工兵二连作为六盘水市民兵军事训练先进代表，参加贵州省国防后备力量转型建设现场会，向全省汇报和展示六枝特区人武部民兵军事训练成果。2010 年 7 月，组织全区人武部干部、专武干部和民兵预备役干部共 63 人进行了为期 5 天的“条令、法规”集训。

（六）正规化建设

1986 年 7 月，六枝特区人武部组织举办一期人武干部和专武干部集训。

1992 年 7 月，召开全区武装部部长会议。安排部署基层武装部正规化建设和基干民兵连队建设达标工作。8 月，人武部党委组派工作组，用 12 天时间对全区 19 个乡镇，10 个厂矿贯彻落实组织实施情况进行全面检查。9 月，水城军分区工作组对特区基层武装部正规化建设和基干民兵连达标工作进行检查验收，15 个乡镇和 7 个厂矿武装部达标。在基础设施配套建设上，多方筹集资金，修建民兵武器仓库及其附属设施。新建 1500 平方米的水泥操场。购置 8 个文件铁柜和 300 多个文件盒。

1993 年 9 月 24 日，水城军分区在六枝特区召开人武部正规化建设现场会。

1995 年 9 月，人武部组成两个检查考核小组，对全区 19 个乡镇和 18 个厂矿进行武装工作量化管理检查考核验收，受检单位全部达标。

2003年，人武部出台《六枝特区人武部关于对专职人民武装干部进行考核和调配的意见》，3名优秀专武干部调配到相应的工作岗位。组织11名专武干部参加乡镇专职人民武装干部的招考和录用。2批20（人）次，分别到邻县人武部进行参观见学。是年，六枝特区人武部被贵州省军区表彰为“基层全面建设先进单位”。

第四节　兵役

1978年，第五届全国人民代表大会常务委员会第一次会议批准颁发国务院、中央军委《关于兵役制问题的决定》，实行义务兵与自愿兵相结合的兵役制度。

1980年，城镇青年入伍具备高中毕业以上文化程度，农村青年要求具备初中毕业（边远少数民族地区可放宽到高小）以上文化程度。

1985年，国务院、中央军委颁布《征兵工作条例》，全特区展开依法征兵和公民依法服兵役宣传活动。接送兵工作，1984年进行征兵改革，征集兵员和新兵运送都是由地方负责的。1989年以后，恢复部队到地方接兵，一直延续至今。

第五节　预备役

一、民兵组织建设

1978年，中共十一届三中全会以后，全党工作实现以经济建设为中心。六枝特区的民兵组织建制变动，一是取消民兵师、团编制。农村以生产大队编连，生产队编排、班，企业按照民兵人数多少，以生产车间、班、组相适应编连、排、班。二是压缩人员。基干民兵为18至28岁，普通民兵为29至35岁。基干民兵按中国人民解放军兵员的政治和身体标准选编。

1990—1995年，全特区19个乡（镇）394个行政村，每个乡（镇）建一个基干民兵连，每个行政村建一个普通连，一个基干民兵排或班。交通沿线以乡（镇）和城中心区为单位各建30至50人的民兵应急分队，负责维护交通沿线和城中心区的治安。

1999年，六枝特区人武部组建了3个民兵专业技术分队。其中一个通信连，一个八二无后坐力炮连，一个107火箭炮连。对口专业分队7个。救护分队1个；工程抢修分队1个；有线抢修和无线保障分队1个。

2001年7月，六枝特区摩托化民兵应急分队成立。分布在平寨镇三个片区。

2003—2004年，郎岱镇组建了一支30人组成的摩托化民兵应急分队，在毛口乡组建一支20人组成的摩托化民兵应急分队，在木岗镇组建了一支由200人组成的护林分队，在新窑乡组建67人的摩托化民兵应急分队，在箐口乡组建75人的森林防火分队。

2005年4月，全区19个乡（镇）220个行政村调整、选配220名民兵信息员，组建民兵义务护寨巡逻队，负责完成治安巡逻任务。

2005年7月，人武部在特区新广场召开民兵应急一连、民兵应急二连、工兵一连、工兵二连，防空连成立大会。

2006年1月，人武部组织平寨镇民兵应急分队35人到中心城区、城乡结合部、火车站、客车站巡逻，为创建平安六枝作出贡献。

二、民兵军事训练

1980年，全区民兵参训人数1151人。训练内容为射击、投弹、单兵术。

1981年，第一次训练为8月10日至9月15日，历时35天；第二次训练12月21日至1982年元月15日，历时25天，参训人数达2911人。其中特业基干民兵189人。训练内容射击、投弹、单兵战术，成绩良好。

1983—1984年，参训人数2574人。其中步兵2318人，炮兵46人，通信兵115人，40火箭筒9人、重机枪45人、高射机枪41人，时间45天，成绩及格率85%。

1985年，参训人数906人。其中步兵791人，通信29人，高射机枪30人，八二无后坐力炮60迫击炮35人。训练内容：步兵、队列、射击、投弹、战术、爆破、炮兵分队：兵器、弹药、射击准备、协同动作、战术、队列、训练时间25天，成绩良好。

1987年，参训人数275人。其中步兵35人，40火箭筒50人，八二无后坐力炮40人，重机枪70人，通信35人，民兵连排干部43人，训练时间25天，训练内容：共同科目为队列、射击、投弹、刺杀、单兵战术；专业科目，炮兵知识与操作、重机枪射击操作、通信业务。成绩总评优良。训练结束后，平寨镇、木岗镇、郎岱区、岩脚区被评为先进单位，28名民兵被评为先进个人。

1988年，参训人数277人，训练时间25天。其中步兵89人，八二无后坐力炮40人。民兵连排干部60人，通信38人。人武、专武干部50人。训练内容：共同科目为队列、射击、爆破、投弹、单兵战术；专业科目为炮兵知识与操作、通信业务、干部的组织指挥技能。成绩总评优良。

1989年，参训人数384人，训练时间25天。其中专武干部91人（含分区训练的18人），民兵连排干部训练70人，步兵88人，通信报务员10人，82无后坐力炮40人，侦察兵85人。训练内容：共同科目为单兵到班的队列、轻武器射击、单兵战术；专业科目为侦察兵业务训练、炮兵知识与操作，民兵连排干部教学法实训，通信兵报务业务。各科成绩总评优良。煤机厂报务员在分区集训比赛中，获报务业务团体第一名，个人单项赛第一名、第二名。

1990年，参训人数570人，训练时间30天。分7个训点。民兵连排干部90人。专武干部90人、侦察兵60人、通信兵6人。应急分队320人，82无后坐力炮34人。训练内容：队列、射击、投弹、侦察兵业务训练、82无后坐力炮理论与操作、连排干部组织训练的程序等。时间30天，总评成绩优秀。为一中军训学生600人。8月1日为庆祝建军63周年，特区人武部举行民兵阅兵式，分列式，共组织了侦察、通信、高射机枪、重机枪、步枪、冲锋枪等8个方队。特区几大班子领导参加了检阅。数千人民群众观看了表演。

1991年，参训人数365人，其中步兵149人，侦察兵110人，八二无后坐力炮40人，通信75人。内容：步兵、队列、射击、投弹、爆破、单兵战术、侦察兵业务训练与擒敌技术、炮兵实际操作与实弹射击、通信兵通信业务训练25天，成绩总评优秀。为了迎接军分区“七一”民兵军事训练比武，抽调65人，分两个训练点（特区人武部一个点44人，矿务局一个点21人），历时46天训练。步兵五项全能比赛，获全市“七一”民兵军事五项全能比武团体赛2个第一名，个人3个第一名，3个第二名。3月，对特区一中学生335人进行为期一周的军训。

1992年，参训人数345人，训练时间25天。其中步兵160人，侦察兵、40火箭筒兵100人，通信兵45人，八二无后坐力炮40人。内容：步兵、队列、射击、投弹爆破、单兵战术、82无后坐力炮理论与操作、侦察兵理论与操作，通信兵业务。成绩总评优秀。完成护路民兵训练50人。为特区一中军训学生718人。

1993年，参训人数381人，训练时间25天。其中步兵160人，40火箭筒兵100人，八二无后坐力炮兵40人，通信兵45人，侦察兵36人。训练内容：共同科目训练（队列、射击、投弹、爆破），步兵单兵战术、八二无后坐力炮专业训练，40火箭筒、通信、侦察兵专业训练。成绩总评优秀。

1994年，参训人数405人，每批训练25天。其中步兵180人，40火箭筒兵100人，82无后坐力炮兵40人，通信兵45人，尖子分队40人，分三个点三批在特区训练基地、矿务局、煤机厂进行训练。训练内容：队列、步兵5项全能、专业分队业务、各科总评成绩优秀。

1995年，参训人数414人，训练时间25天。其中步兵165人，40火箭筒兵105人，八二无后坐力炮兵40人，应急分队104人。训练内容：共同科目为队列、射击、投弹；专业科目为单兵战术、擒敌技术、炮兵理论与操作、40火箭筒实弹射击。各科总评成绩优秀。

1996年，参训人数325人，训练时间20天。其中应急分队100人，铁路护路90人，重点目标守护50人，八二无后坐力炮兵40人，通信兵45人，训练内容为队列、射击、投弹、理论与操作、通信业务、单兵战术，总评成绩优秀。

1997年，参训人数475人，训练时间30天。训练内容，步兵：队列、射击、投弹、爆破、单兵战术、民兵应急分队、擒敌技术。护路民兵：重点目标守护。八二无后坐力炮的理论与操作、40火箭筒的操作与技术，成绩总评优秀。

1998年，参训人数495人，训练时间45天。其中应急分队140人，82无后坐力炮兵40人，40火箭筒兵40人，通信兵45人，步兵175人，护路民兵55人。训练内容：队列、射击、投弹、爆破、单兵战术、炮兵技术、通信业务等，成绩总评优秀。

1999年，参训人数496人，训练时间25天。其中普通兵124人，应急分队246人，82无后坐力炮兵40人，通信兵40人，铁路守护6人，民兵干部31人，专武干部9人。训练内容：共同科目为队列、射击、投弹、战术；专业科目为炮兵专业技能、通信兵专业技能、重点目标守卫技能。各科成绩总评良好。

2000年，参训人数406人，训练时间25天。内容按《训练大纲》实施训练，总评成绩优良。

2001年，参训人数502人，训练时间29天。其中民兵应急分队382人，通信兵40人，82无后坐力炮兵40人，民兵干部40人。训练内容：队列、射击、理论与操作、通信业务，总评成绩优良。

2002年，参训人数400人，训练时间20天。其中应急分队80人，普通民兵280人，专武干部40人，训练内容：队列、射击、投弹、单兵战术、应急业务，总评成绩优秀。完成特区一中军训学生2300人。

2003年，参训人数400人，训练时间25天。其中专武干部9人，民兵干部31人，应急分队280人，通信兵40人，八二无后坐力炮兵40人，训练内容：共同科目为队列、射击、擒敌、防爆、单兵技术；专业科目为炮兵专业技术、通信专业技术，科技知识。成绩总评优良。

2004 年，参训人数 470 人，训练时间 25 天。其中应急分队 280 人，专武干部 9 人，民兵干部 41 人，82 无后坐力炮兵 25 人，通信兵 60 人，工兵 15 人，防化兵 40 人。训练内容：队列、射击、应急业务、报务话务业务的理论与操作。总评成绩优秀。另外还完成了学生军训 1354 人。

2006 年，参训人数 371 人，训练时间 15 天。其中应急分队 166 人，步兵 210 人。训练内容（与 2004 年相同），总评成绩优良。另完成军训学生 3500 人。

军训费用：农村的民兵和民兵干部在参加军事训练期间，由当地人民政府采取平衡负担的办法，按照当地同等劳力的收入水平给予误工补贴。企事业单位的民兵和民兵干部在参加军事训练期间，由原单位照发工资和奖金，原有的福利待遇不变。其伙食补助，往返差旅费，由原单位报销。多年来均按这一规定执行。

2002 年前，六枝特区的民兵训练经费都是由特区财政按照提留行政划拨。2003 年以后，民兵事业费统一由省政府直接划拨给省军区，而后由省军区划拨给特区人武部。

训练场地：1984 年 11 月，省军区在关岭县召开民兵训练基地现场经验交流会。六枝特区民兵训练基地设在人武部大院内，有篮球场一个，射击场设在堕却中坝水库旁边。人武部大院内的训练基地一次能够容纳民兵 200 人的训练，基地内各种设施完备、齐全。有食堂 1 个，床位 200 余张，电教室 1 个，电教室设备齐全。民兵训练转入训练基地施训。

2008 年，军分区下达六枝特区民兵军事训练任务 425 人，全区实训 520 人，训练时间 15 天。其中应急分队 184 人（含摩托化民兵应急分队 102 人），步兵 182 人，基干民兵 106 人，民兵干部 20 人，防化兵骨干 28 人。承担了 1500 名学生的军训任务。基干民兵训练通过各科考核，其成绩是：①队列基础动作：应训 425 人，实训 520 人，及格率为 100%，其中优秀 186 人，良好 287 人，及格 47 人，优秀率达 35.76%，总评成绩良好；②半自动步枪第一练习射击训练：应训 425 人，实训人数 520 人；③勤务保障分队 155 名，训练时间 15 天。实训 200 名，全部及格，总评成绩良好；④防化兵骨干集训：训练任务 28 人，其中六枝 13 人，盘县 5 人，水城 5 人，钟山 5 人。通过考核，其成绩是：理论考核情况：应考核人数 28 人，实考核人数 28 人，其中优秀 18 人，优秀率占 64%，良好 7 人，及格 3 人，及格率为 100%，总评成绩优秀。⑤步兵训练：应训 100 人，实训 210 人，全部及格，总评成绩良好；⑥防空分队 40 人，实训 82 人，全部及格，总评成绩良好；⑦学生军训：专门成立了学生军训领导小组，抽调政治素质好、军事素质过硬、作风纪律严的退伍军人组成教员队伍，并集中进行了教学法集训，对市二中为期 7 天的军训。

2009 年，共实训民兵 542 人，军训学生 1500 余人。

2011 年，参训人数 560 人，训练时间 15 天。其中应急分队 300 人，森林防火分队 260 人。总评成绩优良。完成军训学生 4600 人。

三、政治教育

1978—1979 年，民兵的政治教育贯彻对民兵进行战备教育，随时参军参战。教育时间为每年 1000 余小时。六戉矿务局武装民兵进入战备状态，落实应急征集对象 20 名，驾驶员 49 人，卡车 20 台、医疗队 54 人。岩脚民兵 845 人报名上前线，300 多人写了血书。

1980—1993年，对基干民兵的政治教育，实行每月一堂政治课的制度。按照“教材”的内容施教。普通民兵的政治教育，结合征兵，民兵整组和重大节日国防教育活动进行。基干民兵每年进行4至6次教育。把学科学、学文化，文体活动开展军事训练，时间安排军政比例为8比2。使结合，农村、厂矿、企业、武装部开办了“青年民兵之家”。六枝矿务局、六盘水煤机厂把民兵工作纳入企业的生产管理。民兵利用节假日开展义务献工时活动，有力地促进企业生产发展。煤机厂把民兵工作纳入企业管理，组织民兵利用节假日开展务工1.3万小时，创产值19万余元，被成都军区授予“城市民兵工作先进单位”称号。全区共征订《中国民兵》450份，《西南民兵》528份。六枝特区连续4年被成都军区评为刊授政治思想教育先进单位。并在成都军区召开的表彰会上作了经验介绍。

1991年，六枝特区人武部举办首届城市民兵运动会。

1994—2003年，举办国防教育讲座，开展“国防活动月”活动。全区征订《国防知识基干教材》300余册。共进行电影、电视、录像宣传教育2000多场（次）。出专栏1400多期，张贴标语10000余张。

2006—2009年，全区共征订《中国民兵》800份，《西南民兵》800份，《战旗报》500份，《国防大视野》800份。举办国防知识讲座26场，出专栏2300多期。

四、武器装备

七十年代末，主要是根据需要按照“武器必须掌握在可靠人手中”的原则配发给民兵，由民兵个人分散保管。

1981年，民兵武器集中到公社保管，要求做到“四无”，即无丢失、无损坏、无锈蚀、无霉烂变质；做好“三防”工作，即防火、防盗、防潮；持枪民兵要达到“四会”，即会使用、会检查、会保养、会排除一般故障。

1984年，六枝特区修建了民兵武器装备仓库，在抓安全管理中，人武部党委把安全工作纳入议事日程，成立安全管理领导小组，拟定武器管理规章制度，明确责任，强化管理，达到上级要求。1992年，六枝特区民兵武器库被水城军分区评为“县级民兵武器库先进单位”。

1998年，中共六盘水市委、市人民政府和水城军分区联合制定下发《民兵武器装备安全管理实施细则》，水城军分区制定的《民兵装备仓库奖惩规定》。1998 – 2009年六枝特区民兵的武器装备工作严格按照《细则》和《规定》管理。

2010—2011年，改建兵器室、弹药室、器材室，进行“部库合一”。每月领导进库检查不少于4次，每周武器弹药管理人员必须进库1次，对武器装备进行擦拭，填写好技术卡片、检查室内温度情况。

五、民兵作用

1982年，全区共建立民兵科研小组52个，科普协会25个。凉水井乡凉水井村民兵李能维，积极带领民兵搞科技致富。引进优良水稻、包谷在全村播种推广。全村良种化种植面积达到950亩；1983年，全乡70%的农户种上引进良种，全乡粮食总产量比上年增产16%。李能维被选为第七届全国人民代表大会代表。

1988年，六盘水煤机厂的紧缺物资钢筋、贵重原材料铝、钢和家属区家用电器被盗严重，威胁全厂生产，影响工人正常生活。煤机厂武装部组织1个小分队12人，分成3个组集中吃住，统一指挥，日夜加强巡逻，采取蹲坑、设卡、枢纽地段拦截。经过3个月的艰辛工作，终于现场抓住作案的犯罪嫌疑人（系本厂工人），供出团伙内幕。小分队顺藤摸瓜，将29名犯罪分子一网打尽（厂内13人，厂外16人），追回被盗钢材100吨，铝、钢等金属原料11吨，彩色电视机7台，自行车24辆，价值27万余元。

1991年4月，中寨区成立以6个区、乡武装部长、17个民兵、4个公安干警和3名区主要领导干部共35人的民兵治安联防小分队。实行昼夜巡逻和对重点目标进行保护。协助公安机关破获刑事案件18起，治安事件32起。缴获脏物被条3床、毛毯2床、蚊帐1顶、大沙发巾8块、缝纫机1部、手表10块、各种车轮胎3付赃物折款3615元，治安罚款310元。缴获火药枪、马刀等凶具14件。捣毁赌场3个，缴获赌资1000多元。追回被盗耕牛6头，高压输电线149公斤。被省授予社会治安综合治理先进单位。

第六节　双拥工作

一、组织机构及职责

1978年，特区党委、政府调整充实“双拥”组织机构。1999年，特区政府对特区“双拥”工作领导小组人员作了调整。区长徐光毅任组长，副书记王树利、副区长王朝荣和人武部政委汪兴福为副组长，成员由特区组织部、总工会等30个部委、办、局的负责人组成。领导小组下设办公室于民政局，民政局局长兼任办公室主任，办公室人员从人武部、民政局抽人组成。

2004年，六枝特区机构编制委员会批转六枝特区民政局《关于设立六枝特区拥军优属、拥政爱民工作领导小组办公室常设机构的请求》，同意成立六枝特区拥军优属、拥政爱民办公室。为特区民政局下属财政全额拨款股级事业机构，核定事业编制一名，定主任职数一名，与特区民政局优抚安置股合署办公。

2005年6月6日，明确了29个单位成员和19个乡（镇）的联络员。

2006年11月10日，特区双拥工作领导小组将特区有关党政军领导双拥工作的联系点作了调整，并明确要求要在联系点上加强对双拥工作的检查指导，督促落实。协调军地双方互办实事，解决实际问题。及时了解掌握并处理军民矛盾和纠纷，消除不利于团结的因素。掌握共建点双拥活动情况，总结推广典型经验。

2009—2011年，先后修订完善了《拥政爱民工作领导小组职责》《拥政爱民实施意见》等。成立了以部长、政委为组长的拥政爱民领导小组。积极开展了拥政爱民教育宣传、国防教育讲座、领导干部军事日等。

二、拥军优属

（一）褒扬烈士

1995年6月，为缅怀先烈、抚慰烈属、激励后人。岩脚镇党委、政府成立了修建烈士墓领导小组，对年久失修的烈士墓进行重新修建，将汪克锷、朱建缰等六位烈士集中到马家牌坊合墓重建，并修建了烈士纪念碑和牌坊。

1998年，六枝特区平寨镇人民政府组织修建的东风水库烈士陵园，主要安葬的是在解放初期六枝大屯战斗中牺牲的革命烈士韦世安、詹斗南、杨英学、刘振学。在修建中，除政府拨款外，社会捐助3万元，群众投工投劳300多个。

2003年六盘水市民政局拨款3万元，铁道部工程十五局捐款6万元，煤焦公司经理王本林（系复退军人）出资8万元，并组织维修湾寨烈士陵园。在原烈士陵园中间建有一高大纪念碑，上书“人民英雄永垂不朽”八个大字。政府投资硬化路面，进一步美化了烈士陵园的环境。

1975年，六枝特区人民政府拨款，对1959年1月因修建滇黔铁路而牺牲的中国人民解放军铁道兵8140部队、铁路工人、民工等烈士墓重新规划，立碑、包坟、修牌坊，烈士遗骨全部用棺材重新殓装安葬。2003年特区政府拨款11万元，社会各界集资34万元对墓地道路硬化，修建停车场。增设护栏和绿化等附属工程。正式建成湾寨烈士陵园。除部分烈士迁回原籍安葬外，园内葬有解放军烈士22名，铁路工人烈士4名，民工烈士5名。1996年11月，湾寨烈士陵园被特区宣传部等部门确定为爱国主义教育基地，2005年被六盘水市人民政府命名为“国防教育基地”。

1950年5月3日，中国人民解放军第二野战4兵团15军45师135团，从纳雍追歼叛匪抵达原郎岱县新场区上官寨窗子洞。仅用两天，即将窗子洞攻克，活捉安克庚及其匪徒300余人。此次战斗，解放军九大队排长张光乾，十一大队班长张护林、殷殿玺、赵挺，副班长杨光保、丁彩和，战士祝永法等7人牺牲。烈士遗体原安葬于上官。1976年政府拨款、新场区组织群众将七位烈士迁龙桥侧，新修烈士墓。命名为龙桥烈士陵园。2005年人民政府拨款60余万元重修该陵园。更名为龙桥烈士陵园。烈士殷殿玺之子殷学金夫妇从河南前来祭拜，对墓地表示满意。

以上烈士陵园，先后被各级人民政府明确为爱国主义教育基地。每年的三月清明期间，均有机关干部、学校师生和人民群众来此扫墓，缅怀先烈，接受革命传统教育。

（二）优抚烈、军属

1979年，烈、军属的优待也由优待劳动日转变为以优待现金为主，辅之以代耕、助耕、实物等其他优待。

1980年，对烈军属的优待金以公社（乡）为单位。同大队、生产队干部报酬一样提留兑现。1982年，全特区落实兑现烈军属878户，优待金43900元。

1984年，特区政府结合征兵兑现军属优待。在发入伍通知书的同时填发优待通知书，并装入新兵档案。1986年9月24日，六盘水市人民政府、水城军分区制定了现役军人家属优待暂行办法，对农村义务兵家属、城镇义务兵家属和征集入伍的企事业在职职工的优待事宜作了具体规定。是年，特区优待兑现150户烈属，金额16000元，户均106.67元，优待军属484户，金额为

6 万元，户均 123.97 元。

1987 年，根据国务院《军人抚恤优待条例》的规定和六盘水市人民政府修订的现役军人优待办法，特区人民政府以六府通字〔1987〕89 号文件明确了规定：凡是六枝特区入伍的战士，在部队被授予英雄称号的，发给奖金 2000 元，荣立一、二、三等功的分别发给奖金 1000 元、500 元、100 元，现役军人家属被评为省市、特劳模的，分别发给奖金 500 元、300 元、100 元。1988—1994 年，发放立功的战士、军属、英雄劳模奖金共 216 万元。1994 年，提高优待金标准，1995 年，又提高优待标准。1990 年，对 772 户现役军人家属发放了优待金 10.6 万元。1984—1994 年，每年用于优抚对象的粮食达 17.5 万公斤。为 5 户伤残军人解决了农转非户口，为 4 个烈士遗孤免交学杂费。1994 年 11 月，特区人民政府又出台《军人抚恤条例实施办法》，保证了军属优待金的兑现。地勘公司 142 队除上交特区的统筹金外，还给本单位现役军人家属一定数量的优待金和一车煤。

2002 年，特区发放现役义务兵家属优待金 326 户共 39.08 万元。

2003 年，义务兵家属优待金按当地上年农民人均纯收入 1342 元标准，共发放 274 户 36.77 万元，城镇按 300 元标准，共发放 110 户 3.3 万元。

2004 年，六枝特区出台《六枝特区义务兵家属优待金收缴制度》《优抚对象优待抚恤补助标准自然增长机制》等地方性法规，多方筹措拥军优属资金。发放 1210 名在乡老复员军人定期补助费 141.59 万元；发放 514 名带病回乡退伍军人定期补助费 23.49 万元，发放 64 名“三属”定期抚恤金 16.17 万元。发放 71 名城镇退役士兵待安置期间生活补助费 6.36 元；发放 62 户城镇义务兵家属优待金 1.86 万元；发放 264 户农村义务兵家属优待金 37.23 万元；下拨退伍军人建房款 2 万元补助 11 名退伍军人建房；下拨 3 万元补助 15 户复员军人建房 30 间。安置 78 名退伍军人，发放 5 名自谋职业一次性补助费 7.71 万元。

2005 年，六枝特区义务兵家属优待金按 1555 元的标准，共发放 316 户，49.14 万元。207 名城镇退役士兵得到妥善安置、自谋职业率达 50%，2 名随军家属走上就业岗位。是年，共下拨在乡老复员军人定期定量生活补助 502.21 万元。全区范围的重点军烈属优抚对象全部纳入新型农村合作医疗保障体系，为 1087 户烈军属投入医保资金 1.87 万元，投入 25.6 万元帮助 116 户军属解决“住房难”问题。对 245 名残疾军人，63 名烈属、495 名带病回乡退伍军人实行定量抚恤补助，补助资金达 292.23 万元，将六级以上伤残军人的医疗纳入医疗保险，实行公费医疗。

（三）安置退伍军人

1998 年安置 69 人；1999 年安置 91 人；2000 年安置 70 人；2001 年安置 95 人；2002 年安置 70 人；2003 年安置 64 人；2004 年安置 83 人；2005 年安置 60 人；2006 年安置 58 人。2007 年安置 76 人。

（四）慰问驻军

1978—2004 年，每年的“八一”、元旦、春节期间，特区四大班子领导和有关部门负责人组成的慰问团，对特区人武部、消防大队、武警中队慰问并形成制度。境内的企事业单位、社区居委会也纷纷自发到部队慰问，联欢。2005 年“八一”前夕，特区党委、政府及关单位为驻地官兵送去价值 3.04 万元的图书，组织开展“援建军营图书室、共建学习型军营”活动。2006 年春节前，特区四大班子和双拥成员单位组成慰问团，为人武部官兵送来了慰问金，与部队官兵联欢。

2010—2011 年，六枝特区党委、政府开展文化进军营、科技进军营等“十进军营”拥军活动文体广电部门每年均为部队免费播放电影，组织文艺节目进军营。特区职校发挥资源优势，为部队官兵计算机培训 30 余人。

三、扶贫攻坚和参加西部大开发

1985 年 5 月，六枝特区人武部举办一期民兵致富培训班，74 名民兵参加培训 15 天。培训内容有：食用菌栽培技术、家禽饲养、果树种植、有关合同法知识及拟定方法等。女民兵罗小云运用所学技术，回村组织 8 名青年民兵栽培蘑菇。半年时间，收回每人投资的 300 元购集原料费，人均纯收入上千元。

1986 年，木岗镇武装部到镇管辖的新苑村挂钩定点扶贫。该村 63 户村民。1985 年前，人均收入不足 150 元。人均吃粮不到 100 公斤。有 58 户贫困户。镇武装部采取措施：一是引导群众搞科学种植，号召民兵带头集资请电影队向群众放映科教影片；请特区种子公司技术人员进行水稻、玉米新品种的种植技术培训。当年，新苑村稻谷产量从原来每亩 400 公斤提高到 600 公斤，基本解决吃粮问题。二是带领群众建石灰窑 14 座，当年收入达 8.5 万元。1987 年，又增建石灰窑 13 座，解决剩余劳动力 50 人，村民的人均收入超过 450 元，全村各个巷道都铺成水泥路，并办起青年民兵之家。是年，人武部抽出 1 名副科长到长寨乡蹲点扶贫。组织民兵承包种植各类经济林木 4 万余株，成片种植斑竹 4000 蓬，建黄果基地 200 亩，修建一个提灌站。解决 189 户村民人畜饮水问题和田间灌溉。修灌溉渠 13 公里。

1988—1991 年，人武部组织民兵 3215 人进入乡镇企业，劳务输出 2513 人，承包温饱工程 68 个。特区人武部要求每个武装部负责扶贫一个村，一名专武干部和已富民兵负责 1—2 户贫困户的扶贫。箐口乡民兵杨真龙带领本村 30 余名群众到贵昆铁路线和贵阳等地承包工程，带动摆脱了贫困。箐口乡坝子村民兵连长李健，运用种植竹荪新技术，采取传技术，帮助担保贷款等形式，带动本村 120 户群众种竹荪，收入近百万元。落别乡民兵伍荣国养鸭致富后，将技术和资金无偿提供给周边村寨贫困群众。箐口乡武装部组织民兵连实施退耕还林的示范作用得到水城军分区好评。新窑乡武装部组织鸭圹村民兵连实施科技致富示范作用成效明显。新华乡武装部组织民兵完成的坡改梯和人畜饮水工程，被特区评为优质工程。

1997 年 1 月，特区人武部把新华乡成功村作为扶贫点。集资 10 万余元，为成功村购买水泥电杆 39 根架设高压输电线 1.4 万米、变压器 2 台，并组织 50 多名民兵和 200 多名群众义务投工投劳 2000 多个，5 月为成功村接通了电。发动群众自筹资金 2.5 万元，引进桃树 16800 多株，建成 400 余亩 24000 多株的桃树基地；引进柑橘 5600 株，建成近百亩的柑橘示范点。筹资 4000 多元，购买科技图书 500 余册发放给村民。举办科技培训班 5 期，开设烤烟、玉米、小麦等农作物的种植、果树的栽培管理以及养殖技术等科目。共培训村民 372（人）次，学员中大部分能掌握 1 ~ 2 门技术。在成功村顺利实现了玉米营养袋育苗移栽、小麦分带轮作和良种栽培等农业科学技术的推广运用。是年，全村粮食增产 11765 公斤，人均增加 100 多公斤，解决了吃粮难的问题。11 月，人武部发动干部、职工捐款 2000 余元，为成功村安装了广播，协调 25500

元，安装能收看12个节目的电视地面卫星接收器。1998年3月，人武部投资1600多元购买5吨水泥，为成功村创建文明村寨修水泥路3公里，组织民兵50多人新修公路1.5公里，清理垃圾200多方。协调资金20万元改建了成功村小学教学楼540平方米，操场800平方米，解决了成功村、兴隆村等500余户村民子女上学难的问题。协调资金1.5万元，对5户茅草房进行改造。经过人武部干部、职工和成功村群众一年半的努力。是年，成功村年人均粮食420公斤，人均年收入上升到2354元，全村68户贫困户350余人全部摘掉了贫困帽。人武部的扶贫工作多次受到省军区首长的肯定。

2000年，六枝人武部共组织发动19120名民兵完成坡改梯33400亩，新修沟渠和修复沟渠18060米；新修公路和维修公路813.6公里；植树造林46224亩；2003年，组织民兵参加特区完成退耕还林面积33998亩，完成荒山造林面积11333亩；2004年，组织干部、职工捐款1200元，救助梭戛乡高兴村6名辍学、失学儿童重返学校读书；2005年、为灾区捐款760元、衣物百余件。

2006年，六枝消防大队为新窑乡二塘村小学送去35套桌櫈和价值400多元的文具。选10名品学兼优的学生与大队干部建立"一对一"帮扶对子，由消防官兵资助直至小学毕业。为特区特殊学校的聋哑儿童送去5张餐桌和5台饮水机。武警中队官兵坚持每年在老兵退伍期间到特区福利院慰问孤寡老人。

2008年，六枝人武部为新华乡成功村村委会送去20套桌櫈和2台电脑。选出16名贫困家庭与人武部干部建立"一对一"帮扶对子，由人武部干部职工资助至脱贫。

2010年，人武部在清明节、八一建军节期间，出3万余元，慰问贫困群众、贫困退伍军人、贫困军烈属。全体干部职工对结帮扶困难退伍军人17户。

四、军民共建

80年代末，六枝特区消防中队、武警中队分别与特区二小、六枝火车站、特区酒厂、煤炭局、六枝汽车站等单位建立了警民共建关系。签订了《警民共建精神文明公约》。1994年8月，特区消防中队与特区团委在那克街开展"警民共建一条街"活动。每逢节假日，中队官兵到六枝火车站执勤、维护社会秩序。

2005年7月，人武部、特区双拥办公室在特区灯光球场举办迎"八一"军民联欢文艺汇演暨军事表演活动。人武部、武警、消防官兵与1800余名机关干部、学生、应急分队民兵和群众同欢同乐。

2006年，六枝特区人武部与特区国税局、工商局、六盘水市第二中学、特区一中等单位结成对子；地方单位在每年"八一"期间来到人武部帮助干部职工电脑知识和技能培训；人武部与共建单位开展国防教育知识，组织共建单位过军事节日和实弹射击。

2010年，"八一"期间，特区党委、政府、人武部、双拥办在特区灯光球场举行庆八一联欢暨军事表演活动。2000余名机关干部、学生、武警、消防官兵、民兵预备役人员和群众共度"八一"建军节。

2011年8月1日，特区四大班子、特区双拥办，特区工商联组团到人武部慰问。组成10余辆彩车车队，送去1头大肥猪和现金人民币2万元。

第二章　人民防空

第一节　组织机构

1996年，成立特区人民防空领导小组，并下设办公室。1999年，根据上级有关精神，六枝成立战备领导小组。交通、邮电、石油公司等单位成立战备办公室，内容包括防空。

1979年，在对越自卫反击战期间，六枝特区境内各区、社及大中型企业均加强战备值班。各种联防队，抢修倒装队，汽车运输连，医疗抢救队等进入战备状态，进行战备演习。加强对仓库、桥梁、隧道及地区的重点防护。以军供站为主体，由商业、粮食部门负责生活用品供给保障，为过往部队搞好接待服务。组织民兵随时准备参军上前线参战。进行了防空演习。在铁路、公路沿线的公社、大队、小队、建立抢修倒装民兵营、连、排、班。进行战时抢修倒装汽车运输，医疗抢救等实地演习。

1980—2011年，根据不同时期的工作任务，对领导小组进行调整，开展正常工作。

第二节　法律法规教育

1978年，国家制定出台新时期“长期准备，重点建设，平战结合”的人民防空工作方针。1984年7月，国务院、中央军委又发布《人民防空条例》。1996年10月，公布施行《中华人民共和国人民防空法》。1999年7月，出台《贵州省人民防空条例》。六枝特区人防战备办公室加强对“一法一条例”的学习，并利用广播进行宣传。

第三章　国防动员

第一节　组织机构

一、领导机构

1990年，六盘水市人民政府、水城军分区决定把六枝特区作为国防潜力调查试点。六枝特区人民政府以六府通字〔1990〕39号文件成立了六枝特区国防潜力调查领导小组。领导小组下设办公室于特区人武部。

1996年6月，根据国务院、中央军委发〔1994〕、国发〔1995〕16号以及省通字〔1996〕4号和市通字〔1996〕4号文件精神，成立六枝特区国防动员委员会，负责组织和开展全区国防动员工作。

1997 年作了较大调整。2003 年，各乡（镇）各单位也相应成立或调整了本单位的国防教育工作领导小组。特区国防动员委员会承担特区人民武装委员会工作，实行一个机构，两块牌子。

二、办事机构

1996 年，六枝特区国防动员委员会下设四个办事机构。

1. 六枝特区国防动员委员会人民武装动员办公室，简称“六枝特区人民武装动员办公室”。办公室设在特区人武部，办公室主任由军事科长兼任。

2. 六枝特区国防动员委员会国民经济动员办公室，简称“六枝特区经济动员办公室”。办公室设在特区计划局，办公室主任由计划局局长兼任。

3. 六枝特区国防动员委员会人民防空办公室，简称“六枝特区人民防空办公室”。办公室设在特区战备办，办公室主任由战备办主任兼任。

4. 六枝特区国防动员委员会交通办公室，简称“六枝特区交通战备办公室”。办公室设在特区交通局，办公室主任由交通局局长兼任。

第二节 国防动员潜力调查

一、兵员潜力调查

1990 年，特区进行的兵员潜力调查，分为符合军官预备役条件人员的调查登记和符合士兵预备役条件人员的调查登记。调查时采取条块结合，分工负责的办法进行。符合军官预备役条件干部的调查登记工作，各区、镇、乡、厂矿企业、由本单位的人武部负责。金融、石油、邮电、保险、汽车运输公司等部门单位，由本单位人事部门负责。其余由特区组织部，人事局负责。士兵预备役的登记统计工作，凡设有人武部的企业由该单位的人武部门负责。特区机关各单位，一律由平寨镇人武部按照属地管理的办法进行。

1998 年，进行的兵员潜力调查，除对预备役军官、预备役士兵进行调查统计外，还对地方与军队专业技术对口预备役人员进行调查统计。要求调查后填好 5 种统计表。

二、经济潜力调查

1990 年，进行的经济潜力调查，归属在“物力潜力调查”之中。其中通信潜力由特区邮电局负责。医疗潜力由特区卫生局负责。特区商业局、物资局负责提供有关物资统计数，特区统计局负责提供社会、经济的综合数据。特区经委负责军工生产水龙软管的调查，特区建委负责工程机械保障潜力的调查。要求认真调查后填好 10 种统计表。

1998 年，进行的经济潜力调查，主要调查本地区年度国民经济和社会发展状况；调查可转军工企业、工程机械设备、科研机构、邮电通信设备、战备物资储备、医疗卫生设备的调查统计。

三、人防战备潜力调查

1990年，进行的人防战备潜力调查，由特区战备办负责提供人防工程设施的有关情况。特区粮食局、石油公司负责提供有关战备粮食、战备石油的统计数。

1998年，进行的人防战备潜力调查，主要内容包括人防战备工程、疏散地域、重点目标地域、高层建筑防护能力、人防专业队伍、改（扩）建、人防警报指挥系统等分布及数量、质量情况。要求填好5种统计表。

四、交通运输潜力调查

1990年，进行的交通运输潜力调查，主要由特区交通局负责，按有关表格要求，具体调查统计全区交通运输状况。

1998年，进行的交通运输潜力调查，主要内容包括交通战备组织。交通运输、主要铁（公）路运载能力。重点目标油库（加油站）分布。主要河流、水运、码头概况、公路养护能力、汽车修理制造能力、铁（公）路抢修能力、主要桥梁、交通通信等情况。重点目标要求认真调查后填好17种统计表。

2003年，六枝特区人武部按照上级有关精神对全特区国防潜力进行调查统计，各种统计情况如下：

（一）人力

2003年，六枝特区总人口56.67万人；其中农业人口43.76万人，非农业人口12.91万人；按性别分，男性人口33.32万人，女性人口30.19万人；按民族分，汉族人口44.13万人，少数民族人口19.38万人。劳动力总数31.3万人；农村实有劳动力24.47万人。含国有单位职工14245人，集体单位职工310人，其他单位职工5862人。全区学校教职工人数4525人；其中专任教师4191人，行政人员231人，教辅人员20人，工勤人员90人，其他10人。专业技术人员总数25470人；其中农林水200人，工业5340人，勘察勘探300人，建筑业14600人，交通业2800人，通信业430人，其他1800人。

（二）财力

2003年，六枝特区国民生产总值14.5亿元。农业生产总值48.8亿元，工业生产总值12.01亿元，财政收入0.82亿元。财政支出2.68亿元，城镇人均居民可支配收入4506.6元，农民人均纯收入1409.21元。

（三）物力

2003年，全区粮食总产量152274吨。其中夏粮38441吨，秋粮113833吨，油菜籽4347吨，烤烟6839吨，肉类18472吨，其中猪肉9367吨，牛肉8693吨，羊肉412吨。原煤306万吨，发电量 13645 万千瓦时，水泥 13 万吨。

（四）运力

2003 年，公路运输：5 吨以上货车 587 辆，最大货运量 3264 吨，32 客座以上客车 38 辆，最大客运量 4465 人。全区载重车 3.5 吨以下的 388 辆，4 至 6.5 吨的 723 辆，7 吨以上的 139 辆，合计 1242 辆。客车 241 台，小轿车 153 辆，吉普车 188 辆。油罐车 11 辆，起重车 153 辆，牵引车 3 辆，救护车 18 辆，消防车 3 辆，合计 38 辆；胶轮拖拉机 187 辆。摩托车 1438 辆。铁路运输，车站数 7 个，物资最大进出量 101.8 万吨。

第三节 国防教育

一、干部群众教育

《中华人民共和国国防法》和《中华人民共和国国防教育法》颁布后，全区经常开展形式多样的国防教育活动。

2003 年，在第三个"全民国防教育日"活动中，特区国防教育委员会领导发表电视讲话。是年，共组织对《中华人民共和国国防教育法》宣传及形势报告会 21 场（次），设宣传点 25 处，展出展板 12 块，出黑板报（墙报）28 期，张贴悬挂宣传标语 800 余条（幅），发放宣传资料 10000 余份。利用有线电视打公益性宣传标语 25 条（次），开展进军营活动 2 批（次）。50 个单位参加国防教育知识考试答卷笔试，参加人数 6306 人。受教育面达 10 万余人。

2004 年，特区两办印发《关于认真开展第四个全民国防教育日活动的通知》。各乡（镇）各单位、各部门利用赶场天和双休日，召开国防教育形势报告会、座谈会。张贴标语、发放宣传资料、播放录音等。各级各类学校结合自身实际，组织学生上国防教育课，办国防教育黑板报专刊等。加强对学生的国防教育。是年 9 月 17 日，政府组织开展了"勿忘国耻、强我国防"的签名活动。作了题为"以史为鉴、警钟长鸣"的动员讲话以及国防教育电视动员讲话。牛场乡党委政府将国防教育纳入政府中心工作，组织干部职工深入学习国防教育理论知识。组织便民服务队下村开展国防教育活动。

2004 年，特区国防教育办公室共组织对《中华人民共和国国防教育法》宣传及形势报告会 56 场（次），设宣传点 49 处。演讲比赛 2 场（次），发放宣传资料 3 万余份。特区有线电视和煤机厂闭路电视播放国防教育公益性公告 85 条（次）。广播电台宣传《中华人民共和国国防教育法》、报道全区国防教育活动文章 19 篇。制作永久性宣传牌 5 块。全区直接受教育面达 28 万余（人）次。

2005 年，六枝特区政府进一步推进国防教育工作，把开展国防教育活动与纪念抗日战争胜利 60 周年结合起来，提高全民国防意识。特区国防教育办公室根据通知精神，认真拟制"国防教育知识答卷"，宣传《中华人民共和国国防教育法》和《反分裂国家家法》。全区 19 个乡（镇）和特区机关的 76 个单位和部门，8 所学校的 2000 多名教职工和学生参加了国防教育知识答卷。悬挂、张贴宣传标语 900 余条（幅），发放宣传资料 1.2 万余份。展出展板 16 块，出黑板报、墙报 52 期，设立宣传咨询点 22 处。召开形势报告会、座谈会 45 场（次）。特区政府办、特区二中等单位组织开展国防教育知识专题讲座 6 场。利用有线电视播放公益性宣传标语 48

条（次），用新闻的形式，对全区各级各部门开展的国防教育活动情况进行为期一周的宣传报道，受教育面达 15 万余（人）次。

2008 年，六枝特区国防教育办公室，发放宣传资料 1 万余份、展出图板 28 块、图片近 500 幅、制作永久性宣传牌 8 块。3000 余人进行现场签名。制作永久性宣传牌 8 块。

2011 年，六枝特区国防教育办公室，共组织对《国防教育法》的宣传及形势报告会 32 场（次）。设宣传点 30 处，展出展板 19 块，出黑板报（墙报）36 期，张贴悬挂宣传标语 900 余条（幅），发放宣传资料 1.6 万余份。利用有线电视打公益性宣传标语 23 条（次），开展进军营活动 3 批（次），60 个单位参加国防教育知识考试答卷笔试参加人数 7308 人，受教育面达 30 万余人。

二、学生教育

按照《中华人民共和国国防法》《中华人民共和国国防教育法》和全民《国防教育大纲》的规定，六枝特区境内的各级各类学校结合学校实际开展了各种形式的国防教育活动。

（一）利用各种纪念日对学生进行爱国主义教育、国防教育

2000—2011 年，每年“五四”“一二・九”等纪念日，学校都组织系列纪念活动，使学生受到潜移默化的影响。清明节期间，学校都组织师生到有关烈士陵园扫墓、缅怀先烈，进行爱国主义和国防教育。

（二）上好国防教育课

全区各站（教辅站）校建立国防教育工作领导小组，负责组织实施国防教育的具体工作。乡（镇）以上的中小学校开设国防教育课，每学期安排 10—12 个课时进行国防教育。各学校利用广播、板报、学习园地、国旗下的讲话、主题班会、团（队）会等形式开展国防教育。

（三）活动形式多样，国防教育工作不断深入

特区教育局、机关工委、团委、工矿集团、煤机厂和区属企业等单位组织部分品学兼优的学生，到遵义会议会址等爱国主义教育基地开展“革命圣地行”活动。特区一中每年组织学生到消防队观看消防演习，与武警中队开展警民携手共建“文明校园”，请特区人武部领导到校为师生作国防教育形势报告。特区各乡镇直属中小学利用手抄报等形式对学生进行军事动态方面的知识宣传，组织学生观看《大决战》《台儿庄战役》等优秀国产战争影视片，并要求学生写出观后感。每学期由各班级组织二至三次国防知识竞赛，每年组织一次大型的全校性国防知识竞赛活动。特区实验小学，在学校内专门开设国防教育宣传室，聘请人武部政委为学校少先队大队校外辅导员。全特区各学校利用思想品德课对学生开展国防教育活动。组织学生在安健墓、窗子洞和郎岱、岩脚、大用烈士陵园等国防教育基地听革命老军人上传统教育课，接受现场教育。2006—2011 年，先后组织初、高中学生开展国防知识问答、参加国防教育日活动，受教育人数达 70000 余（人）次。

第七篇　社会事业与档案方志

第一章　民政

第一节　社会救助

一、城市居民最低生活保障

1998 年 1 月 13 日，六盘水市成立城市居民最低生活保障制度领导小组及其办公室，启动全市城市居民最低生活保障制度工作。并制定出台《六盘水市城市居民最低生活保障条例》和《六盘水市城市居民最低生活保障实施细则》。《六盘水市城市居民最低生活保障条例》规定：持有非农业户口的城市居民，其家庭共同生活成员人均纯收入低于当地城市居民最低生活保障标准的，都可以从当地人民政府获得基本物质帮助。城市居民最低生活保障制度遵循保障城市居民基本生活的原则，坚持国家保障与社会帮扶相结合，鼓励劳动自救的方针。城市居民最低生活保障制度实行地方各级人民政府负责制。县级人民政府民政部门以及街道办事处和乡（镇）人民政府负责城市居民最低生活保障的具体管理审批工作。

1999 年 1 月，根据《六盘水市城市居民最低生活保障条例》和《六盘水市城市居民最低生活保障实施细则》，六枝特区民政局拟定《六枝特区城市居民最低生活保障制度实施细则》，从而正式启动了六枝特区城市居民最低生活保障工作。1999 年，全区经批准享受城市居民最低生活保障待遇的对象 298 人（主要是“三无”对象），年发低保金 9 万元。

2000 年，低保对象扩大到下岗职工，全区经批准享受低保待遇的共 375 人，其中失业人员 94 人，年发低保金 10 万元。

2001 年，低保对象扩大到散居孤、老、残、幼和城镇临时救济人员等，全区经批准享受城市低保待遇的共 9895 人，年发低保金 297.7 万元。

是年 12 月 25 日，六盘水市人民政府办公室《关于做好 2002 至 2003 年城市低保工作的紧急通知》要求：一是要加大投入力度，实现应保尽保。2002 年，全市共需低保金 3097.75 万元，扣除省、市财政下拨资金外，尚缺口 212.25 万元，由各县、特区、区财政解决，其中六枝特区财政应投入 26.54 万元。二是积极筹措资金，保证 2003 年 1、2 月份低保金的发放，切实保障元旦、春节期间全市低保对象的基本生活。2003 年 1、2 月份全市共需低保金 548 万元，其中六枝特区 130 万元，按市县各承担 50%，六枝特区财政筹措 65 万元。各级筹措的低保金，列入 2003 年本级财政预算的低保款抵扣。三是强化预算，确保低保金及时足额发放。2003 年六枝特区低保人数将达 14147 人，按全区月人均补差 49.99 元计算，全年所需低保金 848 万元，根据省政府要求，市、县按年需资金总额的 30% 承担，市、县两级各承担 50%，即六枝特区 127 万元。四是各县、特区、区政府及各有关部门要高度重视低保工作，把低保政策落实到位。

12 月 25 日，六盘水市民政局、六盘水市财政局联合下发《关于做好 2003 年城市居民最低生活保障资金预算的通知》，要求各县、特区、区要按省、市规定的比例将承担低保金纳入财政预算。2003 年，六枝特区低保对象 14147 人，按月人均补差 49.99 元计算，年需低保金 848 万元，本级财政应承担 127 万元，并将承担低保金纳入本级财政预算。

2002 年，低保对象扩大到在职人员、退休人员等，全区经批准享受低保待遇的 13992 人，年发低保金 612 万元。

2003 年 3 月 26 日，经六枝特区机构编制委员会研究，3 月 28 日下发《关于六枝特区民政局、平寨镇等三个镇设置最低生活保障办公室的批复》通知，同意在特区民政局、平寨镇、岩脚镇和郎岱镇设置最低生活保障办公室。宗旨是为城镇居民最低生活保障提供服务。业务范围是负责辖区内居民和境内企业困难职工、下岗职工家属的最低生活保障工作。承办最低生活保障对象的调查、呈报工作，组织发放城镇居民最低生活保障金；负责辖区内低保对象档案、资料的收集、整理和信息化管理工作，负责制定辖区低保工作各项规章制度，增强低保工作的透明度和监督力度。

文件规定六枝特区最低生活保障办公室为特区民政局下属正股级财政全额拨款事业单位，核定事业编制 3 名，定正副主任职数各 1 名。

平寨镇最低生活保障办公室为平寨镇下属财政全额拨款正股级事业单位，核定事业编制 4 名，定正副主任职数各 1 名。岩脚镇最低生活保障办公室为岩脚镇下属财政全额拨款正股级事业单位，核定事业编制 2 名，定正副主任职数各 1 名。郎岱镇最低生活保障办公室为郎岱镇下属财政全额拨款正股级事业单位，核定事业编制 2 名，定正副主任职数各 1 名。

是年 4 月 4 日，贵州省民政厅下发了《关于做好随同资源枯竭矿山、军工企业关闭矿产所属集体企业未参加养老保险统筹退休职工生活费发放工作的通知》，《通知》要求要认真做好未纳入养老保险统筹集体企业退休职工情况的审批工作，审批合格的，参照当地城市居民最低生活保障标准发给生活费。经审批合格发放生活费的集体企业退休职工 474 人。

是年 4 月 23 日，贵州省委统战部、贵州省民政厅联合下发《关于进一步做好对已故原工商业者无工作的配偶按最低生活保障标准发放生活费的通知》，要求各地民政部门要加强与当地工商联的密切联系，严格有关政策规定，共同做好相关审核审批工作。经审核合格发放生活费的 18 人。

是年 5 月 9 日，六盘水市经济贸易委员会、六盘水市民政局联合下发《关于切实做好 地方国有企业困难职工最低生活保障工作的通知》，要求各有关企业要积极配合当地民政部门、乡镇办、居委会等做好企业困难职工家庭的最低生活保障工作，尽量做到应保尽保。经调查核实，审批合格的 82 人。

是年 9 月 2 日，六枝特区机构编制委员会下发《关于六枝特区最低生活保障办公室更名的批复》，将“六枝特区最低生活保障办公室”更名为“六枝特区城市居民最低生活保障办公室”，其职能不变。

是年 10 月 13 日，根据六盘水市民政局关于转发《省民政厅〈关于切实将符合条件的企业军转干部纳入城市居民最低生活保障范围的紧急通知〉的通知》要求，六枝特区民政局相关工作人员对特区境内企业军队转用干部进行了深入细致的调查核实，经审核合格纳入城市居民最低生活保障范围的共 37 人。

2003 年，全区经审批纳入城市居民最低生活保障范围的有 158071（人）次，累计发放低保资金 659.1 万元。

是年 6 月 30 日，六枝特区人民政府办公室下发《特区人民政府办公室〈关于印发六枝特区城市居民最低生活保障实施细则〉的通知》，自印发之日起执行，标志着特区城市居民最低生活保障工作逐步走上法制化、规范化管理水平。

2005 年"两节"期间，六枝特区对低保户每户发放 100 元生活补助费。

2005 年 1 月 19 日，六枝特区人民政府区长办公会议研究决定，各乡镇应按一定比例配套低保资金及低保工作经费。并于 2005 年 5 月 26 日印发《特区人民政府办公室关于乡级财政配套低保资金及低保工作经费的通知》，《通知》规定平寨镇按本镇 2004 年发放低保金总额的 2% 配套低保金，其他乡镇按 2004 年发放低保金总额的 5% 配套低保金，各乡镇按本乡镇 2004 年发放低保金总额的 1.5% 配套低保工作经费。

是年 9 月 4 日，六枝特区机构编制委员会《关于六枝特区城市居民最低生活保障办公室更名等有关事项的通知》规定，将"六枝特区城市居民最低生活保障办公室"更名为"六枝特区城乡居民最低生活保障办公室"，其宗旨是为全区城乡居民最低生活保障提供服务，业务范围是贯彻落实党和国家关于城乡居民最低生活保障的政策和法规，开展全区城市低保、农村特困群众救助、城乡医疗救助、农村五保供养及敬老院建设等工作的调查研究，负责特区低保日常工作，管理和分配中央、省、市和特区财政投入城乡居民最低生活保障的资金并监督检查发放使用情况，指导各乡镇城乡最低生活保障工作。

为进一步加强对全区社会救助工作的领导，推进城乡特殊困难群众社会救助体系建设。经特区人民政府同意，于 11 月 8 日印发《特区人民政府办公室关于成立六枝特区社会救助工作领导小组的通知》成立六枝特区社会救助工作领导小组。

2005 年，全区经审批享受城市低保待遇的有 178115（人）次，全年累计发放低保金 1481.79 万元。

六枝特区民政局于 2006 年 4 月 5 日印发《关于启用〈贵州省城市居民最低生活保障证〉的通知》，并按要求及时将新证发到低保户手中。

是年 3 月 28 日，六枝特区人民政府办公室印发《特区人民政府办公室关于落实乡级财政配套低保资金和低保工作经费的通知》，《通知》规定，关于乡级财政配套低保资金和低保工作经费的有关事项按文件执行。2006 年 7 月，正式启用《贵州省城市居民最低生活保障证》。

为进一步解决好城市居民最低生活保障对象生活、就业、上学、看病等方面的困难，充分体现保障基本生活与社会救助、政策扶持相结合的原则，不断增强城市低保对象自我发展能力，提高他们的生活质量。六枝特区人民政府办公室于 3 月 30 日印发《特区人民政府办公室转发〈市人民政府办公室关于城市低保对象享受有关优惠政策的通知〉的通知》，要求各有关单位要严格执行，尽快制定本单位城市低保工作实施细则，并于每年 12 月底前向特区民政局报送有关优惠政策执行情况。

2006年，全区经批准享受城市低保待遇的有195288（人）次，全年累计发放低保金1664.77万元。

2007年6月5日，市人民政府第5次常务会议研究同意、6月15日市委五届第18次常委会研究核准提高城市低保保障标准，六枝提高到160元/人·月。

2009年，全区经批准享受城市低保待遇的有226889（人）次，全年累计发放低保金1866.51万元。

2010年6月28日，经市长办公会议研究决定，六枝特区城市低保标准从160元/人·月提高到260元/人·月。

2011年7月1日，经2011年6月1日市人民政府第68次市长办公会议研究决定，六枝特区城市低保标准从260元/人·月提高到300元/人·月。2011年12月29日市人民政府第83次市长办公会议研究决定，六枝特区城市低保标准从300元/人·月提高到340元/人·月。从2012年1月起执行。

全区城市低保严格按“个人申请—社区（村）调查—乡镇审核—县区审批”的程序办理，工作中实行民主评议、三榜公布、动态管理、应保尽保、分类施保、按月发放等原则。截至2011年底，全区共有城市低保对象9783户18170人，占非农业人口数的13.63%，月发低保金340万元。2011年累计发放4908.85万元，人均月救助221.65元，有力地保障了城市困难群众的基本生活权益，维护了社会稳定。

六枝特区纳入城市低保的对象有9783户18170人。自1999年开展城低保到2011年12月底已累计发放城市低保金2亿元。

二、农村低保

按照2005年3月31日六盘水市救灾救济及低保工作会议安排，六枝特区农村特困群众救助、农村医疗救助、五保供养及敬老院建设工作相应划入低保办，由低保办负责开展工作。

根据贵州省民政厅《关于开展农村特困群众、五保供养对象及敬老院情况复查工作的通知》要求，对全区农村特困群众、五保供养对象及敬老院情况进行全面复查。经复查，2005年六枝特区区有特困群众3789户7337人，其中已实施定期救助的3561人。

2005年，全区纳入救助范围的农村特困群众有3789户，7337人，全年累计发放救助资金146.74万元。

2006年，特区民政局向省、市作了关于扩大农村特困群众救助范围的请示，后来在省民政厅不允许增加的情况下，六枝特区农村特困群众对象仍保留2005年数据3789户，7337人，全年共发放救助资金146.74万元。

2006年8月3日，省民政厅下发了《关于开展农村经常性社会救助对象核查工作的通知》，根据《通知》要求，特区民政局组织了全区民政工作人员对全区农村经常性社会救助对象进行了核查，经核查，全区家庭基本生活常年困难的农村特困群众22260户，62462人，占全区农业人口的12.21%，其中符合定期救助条件的8929户，22705人，占全区农业人口的4.4%。

农村低保制度是对家庭年人均收入低于当地低保标准的农村困难居民进行补差救助，以保障其基本生活的新型农村救济制度。按照中央和省的统一部署，2007 年 7 月，国务院“1 号文件”要求，在全国范围内全面实施农村低保工作，六枝结合自身实际，对年人均纯收入在 700 元以下的农村因病、因残丧失主要劳动力或因自然灾害造成生活困难的家庭实行分档救助，将救助标准分为五个档次，保障人数为 26460 户 62462 人，发放农村低保金 1124.4 万元，六枝特区全面建立实施农村低保制度。从 2008 年 7 月 1 日起，全区农村低保扩面提标，年保障标准由 700 元提高到 820 元，将年人均纯收入低于 820 元以下的 59721 户 63500 人农村困难群众纳入农村低保范围，年人均补助水平 460 元，全年发放农村低保金 5918.1 万元。

2009 年 11 月 5 日，全省农村低保工作会议召开后，2009 年 12 月 4 日，特区政府召开全区农村低保工作会议安排部署全区农村低保进村入户核查工作，经认真分析研究将六枝特区新的农村低保保障标准确定为 1200 元 / 人・年，并出台了《六枝特区农村低保核查实施方案》。农村低保严格按“个人申请—村级调查—乡镇审核—县区审批”的程序办理，工作中实行民主评议、三榜公布、动态管理、应保尽保、分类施保、按季发放等原则，有力地保障了农村困难群众基本生活权益，维护了社会稳定。全区核查工作于 2010 年 1 月底结束，经核查，全区纳入保障的人数为 45707 户 87570 人。年发放农村低保金 4311.04 万元，年人均补助水平 492 元。

2010 年，为进一步抓好特区城乡低保工作，稳定、持久、有效解决我区贫困人口基本生活。特区政府出台了《特区人民政府办公室关于成立六枝特区城乡低保工作领导小组的通知》。成立六枝特区城乡低保工作领导小组，2010 年度全区共有农村低保对象 45707 户 87570 人，占全区农业人口 17.05%。第一、二季度公发放农村低保金 2133.26 万元，季度人均补差水平为 123.08 元。

2011 年 4 月 1 日起根据财政部、民政部和省财政厅、民政厅黔件精神，结合六枝特区实际，六枝特区农村低保标准由 1200 元 / 人 . 年提高至 1380 元 / 人・年。严格按要求统一部署做好农村低核查、审批、上报工作，通过核查全区有低保对象 46447 户 87522 人，全年累计发放农村低保金 7619.04 万元。

自 2007 年 7 月 1 日至 2011 年底，累计发放农村低保金 1.6 亿元。

三、农村五保供养

按照省民政厅《关于开展农村特困群众、五保供养对象及敬老院情况复查工作的通知》要求，特区民政局下发了《关于开展农村特困群众、五保供养对象及敬老院情况复查工作的通知》，组织全区民政工作人员对农村五保供养对象作了全面复查，经复查，2005 年，全区有农村五保供养对象 879 户，957 人，其中已实施供养的 750 人。

根据省、市文件精神，2006 年 4 月 7 日，特区民政局印发《关于开展农村五保供养对象一次性调查的通知》，要求各乡镇严格按照 2006 年 3 月 1 日起施行的新《农村五保供养工作条例》规定，进行调查，切实将符合条件的农村五保供养对象纳入供养范围。经调查，全区符合供养条件的农村五保对象有 1267 户，1579 人，其中女性 589 人，老年人 1008 人，未成年人 369 人，残疾人 236 人。

2006 年 8 月，根据省、市要求，特区民政局组织全区民政工作人员对全区农村五保供养对象进行了核查，经核查，全区现有农村五保供养对象 1422 户，1754 人，占农业人口的 0.34%，其中已实施供养的 957 人（集中供养 98 人，分散供养 859 人）。

2009年，特区民政局认真落实《农村五保供养工作条例》，五保对象除享受的农村低保金外，特区财政投入集中供养现金标准不低于1200元/人·年，分散供养金标准不低于800元/人·年。五保对象敬老院集中供养率比2008年提高3个百分点。建立健全农村敬老院管理制度，岩脚镇敬老院管理制度上墙。

2010年，根据规定，2010年农村五保集中供养标准不低于1700元/人·年，分散供养标准不低于1200元/人·年。兑现农村五保供养必须按季度发放。建立健全农村敬老院管理制度，是年度，集中供养151人。下发《关于下拨敬老院建设补助经费的通知》六民保字〔2010〕21号文件，拨付落别、中寨乡敬老院建设经费。

2011年，六枝特区农村五保供养工作中，五保对象除享受的农村低保金外，特区财政投入集中供养现金标准不低于1700元/人·年，分散供养标准不低于1200元/人·年（注：市民政局集中供养现金标准不低于1200元/人·年，分散供养现金标准不低于800元/人·年）。2011年度集中供养108人，分散供养1504人，合计共发放供养金198.84万元，共发放1612人。

四、农村医疗救助

2005年，上级下达给六枝特区200个患病人员救助任务，结合六枝特区实际，全区有269名患病人员得到救助，共发放救助金22.18万元，解决了部分患病特困群众医疗难问题。

2006年，将农村医疗救助与新型农村合作医疗工作联系起来，特区民政局为农村特困群众、农村五保对象、重点优抚对象等民政对象缴纳了新型农村使用医疗参合费个人承担部分（每人每年10元）费用，共为9116人缴纳参保费9.12万元。救助了农村特困群众患病人员107人，发放救助资金9.84万元。

2009年，六枝特区民政局搞好城市医疗救助工作与城镇居民基本医疗保险工作的衔接，搞好农村医疗救助工作与新型农村合作医疗保险的衔接，扎实开展城乡困难群众大病救助工作。为在册民政救助对象代缴2010年新型农村合作医疗保险金个人支付部分（每人每年20元），共拨付资助经费132.58万元，资助对象为农村低保对象、享受定期救济的精简退职老职工、享受定期救济的宽释人员、百岁老人、享受定期抚恤定补的在乡7～10级残疾军人，“三属”、在乡老复员军人、带病回乡退伍军人和“两参”人员。

2010年，六枝特区城市医疗救助工作与城镇居民基本医疗保险工作的衔接；抓好农村医疗就组合工作与新型农村合作医疗保险的衔接；扎实开展城乡困难群众大病救助工作，下发《关于对〈六枝特区城乡医疗救助细则（实行）〉的补充通知》，进一步完善城乡社会救助体系，有效缓解城乡居民因病返贫导致的生活困难问题，推进和谐社会建设。为在册民政对象代缴2011年新型农村合作医疗保险个人支付部分（每人每年30元），拨付资助经费271.74万元。下发六民保字〔2010〕28号文件，为在册城市低保对象代缴2011年城镇居民基本医疗保险个人支付部分（每人每年10元），共拨付资助经费18万元。为2010年农村五保对象医疗救助资金81.35万元。

2011年，扎实开展城乡困难群众医疗救助工作，提高资金使用效益，年末资金结余不超过全年资金筹集数的15%。本级投入城市医疗救助资金不少于10万元和农村医疗救助资金不少于15万元。本级财政按照要求配套城乡医疗救助经费各10万元。

五、乡镇敬老院建设

2005 年，六枝特区有乡镇敬老院 11 所。其中在建的 1 所（梭戛乡敬老院），新建未动工的 1 所（中寨乡新场村敬老院），投入使用的 9 所，共有床位 148 个，集中供养五保对象 70 人。

2006 年，六枝特区有乡镇敬老院 12 所。其中在建的 2 所（中寨乡新场村敬老院和落别乡 [木岗镇配合] 中心敬老院），投入使用的 10 所，共集中供养五保对象 117 人。

2009 年，六枝特区民政局认真落实《农村五保供养工作条例》，五保对象除享受的农村低保金外，特区财政投入集中供养现金标准不低于 1200 元 / 人・年，分散供养金标准不低于 800 元 / 人・年。新建成 2 所农村敬老院，分别是折溪乡和洒志乡敬老院。建立健全敬老院管理制度。

2010 年，农村五保供养金标准提高，集中供养标准不低于 1700 元 / 人・年，分散供养标准不低于 1200/ 人・年。兑现农村五保供养必须按季发放。建立健全敬老院管理制度。岩脚镇管理制度上墙。组织兴建牛场乡敬老院实施“霞光计划”申请表。

2011 年，六枝特区加大已建成的敬老院入住的工作力度，提高五保对象集中供养率，五保对象集中供养率比 2010 年提高 3 个百分点，建成两所敬老院：陇脚、牛场敬老院，全区敬老院共集中供养 120 人。

六、精简退职

2011 年，六枝特区有六十年代精简退职老职工 34 人，发放救济费 3.25 万元。

七、临时救助

为进一步健全完善社会救助体系，有效解决城乡群众临时性、突发性生活困难，根据《民政部关于进一步建立健全临时救助制度的通知》《省人民政府办公厅关于健全完善临时救助制度的实施意见》精神，特区政府重新修定出台《六枝特区临时救助制度实施办法》，已救助 139 人 24.55 万元。

2010 年，下发《特区人民政府办公室关于印发六枝特区临时救助暂行办法的通知》进一步有效解决城乡困难居民的基本生活问题，维护和促进了社会的稳定。并下拨 2010 年临时救助资金共计 10 万元。

2011 年，下拨临时救助资金 10 万元，下发《关于下拨 2011 年城镇临时救助资金的通知》下发城镇临时救助资金 8 万元，下拨《关于下拨 2011 年农村临时救助资金的通知》下拨农村临时救助资金 8 万元。

第二节　灾害救济

1978 年，全区持续干旱达 7 个月，许多地方无水育秧。特区政府抽调大批干部深入社、队组织动员社员群众抗旱保苗，挑水点种大季作物，安排各区调换秧田，培育商品秧苗 2000 亩，解决用秧困难，弥补灾害损失。是年 9 月 23 日，堕却龙潭公社发生煤矿瓦斯伤亡事故。特区民政局拨款8200元、粮食2000公斤救济遇难者家庭。

1982年，六枝特区先后遭受风雹灾、虫灾袭击，特区安排救济款36707元，救济粮13.6万公斤，化肥450吨、农药15吨，灭虫器械1500件用以救灾，另拨款5万元，帮助受灾农户修补房屋432间。

1987年，六枝特区旱情严重，省、市两级共支援六枝救灾救济款112.65万元，支援救灾粮22.3万元。

1991年7月，六枝特区遭受特大水灾，许多省、市纷纷捐赠款、物相助。国际宣明会派员到区了解灾情，并资助新建了龙场乡和平新村、堕却龙潭新村两个灾民新村。

2004年，全区遭受严重风雹及病虫灾害，受灾农户40余万元人，特区民政局及时下拨各种救灾救济款300余万元，安排下拨44万元地质灾害建房款，补助新窑乡联盟村菜籽地、郎岱镇洒米陇村老瓦房组、箐口乡下麻翁村、堕却乡牛坡、西克等村四个地质灾害点110户地质灾害危险区灾民完成搬迁建房。2009年，全区下拨救灾款372万元、救济粮200吨、棉被2000床、棉衣3000件、绒衣100件、单衣1000件、帐篷30顶，共救助28007户74205人。下拨因灾倒损房屋恢复重建资金12万元，补助受灾群众恢复重建房屋27户108间。全区受灾群众开展生产自救（人）次达20余万（人）次。

2010年，全区共下拨救灾资金978万元、恢复重建资金3.94万元、衣被救济款45万元，共救助7.8万人。确保受灾群众有饭吃、有衣穿、有干净水喝、有房住、有病能得到及时医治。

2011年，共下拨自然灾害生活补助资金467.3万元到各乡镇安排使用，投入冬春救助资金1945万元，购买大米3890吨，共救助2.2万户8.6万人，确保受灾困难群众基本生活未出现非正常情况。

第三节　优抚安置

一、抚恤

烈属、遗属抚恤：根据国务院1980年6月4日颁布的《革命烈士褒扬条例》之后，民政部颁发了相关多个文件，实施抚恤工作。

2004年4月1日，国务院新发布的《军人抚恤优待条例》，定期抚恤金标准应当参照全国城乡居民家庭人均收入水平确定。2004年10月1日起，烈属定期抚恤金标准，城镇每年4200元、农村每年2640元；因公牺牲军人遗属定期抚恤金，城镇每年3900元、农村每年2520元；病故军人遗属定期抚恤金，城镇每年3600元、农村每年2340元。

2006年10月，对烈属、因公牺牲军人遗属、病故军人遗属定期抚恤金标准作出调整：烈属定期抚恤金，城镇每年4980元、农村每年3120元；因公牺牲军人遗属定期抚恤金，城镇每年4620元、农村每年2940元；病故军人遗属定期抚恤金，城镇每年4260元、农村每年2760元。2007—2011年期间，随着人民生活水平的不断提高，每年10月1日起，国家民政部、财政部对烈属、因公牺牲军人遗属、病故军人遗属定期抚恤金适时进行调整，国家5次调整“三属”抚恤标准，抚恤金标准逐年提高。2011年10月“三属”定期抚恤标准为：烈属城镇10480元/年、农村6030元/年；因公牺牲军人遗属城镇8990元/年、农村5760元/年；病故军人遗属城镇8460元/年、农村

5510元/年。六枝特区共有“三属”人员47人。

残疾人员抚恤：1979年残废抚恤金按民政部（1979）67号文件规定标准执行，1987调整革命残废人员抚恤标准。1988年1月1日起开始执行新抚恤标准。1990年5月前，对革命残废人员普查登记评审换证，工作全面结束，全区残疾人员有299人。其中一等在职4人，在乡3人；二等甲级在职152人，在乡8人；二等乙级在职21人，在乡32人；三等甲级在职56人，在乡53人；三等乙级在职69人，在乡38人。

革命残废人员抚恤标准表

1988年1月1日起执行

表7-1-1　　单位：元

抚恤类别	残废等级	残废性质	现行残废待遇				新抚恤标准
			抚恤标准	副食品价格补贴	生活补贴	合计	
在乡残废抚恤金	特等	因战	570	60	144	774	1200
		因公	518			722	1100
	一等	因战	497	60	144	702	1020
		因公	464			668	950
		因病	464			668	860
	二等甲级	因战	390	37	72	498	740
		因公	350			458	660
		因病	350			458	600
在乡残废抚恤金	二等乙级	因战	296	36	72	404	538
		因公	268			376	480
		因病	268			376	450
	三等甲级	因战	180	24	48	252	336
		因公	180			252	322
	三等乙级	因战	140	24	48	212	272
		因公	140			212	272
在职残废金	特等	因战	132			132	240
		因公	120			120	216
	一等	因战	118			118	204
		因公	108			108	184
	二等甲级	因战	96			96	156
		因公	86			86	140
	二等乙级	因战	84			84	135
		因公	76			76	122

续表

抚恤类别	残废等级	残废性质	现行残废待遇				新抚恤标准
			抚恤标准	副食品价格补贴	生活补贴	合计	
在职残废金	三等甲级	因战	70			70	108
		因公	64			64	98
	三等乙级	因战	60			60	90
		因公	56			56	82
备注	1．本表所列数款是全年应领数。 2．本表在乡残废抚恤金中的“因病”，仅限于按规定评定病残的残废军人。 3．本表“在乡残废抚恤金”中的副食品价格补贴，系指1979年民政部〔1979〕67号通知规定发给一般在区在乡残废人员的副食品价格补贴。 4．本表“在乡残废抚恤金”中的生活补贴，系指1985年民政部、财政部〔1985〕计字40号通知规定发给在乡残废人员的生活补贴。						

2004年11月5日，民政部、劳动和社会保障部、卫生部、总后勤部联合下发了（关于印发《军人残疾等级评定标准（试行）》的通知）将原6个伤残等级增加至10个等级，即1～10级，六枝特区2005年5月开始换发新证，2005年12月结束。

2005年，全区有残疾人员244人，其中一级因公1人；三级因战2人，因公2人；五级因战7人，因公4人；六级因战14人，因公15人，因病14人；七级因战31人，因公69人，八级因战29人，因公56人。

残疾军人、伤残人民警察、伤残国家机关工作人员、伤残民兵工残疾抚恤金标准表

表7-1-2　　单位：元／年

残疾等级	残疾性质	抚恤金标准（从2004年10月1日执行）	抚恤金标准（从2006年10月1日执行）
一级	因战	11200	14560
	因公	10800	14040
	因病	10440	13570
二级	因战	10080	13100
	因公	9600	12480
	因病	9200	11960
三级	因战	8960	11650
	因公	8400	10920
	因病	7800	10140
四级	因战	7280	9470
	因公	6600	8580

续表

残疾等级	残疾性质	抚恤金标准（从 2004 年 10 月 1 日执行）	抚恤金标准（从 2006 年 10 月 1 日执行）
四级	因病	6000	7800
五级	因战	5600	7280
	因公	5040	6550
	因病	4560	5930
六级	因战	4480	5820
	因公	4200	5460
	因病	3600	4680
七级	因战	3360	4350
	因公	3000	3880
八级	因战	2240	2880
	因公	1920	2480
九级	因战	1680	2180
	因公	1440	1870
十级	因战	1120	1460
	因公	960	1250

2006—2011 年，六枝特区境内残疾军人、民兵、警察、公务员，较 2005 年数量有所减少，截至 2011 年 10 月，有伤残人员 230 人。国家民政部、财政部每年 10 月按 15%—20% 的比例逐年提高残疾抚恤金补助标准，2006—2011 年间，国家 6 次调整残疾抚恤金标准，确保了他们生活略高于当地居民平均生活水平。

残疾军人、伤残人民警察、伤残国家机关工作人员、伤残民兵工残疾抚恤金标准表
（2011 年 10 月 1 日执行）

表 7-1-3　　单位：元 / 年

残疾等级	残疾性质	抚恤金标准	残疾等级	残疾性质	抚恤金标准
一级	因战	32990	六级	因战	13100
	因公	31950		因公	12400
	因病	30900		因病	10480
二级	因战	29850	七级	因战	9960
	因公	28290		因公	8900
	因病	27230	八级	因战	6290
三级	因战	26190		因公	2760

续表

残疾等级	残疾性质	抚恤金标准	残疾等级	残疾性质	抚恤金标准
三级	因公	24620	九级	因战	5230
	因病	23050		因公	4190
四级	因战	21470	十级	因战	3670
	因公	19380		因公	3140
	因病	17810			
五级	因战	16770			
	因公	14660			
	因病	13620			

二、义务兵家属优待

按《军人抚恤优待条例》规定，义务兵服现役期间，对其家属发放优待金。1987年义务兵家属优待金发放772户，10.6万元。2001年义务兵家属优待金发放427户，30.06万元。其中，城镇义务兵家属优待金发放136户，4.08万元，户均300元；农村义务兵家属优待金发放291户，25.98万元，户均892.7元。2003年城镇义务兵家属优待金发放116户，3.48万元，户均300元；农村义务兵家属优待金发放274户，36.77万元，户均1342元。2004年城镇义务兵家属优待金发放62户，1.86万元，户均300元；农村义务兵家属优待金发放264户，37.22万元，户均1410元。2005年，农村和城镇义务兵家属优待金统一按上年农民人均纯收1555元兑现，城镇义务兵家属优待金发放54户，8.4万元；农村义务兵家属优待金发放216户，40.59万元。2006年，城镇义务兵家属优待金按上年城镇居民消费性支出4256元兑现，58户，24.68万元，农村义务兵家属优待金按全上年农民人均纯收入1749元兑现，283户，49.5万元。

2007年，城镇义务兵家属优待金按上年城镇居民消费性支出5352元兑现53户，资金28.37万元，农村义务兵家属优待金按全上年农民人均纯收入1863元兑现287户，资金53.47万元。2008年按5953元的标准兑现城镇义务兵家属优待金48户，资金28.57万元，按2165元的标准兑现农村义务兵家属优待金269户，资金58.24万元。2009年按6453元的标准兑现城镇义务兵家属优待金50户，资金32.27万元，按2524元的标准兑现农村义务兵家属优待金254户，资金64.11万元。2010年根据《军人抚恤优待条例》及六盘水市民政局关于“取消城乡优待差异，实行城乡统筹优待”（市民发〔2010〕23号）文件精神，按2009年农民人均纯收入2881元标准兑现城乡义务兵家属优待金368户，资金106.02万元。2011年按农民人均纯收入3341元标准兑现城乡义务兵家属优待金305户，资金102万元。

定期定量补助：按照《军人抚恤条例》“复员军人生活困难的，按照规定的条件由当地人民政府的民政部门给予定期定量补助，逐步改善其生活条件”的要求。六枝特区复员退伍军人定期补助20世纪80年代人均每月补助标准10元，后逐年从10元增至18元、26元；2001年提到人均月标准48元；2002年7月人均月标准提高到98元；2006年1月1日人均提高到175 ~ 200

元，补助人数为 993 人。

2007 年，特区人民政府办公室下发《关于建立优抚对象抚恤补助自然增长机制的通知》，确保在乡老复员军人与区内人民群众生活水平同步增长，2007 年 10 月六枝特区补助标准为：在乡老复员军人 225 元 / 月；带病回乡退伍军人生活 113 元 / 月。2007 年 8 月 1 日起将农村及城镇无工作的参战退役人员纳入生活补助范畴，补助标准 100 元 / 月。2007 年 6 月，省政府下发《省人民政府办公厅转发省民政厅等部门关于解决企业老复员军人生活医疗困难意见的通知》，首次将困难企业老复员军人生活医疗困难内容补助范围，省、市属困难企业纳入省、市级财政预算，地方困难企业纳入地方财政预算，补助标准为：建国前 160 元 / 月，建国后 140 元 / 月。2008—2011 年期间，国家民政部、财政部 4 次调整在乡老复员军人、带病回乡退伍军人、部分参战人员定期生活困难补助标准，2011 年 10 月，区内补助标准为：在乡复员军人 420 元 / 月，带病回乡退伍军人 233 元 / 月，部分参战人员 220 元 / 月。困难企业老复员军人 240 元 / 月，建国后老复员军人 220 元 / 月。2011 年 7 月，民政部、财政部下发《关于给部分农村籍退伍军人发放老年生活补助的通知》（民发〔2011〕110 号）文件，将 1954 年 11 月 1 日试行义务兵役后至《退役士兵安置条例》实施前入伍，年龄在 60 周岁（含 60 周岁）、未享受国家定期抚恤补助的农村籍退役士兵纳入老年生活补助范畴，按每服义务兵役一年，每月发给 10 元生活补助。2011 年底，区内有在乡老复员军人 663 人，带病回乡退伍军人 426 人，部分参战退役人员 1344 人，60 周岁农村籍退伍军人 493 人。

三、复员退伍军人安置

1987 年国务院发布的《退伍义务兵安置条例》规定，“退伍义务兵安置工作必须贯彻从哪里来、回哪里去的原则和妥善安置、各得其所的方针”。1987—2002 年六枝特区对复员退伍军人安置严格按照《退伍义务兵安置条例》的相关规定进行安置。2002 年 8 月下发了省人民政府办公厅印发《贵州省城镇退役士兵安置任务有偿转移和自谋职业试行办法》的通知，对城镇退役士兵实行货币化安置（自谋职业），鼓励城镇退役士兵自谋职业，到 2006 年底，自谋职业人数 23 人。

1978—2006 年退伍安置表

表 7-1-4

年度	接收复退军人数	安置工作数	年度	接收复退军人数	安置工作人数
1978 年	181	27	1993 年	218	160
1979 年	97	18	1994 年	132	71
1980 年	311	51	1995 年	189	79
1981 年	726	156	1996 年	151	67
1982 年	379	134	1997 年	116	95
1983 年	363	193	1998 年	106	69
1984 年	234	79	1999 年	273	91
1985 年	211	88	2000 年	171	70
1986 年	355	150	2001 年	133	95

续表

年度	接收复退军人数	安置工作数	年度	接收复退军人数	安置工作人数
1987 年	152	48	2002 年	216	70
1988 年	220	55	2003 年	204	64
1989 年	80	53	2004 年	210	83
1990 年	231	141	2005 年	186	60
1991 年	128	87	2006 年	143	42
1992 年	194	57			

六枝特区 2007—2011 年退伍军人安置表

表 7-1-5

年度	接收入数（人）	安排工作人数（人）	自谋职业人数（人）	自谋职业补助金额（元）	自主就业人数（人）	自主就业补助金额（元）	职业技能培训人数（人）
2007 年	164	25	7	213000			32
2008 年	142	18	12	214308			30
2009 年	150	11	16	32.7			27
2010 年	133	25	6	13.7			31
2011 年	128	17	10	24.8			27

军队离、退休、干部安置：六枝特区人民政府按国家有关规定发放军队离、退休干部各项补助。军队离、退休干部由省安置办接收转六盘水市军干所安置管理。六枝特区民政局代管，1983 年 4 月，移交地方的军队离休干部有孙芳英（师级），于 1983 年 10 月去世；1986 年，移交六枝民政局代管的军队离休干部有贾来保、黄庆敏、余宪怀、刘廷，刘廷于 1993 年 11 月去世，余宪怀于 2003 年 12 月去世；贾来保于 2012 年 10 月去世，2011 年 10 月，移交地方军队退休干部人员汪兴福。

四、零散烈士纪念设施管理与利用

1. 大用烈士陵园：大用烈士陵园始建于 1965 年，1950 年 4 月剿匪牺牲饶其柏及 1959 年 6 月滇黔铁路岩脚寨隧道建设 8506 部队第二十七团和 8507 部队牺牲的 36 名烈士，该烈士陵园占地面积约 6.5 亩，2003 年由原铁道兵部分老战士，大用镇政府组织改扩建，总投资 47 万元（其中民政局拨款 14 万元，社会捐资 33 万元），1995 年 12 月特区批准为爱国主义教育基地，2005 年市批准为国防教育基地，每年清明、烈士纪念日接待祭奠人数 5000 余（人）次。六枝特区烈士公祭活动都在这里举行。

2. 龙桥烈士陵园：龙桥烈士陵园始建于 1976 年，在这里长眠着 1950 年 4 月围剿“安家窗子洞”土匪牺牲的解放军 135 团、146 团的张光乾、张护林、殷殿玺及在新场“狗场”剿匪牺牲迁至烈士陵园的 8 名烈士。2005 年龙桥烈士陵园批准为六盘水市爱国主义教育基地。2006 年特区人民政府将龙桥烈士陵园列改扩建工程列入政府“十件实事”，2006 年 7 月开工建设，2009 年 1 月修建结束，烈士陵园占地面积21亩，总投资79万元（其中民政局拨款69万元，社会捐资10万元），每年接待祭奠人数约2600余（人）次。龙桥烈士陵园依山傍水，风景秀丽，安葬的都是为六枝人民解放事业牺牲的革命先烈，有着深远的历史意义。

3．陇官箐烈士陵园：1949年3月3日，在中共贵州地下党的领导下，在郎岱举行"三三"武装暴动。李兴隆等21名参加暴动人员光荣牺牲。1950年2月，中共郎岱县县委、县人民政府将李兴隆、彭亮清、卢小胜、刘长生、罗志国、陈锡舟、孙道珍、蒋少安、腾兴芝、李洋桥、李连开、刘春友、龙光学、龙廷开、杨仁忠、杨仁登，陈少文、卢培舟、张国龙、明汗舟、刘发二等21名在"三三"革命武装暴动中牺牲的烈士遗骸新棺入殓，迁葬于郎岱城西陇官箐。1996年，市财政拨出专款，将烈士坟墓修缮一新，命名为"陇官箐烈士陵园"。1999年，被列为县级爱国主义教育基地。2005年，中共六盘水市委将郎岱"三三"暴动烈士陵园列为市级爱国主义教育基地。2005年9月，六盘水市人民政府将"三三"暴动烈士陵园列为市级全民国防教育基地，2009年5月，民政局拨款10万元进行修缮。每年清明节和"五四"期间，每年接待祭奠人数3000余（人）次。

4．岩脚烈士陵园（山王庙）：岩脚烈士陵园始建于1995年，占地面积3亩，当时特区政府拨款2万元，民政局解决救济粮5000斤，民工投工投劳2500个修建了"山王庙烈士墓"，这里安葬了为六枝解放事业（剿匪），保卫新人民政权牺牲的刘安民、苏昌国、汪克锷、朱建江、梁有康、黄冠雄、张英、张杰、等17名烈士（含无名烈士），2005批准为市级爱国主义教育基地。2009年9月，特区民政局拨款49.7万元，对岩脚烈士陵园重新进行改扩建，新增土地1.8亩（总面积4.8亩），增设烈士陵园道路、烈士纪念碑、园区彩砖、护栏，将新桥村郑金星等三位烈士及田家寨一名烈士遗骨迁至烈士陵园，该陵园正式命名为六枝特区岩脚烈士陵园。现每年接待祭奠革命烈士人数3000余（人）次。

5．平寨镇东风水库烈士陵园。平寨镇东风水库烈士陵园位于六枝东方路东风水库旁，1998年，特区政府投资了2.1万元对其进行维修。这里安葬了为六枝解放事业牺牲的詹斗南、刘振学、韦世安、杨英学等四位烈士，东风水库烈士陵园2005批准为市级爱国主义教育基地，现每年接待祭奠革命烈士人数约3000余（人）次。

6．牛场乡安健墓。安健墓位于六枝特区牛场乡兴隆村的青龙山下，占地面积约1000平方米，修建于1985年11月，牛场乡政府投资2.6万元对其进行了维修。2005批准为市级爱国主义教育基地。每年接待祭奠革命烈士人数约2500余（人）次。

7．其他：2009年5月六枝特区民政局拨款40万元，由龙场乡修建龙场乡迎丰村烈士墓，烈士墓占地2.2亩，将龙场乡境内剿匪时牺牲的袁孝池等4位烈士迁至烈士墓集中安葬，2009年12月投入使用，便于龙场乡境内的干部职工、学生、群众开展爱国主义教育活动。2009年，民政局拨款5万元维修新华乡烈士墓（位于新华乡政府后500米处），占地面积1亩，将剿匪牺牲的3名无名烈士集中进行安葬。2009年10月，拨款5.5万元在折溪乡把仕寨村修建烈士墓，占地面积1亩，将郎岱"三三"暴动牺牲的刘春芳、滕兴芝、徐少武、徐少华4位烈士集中进行安葬。2011—2011年投入4.2万元维修了杨合明、龙腾、绕景凡等三座烈士墓。2010年5月，六枝特区民政局拨款13万元搬迁1950年8月剿匪牺牲的曾沛吾烈士墓，烈士墓建设地点为落别乡纳骂村卫生院旁，占地面积1.5亩，2010年12月投入使用。2010年5月民政局投入11万元修建落别乡多林烈士墓，将在多林洞剿匪牺牲的候继谦（候宪谦）刘长根等3名烈士集中安葬（其中1名为无名烈士），烈士墓建设地点落别乡多林村多林组，占地面积 1.5 亩。

五、拥军优属、拥政爱民

改革开放以来，六枝特区党委、政府高度重视双拥工作，始终把双拥工作作为支持国防建设、维护社会稳定的头等大事抓好双拥工作的落实。成立组织机构，确保人员经费。2004 年 6 月 26 日，成立六枝特区拥军优属拥政爱民工作领导小组办公室，办公室隶属民政局下设财政全额拨款股级事业单位，核定事业编制 1 名、主任职数 1 名，与特区民政局优抚安置股合署办公。

六、双拥工作开展及拥军优属

每逢春节、“八一”，特区党委、政府，四大班子领导始终坚持定期走访慰问驻境部队和重点优抚对象，特区主要领导深入部队调研，现场办公，帮助驻境部队解决实际问题。2005 年“八一”前夕，“援建军营图书室，共建学习型军营”系列活动全面展开后，特区党委、政府为住地官兵送去价值 3.04 万元图书，丰富了基层官兵们的精神文化生活。境内的企事业单位、社区居民委员会也纷纷自发组织队伍到部队慰问和联欢，开展“双拥”活动，为改善驻地官兵的办公和住房条件，特区党委和政府筹集经费修缮武警中队的办公楼，为特区人武部绿化环境，丰富了军民共建内容。2003—2005 年，特区政府投入 341.81 万元支援驻军部队正规化建设。为解决驻军官兵的生活问题，特区农业局为六枝特区武警中队无偿修建蔬菜大棚，并派专业技术人员为他们讲解蔬菜种植技术。特区煤炭局为特区武警中队解决取暖用煤问题。城区内各社区为加强军民联系，组织辖区内的居民到武警中队、消防大队为官兵们表演节目。并制定了《拥军优属公约》，对军烈属和现役军人家属实行“三优”服务。驻军部队在圆满完成各项军事任务、搞好战备训练的同时，积极支持、参与地方的改革和建设。2006 年，是贵州省第六次双拥模范城（县）评比之年，为确保六枝特区顺利进入全省评比，六枝特区进一步夯实基层双拥工作，规范双拥工作规程，掀起了创建双拥模范城（县）的新高潮。六枝特区党办下发了《六枝特区双拥工作制度》《党委议军会议制度》《军地联席会议制度》等 14 个工作制度，建立双拥服务性基层组织 311 个，在全区开展优抚对象“三优”服务，7 月 31 日，在桃园广场，特区党委、政府举办了《军民同呼吸、共命运、心连心》为主题的大型双拥文艺汇演，参加观看演出的干部职工、驻境官兵、社会各界群众 6000 余人。2006 年，两节期间全区投入双拥活动经费 150 余万元，特区财政支持部队建设资金 173 万余元。2007 年，是贵州省第七次创建双拥模范城（县）开局年，7 月 23 日，特区召开党委议军会议，研究民兵预备役工作及人武部民兵训练基地改建等相关事宜，会议结束后，特区及双拥成员单位领导过“军事日活动”，进行实弹射击。2007 年，特区财政投入 147.5 万元支持部队建设。2008 年，六枝特区开展了形式多样，内容丰富的双拥活动，各项优抚政策落实到位，创建全省双拥模范城（县）氛围浓郁。是年 8 月 30 日，特区党委、政府、双拥工作领导小组开展了以“争创双拥模范城（县）奏响双拥文明之歌”为主题的万人游行签名活动，同时举办大型文艺汇演，8000 余人参加了活动。9 月六枝特区成立双拥协会。两节期间财政、各部门投入慰问及活动经费 320 余万元，全年财政投入部队建设资金达 163 万元。2009 年，为创建全省双拥模范城（县）夯实基层双拥工作基础，4 月双拥工作领导小组下发文件，对双拥创建工作作了全面安排部署，将双拥工作纳入双拥成员单位及乡（镇）目标考核，双拥工作在全区扎实有效开展，“十进军营”系列拥军活动成效显著，社会化拥军氛围浓郁。双拥群众性服务网络健全完善。全区有双拥基层服务组织321个，积极开展为优抚对象办好事、办实事，作用发挥较好，实现双拥进学校、进机关 、进社区、进军营。六枝特区双拥工作走上经常化、制度化、群众化、社会化轨道。财政支持部队正规化建设资金182万元。2010年是第七次创建全省双拥模范城（县）收官年，为营造浓郁的双拥宣传氛围，制作永久性宣传标牌61块，发放宣传资料3000余份，参加烈士祭扫7000余人。双拥成员单位为部队送图书1000余册，价值2.2万元，组织军民共建单位开展活动90余次，32家军民共建单位签订了《军民共建协议书》《军民共建公约》，共建单位互办实事，共建内容丰富，营造了良好的创建氛围。特区财政投入212万元支持部队硬件建设。六枝特区人民政府申报参加全省双拥模范城（县）评选活动，因受指标限制，未能进入全省双拥模范城（县）行列。2011年是贵州省第八次全省双拥模范城（县）评选活动的开局年，六枝双拥工作以创建全省双拥模范城（县）及确保六盘水市全国双拥模范城“三连冠”为总目标。按照目标明确、工作量化、责任落实、夯实基础、难点突破、亮点突出的工作思路，掀起新一轮创建新高潮。在主要交通要道设置50块大型双拥宣传标牌，在水黄路设置400平方米大型宣传版面，参加烈士祭扫万余人，免费为官兵播放电影23场，8月28日，特区党委、政府、双拥工作领导小组在特区体育场举行“纪念建军84周岁及奏响双拥文明之歌的”大型文艺会演，参加观看约万余人，投入资金13万余元。春节、“八一”期间乡（镇）个部门投入慰问及活动经费315万余元，地方财政支持部队正规化建设资金243.5万元。2011年，六盘水市双拥工作领导小组明确六枝特区为复退军人信访工作试点县，特区党办、政府办下发《有关印发六枝特区复退军人信访工作安排意见的通知》（六特办通字〔2011〕85号）文件，对试点工作进行全面的安排部署，各乡（镇）各参与单位按照宣传动员、调查摸底、组织实施、总结上报的程序开展工作。期间特区双拥工作领导小组转发俩《六盘水市复退军人信访维稳工作管理暂行办法》，下发《六枝特区信访维稳工作各项制度职责》，六枝特区复退军人信访维稳工作按照疏导教育、管理服务、协商调解、督查督办的程序开展工作，在乡（镇）村（居）积极推行“四个知道、一个跟上”（知道复退军人在什么地方、在干什么、在想什么、有什么困难，及时跟上帮助解决）及“一卡四单”（便民服务卡、民生建议单、矛盾调处单、发展建议单、工作进展单）的群众工作法，对复退军人信息全面进行复查，建立一人一卡台账，加大对优抚对象“三难”的解决力度，当年信访率下降75%。

拥政爱民：驻军部队积极投身地方经济建设，紧紧围绕党的中心开展工作，为六枝经济发展和社会稳定保驾护航，积极参与地方“两个文明”和社会公益事业建设，视六枝为第二故乡。2006年，特区人武部组织驻境官兵、民兵260余（人）次，扑灭森林大火2000余亩，组织民兵1万余人，完成公路建设4万余米，疏通农用沟渠2万余米，退耕还林8593亩，协调资金20余万元，扶持民兵科技示范点3个；特区消防大队、武警中队，出动警力800余（人）次，车辆100余台（次），参与抢险救灾，执行安保任务及参加创建文明卫生城市活动。2007年，特区人武部干部集资2万元、协调资金10万元解决新华乡成功村1100人用电问题，结束了成功村不通电的历史。协调资金20余万元，援建成功小学（460平方米），捐资1200元，资助11名失学儿童返校。特区消防大队、武警中队，出动警力600余（人）次，车辆87余台（次），参与抢险救灾，执行安保任务及参加创建文明卫生城市活动，受到人民群众好评。2008年，六枝特区遭受百年难遇的凝冻灾害，人民生命财产遭受巨大损失，驻境官兵捐款捐物，战斗在抢险救灾的第一线，挽回直接经济损失1000万余元。2009年，驻境全力推进“十进农村”系列富民活动，部队官兵与优抚对象34人结成帮扶对子，帮助他们走出贫困。驻境部队在做好战备执勤的同时，积极参与公益活动。2010年，驻境部队积极参与双拥模范（县）城创建工作，制定拥政爱民工作计划，军训师生1.6万余人，投入干部及民兵5000余（人）次，出动车辆200余台（次），扑灭森林火灾1000余亩，为灾区捐款2.3万余元，结成一帮一帮扶对子32对。在抗击罕见的旱灾斗争中，为确保城乡居民用水，消防官兵表现尤为突出，出动车辆100余台（次），送水1000余吨，灾区群众亲切称他们“红水桶”，他们的英雄事迹可歌可泣。2011年，驻境部队积极投入六枝经济建设，大搞绿色工程建设，建有6个双拥共建林；军训师生8000余人，投入官兵及民兵预备役2000余人，车辆180台（次）参与抢险救灾及创建文明城市工作，向灾区捐款3.1万元，帮助22户贫困户走出贫困。

双拥表彰活动：1983年11月，中共贵州省委、贵州省人民政府、贵州省军区对“双拥”先进单位和先进个人进行了表彰。六枝特区人民武装部荣获拥政爱民先进集体荣誉称号；六枝特区中寨公社红专大队荣获拥军优属先进集体称号。陆应顺、吕道学、李龙学、董兴国、陶家荣，作为拥军优属先进个人受到表彰。1990年，韦洪布受省授予工作领导小组、民政厅、人力资源和社会保障厅表彰为拥军先进个人。1992年，六枝特区人民政府、贵州省煤田地质勘探公司142队、贵州省煤田地质勘探公司水源队、六枝特区人武部、六枝特区武警中队被六盘水市委、市政府、水城军分区评为双拥先进单位受到表彰。张望忠、 张义平、李发明、席道文、王树利、汪兴福获双拥先进个人荣誉称号。 1995年，六枝特区获市委、市人民政府、水城军分区表彰双拥工作先进集体。平寨镇、六枝特区新华乡、六枝特区新窑乡荣获拥军优属先进单位称号。宋键、张望忠、甘忠爱、李发明作为拥军优属先进个人受到表彰。邹林、王华学为拥政爱民先进个人。同年，中共贵州省委、贵州省人民政府、贵州省军区授予六枝特区人民政府拥军优属先进单位荣誉称号。2005年，中共贵州省委、贵州省人民政府、贵州省军区授予六枝特区民政局拥军优属先进单位称号。授予王礼琴拥军优属先进个人荣誉称号，授予王发兵复员退伍军人修建个人荣誉称号。2006年4月，中共六枝特区委员会、六枝特区人武部对2005年度警民共建工作先进单位进行表彰。特区煤炭局、特区一中、特区二中、特区四中、特区人民医院、平寨镇、团结路社区等12家共建单位受到表彰。2007年9月，特区双拥工作领导小组授予民政局、教育局、人武部、平寨镇、岩脚镇等17家双拥工作先进单位。2008年3月，市委、市政府、水城军分区授予六枝特区人武部拥政爱民先进单位荣誉称号；授予六枝特区民政局、平寨镇人民政府、六枝工矿（集团）公司拥军优属先进单位荣誉称号；授予王箐、周雯等6名同志先进个人，陈春晓、冉序2名同志拥政爱民先进个人。9月，中共中央、国务院、中央军委授予六枝特区原公共汽车公司经理李林同志拥军优属先进个荣誉称号，受到胡锦涛总书记的接见。2010年7月，省委、省政府、省军区授予六枝特区人民政府授拥军优属拥政爱民先进单位荣誉称号；授予郭显元拥军优属先进个人荣誉称号，授予勾平、蔡永刚复员退伍军人先进个人荣誉称号。

第四节　社会福利

一、六枝特区社会福利院建设

1979年，省民政厅、市民政局要求各县抓好社会福利事业并成立相应的社会福利事业单位。是年4月，根据省民政厅、市民政局的有关指示精神，六枝特区人民政府批准建立六枝特区老残院为特区民政局下属正股级财政全额拨款事业单位。并将原来水电局的家属宿舍（现地处地堪一四二队下面靠河边）划给老残院，移交的房屋为一层共17间、占地204平方米、砖木结构的老式房屋。

1981年1月，特区民政局根据特区政府的指示精神，面向全区知青以公开招考的形式，共招考了5名职工。由于资金没有及时到位，相关善后工作没有做好，因此，科室成立后没有具体的工作，也未向社会开展收养工作。

1982年12月6日，六枝特区民政局根据省委及特区政府的有关指示精神，通知水电局家属搬离。为不影响工程的施工，还专门下发《关于对原水电局机房住户搬迁的有关事项的通知》，《通知》要求水电局住户必须立即搬离。

1983年，水电局职工及其家属完全搬离后，特区民政局投入经费4300元对房屋、公路围墙、保坎、河堤进行维修，7月维修结束。8月26日，老残院正式成立。当时有职工6名。办院宗旨是提供收养服务，弘扬救助精神。业务范围是负责面向全区公开收养“三无”人员，并为之提供服务；承办全区“三无”对象的调查、呈报工作，接收“三无”对象（无劳动能力、无生活来源、无法定抚养人或赡养人）入住老残院；负责院内“三无”对象档案、资料的收集、整理等工作；负责制定院内工作的各项规章制度，增强社会福利工作的透明度和监督力度。

是年10月17日，特区政府下发《关于对特区老残院征用土地的批复》通知，同意征用平寨镇云盘公社河湾大队旱地2.91亩，荒地1.77亩，作为修建老残院用地。1984年，特区民政局征用河湾村上述土地，修建老残院，截至到1986年底，老残院修建结束，为一幢三层二单元楼房。设院长1名，职工6名。

1986年2月，国家拨款8.45万元，新建老残院住房，1987年4月修建结束。新建钢筋水泥楼房一栋，共12个套间，面积762平方米。楼房建成后，大部分用来作为“三无”老人的住宿和办公使用，少部分用来解决部分职工及残废军人的住宿问题。

1987年，老残院正式更名为“六枝特区社会福利院”。

1988年9月，六枝特区社会福利院本着办院接收六枝特区折溪乡黄镜蓉老人、徐鹏老人入院。地方财政按每月25元的生活费补贴福利院，供养老人。至此，福利院面向全区“三无”对象的收养工作正式启动了。

1988年11月21日，六枝特区机构编制委员下发了《关于下达特区疗养新村、社会福利院人员编制和领导职数的通知》，福利院人员编制7人，其中：正、副院长2人。

1991年，六枝特区箐口乡烈士遗孤杨启国，家庭经济十分困难，于9月17日接入院内生活。紧接着，刘厚珍、刘学芬，杜玉珍三位老人入院。

1996年10月，民政局目标考核福利院，12月共接入17位老人入院生活。同年，六枝特区人事劳动和社会保障局下文（六人劳干字〔1996〕81号），任季超英担任福利院院长。

福利院系沿河修建，所占地理位置偏低，一到涨水季节，经常受到洪水的侵袭，入住院民深受其害。为了改变这一现状，1996 年 3 月 20 日，民政局将这一情况向上级有关部门汇报，请求支持福利院搬迁。

是年 3 月 22 日，六枝特区计划局下发了《关于特区民政局修建社会福利院项目建议书的批复》，同意修建福利院。

是年 3 月 26 日，六枝特区人民政府下发了《关于六枝特区社会福利院搬迁的批复》，同意福利院搬迁。

是年 3 月 28 日，六枝特区国土资源局《关于六枝特区社会福利院要求使用土地的意见》，同意立项。

1996 年，六枝特区财政局下发了《关于下达六枝特区民政局福利院补助费的通知》下达民政局福利院补助费 20 万元，主要用于建房补助。此项经费列入 1996 年“抚恤和社会救济费”中，“社会救济福利事业费”科目。

是年 9 月 26 日，六枝特区人民政府下发了《关于成立六枝特区儿童福利院的批复》，成立儿童福利院。

是年 12 月，六盘水市民政局根据六枝特区民政局社会福利院报告，原则同意搬迁。

是年 12 月 17 日，贵州省社会福利有奖募捐委员会下发了《关于资助福利事业项目的批复》，资助六枝特区社会福利院。

1997 年 4 月 18 日，六枝特区福利院写报告请求上级部门资助修建儿童福利院。国家民政部李处长及省民政厅龙副厅长等领导亲临现场查看后，拨款 20 万元资助修建。

是年 6 月 13 日，六盘水市民政局下发了《关于资助六枝特区儿童福利院修建经费的批复》，资助六枝特区儿童福利院修建经费 10 万元。

是年，在福利院的右上侧兴建综合大楼，10 月综合大楼竣工。福利院将所有院民搬到新大楼中，职工办公条件及院民生活环境得到很大改善。同年 11 月，福利院举行了搬迁典礼，并正式挂牌，省民政厅龙副厅长及市、特区有关领导前往祝贺新居落成。

1998 年，福福利院接收孤残儿童的相关政策也相继出台，福利院对孤残儿童的收养工作全面展开。同年 2 月，福利院组织工作人员到各个乡镇走访调查，并将有关资料上报民政局，民政局经过研究后，先后接收了 7 名孤残儿童和 1 名孤老。

是年，福利院根据《中华人民共和国收养法》及上级民政部门的有关规定，开始开展送养业务。

是年 3 月 25 日，六盘水市民政局下发《关于转发民政厅〈关于对全省社会福利事业单位达标上等级进行检查评比的通知〉的通知》，《通知》规定，凡县级以上无重大责任事故、精神文明成果显著、床位在 60 张以下，院容院貌整洁，绿化好的福利院，可申报为省三级福利院。根据该通知，六枝特区社会福利院将有关资料上报省民政厅，民政厅通过检查验收后，于 12 月 1 日下发《关于命名贵阳市社会福利院等 13 个单位为省级福利事业单位的决定》，《决定》批准，六枝特区社会福利院为“省三级福利事业单位”。

1999 年 6 月，孤残儿童李敏、李敏华入院；随后，刘洪才、郑元芳两位孤老入院。年底修建了厨房。

2000 年，进行院内改造，修建了一条水泥路面。

2001 年，国家出台“星光计划”，各省利用福利彩票公益金扶持福利院修建“星光老年之家”。福利院在“星光计划”的支持下，在院左上角修建“星光大楼”，2003年“星光大楼”完工，命名“星光老年之家”。“星光老年之家”投入使用后，院内老人的居住环境得到更进一步的改善，福利院也正式面向社会开展自费老人收养服务工作。

2003年起，为了让福利院的孩子们回归家庭、融入社会，健康快乐地成长，根据民政部颁发的《家庭寄养管理暂行办法》的有关要求，面向社会公开开展家庭寄养活动，发动社会力量为广大孤残儿童奉献爱心。9月，福利院硬化了院门口至人民医院后门300米的一段路面。

2004年5月，福利院对院内环境进行改造，并拆掉老水电局遗留下的旧瓦房，修建葡萄架、花池、假山、鱼池等；绿化草坪、花池；硬化篮球场、改造厨房等。积极向上级汇报、请示，争取到有关项目：室外，安装健身器材、座椅等，以便供老人孩子健身、乘凉使用；室内，增加健身室、棋牌室、阅览室、书画室、音乐室、乒乓球室、医务室和多功能活动室、医务室等，供老人孩子健身、休闲、娱乐使用。

2005年9月，六盘水市民政局针对福利院无生活专用车的实际情况，下发《关于下拨福利彩票公益金购买福利院生活用车的通知》下拨15万元福利彩票公益金资助六枝特区社会福利院购买生活用车。

是年，福利院床位增加到60张，院民人数达到55人。其中孤残儿童20人，孤寡老人10人，社会弃婴15人，自费老人10人。随着工作量的逐年增加，原定的7人编制难以履行相关工作职责，专业性较强的工作无人承担，急需增加工作人员。为此，特区民政局特向编委请示增加编制。是年11月27日，六枝特区机构编制委员会下发《关于六枝特区社会福利院增加事业编制的通知》，为六枝特区社会福利院增加编制6名。

2006年1月—4月，特区民政局组织有关工作人员到各乡镇分别考核教师、医生、护士、驾驶员等各种专业技术人员。5—7月，福利院先后调进了4名同志。

是年8月11日，六盘水市民政局及财政局根据六枝特区社会福利院存在的问题，联合下发《关于下达2005年度省级福利彩票公益金用于各地福利事业项目的通知》，将2005年度省级福利彩票公益金30万元下拨给六枝特区社会福利院，主要用于儿童大楼、老年公寓的改造。

2008年，福利院先后回收旧家属房2套，对院内7套旧家属房进行装修改造。

2009年5月，对院内围墙、院坝等加高并重新装饰。

2011年，特区财政划拨专项经费20万元，对福利院的水电线路进行改造，至此福利院有职工10名。其中：正、副院长各1名，管理员7名，工勤人员1名。共有院民51人。其中，老人15人，孤残儿童和社会弃婴36人。自2003年开展送养业务以来，福利院国内送养社会弃婴25名，涉外送养49名。

二、收养登记

2003—2011年，依法办理收养登记75件。

三、疗养新村

六枝特区疗养新村（原名麻风村），位于六枝特区毛口乡半坡村三间房组，距县城50余公里，距北盘江上游之毛口河 20 余公里，距境内最高峰“老王山”10 公里。风景秀丽，气候宜人。

1958 年底，成立郎岱县麻风村。接管洒志农场六队遗下的房屋 20 余间，田 35 亩，地 70 亩，作为麻风村生产生活用地。

2003 年，因毛口乡石板村、沈家村移民搬迁到三间房麻风村居住，政府决定将原麻风村土地划给毛口乡两村移民耕种。截至 2011 年，疗养新村有病人两名（陈安信；秦兴仁），现有工作人员 1 名。两个病人的衣食住行由政府按每人每月 180 元供给。

四、救助管理

1978 年，根据上级指示，撤销六枝特区收容审查站，其业务工作分别交由民政和公安部门作为日常业务承办。

1996 年 12 月 28 日，六枝特区民政局向六盘水市民政局请示《关于要求解决六枝特区收容遣送站人员编制问题》。

1996 年 12 月 27 日，六盘水市人民政府同意设立六枝特区收容遣送站，为股级事业单位，隶属特区民政局领导，业务上接受市收容遣送站的指导。人员编制、经费、设备由特区政府自行解决。

1997 年 3 月 13 日，成立“六枝特区收容遣送站”。六枝特区收容遣送站为股级事业单位，隶属特区民政局，领导职数 1 人，核定事业编制 4 人。

1999 年，收容遣送站的主要任务是管理遣送无临时户口、无固定住所、无合法职业、无合法经济来源、无生活依靠人员。

六枝特区收容遣送站组织干部职工认真学习新《办法》和《实施细则》，学习全国贯彻《办法》工作会议精神，把思想认识统一到中央的决策和部署上来，明确政策要求，提高政策水平和服务本领，切实做好城市生活无着的流浪乞讨人员救助管理工作。

2003 年 9 月 15 日，六枝特区机构编制委员会办公室以六机编办〔2003〕33 号《关于六枝特区收容遣送站更名等有关事项的批复》，正式更名为“六枝特区救助管理站”。六枝特区救助管理站为六枝特区民政局直属财政全额拨款股级事业单位，核定领导职数 1 名，干部职工 4 名。

2006 年 1 月 24 日，六枝特区编委重新核定六枝特区救助管理站事业编制 3 名，工勤编制 1 名。

1996 年 12 月 28 日—2011 年 12 月 28 日，本站共共收容、救助各类人员 102408（人）次（其中：盲哑人 483 人，精神病人 185 人，残疾病人 230 人，妇女儿童 312 人，麻风病人 426，处理无名尸体 82 具，正常救助 11314 人）。

第五节　社会行政管理

一、殡葬习俗

六枝特区行政区域内，无论城乡，因地域和民族不同，殡葬习俗各有差异，其中大多数是沿袭明、清旧习掺和封建礼教及迷信思想，尤其以汉族重殡厚葬之风盛行，礼仪形式繁琐。就土葬而言，大致为：病人将死的时候，家属到场送终，烧倒头纸。人死后，为死者梳洗、理发、更衣，到路口烧毁死者垫草，派人或发函电将死讯告之亲友。死者是父母的，其孝子亲视含殓完毕，家居城镇的沿街磕头，家居农村的则到村寨亲友门口磕头燃放鞭炮，向街邻、亲友“报丧”。死者入殓装棺后，即搭设灵堂，孝子、孝女、至亲披麻戴孝，请阴阳道士择吉日，选墓地，之后阴阳道士做“法事”，做道场，超度亡灵。出殡时，扬幡开道，沿途敲锣打鼓，放黄烟，鸣鞭炮，断续丢纸钱（撒买路钱），到达安葬地后，停棺待葬，时辰一到，抬棺下墓井，拿锣盘定方向，较正棺木，垒坟砌墓，孝子再拜辞坟。至此，入葬仪式完毕。之后，连送三日火饭，继而复山，死后七日至四十九日每隔七天一祭，俗称“做七”。死后百日祭坟做“百期”；至周年，再设祭，称“做周年”。此种习俗，视死者家庭经济状况决定繁简，现逐步改革。

二、殡葬改革

六枝特区历来重殓厚葬，不少孝男孝女们为尊“孝道”而为之。六枝特区党委、政府遵照《关于改革旧的殡葬方法与旧的殡葬习俗改革土葬大力推行火葬》的指示，广泛开展群众性宣传教育活动，大力提倡移风易俗、文明、从简、节约办丧事。丧葬活动逐渐被开追悼会、致悼词、送花圈、带白花等文明的丧葬新风尚所代替。动员丧者家属，将亲人的遗体分别送到临近的安顺、水城进行火化。驻六枝特区境内的原六枝矿务局、六盘水市煤机厂、水源队、一四二队等一些中央、省、市属企事业单位率先进入殡葬改革行业，开创了六枝殡葬改革的新纪元，为六枝殡葬改革做出了积极的贡献。

三、殡葬基础设施建设

为革除殡葬陋习，节约土地资源，1984 年经省民政厅批准，特区民政局主办，特区政府无偿划拨平寨镇河湾村白坟坡 56 亩荒山瘠地修建六枝特区公墓（公益性），墓区规划修建墓穴 3000 余个。1987 年杜应珍老人去世后第一个进葬公墓，是年六枝矿务局捐资 6 万元修通进入公墓的道路，爱心人士捐款完善了墓区的功能设施。1997 年由特区民政局申报，省民政厅批复，同意六枝特区公墓变更为经营性公墓，公墓收费严格按规定的标准执行。为加强对公墓的管理，建立健全各项规章制度入葬公墓逐年增加。

随着殡葬改革进程的加快，在土葬改革区也加大殡葬设施建设力度，于 2003 年 7 月在岩脚镇五村田家大坡建成六枝特区第一个农村公益性公墓。占地面积 2.58 平方公里，可修建坟墓数万余座。是年进葬公墓 2 人。2005 年又在堕却乡左坝村陈家大坡、洒志乡磨卜村马鞍山至铁厂丫口、新场乡新寨村岩上等地修建 3 个农村公益性公墓。2006 年在箐口乡箐口村坡头上；新窑乡那玉村那玉大坡、鸭塘村百坟、木岗镇木岗场村大落科山修建 4 个农村公益性公墓。至 2011 年 12 月，六枝特区共建成了 34 个农村公益性公墓。

2000 年 11 月六盘水市人民政府批复，同意六枝特区修建殡仪馆。由安顺长生礼仪公司法人代表张文俐投资 300 万元在平寨镇桐云村岩上修建的六枝特区殡仪馆于2003年元月正式破土动工，于 2004 年 9 月 6 日试运行，拉开了六枝特区火葬服务的帷幕。该馆占地 8730 平方米，其中悼念厅 234 平方米，火化车间 172.8 平方米，普通工作间 159.2 平方米，行政办公用房面积 259.2 平方米，职工住房 259 平方米。上海中东环保火化炉 2 台，殡仪服务车 2 台，冰棺 6 个，冰柜 9 个，有员工 14 人，长住殡仪馆 8 人。

四、机构设置

为加强对殡葬改革的宣传、检查、监督和管理，2003年7月，六枝特区编办批准成立六枝特区殡葬管理所，编制3人，负责全区殡葬改革工作的日常事务，具备行政执法资格，对违反殡葬法规行为实行处罚。2011年9月，六枝特区编办以六机编〔2011〕44号批准成立六枝特区殡葬稽查大队，核定编制10人，其中，管理人员8人，工勤编制2人。负责宣传、贯彻执行国家、省、市、特区有关殡葬改革的法律法规和政策，依法开展执法检查工作，查处殡葬违法违规的行为，依法对特区丧葬用品市场进行规范管理和实施监督；受理殡葬咨询、投诉和举报，指导、督促、检查各乡镇殡葬改革和管理工作。

五、法律法规

六枝特区最早执行的殡葬法规是1985年出台的《贵州省殡葬管理办法》，划定火化范围，交通不便的边远乡镇实行土葬改革。这期间，大部分殡葬旧习基本上被革除。六枝特区殡葬改革严格执行六盘水市1993年9月出台的《六盘水市殡葬管理办法》，并于2003年出台《关于加强铁路、公路两侧可视范围公坟墓治理的通知》，明确各部门职责，并对可视范围内的坟墓进行绿化。

为加强殡葬管理，深化殡葬改革，革除丧葬旧习，树立文明、科学、健康的丧葬新风尚，促进经济社会全面协调可持续发展，六枝特区人民政府于2011年5月4日印发《关于印发六枝特区加强殡葬改革促进殡葬事业发展工作意见的通知》，明确指出殡葬改革工作的重要意义及特区各相关部门在殡葬改革工作中应尽的职责。并按照“因地制宜、循序渐进、分步实施”的原则，科学划定了火化区。特区人民政府于2011年11月2日转发《六盘水市人民政府关于印发〈六盘水市国家公职人员违反殡葬管理问责办法（试行）〉的通知》，对违反殡葬管理的单位和个人明确了问责内容、问责方式、问责程序。

第六节　婚姻登记

一、婚姻登记机关

2003年10月1日以前，在城市是街道办事处、镇政府办理，在农村是乡人民政府办理。2003年10月1日以后，经省人民政府确定的具有办理内地居民之间婚姻登记职能的县级人民政府民政部门和乡人民政府（即：县级人民政府所在地的镇不受理婚姻登记，由县级人民政府民政部门办理）。办理涉外、涉港、澳、台居民及华侨婚姻登记职能的，在省级人民政府或者上级人民政府民政部门确定的机关办理。1992年以前全区有婚姻登记机关51个，1992年撤区并乡后为19个婚姻登记处，2003年新《婚姻登记条例》出台后，撤销平寨镇婚姻登记处，由特区民政局进行登记，全区仍有19个婚姻登记处。

二、婚姻登记办法

1980年10月23日由国务院批准，1980年11月1日由民政部发布的第二部《婚姻登记办法》；1985年12月31日由国务院批准，1986年3月15日由民政部发布的第三部《婚姻登记办法》；1994年1月21日由国务院批准，1994年2月1日由民政部令第1号发布的第四部《婚姻登记办法》；2003年7月30日由国务院第16次常务会议通过，2003年8月8日由国务院发布，自2003年10月1日起施行的第五部《婚姻登记条例》。新《条例》取消办理婚姻登记由单位或村（居）民委员会出具证明（婚姻状况证明书）的规定，取消婚姻登记机关对当事人弄虚作假、骗取婚姻登记的撤销权，适当集中办理婚姻登记的机关。对婚前医学检查未作强制规定，增补了补办结婚登记、无效婚姻和可撤销婚姻的规定。将婚姻登记的现行规定进行合并，并弃掉“管理”二字。

三、办理婚姻登记需提供的证件的证明材料

新《条例》规定办理结婚姻登记的内地居民应当出具下列证件和证明材料：1. 本人的户口簿、身份证；2. 本人无配偶以及与对方当事人没有直系血亲和三代以内旁系血亲关系的签字声明。办理结婚姻登记的香港、澳门、台湾居民应当出具：1. 本人的有效通行证、身份证。2. 经居住地公证机关公证的本人无配偶以及与对方当事人没有直系血亲和三代以内旁系血亲关系的签字声明。办理离婚登记的内地居民应当出具下列证件和证明材料：1. 本人的户口簿、身份证。2. 本人结婚证，双方当事人共同签署的离婚协议（主要是指财产、债权、债务的分割，子女的抚养等）。

四、新版结婚证与旧版结婚证的区别

新版结婚证增加了印制号和备注栏，号码共12位，旧版结婚证没有印制号和备注栏。

五、婚姻登记员

自1987年起婚姻登记员均经培训考试合格后，方能持证上岗。

六、婚姻登记

2003—2011年，结婚登记37542对，离婚登记2541对。婚姻登记规范化建设取得新成效。经检查无一例违法登记事件发生，登记合格率100%。

第七节　老龄工作

1990年5月，“六枝特区老龄问题委员会”更名为“六枝特区老龄委员会”。主要负责宣传、贯

彻执行有关老龄工作的方针、政策、法律、法规，维护老年人的合法权益，关心、研究、解决有关老年人的各种问题，兴办各种老年公益福利事业，管理老年活动场所，为老年人提供良好服务。推进基层老年人群众组织建设，指导下级老龄工作，针对老龄问题，综合规划，提出对策和建议。

2002 年 5 月，六枝特区老龄委员会更名“六枝特区老龄工作委员会”。日常工作机构与民政局合并。2005 年起，按每个老年人提取老年事业经费纳入财政预算，百岁老人实行每月 100 元生活补贴。2010 年 1 月起实行 90 周岁 ~ 99 周岁老人每人每月 100 元、百岁老人每人每月 200 元高龄生活补贴，“两节”（春节、重阳节）实行慰问制度。“五保”（保吃、保穿、保医、保住、保葬〈保教〉）老人供养经费全部纳入财政预算。特区成立老年活动中心 1 所（两地），星光老年之家两座，成立 18 个社区（城区）居家养老服务站。100% 的社区建立老年活动场所，并为老年人免费开放。1998—2011 年，办理老年优待证 11000 多本。1996—2011 年，发送《老年法》和《贵州省老年人保护条例》上万份，组织老年文艺队参加 1 ~ 7 届全市老年文艺会演。每年全区开展各种老年文体活动百余次，全区 245 村（居、社区）建立有老年组织机构。

第八节　民间组织管理

1978 年，中国共产党十一届三中全会以后，国家实行改革开放，经济发展、科技进步、思想活跃，各类社会团体迅速建立。

为规范社会团体管理，国务院于 1998 年 10 月 25 日颁布《社会团体登记管理条例》，根据国务院社会团体登记管理条例的有关规定对六枝特区民间组织整顿，加强登记管理工作。截至 2006 年全区共有各类社会团体 66 家，其中农村专业经济协会 44 家，行业协会 21 家，民办非企业 1 家。2007 年农村专业经济协会 50 家，会员共计 4050 名。2008 年农村专业经济协会 78 家，会员共计 4655 名。2009 年农村专业经济协会 38 家。2010 年社会团体 26 家（行业协会 12 家、农村专业经济协会 14 家）。2011 年社会团体 36 家（含行业协会 14 家、农村专业经济协会 13 家、民办非企业 9 家）。

六枝特区编制委员办公室于 1991 年 11 月 8 日以六机编〔1991〕14 号批准成立六枝特区民政局基层政权建设站（含社团登记工作）。2006 年 11 月 24 日以六机编办〔2006〕14 号文件更名为“六枝特区民间组织管理所”，为民政局下属财政全额拨款的正股级事业单位。核定六枝特区民间组织管理所事业编制 5 名，所长职数 1 名，现民间组织管理所实有人数 4 人。

第九节　区划 地名 勘界

一、行政区划

1978 — 1992 年，六枝特区下辖 8 个区，2 个区级镇（属六枝特区派出机构），3 个乡级镇，47 个乡（含 17 个民族乡，股级单位），392 个村，1992 个村民组，39 个居民委员会。1992 年撤区并乡建镇，全区为 19 个乡镇（5 个镇、5 个乡、9 个民族乡），394 个村，2897 个村民组，54 个居民委员会。2001 年，增加平寨镇苦竹林居民委员会，全区共有 55 个居民委员会。2003 年，将平寨、岩脚、郎岱、大用、木岗等 5 个镇所辖的 47 个居民委员会整合为 17 个社区。2004 年，将

394个村民委员会调整为220个村民委员会，2897个村民小组调整为2396个村民小组。至此，全区共有245个村（居）民委员会，其中：17个社区，8个居民委员会。

二、地名

1981年，特区政府根据国务院的统一部署，对全区地名进行普查，1982年底全部结束。对全区2176个自然村的地名进行详细普查，有53个大队重名，53个系“文化大革命”期间所取新名。根据国务院规定：“全国县以上名称，一个地区的公社名称，一个县内生产大队名称不重名。”特区更名、新增、消失地名836个，其中恢复原名或重新命名的大队106个。从此，废除村名60个。

1987年，特区政府对平寨、木岗、郎岱、岩脚四个镇原有和新建的33条街道予以命名。

1995年8月，特区政府拨款5万元，在农村、城镇街道和公路沿线等地方设置了永久性地名标志，更换和新制了门牌。

1996年11月，特区地名委员会办公室对城区街、巷、路名称重命名和更改，共普查城区街、巷、路76条，其中：街7条、巷24条、路42条、村3条。

三、勘界

根据国勘〔1996〕4号《国务院勘界工作领导小组关于印发〈勘定省级行政区域界线总体方案〉的通知》，六枝特区行政区域界线的勘定于1997年启动至2000年12月全面结束，并与周边的镇宁、普定、织金、纳雍、水城、普安、晴隆、关岭8个县签订边界协议。边界线全长297.31公里，共栽埋界桩18棵（其中2棵三交点）。

第十节　基层组织建设

1984年，社改乡后，建立乡（镇）人民政府，全区按自然村寨设376个村民委员会，2848个村民小组，22个居民委员会，174个居民小组。

1992年，撤区并乡建镇，调整为396个村民委员会，2897个村民小组，54个居民委员会。2001年，增加平寨镇苦竹林居民委员会，全区共有55个居民委员会。2003年，平寨、岩脚、郎岱、大用、木岗等5个镇所辖的47个居民委员会整合为17个社区。2004年，396个村民委员会调整为220个村民委员会，2897个村民小组调整为2396个村民小组，至此，全区共有220个村（居）民委员会，其中17个社区，8个居民委员会。

村（居）民委员会设正副主任和委员5～7人。下设青年团、妇女、民兵、调解、会计各1人。村民委员会每届任期三年，实行民主选举。

1984年，实行政社分开，将376个生产大队过渡为376个村，村民委员会组成成员情况不详。

第二届，1989年，贵州省实施《中华人民共和国村民委员会组织法（试行）办法》及1990年实施《中华人民共和国城市居民委员会组织法》，六枝特区相应成立村（居）民委员会组织建设领导小组办公室。按照组织法规定，全区394个村，54个居委会共选举村（居）委会主任、副主任及委员2040人。其中主任448人，委员1592人，其中女干部910人，占44.6%；初中以上文化程度的 1220 人，占 59.6%；平均年龄 36 岁，最高的 61 岁，最低的 18 岁。

1995 年 10 月—1996 年 3 月，选举第三届村（居）民委员会组成人员，全区 394 个村，54 个居委会共选举村（居）委会干部 1967 人。其中主任 448 人，副主任及委员 1519 人。初中以上文化程度的 986 人占 50%，小学文化程度的 981 人，占 50%。

1998 年 10 月—1999 年 3 月，全区 394 个村、54 个居委会共选举产生第四届村（居）委会主任，副主任及委员 1815 人。其中主任 442 人，副主任 220 人，委员 1153 人。初中以上文化程度的 1030 人，占 56.7%；小学文化的 785 人，占 43.3%。50 岁以上的 178 人，占 9.8%，平均年龄比上届有所下降。

2001 年 10 月—2002 年 3 月，六枝特区第五届村（居）民委员会换届时 394 个村，55 个居委会，有 8 个村没有完成选举。此次选举，共选举村（居）委会干部 1749 人。其中主任 440 人，副主任及委员 1294 人。中共党员 565 人，女性 368 人。

2003 年 6 月，原全区 55 个居民委员会整合为 25 个居民委员会（其中 17 个社区居民委员会）。2004 年 7 月，原 394 个村民委员会调整合并为 220 个村民委员会。第六届 220 个村，8 个居委会（不含 17 个社区居民委员会）的换届选举中，成功选举主任 225 名，副主任 60 名，委员 785 名。其中党员 347 个，占 32.4%；女同志 171 人，占 16%；50 岁以上的 229 人，占 21.4%；小学文化的 223 人，占 20.8%。

2007 年 10—2008 年 3 月，全区 19 个乡（镇）220 个村，25 个社区居委会（其中 8 个居委会）成功选举第七届村（居）民委员会成员 1131 名。（其中：主任 241 名，副主任、委员 890 名）。全额选举村（居）民委员会班子成员的村（居）民委员会的 239 个。全区仅岩脚 、龙场两个乡（镇）7 个村缺额 7 名班子成员（其中主任 4 名，委员 3 名），但都能组成村委会班子，且开展工作。全区 241 名主任中，党员 145 名，团员 1 名，少数民族 93 名，女同志 22 名。小学文化 22 名，占 9.1%，初中文化 148 名，占 61.4%，高中文化 60 名，占 24.9%，大专及以上 11 名，占 4.6%。全区 890 名副主任及委员中，党员 363 名，团员 15 名，少数民族 301 名，女同志 246 名，小学文化 153 名，占 17.2%；初中文化 565 名，占 63.4%；高中文化 153 名，占 17.2%；大专及本科以上 19 名，占 0.21%。

2010 年 10 至 2011 年 3 月，全区 19 个乡镇 220 个村，25 个社区居委会成功选举第八届村（居）委会成员 1147 名。（其中：主任 239 名、副主任及委员 908 名）仅木岗、新窑等 5 个乡镇 6 个村缺额主任 6 名，但都能组成村委会班子，且正常开展工作。全区 239 名主任中，有党员 131 名，团员 4 名，少数民族 82 名，女同志 27 名。初中及以下文化程度 140 名，高中 57 名，大专及本科以上 42 名。全区 908 名副主任及委员中，党员 330 名，团员 25 名，少数民族 287 名，女同志 299 名。初中以下文化 649 名，高中 180 名，大专及本科以上 82 名。

第二章　人事劳动

1979 年，六枝特区人事局成立，负责一般干部和政府行政机关、企事业单位干部的管理工作。1993 年，机构改革，人事局、劳动局合并为人事劳动局。2002 年，县乡机构改革又将人事劳动局合并为六枝特区人事劳动和社会保障局。2010 年，机构更名为六枝特区人力资源和社会保障局。

第一节 干部人事管理

一、干部教育

1978—2011 年，公务员和事业单位工作人员的教育培训，共组织 2006 名公务员和事业单位工作人员参加《学法用法和依法行政》考试，组织 54 家单位开展公务员行为规范教育活动，分批轮换 41 名人事干部到省参加人事干部业务培训。组织 2168 人参加《行政许可法知识学习》培训考试、8949 人参加世贸知识（WTO）培训考试、2221 人参加《公务员法知识》测试、计算机初级培训 6141 人、计算机中级培训 3015 人、2034 人参加公务员通用能力培训考试、2047 人参加《公务员电子政务培训》、7569 人参加《知识产权学习培训》考试、1920 人参加《公务员突发事件应对法学习培训》、7464 人参加《职业道德培训》测试、7447 人参加《创新能力培训》测试和《工业强省学习测试》、1389 人参加《职业道德》培训考试。

二、干部调配

1979—1992 年，干部调配总数 3140 名，其中特区内调配 2087 名，调出 722 名，调入 331 名。1993—2011 年，干部调配总数 2847 名，其中特区内调配 2383 名，调出 351 名，调入 95 名。人员调配严格按照《六枝特区人事劳动和社会保障局关于进一步规范特区各单位人员配置的意见》执行，正常调配的由人事部门审批；乡（镇）机关、事业单位调区直机关、事业单位的，由人事部门审查，报特区政府审批。

1993—2011 年人员调配统计

表 7-2-1　　单位：人

年份	调配总数	特区内调整	调出	调入	年份	调配总数	特区内调整	调出	调入
1993	98	72	19	7	2003	222	196	20	6
1994	85	63	13	9	2004	171	129	37	5
1995			21		2005	287	269	17	1
1996	308	228	47	33	2006	122	93	27	2
1997	226	180	24	22	2007	85	66	19	
1998			15		2008	105	90	15	
1999	35	21	11	3	2009	337	320	15	2
2000	113	93	18	2	2010	263	245	17	1
2001	156	129	27		2011	155	127	26	2
2002	79	62	17						

三、干部任免

1978—1990年，特区政府各职能部门和事业单位的股级干部由各行政局管理。1991年，管理权收归特区人事局。1991—1992年，人事局共任免股级干部137名。政府系列行政单位工作人员中，399人评任为办事员，619人评任为科员。1993—2011年，人事局共任免股级干部1769名。政府系列行政单位工作人员中，389人评任为办事员，1395人评任为科员。按照六特通字〔1997〕20号文件规定，对特区机关行政事业单位和乡（镇）正股级干部实行任免审批制度，副股级干部实行任免内批制度，在管理中严格执行《党政领导干部选拔任用工作条例》。

1993—2011年干部任免统计

表7-2-2

年份	股级（人）	科员（人）	办事员（人）	备注	年份	股级（人）	科员（人）	办事员（人）	备注
1993	58	150	45		2003	211	67	4	
1994	52	61	7		2004	93	40	6	
1995					2005	168	75	10	
1996	123	179	85		2006	22	20		
1997	191	327	24		2007	15	9		
1998	117	125	45		2008	88	21		
1999	85	69	32		2009	147	69	71	
2000	143	38	6		2010	23	18	5	
2001	97	29	1		2011	123	76	47	
2002	13	22	1						

四、实施和参照试行国家公务员制度工作

（一）国家公务员过渡

1997年，全区有533名干部过渡为国家公务员和党的机关工作者，其中科级46人、副科级125人，主任科员、副主任科员15人，股级141人，科员（办事员）206人，不予过渡54人，暂缓过渡92人，分流57人，回避4人，股级干部岗位轮换32人，特殊岗位工作人员轮岗25人。19个乡（镇）共有539名干部过渡为国家公务员和党的机关工作者（其中：正副科级干部198人，股级142人，科员199人），暂缓过渡90人，不予过渡54人，回避6人，分流人员71人，股级干部轮岗72人，科员轮岗114人。

（二）公务员登记

2006年1月，《中华人民共和国公务员法》正式颁布实施，六枝特区进行公务员登记。全区共有行政编制1641个。其中乡镇556个、公检法司627个、其余党委部门和政府机关458个，实际参加公务员登记1498人。（其中省委组织部选调生7人、离岗退养人员9人、退休18人、暂缓登记人数108人）。正在试用期的21人、立案未结的2人、未过渡的56人、单列编制人员21人、专项编制人员7人、不予登记7人（其中刑期内人员4人、清除公安队伍2人、清退1人）。

（三）参照公务员法管理事业单位。

六枝特区政府直属事业单位安全生产监督管理局等19个单位列入参照公务员法管理范围，实行参照管理，对121名人员进行了登记。参公的单位保留12个，撤销7个。2011年，新批准六枝特区地方海事处海事所、六枝特区草地生态畜牧业发展中心为参公单位。2011年，有参公人员143人。

五、行政机关公开招录公务员

1978—1996年，干部进入主要是大中专毕业生分配或从其事业单位调入。1997—1999年，公务员过度以后，进人渠道是大中专毕业生分配。2000—2011年，坚持“凡进必考”的制度，按照公开、平等、竞争、择优的原则，招考录用公务员（选调生）共302人。

六、干部奖惩

（一）奖励

1978—1996年，没有开展对公务员考核工作。1997—2005年，对全区公务员及参公管理事业单位工作人员年度考核被确定为优秀等次人员进行奖励审批。2008—2011年，年度考核中被确定为优秀等次的人员（含工勤人员）共471人。2006—2008年，原参照公务员法管理事业单位年度考核中被确定为优秀等次的人员共21人。连续三年考核优秀给予记三等功共51人。

（二）惩处

1992年，特区人事局根据有关政策规定，对106名聘用干部违反计划生育政策和违法违纪行为“解聘”处分。对335名犯有不同性质错误的干部（包括教师），给予行政处分和停发工资方面的处分（情节严重者被开除公职）。1997年，开始对公务员管理。严格执行干部人事工作纪律，对违规调动的163人进行清退。清退临时人员253人、临聘教师489人。2000—2011年，开除公职处分35人，计生处理65人，自动离职处理62人，辞职、辞退处理76人，解聘处理19人，恢复（取消）退休费5人，计生处理期满恢复工作16人，组织年度考核不合格、基本合格等次人员参加市级举办的离岗教育培训。

七、军转安置及大中专毕业生就业安置

(一)军转安置

1979—1992年，特区人事局共安置军队转业干部57名，其中行政机关安置51名，企事业单位安置6名。1993—2011年，共安置军队转业干部24名，自主择业军队转业干部3人，随军家属安置4人。

(二)大中专毕业生就业安置

1980—1992年，大中专毕业生安置3037人。其中行政单位安置339人，事业单位安置2293人，企业单位安置387人。2000年，高校毕业生就业实行双向选择、竞争上岗、择优录用及自主择业。2003—2011年，公开招考事业单位人员共1471人。分别为：2003年公开招考教师78人，卫生技术人员29人。2004年公开招考教师343人，卫生技术人员39人，移民工作员6人，房地产中心人员4人，财政人员10人。2005年公开招考教师136人，卫生技术人员20人。2006年公开招考教师3人，卫生技术人员40人。2007年公开招考教师60人，卫生、计生27人，其他事业人员16人。2008年公开招考教师98人，卫生、计生专业技术人员27人，其他事业单位8人。2009年公开招考教师49人，卫生、计生专业技术人员49人，其他事业单位24人。2010年公开招考教师26人，卫生、计生专业技术人员24人。2011年公开招考卫生、计生专业技术人员140人，其他事业单位15人。

第二节　工资福利

一、工资制度改革

1979—1992年，国家进行了两次工资改革，主要是职工升级、调职工工资、国家机关和事业单位人员工龄津贴、奖励工资等进行调整。1993年10月，国家决定机关事业单位进行第三次工资制度改革，对1985年建立的机关事业单位结构工资制实行分类管理，工资标准和工资管理上实行“分轨制”，在有计划增加机关、事业单位工作人员的工资的基础上建立正常增资制度。

1993年，工资改革方案规定，对艰苦边远地区实行艰苦边远地区津贴，标准按照艰苦边远程度分为1～4类，并按不同的职务和岗位确定具体标准。2001年，国务院决定，从2001年1月1日起实行艰苦边远地区津贴，根据艰苦边远程度六枝特区为一类地区，标准为县处级60元，科级47元，科级以下40元。

1993年，工资制度改革，事业单位实行与机关公务员不同的工资制度。事业单位根据不同行业特点，划分为全额拨款、差额拨款、自收自支三种不同类型的事业单位进行管理。全额拨款事业单位工资构成中固定部分占70%，活的部分占30%；差额事业拨款单位固定部分占60%，活的

部分占40%；自收自支事业单位贵州省固定部分占55%，活的部分占45%。

2006年，根据《贵州省人民政府关于印发机关事业单位工资收入分配制度改革实施意见等意见的通知》的要求，2007年1月进行第四次工资改革，执行时间从2006年7月1日。全区参与工改的公务员1826人，人均增资389.40元。其中：县处级正职及相当职务5人，人均增资699.60元；县处级副职及相当职务26人，人均增资535.65元；乡科级正职及相当职务734人，人均增资446.09元；乡科级副职及相当职务652人，人均增资267.06元；科员388人，人均增资186.49元；办事员21人，人均增资201.52元。机关工人238人，人均增资288.85元。其中：技师2人，人均增资352.50元；高级工58人，人均增资317.40元；中级工64人，人均增资267.54元；初级工60人，人均增资181.11元；普通工54人，人均增资325.73元。见习期人员43人，人均增资181.70元。全区参与工资改革的事业单位工作人员7463人，人均增资258.77元。

按岗位性质分：（1）管理人员812人。其中：五级岗位1人，人均增资832元；六级岗位1人，人均增资660.50元；七级岗位174人，人均增资472.07元；八级岗位287人，人均增资245.12元；九级岗位249人，人均增资153.11元；十级岗位100人，人均增资102.35元。（2）专业技术岗位5906人。其中：七级岗位83人，人均增资582.47元；十级岗位1642人，人均增资414.01元；十二级岗位3354人，人均增资222.73元；十三级岗位827人，人均增资160.04元。（3）工人610人。技术工二级2人，人均增资393元；技术工三级102人，人均增资318.96元；技术工四级135人，人均增资154.77元；技术工五级183人，人均增资124.60元；普通工188人，人均增资178.23元。见习期人员135人，人均增资144.00元。

全区参与工改离退休（职）人员2578人，人均增资263. 71元。离休人员97人，人均增资612.50元。其中：厅局级副职7人，人均增资940元；县处级正职3人，人均增资670元；县处级副职54人，人均增资940元；乡科级及以下33人，人均增资350元。事业管理七级及以下人员1人，人均增资350元。事业专业技术七级岗位人员1人，人均增资540元。退休人员中，公务员794人，人均增资301.66元。其中：县处级28人，人均增资450元；乡科级755人，人均增资275元；科员、办事员11人，人均增资180元。机关工勤人员高级工及以下84人，人均增资180元。

事业管理人员147人，人均增资301.66元。其中：五级至六级1人，人均增资450元；七级至八级142人，人均增资275元；九级至十级4人，人均增资180元。

事业专业技术人员1178人，人均增资285元。其中：七级岗位55人，人均增资400元；十级岗位853人，人均增资275元；十二级至十三级岗位270人，人均增资180元。

事业工人：技术工三级以下及普工271人，人均增资180元。

退职5人，人均增资170元。

艰苦边远地区津贴调整：2006年工改时艰苦边远地区津贴标准作了调整，科员（事业单位初级职称）调整为65元/月，科级人员（事业单位中级职称人员）调整为75元/月，县级人员（事业单位高级职称）调整为90元月。

2006年工资改革后，相继对有关单位实施了司法助理员津贴，安全生产监管津贴及警察值勤加班津贴等。

实施住房增量补贴：2007年1月1日，根据《六枝特区委办公室、六枝特区人民政府办公室关于发放住房增量补贴的通知》精神，六枝特区特开始实施住房增量补贴，标准为在职人员是基本工资的10%，离退休人员是基本离退休费的12%。2009年7月1日，住房增量补贴标准调整为在职人员是其工资之和的30%，离退休人员是其离退休费的40%。

规范公务员津贴补贴：2008年1月1日，根据《中共六盘水市委办公室六盘水市人民政府办公室关于印发〈六盘水市规范公务员津贴补贴实施方案〉的通知》精神，对六枝特区特区机关单位及参公事业单位人员的津贴补贴进行规范，同时对事业单位人员进行岗位补贴翻番，规范的目的是取消或归并现行的省及省以下制定实施的津贴补贴，代之以工作性津贴和生活性补贴，把各单位津贴补贴由暗补转变为明补。

规范公务员津贴补贴（含参公事业人员机关工勤人员）共计3023人，月增金额163.4万元，年增金额1960.8万元，月人均增加540元，年人均增加6480元。其中在职人员2085人，月增金额125.5万元，月人均增加601元；离休人员88人，月增金额7.2万元，人均增加820元；退休人员847人，月增金额30.6万元，人均增加361元；退职人员3人，月增金额545元。

财政拨款事业人员岗位补贴翻番共6830人，月增金额152万元，年增金额1823万元，月人均增加220元。其中：在职人员5816人，月增金额125万元，人均增加215元；离休人员2人，月增金额700元；退休人员1010人，月增金额26万元，人均增加260元。差额及自收自支人员岗位补贴翻番共计425人，月增金额9万元，人均增加212元。

2008年，规范公务员津贴补贴实施的是起步阶段标准，随着特区财力的增长，六枝特区于2009年7月1日又实施了预期目标标准。

实施绩效工资：义务教育学校。根据《贵州省人民政府办公厅转发贵州省人力资源和社会保障厅、财政厅、教育厅关于义务教育学校实施绩效工资实施意见的通知》《关于贵州省义务教育学校实施绩效工资中有关问题的处理意见》和2009年6月18日六盘水市委市政府召开全市义务教育学校实施绩效工资工作会议精神，六枝特区从2009年7月起开始对义务教育学校实施绩效工资。执行时间从2009年1月1日起执行，范围为区域义务教育学校工作人员，义务教育学校的退休人员工作同步进行实施。绩效工资分为基础性绩效工资和奖励性绩效工资两部分。其中，基础性绩效工资占工资总量的70%，奖励性绩效工资占工资总量的30%。

实施绩效工资共涉及5737人，其中在职4616人，退休1121人。按照义务教育学校工作人员实施绩效工资审批结果，实施绩效工资以后，教师平均工资水平不低于六枝特区公务员平均工资水平。六枝特区义务教育学校在职人均每月增加360元，退休人均每月增加56元，人均增加310元，年新增资2146万元。

公共卫生与基层医疗卫生事业单位，根据贵州省人力资源和社会保障厅、财政厅、卫生厅文件及2010年11月12日市人力资源和社会保障局召开的《关于公共卫生与基层医疗卫生事业单位实施绩效工资》工作会议精神，公共卫生与基层医疗卫生从2009年10月1日起实施绩效工资。六枝特区结合实际，按不低于当地义务教育工资收入水平核定，于2010年11月17日制定了《六枝特区公共卫生与基层医疗卫生事业单位绩效工资的实施办法》并经特区人民政府同意后组织实施，基础性绩效工资的审批共涉及691人，在职人员690人（公共卫生90人，基层医疗卫生600人），人均月增资472元。退休人员183人，人均月增资141元。

其他事业单位．根据贵州省人民政府办公厅、省人力资源和社会保障厅、省财政厅《关于其他事业单位实施绩效工资的实施意见的通知》规定，执行事业单位岗位绩效工资制度的其他事业单位正式工作人员，从2010年1月1日起实施绩效工资。在职全额拨款人员2116人，人均月增资518元；差额拨款402人，人均月增资389元；自收自支在职人员175人，人均月增资416元。全额拨款退休人员中正常退休人员153人，岗位设置前退休的专业技术人员127人，提高享受待遇的退休人员113人，共393人，人均月增资157元；差额拨款及自收自支退休人员共169人，人均月增资131元。以上各项年增资约1300万元。

2009年1月1日，对机关及参公事业单位人员发放移动通信费，共2322人享受，月增资21.85万元，人均增资94元。

2006年工资改革后，相继对有关单位实施司法助理员津贴，安全生产监管津贴及警察值勤加班津贴等。

二、工资的晋升

2006年工资改革后，省人事厅、财政厅相继颁发《关于事业单位工作人员正常晋升薪级工资有关问题的通知》《关于机关公务员晋升级别工资有关问题的通知》，规范和完善机关事业单位人员的工资正常晋升。

三、退休与遗属工作

1978年，统一执行国家文件规定，国家工作人员，男年满60周岁、女满55周岁可以退休。退休费依其工作年限，按本人标准工资的50% ~ 80%的比例发给。1992年，六枝特区共有国家工作人员1111名退休，其中行政机关353名，事业单位318名，企业单位294名，机关及事业单位工人146名。2006年，工资改革后，省委组织部、省人事厅联合颁发《关于机关工作人员工资制度改革后有关离退休（职）问题处理意见的通知》《关于事业单位工作人员收入分配制度改革后有关离退休（职）问题处理意见的通知》对正常退休的年龄和条件、提前退休的年龄和条件、退职条件，基本离退休（职）费的计发办法都作了详尽的规定，为以后办理离退休工作奠定了良好的基础。

2006年工资改革后，省人事厅、财政厅颁发《关于进一步完善我省机关事业单位遗属生活困难补助办法的通知》，进一步扩大遗属的享受范围和提高享受标准，遗属人均享受标准达到310元/月。

第三节　专业技术职称

1978—1985年，专业干部的技术职称工作由特区科委评定和管理。1986年6月，六枝特区根据国家、省、市有关规定和要求，成立职改领导小组，下设办公室于人事局。

1992年，首次职称评审，事业单位共评审、聘（任）用各类专业技术人员2984人。其中高级职务38人，中级职务490人，初级职务2456人。2001—2011年，事业单位共评审、聘（任）用各类专业技术人员7954人。其中高级职务183人，中级职务2407人，初级职务5364人。

2001—2011 年专业技术职务评审情况

表 7-2-3 单位：人

评审年度	初级		中级	高级	大事记
		其中：初聘			
2001	825	436	61	16	开始实行结构比例管理
2002	935	723	86	18	
2003	369	95	100	14	
2004	532	258	172	20	开始实行评聘分离制度
2005	805	398	235	28	
2006	306	164	276	24	
2007	321	6	411	9	
2008	261	101	242	19	
2009	579	279	451	9	
2010	233	202	318	21	
2011	198	176	55	5	
合计	5364	2838	2407	183	

第四节　人才交流

1990 年 8 月，设“人才交流服务中心”，隶属人事局股级事业单位，主要工作任务为介绍各类专业技术人员给用人单位。并组织工程师 4 人、助理工程师 1 人、技术员 10 人，下乡指导农业生产和支援乡镇企业工作，其中有 3 名专业技术人员，受到省有关部门表彰。

1991 年 4 月，特区农牧局、水电局、郎岱林业站各有一名专业技术人员在全省科技兴农人才评奖活动中被评为“有突出贡献”的科技工作者，受到省委、省政府表彰。

1991 年 12 月后，根据省人事局、财政厅、物价局文件精神，人事局将各类专业技术人员、管理 人员在特区内外的人才流动改为有偿服务，并对不包分配的各类大中专毕业生、离退休专业技术人员、特岗专业人员进行登记和向用人单位推荐。

2009 年 10 月，人才交流中心更名为“六枝特区人才交流办公室”。2010 年 12 月，“六枝特区人才交流办公室”与“六枝特区就业局”整合为“六枝特区就业局（六枝特区人才交流办公室）”，该局为财政全额预算管理的副科级事业单位。

2010 年，“六枝特区人才交流办公室”与“六枝特区就业局”整合为“六枝特区就业局（六枝特区人才交流办公室）”整合后的就业局为副科级事业单位。

1998—2012 年，共管理档案 4382 份。2008—2012 年，共接待高校毕业报到 1382 人（其中 2011 年，接待高校毕业报到 193 人）。

2006，根据中央和省关于引导和鼓励高校毕业生面向基层就业工作的有关精神和要求，人才交流中心首次开展“高校毕业生到村任职”工作和实施“一村一名大学生工程”选聘高校毕业生进村（社区）工作，2006—2012 年，共聘任 “一村一名大学生工程” “到村任职大学生”共计 194 名（其中 2011 年聘任“一村一名大学生工程”21 名、“实聘到村任职大学生”22 名）。

第五节　劳动技能培训与就业

1982 年，特区劳动局下设劳动服务公司与第一建筑公司联合举办建筑技术培训班，设水泥与油漆两门技术课程，培训结业 75 人。与特区卫生局联办医疗（护士）班，培训 50 人。

1983，劳动服务公司举办了钳工、瓦工、医务技术、饮食服务、商业服务等培训，培训人员达 181 人。1984 年，举办财会、砂砖生产技术、饮食、商业、制砖等技术培训班，培训 243 人。1985—1987 年，举办煤炭安全生产、职业道德、电工、锅炉运行、鞭炮生产技术、制砖、水质检验、粮食经营及保管、汽车修理及运输业务、畜牧饲养、缝纫、美术、玻璃生产等技术培训，共培训 1800 余人。

1990 年，按照行政管理与企业经营职责分开的原则，劳动服务公司更名为“劳动就业办公室”，职业培训工作逐渐转由有关职业学校承担。是年建立起职业技术学校、卫生职业技术学校等培训基地，每年均向社会招收学生。

2002 年，六枝特区劳动就业办公室更名为“六枝特区就业指导中心”。管理全区培训就业工作，组织劳动预备制培训和技能提升培训和劳务输出管理、创业培训、就业再就业培训。管理职业培训、职业介绍、劳务派遣等机构的工作；管理使用全区就业经费和再就业资金；开展求职用工登记、职业介绍、职业指导、劳动保障事务代理等“一站式”就业服务工作；组织实施农村富余劳动力转移就业。2008 年，劳动就业指导中心更名为“六枝特区就业局”。

2003—2009 年，共促进下岗失业人员再就业 9098（人）次，解决就业困难人员再就业 1072（人）次，扩大城镇其他失业人员就业 30000（人）次，开展职业技能培训 16393（人）次，转移农村劳动力就业 11578（人）次，有组织输出劳动力 8056（人）次。

2010 年，六枝特区就业局与六枝特区人才交流办公室整合为“六枝特区就业局”。统筹全区培训就业工作，组织城乡就业岗位开发，负责人才交流服务工作，负责高校毕业生基层就业服务项目的实施，开展就业失业登记、职业介绍等服务，承担创业人员小额担保贷款等工作。

2010—2011 年，城镇新增就业 14202 人，促进下岗失业人员实现再就业 2083 人，解决城镇就业困难人员就业 1803 人，促进高校毕业生实现就业 725 人，实现转移农业劳动力 25123（人）次，开展职业技能培训 3581 人，开展创业培训 390 人，完成下岗失业人员培训 92 人。共办理“就业失业登记证”4672 本，受理求职登记 6213（人）次，举办专场招聘会 5 场，共有 15321（人）次城乡各类人员进场求职，达成就业意向 2152 人。全面落实安置年龄在 40 ~ 50 岁之间就业困难对象公益性岗位补贴、职业介绍和职业培训补贴，发放灵活再就业人员社会保险补贴 542 人 138 万元，发放创业人员小额担保贷款 70 户 455 万元。

第六节　社会保障

八十年代中期，六枝特区建立企业养老和失业保险制度，按照“以支定收，略有结余、留有部分积累”的原则，经过不断改革探索，社会保险制度不断完善。1993 年，先后建立待业职工保险基金制度、社会统筹保险金制度、合同工养老保险金制度。随后，又建立了机关、事业单位职工养老保险制度。实现社会保障制度从“广覆盖”到“全覆盖”的转变，实现“全民养老”。建立企业职工基本养老、城镇职工基本医疗、失业、工伤和生育保险五项基本保险制度。2005年，建立城镇居民基本医疗保险。2007年，将城镇集体企业退休人员、“五七工”（指城镇居民在上世纪六七十年代响应毛主席“五七”指示，走出家门参加生产劳动，组建“五七连、组、厂”，或者进入国有、集体企业单位不同岗位工作的人员，他们当中既有城镇居民，也有职工家属，因此统称“五七工”）、国家煤炭企业“家属工”等城镇未参保群体纳入保障范围。2009年，地方关闭破产企业退休人员、困难国企退休人员纳入职工医疗保险范围。2010—2011年实施了城乡居民社会养老保险制度，将城乡非从业居民纳入社会保险范围。2011年，全区基本养老保险（包括企业职工养老保险、新农保、城镇居民养老保险）参保人数17.19万人，有4.7万人领取养老金。分别比2005年底增长2071.81%和2268.42%；基本医疗（包括城镇职工医保、新农合和城镇居民医保）保险参保人数52.26万人，比2005年增长5565.41%。2011年有40.22万（人）次享受基本医疗保险待遇，比2005年增长69020%。失业参保人数0.9万人，比2005年增长13.05%；工伤参保人数0.87万人，比2006年增长88.55%；生育保险参保人数1.59万人，比2008年增长54.09%。

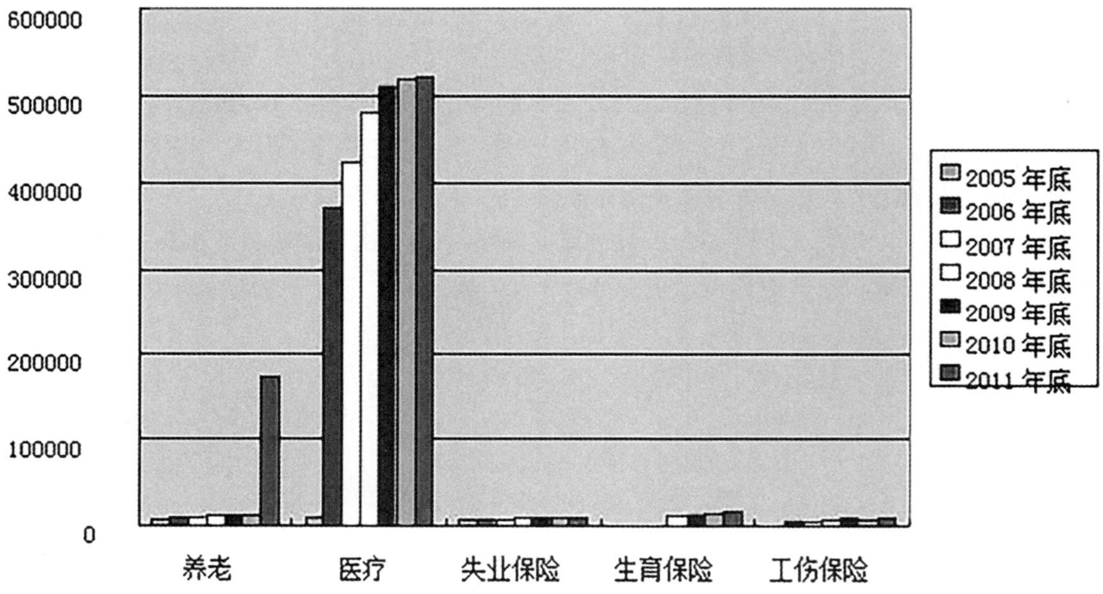

图7-2-1　　社会保险参保人数

2011年，特区基本养老、基本医疗、失业、工伤和生育保险基金收入3.4亿元，比2005年增加3.14亿元，增长1253.79%。其中单位缴纳占15.70%，个人缴纳占44.07%，各级财政补贴占40%。基金支出1.81亿元，比2005年增加1.63亿元，增长858.73%。至2011年底，六枝特区各项社会保险基金结余1.98亿元，比2005年增长422.96%，年均增长70.49%。

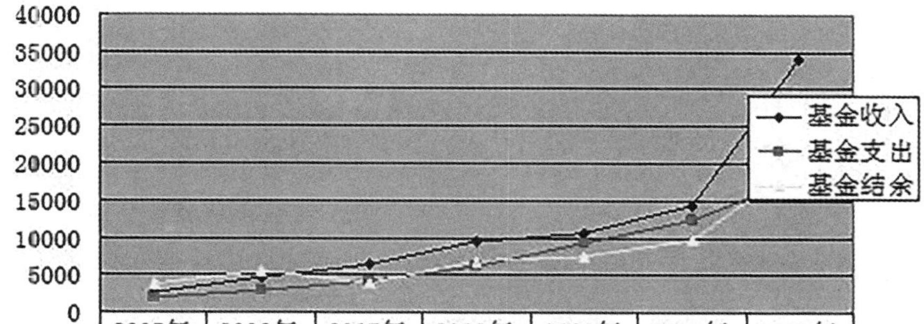

	2005年	2006年	2007年	2008年	2009年	2010年	2011年
基金收入	2576.49	4731.95	6402.89	9551.79	10618.23	14333.55	33946.29
基金支出	1892.55	2927.79	4291.49	6207.72	9377.05	12444.95	18143.65
基金结余	3785.15	5585.32	4047.4	6808.99	7557.49	9664.21	19794.74

图 7-2-2　　**社会保险基金收支和结余变化图**

一、企业养老保险制度

1987 年，建立企业养老保险制度。1997 年，企业养老保险制度不断完善，参保人员从城镇全民、集体的固定工、合同工，扩大到城乡各类企业、实行企业化管理的事业单位和与其形成劳动关系的职工，个体工商户（含自由职业者及挂靠人员）及用工，社区从业人员等。1998 年，根据《社会保险费征缴暂行条例》《省人民政府关于建立统一的企业职工基本养老保险保险制度的通知》文件精神，六枝特区的企业职工基本养老保险缴费比例为 28%，其中用人单位缴纳工资总额的 20%、职工个人缴纳本人工资的 8%，个体自由人员缴纳不低于上年全省社平工资 60% 的 20%。

二、失业保险制度

1987 年 12 月建立城镇企业失业保险制度。1999 年，执行《社会保险费征缴暂行条例》《贵州省失业保险办法》。失业保险范围扩大到事业单位、机关、团体中的劳动合同制工人以及外商投资企业、私营企业等，失业保险缴费按工资总额的 3% 缴纳，其中个人负担 1%。

三、医疗保险制度

1996 年，实行职工医疗保险制度改革。2007 年，按照《社会保险费征缴暂行条例》《关于印发六枝特区城镇职工基本医疗保险实施方案（试行）的通知》要求，实现城镇职工医疗保险基金统筹。职工医疗保险基金统筹包括社会统筹和个人账户两个部分，征缴比例为工资总额的 7%，其中个人缴纳 2%。1996—2001 年，实行职工医疗保险基金县级统筹。2008 年，建立城镇居民医疗保险制度，城镇居民医疗保险执行《六盘水市城镇居民基本医疗保险暂行办法的通知》。缴费标准为：普通人每年缴 100 元，学生、儿童每年 50 元，城镇享受最低生活保障每户每年缴 10 元。

四、工伤保险制度

2006年，建立工伤保险统筹制度。2009年起，执行贵州省《社会保险费征缴暂行条例》《工伤保险条例》《贵州省实施〈工伤保险条例〉办法》和《六盘水市工伤保险实施细则（暂行）》，工伤保险缴费实行行业差别费率和煤矿吨煤费率。

五、生育保险制度

2008年，根据《关于印发六枝特区生育保险实施方案（试行）的通知》精神，在行政、事业单位和城镇各类企业及其职工中实施生育保险统筹制度，用人单位按上年度全部职工基本工资总额的0.5%缴纳，职工个人不缴纳生育保险。

六、城乡居民社会养老保险制度

2010年10月，按照《关于印发六枝特区新型农村社会养老保险试点实施方案的通知》要求，实施新型农村社会养老保险制度。2011年7月，按照《关于印发六枝特区城镇居民社会养老保险试点实施方案的通知》精神，实施城镇居民养老保险制度，缴费采取按年分档次缴费，最低100元，最高1600元，财政每年补助30元/人。是年，全区城乡居民社会养老保险应参保人数为18.18万人，城乡居民实际参保人数达13.7万人。

第七节　六枝矿区社区服务管理

一、机构

1999年，六枝矿务局实行政策性破产后，成立六枝矿区离退休服务中心，主要负责原六枝矿务局11542名离退休人员和3000名职工病亡供养人员家属的服务和管理工作。2003年9月30日，经贵州省人民政府批准，整体移交六枝特区人民政府，更名为六枝矿区社区服务管理局。为六枝特区人民政府直属副县级事业单位。核定事业编制11名，定领导职数：局长1名（副县级），副局长3名（正科级）。所需人员经费由省财政拨款。内设六枝矿区再就业管理服务中心、六枝矿区离退休管理服务中心、六枝煤机厂社区服务中心3个正科级事业单位。负责原六枝矿务局和六盘水煤矿机械厂离退休人员养老金的发放、丧葬费、抚恤费、医疗费的管理和服务，组织六枝矿区和六盘水煤矿机械厂企业退休人员和过渡性人员开展组织党员活动、文体健身活动和社会公益活动。

二、管理和服务

1999—2003年，走访慰问困难职工和工病亡遗属586户，发放救济金6.13万元。

2004年，先后3次开展离退休人员医药费报销工作，共报销36495（人）次。按照国家政策规定，按时为133名离休干部调整基本养老金2次，补发上年度一次性生活补助费，对163名死亡离退休人员进行了妥善处理；为99名符合条件的供养直系亲属办理了享受抚恤费的审批手续；对237名已满70周岁的离退休人员增加了高龄补贴。全年接待来访群众1145（人）次，处理异地来信723件，劝解疏散群体上访5次近200余人，其中：规模较大群体上访2（人）次。

2005年春节前夕，慰问贫困党员15人，发放慰问金3000元，慰问一次性安置人员特困家庭62户，发放慰问金7500元。是年12月末，有离退休（退职）人员10546人，其中：离休人员119人，退休人员10412人，退职人员15人，抚恤人员1570人，一次性安置人员3242人。

2008年，根据省社保局安排，分两组到四川省、重庆市、河南省范围内离退休及抚恤人员中的重点怀疑对象进行了走访调查，落实生存状况。经走访调查，查出死亡瞒报人员4人，为国家社保基金挽回经济损失6万元。

2010年1月，原六枝矿务局退休人员正式纳入了六盘水市城镇职工基本医疗保险统筹范围。2月，成立了六枝矿区社区服务管理局医疗保险中心，负责原六枝矿务局和煤机厂退休人员医药费报销和医药费的管理工作。7月6日，六枝特区人民政府与原六盘水煤矿机械厂破产管理人签订了移交协议。原六盘水煤矿机械厂离退休职工1226人，过渡性安置人员222人，供养人员94人，工作人员9人，正式整体移交六枝矿区社区服务管理局管理。

2011年，六枝矿区社区服务管理局为家属工复印了上万份的资料。办理有原始材料符合手续人员1773人，没有原始资料人员1105人。7月，对居住在北京、河南、河北、天津、山东的9名离休干部进行登门走访慰问。10月，对居住在河南的退休职工进行走访慰问和生存状况调查，查出死亡瞒报退休人员3人，及时根据规定进行处理，追回冒领社保基金近6万元。是年，一次性安置人员3225人，男1887人，女1338人，已办理退休97人，死亡10人。

第八节 劳动争议仲裁

2005年5月，成立“六枝特区人事争议仲裁委员会办公室”，隶属于六枝特区人事劳动和社会保障局，为正股级财政全额拨款事业单位。负责辖区内直属行政机关、人民团体、事业单位的人事争议案件受理以及相关法律法规和政策咨询与服务。

2010年12月，六枝特区人事争议仲裁委员会办公室更名为“六枝特区劳动人事争议仲裁院”，隶属于六枝特区人力资源和社会保障局，为副科级财政全额拨款事业单位。内设立案调解庭和案件审理庭，核定事业编制5名（管理人员），定领导职数：院长1名（副科级），副院长1名（正股级），股长2名。现有人员3名，其中：副院长1名（林学大专），立案调解庭庭长1名（法学本科），科员1名（法学研究生）。

是年，收到件裁申请77件，不予受理13件，受理案件64件（其中，撤诉4件，调解结案41件，裁决结案19件，涉及劳动者116人）。

2011年度，共收到仲裁申请78件，不予受理10件，受理案件68件（其中，调解结案51件，裁决结案17件，涉及劳动者73人）。两年来，共受理案件132件，为劳动者追索劳动报酬、工伤保险待遇、经济补偿金、工伤医疗费等共计人民币620.13万元。

第三章　档案　方志

第一节　档案管理

一、机构职能

1981年3月，成立六枝特区档案局。1994年8月，明确六枝特区档案局、六枝特区档案馆为两块牌子，一套人员，为特区政府直属正科级事业单位。2002年7月，六枝特区档案局与六枝特区档案馆实行局馆合为一体制，是主管全区档案工作的六枝特区人民政府直属事业局，履行六枝特区人民政府赋予的档案行政管理职能。2005年2月，成立六枝特区现行文件阅览中心，是隶属六枝特区档案局的正股级财政全额拨款事业机构，核定事业编制3名（2007年增至4名）。2010年设，立六枝特区档案局（六枝特区档案馆），为特区人民政府直属正科级事业单位，核定事业编制9人。

二、馆藏设施

六枝特区档案馆馆址位于六枝特区平寨镇文化路12号，占地面积2.1亩，建筑面积700平方米，其中库房建筑面积480平方米，办公用房建筑面积220平方米。对外服务用房有展览厅、阅览室。2000年，建立特藏室，保管着清朝及民国时期的纸质档案及实物档案。

馆内设备设施共有档案柜152组，电子计算机（微机）11台，去湿机2台，复印机2台。

截至2011年，共有馆藏卷宗100个馆藏档案：其中以案卷为单位整理的档案共25636卷，按照《归档文件整理规则》整理的档案共843盒19686件。馆藏档案按历史时期划分有清朝时期档案、民国时期档案和中华人民共和国成立后的档案。其中清朝档案主要保存嘉庆、道光、同治、光绪和宣统年间的地契、公债。民国档案主要保存中国国民党郎岱县党部、郎岱县政府、郎岱地方检察厅、郎岱地方法院等4个独立档单位的档案，记载着郎岱县党务、组织、宣传、民政、户政、民族事务、财政、田赋、税务、盐务、粮食、农林水利、工商管理等项工作形成的档案以及司法、检察、审判、案件等工作形成的档案。

三、档案收藏、保管及利用

（一）档案的收藏

六枝特区档案馆馆藏档案资料的历史跨度200余年。保存年代最早的是清朝时期的档案，保存最多和比较齐全完整的是新中国成立后的档案，约占馆藏档案的95.2%。现有清朝档案15卷，民国档案1572卷，中华人民共和国成立后的档案2.56万卷。中华人民共和国成立以后的档案是六枝特区档案馆馆藏档案的主体和核心。内容涉及政治、经济、军事、教育、科技、文化、宗教、农业、水利、地理等。从多方面、多角度真实地记载和反映六枝特区各族人民开发、建设和发展六枝的历程。客观地反映了全区人民在长期从事政治、经济、军事、文化、科技等活动中所积累的经验和成果。记载了各机关、各人民团体、各企事业单位的历史沿革、职能活动和六枝特区的区情、区貌、民风、民俗等。这是全区各族人民集体智慧的结晶和宝贵的精神财富，它为各级领导的决策以及社会各阶级、各阶层人士对工作查考、总结经验、制订计划、规划、深化改革、扩大开放、发展经济、繁荣文化、解决纠纷、法律公正、历史研究、编史修志等等提供了翔实、确凿的证据。

1984年，接收旧政权档案1587卷，其中清朝档案15卷，民国时期档案1572卷。清朝档案主要保存嘉庆、道光、同治、光绪和宣统年间的地契、公债发放以及贵州教育馆报。民国档案主要保存中国国民党郎岱县党部、郎岱县政府、郎岱地方检察厅、郎岱地方法院等4个独立档单位的档案。记载着郎岱县党务、组织、宣传、民政、户政、民族事务、合作事业经济体制、财务行政、田赋、税务、盐务、粮食、农林水利、工商管理等项工作形成的档案以及司法、行政、审判、检察等工作形成的档案。

1985年，接收六枝特区政府知青办1968—1979年知青档案131卷。内容涉及上山下乡知青名单、方针政策性文件等。

1995—1999年，接收六枝特区建并撤乡镇档案3220卷。内容涉及农业农村工作文件资料、统计报表、党员花名册等。

2000年，整理接收六枝特区第二轮土地延长承包期档案2901卷。内容涉及各级关于土地延长承包的方针政策性文件、各乡（镇）、村、组、户承包人口、承包面积、合同、入户调查表等。

2001年、2009年接收六枝特区粮食局粮食清仓查库档案4卷（盒）29件。内容涉及各级有关粮食清仓查库的指导性文件、统计表等。

2002年，整理接收六枝特区税费改革档案159盒3510件。内容涉及各级关于税改工作的方针政策性的指导文件、各乡镇税改工作表格、数据等。

2008年，特区档案局多次派出业务人员督促指导勘界档案的整理和立卷归档，并将整理完毕的勘界档案全部接收进馆，其中文书档案30盒301件，图纸8盒17件，照片1册93张。内容涉及勘界工作文件、图纸、图片、会议纪要等。

（二）档案的保管

制定并执行《档案库房管理制度》《档案保管制度》《档案保密制度》《档案馆冬季、夏季档案库房管理制度》《档案统计制度》《档案安全保卫制度》等档案保管的各项规章制度。

档案库房实行专人保管，非保管人员不得随意出入库房，严格执行定期检查和进出档案清点制度，保管人员对馆藏档案安全负有责任。切实做好档案室的防盗、防火、防水、防潮、防尘、防虫鼠、防高温、防有害气体和防污染等工作。

档案库房内安置温湿度计，并做好温湿度的记录，采取有效措施调节室内温湿度。

档案库房内严禁吸烟、生火，严禁把易燃易爆和有腐蚀性的物品带入室内。室内不得堆放杂物，保持清洁卫生。

定期检查安全消防设施，及时更换已过期失效的消防设备，对运行失灵的设备应及时报告，督促调整维修。熟练掌握消防技能，确保消防工作的有效实施和档案的安全保管。

（三）档案的利用

1978—2011年，共接待档案查阅利用者5291（人）次，调阅利用档案12294卷，其中：工作查考3073卷、经济建设128卷、编史修志2458卷、其他6635卷。内容涉及人事、劳动保障、知青上山下乡、房屋拆迁、土地征用、房产管理、城市管理、农业农村政策、科技、文化、教育、税收等领域的各类开放档案。为全区经济建设、编史、修志、落实政策、机关查考、调解纠纷等提供了大量翔实、确凿的第一手资料。

2003年10月，中共六枝特区委宣传部、共青团六枝特区委员会、六枝特区教育局、六枝特区民政局联合行文，将六枝特区档案馆确定为六枝特区第三批爱国主义教育基地。2005年1月，中共六盘水市委六盘水市人民政府将六枝特区档案馆命名为“六盘水市第二批爱国主义教育基地”。六枝特区档案馆爱国主义教育基地陈列室有70余平方米，共收集、整理照片、资料、锦旗、牌匾、印章、奖杯、文物等展品200余件。内容包括夜郎故地、民族风情、自然风光、旅游胜地。馆藏珍贵档案、资料、文学艺术、名人和领袖著作等。把六枝特区档案馆爱国主义教育基地建设成为老年人回忆过去，中年人重温往昔，年轻人了解历史，中小学生接受启蒙教育的课堂与素材，成为党的优良传统和中华民族的光荣传统发扬光大等具有较大社会影响的教育基地。

第二节　方志编修

1985年4月，中国地方志指导小组颁发《新编地方志工作暂行规定》。按照规定，六枝特区有修志任务。1986年，成立六枝特区地方志办公室。1987年，成立六枝特区地方志编纂委员会，地方志编纂委员会下设地方志办公室，为修志常设机构，核定编制为8个。其主要职责是负责全区地方志编修工作。办公室人员在学习借鉴省内外修志工作经验的基础上，结合六枝特区历史发展轨迹和社会经济发展的状况，经过广泛征求各单位意见，拟订出《六枝特区志》编修方案。

1987年底，六枝特区编纂委员会召开第一次全体会议。会上，将修志任务分配到特区52个单位，并与承担有部门志稿任务的21个单位（有的按系统）签订修志承包协议书，明确地方志办公室承担的《地理篇》《建置篇》《大事记》《人物》的编修任务。协助相关单位编撰《政治篇》《民俗篇》。会后，中共六枝特区委办公室、六枝特区人民政府办公室联合下发《关于全面开展编修地方志工作的通知》，根据“党委领导、政府主持、部门分工众手修志”的工作方针，各承编单位、部门陆续成立编纂委员会。抽调专职人员组成地方志编修班子和48个编写组，初步形成100多人参加的修志队伍，《六枝特区志》编修工作正式铺开。

1988年，地方志办公室按照分工，定系统、定单位，负责对修志人员联系、指导、督促、检查。为承修单位提供方志资料服务，探讨解决修志中的难题。帮助部分单位建立编写小组，推动修志工作有序进行。

1990年，由于人事变动，部分部门单位修志工作处于停顿或半停顿状态。1991年，调整地方志编纂委员会。特区党委、政府从各单位抽调人员补充到地方志办公室，加强地方志编修工作。

1994年，交志稿的单位仅有38个，只达到总纂要求60%。特区调整地方志编纂委员会，加强对修志工作的领导。明确专人对文化、财政、林业、交通、金融等部分的指导，有力地加快修志工作进度。

1997年，聘请周德儒、夏昌玺参与编纂。1999年，修志单位从52个增加到72个。工作涉及面广，任务加重。地方志办做好协调，境内企业陆续编纂出版《六枝煤矿志》、六枝矿务局地宗选煤厂的《地宗选煤厂志》、六枝矿务局工会的《六枝矿区工会志》等。

2001年，六枝特区史志办完成22个篇，81章，330节，100多万字的《六枝特区志》第一次打印稿。选用上志图片100多幅。是年6月，经贵州省地方志办公室、六盘水市地方志办公室会审，对志稿篇目结构，文字删减、资料补充等提出意见和建议。

2002年，《六枝特区志》完成总撰。是年7月，经贵州省地方志办公室验收合格正式出版。12月召开《六枝特区志》首发式暨续修志书动员大会。相关领导会上作了重要讲话，强调机构不撤，人员不散，保证续修工作有序开展。六枝特区第一轮修志工作顺利完成。

2003年，学习贯彻《中国地方志指导小组关于地方编纂工作的规定》和《贵州省续修地方志行文通则》，地方志办公全体修志人员参加了全省地方志业务培训。在岗的同志全部获得贵州省地方志办公室颁发的地方志续修编务合格证书。获得省级业务培训合格率达到100%。

根据国务院办公厅《关于进一步加强地方志编纂工作的通知》制定了《六枝特区第二轮地方志续修实施方案》《六枝特区地方志篇目设置方案》。分别向党委和政府作出汇报。筹备召开区直部门、驻境企业主要领导参加的地方志续修工作大会。

2004年11月，召开六枝特区第二轮修志工作会议，省志办领导到会作指导。六盘水市地方志办领导通报全市的修志工作情况、明确六枝特区启动第二轮修志工作。本着“党委领导、政府主持”的工作体制，对修志的指导思想、组织领导、任务、编纂体例、编纂质量、出版等作出了明确指示。对各部门收集资料、志稿编写工作提出了严格要求，并将具体任务落实到各承修单位。会上还印发了区委、区政府《六枝特区志续修方案及篇目设置方案》。邀请贵州省地方志办编辑处处长、副处长对本办工作人员及全区各第二轮方志承修单位主笔人员60人进行方志基础理论讲座及业务培训。

2005年4月，全区50个修志部门全部建立了编写班子。地方志办经过组织、调查、编写《方志编纂知识》《方志记事技巧》和《地方志行文规则》发到各承修单位。是年8月2—4日，全省地方志续修经验交流工作会上，六枝作经验交流发言。是年底，六枝特区地方志办被评为全省先进集体。

2005年底，地方志办公室与党史研究室合并，成立六枝特区史志办公室，其职责是：承担《中国共产党六枝特区历史》的资料征集和续修《六枝特区志》的工作。2006年，特区党委将地方志续修工作纳入各承修单位、部门的年终责任目标考核。年底，交志稿的单位部门达到80%。

2007—2011年继续《六枝特区志（1978—2011）》续修工作。

第八篇　综合经济管理

第一章　计划管理

第一节　管理体制

1978—2003年，六枝特区计划管理部门为六枝特区计划委员会。2004年，撤销六枝特区计划委员会，成立六枝特区发展和改革局。行政编制8名，单列编制4名，工勤人员编制2名。定局长职数1名，副局长职数3名，正副股长（主任）职数5名，主任科员或副主任科员职数2名。内设机构：办公室、国民经济综合股、项目股、以工代赈办公室、经济体制股。

2010年3月，将物价局职责划入发展和改革局，不再保留物价局。发展和改革局不再挂招商引资局牌子。5月，六枝特区发展和改革局行政编制19名（含纪检监察1名）。定领导职数：局长1名，副局长2名，纪检组长1名（副科级）、综治办主任1名（副科级）、招商引资办主任1名（副科级）、正副股长（主任）10名。工勤人员3名。6月，原特区物价局、招商引资中心在职人员及离退休人员划入特区发展和改革局。内设机构：办公室、规划改革和国民经济综合股、固定资产投资和项目股、地区经济和农村经济发展股、社会产业就业和服务业发展股、资源节约和环境保护股、项目协调管理稽查股、工业建设和交通运输股、特区招商引资办公室、价格与收费管理股、价格监督检查股、成本监审与价格监测调控股。

第二节　计划执行

中共十一届三中全会以后，国家提出对国民经济实行“调整、改革、整顿、提高”的方针，在农村推行多种形式的生产责任制，在流通领域发展集体和个体经济，加快农业和轻工业的发展，控制基本建设投资规模，努力改善城乡人民生活。1995年，工农业总产值按1980年不变价计算，达到18025万元，比1990年增长28%，平均每年增长5.08%。

1996—2000年，全区国民经济继续保持平稳增长，经济结构趋向合理，各项社会事业全面发展。2000年，全区国内生产总值完成10.69亿元，社会消费品零售总额完成2.65亿元，地方财政收入完成 4811 万元，农民人均纯收入 1255 元。

2001—2005 年，按照科学发展观的要求，紧紧抓住国家实施西部大开发战略和新阶段扶贫开发机遇，国民经济和社会事业稳步健康发展，为“十一五”时期经济社会发展奠定了良好基础。2005 年全区生产总值完成 22.84 亿元，地方财政收入完成 1.21 亿元，农民人均纯收入达 1749 元，城镇居民人均可支配收入 5191 元。

2006—2010 年，六枝特区坚持以科学发展观统领发展全局，积极应对百年不遇的冰冻灾害和重大旱灾，克服了国际金融危机带来的影响，以发展为第一要务，坚持“农业稳区、工业强区、旅游活区、民营富区、生态立区、城镇亮区、科教兴区”发展战略，以“抓项目、保增长、调结构、重民生”为主线，着力实施投资拉动和项目带动，着力改善民生，在全区人民的共同努力下，经济社会稳步健康发展，综合经济实力明显提升，全面建设小康社会进程进一步加快，总体上实现了国民经济和社会发展规划确定的目标。2010 年，全区生产总值完成 54.91 亿元，人均生产总值达到 8985 元，财政总收入完成 4.78 亿元，一般预算收入完成 2.96 亿元，社会消费品零售总额完成 16.33 亿元，城镇居民人均可支配收入达到 8028 元，农民人均纯收入达到 3341 元，城镇化率达到 43.71%。十一五时期累计完成全社会固定资产投资 72.49 亿元。

2011 年，全年农业总产值达 11.03 亿元，同比增长 22.4%，实现农业增加值 7 亿元，比上年增长 1.9%。粮食种植面积 58.74 万亩，比上年增加 1.56 万亩。油料种植面积 8.19 万亩，比上年增加 0.28 万亩。糖料种植面积 0.01 万亩。蔬菜种植面积 6.32 万亩，比上年增加 0.16 万亩。全年粮食产量 15.31 万吨，比上年减产 6745 吨，比上年下降 4.22%。

1996—2000 年规划指标执行情况统计表

表 8-1-1

规划指标	完成情况	较 1995 年增长（%）	年均增长（%）	备　注
生产总值（亿元）	10.69	54.67	8.31	
其中：第一产业（亿元）	2.8	23	6.22	
第二产业（亿元）	4.38	95.51	7.55	
工农业总产值（亿元）	10.55	32.6	5.8	
其中：工业总产值（亿元）	6.45	36.51	6.42	
农业总产值（亿元）	4.1	23	4.2	
财政总收入（万元）	7770	66.74	10.77	
其中：地方财政收入（万元）	4811	103.1	15.22	
三次产业与比	26.19∶40.99∶32.82			“八五”末：32.94∶32.41∶34.65
累计完成全社会固定资产投资（亿元）	7.1		3.1	比“八五”期间增长 16.4%
农民人均纯收入（元）	1255		9.87	比“八五”末增长 60.08%
森林覆盖率（%）	20.17%			
累计完成造林面积（万亩）	13			

续表

规划指标	完成情况	较 1995 年增长（%）	年均增长（%）	备　注
累计完成天然林保护（万亩）	3.75			
累计治理水土流失面积（平方公里）	113.17			
引进合作项目（项）	189			
实际到位资金（万元）	26137			
适龄儿童入学率（%）	98			
人口自然增长率（‰）	14			

2001—2005 年计划指标执行情况统计表

表 8-1-2

规划指标	完成情况	年均增长（%）	备注
生产总值（亿元）	22.84	11.36	超年均增长 10% 目标
农业增加值（亿元）	4.12	4.54	
工业增加值（亿元）	8.11	18.2	
三产增加值（亿元）	10.02	13.7	
三次产业比重	18∶38∶44		“九五”期末：26∶41∶33
非公有制经济比重（%）	35.2		
财政总收入（亿元）	20141	22.84	
地方财政收入（亿元）	12123	20.3	超 10% 目标
累计完成全社会固定资产投资（亿元）			是“九五”期间的 2.3 倍
城镇失业登记率（%）	4.5		
粮食总产量（万吨）	18.31		历史最高水平
肉类总产量（万吨）	1.94	15.79	
畜牧业产值占农业总产值比重（%）	28.24		
社会消费品零售总额（亿元）	7.41	22.83	
森林覆盖率（%）	25.26		
适龄儿童入学率（%）	99.12		
初中毛入学率（%）	108.13		
青壮年非文盲率（%）	97.81		
人口自然增长率（‰）	9 以内		
农民人均纯收入（元）	1749	6.68	
城镇居民人均可支配收入（元）	5191	8.83	
最低生活保障率（%）	100		
城镇化率（%）	29.13		

2006—2010年规划指标执行情况统计表

表 8-1-3

规划指标	2005年	完成情况	年均增长（%）	备　注
生产总值（亿元）	27.42	54.91		超规划目标4.31亿元
人均生产总值（元）	4259	8985		
服务业增加值（亿元）		23		
财政总收入（亿元）		4.78	18.87	超规划调整目标3.87个百分点
一般预算收入（亿元）		2.96	19.52	超规划调整目标6.52个百分点
累计完成全社会固定资产投资（亿元）		72.49	44.42	超规划调整目标12亿元
社会消费品零售总额（亿元）		16.33	17.22	超规划目标2.22个百分点
城镇居民人均可支配收入（元）		8028	9.11	超规划目标3.11个百分点
农民人均纯收入（元）		3341	13.83	超规划调整目标3.83亿元
城镇化率（%）		43.71		
三产比例		10.52 : 46.12 : 43.36		“十五”三产比例：15.57 : 35.72 : 48.71
粮食产量（万吨）		20左右		
畜牧业产值（亿元）		2.38		
治理石漠化面积（平方公里）		46		
坡改梯（亩）		21886		
水土保持综合治理面积(平方公里)		119.03		
营造林（万亩）		16.21		
森林覆盖率（%）		33		
原煤（万吨）		2608		
其中：地方煤矿（万吨）		1015		
城区污水处理能力（%）		60		
城区垃圾处理率（%）		80		
单位GPD能耗累计（%）		下降13.61		
城市清洁能源利用率（%）		70以上		
小学适龄儿童入学率（%）		99.2		
农村新型合作医疗参合率（%）		96.59		
人口出生率（‰）		10.32以下		
年均人口自然增长率（‰）		4.8以下		
城镇失业登记率（%）		4.17		控制在规划目标内
养老金社会化发放率（%）		100		

第二章　统计管理

1978年2月，六枝特区统计局成立，由同级计委代管。1983年10月，统计局从计委划分出来，成为独立的政府统计部门。1994年1月，经特区编委批准，特区统计局设"一股一室"，编制11人。2002年，统计局设"一股一室"，行政编制8名，单列编制2名，工勤人员1名，共11名，实有人员14人。设局长1名，副局长2名，正副股长（主任）2名，主任科员或副主任科员1名。2006年3月，统计局设"两股一室"（办公室、统计股、综合法规股），编制数不变，实有人员12人。设立六枝特区统计信息中心，事业机构，编制5名，设正副主任1名，归统计局管理。

1986年4月，特区人民政府在51个乡（镇）招聘了51名统计员；8月，统计局在10个区（镇）第二批招聘15名专职统计员。全特区共招聘统计人员66名。

1987—1991年，各区（镇）先后成立了统计站，由1名区（镇）长兼任站长，区（镇）秘书兼任副站长，区（镇）统计员为专职成员。1992年"撤并建"后，乡（镇）建统计站，招聘的统计员全部留用。全特区19个乡（镇）均成立了统计站，列入事业编制，每个乡（镇）编制数为2～6人。

2006年3月，根据三定方案核编，六枝特区统计局核定行政编制8名，单列编制2名，工勤人员编制1名。定局长1名、副局长2名；正副股长（主任）职数3名，主任科员或副主任科员职数1名。设置办公室、统计股、综合法规股3个股室。

2007年1月，核减单列编制1名，增加行政编制1名。核减、增加后行政编制为9名，单列编制1名，工勤人员1名。乡（镇）统计站从事统计工作的有66人，其中招聘人员34人，中专毕业生分配23人，退伍安置7人，调入2人。

第一节　管理体制

十一届三中全会后，随着经济社会事业不断发展，逐步形成政府统计、部门统计、企事业统计三大体系。1986—1987年，六枝特区各级、各部门、各单位按照国家关于"集中统一，分级负责，条块结合"的原则，密切配合，认真执行有关统计制度，疏通统计渠道，使统计工作形成以各级政府统计为中心的统计网络体系（详见2002版《六枝特区志》）。

1989年9月，六枝特区统计局对辖区内的中央、省属企业进行统计汇总；区、乡（镇）统计机构也承担起辖区内各级集体企业的统计汇总工作。同时，建立起区（镇）、乡（镇）、村（会计或文书任兼职统计员）三级统计网络。至此，六枝特区的"集中统一，分级负责，条块结合"的统计管理体制全部实现。80年代后期，六枝特区建立的以招聘专职统计员为主体的区（镇）统计站以及区（镇）统计站为中心，乡（镇）专职统计员和村会计或文书为建制统计员的农村综合统计网络，是"集中统一，分级负责，条块结合"统计管理体制的具体组织形式。

第二节 普查与调查

一、人口普查

1980年6月，中共中央、国务院作出决定，在1982年进行第三次人口普查。这次普查的项目共19个，其中按人口登记的有姓名、与户主的关系、性别、年龄、民族、常住人口的户口登记状况、文化程度、在业人口的行业、在业人口的职业、不在业人口状况、婚姻状况、15～64岁妇女生育子女总数及现在存活子女的总数、1981年15～49岁育龄妇女生育胎次等13个调查项目；按户登记的有户的类别（家庭户或集体户）、本户住址编号、本户人数、本户1981年出生人数、本户1981年死亡人数、有常住户口已外出一年以上的人口等6个调查项目。另有附表《1981年全年死亡人口登记表》共5个调查项目：死者姓名、性别、死亡时间年龄、出生时间和死亡时间。第三次人口普查的登记时间为1982年7月1日零时。1982年7月登记结束。

1990年，国务院统一部署，开展全国第四次人口普查。普查项目有21项，按人填报的15项：姓名、与户主的关系、性别、年龄、民族、户口登记状况和性质、1985年7月1日常住地状况、迁来本市的原因、文化程度、在业人口的行业、在业人口的职业、不在业人口状况、婚姻状况、妇女生育及存活子女数、1989年1月1日以来妇女的生育状况；按户填报的6项：本户编号、户别、本户人数、本户出生人数、本户死亡人数、本户户籍人口中的离开本县、市一年以上人数。1990年7月1—10日为普查登记时间，全特区投入编码人员80人。

1998年，国务院决定2000年进行第五次人口普查。第五次人口普查的标准时间为2000年11月1日零时，登记时间为2000年11月1—10日。2001年5月特区编码结束送市进行光电录入。2001年4月30日通过快速汇总，特区统计局、第五次人口普查办公室发布主要数据公报（第一号）：本地普查登记的总人口541762人（包括外来人口，不包括外出人口）；1999年11月1日至2000年10月31日，全特区出生人口11750人，出生率为21.81‰；死亡人口4126人，死亡率7.66‰；人口自然增长率14.15‰。家庭户146689户，家庭户人口535660人，平均每个家庭的人口为3.65人，比1990年第四次人口普查平均每个家庭的人口4.35减少0.7人。第五次人口普查结束后，折溪乡第五次人口普查办公室荣获国家级先进集体，特区普查办公室和平寨镇、中寨乡普查办荣获省级先进集体。

2010年，国务院决定进行第六次人口普查。第六次人口普查的标准时间为2010年11月1日零时，人口普查主要调查人口和住户的基本情况，内容包括：性别、年龄、民族、受教育程度、行业、职业、迁移流动、社会保障、婚姻生育、死亡、住房情况等。本次普查登记全区年末常住总户数154300户，其中：家庭户152304户，集体户1996户。全区年末常住总人口495162人，其中：男性255140人，女性240022人，性别比为106.3∶100。汉族人口359219人，少数人族人口135943人，少数民族人口占全区常住总人口的27.45%。

二、工业普查

1986年第一季度，六枝特区人民政府成立工业普查领导小组及办公室。组织经委、统计局、乡镇企业局等单位进行第二次工业普查。普查对象是全区工业企业，包括辖区内各种类型的独立核算工业企业、非独立核算生产单位、村办工业和个体工业。普查内容主要是调查 1985 年的工业经济情况，工业企业基本情况，包括人、财、物、产、供、销情况以及工业装备的技术状况、经济效益、工业内部结构和职工状况等。普查填表工作于 1986 年 3 月底结束。

这次普查，共查实乡办以上独立核算工业企业 71 个（不含中央及省企业），工业总产值 2094.49 万元，在册职工 4436 人，固定资产原值 2266.6 万元，流动资金全年平均余额 660.3 万元。

1995 年，国务院开展第三次全国工业普查。这次普查的对象为全部工业企业，重点是国有企业、乡镇企业和外商投资企业。普查的主要内容为 1995 年工业生产经营基本情况，包括生产、销售、库存和成本、费用、价格、盈利等情况；资产负债状况及其构成；生产能力利用及技术装备状况等。登记阶段为 1996 年第 1 季度，全部普查工作于 1997 年上半年完成。

三、第三产业普查

1993 年，《国务院关于开展全国第三产业普查的通知》首次全国第三产业普查启动。9 月，六枝特区人民政府参照成立了相应的机构，负责第三产业普查工作。第三产业普查的范围，包括辖区内所有第三产业（含各种经济类型）的企业、事业、行政单位和社会团体。第三产业普查的内容包括 3 个方面：

1. 反映第三产业机构和人员方面的指标，有从事第三产业的独立核算单位、单独核算单位的单位数和从业人员数。

2. 反映第三产业生产经营活动情况的指标，有企业的营业收入、营业成本或费用、销售（营业）税金、营业利润；事业单位、国家机关（包括军队、武警部队）、党政机关、基层群众自治组织的经费收支、业务（事业）收支、预算外收支和专项资金收支。

3. 反映第三产业实物资产情况的指标，有固定资产原值和净值、库存总值。第三产业普查年度为 1991 年、1992 年。

四、农业普查

（一）第一次全国农业普查

农业普查 10 年进行一次，在逢 6 的年份实施，第一次全国农业普查的标准时间为 1996 年 12 月 31 日，主要内容及调查范围有 6 种表：

《农村住户表》包括家庭成员及从业情况、家庭外雇人员情况、农业用地、农作物种植、牲畜家畜、生产用房、住房经营类别 7 个大类、176 个指标。

《非农村住户类农业生产经营单位调查表》以所有从事农业生产经营活动的国有农场和国家机关、团体、学校、科研单位、工矿企业办的附属农业生产单位、外商投资和港澳台投资办的农业企业以及集体、联办和个体的农业生产单位为调查对象进行填报，共 241 个指标。《行政村调查表》分 5 个大类 149 个指标。《乡镇调查表》共 156 个指标。“非农乡镇企业基本情况卡片”共 67 个指标。“农业用地卡片”共 69 个指标。

第一次全国农业普查，特区于1996年5月组建农业普查机构，乡村于8月组建机构。1997年1月1日入户登记，2月开始手工过录、汇总现场登记调查表，3月上报手工汇总数据。

（二）第二次全国农业普查

2006年，开展第二次全国农业普查。时点为2006年12月31日24时。普查的对象：农村住户与城镇农业生产经营户表1303个指标、农业生产经营单位表216个指标、村民委员会表95个指标、乡镇人民政府表97个指标。普查的内容：农户人口与劳动力就业状况、农户家庭生活设施和生活条件、农户承包和经营的农户用地、农户农业生产条件和农业生产情况、各种企事业单位的农业生产经营情况、乡（镇）和村的社会经济状况与发展情况。现场登记时间和复查时间为2007年1月1—31日。

五、基本单位普查

（一）第一次全国经济普查

1996年1月，国务院以国发〔1996〕5号文发出通知，开展全国第一次基本单位普查。六枝特区于1996年7月落实了组织、机构、经费和人员。普查的标准时点为1996年12月31日。普查登记时间为1997年1月，审核汇总和数据处理同年6月底结束。普查的对象为所有的法人单位及法人单位所附属的产业活动单位。普查的内容主要有经济类型、所属行业、从业人员、企业规模、营业状况等各类单位的基本属性和主要指标。2003年，开展了第二次基本单位普查，六枝特区统计局荣获第二次基本单位普查国家级先进集体。

（二）第二次全国经济普查

除2004年条列发布第一次经济普查为2004年外，以后逢3和8年份为经济普查年，五年一次。第二次全国经济普查时间为2008年12月31日24时，普查时间为2008年1月1日—12月31日，普查对象是在境内从事第二、第三产业的法人单位，产业活动单位和个体经营户。普查范围为：采矿业、制造业、电力、建筑业、交通运输、仓储和邮政业、批发和零售业、住宿和餐饮业、金融业、房地产、租赁和商务服务业等。普查内容为：单位基本属性、财务状况、生产经营情况、生产能力、能源消耗等。

本次普查情况为：全区从事第二、第三产业的法人单位1282个，其中单位1220个，多产业法人单位62个。产业活动单位1760个，其中多产业法人所属的产业活动单位540个。

六、经济普查

2004年，开展全国第一次经济普查。将工业普查、基本单位普查、第三产业普查、建筑业普查合为一体，称为经济普查。普查的标准时点为2004年12月31日，时期资料为2004年度。普查对象是在六枝特区境内从事第二产业、第三产业的全部法人、产业活动单位和个体经营户。普查主要内容包括单位基本属性、就业人员、财务状况、生产经营情况、生产能力、原材料和能源消耗、科技活动情况等。特区人民政府成立了普查领导小组及其办公室，负责普查工作。普查结果显示，全特区从事第二、三产业的法人单位920个，其中：企业法人单位270个，机关、事业法人单位339个，社会团体法人单位26个，其他法人单位285个。产业活动单位1628个，其中第二产业199个，第三产业1429个。个体经营户15034户，其中第二产业3670户，第三产业11364户。全特区第二、三产业的就业人数为57624人，其中第二产业的就业人员为27343人。第三产业的就业人员为30281人。企业实收资本额为97.26亿元。其中国家投入的资本53.73亿元，占62.80%；集体投入的资本39498万元，占4.62%；个人的投入的资本11.7亿元，占32.58%。平寨镇经济普查办公室被评为省级先进集体。

七、其他调查

1982年，第三次人口普查较前两次增加婚姻状况、生育状况、死亡状况和行业等内容。1986—1988年，对非交通运输系统载货汽车进行抽样调查。1987年，承担第二期“深入的生育力抽样调查”，共调查了348户育龄妇女。1990年，第四次人口普查内容增至21个。1993年，开展了第三产业普查。1995年，完成1%人口抽样调查。2005年，开展全国1%人口抽样调查工作，六枝特区人民政府和各乡（镇）成立领导小组及其办公室负责此项工作。登记时间为2005年11月1—7日，标准时间为2005年11月1日零时。六枝特区19个乡（镇）均被抽中，范围为71个调查小区，涉及7000余人。调查经费实行各级财政负担，特区以“以奖代补”形式补助每个小区150元。经调查摸底汇总，全特区71个小区2128户，摸底时居住在本户的人数为7001人，户口在外乡（镇）街道、离开户口登记地半年以上的人数为318人，户口在本乡（镇）街道的人数为8949人，户口在本乡（镇）街道、外出半年以上的人数为2002人；2004年11月1日至2005年10月31日出生人数91人，死亡人数62人；常住人口7345人。调查的出生率为12.39‰，死亡率为8.44‰。

2006年5月，开展劳动力抽样调查。样本以1%人口样调查抽中的小区为基础抽中岩脚镇田坎村第24小区、堕却乡左坝村第7小区、平寨镇那平路社区第67小区、落别乡新寨村第11小区、新华乡新寨村第2小区。调查时点为2006年5月15日零时，调查周为5月8日—14日，入户登记时间为5月15日—22日。调查的范围为抽中小区16岁以上人口。10月，开展人口变动和劳动力抽样调查。本次抽样的标准时间为2006年11月1日零时，入户登记时间为2006年11月1—10日。调查的对象为抽中调查小区内具有中华人民共和国国籍的人口。六枝特区抽中的小区有：牛场乡尖岩村第19、第22调查小区，大箐村第2、第5调查小区；堕却乡堕却村第16、第26调查小区，毛稗田第4、第5调查小区。调查项目有：《人口变动和劳动力调查表》。按户填报的项目有：户编号、户别、应在本户登记的人数、本户常住人口、本户户籍人口中外出半年以上的人数、暂住本户、户口在外乡（镇）、街道、离开户口登记地不满半年的人数、本户2005年11月—2006年10月31日出生人口和死亡人口8个项目；按人填报的项目有：姓名、性别、出生年月、民族、户口登记地状况、离开户口登记地原因、户口性质、一年前常住地、是否识字、受教育程度、学业完成情况、婚姻状况、2005年11月1日至2006年10月31日生育情况、是否工作、工作单位类型、就业身份、签订合同情况、未工作原因、是否寻找工作、当前能否工作、未找到工作或不能工作的原因、行业、职业、参加社会保险情况、目前的主要生活来源 26 个项目。《死亡人口调查表》有户编号、姓名、性别、出生年月、死亡月份。是年，进行的劳动力抽样调查、人口变动情况抽样调查，每个调查小区约 30 户 100 人左右。

第三节　服务与建设

一、统计服务

1999—2011 年，每年 5 月底前印发《领导干部手册》。起初由单位自打自印装订，内容较少，印数几十本，供不应求。后各年增加了内容和印数，由印刷厂排版印成简装本。2006 年印发 500 册，2007 年印发 600 册。2008—2011 年各印 800 册。

二、统计建设

1979 年，六枝特区统计局专业人员相继开始用计算器。1985 年，区（镇）、乡（镇）统计员，均由特区统计局发给计算器。1995—2007 年，参加统计上岗及继续教育培训的 516（人）次，参加专业技术资格考试达到 40 余（人）次。1997 年后，计算机逐年增加。2007 年，共有计算机 12 台，基本达到人手 1 台。有复印机 1 台、速印机 1 台、电话 7 门，开通了网络。

第三章　审计监督

第一节　机构

1983 年，成立六枝特区审计局。内设办公室、财政金融审计股、行政事业审计股、经济责任审计股、社会保障审计股、固定资产投资中心等 6 个股室。

第二节　审计监督

1984—1993 年 共查出违纪违规金额 2057.65 万元，乱挤成本款项 34.23 万元，不合理费用 1095.07 万元，罚没款 21.27 万元，乱涨价款 180.97 万元，清理上缴财政 517.15 万元。

2003—2006 年，六枝特区审计局共安排审计了 118 个单位，查出违规行为资金 7825 万元，管理不规范金额 2547 万元，应调账处理金额 5097 万元，应归还原渠道资金 1014 万元，应上缴财政 533 万元，已上缴财政 373 万元，固定资产投资审计核减工程项目投资 271 万元。

2007—2012 年，对 174 个单位实施了审计和专项审计调查，查出违纪违规资金 3912 万元，其中：应上缴财政 3265 万元，已上缴财政和纠正 2992 元；管理不规范资金 17748 万元；应调账处理金额 4783 万元，已调账处理金额 4287 万元；应归还原渠道资金 129 万元，核减工程决算 1230 万元，向纪检监察机关移送案件 1 件 1 人。

六枝特区审计局认真履行审计监督职责，共审计 852 个单位，查出违纪违规金额 44.3 亿元，已上缴财政金额 3674.61 万元，追还侵占挪用资金 5613.03 万元。

一、领导干部经济责任审计

1999—2011 年，共对 30 个单位，39 名领导干部进行任期经济责任审计，被审计领导干部中平调 24 人、晋升 7 人、免职 4 人、移交纪检监察机关 5 人（刑事处理 1 人），查出违纪违规资金 1.67 亿元，上缴财政资金 204.79 万元。特别是 1999 年 6 月对特区民政局局长龙某任期经济责任审计中，查出违纪违规资金 339 万元，其中：私设“小金库”33.8 万元，弄虚作假挪用救灾基金 134 万元等问题，原局领导班子均受到党纪政纪处分；1999 年 8 月对特区茶叶开发公司经理张某任期经济责任审计，查出违纪违规资金 54.5 万元，查实 1 起涉及重大行贿受贿案件，涉案金额达 21 万元，涉及县处级干部 1 名，科级干部 1 名，副科级干部 1 名，主要涉案人员蔡某被一审判处有期徒刑 10 年，其他相关人员分别受到党纪政纪处分。

二、固定资产投资审计

六枝特区设立了固定资产投资中心，编制 4 人，实有 4 人，4 人中高级工程师 1 名，工程师 2 名，助理工程师 1 名。该中心自 2005 年成立以来，共组织了 79 个工程的竣工决算审计，审计资金 11.7 亿元，核减工程投资 949 万元。其中：2005 年审计的六枝特区站前广场竣工决算审计，工程总投资 356 万元，核减工程量 87 万元。

第四章　物价

第一节　管理机构

1973 年 3 月，六枝特区物价委员会成立。1976 年 10 月，撤销六枝特区物价委员会，在计委设物价组。1979 年 1 月，撤销计委物价组，组建成立六枝特区物价局，为特区政府职能部门。1984 年 5 月，内设物价检查所。1993 年 8 月，物价局并入工商局。物价管理工作由工商局物价股暨物价检查所共同负责。是年，成立价格事务所，负责价格的评估和鉴证。1994 年，恢复六枝特区物价局，核定编制 15 人，内设价格管理股、非商品费管理股、物价检查股和行政办公室。

1995—2002 年，六枝特区物价局负责全区的商品价格及非商品收费的管理及监督检查工作，内设机构有：价格与收费管理股、物价检查所（股）、办公室、价格认证中心。

2002 年，物价局保留 4 个行政编制，8 个专项编制，3 个事业编制，1 个工勤编制。内设机构为价格与收费管理股、检查股（物价检查所）、办公室、价格认证中心（事业编制）。

2004年，特区成立煤炭价格调节基金管理委员会，下设办公室于物价局，负责煤炭价格调节基金的征收管理。2006年，增加一名工勤编制。

2008年，六枝特区物价检查所更名为“六枝特区价格监督检查局”，为六枝特区物价局内设机构。核减专项事业编制7个，增加行政编制7个。编制调整后，行政编制11个，专项事业编制1个，工勤人员编制2个，事业编制3个。2009年，核销事业编制1名。

2010年，将物价局职责划入发展和改革局，不再保留物价局。干部职工全部划入发展和改革局。

第二节　物价管理

1978年，境内实行新的价格，对省产13种粮食窖酒零售价调整。1979年，六枝特区物价局对粮食、油脂、油料、副食、涤棉、烟酒以及建材、金属和化轻等类产品的价格进行调整。相应增发职工价格补贴（人均5元）。1980年，木材价格按城关、区乡两类标准实行调整。城关每立方米供应杉原木105元，方板材156元，杉原条103元；区乡每立方米供应杉原木84元，方板材119元，杉原条82元。1983—1986年，境内实行“两布调价”（即降低化纤织品价格、提高棉纺织品价格）。1988—1991年，实行职工副食品价格补贴，执行中心区及平寨镇、木岗镇人月均8元，其余区（镇）6元的标准。1992—1995年7月1日，粮油销售价格全部放开，实行以国营为主的多渠道经营。境内由点到面实行国营、合作商业“经营、价格、分配、用工”四开放。

1995—1996年，对与人民生活密切相关的粮食、白糖、猪肉等22类商品实行提价申报制度，要求经营单位必须在提价5天前向物价局申报提价理由、幅度。1996年，制定出租车客运价格。取消化肥计划内外的价格差别，实行化肥计划内外综合价。共检查单位200余个，没收价格违法所得10万余元，罚款5万元，全部上缴财政。

1997—1998年，调整了六枝特区自来水价格、小水电价格，制定了化肥综合价格。开展药品价格检查、粮食收购价格检查、铁路专线收费检查、农资价格检查、行政事业性收费检查、公用电话收费检查、邮电资费检查、有线电视收视费检查。

1999—2002年，相继开展教育收费检查、医疗收费检查、涉企收费检查、涉农收费检查等行政事业性收费检查，审查收费项目500余项、收费标准8000余个，清退乱收费近百万元。

第五章　工商行政管理

1971年5月，六枝特区工商行政管理局成立，内设政工、市管、秘书、私改、办公室。1981年，增设合同商标股。1984年，成立工商局仲裁委员会。1985年，增设企业管理股。1986年，增设经济检查所。1990年，增设财会股。1993年，撤销工商局、物价局、技术监督局，组建“六枝特区工商局”，内设物价股、技术监督股、市场管理股、个体经济管理股、经济检查股、企业登记管理股、政工、纪检监察、办公室9个股室，沿至2011年没有变动。

第一节 市场管理

一、集贸市场发展

1980—1984年，工商部门在特区党委、政府领导和区（镇）党政的配合下，先后采取措施，恢复被关闭的羊场、涝河、新场坝、二塘等市场。开辟了花德河、大草坝、老坡底、坝湾、新窑等新市场。

1985—1991年，先后在岩脚、郎岱、落别、六枝、新华、堕却等主要市场打水泥地坪，硬化场地39000平方米，改变了过去脏乱差面貌。六枝市场得到了巨大的发展。19个乡（镇），7个矿区和中心城区都有了市场，每年集市贸易成交额1.5亿以上，体现“建一方市场，富一方群众，兴一方经济”的精神。

1992年，境内集市已达42个，比1950年增加20个，增长率90.71%；比1963年增加22个，增长率110%；比1978年增加28个，增长率200%。年成交额7900万元，是1978年745.28万元的10.6倍；占同期社会商品零售总额的比重从1978年的15.6%上升到35.5%。

2000—2011年，六枝特区各类市场42个，其中乡（镇）农贸市场28个，工矿集贸市场7个，特区中心城区综合农贸市场7个。

二、市场建设

1981年，投资5万元扩修胜利路为营盘片农贸市场。1983年，投资11万元，新建和平路专业性农贸市场，面积13554平方米。1984年，投资10万元在中心城区修建了和平街农贸市场，面积3362平方米。1985年，投资5.4万元修建和平路、郎岱水井边、新华场坝、黑塘、岩脚等市场。1990年初，特区政府用完成责任状得到的资金10万元，动员所属35个单位集资35.7万元，扩建胜利路云盘农贸市场，面积5600平方米。是年，投资25万元建成平寨农贸市场；投资36万元建云盘胜利路市场；投资4000元扩建中寨市场。1991年，投入市场建设资金24.62万元，维修改建市场3个，完成建筑面积10290平方米。工商部门根据7个矿区的居民集中居住的特点，与工矿企业联合投资35万元，兴建7个工矿市场。其中，顶棚市场4个，面积11000平方米。1988年，兴建平寨市场第一期工程，用地4930平方米。1991年，特区党委政府审议了由工商局提出的《六枝特区“八五”期间市场建设规划》并作了部署， 至2001年，共计新建、改建市场11个，面积21240平方米，投入资金178.9万元。市场建设形式主要有三个方式：

（一）工商局主建的市场

新兴市场：1992年始建，政府无偿划拨土地1500平方米，工商局投资23万元，1993年建成，为钢木架顶棚结构，有水泥固定摊位260个。1997年6月，工商局又投资74.2万元进行改扩建，增建门面25间，杀鸡棚2间（后来城管局又修建了十余间）。现已成为水果、蔬菜、蛋禽、副食、水产品综合市场，日愈兴旺繁荣。

和平街市场：地处人口密集的城区中心地段，1984 年始建，1997 年 4 月改建，用地面积 3192 平方米，投资 17 万元，有固定摊位 66 个，营业门面 31 个，大棚 1091 平方米，月成交额 20 万元以上，是比较规范的小商品市场。

平寨市场：1993 年改建，用地 4930 平方米，共投资 104 万元，有固定摊位 180 个，营业门面 75 间，大棚 2295 平方米，三期工程已全部完工，现已成为六枝特区综合性商业集散地，六枝最大的水果、蔬菜批发市场。

（二）工商局牵头协助，发挥国营商业资金、场地的优势，自办集贸市场

那克小商品市场：商业局投资 41 万元，修营业门面 47 间，面积 846 平方米，1997 年投入使用，成为新潮服装市场。

二分厂市场：特区工商局本着“谁投资，谁受益”的精神，提议并协助二分厂自筹资金 12 万元，建场面积 1400 平方米，1997 年投入使用，有固定摊位 80 个，门面 4 间。

一四二队市场：一四二队投资 40 万元及土地，在工商局的协助下建成市场面积 2100 平方米，固定摊位 188 个，门面 30 间，1998 年投入使用。

平寨批发市场及屠宰场：2000 年特区贸易局引进外地资金在水运司六枝老客车站修建了平寨批发市场；自筹资金将农资公司仓库改建屠宰场，实行定点屠宰，2000 年投入使用，该屠宰场成为六枝最大的生猪集散地。

（三）工商局（所）建议并协助乡（镇）自建市场

中寨市场：1991 年中寨乡政府采纳工商所建议，无偿划出土地 2600 平方米，工商局投资 1.4 万元，中寨乡机关干部和附近村民义务出工 4400 个，修建固定摊位 180 个。

折溪市场：由工商部门建议，折溪乡政府投资 4 万元，群众集资 2.5 万元，修建了 4500 平方米水泥地面的折溪市场。

六枝市场：六枝市场是六威公路、六岩公路的交叉要道，周围几公里范围内，分布有十多个厂矿，一到赶场天，交通严重受阻。2000 年，特区政府批准，将供销社的大片闲置土地划给工商局修建市场，市场建成后，不光解决了长期困扰六枝的交通阻塞问题，同时盘活了国有资产，为下岗职工创造了更多的就业机会。

专业批发市场：2000 年投入使用的六枝特区生猪定点屠宰场、平寨水果批发市场。

大型商场：2006 年投入使用的夜郎大厦，2008 年投入使用的工矿大厦。

超市：新干线超市，1997 年成立，截至 2011 年底已拥有 14 家分店；新动力超市，1997 年成立，拥有 2 家分店；广全超市，2001 年成立；好万家超市，2003 年成立，现已拥有 12 家分店；时代家具广场，2002 年成立；喜洋洋家私广场，2004 年成立。

三、市场管理

1978 年，中共十一届三中全会以后，在国家政策允许范围内，进一步放宽政策，加强市场管

理，搞活流通，保障合法交易，开放农副产品市场，土特产中绝大多数商品均可上市。农民完成国家统购、超购、派购任务后，可从事允许上市的农副产品贩卖。集体或个人可进行合理长途贩运。1980年，清理整顿，查处投机违法行为62起，追赃27.87万元，手表2块，布票1100尺。1981年，建市场管理委员会。1982年，对工业品放宽管理，取消封锁禁运。1987年，查处国营集体和个体出售假八角、五香粉、花椒粉等事件，查获变质饮料和罐头2686瓶。1988年，查处假茅台酒558瓶。1993年，对城区和乡（镇）住地市场继续推行规范化管理，实行划行规市，画线设摊，建立了入场登记，查处违法违章登记、集市贸易基本情况场记、日记，以及“定人员，定岗位，定职责”，分片包干维护市场秩序等制度。以“打假治劣”为中心，加强了对市场的监督检查，全年检查市场59次，其中专项打假26次，查处短斤少两、掺杂使假349起，查收假酒、假烟、假药等一批伪劣商品，价值1.35万元。

1995年，继续抓好市场规范化工作，加大“打假治劣”力度，对非公有制经济放宽政策，为发展创造宽松环境。

1996年，在规范市场管理工作中，开展“公平交易执法年”“工商形象建设年”的各项工作。7月，六枝工商局制定《关于消费者误购假冒伪劣商品及所购商品计量不足由工商行政管理机关先行赔偿的规定》，在平寨、云盘工商所推行，8—12月，共有80（人）次索赔800余元。购置电子秤、肉类测水仪等设备。坚持市场值班、巡查制度。

1997年，配合查处药品回扣行为，查实回扣金额260.6万元。9月，查明特区搞传销有4人，其中1人是跨地区、超范围进行非法传销，作立案查处。其余3人教育引导，责令停止传销活动。

1998年，根据《粮食收购条例》，会同特区粮食局对粮食市场摸底调查，发现有13户非粮食系统的粮食批发企业，并按规定重新核实经营资格和经营范围。

2001—2005年，六枝工商局在市场管理上，从单纯的集贸市场管理扩大对整个市场的监管，以严厉打击假冒伪劣商品为重点，对农资、食品、烟、酒、医药、文化、家电等市场，每年都开展多次专项检查。

2006年3月，开展种子市场的专项整治工作，查处2起非法经营假“冈优527”水稻种的违法行为，没收假“冈优527”水稻种3500斤，并对当事人作出罚款2.1万元的处罚。

2008年，开展种子、农药、化肥市场专项整治行动。查处种子违法案件5件，罚款1635元。查处化肥违法案件6件，罚款4750元，对1户超范围经营的下达了责令改正通知书。制定了《六枝特区成品油市场专项整治方案》。检查加油站9家，查处销售不合格制动液案件2件，没收不合格制动液28瓶，罚款9320元。

2009年，落实“市场助农”机制，强化农资市场监管和维权。查处无照经营化肥、种子案件6件，罚款0.23万元。查处不合格化肥案件1件，罚款3万元，没收不合格化肥55吨。对10户超经营范围经营户按照“十种轻微违法行为不予处罚的原则”对其限期改正。督促农资经营户建立健全进销货台账、进销货发票、质量信誉卡、《农资经营承诺书》和《种子经营责任书》等“两账两票、一卡两书”制度。对全区范围内的化肥经营户进行地毯式排查，重点检查是否销售有省工商局抽样送检的2种不合格化肥，查处不合格化肥案件1件。开展打击地面卫星接收设施违法行为专项行动。1月，联合特区公安局、特区广电局对辖区内经营及安装卫星电视广播地面接收设施经营户进行了专项执法检查。检查销售卫星电视广播地面接收设施经营户20户。其中证照齐全的有11户，9户无照经营。立案查处4件无照经营地面卫星接收设施案件，罚款共计0.22万元。

2010年，开展红盾护农“保春耕”“保夏播”“保秋种”专项行动。严把市场准入关，清理整顿种子、肥料、农药、农机具等经营者的主体资格，取缔非法农资经营行为，严厉打击制售假冒伪劣农资坑农害农的违法行为。查处1件未健全索证索票制度种子经营案件，罚款0.15万元。开展种子经营备案，对六枝特区种子公司18个品种的玉米和水稻种进行备案。查处制售假冒伪劣农资商品的违法行为。经过省局组织检验，有3户经营户经营的4个品种的复合肥属于不合格产品，其中一户经营轻微不合格化肥要求整改，另两户经营严重不合格化肥的立案调查，对当事人处以罚款6.9万元。

2011年，查处制售假冒伪劣农资商品的违法行为。执法股和落别、新窑、郎岱、龙场分局共查处农资违法案件11件，罚款8.99万元，没收不合格化肥42.95吨。执法股查办1件合同欺诈案件，罚款2.25万元。

第二节　个体经济

1981年5月，全区贯彻全国工商局局长会议精神，明确个体经济是自食其力的劳动者，同集体所有制一样，享有同等的政治权利和社会地位。特区工商部门据此放宽政策，放手发展。原则是：先待业青年，后闲散人员，鼓励生产经营饮食、服务、修理、手工等适于分散的第三产业，准许带几个学徒，扩大就业范围。

1982年5月，对集体行业进行清理整顿，严格区分集体与个体的政策界限：1. 有经营场地、设备和资金。2. 有固定经营人员，并常年经营。3. 有核算制度。4. 有明确的经营范围。

除六枝综合商店、六枝车站人民商店、那克综合商店、云盘回饭店外，其余39个合作店（组），588人，均审定为个体工商户。这是特区个体合作化在组织上、经济上、经营上、政治上的又一重大变革。个体工商户上升为856户，比1978年上升1.4倍。

1984年，中发〔1984〕1号文件下达后，个体工商户上升到4046户，比1978年上升10.4倍。如郎岱总人口56887人，发展个体371人，占总人口的0.56%，其中，城区所在地322人，农村49人；岩脚总人口52795人，个体515人，占总人的0.89%；新场总人口42708人，个体246人，占总人口0.57%；新华总人口44670人，个体180人占总人口0.4%；中寨总人口33030人，个体33人，占总人口0.09%；堕却总人口31301人，个体130人，占总人口0.41%；落别总人口43992人，个体129人，占总人口0.29%；平寨镇56878人，个体1506户，占总人口2.23%。

1985年，有个体工商业2518户，城镇1562户，农村956户，比1982年上升1.94倍。

1987年，有个体工商业4876户，达到历史最高水平。

1990年，个体工商户3130户，4192人，比1988年下降38.5%。资金535.1万元，营业额2329.7万元，其中：农村1703.6万元。

1991年，全区共有个体工商户3233户，从业人员4283人，自有资金704.1万元，总产值844.3万元，营业额达2349.8万元。在管理方面，每年一次的验照贴花工作，对个体工商户生产经营活动全面检查。检查个体户754户，占总数额23.3%；整顿了烟酒批发市场；重新核实了六枝、云盘、那克、堕却片区325户的注册资金；对超出经营范围的134户进行了处理；办理变更登记手续的81户；补收管理费上千元；绘制全区个体工商户分布图和发展情况坐标图。召开个体户代表会3次，参加学习人员318（人）次。

1992 年，全区共有个体工商户 3200 户，自有资金 809 万元，比上年增加 107.6 万元。发展 57 户长途贩运户，农村产品加工业发展到 28 户。开展市场检查，清理无照商贩 450 户（次），对符合条件的补办营业执照。

1993 年，从经营范围、经营方式、从业人员、行业类别等四个方面进一步放宽审核；对边远贫困地区，允许“先经营，后登记”，需办理的可减免登记费等，结合平时验照贴花加强监督管理。是年，全区个体工商户 3540 户，从业人员 4444 人，自有资金 1013 万元，完成总产值 979 万元，销售总金额 2758 万元。

1994 年，特区按照有关放宽搞活的精神，相应制定了一系列关于放宽、搞活配套规定。全区个体工商户 3798 户，从业人员 4841 人，自有资金 1500 万元，完成总产值 451 万元，实现销售总额 3251 万元，新发展个体 499 户，从业人员 639 人，自有资金 522 万元。

1995 年，新发展个体工商户 280 户，从业人员 287 人，自有资金 299 万元。全区个体工商户发展到 3742 户，从业人员 4800 人，自有资金 1745 万元，实现销售额 896 万元，完成工商业产值 148 万元。通过一年一度的验照贴花管理，查处无证经营商贩 54 户，责令补办营业执照 50 户，变更登记 12 户，查处违章违法经营 20 户，罚款金额达 1000 余元，补交管理费 10000 元。取缔无照经营，维护个体户的正常竞争。7 月，组织人员对部分工商所的验照贴花工作进行复查，共复查 11 个工商所辖区内 1573 户，复查数占贴花数的 47.1%。查出无照经营 78 户，占复查数的 4.9%；未验照贴花 23 户，占复查数的 1.7%。

1996 年，个体工商户 3729 户，从业人员 4613 人，自有资金 2061 万元，完成工商业产值 529 万元，实现销售额 3612 万元。落实优惠政策，开辟“绿色通道”，为 74 名持有“再就业优惠证”人员办理个体登记，帮助减免各种费用 0.88 万元。支持 4 名大中专毕业生办理注册登记，减免费用 0.03 万元。支持毛口乡移民搬迁工作，帮助 34 户移民办理个体营业执照。

1997 年，有个体工商业 3823 户 4729 人，营业额 2061 万元。

1998 年，有个体工商业 4985 户 4729 人，营业额 2415 万元。

1999 年，有个体工商业 3823 户 4662 人，营业额 3329 万元。

2000 年，有个体工商业 3300 户 4672 人，营业额 3341 万元。

2006 年，有个体工商户 5114 户，从业人员 7343 人，注册资金 5882 万元。

2007 年，支持返乡农民工、大中专毕业生、复原退伍军人、下岗失业人员创办各类经济实体。是年，个体工商户 5918 户，从业人员 7823 人，登记资金数额 6128 万元。办理持有“再就业优惠证”从事个体经营 65 户，大中专毕业生从事个体经营 4 户，复原退伍 1 户，在登记中减免大中专毕业生、复原退伍军人、下岗失业人员登记费 0.14 万元，减免管理费 2.6 万元。共登记涉农经济组织 7 户，其中涉农公司 2 户，个体经济 5 户，减免各项规费 0.1 万元。

2008 年，登记个体工商户 5806 户，从业人员 9244 人，登记资金数额 7194 万元。为持有“再就业优惠证”从事个体经营的 137 人减免规费 6.05 万元；为 8 名从事个体经营的大中专毕业生减免规费 0.22 万元。汶川地震灾害发生后，个私协会积极行动起来，协会共收到捐赠 15 万余元，支援灾区重建。

2009 年，登记个体工商户 7506 户，从业人员 10653 人，登记资金数额 1.39 亿元。登记持有“再就业优惠证”从事个体经营的 23 人，减免登记费 0.05 万元，对于无前置的实行备案经营共计 87 户。

2010年，个体工商户8604户，出资金额1.96亿元，支持私营经济在农村设立分支机构、开展连锁经营，鼓励投资人在农村创业。帮助六枝特区新干线超市在六枝城区、各乡镇共设立了21家分店。登记持有“再就业优惠证”从事个体经营的23人，共减免登记费0.05万元。

2011年，全区实有个体工商户10053户，资金数额为2.97亿元。与2010年同期相比分别增长17.53%、53.57%。本年开业户1995户，比2010年同期增长9.69%。私营企业366户，注册资金5.6亿元，与2010年相比分别增长7.64%、17.25%；私营有限责任公司276户，注册资金5.25亿元，与2010年同期相比分别增长16.45%、20.63%；农民专业合作社111户，成员出资总额1.14亿元，与2010年相比分别增长40.5%、73.63%。

个体工商业基本情况

表8-5-1

年份	户数	从业人员	自有资金（万元）	营业额（万元）	总产值（万元）	变更登记（户）
1991	3233	4283	704.1	2349.31	844.3	
1992	3200		809	809		
1993	3540	4444	1013	1013	879	
1994	4297	5480	522	522	451	
1995	3742	480	1745	1745	148	19
1996	3729	4613	2061	2061	529	
1997	3823	4729	2061	2061		
1998	4985		2415	2145		
1999	3823	4662	3329	3329		
2000	3300	4672	3341	3341	842	

六枝特区个体经济发展情况

表8-5-2　　单位：户

年度	发展数			取缔
	合计	城镇	农村	
1978	356	308	48	
1979	402	314	88	
1980	463	314	149	
1981	497	469	28	
1982	856	804	52	
1983	2518	1562	956	43
1984	4046	2235	18	
1985	3096	1740	1356	77
1986	3979	2059	1910	320
1987	4878	2568	2310	63
1988	2147			
1989	3185	2398	787	

续表

年度	发展数			取缔
	合计	城镇	农村	
1990	3130	2349	781	
1991	3233	2261	972	
1992	3322	2312	1010	
1993	3540	2548	992	
1994	3572	2554	1018	
1995	3792	2172	1080	
1996	3729			
1997	3823			
1998	4985			
1999	3823			
2000	3300			

1987 年六枝特区城乡个体工商基本情况

表 8-5-3

行业分类	编号	户数（户）	从业人数（人）	自有资金（万元）	总产值（万元）	营业额（万元）
		1	2	3	4	5
一、工业	1	233	323	27.05	83.52	210.65
二、建筑业	2	19	282	19.79		27.93
三、交通运输业	3	85	89	51.02		46.24
四、商业	4	3553	3710	203.92		2300.74
五、饮食业	5	44	44	1.14		7.49
六、服务业	6	195	230	8.9		56.36
七、修理业	7	196	224	6		4083
八、其他行业	8	18	18	0.98		1.4
其中：文化艺术事业	9	18	18	0.98		1.4

1988 年六枝特区城乡个体工商业基本情况

表 8-5-4

行业分类	编号	户数（户）	从业人数（人）	自有资金（万元）	总产值（万元）	营业额（万元）
甲	乙	1	2	3	4	5
一、工业	1	179	220	7.34	42.15	87.15
二、建筑业	2	1	1	0.1	0.97	0.49
三、交通运输业	3	35	38	65.66	118.8	285.21
四、商业	4	1412	2010	104.54		803.67

续表

行业分类	编号	户数(户)	从业人数(人)	自有资金(万元)	总产值(万元)	营业额(万元)
五、饮食业	5	256	297	10.53		117.56
六、服务业	6	133	206	723		48.65
七、修理业	7	93	117	5.53		33.93
八、其他行业	8	48	62	1324		11.33
其中:文化艺术事业	9					

1989 年六枝特区城乡个体工商业基本情况

表 8-5-5

行业分类	编号	户数(户)	从业人数(人)	自有资金(万元)	总产值(万元)	营业额(万元)
甲	乙	1	2	3	4	5
一、工业	1		305	27.81	222.94	
二、建筑业	2	2	2	2.1	64.32	
三、交通运输业	244	72	98	146.02	172.46	
四、商业	4	2084	2913	144.82		1782.1
五、饮食业	5	381	474	19.44		135.05
六、服务业	6	222	315	13.11		93.65
七、修理业	7	144	188	78.7		58.3
八、其他行业	8	36	43	13.42		28.96
其中：文化艺术事业	9					

1990 年六枝特区城乡个体工商业基本情况

表 8-5-6

行业分类	编号	户数(户)	从业人数(人)	自有资金(万元)	总产值(万元)	营业额(万元)
甲	乙	1	2	3	4	5
一、工业	1	250	316	32.1	296.3	
二、建筑业	2	3	10	2.6	131.1	
三、交通运输业	3	153	187	301	325	
四、商业	4	1956	2699	141.4		1911.4
五、饮食业	5	358	436	20		154.2
六、服务业	6	233	321	15.2		148.6
七、修理业	7	144	186	9.2		69.4
八、其他行业	8	33	37	13.6		46.1
其中：文化艺术事业	9	12	13	0.8		29.3

第三节　企业登记

1978—1990年，六枝特区开展工业普查，对全区手工业系统进行普查登记。建立经济户口，实行登记备案制。1982年，对工商业进行清理整顿，不符合经营条件者，一律停止经营行为。完善企业法人联络员制度，1990年，在118个法人企业中设立联络员，并举办法规培训班，对企业登记有关法律、法规进行宣传。

1995年，改革并建立现代企业登记制度，为搞活国有企业创造条件。规范企业的市场行为，重点对无经营资金，无经营场所，无经营机构的“三无”企业，一经查实，依法吊销法人营业执照。

1997—2000年，加强对企业章程、注册资本、管理架构经营资格的审查，督促企业健全财务制度。

2001年，坚持“发展是硬道理”的思路，公开办事制度、办理程序和收费标准。登记各类法人企业142户，营业登记262户，注册资金1.43亿元，从业人员7520人。其中国有法人企业43户，营业登记117户，注册资金5780万元；集体法人企业63户，营业登记79户，注册资金3673万元；有限责任公司32户，分公司10户，注册资金2933万元；个人独资企业35户，注册资金2003万元；私营合伙企业16户，注册资金1690万元。新登记企业28户，注册资金1134万元。其中国有法人企业1户，注册资金42万元；有限责任公司2户，注册资金60万元；个人独资企业13户，注册资金997万元；私营合伙企业1户，注册资金35万元；国有分支机构6户，集体分支机构1户，分公司2户，股份合作企业分支机构2户。

2002年，全区登记注册各类企业362户，注册资金1.63亿元，其中法人企业146户，营业登记企业216户。146户法人企业中，国有法人企业45户，注册资金6378万元，集体法人企业61户，注册资金3515万元，有限责任公司37户，注册资金5860万元，股份合作制企业3户，注册资金570万元。企业登记中，国有企业登记110户，集体企业登记73户，股份合作制企业登记5户，分公司28户。与上年同期相比，注册企业减少52户，其中法人企业增加3户，营业登记企业减少55户。注册资金比上年同期增加2157万元，从业人员增加318人。

2003年，全区登记注册各类企业383户，注册资金1.78亿元，其中法人企业152户，营业登记企业231户。法人企业中，国有法人企业43户，注册资金7567万元，集体法人企业56户，注册资金4176万元，有限责任公司50户，注册资金5472万元，股份合作制企业3户，注册资金570万元。煤矿企业2户，集体法人1户，国有分支1户。

新登记企业63户，其中有限责任公司34户，法人企业16户，注册资金1800万元；国有企业25户，集体企业4户。注销各类企业42户，其中国有企业21户，集体企业12户。股份合作制企业登记2户，公司7户。个人独资企业26户，合伙企业2户。

2004年，全区登记注册各类企业430户，注册资金1.78亿元，其中法人企业171户，营业登记企业260户。法人企业中，国有法人企业46户，注册资金8345万元，集体法人企业44户，注册资金3354万元，有限责任公司77户，注册资金1.6亿元，股份合作制企业4户，注册资金2772万元。新登记企业105户，其中有限责任公司56户，国有企业23户，集体企业1户，个人独资企业19户，合伙企业6户。

2005年，全区登记注册各类企业共计508户，其中法人企业178户，注册资金4.37亿元；国有企业137户，其中法人企业50户，注册资金1.04亿元；集体企业67户，其中法人企业27户，注册资金3041万元；股份合作制企业24户，其中法人企业4户，注册资金3325万元；有限责任公司186户，其中法人企业98户，注册资金2.2亿元（其中：国有独资公司6户，注册资金1590万元）。个人独资企业81户，雇工人数685人，资金数额3819万元；合伙企业13户，雇工人数129人，资金数额1052万元。新登记注册各类企业78户，注册资金4123万元，其中：有限责任公司42户（其中法人企业24户，国有独资公司2户），国有企业2户，集体企业2户，股份合作5户，合伙企业3户，个人独资企业24户。注销各类企业38户，其中：国有企业24户，集体企业3户，股份合作1户，公司4户，个人独资企业6户。

2006年，国有企业143户，其中法人企业42户，注册资金1.04亿元；集团企业69户，其中法人企业32户，注册资金3041万元；股份合资企业27户，其中法人企业4户，注册资金3325万元。有限责任公司191户，其中法人企业114户，注册资金2.36亿元。（其中：国有独资5户，注册资金1590万元）；个人独资企业105户，雇工人数823人，资金数额3690万元；合伙企业15户，雇工人数151人，资金数额1127万元。注销各类企业31户，其中：内资企业8户，私营企业23户。

2007年10月，私营企业261户，其中有限责任公司141户（法人103户），注册资金1.53亿元，个人独资企业109户，雇工人数854人，资金数额4263万元；合伙企业11户，雇工人数141人，注册资金1027万元。关闭煤矿《营业执照》清理，收缴注销11户煤矿《营业执照》。

2008年，登记的私营企业287户，其中有限责任公司186户（法人133户），注册资金2.93亿元，个人独资企业95户，资金数额3772万元；合伙企业6户，资金数额680万元。共有各类内资企业307户，其中，国有企业121户，法人38户，集体企业56户，法人26户，股份合作制企业法人4户，分支25户。内资有限责任公司105户，注册资金1.02亿元。

2009年，私营企业337户，其中有限责任公司191户（法人143户），注册资金3.35亿元，个人独资企业91户，雇工人数636人，资金数额4235万元；合伙企业6户，雇工人数23人，资金数额680万元。内资企业274户，其中，国有企业108户，注册资金7421万元，集体企业47户，注册资金1925万元，股份合作制企业法人26户，注册资金6116万元。内资有限责任公司93户，注册资金9287万元。登记农民专业合作社46户，成员出资总额累计113.51万元、社员总数350人（其中农民成员336人）。吊销了7户，注销了1户，办理变更登记2户。

2010年，登记的各类市场主体共计696户，资金数额8.17亿元，其中内资企业281户（其中企业法人209户，注册资本2.72亿元），私营企业334户，出资额4.8亿元（其中：个人独资企业99户、合伙企业5户、私营有限公司230户），农民专业合作社81户，出资额6478万元。

2011年，全区实有内资企业276户，注册资本7.05亿元，与2010年相比分别增长1.09%和266.96%。其中：内资有限公司96户，注册资本5.6亿元，占全区内资企业总户数和注册资本（金）的37.48%和79.44%。

第四节　合同管理

1981年，六枝特区工商局设置合同管理股，人员2人。1985年，特区工商局培训大中型企业法人授权委托人，核发《授权委托书》106本，对内部合同管理人员和企业从事合同管理人员，用开办培训班、选送外地培训的方法，培训11期。

2010年，六枝工商局开展《贵州省合同监督条例》颁布实施的宣传和培训工作，组织全局股所长及负责格式合同备案工作人员进行培训。

一、经济合同鉴证管理

1981年，鉴证合同1245份，其中：履约933份，占鉴证总数的74.9%，毁约312份，占25.1%。

1982年，鉴证1569份，比1981年上升26%，总值264万元。其中：农商合同1538份，建筑合同18份，购销合同13份。农商合同中，烤烟合同1478份，播面3350亩，产烟21.2万公斤，产值33.8万元；蔬菜合同38份，产菜113.5万公斤，产值7.9万元，建筑合同总值35.4万元，履约率为92%。1984年，鉴证权下放给区（镇）工商所，岩脚鉴证6份，总值2.9万元，信贷合同373份，8.7万元，购销合同1份，0.53万元。新场鉴证102份，总值2.7万元。落别鉴证农商合同4份，总值7.3万元。建筑合同3份，总值11.9万元，加工合同1份，总值50万元。

二、合同纠纷的处理

1983年，颁布了《中华人民共和国经济合同仲裁条例》。六枝特区工商局成立“六枝特区工商行政管理局仲裁委员会”。1985年，开始受理合同纠纷仲裁工作。是年，受理平寨联营公司与抵簸信用社签订《杉木抬杠合同》1986年，受理安顺中美工艺服务部与凉水井工会签订《龙衣龙服加工合同》。1987年，受理中寨乡镇企业办公室与安顺市安澄工矿贸易公司签订《铅锌矿石购销合同》。进行二级仲裁获安顺中美工艺服务部“廉洁奉公、秉公执法”锦旗。

1980—2000年合同的鉴证情况表

表8-5-7

时间	签订数	鉴证数（份）	时间	签订数	鉴证数（份）
1980		41	1991	32	31
1981		1245	1992		32
1982		1569	1993		4
1983		18	1994	47	10
1984	233	37	1995		2
1985	71	66	1996		4

续表

时间	签订数	鉴证数（份）	时间	签订数	鉴证数（份）
1986	79	70	1997		10
1987	79	79	1998		12
1988	44	44	1999		8
1989	34	32	2000		2
1990	30	30	总合计	649	3316

三、合同备案

2010年，六枝工商局开展了合同备案工作，按照《贵州省工商行政管理机关合同格式条款监督工作办法（试行）》的规定，加强格式合同条款备案工作。6月，由局执法监督股统一制定《合同备案通知书》要求各工商所将该通知书分发管辖区域需备案的企业，并督促企业将格式合同到局执法监督股进行备案，备案了1份商品房买卖合同。2011年，备案3份商品房买卖合同。

第五节 商标管理

一、商标管理

1980年，六枝特区工商局设置了合同商标管理股，开展商标的注册工作。

1991—1995年，全区共有注册商标11个，分属9家企业。特区酒厂的黔龙牌、大华药厂的大华牌、六盘水市煤机厂的黔峰牌、平寨镇河湾酒厂的河湾牌和六云牌、特区水泥厂的南极山牌、安六联营酒厂的安六牌、铁道部第五工程局水泥厂的桥隧牌、特区蔬菜公司的塔山牌、六枝矿务局总机厂的乌龙牌。其中：六枝特区蔬菜水产公司1979年10月30日注册了塔山牌味精商标，1995年予以注销。六云牌商标于1992年转让给本特区饮料厂使用。

商标违法查处：合同商标股每年要组织商标专项检查2到3次，查处商标违法案件5件。六枝糕点厂的红叶商标，平寨食品站的广味香肠，冷库制药厂的帅牌催产脑垂体后叶注射液药品商标，六枝特区蔬菜公司的塔山牌味精、香满园酱油等。收缴侵权商标376.4万张。

六枝特区商标管理统计表

表8-5-8

厂名	产品注册					备注
	牌名	产品类别	注册号	批准机关	批准时间	
六枝特区食品厂	塔山牌	味精	125448	商标局	1978.10.3	
六枝特区酒厂	黔龙牌	第33类酒	143026	商标局	1980.12.28	

续表

厂名	产品注册					备注
	牌名	产品类别	注册号	批准机关	批准时间	
六枝特区酒厂	九龙牌	第 33 类酒	158391	商标局	1983.3.1	
六枝特区大华制药厂	大华牌	第 36 类西药	180667	商标局	1983.7.5	
六盘水煤机厂	黔峰牌	矿山机械设备	201632	商标局	1983.11.3	
六枝特区河湾酒厂	河湾牌	第 33 类酒	285534	商标局	1987.4.30	
六枝特区河湾酒厂	六云牌	第 33 类酒	285535	商标局	1987.4.30	
六枝特区水泥厂	南极山牌	第 22 类水泥	299803	商标局	1987.9.3	
六枝特区安六酒厂	安六牌	第 33 类酒	300904	商标局	1987.10.10	
铁五局水泥厂	桥隧牌	第 19 类水泥	310339	商标局	1988.3.20	
六枝特区郑家寨水泥厂	云岭牌	第 19 类水泥	503969	商标局	1989.10.1	
	宏狮牌			商标局	1997.	
六枝特区前程食品厂	“333”牌	土豆片		商标局	1998.	

（一）知名品牌

2005—2011 年，全区有“落别菜油”“黔之骄”“牛场辣椒”“郎岱酱”等 38 件商标申请注册。其中有 27 件农产品商标、占申请总数的 71%。开展省、市著名、知名商标认定的推荐工作。2006 年，推荐了“畅达”“岩脚”“乌蒙”等 7 件商标申报省著名商标的认定，全部通过认定。推荐“月亮河”“雾峰”“牂牁江”等 13 件商标申报市知名商标的认定。

六枝特区 2006—2011 年省著名商标名单

表 8-5-9

序号	商标名称	商标注册人	认定年份	管辖分局
1	畅达	贵州畅达瑞安水泥有限公司	2006 年 2009 年续展认定	落别
2	桥隧	中铁五局集团六盘水水泥有限责任公司	2006 年 2009 年续展认定	平寨
3	高尔夫	贵州深山绿色实业发展有限公司	2007 年	平寨
4	乌 蒙	六枝特区茶叶开发公司	2007 年认定 2011 年续展认定	平寨
5	西山	贵州西山种业有限责任公司	2009 年 2012 延续认定	平寨
6	九龙	六枝特区九龙酿造厂	2009 年	云盘
7	岩脚	六枝特区岩脚大畅面业有限公司	2010	岩脚

六枝特区 2007—2011 年市知名商标名单

表 8-5-10

序号	商标名称	商标注册人	认定年份	管辖工商所
1	畅达	贵州畅达瑞安水泥有限公司	2006 年	落别所
2	桥隧	中铁五局集团六盘水水泥有限责任公司	2006 年	平寨所
3	高尔夫	贵州深山绿色实业发展有限公司	2007 年	平寨所
4	乌 蒙	六枝特区茶叶开发公司	2006 年认定	平寨所
5	夜琅山	六枝特区夜琅山水泥厂	2008 年	平寨所
6	九龙	六枝特区九龙酿造厂	2008 年	云盘所
7	西山	贵州西山种业有限责任公司	2008 年	云盘所
8	大 华	六枝工矿集团（大华）药业有限公司	2008 年	云盘所
9	岩脚	大畅面业有限公司	2009 年	岩脚所
10	雾峰	雾峰纯天然食品厂	2009 年	平寨所
11	牂牁江	六枝特区牂牁江农业产业发展有限公司	2010 年	云盘所
12	月亮河	月亮河种养殖专业合作社	2011 年	郎岱所
13	月亮河	月亮河有机农业专业合作社	2011 年	郎岱所

（二）地理标志

2010 年，“郎岱酱”注册“地理标志”商标，并获得商标注册证，率先实现六盘水市“地理标志”商标零的突破。2011 年，全区共有注册商标 149 件，其中：涉及农产品和农副产品的商标 35 件。省著名商标 7 件、市知名商标 13 件。

（三）涉农商标

“月亮河种养殖农民专业合作社”在没有使用注册商标以前，每枚鸭蛋只能卖 0.5 元，使用“月亮河”商标以后，每枚鸭蛋能卖到 1.6 元，价格翻了 3 倍。品牌效应大幅度提升，逐步形成了以郎岱镇为中心，向邻近陇脚乡、洒志乡、毛口乡发展的“农产品商标发展带”。2005 年 1 月，六枝特区岩脚绿色食品加工厂成立，固定资产 30 余万元，有员工 8 人，只生产传统的碱水面，年产量 200 余吨，销售价格 3 元 / 公斤，销售区域仅限于六盘水地区，年收入仅 60 余万元。2006 年 9 月，成功申请了“迴龙溪”商标，商品知名度得到提高，企业不断发展壮大，生产规格从过去的只生产碱水面单一品种发展到生产鸡蛋、豆浆、碱水、苦荞、蔬菜、玉米面条 6 个品种 18 个规格。2009 年，该厂拥有固定资产 360 万元，形成年产 1 万吨面条的生产线，销售价格提高到 4.40 ~ 7 元 / 公斤，年收入增加到 5000 余万元，解决社会 40 人就业问题。

二、执法查处

（一）违法商标查处

2006年，查处1起商标侵权案，扣留商标侵权物（皮鞋）70双，案值近万元，有效地打击了商标侵权等违法行为。

2007年，查处3起销售假冒茅台酒案，共计没收假冒茅台酒24瓶、郎酒43瓶，并对当事人共计处予3.2万元的罚款。

2008年，第29届奥林匹克运动会在北京召开，查处奥标保护案件4件，罚款3000元，没收侵权商标170件。

2009年，查办商标侵权案件4件，罚款3.5万元，没收假冒茅台酒24瓶、金沙回沙酒35瓶，“阿迪达斯”运动休闲服5套、下装8条。

2010年，查办商标违法案件19件，罚款2.31万元，没收商标侵权酒1000余瓶、没收侵权“实德型材”8吨、没收侵权手机18台。

2011年，查办商标违法案件5件，罚款0.62万元，没收商标侵权酒37瓶。

（二）虚假广告查处

2000年7月，查处六枝特区人民医院的电视皮肤性病专科门诊。

2001年，开展对医疗、药品、保健食品广告进行专项检查行动，收缴并销毁“戒毒药品”布幅广告21幅，对乱张贴的印刷品广告加盖“未经审核，谨防受骗”章。查处了六枝特区人民医院虚假医疗广告案件、四川和福建2经营户利用展销会发布违法广告案、贵州龙酒厂未经登记擅自发布布幅广告案等违法广告案。责令六枝特区有线电视台停播一条手续不齐的医疗广告，并在有线电视台播放“加大执法力度，打击虚假违法广告和不健康的街头印刷品广告”的警示。

2002年，特区工商局对城区广告市场进行了为期半个月的清理整顿，立案调查18户，收缴各类虚假广告、印刷品广告10万余份。

2003年，查处违法广告9件，罚款8850元。

2004年，查处违法广告3件，罚款7000元，对特区有线电视台和工矿集团有线电视台进行检查和监控，杜绝以电视短片形式发布违法医疗广告。

2005年，查处1起虚假宣传违法广告案，收缴违法印刷品广告7000多份，罚款1000元。

2006年，检查各类广告229条（次），收缴违法虚假印刷品广告2000多份。查处5起擅自发布户外广告案，共处予1.4万元的罚款。

2007—2011年，共查处4件未经登记擅自发布户外广告案，对当事人共处予罚款1.2万元，清除非法张贴的户外野广告88条。

第六章　质量技术监督

第一节　管理机构

1974 年，六枝特区计量所成立，隶属特区科委。1985 年 3 月，改为六枝特区标准计量管理局。1992 年更名为六枝特区技术监督局。1993 年 11 月，撤销工商、物价、技监三局，组建成立六枝特区工商行政管理局。次年 8 月，工商、物价、技监分设，技术监督局更名为“质量技术监督局”，内设有办公室、计量监管股、标准化质量监管股和测试所，沿至 2011 年，核定编制 21 人。

第二节　计量管理

1978—1986 年，建四等标准砝码和量端器，开展对台、案称、尺子的检定，年工作量最高达 800 台（件）。1987 年，建立二等标准砝码，对天平和三等以下工作砝码检定，年工作量最高达 100 台（件）。1988 年，年检能力台、案称 1200 台，天平 200 台，血压计 200 台，年底检定、改制台案秤 546 台，地中衡 13 台，天平 20 台，砝码 17 台。计量局获六盘水市“标准计量工作先进单位”，7 名工作人员经省、市专业技术考试获合格证。1994 年，建立二等标准血压计，开展对医用血压计的检定，年检量最高达 150 台（件）；建立二等标准燃油加油机标准，对境内的加油机检定，年检量最高达 40 台。1995 年，对台秤、案秤、地秤、天平、砝码、血压计和燃油加油机等计量器具检定的覆盖率达 90%，周期检定率达 85% 以上。

1996 年，对生产企业的水泥等 20 个产商品进行抽检。

1997 年，办理代码 210 个（从 1997 年 10 月换发新证，收费上从 140 元降到 53 元）。

1998 年，完成标准备案登记 37 户，制定发布企业标准 2 个。对水泥砖、包装袋、食品、轮胎等 28 个（商）品进行抽检，合格率达 80%，共检查国营、集体、私营、个体 1800 户，没收假冒伪劣商品价值 3 万元，端窝打点 2 个。受理标准质量投诉 16 起，质量仲裁检验 1 起。16 起投诉都得了公平的处理和妥善的解决，受到双方当事人的好评。办理代码证 63 个。

1999 年，受理标准化、质量投诉 12 起，涉及货质金额 3 万元，结案率为 100%。办代码证 7 个，换证 42 个，注销代码证 1 个。

2001 年，宏狮防盗门，畅达水泥被评为省优质产品。

2007 年，完成检查计量器具 168 台（件），其中 3 台属超周期使用，48 台是新购未检定使用，当场对违法者责令停止使用和限期改正。检定汽车衡 50 余台（件）、天平（含架盘天平）40 余台（件）、砝码 30 余盒、台案称 150 余台（件）、压力表 420 余台（件）、加油机 100 余台（件）。对全区范围内的司秤员进行了培训，培训司称人员 120 余（人）次；完成了特区远程监控系统称重部分的检定；完成法定计量机构考核的复查工作。对照新的 JJF1033 和 JJF1069，对《质量手册》和程序文件进行了换版、修改和补充。

2008 年，接待质量投诉 12 件，处理 12 件，投诉处理率为 100%，为消费者挽回经济损失 23

万余元。办理行政执法案件 15 件，现场处罚案件 3 件，立案 12 件，罚款 11 万元。对辖区内 7 家获工业产品生产许可证的水泥企业加强巡查，对辖区内 1 家茶叶生产、销售企业和 1 家酱业公司进行了无证查处。完成“五类产品”（家具、玩具、服装、油漆涂料、仿真饰品）、“三类产品”（絮用纤维制品、人造板、装饰材料）、“白酒类产品”、“建筑生产用砖”专项整治。境内白酒作坊通过了市局专项抽查，合格率为 100%。办理代码 435 户，其中新办证 92 户、换证 104 户、年检 230 户、注销 7 户、迁出 2 户。

2009 年，与城区 2 家集贸市场、14 家超市签订《诚信计量承诺书》并建档。为集贸市场免费检定、修理衡器 343 台，免收检定费 1 万余元。与辖区内 20 家医院（卫生院），签订《健康计量承诺书》并建档。与辖区内 5 家眼镜店签订了《光明计量承诺书》，并颁发《计量器具检定合格确认证书》；发放宣传资料 500 余份，免费检定、修理血压计 30 台（次）。与辖区内 6 家餐饮店、12 家加油站签订《准确计量承诺书》并建档。免费检定血压计 42 台、小衡器 26 台。检查电子汽车衡 17 家、便携式瓦检报警仪和报警器 7 台、汽车安全检测站 2 个。完成省局对六枝检测所 JJF1069 的考核工作，强制检定计量器具六大项，其中汽车衡 68 台、天平（含架盘天平）77 台、砝码 61 盒、压力表 437 块、加油机 112 台（枪）、血压计 106 台。

2010 年，与 5 家企业签订节能减排责任书，检查电子汽车衡 13 家、便携式瓦检报警仪和报警器 62 台、餐饮业 6 家、加油站 10 个、汽车安全检测站 1 个、医院和诊所 5 家。强制检定计量器具六大项，其中天平 72 台、砝码 45 盒、压力表 367 块、电子汽车衡 60 台、台案秤 171 台、加油机 121 枪、血压计 84 台。

2011 年，检查电子汽车衡使用单位 11 家、便携式瓦检报警仪和报警器 62 台、餐饮业 6 家、加油站 10 个、汽车安全检测站 1 个、医院和诊所 5 家。检测加油机 67 枪（台）、调试合格 66 枪（台）、停止使用 1 枪（台）。强制检定计量器具六大项，其中天平 40 台（架盘天平 32 台、分析天平 8 台）、砝码 38 盒、压力表 206 块、电子汽车衡 26 台、台案秤 108 台、加油机 93 枪、血压计 65 台。

第三节　质量监督

1985 年，《中华人民共和国计量法》颁布实施后，按照法规，对属于贸易结算、医疗卫生、环境监测和安全防护的计量器具和企、事业部门建立的最高计量标准实行强制检定。1988 年，国家《中华人民共和国标准化法》公布实施。查处冒牌名酒 1911 瓶及大量变质食品，实施计量罚款 1750 元；没收不合格衡器 32 台（件）及化肥 45 吨；查处翻新彩电 100 台。1993 年，《中华人民共和国产品质量法》开始实施后，按照以质量为中心，以标准化、计量为基础的技术监督工作方针，对生产与流通中的产品进行质量监督检查。

2000 年，检查综合市场 8 个，商品 128 种，重点对烟酒、食品、日用品、小五金、电线、插头、插座、皮鞋、定量包装不足等进行检查，现场处罚 8 家，立案查处 1 家，罚款 1460 元，没收和现场销毁假冒伪劣商品货值金额 1.6 万余元。受理投诉 8 起，其中汽车投诉 3 起，润滑油、油漆、取暖器各 1 起，水泥投诉 2 起，8 起投诉中调解终结 6 起，处理终结 1 起，诉讼 1 起。全年备案标准 14 家，登记标准 18 家。办理组织机构代码证 28 个。

2002 年，查处各类案件 68 起，平均结案率 95%。受理投诉案件 3 起，结案率为 100%。查农资，保农理产，计查获不合格化肥 13 个批（次），共 250 吨，涉及金额 20 万元。对建筑材料进行专项检查，检查 37 户，不合格建材产品 16 吨；查处不合格铝型材货值金额 2 万余元。帮助 3 户企业制定标准、备案、登记标准 3 户，帮助 2 户企业审核食品标签，为企业提供管理标准 40 个（次），为企业制定各类标准 23 个。开展洗烫店锅炉的专项整治工作 检查该类锅炉 29 台，责令整改 24 台，出具监察意见通知书 9 份；提出处理意见 36 条；取缔“非法乙炔气充装窝点”1 个；签订《特种设备安全进行责任书》20 份。消除了安全隐患。办代码 85 户，其中新办证 44 户，换证 41 户。对特区人民医院等 11 家医院的非典医疗器械进行执法检查，检查体温计 1200 余支，X 光机 8 台。

2003 年，取缔沙泥坡金属制品厂和国光铸造厂 2 地条钢生产厂，查处不合格钢筋 180 余吨，货值金额 36 万余元。

2004 年，查处不合格地砖、油漆、人造板等产品，货值金额 80 余万元。查处不合格、劣质复合肥、有机肥 1200 余吨，货值 100 余万元。查处不合格汽车配件货值 30 万余元。

2005 年，查处假冒伪劣烟酒、月饼、酱油等，货值金额计 60 万元，取缔了 5 个黑作坊。

2006 年，查处“黑心棉絮”2600 余床，利用黑心棉加工制作的沙发 30 余套，货值金额 14 万元，取缔产生加工假冒广东“睡之宝”床垫生产作坊 1 个。

2007 年，出动执法人员 480（人）次，对食品、建材、装饰材料、农资、絮棉制品、杆秤等进行检查，共检查经营户 358 家次、检查产品货值金额 180 余万元、计量器具 168 台（件）、查处假冒伪劣产品货值 3 万余元，办理案件 24 件，其中立案查处 20 件、现场处罚 4 件，罚款 21.6 万元，结案率为 100%；新登记备案标准 33 个（采用国家标准 15 个）；对食品生产加工小作坊进行调查摸底并建立档案，登记备案食品添加剂用户 15 家，建立 14 类重点企业质量档案；开展特种设备安全检查，共检查锅炉 56 台次、气体充装站 3 家、起重机械 14 台次；办证组织机构代码证 222 家（其中：新办 54 家、换证 33 家、年检 131 家、废置 4 家）；完成组织机构代码证纸质档案整理、补充完善 1003 份、问题数据清整 44 条、扫描电子档案 1003 份。2007 年未发生生产领域的食品安全事故、未发生特种设备安全事故。

2008 年，检查集贸市场 2 个，免费为其检定台案秤 180 余台，检查眼镜配制店 5 家，集贸市场和眼镜配制店计量器具受检率为 100%；检查餐饮业 6 家，加油站 8 个（加油机 30 台）；检查汽车安全检测站 2 个（计量器具 10 余台）；检查医院 15 家，建立医疗器械公示栏 10 个，受检率为 100%。开展计量进社区、进乡（镇）13 次，出黑板报 3 版，检查电子汽车衡 23 家，便携式瓦检报警仪和报警器 78 台。强制检定计量器具：其中天平（含架盘天平）73 台（件）、砝码 33 盒、压力表 426 块、计量加油机 104 台。电子汽车衡 82 台、非自动衡（计价秤）323 台、血压计 28 台。

2009 年，抽取各类样品检验 126 个。认真组织开展专项整治行动，实施对本区域内 13 家获证食品企业的巡查、回访、强制检验、年度报告审查和执法检查。办理代码 304 户，其中新办证 58 户、换证 94 户、年检 100 户、迁入 1 户、迁出 1 户。检查锅炉 126 余台（次），压力容器 36 台（次），气体充装站 3 家，销售瓶装气体门市 12 家，起重机械 2 家，电梯 68 台（次），查封压力容器一台。发现隐患 16 处，现场整改 13 处，限期整改 3 处，发出《特种设备安全指令书》3 份。

2010 年，对 14 家食品类生产企业和 35 家小作坊生产的 49 个批次产品（糕点、茶叶、白酒、面条、米粉、酱油、食醋、辣椒制品、酱、矿泉水）进行定检和监督抽查，合格 49 个，合格率为

100%。办理代码364户，其中新办证76户、换证12户、年检155户、迁出2户、迁入1户、废置3户。检查锅炉149余台（次），压力容器35台（次），气体充装站7家，电梯158台（次）。发现事故隐患20条，现场整改16条，限期整改4条。发出《特种设备安全监察指令书》4份，封停1家电梯（泰华大厦）。

2011年，针对中秋月饼销售量大的特点，对12家小作坊生产的12个样品进行了免费抽样送检，11个样品合格，1个不合格。办理代码474户，其中新办证137户、换证125户、年检196户、迁出3户、注销10户、迁入3户。检查锅炉104余台（次），压力容器21台（次），气体充装站2家（次），销售瓶装气体门市15家（次），起重机械12台（次），电梯72台（次）。发现隐患16处，整改16处，发出《特种设备安全指令书》2份。

第七章　安全生产监督

1978—2003年，安全生产属特区安委办负责。2004年6月，成立六枝特区安全生产监督管理局，内设办公室、综合股、矿山安全生产监督管理股、危险化学品安全生产监督管理股，行政编制11人。2005年11月，根据“六机编〔2005〕53号”文件精神，在14个产煤乡（镇）成立平寨、新窑等14个安监站，核定事业编制28人。2011年11月，根据“六机编〔2011〕8号”文件，在14个安监站基础上增设5个乡（镇）安监站，事业编制增加到114名。同年，根据“六机编〔2011〕47号”成立六枝特区安全生产执法大队，核定事业编制10人。

第一节　安全生产管理

安全管理分执法检查、安全生产宣传教育、非煤矿山企业安全整治、危险化学品和烟花爆竹安全管理。

一、执法检查

2004—2011年，坚持“安全第一、预防为主、综合治理”的工作方针，每年均按《中华人民共和国安全生产法》《贵州省安全生产条例》《中华人民共和国矿山安全法》等法律法规，定期召开安委会成员单位会议和其他安全生产工作会议，听取安全生产工作情况汇报，布置安全生产工作。

全区共组织34次安全生产大检查，共查出各类安全生产隐患35420条，整改34621条，整改率97%（其中：检查煤矿539次，查出隐患14772条；检查非煤矿山646次，查出隐患5250条；检查道路交通589次，查出隐患3833条；检查危险化学品631次，查出隐患1062条；检查烟花爆竹348次，查出隐患654条）。

二、安全生产宣传教育

2004—2011年，安监局（安委办）以每年6月份“安全生产月”活动为契机，积极组织督促有关单位充分利用六枝有线电视、广播电台、报刊、移动通信等媒体，切实采取张贴（悬挂）标语，设置宣传栏、发放安全知识读本、发送安全生产短信等方式，面向基层、面向企业、面向社会，认真开展安全生产宣传周、咨询日、安全知识五进、安康杯等活动，广泛宣传《中华人民共和国安全生产法》《贵州省安全生产条例》等有关法律法规和安全知识。共张贴（悬挂）标语15000余幅，发放资料743000余份，开展安全生产宣教活动710余次，接受宣传人数112000余（人）次。

三、非煤矿山安全整治

2004—2011年，全区非煤矿山企业申办“安全生产许可证”108家，对符合安全生产条件的98家企业，给予颁发“安全生产许可证”。

四、危险化学品安全管理

2004—2011年，全区共登记认证50家重大危险源，落实安全监控措施，共申报职业病危害企业288家，在岗职工总数9845人，接触职业危害人数达5698人，共计下达行政执法文书479份，查出一般安全隐患653条，对查出的隐患，均已落实整改。

五、烟花爆竹安全管理

2004—2011年，全区有2家烟花爆竹批发公司和417家烟花爆竹零售获经营许可证。

第二节　安全监察

一、交通运输安全监察

2004—2011年，每年均配合交通部门重点查处超员、超载、超限、带病客车上路行驶，严禁货运、农用和证件不全车、船从事客运，治理事故多发路段，杜绝超速、疲劳驾驶、酒后驾驶。督促客运企业合理安排班次。开展渡口渡船安全管理，维护水上交通安全，深入开展铁路公路交叉道口综合治理，防范路外事故。共督促检查交通安全589次。

二、煤矿安全监察

2004—2011年，每年督促煤矿企业落实安全生产主体责任，严格对煤矿生产企业的审查，督促煤矿企业建立和完善管理机构和各项规章制度，要求按设计和技术搞好安全生产，按照瓦斯治理的“十二字”方针，对各类煤矿的“一通三防”进行全面的分析排查，对重大隐患和问题，落实专人负责督促整改，凡是存在通风系统不完善等重大隐患的煤矿，一律按照规定责令其停产整顿，并依法给予处罚。2008 年 4 月，对百宝圆煤矿责任人和管理人员给予罚款处理，9 月，对凸山田煤矿单位和人员进行罚款处理。

三、非煤矿山安全监察

2004—2011 年，依法关闭没有安全许可证的非煤矿山 5 个，帮助辖区内已取得“安全生产许可证”的砂石厂排查安全隐患 5250 起，行政处罚累计 12 万元。

四、烟花爆竹安全监察

2004—2011 年，特区安监局严格生产、经营、运输各个环节的安全监管，严格执行许可证制度，严厉打击非法、违法生产经营；实行烟花爆竹经营许可和运输配送制度，严禁超量储存和运输。

五、危险化学品安全监察

2004—2011 年，特区安监局每年对危险化学品生产和道路运输进行安全专项监察，对液氯、液化石油气、液氨、剧毒溶剂等重点品种的道路运输实行严格监控，重点打击超载，防范翻车泄漏事故的发生。在监察过程中，发现不安全因素及时排除，对尚不能立即整改的进行编号登记，并要求限期整改。

2004—2011 年安全生产事故明细表

表 8-7-1

年份	全区安全生产事故		地方煤矿		国有煤矿		道路交通		消防火灾	焦化企业			非煤矿山				建筑企业	其他事故	煤矿百万吨死亡率	亿元GDP死亡率	道路交通万车死亡率	10万人死亡率
	事故起数	死亡人数	事故起数	死亡人数	事故起数	死亡人数	事故起数	道路交通	消防火灾	死亡人数	事故起数	死亡人数	事故起数	死亡人数	事故起数	死亡人数	事故起数	死亡人数				
2005	15	17																				
2006	51	33	17	23			6	9									1	1	4.92	1.27	7.75	5.1
2007	48	36	11	13	7	8	18	6	8	0	1	1	1	1	1	1			5.3	1.2	3.81	5.55
2008	38	18	6	6	2	2	21	5	4	0			4	4	1	1			2.23	0.738	2.92	4.25
2009	25	21	5	8	5	5	9	7	5	0			1	1					2.72	0.55	4.6	11.67
2010	23	18	8	8	1	5	8	4	5	0							1	1	2.3	0.35	2.1	8.8
2011	15	15	1	2			9	10	2	3			2	2			1	1	0.78	0.17	4	7.1

第八章　土地管理

第一节　土地资源

一、概况

1991 年 8 月至 1994 年 11 月，完成土地详查任务。全区共辖土地面积 267.61 万亩，其中耕地面积 109.99 万亩，占土地总面积的 41.10%；园地 0.70 万亩，占土地总面积的 0.26%；林地 52.86 万亩，占土地总面积的 19.75%；牧草地 2.63 万亩，占土地总面积的 14.73% ；居民点及工矿用地 0.54 万亩，占土地总面积的 3.02%；交通用地 1.84 万亩，占土地总面积的 0.69%；水域 2.59 万亩，占土地总面积的 0.97%；未利用土地 52.14 万亩，占土地总面积的 19.48%。全区国有土地面积为 28.57 万亩，占土地总面积的 10.68%，农村土地总面积 239.03 万亩，占土地总面积的 89.32%。

2007 年，启动了全国第二次土地资源调查工作。2010 年，完成全区第二次土地调查农村部分基本农田调查任务，并将第二土地调查数据体和相关成果资料上报国土资源部确认通过。启动城镇地籍调查工作，建立城镇数字化地籍管理数据库。

2010 年，全区土地总面积 269.92 万亩。其中，农用地面积 186.80 万亩，占土地总面积的 69.20%；建设用地 10.07 万亩，占土地总面积的 3.73%；未利用地 73.06 万亩，占土地总面积的 27.07%。

二、第二次土地调查后区内土地利用情况

1．耕地：全区耕地面积 101.24 万亩，是面积最大、分布最广泛的土地类型。耕地在各乡（镇）广泛分布，其中中寨乡耕地面积为 9.92 万亩，是六枝特区耕地面积最大乡，占全区耕地面积的 9.79%；岩脚镇耕地面积为 8.89 万亩，占全区耕地面积的 8.78%；其余依次为新场、新窑、堕却、郎岱等乡（镇）；箐口乡耕地面积最小，为 0.15 万亩，占全区耕地总面积的 2.21%。耕地分为水田、水浇地、旱地三种类型，其中：水田 23.7 万亩，占耕地面积的 22.75%；水浇地 0.15 万亩，占耕地面积的 0.15%；旱地 78.06 万亩，占耕地面积的 77.10%。划定基本农田 88.35 万亩，保护率 87.26%。

2．园地：全区园地面积为 1.19 万亩，19 个乡（镇）均有分布，其中新窑乡园地面积最大，为 0.18 万亩，占全区园地总面积的 15.49%；堕却乡的面积最小，为 17.25 亩，占全区园地面积的 0.14%。园地分为果园、茶园、其他园地三种类型。全区园地中，果园 0.80 万亩，占园地面积的 67.33%，主要分布在平寨、新窑、洒志、折溪、岩脚、龙场等乡（镇）；茶园 0.02 万亩，占园地总面积的 27.08 %，主要分布在毛口、新窑、洒志、龙场等 12 个乡（镇）；其他园地 0.07 万亩，占园地总面积的 5.59%，分布在新窑、梭戛、折溪、落别等 11 个乡（镇）。

3．林地：全区林地面积 76.87 万亩。林地分为有林地、灌木林地和其他林地三种类型。有林

地32.38万亩，占林地面积的42.12%，主要分布在中寨、新场、陇脚、洒志、堕却等乡（镇），其中中寨乡分布面积最大，达4.21万亩。龙场乡分布面积最小，为0.51万亩；灌木林地35.40万亩，占林地面积的46.05%，各乡（镇）均有分布；其他林地9.09万亩，占林地面积的11.83%。

4．草地：全区草地面积3.44万亩，全部为荒草地。毛口乡草地面积最大，面积为5.43万亩；新华乡草地分布最小，面积为0.32万亩。

5．城镇村及工矿用地：全区城镇村及工矿用地面积8.94万亩。其中：建制镇面积1.28万亩，占城镇村及工矿用地的14.30%；村庄面积6.74万亩，占城镇村及工矿用地的75.39%；采矿用地面积0.57万亩，占城镇村及工矿用地的6.39%；风景名胜及特殊用地面积0.35万亩，占城镇村及工矿用地的3.92%。

6．交通运输用地：全区交通运输用地面积2.73万亩。其中：铁路用地面积0.19万亩，占交通运输用地的6.86%；公路用地面积0.76万亩，占交通运输用地的27.74%；农村道路用地面积1.78万亩，占交通运输用地的65.40%。

7．水域及水利设施用地：全区水域及水利设施用地面积5.23万亩。其中：河流水面面积4.23万亩，占水域及水利设施用地的80.90%；水库水面面积0.17万亩，占水域及水利设施用地的3.22%；坑塘水面面积0.10万亩，占水域及水利设施用地的1.90%；内陆滩涂面积0.02万亩，占水域及水利设施用地的0.48%；沟渠面积0.69万亩，占水域及水利设施用地的13.12%；水工建筑用地面积0.02万亩，占水域及水利设施用地的0.38%。

8．其他土地：全区其他土地面积36.82万亩。设施农用地面积0.01万亩，占其他土地的0.03%；田坎面积4.91万亩，占其他土地的13.32%；海地面积0.04万亩，占其他土地的0.10%；裸地面积31.86万亩，占其他土地的86.55%。

第二节　土地管理

一、管理体制与机构设置

1978—1982年，特区办理征地手续由民政局办理。1983年，移交特区农业局土地管理股办理。1987年成立特区土地管理局，由土地管理局履行土地管理职能。1993年8月，特区土地管理局与环保局、地矿局合并，成立特区国土资源管理局，由国土资源管理局履行土地管理职能。1994年8月，特区国土资源管理局、环保局和地矿局分别从国土资源管理局分离出来，由国土资源管理局履行土地管理职能。2002年，特区国土资源管理局与地矿局合并，成立特区国土资源局，履行土地管理职能。

2005—2011年，按照党中央、国务院的部署，进行了省以下国土资源管理体制改革。改革后的特区国土资源局属特区人民政府的工作部门，实行双重领导体制、以上级国土资源部门管理为主，除副科级以上领导干部由市国土资源局党组任命和管理外，其他经费、机构、编制、人事、组织等事宜仍属特区人民政府，乡（镇）国土资源所属国土资源局的派出机构。2005年9月，成立六枝特区测绘管理办公室（与特区国土资源局一套人马合署办公）。2011年3月，特区测绘管理办公室改名“为六枝特区测绘局”。

二、土地利用总体规划

1996 年，六枝特区编制了《六枝特区土地利用总体规划（1996—2010）》中长期规划、指导 19 个乡（镇）编制了乡（镇）级土地利用总体规划（1996—2010）。规划在实施过程中存在问题和矛盾，按照省、市的安排部署，六枝特区 2005 年启动了《土地利用总体规划（2006—2020 年）》修编工作，2011 年编制完成，省、市人民政府分别以《省人民政府关于六枝特区土地利用总体规划（2006—2020 年）的批复》《六盘水市人民政府关于六枝特区郎岱镇新窑乡等 18 个乡（镇）土地利用总体规划的批复》批准六枝特区的土地利用总体规划。

三、耕地保护

1996 年，全区划定基本农田 88.35 万亩，保护率达 87%，建立保护标志牌 54 块，建成落别乡坝湾千亩基本农田保护示范区。

1999—2011 年，全区推行土地用途管制和占用耕地补偿制度，严格控制耕地转为非耕地。凡非农建设经批准占用耕地的，按照“占多少、垦多少”的原则，由占用耕地的单位和个人按照《贵州省土地管理条例》的规定，缴纳耕地开垦费，专项用于开垦新的耕地；因挖损、塌陷、压占等造成土地破坏的，由用地单位和个人依法缴纳土地复垦费，专项用于土地复垦。

2011 年，验收土地整治项目 13 个，新增耕地占补平衡指标 0.43 万亩。

四、建设用地管理

1987 年，《中华人民共和国土地管理法》实施，单位和个人进行建设需要使用土地，必须依法申请使用国有土地；村民建住宅、兴办乡镇企业可依法申请使用本集体经济组织农民集体所有的土地，乡（镇）村公共设施和公益事业建设可依法申请使用农民集体所有的土地。

1999—2003 年，第二次修编的《中华人民共和国土地管理法》及《贵州省土地管理条例》颁布实施后规定，征用基本农田、基本农田以外的耕地超过 525 亩或其他土地超过 1050 亩，由国务院批准；征用其他土地由省人民政府批准，报国务院备案。2003 年，经营性土地使用权出让一律以招拍挂方式公开出让。

2004—2011 年，《中华人民共和国土地管理法》再次修订，将土地“征用”改为“征收”，准确表述了土地所有权由集体转变为国有的过程。2005 年，工业用地也一律以招拍挂方式公开出让。1990—2011 年，全区共出让国有土地使用权 1035 宗 90.96 万平方米，出让价款 4.08 亿元。由社会保障部门统筹安排，用于解决被征地农民的养老保险。

六枝特区 1978—2011 年批准建设用地情况统计

表 8-8-1　　单位：亩

年度	总数	国有建设用地				集体建设用地	
		耕地			非耕地	耕地	非耕地
		稻田	旱地	菜地			
1978—1983	5896.35	330.9	3250.5		2314.95		
1984—1985	685.65	119.7	316.05		249.9		
1986	74.25	13.05	1.47	0.15	3.45	20.1	15.45
1987	91.05	5.1	30		14.4	23.1	18.45
1988	106.95	13.65	16.65	16.2	17.1	7.95	35.4
1989	267.9	13.8	37.35	183.15	12.6	3	18
1990	99.6	25.2	35.25	0.6	1.95	12.3	24.3
1991	248.55	6.6	30.3	10.35	8.7	102.6	90
1992	495.15	28.5	315	75.3	5.1	0.98	20.55
1993	234	2.55	114.6	4.35	20.1	29.1	63.3
1994	276	11.55	173.4		41.7	21	28.35
1995	94.05	10.65	9.6		0.75	33	40.05
1996	197.55	22.2	19.35		38.25	55.8	61.95
1997	176.25	10.65	5.1	0.15	0.75	40.8	118.8
1998	4496.55	680.7	1074.6	36	2210.25	147.15	347.85
1999	305.25	4.2	9.3	0.6	22.8	81.3	187.05
2000	28.8	1.5	4.95	0.9	1.5	6.15	13.8
2001	127.95		35.7		1.95	35.1	55.2
2002	618.3	51	259.95	210		39	52.35
2003	67.05					29.25	37.8
2004	126.45					69.15	57.3
2005	442.2	341.4	11.4	24.6		26.7	35.1
2006	94.95					54	40.95
2007	651.9		563.1			66	22.8
2008	73.2					54.3	18.9
2009	332.1	37.05	78.45	132.75	3.75	52.05	28.05
2010	175.8	84			11.85	61.5	18.45
2011	5733.3	2391.15			3275.25	54.3	12.6
合计	522178.1	11318.85			8257.05	1139.4	1462.8

第九章 贸易

第一节 商业

一、国营商业

1980年，商业工作贯彻“调整、改革、整顿、提高”的方针。国家放宽商业政策，行业界限被打破。特区商业各公司在主营商品外，兼营多种其他行业商品。1981年，在扩大商品销售上，各公司对紧俏商品、计划商品做到及时下放；对一般商品敞开货源选购，面向基层、厂矿、农村市场。各零售部门，除正常营业外，增设供应点，送货下乡、下厂、上门。1983年，商业系统按照商业体制改革的要求，各公司将责、权、利挂钩，全面推行经营承包责任制。1985年，实行政企分开，商业局不再直接管理所属公司的经营活动，各公司实行国家所有、集体经营、照章纳税、自负盈亏的经营方式。各商业企业扩大了经营自主权，改革日用工业品一、二、三级批发层次，形成开放式、多渠道、少环节的批发体制。1988年，商业承包实行人权、财权、物权、工资分配权下放，企业内部又实行层层承包，责任到班组或个人。1989—1992年，商业库存逐年增加，商品销售逐年下降，商办企业产品销路狭窄。盈利企业减少，亏损企业增多，亏损面大。1993年起，国营商业制定措施摆脱困境，确保生存和稳定，开始了国有民营改革。经过经营放开、价格放开、用工放开、分配放开之后，对长期亏损和效益较差的柜台实行“国有民营”，由柜台承包人自主经营、自负盈亏，制止了企业的亏损；实行母体裂变，将有市场前景、经济效益较好的单一项目从原企业中分离出来，单独经营，独立核算，提高效益。1994—2011年，全区国有商业改制前，全区民营商业逐步形成。国有商业改制后、全区商贸活动全面进入社会主义市场经济，国营商业已被民营商业所取代。随着市场经济的开放，个体经营户增多，不再以国营单位统购统销，国营商业逐步解体，逐步解除了独家经营的局面，私营户、超市取代了国营单位。

二、个体 集体商业

中共十一届三中全会后，1979年，国家改革流通体制，开放城乡集市贸易。私有制经济从零起步，并迅速发展起来。农业政策、商业政策放宽，新老集体商业组织、个体商业得到政策保障，逐步占领部分城镇和农村市场，与国营商业展开竞争。1979年，经有关部门批准，新老集体商业和个体摊贩的网点有56个，从业人员267人，营业额104万元。1980年，个体、集体商业从业人员为289人，零售327万元，占全特区商业零售额的11.1%。1984年，个体、集体商业发展到3604个。其中：集体纯商业60个，集体饮食业32个；个体商业2342个，个体饮食业269个。总营业额达到1049万元，比1980年翻3倍多。1985年，16个国营小型零售企业按照“国家所有、集体经营、照章纳税、自负盈亏”的形式划转为集体商业，完成商品销售额1222.7万元。1988年，集体纯商业下降到31个，从业人员170人，比1984年减少29个354人；集体饮食业从1984年的32

个下降到14个，从业人员从171人减少到90人；个体商业增加到3615个3768人。个体饮食业增加到606个1172人。1989—1995年，特区出台一系列支持个体经济发展措施，个体商业户数增加，从业人员队伍扩大。1995年，全特区个体商业户数超过3800户，从业人员超过4500人，为特区提供财政税收1000万元以上。

第二节　粮油

一、粮油征购

中共十一届三中全会后，放宽了农业政策。1979年，对“一定五年”粮食征购基数作调整。是年，夏粮上市后，粮食统购价格提高20%。1981年，全特区农村普遍推行联产承包责任制，粮油获得丰收，农村经济活跃，粮价稳中有降，农民负担减轻，农村商品经济不断发展。1984年，特区政府发出通知：收购稻谷（大米）执行化肥奖励政策。1985年，取消粮食统购，实行计划定购。1987年，大豆不实行合同定购，实行议价收购，增加大米和玉米的任务。1990年，完成粮食定购8625吨，占计划数7500吨的115%。完成油菜籽定购3808吨，占计划数152.32%。议价粮收购2079吨，占计划数1500吨的139.6%。收购水费粮6吨，商品基地粮1吨。1991年，完成粮食定购8144吨，占计划数8075吨的100.8%。完成油菜籽定购5891吨，占计划数2500吨的236%。完成计划外议价粮1100吨。1992年6月，市政府规定，公粮一律按实物征收，将原国家定购任务扣除农业税征实后，由政府分品种逐级下达到农户，粮食部门负责收购价定购任务不变。1994年，完成秋粮入库7755吨，占市下达7500吨任务的103.4%，占特区政府下达8075吨任务的96.1%。议价收购完成1251吨，占计划的25%。夏季粮油收购：小麦1180吨，占计划的37%；油菜籽收购1422吨，占计划的39%。1995年，完成粮食合同定购8075吨，其中大米3706吨，玉米4369吨。议价收购2000吨。收购小麦1000吨，油菜籽3500吨。粮食调入计划20480吨。1996年以后，国家停止向粮油购销企业发放贷款，国有粮油企业完全退出粮油收购市场。

二、粮油销售

1978年后，粮油征购在完成国家订购任务的情况下后，允许国家单位、集体企业和个人经营贩运粮油。粮油经营范围扩大，不受行政区域限制，品种增多，集市贸易购销两旺。1988年，群众突击抢购粮油，每公斤大米平均价0.92元、玉米每公斤价0.57元、菜油每公斤价3元。1989年10月以后，粮油价格开始回跌，逐步平稳。1992年，粮食放开经营，取消粮油供应，粮价随行就市。1994年，销售粮食18544吨，占计划的66%，其中平抑市场粮食2490吨。1995年，粮食销售27980吨。1996年以后，粮油市场全面放开，超市、个体自主经营，政府不再统购统销，结束了粮食统购统销的历史。

第三节 专卖

一、烟草

六枝特区烟草专卖局（分公司）始建于1984年，位于六枝特区矿业路8号，隶属六盘水市烟草专卖局（公司），建立了市县两级母子公司体制。管理模式为“一套机构、两块牌子”，单位实行“统一领导、垂直管理、专卖专营”的烟草专卖体制。下辖城区一中队、城区服务大厅、二中队、岩脚服务大厅、三中队、郎岱服务大厅、机动中队、牛场烟叶收购点、梭戛烟叶收购点。内设综合办公室、专卖管理办公室、区域营销部、烤烟项目组、派驻内管组、纪检监察室、财务室、安监办、人事政工办公室。

1984—2009年卷烟经销情况统计表

表8-9-1　　单位：箱

年　度	1984	1985	1986	1987	1988	1989	1990	1991	1992	1993	1994	1995	1996
销量（箱）	4000	4200	4600	5000	5500	6000	6400	6800	7050	7300	7600	7900	8200
年　度	1997	1998	1999	2000	2001	2002	2003	2004	2005	2006	2007	2008	2009
销量（箱）	8500	8800	9000	11000	11800	12500	12480	12408	12510	12800	13260	13500	15395

2010完成卷烟销售16141箱，完成市局（公司）下达全年计划15800的102.15 %，比2009年同期15395箱增加746箱，增长4.84%，单箱结构14159元，比2009年12544元增加1615元。共查获各类违法违规案件210起，涉案金额18.46万元。全区按照5000担烟叶收购计划分解落实种植面积3250亩，其中，梭戛乡烤烟种植面积2300亩，计划收购烟叶18.25万公斤，生产主体150个，签订烤烟种植合同150份，牛场乡种植面积950亩，计划收购烟叶6.75万公斤，生产主体30个，签订烤烟种植合同69份。2010年，全区实际完成收购烟叶34.66万公斤，均价11.94元/公斤，上等烟比例占24.58%，上中等烟比例占65.01%。

2011年六枝区域共销售卷烟16197箱，同比增加56箱，增幅0.34%。查获各类违法经营案件203起，涉案卷烟4553.8条，案值24.43万元。全区市场净化率达97.8%，卷烟市场占有率达100%，合法渠道进货率达99.3%，持证经营率达92.9%。收购烟叶4115担，上等烟比例21.09%，上中等烟比例96.59%，均价770.97元/担。

二、石油

石油是指汽油、煤油、柴油、润滑油脂等四大类石油商品。石油商品由石油公司营销。六枝特区石油公司于1971年8月1日正式成立。主管单位是六枝特区商业局，有正式职工29名，设经理兼支部书记1名，政工组1名，财务室3名，总务员1名。有油库1座，储存量150ml，油罐4个，加油站1座，土办法销售。1973年，在大用镇新建油库一座，实行铁路专线运输，终止200公升油桶运油。随境内各大企业用油量增大，公司又新建了50立方米卧式油罐10个，两油库总容量达1000吨。1976年，公司新建办公楼212平方米，截至1977年公司人员增加到76人，办公楼一栋786平方米。1978年，国家石油紧缺，计划指标按上年度下达计划，柴油必须由农机部门制定机具用油计划，煤油由供销社制定供油计划，农机和供销社的供应计划报计委批准后，再由石油公司保证供应，1979年由于国民经济经过调整后状况有了好转。公司的销售量也逐年上升，1985年6月，六枝石油公司由六枝商业局划出，归中国石化总公司，移交六盘水市石油分公司管辖，移交时，干部职工74人，更名为贵州省石油公司六枝特区公司。由省人事厅下文，定为正科级。1998年国内组建石油、石化两大集团，六枝石油公司划归中国石化集团。

1978—1998年六枝特区石油公司销售成品油情况统计

表8-9-2　　单位：吨

年份	销售汽油	销售煤油	销售柴油	销售润滑油	合计
1978	2608	338	1177	251	4374
1979	3192	468	1565	287	5512
1980	2593	500	1480	210	4783
1981	2801	522	1223	249	4795
1982	3196	504	1429	261	5440
1983	2710	514	1304	227	4755
1984	3657	599	1670	274	6200
1985	4642	613	1530	304	7089
1986	4925	585	1739	321	7570
1987	4918	577	1768	318	7581
1988	4936	560	1806	311	7613
1988	4936	560	1806	311	7613
1989	5003	575	2020	328	7626
1990	4967	572	1830	314	7683
1991	4978	583	1825	305	7691
1992	5018	569	1805	316	7708
1993	5020	576	1853	312	7761
1994	5024	580	1869	317	7790
1995	5038	579	1881	320	7818
1996	5041	573	1901	314	7829
1997	5053	580	2157	310	8100
1998	4060	583	3355	318	8316

1999年，六枝石油市场发生变化，农村黑市油料到处出现，由于本年过境公路的建设，造成平寨、大用2座加油站停产。石油供应一度紧张，公司作出决定，扩大交通要道、重要乡镇的网点建设，积极占领市场。2000年，经省公司批准，六枝特区政府批复，在朗岱镇东山村、南华村各新建加油站1座，于2000年12月26日正式投产使用。2000年3月30日收购了振云加油站，经改造更名为云盘加油站，2001年3月8日正式投产使用。又报请省公司批复，经六枝特区政府批

准，在岩脚镇新建了岩脚加油站，于 2001 年 7 月 26 日正式开业。2003 年在落别新建了 1 座加油站。2004 年由于水黄公路的建设，在水黄公路郎岱段又新建了水黄公路新郎岱子母站。2004 年 6 月收购了兴黔加油站，按照加油站建设标准进行了改造，于 2005 年 1 月 17 日正式投产。2004 年 10 月经省市公司批准又收购关闭了闽贵加油站。2005 年 11 月收购并关闭了落别 1 座私人加油站。从此，石油公司石油市场占有率达 95%，2005 年销售各种成品油上升到 22298 吨，是年销售收入达 9967 万元，费用同比下降 9%，为国家上缴各种税金达 450 万元，企业创利 380 万元。石油公司被评为全省石油系统先进单位。被六盘水市政府授予安全生产先进单位。2006 年由于中石化为了减费降耗，安装了输油管道，2 月正式开始使用，石油公司经省、市公司决定关停了 2 座油库，油库人员进行了分流，中石化集团对本系统进行人事制度改革，年满 50—55 周岁，县级以下干部、职工不再任职，可以办理内部退养手续，公司领导班子也发生了变化，公司撤销了各股室，所有车辆全部收回处理，公司只派 2 名财务代表，单位实行报账制度，单位的人、财、物都由上级公司直管，加油站设经理。干部实行交流管理。

1999—2011 年各种成品油销售情况统计

表 8-9-3　　单位：吨

年份	销售汽油	销售煤油	销售柴油	润滑油脂	合计
1999	3049	471	4721	200	8441
2000	2941	605	6418	136	10100
2001	3800	400	8584	119	12903
2002	3817	206	9984	127	14134
2003	3866	151	10051	121	14189
2004	4223	163	10476	130	14983
2005	5472	118	10466	128	17116
2006	5386	131	11683	136	18413
2007	5519	225	13794	125	19663
2008	6053		15193	122	21368
2009	7899		15484	116	23499
2010	8328		16835	155	25318
2011	10761		18099		28099

第四节　人民生活

1978—2011 年，六枝特区城乡居民的生活发生了历史性的巨大变化，居民的收入水平和生活质量明显提高，2011 年，城镇居民可支配收入 10565 元，农村居民可支配收入 4026 元。消费方式发生了深刻变革，精神文化生活大大丰富，生活环境显著改善。

一、在吃的方面

经历了由吃饱到吃好、由追求数量品种的增加到讲究营养质量提高的过程。这一变化过程，首先表现在粮食消费比重下降。城镇居民人均粮食消费量由1978年的160公斤逐步下降到2011年的86公斤，下降46.3%；农村居民人均粮食消费量自1978年以来基本稳定在250公斤左右的水平上。粮食是人民最基本的生存资料，粮食消费量的稳定和下降，表明人们从此不再为吃饱而发愁。其次，在粮食消费内部构成中，对玉米、高粱、红薯等粗粮消费明显下降，而对大米、小麦等精细粮消费上升。33年来，居民传统的以粮食、蔬菜为主的饮食结构发生了很大的变化，对肉类、家禽、鲜蛋、水产品、植物油等的消费量全面增加，膳食营养状况不断得到改善。境内人民吃的方向的变化还表现在对原粮消费的相对下降，对加工食品特别是风味、疗效、方便食品消费的上升。

二、在穿的方面

经历了一个由穿暖到穿好，由单调、低档到多样、中高档方向发展的过程。70年代末，境内民众衣作式样、面料、颜色等种类较少。改革开放以来，人民穿着消费发生了深刻的变化，不仅衣着数量大幅度增加，而且穿着质量明显提高，求新、求美，讲究舒适、大方，追求个性化。具体而言，主要呈现出如下几个变化：一是衣着原料提高，对粗棉布的消费相对下降，对化纤布、绸缎、呢绒、毛料等的消费上升；二是成衣率提高，购买原布自己动手做衣服的数量减少，直接去市场选购成衣的数量增加，特别是对花色好、款式新的中高档服装的消费量增长较快。

三、在用品方面

经历了从无到有、从少到多、普及程度迅速提高的过程。改革开放以来，城乡居民对耐用消费品的拥有量迅猛增加。

城镇居民的用品消费，呈现出以非耐用消费品为主向以耐用消费品为主，以日常生活用品等生存资料为主向彩电、冰箱 、空调、微机等发展和享受资料为主，以功能单一、低档用品为主向高科技、多功能中高档用品为主转化的趋势。城镇居民家庭用品的更迭速度明显加快，经历了由“老四件”（自行车、手表、缝纫机、收音机）向“新六件”（电视机、洗衣机、录音机、电冰箱、电风扇、照相机）的转换过程。“老四件”进入90年代以来在城镇已处于衰退期，需求量明显减少；“新六件”经过80年代后期和90年代前期的迅速扩张，90年代末在多数城镇居民家庭中已接近饱和。进入21世纪后，又开始转向以电话（固定电话、智能手机）、家用电脑、商品房、家用小汽车等为主要代表的新的消费“热点”。万元级、10万元级的耐用消费品，在国家消费信贷等政策的扶持下，开始逐步进入普通居民家庭。

农村居民家庭用品的数量也有了大幅度增加，而且用品的品种逐步升级换代。农村居民对“老四件”的拥有量已经饱和，正处于加速普及“新六件”阶段，农村居民家庭基本都拥有电视机，洗衣机、录像机、照相机、电冰箱甚至空调、电脑、家用汽车也已进入部分富裕农户家庭。耐用消费品大量“飞入寻常百姓家”，是改革开放以来城乡居民生活水平显著提高的一个重要标志。

四、在住房方面

城乡居民的居住面积和住房质量都有了较明显的提高。70年代末，境内居民住房条件较差，城镇居民居住条件拥挤，农村以瓦房和草顶房为主。改革开放以来，城乡居民居住条件有了很大的改善。城镇居民住房，由缺房、拥挤逐步向宽敞、适方向发展。住房的质量和配套性也不断提高。大多数家庭居室内有厕所和浴室。安居才能乐业，住上单元配套住房，一直是境内城镇居民的一种生活追求。截至到2011年，70%左右家庭的这种追求变成了现实，从一个侧面反映出境内城镇居民的生活水平和生活质量确实上了一个新台阶。

农村居民在温饱问题初步得到解决的基础上，普遍把改善居住条件作为首要的选择。农民收入水平的提高，以及政策性扶持。到2011年，砖木结构和钢筋混凝土结构住房面积占75%以上。

五、在行的方面

随着各种运输设施建设的快速发展，城市公共交通的不断改善，居民出行的方便程度大大提高。70年代末，境内交通运输状况相对落后，部分乡村处于与世隔绝的闭塞状态。改革开放以来，交通闭塞的状况有了明显的改观。城市公用交通事业取得长足的发展，公共汽车交通网覆盖城区，出租车营运正常。村村通公路，各乡镇都有营运客车，出行方便快捷。

六、生活消费方面

农村农民生活消费的自给性消费比重明显下降，城镇居民生活消费的消费选择性明显增强。十一届三中全会以前，由于商品供应短缺，基本生活必需品大都实行凭票定量供应制度，从粮食、布、油等生活必需品到自行车、电视机等一些日用品，都实行严格按指令计划凭票定量配售的方式。凭票限量供应大大限制居民消费选择的空间。实行改革开放政策以来，随着经济的持续快速发展，消费品供应的不断丰富，国家逐步缩小消费品定量配给的范围。到1983年，由国家统一限量供应的主要消费品只有粮食和食用植物油两种。1985年国家又取消长达30多年的农产品统购派购制度，丰富了“米袋子”“菜篮子”。到80年代末期，基本结束票证供应制度。随着经济的快速增长，已基本消除长期以来消费品供应短缺的现象，初步形成“买方市场”，部分消费品还出现过剩现象。从商品短缺到“买方市场”的形成，居民消费从限量供应的抑制型消费转为敞开供应的自主型消费，这是境内居民消费方式的根本性变化。

在农村，消费方式的变化还有另一方面的特点。旧中国，境内广大农民生活在狭窄的自给自足的小圈子内，处在生产什么，就消费什么的自然经济状态中。新中国成立以后，这种状况逐步改变，但进度缓慢。直到1978年，农民食品自给性消费仍高达78.6%，燃料自给性消费达69%。随着农村经济体制改革的不断深化，农产品商品率的不断提高，农民消费也从自给、半自给方式逐渐向商品化、市场化方式转化。1978年农民自给性消费比重达60%；到2011年，急剧下降为25%，33年间下降了近35个百分点。这一巨大变化表明，区内农村居民的消费方式，已开始由自给性消费为主向以商品性消费为主转变。

七、文化生活方面

居民生活内容丰富多彩，精神文化生活大大充实。改革开放以来，境内文化教育事业得到前所未有的发展，文化馆、图书馆、博物馆、歌舞厅等多种文化娱乐场所逐步建设完善，广播、电视、电影事业有长足的发展。到2011年，境内形成一个卫星、无线、有线等多形式、多层次的广播电视传输覆盖网。文艺创作繁荣，人民群众喜爱的小说、影视、美术以等文艺作品展现于眼前。各种文化、教育、娱乐事业的发展，丰富了人民群众的精神生活，居民整体文化素质明显提高。

第九篇 工 业

第一章 工业经济

第一节 工业经济概况

六枝特区是一个以煤源为主要支撑，以水泥、医药、砂石、机械、发电和轻工为辅的县区。地处贵州西部，六盘水市的东大门。系“三线建设”时期由原“六枝矿区”与“郎岱县”合并为现在的六枝特区。境内煤炭资源丰富，已探明储量33亿吨。煤炭工业是六枝特区支柱产业。

六枝特区是六盘水市工业成分比较小的一个县区。区内有六枝工矿（集团）公司、六盘水盘江装备制造公司和六枝中铁五局水泥公司等省级企业和地方企业。其中六枝工矿（集团）公司工业总产值为全区工业产值的40%左右，是全区规模企业的60%左右。占2000万以上企业的80%以上。截至2011年，全区共有工业企业700余户（含个体工商户），年营业收入100万元以上的工业企业有80余户。其中地方煤矿33对，产能723万吨。8家年设计生产能力为1119万吨的洗煤公司，3家年产能60万吨的洗煤公司投入生产，5家铁合金企业中有4家已经恢复生产，有砖石厂和砂石厂10家，有水泥公司2家，境内电力发电企业8家，酒业公司1家，制药公司2家和其他行业的企业。截至2011年，有的企业改制或不复存在。

六枝工业类型和行业主要有普通机械制造业、水泥生产业、工业发电业、医药业、食品加工及制造业、饮料制造业、金属制品业、非金属矿物制品业、轻工业和煤炭工业等。煤炭工业比重较大，占工业行业的65%。

2004年，全区工业生产实现稳步增长，总产值达到16.19亿元，增加值6.22亿元。2005年，工业总产值为21.01亿元，工业增加值8.11亿元。2006年，工业总产值为25.16亿元，工业增加值9.86亿元。到2009年，全区工业总产值为51.02亿元，工业增加值17.40亿元。2004—2008年的五年间，工业总产值年均增长37.32%，工业增加值年均增长21.26%，取得了工业总产值和工业增加值5年翻三番的成绩。2011年，全区工业总产值为94.32亿元，全部工业增加值29.75万元，规模以上工业增加值15亿元。销售收入92.43亿元，实现利润5.55亿元。

一、2006—2010年工业发展

2007年6月，开始煤矿整合工作，原有的地方56对煤矿，按照省政府批准的《六枝特区煤矿整合及调整布局方案》，32对煤矿及一处探矿权参与整合，整合为12对。整合技改后，全区地方煤矿数量从56对减少至33对，采矿总面积从1.48平方公里增加到5.65平方公里，总设计能力从213万吨/年提高到723万吨/年。2011年，煤矿产能为90万吨矿井1对，30万吨矿井11对，15万吨矿井19对，9万吨矿井2对，其中：六证齐全正常生产矿井有6对，10对已进入联合试运行。在建煤矿9对，停建煤矿8对，当年年底完成4对煤矿的建设。

2007—2009年，全区关闭和淘汰不符合产业政策的焦化厂和铸铁厂等企业。

贵州省六枝特区的九龙酒业有限责任公司，通过抓产品质量，不断做好产品的升级换代。共生产“九龙”“黔龙”两个系列18种产品，并且通过了白酒质量安全认证，产品主要在六盘水地区销售，通过“西洽会”和“贵州酒博会”。

2011年六枝工矿（集团）公司实现工业产值38.60亿元。该公司主要有七对煤矿，畅达瑞安水泥公司、宏狮机械厂和一个发电厂，集团公司为了提升效益，积极想办法加大资金投入，加快项目建设，加快建设设计规模为120万吨/年的新华煤矿，设计规模为300万吨/年的化乐煤矿，设计规模为120万吨/年的黑拉戛煤矿和设计年输送煤炭700万吨的六枝煤炭物流基地，并注重加快建设六矿瑞安4500吨/日熟料水泥生产线的建设。初步形成以煤炭为重点，现代煤化工、电力、建材、冶金、装备制造、白酒、食品医药特色轻工业相辅的工业体系。以六枝工矿（集团）公司、贵州路喜工矿集团等为重点的煤炭及现代煤化工产业。以华润电力、光照、阿珠等为重点的电力产业，以贵州六矿瑞安（海螺水泥）为重点的水泥建材产业。以宏狮煤机、盘江装备机械等为重点的煤机制造产业，以宏奇药业、圣济堂药业、宜枝魔芋、大畅面业为重点的特色产业。以九龙酒业为重点的白酒产业。华润集团、盘江控股、路喜工矿集团、海螺水泥等大中型企业落户六枝，一批国家、省、市认可的品牌，如“宏狮”煤机、“乌蒙剑”富硒茶、“九龙液”系列白酒、“雾峰”苦荞系列、“郎岱酱”“岩脚面”等品牌规模逐渐形成。

2006—2010年，通过招商引资、兼并重组和技术合作等方式，利用外资和省内外资金项目有新的突破，与香港瑞安集团公司合资建成贵州畅达瑞安水泥有限公司、与中国煤科院太原研究所技术合作组建贵州宏狮煤机制造公司、贵州圣济堂药业成功收购并组建新的贵州大华制药有限公司和六枝医药（集团）公司，以及湖北黄石工矿（集团）公司、飞尚集团、深圳中航等一批大企业入驻六枝投资办企业。

加快产业结构调整步伐，淘汰一批不符合国家产业政策的小钢铁小冶炼厂7家、铁合金企业8家、水泥生产线4条。

2009年，六枝特区工业总产值完成51.02亿元，工业增加值在全区国内生产总值中所占比重为47.40%，规模企业由10家增至28家，规模工业增加值为9.85亿元，工业经济对GDP的贡献率为41.6%，工业税收对财政收入贡献率为43.72%。

2006—2010年，由于六枝工业基础薄弱，在六盘水市工业总产值中处于挂末位置，工业产值仅占全市工业产值的7.73%。

二、工业产业园区建设

2010年，六枝特区按照省委、省政府和市委、市政府的要求，加快产业园区建设。

（一）高标准规划，高起点定位园区建设。按照“一园两区”进行规划，木岗工业园区分为木岗片区和落别乡索考片区，规划面积10.21平方公里，规划期限为2011—2020年，产业定位为：木岗片区重点发展装备制造、建材、五金加工、新兴产业等为主导产业；索考片区重点发展医药制造、酿酒、特色食品及农产品深加工为主导产业。

（二）按照“一园四区多组团”进行规划工业园区。岩脚工业园区规划面积10.11平方公里，核心区为老卜底片区、民乐片区、那玉片区、新窑片区。规划期限为2011—2020年，重点发展电力、新型煤化工、铁合金、建材、新兴产业、资源综合利用项目等主导产业。（其中：老卜底片区重点发展煤电、新型墙体材料、化肥等产业；民乐片区煤化工、电石化工等产业；那玉片区煤矸石发电、生物质能发电、新型保温材料、建材等产业；新窑片区铁合金材料、新型碳素材料、光伏产业等产业）。

（三）宏奇制药公司退城进园。2011年，宏奇制药公司退城进园项目，累计完成投资6500万元，占总投资1.05亿元的61.9%，绿化及GAP基地建成，花园式工厂基本形成。

（四）六矿瑞安水泥厂新生产启动。六矿瑞安水泥厂4500吨/日熟料干法水泥生产线项目：在旧生产线上4.59兆瓦纯低温余热发电，新建一条4500吨/日新型干法熟料生产线并配套9兆瓦纯低温余热发电，完成投资2.03亿元，占总投资的22.5%，购置设备1.07亿元，占地面积283亩。

（五）木岗园区标准厂房建设项目大干快上。项目业主为贵州德润沣资产管理有限公司，投资规模2亿元，建10万平方米标准厂房，全部为钢架结构。标准厂房已完成投资1.47亿元，建成面积达5.4万平方米。

（六）岩脚大畅面业公司技改上马。岩脚园区投资0.25亿元的岩脚大畅面业公司技改项目，完成投资0.12亿元，主体工程结束，进行内外装饰及设备安装调试。

（七）重点打造六枝路喜循环经济园建设。特区党委、政府专门成立六枝路喜建设指挥部，抽调骨干力量充实队伍建设，分别解决房屋拆迁、土地征用、输电线路迁改、城区供水专线、794台专线及763微波站1号塔改迁等问题。

三、重大项目建设

（一）华润六枝循环经济产业示范区。华润集团将在岩脚工业园区老卜底片区投资170亿元建设六枝循环经济产业示范区，涉及项目主要有装机容量为4×660兆瓦燃煤火力发电机组、规划建设2×4500吨/日新型干法水泥生产线，设计年产能力400万吨、建设年产量20×104吨的啤酒生产线，华润六枝循环经济示范区中电厂、水泥厂、啤酒厂围绕三厂建设的功能区（CBD区），利用其中的共生关系，实现生产过程中的物质流、能量流以及信息流的循环利用。

（二）六枝民乐煤化工基地。由盘江控股投资234亿元的六枝民乐煤化工基地项目（岩脚工业园区民乐片区）总体规划已通过省级评审，报国家发改委待批。

（三）索考医药园区项目。索考轻工业区建设的医药园区项目（木岗工业园区索考园），大华制药公司退城进园项目顺利启动实施。

1978—2011年全区工业产值、销售收入、利润统计表

表9-1-1 单位：万元

年度	工业总产值	销售收入	利润	年度	工业总产值	销售收入	利润
1978	5710	5596	392	1995	42029	41188	2883
1979	5953	5833	408	1996	55843	44674	3127
1980	4690	4596	321	1997	56891	55753	3902
1981	5530	5419	379	1998	56804	55667	3896
1982	6150	6027	421	1999	57311	56164	3931
1983	6713	6578	460	2000	63366	62098	4346
1984	8600	8428	590	2001	88168	86404	6048
1985	9386	9198	657	2002	99082	97100	6797
1986	10064	9684	690	2003	120108	117705	9416
1987	10695	10484	734	2004	161851	158613	9516
1988	10613	10400	728	2005	210136	205933	12355
1989	15039	14738	1031	2006	251592	246560	14793
1990	16178	15854	1109	2007	314890	308592	10515
1991	28961	28381	1986	2008	437218	428473	25708
1992	31749	31114	2178	2009	510182	499978	29998
1993	37564	36812	2576	2010	624823	612326	36739
1994	42069	41227	2886	2011	943189	924325	55459

第二节 产业布局

一、2006—2010年工业产业分布

郎岱镇 郎岱镇蕴藏煤炭、石英砂、雄磺为主体的多种矿物资源，工业企业为数不多，主要以农业产业发展为重点。郎岱镇是贵州省重点小城镇、历史文化名镇、万亩商品蔬菜基地和六盘水市现代农业产业园区、特色养殖示范基地。是大连市政府对口帮扶六盘水市建设的中国凉都原生态农产品科技扶贫加工示范园区。

落别乡 落别乡矿产资源丰富，主要有煤炭、铁矿石、石灰石、硅等。原煤主要分布在纳骂、索考片区，据初步探测，储量达5亿吨左右，地质好，埋藏浅，易开采。现有“5对”有证矿井，年产量均在3万吨以上。纳骂烟煤炼出的焦炭产品质量好，远销安顺、贵阳、湖南怀化等地。

辖有坝湾、可布2座水电站。坝湾Ⅰ级水电站位于落别乡板照村，装机1200千瓦，发电并入国家电网；可布电站位于落别乡可布村，装机650千瓦，发电就地供给群众。

岩脚镇 岩脚镇自2000年以来，成立顺达养殖场、瑞宇合作社等农村合作经济组织，建立杨梅、药材、梨树等特色产品生产基地。建设好煤矿一对。大畅面业有限公司投资1100万元的厂房在建设。2010年工业产值10224万元，社会零售总值达11098万元。

岩脚镇辖有湾河、团结、木贡3座水电站，均并入国家电网。湾河电站位于岩脚镇湾河村上游河段，处于黔中水利下游阿珠上游，装机容量2600千瓦。团结电站位于岩脚镇群峰村与新场乡新隆村交界处，装机容量600千瓦。木贡水电站位于岩脚镇木贡村，装机容量200千瓦。

平寨镇　平寨镇境内有六枝工矿（集团）公司、六盘水煤矿机械厂、铁路一、二处、贵州煤田地质局142队、水源队等21家大中型企事业单位。是一个以煤炭、建材为主的工业城镇。辖区内页岩、石灰石、煤炭等矿产资源埋藏十分丰富，现办有水泥厂、铁厂、砖厂、复合肥厂、煤矿、铸造厂、五金厂、焦化厂、硅铁厂等上百个成型的乡镇企业。1995—2000年，镇党委、政府切实加强指导，大力发展高载能产业，进一步扶持永鑫、福鑫硅业。大力发展水泥和制砖等产业，发展壮大河湾、补林、云盘、塔山等村水泥砂砖生产；引进资金和技术盘活山脚页岩砖厂；大力提倡利用煤矸石、粉煤灰、钢渣等为主要原料制造新型建筑材料；在杨丰村种植的胭脂萝卜、河丰村种植的大头菜等农产品的加工上取得大幅进展。

中寨乡　中寨乡煤炭资源较为丰富，储量为6亿吨，占全区总储量20%以上，以焦煤、肥煤、焦肥煤为主。煤层大部分埋藏较浅，露头发育，易于开采。此外，还有铁矿、铅、锌、砷等矿产资源。雄黄在省内外享有盛名。煤炭地层分布面积占全乡总面积的30%，共有黑那戛、双夕、兰田、蟠龙向斜局部等4个煤炭井田。铁矿总储量约100万吨，铅锌矿和砷矿也较为丰富。中寨的磺厂，为低温热液雄磺—雌黄矿床类型。

中寨乡水资源特别丰富，拥有北盘江一级支流月亮河，二级支流龙滩河、木则河、阿志河等。河流长大于10公里、流域面积大于20平方公里的河流5条。共计河长61公里，流域面积216平方公里。有小山塘11个，主要沟溪14条，水域总面积4967.1亩。河流共蕴藏水能47439千瓦，可开发量15450千瓦。现有已建成电力工业捞河电站、长寨电站和平基电站3座水电站。长寨电站位于中寨乡长寨村，装机15000千瓦。平基电站位于中寨乡长寨村，装机1030千瓦。

堕却乡　堕却乡是以农业和矿产资源开发的综合乡，以煤、白云石和陶土为主，另有重晶石、硅铁等。煤炭储量约6400万吨，白云石储量约300万吨，陶土储量约70万立方米。

新窑乡　新窑乡属于农业、矿产综合发展乡，煤炭藏量达5亿吨，除洗马河煤层属肥煤品种外，其余均为焦煤品种。矿产资源有21.5平方公里的煤系地层，占全乡总面积的21.45%。现已探明井田有李家寨、上纳等2个井田，其中李家寨井田境内煤贮量2000万吨，上纳井田位于二塘至箱子洞以南一带，贮量10608万吨，均属焦煤煤种。此外，还储有冰洲石矿资源，颇具开采价值。

大用镇　大用镇矿产资源丰富，南部片区储有石灰岩及优质白砂等矿物质资源。易于开采，六枝至纳骂的公路穿境而过，交通条件优越，有利于发展乡镇企业。北部的煤炭资源相当丰富，具有煤层厚、易开采的特点，现有六枝工矿集团化处分公司在该区开采，公司驻地拥有常住人口6000余人，规模庞大。有1对民用煤矿——黑石头煤矿，年设计生产能力3万吨。先后有安诚焦化厂、淇田焦化厂、石油液化气灌装厂、投资1800万元的化隆铁合金厂在大用落户。

木岗镇　木岗镇矿产丰盛，有页石、石灰石等。富含大量的碳酸钙和硅，是生产生石灰、加工大理石和水泥的原材料基地。现有石灰窑和石灰石厂30多个，生石灰销售遍及周边县区，石灰石除了供境内瑞安畅达水泥厂外，还大量供销给普定马官水泥厂。有富含锶、偏硅酸等24种微量元素的富硒复合型矿泉水，有丰富的煤炭资源，现已探明储量7500万吨，有重晶石、硅铁、高岭土等。随着木岗工业园区的建设和发展，工业将逐步占据木岗经济发展的主体地位。

龙场乡　龙场乡具有丰富水能资源与煤炭、石灰石、页岩、硅石等为主的矿产资源蕴藏。阿珠电站已于2006年竣工发电，据初步探测，龙场乡蓄煤量大约在1.8亿吨左右，龙岭、安家寨煤矿先后落户龙场。

新华乡　新华乡境内具有丰富的煤矿资源，主要分布在田坝村，总蕴藏量为2.5亿吨。截至2011年两对年产45万吨的有证矿井。硫、磷、铁等多种矿产未作开采。

新场乡　新场乡是六枝特区主要产煤乡之一，已探明煤炭储量有4亿吨，可开采量达4亿吨。分布在沙地、松坝、黑塘、两路口等村。主要为优质主焦煤，极具开采价值。其他矿产资源如重晶石、氟石等储量也较为丰富。新场乡以发展农业经济为主，工业经济发展比较滞后。

新场乡辖有懒龙桥电站，位于新场乡与牛场乡交界处，处于乌江水系支流。位于新场乡5公里，牛场乡7公里，距油路100米。始建1971年10月，1976年5月建成投产，建成20×10×6米拦水坝一座，1450米长1.5×1.7千瓦输水渠1条，机房面积约200平方米，装机200kw，运行至2005年5月设备更新为200千瓦，年发电量约80万度。单机经升压器（250千伏安）上10千伏新场线（湾河—新场）。

新场乡辖有旧院水库，总库容1458万立方米，属中型水库。总投资3.34亿元，静态总投资3.24亿元。工程建成后，就地解决岩脚、新场片区水田2.49万亩、旱地1.66万亩的灌溉，并向六枝城区供水3.4万立方米/天。该项目省发改委批复立项。于2009年10月9日开工建设（工期36个月，到2013年6月底下闸蓄水）。

折溪乡　折溪乡属于六枝特区的纯农业乡，无大型工业，仅有几个小型砂石厂，工业经济比较滞后。

陇脚乡　陇脚是六枝特区唯一的纯布依族乡，也是一个纯农业乡，没有工业企业，工业经济比较滞后。

箐口乡　箐口乡煤炭蕴藏量5.41亿吨，可开采量1.18亿吨，煤质好，含硫量在2%以下，恢发粉在80%以上。乡内建有4对有证煤矿（即：箐川煤矿、过瓦煤矿、天泰煤矿和猴子田煤矿）。乡境内还蕴藏有硅石等矿产资源。工业经济占据着整个经济发展的重要组成部分。

洒志乡　洒志乡1995年以来，洒志茶叶属天然富硒茶。全乡现有荒山荒坡中，宜牧的5.06万亩，适于发展畜牧业。2004年，引进资金472万元，建成了洒志乡畜牧养殖示范基地（贵州凉都鑫农牧业有限公司）。2005年6月，养殖示范基地通过鉴定，获得了无公害农产品产地证书。境内的矿产资源主要是煤炭，全乡煤炭贮藏量为4667万吨，种类为焦煤，含硫量低，开采价值大，主要分布在渔塘、磨卜、田坝、簸箕田4个村。2009年，洒志煤矿生产投产，该矿是山东投资商在洒志乡渔塘村新建的煤矿，投资规模为900万元，年产量为9万吨。

毛口乡　毛口乡工业仅有熬糖、酿酒、粮食粗加工、铁制农具铸造等小型作坊。境内具有丰富的水资源，珠江水系北盘江流域，北盘江系界流经河段12公里，另有磨盘河、毛口小河汇集流入北盘江。充足的水源，除保证当地农田灌溉外，还为2007年建成的水电工业企业六枝光照电站提供了物质保障。另辖有牂牁电站，位于毛口乡牂牁村，装机1200千瓦，发电就地供给群众使用。

梭戛乡　梭戛乡工业经济比较滞后，境内无矿藏资源，是一个典型的农业乡，仅有为数不多的小型砂石厂就地取用。

牛场乡　牛场乡境内无矿产资源，工业经济比较滞后，仅有就地供应生产的几家微型的砂石厂。

2009年11月30日，经过历时7年筹备，总投资80亿元，一期工程总投资73亿元国家实施西部大开发战略的又一项大型水利工程、贵州历史上最大的水利工程——黔中水利枢纽工程在牛场乡黔中村木底上寨正式动工兴建。

二、2006—2010年工业产业园区建设

1. 木岗产业园区。六盘水木岗产业园区是经贵州省人民政府批准，六盘水市人民政府设立的市级园区，地处六枝、镇宁、普定3县交界处，接近贵安新区，是贵安新区与毕水兴经济区的连接点，北端的普定工业园、中部的木岗产业园区和南部镇宁工业园3个连成一体。国务院国发〔2012〕2号文件中设置的黄桶和幺铺物流园区就布局在这个规划区内。核心区规划面积为10.21平方公里，其中木岗核心区规划面积为6.95平方公里，主要以物流、新型建材、装备制造、新能源开发、五金加工等；落别索考核心区规划面积为3.26平方公里，主要以食品加工，药品、白酒为主的轻工业。

2. 路喜循环经济产业园区。六盘水路喜循环经济产业园区，位于新窑乡那玉村，离六枝城区约2公里，六六高速六枝出口处，交通便利，由山西路鑫能源集团投资建设，已得到市政府批复：设立六盘水路喜循环经济产业园区，同时省发改委还将六枝路喜循环经济产业基地列为省级循环经济示范基地。园区建设将采取分步实施原则，规划建设“15155”工程，即：产值1000亿元、投资500亿元、创利税100亿元、解决5万人就业、带动5倍产值的相关产业发展。核心项目有：打造1000万吨/年煤矿规模集团、4×120万吨/年焦化厂、50万吨/年高精铝、4×350兆瓦热电联产等项目，构建以煤—电—化、煤—电—铝、煤—电—材一体化的循环经济产业链。

3. 岩脚工业园区华润循环经济产业园区。华润循环经济产业园区位于六枝特区岩脚镇老卜底，离六枝城区30公里，周边有在建的水镇（水城至镇宁）高速公路及拟建的晴纳（晴隆至纳雍）高速公路，具有十分优越的区位优势，交通十分便利，目前暂定面积3平方公里，主要由贵州华隆煤业有限公司（华润煤业占49%股份）、华润电力（六枝）有限公司、华润水泥（六枝）有限公司等组成。华润煤业、华润电力已进驻六枝特区，华润水泥即将进驻六枝特区。遵循华润集团“不能以牺牲环境为代价谋求企业发展，不以牺牲环境的长远利益换取企业的短期效益”的指导方针，首先对其本身生产活动的物质和能量流动过程严格遵循国家标准进行设计，并在节能降耗、绿色环保等方面加强优化和实施，最大限度的在企业内部做到低消耗、高利用、低排放。贵州华隆煤业有限公司由华润煤业公司占股49%，作为华润电力六枝电厂的配套煤矿，辖管新华煤矿（年产能120万吨）、化乐煤矿（年产能300万吨）、黑拉戛煤矿（年产能120万吨）3对矿井。

华润电力六枝电厂为华润电力控股有限公司全资建设，规划装机容量为2×660兆瓦燃煤火力发电机组，同步建设煤气脱硫、脱硝和高效除法装置，总投资150亿元。设计为超临界燃煤发电机组，为国内目前先进高效的发电机组，发电煤耗仅为1.85斤/千瓦时，高效节约煤耗，减少碳排放量电厂采用节水措施，工业废水、生活污水全部处理复用，大量的节约用水，采用低氮燃烧技术，配套高效烟气除尘、脱硫、脱硝设施，烟气处理系统总除尘效率可达99.88%，减少二氧化硫、一氧化氮和有二氧化氮的排放量。

华润水泥（六枝）有限公司为华润水泥投资有限公司全资建设，规划为 2×4500 吨 / 日新型干法水泥熟料生产线，设计年产能为 400 万吨，总投资约 20 亿元。

建设采取循序渐进方式，由于煤矿建设周期长，先建设煤矿，确保大煤保大电，适时建设水泥厂和混凝土公司，为电厂建设提供水泥和混凝土，以降低电厂的建设成本，待电厂建设运营后，水泥厂给电厂提供脱硫所需石灰石粉，电厂给水泥厂直供电，电厂生产产生的灰渣给水泥厂作生产原料，将各自的附属产物综合利用，循环利用，以达到节能降耗。

第三节　管理体制

1978 年，六枝特区工交办下辖工业局、交通局。1981 年，工交办更名为“六枝特区经济委员会”，分管邮电、交通、煤矿及部分轻、重工业产品和国营工业企业。

1992 年，撤销轻工业局，建立轻纺工业局。1993 年，经济委员会与计划委员会合并为“计划经济局”，撤销轻纺工业局建立轻纺总会。1994 年 6 月，分设计划局，经委与轻工业总会合并建立“工业局”。1995 年 5 月 7 日，由工业局划出，恢复轻工业总会。

2007 年，撤销轻工业总会，全区工业管理职责划转到经贸局进行管理。2010 年，六枝特区人民政府办公室以（六府办〔2010〕101 号）文件批准，撤销六枝特区经贸局，将工业企业管理职能划归六枝特区经济和信息化局，下设经济运行和规划投资股，负责全区工业企业的管理工作。2011 年，全区工业经济发展工作由六枝特区经济和信息化局进行管理。

第四节　速度与效率

1995 年以前，六枝特区工业经济发展，尚不明显，工业化进程速度缓慢，经济与社会发展不协调，工业结构不合理，多为能源工业，农产品加工、制造业所占比重极低。1995 年以后，六枝特区工业战线通过抓工业运行调节，保障生产要素稳定有序供应，通过推进大项目建设，优化工业经济结构，不断巩固工业经济回升基础，全区工业经济取得较好较快发展。总体经济效益大幅提升，地方工业经济得到快速发展，重点企业生产稳定，效益增加。

工业总产值的变化，1978 年，全区工业总产值为 0.57 亿元；1988 年，为 1.06 亿元；2008 年，为 43.72 亿元。2011 年，全区工业总产值为 94.32 亿元，是 1978 年总产值合计数的 165 倍。

利税总额的变化，看出工业经济效益的提高。1978 年，工业利润总额合计 392 万元，1988 年为 728 万元，2008 年为 2.57 亿元。2011 年，全区工业经济利润总额为 5.55 亿元，是 1978 年工业经济利润总额的 141 倍。

一、2000—2005 年工业经济状况

2005 年末，全区工业总产值完成 21.01 亿元，其中：地方工业产值完成 13.99 亿元。规模以上（500 万元及以上）工业产值完成 15.85 亿元，其中：销售收入 2000 万元以上企业工业产值完成 12.85 亿元。

2000—2005 年，六枝特区工业主要产品增长速度较快，煤炭总量 2019.4 万吨、发电总量

6.01 亿千瓦时、水泥总量 313 万吨；冶金产业异军突起，增长迅猛，已形成年产 10 万吨生产能力，成为拉动我区工业增长的主力。实现工业增加值年均增长 15% 以上，二产占全区生产总值的比重达到 45% 以上。工业发展经济取得明显成效。

二、2006—2010 年工业经济状况

2010 年末，全区工业总产值完成 62.48 亿元，其中：地方工业产值完成 34.99 亿元。规模以上（500 万元及以上）工业产值完成 41.18 亿元（其中：销售收入 2000 万元以上企业工业产值完成 32.08 亿元）。

2006—2010 年，六枝工业总量得到做大，加快推进国有煤矿建设，相继开工建设新华煤矿、黑拉戛煤矿。地方煤矿整合技改效果明显，矿井数量由 56 对调减为 34 对，设计生产能力从 213 万吨 / 年增加至 855 万吨 / 年。生产原煤 2608 万吨，其中地方煤矿生产 1015 万吨；电力建设快速发展，建成 110 千伏变电站一座、35 千伏变电站三座，新建 35 千伏黑塘变电站，扩建捞河、新华、板梅输变电工程，续建 110 千伏梭戛变电站和郎岱变电站工程，完善 10 千伏及以下县级电网及农网工程。形成以 220 千伏六枝变电站为中心，以 110 千伏平寨、新窑、梭戛、郎岱、木岗五个变电站为辐射，以 6 座 35 千伏变电站为骨架的输电网络。新建成阿珠、坝湾、平基、长寨、可布、拌垌六座水电站，扩建湾河水电站，新增水电装机容量 4.77 万千瓦。完成六枝电厂前期工作，启动牛场风力发电项目前期工作。贵州六矿瑞安水泥有限公司投资 2.79 亿元完成了日产 2500 吨干法生产线，水泥产量提前 1 年（2009 年）实现规划目标（109 万吨 / 年）。宏狮煤机制造有限公司与中国煤炭科学研究总院太原研究院合作投资 1.1 亿进行技改扩能建设，产品科技含量明显提高，于 2008 年被评定为贵州省第一批高新技术企业，并被列为贵州省知识产权试点单位。圣济堂药业公司完成对大华药业收购，并投资 6000 万元完成大输液技改项目。2010 年，全区工业经济得到稳步持续上升。到 2011 年末，全区工业总产值为 94.32 亿元，全部工业增加值 29.75 万元，规模以上工业增加值 15 亿元。

第二章　煤炭工业

六枝特区以煤炭工业为主，1978 年十一届三中全会后，改革开放促进六枝的煤炭工业发展。形成从勘探、设计、建井、生产、安全、加工转化、运输销售、煤机制造、环境保护到资源综合利用等协调发展的新型煤炭工业体系。带动了六枝电力、冶金、化工、建材、机电等产业的发展。煤炭工业是六枝经济社会发展重要的支柱产业。

第一节　煤田地质勘探

六枝特区地处黔西高原向黔中丘原的过渡地带。大部分地区标高 +1400 米以上，地势西高东低，由西向东标高由 +2000 米逐渐降低到 +1300 米，全区最高点为西南部的老王山，标

高 +2126 米，最低点为北盘江毛口河下游河谷，标高 +580 米，相对高差达 1546 米，地形起伏大，切割强。地貌类型以岩溶化石山为主，岩溶丘陵次之。六枝特区煤炭资源储量大，分布广，煤层出露良好。煤系平均厚度 403 ~ 504 米，含煤 10 ~ 40 层，总厚 6 ~ 53 米，含煤系数 1.2% ~ 9.1%，可采煤层 1 ~ 8 层，总厚 6 ~ 15.84 米，局部可采 0 ~ 12 层，总厚 0 ~ 13.73 米。六枝特区是六盘水市三个重点产煤县之一，煤炭储量丰富，煤种齐全，六枝煤田各种牌号的煤含硫较高，原煤硫分 0.5% ~ 9.0%，灰分 16% ~ 36%，精煤硫分 0.5% ~ 3.0%，灰分 9% ~ 16%。在各勘探井田内，中寨乡的黑拉戛片区原煤硫分较低，沙田一带硫分 0.3% ~ 0.5%，兔场一带硫分低于 1%。双夕、郎岱井田开采的 3 号、7 号、18 号煤硫分均在 2% 以下；蟠龙向斜至长寨附近的煤炭以及比德向斜东南段的化乐、黑塘和新华勘探区的大多数煤层硫分低于 3%。全区境内共有 8 个主要含煤构造单元，25 个片区。其中 23 个井田（勘探区）达到精查、普查深度，其余片区达到普查找煤的勘探深度。

第二节　煤田分布

六枝境内煤炭分布范围较广，储量较为丰富，全区有 14 个乡（镇）有煤。六枝煤田的 8 个含煤构造单元，23 个井田或勘探区（不包括蟠龙向斜六枝侧区、比德向斜的化乐区及新华区），累计探明 A+B+C+D 级储量 14.0 亿吨，A ＋ B ＋ C 级储量 8.44 亿吨。化乐（与水城县交叉）、新华井田的预测储量 5.9 亿吨，全区煤炭资源量将达到 33 亿吨。

地质构造及煤层特征。矿区位于威宁弧的反射弧之东南翼，属威宁至郎岱褶皱束的一部分。由一系列北西向的长轴背斜和向斜组成，向斜较开阔，背斜较紧密。区内共包括 8 个主要含煤构造单元，各构造单元以横断层为主，走向断层少见，次一级的皱褶不发育，地质构造一般比较简单。煤层地质条件复杂。各含煤构造简述如下：

一、大煤山背斜

大煤山背斜位于六枝煤田的东南翼，东起普定的水母，西至大用及落别，北起六枝的上纸厂，南至镇宁县大抵拱绵寨。煤系长约 17 公里，面积 103.4 平方公里。构造以断层为主，局部地方有次一级褶皱，但地质构造仍属比较简单，走向北西 10°，倾角背斜东翼为 8 ~ 15 度，西翼为 20 ~ 35 度。该构造单元共含 4 个井田（岱港井田、化处煤矿、落别井田、木岗矿）。煤系地层厚 465 米，含煤 20 余层，全部可采及局部可采 1 ~ 5 层，平均厚 7.45 米。煤层倾角背斜东翼为 8 ~ 15 度，西翼为 20 ~ 35 度。煤层结构复杂。

二、六枝向斜

六枝向斜位于六枝下营盘东北 3 公里，长 17 公里，宽 2.15 公里，面积 35 平方公里。西段断层多，构造复杂，地层倾角 20 ~ 25 度；东段构造简单，地层倾角 30 ~ 35 度。该构造单元共含 3 个井田（四角田煤矿、大用煤矿、李家寨井田）。煤系地层厚 406 米，含煤 30 余层，可采 2 ~ 6 层，总厚 7.79 ~ 8.47 米。煤层倾角 30 ~ 35 度。

三、三丈水背斜北东翼

三丈水背斜北东翼位于六枝下营盘西南 3 公里，长 23 公里，宽 1.8 公里，面积 28 平方公里。构造简单，地层倾角一般 40 ~ 60 度，主要构造为断层。该构造单元共含 5 个井田（凉水井矿、六枝煤矿、地宗煤矿、茅家寨井田、纳骂多林井田）。煤系地层厚 440 米，含煤 35 层，可采 4 ~ 6 层，总厚 11 ~ 14 米左右。煤层倾角一般 40 ~ 60 度。

四、三丈水背斜西南翼

三丈水背斜西南翼位于六枝下营盘西南 13 公里，长 20.47 公里，宽 2.7 公里，面积 57.2 平方公里。断层稀少，地层倾角一般 45 ~ 70 度，构造简单。（苦竹林井田、上纳井田）。煤系地层厚 440 米，含煤 30 层，可采 6 层，总厚 8.83 米左右。煤层倾角一般 45 ~ 70 度。

五、郎岱向斜

郎岱向斜即三丈水背斜之西南翼和茅口背斜之北东翼两部分组成，走向北西 45 度，长大于 20 公里，最宽约 13 公里。黑拉戛勘探区位于郎岱向斜西部转折部分，南北长 11 公里，东西宽 2 公里，面积 22 平方公里。地层走向及构造形态差异较大，以 F4 号断层为界，分成南北部分。F4 以南地层走向南北，倾角一般为 32 ~ 38 度，断层稀少，构造较简单；F4 以南地层走向北西，倾向南东，倾角一般为 32 度左右，由于多次褶曲，断裂发育，构造复杂。本构造含黑拉戛勘探区。煤系地层厚 460 ~ 590 米，含煤 22 ~ 39 层，可采 15 层，总厚 29.6 米。主要煤层大部分比较稳定。煤层倾角一般为 32 度左右。

六、茅口背斜

茅口背斜位于郎岱与镇宁县境内，东起包包寨，西至双夕，北至郎岱河南打铁关至铁厂。东南沿走向长约 32 公里，北东翼南北宽 1.1 公里，面积共 35.2 平方公里。地层倾角两翼不等，北东翼较南西翼为陡，北东翼倾角一般为 50 ~ 60 度，局部地区甚至倒转，两翼倾角一般在 30 度左右为一不对称的背斜，背斜较为完整，构造较简单，断裂较少，仅南端中寨至坡戛，谷雨至磨坊北，以及北翼之西端塘眼前处各有一断层，直接破坏了含煤地层。（郎岱井田、双夕井田、归宗井田）。本区含煤 11 ~ 29 层，北东翼可采煤层 6 ~ 16 层，南西翼可采煤层 3 ~ 12 层，可采总厚北东翼 7 ~ 8 米，南西翼为 4 ~ 20 米。北东翼倾角一般为 50 ~ 60 度。

七、涝河向斜

涝河向斜位于郎岱之北面，东南起于坡贡西南，西北抵达水城特区的红岩，西南止于涝河、二塘、折溪一线，长约 80 公里，宽达 4 ~ 6 公里。向斜两翼较为紧凑，北端在红岩即行封闭，两翼稍不对称，北翼倾角在 60 度左右，南翼倾角在 45 度左右。向斜内造成巨大断裂的断层，性质以逆断层为主，横断层在区内亦常见，但规模小，对煤系影响不大。该构造单元共含3个井田（红岩井田、金竹林井田、新寨井田）。煤系厚度为366米，含煤12～20层，可采4～7层，可采总厚4.75～11.2米。向斜两翼较为紧凑，北端在红岩即行封闭，两翼稍不对称，北翼倾角在60度左右，南翼倾角在45度左右。

八、蟠龙向斜

蟠龙向斜位于水城东南部，向斜东南端部延伸至六枝境内。向斜地层走向北西，长约60公里，宽约10公里，倾角50～70度，构造简单。煤系地层厚147～360米，含煤14余层，可采煤层3层，可采总厚12.41米，煤层倾角50～70度。煤种为主焦煤和焦煤。倾角50～70度。

第三节　煤炭开发

一、基本情况

六枝现有地方煤矿33对，均属整合、技改、新建煤矿，产能723万吨。2011年12月，有8对煤矿已完成建设，形成产能144万吨/年。其中，已完成验收“六证”齐全矿井2对（凸山田、华际）；6对煤矿（川黔友谊煤矿、播雨煤矿，聚鑫煤矿、湘发煤矿、天泰煤矿、林家岙煤矿）已进入联合试运转。

二、生产技术

开采技术条件：六枝特区煤层地质条件复杂，赋存不稳定，开采难度大。

（一）水、火、瓦斯、顶板、煤尘“五大灾害”齐全，限制开采能力，增加管理难度，增大了安全投入。特别是所有煤层都为高瓦斯煤层，瓦斯含量高，有相当一部分煤层有突出危险性，瓦斯灾害在全国都有名。

（二）煤层变化大，在同一个井田、同一层煤里，煤层厚度可以从厚煤层（厚度在3.5米以上）变化到薄煤层（厚度在1.3米以下），煤层倾角可以从近水平（8度以下）变到急倾斜（45度以上），煤层走向可以出现90度左右的偏转，厚度、倾角、走向的不稳定性，增加了开采难度，限制了煤矿机械化程度的推广，制约煤矿产量。

（三）煤层倾角大，增加开采难度。在8个含煤构造单元25个井田中，只有新华井田、木岗井田为缓倾斜煤层，其余井田内的煤层都为倾斜以上的煤层（倾角在25度以上）。在现有的33对矿井中，有30对煤矿的煤层倾角在25度以上，开采难度大，急倾斜煤层的开采一直是采煤改革的难题。

（四）倾斜煤层较少，在六枝特区倾斜煤层主要分布在北部片区，但地质构造不稳定，导致煤矿机械化程度难以推广，制约煤矿产量。

三、煤矿发展

六枝现有的闲置煤炭资源新设矿权23个，设置矿权面积459.36平方公里。其中，新设探矿权9个，勘探面积245.84平方公里，新设采矿权14个，采矿权面积213.52平方公里。六枝现有地方煤矿33对，均属整合、技改、新建煤矿，产能723万吨（以取得的采矿许可证为准）。随着整合、技改工作的推进，我区将对现有（含工矿、地方）生产，按照省政府的批复及市政府的统一安排，六枝特区于2007年6月开始煤矿整合工作。原有地方煤矿56对，按照省政府批准的《六枝特区煤矿整合及调整布局方案》，有32对煤矿及一处探矿权参与整合，整合为12对。整合前，地方煤矿采矿面积普遍偏小，有17对矿区面积不足0.1平方公里，47对存在超层越界现象，整合技改后，煤矿数量从56对减少至33对。采矿总面积从14.84平方公里增加到56.48平方公里，总设计能力从213万吨/年提高到723万吨/年。

四、整合技改

改革开放初期，六枝特区贯彻落实国家办矿多元化的煤炭产业政策，极大地调动各方办矿的积极性，形成了国家、集体、个人一起上的办矿局面，为缓解全国煤炭供应紧张局面发挥了积极作用。六枝特区从此出现了以国有重点煤炭大型企业为主体、众多地方煤矿共同支撑的煤炭工业体系。1996年，全区地方各类煤矿已发展到300多对。由于当时办矿准入门槛低，办矿投资少，煤矿生产规模普遍较小，开采方式落后，造成了浪费资源、破坏环境、安全事故频发等一系列问题。1998年以来，关井压产、整顿关闭、淘汰落后、改造提高等措施，淘汰280多个布局不合理、安全没保障、污染环境的小煤矿。2011年底，全区共有地方煤矿33对，按规模划分：90万吨/年以上大型煤矿1对，30万吨/年中型煤矿15对，30万吨以下小型煤矿（不含30万吨/年）17对。

1998年11月30日，国务院做出“关井压产”的重大举措，从1999—2001年，全区共取缔和关闭非法、布局不合理小煤矿280多对，淘汰一批落后的安全没有保障的生产能力。通过关井压产、总量控制和开展安全专项整治。

2011年，全区所有具备采煤方法改革条件的矿井全部完成了采改，实现采掘工作面正规布置，壁式开采，实现工作面全负压通风，形成两个畅通的安全出口；矿井的提升、运输、通风、排水、供电等生产系统及装备水平都得到显著提高。地方煤矿全部实现由地方小煤窑到壁式开采的正规矿井转变。所有煤矿均实现“一面两掘”开采，生产集约化程度明显提升。矿井机械化、信息化提升改造成为行业发展的主攻方向。全区煤矿瓦斯监测监控系统、煤炭产量监控系统、井下人员管理系统已建成，一批高产高效的现代化矿井先后建成投产。煤炭企业矿井自动化、智能化改造开始起步。截至2011年底，全区累计建成瓦斯抽放系统33套，瓦斯抽采量达到330万立方米。

第四节 煤矿安全

一、地方煤矿总体情况

1978年，全区共有地方小煤矿300多对，生产原煤82万吨。2011年，有地方煤矿33对，8对煤矿已完成建设，2对煤矿取得六证齐全，6对煤矿进入联合试运转，其余有的煤矿正常建的，有的或因各种因素停产或停建。

2011年，全区地方煤矿生产原煤191.12万吨，发生事故1起，死亡2人，百万吨死亡率为1.05%。

二、分阶段煤矿安全生产指标分析

1978年后，煤矿生产、事故起数、死亡人数和百万吨死亡率统计数据来看，地方煤矿发展可划分为四个阶段：第一阶段（1978—1984年）；第二阶段（1984年—1998年）；第三阶段（1998—2005年）；第四阶段（2006—2011年）。

（一）1978—1984年，安全方面存在两个主要问题

1. 企业主体责任得不到落实。地方煤矿主要有村办煤矿（也称之为煤厂）。

2. 大多是个人私自开采或几个人合伙开办的小煤窑。规模小的只有1人，规模大的不过几十人，生产的煤主要供家庭取暖生活所用，部分售给马车和手扶拖拉机作为商品用煤，安全上极少投入，甚至大部分煤矿连矿灯、矿帽、支护材料都没使用，普遍存在独眼井开采，无安全出口和避灾、防范措施；违章作业现象随处可见、无风作业和微风作业现象相当普遍，大部分煤矿和从业人员靠经验办事、凭运气工作，缺乏安全生产知识和安全意识。

由于煤矿自身管理混乱，安全意识极其淡薄，安全生产事故多发。开采比较原始，采用手工操作，极少部分矿井采用炮采。以人工背、拉、拖等方式运输，属于浅部开采，垂深最深的不过40米，斜长不超过100米。通风系统不合理，设施不健全，无通风机、风门等设施和瓦斯检测仪器。所以，煤矿事故主要以顶板和瓦斯事故为主。二是缺乏监管：由于安全监督管理机构不健全，各级各部门对安全生产重视不够，煤矿安全生产存在监管缺失。

（二）1984—1998年安全监察工作

1. 1984年，特区组建成立了煤炭局，设置了煤炭生产技术股和安全股。1992年12月，煤炭局下设机构有中寨、落别、堕却、郎岱、新场、新华、岩脚、木岗、龙场、新窑、大用、平寨、箐口、洒志等14个煤管站。2006年1月，六枝特区机构编制委员会以《关于组建六枝特区煤炭管理局所属事业单位及有关事项的通知》（六机编〔2006〕1号）撤销六枝特区中寨、郎岱、新窑、箐口、龙场、新华、岩脚、平寨、大用、落别、新场、木岗、洒志等14个乡镇煤管站。成立六枝特

区中寨、郎岱、新窑、堕却、龙场、落别、新场等 7 个煤炭管理站，为特区煤炭局所属股级财政全额拨款事业单位。2007 年 12 月，六枝特区机构编制委员会根据省编办《关于六盘水市乡镇机构改革试点工作方案的批复》和《六盘水市机构编制委员会关于印发六枝特区乡镇机构改革试点方案的通知》精神。在六枝特区平寨镇、岩脚镇、郎岱镇、木岗镇、大用镇、中寨乡、新窑乡、堕却乡、箐口乡、新场乡、龙场乡、落别乡、新华乡、洒志乡等 14 个产煤乡镇分别设置煤炭管理站。其机构名称为‘六枝特区 XX 乡（镇）煤炭管理站”。宗旨：为辖区煤矿建设提供监督、管理和服务。2011 年特区政府将六枝特区煤炭局下辖的 14 个煤管站，人、财、物一并划转到六枝特区安全生产监督管理局。负责对全区所有小煤矿进行安全检查、指导、督促整改。煤炭主管部门的成立，使煤矿安全生产管理得到规范和完善，改变过去小煤窑遍地开花、无人管理，任其私挖乱采的局面。但由于专业技术人员缺乏，对煤矿安全监察的经验不足、职工业务素质参差不齐，加上煤炭局人员相对较少、煤矿安全监管队伍力量薄弱，煤矿点多面广，存在监管不到位的情况。

2. 1988 年以后，由六枝特区“煤矿安全生产管理办公室”（简称矿管办）开始对所有地方小煤矿实行持证管理，要求所有煤矿必须申办采矿许可证，即持“单证”开采，按照相关标准和条件逐项完善各种相关设施设备和资料，由煤矿向矿管办提出验收申请，煤炭局牵头组织验收小组到申请煤矿进行验收颁证，合格 1 个颁证 1 个，对验收不合格，达不到颁证条件的将责令其关闭。1989 年，共有 84 对煤矿取得采矿许可证，成为持证矿井。

3. 1989 年，煤炭局成立应急救援队伍（救护队），负责对全区地方煤矿安全生产事故抢险、火区启封。同时，配合煤炭局下矿下井检查安全生产工作。至此，煤矿日常安全检查逐步走向常规化。

（三）1998—2005 年安全监察工作

1. 1998 年，实行煤炭调运销售与安全生产挂钩，确保企业安全生产主体责任的落实，各矿必须办理煤炭生产许可证，对持有煤炭生产许可证的煤矿视为合法生产矿井。反之，无煤炭生产许可证的矿井为无证矿井，禁止无证矿井调运煤焦产品。煤炭生产许可证的实施，有效制止“黑煤窑”的生存和无证煤窑的反弹，减轻煤矿安全生产监管工作的压力。

2. 1998 年，按照国家产业政策的规划和布局，开展关井压产专项治理行动。从原有的 84 对小煤矿减少到 56 对。经过关井压产后，全区煤矿数量大大减少，产量也明显下降，安全生产事故起数和死亡人数也得到有效控制。

3. 2001 年 4 月，国务院部署在全国开展煤矿安全专项整治以来，取缔关闭一批非法生产和不具备安全生产基本条件的小煤矿，严厉打击非法生产，炸封无证小煤窑，共炸封非法井口 37 个，关井 28 处。全区生产矿井“四证”齐全。

是年，全区地方煤矿共发生事故 6 起，同比下降 60%，死亡人数 9 人，同比下降 54.55%；百万吨死亡率为 10.64%，同比下降 5.54%。

4. 2001 年 4 月，六枝特区派出 56 名安全监督员分别进驻 56 对煤矿，职责是督促煤矿安全专项整治工作。同时，监督煤矿安全生产和隐患整改落实情况。

2010 年，特区人民政府要求各乡镇每矿派驻 1 名安全监督员监督煤矿安全生产。为了确保关闭整合工作顺利开展，按时完成，安排区、乡两级领导包保煤矿工作，进一步加强区、乡两级领导监管力度，共同推进煤矿关闭整合工作。包保、驻矿工作制度的实施，有效加强了煤矿安全生产的监督和管理。

5. 2002 年，全区地方煤矿划分为 4 个片区，各分管副局长及总工程师任片区负责人，负责辖区煤矿安全监督检查工作。特区党委政府与煤炭局与各煤管站签订目标责任状，把各站及各驻矿安全监督员安全生产工作纳入年度考核，把安全生产工作作为干部选拔任用的主要依据，严格责任追究，对工作飘浮、督促不力，导致煤矿发生事故的相关责任干部及职工给予待岗、考核不合格等处分。

（四）2006—2011 年安全监察工作

1. 关闭小规模和被整合矿井。2006 年认真开展煤矿关闭整合工作，将 56 对煤矿整合成 35 对，煤矿关闭整合为安全生产的 监管减轻了很大压力。

2. 关闭保留一套独立生产系统和个案保留矿井。

2008 年，根据国家和省有关精神，从 2010 年起开始实施对保留一套独立生产系统关闭工作，2011 年 12 月 31 日，特区政府组织煤炭、国土、供电、公安、安监等部门对所有保留一套独立生产系统和省明确规定的矿井按照“五条标准”进行了关闭。至此，六枝特区有矿井为 33 对。

1978—2011 年煤矿事故起数、产量、死亡人数、百万吨死亡率对比表

表 9-2-1

序号	年份	原煤产量（万吨）	事故 – 起数（起）	死亡人数（人）	百万吨死亡率（%）
1	1978	82	14	20 人	24.39
2	1979	78	15	19	24.36
3	1980	80	13	20	25.3
4	1981	83	16	19	22.9
5	1982	75	13	15	20
6	1983	78	10	12	15
7	1984	65	11	11	17
8	1985	60	10	12	20
9	1986	70	9	15	21
10	1987	85	9	13	15
11	1988	88.5	14	23	26
12	1989	93	12	21	23
13	1990	111.3	19	21	19
14	1991	104.5	13	13	12
15	1992	133.3	13v	17	13
16	1993	138	15	22	16
17	1994	153	21	21	14
18	1995	201	19	25	12
19	1996	268	10	22	8
20	1997	223.1	12	19	8.52
21	1998	239	10	15	6.28
22	1999	86.42	9	9	10

续表

序号	年份	原煤产量（万吨）	事故 – 起数（起）	死亡人数（人）	百万吨死亡率（%）
23	2000	67.97	8	11	16.18
24	2001	56.39	7	6	10.64
25	2002	66.4	6	8	12
26	2003	105.9	9	13	12
27	2004	127.05	8	21	16.52
28	2005	150.35	9	9	6
29	2006	210.01	12	15	7.14
30	2007	200.47	11	13	6.48
31	2008	182.52	6	6	3.52
32	2009	203.1	5	8	3.93
33	2010	215.78	8	8	3.7
34	2011	191.12	1	2	1.05

第三章　建材工业

第一节　铸造冶金工业

六枝特区境内铸造冶金工业的发展历史久远，历史上以炼铁为主的冶金工业较为发育。境内冶金工业主要有炼铁、冶炼硅铁、铸管、富锰渣等。

一、铸造

1983 年，六枝合作工厂改名为六枝特区铁锅厂。进入 20 世纪 90 年代后，铁锅厂国定资产累计 88 万元，流动资金达 60 万元。厂址占地面积 5390 平方米，到 1995 年，私营铸造厂达 10 余家。主要产品有铸铁管件、各类铸铁锅、回风炉、搪瓷锅和电炒锅及其他产品远销省内外 25 个省市。

1996—2011 年，随着改革开放的不断深入，由于进货流通渠道的不同，各地铸造产品不断进入六枝，占领境内铸铁产品销售市场。如水钢生产的回风炉、息烽生产的回风炉及其他地区的铸造产品占有大量销售市场，严重制约六枝特区铸造业生产的产量、产值，铸造企业效益每况愈下。2011 年以后，全区铸造产业停止生产。

二、炼铁

1992—1993 年，是生铁冶炼工业发展最为兴旺的时期。六枝一些地方利用境内铁矿石资源开办炼铁业。

1993 年 4 月，六枝特区郑家寨水泥厂附属铁厂动工建设，投资总额 200 万元，年设计生产能力 1 万吨。1994 年 5 月建成投产，至 1995 年 12 月，生产生铁 500 余吨，于 2000 年停产关闭。

1993年4月，六枝特区五金制品厂附属铁厂动工，同年10月建成，投资总额150万元，年设计生产能力5000吨。

1993年8月，六枝精密铸造厂动工，1995年10月建成投产，形成固定资产210万元。

1994年11月，总投资272万元，生产锰渣铁的六枝特区六扶冶炼厂建成投产。

1995年10月，总投资为192万元，设计生产能力为年产锰渣2万吨的六枝特区大用锰渣厂建成投产。

1995年，特区的冶炼工业先后建成投产的骨干企业有中寨年产原矿石9000吨，锌精矿1800吨、铅精矿200吨的铅锌选矿厂，中寨年产2万吨的焦化厂和郎岱年产硅铁1200吨，电石1500吨的硅铁厂。1996年，全区先后又出现六枝特区国光铸造厂、爱建冶炼厂等企业。

1996年，生产铸铁管200吨，铸铁件9万件，生铁2907吨，铸铁锅18万口。

1997年，全区富锰渣生产6260吨，铸铁件12万件，生铁7141吨，铸铁锅23万口。

1998年，全区生产富锰渣1660吨，生铁1135吨，铸铁锅18.7万口。

1999年，全区生产铸铁件15万件，生铁3643吨，铸铁锅18万口。

2000年，全区生产铸铁件61万件，生铁8952吨，铸铁锅254万口。铸铁产品达到最好时期。进入21世纪后，由于受国家关闭“五小企业”政策的影响，到2010年，全区无生产锰渣铁企业，基本停止铸铁生产。

三、铁合金

1996年，六枝铁合金产业开始启动，当年生产铁合金0.06万吨，之后产量均在0.06万～0.74万吨之间。2004年，由于区内实施发展高载能企业，同时特区给予发展高载能产业一定电价的优惠政策，当年立项批复14家高载能企业（均为招商引资企业），在境内的新窑乡打造高载能产业区。2004年，铁合金产业的产量达1.11万吨，2005年达到1.34万吨，2006年，由于国家产业政策的影响，先后有10家铁合金企业关闭停产。2011年，全区只有4家铁合金产业的企业，六枝特区永盛冶炼有限公司位于六枝特区新窑乡，主要生产工业硅，产能达1.2万吨，公司现有1台6300KVA矿热炉和1台13500KAV矿热炉。

六枝特区永鑫硅业有限公司位于平寨镇同乐村大用矿井口处，主要产品为工业硅。公司现有2台6300KVA矿热炉和配套环保设备设施及适用的水池和料场等，厂内基础设施一应俱全。

六枝特区磊鑫硅业有限公司位于新窑乡，主要产品为工业硅。公司现有1台6300KVA矿热炉和配套环保设备设施及适用的水池和料场等，厂内基础设施一应俱全，生产能力为0.5万吨。

六枝特区德鑫硅业有限公司位于新窑乡，主要产品为硅锰。公司现有1台6300KVA矿热炉和配套环保设备设施及适用的水池和料场等，厂内基础设施比较齐全，生产能力达1.5万吨。2011年，铁合金生产0.89万吨。

第二节　建材工业

70年代末至80年代初，境内建材工业进入稳步发展时期，一批机砖厂、水泥厂、水泥制品厂相继建成。砖瓦、砂石、石料、水泥产量大幅度提高，品种增加。1997年，全区有建筑材料企业1942个，从业人员11605人，产值2.84亿元，占全区乡镇企业工业总产值的24%。

一、砖瓦

1980年后，乡镇企业中砖瓦制造业随着农村经济的发展和城乡基本建设的加快，产品结构也由过去的以瓦为主，逐步发展到砖瓦并重。

中共十一届三中全会后，农村砖瓦生产迅速发展。1996年全区生产瓦2101万片，水泥瓦621万片，2002年全区生产瓦4132万片，水泥瓦2416万片。2006年，由于六枝特区房屋建设以水泥房为主，土瓦的生产已退出市场，市场上只有水泥瓦。2010年全区生产水泥瓦1.01亿片。

1984年，境内广泛应用机械制砖工艺，大大提高了劳动生产率。是年8月13日，六枝堕却硅酸盐砖厂动工建设，设计能力为2000万块，总投资96万元，从业人员79人。经过一年多的施工，于1985年建成投产。后因管理不善破产。

1987年7月，总投资87万元，年设计能力为1000万块的页岩砖厂在六枝乡（今平寨镇）三脚树村动工建设，1988年8月试产，该厂属六枝四角田矿、六枝三脚树村双方联办的乡镇企业，三脚树村负责组织生产，四角田矿负责产品的销售。生产过程采用人工开采，经2次破碎、2次搅拌、400型机组湿塑成型，4条隧道干燥室自然干燥，24门轮窑焙烧工艺，试产至1989年12月，累计生产红砖120万块，质量逐步向好，经测定，产品标号为100号至150号。90年代，境内城市基础设施建设加快，拉动了砖瓦工业的发展，根据国家产业政策的要求，六枝特区先后建设年生产能力为500万～1000万块的制砖厂。1996年，六枝特区制砖行业年生产能力为2102万块。进入21世纪，随着城市基础设施建设的加快，制砖行业又有了新的突破，从原单一的取土制砖，向水泥砖、节能砖方向发展，全区先后在陇脚乡、新窑乡等地出现大型页岩制砖企业和粉煤灰砖，如2002年引进外商在区内新建了闽航机砖厂等企业。2005年，全区制砖行业年生产能力达6695万块。到2009年是六枝特区制砖业达最好时期，制砖行业年生产能力达成3.32亿块。2011年，制砖行业年生产能力达到2.5亿块。

二、石灰石砂石料

（一）石灰

境内民间烧制石灰历史悠久，当水泥还未问世时，石灰为唯一的凝聚性建筑材料，普遍用于砌墙、修建拱、桥等。八十年代后引入“漏窑”技术，少数烧制为自产自用，多数为常年性生产，对石灰的生产无大型厂场。以个体、合伙性生产经营为主，全区各乡（镇）均有小型石灰窑分布。常年生产，较集中的产地有：六枝、戛石、新窑、后渔塘等。1990年，全区乡镇企业生产石灰4.96万吨。90年代后，发展加快，产量不断提高。1997年，全区乡（镇）企业石灰产量40万吨。

（二）石砂石料

境内石砂、石料储量大、质量好。80年代，城乡基本建设步伐加快，石沙、石料开采企业快速发展。1990 年，全区乡镇企业有采砂企业 238 个，从业人员 602 人，产量 44.68 万立方米，产值 224 万元。石料开采企业 12 个，从业人员 140 人，产量 560 万平方米，产值 24 万元。

1995 年，全区有石沙、石料开采企业 370 个，从业人员 1176 人，开采沙石 130 万立方米。

1997 年，沙石开采企业 552 个，从业人员 1760 人，沙石产量 207 万立方米，实现产值 3070 万元，实现销售收入 2930 万元。

1998—2006 年，共开采沙石 3111 万立方米。

2007—2011 年，随着开采方式的转变，机械化的运用，建设的市场需求，砂石产量得到提升，全区共开采沙石 4239 万立方米。

（三）水泥

境内水泥工业始于 70 年代末，发展于 80 年代，90 年代后初具规模。1998 年已形成年产“425 号”“525 号”水泥 20 万吨的生产能力。1998 年地方生产水泥 11.06 万吨，2002 年达到 37.42 万吨，2010 年生产 15 万吨。

1．地方水泥行业

（1）塔山水泥厂：属于六枝特区平寨镇兴龙村塔山村民组办集体企业，总投资 64．70 万元，年设计生产能力 3000 吨，产品标准“425 号”。1979 年动工，1980 年 10 月建成投产，六枝特区唯一的乡镇骨干企业。1994 年，投资 80 万元对立窑进行了技术改造，一年后达到生产“425 号”“525 号”水泥 2 万吨的生产能力。1997 年，投资 100 余万元对机立窑生产线进行第二次技改，实现生产“425 号”“525 号”水泥 4．4 万吨的生产能力。1998 年 12 月，获贵州省建材局 1998 全国水泥行业统检表彰。是年，生产“425 号”“525 号”水泥 1.06 万吨，产值 165 万元，为推进企业发展，塔山水泥厂进行了改制，改制后更名为“东方水泥股份有限公司”，之后又采取发包的形式对外招商引资，由广东客商进行生产销售。2011 年由于产能达不到国家产业政策要求，停产关闭。

（2）郑家寨水泥厂：属于六枝特区平寨镇塔山村郑家寨村民小组组织村民自己动手建设的集体企业。1984 年 1 月开始筹建，同年 11 月试产，1985 年 8 月正式投产运行，设计生产能力为年产“425 号”水泥 1 万吨。1986 年。投入技改资金 100 余万元，对立窑生产线进行技改，实现了年产 2 万吨“425”号、“525”号水泥的生产能力。1993 年，投入资金 300 余万元对生产线进行第二次技术改造，达到年产 8 万吨的生产能力，占地面积 10 万平方米，拥有固定资产 1210 万元，职工 318 人。1985—1995 年累计生产“325”号、“425”号、“525”号水泥 30 余万吨，上缴国家税金 300 余万元。1995 年，产量 31043 吨，实现产值 714 万元，销售收入 538 万元，工业增加值 243 万元。2011 年 12 月由于产能达不到国家产业政策要求，停产关闭。

（3）北山水泥厂：属于六枝特区平寨镇六龙村村办集体企业，投资总额 150 万元。1985 年 6 月动工，1987 年 3 月投产运行，年设计生产规模 1 万吨。1993 年，实施机立窑生产线技改，形成生产“425”号、“525”号水泥 2 万吨的生产能力，拥有固定资产 200 万元，职工 220 人，产品质量稳定。1998 年，生产水泥 14295 吨，产值 223 万元，营业收入 180 万元，上缴国家税金 19 万元，实现纯利润 17 万元。后因生产量小，技术工艺落后等原因，属“五小企业”，按国家有关政策于 2000 年被停产关闭。

（4）新寨水泥厂（筑华水泥有限责任公司一厂）：属于六枝特区第二建筑公司开展多种经

营与平寨镇新安村联办的乡镇企业。1985 年 3 月动工，1988 年 9 月建成投产，占地面积 31.8 亩，总投资 157 万元，年生产规模 2 万吨。1993 年，投资 200 余万元实施技术改造，达到年产 4.4 万吨的生产能力，产品标准“425”号水泥 20%、“525”号水泥 80%，职工 196 人，固定资产 480 万元。1997 年，产量 19487 吨，产值 304 万元，营业收入 3ll 万元．上缴国家税金 39 万元，利润 5l 万元。该企业多次受到省、市的表彰。1998 年，以 480 万元收购六枝特区国有企业一一六枝特区水泥厂。2000 年，六枝特区二建将新寨水泥厂和原六枝特区水泥厂进行承包，扩大生产，年产量 5 万吨，产值 851 万元，营业收入 826 万元。上缴国家税金 100 万元，利润 4.5 万元。2010 年产量 8 万吨，产值 1931 万元，营业收入 1927 万元。上交国家税金 84 万元，利润 5 万元。2013 年 12 月由于产能达不到国家产业政策要求，停产关闭。

2．国有水泥行业

（1）六枝特区水泥厂（筑华水泥有限责任公司二厂）：1976 年建成投产，属地方国有企业。1976—1983 年，设备不配套，技术力量薄弱，产品标号多在 275 和 325 之间，年产 5000 ~ 7000 吨，产值不到 40 万元，经济效益较差。1984 年整顿领导班子，充实技术力量和加强管理，采取新措施，产品标号升至 425 号，少量达到 525 号，年产 9200 吨，利润从 1981 年 1.65 万元增至当年的 14.6 万元。1985 年底，经贵州省建材厅批准升级为 4 万吨设计能力水泥厂，由省、市、特三级贷款 529 万元进行改扩建。1987 年 10 月改扩建完成并试产。1994 年将水泥厂承包给福建顺昌捷达实业总公司经营，次年产量提高到 11.69 万吨，产值增至 182.3 万元，产品已在本区和安顺及黔南州等地畅销。2012 年 12 月由于产能达不到国家产业政策要求，停产关闭。

（2）贵州六矿（六枝工矿）瑞安水泥有限公司：位于六枝特区木岗镇，占地面积为 26.8 万平方米，距安顺市 35 公里，六枝特区 40 公里，处于镇宁、普定、六枝三县交界位置。公司运输条件优越，拥有自己的铁路专用线，与贵昆线黄桶车站接轨。

贵州六矿（六枝工矿）瑞安水泥有限公司原名贵州六枝特种水泥厂，现有职工 610 人，公司下设 15 个职能部室（部门）和 5 个车间；原属于六枝矿务局下属的木岗煤矿，由于资源枯竭转产经营，于 1994 年开工建设一条年产 30 万吨的湿法水泥生产线，时为贵州省单产最大的水泥生产线，于 1997 年 7 月建成投产。2004 年初与香港瑞安集团合资组建贵州畅达瑞安水泥有限公司，注册资金 1.06 亿元，六枝工矿（集团）公司出资 5194 万元，股权比例为 49%，富顺投资有限公司出资 5406 万元，股权比例为 51%。

2007 年 4 月，公司根据发展需要，再次与瑞安公司合作，注册成立贵州六矿瑞安水泥有限公司，注册资本金 1.1 亿元，由六枝工矿（集团）公司与瑞安（建筑材料）有限公司属下富顺投资有限公司出资组建，出资金额和比例为：六枝工矿（集团）公司出资 7700 万元，股权比例为 70%，富顺投资有限公司出资 3300 万元，股权比例为 30%。新建一条日产 2500 吨熟料新型干法水泥生产线，于 2007 年 4 月开工建设，2008 年 10 月 28 日建成试生产，目前该生产线已正常生产。

2001 年，公司通过了 ISO 9001-2000 标准质量体系和产品质量认证，当时成为西南地区首家一次性通过新标准双认证的企业。1997 年以来，该公司为贵州省各重点工程提供了数百万吨优质水泥产品，如：株六复线、贵新公路、水柏铁路、内昆铁路、安顺电厂、水黄公路、关兴公路、遵崇公路、凯麻公路、凯三公路、清镇公路、镇胜公路、洪家渡电站、黄花寨电站、光照电站、董箐电站、贵广高速公路、贵广高速铁路、贵阳环城高速公路等。特别是光照电站工程，该工程坝体高 200.5 米，是国内最高的碾压混凝土大坝，坝体全部使用瑞安水泥有限公司生产的微膨胀中热硅酸盐水泥。

2011年生产熟料70万吨，产销水泥98万吨，实现销售收入2.6亿元，上缴税费2480万元。

是年11月1日，安徽海螺水泥股份公司与六枝工矿集团公司合作，由安徽海螺水泥股份有限公司控股51%，六枝工矿（集团）有限责任公司参股49%合作经营。

3. 水泥制品

六枝特区境内水泥制品业的发展始于70年代后期。1985年，全区有乡镇水泥制品企业1个，从业人员72人，年产水泥砖32万块，产值2.4万元。1986年后，企业逐渐增加，截至1989年，水泥制品企业发展到25个，从业人员79人，年生产水泥瓦4.2万张，水泥砖107万块，产值45万元。

1990—2000年，随着市场对水泥制品需求的增加，水泥制品业快速发展。1990年，全区有水泥制品企业32个，从业人员80人，生产水泥瓦7.04万张，水泥砖156万块，产值144万元。1991年后，乡镇企业水泥制品业进入大发展时期，产品产量质量提高。1995年，全区有乡镇企业水泥制品制造企业137个，从业人员137人，石棉瓦3200块，产值176万元，工业销售产值116万元。1997年，全区乡镇企业水泥制品制造企业发展到198个，从业人员1584人，生产水泥预制构件3万平方米，产值732万元，销售产值686万元，实现工业增加值300万元。

第四章　电力工业

第一节　输电

一、农网实施情况

1999年10月，六盘水供电局六枝分局组织编制了《六枝特区农电管理体制、农村电网建设与改造工程、城乡用电同网同价总体规划》，对六枝地方电网的建设与改造工程制定了建设框架和实施细节。

1999年12月3日，省计委、省经贸委、省电力局根据国家计委计投资文件精神，同意对六枝特区农网工程进行建设改造，并下达投资计划。

六枝农网工程于2000年3月正式实施。9月，省计委、省电力局及省电力公司两次两批追加农网建设资金。3次3批共计对六枝农网工程投入资金4456.61万元。其中35千伏输变电工程852.4万元（新建35千伏变电站3座、35千伏输电线路42.7千米），由六盘水供电局直接实施。

新建10千伏配电线路237.5公里，投资762.5万元；改造10千伏配电线路259.02公里，投资478.236万元；400伏配电线路169.01公里，投资519.03万元；220伏配电线路605.8公里，投资1090.44万元。

10千伏配电变压器497台（S9—160千伏/8台、S9—100千伏A/23台、S9—50千伏A/98台、S9—30千伏A/225台、S9—20千伏A/89台、S9—10千伏A/24台），投资644.8万元。10千伏柱上真空断路器10台，计划投资25万元。

资金来源20%为国债资金，80%为电力企业向农业银行贷款，分期分批偿还本金。银行贷款中，省、市、县电力部门还贷比例为省电力公司50%，六盘水供电局35%，六枝地方电力公司15%。

2000年3月，六枝一期农网工程正式实施。于2002年5月中旬圆满完成验收工作。

六枝地方电力公司在第一期农网工程基础上制定了《六枝特区第二期农网建设与改造工程实施规划》，并得到省市的批复。

2000年6月对六枝特区第二期农网工程进行建设改造。六枝特区第二期农网工程投入资金2279万元。其中：新建10千伏配电线路291千米，计划投资873万元；改造10千伏配电线路53千米，计划投资121.9万元。400V配电线路124千米，计划投资372万元；220V配电线路332千米，计划投资597.6万元。

10千伏配电变压器188台，计4930千伏A（S9-50千伏A/2台、S9-30千伏A/126台、S9-20千伏A/45台、S9-10千伏A/15台），计划投资226万元。电压监测装置14套，计划投资3.5万元。

资金来源20%为国债资金，80%为电力企业向农业银行贷款，分期分批偿还本金。银行贷款中，省、市、县电力部门还贷比例为省电力公司50%，六盘水供电局35%，六枝地方电力公司15%。

2002年6月，六枝特区二期农网工程正式实施，2003年1月工程进入工程竣工验收阶段，4月圆满完成验收工作。六枝一、二期农网工程的建设和改造后，六枝特区农村电网已初具规模。

二、“十一五”期间电网建设情况

“十一五”期间，先后编制了完成《“十一五”六枝特区电网规划》《六枝特区月亮河村社会主义新农村电网“十一五”规划》《六枝特区“十一五”电网规划（2007—2011年）》以及《六枝电网2009—2013年规划》，提出六枝特区电网2009—2011年电网规划结果：

2009—2011年，新建110千伏梭戛变、郎岱变和河湾变3座；新建和改造35千伏龙场变、捞河变、黑塘变、堕却变、洒志变、板梅变、新华变电站7座；改造110千伏电网变电容量为509兆伏安，35千伏变电容量为55.30兆伏安；新建和改造110千伏线路119.74公里；新建和改造35千伏线路113.60公里。新建和改造10千伏中压配电线路279.41公里，新增和改造配变390台，低压线路39.47公里，无功补偿9987千伏，一户一表改造5000户。规划电网总投资28518.6万元。

2006—2011年，六枝电网新建110千伏变电站三座（木岗变、郎岱变、梭戛变），新增变电容量280兆伏安；新建和扩建35千伏变电站五座（龙场、新华、捞河、板梅、黑塘），新增变电容量42兆伏安；新建110千伏线路92公里，35千伏线路89.3公里；新建和改造10千伏线路677.8公里、400/220V线路468.8公里；新装配变389台，开关72台，新增无功补偿1350千伏乏。电网建设总投资3.38亿元。

三、2011年电网规划建设情况

2011年，完成《六枝县级电网“十二五”规划》《六枝“十二五”中低压配电网规划》修编及《六枝“十二五”中低压配电网规划》细化修编工作。完成六盘水220千伏六枝变2号主变扩建工程、六盘水滥坝变－普定变Ⅰ回220千伏线路π接入六枝220千伏变输变电工程、六枝河湾110千伏输变电工程、六枝10千伏及以下电网工程和六枝烤烟房供电工程。正在实施110千伏河湾变2#主变扩建输变电工程；110千伏河湾变35千伏线路送出工程、35千伏折溪输变电工程、35千伏洒志输变电工程、35千伏堕却输变电扩建工程；六枝10千伏及以下调整计划工程、35千伏折溪变、洒志变10千伏配套送出工程、10千伏木岗开关站及其配套送出工程、六枝特区10千伏以下林场项目。

第二节　变电站

110千伏新窑变电站

变电容量2×63兆伏安。位于六枝特区新窑乡苦李井，全站占地面积5000平方米，距离六枝城区17公里，于2004年8月25日正式投入运行。110千伏出线4回均投运，35千伏出线10回已投运9回，10千伏出线8回已投运3回。主供六枝特区新窑乡及周边部分乡（镇）的居民和工业用电。

110千伏平寨变电站

变电容量2×31.5兆伏安。位于六枝特区平寨镇补林村内，全站占地面积4680平方米，距离六枝城区1公里，于2001年12月29日投运，110千伏出线4回均投运，35千伏出线8回已投运6回，10千伏出线16回均投运。主供六枝特区整个城区及周边部分乡（镇）的居民和工业用电。

110千伏郎岱变电站

变电容量2×40兆伏安。位于六枝特区郎岱镇至中寨乡公路旁，距离六枝特区43公里，占地总面积为5961平方米，于2010年6月12日投入运行。110千伏出线2回均投运，35千伏出线6回已投运，10千伏出线10回均投运。主供六枝特区郎岱及中寨周边部分乡镇的居民和工业用电。

110千伏梭戛变电站

变电容量2×50兆伏安。位于六枝特区岩脚镇至梭戛乡公路旁，距离六枝特区31公里，占地总面积为6200平方米，于2010年10月20日投入运行。110千伏出线2回均投运，35千伏出线9回已投运7回，10千伏出线16回已投运10回。主供六枝特区郎岱及中寨周边部分乡（镇）的居民和工业用电。

110千伏木岗变电站

变电容量2×50兆伏安。位于六枝特区东部木岗镇，距离六枝特区39公里，是六枝东部地区一个比较重要的变电站，占地面积约6000平方米。木岗变电站于2008年7月27日正式投入运行。110千伏出线2回均投运，35千伏出线6回已投运3回，10千伏出线7回已投运6回。主供六枝特区木岗及落别周边部分乡（镇）的居民和工业用电。

110千伏河湾变电站

变电容量1×40兆伏安。位于六枝特区底大湾，距离六枝城区7公里，占地面积约4500平方米。于2012年12月1日正式投入运行。110千伏出线1回均投运，35千伏出线4回已投运0回，10千伏出线10回已投运3回。主供六枝特区周边部分乡（镇）的居民和工业用电。

35 千伏黑塘变电站

变电容量 2×8 兆伏安。位于六枝特区新场乡石牛角，距离六枝特区 49 公里，占地面积约 2800 平方米。黑塘变电站于 2011 年 1 月 12 日正式投入运行。35 千伏出线 2 回已投运 2 回，10 千伏出线 12 回已投运 6 回。主供六枝特区黑塘乡周边部分乡（镇）的居民和工业用电。

35 千伏龙场变电站

变电容量 2×5 兆伏安。位于六枝特区新窑乡筑华水泥厂斜对面，距离六枝特区 10 公里，占地面积约 2400 平方米。龙场变电站于 2009 年 4 月 26 日正式投入运行。35 千伏出线 2 回已投运 2 回，10 千伏出线 12 回已投运 6 回。主供六枝特区新窑乡周边部分乡（镇）的居民和工业用电。

35 千伏新华变电站

变电容量 2×4 兆伏安。位于六枝特区新华乡，距离六枝特区 41 公里，占地面积约 3000 平方米。于 2009 年 12 月 24 日正式投入运行。35 千伏出线 3 回已投运 2 回，10 千伏出线 14 回已投运 8 回。主供六枝特区新华乡周边部分乡（镇）的居民和工业用电。

35 千伏板梅变电站

变电容量 7.15 兆伏安。位于六枝特区落别乡，距离六枝特区 21 千米，占地面积约 2000 平方米。板梅变电站于 2011 年 12 月 1 日正式投入运行。35 千伏出线 2 回已投运 2 回，10 千伏出线 12 回已投运 5 回。主供六枝特区落别乡周边部分乡（镇）的居民和工业用电。

35 千伏堕却变电站

变电容量 1×4 兆伏安。位于六枝特区堕却乡，距离六枝特区 30 公里，占地面积约 3000 平方米。于 2012 年 5 月 30 日正式投入运行。35 千伏出线 1 回已投运 1 回，10 千伏出线 6 回已投运 3 回。主供六枝特区堕却乡周边部分乡（镇）的居民和工业用电。

35 千伏捞河变电站

变电容量 2×5 兆伏安。位于六枝特区堕却乡，距离六枝特区 39 公里，占地面积约 2400 平方米。捞河变电站于 2009 年 4 月 27 日正式投入运行。35 千伏出线 2 回已投运 2 回，10 千伏出线 12 回已投运 6 回。主供六枝特区堕却乡周边部分乡（镇）的居民和工业用电。

第三节 用电管理

1970 年 12 月 2 日，国务院下文撤销郎岱县，和六枝矿区合并成立六枝特区，设水利电力局主管水利电力建设及管理工作。该局设机电股（农电股），具体办理地方电力建设及管理的业务工作。1996 年 8 月，六枝特区人民政府行文成立六枝特区地方电力开发有限责任公司，全面负责地方电力建设及管理。

1999 年 9 月 3 日，六枝特区人民政府将木岗、新华、平寨、箐口、中寨、堕却、落别、大用、陇脚、郎岱等 11 个电管站划拨给六枝地方电力公司统一管理。电管站改为供电所，财务实行收支两条线管理。当时除箐口、中寨 2 个供电所的管理体制由于涉及旧欠贷款等问题，还未全部理顺解决外，另外的 8 个电管站由六枝地方电力公司对其人、财、物进行了全面的管理。另外，由于存在六枝工矿集团转供电和凉风洞水电站的转供电，导致郎岱、中寨、洒志和平寨、大用、落别、木岗、新窑、堕却等乡镇部分区域农电管理体制未理顺。

2008 年，六枝地方电力开发有限责任公司全面接管六枝城区供电负荷，全区供电管理工作取得巨大进展。

2010年，六枝地电公司归贵州电网公司管理。

2011年，六枝地电公司正式更名为“六枝供电局”。六枝供电局管辖110千伏变电站6座，主变压器11台，容量509兆伏安；35千伏变电站6座，主变压器11台，容量56.15兆伏安；10千伏开关站1座。35千伏线路共21条，线路长度239.7公里，10千伏线路共62条，线路长度1612.99公里，400V及以下线路474.71公里；配变台数1463台，容量为103.525兆伏安。

是年，除部分矿区、铁路转供电外，全区供电均由六枝供电局负责。该局设10个职能部门、1个挂靠部门、11个生产部门。有在岗职工344人，其中企业管理人员5人、职能管理人员42人，专业技术人员64人、技能人员222人、辅助人员2人、不在岗人数19人（新员工9人，退休9人，内退1人）。辖7个供电所，分别负责全区19个乡（镇）供用电服务。具体为：

城区供电所：负责平寨镇及周边小范围供用电服务；

东部供电所：负责落别乡、木岗镇、大用镇、平寨镇（部分）供用电服务；

郎岱供电所：负责郎岱镇、洒志乡、毛口乡、陇脚乡供用电服务；

岩脚供电所：负责岩脚镇、梭戛乡、牛场乡、新场乡供用电服务；

中寨供电所：负责中寨乡供用电服务；

龙场供电所：负责龙场乡、新华乡、新窑乡（部分）供用电服务；

堕却供电所：负责堕却乡、折溪乡、新窑乡（部分）供用电服务。

第五章　三线建设在六枝

三线，国防上指后方，是支援前线的战略基地。三线建设，是党中央和国家20世纪60年代的一项重大决策，是以战备为主要目的的国防、科技、交通为主的重工业建设，是实现中国一次大规模重工业转移。毛泽东主席和党中央把自东沿边沿海经济发达地区向西收缩划分，沿海沿边经济发达地区为一线；中东部为二线；京广铁路以西、长城以南、广东韶关以北为三线。其中一、二线地区腹地称为小三线，西南的云南、贵州、四川和西北的甘肃、宁夏、青海为大三线。1964年7月，中共中央西南局在四川西昌召开三线建设规划会（西昌会议）决定成立西南煤矿建设指挥部，该指挥部所在地设在六枝特区下云盘。

第一节　西南煤矿建设指挥部

1964年11月30日，煤炭工业部发出《关于成立西南煤矿建设指挥部的通知》经国家经济委员会批准，成立西南煤矿建设指挥部，统一领导云南、贵州两省及四川一部分新矿区的生产建设工作。指挥部设在六枝特区下营盘，直接领导和管理贵州的六枝、水城、盘县、云南的宝鼎山（永仁）和四川的芙蓉山5个矿区及云南、贵州两省的煤炭工业管理局和重庆煤矿设计研究院。西南煤矿建设指挥部的业务和行政工作，由煤炭工业部领导。中共西南煤矿建设指挥部委员会，由中共煤炭工业部党组和中共中央西南局委托中共贵州省委领导。六枝、水城、盘县、芙蓉山4个矿区的党委，由西南煤矿建设指挥部党委直接领导。1966 年 10 月 1 日，西南煤矿建设指挥部开始使用代号“大华农场”（任命干部仍用原称）。1967 年 4 月实行军事管制。12 月军管结束。1970 年 12 月 2 日，国务院、中央军委发出《关于六盘水地区体制问题的批复》建立六盘水地区革命委员会，为地区一级的政权机关。撤销原西南煤矿建设指挥部。

第二节 六枝矿区政府与六枝矿务局

1965 年六枝矿区恢复建设。5 月 20 日，六枝矿区指挥部在六枝特区成立，六枝矿区指挥部隶属西南煤矿建设指挥部。刘凤林、丁浩东先后任指挥，副指挥有李桥、孙宝春、徐冠生、孟昭远、何立忠、张川。11 月，成立六枝矿区人民委员会，机关设在六枝特区下云盘。实行政企合一，统管矿区煤炭、基建和农业生产。1966 年 11 月 1 日，六枝矿区指挥部启用代号“摩天岭农场”。1967 年 4 月，实行军管，12 月 7 日，矿区指挥部与六枝特区群众组织联合成立六枝地区革命委员会。1970 年 7 月 3 日，六枝地区革委煤炭基建系统与生产系统合并，成立六枝矿务局，接受燃料化学工业部与贵州省的双重领导，以省为主。12 月 2 日，经国务院、中央军委明确六枝矿务局归六枝特区领导，1971 年 2 月，划归六盘水地区燃料化学工业局领导。1979 年 4 月 1 日，划归贵州省煤炭工业局领导。

第三节 六枝矿务局

一、煤矿单位

（一）凉水井煤矿

凉水井煤矿坐落在海拔 1500 米的六枝特区新窑乡境内，占地总面积 33469.92 平方米。地势北高南低，褶曲、断层发育，地形崎岖、南北落差大。其井田在六枝向斜南西翼的西北端。井田境界东南以 F67 号断层与六枝煤矿相邻，西北端以 F42 号断层为界，浅部以煤层露头为界，深部至 +1100 米标高煤层底板等高线。走向长 2.1 公里，倾斜宽 2 公里，面积 4.2 平方公里。

井田含煤层 27 层，可采层 5 层，局部可采层 8 层。平均总厚度 10.22 米。煤层倾角 30° ~50° 。地质储量 2588.4 万吨，工业储量 1589.3 万吨，远景储量 999.1 万吨，可采储量 809.9 万吨。煤质牌号为主焦煤和瘦煤。

凉水井煤矿由贵州省煤炭工业管理局设计处设计，设计生产能力 15 万吨 / 年，设计服务年限 55 年，设计工程量 5303 米，设计投资 819.8 万元。设计说明书 1958 年 8 月由贵州省煤炭工业管理局批准，贵州省第二建筑安装公司施工，平峒暗斜井开拓。凉水井煤矿属政策性亏损单位，1999 年 9 月 4 日，凉水井煤矿随六枝矿务局实施政策性整体破产而破产。2000 年 1 月 14 日，六枝工矿集团公司宣布成立凉水井精煤公司。

（二）六枝煤矿

六枝煤矿坐落在海拔 1400 米的六枝特区平寨镇境内，占地面积 551582 平方米。六枝煤矿建于1958年，故原名大跃进矿，又名跃进一号，1964年8月12日更名为六枝煤矿。矿区境内地势西北高，东南低。其井田范围在六枝向斜南西翼，西北端以F67号断层与凉水井矿相邻，东南以F81号断层与地宗矿相邻，浅部以煤层露头为界，深部至+900米标高煤层等高线，走向长3.7公里，倾斜宽0.88公里，面积3.3平方公里。

井田含煤层24层，可采和局部可采层7层。平均总厚度17.2米。煤层倾角40°～60°。地质储量4903.5万吨，工业储量2608.6万吨，远景储量2294.9万吨，可采储量1665.9万吨。煤质牌号为焦煤。

六枝矿井由重庆煤矿设计院设计。原设计生产能力60万吨/年，设计服务年限43.3年，设计工程量27085米，设计投资1356万元。贵州省煤矿基建二公司施工。1958年9月开工，平峒开拓。1961年简易投产。1965年12月27日正式投产。1999年9月4日，六枝煤矿随六枝矿务局政策性破产而破产，2000年3月19日，新组建的六枝工矿集团公司宣布将原六枝煤矿与地宗煤矿、地宗选煤厂合并组建地宗煤炭分公司。

（三）地宗煤矿

地宗煤矿坐落在海拔1400米的六枝特区平寨镇境内，占地面积200000平方米，地宗煤矿1958年兴建，原名跃进二号井，1964年8月12日更名为地宗矿井。矿区内地势西北高，东南低。井田范围在六枝向斜南西翼，西北端以F81号断层与六枝煤矿分界；东南端以F127号断层与茅家寨井田接壤，浅部以露头煤为界；深部至+1000米标高煤层底板等高线。走向长6.2公里，倾斜宽1.5公里，面积9.3平方公里。

地宗煤矿井田含煤层32层，可采煤层6层，局部可采层4层，平均总厚度8.7米，煤层倾角40°～50°。地质储量5532.9万吨，工业储量3929.2万吨，远景储量1603.7万吨，可采储量2691.8万吨。煤质牌号为主焦煤和瘦煤。

地宗矿井由贵州省煤炭工业管理局设计处设计。原设计能力45万吨/年，设计服务年限67.8年，设计工程量19514米，设计投资1356万元。设计说明书由煤炭工业部于1960年8月22日批准，郎岱建井工程处施工。1958年11月开工，平峒开拓。先后由郎岱建井工程处和六十三工程处施工承建，1966年10月投产。1999年9月4日，地宗煤矿随六枝矿务局政策性破产而破产，与凉水井矿和地宗选煤厂组建地宗煤炭分公司。

（四）大用煤矿

大用煤矿坐落在六枝特区平寨镇同云村境内，占地总面积373712平方米。大用矿井田范围在六枝向斜北东翼的南东东段，西北端以F21号断层与四角田矿相邻；东南以11号勘探线以东18555114经线为界与岱港井田接壤；浅部以煤层露头为界；深部至+900米标高煤层底板等高线。走向长6.9公里，倾斜宽1.8公里，面积12.4平方公里。井田地势北高南低。

井田含煤层19～32层，可采层1层，局部可采层7层，平均总厚度10.76米，煤层倾角30°～35°，地质储量5831.7万吨，工业储量2446.9万吨，远景储量3384.8万吨，可采储量1965.7万吨。煤质牌号为瘦煤。

大用矿井由水城煤矿设计院设计。原设计能力45万吨/年，设计服务年限73.5年，设计工程量25429米，至1985年共投资2824.39万元。六十五工程处施工。1966年3月开工，平峒开拓。矿井于1970年才简易投产。1999年9月4日，随六枝矿务局政策性破产而破产。2000年3月19日，大用煤旷变更的大用多经处的全部资产和人员划归新成立的六枝工矿集团竹林煤炭分公司管辖。

（五）四角田煤矿

四角田煤矿坐落在海拔1400米的六枝特区平寨镇林家冲村，占地总面积215558平方米。井田范围内西北端F7号断层与倒马坎井田相邻；东南以F21号断层与大用矿井毗邻，浅部以露头煤为界；深部至+1000米标高煤层等高线。走向长6公里，倾斜宽2.5公里，面积15平方公里。

井田含煤层33层，可采和局部可采层6层，平均总厚度12.73米，煤层倾角16°～30°。地质储量4499万吨，工业储量2916.8万吨，远景储量1582.2万吨，可采储量2072.9万吨。煤质牌号为贫煤。

四角田矿井由水城煤矿设计院设计。原设计生产能力15万吨/年，设计服务年限76.6年，设计工程量7565米，投资1005.49万元，六十三工程处施工，1966年10月破土开工，平峒开拓，1970年8月1日简易投产。1999年9月4日，四角田煤矿随六枝矿务局政策性破产而破产。2000年1月14日，六枝工矿集团公司宣布成立四角田煤炭分公司。

（六）木岗煤矿

木岗煤矿坐落在六枝特区木岗镇木岗村境内，占地总面积191008.87平方米。木岗矿井田西北端以F12号断层为界，南端以F18号断层为界，深部至+900米标高煤层底板等高线。走向长7.6公里，倾斜宽3.5公里，面积27.3平方公里。

井田含煤层9~15层，可采层为7号层。7号层厚度0~12.67米，煤层夹矸平均总厚度7.66米，纯煤平均厚度2.65米。煤层倾角8°～15°。地质储量6030.2万吨，工业储量4407.8万吨，远景储量1622.4万吨，可采储量3279.4万吨。7号煤层牌号为贫煤，平均灰分为23%，含硫4.7%。

木岗矿井由水城煤矿设计院设计。设计生产能力为45万吨/年，设计服务年限93.5年，完成工程量23882米，总投资4882万元。1966年11月16日开工，斜井开拓，由六十四工程处施工。1976年6月投产。木岗煤矿在生产过程中由于原勘探程度不够，属小构造发育，煤层稳定程度差，致该井田进行了八次勘探和补勘。因经济效益不好、亏损大、开采条件恶劣、自然灾害严重。中国统配煤矿总公司决定，1993年1月1日关停，实行转产经营。

（七）化处煤矿

化处煤矿坐落在海拔1300米的六枝特区大用镇岱港村境内的大煤山麓，占地总面积40万平方米。矿区内地形构造落差大，布局较长。西北端以岩脚隧道煤柱为界，东部在F14号断层与张家寨井田相邻；浅部以煤层露头为界；深部至+1000米标高煤层底板等高线。走向长8公里，倾斜宽3公里，面积24平方公里。

井田含煤层12~20层，可采层和局部可采层4层，平均总厚度7.49米。煤层倾角10°～30°，地质储量4867.1万吨，工业储量4102.4万吨，远景储量764.7万吨，可采储量3272万吨。煤质牌号为贫煤。

化处矿井由水城煤矿设计院设计。设计生产能力30万吨/年，设计服务年限82.7年，设计工程量13087米，投资1800万元。由六十三工程处施工承建，1970年12月开工，平峒开拓。1974年12月简易投产。1999年9月4日，化处煤矿随六枝矿务局政策性破产而破产。2000年1月14日，六枝工矿集团公司宣布成立化处煤炭分公司。

（八）苦竹林煤矿

苦竹林煤矿位于六枝特区落别乡境内，属于普郎煤田苦竹林勘探区。苦竹林煤矿是经中国统配煤矿总公司和国家能源投资公司批准的“八五”建设项目。

苦竹林煤矿设计方案由贵州煤矿设计院和六枝矿务局设计处共同编制，1989年9月2日中国统配煤矿贵州公司初审确定生产能力为30万吨/年。

1991年12月26日，苦竹林煤矿筹备处正式成立。

1992年7月26日，井巷工程主、副斜井破土动工，矿井施工队伍主要有六十五工程处和木岗矿施工队，井巷、土建、安装工程施工主要由六十五工程处施工，先后投入800多人建设苦竹矿井。

1994年11月29日，撤销六枝矿务局苦竹林煤矿筹备处，成立六枝矿务局苦竹林煤矿，到1995年8月31日止，苦竹林煤矿完成矿井设计的工程任务，其中井巷工程量6139米，地面建筑、构筑物建筑面积21284平方米。9月1日—12月15日进行试生产，同年12月22日苦竹林煤矿通过竣工验收，正式投产。整个工程建设工期36个月，总投资7254万元。

在矿井建设过程中，施工单位广泛推广运用光爆锚喷技术，加快施工速度，保证了工程质量，所有的岩石巷道除特殊要求外，全部实现锚喷化支护。1999年9月4日，苦竹林煤矿随六枝矿务局破产而破产，2000年1月14日，六枝工矿集团公司宣布组建竹林煤炭有限责任公司。

（九）小井开发建设

1. 穿洞矿井开发与建设

穿洞矿井位于六枝特区落别乡境内。于1996年由大用多经处开发建设，设计生产能力6万吨/年。1997年5月正式出煤，由于井下和外运条件不好，每年平均产煤1万吨左右。2003年7月28日对外转让。

2. 大田煤矿开发与建设

大田煤矿位于六枝特区中寨乡，1996年2月由凉水井矿开工建设，当年7月首采工作面建成投产，设计生产能力为3万吨/年，2003年对外转让。

3. 中寨2号井开发与建设

六枝中寨2号井是原六枝矿务局为了增加煤炭品种、开发优质煤炭新建的一个小井。1998年1月由凉水井矿开工建设，1999年底投产，设计生产能力3万吨/年。该井煤种为低硫低灰烟煤，2003年8月对外转让。

二、地面建设项目

（一）地宗筛分厂

原煤筛选能力105万吨/年。由水城煤矿设计研究院设计，主要设备有翻罐笼、滚轴筛、皮带运输机、轨道衡等。厂内设跨线煤仓6座。六枝、地宗两矿井原煤经轻便轨运至筛分厂筛选后经铁路专用线外运销售。1965年8月开工建设，1966年投产。实际完成投资113.83万元。1982年并入地宗选煤厂。

（二）地宗选煤厂

系群矿选煤厂，由水城煤矿设计院设计。1972年5月开工，年末停建，设备封存，完成投资15.36万元。1974年6月水城煤矿设计院再次作初步设计，入洗原煤能力60万吨/年，总概算670.65万元。1980年按设计由贵州省煤炭工业基本建设局六十六工程处施工建设。1981年12月水城煤矿设计研究院设计施工图，贵州省建筑设计院设计主厂房施工图，概算总投资1035.16万元。1982年10月准备、洗选、机电、技检4个车间建成，开始试生产。试生产时洗煤污水不符合排放标准。在环保部门的督促下，设计部门修改设计，于1984年增建回硫车间、压滤车间及7000立方米的沉淀池一座，使全厂洗煤水实现闭路循环。1985年地宗选煤厂正式投产，1999年合并入六枝工矿集团地宗分公司。

（三）凉水井洗煤厂

为全国推行的定型设计3—Ⅰ，入洗原煤能力30万吨/年。主要入洗凉水井煤矿的原煤。1959年10月开，1960年8月投产，共完成投资125.4万元。投产后，精煤经轻便轨运往凉水井土法炼焦及装车外运销售。因长期外排洗煤污水悬浮物达不到排放标准，1982年省环境保护局限令停产，保留筛分装设备。

（四）电厂建设

板梅电厂，1959年六枝矿区开发初期开工建设，装机容3000千瓦机组1台。1960年停建，完成投资328.6万元，停建后机组封存。

六枝电厂，先后投产的3台机组装机容量6000千瓦，共完成投资842.22万元。

（五）六枝矿务局机修厂

1965年7月，贵州省煤炭工业管理局所属蔡冲机修厂迁至六枝，与基建二公司机修厂合并而成，时称六枝矿区指挥部机修厂，后更名六枝矿务局机电修配厂。该厂1963—1965年共完成投资26.63万元，两厂合并后完成投资143.16万元。1975年经煤炭工业部批准进行扩建，完成投资

497.36 万元，建成铸工、铆焊、加工、机修、动力 5 个车间，共有生产设备 113 台件，至 1986 年共完成投资 667.15 万元。形成固定资产 667.15 万元。能承担全矿区机电设备维修，生产矿井设备配件和非标准设备，制造煤炭生产所需的金属支柱试压机、校直机、矿车液压清底机、整形机等设备。

三、基本建设单位

（一）六十五工程处

六十五工程处筹建于 1958 年 8 月，时称水城建井工程处，隶属贵州省煤炭工业管理局领导。1964 年 10 月搬迁到六枝平寨参加六枝矿区建设，1967 年六枝地区成立煤建、生产两个领导小组，六十五工程处隶属煤建领导小组。1971 年两小组合并成立六枝矿务局，六十五工程处隶属六枝矿务局

六十五工程处是以矿建井巷工程施工为主，集土木建筑、机电安装、水利水电工程、隧道工程、公路、桥梁工程于一体的国家二级综合性施工企业，拥有较先进的矿井巷道、交通隧道快速施工成套设备及大型土石方、机电安装、铁路、公路和水电等施工的多种成套设备。

工程施工经营范围：

房屋建筑工程施工总承包贰级：（1）28 层以下、单跨度 36 米以下的房屋建筑工程。（2）高度 120 米以下的高层建筑。（3）建筑面积 12 万平方米以下的住宅小区或建筑群体。

矿山工程施工总承包贰级。

水利水电工程总承包叁级。

机电设备安装工程叁级。

1999 年 9 月 4 日，六十五工程处随着六枝矿务局实施整体政策性破产而破产。2000 年 4 月，六枝工矿（集团）公司宣布成立六十五工程建设有限责任总公司。

（二）六十六工程处

六十六工程处的前身是贵州省煤炭工业管理局建筑安装工程公司。1959 年 3 月，从独山调到六枝，组建了贵州省煤炭工业管理局建筑安装工程公司。1960 年 6 月，建筑安装公司与郎岱建井工程处合并，成立了贵州省煤炭第二基本建设工程公司。后更名为六枝矿务局六十六工程处。

六十六工程处先后承接了六枝矿区、水城矿区、盘江矿区内煤炭生产系统大量地面建筑安装工程及配套、民用工程。

1999 年 9 月 4 日，六十六工程处随着六枝矿务局整体政策性破产而破产。2000 年 3 月 19 日，新组建的六枝工矿（集团）公司宣布成立六枝工矿（集团）建筑安装工程公司。同年 7 月 27 日，集团公司宣布撤销建筑安装工程公司，人员、资产并入新组建的六枝工矿（集团）六十五工程建设有限责任总公司。

（三）六十三工程处

1965 年 7—8 月，根据煤炭部决定，由峰峰矿务局组建一个建井工程处支援西南煤炭建设。峰峰矿务局抽调政工、生产技术、行政管理、卫生等共六百多人同组成一个工程处。1965 年 9—10 月，这支队伍分三批先后到达六枝矿区指挥部，与当时承担地宗矿井建设任务的六枝矿区指挥部第一工程处合并，承担地宗矿井的建设任务。1965 年 12 月正式命名为煤炭工业部第六十三工程处。

拥有职工 3000 多人，合并后加强了工程处的技术力量，提高了管理水平和施工能力。其中，国庆、红旗两个掘进队均为煤炭部等级队。1965 年底，会同辽宁的 01 队、京西队、鹤壁队参加地宗矿井的会战。1966 年 10 月 1 日，设计能力为 45 万吨 / 年。1973 年 7 月完成了化处矿井建设的大部分主要工程后，经国家建委批转，六十三工程处从六枝调到河北邯郸矿区。

（四）六十四工程处

1958 年 9 月由吉林通化矿务局建井工程处调入 301 人，由安顺地委抽调 200 名干部，林东煤矿、贵阳煤矿抽调 87 名技术工人，就地招收新工人 300 名。建处时的名称为郎岱第一建井工程处，隶属贵州省煤炭工业管理局领导。

1965 年 4 月 27 日，西南煤炭建设指挥部决定，第二基本建设公司更名为六枝矿区指挥部第二工程处。1966 年 1 月，更名为煤炭部第六十四工程处。六枝矿务局成立后，又恢复为六十四工程处，属六枝矿务局领导。

1966 年，六十四处承担木岗矿井的建设任务。1974 年木岗矿井移交生产筹备处，六十四处搬迁到盘江矿务局土城矿井施工，1977 年 1 月更名为盘江矿务局六十四工程处，隶属盘江矿务局领导。

四、地面生产单位

（一）总机厂

总机厂的前身是贵州省煤管局矿山机械厂，厂址在贵阳市郊区蔡冲。1965 年 7 月迁到六枝，与原贵州省煤管局第二基本建设公司机修厂合并组建成六枝矿区指挥部机电修配厂。1970 年六枝矿务局成立后更名为六枝矿务局机电修配厂，1985 年 9 月更名为六枝矿务局总机厂。

总机厂自搬迁六枝以来，先后完成了基本建设时期机修厂应负担的任务。在矿区建设时期，完成了六枝矿、地宗矿、四角田矿、大用矿、木岗矿、地宗洗煤厂等六个单位建设过程中的非标准设备制造及施工设备的维修任务，同时承担了六枝电厂和建设时期已投产的凉水井矿、凉水井矿洗煤厂等单位的部分配件供应和设备维修。矿井生产以后，承担着矿井机械和电气设备的修理、矿井设备配件的生产和矿井非标准设备制造。

1980—1985 年，先后生产制造了四种新产品。即：

YW4-100 型金属支护试压机：是用于检验金属支柱及顶梁承受压力的设备，使支柱及顶梁在矿井下使用时达到安全、可靠的目的。根据需要增加相应的附件（胎、模具）在本机上，可进行塑性材料品的压制、冲孔、弯曲、校直及冲压成型，获贵州省煤炭厅“为煤矿安全做出贡献”的奖旗。

LLY-100 型金属支护校直机：主要用于金属支柱弯曲变形后的校直，同时为其他轴类零件校直、压装拆卸零件提供良好的条件。

QC 型矿车液压清底机：是清除一吨矿车底的集结煤及煤矸石的设备，使用该机可提高煤炭的回收率及矿车的运输效率，减轻劳动强度。该机获贵州省煤炭厅科技进步鼓励奖。

LYX 型矿车液压整形机：是对一吨矿车车厢变形进行整形、恢复车厢原有形状的设备，使用本机能减轻体力劳动，提高效率，保证车厢修理质量，为矿车修理工提供良好条件。

1999 年 9 月 4 日，总机厂随着六枝矿务局整体政策性破产而破产。2000 年 1 月 14 日，六枝工矿（集团）公司宣布成立六枝工矿（集团）机械制造有限责任公司。

（二）六枝电厂

六枝电厂坐落在六枝特区六枝村境内，紧靠东风水库，靠东风水库库水循环使用。全厂占地面积约 6.2 万平方米，厂房建筑面积 6766 平方米。

六枝电厂是六枝矿务局自备电厂，1958 年由贵州省煤管局筹建，设计总装机容量 6000KW，投资 927.6 万元。电厂建设分三期进行：第一期工程是安装匈牙利产 1500KW 发电机组，1958 年由郎岱建井工程处施工，1960 年 2 月建成发电；第二期工程是安装国产 1500KW 发电机组，1960 年一号机组发电后开始安装，年底建成发电；第三期工程是 1966 年，六枝矿区指挥部决定安装第三台发电机组，该机组是罗马尼亚产品，容量为 3000KW，1967 年 4 月建成发电。

1968 年，安顺——水城 110 千伏输电线路架通送电后，六枝电厂与电力系统并网运行。1989 年电厂更新改造，拆除报废的 2 号机组，更新增容为 3000KW 机组。

1995 年电厂扩建的两台 2×6000KW 机组于元月和 7 月相继正式投产发电。1997 年，电厂再次扩建一台 3000KW 机组，从 1958 年筹建始，至今 40 多年来，六枝电厂经过改建、扩建，现已有六台汽轮发电机组，配 140T/H（1×10+3×20+2×35）鼓泡流化床锅炉，总装机容量 22.5MW。六台锅炉均采用水膜式除尘器，除尘率达 95% 以上，烟尘排放符合国家标准，除尘灰水通过沉清池沉清闭路循环使用，保证了国家级风景区黄果树上游水质。1998 年 12 月建设完工并验收。1960 — 1999 年，电厂累计发电量为 139212.4 万 KWH。

1999 年 9 月 4 日，六枝电厂随着六枝矿务局实施政策性整体破产而破产。2000 年 3 月，六枝工矿（集团）公司宣布成立煤矸石发电公司。

（三）大华制药厂

大华制药厂前身为六枝矿务局职工医院制剂室，主要生产临床自用的大输液。1972 年改为六枝矿务局职工医院附属药厂。1978 年改为六枝大华制药厂，当时建厂总投资 94.7 万元，设计年产值 20 万元，是贵州省大输液定点厂，1982 年改为六枝矿务局大华制药厂，直属六枝矿务局领导。

大华制药厂以生产 13 种大输液为主，还生产针剂、片剂、胶囊、冲剂、原料等五种剂型 29

个药品品种。其中生产的10%葡萄糖大输液获1983年、1984年全省质量评比第一名，低分子右旋糖酐、甘露醇填补了省内空白。

大华制药厂从1978年更名到1999年实施政策性破产，1999年，产值达1800万元，销售收入1441万元。

1999年9月4日，大华制药厂随着六枝矿务局实施政策性整体破产而破产。2000年1月14日，六枝工矿（集团）公司宣布成立大华药业公司。

（四）贵州六枝特种水泥厂

贵州六枝特种水泥厂由原木岗煤矿关停后转产经营组建。建厂规模暂按30万吨/年。

1993年6月29日，煤炭部对六枝矿务局木岗水泥厂可行性研究报告作了批复：同意厂址设在木岗煤矿工业广场，建设规模为年产普通水泥30万吨，其中525号水泥21万吨，425号水泥9万吨；同意采用湿法生产和工艺流程设计，建设一条湿法工艺生产线，达到设计产量；同意主机选型采用3.95×150米回转窑；工程静态总投资9200万元。

1993年10月30日，国家能源投资公司对六枝矿务局木岗特种水泥厂初步设计作了批复：1. 同意在六枝特区木岗镇原木岗矿工业场地东侧，建设一条年产30万吨的水泥生产线。工业场地的总平面布置预留另一条生产线的发展用地。2. 产品方案为年产525号道路水泥12万吨、525号普通硅酸盐水泥9万吨、425号矿渣水泥9万吨，特种水泥厂一条生产线的年水泥总量为30万吨。3. 全厂职工总数由544人核减为450人，其中管理人员15人。1994年底，国家正式下达了投资建设计划，1994年12月开工。1997年，煤炭部组织概算核定，并批准木岗特种水泥厂总概算18135.91万元，1998年8月底建设完工，建成规模年产30万吨水泥的第一条生产线。项目可行性研究报告及施工图设计由南京水泥厂工业设计院承担，原设计能力65万吨/年，建设资金由国家开发银行贷款。

贵州六枝特种水泥厂是贵州省最大的回转窑生产线，有先进的化验设备，是第一家采用微机进行质量监控的厂家。该厂主要生产“畅达”牌525号中低热桥梁大坝水泥、525号道路水泥、625号高标号普通硅酸盐水泥、还可生产525号普通硅酸盐水泥。该厂生产的525号普通硅酸盐水泥，1998年1月经贵州省技术监督局、贵州省建材局和贵州省质检中心抽样检验，各项技术指标均高于国家标准。

同年，贵州六枝特种水泥厂更名为“六枝矿务局畅达水泥分公司”。

1999年9月4日，贵州六枝特种水泥厂随着六枝矿务局实施政策性整体破产而破产。2000年2月16日，六枝工矿（集团）公司宣布成立畅达水泥有限责任公司。

（五）四角田水泥厂

四角田水泥厂是1985年通过六枝矿务局职代会立项，1986年筹备，1988年破土动工，1990年12月建成试生产，1991年正式投产的年轻企业，产品注册商标“神强”。从1991—1994年，该厂共生产“神强”牌水泥10.94万吨，年均2.74万吨。1995年对机立窑进行了扩径技术改造，把原j2.2×8.5m机立窑改为j2.5×8.5m机立窑，使熟料生产能力得以提升，具备年产5.5万吨普通硅酸盐水泥的能力。从1995-2005年，水泥年产量在5.2万吨至5.6万吨之间，超最初设计能力18%-27%。投产15年，累计生产水泥65万吨。

2000年1月四角田水泥厂更名为六枝工矿（集团）神强水泥厂，同年7月与贵州畅达水泥有限公司合并，现为该公司下属分厂。现已关闭。人员合并畅达水泥有限责任公司。

（六）印刷包装厂

六枝矿务局印刷厂1980年筹备，1981年建厂，当时是为印制《六枝矿工报》和六枝矿务局内部单位表格而成立的，定员17人。主要生产技术为铅排、铅印。有两台四开平台半自动印刷机、两台铅字铸字机，厂房不过几百平方米，年产值不足万元，隶属于六枝矿务局党委宣传部。

1985年随着改革开放的深入，印刷厂从宣传部分出，独立核算。当年完成综合产值18万元，实现利润0.8万元。

1989年，新上单机瓦楞纸箱项目，年生产能力12万平方米，当年完成产值150万元，实现利润2万元，年末有员工22人。是年更名为六枝矿务局印刷包装厂。被国家建筑材料工业局命名为“质量信得过企业”。

五、其他单位

（一）总医院

六枝矿务局总医院位于六枝特区下云盘，医院占地面积4.16万平方米，固定资产1162万元。截至1998年末，全院有职工354人。其中：党员114人，医务人员266人，行政管理人员88人。职工中具有高级职称的17人，中级职称54人，初级职称177人，享受政府特殊津贴的专家2人。院党委下设党支部7个，全院有10个病区，10个临床科室，8个医技科室，病床364张，专家门诊和传染科门诊全年开放，是一所地市级综合性职工医院。

六枝矿务局总医院始建于1965年12月12日，当时系六枝矿区指挥部医院，由原贵州省煤炭工业管理局第二基建公司医院的104名职工和从江苏省南京、苏州、镇江、无锡、常州、扬州、徐州等地支援西南三线煤炭建设的218名医务人员组成。1986年定名为六枝矿务局总医院。

1966年9月起，先后开展了肝修补、肝内胆管取石、骼内动脉结扎、膈肌修补、颈动脉造影、肱二头肌半腱代股四头肌、胫后肌前置术、经腹子宫切除、经阴道子宫切除、腹膜外剖腹产、三翼钉固定治疗股骨胫骨折、上颌窦根治术、血管神经吻合术、自体肾移植术、硅胶摘除白内障、左腓骨小头移植术等手术，外科还成功地进行了贵州省第一例断肢再植术和一例右挠骨远端巨细胞瘤摘除术、嗜铬细胞瘤摘除术，妇产科为一名先天性阴道闭锁者成功地进行了阴道成形术。诊断水平由一般的物理诊断发展到用超声学、生物电学、光学、CT扫描、心电监护诊断等，治疗手段也从一般的药物治疗发展到化学治疗、免疫治疗、腹膜透析和高压氧治疗等。

建院以来，先后开展的诊断手术新项目达200多项，断肢再植术获贵州省煤炭系统科技成果三等奖。

1972年以来，医院职工撰写各类论文248篇，在各级各类杂志上发表或在省以上学术会议上交流的138篇，有35篇在《中华医学杂志》等全国性杂志上发表，有一篇论文获贵州省卫生厅科技成果二等奖，三篇论文在贵州省首届自然科学论文评比中获优秀论文三等奖。

六枝矿务局总医院为贵阳中医学院、遵义医学院、六盘水卫校的教学实习基地，被煤炭部指定为煤炭工业医疗科技情报中心站西南地区分站和中国煤矿创伤学会西南分会的挂靠单位。

自1966 — 1998年，医院共诊治门诊病人350余万人/次，住院病人18余万人/次，各类手术6万余人/次。1984年和1985年被六盘水市、贵州省人民政府授予文明医院称号。

1986年元旦，时任中共贵州省委书记胡锦涛同志来六枝矿区视察工作时，亲临总医院慰问伤病员和医院职工，并合影留念。1999年9月，总医院随同六枝矿务局实施政策性破产，2000年4月移交六盘水市，同年6月更名为六盘水市第二人民医院。

（二）第一中学

六枝矿务局第一中学（以下简称矿中）创建于1965年，坐落在六枝特区平寨镇塔山村文笔、武士两山之间。建校初期，教室、宿舍全是原六十五工程处遗弃的油毛毡搭建的临时工棚，宿舍做教室，床铺当桌椅。直到1968年3月，学校盖起了一栋建筑面积1482.77平方米的综合楼，学校教师30余名。

1977年恢复高考，矿中连续三年录取人数居全省之首，享誉贵州省和全国煤炭系统。其中：1977年，丁光耀、诸磊录取到清华大学；1978年，袁斌录取到中国科学技术大学少年班（贵州只录2人），张炜录取到清华大学。黔发〔1978〕24号文确定矿中为全省首批办好的重点中学。

1978年底始，煤炭部为矿中投资250万元，学校先后建起了教学楼、电教楼、理化生实验室、学生食堂、学生宿舍、教工住宅楼（2号、3号），重修了运动场，整修了校园公路，矿中办学条件得到了显著改善，教育教学质量持续稳定提高。1986年高考，矿中考生录取到重点大学36人、本科院校89人，唐辉荣获全省理科考生总分第一名，再次轰动全省和全国煤炭系统。是年，矿中荣获全国教育系统先进集体。1987年始，煤炭部又为矿中投资320万元，贵州省煤炭厅和六枝矿务局对矿中校园进行了整体规划，购地20余亩，先后建起了新教学楼、大礼堂、校大门办公楼、4号和5号教工住宅楼，扩建学生食堂和教工食堂，安装校园暖气、职工住宅楼瓦斯工程和电教设备、实验室装备等。1995年，矿中荣获“全国煤炭系统标准化学校”称号。

1977—1999年，矿中23年累计向全国各大中专院校输送人才4958人，其中升入重点大学665人、一般大学1574人、专科院校1281人、中等专业学校1438人。

1999年9月，矿中随同六枝矿务局实施政策性破产，2000年4月移交六盘水市，2000年6月9日，更名为六盘水市第二中学。

（三）技工学校

六枝矿务局技工学校始建于1978年9月，校址初建于六枝特区干河（原北京公司驻地），1979年11月因规模扩大迁至六枝特区木岗镇（原筑路队驻地），1987年6月与原省煤炭基建局技校合并，建校于现址。1989年7月7日，经六盘水市教委批准，成立六枝矿务局职业高中，同时，六枝矿务局电大并入六枝矿务局技校。至此，该校便成为集技工、职高、电大教育为一体的综合性学校。

学校自开办以来，共开设过采煤、地质、测量、通风、运输、电钳、洗煤、机修、钳工、铆焊、药剂、水泥、烹饪、土建、装潢、财会、市场营销、热动力电器、电工、电焊、火工、劳动工资、护士、井下电器维修、财会电算化、计算机应用、家用电器维修等27个专业，毕业学生逾4000人。

学校占地面积约30000平方米，总建筑面积为9021.81平方米，绿地覆盖面积约8890平方米，教室面积2556.92平方米。共配备单人单桌标准课桌椅600余套，学生宿舍面积达2011.2平方米，室内配有钢丝床、书桌等设施，另外，学校还设有物理、化学、电工电子等实验室3个，基本能满足教学要求；设有图书、阅览、资料室3个，面积为176平方米，藏书1.3万余册，还有面积1000余平方米可供全校师生集会使用的标准礼堂一座。有7362平方米的运动场地，设有面积50余平方米电脑室1个，学生学习有586/300和586/333机型21台，486DX机2台，打印机5台，电教投影仪3台，摄像机1台，录放机1台，彩电3台，高性能幻灯机3台，各类教学模型、标本、挂图100余件套。此外，学校还装有卫星地面接收装置2套，建成了校园闭路电视网络。

学校设有建筑面积为1316平方米的实习工厂。实习工厂内有钳工、电工、机加工、土建4个车间和电教室，实习设备有车床、刨床、钻床、台钻，钳工工位40–45个，电工工位50个，土建工棚一座（面积为286平方米），开办微机操作、家电维修、摩托车修理、缝纫、美容美发、烹饪等投资小、就业易、需求大、见效快、实用性强等技术培训班。

1999年9月，六枝矿务局实施政策性破产。2000年6月，六枝矿务局技工学校（含职业高中，电大）移交给六枝特区，同年9月，更名为六枝特区职业教育培训中心。

（四）劳动服务公司

六枝矿务局劳动服务公司是1983年11月正式成立的，它的前身是六枝矿务局“五七”事业处。

劳动服务公司是独立核算、自负盈亏的单位，业务范围是：生产砂石、蘑菇、选煤、劳保用品缝纫加工、装卸、编织金属网、汽车修理、家用电器修理、开办小煤窑、经销原煤等项目。

1985年，劳动服务公司共有职工2364人，其中集体职工2276人、全民职工88人。六枝矿务局破产前，全局劳动服务公司系统有全民职工45人（其中局劳动服务公司27人），集体职工616人。

2003年3月，六枝工矿（集团）劳动服务公司撤销，人员及相关资产划归物业管理分公司。

六、六枝特区境内煤矿辅助工业企业

（一）六盘水煤矿机械厂

1958年，经贵州省煤炭工业管理局批准。建蔡冲矿山机械厂，1964年，煤炭工业部决定将淮南煤矿机械厂分迁到贵州六枝建厂。决定徐州煤矿机械厂将矿车、建井非标准设备及金属支柱等产品的生产设备迁至六枝。所需技术人员、职工由徐州煤矿机械厂成建制配备。厂址设在原蔡冲矿山机械厂，西南煤矿建设指挥部决定：将蔡冲矿山机械厂与淮南厂、徐州厂的人员及设备合并为一厂。采取边建厂、边生产的办法上马。这个三合一的机械厂，从1969年起，就称“六盘水煤矿机械厂”，属六盘水地区革命委员会领导，后改属煤炭部中国煤矿机械制造公司。党、团、工会属中共六盘水地区委员会领导。1981 年全厂职工达 1977 人，至 1986 年增至 2287 人。企业从生产型转向生产经营型大型企业。

生产概况 1965 年 5 月基建工程竣工，生产设备安装完毕，建成铸造、锻造、铆焊、加工、装配、金属支柱等 6 个生产车间，工具和修理两个辅助车间。部分产品投产。其后陆续生产的主要产品有夯土机、潜水泵、高压泵、矿车配件及非标准化设备等。70 至 80 年代，产品系列有 CDXT—2.5. CDXT1—2.5. CDXT1—2.5J、CDXT—5. CDXT—5J、CDXT—8. CDXT—8J、煤矿防爆特殊型蓄电池式电机车和 CDXT1—2.5 矿用防爆安全型蓄电池式电机车，以及其他新型矿用设备。1984 年，产量达 5150.5 吨，产值 2000 万元，实现利润 269 万元，拥有主要生产设备 397 台。1985 年，生产主要产品电机车 430 台，后又增加 12 吨新品种电机车。90 年代起，对路的煤矿机电产品屡增，产品系列化日趋发展。

（二）贵州省煤炭工业基本建设局

该基本建设局成立于 1979 年 4 月，隶属贵州省煤炭工业局领导，原址初设水城，1980 年 11 月迁六枝。

1979 年 6 月，接管六枝矿务局六十六工程处、盘江矿务局六十四工程处、水城矿务局九十四工程处、六盘水市煤炭工业局汽车队和原六盘水煤矿建设指挥部筹备处等 5 个单位。科室人员编制达 120 人，职工由 5798 人增至 6718 人。

1986 年 10 月 11 日，局建制按煤炭部决定撤销。所属六十四及九十四两工程处改建制划归水城矿务局，六十六工程处改制划归六枝矿务局。

生产概况：主要任务为负责全省煤炭工业建设施工的矿建、土建和机电设备安装。建局后约两年间，任务不足，时有窝工现象。1981 年起参与市场竞争，承揽工程，先后负责设计地宗矿选煤厂、六十六工程处的土建和安装、九十四工程处铁路专用线的改扩建等大小 75 个单位工程项目，经验收全部合格。1982 年为土城煤矿矿井的年产原煤 120 万吨设计进行调整合理再设计，于 1984 年 12 月 25 日正式移交生产。其后又为水城矿务局设计那罗寨矿井，年产原煤 60 万吨。至 1985 年，全局共完成投资 2.5 亿元，其中：建筑安装投资 2.33 亿元，井巷进迟 39326 米，房屋竣工面积 362000 平方米。

（三）贵州煤田地质局 142 队

1957 年 12 月 30 日，贵州省煤田地质局 142 队在郎岱县成立，以煤炭部煤矿地质勘探总局下放干部为领导骨干。

1958 年 3 月，142 队址底大湾，建勘探基地。8 月 5 日，西南煤田地质勘探局撤销，142 队划归贵州省煤矿管理局领导。

1965 — 1970 年，贵州煤田地质勘探公司更名“西南煤矿建设指挥部煤田勘探公司”和“六盘水地区煤田地质勘探公司”。1981 年 11 月，六盘水地区煤田地质勘探公司复名“贵州煤田地质勘探公司”后，由盘县迁至安顺，改称“贵州煤田地质局”，142 队沿属公司领导并改名“142

队煤田地质队”。

截至1986年，在六枝、水城、织金3个煤田内，进行16个含煤构造单元的全面勘探，向国家提出合格的普查、详查、精查地质报告34种，获得煤炭储量650199万吨。

（四）贵州煤田地质局水源队

1965年1月，煤炭部抽调河北水文分队120名职工、钻机两台到达六枝，组成六枝水源队，参加六盘水勘探大会战。

1979年8月，煤炭部批准新建水源队为“贵州省煤田地质勘探公司水源队”。至1988年，职工达500人，有机电设备153台。工程队伍中有正、副总工程师各1名，各专业工程师9名，技师4名，助理工程师17名，技术员15名，会计师1名。

建队以来，完成水源勘探项目6个，各种比例尺水文地质测绘557.51平方公里，水源钻探进尺33227米，抽水196层，电探物理点102872个。进入90年代后，利用现有设备和技术力量，对外承包工程，项目设计有水源勘探、钻井、成井、下泵、工程地质勘探、物探测井和勘探机具加工等7个专类。

第十篇 农 业

第一章 农业综述

第一节 农业经济综述

1978 年 12 月，中共十一届三中全会作出社会主义现代化建设的一系列重大战略决策，提出对国民经济实行调整、改革、整顿、提高的八字方针。六枝特区的各条经济战线逐步实现工作重点的转移，清理了“左”的错误，采取了一系列搞活经济的措施。

1982 年，以家庭承包为主的多种形式联产承包责任制基本形成，农业生产得到发展。

1984 年，向农户发放《土地联产承包责任制合同使用证》，扶持和发展农村“专业户”“重点户”，调整农业产业结构，粮食产量创历史最高水平达 12.3 万吨，比 1949 年增长 2 倍多，比 1978 年增长 16.57%。

1988 年，农业总产值达 6458.6 万元，其中农业（种植业）产值 3862.63 万元，牧业产值达 1721.74 万元，渔业产值达 3.85 万元，粮食总产量达 8.64 万吨，农业内部产业结构得到改善，日趋合理。经济作物发展较快，油菜籽由 1978 年的 204.7 吨猛增到 1988 年的 3043 吨，增长近 14 倍。牧业稳步上升．大牲畜增长 68.54%，生猪增长 38.37%，专业蔬菜面积达 2600 亩，产量达 10854 吨。西瓜从无到有、逐年扩大，产量达 1163 吨。渔业从单纯野生捕捞发展到山塘、水库、池塘养鱼，稻田养鱼也逐步推广，1988 年产鱼 31.45 吨。

1988—2000 年，农业总产值由 1988 年的 1.44 亿元增加到 2000 年的 4.1 亿元，平均每年递增 4.48%，粮食总产量达 16.75 万吨，比 1988 年增长 93.87%。农业内部结构日趋合理。经济作物发展较快，油菜籽产量由 1988 年的 3043 吨增加到 5098 吨，增长了 67.53%。牧业、渔业生产稳定发展。猪肉产量达 9329 吨比 1988 年的 5587 吨增长 66.98%，渔业产量达 72 吨，比 1988 年的 31 吨增长 132.25%。

1997 年，六枝特区贯彻落实贵州省耕地承包期再延长 50 年（1994 年 1 月 1 日—2043 年 12 月 31 日），非耕地资源开发承包使用期再延长 60 年，并对全省土承包期工作实行“增人不增地，减人不减地”的政策。六枝特区第二轮家庭承包经营的农户数为 9.77 万户，家庭承包经营的耕地面积为 34.53 万亩。

2006 年 1 月，全国农村取消农业税。农村彻底取消农业税、农业特产税、屠宰税、三提五统、两工和乱收费、乱集资、乱罚款、乱摊派，减轻了农民负担，给农民带来了看得见的物质利益，扭转了长期以来农民负担过重的局面，调动了农民的生产积极性。农民说："世世代代种田，只有交租纳税，现在政府给农民补贴，这是政府给我们农民发工资，是开天辟地的头一回。"

2006—2010，六枝特区党委、政府坚持"加速发展、加快转型、推动跨越"的主基调，大力实施"三化同步"，农业产业布局进一步完善，"一片、两线、三大板块"的格局基本形成，生态养殖、无公害蔬菜等优势特色产业发展步伐加快，农产品升级取得了初步成效，农业生产呈现出较好的发展势头。2010 年全区农业总产值达 9 亿元，畜牧业产值达 2.38 亿元，畜牧业产值占农业总产值的比重为 26.42%，粮食总产量达 18.67 万吨，肉类总产量达 1.93 万吨，农村居民人均纯收入达 3341 元。

2011 年，全区农业总产值完成 11.03 亿元，同比增长 22.4%，实现农业增加值 7 亿元，比上年增长 1.9%。粮食种植面积 58.74 万亩，比上年增加 1.56 万亩。油料种植面积 8.19 万亩公顷，比上年增加 2835 亩。糖料种植面积 135 亩。蔬菜种植面积 6.23 万亩，比上年增加 1620 亩。全区粮食总产量为 15.31 万吨（其中：夏粮为 3.55 万吨、秋粮为 11.76 万吨），比上年减产 3.36 万吨，比上年下降 17.98%。畜牧业生产稳定增长，全年肉类总产量 1.92 万吨，比上年减少 0.58%，其中：猪肉产量 1.5 万吨、牛肉产量 1842 吨、羊肉产量 323 吨、禽肉产量 1600 吨，分别比上年增长 -1.2%、6.23%、11% 和 -2.97%。牛存栏 7.74 万头，生猪存栏 20.33 万头，羊存栏 2.25 万只，家禽存栏 143.84 万羽；出栏牛 1.57 万头，出栏肉猪 17 万头，出栏羊 1.43 万只，出栏家禽 87.81 万羽。全年水产品产量达 958 吨，比上年 134.8%。畜牧业产值达 3.14 亿元，畜牧业产值占农业总产值的比重为 28.45%，比上年提高 2.03 个百分点。

第二节　农业综合开发

1978—1987 年，六枝特区农业综合开发采取林、田、路综合治理，重点改造中低产田，完成排洪河道 2.6 公里，引灌渠道 6.5 公里，生物护坎 850 亩，安装倒虹管 1325 米，配套建成人行桥 16 座，拦水坝、取水坝 18 座。

1988—1990 年，六枝特区集中一定财力，采取综合投入、综合治理的办法，实施农业综合开发，改造中低产田，改善农业基本生产条件，加大对农业科技的推广和应用，提升农产品的产业化经营品质，增强了农业发展后劲，为现代农业的发展迈出了坚实的第一步。完成排洪河道 3 公里，引灌渠道 8 公里，蓄水池 2 座，安装倒虹管 1538 米，配套建成人行桥 12 座，拦水坝、取水坝 15 座。

1991—2001 年，农业综合开发工作按照"突出重点、集中连片、择优开发、治理一片、成效一片"的开发思路，以基础设施建设为重点，以治水、改土和调整农业产业结构为主攻方向，以增加农民收入为基本目的，以加快全面建设农村小康社会步伐为奋斗目标。重点对平寨、落别、新窑、堕却、郎岱、洒志 6 个项目区进行综合治理和年度开发。完成排洪河道 13.25 公里，完成隧洞开挖及处理 432 米，完成提灌站建设 18 座（新建 10 座，维修 8 座），新建引灌渠道 84.1 公里，新建排渍沟 4.52 公里，完成引灌渠道防渗、维修 52.53 公里，新建田间操作道 10 公里，新建和维修倒虹管 4628 米，完成土壤改良 3.02 万亩，其中：石灰改土 1.89 万亩，秸秆还田 1.14 万亩，维修治理小山塘 2 个，1.5 万平方米，完成绿肥良种扩繁种植 6000 亩，并配套建设种子仓库 600 平方米，新建机耕道 9.82 公里，完成技术培训 1.98 万人（次）。

2002—2011 年，农业综合开发着力于改善农业基本生产条件提高农业生产能力。重点对木岗、落别、郎岱、陇脚、龙场、5 个项目区的山、水、田（土）、林、路进行综合整治，不断建设出高标准、高质量、旱涝保收的基本农田，提高了耕地的产出率和资源利用率，降低生产成本，打牢现代农业的基础，为农产品增值、农民增收提供可靠的生产载体。实行财政无偿投入，对全区的工程性缺水、灌区渠系配套实施科学规划、集中投入、综合治理，实现了灌溉用水有保证、水源符合灌溉标准、灌溉节水科学合理。采取农业措施，按照有利于水土保持要求，对集中连片的土地进行平整，建成等高水平梯田，构成反坡，增加了活土层；实行农用机耕道与生产便道相结合，提高机耕面积，方便群众劳作，降低劳动强度。采取补贴措施，结合山间坝子耕地独立成坝且又欠开发的特点，实行农机具购置 30% 资金补贴，鼓励和支持农民使用先进适用的农用机械，提高了农业综合生产能力。采取科技措施，投入财政资金改良老品种，引进新品种，推广科技示范项目，建立种植基地示范区，产生了良好的辐射带动作用。采取培训措施，扎实推进农业实用技术培训工作，提高农业的科技含量，使高标准农田与高素质的农民有机的结合，有力促进了粮食增产、农民增效，使项目区实现了田成方、渠相通、路相连、涝能排、旱能灌的标准基本农田。完成土壤改良 5.12 万亩，其中：石灰改土 2.32 万亩，秸秆还田 2.8 万亩；建设沼气池 1150 口，并配套建成猪品改点 5 个，购种公猪 10 头；维修治理小山塘 5 个；完成绿肥良种扩繁种植 5000 亩，并配套建设种子仓库 900 平方米；建成沼气池 360 口，新建机耕道 28 公里，田间步道 14.25 公里，建成排洪河道 11.3 公里，引灌渠道 195.5 公里，蓄水池 13 座，开挖隧洞 585 米，安装倒虹管 2080 米，配套建成人行桥 32 座，拦水坝、取水坝 45 座，放水斗门 856 座，建设水库管理房 158.3 平方米。同时在渠系建设上还配套设置了洗衣池、农桥、人行桥、过路盖板等便民利民设施。完成技术培训 6200 人次，茭瓜引种推广 200 亩，西瓜示范推广 1800 亩，良种繁育基地建设 1200 亩，建钢架塑料大棚 288 个，建生态渔业 90 亩，完成优质稻推广及生物多样性栽培示范 1.53 万亩，实施优质大蒜示范 400 亩，购置土壤检测设备 50 台，仪器设备 3 台，农机具 230 台（套）。

第三节 农业区划

1980 年 10 月—1982 年 2 月，进行粗线条综合农业区划工作。

1982 年 3 月—1985 年 6 月，进行细线条农业区划工作。

1986—1988 年，先后进行了六枝特区社会经济综合发展规划系列的 31 项规划。

1990 年 9 月，《六枝特区综合农业区划》由贵州人民出版社出版发行。该书将六枝特区划分为 7 个农业区：1. 城郊蔬菜、副食品、水土保持绿化区；2. 东南部溶丘盆谷农林区；3. 东北部低中山旱作、经作、经济林区；4. 北部浅切割中山旱作、林业区；5. 中南部中切割中山林、牧、矿区；6. 西北部中山牧、林区；7. 西南部温热河谷亚热带经济作物区。

农业区域分布表

表 10-1-1

区号	分区名称	区域
Ⅰ	城郊蔬菜、副食品、水土保持绿化区	新窑乡中部、东北部、平寨镇、大用镇、木岗镇
Ⅱ	东南部溶丘盆谷农、林区	落别乡、新窑乡西南部、折溪乡、郎岱镇、洒志乡、陇脚乡
Ⅲ	东北部低中山旱作、经作、经济林区	龙场乡、新华乡东南部、岩脚镇、梭戛乡
Ⅳ	北部浅切割中山旱作、林业区	新华乡东北部、西南部、西北部、新场乡、牛场乡
Ⅴ	中南部中切割中山林、牧、矿区	洒志乡西南部、毛口乡、中寨乡、郎岱镇西南部、箐口乡、新窑乡马路村、堕却乡牛坡片区
Ⅵ	西北部中山牧、林区	堕却乡中部、东北部、西北部、箐口乡东北部、新场乡黑塘片区
Ⅶ	西南部温热河谷亚热带经济作物区	毛口乡西南部、中寨乡鲁戛－长寨片区、箐口乡上麻翁、下麻翁片区

1991—1999 年，先后进行《农田基本建设规划》、“农业后备资源调查”、《区域地理信息数据汇编》《非耕地资源调查及农业资源综合开发规划》、6 个乡（镇）《社会经济综合发展规划》等。

2000 年，农业区划办编绘撤区并乡后的 1 比 12 万《六枝特区综合农业区划图》。编制《六枝特区公路干线沿线产业发展规划》初稿。编绘《平寨镇社区建设规划图》。与洒志乡人民政府编制《六枝特区洒志乡社会经济综合发展规划》。

2004 年 6 月，六枝特区编委会（六机编〔2004〕5 号）撤销六枝特区农业区划委员会办公室。成立六枝特区农业区划站为六枝特区农业局下属财政全额拨款股级事业单位，核定事业编制 4 名，定站长职数 1 名。

2005 年 1 月，六枝特区被确定为全国首次农村实用人才统计调查试点贵州省 9 个县（区）之一。随机取样确定了平寨镇小寨、那固村，郎岱镇坝子、安乐村，岩脚镇二道岩村，木岗镇瓦窑、小黄桶、抵簸村，落别乡长湾、新寨村，折溪乡中寨、六堡村，新窑乡那玉村，堕却乡团坡、半坡村，洒志乡跳花坡村，中寨乡岩脚村，新场乡两路口、松坝村，梭戛乡安柱村，新华乡成功村，龙场乡红旗村等 14 个乡（镇）22 个村为样本，进行了农村实用人才统计调查。

2007 年，对全区农业产业的发展进行布局，规划发展“一片两线、三大板块、六大产业”。

一片：安水线及六纳公路沿线的所有乡（镇）集中连片发展蔬菜产业。

两线：郎岱市级万亩商品蔬菜基地及安水线，包括郎岱镇、陇脚乡、折溪乡、洒志乡、中寨乡、毛口乡；六纳公路沿线特色优势蔬菜产业带，包括木岗镇、落别乡、平寨镇、堕却乡。

三大板块：

1. 南部水黄路沿线优势农业产业聚集区：包括郎岱镇、陇脚乡、折溪乡、洒志乡、中寨乡、毛口乡 6 个乡（镇）。

2. 中东部优质粮油生产主产区：包括木岗镇、落别乡、平寨镇、新窑乡、堕却乡、箐口乡 7

个乡（镇）。

3. 北部山区脱毒马铃薯种植高产示范区和优质烟区：包括龙场乡、新华乡、岩脚镇、梭戛乡、新场乡、牛场乡、堕却乡8个乡（镇）。

六大产业：六枝特区重点发展蔬菜、马铃薯、中药材、茶叶、经果林、生态畜禽六大产业。

第四节　农业机械

一、概述

1975年，六枝特区农业机械管理局成立。拥有农机总动力达25.53万千瓦/2.62万台，其中，耕作机械55886.65千瓦/7225台，提灌机械14185千瓦/3120台，脱粒机械2967千瓦/989台，加工机械50680.55千瓦/11615台，运输机械93970.5千瓦/1920台，其他机械（含畜牧、农田基本建设机械等）47397千瓦/5285台的可喜局面。到2011年底，全年完成机耕面积15.2万亩，机灌面积8.46万亩，机械脱粒量5.04万吨，机运输250万吨·公里。2011年农业机械已进入农村千家万户，成为六枝农村经济建设中一支重要的生力军，为六枝特区农业增效、农民增收、农村经济繁荣稳定，推动社会主义新农村建设、全面建成小康社会起到了不可替代的作用。

二、机构与管理

（一）农机管理机构建立情况

1975年，成立六枝特区农业机械管理局，下设农机管理站、农机科研所2个事业单位和农机修造厂、农机供应公司2个企业单位（1979年，农机修造厂划归当时的工交办管理），共有干部职工96人。1978年，全特区8个区38个公社相继成立了7个农机管理站。2010年4月，特区启动新一轮机构改革，将原农业局、科技局、扶贫开发办、农机中心职责和乡镇企业局农产品加工行政管理职责、农业办公室除农业综合开发以外的职责，整合划入新组建的农业局。机构改革后原农机中心整体变更为农业局1个行政股室（农机综合管理股），其工作职能是负责六枝特区农机化综合管理及技术服务工作，股室干部职工28人，原参公身份不变。随后各乡（镇）农机站也合并划入乡镇农业综合服务中心，配备农机专职管理人员2～3名。

（二）农机管理发展状况

1978年，中共十一届三中全会后，土地经营权下放到广大农户手中，农民种粮有了较大的积极性，农机经营方式也随之不断从国营、集体所有转为农户、个人等经营方式上来，农业机械在农业生产及生活中逐步得到普遍应用。1989年，全区农机总动力已达24407.62千瓦，是1979年的1.8倍，新增农机户1685户。1986年，由于燃油市场价格大幅度提高，国家采取对农业机械实行成品油料补贴供应，平均每马力农业机械每个季度定额供应5公斤燃油（平价油3公斤，粮挂油2公斤）。农机管理部门在各区建立了油料供应点。农机作业量得到大幅度提高。1985年5285

亩；1990 年 20000 余亩。农机拥有量增长。1988—1990 年，平均每年培训农机驾驶人数高达 300 人以上。2000 年，全区农机总动力发展到 70648.32 千瓦，是 1985 年的 2.89 倍。2008 年，全区农机总动力已是 2000 年的 2.95 倍。

（三）农机化事业继续在改革中前进

2008—2011 年，农机部门共计争取各级补贴资金 2016 万元，补贴农户购置各类农机具 9217 台（套），带动农户投入 2137 万元。全区农机总动力发展到 25.53 万千瓦 /2.62 万台，比 2007 年分别增长 29% 和 223%。2009 年，农机部门在木岗镇抵岗、戛陇塘、木岗场、把仕 4 个行政村组织实施石漠化综合治理机耕道建设工程，在 5 条自然段新建机耕道 10.5 公里。

2011 年，农机部门争取项目资金扶持建起全区首家农民农机合作服务组织——六枝特区郎岱东山农机专业合作社，合作社经注册登记成立，有社员 20 名，拥有田间作业机械 30 余台，其中，大型拖拉机 4 台。

三、农机具推广应用

1978 年，中共十一届三中全会后，农机经营所有制结构逐步由国营、集体向农户或联户方式转变。1979 年，农机科研所组织技术人员开展为期 4 年的农机区划调查，编制的农机区划成果于 1985 年获市政府农机科技三等奖。1985 年 2 月，农机科研所更名为“农机推广站”。对烤烟烘干机、抽水机等农机具进行宣传及推广示范。1990 年，全区提灌面积从 1985 年的 5285 亩提高到 20000 余亩。

1990—1993 年，农机局实施六枝特区第一、二期农业综合开发农机项目，推广农机新技术、新机具。在项目区内引进和推广应用了 8 台丹霞牌小型手扶拖拉机、70 台（套）TQ–45 型多功能脱切机、50 台 F175 小型提灌机具以及 10 台化肥深施器，并推广金属清洗剂节能技术。1993—1995 年，为配合全区发展烤烟生产，农机局示范推广应用烤烟烘干机、营养制钵器获得成功。

1996—2000 年，农机部门引进 10 台秸秆还田机、50 套营养制钵器、100 部化肥深施器进行推广应用。引进的 2 台“洋马”联合收割机在落别、郎岱、木岗等主要产粮乡（镇）作机收示范获得成功。农机部门逐年组织联合收割机投入机收示范，年完成水稻机收面积约 500 亩。

2001—2005 年，农机中心在郎岱镇连续 5 年实施了农机化综合示范项目。在项目区投入 30 余台（套）机具进行机耕、机收等田间机械化作业示范。2005 年，六枝被列入全省十五个中央财政农机具购置补贴项目实施县，当年共计推广耕作、畜牧、栽插等各类农机具 406 台（套），补贴农户购机资金 75.98 万元。举办全区“百台脱粒机购置补贴发放仪式”，大力宣传国家农机具购置补贴支农惠农政策。

2006 年，农机部门在木岗镇开展水稻生产全程机械化插秧技术示范获得成功。2006—2008 年，六枝特区共补贴农户购置耕整机、拖拉机、抽水机等各类农机具 1360 台（套），投入各级补贴资金 401 万元。扶持了六枝特区蔬菜、烤烟、茶叶、畜牧等特色农业的发展。

2008 年，六枝特区被农业部首次列水稻育秧、插秧机械化技术示范推广项目县，项目分布在木岗、落别、新窑、陇脚、岩脚等 5 个乡（镇）实施，示范面积 3549 亩，绝大部分机插水稻均实现了增产增收。在木岗镇木岗场村建起水稻育秧大棚 2 栋 276 平方米，育秧量可满足 300 余亩机插大田用秧。

2009年，农机部门实施茶叶生产机械化示范项目，推广应用揉捻机、理条机、割灌机、抛光脱毫机、烘干机、扁茶炒制机、杀青机、采茶机、修剪机等各种茶叶生产机械103台（套）。是年，实施农业综合开发高标准农田建设农机项目，推广大中型拖拉机、抽水机、秸秆粉碎还田机等农田作业机械210台（套）。

2010年，面对六枝特区60年难遇的春旱，特区财政投入5万元抗旱救灾资金补贴购置柴油抽水机75台（套），分配到落别、郎岱、木岗、折溪、大用、陇脚、龙场等8个乡（镇）。购进39台（套）抽水机、耕整机等抗旱救灾机具和运水桶等抗旱设施（折合资金近7万元），投放到旱灾严重的乡（镇）和挂钩扶贫点支援抗旱救灾和生产自救。

2011年，全区拥有农业机械23017台（套），农机总动力达到24.06万千瓦，分别比2010年同期增长6.1%和6.4%。全年组织10340台（套）农机具投入农业生产服务。组织完成机耕面积12.02万亩、机灌面积8万亩、机械脱粒量6.9万吨、机收面积620亩，农用运输量271.41万吨．公里。完成中央、省、市、特区各级下达的农机具购置补贴资金424.6万元，补贴全区农户购置了蔬菜大棚、耕整机、抽水机、拖拉机等各类农机具1809台（套）。

四、安全监理

1985年2月，在农机管理系统中设立农机安全监理站。对农业机械实施注册登记、核发牌证、年度检审验。受公安系统委托对拖拉机驾驶人员的考试及拖拉机的注册管理。1995年，拖拉机在册数有263台，驾驶员在册数298人。

1996年，《贵州省农业机械管理条例》开始颁布实施，农机监理机构对农用车、拖拉机实施全程监督管理职责。1997年，上路执法180余人（次），纠正各类违章300余起。农机监理站到各乡（镇）开展年检审工作。1997—1999年，年检审率均达85%以上。

2002年，农业部在全国开展整治“黑车非驾”活动。六枝特区在各道路醒目位置喷刷大幅宣传标语96条，整治“黑车”218台（辆），“非驾”人员279人。整治“黑车非驾”活动被省局评为先进单位。

2005年，全区农用车辆在册数达1548台，农机驾驶人员在册数1740人。

2006年，由省人民政府、省公安厅、省农机局等出台的相关文件规定，将农用车从农机部门划归交警部门管理。农机部门只办理落户、核发牌证等业务。

2007年7月，农机部门开展整治无牌无证拖拉机、变型拖拉机违法行驶专项行动，纳入牌证管理的拖拉机达453台（辆）。

2008年，全区有拖拉机1544台，农机驾驶人员在册数666人。办理新车入户278台、新办驾驶证295个，年检拖拉机755台，年检合格率100%，

2009年，办理拖拉机入户447台，核发拖拉机驾驶证568个，年检拖拉机1555台，年检率96%，年检合格率100%。是年，新窑乡创建“平安农机”示范乡镇活动通过省农委验收。

2010年，办理拖拉机入户327台，拖拉机驾驶员新办证623人，纳入牌证管理的拖拉机（含变型拖拉机）1806台，持有拖拉机驾驶证人员1633人，年检拖拉机1599台，年检合格率100%。

2011年，办理拖拉机入户300台，核发拖拉机驾驶证416个，年审拖拉机1826台，年审合格率100%。当年纳入牌证管理的拖拉机（含变型拖拉机）2026台，持有拖拉机驾驶证的人员2277人。

第二章　种养业

第一节　种植业

一、粮食作物

（一）水稻

水稻是境内主要粮食作物之一，其产量仅次于玉米，主要产区为郎岱、大用、落别、平寨、岩脚、龙场、木岗、陇脚、洒志、中寨等。全区水稻常年播种面积在 13 万～15 万亩。1978 年，全区有 24 个公社，34 个大队、55 个生产队栽培中南优 2 号，面积 2411 亩，亩产 542.8 公斤。1980 年，引入杂交水稻桂朝 2 号进行多点试验，亩产达 635 公斤。1982 年，全区杂交水稻桂朝 2 号种植面积 69360 亩。1983 年，全区出现桂朝热，普遍种植朝 2 号。1984 年，引入“威优 63”“威优 64”“汕优 3 号”等杂稻品种。据特区农科所试种，“威优 64”亩产 480 公斤。1991 年，全区推广杂交水稻达 50254 亩。岩脚镇高桥村田应武家责任田里种植杂稻威优 481 单产达 725 公斤 / 亩，中寨乡平基村王志恒种植杂交水稻汕优 63 单产 700 公斤 / 亩。杂交水稻每年平均种植面积 57672 亩。1994 年，六枝特区坚持以增加农业科技含量为先导，实施农业工程为载体，促进农民增产增收，带动农村经济的全面发展。推广杂交水稻良种 5.5 万公斤，推行两段育秧 0.34 万亩，良种加宽窄行 5.21 万亩，比常规种植平均每亩增产 81.77 公斤，增产 15.73%，增产稻谷 408.85 万公斤。稻谷总产量 3.83 万吨。同时，农业局种子公司加大了引种试验示范，引进 20 多个品种在落别、陇脚进行品比试验示范。1995 年，推广优良品种，农业适用技术和规范化栽培，全区水稻产量 3.98 万吨，比 1994 年增加 517 吨，增长 1.32%。两段育秧完成 5.53 万亩，旱育稀植示范完成 0.5 万亩，宽窄行拉绳插秧完成 7.95 万亩。杂交水稻两段育秧单产 613.2 公斤，比常规单产 435.5 公斤增产 177.7 公斤，增产 28.98%，旱育稀植单产 598 公斤，比常规单产增产 162.5 公斤，增产 37.31%。

1996 年，全区推广杂交水稻配套，两段育秧旱育稀植加宽窄行栽插，完成 8.37 万亩，最高亩产达到 650.8 公斤、平均亩产 569 公斤，比常规种植亩增 149 公斤，增产 35.5%。1997 年，水稻完成播面 13.5 万亩，其中完成 8.6 万亩宽窄行种植，旱育抛寄和旱育稀植示范 4.2 万亩，抛秧抛寄试验 2 亩，杂交水稻新组合品比试验 8 个，水稻生物钾肥试验 25 亩，复合肥试验 1 亩以及进行杂交水稻亩产 685 公斤以上的高产栽培技术研究。1994 年，开展优质稻基地建设以来，引进的优质稻品种通过品比试验筛选出了金优 63、晋晚籼、银桂黏作为六枝特区优质稻的首推组合，金优 63 单产可达 600 公斤，晋晚籼、银桂黏可达 450 公斤，1997 年，种植面积突破千亩。

1998 年，全区粮食已实现连续 6 年持续增产，连续 5 年创历史最好水平。水稻种植面积完成 14.5 万亩，平均亩产 417.8 公斤，杂交水稻平均亩产 533.5 公斤，两段育秧平均亩产 582 公斤，旱育稀植平均亩产 603 公斤。

1999—2002年，水稻种植面积稳定在14万亩左右。其中杂交水稻种植面积逐年扩大，1999年种植面积9.16万亩，2000年种植面积10.03万亩，2001年种植面积12万亩，2002年达到12.8万亩。

2002年，根据六枝特区优质米基地建设规划，2002年，在巩固落别乡1万亩优质米生产基地的基础上，在木岗新建1万亩优质米生产基地，全部采用旱育稀植或两段育秧，宽窄行拉绳插秧，病虫害综合防治及配套技术，主推品种有两优363、新香优80、金优63、新香优63、金优桂99和K优5号等。省级优质稻示范项目在落别乡实施，同时在项目区内积极开展新品种试验、展示及示范，加强优质稻生产发展后劲，涉及金优527、D香优527、N优2号、K优818等14个优质杂交水稻新组合，并实施省级杂交水稻新品种试验示范，涉及两优211、茂香优2号、茂香优3号、K优简、两优363等13个品种，项目的实施将为六枝特区大面积推广优质稻提供后备良种。用该项目区生产的优质稻加工包装的“滴水滩”牌富硒米已销售本地及周边县市。

2003年，在稳定种植面积的前提下，积极开展优质稻基地建设工作，继续实施杂交优质稻新品种品比试验示范，同时实施杂交水稻全程地膜覆盖栽培试验，在郎岱实施水稻生物多样性试验示范。开展优质稻保优高产配套技术的推广应用，该技术2006年1月获得贵州省农业丰收奖三等奖。落别乡优质稻基地已获得无公害农产品产地环境认证。六枝特区粮油加工厂生产的“滴水滩”牌富硒米已取得注册商标。在2003年中国（淮安）和2005年中国（长沙）优质稻米博览交易会上，2次获优质农产品奖。2005年3月，“滴水滩”牌富硒米经农业部农产品质量安全中心认证，为贵州省首批无公害农产品（证书编号：WGH-05-00614）。

2004年，水稻种植面积14.53万亩，杂稻种植面积达到13.09万亩，主推品种有金优63、金优桂99、两优363等。2005年，种植面积14.51万亩，继续实施优质稻示范项目，加强优质米基地建设、种植符合国家部颁二级优质稻米标准的两优363等杂稻品种组合。

2006年，水稻播面完成14.51万亩，杂交水稻种植面积13.81万亩，主要品种有金优63、金优桂99、两优363等。继续实施贵州省粮食增产工程水稻工程6万亩，水稻产量6.84万吨。

2007年，水稻播面完成14.51万亩，杂交水稻种植面积13.85万亩，完成水稻工程6.91万亩。水稻产量7.07万吨。

2008年，水稻播面完成14.51万亩，实施了粮食增产工程水稻工程9万亩、实施贵州省粮食增产工程优质粮食产业工程、优质粮食产业工程水稻工程1.69万亩，水稻产量7.07万吨。全区海拔在1200—1400米的乡（镇），已基本普及推广杂交水稻品种。条件比较优越的乡（镇）已纳入优质稻基地建设项目，优质杂交稻普及率达100%。

2009—2010年，分别在木岗、落别、大用、郎岱、岩脚、龙场、洒志、陇脚等乡（镇）实施粮食增产工程，主要配套技术是无纺布育种+旱育两段育秧。

2011年，在原有的基础上实施水稻高产创建1万亩，实施地点陇脚乡，主要技术指标是无纺布育秧+旱育稀植+宽窄行种植，目标产量是720公斤/亩，基本苗是11万~13万株。水稻种植面积15.2万亩，杂交水稻普及率达100%。主推品种有金优63、宜香1577、内得优9号、内香优10、宜香优2115、宜香优1108等。

（二）玉米

玉米是境内主要粮食作物之一。1979年，杂交玉米推广面积6.25万亩，占全区玉米播面的

56.65%。1981年，推广杂交玉米“黔单4号”“单交”“兴义1号”。1982年，引入“京杂6号”种植，增产幅度大，全区大面积推广。

1991年，特区种子公司在六枝、中寨、新场、堕却、岩脚、木岗、新华7个区（镇），对8个杂交种和1个本地种进行示范种植。其中：19×木6-11、兴义1号×大19、兴义1号×499、035-6×32-2/苏/37等组合适合六枝栽种。1995年，全区推广杂交玉米6.16万亩，占总播面积的40.73%，其产量2.47万吨。

1996年，全区玉米产量突破历史最高水平，最高亩产达617公斤。良种推广35万公斤，面积17.5万亩，占全区旱地总面积的85.4%。1997年，种子工程规划和“九五”种子工程建设项目的申报审批和立项，加快了特区种子工程的建设步伐。1999年，全区玉米播面18.79万亩，其中杂交玉米占17.8万亩。

2000年，全区玉米播面完成29.32万亩，其中杂交玉米完成18.23万亩，有12.5万亩实行种子包衣，引种的黔兴1号、登海3号、遵玉3号等均获得丰产。

2001—2005年，优良杂交玉米品种较多，主要有登海3号、遵玉3号、安单136、西山66等。2005年，特区农业局在木岗镇实施玉米千亩连片超高产示范项目，平均亩产650公斤，核心示范平均亩产800公斤，品种主要以西山70、西山99、西山66为主，配套兴海201、临奥4号等。

2006—2008年，六枝特区继续实施贵州省玉米千亩连片超高产示范项目，同时实施贵州省粮食增产工程和六盘水市优质粮食产业工程，3年间，玉米产量分别为8.04万吨、8.11万吨、8.18万吨。

2008—2011年，在木岗、岩脚实施玉米高产创建。玉米高产创建是在分带轮作的基础上实施玉米育苗移栽，主要技术指标是拉纯、打点、定向移栽。栽培密度可根据品种不同而定，大约在4100～4500株/亩，目标产量是720公斤/亩。因玉米品种的不同和市场放开，导致栽培密度不同，技术产量指标不一样。在实施的过程中，每年都进行了引种试验、展示和示范，同时承担省种子站安排的玉米区域试验和玉米生产试验。主推品种有遵玉8号、遵玉9号、黔兴201、贵单8号、贵卓玉9号等。

（三）小麦

1989年，引种“贵农10号”在岩脚区、郎岱区种植。1993年，全区推广小麦良种7.2万亩，占当年总播种面积的39.6%。1995年，全区基本普及良种栽培，总播种面积17.24亩。

1996年，全区小麦播面达17.91万亩，其中规范化种植面积15.81万亩，“川幅3号”和“贵麦2号”新品种扩繁完成2200亩。良种小麦加分带轮作最高亩产达259.4公斤，平均亩产157.4公斤，比常规种植亩增26公斤，增产17%。

1997年，把“川幅3号”作为阿波种的替代品种，继续做好扩繁工作，收种15万公斤。1998年，优选良种“贵麦2号”“川幅3号”“提纯阿波”作为主推品种达7万公斤，推广面积占小麦总播面的90%以上，同时由裸种转向包衣种，栽培规范化水平明显提高。推广旱地分带轮作多熟制栽培、增加稻田种小麦播面，采用良种（包衣）+开厢+小沟密植栽培技术模式。1999年，小麦良种普及率达100%，总播面19.12万亩。

2000年，全区实施小麦高产示范工程和小麦良种扩繁基地建设，小麦完成播面19.54万亩，总产量达 2263 吨。

2002 年，特区种子公司引进“无芒 2 号”试验，最高亩产达 320 公斤。特区农业局引进小黑麦 76 号在郎岱种植。

2003 年，由于受 2002 年冬季到 2003 年春季持续干旱的影响，全区夏粮产量比 2002 年均减产，其中小麦产量 1.66 万吨，比上年减产 17.3%。

2004—2008 年，小麦用种基本上没有变化，农户都采用比较适宜当地种植的优质高产品种，2005 年全区总播面 17.25 万亩，总产量 1.75 吨。由于农业产业结构调整，2006—2008 年小麦播面分别为 22.02 万亩、15.03 万亩、13.2 万亩，产量分别为 1.79 万吨、1.72 万吨、1.52 万吨。

2009—2011 年，小麦播面略有减少，大部分田块都种上油菜。在岩脚镇实施小麦高产创建，小麦高产创建主要是以水田为主，主要技术指标是拉纯开厢小沟密植，稻田采用分厢小沟密植技术，6 尺开厢沟宽 0.8 尺，沟深 0.8 尺，每厢种 6 ~ 8 沟小麦，小麦播幅 0.4 尺左右，幅距 0.4 ~ 0.6 尺，播种量是 10 公斤 / 亩等。

（四）马铃薯

马铃薯又叫洋芋，1978—1996 年，主要在高海拔冷凉地区种植，也可套种，属常规种植。

1997—1999 年，推广脱毒马铃薯分带种植。全区马铃薯播面积 8.03 万亩，其中脱毒马铃薯加分带种植 5 万亩，引进马铃薯种 1 万公斤。在全区推广马铃薯良种分带种植。马铃薯播种面积 6.62 万亩。2000 年，马铃薯播种面积 10 万亩，其中分带种植 7 万亩，脱毒马铃薯种植 0.5 万亩，高产示范种植 0.3 万亩。

2001 年，全区马铃薯播种面积 12 万亩，其中脱毒马铃薯种植 6 万亩，高产示范种植 2 万亩，稻田免耕稻草全程覆盖马铃薯种植 0.2 万亩。

2005 年，全区马铃薯种植面积 13 万亩，其中脱毒马铃薯 7 万亩；2006 年，全区马铃薯种植面积 15.6 万亩，其中脱毒马铃薯 8 万亩；2007 年，全区马铃薯种植面积 16.5 万亩，其中脱毒马铃薯 9 万亩。

2008 年，全区马铃薯种植面积 20.58 万亩，其中脱毒马铃薯 12 万亩。连续 4 年推广脱毒马铃薯分带轮作栽培技术。在堕却乡建立优质专用马铃薯生产基地 2000 亩。

2009 年，马铃薯种植面积达 23 万亩，境内马铃薯主要品种有会一 2 号、威芋 3 号、脱毒米拉等，亩产量从 1978 年的 580 公斤提高到 2008 年的 1100 公斤，在堕却乡净作点，最高产量为 2736 公斤。

2009—2011 年，全区马铃薯种植主要的技术指标有旱地分带轮作，地膜覆盖，稻田免耕稻草覆盖栽培（冬作），双行起垄净作栽培，双行起垄套作，黑地膜覆盖双行起垄马铃薯套种两行玉米，马铃薯双行起垄套作地膜覆盖两行玉米。

2011 年，在堕却乡、新华乡实施马铃薯高产创建设项目 1 万亩。主要技术指标净作、分带轮作，主栽的品种有会 -2 号、威芋 3 号。项目涉及 2 个乡，每个乡 5000 亩。其中新华乡新平村 2500 亩，王家冲村 1000 亩，田坝村 1500 亩，堕却乡郎节坝村 2000 亩，朗树根村 1500 亩，堕却村 1500 亩。目标产量是平均亩产 2600 公斤 / 亩，示范片上年增产 2% 以上，均较常年常规栽培增产 20 以上，辐射带动全区均衡增产。主要技术指标净作和分带轮作，在实施过程中进行了新技术新品引种试验和示范，脱毒种薯覆盖率100%；测土配方施肥覆盖率100%；规范化栽培覆盖率100%；马铃薯病虫专业化统防统治覆盖率100%。

二、经济作物

（一）茶叶

六枝明代就开始种植茶叶，是历史贡茶“朵贝茶”的主产地之一。全区19个乡（镇）都有茶园分布，种植的茶树品种有福鼎大白茶、龙井43、迎霜、乌牛早、福鼎大豪、黔湄419等国家级和省级茶树良种。从事茶叶加工及销售的企业有13家，其中公司3家，有生产许可证企业2家，合作社10家，具有茶园规模1000亩以上有4家、500亩的3家。具有知识产权商标的10个，其中获得贵州省著名商标1个、六盘水市知名商标4个。年销售收入100万元以上企业4家，50万元以上5家，主要产品有乌蒙剑、天香翠芽、滴水滩、洒志春芽等炒青茶，尤以供外贸出口的乌蒙剑、天香翠芽品质为最高。

20世纪70年代，六枝茶叶面积达4400亩，产量达3.5万公斤，产品主销省内的贵阳、安顺等地区。

20世纪80年代，由于洒志农场撤销和体制等原因，大部分茶园荒芜，甚至被毁，年产量降至1.84万公斤，是六枝茶叶生产最为低迷的时期。

20世纪90年代，六枝茶叶重新进入一个新的发展阶段，实现茶产业从原有的小规模的分散种植向集中连片的规模化方向发展，茶叶加工从粗放的大宗茶生产向高档、优质的名优茶方向发展，初步形成了产业化雏形。

1997年以后，在名茶市场的引导下，各生产企业纷纷创制名优茶，先后创制了各具特色的品牌产品，如洒志椿芽、乌蒙牌乌蒙剑、郎山峰、乌蒙绿茶、夜郎雪剑、磨香椿芽等，品质优异，质量上乘，深受广大消费者喜爱，茶叶生产基本形成了名优茶生产为主，大宗茶生产并重的生产格局。投产茶园面积4000亩，年产干茶7.96万公斤，其中：名优茶7200公斤，年产值达390万元。茶叶产品除满足本地市场销售外，还远销浙江、山东、上海、江苏、福建、北京、大连等省市。

2008年，全区茶园面积6450亩，主分布于特区境内的龙场、大用、木岗、落别、新场、陇脚、郎岱、洒志等乡（镇）。

2010年，全区种植茶叶种植面积7683亩，产量192吨，平均每亩单产25公斤。茶园面积在1000亩以上的乡镇有大用镇、洒志乡、折溪乡、郎岱镇、龙场乡等。

（二）水果

六枝特区镜内有桃、梨、大樱桃、柑橘、葡萄等水果，但多为分散种植，产量较低。

2009年，全区有果园面积1.19万亩，水果产量3949吨。

2010年，全区有果园面积1.24万亩，水果产量5476吨。

2011年，全区种植水果面积1.26万亩，年产水果5787吨。主要有桃、梨、大樱桃、柑橘、葡萄、西瓜等，其中桃面积3900亩，占水果总面积的39%；梨2124亩，占16.8%；樱桃2130亩，占

16.85%，柑橘 1000 亩，占 7.9%。区内水果生产已形成品种多样、重点发展的格局，猕猴桃成为境内经济作物中的另一个主体作物，全区种植的猕猴桃以红阳、唐木里红心猕猴桃为主。

（三）油菜

油菜是境内主要经济作物之一。主要有芥菜型、白菜型和甘蓝型等品种。

1978 年，推广“黔油 9 号”“黔油 23 号”育苗移栽，每亩单产 152 公斤。1982 年，农牧局在木岗镇进行油菜育苗移栽试验示范，总产油菜籽 420 吨，平均亩产 100 余公斤。

1990 年，全区油菜种植面积 6.13 万亩，其中育苗移栽 8313 亩，总产 3348.2 吨。

1995 年，全区种植油菜 5.49 万亩，总产 5169 吨，其中：推广杂交油菜育苗移栽 1.2 万亩。

1996 年，油菜种植 5.91 万亩，由于受旱灾，油菜籽产量减产，总产 3593 吨，单产 60.83 公斤。

1997—2000 年，特区油菜累计种植 23.26 万亩，年均种植 5.82 万亩，总产量 1.86 万吨，年均产量 4659.25 吨。1997—1998 年，引入“油研 7 号”在境内东部地区落别乡示范种植，单产 150 公斤左右。1999 年，在境内北部片区梭戛乡示范种植，面积 200 亩，每亩单产 162 公斤。2000 年，推广杂交油菜 1.89 万亩，其中推广杂交油菜育苗移栽 1.14 万亩。

2001—2006 年，油菜累计种植 40.79 万亩，年均种植 6.8 万亩，累计总产量 3.22 万吨，年均产量 5362 吨，为加快特区油菜生产发展，提高油菜籽产量及品质，大力推广杂交“双低”油菜种植，主推“黔油 18 号”“杂选 1 号”“油研 7 号”“油研 9 号”“油研 10 号”“黔油 12 号”等 6 个品种，推广种植 23.8 万亩，其中育苗移栽 1.72 万亩。由于受 2002 年冬和 2003 年春季持续数月干旱影响，2003 的油菜籽产量减产，总产 4793 吨，单产 75.94 公斤，产量比 2002 年减产 8.9%。2002 年，推广杂交油菜种植 4.3 万亩，其中“双低”油菜育苗移栽 2.44 万亩。特区农业局引进油菜育苗稻茬免耕栽培技术在木岗、郎岱、岩脚三个乡镇示范，种植面积 651.35 亩，示范品种为“油研 7 号”，每亩单产 114.62 公斤。2005 年，推广油菜稻田免耕 8300 亩。

（四）花生

花生产区主要分布在境内的木岗、新窑、龙场、新华、毛口等乡（镇），以小米花生、大花生和紫花生等品种为当地常规品种。

1989 年，全区花生种植面积为 7922 亩，总产量 801 吨。

1995 年，花生播种面积为 6810 亩，总产量 879 吨。

1997—2003 年，花生播种面积累计 5.78 万亩，总产累计 7176 吨。2005 年，总产 1252 吨。

2008 年，六枝特区遭遇百年难遇的干旱，花生种植面积，花生种植面积降至 4755 亩，产量 952 吨。2009 年花生种植面积有所上升，2011 年达 6315 亩，产量 911 吨。

（五）大豆

由于六枝特区不是大豆主产区，加之豆粒产量低，所以都不单作，多是采用与玉米间作或套种。

1978 年，播种面积 2.18 万亩，亩产 140 公斤，总产 3045.7 吨。

1979—1980 年，特区科委实施大豆与玉米分带轮作技术。

1981—1990 年，由于市场经济的带动，大豆价格较高，种植技术简单，经济效益较好，农民自发地把大豆作为经济作物单作，实行密沟密植。

2000 年，岩脚镇调整产业结构，利用自身区位优越，采用地膜 + 小拱棚模式种植早毛豆，5 月份上市，价格一般在每公斤 6 元左右，经济效益高。新窑、毛口等乡（镇）也种植早毛豆。

2005 年，全区大豆总播面积 3.83 万亩，总产量 2738 吨，平均亩产 71.5 公斤。

2008 年，全区大豆总播面积 1.5 万亩，总产量 2578 吨，平均亩产 71.5 公斤。

2011 年，全区大豆总播种面积 1.79 万亩，产量 2684 吨。

（六）甘蔗

甘蔗主产于特区境内的毛口乡、中寨乡的鲁戛、捧夯、阿哈 3 个村，以糖蔗为主，其品种为芭茅蔗和沙糖蔗。1978—1994 年，以种植甘蔗为主要经济来源。1995 年，甘蔗种植 3045 亩，总产量 1.04 万吨。

1996—2004 年，累计种植 30.39 万亩，年均种植 3437 亩，累计总产 12.65 万吨。1998 年，毛口乡政府从云南省引入蔗糖型甘蔗品种“贵糖 11”号试种，示范面积 20 亩，亩产 2650 余公斤，适应种植海拔高度 780 ~ 1000 米，由于光照电站建设，没有推广。

2006 年，因移民搬迁工程，大部分蔗农改种玉米，甘蔗种植面积、产量大幅度下降，当年种植 810 亩，单产 3753 公斤，总产 3040 吨。2007 年后，甘蔗种植面积逐年缩小。2011 年，种植面积 135 亩，产量 307 吨。

2009—2011 年经济作物面积产量表

表 10-2-1　　单位：面积（亩）、产量（吨）

年份	面积合计	茶叶		桃		梨		柑橘		樱桃（含车厘子）		葡萄		其他	
		面积	产量	面积	产量	面积	产量	面积	产量	面积	产量	面积	产量		
2009	19632	7726	81	3560	1440	2100	900	1000	480	2056	980	190	140	3000	1010
2010	20083	7683	192	3687	1555	2124	990	1000	470	2100	1000	200	150	3289	1311
2011	22785	10142	253	3900	1637	2124	1020	1000	490	2130	1100	200	160	3289	1380

1995—2011 年其他经济作物发展概况

表 10-2-2

项目	油　菜		花　生		甘　蔗	
	面积（亩）	产量（吨）	面积（亩）	产量（吨）	面积（亩）	产量（吨）
1995	54870	5169	6810	877	3045	10421
1996	59070	3593	5820	785	3240	11706
1997	56730	4140	9015	1019	3345	14732

续表

项目	油菜		花生		甘蔗	
	面积（亩）	产量（吨）	面积（亩）	产量（吨）	面积（亩）	产量（吨）
1998	55920	4228	8975	980	3540	15021
1999	62580	5171	8955	1035	3555	15060
2000	57405	5098	7455	966	3435	14494
2001	61455	5168	7440	997	3420	14554
2002	62310	5261	8075	1082	3315	14612
2003	62955	4793	7980	1097	3520	13701
2004	65955	5399	7997	1143	3563	12618
2005	77145	5658	8004	1252	2442	9746
2006	78045	5893	8197	1247	810	3040
2007	79740	5927	8250	1350	346	290
2008	60690	5185	4755	952	330	233
2009	69360	5017	5550	1147	315	312
2010	71130	5022	5940	1135	135	387
2011	73320	5476	6315	911	135	307

三、蔬菜

1978—1982 年，主要以城区蔬菜专业队生产为主。蔬菜专业生产队在生产实践中，积累了丰富的生产经验。蔬菜生产区分布在原小乡的木岗、抵簸、大用、云盘、渔塘、六枝、店子、头塘等乡，有 8 个小乡 75 个村。专业蔬菜村 12 个，生产组 130 个。1983 年，实测蔬菜基地面积达 2655 亩，亩产量达 3000 ~ 3500 公斤。年均上市量 0.66 万吨 ，日均上市量 18.14 吨。蔬菜自给能力逐年提高。蔬菜品种逐年增多，以绿叶菜类、瓜豆类、茄果类居多。

1978—1995 年，全区蔬菜面积累计为 32.06 万亩。平均每年递增 1.83 万亩。

1978 年，全区蔬菜种植面积 9609 亩。推广地模覆盖、合理套种、杂交新品种等新技术，蔬菜经济效益显著提高，菜农生产蔬菜的积极性高涨。仅城郊蔬菜面积发展到 4000 余亩，占当年蔬菜面积的 41.6%。大面积蔬菜平均单产 1000 ~ 2000 公斤。亩产值 1500 ~ 2500 元，年产值达 600 万余元。主要种植蔬菜种类有叶菜类、瓜菜类、块根块茎类、茄果类、葱蒜类、菜用豆类等。大白菜除满足自给外，还远销邻县水城、安顺。1995 年，蔬菜面积达到 3.06 万亩，是 1978 年的 3.16 陪。

1996—1999 年，蔬菜播面累计为 11.14 万亩，平均年播面 2.79 万亩，总产量 23.83 吨，单产 2.14 吨。

2000—2004 年，蔬菜播面累计为 17.65 万亩，平均年播面 3.53 万亩，总产量 44.39 吨，单产 2.52 吨。

2004—2008 年，蔬菜总播面 13.86 万亩，平均年播面 4.62 万亩，时鲜蔬菜总产量 34.7 吨，单产 2.5 吨。全区蔬菜播面达到 8.15 万亩，总产量 16.3 万吨，单产 2 吨，其中：叶菜类占总播面的 25.63%、瓜菜类占 4.69%、块根块茎类占 1.29%、茄果类占 38.86%、葱蒜类占 7.29%、菜用豆类占

6.83%、水生蔬菜类占 0.46%、其他蔬菜占 28.16%。区域性特色蔬菜发展到 9735 亩。其中，大用胡萝卜 1600 亩、岱港毛坡大蒜 1300 亩、折溪生姜 1560 亩、牛场辣椒 4900 亩、郎岱茭瓜 375 亩。当年在六枝特区郎岱镇建设市级万亩商品蔬菜基地，特区在平寨镇、大用镇建设二线商品蔬菜基地 2 个。共建设 1.32 万亩，总产量 5.25 万吨，单产 2.48 吨。引进 7 个辣椒品种进行了新品种试验示范，广州叶华种苗公司“江仙女”品种，单产 1320.7 公斤，广州萼园科技公司“美人椒”品种，单产 2377.2 公斤，江淮园艺研究所“朝天王”品种，单产 1320.7 公斤，湖南湘研种业公司“红艳”品种，单产 1716.9 公斤，韩国东原农产种株式会社“湘圣火”品种，单产 1056 公斤，“农望辛香 808”单产 1716.9 公斤，安顺蔬菜种植公司“湘丰 8 号”品种，单产 1981 公斤。

2011 年，蔬菜面积达到 6.23 万亩，产量 13.49 万吨，分别是 1978 年的 6.48 陪和 6.24 陪。2008—2011 年，全区蔬菜面积累计达到 25.89 万亩，平均每年递增 8.63 万亩。鲜菜总产量达到 57.95 万吨，平均每年递增 19.31 万吨。

六枝特区蔬菜播面分布全区 19 个乡（镇）。2011 年，蔬菜种类种植面积和产量分别为叶菜类 0.49 万亩，产量 1.99 万吨；瓜菜类 0.35 万亩，1.01 万吨；块根块茎类 0.75 万亩，1.44 万吨；茄果类 1.29 万亩，2.01 万吨；葱蒜类 0.35 万亩，0.84 万吨；菜用豆类 0.37 万亩，0.96 万吨；水生菜类 0.05 万亩，0.09 万吨；其他蔬菜 0.12 万亩，0.08 万吨。

六枝特区 1978—2011 年蔬菜生产情况统计

表 10-2-3　　　　单位：亩、吨

年度	总播面	总产量	其中							
			叶菜类		瓜菜类		块根块茎类		茄果类	
			播面	产量	播面	产量	播面	产量	播面	产量
合计	828594	1918631	327855	1242990	61387	199393	79059	127352	76719	139966
1978	9609	21620	3940	14702	740	2378	990	1513	577	865
1979	10001	22502	4100	15302	770	2475	1030	1575	600	900
1980	9708	21843	3980	14853	748	2403	1000	1529	582	874
1981	8388	18873	3439	12834	646	2076	864	1321	503	755
1982	10568	23778	4333	16169	814	2616	1089	1664	634	951
1983	10662	23990	4371	16313	821	2639	1098	1679	640	960
1984	13711	30850	5622	20978	1056	3393	1412	2159	823	1234
1985	17536	39456	7190	26830	1350	4340	1806	2762	1052	1578
1986	14542	32720	5962	22249	1120	3599	1498	2290	873	1309
1987	16748	37683	6867	25624	1290	4145	1725	2638	1005	1507
1988	22481	50582	9217	34396	1731	5564	2316	3541	1349	2023
1989	22515	50659	9231	34448	1734	5572	2319	3546	1351	2026
1990	19165	58224	7858	39592	1476	6405	1974	4076	1150	2329
1991	19617	49040	8043	33347	1511	5394	2021	3433	1177	1962
1992	25065	58714	10277	39926	1930	6459	2582	4110	1504	2349

续表

年 度	总播面	总产量	其 中							
			叶菜类		瓜菜类		块根块茎类		茄果类	
			播面	产量	播面	产量	播面	产量	播面	产量
1993	28455	55920	11667	38026	2191	6151	2931	3914	1707	2237
1994	31215	59900	12798	40732	2404	6589	3215	4193	1873	2396
1995	30615	70082	12552	47656	2357	7709	3153	4906	1837	2803
1996	26295	60526	10781	41158	2025	6658	2708	4237	1578	2421
1997	27075	60816	11101	41355	2085	6690	2789	4257	1625	2433
1998	29040	61246	11906	41647	2236	6737	2991	4287	1742	2450
1999	28980	55679	11882	37862	2231	6125	2985	3898	1739	2227
2000	30375	61112	12454	41556	2339	6722	3129	4278	1823	2444
2001	32910	64375	13493	43775	2534	7081	3390	4506	1975	2575
2002	36315	117320	14889	79778	2796	12905	3740	8212	2179	4693
2003	38190	97503	15658	66302	2941	10725	3934	6825	2291	3900
2004	38715	103566	15873	70425	2981	11392	3988	7250	2323	4143
2005	45765	124931	18764	84953	3524	13742	4714	8745	2746	4997
2006	47100	104594	17460	72125	3165	10884	4320	7985	2595	3404
2007	45765	117505	21270	79148	4020	13043	5250	7706	3210	4624
2008	81468	163023	20878	48931	3824	6780	2100	4315	31658	70598
2009	54870	137342	27795	95062	2475	5274	5190	7619	7815	18049
2010	60360	144209	5835	22497	4500	15295	5985	17072	9945	17759
2011	62250	134881	4905	19941	3540	10093	7500	14441	12900	20137
合计	1006074	2335063	366390	1380490	71902	230055	97734	166484	107379	195911

续表

年 度	其 中							
	葱蒜类		菜用豆类		水生菜类		其他蔬菜	
	播面	产量	播面	产量	播面	产量	播面	产量
合计	70166	54955	51840	76264	1149.3	1337.1	152918	76314
1978	826	649	596	865	10	11.5	1931	637
1979	860	675	620	900	10	12.0	2010	663
1980	835	655	602	874	10	11.6	1951	644
1981	721	566	520	755	8	10.1	1686	556
1982	909	713	655	951	11	12.7	2124	701
1983	917	720	661	960	11	12.8	2143	707
1984	1179	925	850	1234	14	16.5	2756	909
1985	1508	1184	1087	1578	18	21.0	3525	1163
1986	1251	982	902	1309	15	17.5	2923	964

续表

年　度	其　中							
	葱蒜类		菜用豆类		水生菜类		其他蔬菜	
	播面	产量	播面	产量	播面	产量	播面	产量
1987	1440	1130	1038	1507	17	20.1	3366	1110
1988	1933	1517	1394	2023	22	27.0	4519	1490
1989	1936	1520	1396	2026	23	27.0	4526	1493
1990	1648	1747	1188	2329	19	23.0	3852	1724
1991	1687	1471	1216	1962	20	23.5	3943	1448
1992	2156	1761	1554	2349	25	30.1	5038	1731
1993	2447	1678	1764	2237	28	34.1	5719	1643
1994	2684	1797	1935	2396	31	37.5	6274	1760
1995	2633	2102	1898	2803	31	36.7	6154	2066
1996	2261	1816	1630	2421	26	31.6	5285	1784
1997	2328	1824	1679	2433	27	32.5	5442	1792
1998	2497	1837	1800	2450	29	34.8	5837	1803
1999	2492	1670	1797	2227	29	34.8	5825	1636
2000	2612	1833	1883	2444	30	36.5	6105	1797
2001	2830	1931	2040	2575	33	39.5	6615	1892
2002	3123	3520	2252	4693	36	43.6	7299	3476
2003	3284	2925	2368	3900	38	45.8	7676	2879
2004	3329	3107	2400	4143	39	46.5	7782	3061
2005	3936	3748	2837	4997	46	54.9	9199	3693
2006	3960	2519	2760	4053	60	72	5280	3536
2007	4005	4057	2955	4198	60	72	4995	4614
2008	5935	2374	5561	6673	375	408	11137	22944
2009	3840	4648	3225	3971	480	230	4050	2489
2010	4320	8099	3390	8186	495	250	1710	7223
2011	3495	8410	3675	9624	495	939	1215	826
合计	81821	76112	62130	98045	2619	2756	159893	86852

四、土壤肥料

（一）土壤

土地是农业生产的最基本的生产资料，土壤是土地的重要组成部分，是植物营养生长的基础。1980—1984 年，编写了《六枝土壤志》《六枝特区土壤普查技术总结》；编绘 1 ： 5 万土壤图、土地利用现状图、土壤分布断面图、土壤养分图及酸碱度图、土壤改良利用分区图等。

六枝特区土壤资源类型多样。境内分布有黄壤、山地黄棕壤、石灰土、紫色土、潮土、水稻土等6个土类，20个亚类，56个土属，98个土种。土壤总面积为148.68万亩，其中：黄壤占57.7%，山地黄棕壤占5.67%，石灰土占3.46%，紫色土占16.48%，潮土占0.42%，水稻土占16.27%。

平衡施肥技术是农业部、国家科委九五期间提出的十大增产技术之一，是提高农业生产效益，改善农产品品质、保持和提高土壤肥力、保证农业可持续发展的重要措施。

2006—2008年，六枝特区实施平衡配套施肥总计87.75万亩，经各种示范测产统计，玉米平均增产10% ~ 16.7%，水稻平均增产9.6% ~ 14.8%，马铃薯平均增产18.2% ~ 24.5%，小麦平均增产18% ~ 37.9%，油菜平均增产11.5% ~ 32%。建设小水池6000口；实施坡改梯0.6万亩，改良中低产田土3.25万亩。实行旱地分带轮作：在地块上按5 ~ 5.5尺开厢的基础上，实行玉米－马铃薯、玉米－绿肥（黄豆）、玉米－小麦、小麦－冬瓜轮作，使耕地得到了轮换种植和休整，避免了连作带来对土壤的不利影响；实施省级土壤养分定点监测点6个（水田、旱地各3个），面积共9.24亩。通过定点土壤化验、植株分析、田间作业记载等方法，对六枝特区主要土壤类型的理化性状和生产力进行动态监测，以达到掌握主要耕地土壤的基础地力变化规律，为省总站定点监控六枝特区土壤养分动态变化和合理利用土地、保护耕地、防止土壤污染、指导测土配方施肥、培肥地力，提供了科学有力的数据依据；对偏酸地区的土壤适当使用石灰进行改良，实施秸秆还田，每亩用粉碎秸秆150 ~ 250公斤，亩施用石灰200 ~ 400公斤（根据土壤酸度情况决定使用多少），施用1年可管5 ~ 6年，使土壤的性质更适宜农作物生长。对坡塝田的改良主要采取：增施有机肥料，改善土壤结构，增进泥沙融合，减少黏粒下移，改革栽培制度，实行稻—肥或稻—油轮作制，追肥少量多次，减少肥料流失。

2006年，完成省级测土配方施肥基础土样采集送样43个，市级脱毒马铃薯重金属化验取样送样12个，基础农化样30个，参加陇脚乡无公害优质稻基地的土壤样品采集送样工作；2007年，完成郎岱、龙场、木岗、牛场和岩脚5个乡（镇）的无公害农产品产地认定的土样采送工作；完成贵州省农田土壤质量演变土壤取样六枝片区土样的采集和送样。2008年，在境内采集了5个主要土种送农业部；另外还完成牛场、新场、堕却、箐口和郎岱等“5乡1镇”的无公害农产品产地认定和产品认证采样送检，其中：无公害马铃薯产地土样54个，马铃薯样品20公斤，郎岱西瓜样品3个、香瓜样品4个。六枝特区与省农委签订的“测土配方施肥资金补贴项目”合同要求，应用测土配方施肥补贴项目采样化验和野外调查数据、建立区域耕地资源管理信息系统，吸取六枝特区第二次土壤普查成果，开展了六枝特区测土配方施肥补贴项目工作。

2009—2011年，六枝特区主要实施了农业部下达的2个项目和省市下达的一些项目。

六枝特区测土配方施肥补贴项目，采集土壤样品3800个；填写采样地块调查表3800份；填写农户投肥情况调查表450份；发放施肥建议卡9.2万份；印制测土配方施肥宣传挂图1.5万份；实施玉米、马铃薯、油菜田间肥效试验36个；培训技术干部、经销商、农民7900人（次）；实施“百、千、万”示范推广展示3.81万亩。

通过项目的实施，将六枝特区的土种与贵州省土种和国家土种对接归并后主要有潮土、粗骨土、黄壤、黄棕壤、石灰土、水稻土、新积土和紫色土8个土类16个亚类，37个土属，81个土种。

六枝特区国土局第二次调查耕地面积，重新界定国土面积为269.93万亩，耕地面积101.55万亩，耕地面积占国土面积的37.62%。黄泥土土属面积最大，为21.6万亩，占六枝特区耕地面积的21.27%；其次为大紫泥土土属，占六枝特区耕地面积的12.61 %。各土地利用类型面积及分布。

六枝特区水田面积占耕地面积的22.62%，比旱地面积小55.6万亩。水田中黄泥田土属面积最大，为6.84万亩，占六枝特区水田面积的29.76%；其次为斑黄泥田、大泥田、幼黄泥田和血肝泥田4个土属，分别占水田面积的14.73%、14.72%、13.60%和12.94%。旱地的面积为78.57万亩，占耕地面积的77.38%。旱地中黄泥土土属面积最大，为21.6万亩，占旱地面积的27.48%；其次为大紫泥土和黄沙泥土2个土属，分别占旱地面积的16.29%和11.58%。详见六枝特区耕地土壤类型统计情况表

采用ARCGIS、ACCESS、区域耕地资源管理信息系统软件，建立了六枝特区耕地地力评价空间数据库、属性数据库，并将其他资料归档保存。完成六枝特区耕地地力评价后，采用ARCGIS 9.3编制了以下成果图件：

1. 六枝特区行政区划图；2. 六枝特区耕地土壤图；3. 六枝特区土地利用现状图；4. 六枝特区地力评价采样点位图；5. 六枝特区耕地海拔高程图；6. 六枝特区耕地坡度图；7. 六枝特区耕地耕层厚度图；8. 六枝特区耕地地形部位图；9. 六枝特区耕地土壤碱解氮等级图；10. 六枝特区耕地土壤有机质含量分布图；11. 六枝特区耕地土壤全氮含量分布图；12. 六枝特区耕地土壤有效磷含量分布图；13. 六枝特区耕地土壤速效钾含量分布图；14. 六枝特区耕地土壤缓效钾等级图；15. 六枝特区耕地土壤pH值分布图；16. 六枝特区耕地地力评价等级图（特区地力等级）；17. 六枝特区耕地地力评价等级图（部地力等级）；18. 六枝特区耕地地力与改良利用分区图；19. 六枝特区耕地地力与种植业布局分区图；20. 六枝特区耕地地力与施肥分区图；21. 六枝特区耕地耕层质地图；22. 六枝特区耕地玉米适宜性等级图；23. 六枝特区耕地马铃薯适宜性等级图；24. 六枝特区耕地土体厚度图。

随着工业化发展的进程加快，人类赖以生成的环境污染也日益加剧。为从源头上保障农产品质量安全，食以安为先。“十二五”期间，国家投入750亿元，开展重金属污染综合防治，农产品产地土壤重金属污染防治被摆在重要位置。按照农业部、财政部和省农委、省财政厅的安排部署，结合六枝特区实际，实施《六枝特区农产品产地土壤重金属污染普查项目》。

2011年以来，完成六枝特区农产品产地土壤重金属污染防治普查101.55万亩，采集土壤样品596个、农产品样品102个送省农产品质量检测中心和省农科院进行检测，完成19个乡（镇）基本情况调查表和六枝特区自然及社会经济状况调查表的填写，并做好基础数据录入和建档工作。

普查结束后，将梳理境内农产品产地重金属污染现状，完善农产品产地土壤环境质量档案，建立农产品产地分级管理制度，对未污染的农产品产地，将进一步加大保护力度，严格控制新的外源污染；对轻度污染的农产品产地，将采取生物、化学、物理措施，抓紧治理和修复；对严重污染的农产品产地，进行调整种植结构，划定农产品禁止生产区。

计划到2015年将完成全区工矿企业周边污染农区及一般农区产地重金属污染情况调查，全面了解15万亩茶叶、8万亩猕猴桃、20万亩中药材、5万亩蔬菜、20万亩马铃薯、3万亩油茶、20万亩核桃等农产品产地重金属污染现状，顺利完成农产品产地土壤重金属污染普查工作。建立农产品产地土壤重金属污染监测预警机制，为六枝特区特色优势农产品发展提供科学依据，做到农产品产地重金属污染早发现，早处置，防止农产品污染，从源头上保障农产品质量安全，为六枝特区农业产业发展奠定基础。

2009—2011年，继续在落别乡实施省级土壤养分定点监测点9.24亩；改建土壤肥料化验室250平方米，并配套附属设施。2009年，完成省市下达项目马铃薯无公害农产品产地认定和产品

认证土壤样品补样 30 个，其中：牛场乡 9 个、新场乡 12 个、箐口乡 9 个；采集新建茶园土壤样品 5 个到贵州省理化测试中心化验；采集土壤监测点土壤样品 5 个到省农业厅化验；2010 年，采集郎岱、折溪、陇脚 3 个乡各 1 个土壤样品及省级土壤监测点土壤样品 5 个到省农委化验；2011 完，成年农产品产地安全普查工作，采集了 6 个土壤样品、6 个（3 个玉米、3 个水稻）农产品样品送交省农科院化验。在郎岱农业园区实施六枝特区耕地整理项目土壤改良试验点 1 个，面积 2 亩。为六枝特区今后改良中、低产田土提供了借鉴。

（二）肥料

1. 有机肥料（农家）。（1）农家肥是传统用肥。主要以畜粪尿、厩肥、煤灰、土皮灰、草木灰、秧青、秸秆、油枯和骨灰为主。用踩、沤、烧、堆、泡、蒸、割、铲等多种方法积肥，要求“人有厕所畜有厩，粪水有池灰有棚”。

80年代，有机肥料比重占到60% ~ 70%，1991—2011年，有机肥料的比重下降到45% ~ 50%，而化肥的比重却上升到 50% 左右。全区有机肥施用量每年约为 31.59 万吨，平均每亩使用 375 公斤左右。1994 年，由美国引进高浓缩有机腐殖酸液肥——高美施，在水稻上试验 2 个（2.3 亩），施用比不施用亩增稻谷 21.7 公斤，增产 4.2%；在玉米上试验 4 个（4.8）亩，施用比不施用亩最高增产玉米 14.57%，最低增产 3.1%。

2003—2004 年，在省级优质稻示范项目区落别乡索考坝区实施油菜秸秆粉碎还田示范 100.4 亩，试验 3 亩。经测产，施秸秆示范平均亩产水稻 558.62 公斤，比习惯对照亩增 19.92 公斤，增产 3.7%。“十五”期间辐射带动全区推广秸秆还田还土 42.69 万亩。推广多种形式的秸秆还田技术，增加了有机肥施用量。

2006—2008 年，3 年间共推广秸秆还田 35.45 万亩。增加了有机肥施用量，增加了土壤有机质的含量。

2009—2011 年，推广秸秆还田 36.62 万亩。推广多种形式的秸秆还田技术，增加了有机肥施用量。

（2）绿肥是很好的肥地作物。1995—2000 年，绿肥的播种面积年平均为 3.89 万亩，其根瘤固氮总量约为 0.03 万吨，相当于全区每年化肥氮施用量的 2% 左右。“九五”期间，在毛口建立留种基地，累计完成 1.63 万亩，共收种 13.73 万吨。

2001—2002 年，分别在堕却、新窑 2 个乡实施省级绿肥品种比较试验点 1 个，共 2.6 亩。鉴定出参试品种在六枝特区的适宜顺序为：兰华籽 > 光叶紫花苕 > 苏箭 3 号 > 箭豌 66 ~ 25> 毛苕 > 紫云英。

“十五”期间，每年安排任务 15 万亩，共完成种植 78.38 万亩，年平均完成 15.68 万亩，为任务的 104.53%。在洒志乡实施 1000 亩高标准绿肥种植示范（水田 900 亩、旱地 100 亩），进行草粉加工综合利用，取得了较好的经济、社会效益。

2006 年，种植绿肥 16.58 万亩，2007 年，种植 16.58 万亩，2008 年，种植绿肥 16.55 万亩。

2009—2011 年，共推广种植绿肥 51.21 万亩，其中：2009 年种植绿肥 17.05 万亩，2010 年种植 17.05 万亩，2011 年种植绿肥 17.11 万亩。

2. 化肥，又称为无机肥料。六枝特区主要施用的化肥有氮肥（尿素、碳铵、硝铵）、磷肥（普钙、钙镁磷肥）、钾肥（硫酸钾、氯化钾、草木灰）、复合肥（N、P、K三元复合肥）等。50年代单一使用氮肥，60年代施用磷肥，70年代增加施用钾肥。

1992年，推广微机平衡施肥。NPK（氮磷钾）的比例进一步提高，按有机肥计算NPK比例为1∶0.28∶0.16，化肥NPK比例为1∶0.19∶0.07，低于全国水平（N∶P∶K～1∶0.45∶0.25），化肥施用结构比例失调，呈现化肥增加，有机肥减少趋势。为改变全区肥料使用不合理的状况，土壤肥料工作者从90年代就搞了多种肥料的试验示范。1991年，在落别坝湾实施水稻规范化栽培示范100.1亩，平均亩产477公斤，比常规亩增产19.8%。1992年，实施微机施肥，到在岩脚实施玉米微机优化配方施肥示范551.5亩，平均亩产387.8公斤，比常规亩增26.3%；在落别禹王实施水稻微机优化配方施肥示范103.1亩，平均亩产610.5公斤，比常规亩增产10.1%。1997年，实施平衡配套施肥，取得了显著的经济、社会和生态效益。

1995—1996年，在落别、大用2个乡（镇）实施油菜微机配方施肥试验6.8亩，为六枝特区种植油菜选出适宜的肥料配方。

1998年，在落别乡平寨村实施水稻平衡配套施肥试验3.2亩，平均亩产568.5公斤，比常规亩增16.26%。全区共完成平衡配套施肥139.2万亩，改良中低产田土14.08万亩，微肥推广完成1.02万亩（油菜施硼）。

2001—2005年，在落别乡落别村实施省级土壤养分定点监测15.4亩；在新窑乡和平村实施“中国南方旱坡地可持续农业管理项目”50亩，获国际水处理学会奖；在新窑骂枝实施玉米化肥深施试验1.2亩，实施玉米平衡施肥试验1亩，示范100亩；在郎岱示范水稻平衡施肥100亩；在新华乡示范玉米平衡施肥50亩。2003年在岩脚实施冬瓜平衡施肥试验1.5亩，为冬瓜种植选出经济、高产的肥料配方；2004年在岩脚示范冬瓜平衡施肥40亩，平均亩产4710.72公斤，比常规亩增37.01%，比空白亩增58.64%；在堕却、大用、新窑3个乡（镇）实施国际粮农组织提供的马铃薯“3414”试验5个共9.79亩，选出了六枝特区马铃薯生产肥料配方。

2005年，在木岗实施省级“油菜测土配方施肥”示范种植500亩（核心示范50亩）。2006年，在郎岱实施省级测土配方施肥玉米、水稻“3414”试验各1个，同田对比试验6个。

2006年，实施省级测土配方施肥试验、示范：（1）木岗实施油菜测土配方施肥示范种植50.4亩，实施同田对比试验2.1亩；（2）郎岱实施玉米“3414”试验1个（1.8亩），设2个重复28个小区，进行同田对比试验3个（2.37亩）抓示范样板102.7亩；（3）郎岱实施水稻“3414”试验一个（1.95亩），设2个重复28个小区，进行同田对比试验3个（2.87亩）抓示范样板100.9亩。

2007年，在堕却乡实施马铃薯测土配方施肥示范种植221亩，配方为N∶P2O5∶K2O=16∶10∶24，测土配方施肥栽培比常规栽培亩增753.1公斤，增37.7%，共增16.6万公斤马铃薯，按0.8元/公斤计算，共增收13.28万元。

2008年，在堕却乡实施六盘水市安排的堕却乡马铃薯测土配方施肥示范种植215亩，经测产，亩产比常规亩增270.29公斤，按市价0.8元/公斤计，增收4.65万元；实施省下达的马铃薯“3414”试验3个（高、中、低肥力各1个），同田对比试验3个（高、中、低肥力各1个），推广示范种植30.95亩。

2009—2011年，共推广实施测土配方施肥95.14万亩（施用配方肥45.45万亩），马铃薯、玉米和油菜三大作物核心示范展示3.81万亩，提供施肥配方个数38个，生产供应配方肥2.12万吨，建设测土配方施肥化验室 250 平方米（购买仪器设备 25 台套，并配套相关设施），提高六枝特区土壤肥料检测能力。

通过项目实施，玉米亩均增产 50.05 公斤，马铃薯亩均增产 300 公斤，油菜亩均增产 13.6 公斤，平均亩增幅达 8%以上。肥料利用率提高 3 个百分点，亩节本增效 30 元以上，项目区总计节本增效 2461.5 万元以上。在新窑乡实施马铃薯“3414”试验 1.4 亩，同田对比试验 0.5 亩；与省扶贫队在折溪乡推广新肥料“磷酸二铵”50 吨，示范种植玉米 2400 亩、水稻 500 亩、生姜 400 亩，均起得较好效果；在新华乡实施省下达的马铃薯“3414”试验 3 个（高、中、低肥力各 1 个），同田对比试验 3 个；玉米“3414”试验 1 个，同田对比 1 个；在岩脚镇实施玉米“3414”试验 2 个，同田对比 2 个。2011 年，全区完成马铃薯、玉米“3414”肥效试验 6 个。

3. 生物肥及激素。除有机肥和化肥而外，微量元素肥料的应用，新型植物生长调节剂和各种生物肥的应用。

1991—1995 年，在岩脚实施小麦施用叶面宝、增产灵、增产素试验；小麦施用茂而多碧试验。

1996—2000 年，在平寨、郎岱、岩脚、龙场、落别 5 个乡（镇）分别在小麦和油菜上施用农大哥生物肥试验 5 亩；在落别乡抵耳、河边村实施“丰收乐”植物生长调节剂示范 2000 亩（水稻 1528 亩、玉米 472 亩）；在新窑乡、平寨镇进行水稻、玉米、豇豆喷施“198”叶面肥试验 3 亩、示范 50 亩。

2005 年，在木岗镇、落别乡推广油菜施用硼肥 1.02 万亩。

2007 年，在洒志乡水稻上实施贵州金圣方复合微生物肥试验 1.2 亩，示范种植 20 亩，施用比施复合肥亩增稻谷 45.12 公斤，增产 8.23%。

2011 年，在洒志乡茶叶、折溪乡生姜和郎岱镇西红柿上实施新肥料“海博氏生物液肥”喷施试验。

实施（海博氏生物液肥）新肥料喷施试验 3 个：郎岱镇上寨村茶叶 2.5 亩、青菜塘村辣椒 1.65 亩、折溪生姜 1.8 亩，增产效益明显。经测产：辣椒平均亩产 3370.13 公斤，比对照亩产 3151.13 公斤，亩增产 6.95%。

六枝特区土壤肥力面积统计表

表 10-2-4　　单位：亩

肥力等级	耕地合计		旱作土		水稻土		自然土	
	面积	占 %	面积	占 %	面积	占 %	面积	占 %
上	75637	9.3	33100	5.8	42537	17.59	119216	17.7
中	472710	58.2	315543	55.32	157167	64.98	393102	58.3
下	263961	32.5	221789	38.88	42172	17.43	162187	24.0
合计	812308	100	570432	100	241876	100	674505	100

六枝特区土地资源表

表 10-2-5

利用类型	面积（公顷）	比例（%）
水田	15315.83	8.51

续表

利用类型	面积（公顷）	比例（%）
水浇地	99.84	0.06
旱地	52281.11	29.05
园地	792.86	0.44
林地	51049.96	28.37
草地	24289.63	13.50
城镇村及工矿用地	6042.03	3.36
交通运输用地	1854.35	1.03
水域及水利设施用地	3729.01	2.07
其他土地	24493.79	13.61
合计	179948.41	100

六枝特区耕地土壤类型统计情况表

表 10-2-6　　单位：公顷、%

土类	亚类	土属	土种	原二普土种名	面积	占耕地面积的 %
潮土	潮土	潮沙泥土	潮沙泥土	潮沙泥土	16.05	0.02
潮土	潮土	潮沙泥土	油潮泥土	潮油泥土	61.03	0.09
粗骨土	酸性粗骨土	砾石黄泥土	砾石大黄泥土	石碴子土	918.14	1.36
			砾石黄泥土	石碴子土	148.86	0.22
			砾石黄沙泥土	扁沙土	307.37	0.45
			砾石黄沙土	白沙土	20.22	0.03
			砾石橘黄泥土	铜汞石土	1398.84	2.07
		砾石灰泡土	砾石灰泡沙土	冷灰泡沙土	217.55	0.32
黄壤	黄壤	大黄泥土	寡浅黄泥土	白云沙土	2505.77	3.70
			浅黄泥土	灰沙土	2582.99	3.82
		黄泥土	黄胶泥土	黄胶泥土	13982.63	20.65
				烟灰胶泥土	24.17	0.04
			马肝黄泥土	黑夜潮土	78.60	0.12
			死马肝黄泥土	夜潮土	26.32	0.04
			炭质黄泥土	黑胶泥土	79.99	0.12
			油黄胶泥土	熟胶泥土	162.75	0.24
				熟烟灰胶泥土	42.34	0.06
		黄沙泥土	黄沙泥土	豆面黄泥土	4036.98	5.96
			生黄沙泥土	灰豆面黄泥土	1901.96	2.81
			油黄沙泥土	黑豆面黄泥土	128.29	0.19
		黄沙土	寡黄沙土	豆面泥土	1755.85	2.59
			黄沙土	黄沙泥土	1447.81	2.14

续表

土类	亚类	土属	土种	原二普土种名	面积	占耕地面积的 %
黄壤	黄壤	黄粘泥土	复盐基黄粘泥土	小土泥土	92.69	0.14
			黄黏泥土	黄泥土	370.74	0.55
			死黄黏泥土	死黄泥土	79.14	0.12
			油黄黏泥土	小黄泥土	93.41	0.14
		橘黄泥土	橘黄泥土	黑夜潮土	535.50	0.79
			死橘黄泥土	夜潮土	2029.19	3.00
	漂洗黄壤	白胶泥土	白胶泥土	白胶泥土	21.16	0.03
		白散土	白散土	白鳝泥土	470.62	0.70
黄棕壤	暗黄棕壤	大灰泡土	黄大灰泡土	灰泡沙土	208.06	0.31
		灰泡泥土	灰泡泥土	灰泡泥土	871.63	1.29
石灰土	黑色石灰土	黑岩泥土	岩泥土	岩泥土	1603.46	2.37
	黄色石灰土	大泥土	大泥土	大土泥土	3242.98	4.79
			油大泥土	黑油沙土	112.95	0.17
水稻土	漂洗型水稻土	白胶泥田	轻白胶泥田	轻白胶泥	35.54	0.05
			中白胶泥田	中白胶泥	76.81	0.11
				重白胶泥	5.13	0.01
		白鳝泥田	轻白鳝泥田	轻白鳝泥	18.37	0.03
			中白鳝泥田	中白鳝泥	85.19	0.13
			重白鳝泥田	重白鳝泥	64.44	0.10
	潜育型水稻土	烂锈田	烂锈田	烂锈田	10.56	0.02
		冷浸田	冷浸田	冷浸田	38.90	0.06
		马粪田	低位马粪田	中位马粪土	52.28	0.08
			高位马粪田	高位马粪土	74.01	0.11
		青潮泥田	青潮泥田	青潮泥	26.96	0.04
		青潮泥田	青潮泥田	重青潮泥	12.76	0.02
			青潮沙泥田	青扁沙泥	18.60	0.03
				重青扁沙泥	29.89	0.04
		青黄泥田	青黄泥田	青黄泥	29.05	0.04
				重青黄泥	3.23	0.00
				重青马肝泥	16.80	0.02
		鸭屎泥田	苦鸭屎泥田	湿鸭屎泥	169.01	0.25
	渗育型水稻土	潮沙泥田	潮沙泥田	淤泥	327.28	0.48
			潮沙田	淤沙泥	85.47	0.13
		大泥田	大泥田	大泥	930.09	1.37
			胶大泥田	苦大泥	1324.05	1.96

续表

土类	亚类	土属	土种	原二普土种名	面积	占耕地面积的 %
水稻土	渗育型水稻土	黄泥田	黄泥田	浅黄泥	1005.02	1.48
				浅马肝泥	176.37	0.26
				中黄泥	2508.65	3.71
			黄沙泥田	黄沙泥	867.22	1.28
		煤锈水田	煤浆泥田	轻煤浆泥田	32.26	0.05
				烟灰田	6.72	0.01
				中煤浆泥田	50.54	0.07
				重煤浆泥田	21.81	0.03
			煤锈田	废水田	15.10	0.02
				煤锈田	71.56	0.11
			锈水田	锈水田	54.37	0.08
		血肝泥田	血泥田	马血泥	1227.59	1.81
			血沙泥田	血沙泥	172.11	0.25
			羊肝泥田	羊肝泥	582.73	0.86
	脱潜型水稻土	干鸭屎泥田	干鸭屎泥田	干鸭屎泥	10.63	0.02
				熟鸭屎泥	47.22	0.07
	淹育型水稻土	幼黄泥田	幼黄泥田	马肝黄泥	56.70	0.08
				死黄泥	400.08	0.59
			幼黄沙泥田	寡黄泥	950.52	1.40
			幼黄沙田	黄干沙泥	675.80	1.00
	潴育型水稻土	斑潮泥田	斑潮泥田	潮泥	147.35	0.22
			斑潮沙泥田	潮沙泥	48.24	0.07
			油潮泥田	黑潮泥	20.07	0.03
		斑黄泥田	斑黄胶泥田	黄胶泥	727.15	1.07
			斑黄泥田	黄泥	1022.12	1.51
	潴育型水稻土	斑黄泥田	斑黄泥田	马肝泥	90.57	0.13
			斑黄沙泥田	暗黄沙泥	317.57	0.47
			小黄泥田	小黄泥	81.55	0.12
			油黄沙泥田	黄油沙泥	17.33	0.03
		大眼泥田	大眼泥田	大眼泥	118.02	0.17
			龙凤大眼泥田	大眼油沙泥	16.84	0.02
			沙大眼泥田	大眼沙泥	93.25	0.14
		紫泥田	紫泥田	紫泥	231.23	0.34
				紫油泥	17.11	0.03
新积土	新积土	山洪潮沙土	洪淤沙泥土	冷沙土	602.57	0.89

续表

土类	亚类	土属	土种	原二普土种名	面积	占耕地面积的 %
紫色土	石灰性紫色土	大紫泥土	砾紫泥大土	羊肝石土	4057.43	5.99
			油紫泥大土	暗紫红泥土	55.20	0.08
				紫泥大土	28.39	0.04
			紫泥大土	紫红泥土	97.22	0.14
				紫泥土	4295.03	6.34
	酸性紫色土	血泥土	生血泥土	生紫胶泥土	25.62	0.04
			血胶泥土	紫胶泥土	911.22	1.35
			血泥土	血泥土	732.23	1.08
合 计					67696.78	100

六枝特区化肥用量表

表 10-2-7　　　　单位：吨

项目	实 物 量					折 吨 量				
	氮肥	磷肥	钾肥	复肥	合计	氮肥	磷肥	钾肥	复肥	合计
1994						6177.3	1551	1024	602.2	9354.5
1995	13939	5297	4801		24037					
1996	13058	5801	5056	3835	27750					
1997	13477	5714	4810	4674	28675					
1998	14074	5943	4621	4276	28914					
1999	14297	5689	4687	5069	29742					
2000	14417	5473	4668	5631	30189					
2001	14728	5564	4782	5772	30846					
2002					32062					
2003					34630					
2004					36974					
2005					38415					
2006					39428					
2007					40740					
2008	17530	5517	7817	10918	41782	7090	1290	3106	2501	13987

五、栽培技术

（一）水稻

1978—1986 年，在全区推广杂交水稻种植，种植规格分别是 8 寸 ×4 寸，7 寸 ×5 寸，每窝栽 4 ~ 5 片苗。

1987—1991 年，在落别、岩脚两区推广半旱式栽培。1990 年，水稻的育秧方式推行两段育秧。1995 年，推广旱育两段育秧、旱育秧。2005 年，推广旱育两段育秧、旱育秧、旱育保母育秧。

1992—1996 年，在岩脚镇推广蒸气温室无土育秧。蒸所温室无土育秧分两段育秧（寄栽规格是 1 寸 ×1 寸或 1.5 寸 ×1.2 寸 -2 寸单位株寄栽），小苗直插两种，同时配套宽窄行拉绳插秧，规格（9 寸 +6 寸）×5 寸或（8 寸 +6 寸）×5 寸。蒸气温室无土育小苗直插在高桥村龚家寨组杨近益家责任田里进行，每窝栽 2 粒谷芽，选用品种是“汕优 63”，经组织验收每亩单产 616.5 公斤，比常规育秧亩增 176 公斤，比湿润育秧增产 147.5 公斤。在全区推广旱育稀植 0.5 万亩；水稻两段育秧 5.53 万亩，杂交水稻加两段育秧加旱育浅植加宽窄行拉栽插 8.37 万亩。1997 年，推广抛寄秧试验示范。1998 年，全区推广杂交水稻 9.1 万亩，推广水稻半旱式栽培 0.05 万亩；推广稻田多熟制 12 万亩。1999 年，在不同海拔的地区进行了巴西陆稻试验 2 亩。2000 年，推广巴西陆稻种植 550 亩。

2001—2005 年，推广旱育两段育秧；杂交水稻高海拔地区地膜覆盖栽培；生态育秧（沼液浸种育秧、高吸水种依剂“旱育保姆”育秧、无纺布育秧）。2006 年，在落别乡推广无纺布育秧；旱育抛寄秧；在木岗镇推广软盘育秧和机械插秧。2007 年，软盘育秧和机械插秧扩展到龙场、岩脚、陇脚、郎岱等乡（镇）。2008 年，在落别进行水稻千亩连片超高产栽培。

2009—2011 年，实施水稻高产创建，粮食增产工程。主要技术指标是旱育稀植、旱育两段育秧、无纺布育秧、旱育保姆育秧，水稻宽窄行拉纯栽培插秧。

水稻育秧技术：从老式的育秧（洒水秧）—落稀谷育壮秧—湿润育秧—保温两段育秧—温室无土两段育秧—现在旱地两段育秧—沼液浸种育秧—旱育保姆育秧—无纺布育秧。经过几次的育秧改革，对减少烂种烂秧，提高成秧率，克服倒春寒及躲过伏旱或低温影响，对提高秧苗素质和单产都起到极大的作用。

水稻栽培技术：由原来的老式栽插—半旱式栽插—拉绳等行距栽插—宽窄行拉绳栽插。以前是靠栽不靠发，而现在是靠发不靠栽。保证每亩有效穗而夺高产。

（二）玉米

1978—1980 年，全区推广玉米～马铃薯双行套种技术。规格为 2 行玉米套种黄豆套种技术。1981—1988 年，旱地分带轮作多熟制的推广。其模式为：小麦 // 冬瓜→南瓜→辣椒。1989 年实施“温饱工程”，将玉米地膜覆盖技术与旱地分带轮作技术在高寒山区配套推广。1990—2001 年，全区推广杂交玉米绿肥聚垄免耕分带种植；推广玉米育苗单株定向移栽；杂交玉米包衣种种植。在岩脚镇推广“小麦 // 绿肥→西瓜→玉米→红苕”种植。规格 200 厘米开厢，小麦带 133.33 厘米种 4 行小麦，66.67 厘米空带种绿肥，绿肥压青后种西瓜，窝距 50 厘米，西瓜坐果上市后种玉米和红苕，玉米与红苕实行分带种植，在西瓜地膜上 100 厘米种 2 行玉米，行距 40 厘米左右，窝距 50 厘米左右，双株留苗，在玉米窝间插一株红苕，玉米空带种 2 行红苕。

2002—2008 年，推广宽厢宽带种植，规格 266.67 厘米开厢，166.67 厘米内种 4 沟小麦，余下 100 厘米种植绿肥，豌豆、胡豆或蔬菜等，次年 100 厘米内栽 2 行玉米，余下空带种白菜、萝卜、大蒜、辣椒、茄子、折耳根或牧草等。2005 年，在木岗镇进行玉米千亩连片高产示范。2006 年，在木岗镇进行玉米免耕或少耕栽培。2008 年，在岩脚、木岗镇进行玉米高产创建项目，在岩脚进行玉米免耕试验示范。

1978—2011 年，六枝特区玉米种植技术逐步提高，种植模式有了新的变化。

育苗技术：直播→营养袋育苗→营养块或营养坨

其技术要点为：①营养土的配制，一般可用 500 公斤过筛的细土，拌 200 公斤腐熟无粗渣的猪牛圈肥，20 公斤过磷酸钙和 20 公斤发酵后的饼肥，喷清粪水或水充分拌和即可；②床土配制，配料和营养袋一样。

栽培模式：

玉米间作大豆 / 小麦间作豌胡豆；玉米间作红苕 / 小麦间作蔬菜；玉米间作花生 / 小麦间作绿肥；小麦 / 绿肥 // 三米 / 经济作物；玉米 // 马铃薯（地膜覆盖）；玉米 // 马铃薯等。

其规格根据作物品种、土壤肥力，自然气候及间套作的高矮秆作物而定。

（三）小麦

1978 年，六枝特区小麦种植推广宽窄行。宽窄行所指是宽行用于种一沟玉米，窄行用来种植一沟小麦。后又将宽窄行改为“二套二”分带条播或点播，空带套种玉米的分带间轮作的新的栽培方式。

1994—2005 年，全区推广小麦高产栽培技术，实施小麦“高产攻关项目”。

稻田种小麦是 6 尺开厢，厢面上用小条锄打沟种 6 ~ 8 沟小麦，小麦播幅 0.4 尺，幅距 0.4 ~ 0.6 尺。

旱地宽厢宽带种植统一 8 尺开厢，5 尺种 4 沟小麦，余下 3 尺种植绿肥，豌胡豆或蔬菜等，次年 3 尺内栽 2 行玉米，余下空带套种白菜、萝卜、大蒜、辣椒、茄子、折耳根等。实行拉绳开厢小沟密植。

2011 年，在岩脚实施小麦高产创建工程，主要技术指标是拉纯开厢小沟密植，稻田采用分厢小沟密植技术，6 尺开厢沟宽 0.8 尺，沟深 0.8 尺，每厢种 6 ~ 8 沟小麦，小麦播幅 0.4 尺左右，幅距 0.4 ~ 0.6 尺，播种量是 10 公斤 / 亩，项目区用的品种是丰优 5 号，目标产量是 500 公斤 / 亩，旱地是以分带轮作为主。

（四）马铃薯

洋芋又叫马铃薯。1978 年，洋芋在境内套作于玉米。1990 年，在全区推广洋芋良种分带种植，播种面积 6.62 万亩。1997 年，全区推广脱毒马铃薯加分带种植。全区洋芋播面积 8.03 万亩，其中脱毒马铃薯加分带种植 5 万亩，引进马铃薯种 1 万公斤。2000 年，主要推广脱毒马铃薯高产示范种植，全区洋芋播种面积 10 万亩，其中分带种植 7 万亩，脱毒马铃薯种植 0.5 万亩，高产示范种植 0.3 万亩。

2001 年，全区洋芋播种面积 12 万亩，其中脱毒马铃薯种植 6 万亩，高产示范种植 2 万亩，稻田免耕稻草全程覆盖马铃薯种植 0.2 万亩，主要推广稻田免耕稻草全程覆盖马铃薯栽培技术；良种洋芋丰产栽培技术。2005 年，全区洋芋种植面积 12 万亩，其中脱毒马铃薯 7 万亩，建成优质专用马铃薯生产基地 1 个。主要推广脱毒马铃薯分带轮作栽培技术。

2011 年，在岩脚实施小麦高产创建工程，主要技术指标是拉纯开厢小沟密植，稻田采用分厢小沟密植技术，6 尺开厢沟宽 0.8 尺，沟深 0.8 尺，每厢种 6 ~ 8 沟小麦，小麦播幅 0.4 尺左右，幅距 0.4 ~ 0.6 尺，播种量是 10 公斤 / 亩，项目区用的品种是丰优 5 号，目标产量是 500 公斤 / 亩，旱地是以分带轮作为主。

六、主要农作物病虫害防治

（一）病虫害种类

境内主要农作物的病虫害的种类有：水稻：稻瘟病、稻曲病、纹枯病、胡麻叶斑病、恶苗病、立枯病、二化螟、三化螟、纵卷叶螟、稻飞虱、稻蝗、叶蝉、稻苞虫、稻秆潜蝇、稻象甲、稻负泥虫等。小麦：条锈、叶锈、秆锈、白粉病、麦蚜、赤霉病、散黑穗病、麦蜘蛛等。玉米：玉米锈病、大小斑病、玉米纹枯病、丝黑穗病、玉米螟、黏虫、地下害虫、玉米蚜虫等。油菜：霜霉病、白锈病、菌核病、油菜蚜虫。马铃薯：晚疫病、早疫病、环腐病、黑胫病等。

其中为害较重的病虫害种类有：稻瘟病、稻曲病、纹枯病、黏虫、二化螟、稻飞虱、稻纵卷叶螟、小麦条锈、小地老虎、油菜蚜虫、马铃薯晚疫病等。参见 1994—2011 年部分病虫害发生面积一览表。

（二）农作物病虫害发生情况

70 年代，病虫害发生率为 30%，80 年代下降为 10%。90 年代，发生面积不断扩大。1995 年 5 月，落别、陇脚水稻秧床发生青枯死苗、黄枯死苗病害。2004 年，大用镇水稻秧床发生 10 余平方米病害。2006 年，农业局在木岗镇使用塑料软盘育秧，发生连片青枯、黄枯死苗病害 100 余平方米（500 余盘）。

1995 年、2002 年，陇脚乡发生面积分别为 4000 余亩和 6000 余亩飞虱虫害。百丛虫量一般为 1 万头，高的达 10 万余头。

2004 年，全特区秋季农作物发生病虫害严重为害 19.73 万亩，主要有黏虫、飞虱、稻瘟病。其中，黏虫发生面积 10.02 万亩，重发面积 3.57 万亩。据牛场乡调查，重发地块每穴（双株）玉米虫量 10 ~ 20 头，高的达到 30 余头。被害玉米苗仅留下茎秆和叶脉，对部分弱小玉米苗的为害达到毁灭性为害。同年，稻飞虱发生面积 5 万亩，稻瘟病发生面积 1.46 万亩，其他病虫害发生面积 3.25 万亩。

1995—2005 年，全区主要农作物病虫害的发生面积逐年扩大，1995 年，发生面积 21.97 万亩（次），2005 年，发生面积 95.9 万亩（次），是 1995 年的 4.4 倍，平均每年递增 6.72 万亩（次）。

2006 年，全区农作物病虫害发生面积 114.65 万亩。水稻病虫害发生面积 19.6 万亩，病害面积为 9.8 万亩，虫害面积 11.8 万亩，小麦病虫害发生面积 12.1 万亩，玉米病虫害发生面积 21.5 万亩，油料病虫发生面积 7.76 万亩，农田鼠害发生面积 19.3 万亩，农田杂草发生面积 31.5 万亩，果树病虫发生面积 0.99 万亩，蔬菜病虫发生面积 1.9 万亩。

2007 年，全区农作物病害发生面积 116.33 万亩。水稻病虫害发生面积 29.1 万亩，小麦病虫害发生面积 10 万亩，玉米病虫害发生面积 15.95 万亩，油料病虫发生面积 5.8 万亩，农田鼠害发生面积 18.4 万亩，农田杂草发生面积 33.3 万亩，果树病虫发生面积 1.23 万亩，蔬菜病虫发生面积 2.55 万亩。

2008 年，全区农作物病害发生面积 143.97 万亩，水稻病虫害发生面积 27.1 万亩。小麦病虫害发生面积 11 万亩，玉米病虫害发生面积 24 万亩，油料病虫发生面积 8.6 万亩，农田鼠害发生面积 18 万亩，农田杂草发生面积 35 万亩，果树病虫发生面积 0.97 万亩，蔬菜病虫发生面积 3.3 万亩，马铃薯病虫发生面积 16 万亩。

2009 年，全区农作物病害发生面积 123.38 万亩。水稻病虫害发生面积 22 万亩，小麦病虫害发生面积 12.8 万亩，玉米病虫害发生面积 17.7 万亩，油料病虫发生面积 5.1 万亩，农田鼠害发生面积 18 万亩，农田杂草发生面积 30.5 万亩，果树病虫发生面积 0.98 万亩，蔬菜病虫发生面积 2.3 万亩，马铃薯病害发生面积 14 万亩。

2010 年，全区农作物病虫害发生面积 117.76 万亩。水稻病虫害发生面积 22.6 万亩。小麦病虫害发生面积 6.5 万亩，玉米病虫害发生面积 14.9 万亩，油料病虫发生面积 5.3 万亩，农田鼠害发生面积 17.5 万亩，农田杂草发生面积 35.5 万亩，果树病虫发生面积 1.01 万亩，蔬菜病虫发生面积 4.45 万亩，马铃薯病害发生面积 10 万亩。

2011 年，全区农作物病虫害发生面积 164.54 万亩，水稻病虫害发生面积 37 万亩，小麦病虫害发生面积 9 万亩，玉米病虫害发生面积 25.1 万亩，油料病虫发生面积 6.4 万亩，农田鼠害发生面积 20 万亩，农田杂草发生面积 35.5 万亩，果树病虫发生面积 1.14 万亩，蔬菜病虫发生面积 4.3 万亩，马铃薯病虫发生面积 26 万亩。

（三）病虫害防治

境内病虫害防治使用的农药约有 60 余个品种。主要有：敌敌畏、毒死蜱、阿维菌素、敌杀死、溴氰菊酯、杀虫王、高效氯氰菊酯、扑虱净、辛硫磷、替甲磷、吡虫啉、蚜虱净、密达、毒死蜱、丁硫克百威、杀虫双、阿维氟酰胺、噻虫嗪、杀毒矾、氟吡菌胺（银发利）、叶枯唑、噻唑锌、甲霜灵锰锌、代森铵、代森锰锌、托布津、百菌清、多菌灵、根腐灵、三唑酮、稻瘟灵、三环唑、土菌铜、卡菌敌克松、代森锌等。

20 世纪 80 年代，使用化学农药的大田作物病虫害得到有效控制。90 年代，推行以农业防治、生物防治、物理防治为主、化学防治为辅的综合防治措施，以减少农产品的农药残留量。大面积防治仍以化学农药防治为主。

1995 年 5 月，在堕却乡实施稻瘟病的综合防治示范 346 亩。1996 年，进行了良种包衣技术示范推广，后逐年扩大了良种的包衣技术推广。

2003 年，首次使用频振式杀虫灯 20 盏，安装于木岗（大木岗村）、落别（索考村）2 乡（镇），控制杀虫面积 1800 亩。2006 年，安装 55 盏，分别布置于郎岱（坝子村、安乐村）、洒志（平桥村、洒志村、中寨村、把利村）。控制杀虫面积 5100 亩。

2004 年，秋季作物黏虫大量发生，受害面积 10.02 万亩，政府筹资 100 余万元，调动干部职工 2000 余人指导防治。2005 年，防治面积达到 79.25 万亩。2006 年，采取农业防治、人工防治、物理防治、药剂防治、安装杀虫灯等措施，共完成综合防治面积 94.59 万亩，挽回粮食损失 2135.9 万公斤。2007 年，共完成综合防治面积 95.98 万亩，挽回损失 2204.26 万公斤。

2008 年，共完成综合防治面积 110.27 万亩，挽回损失 6467.7 万公斤。在全区组建 15 个机防队，投入机动喷雾器 160 台，在落别、郎岱、洒志安装频振式杀虫灯光 300 盏，有效控害面积 1.5 万亩，全区共完成机械联防面积 4.71 万亩，挽回损失 429.6 万公斤，其中：完成水稻防治面积 3.71 万亩，挽回损失 159.53 万公斤，蔬菜面积 1 万亩，挽回损失 409.53 公斤。2009 年，共完成综合防治面积 106.35 万亩，挽回粮食损失 37482.48 万公斤。2010 年，共完成综合防治面积 115.1 万亩，挽回损失11657.77万公斤。2011年，共完成综合防治面积177.65万亩，挽回损失44060.25万公斤。完成核心防治示范面积3万亩。推广专业化统防统治工作，建成专业化统防统治队伍5个，示范面积2500亩。

（四）检疫性对象发生及防控情况

1. 水稻细菌性条斑病

2005年，折溪乡中寨村（与关岭县相邻地块）水稻首次发生植物检疫性病害水稻细菌性条斑病8亩，防治面积200亩，均为化学防治。

2006年，境内发病面积约200亩，防治面积300亩，均为化学防治。

2007年，境内发生面积500亩，完成综合防治面积600亩。秋收时由市植保植检站组成验收组对项目进行验收，综合治理区水稻亩产最低为548.2公斤，中等为578公斤，最高为596.4公斤，平均亩产为574.2公斤，前3年疫区平均亩产为510.5公斤，综合治理区的平均亩产比前3年增产了12.48%；非综合治理区（农户自防区）亩产为523.2公斤，比非综合治理区（农户自防区）亩挽回损失25公斤以上；空白对照区亩产为503.6公斤，比空白对照区亩增产14.02%。

2008年，境内发生面积300亩，完成综合防治面积600亩。综合治理区水稻亩产最低为542.8公斤，中等为578.7公斤，最高为594.5公斤，平均亩产为572公斤，空白对照区亩产为512公斤，平均每亩挽回损失60公斤，比空白对照区亩增产15%。

2009年，境内发生面积200亩，完成综合防治面积600亩。综合治理区水稻亩产最低为513.5公斤，中等为530公斤，最高为576公斤，平均亩产为540公斤，空白对照区亩产为480公斤，平均每亩挽回损失60公斤，比空白对照区亩增产12.5%。

2010年，境内发生面积200亩，完成综合防治面积600亩。综合治理区水稻亩产最低为526公斤，中等为562.5公斤，最高为585.5公斤，平均亩产为558公斤，空白对照区亩产为497公斤，平均每亩挽回损失61公斤，比空白对照区亩增产12.3%。

2011年，境内发生面积200亩，完成综合防治面积600亩。综合治理区水稻亩产最低为503.4公斤，中等为533公斤，最高为568.6公斤，平均亩产为535公斤，空白对照区亩产为471公斤，平均每亩挽回损失64公斤，比空白对照区亩增产113.6%。

2. 稻水象甲

2010年5月，六枝特区积极开展了稻水象甲疫情普查工作，按照“县不漏乡，乡不漏村，村不漏户，户不漏田的”普查及防控要求，对境内的秧田及水稻田进行了地毯式普查，共完成稻水象甲疫情普查面积14.2万亩，未发现稻水象甲疫情发生。

2011年5月15日，特区植保植检站及木岗镇农业中心在木岗镇斗篷村普查时发现稻水象甲为害。发现疫情后，特区植保植检站立即上报特区政府及上级业务部门，六盘水市植保植检站迅速到疫情发生区确诊，并上报贵州省植保植检站。

全区设疫情监测点5个，分别在木岗、落别、大用、折溪、郎岱；设固定疫情阻截点3个，分别在木岗、落别、大用；普查面积14.2万亩，疫情发生仅限于我区毗邻普定县的木岗镇的8个村（除小木岗、把仕两村），发生面积1064亩，其中轻发生780亩，中等发生215亩，重发生69亩，防控范围为疫情发生区域全覆盖，防治面积1.14万亩（次）。

综合防治区经市专家测产验收，轻为害田亩产686公斤/亩，中等为害田亩产676.2公斤/亩，重为害田亩产553.6公斤/亩，对照田亩产621.5公斤/亩。其中，对照田为未发生区落别乡水稻田。

1994—2011年主要农作物病虫害发生及防治面积一览表

表10-2-8　　单位：万亩次

年份	总面积		其中							
			水稻作物		小麦作物		玉米作物		油菜作物	
	发生	防治	发生	防治	发生	防治	发生	防治	发生	防治
1994	21.97	14.28	9.3	3.2	3.3	1	7.8	2.8	0.3	0.15
1995	29.88	12.34	10.1	5.6	9	2	7.8	2.7	0.5	0.2
1996	32.15	19.1	8.55	6	9	3.5	6	2.5	1	0.5
1997	77.97	46.4	18.5	12.5	20.7	10.6	17.9	11.6	2.4	1.25
1998	80.13	55.44	22.2	17.3	26.2	18.3	23.9	16.7	2.45	1.65
1999	80.02	59.72	18.7	14.3	36	24.8	13.9	10.95	5.7	4.6
2000	80.36	65.4	19.4	15.2	25.8	19.6	18.9	13.8	5.4	4.5
2001	80.25	66.15	23.2	19.8	19.5	14.6	25..5	20.2	7.3	6.45
2002	112.05	92.06	40.2	33.2	24.1	19.8	32.7	26.8	9.2	7.4
2003	94.28	79.05	36.3	30.9	15.9	13.2	31.4	26.1	8.9	7.35
2004	90.44	77.7	33.09	27.64	15	13.45	31.82	27.95	5.4	4.4
2005	95.9	79.25	36.3	29	14.1	12	29.1	24.9	11.5	9.3
2006	114.65	94.59	19.6	15.6	12.1	9.3	21.5	17.6	7.76	7.23
2007	116.33	95.98	29.1	23.6	10	7.5	15.95	13.52	5.8	4.7
2008	143.97	110.27	27.1	17.3	11	9.5	24	13.7	8.6	8.1
2009	123.33	106.35	22	17.9	12.8	10.8	17.7	13.4	5.1	3.7
2010	117.75	115.1	22.6	19.2	6.5	6.5	14.9	17.9	5.3	5.3
2011	164.54	177.65	37	40	9	9.6	25.1	29	6.4	6.9

1994—2011年部分病虫害发生面积一览表

表10-2-9　　单位：万亩次

项目	稻瘟病	二化螟	三化螟	纵卷叶螟	飞虱	麦蚜	小麦条锈	玉米丝黑穗病	黏虫	玉米地下害虫	油菜蚜虫
1994	2	2	1	0.5	1	1	0.3	3	0.3	1	0.1
1995	2	2	1	1	3	2	2	3	0.3	1	0.5
1996	1.3	1	1.2	0.15	1.5	2.5	0.5	1	0.5	0.3	0.4
1997	4	1.5	2	1.5	2.5	3.5	6	0.1	0.6	1.2	1
1998	5	1.5	2.5	0.8	2	5.5	7	0.1	0.3	3.5	1.2

续表

项目	稻瘟病	二化螟	三化螟	纵卷叶螟	飞虱	麦蚜	小麦条锈	玉米丝黑穗病	黏虫	玉米地下害虫	油菜蚜虫
1999	6.2	1.8	2	0.1	0.6	12	2.5	0.5	0.4	1.5	4
2000	6.3	1.9	2.1	0.4	0.8	5.8	6	0.2	0.4	2.8	3.5
2001	6	2.5	2.5	0.5	3	3.5	5	3.5	2	3	3
2002	9.1	1.4	1.4	2	2.8	3.6	5.8	1	3.8	3.7	3
2003	7.5	3.2	3.2	1.5	3.8	3.8	5.2	3.6	3.4	2.8	3.5
2004	7.5	3	3	1.5	5.8	2.2	6.4	3.5	10.02	2	1.8
2005	5.1	2.6	2.6	2	3.5	4.2	4.5	3	4.5	1.8	3.2
2006	2.8	2	1.3	1	3	3.5	2.9	3	3	0.8	3
2007	8.1	3.5	1.5	3	4.5	2.5	3	3	3	1.8	2.5
2008	4.5	0	0	9.2	4.9	1.5	4.5	2	2.5	2.5	2.5
2009	4	2.5	1	3	1.5	6.5	1.2	0	1.2	2.3	1.5
2010	4	0	0	2.5	6.6	3.7	0	0.6	0	0	4.3
2011	5.5	0	0	8	8	3	0	1.8	0	3.1	4

七、六枝特区良种场

六枝特区良种场始建于1954年，原称为东山农场，位于六枝特区郎岱东山脚，当时隶属于安顺专区郎岱县。1983年前属财政全额拨款副科级事业单位，1984年转为财政差额拨款副科级事业单位，实行企业管理。

全场总面积150亩，其中鱼塘15亩，旱地带75亩，水田60亩，住房及仓库2373平方米。2006年10月底，有职工25名。

1976年，东山农场更名为六枝特区良种场。

1979年，分为良种场和农科所。

1984年，农科所又并入特区良种场。

该场一直从事农业生产，农作物试验示范等工作，农作物主要有玉米、水稻、小麦、油菜等。

1990年，为适应市场经济发展的要求，利用该场土地修建了16亩鱼塘，主要从事鱼苗的销售和商品鱼的饲养，取得较好的经济效益。

1993年，为了满足市场需要，发展本场经济，解决职工生活困难，建成50亩蔬菜基地。

1998年，引进薄荷种植，并进行提炼薄荷油。

2000年，在鱼塘周围搭建鸡舍进行家禽养殖，主要有美国王鸽、绿壳蛋鸡等。

2001年，建成70亩梨园，主要品种为金秋梨、黄花梨等。

2003年，建成30亩慈竹基地。

从2005年起，六枝特区农业局将该场承包给民营企业民生公司（法定代表人肖敏）经营，每五年一个承包期。其后的几年利用现有水田和鱼塘进行水笋栽培，种植茭瓜、雪莲果等；利用梨园进行林下养鸡。

第二节 养殖业

一、家畜养殖

（一）猪

特区境内饲养的猪以杂交猪为主，地方品种关岭猪零星分布于六枝特区毛口、中寨、洒志等南部乡（镇）。引进的国内品种有荣昌猪、内江猪，国外品种有大约克、长白、杜洛克、斯格猪。

关岭猪主要分布在新场、中寨、郎岱、毛口、洒志等乡（镇）。该猪窝产仔猪9头，初生重0.66公斤，双月体重12.8公斤，10月龄体重可达90公斤，屠宰率65%～75%，瘦肉率33%。关岭猪的肉质风味很好，且适应力、抗病力强，又耐粗饲。

1989年，六枝特区种畜场建立关岭猪核心群进行饲养扩繁，2010年，有关岭种公猪2头，种母猪30头。

六枝特区生猪杂交改良以约克公猪为主作父本，农户所养杂交改良猪大多为约克猪杂交。1986年，在郎岱种畜场进行长×长×本、杜×长×本、约×长×本三元杂交猪的育肥试验，日增重分别为506.2克、449.22克、454.32克，屠宰率分别为77.23%、73.59%、74.1%，瘦肉率分别为48.72%、51.09%、47.56%。

1987—1990年，基地建设总投资37.5万元，每头瘦肉型猪投入建设经费1.94元，投入效益比为1∶17.32。其中，1989年，完成城郊商品猪出栏4985头；1990年，出栏9628头。1991年4月，经省专家验收，获合格证。

1991—1995年，六枝特区在实施城郊商品猪生产中采取“双向承包”方式，推广“两推五改”（推广猪的经济杂交和仔猪补饲、推广家庭适度规模养猪；改单一熟料稀喂为配合料生喂，改深坑湿圈为干平圈，改吊架子为直线育肥，改喂大肥猪为适时出栏，改本交为人工授精）科学养猪配套技术。1991年出栏城郊商品猪1232头，1992年出栏9618头，1993年出栏8389头，1994年出栏10810头，1995年，出栏11050头，存栏1578头。其中能繁母猪9464头，出栏肉猪85554头。共设猪改点32个，配种母猪15029头（次）。

1995年，生猪存栏15780头。其中能繁母猪9464头，出栏肉猪85554头。共设猪改点32个，配种母猪15029头（次）。

1996—2000年，在“两推五改”的基础上，推广“四良四改三提高”（良种，良料，良法，良舍；改一般品种为优良品种，改熟喂为生喂，改深坑圈为向阳干平圈，改单一饲料为配〈混〉合饲料和全价饲料；提高牲畜出栏率，提高个体生产能力，提高饲料转化率和秸秆利用率）的养猪技术。1996出栏城郊商品猪13578头；1997年，出栏15816头；1998年，出栏17829头；1999年，出栏22885头；2000年，出栏26489头；2000年；生猪存栏154492头。其中能繁母猪10291头，生猪出栏92895头，共建猪改点40个，全年输配母猪15814头，全年推广杂交猪172573头，建成省级猪改示范点（龙场猪改点）并通过省农业厅检查验收。“九五”期间，生猪存栏总数777519头，出栏总数460556头。

2000年生猪存栏154492头，其中能繁母猪10291头，生猪出栏92895头，共建猪改点40个，全年输配母猪15814头，全年推广杂交猪172573头，建成省级猪改示范点（龙场猪改点）并通过省农业厅检查验收。

2001—2005年，六枝特区推广三元杂交猪生产。确定岩脚锦钟村、龙场迎丰村、牛场上寨村、平寨五龙村、新窑那玉村、鸭塘村、梭戛乡顺利村、木岗镇抵簸村为养猪专业村。

2003年，农业局认真编制并报经特区政府印发了《六枝特区2003—2010年畜牧业发展规划》，指导六枝特区今后一段时间全区畜牧业的发展方向。

2004年，六枝特区从支农资金中安排46.5万元作为《优质肉猪基地建设》项目配套资金，提前做好项目的实施工作。根据黔农批复〔2005〕第59号，2005年10月，六枝特区正式列为全省15个优质肉猪基地县。特区农业局正式启动《六枝特区优质肉猪基地建设》项目的实施，从省种猪场及云南原种猪场引进纯种约克母猪300头，长白公猪7头，投放到龙场、洒志、平寨等乡9乡（镇）的养猪大户集中饲养，以培育长约杂外二元母猪供应其他母猪养殖户。同时配套建设杜洛克公猪改良点，以生产优质外三元杂交猪。培育长约二元母猪350头，引进杜洛克种公猪8头，投放到饲养二元母猪的养殖小区，为生产三元杂交仔猪作准备。当年，生猪存栏19.69万头，出栏肉猪16.99万头，猪改点65个，完成猪改配种数2.2万头（次），推广三元杂交猪6.99万头。“十五”期间，六枝特区生猪存栏总数为918863头，出栏总数为633287头，共推广三元杂交猪135600头。

2006年，启动实施六枝特区优质肉猪生产基地建设项目，新增良种二元母猪2300头，带动发展3000户良种二元母猪养殖户，饲养良种二元母猪1.2万头。发展2万户商品猪养猪户，出栏优质瘦肉型商品猪20万头。2007年11月获省农业厅验收。

2007—2008年，实施良种猪推广项目，投入省级项目资金120万元，市级财政资金20万元，推广良种母猪4000头。其中，2007年2800头，2008年1200头。推广纯种公猪11头，项目布局于六枝特区洒志乡、落别乡、郎岱镇、折溪等乡（镇）实施。2007年，在郎岱镇新民村和头塘村实施优质仔猪产业扶贫项目，投入省级扶贫资金150万元，扶持农户162户，饲养母猪1500头，种植青饲料500亩，培训农户300人，建集约化示范户5个。2008年，六枝特区农业局在郎岱镇青菜塘村新悦猪场建成六盘水市第一个猪人工授精供精站。12月，堕却乡龙潭村大空树曾昌文从江苏心怡良种猪繁殖场引进太湖猪20头进行饲养。

2007—2011年，六枝特区申报生猪标准化规模养殖场（小区）项目实施，四年间共投入项目资金992.7万元，其中申请中央资金595万元，业主自筹397.7万元，特区财政配套5万元，建成了30个生猪标准化规模养殖场（小区）；2009—2011年，六枝特区申报生猪良种补贴项目实施，共投入中央资金377.04万元，每头能繁母猪每年配种两窝，每窝补贴20元，共补贴40元，为保证项目顺利实施。2009—2011年，六枝特区建成郎岱新悦、岩脚顺达、大用惠牧、龙场乡王达虎等猪人工集中供精站（点）。其中，2009年12月六枝特区农业局从北京养猪育种中心引进法系纯种约克公猪、丹系长白公猪、法系杜洛克公猪、法系皮特兰公猪共12头，2011年10月又从湖南省美神种猪有限公司引进新美系种公猪21头，投放到供精站（点）上，为生猪良种补贴项目的实施提供了良种公猪，良种公猪用于开展猪人工授精配种，提高良种覆盖率，加快良种猪生产进程。2009年人工授精配种25091头、2010年人工授精配种25146头、2011年人工授精配种25100头。

2011年郎岱鑫盛肉猪场、新窑鑫源种养殖农民专业合作社采用发酵床养猪。

为走循环农业发展模式，鑫农公司种猪场2009年建成1300立方米沼气池，沼气用于供暖，沼液和沼渣用于农业生产，走可持续发展之路。

2011年，六枝特区申报省级畜禽标准化示范创建项目实施，共投入省级财政资金70万元，项目实施全部采取先建后补的方式，经验收合格后才兑现项目补助资金，建成了鑫农公司、东方园艺两家标准化示范场，且通过省、市项目验收组验收。

2007—2011年，六枝特区充分利用国家发展生猪生产的良好政策，积极争取项目资金扶持规模养殖场，整合各项资金，扩大融资渠道，培育了鑫农公司、东方园艺、岩脚顺达、大用惠牧等一批标准规模养殖场。

六枝特区农业局2009年向省农委申报《六枝特区优质肉猪基地建设项目》农业丰收成果奖，经省农委组织专家组评审后，荣获三等奖。同时通过养猪产业，培育鑫农公司成为国家级生猪标准化示范场、省级重点“龙头企业”，培养鑫农公司法人刘挺成为市劳模、市人大代表、全省创业之星、全国科普带头人；培养落别畅欣养殖场法人何艳成为区人大代表、全省创业之星、全省农村妇女致富能手；培养岩脚顺达成为市级“重点扶贫龙头企业”、法人陈开欢为全省创业之星。

（二）牛

六枝特区境内饲养的牛主要是黄牛和水牛，黄牛属盘江流域黄牛（关岭黄牛），水牛为沼泽型，为贵州水牛。

1980年，先后引进印度的摩拉水牛、贵州黑白花牛、巴基斯坦辛地红黄牛的“冷冻颗粒精液”，采用人工授精方法与本地牛杂交，当年输配192头，产犊31头。

1995年，引进冻精增加西门塔尔、利木赞等黄牛，当年有牛冻精输配点2个，输配365头；本交点26个，配种1032头。

2000年，牛存栏85269头，其中能繁母牛33018头，当年产犊12735头，出栏8155头。牛肉产量达677吨。建牛改点13个，其中冻精人工授精点6个，全年配种1871头。

2001年，从云南引进2头西门塔尔，3头短角种公牛到洒志，新场等边远、交通不便的乡村建设牛鲜精输配点5个，对六枝特区本地黄牛进行了杂交良。2002年，从云南种牛场引进8头短角黄牛，再建牛鲜配点8个。2003年，从四川成都引进海福特、安格斯种牛13头，2004年，从四川引进海福特、安格斯种牛18头、建设牛鲜配点18个。开展牛鲜精输配的牛冻精输配点。从省冻精站引进摩拉、尼里瑞非、利本赞、西门塔尔、皮埃蒙特、红安格斯、南德温等优良种公牛冻精，改良本地母牛。

2002年，开始采用细管冻精输配，大大提高母牛受胎率，促进了全区冻配改良工作的开展。

牛冻配点建设，2001年建4个；2002年4个；2003年4个；2004年2个；2005年2个。

2004年，在开畜牧业百强村建设中，把岩脚金星村、田坎村，新华乡兴龙村、新平村，木岗镇抵簸村，新场乡苦李井村、新寨村，落别木厂村，大用岱港村，郎岱上寨村，中寨红砖村，定为养牛专业村。同时加大对品改员的培训力度，2003—2005年，全区共举办三期牛品改员培训班，共培训牛品改员80名，培训重点放在实际操作上，使品改员掌握熟练的操作技能，从而达到提高母牛受胎率及产犊率目的。通过广大品改员与畜牧技术人员的共同努力，牛改工作被农户广泛接受，改良面和数量逐年扩大和增加。随着工作的开展，杂交牛生长速度快，肉质好、市场价格高的优势得到充分体现，农户通过饲养杂交牛获得了较好的社会效益和经济效益。工作开展的同时品改员自身也获得了较好的收入和社会认可。如六枝特区龙场乡龙场村品改员王达虎2005年完成牛改560头，收入达1.68万元，2005年被评为六盘水市劳动模范，广大农户选留良种母牛（二元杂交）积极性很高，目前在六枝特区龙场、岩脚、新窑、木岗、大用、堕却等乡镇已生产出三元杂交牛。2001年通过招商引资，饲养有30头奶牛的桓丰奶牛场在六枝特区平寨镇建成并投入生产。

2005年，牛存栏120892头，出栏24082头，有47个牛品改点，全年完成牛头改配种数10492头，产杂交犊6800头。

2006年，新建牛改点10个，全区牛改点建设达37个，当年配9863头，产杂交牛4561头。2007年，新建牛改点10个，全区牛改点达47个，当年配种10201头，产杂交牛5635头。2008年，新建牛改点10个，全区牛改点达54个，当年配种12162头，产杂交牛6412头。牛存栏11.88万头，出栏29014头。

2009年，完成牛改点10个的建设任务，改良配种1353头基础母牛。

2010年，完成牛改点5个的建设任务，全区牛改点达49个，改良配种10120头基础母牛，产杂交牛5326头。2010—2011年农业局完成了草原权属划工作。2010年，六枝特区在堕却乡龙滩村实施优质肉牛基地项目，建300头养牛示范场1个，人工种草1270亩。

2011年，在六枝特区在洒志乡把利村和跳花坡村建优质肉牛示范基地1个，项目总投资462.2万元，其中大连扶贫资金100万元，自筹资金260万元，饲养能繁母牛1333头，人工种草2050亩，改扩牛圈7030平方米，购青贮袋2.4万个，建牛改点1个。

近年来，由于牛肉价格不断上涨，许多人纷纷转产养牛行业，六枝特区养牛行业呈现出规模化经营良好势头，2011年，已建年存栏牛30头以上的规模养牛场有6个，其中洒志乡平桥村顶华养殖专业合作社存栏牛142头，新场乡康泰养牛场存栏牛108头，在建的有4个规模养牛场。

（三）马

境内马的品种属西南山地马的一个类型，体小、体躯呈近高方型，毛细、鬃毛鬣毛稠密。成年公马体高118.11厘米，母马体高114.5厘米，体质好而结实，背腰平直宽而短。现六枝特区饲养的马也有部分改良的杂交品种。境内饲养的马主要作用是运输工具，主要在交通不便、山高坡陡的农村饲养。90年代，马的改良主要靠本地品种改良为主，品种间杂交为辅。1995年，存栏9215匹，能繁母马2436匹，产马驹950匹。2000年，存栏9370匹，能繁母马2593匹。

近几年来，随着农业现代化的发展，农业机械逐步取代役力和传统的运输业，农村养马主要是用来运输和作役用，因此，马存栏逐渐减少。

（四）羊

六枝特区饲养的羊主要为本地黑山羊，属短毛型，多为黑色，少数亦有褐色。体型小，结实、背腰平直，四肢健壮，善于攀登。成年公羊体重为33.25公斤，母羊35.04公斤，初产母羊每胎产1.21只，经产母羊每胎产1.49只，以第3～6胎双羔率高。1975年，贵州省农林局分给洒志农场2只新疆半细毛羊，改良本场及附近饲养的本地羊获成功。

1995年，山羊存栏13043只，能繁母羊6490只，出栏4105只。2000年，山羊存栏15560只，能繁母羊7936只，出栏7033只。2002年，六枝特区从四川调进南江黄羊176只。2004年从四川调进南江黄羊220只；从云南省种羊场引进波尔山羊种公羊5只，在省冻精站引进波尔山羊冻精用于改良本地山羊。2005年，山羊存栏32066只，出栏18603只，有羊改良点9个，其中鲜配点7个，冻配点2个。

2006年，新建羊改点3个，全区羊改点达7个，全年配种1756只，产杂羊1011只。2007年，六枝特区编制了《草地生态畜牧科技扶贫种草养项目发展规划及实施方案》。新建羊改点3个，全区羊改点达10个，全年配种2446只，产杂羊1235只。

2008年，贵州省委、省政府正式批准六枝特区为科技扶贫种草养羊县，当年在堕却乡、箐口乡实施500万元的种草养殖项目。项目涉及农户500户，饲养羊1万只，人工种草1.5万亩，全年新建羊改点3个，全区羊改点达13个，全年配种2746头，产杂交羊1565只。

2009年，继续申报科技扶贫种草羊项目实施，项目总投资500万元，项目涉及中寨乡和新场乡，涉及农户500户，饲养羊1万只，人工种草1.5万亩。

2010年，继续申报科技扶贫种草羊项目实施，项目总投资1000万元，涉及箐中乡、新窑乡、堕却乡的农户646户，饲养羊1.5万只，人工种草1.5万亩，改造羊圈2.2万平方米。同年七月贵州凉都鑫农牧业有限公司申报了肉羊标准化良种扩繁场建设项目，实施地位于新窑乡新窑村，项目总投资409.51万元，其中省级财政资金200万元，项目实施采取先建后补的方式，项目完成引进种公羊60只，基础母羊720只，建羊圈1200平方米，人工种草1500亩等，项目于2010年9月动工，2011年5月完工，经省农委项目验收组验收合格后，2011年7月兑现了省级财政补助资金。

2011年，继续申报科技扶贫种草羊项目实施，项目总投资500万元，项目在平寨镇实施，涉及农户270户，饲养羊6500只，人工种草6700亩，新建军羊圈1万平方米。

2008—2011年，通过科技扶贫种草养羊项目实施的示范作用，我区养羊产业规模化生产经营程度加强，到2011年末全区存栏羊100只以上的规模养羊场达22个。

（五）兔

本地兔，毛色有白色、灰色，眼球红，好打土洞，多产仔于洞穴。皮肉兼用，以肉为主。公母交配后，一个月产仔，产仔数一般为3 ~ 6只，成年兔体重1.5 ~ 2公斤。

1978年9月，市农牧、供销、外贸部门联合在六枝特区召开养兔会议，贵州农学院和市畜牧局派专人在会上讲授养兔知识。确定在六枝特区营盘公社河湾四队，店子公社和平五队，营盘一队和六队，新华公社和平大队、新田大队建立养兔场，制定“借兔还本”计划。80年代中期，畜牧部门和外贸部门先后组织引进安哥拉兔、西德长毛兔、青紫壮兔等出售给个体户饲养，境内出现“养兔热”，后因管理不善和病危，兔毛价格下跌，产品销路不畅等原因，养兔业未能持续稳定发展。2006年，堕却乡朗树根村何少明引进西德长毛兔200只进行饲养，到2008年达497只。

二、家禽及蜜蜂养殖

（一）鸡鸭鹅

1．鸡

本地鸡品种有高中鸡（又称高脚鸡）和麻黄鸡，属中型肉用鸡。公鸡全身羽毛多为红色，腹翅为黑色，尾羽为黑绿色发光，成年公鸡体重为2.07公斤。母鸡10月龄开产，年产蛋量64 ~ 72

枚，平均每枚蛋重 58.53 克，每年就巢 4 次，平均每次 20 天。境内先后引进来航鸡、澳洲黑鸡、九斤黄鸡、芦花鸡、白洛克、考尼什、洛岛红、贵农黄鸡进行繁殖推广。

1980—2000 年，境内引进乌骨鸡、良凤鸡、新杂 288、闽中麻鸡、绿壳蛋鸡、火鸡、珍珠鸡等品种。引进品种没有经过特区畜牧部门审批，都是企业或商家自行调种，导致品系间血缘混杂，系谱不清楚，市场上多以杂交鸡为主。地方品种数量逐年下降。

2001 年，岩脚镇成立养鸡协会。2004 年，陇脚乡开始林下养鸡。洒志乡畜牧养殖示范示基地作为全省第六批无公害农产品产地进行公布。2005 年，农业部食品安全认证中心认证，获贵州省绿色食品认证证书。

2006 年，平寨镇五龙村曾兴莲创建了虫子鸡养殖示范场。陇脚乡获得农业厅鸡、鸭、鹅无公害产地认证证书。

2010 年，实施绿壳蛋鸡养殖标准化示范建设项目，总投资 30 万元，通过了省、市项目验收组验收。

近年来，六枝特区养鸡业逐渐向规模化方向转变，2011 年存栏 2000 羽以上的规模养鸡场有 15 个，其中堕却昌文特色养鸡场存栏 3.5 万羽，新华双屯村毕镜养鸡场存栏鸡 1.6 万羽，推广的品种增加了绿壳蛋鸡、原鸡、罗漫鸡、广西五黑鸡等。

2．鸭

境内有本地鸭和外地鸭。本地鸭耐寒，耐粗食，抗病力强。公鸭颈羽、尾羽、性羽为墨绿色，多数为绿头。母鸭多为黄褐色和黑色，体重比公鸭大，春夏秋均产蛋，秋季较旺。80 年代，先后引进的外地鸭有：麻鸭、北京旱鸭、樱桃谷鸭、川鸭、康贝尔鸭。

2010—2011 年，六枝特区在陇脚乡、郎岱镇大力发展蛋鸭养殖，打造陇脚鸭蛋品牌。

3．鹅

境内饲养的鹅以白鹅为主，灰鹅较少。公鹅头粗大，额瘤突出，脚粗壮。母鹅头较小，颈细长，腹大而下垂松软。引进的外地鹅有：四川白鹅、昌图豁眼鹅、北京鹅。2003 年以后，六枝特区利用财政扶贫资金在梭戛、洒志、陇脚等乡镇实施种草养鹅项目。

（二）蜂

本地蜂为中蜂，适应性强，善于利用零星小蜜源，易蜇人。每群蜂年产蜜 5 公斤。境内养蜂，均用木板制成桶饲养，易搬动，蜂脾单列，检查方便，掏蜜时不伤蜂蛹和巢，利于选育蜂王，保持强群，提高产蜜量。1981—1984 年，田庆云、刘万鹏著《中蜂新法饲养》一书，获特区畜牧业科技成果二等奖。引进的蜂有意蜂。养蜂大户冬季主要到广西避寒，春、夏、秋在本地饲养。

三、特种养殖

野猪：2006 年，平寨镇补林村李时发引进野猪 6 头进行养殖。2007 年，六枝特区隆欣农业综合开发有限公司从吉林引进野猪 86 头在陇脚乡花德村饲养。2008 年，存栏规模达 486 头，带动落别、洒志、中寨、镇宁、盘县红果发展养殖小区 5 个，参试农户 40 户。2010 年，新窑乡鑫源种养殖农民专业合作社在那玉村开展野猪养殖，存栏野猪 932 头，出栏 786 头，野猪主要销往广东地区，经济效益良好。

竹鼠：2007年，六枝特区落别乡川硐村陈庆伟从兴义引进竹鼠50只养殖试验，2008年，存栏达286只。

野鸡：2006年以来，六枝特区平寨镇原大用矿、新华乡双屯村、郎岱镇青菜塘村、牛场乡大箐村、原六枝矿部分养殖户分别从遵义、四川、云南等地引进七彩山鸡、贵妃鸡、红湖镜鸡、孔雀等于进行饲养获得成功。

梅花鹿：2008年以后，堕却乡龙滩村曾昌文从吉林引进梅花驴150只进行饲养成功。2011年，存栏梅花鹿178头，梅花主要加工为鹿茸、鹿鞭、鹿肉、鹿胎膏，经济价值高。之后由于企业管理不善而倒闭。

四、水产养殖

六枝特区有水域面积5.12万亩，可利用养殖水域面积3.62万亩，为六盘水之最。其中光照电站六枝库区2.91万亩，阿珠电站库区4800亩，池塘、山塘、水库、河沟养殖面积2280亩；全区约有14万亩稻田，其中常年可利用稻田养殖7万亩；同时具有丰富的冷流水资源，据2001年6—10月由六枝特区水产站调查，1立方米/秒个流量以上的有4个水源点，0.1立方米/秒~0.9立方米/秒个流量有12个水源点，0.1立方米/秒以下的有100个水源点，均适宜发展冷水性鱼类养殖；全区天然鱼类资源有草鱼、鲢鱼、鲫鱼、白鱼、泥鳅、鲶鱼、黄鳝、刺稍鱼、裂腹鱼、棒花鱼、麦穗鱼、餐条鱼、中华纹胸鮡、中华倒刺巴、青将、岩系鲤、红鲤、辨结鱼、泉水鱼、圆口铜鱼、黄颡鱼、泥鳅、黄鳝等3目五科20余种。改革开放以来，全区渔业生产稳步发展，其养殖方式为塘库养鱼和稻田养殖，同时六枝特区水产站多次引种养殖试验成功。

（一）塘库养鱼

1985年，全区池塘养殖490亩，水库养殖454亩。1989年，全区举办养鱼培训班8期405人。

1991年，在郎岱区、平寨镇、六枝区推行200亩的池塘高产养鱼工程，郎岱区陈正学养鱼2.94亩，特区种畜场养鱼1.2亩，2处池塘亩产鱼分别为289.9公斤和257.53公斤，平均亩产132.23公斤。1992年，六枝特区水产站在六枝东风水库发展网箱养鱼250平方米，且聘请省水产处艾桂远高级水产工程师为技术顾问，当年养殖成功，亩产鱼达15万公斤，项目投入农发资金13万元。1994年，全区池塘养鱼570亩，为市场提供商品鱼114吨。

1995年，全区库塘养鱼发展到1203亩。投入市农发资金20万元，电厂出资10万元，在六枝东风水库建设甲鱼基地4亩，1996年竣工。后一直闲置。1999年，更名为“六枝特区特色水产良种基地”，改养普通鱼类和观赏鱼类。

1999年，全区淡水养殖面积为2175亩，其中池塘养殖930亩，平均亩产鱼192公斤，水库养殖990亩，平均亩产鱼35.20公斤；河沟养殖255亩，平均亩产鱼21.13公斤。

2001—2005年，全区淡水养殖面积均为2295亩，养殖品种主要为草鱼、鲢鱼、鳙鱼、鲤鱼、鲫鱼、鳊鱼、罗非鱼、观赏鱼类。据水产站统计，2003—2005年，全区水产品产量从396吨增加到453吨，年均递增率为7.2%。

（二）稻田养鱼

1978年，六枝特区发布关于繁殖保护水产资源的布告，规定鲤鱼、青鱼、草鱼、鲢鱼、鳙鱼、鲫鱼、团头鱼6种作为保护鱼种。除稻田养鱼可以一次性捕完外，其他鱼类的捕捞单条鱼体长度不得少于6厘米。1979年，水产站进行30亩稻田养鱼试验成功。1980年，六枝特区畜牧局从锦屏县请来养鱼户龙井汉到坝湾乡茂林村指导稻田养鱼13.5亩，获较好经济效益。1986年，特区农牧局在平寨镇进行350亩的稻田养鱼试验，平均亩产仅7.1公斤。1989年，全区稻田养鱼为48亩。

1995年，全区稻田养鱼638亩。抽样测产测算，平均亩产鱼84.4公斤。当年全区稻田养鱼达638亩。

1996—1999年，每年实施稻田养鱼100亩，由水产站提供苗种，农户付50%鱼种款，年平均亩产鱼80公斤以上。

2000年，投入省级资金4万元、市级资金2万元，水产站在龙场乡龙场村实施市级示范片稻田生态渔业50亩。通过省、市业务部门现场验收，平均亩产达到110公斤。

2001年，特区配套农发资金17万元，用于补助农户50%鱼种款，发展稻田生态渔业1000亩，主要发展的乡镇有折溪、中寨、郎岱、龙场、落别。农业局投资5万元，在落别坝湾板照示范生态园区实施稻田生态渔业30亩。

2002年，投入财政资金10万元。在岩脚戛兴寨村和老卜底村实施省农业结构调整重点项目～稻田生态渔业200亩，参试农户94户，465人。在全区水稻普遍减产的情况下，养鱼稻田亩产稻420公斤，比未养鱼稻田平均亩产320公斤增100公斤，生态带上产值达120元，亩产鱼127.1公斤。

2003年，实施210亩，经水产站验收，平均亩产鱼116公斤，亩产稻505公斤，户均年纯收入达7660.7元，人均纯收入1737元；2004年，实施200亩，经省、市、特组成的验收组验收，水稻平均亩产534公斤，鱼类平均亩产105.7公斤，生态带上产值达72元。2005年，戛兴寨村实施100亩，经省、市、特验收组现场抽样验收3亩，水稻总产量1830公斤，平均亩产610公斤，鱼总产量334.2公斤，平均亩产111.4公斤，生态带上各种蔬菜总产量720公斤，平均亩产240公斤，亩产值达78元。

（三）引种试验

1985—2004年，先后实施多次水产引种试验。1985年，特区水产站从广西水产学校引进罗非鱼及埃及胡子鲶在六枝东风水库繁殖养殖试验成功。并在该水库形成自然种群繁育。1987年，从武汉中科院水生生物研究所引进当时国内较好的鲤鱼新品种兴国红鲤、散鳞镜鲤及武昌鱼、日本白鲫等优良品种到特区鱼种场进行品种改良和繁育。1990年，从省网箱基地引进当时国内优良鲤鱼品种－建鲤（平均个体5公斤）到特区鱼种场进行新品种引种繁育。2000年，引进观赏鱼类12个品种，热带鱼类10个品种，锦鲤8个品种，锦鲫5个品种在六枝东风水库特色水产良种基地繁殖养殖试验成功。2001年，从四川荣昌西南农学院苗种试验场引进淡水石斑3000尾苗种试养成功。2002年，从省水产研究所引进七星鱼2000尾苗种在东风水库特色水产良种基地养殖试验成功；同年又从广州珠江水产研究所引进全雄罗非鱼20万尾苗种在特色水产良种基地培育成大规格鱼种投入网箱养殖试验成功。2003 年，从广州珠江水产研究所引进淡水鲨鱼 10 万尾、淡水白鲳 1 万尾、麦鳞鱼 10 万尾在特色水产良种基地养殖试验成功。2004 年，从广东省广州市水产研究所引进丁鱥鱼 1 万尾，在特色水产良种基地饲养成功。

（四）其他渔业生产

2009 年，全省大鲵养殖现场会在黔南州贵定召开后，六枝特区编制了“六枝特区大鲵养殖发展规划”。从 2010 年起由六枝特区泓春种养殖合作社和六枝特区迴龙溪温泉旅游开发有限公司开始引进大鲵养殖，其中最大个体 30 余公斤，填补了六枝特区大鲵养殖空白。

2010 年，六枝特区泉峰农业科技发展有限公司从湖南省长沙引进大鲵苗 200 余尾，其中最大个体 17.3 公斤，开始养殖；从安顺引进 5000 尾金鳟开展了流水养殖冷水性鱼类金鳟苗试验。

2011 年，由解泓主持的贵州山区温流水养殖苏氏园腹鱼芒（淡水鲨鱼）技术研究，荣获六盘水市科技进步二等奖。2011 年，发展网箱养殖 5511 口，面积 1.98 万平方米，办证 12 户，网箱鱼产量占全特区鱼产量 60% 以上。六枝特区特色良种基地从广西引育种中心引进彩虹鲷养殖取得成功。产生了较好的社会效益和经济效益。对照农业部水产健康养殖示范场标准，“六枝特区泉峰农业科技发展有限公司（养殖场）”及“六枝特区泓春养殖农民专业合作社”并且通过了省、部审核，荣获了农业部水产健康养殖场的称号。

2008—2011 年，六枝特区特色良种基地从广西引育种中心引进彩虹鲷养殖取得成功。

五、动物疫病防控

（一）主要动物疫病防控

六枝特区动物的免疫工作是以春秋两次集中免疫为主，常年补针为辅。

1978 年，六枝特区工商局、财政局、农业局、联合发布“关于开展牲畜市场检疫的通知”，全区开始了动物检疫工作。在全区进行畜禽疫病普查。

1980 年，特区兽防站开始使用仔猪副伤寒氢氧化铝甲醛菌苗、口服仔猪副伤寒弱毒菌苗、鸡新城疫Ⅱ系弱毒疫苗。

1985 年，六枝特区开始使用鸡痘疫苗、鸭瘟疫苗、鸡马立克氏疫苗。1986 年，开始使用狂犬病疫苗。

1988 年，全区第二次畜禽疫病普查：境内畜禽疫病有 260 种，其中传染病 35 种，寄生虫病 112 种，普通病 96 种，中毒病 17 种。是年，特区兽医卫生监督检验所查出特区冷冻厂出售变质肉品，经特区人民政府批准罚款 1000 元。

1989 年，六枝特区使用兔瘟疫苗。进行畜禽及其产品交通运输检疫工作。

1990 年，全区注射炭疽苗 31566 针（次），牛出苗 4902 针（次），气肿疽苗 13277 针（次），注射猪瘟苗 133771 针（次），猪肺疫苗 34137 针（次），猪丹毒苗 15934 针（次），口服仔猪副伤寒菌苗 6141 头（次），注射鸡新城疫Ⅰ系苗、Ⅱ系苗 134565 针（次），注射禽霍乱苗 75418 针（次）。

1993—1995年，在全特区进行畜禽寄生虫区系调查。搜集的畜禽体内外寄生虫经省兽防站组织鉴定，共有88种，隶属于7个钢13个目29个科48个属。其中吸虫38种，绦虫20种，线虫16种，蜘蛛昆虫12种，原虫2种。按寄生宿主分类，黄牛有23种，水牛有29种，绵羊有17种，山羊有14种，猪有9种，鸭有5种，鹅有5种。柯氏非策吸虫和狭小非策吸虫为省内新纪录。特区种畜场从北京引进迪卡种猪，带入猪传染性胸膜肺炎。

1996年，畜禽死亡率：猪6.26%，牛3.15%，马2.99%，羊6.51%，禽14.51%。

1997年，畜禽死亡率：猪7.24%，牛3.71%，马3.27%，羊8.18%，禽15.07%。

1998年，增加应用3种疫苗进行畜禽免疫：羊（羊快疫、羊猝狙、羊肠毒、羊羔痢）四防苗1821只（次），鸡马立克氏病4481只（次），鸡传染性支气管炎28351只（次）。是年畜禽死亡率：猪4.46%，牛1.43%，马1.88%，羊3.63%，禽11.26%。

1999年，牲畜五号病疫情暴发，牲畜交易市场关闭，产地检疫工作暂停。特区政府设有牲畜五号病防治指挥部，下设办公室于特区农业局，各乡镇也有相应的组织机构（工作领导小组），负责五号病的防治工作。全特区举办防治牲畜疫病培训班，参加培训人员103人。在郎岱镇青菜塘、新窑乡大桥边、堕却乡大水井、岩脚镇花德边，落别乡设5个动物临时检查站设卡堵疫。是年，畜禽免疫：犬五联苗（狂犬病、犬瘟热、犬细小病毒、犬肝炎、犬副流感）267只（次）。畜禽死亡率：猪4.71%，牛2.38%，马2.02%，羊5.23%，禽15.07%。

2000年，畜禽死亡率：猪5.41%，牛2.91%，马1.88%，羊5.30%，鸡15.28%，鸭11.71%，鹅11.89%。

2001年，从云南省种牛场引进种公牛，带入牛梨形虫（原名焦虫）。

2002年，六枝特区农业局从四川省南江县引进南江黄羊种羊，带入山羊传染性胸膜肺炎，发病415只，死亡308只。免疫山羊传染性胸膜肺炎1352头（次）。

2003年，猪牛羊配挂免疫耳标19.36万头，综合配挂率62.7%。

2004年，启动落别乡、梭戛乡2个县级公路临时检查站，由公安、交通、农业三个部门派人执勤，实行24小时值班，严格监控进出境家禽的疫情。全特区举办高致病性禽流感疫情处置应急预备队培训班，参加培训人员200余人。是年，鸡球虫：发病2942只，死亡341只。畜禽免疫：山羊传染性胸膜炎962头（次），小鹅瘟21940只（次）。猪牛羊配挂耳标总数22.73万枚，综合挂标率为69.2%。

2005年，免疫：兔瘟287只（次）。猪牛羊配挂耳标45.8万枚，综合挂标率为81.02%。

2006年，岩脚、木岗等乡镇因犬咬伤人，致8人发病死亡，特区政府及时对特区重大动物疫病防控指挥部成员进行了调整，农业局、卫生局等成员单位成立了防控工作领导小组，各乡（镇）成立了防控工作领导小组和应急队伍，开展防控工作。

2007年，六枝特区发生高致病性猪蓝耳病疫情，特区政府召开防控紧急会议，开展防控工作。

2008年，特区境内发生雪凝灾害，其间加强动物疫情监测，发放消毒药品330件。无害化处理死亡禽6500羽，死亡猪234头。

2010年，动物疫病免疫种类主要有：

猪：口蹄疫、猪瘟、猪繁殖与呼吸综合征（蓝耳病）、猪多杀性巴氏杆菌病（猪肺疫）、猪丹毒、仔猪副伤寒；牛：口蹄疫、炭疽、牛多杀性巴氏杆菌病（牛出败）；马：炭疽；羊：口蹄疫、山羊痘；鸡：禽流感、新城疫；鸭：禽流感、鸭瘟；禽多杀性巴氏杆菌病（禽霍乱）；鹅：禽流感；犬：狂犬病。其中：口蹄疫、猪瘟、猪繁殖与呼吸综合征、禽流感、新城疫为强制免疫范围，免疫一定时间后并采血清进行免疫抗体检测。培训兽药批发经营户8户，4户达到兽药GSP申报条件。根据农业部文件要求，六枝特区和全国一样，将从2012年3月1日起强制实施兽药GSP（《兽药经营质量管理规范》）认证。

（二）重大动物疫情

1993年6月，六枝特区平寨镇兴隆村加油站组猪首次发生1起五号病疫情。猪发病16头，扑杀焚烧深埋14头，高温炼制2头，紧急免疫785头。

1998年8月，毛口乡3个村3个组发生五号病疫情，猪发病15头，扑杀焚烧深埋处理15头。

1999年，全特区暴发牲畜五号病疫情，涉及17个乡（镇）132个村1342组1842户。牛发病2383头，死亡36头，组织扑杀181头，焚烧深埋无害化处理217头，监控饲养2166头；猪发病1138头，死亡49头，组织扑杀415头，焚烧深埋无害化处理444头，高温炼制20头，监控饲养674头。全区W免疫：猪111013头（次），牛94913头（次）。

2000年，洒志乡新寨村石头寨组，云盘村洒志街组及平寨镇高丰村杨家寨组猪发病12头，牛发病52头（其中黄牛6头，水牛46头）。

2003年12月，木岗镇小黄桶村发生五号病疫情，牛发病1头，同群牛1头，扑杀焚烧深埋2头。

2004年8月，平寨镇同云村上波帕组发生五号病疫情，牛发病2头，扑杀深埋无害化处理2头。

2005年，梭戛乡安柱村安柱组、上石龙组，大用镇黑晒村大坑组、汨港村艾家寨组，落别乡牛角村索考组，平寨镇五龙村李家寨组发生五号病疫情，牛发病23头，同群牛1头，扑杀焚烧深埋处理24头，猪发病6头，扑杀焚烧深埋6头。

2007年7月，六枝特区发生猪高热病，经采集血清送省兽防站化验，17日，省兽防站确诊为高致病性猪蓝耳病疫情。9月5日止，疫点4个，涉及1个场和8户农户，生猪存栏264头，发病216头，死亡16头，扑杀156头（郎岱种畜场实施捕杀，其他实行监控治疗），无害化处理172头。通过开展疫情普查和疫情监测监控，全区发生疑似高致病性猪蓝耳病疫情的范围有9个乡（镇）58个村2227户农户，猪存栏9398头，发病4984头，死亡1620头，无害化处理1620头，疑似疫点58个村。

2009年8月，境内相继有洒志、落别、郎岱、新窑、新华、堕却、箐口、新场、折溪、中寨10个乡（镇）发生牲畜五号病疫情。疫情涉及14个村23个组83户农户。牛发病180头（其中大黄牛110头、中黄牛57头、大水牛12头、中水牛1头）；猪发病44头（其中大猪24头、中猪20头）。疫点共14个。

2010年3月，境内龙场乡发生一起牲畜五号病疫情。疫情涉及1个村1个组3户农户。猪发病3头。其他动物疫病情况，参见统计表。

1996—2005 动物主要疫情统计表

表 10-2-10　　单位：头（只）

项目	猪瘟		猪肺疫		猪丹毒		牛出败		新城疫		禽霍乱		鸭瘟		肝片吸虫	
	发病	死亡	发病	死亡	发病	死亡	发病	死亡	发病	死亡	发病	死亡	发病	死亡	发病	死亡
1996	6084	5963	2674	1634	587	364	63	38	61135	58397	8354	6653	517	493	2083	98
1997	6058	5940	956	564	296	159	11	6	63516	62507	21887	17221	631	605	2099	67
1998	6141	5858	995	318	337	138	18	5	65142	63790	24005	18253	500	485	1959	4
1999	2835	2766	768	284	195	87	9	3	38416	36873	19805	10786	255	239	1207	24
2000	5691	5464	1144	357	319	114	14	5	62045	60222	23524	14062	222	205	1237	30
2001	5463	4432	948	561	415	215	24	3	51559	43226	19846	10168	382	294	1109	33
2002	5270	4323	820	368	414	196	6	1	55026	45685	19059	8297	270	229		
2003	5021	4265	1517	486	296	96	13	3	54631	48507	30252	7099	554	476	6879	5
2004	261	194	128	50	62	23	2	1	4083	3457	2314	505	170	137	140	5
2005	146	105	63	21	91	23			2749	2090	2057	626	399	307	146	4

1996—2011 年动物主要免疫统计表

表 10-2-11　　单位：头（只）次

项目	猪瘟病	猪肺疫	猪丹毒	仔猪副伤寒	牛出败	气肿疽	炭疽	新城疫
1996	193920	40992	27559	13617	30224	8110	31580	147272
1997	197081	38235	24617	15317	30563	10169	38202	212552
1998	233764	28244	22894	34571	31861	13070	24808	151056
1999	237880	97010	88516	24606	21513	7792	25833	259001
2000	232971	75933	71931	22833	12476	6847	25740	316570
2001	202376	98993	93587	16992	22116	4390	24917	270830
2002	262706	81207	110128	39224	29186		18433	535691
2003	282094	80189	112618	49491	42878		18760	495786
2004	335690	63934	61345	34861	38888	1963	12077	1428831
2005	365011	43771	8177	33923	58024	923	53213	1459263
2006	344279	9365	8647	23046	33017	1214	56189	1399337
2007	307695	8143	8055	6775	42792		21086	1421556
2008	318467	25566	23168	39435	40132		49844	1558833
2009	311764	2.8455	31931	48479	39243		43587	1696388
2010	303339	42288	33367	74934	28198		45464	1610587
2011	306738	31785	32943	58467	28854		32853	1526497

续表

项目	禽霍乱	鸭瘟	狂犬病	犬五联苗	高致病性猪蓝耳病	禽流感	羊传染性胸膜炎	羊三联四防苗	山羊痘
1996	33091	3739	648						
1997	45130	3945	656						
1998	31635	4218							
1999	106743	7788	278	267					
2000	125028	8854	238	274					
2001	122749	4299	116	365					
2002	133462	8377		386					
2003	106782	20357		170					
2004	108697	20963							
2005	168444	20282	991						
2006	28993	1536	42345	235		1569945	864	648	
2007	30634	27128	40126	246	28807	1717378	959	682	
2008	25798	28968	24981	312	135178	1799695	693	478	
2009	26385	40366	14998	296	311764	1885522	1253	2359	25369
2010	37347	38355	60484	248	311582	1742647	1765	3032	16496
2011	37368	46654	49657	289	313867	1790556	2346	5433	22589

1996—2011 年动物诊疗统计表

表 10-2-12　　单位：头（匹、只）次

项目	诊疗						驱虫						
	猪	牛	羊	马	禽	犬猫	猪	牛	羊	马	禽	犬猫	兔
1996	5438	1093	92	369	5325（含犬）		46138	15343	3894	588	30637		
1997	6738	1235	197	451	8533（含犬猫）		88828	24067	7104		69504		
1998	6998	1322	261	486	9958		118120	25637	8877	2114	75070		
1999	6589	1711	309	503	12273		110256	22967	7045	250	103746		
2000	6336	1469	321	403	11785		112524	18926	7029	383	97591		
2001	6118	1395	363	386	11582		116375	19254	7542	413	1041122		
2002	6191	1359	521	401	11291		125489	22622	7501	629	107026		
2003	5610	1315	486	355	11054		122044	24907	7988	1152	125085		
2004	5294	1199	480	383	6126		123392	24485	8659	949	125541		
2005	5025	1158	527	415	6565		125343	25368	8648	1146	129152		
2006	5125	1128	520	410	6560	790	125340	25360	8640	1140	129150	1370	100
2007	4933	1258	617	540	7794	703	132392	25938	9150	1232	140991	2458	393
2008	3875	1108	406	466	8093	720	103927	23407	8134	1248	156848	2257	320
2009	3789	1085	482	455	671	9334	104174	22080	7579	1225	156193	2188	313
2010	3939	1056	512	447	9280	643	104486	21996	6824	1218	157298	2036	319
2011	4045	1035	501	379	9530	686	107429	21582	7393	1223	153547	2375	300

1996—2011年主要动物及其产品检疫检验统计表

表10-2-13　　　　单位：头（匹、只）次

项目	市场（产地）检疫					肉品检验（屠宰检疫）			
	猪	牛	羊	马	禽	猪肉	牛肉	羊肉	禽肉
1996年	52103	12707		1071	3713	21069	212		
1997年	43772	14065		2059	18805	28118	722		
1998年	72832	32410		3379	26974	29006	1904		
1999年	34470	15589	3039	2830	13879	31334	3578	3057	5585
2000年	62321	30103	6110	6015	30972	32282	3453	3554	9833
2001年	68152	32157	6328	6211	32716	38512	3516	2954	9543
2002年	66356	30180	6789	5896	36771	42357	3426	3776	10267
2003年	69144	30279	7072	6041	49799	48417	1347	2301	18399
2004年	89685	47801	32620	6372	52891	56480	2889	6490	21182
2005年	94679	48102	33927	6294	88553	57033	2912	6913	24113
2006年	98947	51095	34759	6126	128749	57133	2902	6923	24133
2007年	106542	532578	28265	5962	281477	62894	5578	10276	99010
2008年	102653	56648	30267	5746	220581	62568	7761	10884	169544
2009年	95176	56175	32372	5463	274748	61785	6428	9483	136278
2010年	96048	55377	28492	5369	276247	61944	5879	8285	102498
2011年	96759	50548	32475	52373	275468	58168	5177	9382	177494

注：1999年下半年，由于牲畜疫情暴发，牲畜交易市场关闭，产地检疫工作停止，市检为上半年统计数

六、饲草饲料

1985年，在农牧局内设草地工作站。1991年，更名为六枝特区饲草饲料站。

（一）人工种草

1978—1987年，主要种植的牧草品种有：白三叶、红三叶、百脉根、紫花苜蓿、串叶松香草等。

1988—1991年，承担六盘水市《高海拔地区试种推广牧草新品系项目》，该项目进行了3次试验及推广，先后在堕却、郎岱、箐口、3个点试种，合计87亩，长势很好。改冬1号（冬牧~70）不仅产草量高，而且籽实产量高。主要种植的牧草品种有：白三叶、红三叶、百脉根、紫花苜蓿、串叶松香草等。在贫瘠高海拔地区亩产在105.13公斤（籽实）人畜均可利用。

2002—2004年，承担六盘水市《推广篁竹草种植项目》，在六枝特区19个乡（镇）共推广种植篁竹草3067.5亩。

（二）推广项目

1987—1991年，承担《六枝特区商品瘦肉型猪基地建设项目》通过省级验收，并获得省级丰收二等奖。

2001—2002年，承担六盘水市财政扶贫资金《人工种草、秸秆青贮氧化养畜项目》，在郎岱、中寨、陇脚、木岗、箐口等10个乡（镇）实施，总投资17.5万元。完成人工种草330亩，建氧化池304对，通过市级验收。

2002—2003年，在陇脚、郎岱、洒志3个乡（镇）实施《人工种草养鹅项目》。总投资11万元，人工种草140亩，养鹅7000只。通过市级验收。

2008—2011年，实施《石漠化综合治理项目》《巩固退耕还林成果后续产业畜牧业项目》及《优质肉牛基地建设项目》，人工种草保留面积增加，草山草坡得到改良。草食牲畜存栏数和出栏数增加，农民养殖收入在总收入中的比重逐渐增大。

七、畜牧场

（一）六枝特区郎岱种畜场

六枝特区郎岱种畜场总面积58亩，其中饲料地38亩，葡萄园5亩，鱼池9亩，办公用房124平方米，猪舍1910平方米，饲料仓库114.9平方米，职工宿舍1599.5平方米，分为场部与142队2个生产基地。

1982年，从四川乐山引进长白种猪15头；1986年，从贵阳种猪场引进苏白种猪20头。1987年，六枝特区被列为“商品瘦肉型猪基地”，种畜场承担种猪繁殖和建立核心群任务，市农牧局每年下拨2万元资金，支持基地建设和种猪生产。1988年，从四川乐山引进长白新丹系种猪12头；1989年，引进大约克种猪8头。

1990—1991年，种畜场作为贵州省地方良种关岭猪核心群的选育场，引进关岭猪88头，选留零世代35头。1993年7月，种畜场经省级验收合格，列为省级重点种畜场。1994年，引进长白公猪1头，大约克猪6头，杜洛克4头，关岭猪28头。1995年，从北京引进迪卡猪53头，引进迪卡猪带入的传染性胸膜肺炎，给种畜场造成很大的损失，后该品种在境内淘汰。1996年，承担贵州省“九五”科技攻关项目《关岭猪品系选育研究》。筛选的最佳杂交组合。2002年，从江苏太昌引进长白猪11头。2005年，种畜场列为六盘水市良种猪扩繁场。当年出售种公猪56头，母猪358头。2006年，六枝特区作为贵州省优质肉猪生产基地，种畜场引进长白母猪15头，公猪2头；约克母猪60头，公猪2头。2007年，种畜场的猪发生疫情，发病70头，死亡猪18头。

2008年2月，六枝特区农业局将种畜场承包给六盘水市泰鸿源房地产开发公司。承包期限为2008年1月—2017年12月。是年，特区农业局下拨的灾后重建资金8万元，对种畜场的基础设施进行改修；下拨7万元用于种畜场新增纯种母猪140头的补助。2009年，种畜场实施六枝特区生猪标准化规模养殖场（小区）项目，总投资25万元，用于改造圈舍、建产床、保育栏等。

（二）六枝特区鱼种场

六枝特区鱼种场为股级事业单位，实行企业管理。1979年，由种畜场分出部分人员在郎岱组建而成。占地面积22.5亩，其中池塘面积17.5亩，生产用房、办公室用房、职工宿舍等共计5亩。主要从事草鱼、鲤鱼、鲢鱼、鳙鱼、日本白鲫、武昌鱼的繁殖培育工作。

1979年，六枝特区水产站下拨2万元资金建鱼种场。当年建场面积12亩，全为土坎塘，且在池塘中繁殖草鱼、鲢鱼、鳙鱼获得成功，收鱼苗290万尾。同年用花鲢与白鲢杂交获得成功。

1982年，鱼种场向银行贷款5万元，用于基础设施改造，改土塘坎为水泥砂浆石砌为永久性塘坎，塘面扩大到17.5亩。建成了办公用房、生产用房、职工宿舍、孵化池、繁殖池等。

1985年，鱼种场繁殖水花420万尾，出塘130.73万尾，其中草鱼57.37万尾、鲢鱼14.09万尾，鲤鱼69.27万尾。

1987年，从中科院水生生物研究所引进武昌鱼、兴国红鲤、散鳞镜鲤、日本白鲫各50组，在鱼种场繁殖试验成功。

1993年，六枝特区水产站，从贵州省网箱养鱼基地引进健鲤40组亲鱼，在鱼种场繁殖试验成功。

1994年，鱼种场繁殖水花1300万尾，培育乌仔300余万尾，产值达8.1万元，鱼种远销贵阳、平坝、晴隆、关岭、织金等14个县（区）。同年鱼种场被省水产处认定为全省健鲤繁殖场，该场繁殖的280万尾乌仔被省水产处吕平同志回收投放到红枫湖网箱养殖基地养殖。

1998年，鱼种场由场内职工竞标承包。2003年，贵州省水产局把郎岱鱼种场定为全省稻田鱼种培育场。项目实施后，经省、市业务部门验收，亩产鱼种达760公斤的高产。

2004年9月，再次由黄光定承包，三年共计承包费1.7万元。

2008年7月28日，特区农业局与周孝良签订鱼种场承包合同，承包合同期限为2008年4月12日—2013年9月12日。

（三）长箐牧场

长箐牧场，位于六枝西部，堕却乡境内。该场始建于1964年，属于部队的安顺军马场分场，作为隔离病马的场所。后为农垦企业，特区作为差额拨款副科级事业单位，实行企业管理。有国土面积13881亩。其中耕地1120亩，灌丛林1099亩。1979年，划转地方，归六盘水市农业局。1981年，划归六枝特区农业局管理。1985—1986年，试办家庭牧场，将猪、鸡全部承包给场内职工饲养。1986—2004年，实施林业工程植树造林8621亩，草地240亩，岩石、荒山2700亩。房屋、圈舍等建筑面积6147平方米，有不同程度的损坏。2006年10月，有职工8名。

2006—2008年，长箐牧场由在场人员自主生产经营。

2011年，申报国家农垦场资金27万元、省级资金5万元，进行危屋改造，改造危屋18套1080平方米。

第三章 林业

第一节 森林资源

一、林业用地各地类面积

1995年，六枝特区森林资源调查结果，林业用地49.67万亩，其中：有林地面积23.87万亩，疏林地面积0.64万亩；灌木林地面积14.21万亩；未成林地面积2.12万亩；无林地面积8.81万亩，苗圃地0.02万亩。2005年，调查结果显示，林业用地面积122.09万亩，其中：有林地面积44.47万亩、疏林地面积0.1万亩；灌木林地面积30.85万亩；未成林地面积13.3万亩；无林地面积0.69万亩；苗圃地0.02万亩。2011年，林地保护利用规划调查结果，林地总面积110.08万亩，其中：有林地面积60.41万亩、疏林地面积0.11万亩；灌木林地面积40.24万亩；未成林地面积1.48万亩；无林地面积0.72万亩；苗圃地0.01万亩。

二、有林地各地类面积

1995年，有林地面积23.87万亩，其中：防护林面积7.72万亩；用材林14.03万亩；薪炭林面积为0.09万亩；特用林面积为0.22万亩；经济林面积为1.04万亩；竹林地面积为0.78万亩；2005年，调查结果显示，林地面积44.47万亩，其中：防护林面积20.85万亩；用材林16.57万亩；特用林面积为5.28万亩，经济林面积为1.77万亩。2011年，林地保护利用规划结果显示，全区有林地面积100.76万亩，其中：防护林58.36万亩；特用林3.02万亩；用材林29.96万亩；经济林9.43万亩。

三、森林覆盖率

1994年，全特区森林覆盖率为14.12%；2005年，调查结果显示，森林覆盖率为28.81%；2011年，林地保护利用规划调查结果显示森林覆盖率已达到34.1%。

四、活立木总蓄积

1994年，全特区活立木总蓄积为56.12万立方米；2005年，调查结果显示，全区活立木总蓄积为118.87万立方米。2011年，林地保护利用规划调查结果，全区活立木总蓄积为133.81万立方米。

第二节　营林生产

一、采种

1978—1982 年，采用聘请临时采种员的方式，经特区林业局林业站进行技术培训后，协助区、社林场和群众采集林木种子，满足育苗用种。

1983 年，特区各级共青团和少年先锋队组织，按照共青团中央、林业部、农牧渔业部、教育部关于“采集树种、支援甘肃、改造山川、治穷致富”的通知精神，组织青少年开展采集草种、树种活动。1984 年，特区青少年开展“采集树种、绿化贵州”活动，受到团省委、林业厅表彰。采集的树种有：杉木、柳杉、华山松、棕树、楸树、女贞、喜树、油桐等。1985 年后，以民间自发采种方式为主。1978—2011 年，全特区共采集各种树种种子 85 吨。

二、育苗

国营苗圃：2000 年，投资“天保资金”100 万元在花德河林场红林山修建 100 亩林业专业苗圃。2001—2011 年，共培育容器苗 50 万株，实生苗 658 万株，扦插绿化苗木 2 万株。

集体苗圃：1980—2011 年，六枝特区大多数乡村林场仍保存有苗圃，少则几亩，多达数十亩，共计育苗 6900 亩。

个人育苗：1979 年后，农村实行土地联系产承包经营责任制，特区林业局、乡（镇）林业站对育苗实行定产包销，超产收入归己，建立林业生产承包责任制。2002 年，林业局培训后颁发了 23 份《林木种子生产许可证》和《林木种子经营许可证》。2003 年，全区共育柳杉、杉木和喜树等 3000 余亩。2005—2006 年，特区政府将优质梨建设列入“十件实事”，林业局在戈厂育苗 150 万株。2006 年，国家级石漠化试点工程在境内实施 8000 亩，林业局在中寨乡新场村育容器苗 150 万袋。2007—2008 年，共育裸根苗 450 亩，营养袋苗 50 万袋，嫁接苗 50 万株。苗木品种有柳杉、杉木、喜树、滇柏、华山松、马尾松、楸树、梨树、板栗、冬桃等。2009—2011 年，共育裸根苗 1350 亩，嫁接苗 120 万株。苗木品种有柳杉、杉木、喜树、滇柏、刺槐、梨树、板栗、冬桃等。

三、植树造林

（一）工程造林

1979 年前，共营造杉树林 4.56 万亩。1981—1983 年，国家对林业的专项补助停止，基地造林曾中断。1984 年后，通过国家贷款，引用当地统配煤矿育林基地建设继续开展。1986—1990 年，全区共投入资金 44.18 万元，营造基地林 2.57 万亩。1992 年，利用以工代赈资金 15.28 万元，造林 0.69 万亩。1994 年，投入资金 27.64 万元，有偿造林 8.29 万亩。1995 年，共营造防护林 2.79 万亩。

1996—1999 年，共实施世行项目造林 8303 亩。其中：杜仲 5927 亩、板栗 2376 亩。共实施珠防工程 4.13 万亩。其中：人工造林 2.03 万亩，封山育林 2.1 万亩。1998—2000 年，全区天然林资源保护工程公益林建设完成 17.03 万亩。其中：人工造林完成 3.54 万亩，人工促进天然更新完成 3.16 万亩，飞播造林完成 3.51 万亩（飞播造林 3.21 万亩，用人工造林代飞播造林 0.3 万亩），封山育林完成 6.82 万亩。

2001—2011 年，实施营造林面积 44.51 万亩，其中：人工造林 24.59 万亩，以植代播完成 1.9 万亩，封山育林 18.02 万亩。

天然林保护工程：2000—2011 年，全区天然林资源保护工程公益林建设完成 11.8 万亩，其中：以植代播完成 1.9 万亩（以植代播造林 1 万亩，用封山育林方式实施 0.9 万亩）；封山育林完成 6.4 万亩，飞播造林 3.5 万亩。

退耕还林工程：2002—2011 年，实施退耕还林工程，共实施退耕还林工程 17.3 万亩，其中：退耕地造林 5.5 万亩，荒山造林 9.2 万亩，封山育林 2.6 万亩。2008—2011 年，实施巩固退耕还林成果 6.37 万亩。其中：经济林建设 3248 亩、用材林建设 443 亩、补植补造 5.7 万亩、恢复经营 3000 亩。

优质梨栽植：2005—2006 年，特区党委政府将优质梨种植列入“十件实事”之一，全区共种植优质梨 150 万株（折合面积 1.35 万亩）。

石漠化治理林业项目：2006 年，实施农业综合开发林业项目（国家级石漠化治理试点）8000 亩，其中：中寨乡 6000 亩，郎岱镇 2000 亩；2008—2010 年，实施岩溶地区石漠化治理试点工程 5.48 万亩。其中人工造林 6164 亩，封山育林 4.86 万亩；2011 年，实施石漠化综合治理重点建设 1.12 万亩。其中：人工造林 450.3 亩、封山育林 1.08 万亩。

地县级植被恢复费造林：2007 年，实施林业专项资金造林 3300 亩；2008 年，实施地县级植被恢复费项目 3.39 万亩。其中封山育林 3 万亩，人工造林 3850 亩。

（二）社会造林

1. 城区山头绿化

2004 年，特区九届人大二次会议将城区可视山头封山育林和管理工作列为特区人大重点督办议案，要求用 3 年时间完成城区 21 个山头封禁治理和绿化工作。特区党委、政府高度重视，将 21 个山头绿化责任分解落实到了 97 个机关及企事业单位，明确特区林业局具体组织实施（因九头山已规划为公园建设，后未组织实施）。城区 20 个山头封山绿化总面积 1228 亩。其中：人工造林 362 亩（荒山 154 亩，农地 208 亩），封山育林 866 亩，共栽植苗木 4.92 万株，其中经济林苗木 2.47 万株，生态林苗木 2.44 万株。

2. 义务植树

1978—2011 年，每年的植树节都以不同形式进行了造林绿化。在城区的可视山头、机关、学校和乡（镇）政府驻地，义务植树近 500 万株；参加植树的人员有国家干部、工人、农民、学生等。

3. 四旁植树

1978—2011 年，全区“四旁”植树 1405 万株。其中：1978—2000 年 672 万株；2001—2011 年 733 万株。

第三节 森林保护

一、森林公安局建设

1986年6月，经省林业厅、公安厅批准成立六枝特区公安局林业派出所，定事业编制5人，其中领导职数1人；2000年，六枝特区成立六枝特区公安局林业警察大队，为副科级事业单位，编制增至20人（含林业派出所5名编制）；2003年，更名“为六枝特区公安局森林警察大队”。2008年，六枝特区核定六枝特区森林警察大队政法专项编制15名，2011年，更名为“六枝特区森林公安局”，加挂六枝特区公安局森林警察大队牌子，定局长1名，政委（教导员）1名，副局长2名，定副科级侦察员2名，实行林业和公安部门双重领导的管理体制。

二、森林防火

2004年，特区成立六枝特区森林防火办公室，为特区林业局下属正股级财政全额拨款事业单位，与特区森林警察大队合署办公。

1987—2011年，全区共发生森林火灾349起，其中一般火灾236起，较大火灾112起，重大火灾1起，受灾面积1.8万亩，年平均受害率为0.54‰，2.71万人（次）参加灭火。

1987—2011年森林火灾基本情况统计表

表10-3-1

项目＼年度	森林火灾次数（起）					火场总面积（公顷）	受害少林面积（公顷）		
	计	一般火灾	较大火灾	重大火灾	特大火灾		计	其中	
								原始林	人工林
合计	349	236	112	1	0	2457.67	1201.93	0	1201.93
1987	2		2			5.2	3.2		3.2
1988	4	3	1			10.8	8.85		8.85
1989	12	5	7			42	35.52		35.52
1990	0								
1991	4		4			18	14.4		14.4
1992	2		2			44	34.4		34.4
1993	3		3			9.1	1.93		1.93
1994	1	1				3.2	0.37		0.37
1995	3	2	1			5.2	1.9		1.9
1996	6	5	1			12.6	6.53		6.53
1997	5	4	1			51.6	42.7		42.7
1998	12	4				18.9	15.93		15.93
1999	8	4	4			17	11.7		11.7
2000	6	4	2			16.8	11.01		11.01
2001	11	5	5	1		151.95	125.44		125.44
2002	36	30	6			203.75	48.42		48.42

续表

项目＼年度	森林火灾次数（起）					火场总面积（公顷）	受害少林面积（公顷）		
	计	一般火灾	较大火灾	重大火灾	特大火灾		计	其中	
								原始林	人工林
2003	28	9	19			250.71	116.64		116.64
2004	2	1	1			408.33	116		116
2005	9		1			116.13	5.3		5.3
2006	5	3	2			53	6.67		6.67
2007	9	6	3			29.73	12.66		12.66
2008	23	21	2			137.83	26.7		26.7
2009	39	39				139	35		35
2010	112	75	37			684.82	515.64		515.64
2011	7	7				28.02	5.02		5.02

续表

项目＼年度	受害率‰	损失林木		人员伤亡（人）				出动扑火人工（工日）
		成林面积（立方米）	幼林数量（万株）	计	轻伤	重伤	死亡	
合计	0.54	22366.42	158.147	8	3	1	4	27122
1987	0.06	56	1.8					150
1988	0.17	120	1.6					220
1989	0.69	380	2.1					480
1990								
1991	0.28	256	2.1					150
1992	0.67	280	1.6					430
1993	0.04	80	0.8					130
1994	0.04	40	1					120
1995	0.04	40	0.3					130
1996	0.13	260	1.4					160
1997	0.83	1200						590
1998	0.31	360	1.7					540
1999	0.23	280	0.21					320
2000	0.21	250	0.35					310
2001	2.43	3389.77	0.07					610
2002	0.94	1049.763						1103
2003	2.26	147.29	32.75					2495
2004	2.25	10	63.56					1051
2005	0.10	45	1.5					1145
2006	0.13	156.6						550
2007	0.25	1200	2.0					681
2008	0.52	2910	2.74					751
2009	0.63	1520	5.75	3	2	1		5270
2010	0.09	8362	32	4	1		3	9540
2011	0.10	14	2.08	1			1	227

三、天然林管护

2000—2011 年，共投入森林管护资金 1264.41 万元，年管护森林面积 56.04 万亩。累计聘请常年性护林人员 3991 人。

2004 年 10 月，六枝特区机构编制委员会批准成立了六枝特区天然林保护工程管理中心，专职对天然林资源保护工程进行管理。

四、木材运输检查

1993 年 8 月，贵州省人民政府批准设立六枝特区木材检查站。主要工作是木材运输检查监督和野生动物资源保护管理。

1993—2011 年，依法检查运输木材车辆共计 3286 车（次）。1995 年，被评为全省先进木材检查站；1996 年，被评为全国先进木材检查站。1998 年通过验收，获“全国木材检查站标准建设”达标站称号。

五、森林资源管理

2003—2011 年，共办理林木采伐许可证 326 份，采伐林木面积 3.49 万亩，蓄积 13.05 万立方米。2005—2011 年，共审核发放林权证 2.87 万份（面积 77.46 万亩）。审核征占用林地手续 9 件（面积 2912.19 亩），办理木材经营加工许可证 225 份，木材运输证 4867 份（运输木材 8357.68 立方米，活立木 149 株，竹笆 3.8 万张），调处林权纠纷 155 起。

六枝作为全省 9 个集体林权制度改革试点县之一，2006 年 12 月 28 日正式启动林改工作，共完成勘界确权面积为 77.46 万亩；分山到户率为 100%，分户登记率为 100%；勘界确权宗地数为 15245 宗，确权发证率为 100%；签订完善承包经营及公益林管护合同 10348 份，其中家庭承包合同 7879 份，其他方式承包合同 886 份，流转合同 10 份，公益林管护合同 1573 份。制定集体山林管理章程 174 份，发放股权证 98617 份，换发林权证 9544 份；全区共调处林权纠纷 142 起。出台了《六枝特区关于放活林木经营的实施意见》及《六枝特区集体山林（活立木）流转程序规范》两项政策。全区受益农户 7 万余户，受益面达 70%，林农的综合满意率在 90%以上。

六、涉林案件办理

1986—2011 年，森林公安局共办理各类涉林案件 1616 件。其中：刑事案件 110 件，治安案件 184 件，林业行政案件 1322 件，收缴各种盗伐、滥伐、无证运输、收购的木材 1.03 万立方米，收缴各种罚没款 169.62 万元。

七、林业有害生物防治

1981—2000 年，省林业厅在国有花德河林场设立森林病虫害监测点。1986 年，在特区林业局林业站设专职检疫员负责开展森林植物检疫。1987—1988 年，国有花德河林场 0.4 万余亩松林发生松毛虫和松叶蜂危害，六盘水市森防站指导和参与对其进行了化学防治。1992 年，国有花德河林场 0.6 万余亩松林发生黄缘阿扁叶蜂危害，在六盘水市森防站的指导和国有花德河林场的配合下，省、市共约投入资金 20 余万元，经近 10 年的化学防治，虫口密度从原来的 215 头 / 平方米下降为 52 头 / 平方米，基本达到有虫不成灾。

1994 年 9 月，特区编委批准成立六枝特区森林病虫检疫防治站，具体负责特区境内的森林病虫检疫防治工作。

1997 年 11 月，贵州省森林病虫害防治工作总结暨工程防治规划会议在六枝召开；六枝特区森林病虫检疫防治站被贵州省林业厅授予“1997 年度县级森林病虫害防治体系规范管理达标单位”。

2001 年 3 月，六枝特区森林病虫检疫防治站被国家林业局批准为“国家级森林病虫害中心测报点”；同年 9 月，被国家林业局授予“森林病虫检疫防治标准站”。

2001—2011 年，全区共发生森林病虫害 39.76 万亩，防治 35.01 万亩，防治率为 88.05%，其中：从 2008 年起开展无公害防治，面积 21.37 万亩，无公害防治率为 100%。全区现有林面积 56.27 万亩，实施监测面积 53.93 万亩，监测率为 95.85%。林木种苗产地检疫面积 0.75 万亩，检疫率 100%，合格率为 100%。

第四节　林业企业

境内国有林场为花德河林场，建于 1958 年，林场下设花德河、黑羊箐、青林湾、红林山、浪风台、洒志、戈厂 7 个工区。1992 年全场经营面积为 1.41 万亩，木立木蓄积达到 8.18 万立方米。1998 年，国家将花德河林场改为经营性林场，停拨基建款。是年、实施“天然林保护工程”，取消了商品材生产计划。2000 年，投资“天保资金”100 万元在红林山修建 100 亩林业专业苗圃。

2001 年，100 亩苗木生产基地基本建成投入试生产，当年培育容器苗 30 万株，实生苗 100 万株。

2002 年，停止森林经营性采伐，仅开展基地育苗、护林防火等日常工作。生产容器苗 20 万株，培育实生苗 200 万株。

2003 年春季，浪风台工区发生了森林火灾，烧毁森林面积达 700 多亩。同年 11 月，在各级领导和政府的关心支持下，特区政府决定 3 年内每年从支农资金中拨付给花德河林场 30 万元生产扶持费，用于支付林场生产所需经费和部分职工工资。

2004 年 5 月，花德河林场由差额拨款事业单位改为自收自支事业单位，同年 8 月整体加入地方社会养老保险。下设工区缩编为花德河、浪风台、戈厂 3 个工区。

2005 年 2 月，贵州林业厅批准在花德河林场建立“六枝特区月亮河省级森林公园”，7 月，林场职工整体加入社会医疗保险，10 月，六盘水市编委办公室批复成立“六枝特区月亮河省级森林公园管理处”，为正科级自收自支事业单位，与花德河林场实行“两块牌子，一套人员”。12 月，特区政府批准将九层山 3.56 万亩国有飞播区移交花德河林场管理，使林场经营面积从 1.41 万亩扩大为 4.97 万亩，同年，生产商品木材 1400 立方米。

2006 年，恢复经营性采伐，生产商品材 3000 立方米。建成了黄泥坳及戈厂 100 余亩绿化大苗及木本花卉基地，浪风台生产苗木基地 15 亩。利用戈厂杨梅园引进六枝特区东方园艺公司投资 40

余万元建设杨梅、大枣基地；引进六盘水商人投资90余万元利用幼林抚育的枝梢材建设木材拼板厂；利用松林资源引进浙江客商投资60余万元建设林化厂。林场经营面积达到4.97万亩，森林活立木蓄积达到14.34万立方米。

2007年，森林经营性采伐275亩，生产商品材3100立方米。育苗15亩，产苗120万株。先后争取以工代赈资金60万元，省市植被恢复费8万元，农电网改造资金4万元，修建林区公路18公里，输电线路0.4公里，完成九层山工区1700亩荒山造林工程。同时，争取各级扶贫资金、支农资金近80万元，自筹资金20万元用于建设戈厂生态园，开始启动森林公园总体规划中的戈厂景区建设。

2008年，开展森林经营采伐250亩，生产商品材2800立方米。培育实生苗5亩，产苗60万株；扦插培育绿化苗木1.5万株；5月，戈厂生态园开始进行承包试运营，当年实现营业额近40万元，接待各类游客近2万人（次）。10月，林场自筹资金40万元，争取小水池建设资金25万元，进行二期（梨园休闲木屋）工程、果园改造、小水池及道路的建设。4月7日，浪风台工区发生森林火灾，火灾过火面积1410亩，其中：有林地29.97公顷，采伐更新迹地113.1亩，水草地6亩，未成造林地841.35亩。火灾共造成直接经济损失50.5元（立木损失44.04万元；采伐原木损失6.46万元）。

2009年，森林经营采伐175亩，生产商品材2500立方米。培育实生苗25亩，产苗100万株。扦插培育绿化苗木1万株；争取省级扶贫资金24万元，完成乡土珍贵用材树种造林400亩；争取上级防火资金30万元，建设林区森林防火隔离带15公里。完成封山育林18320亩，市级植被恢复费17万元，完成造林3200亩；争取扶贫资金43万元，进行小山塘改造，按期完成浪风台工区月亮池的改造工程。

2010年，森林经营采伐215亩，生产商品材1600立方米。培育实生苗12亩，产苗50万株；扦插培育绿化苗木1.2万株。争取上级投资60万元，完成中幼林抚育试点6017亩，出材1200立方米。元宵节和3月份，浪风台、野猪坪各发生森林火灾一起，过火面积近1000亩，烧毁森林近400亩、未成造林地300余亩、荒山近300亩。

2011年，森林经营采伐45亩，生产商品材1200立方米。培育实生苗7.6亩，产苗28万株；扦插培育绿化苗木0.5万株；投资30万元林场办公楼建成竣工；完成六枝特区1000株地方核桃优良植株调查及50亩核桃采穗圃建设工程，投完成资30万元；林场办公楼建成竣工，投资100万元，完成建筑面积1000平方米，棚户区危旧房改造工程的主体工程结束，转入附属工程建设阶段；投资1050万元，完成建筑面积8800平方米，建设规模为8800平方米；争取上级投资522多万元，启动11.13公里林区公路改造工程。

第四章　水利

1978—2011年，水利事业发展历程中，随着国家对西部地区扶持力度的不断加大，全区水利基础设施投入得到逐年增加，水利工程建设程序与管理措施也得到不断规范和完善，蓄水工程、引水灌溉工程、水电工程、农村人畜饮水工程、水土保持工程等建设高潮迭起，特别在“十五”时期之后水利基础设施建设得到了长足发展，为全区经济社会更好、更快地发展起着重要的支撑作用。

第一节 水利工程

一、蓄水工程

六枝特区境内有蓄水工程 96 处，总蓄水量 1178.1 万立方米，有效蓄水量 926.55 万立方米。设计灌溉面积 4.59 万亩，有效灌溉面积 3.01 万亩，保证灌溉面积 2.41 亩，其中：小㈠型水库 4 座，总蓄水量 889.40 万立方米，有效蓄水量 722.3 万立方米，设计灌溉面积 3.01 万亩，有效灌溉面积 1.8 万亩，保证灌溉面积 1.34 万亩；小（二）型水库 7 座，蓄水量 202.13 万立方米，有效蓄水量 133.83 万立方米，设计灌溉面积 6400 亩，有效灌溉面积 4450 亩，保证灌溉面积 4450 亩 . 小（二）型以下蓄水工程 85 处，蓄水量 86.566 万立方米，有效蓄水量 70.42 立方米，设计灌溉面积为 9316 亩，有效灌溉面积 7340 亩，保证灌溉面积 6256 亩。

（一）大型水库工程（在建）

黔中水利枢纽二程，位于六枝特区北部牛场乡与梭戛乡交界处，是贵州省为解决黔中地区经济社会发展，兴建的一个大型水利枢纽工程。工程设计水库总库容 10.89 亿立方米，正常蓄水位 1331 米，坝顶高程 1335 米，大坝高 162.7 米，坝后电站装机 13.6 万千瓦，年调水量 5.5 亿立方米，输水总干渠 63.9 公里、桂松干渠 84.7 公里、支渠 279.91 公里，工程总投资 73.2 亿元。工程于 2009 年 11 月 30 日破土动工兴建，项目业主为贵州省水利厅。工程主要解决贵州省六枝北部和黔中地区 7 个县 42 个乡（镇）51.17 万亩农田灌溉，解决 5 个县城和 28 个乡（镇）35 万人和 31.5 万头牲畜饮水安全问题。

（二）中型水库工程（在建）

旧院水库。是一座以城镇供水、农田水利灌溉为主的综合性水利工程。总库容 1458 万立方米，属中型水库。总投资 3.34 亿元，静态总投资 3.24 亿元。工程建成后，可解决岩脚、新场片区水田 2.49 万亩、旱地 1.66 万亩的灌溉，并向六枝城区供水 3.4 万立方米 / 天。该项目省发改委批复立项，批复工程初步设计。于 2009 年 10 月 9 日开工建设，工期 36 个月，预计 2013 年 6 月底下闸蓄水。

（三）小（一）型水库工程

1. 白岩脚水库是新中国成立后六枝特区兴建的第一座黏土斜墙堆石坝水库，位于六枝特区西南部郎岱镇郎岱河上游，距六枝特区政府所在地 44 公里。坝址下游灌区集中连片，是六枝特区万亩以上的灌区之一。坝址以上集雨面积 10 平方公里，多年平均径流量为 0.26 立方米 / 秒，最大洪水流量 93 立方米 / 秒，最枯流量 0.02 立方米 / 秒。

该水库是一座以解决农田灌溉、生活供水及防洪为主的小㈠型水库。水库始建动工于 1958

年，建成坝高 8 米的均质土坝一座；1963 年续建将坝加高到 14.5 米；1965 年起进行扩建，扩建规模为坝高 32.2 米、坝型为黏土斜墙堆石坝，1969 年底完工；1970—1972 年因坝基渗漏严重，对坝基进行帷幕灌浆和放水涵洞处理，水库修建历时 12 年正式蓄水灌溉；1976 年，六枝水电局进行洪水复核后，增加坝顶 1 米高防浪墙，并对溢洪道底板进行加固衬砌处理。1980 年，竣工投入运行；1985 年、1993 年、1994 年，先后对水库进行续建配套、放水涵洞维修、上游坝坡铺设土工膜防渗处理，次年又对两坝肩进行固结、防渗帷幕灌浆处理；1998 年，对下游坝坡作了补填坝坡整形。

1999 年 10 月，经市水利局专家对大坝进行安全鉴定，评定为三类坝，并列入全省第一批小型病险水库除险加固工程之一，该水库除险加固初步设计于 2001 年 11 月经省水电厅组织专家组审查，审定工程总投资 350 万元。2003 年 7 月 10 日，由贵州省水利水电勘测设计研究院设计的实施方案，经贵州省水利厅组织审查批复建设，批复工程总投资 350 万元，投资组成为中央资金 240 万元、地方配套 110 万元，实际到位资金中央 240 万元、地方 2 万元。工程于 2003 年 11 月开工。水库大坝坝顶高程 1427.164 米。坝高 32.2 米，坝顶宽 4 米，坝长 97 米，水库总蓄水库容为 265 万立方米。

渠系工程建设分左右两干渠总长 26.6 公里，左干渠从大坝起至青菜塘共计 19.4 公里，右干渠从左干渠渠首建分水闸分设右干渠，经至 2.6 公里处设分水闸，建归宗支渠；右干渠从渠首至对门寨（渠尾）全长共 7.2 公里。该渠系先后于 1978 年、1985 年分别进行维修、续建配套至 1987 年底，维修、配套的工程有左右干渠长 26.6 公里，支渠 3 条共长 4.8 公里，渡槽 1 座长 85 米，倒虹管 1 处长 580 米，山洪渡槽 17 处，放水孔 45 个，电力提灌站 5 个总装机 140.5 千瓦。白岩脚水库工程设计灌溉面积 1.05 万亩，有效灌溉面积 7800 亩，保证灌溉面积 6500 亩。

2. 中坝水库，位于六枝特区西部堕却乡境内中坝河的上游，距六枝特区政府所在地 22 公里，坝址以上集雨面积为 7.02 平方公里，多年平均流量 0.18 立方米 / 秒，最枯流量 0.08 立方米 / 秒。

该水库是一座以解决六枝城区供水、防洪及灌溉为主要功能、坝顶兼做安水公路通道的黏土心墙坝型水库。水库初建于 1959 年，1973—1980 年，进行扩建，形成规模坝高 25.2 米、坝顶长 188 米、宽 9.4 米，总库容 288.4 万立方米，兴利库容 227 万立方米，防洪库容 57.4 万立方米，死库容 4 万立方米。1987 年，对坝体进行帷幕灌浆；1992 年对下游坝坡和放水闸门进行整修；1998 年对库区左岸出现的漏水溶洞进行灌浆处理。

1999 年 10 月，经市水利局专家组对大坝进行安全鉴定，评定为三类坝，并列入全省第一批小型病险水库除险加固工程之一，该水库除险加固初步设计于 2001 年 11 月上报省水利厅审查，批复工程总投资 470 万元。2003 年 7 月，由贵州省水利水电勘测设计研究院设计的实施方案，经贵州省水利厅组织审查批复建设，审查总投资 470 万元，投资组成为中央资金 310 万元、地方配套 160 万元，实际到位资金中央 310 万元、地方 46 万元。2004 年 3 月开工，2004 年 10 月主体工程竣工，2005 年 11 月经省级竣工验收评定为合格工程，并正式投入蓄水运行。坝顶高程 1660.81 米，校核洪水位高程 1659.5 米，兴利水位高程 1657.65 米，死水位高程 1643.43 米，溢洪道布置在大坝的右端型式为宽顶堰，底槛高程 1657.65 米，放水涵洞布置在大坝左端，为无压涵洞，洞长 116 米，洞高 1.5 米，洞宽 1.4 米，采用双向转动闸门控制。

中坝水库每天向六枝城区供水 6000 立方米，是城区供水主水源库。该水库设计灌溉面积 10857 亩，有效灌溉面积 4559 亩，保证灌溉面积 1800 亩。渠系工程建设分左右两条干渠总长 10.7 公里。左干渠从大坝起至下坝水库，将水引至下坝水库内，再由下坝水库涵洞放水引至土地垭口渠长共5.6公里，右干渠长5.1公里，建有隧洞一个，隧洞长31米，倒虹管一座长99米。

3. 直溜水库，位于六枝特区折溪乡直溜村，距六枝特区政府所在地14.5公里。该水库工程于2001年批准立项，属农业综合开发项目，概算总投资363万元。2002年4月开始施工，2004年5月主体工程完工，并进行工程验收。坝高28.15米，坝顶长101.1米，正常水位高程1435米，坝顶高程为1438米，坝基最低高程1414米，溢流坝段长11米，左岸推力墩长24.29米，灌区干支渠道总长14.95公里，水库总库容量226.09万立方米，兴利库容150万立方米。设计灌溉面积6210亩，有效灌面3000亩。2010年贵州省财政厅水利厅批复除险加固补助资金，同年12月动工实施。主要建设内容：坝基灌浆防渗、消能设施整治、边坡加固整治等，工程总投资118.08万元，2011年7月竣工。

4. 瓦窑水库，位于六枝特区东部木岗镇境内瓦窑河段上游，距六枝特区政府所在地40公里，水库坝址以上控制集雨面积为4.05平方公里，多年平均径流量335.34万立方米，多年平均流量0.11立方米/秒，最枯流量0.01立方米/秒。

该水库建于1957年11月，由普定、镇宁两县联合组织当地民工兴建。1970年12月，六枝特区人民政府成立后，该水库归六枝特区水电局管理。1975年，六盘水市水电局对该水库进行洪水复核时，提出对大坝非溢流坝段进行加高处理。1976年冬开始动工加高坝体，1977年春完成。大坝为均质土坝，坝高16.02米，坝长65.5米，坝顶宽5米；总库容43.1万立方米；溢洪道布置在大坝左端，型式为宽顶堰，宽13米，长56.4米，最大水深1.56米，最大溢洪流量45.63立方米/秒；放水涵洞布置在大坝的底部右端，为无压涵洞，采用双向转动闸门控制。

1991年，该水库大坝扩建工程列为农业综合开发项目，工程总投资75万元。主体工程为在原有基础上坝体加高5.51米，上游坝坡采取黏土黏墙防渗，下游坝坡采取堆石固坝，形成坝型为黏土斜墙堆石坝。1993年3月竣工，经市级验收为优良工程。扩建后坝高21.53米，水库总库容131万立方米，兴利库容99.6万立方米，死库容0.4万立方米。

1999年10月，经市水利局专家组对大坝进行安全鉴定，评为三类坝，并被列入国家第二批小型水库除险加固项目。2003年7月，经贵州省水利厅组织审查批复建设，批复工程总投资280万元，其中，中央资金190万元，地方配套资金90万元。2004年2月开始动工，同年12月主体工程竣工。2005年12月，经省级竣工验收评定为合格工程，并正式投入蓄水运行。渠系分为左右干渠，总长为6.8公里，渠道建筑共计13座，其中左干渠从水库大坝起到底岗长3.82公里，有建筑物9座，右干渠道从大坝至洞口渠道长2.98公里，有建筑物4座。设计灌面3890亩、有效灌面3000亩、保证灌面2600亩。

（四）小（二）型水库工程

六枝特区共有小（二）型水库7座，总蓄水量202.21万立方米，其中兴利库容为133.77万立方米。分别为平寨镇的东风水库、雾步冲水库；木岗镇的纳麻水库；郎岱镇的荷花池水库、打铁寨水库；堕却乡的下坝水库；岩脚镇的老坡底水库。

六枝特区小（二）型蓄水工程统计表

表 10-4-1

工程名称	所在地点	坝高（m）	库容（万 m^3）		灌溉面积（亩）		
			总库容	兴利库容	设计	有效	保证灌面
纳麻水库	木岗镇	20.36	64.2	49.3	2500	1800	1130
荷花池水库	郎岱镇	16．61	38.21	28.65	1700	1200	1200
打铁寨水库	郎岱镇	14.20	10.1	6.52	650	500	500
老坡底水库	岩脚镇	13.00	18.9	13.61	350	250	250
雾步冲水库	平寨镇	10.00	18.2	7.49	700	200	200
东风水库	平寨镇	9.00	28.93	19.2	六枝电厂冷却用水		
下坝水库	堕却乡	9.00	23.67	9.0	500	500	500

1. 纳麻水库：位于六枝特区东部木岗镇境内纳麻河上游，距六枝特区政府所在地 40 公里，水库坝址以上控制的集雨面积为 3 平方公里，多年平均径流总量 248.4 万立方米，多年平均流量为 0.08 立方米 / 秒，最枯流量 0.02 立方米 / 秒。

该水库初建于 1958 年 11 月，由镇宁县水电局组织当地民工兴建。1970 年 12 月，划归六枝特区水电局管理。1975—1977 年，六盘水市水电局和六枝特区水电局对纳麻水库进行溢洪道进行整修处理。1985 年 5 月，水库大坝进行除险加固，增加防浪墙、溢洪道加宽、翼墙加高及修建反滤层等， 1986 年 5 月完工。大坝为均质土坝，坝顶高程为 1321.3 米，坝高 20.36 米，坝顶宽 4 米，坝长 100 米；溢洪道布置在大坝右端，型式为宽顶堰，底槛高程 1320.31 米，底宽 4 米，长 80 米，最大水深 1.5 米，最大泄洪流量 11.3 立方米 / 秒。放水涵洞布置在大坝的左端，为无压涵洞，涵洞进口高程 1309.89 米，出口高程 1307.53 米，长 86 米高 0.8 米，宽 0.6 米，最大泄流 0.79 立方米 / 秒，采用双向转动闸门控制。水库总库容为 64.2 万立方米，其中兴利库容 49.3 万立方米，死水库容 4.3 万立方米，滞洪库容 10.6 万立方米，水库淹没田土 180 亩。渠系建有干渠 2 条总长 4.1 公里，建筑物共 10 座，控制灌面 1800 亩。

2005 年 11 月，六盘水市发改委对该水库除险加固工程初步设计作出批复，审定预算总投资 333 万元。其中，市级基建资金 97 万元，支农资金 80 万元，其余由特区政府自筹。工程于 2006 年 2 月开工，8 月全部完工。工程实际完成投资 372 万元。

2. 荷花池水库：位于郎岱镇北面，距郎岱镇政府所在地 3 公里，白岩脚水库左干渠由坝顶通过，属左干渠的“结瓜水库”。1958 年 12 月建成蓄水，坝址以上控制集雨面积 0.98 平方公里，大坝为均质土坝，坝高 12.8 米，总库容 31.5 万立方米。1976 年 3 月，对大坝进行处理，修建反滤层，加高加宽坝体，回填封闭老涵洞，重新在老涵洞的右侧开挖修建新的放水涵洞，1982 年完工。1988 年 4 月，对坝基和老涵洞漏水进行帷幕灌浆处理，同年 9 月，处理结束，坝高增至 16.61 米，坝顶宽 5 米 ，坝长 80 米，总库容 38.21 万立方米，兴利库容 28.56 万立方米，渠系左右干渠总长 5 公里，实际灌面 1200 亩。

2007 年 10 月，六盘水市水利局批复该水库除险加固，工程总投资 193.35 万元。其中，省级补助 30 万元，市级补助 30 万元，其余由特区自筹。工程于 2008 年 3 月开始动工，12 月竣工。

3. 打铁寨水库：位于郎岱镇北面，距郎岱镇政府所在地 1.5 公里，为白岩脚水库左干渠的“结瓜水库”。1958 年 12 月建成蓄水。1976 年 3 月，将原木塞卧管改为双向转动闸门控制涵洞。坝址以上集雨面积为 0.57 平方公里，大坝为均质土坝，坝高 14.2 米，坝顶宽 4 米，坝长 60 米，总库容 10.1 万立方米。兴利库容 6.52 万立方米，干渠 1 条长 1.5 公里，灌溉面积 500 亩。

2007 年 10 月，六盘水市水利局批复该水库除险加固，工程总投资 94.92 万元，其中，省级补助 30 万元，市级补助 30 万元，其余由特区自筹。工程于 2008 年 3 月开始动工， 11 月竣工。

4. 老坡底水库：位于岩脚镇民乐老坡底，距六枝特区政府所在地 30 公里。1959 年 12 月建成蓄水，坝址以上控制集雨面积 0.85 平方公里，大坝为均质土坝，坝高 13.00 米，坝顶宽 3 米，坝长 40 米，总库容 18.9 万立方米，兴利库容 13.61 万立方米，有干渠 1 条长 1.5 公里，实际灌面 250 亩。由于初建时坝基清基不彻底，成为病险水库。

2008 年 1 月六盘水市水利局批复该水库除险加固，工程总投资 184.56 万元，其中，省级补助 30 万元，市级补助 30 万元，其余由特区自筹。工程于 2008 年 3 月开始动工， 11 月竣工。

5. 雾步冲水库：位于平寨镇平寨村，距六枝特区政府所在地 4.5 公里。1958 年 12 月建成蓄水，坝址以上控制集雨面积为 1.43 平方公里，大坝为均质土坝，坝高 10 米，坝长 120 米，总库容 18.2 万立方米，兴利库容 7.49 万立方米，有干渠 1 条长 0.2 公里，该水库除供铁路水泥厂工业用水外，灌溉农田 200 亩。

2007 年 10 月，六盘水市水利局批复该水库除险加固，工程总投资 129.28 万元。其中，省级补助 30 万元，市级补助 30 万元，其余由特区自筹。工程于 2008 年 3 月开始动工， 10 月竣工。

6. 东风水库：位于平寨镇六枝村，距六枝特区政府所在地 6 公里。1958 年 12 月建成蓄水，坝址以上控制集雨面积为 0.85 平方公里，大坝为均质土坝，坝高 9 米，坝顶宽 8 米，坝长 63 米，总库容 28.93 万立方米，兴利库容 19.2 万立方米，水库未修建渠道，无灌溉面积。水库建成蓄水后，供六枝电厂冷却用水。该水库由于电厂循环水通过坝顶再进入水库，为保坝体稳定，1987 年 7 月，对大坝外坡用块石全部铺砌，1988 年 5 月完成，水库无放水涵洞。2009 年进行除险加固，该工程审定投资 120.14 万元，其中：省、市各补助 30 万元，其余由特区自筹。2009 年 2 月 25 日—9 月 1 日分步实施。主要建设内容为放水设施、溢洪道加固、坝体灌浆三部分；二期建设内容为上游坝坡及坝顶整治、大坝防渗、下游坝坡整治、值班房及人行交通桥。

7. 下坝水库：位于六枝特区西北部堕却乡，距六枝特区政府所在地 15 公里。1959 年 4 月建成，坝址以上集雨面积 0.56 平方公里，大坝为均质土坝，坝高 9 米，坝长 84 米，总库容 23.67 万立方米，兴利库容 9 万立方米，干渠 1 条 1.5 公里，灌溉 500 亩。1987 年，对放水涵洞进行了维修处理。水库为中坝水库左干渠的结瓜水库，即左干渠的中间连接水库。2010 年，六盘水市水利局批复除险加固，2010 年 12 月动工实施。主要建设内容：大坝加固、溢洪道加固改造、防渗帷幕灌浆及放水设施改造、管理房修建及附属公路等工程，工程于 2012 年 1 月竣工。

（五）小（二）型以下蓄水工程

全特区共有小（二）型以下（即山塘）工程共计 85 处。总蓄水量 86.57 万立方米，设计灌溉面积 9316 亩，有效灌溉面积 7340 亩，保证灌溉面积 6256 亩。

2000—2011 年，国家陆续投资，分别对梭戛乡的高兴山塘、乐群山塘，中寨乡新场山塘，新场乡落隆山塘，岩脚镇民乐山塘，郎岱镇牛纳贵山塘进行了除险加固。2010 年，六盘水市水利局批复，对木岗镇超子河水库和梭戛乡乐群水库进行除险加固。

六枝特区小（二）型以下蓄水工程统计表

表 10-4-2

乡镇	处数	库容 （万 m^3）	兴利库容（万 m^3）	灌溉面积（亩）			备注
				设计	有效	保灌	
六枝特区	85	86.566	70.42	9316	7340	6256	
郎岱镇	4	10.75	8.65	560	550	545	
落别乡	5	7.9	6.62	1000	480	465	
平寨镇	5	1.38	1.15	348	278	153	
中寨乡	10	7.00	4.42	940	540	325	
岩脚镇	3	5.31	4.76	1140	1135	1135	
新场乡	11	12.06	10.46	610	532	415	
龙场乡	4	3.57	3.03	415	415	409	
堕却乡	5	1.06	0.94	200	180	160	
木岗镇	5	17.15	14.41	1230	1085	975	原超子河水库列为山塘
大用镇	1	0.2	0.17	15	15	15	
牛场乡	5	9.3	8.02	330	230	175	
梭戛乡	5	4.6	2.43	1250	740	740	
洒志乡	2	0.49	0.41	65	60	35	
陇脚乡	2	2.5	2.09	350	350	340	
新窑乡	18	3.296	2.86	863	750	369	

二、引水工程

1978—2011 年，全区共有引水工程 479 处，引水流量 12.56 立方米 / 秒，设计灌溉面积 11.71 万 6 亩，有效灌溉面积 8.93 万亩，保证灌溉面积 7.79 万亩。其中小（二）引水工程 48 处，引水流量 6.1947 立方米 / 秒，设计灌溉面积 6.23 万亩，有效灌溉面积 3.99 万亩，保证灌溉面积 3.18 万亩；小（二）以下引水工程 431 处，引水流量 6.37 立方米 / 秒，设计灌溉面积 5.48 万亩，有效灌溉面积 4.94 万亩，保证灌溉面积 4.62 万亩。

六枝特区引水工程统计表

表 10-4-3

序号	工程名称	工程数量地点	引水流量（m^3/s）	设计灌面（亩）	有效灌面（亩）	保证灌面（亩）	备注
引水工程		479	12.5647	117105.5	89302	77944	
一、小（二）型		48	6.1947	62256.5	39916	31761	

续表

序号	工程名称	工程数量地点	引水流量（m^3/s）	设计灌面（亩）	有效灌面（亩）	保证灌面（亩）	备注
1	三江引水沟	毛口乡	0.3	1700	1300	1300	
2	安乐花脚引水沟	郎岱镇		750	750	750	
3	吨粮田引水沟	落别乡	0.05	500	500	500	
4	板照引水沟	落别乡	0.3	2500	2500	2500	
5	卡玉引水沟	落别乡	0.1	950	620	620	
6	龙井沟（原筒曹沟）	落别乡	0.07	200	1001	1001	
7	扯堵引水沟	落别乡	0.07	700	700	700	
8	下长寨引水沟	落别乡	0.07	800	800	800	
9	友谊引水沟	落别乡	0.08	730	650	650	
10	平寨引水沟	落别乡	0.07	650	650	650	
11	长弯引水沟	落别乡	0.05	500	500	500	
12	羊场引水沟	落别乡	0.06	580	550	550	
13	羊河引水沟	落别乡	0.5	1014	1014	1014	
14	下坝引水沟	平寨镇	0.02	1317	862	862	
15	波帕引水沟	平寨镇	0.05	504	504	504	
16	出水洞引水沟	中寨乡	0.07	700	700	700	
17	坪基引水沟	中寨乡	0.07	600	500	500	
18	商店引水沟	中寨乡	0.2	500	400	400	
19	陇戛引水沟	中寨乡	0.05	500	500	500	
20	阿哈大沟	中寨乡	0.2	2000	600	600	
21	西北大沟	岩脚镇	0.17	1500	1500	1500	
22	高桥大沟	岩脚镇	0.1	950	1100	1100	
23	岩脚羊场大沟	岩脚镇	0.16	800	300	300	
24	水车引水沟	岩脚镇	0.06	500	520	520	
25	青杠林引水沟	岩脚镇	0.08	750	750	750	
26	老卜羊引水沟	岩脚镇	0.05	500	500	500	
27	抱腰岩引水沟	新华乡	0.05	500	500	500	
28	和平引水沟	箐口乡	0.05	500	360	360	
29	高沟引水沟	木岗镇	0.06	530	530	530	
30	民山引水沟	龙场乡	0.1	600	600	600	
31	金家洞引水沟	龙场乡	0.06	785	745	745	
32	屯脚引水沟	龙场乡	0.35	3500	2200	2200	
33	河尾巴引水沟	龙场乡	0.05	500	200	200	
34	八一（螃梅）引水沟	龙场乡	0.3	3000	1370	1370	
35	旧院引水沟	平寨镇	0.0787	786.5	1500	1500	

续表

序号	工程名称	工程数量地点	引水流量（m^3/s）	设计灌面（亩）	有效灌面（亩）	保证灌面（亩）	备注
36	那固片区引灌工程	平寨镇	0.125	2100	1800	1800	
37	河丰一下坝引水沟	平寨镇	0.2	4000	900	900	
38	茶山引水沟	平寨镇	0.105	2000	785	785	
39	高桥左干渠	岩脚镇	0.1	1160	1160	1000	
40	高桥右干渠	岩脚镇	0.1	600	600	600	
41	底西至九龙引水沟	平寨镇		3000	2500	2500	
42	板照引灌工程	落别乡		5000	1300	1300	
43	滥坝引灌工程	折溪乡		1500	300	300	
44	坝湾引灌工程	落别乡		5000	400	400	
45	岱翁引灌工程	岩脚镇	0.03	600	300	300	
46	木岗纳麻引灌工程	木岗镇	0.18	1800	600		
47	大用那未引灌工程	大用镇	0.11	1100	400		
48	岩脚关堰大沟	岩脚镇	0.1	1000	600		
二、小（二）型以下		431	6.37	54849	49386	46183	
1	郎岱镇	12	0.2	1839	1709	1599	
2	平寨镇	47	0.478	3969	3601	3231	
3	岩脚镇	34	0.471	4094	4601	4057	
4	木岗镇	12	0.188	1655	1589	1319	
5	大用镇	19	0.242	2203	2024	1621	
6	新窑乡	48	0.339	2980	3053	1550	
7	落别乡	29	0.575	5450	5420	4535	
8	折溪乡	20	0.439	4180	4180	3160	
9	牛场乡	7	0.08	590	560	470	
10	新场乡	16	0.28	2493	2613	2465	
11	中寨乡	66	0.89	5375	6480	5257	
12	堕却乡	25	0.39	3180	2630	2320	
13	箐口乡	13	0.212	1860	1540	1300	
14	洒志乡	12	0.222	2080	2130	2075	
15	毛口乡	6	0.1	981	1001	843	
16	龙场乡	14	0.262	2465	2990	2743	
17	新华乡	11	0.195	1770	1830	1288	
18	梭戛乡	3	0.08	800	770	770	
19	陇脚乡	37	0.692	6885	665	5580	

1．岩脚镇民乐雨水集蓄“三小”示范工程。2007年1月动工实施，11月完工，12月竣工验收。主要建设内容为：新建蓄水池212口（200立方米水池66口、100立方米水池69口、60立

方米水池33口、30立方米水池44口），总容量2.34亿立方米，拦山沟3200米，铺设管道3358米，整修山塘1座（容积0.9万立方米），新增灌溉面积2415亩。工程总投资479.21万元，其中省级财政补助资金220万元、地方匹配95.75万元（主要用于工程建设材料补助费），受益群众投工投劳折资163.46万元。（图为民乐“三小”山塘工程）。

2. 大用镇大用村中央财政小型农田水利工程，批复投资616.26万元，其中：中央财政300万元，省级配套50万元，其余均由县级配套。2009年1月开工建设，7月竣工，9月9通过县级验收。工程共建成小水池42口，总容积7100立方米，安装各种不同规格管道32.18公里，解决（新增）耕地灌溉面积3500亩。

3. 灌区配套渠道建设及改造工程。

（1）落别乡落别村、牛角村灌区配套渠道建设工程，2009年11月开工建设，2010年5月建成，6月通过县级验收评定为合格工程。共修建主干渠7条13.95公里（其中：改造渠道8.89公里），修建支渠7条5.7公里，涵洞38座，改造取水坝1座。新增灌面1186亩，恢复灌面1846亩，计3032亩。工程总投资348.2万元。

（2）箐口乡麻翁村引灌工程，2009年12月开工建设，2010年4月建成。共修建主干灌渠1条3.2公里，沉沙池1座，维修取水坝1座，工程总投资130万元。

4. 中央财政小型农田水利重点县建设郎岱项目工程。总投资1535.35万元，其中：中央补助800万元，省、市、特财政各配套200万元，受益群众自筹及投劳折资135.57万元。2010年3月开始启动，11月建成。共完成山塘整治3座（即：羊毛冲、长冲、罗丫冲山塘），修建渠道5条9.1公里，安装输水管道64.01公里。投资1400万元，解决灌区耕地保灌面积8200亩。

5. 中央财政小型农田水利重点县建设陇脚—折溪工程项目。工程投资2424.78万元，其中：中央财政小型农田水利补助专项资金800万元（中央补助资金主要用于工程建设材料费和工程设备购置费），2009年，中央财政新增农资综合补贴小型农田水利资金500万元，省级财政匹配800万元，市级财政匹配200万元，区级财政匹配124.78万元。工程于2010年12月动工，2011年8月建成。项目涉及六枝特区陇脚乡新春村和折溪乡折溪、直溜、六堡、中寨、隆茂、滥坝村境内，恢复和改善水田有效灌溉面积1.31万亩。

6. 省级财政“三小”工程。2010年省、市下达六枝特区省级财政“三小”工程2处，分别为陇脚乡郭家寨村引灌工程、新华乡王家冲村大水沟山塘工程。批复投资97.47万元，其中：省级财政资金90万元，县级配套7.49万元。建设内容为修建渠道2.2公里，小山塘1座，库容4410立方米。工程已于2011年3月开工建设，6月建成。

7. 2011年，中央财政小型农田水利重点县建设工程。工程涉及落别乡纳骂河、羊场河灌区、平寨镇玉黑河灌区和龙场乡屯脚大沟、八一大沟灌区3个项目区5个小灌区，计划解决1.11万亩耕地灌溉，总投资2000.77万元。工程于2011年12月动工建设，2012年10月建成。

三、提水、喷灌工程

1. 提水工程。六枝特区提水工程经历了传统工具（筒车、戽水桶、龙骨车）、机械（柴油机泵、汽油机泵）和电力提灌三个阶段。1976年电力提灌达到126站，总装机3.2万瓦，总灌溉面积1.25万亩。2011年，仅尚存14站，装机容量0.33万瓦，灌溉面积2275亩。

2．木岗喷灌工程。1979年12月完工。该工程建提喷站11个，在原电灌站的基础上增建提喷站4个，共15个。在10个点上安装了14台机组，装机容量0.45万瓦。配套安装电力喷灌机8台、汽油机19台，安装变压器375千瓦时，架设动力线长7.95公里，铺设各种管道长11.22公里。

四、排洪工程（中小河流治理工程）

1．城区防洪工程。六枝河道过洪能力低洪涝灾害频繁发生，严重影响了城区人民群众的生命财产安全和机关企事业单位的正常工作。1998年9月，由六盘水市水电勘测设计研究院完成的治理规划。2004年特区九届人大二次会议将六枝特区城区河道治理列为议案，由特区政府举债进行治理。一期、二期和续建一期三个阶段，主要建设内容及规模：

（1）新建牛市街教堂桥以上河段河堤0+000～0+570；东风支流0+000～072河段河堤及4座人行桥工程；党校桥（0+000～0350）河段右岸河堤；六枝矿支流（0+000～0+703）河段、（0+864～1+276）河段河堤；煤机厂桥至那平路1＃桥河段，其中左岸河堤509米，右岸河堤436米及河床治理；万家小河支流左岸河堤50米；计生局至公安局河段，其中左岸河堤246米、右岸河堤396米及河床治理；宏奇药厂桥至党校桥河段河床治理1581米，其中宏奇药厂桥至那平路2＃桥764米，公安局宿舍桥至党校桥817米。工程总投资865万元。通过三个阶段对城区主要河段的治理，治理河段可满足50年一遇行洪标准，经验收达到设计要求。

（2）六枝河平寨河段治理工程总投资1100万元，其中：中央及省级补助822万元，市配套72万元，特区自筹206万元。建设任务为治理河道2.23公里，新建堤防护岸长度2.05公里，河道清淤2.23公里。保护农田面积7800亩，保护人口1.5万人。工程于2011年1月开工，同年12月底建成。

（3）六枝河党校河段治理工程：经黔水计〔2011〕246号文件批复，设计保护农田面积0.88万亩，保护城区人口1.8万人，河道综合治理长3.09公里，主河道清淤长度0.67公里。工程总投资1567万元，其中：中央补助资金1200万元，省级补助资金180万元，市级配套120万元，特区自筹67万元。

2．大用至落别排洪治河工程：新开挖隧洞4条，总长1.43公里；新开河道5段，总长4.33公里；原河道治理14.2公里；建钢筋混凝土闸门桥1座，人行桥16座，农桥6座；保护沿河洼地农田面积7679亩、居民352户、1000余人。1997年11月，经省计委、省水利厅、省防汛办会审作出批复，审定该工程总投资683.93万元。1998年11月开工实施。分为三个阶段，第一阶段完成了4条隧洞的贯通，实际开挖长度1.4公里；新开挖河道和干砌河堤4.33公里，修筑原河道5.3公里（大用原河道1.1公里，水塘寨至落别4.2公里）。2001年1月，第二阶段续建工程动工，5月，续建工程完工。第三阶段的扫尾工程于2004年1月动工，4月完工。

第二节　水电工程

根据六盘水市六枝特区农村水能资源调查评价成果统计显示，六枝特区水能资源理论蕴藏量为243.88万瓦，技术可开发量177.84万瓦，水能资源可开发量占水能资源理论蕴藏量的

72.92%。1978—2011 年，有计划地在水能资源条件较好的地方兴建小水电站。全区有中小型水电站 10 座，装机容量达 51.6 万瓦。分别是：

湾河水电站

湾河电站，位于六枝特区岩脚镇湾河村上游河段，处于黔中水利下游阿珠电上游，位置距岩脚镇 12 公里，距阿岔油路 4 公里。电站始建 1969 年 11 月，1979 年 10 月建成投产，建成 65×45×6 米大坝一座，5×6×480 米长过水断面输水渠一条，装机 250 千瓦 2 台，1998 年 10 月新增装机 500 千瓦 2 台，2007 年 12 月，在原两台 250 千瓦的基础上改建增容为 800 千瓦 2 台。电站主流量约 30 立方米 / 秒，设计水头 10 米，年发电量约 1050 万千瓦时。

凉风洞水电站

凉风洞电站，位于六枝特区中寨乡鲁戛境内，北盘江汇口 2 公里。该电站初建于 1970 年，1976 年 12 月、1989 年 6 月 2 次进行改扩建，新增装机 2×2 万瓦 +1×1.6 万瓦机组，加原来 1×0.32 万瓦机组总容量为 5.92 万瓦。该电站为引水式，坝高 10.5 米，设计水头 83 米，多年平均流量立方米 / 秒，最枯流量 3.4 立方米 / 秒。2007 年 5 月 9 日，“三友”公司董事会按照特区政府和移民办要求：“凉风洞电站必须于 2007 年 5 月 20 日前撤除”，至此凉风洞电站被关闭。

懒龙桥水电站

懒龙桥电站位于贵州省六枝特区新场乡与牛场乡交界处，处于乌江上游支流，位于新场乡 5 公里，牛场乡 7 公里站。电站始建 1971 年 10 月，1976 年 5 月建成投产，建成 20x10x6 米拦水坝 1 座，1450 米长 1.5x1.7 米输水渠 1 条，机房面积约 200 平方米，装机 200 千瓦，运行至 2005 年 5 月设备更新为 200 千瓦，年发电量约 80 万千瓦时。

捞河水电站

捞河电站位于六枝特区西南部的中寨乡境内花德河中游涝河河段，距特区中心区 70 公里。该电站初建于 1976 年 5 月，1979 年动工改建，将原机组改建为 2 台 0.2 万瓦的水轮发电机组，1980 年 5 月完工送电。1980 年 10 月又将已安装好的 1 台 0.2 万瓦的机组改建为 0.32 万瓦。

团结水电站

团结电站位于岩脚镇群峰村与新场乡新隆村交界处，电站厂房距岩脚镇 10 公里处的群峰村。电站始建 1978 年 12 月，1985 年 1 月建成投产，建成 20x12x4 米拦水坝 1 座 ，3020 米长 1.7x1.7 米输水渠 1 条，机房面积约 250 平方米，装机 200 千瓦 2 台，运行至 2005 年 6 月设备更新为 400 千瓦 +200 千瓦年发电量约 200 万千瓦时。

木贡一级水电站

木贡一级电站位于六枝特区北部岩脚镇境内木贡河上游，距镇政府驻地 8 公里。1976 年 12 月，建成运行投产。工程建有引水渠道长 1.5 公里，压力管道长 70 米，管径 0.3 米，建有厂房 1 栋，装机容量为 0.15 万瓦（2×0.075），架设 10 千瓦输电线路长 4 公里，工程总投资 24.5 万元，其中国家补助 23 万元。2000 年，六枝特区地方电力有限责任公司对电站进行改造扩容后，装机总容量为 0.2 万瓦。

夹岩水电站

夹岩电站位于六枝特区新场乡境内岩脚河上游夹岩河段，距乡政府驻地 15 公里。1978 年 8 月建成投产，工程建有浆砌石坝 1 座，坝高 7 米，坝长 43.8 米，引水渠道长 105 米，前池 1 个，直径为 0.5 米，压力管道 115 米，建有厂房、宿舍共 3 栋，装机 1 台容量为 0.2 万瓦，总投资 36.5 万元，其中国家补助 15 万元。2006 年承包人投资 30 万元对原机组进行改造，扩容为 0.4 万瓦。

阿珠水电站

阿珠电站位于六枝特区龙场乡境内，地处三岔河干流普定县以上河段，距特区中心区 22 公里。是三岔河梯级开发规划中的第八级水电站，多年平均流量 82.3 立方米 / 秒。工程于 2004 年 2 月开工建设，2006 年 7 月建成投入运行。电站装机容量为（2×13.5）万瓦，保证出力 7.2 万瓦，年利用小时 4508 小时，多年平均发电量 12200 万千瓦 / 时，工程投资 15617 万元，单位千瓦投资（静态）5578 元 / 千瓦，单位电能投资 1.28 元 /hw.h。

平基水电站

平基电站位于六枝特区中寨乡长寨村境内，打海河（泉水）下游河口处（以下是光照电站库区），距特区中心区 60.8 公里。工程于 2005 年 2 月开工建设，2006 年 4 月，完工投入运行，工程投资 1450 万元。电站额定水头 153 米，最大引用流量 2.37 立方米 / 秒，多年平均流量 1.29 立方米 / 秒，装机容量 2.92 万瓦（5×0.5．0.42 万瓦），保证出力 0.21 万瓦，年利用小时 4500 小时，多年平均发电量 1134 万千瓦时。

长寨水电站

长寨电站位于六枝特区中寨乡长寨村境内的花德河下游长寨河段，距特区中心区 61 公里，工程于 2005 年 2 月动工，2008 年 7 月完工投入试运行，工程总投资 8970 万元。电站额定水头 194 米，多年平均流量 6.2 立方米 / 秒，装机容量 15 万瓦（2×7.5 万瓦），保证出力 1.74 万瓦，年利用小时数 4078 小时，多年平均发电 6118 万千瓦时。

坝湾一级水电站

坝湾一级电站位于六枝特区落别乡境内六枝河下游洒耳河段，距特区中心区 32km，是六枝河梯级开发规划的第三级。项目于 2005 年 10 月开工建设，2006 年 6 月，完工投入试运行，工程总投资 495 万元。电站额定水头 35.7 米，多年平均流量 3.65 立方米 / 秒，最大引用流量 4.14 立方米 / 秒，装机容量（3×0.4）万瓦，保证出力 0.242 万瓦，年利用小时数 4400 小时，年平均发电量 488 万千瓦时。

可布水电站

可布水电站 建设业主为六枝特区雨润公司，项目总投资 302 万元，装机容量 600 千瓦（200 千瓦、400 千瓦各 1 台）于 2009 年底投入运行 。

牂牁水电站

牂牁水电站于 2009 年 12 月开工建设，2011 年 7 月建成运营工程总投资 564 万元，装机容量 1200 千瓦，保证出力 800 千瓦。

第三节　供水工程

一、城区供水（六乡一镇供水）工程

1986 年，特区人民政府决定进行水源规划和可行性研究，引中坝水库水供应 6 乡 1 镇。1990 年 7 月，完成初步设计。经省计委、省水利厅会审批复列为以工代赈基建项目，建设规模为日产水 7680 立方米水厂 1 座，供水区控制调节室 3 个，安装各种规格管道 83.98 公里，工程总投资

678.9万元，其中国家以工代赈资金470万元，其余部分由六枝特区自筹解决。1991年4月破土动工。1993年11月，省计委、省水电厅批复追加工程总投资为1116万元，其中：省661万元、市170.5万元、特区170.5万元、集资114万元。1994年1月，正式复工续建，12月，整体工程完工投入运行。

二、城区应急供水工程

1．六枝特区供水扩建工程。工程概算总投资6378万元，建设规模日供水2万吨。取水点位于岩脚河夏家桥上游右岸60米处，采用三级提水至杨梅山水厂。2009年12月启动，2010年12月，建成投入使用。

2．河尾巴应急供水工程。工程概算总投资216.8万元，建设规模为日供水能力2000立方米。2009年7月开工，9月，通水运行。

3．雾步冲水库城区应急供水工程。工程投资177.26万元，2009年10开工建设，12月投入使用。

三、农村人畜饮水工程

1980—1996年，全区修建了人畜饮水工程198处，165743人、86697头牲畜的基本饮水得到改善。

1997—2007年，全区投入各类人畜饮水项目资金5013万元，共新建和重建123处，解决19.65万人、7.02万头牲畜饮水困难。

1997—2007年实施农村饮水工程明细表

表10-4-3

序号	工程名称	建设地点	解决人数（人）	解决牲畜（头）	备 注
一、小（一）型			85600	19641	3000人以上
1	堕脚人饮	堕脚乡堕脚村	3305	2660	1997年建成
2	梭戛人饮	梭戛乡梭戛村	3885	2663	1997年建成
3	新窑二塘片区人饮	新窑乡二塘	3800	2100	1998年建成
4	梭戛人饮	梭戛乡戛兴村	6210	2500	1998年建成
5	岩脚民乐片区人饮	岩脚镇民乐片区	3000	800	1999年建成
6	牛场四村人饮	牛场乡四村	3150	1000	1999年建成
7	新场片区人饮	新场乡新场片区	3900	1500	2000年建成
8	郭家院人饮	折溪乡郭家院	3000	600	2000年建成
9	戛陇塘人饮	木岗镇戛陇塘村	3000	600	2000年建成
10	木岗五村人饮	木岗镇五村	3688	194	2001年建成
11	龙场三村人饮	龙场乡三村	4830	2770	2001年建成
12	小黄桶人饮	木岗镇小黄桶村	4730	250	2002年建成

续表

序号	工程名称	建设地点	解决人数（人）	解决牲畜（头）	备　注
13	郎岱后云坝子人饮	郎岱镇后云坝子村	3100	320	2004 年建成
14	梭戛日援改水人饮	梭戛乡日援改水	5500	170	2004 年建成
15	郎岱十一村人饮	郎岱十一村	23660		2005 年建成
序号	工程名称	工程地点	解决人数（人）	解决牲畜（头）	备注
二、小（二）型			134569	50635	1000—3000（人）
1	那玉人饮	新窑乡那玉村	1000	800	1997 年建成
2	店子人饮	新窑乡店子村	1305	686	1997 年建成
3	折溪把仕人饮	折溪乡把仕村	1421	880	1997 年建成
4	毛口人饮	毛口乡毛口	1169	400	1997 年建成
5	岩脚新院人饮	岩脚镇新院子	1300	900	1998 年建成
6	岩脚明星人饮	岩脚镇明星村	1200	570	1998 年建成
7	新场大寨人饮	新场乡大寨	1950	400	1998 年建成
8	毛口大冲人饮	毛口乡大冲	1612	1200	1998 年建成
9	新窑那玉人饮	新窑乡那玉村	1200	800	1998 年建成
10	洒志小水井人饮	洒志乡小水井	1200	860	1998 年建成
11	郎岱青菜塘人饮	郎岱镇青菜塘	1100	250	1999 年建成
12	岩脚水屯村人饮	岩脚镇水屯村	1100	380	1999 年建成
13	折溪张家寨人饮	折溪乡滥坝村	1200	250	1999 年建成
14	牛场板凳屯人饮	牛场乡板凳村	1200	500	1999 年建成
15	梭戛高兴人饮	梭戛乡高兴村	1745	551	2000 年建成
16	新华双屯村人饮	新华乡双屯村	1380	610	2000 年建成
17	牛场发贡人饮	牛场乡发贡村	2100	1000	2000 年建成
18	郎岱石板寨人饮	郎岱镇石板寨	1200	900	2000 年建成
19	折溪新孝村人饮	折溪乡新孝村	1000	500	2000 年建成
20	木岗抵岗人饮	木岗镇抵岗村	1000	300	2000 年建成
21	岩脚青杠林人饮	岩脚镇青杠林	1400	500	2000 年建成
22	新窑高峰村人饮	新窑乡高峰村	2275	1233	2000 年建成
23	箐口新建机关人饮	箐口乡新建机关	1350	400	2000 年建成
24	大用余港人饮	大用镇余港村	1465	1140	2001 年建成
25	兴新人饮	大用镇兴新村	1870	970	2001 年建成
26	新窑二塘人饮	新窑乡二塘村	1350	1140	2001 年建成
27	新场沙地人饮	新场乡沙地村	1781	882	2001 年建成
28	旧院人饮	新场乡旧院村	1580	523	2001 年建成
29	毛口旧院、那当人饮	毛口乡旧院、那当村	2784	1680	2001 年建成
30	梭戛平寨、顺利人饮	梭戛乡平寨、顺利村	1092	273	2001 年建成
31	新寨人饮	落别乡新寨	1544	1100	2002 年建成

续表

序号	工程名称	工程地点	解决人数（人）	解决牲畜（头）	备 注
32	穿洞平寨人饮	落别乡穿洞平寨	1870	800	2002年建成
33	木岗抵簸人饮	木岗镇抵簸村	1996	900	2002年建成
34	大用凉水井人饮	大用镇凉水井村	1266	700	2002年建成
35	毛坡村人饮	大用镇毛坡村	1500	800	2002年建成
36	骂冗村人饮	大用镇骂冗村	1700	850	2002年建成
37	箱子洞人饮	新窑乡箱子洞	1051	800	2002年建成
38	新河村人饮	新窑乡新河村	1341	700	2002年建成
39	洒志大寨村人饮	洒志乡大寨村	1160	343	2002年建成
40	平寨波榨村人饮	平寨镇波榨村	1262	800	2002年建成
41	平寨茶山、九龙人饮	平寨镇茶山、九龙村	1050	265	2003年建成
42	岩脚高桥、二道水、水车三村人饮	岩脚镇高桥、二道水、水车三村	2697	675	2003年建成
43	龙场新城村人饮	龙场乡新城村	1073	269	2003年建成
44	龙场永丰、兴隆人饮	龙场乡永丰、兴隆村	1310	540	2004年建成
45	和平村人饮	龙场乡和平村	1470	330	2004年建成
46	堕脚黑箐村人饮	堕脚乡黑箐村	1210	450	2004年建成
47	岱港村人饮	大用镇岱港村	1000	320	2004年建成
48	折溪六堡村人饮	折溪乡六堡村	1700	450	2004年建成
49	直溜村人饮	折溪乡直溜村	1300	400	2004年建成
50	新华鼠场村人饮	新华乡鼠场村	2700	2600	2004年建成
51	新平村人饮	新华乡新平村	1300	500	2004年建成
52	新场岩脚寨人饮	新场乡岩脚寨	1380	490	2005年建成
53	高峰人饮	新场乡高峰村	1400	600	2005年建成
54	云盘人饮	牛场乡云盘村	1100	400	2005年建成
55	小补王人饮	中寨乡小补王村	1260	500	2005年建成
56	红砖村人饮	中寨乡红砖村	1230	500	2005年建成
57	洒志癞水井人饮	洒志乡癞水井村	2100	800	2005年建成
58	波度人饮	新窑乡波度村	1100	600	2005年建成
59	梭戛沙子村人饮	梭戛乡沙子村	2000	800	2005年建成
序号	工程名称	工程地点	解决人数（人）	解决牲畜（头）	备 注
三、小（二）型以下			31421	11313	
1	小寨人饮	新窑乡小寨	525	250	1997年建成
2	那琪人饮	新窑乡那琪村	567	334	1997年建成
3	欧家丫口人饮	箐口乡欧家丫口	75	50	1997年建成
4	平寨后鱼塘人饮	平寨镇后鱼塘村	550	200	1999年建成
5	和平村人饮	岩脚镇和平村	800	360	1999年建成

续表

序号	工程名称	工程地点	解决人数（人）	解决牲畜（头）	备　注
6	以支村人饮	岩脚镇以支村	230	80	1999 年建成
7	新合村人饮	岩脚镇新合村	460	130	1999 年建成
8	陶家寨人饮	新场乡陶家寨	800	100	2000 年建成
9	堕脚桃子园人饮	堕脚乡桃子园	350	180	2001 年建成
10	落别乡板照人饮	落别板照村	800	380	2001 年建成
11	洒志乡把利村人饮	洒志乡把利村	450	270	2001 年建成
12	新窑播雨村人饮	新窑乡播雨村	800	400	2002 年建成
13	塘上村人饮	新窑乡塘上村	712	500	2002 年建成
14	中寨扯扭村人饮	中寨乡扯扭村	760	320	2002 年建成
15	波凹村人饮	平寨镇波凹村	529	750	2002 年建成
16	井中村人饮	岩脚镇井中村	490	123	2003 年建成
17	落别苦竹林村人饮	落别乡苦竹林村	889	456	2003 年建成
18	可布村人饮	落别乡可布村	665	170	2003 年建成
19	折溪水淹塘村人饮	折溪乡水淹塘村	576	150	2003 年建成
20	新场达连地人饮	新场乡达连地村	60	45	2003 年建成
21	老院子人饮	新场乡老院子村	766	190	2003 年建成
22	中寨上寨村人饮	中寨乡上寨村	500	100	2003 年建成
23	堕却乡西克人饮	堕却乡西克村	900	300	2003 年建成
24	箐口河边人饮	箐口乡河边村	904	228	2003 年建成
25	洒志鱼塘村人饮	洒志乡鱼塘村	920	200	2003 年建成
26	簸箕村人饮	洒志乡簸箕村	818	288	2003 年建成
27	山中村人饮	龙场乡山中村	673	239	2003 年建成
28	红旗村人饮	龙场乡红旗村	558	140	2003 年建成
29	新华坝子村人饮	新华乡坝子村	916	400	2003 年建成
30	新场熊井人饮	新场乡熊井村	570	230	2004 年建成
31	白果人饮	新场乡白果村	225	100	2004 年建成
32	岩上村人饮	新场乡岩上村	864	230	2004 年建成
33	郎树根下郎组人饮	堕脚乡郎树根下郎组	200	80	2004 年建成
34	平寨五龙村人饮	平寨镇五龙村	980	330	2004 年建成
35	箐口社勒村人饮	箐口乡社勒村	530	170	2004 年建成
36	岩脚和平村人饮	岩脚镇和平村	640	150	2004 年建成
37	大用那未村人饮	大用镇那未村	400	90	2004 年建成
38	平寨东风村人饮	平寨镇东风村	979		2004 年建成
39	新场纸厂人饮	新场纸厂村	740	200	2005 年建成
40	中寨村人饮	新场纸中寨村	520	200	2005 年建成
41	龙场新院村人饮	龙场乡新院村	980	200	2005 年建成

续表

序号	工程名称	工程地点	解决人数（人）	解决牲畜（头）	备 注
42	毛口石板人饮	毛口乡石板村	470	200	2005年建成
43	沈家村人饮	毛口乡沈家村	290	100	2005年建成
44	牛场尖岩人饮	牛场乡尖岩村	980	200	2005年建成
45	中寨祭王寨人饮	中寨乡祭王寨	760	500	2005年建成
46	中寨村人饮	中寨乡中寨村	690	200	2005年建成
47	落别木厂村人饮	落别乡木厂村	900	300	2005年建成
48	平寨底西人饮	平寨镇底西村	800	250	2005年建成
49	新窑骂彩村人饮	新窑乡骂彩村	860	250	2005年建成

2006—2010年，六枝特区共实施农村饮水安全工程123处。工程总投资4354.6万元，供水人口11.68万人。项目涉及牛场、堕却、龙场、落别、陇脚、折溪、箐口、新窑、洒志、木岗镇、平寨、岩脚、中寨、毛口、新华、梭戛、把仕组、青岗林组，郎岱镇石板村华、新场、大用、牛场等乡（镇）。其中规模大的有新场乡5村人饮和岩脚4村人饮工程。

2011年，全区实施2010年度中央财政饮水安全工程、省级财政饮水安全工程、农村饮水安全因旱灾水源枯竭工程及新华龙场乡高扬程提水试点工程共23处，总投资2802.71万元（新华高扬程1365万元），解决65364人（新华高扬程解决32368人）饮水问题。项目涉及牛场、折溪、洒志、大用镇、堕却、平寨镇、陇脚、梭戛、陇脚、新场、中寨、毛口、落别、箐口、新华、龙场等乡（镇）。

2006—2011年，共实施农村饮水安全146处（含新华高扬程提水工程），涉及19个乡（镇），规模（万人千方）以上饮水工程有以下3处。

1. 新场乡5村人饮工程，设计解决人口10513人的饮水问题，工程总投资399.74万元，其中央预算内专项补助资金271.79万元，省市配套资金63.96万元，特区自筹25.58万元。2008年4月开工建设，11月，竣工投入使用。

2. 岩脚4村人饮工程，总投资375.52万元。其中中央预算内补助资金262.86万元，省市补助56.33万元，特区自筹22.53万元（受益群众自筹）。主要解决岩脚木贡村、西北村、羊场村和二道岩村4村共10000人饮水问题。2008年10月开工建设，2009年9月竣工投入使用。

3. 新华龙场乡高扬程提水试点工程，是贵州省第一个高扬程提水试点工程。工程总投资1365万元，建设规模日提水2579立方米，解决新华片区32368人的饮水问题。2010年12月动工，2011年9月竣工，并交付新华乡管理使用。

第四节 水土保持

1982—1984年，由农、林、水三家抽人组成临时机构从事水土保持规划与治理。在堕却的中坝水库、郎岱的白岩脚水库、黑塘河小流域与中寨黑那戛垭口一带进行规划和生物治理（主要是植树造林）。共投资21.76万元，工程治理修拦沙堤3.9米，修谷坊2297立方米，退耕还林生物治理面积为28.7平方公里。1985年4月，成立六枝特区水土保持委员会，下设办公室。1985—1987

年，投入资金63.94万元。在新华、中寨、六枝、纳骂、新场、箐口等6个片区的规划与实施，修建了谷坊、拦沙堤与拦沙墙。退耕还林生物治理96.7平方公里。1988—2011年，国家有计划地对珠江流域、长江流域分期投入进行治理。

一、"珠治"工程

1992—1997年，先后治理堕却乡中坝小流域、毛口乡口棚小流域、大用镇凉水井小流域、平寨镇底西小流域，累计治理水土流失面积96.40平方公里，成功建成毛口乡口棚柑橘基地，其中底西小流域评为全国"十百千"示范小流域。累计投入资金721.32万元。

二、"长治"工程

分三期、五期、七期，1998—2008年，先后治理龙场乡迎丰小流域、龙场小流域、岩脚镇岩脚小流域、阿岔小流域、民乐小流域、新华乡新华小流域、新场乡旧院小流域、黑塘小流域、梭戛乡清真小流域等，累计治理水土流失面积168.18平方公里，累计投入资金1461万元。其中岩脚小流域评为全国"十百千"示范小流域。

（一）"长治"三期实施小流域两条（龙场河小流域、岩脚河小流域）

1. 龙场河小流域位于龙场乡境内，以山地为主，流失程度57.2%。实施时间为1998年、1999年，完成治理面积29.98平方公里。项目实施有坡改梯1403.55亩，水保林7023.75亩，经果林4209亩，封禁治理1.27万亩，保土耕作1.96万亩，谷坊2座，整治河道2955米。国家投资80.71万元。治理成效蓄水74.95万立方米，保土5.96万吨，产生年经济效益532.19万元。

2. 岩脚河小流域位于岩脚镇境内，属低中山盆谷区，浅切割地貌，以山地为主，流失程度59.25%。实施时间为1998年、1999年，完成治理面积21.11平方公里。项目实施坡改梯3450亩，水保林6154.5亩，经果林2140.5亩，封禁治理1.46万亩，保土耕作5350.5亩，整治河道780米，排洪沟250米。国家投资46.29万元。治理成效蓄水52.78万立方米，保土16.73万吨，产生年经济效益325.67万元。

（二）"长治"五期共实施小流域四条（岩脚、阿岔、新华、旧院）

1. 岩脚小流域位于岩脚镇境内，流失程度63.3%。实施时间为2000年、2001年，完成治理面积7.48平方公里。项目实施坡改梯922.95亩，水保林2908.95亩，经果林3393亩，封禁治理3699亩，保土耕作300亩，河堤760米，排灌渠1089米。国家投资32.5万元。治理成效蓄水18.2万立方米，保土3.16万吨，产生年经济效益136.83万元。

2. 阿岔小流域位于岩脚镇境内，属低中山地类，流失程度59.5%。实施时间为2001年、2002年、2003年、2004年，完成治理面积13.43平方公里，项目实施坡改梯2404.95亩，水保林1762.95亩，经果林232.05亩，封禁治理5790亩，保土耕作9951亩，排灌渠8744米，蓄水池17口。国家投资 147.68 万元。治理成效蓄水 45.1 万立方米，保土 6.8 万吨，产生直接经济效益 437 万元。

3. 新华小流域位于新华乡境内，该流域地形破碎，地势起伏，由南向北逐步台升，地貌类型为中中山，高差悬殊较大，地形切割剧烈，流失程度 62.22%。实施时间为 2001 年、2002 年、2003 年、2004 年，完成治理面积 11.08 平方公里。项目实施坡改梯 1875 亩，水保林 997.95 亩，经果林 2025.9 亩，封禁治理 5556 亩，保土耕作 6162 亩，排灌渠 2500 米，蓄水池 15 口。国家投资 151.76 万元。治理成效蓄水 45.45 万立方米，保土 5.98 万吨，产生年经济效益 237.89 万元。

4. 旧院小流域位于新场乡境内，该流域地形趋势西南高东北低，属特区西北中山、中深切割温槽谷温凉区，流失程度 68%。实施时间为 2001 年、2002 年、2003 年、2004 年，完成治理面积 14.84 平方公里，项目实施坡改梯 2691 亩，水保林 8905.95 亩，经果林 406.95 亩，封禁治理 6751.95 亩，保土耕作 3505.05 亩，排灌渠 3556 米，蓄水池 26 口，沉沙池 10 口，营养袋育苗 14 万株。国家投资 228.06 万元。治理成效蓄水 40.6 万立方米，保土 5.75 万吨，产生年经济效益 385.96 万元。

（三）“长治”七期工程共实施了迎丰、民乐、黑塘河、清真、那洒、联合等六条小流域

1. 迎丰小流域位于龙场乡境内，地貌以低中山为主，地形由东南向西北逐升，流失程度 39.3%。2004 年 12 月开始实施，2005 年 4 月结束，完成治理面积 3.63 平方公里。项目实施坡改梯 102 亩，封禁治理 1530 亩，保土耕作 3823.05 亩，蓄水池 7 口，沉沙池 7 口，坡面水系 1600 米，沼气池 60 口。国家投资 24.00 万元。治理成效蓄水 9.18 万立方米， 保土 0.72 万吨，产生年经济效益 61.58 万元。

2. 民乐小流域位于岩脚镇境内，地貌属低中山地貌形态，山地与谷地相结合，由于河流的切割作用及坡流的冲刷作用，该区多见斜谷陡岩，流失程度 54.2%。2004 年 12 月开始实施，2007 年 5 月结束，完成治理面积 20.21 平方公里。项目实施坡改梯 2098.05 亩，经果林 810 亩，种草 400.05 亩，封禁治理 4169.55 亩，保土耕作 2.28 万亩，耕作便道 1.21 万米，蓄水池 130 口，沉沙池 130 口，坡面水系 1.76 万米，灌排渠 1.01 万米。国家投资 239.67 万元。治理成效保土 4.08 万吨，蓄水 90.01 万立方米，产生年经济效益 1119.2 万元。

3. 黑塘河小流域位于新场乡境内，属中山、中切割槽谷，间有山间凹地以及溶孔、溶蚀落水洞、溶洞、暗河等岩溶地貌，地面坡度多数在 25 度，流失程度 68.8%。2004 年 12 月开始实施，2007 年 5 月结束，完成治理面积 24.16 平方公里。项目实施坡改梯 1000.05 亩，水保林 3190.05 亩，经果林 900 亩，种草 100.05 亩，植物篱 4642.95 亩，河堤防护林 675 亩，封禁治理 2.26 万亩，保土耕作 3856.35 亩，耕作便道 6994 米，蓄水池 44 口，沉沙池 44 口，坡面水系沟渠 1.06 万米，沼气池 240 口，谷坊 5 座，溪沟整治 3000 米。国家投资 248.59 万元。治理成效蓄水 70.61 万立方米，保土 9.12 万吨，产生年经济效益 1194.57 万元。

4. 清真小流域位于梭戛乡境内，属中山、中切割槽谷，间有山间凹地以及溶孔、溶蚀落水洞、溶洞、暗河等岩溶地貌，流失程度 74.3%。2006 年 12 月开始实施，2007 年 5 月结束，完成治理面积 3.93 平方公里。项目实施坡改梯 100.05 亩，经果林 1999.95 亩，植物护埂 100 公里，封禁治理 499.95 亩，保土耕作 3300 亩，耕作便道 910 米，蓄水池 22 口，沉沙池 22 口，沟渠 910 米。国家投资 110.74 万元。治理成效蓄水 49.47 万立方米，保土 5.40 万吨，产生年经济效益 460.50 万元。

5. 那洒小流域位于岩脚镇境内，流域主要地貌为低中山，侵蚀堆积谷地及岩溶地貌，流失程度80.7%。2007年12月开始实施，2008年结束，完成治理面积13.88平方公里。项目实施坡改梯400.05亩，经果林405.75亩，种草405.75亩，封禁治理1.23万亩，保土耕作7343.4亩，蓄水池20口，沉沙池20口，谷坊2座，溪沟整治2000米，耕作便道1.1万米。国家投资128.68万元。治理成效蓄水38.54万立方米，保土3.73万吨，产生年经济效益520.56万元。

6. 联合小流域位于龙场乡境内，长江流域乌江支流三岔河左岸，流域主要地貌为低中山，侵蚀堆积谷地及岩溶地貌，流失程度37.3%。2007年12月开始实施，2008年结束，完成治理面积4.45平方公里，项目实施经果林294.3亩，种草1494.3亩，植物篱100.05亩，封禁治理1530.6亩，保土耕作3256.65亩，蓄水池20口，沉沙池20口。国家投资22.32万元。治理成效蓄水11.85万立方米，保土1.06万吨，产生年经济效益193万元。

7. 水保工程。2008—2009年，省、市共批复六枝特区水保工程和退耕还林基本口粮田项目3处，总投资820万元，其中：新场乡老院子水保"长治"综合治理工程批复投资210万元、新窑乡新增中央投资（拉动内需项目）雨海小流域综合治理工程批复投资360万元，大用镇毛坡退耕还林基本口粮田批复投资250万元。

（1）新场乡老院子水保"长治"综合治理工程。批复综合治理水土流失面积15平方公里，总投资210万元（含中央投资150万元，地方各级配套60万元）。2008年12月中旬开工，2009年6月竣工。

（2）六枝特区六纳项目区雨海小流域水土流失综合治理工程（拉动内需项目）。批复综合治理面积13.22平方公里，总投资360万元，其中：中央投资240万元，地方配套120万元。2008年12月开工，2009年5月工。治理面积13.22平方公里，累计到位资金252万元（其中：240万元中央预算资金，12万元省级资金）。治理措施经济林及土坎坡改梯整地418.05亩，其中经济林1695.6亩（茶苗）200万株，经济林（花椒）7.15万株，果木林1225.95亩（板栗4.45万株，桃16030株，梨8700株），封禁治理1.12万亩，保土耕作4428.6亩，坡改梯250.2亩；耕作便道1.5公里；完成ф50PE管道3900米，ф32PE管道2100米；完成蓄水池17座。

（3）大用镇毛坡退耕还林基本口粮田项目。2008年，在大用镇毛坡退耕还林基本口粮田项目综合治理面积3335亩，总投资250万元，其中国家补助资金200万元，市级配套20万元，区配套30万元。2009年1月开工，6月竣工。交大用镇政府管理使用。

8. 石漠化综合治理小型水利水保工程。该工程属2009年第四批扩大内需中央预算内项目，总投资308.6万元。分别在瓦窑小流域和平寨镇五龙村玉黑小流域实施。

（1）木岗镇瓦窑小流域排洪沟1.5公里。工程于2009年10月开工，2010年3月竣工。

（1）平寨镇五龙村玉黑小流域实施。引灌渠道16.15公里，排洪沟0.8公里，谷坊1座。工程于2009年10月开工，2010年5月竣工。

9. 巩固退耕还林成果基本口粮田建设项目：2008年，巩固退耕还林成果基本口粮田建设项目，在新窑乡联合村、联盟村、新合村和新场乡新寨村实施，投资218万元。

（1）新窑乡巩固退耕还林成果基本口粮田建设项目，2009年11月开工，2010年11月竣工。

（2）新场乡新寨村巩固退耕还林成果基本口粮田建设项目，总资259.4万元，建设基本口粮田4078亩。工程于2010年3月开工，2010年11月竣工。建设内容为小水池31口，沉沙池31口，排洪沟686米，土壤改良3645亩。

10. 堕却乡中坝村重点退耕还林地区基本口粮田建设项目，总投资225万元，其中：中央投资180万元，市配套20万元，区配套25万元。2009年12月开工，2010年11月竣工。建设内容：引灌渠道建设9800米，建设基本口粮田3000亩。

11. 2010年冬—2011年春，省、市下达六枝特区水土保特项目2处，总投资1687万元。分别为毛口乡口棚小流域治理工程，大用坡耕地水土流失综合治理试点工程。

（1）毛口乡口棚小流域治理工程，投资437万元，其中：中央财政380万元，省级财政28.5万元，市级财政28.5万元。治理水土流失面积1.79万亩，蓄水池9个，取水池3座，减压池5座，输水管道10.6公里，作业便道1.5公里；水保林3157.2亩，果木林1066.35亩，经济林399.6亩，植物护埂649.05亩；封禁治理9278.55亩；保土耕作面积3149.25亩。工程于2011年2月开工，2011年12月竣工。

（2）大用坡耕地水土流失综合治理试点工程，投资1250万元，其中：中央补助1000万元，省、市各配套125万元。治理坡耕地面积6250.2亩，其中：修建石坎梯田面积2513.85亩，植物护埂3736.35亩，修建截水沟860米、引水管道2114米、田间路带沟1680米、蓄水池12口，布设田间机耕道4464米，田间道路4586米。2011年3月开工，12月竣工。

12. 退耕还林建设项目与石漠化工程3处，总投资508.8万元。

（1）箐口乡2010年度重点退耕还林项目，总投资225万元，其中：中央财政180万元，省市各配套资金22.5万元。建设基本口粮田3000亩，坡改梯300亩，灌溉渠道3.5公里，小水池32口，PE管5公里，生产便道4公里，土壤改良1960亩。2010年11月开工，2011年7月竣工。

（2）新窑乡2010年度巩固退耕还林项目，总投资244.7万元（中央财政）。建设基本口粮田4078亩，引灌沟渠6.45公里，土壤改良1870亩，绿肥种植748亩。2011年2月开工，8月竣工。

（3）龙场乡2010年度石漠化工程，总投资39.10万元（中央财政）。修建排涝渠0.8公里。2011年2月开工，6月竣工。

第五节 水库移民搬迁

1996年5月14日，六枝特区人民政府办公室印发了《关于成立光照水库移民工作领导小组的通知》，光照水库移民工作领导小组下设办公室，为六枝特区人民政府临时机构。主要职能是配合实施好光照水电站规划调查工作。2001年1月1日，根据《关于调整光照水电站水库区移民迁建规划领导小组成员的通知》精神，光照水库移民工作领导小组下设办公室更名为移民迁建规划办公室，负责光照水电站移民迁建前期工作。

2002年，中共六盘水市委、六盘水市人民政府印发《关于印发〈六枝特区党政机构改革方案〉的通知》，六枝特区正式成立移民办公室，为六枝特区人民政府的议事协调机构的常设办事机构。内设综合股，定事业编制4名（其中：工勤人员编制1名）。列入参照试行国家公务员制度范围。定主任职数1名，副主任职数1名，定正副股长职数1名。

2004年，根据《中共六盘水市委、六盘水市人民政府关于印发〈六枝特区人民政府机构改革方案〉的通知》精神，六枝特区人民政府批准《六枝特区移民开发办公室机构编制方案》，将六枝特区移民开发办公室改为主管全区移民开发工作（以下简称移民办），内设综合股、安置扶持股、计财股，定事业编制16名（其中工勤人员编制2名），列入参照试行国家公务员制度范围。定主任职数1名，副主任职数1名，总工程师职数1名（副科级）；定正副股长3名；主任科员或副主任科员职数1名。2008年4月，移民办增设移民后期扶持服务中心，为移民办下属的正股级事业单位，定编制3名。

2004年8月，分别在光照水电站库区的中寨乡和毛口乡设立了中寨乡移民工作站、毛口乡移民工作站；在阿珠水电站库区的岩脚镇、龙场乡设立了岩脚镇移民工作站、龙场乡移民工作站。共核定事业编制16人。2007年，六枝特区实施事业单位机构改革。根据特区《关于批转〈六枝特区乡镇机构改革试点工作实施意见〉的通知》要求，在保留原有的中寨乡移民工作站、毛口乡移民工作站、岩脚镇移民工作站、龙场乡移民工作站的基础上，分别在光照水电站移民安置区的洒志乡和黔中水利枢纽工程涉及的牛场乡设立洒志乡移民工作站、牛场乡移民工作站，为乡政府下属的正股级事业机构。共核定事业编制21名，人员由乡（镇）在财政供养人员中调配，其中：中寨乡、毛口乡、岩脚镇3个乡（镇）移民工作站招考6人。

2010年3月，根据《中共六盘水市委办公室、六盘水市人民政府办公室关于印发〈六枝特区人民政府机构改革方案〉的通知》及《中共六枝特区委员会六枝特区人民政府关于特区人民政府机构改革的实施意见》精神，移民办更名为“六枝特区水利水电工程移民局”，为政府直属事业单位，定编18人，其中，参照公务员管理人员16人，工勤人员2人。内设办公室、规划安置股、后期扶持股、政策法规信访股、财务审计股等5个股室，设局长1名，副局长2名，正副股长（主任）5名。在毛口、中寨、洒志、龙场、岩脚、牛场、新场7个乡（镇）设水利水电工程移民工作站，定编24人，各站定领导职数1名，为水利水电工程移民局派驻乡镇机构。人员由原乡（镇）移民工作站划入。

一、搬迁安置

六枝特区水利水电工程移民搬迁安置工作主要涉及阿珠水电站、光照水电站、黔中水利枢纽工程、旧院水库，火电站主要涉及六枝电厂。共涉及移民搬迁安置人口10301人，其中：阿珠电站893人，光照电站7185人，黔中水利枢纽1093人，旧院水库1130人。

（一）阿珠水电站

阿珠电站位于三岔河中游的龙场乡境内段，是三岔河干流（六枝境内，普定以上河段）水电规划的第八级电站。

2004年8月27日，移民办组织开展了库区、施工征占耕地及地上附着物分户详查登记和建卡立档工作，库区淹没耕地1774.28亩，施工征占耕地76.77亩，淹没房屋5408平方米，零星树木、竹子3.4万株，淹没及征占坟墓140座，涉及龙场、岩脚、新华、梭戛4个乡（镇）、13个行政村，47个村民组，189户1001人。

移民搬迁安置，由开发业主—六盘水市拓源公司阿珠发电公司每年向土地承包经营农户或村组集中支付租金，租期为30年。涉及893名农户主要以后靠分散安置为主，集中安置为辅。充分尊重移民意愿的基础上，将其中的26户130余人集中安置于岩脚镇民乐村罗家寨。集中安置点工程由岩脚镇负责组织实施。2005年5月，集中安置户迁入集中安置点。集中安置和分散后靠安置的移民耕地均由移民自行调剂。

（二）光照水电站

北盘江光照水电站，是贵州省2003年6月确定的“西电东送”第二批重点水电建设项目之一。位于贵州省关岭、晴隆两县交界的北盘江中游，是北盘江干流最大的水电站，为北盘江毛口以下梯级水电站的“龙头”，该项目的建成能大幅度提高北盘江干流的径流调节能力，增加即将建设的下游董箐（84万千瓦）、马马崖电站（60万千瓦）的发电效益。该电站以发电为主。坝址以上流域面积为1.36万平方公里，多年平均流量257立方米/秒；正常蓄水位745米，水库回水长度为69公里，水库面积51.54平方公里，总库容32.45亿立方米，正常蓄水位相应的库容31.35亿立方米，调节库容20.37亿立方米，为不完全多年调节水库。电站装机容量1040万瓦，年平均发电量27.54亿千瓦/时。

移民搬迁安置：2004年11月9日，省移民办召开光照、大花水库区移民安置实施规划设计工作会议后，库区移民安置实质性工作正式启动。2006年6月启动六枝库区集中安置点基础设施建设工程。2006年12月8日经国家发展和改革委员会发改能源〔2006〕2750号文《国家发展改革委关于贵州北盘江光照水电站项目核准的批复》予以核准，2007年3月17日省移民办召开移民急迁度汛工作会议，由光照电站业主分别与六盘水市、黔东南州、安顺市及相关县区签订急迁度汛协议，要求库区706米水位线下移民于2007年5月20日前全部迁出706米水位线。

光照水电站淹没涉及六枝库区毛口、中寨2个乡（镇）14个村63个村民组。直淹移民人口5997人，随迁移民人口1208人。淹没房屋21.2万平方米，其中砖混结构8.38万平方米，砖木结构6.34万平方米，木结构2.76万平方米，土结构0.02万平方米，杂房3.7万平方米。直淹围墙9313.07立方米，堡坎5044.4立方米，晒坝1.98万平方米，蓄水池1.07万立方米，用材树66302株，果树22745株，竹子1788笼。淹没影响土地面积24792.33亩，其中耕地面积1.7万亩（水田4761.00亩、旱地1.23万亩，其中大于25度坡耕地1954.82亩）；林地1859.40亩（经济林29.56亩、防护林903.90亩、灌木林925.94亩）；鱼塘6.54亩；牧草地1603.46亩；园地26.26亩；未利用地3481.91亩（荒草地2119.57亩；裸岩石砾地1362.34亩）。

2008年5月，实际迁出移民1285户6060人，其中，迁出农村移民户1196户5920人，非农户89户140人。淹没土地但未淹没房屋的随迁移民人口指标1208人，按淹没土地数量除该组人均耕地面积将指标分解到村组。其中，中寨859人，毛口乡349人。

按照“集中安置为主，分散安置为辅，投亲靠友和自谋职业无土安置为补”的原则，共规划毛口乡毛口集镇新址、龙坡、木城，中寨乡田坝、场坝、大寨，洒志乡洒志小城镇、王家寨、龙井（2007年5月改点到该乡平桥实施）等集中安置点9个，安置光照水电站六枝库区移民743户3576人。分散后靠安置移民284户1509人。投亲靠友安置97户497人。自谋职业无土安置移民72户338人。各集中安置点由六枝特区人民政府统一规划实施，涉及场地平整，水、电、路工程及文、教、卫等公共设施建设项目。2008年12月，共配置安置耕地6970亩。移民房屋由移民户自行修建。截至2011年12月，已全部建成永久性房屋。共复建库区道路3条14.59公里，搬迁运输便道15条51.9公里，人行便道45公里；复建毛口货运码头一座，库区简易码头13座；复建通信光缆14.45公里；10千瓦输电线路1公里；实施中寨乡双夕、鲁戛片区10千瓦及400瓦电网复建项目。一次性补偿处理工矿企业3个，水电站1座。

2007—2008年，共拆除房屋21.26万平方米（含停建令后新增面积），线下的输电线路、中寨兔场炼焦厂烟囱、凉风洞电站、铅锌选矿厂等全部拆除，所有成树和竹子按要求进行清理，迁出坟墓6148座。

（三）黔中水利枢纽工程

黔中水利枢纽工程是贵州为解决黔中地区经济发展用水而提出的一个大型长距离调水工程，是贵州唯一有条件兴建的一个大型水利工程，该工程的前期工作和批准立项经历了近半个世纪。

工程建成后，总供水量将达7.47亿立方米，可解决黔中地区5个县城、36个乡（镇）、41.6万人和36.4万头大牲畜的饮水，贵阳、安顺两市的城市供水问题，以及7个县（市、区、特区）49个乡（镇）65.14万亩耕地灌溉问题。

黔中水利枢纽工程一期工程建设征地涉及贵阳市、六盘水市、安顺市、黔南州和毕节地区等5个市（州、地）、12个县（市、区、特区）、46个乡（镇）、300多个村，需要搬迁安置移民1万多人。

2008年11月22日，省政府召开黔中水利枢纽一期工程建设征地移民安置前期工作启动会议，标志着黔中水利枢纽工程正式启动。12月，六枝特区移民办组建移民搬迁安置工作组，与中国水电顾问集团贵州勘测设计研究院工程技术人员进驻库区开展实物指标复核工作。

黔中水利枢纽工程淹没实物指标调查基准年为2008年，经调查统计，黔中水利枢纽一期工程六枝境内征（占）地范围涉及8个乡（镇）37个村126个村民组，涉迁人口78户295人，需拆迁房屋（正房）19540.13平方米、征占土地8311.53亩，分类指标情况如下：

1. 水库淹没区：涉及牛场、梭戛2个乡共6个村。水库淹没影响土地总面积2562.49亩。其中：耕地1291.57亩（水田10.68亩，小于25度旱地369.85亩，大于25度旱地911.04亩），园地45.23亩，林地544.11亩（其中：经济林10.95亩，用材林202.54亩，灌木林140.75亩，宜林荒山189.87亩），交通运输用地11.74亩，住宅用地26.95亩，沙地322.71亩，裸地16.99亩，水域303.19亩；直淹移民27户102人；淹没影响各类房屋9539.12平方米（其中：私房9515.67平方米，公房23.45平方米）；淹没影响晒坝2179.96平方米，围墙176.02平方米，堡坎373.50立方米，炉灶74个，厕所74个，地窖22个，水池105.41立方米，水井1个；淹没影响烤烟房77.09平方米，砖瓦窑1个，酒坊2个，沼气池5个，电视接收器27个，梯步1300平方米；淹没影响各类零星树木14308株（丛），其中：经济树3333株（成树1964株，幼树1369株），用材树4782株（成树2922株，幼树1860株），果树3558株（成树2408株，幼树1150株），竹子130丛，芭蕉2505丛；淹没影响坟墓58座；淹没影响人渡1处。

2. 水库大坝施工区：涉及牛场乡黔中、大箐和梭戛乡平寨等3个村。涉迁人口51户193人；征占土地总面积3355.02亩。其中：耕地2018.23亩（全是旱地，其中小于25度旱地1407.46

亩，大于 25 度旱地 610.78 亩），园地 48.89 亩，林地 934.70 亩（其中：经济林 6.37 亩，用材林 297.72 亩，灌木林 81.25 亩，宜林荒山 549.36 亩），交通运输用地 23.01 亩，住宅用地 10.39 亩，裸地 107.95 亩，沙地 29.03 亩，水域 182.82 亩；征占各类房屋 2940.45 平方米（全部是私房）；征占晒坝 599.90 平方米，围墙 20.80 平方米，堡坎 23.37 立方米，炉灶 21 个，厕所 21 个，水池 294.30 立方米，沼气池 7 个，电视接收器 7 套；征占各类零星树木 19769 株（丛），其中：经济树 2152 株（成树 2070 株，幼树 82 株），用材树 12404 株（成树 9455 株，幼树 2949 株），果树 3814 株（成树 3601 株，幼树 213 株），竹子 21 丛，芭蕉 1378 丛；征占坟墓 345 座。

3. 输配水区：六枝特区输配水区总征收（用）地 1941.15 亩，其中：陆地面积为 1939.05 亩、水域面积为 2.1 亩。工程占地涉及六枝特区的 4 个乡（镇）、16 个村、78 个村民组。征用各类土地 1941.16 亩．其中永久征地 666.69 亩（含织金县鸡场乡 0.3 亩，因该县无其他征地，故放在六枝），临时用地 1274.47 亩。

永久征地 666.69 亩中：耕地 465.9 亩（水田 46.36 亩、旱地 419.54 亩），园地（果园）1.02 亩，退耕还林地 22.03 亩，林地 85.01 亩，荒草地 69.61 亩，农村宅基地 3.34 亩，交通运输用地 10.80 亩，裸地 6.92 亩；水域 1.75 亩。

临时用地 1274.47 亩中：耕地 890.99 亩（水田 107.12 亩、旱地 783.87 亩），果园 13.37 亩，退耕还林地 12.84 亩，林地 70.63 亩，荒地 229.89 亩，农村住宅用地 1.8 亩，交通运输占地 12.33 亩，水域及水利设施用地 0.34 亩，其他用地 42.28 亩。

六枝特区涉及人口 19 户 87 人（全为农业人口）；各类房屋 2163.25 平方米，各类零星树木 4216 棵（笼），坟墓 383 座。以及部分专业项目设施。

移民搬迁：水源工程区涉及六枝特区 78 户 300 人。其中：施工区 51 户 195 人，库区 27 户 105 人。

2010 年 3 月 30 日，六枝特区农户 51 户 195 人直迁移民全部搬迁结束。

水库区：27 户 105 人已完成建（购）房，并于 2010 年 12 月 21 日启动搬迁，于 2010 年 12 月 31 日搬迁结束。

2010 年 12 月，除施工区 1 户 3 人（候志祥）正在砌墙外，其他 77 户 297 人已完成建（购）房，建（购）房面积 8940 平方米，其中：购房 19 户 59 人，购房面积 1505 平方米。拆除房屋 6951.95 平方米；迁出坟墓 248 座；砍伐林木 9332 株，2011 年，1246 米水位线下库底清理工作通过省级验收。

2011 年 12 月，共兑付移民补偿补助资金 1902.83 万元，其中，房屋补偿款 462.43 万元、附属设施费 9.71 万元、不可搬迁附属设施费 37.02 万元，基础设施费 256.87 万元、搬迁补助费 42.75 万元、紧急搬迁过渡费 22.2 万元、小季作物青苗补偿款 64.65 万元，零星树木补偿款 4.85 万元、专项资金 52.49 万元、勘察设计费 19.15 万元、坟墓清理费 1.32 万元，土地补偿费 815.61 万元，实施管理费 103.78 万元。

（四）旧院水库

旧院水库工程包括旧院水库水源工程、灌区及六枝特区供水工程，旧院水库坝址位于境内新场乡与堕却乡交界的三岔河二级支流旧院小河上，地处珠江流域与长江流域分水岭东侧，旧院水库坝址以上河流由旧院小河明流及其地下伏流两部分组成。明流发源于水库南面的水塘半坡附近，发源地高程1945米，河流由南向北流入水库库区，河床高程1410～1532米，河床宽5～10米，两岸山体连绵浑厚，高程为1530～1850米，主河道河长5.7公里，平均坡降47.7‰。旧院水库流域面积57.5平方公里，明流区集水面积13.5平方公里。多年平均来水量4510万立方米，其主要任务是向新场乡、岩脚镇农田提供1071万立方米/y的灌溉用水，设计灌溉面积41500亩；并向六枝特区中心城区提供3.4万立方米/d的生活、生产用水，年供水量1365万立方米。

旧院水库水源工程区工程于2010年10月11日举行开工典礼，2011年2月20日施工队伍正式进场，2011年4月15日开挖导流兼取水隧洞，同年9月29日贯通。

移民搬迁安置，淹没区实物指标：旧院水库建设征地总面积58.09平方公里（陆地面积53.82平方公里，水域面积4.27平方公里）。建设征地涉及六枝特区新场乡旧院、沙地2个村，大寨、旧院等11个村民组。

水库淹没征地涉及六枝特区新场乡旧院村、沙地村二个行政村，共11个村民组。根据分解核定成果，旧院水库淹没面积为871.32亩，其中耕园地635.18亩（含灌溉水田366.69亩，旱地267.9亩、园地0.58亩），经济林16.59亩，用材林地24.82亩，灌木林地11.6亩，未利用地25.42亩，其他地类157.72亩（包括建设用地、农村道路用地及农田水利用地等）。淹没房屋面积32101.24平方米，厕所158座，炉灶206个，零星树木14996株。直接淹没住房人口932人/197户，影响人口未定（可研阶段为45人/13户）；影响等外级公路、学校、医务室、渠道、防洪堤、输电线路等专业项目。

水库淹没影响的交通设施有：旧院村村内等外级公路1.7公里。

水库淹没影响的电力设施有：影响10千瓦输电线路3.71公里，直接淹没220瓦输电线路4.71公里，变压器4台。

水库淹没影响的水利水电设施有：小水电站1座（夹岩电站）装机400千瓦，（可研阶段将团结电站装机1000千瓦计算在内，但经实际核查，水库蓄水对其不存在影响），渠道（断面0.4米×0.4米，堤厚0.35米，总宽1.4米）3公里，防洪堤1.6公里。

水库淹没影响旧院村小学教学点1所。

根据贵州省文物局实地调查后得出相关报告，本项目淹没区存在一处古文化遗址，但水库淹没对其无影响，同意在该址兴建水库。

根据江苏省地质矿产局第一地质大队对旧院水库工程建设项目用地压覆矿产资源评估报告，六枝特区旧院水库工程压覆矿产资源评估区内无相关矿权及矿区。

枢纽工程永久占地由水工建筑物、业主营地、永久公路占地和工程管理用地构成，永久占地涉及六枝特区新场乡旧院村、沙地村，主要以大坝枢纽占地为主。总占地面积405.07亩，其中水田97.75亩，旱地92.09亩，园地2.11亩，林地94.52亩，未利用地118.60亩。

枢纽工程临时占地由施工临时公路、施工生活区、渣场、料场及施工工厂占地等构成，施工临时占地主要集中在大坝枢纽附近，根据施工组织设计布置和分解确认情况，临时工程总占地面积94.92亩，其中水田8.04亩，旱地43.72亩，林地2.12亩，未利用地41.03亩。

2011年12月，签订搬迁安置协议206户956人，根据搬迁安置协议签订情况和建房情况，相对集中在牌坊边的有102户478人、虎立丫口安置点87户415人、村内分散安置8户39人、进城购房3户12人。旧院库区淹没征占区应搬迁人口210户969人，已完成1430米水位线下71户314人的搬迁，1430～1438米水位线50户241人，计划于2012年4月30日完成搬迁，1438～1451米水位线89户414人，计划于2012年12月30日前完成搬迁。由于年初移民上访，搬迁工作受到一定影响。2011年12月，已搬迁110户504人，其中，1430米水位线下70户306人，1430～1438米水位线下的28户142人，1438-1451米水位线12户56人。

2011年12月，已落实宅基地200户944人，未落实政策10户25人，（其中，外出务工4户13人、分户3户6人、离异外出1户2人、弱智1户1．计划投亲靠友1户3人）。正在建房200户944人，其中，已建成四平墙11户50人，已打顶47户227人，主体完工115户546人。1438米水位线以下应拆除房屋121户555人，其中，1430米水位线下71户314人，1430-1438米水位线50户241人。截至2011年12月，已拆除房屋70户299人，其中1430米水位线下拆除房屋66户279人。1430～1438水位线4户20人。

六枝特区疾控中心已按大中型水库卫生清理要求进行了库区消毒，已搬迁坟墓214冢，砍伐林木5400株（笼）。

2011年12月，共兑现移民补偿资金3924.82万元，其中土地补偿补助费125.07万元、房屋补偿费2198万元，房屋装修93.17万元、不可搬迁补助39.8万元、附属设施47万元、搬迁补助费38.25万元、坟墓清理费15.92万元、基础设施费821.53万元、农副业设施费1.2万元，专业项目补偿费297.65万元、库底清理费36万元，建房困难补助费98万元，零星树木补偿费37.65万元，实施管理费15万元、临时过渡费9万元。

二、后期扶持

根据中央、贵州省和六盘水市后期扶持政策及其配套文件精神，六枝特区制定了《光照水电站六枝库区移民安置实施细则》《六枝特区水库移民后期扶持人口核定登记工作程序》《大中型水库移民后期扶持资金直补到人发放办法》《六枝特区移民办移民后期扶持项目及移民专项资金使用管理实施细则》《移民后期扶持资金、结余资金使用及项目实施程序》《六枝特区大中型水库移民后期扶持资金的使用和管理细则》《移民信访工作制度》《移民信访“回访”工作制度》《六枝特区水利水电工程移民维稳应急预案》等制度办法，使得后期扶持工作有法可依，有章可循。

2008年，申报了光照水电站六枝特区后期扶持人口，经国家水利部移民局核定，光照水库六枝特区后期扶持人口7185人，全部核实到人。按照人口核定核减办法，到2011年底，六枝特区因死亡、农转非等共核减人口427人，核增7人（核增7人为2008年外省市迁入移民）。

六枝特区后扶方式的确定坚持“一个尽量、两个可以”的原则，在充分尊重移民意愿并听取移民村群众意见的基础上，履行民主程序，最终确定六枝特区后期扶持采取“全部直补到人”的方式。

2006—2010年，后扶资金到位1781.18万元，完成1329.24万元。到位资金占计划下达的100%，完成占到位的74.6%。

2006—2011年，六枝特区直补资金累计计划下达1726.08万元；到位1726.08万元，到位率

100%；完成 1505.16 万元，完成率 87.2%。

2006—2011 年，六枝特区项目规划资金累计计划下达 487 万元；到位 487 万元，到位率 100%；完成 265.9 万元，完成率 54.6%。累计下达计划项目 18 个，完工 14 个，在建 3 个，未开工 1 个。完工的 14 个项目中，验收 8 个，归档 8 个。

2011 年，通过委托黄河委移民经济开发公司对特区实施的后扶成效进行监测评估，监评组按照监评大纲的要求选取样本乡（镇）、村、户，样本村的选取综合考虑资金直补与项目扶持相结合、项目类型、不同资金来源渠道等因素，样本户兼顾了收入水平好、中、差的移民，选取了 3 个乡（镇）的 6 个样本村，对 125 户移民、15 户非移民进行入户调查。抽查典型项目 9 个，其中，规划项目 5 个，小型水库扶助资金项目 1 个，长效机制项目 3 个。

抽查样本监测显示，共调查移民 125 户，2011 年，样本户人均收入 3296 元，较 2010 年的 2343 元增加 953 元，增幅 40.7%。

2011 年，样本户各类收入中，农业收入 642 元，比例为 19.5%；林果业收入 30 元，比例为 0.9%；养殖业收入为 311 元，比例为 9.4%；工副业收入 1739 元，比例为 52.8%，比重最大（其中打工收入 1358 元，比例为 41.2%）；其他收入包括移民直补资金、养老保险、农村低保、惠农收入等，共计 574 元，比例为 17.4%，其中移民直补收入 495 元，比例为 15%。

第五章　扶贫

1986 年，六枝特区设立贫困地区经济开发领导小组办公室。1993 年 10 月，六枝特区贫困地区经济开发领导小组办公室更名为“六枝特区扶贫开发局”。2002 年，六枝特区扶贫开发局更名为“六枝特区扶贫开发办公室”，核定行政编制 7 人，事业定编 6 人。设综合股、扶贫开发项目股和扶贫开发服务中心 3 个股室。2005 年 2 月增设扶贫动态统计监测股。2010 年 5 月机构划转合并到特区农业局

1995 年 3 月，世界银行中国西南扶贫项目贵州省六枝特区办公室成立。2002 年 5 月，中国扶贫基金会六枝特区农户自力服务社（SSCOP）成立。世行办和农户自立服务社在扶贫局合署办公。

第一节　扶贫开发

1978—2010 年，六枝特区的扶贫开发大致经历了四个阶段。

第一阶段：体制改革推动扶贫阶段（1978—1985 年）。1978 年，按国家确定的贫困标准统计，六枝特区贫困人口 25.13 万人占农村总人口的 60.7%。主要采取“救济式”扶贫方式，解决农村的贫困人口问题。

第二阶段：大规模开发式扶贫阶段（1987—1993 年）。1987 年，六枝特区成立专门扶贫工作机构，安排专项资金，制定专门的优惠政策。开展了有计划、有组织的扶贫开发。改救济式扶贫为开发式扶贫。区内农民人均纯收入（按当时国家确定的贫困标准 200 元）从 1986 年的 179

元增加到1993年的387元。农村贫困人口由1986年的20.75万人减少到1993年的11.8万人。贫困人口占农村总人口的比重从50.9%下降到28.4%。

第三阶段：扶贫攻坚阶段（1994—2000年）。1994年3月，《国家八七扶贫攻坚计划》公布实施，六枝特区启动反贫困扶贫。区内全面推行层层建立领导负责、部门挂钩、干部驻村、定点包户的扶贫工作责任制。采取“不脱贫不脱钩，不解决温饱不离点”的工作方法。实施“温饱工程”“粮食丰收二程”“交通电力扶贫工程”“人畜饮水工程”和基本农田建设等。

第四阶段：新阶段扶贫开发阶段（2001—2010年，包括：2001—2005年“十五”期间、2006—2010年“十一五”期间扶贫开发规划的实施）。2001年《中国农村扶贫开发纲要（2001—2010年）》颁布实施，六枝特区制定了《关于切实做好新阶段扶贫开发工作的决定》和2003年制定了《关于加大新阶段扶贫开发工作力度的决定》，坚持开发式扶贫。2005年，新阶段扶贫开发进行中期评估，农村贫困人口从“八七”扶贫攻坚的1997年的10.9万人下降到2005年底的3.63万人。农民人均纯收入从2000年的1255元上升到2005年的1749元。农民人均占有粮从2000年的342公斤上升到2005年的357.9公斤。基本实现通电、通水、通路，广播、电视覆盖率分别达到97%和95%，适龄儿童入学率达98.7%。“十一五”期间，全特区共减少贫困人口27311人，2010年，农民人均纯收入达到3341元，为“十五”末的1.91倍。基本实现通电、通水、通路。广播、电视覆盖率分别达到97%和95%。适龄儿童入学率达98.7%。建立健全了村级卫生室。农村特困群体得到稳定的社会救助，因病致贫和返贫现象得到了初步遏制。

第二节　扶贫计划

1988年，六盘水市政府将六枝特区堕却、郎节坝、箐口与水城特区落帮、冷坝等5个乡，建立了贫困地区经济开发区，实行连片开发，综合治理。

1990年10月，中共六枝特区委员会、六枝特区人民政府印发《认真贯彻执行中共贵州省委、省人民政府〈关于进一步搞好扶贫开发工作的决定〉的意见》。1992年5月，特区人民政府《关于印发扶贫专项贴息贷款立项程序和办法的通知》，对扶贫专项贴息贷款申报、立项程序和办法作了修订。

1994年4月，特区政府针对全区21.60万贫困人口（人均纯收入在200元以下的极贫人口9.74万元）尚未稳定解决温饱的实际。制定了《六枝特区农村稳定脱贫奔小康发展规划（1994—2000年）》。1997年10月，六枝特区人民政府制定扶贫攻坚项目规划总体方案。

1998年4月，中共六枝特区委员会、六枝特区人民政府下发了《关于认真做好1998年对贫困户实行“一帮一”扶贫工作的决定》，把梭戛、牛场、箐口、堕却4个乡的36个贫困村列为扶贫攻坚工作重点。1999年，中共六枝特区委员会、六枝特区人民政府下发《关于1999年扶贫攻坚工作的安排意见》，明确以箐口、梭戛、牛场3个极贫乡为攻坚重点，解决36个贫困村1.57万贫困人口温饱。是年，六枝特区全面推行不需抵押担保的农村小额扶贫到户贷款。

2000年3月，中共六枝特区委员会、六枝特区人民政府下发了《关于切实抓好2000年机关挂钩扶贫工作的通知》，从特区机关抽调科级干部39人、一般干部113人组成76个党建扶贫工作队，分别对全区38个贫困村、后进村进行挂钩帮扶。是年，六枝特区人民政府制定《六枝特区扶贫开发规划（2001—2010年）》。

2001 年，六枝特区下发《六枝特区关于进一步加大新阶段扶贫开发工作力度的决定》。

2002 年 2 月，六枝特区下发《六枝特区一类重点乡（梭戛乡）扶贫开发规划（2001—2005 年）》。2004 年，在省扶贫工作队挂钩帮扶省定一类重点乡梭戛乡。市直机关 18 个单位对全区 12 个乡镇 18 个一类贫困村进行挂钩帮扶的基础上，特区区直 66 个单位抽派 140 名干部组成 66 个工作组到 19 个乡（镇）66 个贫困村开展挂钩帮扶工作。2006 年，区直挂钩帮扶单位调整为 70 个。梭戛乡列为省、市委扶贫开发工作重点。

2005 年，六枝特区下发《六枝特区"十一五"扶贫开发规划（2006—2010 年）（修订）》。是年，列项建设 33 个一类重点村，其中省级"整村推进"扶贫村 15 个、市级 18 个。每个村分别投入财政扶贫项目专项资金 20 万元。2006 年，"整村推进"列项建设 22 个一类重点村（均为省级"整村推进"扶贫村），每个村分别投入财政扶贫项目专项资金 20 万元。

2006—2011 年，六枝新华乡新平村、折溪乡木伐田村作为国务院扶贫办随机选择的固定监测点，分别对 10 户农户收支情况进行抽样调查。2011 年，陇脚乡实现"减贫摘帽"。

第三节　扶贫方式

一、社会扶贫

（一）大连市帮扶：1996 年 11 月 10 日，大连市副市长贾崇斌率团到六盘水考察，与六盘水市签订《对口帮扶与经济协作总协议》确定大连市甘井子区对口帮扶六枝特区。1997—2010 年，大连市捐赠、援助六枝特区的资金累计 1361 万元。捐助资金重点用于农村输电电网改造、饮水工程、学校、乡村公路、乡村卫生院（室）建设、资助贫困学生就读、救灾及慰问贫困户等。

（二）华夏银行：1999 年根据国务院扶贫办的安排，华夏银行对六枝特区实行定点帮扶。2000 年，出资 30 万元，先后组织特区 100 名科级以上乡（镇）干部到北京科技会堂参观、学习和培训。投入 100 万元资金，对郎岱镇中学进行扩建。投入 100 万元小额扶贫贷款扶持农村贫困户发展种、养业。华夏银行职工出资 13 万元分别为六枝特区落别、堕却、梭戛、郎岱 4 个乡（镇）90 名贫困中、小学生连续 9 年就读。

（三）世界银行：1995 年 7 月，中国与国际开发协会签订《开发信贷协定》，世界银行中国西南扶贫项目期从 1996 年 5 月至 2002 年 7 月，财政转贷贷款期为 20 年（含宽限期 6 年）。六枝特区确定为世行项目县。2000 年，贵州省世行办将六枝特区世行扶贫项目。竣工累计为 9040.47 万元，其中国内配套资金 4520.21 万元、世行贷款 4520.21 万元。该七个项目为：（1）教育：694.87 万元；（2）卫生项目：372.39 万元；（3）劳务输出：620.09 万元；（4）土地与农户开发：2994.45 万元；（5）基础设施：989.24 万元；（6）乡镇二、三产业：3214.63 万元；（7）贫困与项目监测：154.80 万元。

（四）机关扶贫：1997 年，市直机关 3 个单位定点扶贫六枝特区 3 个重点贫困乡（镇）。帮扶形式为挂钩到乡（镇），定点到村。1997—2000 年特区区直行政事业单位、人民团体。累计引进扶贫项目资金 2233.5 万元，解决 17.9 万人 / 5.3 万头牲畜的饮水困难，解决 130 个村通电、13 个乡镇通信、93 个村通路问题。开展技术培训 450 期，受训人员达 8.4 万人次，获"绿色证书"850 人。

2002 年后，省、市和特区分别从直属业务部门抽调人员组建了党建扶贫工作队进驻梭戛乡开展党建设扶贫工作。（1）省外事办、省煤炭局、省委党校组建的省直党建扶贫工作队从2003—2005年，累计争取项目资金438.7万元，落实项目29个，涉及种植、养殖、基础设施建设、培训、基层组织建设等。省扶贫工作队结对子帮扶75户。（2）市直25个单位挂钩帮扶六枝特区12个乡（镇）25个村，市扶贫工作队307名干部职工结对子帮扶306户。2004—2005年，全区安排4021名干部职工共结对子帮扶3930户，共捐赠帮扶资金32.11万元（含捐物折资）。挂钩帮扶单位为贫困村落实部门资金1155.57万元（含捐物折资）。

2007年，省扶贫工作队挂钩帮扶二类重点乡，在折溪乡开展定点帮扶工作，市直27个单位挂钩帮扶六枝特区9个乡（镇）27村，特区直属挂钩帮扶工作队落实帮扶资金899.99万元（含以物折资），共办实事219件。

2008年，特区从70个单位抽派干部165名组成70个工作组，进驻19个乡（镇）70个贫困村，开展帮扶工作。落实帮扶资金418.19万元（含捐物折资），办实事135件。

2010年，省扶贫工作队定点帮扶陇脚乡，开展党建设扶贫“集团帮扶”工作，市、特区直属机关、乡镇选派220名干部到220个村任村支书或村长助理，协助抓好村级党建扶贫工作。

二、扶贫与计划生育

1990年，六盘水市计生委、市扶贫办《关于扶贫与计划生育工作相结合的通知》，把扶持计划生育贫困户作为扶贫开发的主要内容。开始对自觉实行计划生育的贫困户实行有效扶持。

1997年5月，六盘水市委、市政府《关于加强扶贫开发与计划生育相结合工作的决定》规定。每年从切块到县的扶贫贷款中安排一定资金用于重点扶持实行计划生育的贫困户。1990—2005年，六枝特区扶贫办投入帮扶资金1.09万元，扶持计划生育贫困户10户次、48人次，使计生贫困户改变了贫困状况。

1990—2007年，六枝特区扶贫办投入相应的帮扶资金，并开展“一帮一结对子”活动，累计扶持折溪乡、岩脚镇等计划生育贫困户30户次。

三、项目扶贫

1997年，省、市制定了《国家扶贫资金管理暂行办法》，明确财政扶贫资金主要用于建设基本农田、兴修小型水利工程、解决人畜饮水困难、修建乡村道路、科技培训和推广农业实用技术等。扶贫信贷资金主要用于增加贫困户当年收入的种养业项目。各级扶贫工作专门机构加强对扶贫资金管理使用的检查、监督。审计部门对扶贫资金的使用情况严格审计，发现问题及时查处。

项目贷款：1986—2000年，国家累计投入扶贫资金15858.87万元，立项建设项目318个。其中第一产业89个、第二产业138个、第三产业91个。扶持农户达129791户。

1986—2000年扶贫资金投入情况表

表10-4-4

年份	扶贫资金（万元）	其他资金（万元）	项目个数（个）	其中			扶持农户（户）
				第一产业	第二产业	第三产业	
1986							
1987	447.8		22	2	19	1	5848
1988	968.3		31	5	26		21575
1989	474.5		12	2	10		1866
1990	372.46	12	17	5	12		1162
1991	236		9	4	5		895
1992	612.4	10	16	4	12		5835
1993	715.8		11	4	7		2666
1994	674		25	17	8		1430
1995	1144		19	12	7		5484
1996	965		8	6	2		3125
1997	1615	1313	14	9	4	1	28878
1998	2308	51	15	9	6		15687
1999	3216		9	6	3		25042
2000	2109.61	7149.91	110	4	17	89	10298

2001—2010年财政扶贫资金投入情况

表10-4-5

年份	实施项目（个）	财政扶贫资金（万元）	其中			
			种植业	养殖业	基础设施	其他
2001	39	504.4	21.5	48	350	84.9
2002	56	703.25	184	89.3	320.15	109.8
2003	70	725.76	82.1	378.9	222.96	41.8
2004	63	759	189.18	300.62	269.2	
2005	113	1056.21	106.78	544.15	270.85	134.43
2006	138	1919.36	262.48	235.3	1194.69	226.89
2007	109	1991.7	414.9	460.5	961.9	154.4
2008	89	2346.7	243.5	860.3	1138.5	104.4
2009	95	1257.85	30	696.64	321.66	209.55
2010	86	2621.6	359	1858		404.6

注：2001—2010年，国家累计投入财政扶贫资金13885.83万元，立项建设项目858个

小额信贷：小额信贷是扶贫到户的关键措施之一。1998 年，按照“贷得出、收得回、有效益”的原则，强化“三种到户”贷款运作机制。即：由农行组织投放的农村小额到户贷款到户、由扶贫基金会投放的农村小额到户贷款到户和由信合联社投放的农村小额贷款到户。2005 年，全区累计发放小额扶贫到户贷款 5223.84 万元，涉及 19 个乡（镇），扶持农户 17080 户近 8 万人。其中 2004—2005 年底，全特区共投放“三种到户”形式农村扶贫贷款 3478.42 万元，覆盖贫困农户 23236 户（次）。小额扶贫贷款累计回收率从 2004 年的 84.6%上升到 2005 年的 86.5%。“十一五”期间，全区累计发放小额贴息到户贷款 6084.2 万元，扶持农户 4841 户（次），累计回收逾期贷款 3030.34 万元，贷款回收率达 93.99%。

四、实施“整村推进”扶贫

2005 年，六枝特区推行“整村推进”扶贫开发试点。以规划定方向，以方向做项目，以项目配资金。按照先扶持一类村，后帮扶二类、三类村的原则。2005—2006 年，投入财政扶贫项目专项资金 1100 万元，扶持 55 个一类重点村建设。“十一五”期间全区共 77 个村列入省、市重点村实施整村推进。共投入整村推进的项目扶贫资金 2302.1 万元，完成项目建设 269 个，其中：2006 年实施 22 个村，投入资金 440 万元，建设项目 88 个。2007 年实施 23 个村，投入资金 909.1 万元，建设项目 89 个；2008 年实施 26 个村，投入资金 749 万元，建设项目 71 个；2009 年实施 8 个村，投入资金 204 万元，建设项目 21 个。

五、农村贫困劳动力培训转移

2005 年 5 月，特区政府与部门、乡镇签订了农村贫困劳动力培训转移目标责任状。把农村贫困劳动力培训转移工作纳入部门和乡镇年度工作目标考核内容。实施农村贫困劳动力培训转移 1580 人，并输出就业。2006 年，实施“雨露计划”。2010 年累计培训 8550 人，其中：引导性培训 1200 人、技能培训 800 人、产业化培训 3050 人、普级培训 600 人、初级技工培训 300 人、“绿色证书”培训 2600 人。2010 年，实施“雨露计划·圆梦行动”，落实财政扶贫资金 15.2 万元支助 38 名贫困大学生。2011 年，落实财政扶贫资金 35.2 万元，支助 88 名贫困大学生。

六、特殊贫困群体的分类指导扶贫

2003 年，六枝特区对特殊贫困群体实施开发式扶贫、易地搬迁、社会救助等扶贫。2005 年，迁移安置贫困人口 1282 户 5209 人、纳入社会救助制度 3117 户 4637 人。2006—2008 年，实施农村贫困户茅草房改造 3400 户。2010 年，农村贫困农户 16512 户 65440 人列入扶贫对象，161 户 224 人纳入救助对象，19515 户 35256 人享受低保，24998 户 90361 人列入扶贫低保对象。

第四节　总体成效

一、农村贫困人口的温饱问题基本得到解决

2000 年，六枝特区农村尚未解决温饱问题的贫困人口由 1986 年的 20.75 万人减少到 2005 年的 3.63 万人，农村贫困发生率从 20% 下降到 15% 左右。农村贫困人口比 1997 年的 10.9 万人减少 7.86 万人。2005 年，共解决贫困人口温饱 5.15 万人，农村低收入人口由 2004 年的 6.38 万人减少到 2005 年的 6.15 万人。鳏寡孤独、因病因残丧失劳动力的 0.7 万特困人口实行了社会救助。“十一五”期间，全区累计净减少农村贫困人口 2.73 万人，减少农村低收入口 0.31 万人。农村尚未解决温饱问题的贫困人口由 1986 年的 20.75 万人减少到 2011 年的 0.96 万人。农村贫困人口从 1997 年的 10.9 万人增加到 19.09 万人（贫困标准调整）。实现了农民人均纯收入从 2005 年的 1749 元上升到 2009 年的 2881 元。农民人均吃粮水平有较大幅度提高。

二、农民粮钱双增稳步提高

2005 年，全特区农民人均纯收入 1749 元，比 1993 年的 300 元增长 4.8 倍，比 2000 年的 1255 元增长 1.39 倍。2006 年以来，通过整合各类农业扶持资金，加大投资力度，利用农村小额扶贫到户信贷、各类支农资金、农业部门资金、财政扶贫资金等，加大种植、养殖业投资比重，重点向畜牧发展倾斜，促进农业增产、增效、增收，增强农业综合生产能力，粮食产量持续稳定增长。2010 年，全区粮食总产量达 20.21 万吨。其中夏粮产量 1.72 万吨，秋粮产量 18.49 万吨。粮食总产比 2005 年的 18.31 万吨增加 1.91 万吨，同比增长 1 个百分点；油菜籽产量 0.12 万吨；全区大牲畜存栏 11.22 万头（匹），比 2005 年末的 9.62 万头增长 16.63%。

三、农村基础设施明显改善

2005 年，全特区基本实现村村通公路、通水、通电、通电话。解决 10 万人，13.4 万头牲畜的饮水困难。实现易地扶贫搬迁 1282 户 5209 人。实施以坡改梯为主的农田基本建设面积 46856 亩，实现了农民人均基本农田从 2000 年的 0.41 亩增加到 0.45 亩。

2006—2010 年，实施各类水利工程 188 处。建设通乡油路 9 条，共 174 公里。实现了乡乡通油路的目标，建设运煤公路 4 条 82 公里，实施通村公路 872.3 公里和通村公路路面硬化 62 公里，通村公路通达率达 100%。累计完成水利设施排洪河道 3.84 公里，引灌渠道 68.06 公里。实施易地扶贫搬迁农户 192 户。实施农村茅草屋改造 3400 户。

四、农村各项社会事业发展步伐加快

2005 年，六枝特区农村通广播、电视覆盖率分别达到了 97.7% 和 96.8%。建立健全了村级卫生室 220 个，能开展常规诊疗的村级卫生室 139 个，占行政村数的 64%。74 个村开展合作医

疗，33个村开展省级新型农村合作医疗试点，有效遏制了贫困户因病致贫和返贫现象。全区初等教育阶段适龄儿童入学率达99.12%，初级中等教育阶段入学率达108.13%，分别比2001年上升了0.92个百分点和43.68个百分点。农村实现通广播、电视覆盖率分别达到了98.29%和98.16%。全区新型农村合作医疗参合率达96.59%。对全区3789户7337人农村特困人口，实施最低生活保障救助制度。有45732户87625人纳入了农村低保范围。全区人口出生率和自然增长率分别控制在12.5‰和7‰以下。全区森林覆盖率从2005年的25.26%上升到2010年的32.77%。

第六章　乡镇企业

1978年，十一届三中全会以后，农村实行家庭联产承包责任制，乡镇企业实行“积极支持、合理规划、加强管理”的政策，乡镇企业初具规模。1984年，六枝特区全面推行承包经营责任制。乡镇企业改厂长（经理）委任制为聘任制，改职工录用制为合同制；改固定工资制为浮动工资制。各企业产值有较大幅度增长。1993年，境内乡镇企业基本实现由单一的煤炭开采向多行业转化；从原始的生产方式向现代化生产方式转化；从小规模生产向较大规模生产转化；从生产型向生产经营型转化，从单一出售原材料向原料深加工方面转化。2011年，全区有乡镇企业2.05万个，从业人员9.37万人，总产值8.99亿元，总收入9.0亿元，税金0.21亿元，固定资产原值2023亿元，人工工资1.49亿元。

第一节　机构

1978年，成立六枝特区社队企业管理局，1984年，改社队企业管理局为乡镇企业管理局。1985年，乡镇企业管理局成立乡镇企业公司，行使管理和产品经销两大职能。1988年，乡企局为境内乡镇企业的行政专管部门，乡企公司从局内分出后改为“乡镇企业总公司”，作为国营企业独立法人，从事多种经营。1992年，六枝特区在19个乡（镇）分别设立乡镇企业办公室，归乡企局统一领导。1997年，增设乡镇企业统计站。六枝特区乡企局内设机构为：办公室、企业管理股、计财股、技术服务站和统计站。2010年，撤销六枝特区乡镇企业局，将非公有制经济发展职能划归六枝特区经济和信息化局，下设企业股，负责管理全区乡（镇）企业的管理工作。

第二节　行业

一、农业企业

特区境内乡镇企业中，农业企业的发展与农业生产相关。1979年，国务院下发《关于发展社队企业承包若干问题的决定》，提出了积极发展种植业、养殖业，因地制宜发展林场、果园、茶场、药材场、良种场等，明确了农业企业的发展方向。

1990—1997年，乡镇农业企业277个，占全区乡镇企业16920个的1.6%。从业人员531人，占全区乡镇企业从业人员41858人的1.2%。完成乡镇企业产值1684万元，为全区乡镇企业总产值3.61亿元的7.43%；1998年，农业企业总产值在乡镇企业中的比重下降，为全区乡镇企业总产值的7.56%，较上年下降了近一个百分点。

（一）种植业：1970—1980年，六枝特区先后投资建成了索考建荣茶场、中寨高坡茶场，木岗茶场等7个乡（镇）茶场。22个村茶场，2个村民小组茶场，总面积6070亩。80年代，境内茶场发展基本处于停止状态。90年代，六枝特区种茶面积在乡（镇）逐渐增加。但很多农户对茶叶经济尚未引起重视。2000—2011年，受外地茶叶经济价值的影响，六枝特区再次兴起茶叶种植业高潮。2011年，全区共有大小茶场58个，具有500亩规模以上茶场4个，种植面积6万余亩，3680人得到受益。

（二）养殖业：1980—1998年，随着农村改革的不断深化，科学养殖技术较快普及，境内农村发展部分养殖专业户，且逐步扩大规模。

1980—1988年六枝特区部分养殖专业户情况表

表10-6-1

地　址	姓　名	时　间	规　模
平寨镇戛石村	宋黔龙	1983—1985	1983年承包特区酒厂，1984年养猪132头；1985年养猪300头
平寨镇云盘村	俞兴才	1983	养鸭300只，年产蛋30000枚
新华区	龙　孝	1983	养猪83头当年出栏15头，仔猪47头
六枝区	杨春权	1983	养兔210只
郎岱镇畜牧兽医站	余学玉	1984—1988	1983年输配母猪680头（次），1984年输配母猪1000余头（次）
堕却区	胡登全	1984—1985	1984—1985年养猪37头。养鱼300尾
六枝区	姜文才	1984	养兔200只
堕却区	邓登甫	1983	养羊76只

1989—2004年，农村养殖业企业，逐步向规模化、科学化方向发展。1995年，乡镇企业产业结构调整，兴办了一批养殖业。1996—1998年，先后建成六枝特区水产养殖场、六枝毛口蛇类养殖场等。

2005—2011年，在国家有关养殖政策扶持下，六枝特增加具有规模养殖大户4户。相继在岩脚、陇脚、毛口、郎岱、堕却等乡（镇）增加养猪场、特色养殖场，养殖效益得到增大，1600余人得到受益。

（三）农产品加工业：境内农产品加工业主要有碾米、磨粉、榨油等粮油加工业，米醋、大酱等调味品制造业。水作豆制品业，以及制造糕点、粑粑、茶食等。

20世纪80年代，食品工业企业进入大发展时期，从城市、农村集镇、工矿地区、乡村先后办起了大批粮食加工企业、作坊。90年代，粮食加工业、食品加工业、油料加工业、农副产品加工业、糕点业、糖果业、方便食品工业和饮料酒制造业相继发展。1997年，全区有碾米企业1389个，从业人员1873人，加工粮食11万吨，总产值730万元，收入730万元，工业增加值292万元；磨粉企业99个，从业人员112人，加工面粉3万吨，产值327万元，收入327万元，工业增加值130万元；粮食制品企业35个，从业人员250人，生产粉条10吨，土豆片105吨，产值162万元，收入156万元，工业增加值62万元；植物油加工企业92个，从业人员276人，加工植物油1196吨，产值512万元，收入445万元，工业增加值204万元；制糖企业59个，从业人员448人，生产黄糖、红糖1000吨，产值341万元，收入310万元，工业增加值137万元；糕点、糖果制造企业24个，从业人员150人，产值70万元，收入64万元；调味品制造企业3个，从业人员70人，生产酱油313吨，产值50万元，收入48万元。

1. 碾米业：1981—1985年的5年间，随着农村经济的不断发展，农村粮食加工专业户、重点户、联合体快速发展。全区乡镇企业有粮食加工企业达787个，从业人员1306人，加工大米33.15万吨，实现产值331.5万元。

1986—1990年，乡镇企业产业结构调整，从政策上、资金投入上引导农村加工工业的发展，农村剩余劳动力组织资金，购置机械，开办打米厂。1990年，全区乡镇企业有碾米企业1438个（其中：乡办企业1个，村以下办企业1437个），从业人员1841人（其中：乡办企业28人，村以下办企业1813人），加工大米3.55万吨，实现产值209万元。稻谷产区村村都有碾米企业或粮食综合加工厂。

1991—1995年，境内碾米企业向规模化、综合性方向发展，小型打米作坊、企业，在市场经济条件下淘汰，规模型企业和集体、私营碾米企业共同发展。1995年，全区有碾米企业979个，全部为个体私营企业，从业人员1564人。加工大米8万吨，实现乡镇企业产值671万元，工业销售产值576万元。1997年，全区碾米业企业1389个，较1995年增加410个，从业人员1873人，较1995年增加309人，加工大米11万吨，较1995年增长3万吨，实现产值730万元，较1995年增长59万元。

1996—2000年，六枝特区受到粮食市场放开的影响，国营粮食加工企业从半停产生产到关闭停产。新建私营个体加工厂企业关闭。2000—2011年期间，全区大米、面粉供给基本靠外地购进销售供应。

2. 磨粉业：境内传统磨粉，多为牛磨、水磨、手磨、腰磨等工具生产，以水磨、手磨最为普遍。20世纪70年代，随着机械工业的发展，农村磨粉业作坊陆续安装小钢磨，产品产量和出粉率提高。20世纪80年代，境内乡镇企业磨粉业快速发展，多数碾米企业购置磨粉设备兼营磨粉，加工量提高。1989年，全区磨粉企业加工量1.28万吨。1990年后，磨粉业逐步进入专业化生产。1995年，全区有专业磨粉企业264个，从业人员363人，年生产面粉2万吨，实现产值100万元，收入87万元。

1996年，专业磨粉业因效益低，部分企业停产。1997年，全区有磨粉企业99个，从业人员112人，磨制面粉3万吨，产值327万元，收入327万元。2000—2011年，六枝特区除农村农户生产面条加工面粉外，城镇居民食用面粉外购供应达到95%以上。

3. 榨油业：境内传统榨油历史悠久。均采用木榨，将油菜籽、兰花籽按传统工艺榨油。

20世纪80年代，农村普遍实行家庭联产承包责任制，农业生产大发展，油料产量大幅度提高，市场对食用植物油的需求逐年扩大，采用小型榨油机生产菜油的企业、作坊遍布油料作物产地，以木岗、落别数量较大。1987年3月，六枝特区木岗镇榨油厂建成投产，总投资57万元，从业人员9人，收购油菜籽50万公斤，加工19.25万公斤。1988年，六枝特区粮食局加工油菜籽20.9

万公斤，出油率为32%。1989年，全区有榨油企业10个，从业人员20人，产量86吨，产值5.52万元。1990年，乡镇榨油企业，迅速发展，产量大幅度提高，质量稳定。

1992年，国家实行粮食体制改革，六枝特区粮食部门实行“全面放开，一步到位”，粮食企业相继转产。部分专业人才和外地客商投入参与竞争，开办小型油脂加工厂，1995年，六枝工矿集团引进外援技术力量，建成植物油厂，1996年投产运行。其生产规模为日处理加工菜籽50吨，浸出菜饼30吨，炼油20吨。2000—2011年，全区榨油业全部为私营加工。

4．粮食制品业：境内均产豆腐、年糕等食品。80年代，随着农村改革的不断深入，城乡人民生活水平的提高，乡镇企业食品制造业进入快速发展时期。1985年，乡镇粮食制造企业发展到97个，实现产值70万元。1989年，有粮食制品企业2039个，从业人员2704人，完成乡镇企业产值263.64万元。90年代，乡镇企业加快产业结构调整步伐，糕点、食品、土豆制品、方便食品、面条、糖果等粮食制品业相继发展。1995年，全区乡镇企业粮食制品企业发展到2129个，从业人员3392人，生产精制面粉2万吨，酱油230吨，糕点类145 吨，实现销售产值1411万元，收入1411万元。1996年，境内粮食制品业规模型、科技型，高效益型企业发展加快，先后建设了六枝前程实业有限公司、六枝田家福食品有限公司、六枝绿色食品保健厂、六枝顺达风味食品厂、六枝箐口粉条厂。1997年，全区有粮食制品企业2159个，从业人员3318人，实现销售产值2159万元，营业收入2159万元。1998年以后，随着商品流通业的不断发展，外地食品逐步占据六枝特区市场，食品生产国有企业逐步停产。

5．制糖业：境内多用包谷熬制食糖，或拉成细丝制成丝丝糖，或加入核桃仁制成核桃糖。20世纪80年代，随着农村改革的不断深入，农村剩余劳动力从土地中分离出来，发挥一技之长，因陋就简，开办熬制包谷糖、甘蔗糖作坊、工厂。1989年，全区乡镇企业制糖企业发展到185个，从业人员185人，生产包谷糖、碗糖、方糖、板糖等粗制食糖201吨，实现乡镇企业产值22.98万元。1990年，全区有制糖企业220个，从业人员205人。生产包谷糖、红糖、黄糖等270吨，产值22.72万元。1991—1995年，因制糖企业经济效益低，产品质量差，部分制糖企业先后停业或转产。1995年，全区乡镇企业制糖企业减至27个，从业人员为232人，产量1155吨、完成产值320万元，实现销售收入273万元。1997年，全区乡镇有制糖企业59个，从业人员448人，产量1000吨，完成产值341万元，实现销售产值310万元，工业增加值137万元。2000—2011年，全区除为数不多的小型包谷制糖业生产外，居民食用红糖、黄糖全靠外进供给。

6．饮料酒业：境内酿酒历史悠久。随着农村改革的不断深入，市场饮料酒需求的扩大，饮料酒生产快速发展时期。1989年，全区乡镇企业有饮料酒生产企业238个，从业人员326人，产量719吨，产值126万元。1990年，全区乡镇企业有饮料酒生产企业397个，从业人员630人，产量1257吨，产值213万元。乡镇企业饮料酒企业以年均两位数的速度发展。1995年，全区乡镇企业有饮料酒生产企业478个，从业人员900人，产量2510吨（其中：白酒产量2454吨），产值476万元（其中：白酒产值441万元），实现工业销售产值446万元（其中白酒工业销售产值411万元，饮料工业销售产值10万元）。1997年，全区乡镇企业有饮料酒制造企业613个（其中：白酒制造企业613个），从业人员1740人，产量3616吨，实现乡镇企业产值640万元，完成工业销售产值584万元，实现工业增加值256万元。

1998年，全区各种饮料酒制造企业基本停业，六枝九龙酿造厂处于停产半停产状态。2005年，九龙酿造厂进行技改恢复生产。2007年，被评为2007—2008年度“诚信单位”，荣获“全国质量诚信品牌示范单位"荣誉称号，2008 年，荣获"中国名优品牌"荣誉称号。九龙酿造厂是"凉都.六盘水"唯一一家获得国家颁发白酒生产许可证的白酒生产经营企业，年酿造九龙液及其系列酒 l000 吨，年包装各类成品酒 1000 吨。研制开发了极品九龙液、瓷瓶九龙液、精装九龙液、特制九龙液、九龙窖、优品九龙窖、酱香型九龙液、六枝大曲、高粱酒等多种不同档次、不同口味酒。九龙酿造厂现有职工 108 人，各类专业技术人员 28 人。厂区占地 2 万多平方米。

7. 医药保健工业：1990 年，医药保健业开始起步。1995 年 6 月，总投 210.6 万元，年设计生产能力为 100 吨"六未加"的六枝特区未加药业有限公司动工，1997 年 10 月建成运行，固定资产 210 万元。1997 年 6 月，总投资为 1450 万元的六枝特区制药厂动工建设。1978 年改为六枝大华制药厂。2000 年，更名为"六枝工矿（集团）大华药业有限公司"，系六枝工矿（集团）有限责任公司的全资子公司。公司注册资本为人民币 2520 万元，住所于六枝特区下云盘，属医药行业，现有在册员工 359 人。主要经营范围：生产，销售：大容量注射剂、小容量注射剂、胶囊剂、片剂、颗粒剂、散剂、冲剂、膜剂等，拥有 111 个国药批准文号，分三次通过国家 GMP 认证，现有大容量注射剂 1 亿瓶，针剂 2 亿支、片剂 1.5 亿片、胶囊剂 1 亿粒的年生产能力。1995 年以后，六枝大华药厂引进外资与圣济公堂合并。

2002 年，六枝特区宏奇制药厂投资 2500 万元建成，制药厂占地 2.3 万平方米，其中绿化面积 9800 平方米，2003 年 2 月通过国家"GMP"认证，4 月取得《药品生产许可证》，年生产能力为中药提取量 2400 吨，胶囊 3 亿粒，片剂量 1 亿片，颗粒剂量 2500 万袋，酊剂 3 亿毫升，品种有复方吲哚美辛酊、三鞭胶囊等 9 个品种。2006 年六盘水市农业产业化"重点龙头企业"；连年评为六盘水市非公有制先进企业。2007 年，公司销售收入 2327 万元，上缴税金 303.5 万元，2008 年公司进入产品成长期，2009 年达到设计能力，销售收入将达 4500 万元。有员工 407 名，是集药品研发、生产、销售于一体，是一家管理规范，科技含量高的非公有制制药企业。是"贵州省高新技术企业"；贵州省"重合同守信誉单位"；注册资本金 1000 万元；银行授信等级 AAA 级；六盘水市政府确定的"重点调度企业"。

2011 年，全区现拥有特区人民医院、特区第二人民医院（原市二医）、永康骨伤科医院、大众医院、博爱医院、协和医院、泰安医院、康佳医院、各乡、镇医院。老百姓药店、德凤药店、仁和药店、玉春药店、福林堂药店、健民药店、太博堂药店等国有医院、私立医院和药品经营机构。

（二）化学工业企业

境内工业企业包括：铸造冶炼工业、建材工业和化学工业三大门类。铸造冶炼及建材工业在有关章节单列进行叙述，这里仅介绍化学工业。

1980—1989 年，主要产品有碳素、轻质碳酸钙、次氯酸钾、硝酸钾、硝酸复盐。1997 年，全区有化工原料及化工制品制造企业 8 个，从业人员 305 人，产值 521 万元，营业收 459 万元，工业增加值 199 万元。

六枝碳素厂，地处六枝特区平寨镇兴隆村。系贵州化学工业研究院、六枝矿务局运输处、平寨镇兴隆村联办的股份合作制企业。1984 年 4 月动工，总投资 150 万元，年设计生产能力为电极糊 2000 吨。1987 年 5 月建成，并试产成功。产品各项技术指标达到国家冶金部 YB2813 ~ 78 标准要求。通过贵州省"星火计划"项目鉴定，为合格产品。1988 年 2 月，试产成功，7 月，正式投产，产品质量达到国家一级产品要求，被列为贵州省“星火计划”项目。1997年，生产电极糊1511吨，产值143万元，营业收入142万元，工业增加值32万元，固定资产原值196万元，职工128人，上交国家税金16万元，利润13万元。后管理不善停产关闭。

六枝化肥厂，地处六枝特区新窑乡。建厂初期，是一个利用安顺地区平坝化肥厂牌子、商标发展起来的骨干乡镇企业，建设总投资1219．8万元，其中扶贫贷款373．8万元，银行贷款308万元，其他贷款438万元，年设计生产磷肥3万吨，1995年4月，建成投产，固定资产1060万元，职工104人。1997年，生产磷肥997吨，完成工业产值157万元，营业收入100万元，实现现价工业增加值66万元，上交国家税金3万元。1998年10月，为明晰产权关系，发挥各方面积极性，提高经济效益，六枝特区人民政府、市乡镇企业局、市经济体制改革委员会、六枝特区乡镇企业局、六枝特区新窑乡人民政府、企业管理站等部门组织人员，根据该厂的申请，进行了股份合作制改制。2011年已停产关闭。

六枝大用橡胶制品厂，位于六枝特区大用镇。1995年2月动工，7月试产，12月，通过省、市、区产品质量验收。总投资150万元，设计生产规模为年产翻新轮胎7000条，1.2万平方米运输翻新带，经贵州省橡胶检测中心抽检，产品质量符合GB7036～86和7037～86标准。1997年，生产翻新轮胎4700条，产值141万元，营业收入95万元。1998年，因市场原因，产品产量降至2100条，产值63万元，收入65万元。2011年已停产关闭。

六枝复合肥厂，是六枝特区第二建筑公司，开发的乡镇企业项目。1993年1月建成投产，总投资100．7万元，年设计生产能力为多元素复合肥5000吨，产品商标“锦花牌”，为年消化3000立方米城市生活垃圾的环保项目。

六枝特区索考生化厂，地处六枝特区落别乡。1989年8月，引进福建私营业主陈金文兴办的高科技企业，占地面积1000平方米，投资总额38万元，年设计生产规模为蛋白胨100吨、骨粉350吨、骨油2吨。主要生产设备有锅炉、骨炉3座，酶解炉1座，真空系统1套，浓缩炉2台、烘干窑1座以及化验设备等。1989—1997年，累计生产蛋白胨800余吨、骨粉3000余吨、骨油30余吨。营业收入1500余万元，产品远销北京、福建、河南等地。

六枝日化厂，地处六枝特区平寨镇。设计生产能力为塑料编织袋22万条，农地膜60吨，1988年11月筹建，1989年10月投产运行。1990年生产编织袋5000余条，后因原材料供应渠道问题，改乡镇企业为国有企业。

中寨砒霜厂，位于六枝特区中寨区（今中寨乡）新场村。为中寨乡、六枝矿务局六十四处、湖南省轻工公司联办的股份合作制企业，总投资15万元。1987年5月动工，同年9月建成投产，设计能力为年产砒霜500吨。1988年生产砒霜800吨，营业收入40万元。

中寨雄黄厂，位于六枝特区中寨乡天生桥。为中寨乡办集体企业，总投资20万元，设计生产能力为年产雄黄50吨。1986年1月建成投产，至1989年累计生产雄黄80吨。

以上化工企业，属于“五小” 企业，国家取消“五小” 企业的政策出台后，于1989年以后，先后进行了停产关闭。

（三）建筑工业

1978年，农村建筑业纳入乡镇企业的范畴，企业逐年发展，建筑设备逐步改善，建筑技术、建筑工程质量逐年提高，成为乡镇企业的重要组成部分。

1．建筑队伍。1978 年 9 月，六枝特区云盘基建队成立，1982 年 1 月改名为“六枝特区平寨镇建筑社”。1984 年 10 月，经六枝特区政府批准改为六枝特区第三建筑公司。贵州省建设厅审核为四级施工企业，可承担 8 层以下，18 米以下的建筑物，高度 30 米以下构筑物的建筑。有固定资产 104 万元（含房屋、场地、施工机械设备、施工周转材料、运输车辆及施工质量安全设施和检测仪器等），有流动资金 40 多万元，机械设备总功率为 349．6 千瓦，人均装备率 2．2 千瓦，基本满足本企业施工需要。有工程师 1 人，助理工程师 5 人，技术员 7 人，项目经参理 7 人，施工员 18 名，有职称技术人员共 20 人，占职工总人数的 12．8%。公司承建的云南鲁甸县桃园清真寺工程是一个框架砖混组合结构，采用新型建材、古典造型的小群体建筑，经鲁甸县质监站评为优良工程。2011 年已停业关闭。

1985 年，全区乡镇建筑企业发展到 9 个，较 1980 增加从业人员 838 人，完成建筑业产值 85 万元，营业收入 74 万元。

1986—1988 年，乡镇企业建筑队伍部分解体或转向，企业总数下降。1988 年，全区乡镇企业有建筑业企业 646 个，从业人员 4793 人。

1990 年 12 月，全区有乡镇建筑企业 494 个，较 1988 年减少 152 个，下降 24 %，从业人员 3344 人，较 1988 年减少 1449 人，下降 30%。

1995 年，全区有乡镇建筑企 1624 个，从业人员 6385 人。完成总产值 6101 万元。

1998 年，全区乡镇企业有建筑企业 1706 个，从业人员 11792 人，完成乡镇企业总产值 29532 万元。

2．建筑技术。80 年代，境内对施工人员进行培训，提高施工队伍的施工技术。1988 年，境内能承建 5 层楼的建筑企业主要为六枝特区乡镇建筑公司，六枝特区六枝建筑队、六枝特区兴隆基建队，六枝特区第三建筑公司。

1989—1991 年，境内部分管理落后、技术力量弱的乡镇建筑企业解体，在市场竞争中生存下来的企业，重视技术队伍的建设，采取聘用或培训等措施，增强自身实力。

1995 年，全区 1624 个建筑企业、6117 个从业人员中，具有大专及其以上文化程度的职工 13 人，中专文化程度的职工 22 人，高中文化程度的职工 41 人，高级工程师 1 人，工程师、经济师 25 人，助理工程师、助理经济师、技术员 31 人。

1998 年，全区 1706 个乡镇建筑企业中，有大专以上文化程度的职工 3 人，有中专及技校文化程度的职工 20 人，有高中文化程度的职工 57 人，在建筑技术队伍中，有高级工程师等技术职称的 1 人，有工程师等技术职称的 5 人，有助理工程师等技术职称的 30 人。

3．建筑设备。80 年代前，乡镇建筑企业建筑工具十分简陋，大部分企业有一些简单的石、木、泥工工具外，其他建筑设备一无所有。

1979 年，六枝特区平寨镇第三建筑公司，根据承建工程需要，逐年购置了一大批设备。截至 1988 年，主要设备有：砼搅拌机两台，卷扬机 4 台，解放牌汽车 2 台，面包车 1 辆，水磨石机 3 台，微型水磨机 3 台，打浆机 3 台，砂浆搅拌机两台，碎石机 3 台，震动棒 5 台，电焊机两台，制砖机 4 台．管道压力机 1 台，碎岩机 4 台，圆盘锯 2 台等建筑设备。

（四）交通运输业

1978 年，境内农村交通运输业缓慢发展，拖拉机运输发展加快，汽车运输出现。20 世纪 80 年代，随着城乡人民生活水平的提高，公路运输条件的改善，农村汽车运输业发展加快。1990 年后，随着各业的发展，交通运输业进入大发展时期。1997 年，全区乡镇企业有交通运输企业 5748 个（集体企业 2 个，私有企业 5746 个），从业人员 8918 人，完成乡镇企业产值 19624 万元，上交国家税金 294 万元，盈利 1314 万元，形成固定资产原值 6232 万元。2011 年，全区乡镇企业有交通运输企业 2 个，从业人员 189 人，完成乡镇企业产值 1109 万元。

1．人畜运输。1978 年，六枝特区有马车 162 部，全年完成货运量 32 万多吨。

2．汽车运输。20 世纪 70 年代中后期，为了解决煤炭运输，六枝特区的中寨等人民公社开始购置汽车拉煤。1980 年，六枝的中寨等区、乡（镇）先后建立了汽车运输队。全区农村有汽车 41 台。农民许定才，1981 年 10 月贷款 1 万元，购置一辆昆明牌载重汽车从事运输。1982—1983 年，除交养路费 6800 元，纳税 3500 元，交管理费 416 元外，创纯收入 21420 元。1984 年，又投资 26000 多元，购置一辆载重 6 吨的翻斗汽车，开展短途运输。1991 年，全区乡镇企业有汽车运输企业 2768 个。

随着汽车运输业的发展，全区乡镇企业相继发展了一批与之配套的服务行业，有修理厂、改装厂和停车场等。

1986—2011 年修理厂、改装厂和停车场统计表

表 10-6-2　　　　单位：个

年份	修理厂、改装厂、停车场	年份	修理厂、改装厂、停车场	年份	修理厂、改装厂、停车场
1986	108	1995	1457	2004	2208
1987	93	1996	1812	2005	2369
1988	145	1997	1890	2006	2486
1989	181	1998	1996	2007	2582
1990	272	1999	2013	2008	2637
1991	319	2000	2039	2009	2794
1992	387	2001	2052	2010	2868
1993	486	2002	2068	2011	2973
1994	925	2003	2095		

（五）商业流通业

1978 年，中共十一届三中全会召开后，境内先后建立为乡镇企业提供物资、销售产品的供销公司和专业公司。

1997 年，全区有乡镇商业企业 4227 个（集体商业企业 2 个，私营、个体商业企业 4225

个），从业人员 6726 人，完成乡镇企业产值 1.33 亿元，实现乡镇企业营业收入 3.27 亿元，固定资产原值 1740 万元，实现纯利润 1344 万元。

2011 年止，全区有乡镇商业企业 2.05 万个，从业人员 9.37 万人，总产值 8.99 亿元，总收入 9.08 亿元，税金 0.21 亿元，固定资产原值 2023 亿元，人工工资 1.49 亿元。

1. 商业。1978 年，中共十一届三中全会后，改革商业管理体制，扩大非计划商品供应，开放商品价格。农村集体商业、农贸公司、贸易公司、贸易货栈、合伙办商业、个体商业快速发展。1985 年，全区乡（镇）商业企业发展到 1083 个，从业人员 1498 人，营业收入 167 万元。1988 年，全区有商业企业 1416 个，从业人员 1728 人，产值 640 万元，营业收入 655 万元。

1997 年，全区乡镇企业有商业企业 4227 个（其中集体企业 2 个，私有企业 4225 个），占乡镇企业总数的 20%。从业人员 6726 人（其中集体企业 16 人，私有企业 6710 人），占乡镇企业从业人员总数的 11%。完成产值 1.33 亿元（其中集体企业完成 30 万元，个体企业完成 13280 万元），占全区乡镇企业总产值的 11%。实现营业收入 3.27 亿元（其中集体企业完成 170 万元，个体企业完成 3.26 亿元），占全区乡镇企业营业收入的 25%。拥有固定资产原值 1740 万元（其中集体企业 35 万元，个体企业 1705 万元）。实现纯利润 1344 万元，实交国家税金 505 万元。

2011 年，全区乡镇企业有商业企业 12752 个（其中集体企业 40 个，私有企业 12712 个），从业人员 6726 人（其中集体企业 16 人，私有企业 6710 人）。完成产值 1.33 亿元（其中集体企业完成 30 万元，个体企业完成 13280 万元），占全区乡镇企业总产值的 11%。实现营业收入 3.27 亿元（其中集体企业完成 170 万元，个体企业完成 32558 万元），占全区乡镇企业营业收入的 25%。拥有固定资产原值 1740 万元（其中集体企业 35 万元，个体企业 1705 万元）。实现纯利润 1344 万元，实交国家税金 505 万元。

2. 流通业：境内流通业的兴起有上百年历史，但流通业作为乡镇企业中的一个行业，只有 20 年时间。

1981 年 10 月，经省人民政府批准，省社队企业局、省工商行政管理局发出文件，对县以上供销机构的经营范围作了“组织供应国家计划分配、地方补助的物资和有关归口部门划拨的物资，以及社队企业系统归口产品所需要的物资；物资部门不收购的产品；推销生产队完成国家订购、派购任务，生产队和社员有权自行处理的农副产品和 3 类土特产品：经销社队企业多余的和积压的物资；组织参加省内外物资交流活动，协作调剂经营范围内生产经营的产品和物资；负责社队企业其他有关供销工作”。为社队企业流通业的发展提供政策依据。

1983 年后，随着农村政策的进一步放宽，乡镇企业流通业经营范围扩大。1984 年，贯彻中央“多渠道、少环节，把经济搞活”的方针，在明确主营项目的前提下，经营项目只要与企业的资金、人员、场地、设备相适应，即允许经营，也可以批零兼营，从事生产，允许产供销一条龙，从政策上为乡镇企业流通企业提供了宽松的环境，为流通企业的发展提供了空间和有利条件。

中央、省市虽然对县以上供销公司和乡镇企业供销机构的经营范围作了明确规定，但实际上，乡镇企业供销部门经营的商品却很单一，日用工业品、农副土特产品购销活动和社队企业产品的经销基本没有开展。1985 年前，代购代销、联购联销、联购统销和余额调剂等经营未能开展。

1986年7月，进一步明确了各级乡镇企业供销机构的主要任务和经营方式。其主要任务是：为乡镇企业的产前产后服务，提供市场信息，疏通供销渠道，推销企业产品，采购企业生产所需的原材料，乡镇企业供销机构的经营方式要灵活多样，可以代销，可以跨地区、跨行业经营，各级供销机构在经营中要让利于企业，优惠于农民。

1990年，随着乡镇企业各业的发展，以经营原煤、焦炭为主的公司因市场、三角债等问题，部分解体或转向。煤炭、建材等重点骨干企业也先后设立供销机构，组织企业生产经营所需的原材料、销售产品。其间，发展了一批经营家电、日用百货、汽车构件、建材、装饰材料等供销经营部、公司等流通企业。

1998年，全区有乡镇流通企业2498个，从业人员9149人，组织销售原煤、焦炭、洗精煤、食用植物油、食糖、饮料酒 、服装、鞋类、水泥、砖、中小农具、饲料、塑料制品、铁锅、土纸、粮食制品、茶叶等，并组织采购了一批企业生产所需原材料。

3. 饮食业：六枝特区农村饮食业，源远流长。境内饭店、小吃店、酒店、茶馆，素以量大、分散、规模小为特点。

1980年后，随着人民生活水平的提高，农村饮食店各具地方特色，烹制方法各异。传统的有蒸、炖、煮、炸等做法。1996年，全区有饮食企业689家，从业人员2908人。实现乡镇企业产值8662万元。1997年以后，国营饭店逐步退出或倒闭，私人餐馆、酒楼等兴起。2011年，全区有饮食企业1280家，从业人员5894人，实现乡镇企业产值4.96亿元。

（1）饭馆。1978年后，农村大量剩余劳动力从土地中解脱出来，筹集资本金，发展集体、个体饭馆、饭店、小吃店，开办饮食摊点。在饮食业竞争激烈的情况下，国有饭店、饭馆纷纷改革经营方式，划小核算单位，实行经营承包责任制或国家所有、集体经营，或直接转为集体所有制企业，推进了农村饮食业的发展。1985—1990年，境内农村饭馆、饭店、小吃摊点进人大发展时期。六枝特区发展了传统的粉馆、面馆、黄糕摊、油炸粑摊。较为有特色的有：六枝平寨的“万家面”，下营盘的羊肉粉、鸡火锅、牛肉粉，堕却的酸汤鱼、六枝烤鸡等，六枝“万家面”在六盘水市享有较高信誉，日接待顾客200人以上，日营业额1000余元。随着进餐人数的不断增多，在六枝那克开设了“万家面”分店。

1990年，全区有饭馆、饭店等企业285个，从业人员398人，营业收入304万元。

1991年4月，为推进境内第三产业的发展，中共六盘水市委、市人民政府下发了《关于加快乡镇企业发展的决定》。决定指出，乡镇企业要继续贯彻执行“积极扶持，合理规划，正确引导，加强管理”和“调整、整顿、改造、提高”的方针。其间，加大了产业结构调整力度，引导农村饭馆、饭店向规模经济发展。全区农村集镇除继续开办传统的饮食业摊点外，开设了适应农村需要的大宗饮食业。六枝建成了那平路饮食业一条街，建设路饮食业一条街。

（2）酒店。六枝特区酿酒，特别是境内的落别玉米酒、糯米酒，郎岱玉米酒、糯米酒有名。1978年后，农村酿酒业、酒店、摊点开始全面恢复，一些较为有经营经验的农民，利用农村赶集期，选择较好位置经营，日营业收入多为100元左右。顾客多一边饮酒，一边吃羊肉、猪肉、牛肉汤锅。

（3）茶店。茶店亦称茶馆。境内传统茶饮业以经营开水和碗茶为主。1978年以后，农村集镇茶摊逐渐盛行，城镇以经营茶为主的茶楼，茶店进入快速发展时期，并向规模化，高档次方向发展。

1990年以后，先后开设了颇具特色的明月轩茶楼，一壶春茶楼，沁心茶楼。1997年，全区有兼营饮食之茶楼、茶店、茶摊20余家，营业收入160余万元。

4. 服务业：六枝特区境内乡镇企业服务业—旅馆、理发、照相、洗染、浴室、刻印、信息、娱乐及修旧等。除旅馆、理发、修旧业较为普遍外，其他服务业主要集中在集镇、工矿区。

1996年，全区乡镇企业有服务业企业1000个（其中：乡办企业1个，村以下办企业999个），从业人员4053人（其中：乡办企业8人，村以下办企业4045人），1997年后，服务业快速发展。1998年，全区乡镇企业有服务业企业1846个，从业人员5355人，营业收入1.37亿元。

（1）旅馆：1978—1980年，随着改革的不断深入，旅社业迅速发展。乡镇企业旅社业进入快速发展时期，六枝特区的平寨镇、中寨乡、落别乡、大用镇等乡（镇），为满足旅客住宿的需要，分别发展旅店、旅社5 ~ 10个，入住率60%左右，收费2 ~ 4元不等，服务态度尚好。

1990年，一些农民纷纷进入集镇、交通要道、城区开办旅社、宾馆。1997年，部分旅馆、旅社设备更新换代，设有浴池、食堂、会议室、会客厅，房内配置电话、电视机、电风扇等现代化设备，融住宿、餐饮、娱乐为一体，员工经过强化培训，服务质量相应提高。

（2）浴室：1980年，六枝集镇开设了浴室10余个，浴室设施有较大改进，增设了女浴室、淋浴等。从业人员20人，年营业收入10万元。

1990年后，乡镇企业浴室业进入快速发展阶段。先后开业的有六枝平寨浴室、机厂浴室、等集体、私营、个体浴室企业。每个浴室日接待顾客50人左右，日收入250元。设有换衣房、大池、淋浴、盆池、休息室，管理人员大多为3人。保洁工多是境内农村、省外打工人员，设有擦背、捶背、捏脚、按摩、修脚、擦皮鞋等服务项目。

1996年后，兴起了洗脚屋、桑拿浴，先后开业的有足浴，洗脚城、桑拿部等。

（3）理发：1978年，全区各乡（镇）先后设立理发店1 ~ 2家，农村集镇理发匠人利用赶场天上街摆摊设点从事理发，据调查统计，一般集镇赶场天有理发摊点3 ~ 5个，收费1 ~ 2元。一些理发技术较高的人士，进入城市、农村集镇、工矿区建设或租赁门面，开设理发店。1990年后，理发技艺有了大幅度提高，理发店均设立了理发、吹发、烫发业务。城镇兴起美容美发、生活美容、按摩、洗脸等业务。1998年10月30日—11月1日，六盘水市工商业联合会组织境内美发技能较好的美发师，参加贵州省工商业联合会、省美容业工会举办的“首届中国贵州省‘池中池’国际发型、化妆、美容精英大赛”，境内组织美容美发行业共10余人，赴贵阳学习、观摩、参赛。

（4）照相：1980年后，城乡人民对艺术和美有了新的追求，照相业发展加快。城区、集镇先后开设了照相馆，其他乡（镇）也先后设立个体照相摊点，照相艺术逐步提高。1980—1997年，全区先后发展照相馆、照相摊点百余家，从业人员百余人，服务项目从一般人像发展到艺术照。走出店门，到工厂、学校、机关拍摄团体照、会议照。有的相馆业主加入省市摄影家协会，有的成为市、县政协委员。照相业为乡镇企业的发展做出了贡献。

（5）洗染：20世纪80年代以后，毛料、呢绒等高档服装穿着较为普遍，一些边远贫困地区、少数民族地区仍有部分采用土靛、化工染料对其自织土布染色，城区、集镇干洗店、洗烫店应运而生，染色业趋于淘汰。

1993年4月，六枝特区平寨镇蜡染厂建成。六枝特区的平寨、中寨、郎岱、岩脚等一批集镇设立洗烫店、干洗店，先后建成开业，服务项目有洗烫、毛衣扩大、皮衣干洗、皮衣上光、衣物缝补等。1998 年，全区有干洗店、洗烫店 20 余个，从业人员 50 余人，年营业收入 100 余万元，成为境内乡镇企业中又一新兴产业。

（6）印刻：1980 年后，随着乡镇企业各业的兴起，印刻业随之发展，1998 年，全区有印刻业 20 余家，服务项目有刻章、店牌、门牌、工艺广告、工艺装潢、工艺展牌制作等。

5. 信息：20 世纪 80 年代，境内民间无专门从事信息服务之组织、企业，信息作为生产、营销、生存与发展的组成部分在骨干企业中开展，组建专门从事信息服务的企业，始于 90 年代。

1995 年后，随着社会主义市场经济的建立和科学技术的发展，通信工具的不断普及、营销活动的增加，人们对市场经济的意识的形成、下岗分流再就业、工作、生活节奏的加快，信息服务业引起人们的重视。通过信息服务组织，了解经济走向、经济运作、市场产品需求、职业介绍、人才招聘、中介咨询、商务代理、租赁转让、企业转让等信息服务，收取中介费 50 ~ 100 元不等。随着信息量的加大，信息服务业日趋完善。

（六）亿元工程建设

境内乡镇企业亿元工程建设始于“六五”期末。1985 年前，乡镇企业的发展，因刚刚起步，乡镇企业经济很不发育，总量低，乡镇企业“规模”经济的思想未能引起重视，仍贯彻“村村点火、处处冒烟＂的发展思想。1986 年，初步提出“加快城镇郊区、工矿区、经济发达地区和资源富集地区乡镇企业的发展步伐”的指导思想，拟定“根据当地资源优势、区位优势、经济实力，合理布局，突出重点，加快重点乡（镇）的建设”的工作思路。1990 年，六枝特区乡镇企业局拟定了乡镇企业重点发展乡（镇）名单，六盘水市乡镇企业局将各地提出的重点乡（镇）列入了调度表，加强了发展情况的调度。各地对这批重点发展乡（镇）在项目、资金上给予倾斜，发展速度加快。1991 年，六枝特区乡镇企业产值双双突破亿元大关，分别为 1.045 亿元。

1998 年，六枝特区乡镇企业突破 14.65 亿元。发展最快的六枝特区平寨镇 5.41 亿元。

1. 亿元县建设：六盘水市乡镇企业“亿元县”（乡镇企业营业收入 1 亿元）建设指导思想的提出，始于“六五”时期，由于其间乡镇企业不发育，经济总量少，这一“思想”未能引起人们的重视，仍按照“村村点火、处处冒烟”的思路组织乡镇企业的运作。

1987—1991 年，境内按照“整体推动、重点突破”的发展指导思想，组织乡镇企业“亿元县”建设。六枝特区狠抓建材、铁合金、饮料酒、农产品加工等的发展。乡镇企业各项经济指标，以年均 20% 以上的速度发展。1991 年，六枝特区乡镇企业产值首次双双 突破亿元大关。六枝特区乡镇企业产值 1.05 亿元，营业收入 9928 万元。

1995 年，六枝特区乡镇企业产值 5.55 亿元，营业收入 5.02 亿元。实现亿元县目标。

1998 年，境内亿元县建设，按照“以党的十五大精神为指针，以三个有利于为标准，坚持大发展大提高的方针，以国家产业政策和市场为导向，坚持多轮驱动，多轨运行，依靠科技进步，调整产业结构，努力开拓市场，扩大经济增长总量”的思路。在政策优势减弱，投资总量减少，市场竞争日趋激烈的情况下，亿元县建设仍保持了持续、稳定、健康发展。

1998 年亿元县乡镇企业经济情况表

表 10-6-3

单 位	营业收入（万元）	现价总产值（万元）	现价增加值（万元）	利润总额(万元）	上交税金（万元）
六枝特区	146538	143186	42984	13083	3257

2. 亿元乡镇建设：境内“亿元乡”建设始于“七五”期间。1986 年，乡镇企业主管部门为加快亿元乡（镇）建设，提出了加快城镇郊区、工矿区、经济较为发达地区、资源富集地区乡镇企业发展步伐的工作思路和实现思路的措施。1986—1990 年，各地乡镇企业主管部门在坚持整体推动的基础上，资金、技术、项目向重点乡镇作倾斜。六枝特区的平寨镇根据当地的资源优势，经济实力，加快区域内乡镇企业的发展。经过 5 年的建设，重点乡镇建设已初步形成“雏形”。

3. 六枝特区亿元乡（镇）乡镇企业产值情况：

1995 年，六枝特区的平寨镇，乡镇企业产值，营业收入双双超过 1 亿元。亿元乡（镇）乡镇企业产值，营业收入情况：

平寨镇产值 1.59 亿元，营业收入 2.21 亿元；中寨乡产值 0.3 亿元，营业收入 0.56 亿元；新窑乡产值 0.50 亿元，营业收入 0.52 亿元。

1996 年，境内加大了乡镇企业发展力度，六枝特区平寨镇、新窑乡、中寨乡乡镇企业营业收入突破 1 亿元。

1997 年，实现营业收入 10001 万 ~ 20000 万元的乡（镇）有：六枝特区的中寨乡、新窑乡；实现营业收入 5 亿元的乡镇有六枝特区平寨镇。

六枝特区亿元乡（镇）乡镇企业产值、营业收入情况：

平寨镇乡镇企业产值 3．22 亿元，营业收入 5.02 亿元；中寨乡乡镇企业产值 1．73 亿元，营业收入 1.3 亿元；新窑乡乡镇企业产值 1．49 亿元，营业收入 1.49 亿元。

1998 年，“亿元乡镇”发展继续加快。六枝特区的平寨营业收入在 1997 年的基础上，净增 4000 万元，总收入达 5.41 亿元。

1998 年亿元乡镇发展情况表

表 10-6-4

单 位	营业收入（万元）	现价总产值（万元）	现价增加值（万元）	利税总额（万元）	上交税金（万元）
六枝平寨镇	54088	38109	12782	3383	2107
六枝中寨乡	13985	23455	6373	1081	388
六枝新窑乡	16610	17825	7224	1114	502

（七）示范区及工业小区建设

1. 示范区

1991—1996 年，全区合作形式为股份制、股份合作制、联营、独资、合资等多种形式，合作项目包括煤炭的采、选、冶，有色金属冶炼业及化学工业等行业，合作地区有上海、天津、浙江、广东、福建等经济发达地区。

六枝特区从福建引进资金1300万元新办的爱建功立业冶炼厂。后因政策原因关闭停产。

2. 乡镇企业工业小区

1994年，乡镇企业工业小区建设情况：

六枝特区塔山工业小区规划面积7．3亩，企业25个，当年实现产值3500万元。

六枝特区新堕工业小区规划面积6平方公里，当年实现产值1400万元。

六枝特区捞河工业小区规划面积17平方公里，企业15个，当年实现产值1700万元。（1984—1995年指标详见2002版《六枝特区志》）

1996—2011年乡镇企业主要经济指标完成情况一览表

表10-6-5　　　　单位：万元

年份	企业个数	企业人数	总产值	其中		总收入	税金	固定资产原值	纯利润	工资	人均纯收入来自企业部分（元人年）
				工业产值	煤炭产值						
1996	20231	61591	89922	36102	53820	90831	2171	22315	5983	14943	
1997	21366	63347	120026	37147	82879	128765	2169	24861	7742	18874	
1998	20222	66926	140276	46148	84128	146518	3257	30087	9826	19911	
1999	20185	69681	168882	56472	112410	180380	3827	35392	8808	22284	
2000	23032	69780	217887	68690	149197	217887	4316	32269	8909	23472	
2001	21731	72858	224648	82429	142219	269093	5145	36584	15377	28258	
2002	22221	75068	263564	98340	165224	319254	6080	54255		36980	
2003	18624	73239	259921	96518	163403	345865	6025	70063		32413	
2004	18579	75545	306133	134654	171479	363054	6415	81548		39086	
2005	18035	83448	323882	141147	182735	397025	7904	129294		43502	
2006	18314	84403	366788	165933	200855	420209	9228			52357	
2007	18664	87419	427100	199118	407982	480728	10155			56517	
2008	18432	90948	488761	236168	252593	537858	12132			61637	
2009	19055	91652	542344	276143	266201	602195	14787			80334	
2010	19514	92147	636603	331420	305183	671755	18936			105975	
2011	20500	93659	808460	469595	338865	794769	23519			95376	

3. 乡镇企业分项指标

1984—1995年乡镇企业分项指标发展情况（详见2002版《六枝特区志》）：

（1）农业企业：到1995年底，农业企业个数从1984年的34个发展到125个；企业从业人数从 237 人发展到 545 人；总产值从 31 万元 / 年产，发展到 3222 万元 / 年产。

（2）工业企业：到 1995 年底，工业企业个数从 1984 年的 1992 个发展到 7271 个；企业从业人数从 10304 人发展到 26413 人；总产值从 1490 万元 / 年产，发展到 2.89 亿元 / 年产；年总收入从 1094 万元 / 年产，发展到 1.89 亿元 / 年产。

（3）施工企业：到 1995 年底，施工企业个数从 1984 年的 496 个发展到 1624 个；企业从业人数从 2248 人发展到 6385 人；总产值从 770 万元 / 年产，发展到 6101 万元 / 年产；年总收入从 277 万元 / 年产，发展到 1.39 亿元 / 年产。

（4）运输企业：到 1995 年底，运输企业个数从 1984 年的 1558 个发展到 5373 个；企业从业人数从 1913 人发展到 6117 人；总产值从 326 万元 / 年产，发展到 8719 万元 / 年产。

（5）商品流通企业：到 1995 年底，商品流通企业个数从 1984 年的 738 个发展到 2843 个；企业从业人数从 738 人发展到 3519 人；总产值从 37 万元 / 年产，发展到 4029 万元 / 年产。

（6）餐饮企业：到 1995 年底，餐饮流通企业个数从 1984 年的 144 个发展到 578 个；企业从业人数从 158 人发展到 1084 人；总产值从 4 万元 / 年产，发展到 4558 万元 / 年产。

（7）旅游服务企业：到 1995 年底，旅游服务企业个数从 1984 年的 38 个发展到 692 个；企业从业人数从 38 人发展到 1075 人。

六枝特区乡镇企业 1996—2011 年农业企业主要经济指标完成情况一览表

表 10-6-6　　单位：万元

年 份	企业个数	企业人数	总产值	总收入	备 注
1996	135	619	6733	429	
1997	162	757	9339	519	
1998	183	1218	10825	未统计	
1999	171	1268	15138	未统计	
2000	201	1175	12652	未统计	
2001	190	1015	9559	未统计	
2002	194	1182	9758	4945	
2003	192	1144	12119	9780	
2004	174	1556	11530	15016	
2005	232	1599	12098	11214	
2006	228	660	11287	11817	
2007	353	2106	14535	9514	
2008	58	1471	6128	3123	
2009	87	1433	9565	4537	
2010	37	521	7074	3840	
2011	14	236	1069	1062	

六枝特区乡镇企业 1996—2011 年工业企业主要经济指标完成情况一览表

表 10-6-7　　单位：万元

年　份	企业个数	企业人数	总产值	总收入	备　注
1996	8050	28915	36102	27959	
1997	7650	30771	37147	43004	
1998	8866	31079	46148	40628	
1999	8509	32426	56472	53683	
2000	7707	31930	68690	61596	
2001	6734	31861	82429	68308	
2002	762	11567	98340	53805	企业数不含个体工商户户数
2003	2775	35415	96518	97179	
2004	4268	31559	134654	132645	
2005	4237	39883	141147	154715	
2006	4765	39379	165933	165420	
2007	4843	38647	199118	197423	
2008	124	8489	135468	134363	企业数为独立核算，以工商登记为准，不含个体工商户户数
2009	136	10422	146899	143666	同上
2010	137	9373	160065	158482	同上
2011	138	9411	178538	145615	同上

六枝特区乡镇企业 1996—2011 年施工企业主要经济指标完成情况一览表

表 10-6-8　　单位：万元

年　份	企业个数	企业人数	总产值	总收入	备　注
1996	2000	10907	17979	13879	
1997	1942	11605	28365	20023	
1998	1706	11792	29532		
1999	1622	12845	31766		
2000	1644	10829	38082		
2001	1132	8842	35049		
2002	7	351	2662	2662	不含个体工商户
2003	43	558	35071	44616	
2004	5	455	3359	3992	不含个体工商户
2005	127	2362	12884	12775	
2006	215	3529	24564	34969	
2007	307	4020	28900	30611	
2008	5	210	3563	4744	统计数不含个体工商户，以工商注册登记为准。
2009	6	348	6438	5523	

续表

年 份	企业个数	企业人数	总产值	总收入	备 注
2010	1	45	258	250	
2011	6	164	5977	5970	

六枝特区乡镇企业 1996—2011 年运输企主要经济指标完成情况一览表

表 10-6-9　　单位：万元

年 份	企业个数	企业人数	总产值	总收入	备 注
1996	5387	8000	12975	14129	
1997	5748	8918	19624	19900	
1998	5106	8298	23340		
1999	4085	8977	27785		
2000	6899	9718	31329		
2001	6694	10088	32791		
2002	2573	6154	17327	34902	
2003	2398	6452	38631	63985	
2004	3641	11102	62697	62697	
2005	3921	8304	45710	45710	
2006	3961	9459	49612	49612	
2007	3892	8204	58848	58848	
2008	3	78	362	362	不含个体工商户
2009	3	81	376	376	同上
2010	2	74	936	936	同上
2011	2	189	1109	1109	同上

六枝特区乡镇企业 1996—2011 年商品流通企业主要经济指标完成情况一览表

表 10-6-10　　单位：万元

年 份	企业个数	企业人数	总产值	总收入	备 注
1996	3000	6189	7471	20568	
1997	4227	6726	13310	32728	
1998	4498	9149	16640		
1999	3663	8047	21828		
2000	4267	8409	31791		
2001	4571	11490	39670		
2002	1377	4266	19717	31199	仅含具备 4 个条件的企业
2003	2356	17634	26303	78337	
2004	3641	11102	62697	62697	
2005	5497	13023	53636	114203	
2006	5467	11946	64159	97713	

续表

年　份	企业个数	企业人数	总产值	总收入	备　注
2007	5520	12135	65463	119468	
2008	5	199	1836	4111	不含个体工商户
2009	12	202	1903	4275	同上
2010	12	111	1337	7266	同上
2011	11	291	1640	10291	同上

六枝特区乡镇企业1996—2011年餐饮企业主要经济指标完成情况一览表

表10-6-11　　单位：万元

年　份	企业个数	企业人数	总产值	总收入	备　注
1996	689	2908	8662	8613	
1997	907	2792	12063	12591	
1998	1846	5355	13745		
1999	1978	5852	15539		
2000	2100	7219	20480		
2001	2104	8779	20375		
2002	357	1599	10337	10594	仅具备4个条件的企业
2003	3883	9761	46222	46222	
2004	775	8227	26571	26571	
2005	1192	3962	16908	16908	
2006	1180	4215	14552	24107	
2007	1180	4067	25837	29794	
2008					未填报
2009					未填报
2010					未填报
2011					未填报

六枝特区乡镇企业1996—2011年旅游服务企业主要经济指标完成情况一览表

表10-6-12　　单位：万元

年　份	企业个数	企业人数	总产值	总收入	备　注
1996	1000	4053			当年不计算产值收入
1997	1637	2792	12063	12591	
1998					未填报
1999					未填报
2000					未填报
2001					未填报
2002	75	184	705	880	仅含具备4个条件的企业
2003	195	1548	2603	2603	

续表

年　份	企业个数	企业人数	总产值	总收入	备　注
2004	1852	11595	28566	28566	
2005	2155	11130	33003	33003	
2006	2061	13034	30372	30372	
2007	2114	15836	27870	27870	
2008	7	198	1103	1103	不含个体工商户
2009	10	221	1222	1222	不含个体工商户
2010	10	359	4063	4063	不含个体工商户
2011	10	278	2198	2198	不含个体工商户

第三节　管理体制

一、行政管理

1978 年社队企业管理局成立之初，管理上未形成规模，1984 年后，乡镇企业经济实力不断发展壮大，乡镇企业管理局管理除了煤炭工业外还有非煤企业。1992 年后，各乡（镇）分别建立乡镇企业管理站，行政与业务均属乡镇企业局管理。2010 年，经六枝特区人民政府办公室机构改革文件批准，撤销六枝特区乡镇企业局，将非公有制经济发展职能划归六枝特区经济和信息化局，下设企业股，负责管理全区乡镇企业的管理工作。

二、技术管理

1986 年前，技术管理由乡镇企业科负责，但专业技术力量还很薄弱。1992 年起，乡镇企业局逐渐组织培训各类技术管理人员，管理水平进一步提高。同年 2 月，特区乡镇企业局增设技术服务站，开展全区乡镇企业技术指导和服务管理，各企业开展技术革新，取得明显效果。

1995—2000 年，全区乡镇企业实行内部技术管理，主管局采取局部指导。2011 年，实行机改以后，乡镇技术服务站名存实亡，人员分流划转，乡镇技术服务工作停止。

三、安全管理

1980 年后，按照“防治结合”的方针，抓企业生产中的安全管理，接受特区安全委员会的统一领导与全面监督。1996—2011 年期间，各企业实行“厂长经理安全生产负责制”，建立、健全完善安全生产管理制度。加强安全生产教育，组织检查督查，加强措施防控。对违反安全制度规定造成严重后果的人员，按照规章制度给予行政处分直至提请司法机关追究其刑事责任。

四、质量管理

乡镇企业产品质量，严格按照国家、部（省）、地（市）、厂 4 级标准开展报、检验和实施监督管理。1996年以后，各企业自我约束、自我监督、自我管理，质量体系建设纷繁复杂，企业根据自身发展，创新质量管理形式，加强产品质量管理，努力提高企业经济效益。

五、环保管理

凡属新上项目必须严格执行“三同时”制度，各企业在省、市、特区环保部门的业务指导和监督下，设置专职人员，开展环保检查与监督。1996年开始，国家加强对企业生产环保管理，出台相关政策，对通过验证不符合国家环保要求的企业实行“落后产业淘汰”。2011年止，全区共淘汰“落后产业”企业15家。

六、经营管理

乡镇企业经营管理，实行自主经营、自负盈亏。1990年后，主要采取“招商引资”和“横向联合”的商务决策。按照入股自愿、退股循章、平等互利和风险共担的原则，协商议定的股份合作经营。根据国家经营合同法规定，实行合同管理经营，并以法律保障和行政支持为长远的核心力量。

七、财务管理

1984年前，境内乡镇企业发展资金由国家无偿拨付。1985年，乡镇企业总公司作为试点改革单位，实行自支、自负盈亏。1988年后，乡镇企业纳入财务管理的资金，严格执行国家关于乡镇企业财务管理制度。1989年起，建立由职能部门会同金融部门对企业进行现场财务审计和业务督导制度。1996年后，乡镇企业逐渐衰退，一些企业步入半停产和停产状态。1998—2011年，仅有正常生产企业根据生产需要，组织财务人员参加财务培训，部分停产状态企业财务人员下岗分流，不再承担财务管理职责，每年企业财会人员培训人员仅占50%左右。

第十一篇　交通　邮政　通信

第一章　交通运输

第一节　道路

1978 年以后，六枝特区采取“以工代赈”“民工建勤”“民办公助”等集资方式，加快特区（县）、乡、村公路建设的步伐。建成了与干线相连的县、乡、村公路网络，使六枝特区城乡公路联结在一起。联通了安顺、普定、织金、纳雍、晴隆、关岭、镇宁等 8 个邻县的县道。

1995 年，六枝特区共有公路 2444 公里，通车里程达 690 公里，其中省道 68 公里（贵阳至烟堆山六枝境内段），县道 258 公里，乡道 146 公里，厂矿专用公路 150 公里，乡村简易公路 68 公里，19 个乡（镇）394 个行政村，有 312 个村通车，138 个村通简易公路。

1997 年起，按照“八七扶贫攻坚计划”和 2000 年全市实现“乡乡通客车、村村通公路”目标，六枝特区继续采取“以工代赈”“民工建勤”“民办公助”等集资方式，加速通村公路修筑步伐，先后投入资金 300 余万元修筑通村简易公路 55 条，总长 293.74 公里，受益群众涉及 56 个行政村。

从 2000 年起，省人民政府决定每年实施 5000 公里公路改造项目，用 3 年的时间，对全省的县、乡道进行改造工程（即“镶边工程”）。六枝 2000—2002 年共实施了 186.7 公里县、乡公路改造。包括岩脚至梭戛、银厂坡至姜家寨等。

2001 年，随着经济社会发展，六枝开始实施县乡道油路改造工程，最早实施的有晴隆至新窑、六枝至纳雍 2 条线路。

2003 年，通村公路建设已成为全区公路建设的主要任务之一。特区专门成立了农村公路建设办公室，负责通村公路的建设项目管理。每年省交通运输厅从中央车购税补助部分，市政府和特区各配套部分筹集资金修建了农村公路的通达工程、通畅工程、通村油路（水泥路）工程等。

2004 年，全省范围内又开始实施“通乡油路”工程，将通往 19 个乡（镇）的县、乡道泥结碎石路面改造成油路（沥青混凝土）。

2011 年，全区油路里程 481.2 公里，其中“通乡油路”工程修建 213 公里，共投资 1.56 亿元。

2008年，六枝开始实施“通村油路（水泥路）”试点工程：水源队至羊丰村10公里、前坡至群峰8公里2个项目，建设资金按每公里25万元预算。2011年起，全面实施“通村油路（水泥路）”工程，实施打铁关至杨家寨等在内的4条公路43.2公里。建设资金也从原来实施的每公里25万元增加到50万元。每公里资金来源：中央资金补助35万元、市配套7.5万元、特区配套7.5万元。

2003—2011年，大规模改造和新修“通村公路”项目。其间共实施149个项目，里程1277.6公里，投资9790.5万元。

2000年，六枝境内的第一条高等级公路即二级汽车专用公路，水城至镇宁（黄果树）公路开始动工修建。该公路起点接水城县中心城区道路，终点接贵黄公路（即G320）。该公路路基宽度12米，路线全长119.360公里，在六枝境内有51公里，经过六枝的郎岱、中寨2个乡（镇），该工程于2003年12月28日建成通车并开始对过往车辆收取通行费。2009年，交通运输部等几部委根据《国务院关于实施成品油价格和税费改革的通知》规定，出台关于逐步取消政府还贷二级公路的政策。省人民政府从2011年6月1日起取消水黄公路的收费，并撤除公路沿线的收费站。

2003年，市交通运输局组织实施的六纳路延伸段（二级）也开工建设，该项目路线六枝境内全长12.8公里，路基宽度8.5米，2006年底基本建成。

2009年起，六枝开始实施“运煤公路”工程项目，运煤公路项目主要是解决煤矿的煤炭运输问题。资金由市、县配套。全区最早实施的运煤公路项目有中寨收费站至捞河、银厂坡至姜家寨（含云盘至下坝）2个项目，至2011年共实施4个项目，72公里。

2011年，省委、省政府提出了县县通高速目标。六枝特区开工建设六（枝）镇（宁）高速公路。该高速公路是《贵州省高速公路网规划》中的“第七联”组成部分，是国家高速公路网第12横杭瑞和第13横沪昆的联络线，也是贵州省高速公路网第3横江口至六盘水和第4横鲇鱼铺至胜境关的联络线。六（枝）镇（宁）高速公路起于六枝西侧那玉村，顺接六（盘水）六（枝）高速公路，途经平寨、大用、落别、丁旗，止于镇宁。全线采用双向四车道高速公路标准建设，设计速度为80公里/小时，路基宽24.5米，荷载等级公路–I级。六（枝）镇（宁）高速公路全长43.718公里，六枝境内段长24.7公里，工程总投资29.5亿元。

1994年，开始对贵烟线六枝过境段进行改造，全长为6418米，路段按山岭重丘区一般二级公路标准设计，路基宽15米，预算总造价1480万元，由特区政府投资76万元，第一期工程于1995年8月开工改造铁路中学至玻璃厂门前路段，路线长410.5米，路面宽由7米增至29米，为混凝土路面，其他路段也逐步改造。

1998年，水城公路管理局开始对贵烟线进行提等改造，将落别至六枝城区段（25公里）改造成二级公路，投入资金2400万元。根据当时国家关于二级公路可以收取车辆通行费的相关政策，贵州省人民政府下达该公路的准予收费的文件，从1999年10月开始贵烟线落别至六枝城区段开始对过往车辆收取通行费。并设立平寨和落别两个收费站。同时，水城公路管理局也将贵烟公路六枝至堕却段34公里改造成三级公路，投入资金1020万元。2009年，交通运输部等几部委根据《国务院关于实施成品油价格和税费改革的通知》规定，出台关于逐步取消政府还贷二级公路的收费政策。省人民政府从2011年7月1日起取消贵烟公路的收费，并撤除公路沿线的收费站。

2011年，全特区公路通车里程达2523.8公里，其中：汽车专用二级公路51公里，一般二级公路38公里，三级公路91公里，四级及以下公路2343.8公里。

六枝特区 1996—2011 年公路通车里程统计表

表 11-1-1

年 度	年末通车里程	其中省养公路	年 度	年末通车里程	其中省养公路
1996	1363.2	143.3	2004	1958	68
1997	1412.3	143.3	2005	2110.2	68
1998	1612.3	143.3	2006	2352.2	68
1999	1622.8	143.3	2007	2387.2	68
2000	1632.8	143.3	2008	2411.5	68
2001	1654.1	143.3	2009	2462.1	68
2002	1678.2	143.3	2010	2520.2	68
2003	1773.5	143.3	2011	2539.3	68

六枝特区县乡公路详细情况统计表

表 11-1-2

序号	线路名称	起点地点	里程（公里）	路宽（米）	路面结构	等级	建成时间	备注
1	晴新线	晴隆至新窑	67.6	5.5	沥青表面处治	四级	1987	
2	百青线	百水河至青菜塘	20.8	4	砂石路面	四级	1976	2012 改建
3	六珠线	卡房至凉水井	26.8	6	沥青表面处治	四级	1983	2006 改建
4	六纳线	六枝至水城县	38.9	6.5	沥青表面处治	三级	1983	2004 改建
5	长百线	长箐至百兴	46.0	5	沥青表面处治	四级	1978	2010 改建牛场至白兴段改为水泥路
6	郎箐线	郎节坝至箐口	29.4	6.5	沥青表面处治	四级	1998	2006 改建
7	店羊线	店子至羊场	9.3	5	沥青表面处治	四级	1978	2002 改建
8	大木线	大用至木岗	22.2	6	沥青表面处治	四级	1973	2010 改建
9	黑化线	黑塘至化乐	5.6	5	砂石路面	四级	2004	
10	岩新线	岩脚至新场	20.3	5	沥青表面处治	四级	1978	2009 改建
11	新仓线	新华至仓边	12.2	4	砂石路面	四级	2002	
12	郎双线	郎岱至双夕	23.1	7	沥青表面处治	四级	1974	2005 改建
13	落纳	落别至纳骂	11.2	5.5	水泥混凝土	四级	2001	2012 改建
14	郎洒线	郎岱至洒志	13.9	5.5	沥青表面处治	四级	1968	2004 改建
15	坝仡线	坝湾至仡老坟	3.8	5.5	水泥混凝土	四级	2000	2012 改建
16	银姜线	银厂坡至姜家寨	13.9	6.5	沥青表面处治	四级	1996	2002 改建
17	花陇线	花德河至陇脚	8.7	5	沥青表面处治	四级	2005	
18	堕中线	堕却至中寨	30	6	砂石路面	四级	1985	2012 改建
19	梭陇线	梭戛至陇戛	3.6	5	沥青表面处治	四级	2004	
20	六中线	六枝至中寨	28.8	7.5	沥青表面处治	三级	2007	

续表

序号	线路名称	起点地点	里程（公里）	路宽（米）	路面结构	等级	建成时间	备注
21	普镇线	普定至镇宁	3.0		沥青表面处治			
22	上鼠线	上汆底至鼠场	6.758	4.5	砂石路面	四级	2002	
23	戛龙线	戛石至龙潭	11.248	4.5	砂石路面	四级	1998	
24	岩民线	岩脚至民乐	4.265	4.5	水泥混凝土	四级	2008	
25	云鱼线	营盘至鱼塘	1.297	4.5	水泥混凝土	四级	2011	
26	下长线	下龙潭至长寨	14.703	4.5	砂石路面	四级	1997	
27	云下线	营盘至下纳角	8.625	4.6	水泥混凝土	四级	2002	
28	龙仡线	龙场至仡佬坟	12.443	4.6	砂石路面	四级	2004	
29	雷左线	雷打岩至左坝	8.98	4.6	砂石路面	四级	2004	
30	木黄线	木岗至黄桶	4.741	4.6	砂石路面	四级	1998	
31	湾木线	湾寨至木岗	19.33	4.6	砂石路面	四级	2001	
32	牧归线	牧场至归宗	5.11	4.6	砂石路面	四级	1997	
33	四阿线	四方井至阿聪	9.017	4.6	砂石路面	四级	1994	
34	大烂线	大用至烂泥箐	3.5	4.6	砂石路面	四级	2001	
35	老两线	老院子至两路口	11.984	4.6	砂石路面	四级	1991	
36	苦桥线	苦竹林至桥梁堡	17.08	4.6	砂石路面	四级	2002	
37	安石线	安乐至石糯尾	9.853	4.7	水泥混凝土	四级	1997	
38	双蓝线	双夕至蓝田	16.182	4.7	沥青表面处治	四级	2008	
39	毛小线	毛口至小田	13.037	4.7	砂石路面	四级	2004	
40	河云线	河边至营盘	1.641	4.7	砂石路面	四级	2005	
41	牛化线	牛场至化乐	9.202	4.7	砂石路面	四级	1981	
42	下纳线	下戛石至纳骂	17.078	4.7	砂石路面	四级	2003	
43	大黑线	大用矿至黑晒	3.959	4.7	水泥混凝土	四级	2003	
44	雷龙线	雷打岩至龙井	7.477	4.7	砂石路面	四级	2003	
45	林小线	林场至小田坝	10.308	4.7	砂石路面	四级	1993	
46	落林线	落底河至林场	11.017	4.7	砂石路面	四级	1997	
47	半洒线	半坡至洒志	7.801	4.8	砂石路面	四级	2008	
48	干冷线	干塘边至冷坝	10.69	4.8	砂石路面	四级	2004	
49	索木线	索考至木场	6.632	4.8	砂石路面	四级	2002	
50	四阿线	四方井至阿房	9.269	4.8	砂石路面	四级	1997	
51	上卖线	上汆底至卖油丫口	6.122	4.8	砂石路面	四级	2004	
52	代平线	代家包包至平寨	1.907	4.8	砂石路面	四级	2006	

续表

序号	线路名称	起点地点	里程（公里）	路宽（米）	路面结构	等级	建成时间	备注
53	新乌线	新场至乌柳	7.63	4.8	水泥混凝土	四级	2000	
54	靛红线	靛山至红岩	22.634	4.8	水泥混凝土	四级	2005	2011 改为水泥混凝土
55	那新线	那其至新河	9.526	4.8	砂石路面	四级	2006	
56	补六线	补林大桥至六枝矿	10.047	4.8	砂石路面	四级	2005	
57	阿戛线	阿岔至戛纳	11.698	4.9	砂石路面	四级	2005	
58	上耳线	上耳贡至耳红	8.718	4.9	砂石路面	四级	1998	
59	牛尖线	牛场至尖岩	5.504	4.9	砂石路面	四级	1998	
60	水杨线	水源队至杨丰村	6.356	4.9	水泥混凝土	四级	2007	
61	中顺线	中寨至顺利	12.387	4.9	砂石路面	四级	2004	
62	荒毛线	荒坝至毛草坪	10.417	4.9	砂石路面	四级	2007	
63	堕龙线	堕却至龙滩	10	4.9	砂石路面	四级	1989	
64	洒光线	洒志至光照	10.303	4.9	砂石路面	四级	2004	
65	化捞线	化董至捞河	17.357	4.9	砂石路面	四级	2002	

第二节　渡口　桥梁　涵洞

一、渡口

六枝特区境内的北盘江、三岔河等河道自古以来都有小宗的客货水上运输。1986 年，省交通厅投资在原毛口古渡口修了航运码头，2007 年因光照电站下闸蓄水被淹没。2009 年，投资 229 万元。新建毛口货运码头复建投入使用。因牂牁江风景优美，属六盘水一个旅游胜地，2010 年修建了中寨凉风洞码头，总投资 880 万元。三岔河流经境内段有 8 个渡口即一段航道。

2011 年，全区水域有库区 2 个，主航道 2 条，全长 135.9 公里，四级航道 92.05 公里，支流航道 43.85 公里，水域面积 102.3 平方公里，容积 62.3 亿立方米。涉水乡（镇）8 个，村 28 个，人口 27 万。全区有码头 2 座，渡口 39 道。船舶 229 艘，其中客船 24 艘、货船 13 艘、渡口船 17 艘、乡（镇）自用船 116 艘、趸船 35 艘，快艇 20 艘，执法艇 4 艘，船员 230 名。

六枝特区码头、渡口一览表

表 11-1-3

序号	项目名称	项目地理位置	修建时间	投资规模（万元）	备注
1	毛口码头	六枝特区毛口乡牂牁村	2009.9	281.6	
2	凉风洞码头	六枝特区中寨乡扁朝村	2011.9	880	
3	猫河渡口	六枝特区中寨乡西拉村	2008.11	8	

续表

序号	项目名称	项目地理位置	修建时间	投资规模（万元）	备注
4	河边渡口	六枝特区中寨乡扁朝村	2009.12	9.1	
5	棒杠渡口	六枝特区中寨乡鲁戛村	2009.12	8.8	
6	鲁戛渡口	六枝特区中寨乡鲁戛村	2009.12	8.7	
7	石板渡口	六枝特区毛口乡沈家村	2009.12	9.1	
8	木城渡口	六枝特区毛口乡木城村	2009.12	8.6	
9	新寨 1 号渡口	六枝特区毛口乡木城村	2010.12	9	
10	莲花岩渡口	六枝特区毛口乡牂牁村	2011.1	9.2	
11	岔河渡口	六枝特区新场乡柏果村	2007.11	8.1	
12	龙场渡口	六枝特区龙场乡龙场村	2007.11	8.1	
13	二道水渡口	六枝特区岩脚镇高桥村	2007.11	7.8	
14	木底河渡口	六枝特区牛场乡木底河村	2007.11	6.5	
15	小水井渡口	六枝特区新华乡成功村	2009.1	8.5	
16	基地渡口	六枝特区龙场乡迎风村	2008.11	8.6	
17	小渡口	六枝特区新华乡双屯村	2008.11	7.6	
18	大渡口	六枝特区岩脚镇新寨村	2008.11	7.5	
19	西戛渡口	六枝特区中寨乡扁朝村	2008.11	7	
20	洒耳渡口	六枝特区龙场乡迎风村	2010.12	8	
21	牛坡渡口	六枝特区毛口乡木城村	2010.12	8.8	
22	鸡场渡口	六枝特区中寨乡扁朝村	2011.10	9.2	
23	长寨渡口	六枝特区中寨乡雨洗村	2011.10	7.8	
24	肖家湾渡口	六枝特区毛口乡牂牁村	2011.10	8.1	
25	汇拉渡口	六枝特区中寨乡鲁戛村	2012.07	8.5	
26	朝会田渡口	六枝特区中寨乡扁朝村	2012.07	9.8	
27	黄家浪渡口	六枝特区毛口乡大冲村	2012.07	9.7	
28	箐脚渡口	六枝特区中寨乡鲁戛村	2012.07	10.1	
29	沈家渡口	六枝特区毛口乡木城村	2012.07	8.9	
30	牛坡渡口	六枝特区中寨乡鲁戛村	2012.07	9.5	
31	小水井渡口	六枝特区中寨乡鲁戛村	2012.07	8.7	
32	新寨 2 号渡口	六枝特区毛口乡木城村	2012.07	9	
33	老卜底渡口	六枝特区岩脚镇老卜底村	2010.9	8.8	
34	黄家郎渡口	六枝特区岩脚镇老卜底村	2010.9	9.1	
35	长寨小寨渡口	六枝特区中寨乡长寨村	2009.12	8.5	
36	兴隆 1 号渡口	六枝特区中寨乡兴隆村	2009.12	8.6	
37	湾河渡口	六枝特区毛口乡大冲村	2009.12	7.8	
38	沈家寨渡口	六枝特区龙场乡永丰村	2010.9	8.8	
39	兴隆 2 号渡口	六枝特区中寨乡兴隆村	2012.07	9.8	

二、主要桥梁

六枝境内桥梁以公路桥为主，其次是大道桥梁，著名的大道古桥有仙人桥、二道水夏家桥、懒龙桥、文家桥、万年桥等。2005 年，经六枝特区交通运输局委托贵州省交通建设工程质量检测中心检测，龙场大桥被确定为危桥。因此从2005起，特区交通局开始着手新建龙场大桥的相关工作，决定在原旧桥的下游选址新建一座3孔，每孔跨径为40米的钢筋混凝土板拱桥，桥梁全长139.6米，引道长 180.4 米，桥宽 9.5 米，水泥混凝土路面，总投资 530 万元。新桥于 2006 年 1 月动工， 2006 年底完工。

毛河军用组合吊桥， 1987 年 11 月底建成通车，2007 年因光照库区蓄水而撤除。

阿志河大桥是水城至黄果树（汽车专用二级公路）公路上著名的桥梁，也是六枝境内目前为止唯一的一座预应力混凝土加筋板悬索桥。2003 年建成通车，该桥处于水黄路 K64+129 ~ K64+502.039 段，横跨中寨乡境内的阿志河，故取名阿志河大桥。桥面距水面 260 米，两岸悬崖峭壁、山高谷深。主孔跨径为 283 米，水城岸引桥为 4x30 米简支 T 梁，桥面净宽 9.64 米 + 防撞栏杆 2 x1.83 米，桥梁全宽 13.3 米。

老卜底桥始建于 1987 年。该桥是六枝至纳雍公路（县道）公路上重点工程。桥型为双跨不等跨空腹式石拱桥．桥梁全长 50 米。主拱圈净跨径为 27 米十 15 米，桥面宽为 9 米。

三、公路涵洞

六枝特区境内的涵洞主要为公路涵洞，分布在省道、乡道和专用公路线上。全特区公路涵洞共有 896 道，其中，省道上有涵洞 84 道，共 442 米，县道 388 道共 7785 米，乡级公路上 148 道共 1036 米，专用公路线上 248 道，共 1612 米，其余分布在乡村公路线上。

第三节　公路运输

1978 年，改革开放以来，六枝境内相继改制和新成立多个运输公司和汽车站，为境内公路运输的发展作出了很大贡献。

一、六枝特区汽车运输公司：该公司原称六枝车队，1970年成立，2010年国有企业改制完成，划归经信局管理。

二、六枝特区公共汽车运输公司：该公司成立于 1973 年 10 月。2011 年，由于机构改革，六枝特区公共汽车运输公司划归六枝特区交通运输局管理，有职工 230 人，各型公交车辆 40 辆，企业固定资产近千万元，占地 29.7 亩，主要经营公交营运、汽车修理、配件销售、房屋租赁、汽车美容、广告开发等。

三、水城汽车运输公司（六枝汽车站）：该公司职工总人数发展到 223 人（其中站务管理人员 53 人，驾乘人员 170 人）。有客运车辆总数 103 余辆，大型高一级 8 辆，中型高一级 16 辆，中型中级 14 辆，小型中级 32 辆，小型中级 25 辆，城市公交出租车 8 辆。2011 年，日发客运班次 230 班，日均运送旅客 3000 人（次）。营运线路 35 条，其中省际班线 2 条，市际班线 10 条，其他 23 条。主要开往无锡、昆明、贵阳、安顺、兴义、织金、纳雍、普定、水城等班线。2011 年经济总产值1200万元，是30年前的10倍；上缴国家税费140万元，是30年前的10倍；现职工平均工资是30年前的10倍；经济效益与1997年向社会车辆开放前相比翻四番，上交公司经济目标任务与30年前相比翻四番，2011年创利110万。

四、六枝客运公司：该公司2012年6月从六枝汽车站分离出来，具备二级客运资质。拥有齐全的设施设备和多种项目业务，有运行车辆107辆（含8辆出租车），其中：大型高一级8辆，中型高一级18辆，中型中级18辆，小型中级34辆，小型中级32辆。公司按照统一经营、统一管理、统一核算、统一车型标准、统一服务标准的要求，全面推行集约化、公司化经营，达到“车辆高标准、服务高质量、管理高水平、行业管理规范化、企业经营集约化”的管理目标，形成主力合理配置、行为规范经营、优质文明服务、维护市场稳定的运营模式。

五、郎岱汽车站：2006年3月郎岱汽车站竣工验收合格，经六盘水市道路运输局（原六盘水市公路运输管理局）核定为三级车站，注册资金100万元，隶属于六盘水市交通运输集团有限公司。位于六枝特区郎岱镇南环路，水黄路出口处，总占地面积1.2万平方米，建筑面积1335平方米。实行非封闭式管理，日发班23次，日发旅客量290人（次）；年发班（次）8280次，年运送旅客量10.44万人（次）；已开通客运班线8条。其中市际班线2条（郎岱—镇宁、关岭）；县际班线1条（郎岱—水城）；县内农村班线5条（郎岱—平桥、杨柳井、头塘、西戛、石糯尾）。

六、六枝特区城区联运公交客运有限公司：1996年，第一辆民营公交进入六枝公交营运市场。2000年3月，成立了六枝特区城区运输同业工会，工会拥有公交客运车辆32辆，从业人员171人。2008年7月，六枝特区城区联运公交客运有限公司成立，有公交车32辆。2010年，公司营业收入达千万元。2010年10月起，已今办理公交IC卡4700余张。公司累计上缴各项税费370万元，累计回报社会1705万元。

七、六枝特区黔安汽车客运有限公司：2002年8月，六枝特区交通局批复组建六枝特区黔安汽车客运有限公司。由六枝特区汽车运输公司与贵阳汽车客运有限公司共同出资，依法组建六枝特区黔安汽车客运有限公司（贵州省贵阳汽车客运有限公司控股）。2002年9月正式注册登记成立。2011年，有班线客运车辆6辆，管理人员共8人。

八、六枝特区瑞邦客运有限公司：2006年3月登记注册成立，2007年经贵州省道路运输局（原贵州省公路运输管理局）三类客运班线行政许可。现拥有客运车150余台，2400余个座位，承担六枝特区19个乡（镇）旅客运送。公司有管理人员30余人。每年上缴国家税收80余万元。

九、六枝特区运输车队：该车队又称六枝特区个体劳动者协会运输分会。于1990年8月成立。1991年有各类车辆342辆。1995年底，六枝特区运输车队有4个下属车队，各类机动车辆820余辆。第一车队为4吨以上的货运车队，有中型、大型车队货车363辆；第二车队为客运车队，有大、小客车l87辆；第三车队为4吨以下的小型货运车队，有小型货车277辆；第四车队为出租车、面的等，共有车辆180辆。2011年运输车队有工作人员4人，固定资产5万余元。

1996—2011年六枝特区客货运输情况表

表11-1-4

年　度	客运量（万人）	客运周转量（万人公里）	货运量（万吨）	货运周转量（万吨公里）
1996	272	14118	52	1.052
1997	281	14123	53.5	1.129
1998	289	14216	54.3	1.146
1999	292	14625	54.8	1.156
2000	295	14986	55	1.157
2001	287	14988	68.6	1.482
2002	294	14998	69.5	1.484
2003	293	15002	76	2.48
2004	312.64	15632	78.3	2.583
2005	356.4	17820	90	2.971
2006	413	20671	106	3.506
2007	517.12	25856	128	4.22
2008	687.76	34388	175	5.781
2009	894.08	44704	242	7.515
2010	1135.48	56774	279.14	9.77
2011	1538.6	76929	360	12.603

1978—2011年六枝特区公路客运情况一览表

表11-1-5

日　期	序号	线路		里程	班次	经　由	略　注
		起点	终点				
1984—1990年	1	六枝	贵阳	175	2	大山哨、安顺	水运司
	2	六枝	安顺	69	2	丁旗、大山哨	水运司、个体户
	3	六枝	张维	82	2	岩脚、鸡场	个体户
	4	六枝	水城	94	2	堕却、滥坝	个体户
	5	六枝	盘县	267	1	水城、红果	水运司
	6	平寨	落别	22	2	大用	个体户
	7	平寨	郎岱	47	2	新窑、花德河	个体户
	8	平寨	岩脚	23	2	店子、林场	个体户
	9	平寨	新场	46	2	岩脚、羊场	个体户
	10	平寨	新华	32	2	林场、农场	个体户
	11	平寨	毛口	76	2	新窑、郎岱	个体户
	12	平寨	折溪	37	2	新窑、二塘	个体户
	13	那克	堕却	24	2	凉水井、新窑	个体户
	14	平寨	中寨	63	2	新窑、郎岱	水运司、个体户

续表

日 期	序号	线 路		里程	班次	经 由	略 注
		起点	终点				
1984—1990年	15	大用	六枝	14	10	云盘、那克、平寨	个体户
	16	云盘	平寨	5	18	那克	个体户
	17	化处矿	那克	25	2	大用、云盘	化处矿煤炭多金公司
	18	凉水井	下云盘	12	10	六枝、平寨	个体户
	19	木岗	那克	40	2	落别、大用	个体户
	20	云盘	六枝	10	18	那克、平寨	个体户
1991—1995年	1	六枝	贵阳	175	1	大山哨、安顺	水运司
	2	六枝	安顺	69	1	丁旗、大山哨	水运司、个体户
	6	岩脚	安顺	91	1	大用、丁旗	水运司、个体户
	3	六枝	织金	107	1	龙场、啊弓	水运司、个体户
	4	六枝	白泥	56	1	龙场、新华	个体户
	5	六枝	百兴	86	1	岩脚、新场	个体户
	7	六枝	张维	82	1	岩脚、鸡场	个体户
	8	六枝	兴义	294	1	丁旗、镇宁	个体户
	9	六枝	水城	94	2	堕却、滥坝	个体户
	10	六枝	盘关	160	1	水城	个体户
	11	平寨	落别	22	2	大用	个体户
	12	平寨	郎岱	47	2	新窑、花德河	个体户
	13	平寨	岩脚	23	2	店子、林场	个体户
	14	平寨	新场	46	2	岩脚、羊场	个体户
	15	平寨	黑塘	51	2	岩脚、新场	个体户
	16	平寨	新华	32	2	林场、农场	个体户
	17	平寨	牛场	62	2	岩脚、石牛角	个体户、牛场乡政府新场
	18	平寨	毛口	76	2	新窑、郎岱	个体户
	19	平寨	折溪	37	2	新窑、把仕寨	个体户
	20	那克	堕却	24	2	凉水井、新窑	水运司、个体户
	21	平寨	中寨	63	2	新窑、郎岱	个体户
	22	那克	木岗	37	2	云盘、落别	水运司、邮电局
	23	大用	六枝	14	10	云盘、那克、平寨	个体户
	24	平寨	纳骂	25	82	云盘、大用	个体户
	25	化处矿	那克	25	2	大用、云盘	化处矿煤炭多金公司
	26	木岗	那克	40	2	落别、大用	个体户
	27	木岗	岩脚	63	2	落别、六枝	个体户
	28	六枝矿	云盘	12	8	六枝、平寨	个体户
	29	苦竹林	平寨	30	2	云盘	个体户

续表

日期	序号	线路		里程	班次	经由	略注
		起点	终点				
1996—2000年	1	六枝	贵阳	175	2	大山哨、安顺	水运司
	2	水城	贵阳	272	2	关岭、安顺	水运司
	3	六枝	安顺	69	2	丁旗、大山哨	水运司、个体户
	4	岩脚	安顺	91	2	大用、丁旗	水运司、个体户
	5	新华	安顺	101	2	丁旗、大山哨	个体户
	6	郎岱	安顺	120	2	镇宁	个体户
	7	六枝	织金	107	2	龙场、啊弓	水运司、个体户
	8	六枝	白泥	56	2	龙场、新华	个体户
	9	六枝	百兴	86	2	岩脚、新场	个体户
	10	六枝	张维	82	2	岩脚、鸡场	个体户
	11	六枝	兴义	294	2	丁旗、镇宁	个体户
	12	六枝	水城	94	2	堕却、滥坝	个体户
	13	水城	六枝	94	2	滥坝、堕却	水运司、个体户
	14	水城	郎岱	50	2	新窑	水运司、个体户
	15	郎岱	水城	50	2	新窑	个体户
	16	岩脚	水城	120	2	六枝	个体户
	17	水城	新场	130	2	岩脚、六枝	个体户
	18	六枝	盘关	160	2	水城	水运司
	19	六枝	火铺	318	1	镇宁、关岭	水运司
	20	六枝	老屋基	269	2	水城	个体户
	21	六枝	花贡	115	2	郎岱	个体户
	22	六枝	马场	30	2	花园洞、四角田	个体户
	23	六枝	普定	57	2	大用、化处	个体户
	24	六枝	鸡场	49	2	岩脚、梭戛	个体户
	25	六枝	鸡场坡	52	2	花渔洞、马场	水运司、个体户
	26	六枝	纳雍	150	2	堕却、滥坝	水运司、个体户
	27	平寨	老马	27	2	龙场	个体户
	28	平寨	郎岱	47	2	新窑、花德河	个体户
	29	平寨	洒志	57	2	新窑、郎岱	个体户
	30	平寨	毛口	76	2	新窑、郎岱	个体户
	31	平寨	岩脚	23	2	店子、林场	个体户
	32	平寨	新场	46	2	岩脚、羊场	个体户
	33	平寨	黑塘	51	2	岩脚、新场	个体户
	34	平寨	新华	32	2	林场、农场	个体户
	35	平寨	牛场	62	2	新场	个体户、牛场乡政府

续表

日期	序号	线路		里程	班次	经由	略注
		起点	终点				
1996—2000年	36	平寨	折溪	37	2	新窑、二塘	个体户
	37	那克	堕却	24	2	凉水井、新窑	个体户
	38	平寨	中寨	63	2	新窑、郎岱	水运司、个体户
	39	平寨	双夕	69	2	新窑、郎岱	个体户
	40	那克	木岗	37	2	云盘、落别	个体户、邮电局
	41	平寨	箐口	41	2	新窑、堕却	个体户
	42	平寨	六保	41	2	二塘	个体户
	43	平寨	梭戛	36	2	林场、岩脚	个体户
	44	平寨	纳骂	25	2	云盘、大用	个体户
	45	云盘	那固坝	12	18	平寨、六枝	个体户
	46	化处矿	那克	25	2	大用、云盘	化处矿煤炭多金公司
	47	六枝	云盘	10	28	平寨	个体户
	48	六枝矿	云盘	12	8	六枝、平寨	个体户
2001—2005年	1	六枝	贵阳	175	2	大山哨、安顺	水运司
	2	水城	贵阳	272	2	关岭、安顺	水运司
	3	六枝	安顺	69	2	丁旗、大山哨	水运司
	4	岩脚	安顺	91	2	大用、丁旗	水运司
	5	新华	安顺	101	2	丁旗、大山哨	个体户
	6	郎岱	安顺	120	2	镇宁	水运司
	7	六枝	织金	107	2	龙场、啊弓	水运司
	8	六枝	白泥	56	2	龙场、新华	水运司
	9	六枝	百兴	86	2	岩脚、新场	水运司
	10	六枝	张维	82	2	岩脚、鸡场	水运司
	11	六枝	兴义	294	2	丁旗、镇宁	水运司
	12	六枝	水城	94	2	堕却、滥坝	水运司
	13	水城	六枝	94	2	滥坝、堕却	水运司
	14	水城	郎岱	50	2	新窑	水运司、个体户
	15	郎岱	水城	102	2	中寨	水运司
	16	岩脚	水城	120	2	六枝	个体户
	17	水城	新场	98	2	滥坝、堕却	水运司
	18	六枝	盘关	160	2	水城	水运司
	19	六枝	火铺	318	1	镇宁、关岭	水运司
	20	六枝	老屋基	269	2	水城	水运司
	21	六枝	花贡	115	2	郎岱	个体户
	22	六枝	马场	30	2	花园洞、四角田	水运司、瑞瑞公司

续表

日　期	序号	线　路		里程	班次	经　由	略　注
		起点	终点				
2001—2005年	23	六枝	普定	57	2	大用、化处	水运司
	24	六枝	鸡场	49	2	岩脚、梭戛	水运司
	25	六枝	鸡场坡	52	2	花渔洞、马场	水运司
	26	六枝	纳雍	150	2	堕却、滥坝	水运司
	27	平寨	老马	27	2	龙场	个体户
	28	平寨	郎岱	47	2	新窑、花德河	瑞邦公司、黔安公司
	29	平寨	洒志	57	2	新窑、郎岱	个体户
	30	平寨	毛口	76	2	新窑、郎岱	个体户
	31	平寨	捞河	42	2	新窑、堕却	水运司、黔安公司
	32	平寨	二塘	23	2	新窑	个体户
	33	平寨	岩脚	23	2	店子、林场	个体户、瑞邦公司
	34	平寨	龙场	23		店子、林场	个体户
	35	平寨	新场	46	2	岩脚、羊场	个体户
	36	平寨	黑塘	51	2	岩脚、新场	个体户
	37	平寨	新华	32	2	林场、农场	个体户、瑞邦公司、黔安公司
	38	平寨	牛场	62	2	新场	个体户、牛场乡政府、瑞邦公司
	39	平寨	陇木	36	2	林场、龙场	个体户
	40	平寨	新场坝	36	2	林场、龙场	个体户
	41	平寨	冷坝	57	2	林场、龙场	个体户
	42	平寨	阿珠电龙	25	2	店子、龙场	个体户
	43	平寨	中寨村	42	2	新窑、二塘	个体户、黔安公司
	44	平寨	堕却	24	2	凉水井、新窑	个体户，公汽公司
	45	平寨	中寨	63	2	新窑、郎岱	瑞邦公司、水运司
	46	平寨	双夕	69	2	新窑、郎岱	个体户、瑞邦公司
	47	平寨	长寨	76	2	郎岱、中寨	个体户
	48	平寨	月亮河	44	2	二塘、花德河	个体户、瑞邦公司
	49	平寨	落别	22	2	大用	个体户
	50	平寨	木岗	44	2	大用、落别	个体户
	51	平寨	箐口	41	2	新窑、堕却	个体户
	52	平寨	六保	41	2	二塘	个体户
	53	平寨	梭戛	36	2	林场、岩脚	个体户
	54	平寨	纳骂	25	2	云盘、大用	个体户
	55	云盘	那固坝	12	18	平寨、六枝	个体户
	56	云盘	地宗	8	6	那克	个体户、黔安公司

续表

日期	序号	线路		里程	班次	经由	略注
		起点	终点				
2001—2005年	57	平寨	化处矿	25	2	大用、耳贡	个体户、化处矿煤炭多金公司
	58	六枝	云盘	10	28	平寨	个体户
	59	六枝矿	云盘	12	8	六枝、平寨	个体户
2006—2008年	1	六枝	贵阳	172	2	大山哨、清黄高速	水运司
	2	水城	贵阳	272	2	关岭、安顺	水运司
	3	六枝	安顺	69	2	大用、丁旗、幺铺	水运司
	4	岩脚	安顺	91	2	大用、丁旗、幺铺	水运司
	5	新华	安顺	101	2	大用、丁旗、幺铺	水运司
	6	郎岱	安顺	120	2	坡贡、清黄高速	水运司
	7	六枝	织金	107	2	龙场、啊弓	水运司
	8	六枝	白泥	56	2	龙场、新华	水运司
	9	六枝	百兴	86	2	岩脚、新场	水运司
	10	六枝	张维	82	2	岩脚、鸡场	水运司
	11	六枝	三塘	70	2	岩脚、鸡场	水运司
	12	六枝	兴义	294	2	丁旗、大山哨、镇宁	水运司
	13	六枝	昆明	397	1	S102．G60（曲胜高速段、昆曲高速段）	水运司
	14	六枝	水城	94	2	堕却、滥坝	水运司
	15	水城	六枝	94	2	滥坝、堕却	水运司
	16	水城	郎岱	50	2	新窑	水运司
	17	郎岱	水城	102	2	中寨、滥坝	水运司
	18	水城	新场	98	2	滥坝、堕却	水运司
	19	六枝	马场	30	2	花渔洞、羊场	水运司、瑞邦公司
	20	六枝	普定	57	2	大用、化处	水运司
	21	六枝	鸡场	49	2	岩脚、梭戛	水运司
	22	六枝	鸡场坡	52	2	羊场、马场	水运司
	23	六枝	纳雍	150	2	堕却、滥坝	水运司
	24	平寨	老马	27	2	龙场	瑞邦公司
	25	平寨	郎岱	47	2	新窑、花德河	瑞瑞公司、黔安公司
	26	平寨	洒志	57	2	新窑、郎岱	瑞邦公司
	27	平寨	毛口	76	2	新窑、郎岱	瑞邦公司
	28	平寨	捞河	42	2	新窑、堕却	瑞邦公司、水运司、黔安公司
	29	平寨	二塘	23	2	新窑	瑞邦公司、水运司

续表

日　期	序号	线　路		里程	班次	经　由	略　注
		起点	终点				
2006—2008年	30	平寨	月亮河	44	2	六纳线、花德河	瑞邦公司、水运司
	31	平寨	岩脚	23	2	店子、林场	瑞邦公司
	32	平寨	龙场	23		店子、林场	瑞邦公司
	33	平寨	新场	46	2	岩脚、羊场	瑞邦公司
	34	平寨	黑塘	51	2	岩脚、新场	瑞邦公司、水运司
	35	平寨	新华	32	2	林场、农场	瑞邦公司、黔安公司、水运司
	36	平寨	牛场	62	2	新场	瑞邦公司
	37	平寨	陇木	36	2	林场、龙场	瑞邦公司
	38	平寨	新场坝	36	2	林场、龙场	瑞邦公司
	39	平寨	冷坝	57	2	林场、龙场	瑞邦公司
	40	平寨	中寨村	42	2	新窑、二塘	瑞邦公司、黔安公司
	41	平寨	阿珠电站	25	2	店子、龙场	瑞邦公司
	42	平寨	木贡	30	2	岩脚	瑞邦公司
	43	平寨	老卜底	34	2	林场、岩脚	瑞邦公司
	44	平寨	阿岔	30	2	林场、岩脚	瑞邦公司
	45	平寨	落底河	33	2	林场、岩脚	瑞邦公司
	46	平寨	代家包	72	3	石牛角、牛场	瑞邦公司
	47	平寨	堕却	24	2	凉水井、新窑	瑞邦公司、公汽公司
	48	平寨	白岩脚	56	2	郎节坝、阿岔	瑞邦公司
	49	平寨	中寨	63	2	新窑、郎岱	瑞邦公司、水运司
	50	平寨	双夕	69	2	新窑、郎岱	瑞邦公司
	51	平寨	长寨	76	2	郎岱、中寨	瑞邦公司
	52	平寨	落别	22	2	大用	瑞邦公司、水运司
	53	平寨	川洞	32	2	大用、纳骂	水运司
	54	平寨	木岗	44	2	大用、落别	瑞邦公司、水运司
	55	渔塘	可布	26	2	河丰、下坝	瑞邦公司
	56	平寨	箐口	41	2	新窑、堕却	瑞邦公司
	57	平寨	生态博物馆	46	2	林场、岩脚	瑞邦公司、黔安公司
	58	平寨	纳骂	25	2	云盘、大用	水运司
	59	平寨	化处矿	25	2	大用、耳贡	瑞邦公司
	60	郎岱	洒志	10	2	金家坪	瑞邦公司
	61	郎岱	平桥	16	2	红那孔	水运司
	62	坝子	石糯尾	22	2	安乐	水运司
2009—2011年	1	六枝	贵阳	172	2	S102．丁旗、大山、清黄高速	水运司
	2	水城	贵阳	272	2	关岭、安顺	水运司

续表

日期	序号	线路		里程	班次	经由	略注
		起点	终点				
2009—2011年	3	六枝	安顺	69	2	大用、丁旗、幺铺	水运司
	4	岩脚	安顺	91	2	大用、丁旗、幺铺	水运司
	5	新华	安顺	101	2	大用、丁旗、幺铺	水运司
	6	郎岱	安顺	120	2	坡贡、清黄高速	水运司
	7	六枝	织金	107	2	龙场、啊弓	水运司
	8	六枝	白泥	56	2	龙场、新华	水运司
	9	六枝	百兴	86	2	岩脚、新场	水运司
	10	六枝	张维	82	2	岩脚、鸡场	水运司
	11	六枝	三塘	70	2	岩脚、鸡场	水运司
	12	六枝	兴义	294	2	丁旗、大山哨、镇宁	水运司
	13	六枝	无锡	2400	0.5	S102.60、G75G60、G15W、G43	水运司
	14	六枝	昆明	397	1	S102．G60	水运司
	15	六枝	水城	94	2	堕却、滥坝	水运司
	16	水城	六枝	94	2	滥坝、堕却	水运司
	17	郎岱	水城	102	2	中寨、滥坝	水运司
	18	中寨	水城	110	2	猴场、法那	四通公司
	19	新场	水城	98	2	堕却、滥坝	水运司
	20	牛场	水城	132	2	长箐、滥坝	水运司
	21	六枝	马场	30	2	花渔洞、羊场	水运司
	22	六枝	普定	57	2	大用、化处	水运司
	23	六枝	鸡场	49	2	岩脚、梭戛	水运司
	24	六枝	鸡场坡	52	2	羊场、马场	水运司
	25	六枝	纳雍	150	2	堕却、滥坝	水运司
	26	六枝	红岩	45	2	堕却、关寨	瑞邦公司
	27	郎岱	关岭	46	2	安乐塘、大桥	水运司
	28	郎岱	镇宁	60	2	水黄公路 G320	水运司
	29	平寨	新场坝	36	2	林场、龙场	瑞邦公司
	30	平寨	郎岱	47	2	新窑、花德河	瑞瑞公司、黔安公司
	31	平寨	洒志	57	2	新窑、郎岱	瑞邦公司
	32	平寨	毛口	76	2	新窑、郎岱	瑞邦公司
	33	平寨	捞河	42	2	新窑、堕却	瑞邦公司、水运司、黔安公司
	34	平寨	二塘	23	2	新窑	瑞邦公司、水运司
	35	平寨	月亮河	44	2	六纳线、花德河	瑞邦公司
	36	平寨	龙潭	18	2	凉水井	瑞邦公司

续表

日　期	序号	线　路		里程	班次	经　由	略　注
		起点	终点				
2009—2011年	37	平寨	岩脚	23	2	店子、林场	瑞邦公司
	38	平寨	龙场	23		店子、林场	瑞邦公司
	39	平寨	新场	46	2	岩脚、羊场	瑞邦公司
	40	平寨	黑塘	51	2	岩脚、新场	瑞瑞公司、水运司
	41	平寨	新华	32	2	林场、农场	瑞邦公司、水运司
	42	平寨	牛场	62	2	新场	瑞邦公司、水运司
	43	平寨	陇木	36	2	林场、龙场	瑞邦公司
	44	平寨	新场坝	36	2	林场、龙场	瑞邦公司
	45	平寨	冷坝	57	2	林场、龙场	瑞邦公司
	46	平寨	中寨村	42	2	新窑、二塘	瑞邦公司、黔安公司
	47	平寨	阿珠电站	25	2	店子、龙场	瑞邦公司
	48	平寨	木贡	30	2	岩脚	瑞邦公司
	50	平寨	阿岔	30	2	林场、岩脚	瑞邦公司
	51	平寨	落底河	33	2	林场、岩脚	瑞邦公司
	52	平寨	代家包	72	2	石牛角、牛场	瑞瑞公司
	49	平寨	老卜底	34	2	林场、岩脚	瑞邦公司、水运司
	53	平寨	大草坝	40	2	林场、新华	瑞邦公司、公汽公司
	54	平寨	乌柳	58	2	岩脚、新场	水运司
	55	平寨	那洒	35	2	岩脚、羊场	水运司
	56	平寨	高家寨	34	2	岩脚、羊场	瑞邦公司
	57	平寨	杨柳井	38	2	龙场、新华	水运司
	58	平寨	堕却	24	2	凉水井、新窑	瑞邦公司、公汽公司
	59	平寨	二路口	55	2	堕却、黑塘	水运司
	60	平寨	龙井	38	2	龙场、新华	水运司
	61	平寨	木底	56	2	岩脚、白彝	瑞邦公司
	62	平寨	四角田	15	2	花渔洞	水运司
	63	平寨	沙子坡	38	2	林场、龙场	水运司
	64	平寨	中寨	63	2	新窑、郎岱	瑞邦公司、水运司
	65	平寨	双夕	69	2	新窑、郎岱	瑞邦公司
	66	平寨	长寨	76	2	郎岱、中寨	瑞邦公司
	67	平寨	落别	22	2	大用	瑞邦公司、水运司
	68	平寨	苗寨	25	2	大用	黔安公司
	69	平寨	川洞	32	2	大用、纳骂	水运司
	70	平寨	川洞	27	2	播雨（六纳路延伸段）	瑞邦公司、水运司
	71	平寨	木岗	44	2	大用、落别	瑞邦公司、水运司

续表

日　期	序号	线　路		里程	班次	经　由	略　注
		起点	终点				
2009—2011 年	72	平寨	木岗	44	2	大用、化处矿	瑞邦公司、水运司
	73	渔塘	可布	26	2	河丰、下坝	瑞邦公司
	74	平寨	箐口	41	2	新窑、堕却	瑞瑞公司
	75	平寨	生态博物馆	46	2	林场、岩脚	瑞邦公司、黔安公司
	76	平寨	纳骂	25	2	云盘、大用	水运司
	77	平寨	化处矿	25	2	大用、耳贡	瑞邦公司、黔安公司
	78	郎岱	洒志	10	2	金家坪	瑞邦公司
	79	郎岱	平桥	16	2	红那孔	水运司
	80	郎岱	毛口	31	2	打铁关	瑞邦公司
	81	郎岱	西戛	28	2	中寨（水黄路）	水运司
	82	郎岱	杨柳井	33	2	平桥	水运司
	83	郎岱	头塘	18	2	青菜塘	水运司
	84	坝子	石糯尾	22	2	安乐	水运司

1995—2011 年六枝特区公路货运情况一览表

表 11-1-6

年　度	货车（辆）	货运量（万吨）	货运周转量（万吨 / 公里）	同比上年增长（%）
1995	780	251	14056	0.41
1996	683	272	14118	0.44
1997	787	281	14123	0.035
1998	853	289	14216	0.66
1999	611	292	14625	0.88
2000	816	295	14986	0.47
2001	963	287	14988	0.013
2002	932	294	14998	0.067
2003	805	293	15002	0.027
2004	1328	312.64	15632	4.2
2005	1357	356.4	17820	14
2006	1516	413	20671	16
2007	1858	517.12	25856	25.08
2008	1843	687.76	34388	33
2009	1766	894.08	44704	30
2010	1919	1135.48	56774	27
2011	2233	1538.6	76929	35.5

第四节　铁路

一、过境铁路

1965 年，建成通车的沪昆铁路，由六枝特区境内中部横贯而过，里程 75 公里。设有黄桶、化处、大用、六枝、那玉、新窑、花赖、关寨 8 个站。六枝站属于三等中间站。管内桥梁那秀大桥，两台 17 墩，全长 351.5 米，最高桥墩高 54 米。全段最长的岩脚寨隧道总长 2700 多米。1985 年 12 月 17 日，沪昆线实现电气化（含六枝过境段）。2001 年 12 月 30 日，沪昆东段珠六复线双线自动闭塞区段开通。

六枝火车站候车室 1965 年 7 月启用，平房一层 650 平方米，广场 1600 平方米。2003 年 7 月珠六复线改造，新站房四层楼房 3483 平方米、广场 7500 平方米建成投入使用。

二、专用线

与六枝接轨的专用线有 5 条：地宗洗煤厂专用线、粮油专用线、四角田煤矿专用线、矿务局总库专用线、煤机厂专用线。现在这些专用线多数停用。

三、运输

铁路通车后，六枝站即开展客货运输业务。

（一）货运：六枝车站有货场 2 个，面积为 8856 平方米，一次堆货量 3580 吨，年办理量为 50.7 万吨。货物站台 2 个，货 1 线有效长 200 米，换算客车数 11 辆；货 2 线有效长 200 米，换算客车数 11 辆。

（二）客运：六枝站设有客运站长 1 人、副站长 2 人，客运主任 1 人，客运助理工程师 1 人，客运值班员 4 人，客运工作人员 49 人。有旅客站台 2 个，分别为 410 米、472 米，售票窗口 10 个，问询处 1 个，站台服务点 1 个，站台售货车 10 辆。办理客运业务的过往旅客列车 22 对，其中快速旅客列车 21 对，普通旅客列车 1 对，年发送旅客 125.6 万人，客运进款 6466 万元。

六枝站 2008—2011 年货运情况一览表

表 11-1-7

年　度	货车数（量）	发送量（吨）	卸车数（辆）	卸车量（吨）	保价收入（万元）
2008	16745	1075226	5972	358320	529670.1
2009	21060	1355006	1473	88380	650910.8
2010	29140	1900257	3173	191936	1075766.2
2011	13094	860049	2083	127636	468584

1996—2011 年客运任务完成情况表

表 11-1-8

年　度	旅客发送（万人）	客进款（万元）	行包发送（千件）
1996	47.3	689.7	5.1
1997	49.5	721.8	5.4
1998	51.2	876.1	5.9
1999	55.7	997.8	6.1
2000	62.3	1014	6.3
2001	64.2	1170	6.1
2002	65.9	1398	6.4
2003	72.4	1599	6.3
2004	76.9	1934	6.5
2005	77.2	2193	6.6
2006	80.4	2370	自 2006 年起六枝站取消行包作业处理
2007	82.7	2569	
2008	83.9	5671	
2009	85.4	2726	
2010	98.5	4128	
2011	119.6	5810	

第二章　邮政

第一节　机构

1976 年，邮政局与电信局合并为六枝特区邮电局，设办公室、政工股、邮政股、电信股、计划财务股、归省邮电管理局管理。1976 年，将股室改为科室。1980 年，设为二级管理，下设办公室、邮政管理员、电信管理员。1983 年，设“六股一室”：即邮政股、电信股、农话股、政工股、经财股、保卫股、办公室，并恢复三级管理。

1995 年，六枝特区邮电局支局有：六枝、平寨、下营盘、郎岱、中寨、岩脚、新场、堕却、落别、木岗 11 个支局。邮电所有：化处、黄桶、四角田、大用、凉水井 5 个矿所和 1 个乡所：毛口所。1995 年，六枝特区邮电局职工 220 人，局机关建筑面积 40380 平方米。

1998 年 10 月 1 日，实行邮电分营，设立六枝特区邮政局。六枝邮政局成立后设立管理机构：经营服务部、综合办公室，同时设立支局、代办所等生产部门。2008 年 6 月 3 日，经银监部门批准，中国邮政储蓄银行有限责任公司六枝特区支行正式挂牌成立，从此，邮政储蓄银行六枝特区支行从六枝特区邮政局分离，独立核算。2009 年 4 月，邮政速递物流公司正式挂牌经营。2011 年，六枝邮政局有自办综合营业网点 10 个，含六枝、云盘、平寨、大用、木岗、堕却、岩脚、郎岱、牛场、中寨 10 个支局。电子化支局 1 个（那克营业所）；委代办网点 11 个，含落别、化处、新场、新华、龙场、梭戛、折溪、陇脚、洒志、毛口、新窑、箐口 11 个代办所。

第二节　邮政网络

一、干线邮路（县上邮路）

1987 年，贵州西线邮件交京昆、沪昆、渝昆三趟快车及贵阳至大湾火车运输完成。2006 年至今六枝进口、出口邮件由贵阳至六盘水火车运输完成。

二、农村网路

1980 年，邮路总长 194 公里，农村投递路线 1019 公里。1985 年，邮路总长度 202 公里，其中农村邮路 186 公里，县上邮路 16 公里。农村投递路线：自行车投递路线 168 公里，步班邮路 707 公里。1995 年，邮路缩短，邮路共 7 条，总长度为 200 公里，投递路线增加 15 条，农村投递总长度为 2000 公里。1998 年，邮电分营后，境内几次调整农村邮运路线，全区 19 个乡（镇）全部通邮。

三、城市网路

1998 年起，逐年增设段道和增配投递人员，截至 2011 年城区投递段道共有 7 条，城郊段道 2 条，全部实现摩托车投递，投递频次每日 1 次。保证城区党政机关、主要企事业单位当天就能阅读党报党刊。

1996—2011 年，邮路单程长度 200 公里、机动车邮路 200 公里、农村投递线路单程长度 2000 公里、非机动车邮路 2000 公里。

第三节　邮政业务

一、函件

函件业务主要经营明信片、印刷品、广告、鲜花礼仪等业务。

二、包裹

包裹业务主要为国内普通包裹。2001 年，开始增加国内快递包裹。1987 年包件收入 1720.14 元，1990 年收寄包件 2.03 万件。1995 年出口包件 7607 件。

三、汇兑

1973年，人民银行与邮电局明确分工，个人汇款由邮电局办理，每笔汇款最高限额为300元。1978年每笔汇款限额增至500元，1981年7月增至5000元。2000年下半年开始，电子汇兑业务陆续开通。

四、报刊发行

1979年，六枝邮局报纸杂志期发数409.96万份，在安顺地区业务评审中，报刊发行列为第一名，在全省居第二位。1980年，收订各种报刊累计530.29万份。1985年，收订各种报刊累计489.16万份。1990年，报刊期发数为308.45万份。1995年订销报刊2.74万份。2000年以后报刊业务每年稳中有升。党报、党刊订阅逐年上升。

五、集邮

1983年，设立六枝集邮门市部。1990年，集邮销售邮票59377枚，营业额26720元。集邮销售额逐年不断上升。2010年，六枝邮政局在六枝支局、云盘支局、平寨支局、木岗支局、大用支局、岩脚支局、郎岱支局设置集邮展柜，拓展集邮市场，促进集邮文化的宣传。

六、邮政储蓄业务

邮政储蓄除执行国家统一的金融方针政策和利率标准外，还组织流动服务，上门服务，开办的中间业务有代理保险、基金、国债、绿卡、代发工资等。

七、电子商务类业务

2001年起，邮政局开始代收移动、联通、电信话费，2005年增办代收电费，2008增办代售飞机票业务，2009年增办代收水费业务，2011年增办代售火车票业务。

八、业务情况

1996—2011年邮政业务情况表

表11-2-1　　　　单位：万元

年份	邮政业务总量	函件	包件	汇票	报刊	集邮	储蓄	电子商务
1996	360.17	42.8	27.8	44.3	32.33	7.80	97.88	
1997	350	40.11	26.99	40.70	33.46	26.59	90.88	

续表

年份	邮政业务总量	函件	包件	汇票	报刊	集邮	储蓄	电子商务
1998	404	38.8	24.43	39.99	34.70	10.39	101.13	
1999	460	46.4	20.37	42.46	36.95	14.86	108.39	
2000	575.67	72.60	18.07	48.8	39.51	34.17	115.48	
2001	591.09	40.33	21.70	35.51	42.88	30.88	139.89	
2002	454.47	45.31	24.63	31.19	44.66	24.79	151.61	
2003	466	30.11	21.98	29.84	46.84	8.89	145.82	
2004	485.94	23.58	26.16	27.26	56.26	2.59	187.05	12.78
2005	570.79	35.08	30.40	20.33	70.60	5.47	261.89	12.65
2006	107.97	42.29	25.70	29.23	74.29	15.30	320.34	20.01
2007	851.05	63.52	30.12	42.08	76.08	46.93	363.53	31.98
2008	731.64	73.23	35.07	64.09	86.54	41.27	160.13	80.81
2009	729 89	52.73	20.39	53.35	92.24	49.91	192.93	73.55
2010	705.56	70.78	10.56	48	87.64	39.41	278.93	98.16
2011	1078.26	114.6	16.77	43.44	86.24	46.93	528.77	123.53

第四节　邮政储蓄银行

2008 年 6 月 3 日，经银监部门批准，中国邮政储蓄银行有限责任公司六枝特区支行正式挂牌成立，从此，邮政储蓄银行六枝特区支行从六枝特区邮政局分离，独立核算，机构地址设立在六枝特区平寨镇人民路 20 号，时有职工 21 人。下设有综合管理部、综合业务部、会计核算部三个职能部门，承担全区金融服务职责。六枝特区邮政局分出原那克邮政储蓄所，设立为中国邮政储蓄银行有限责任公司六枝特区支行营业网点，储蓄业务由代办模式转变为自办模式。综合业务系统全国联网开通，储蓄业务实现全国通存通兑，开办三种储蓄业务：1. 定期储蓄：整存整取期限分 3 个月、6 个月、1 年、2 年、3 年、5 年。2. 活期储蓄。3. 定活两便储蓄。办理汇兑业务，邮政绿卡业务，代理收付款项，代理发行、兑付、承销政府债券、办理个人存款证明服务，办理基金代销业务，代理保险业务。2008 年，各项存款余额达到 10214 万元，在当地金融市场占有率为 2.3%。

2008 年 11 月，开办信贷业务，由综合业务部管理，专门从事小额信贷工作。邮政储蓄结束只存不贷的局面。当年发放小额贷款 127 万元。

2009 年，开展以“建满意窗口 创优质服务 树邮储银行新形象”为主题的“优质服务年”和以“合规建设，规范流程”为主题的“合规管理年”活动。促进生产能力、管理水平、服务质量与业务增长的协调发展。

2009 年 1 月，支行搬迁至六枝特区人民南路 17 号，储蓄存款余额为 9978 万元，当年 2 月开办公司业务，办理国内结算，年底存款余额达350万元，当年各项存款余额达到10328万元，在当地金融市场市场占有率为2.2%。

2009年7月，支行营业网点搬迁至工矿大厦一楼，金融环境大幅改善。同月，邮储银行开办理财业务，绿卡通卡业务。

2009年，小额贷款余额达557万元，缴纳各种税金8万元，有20户农户得到84万元小额信用贷款的支持。

2010年5月，开办个人住房按揭贷款、个人商务贷款业务，财政局和合医办分别开立公司业务专户，公司业务存款余额得到大幅提升。

2010年6月，增设六枝票据交换中心进行票据交换业务，年底公司业务存款余额达6305万元。

2010年，各项存款余额达到17483万元，小额贷款余额达1018万元，共有72户农户得到190万元小额信用贷款的支持。

2011年，经银监部门批准，1月，郎岱镇营业所、岩脚镇营业所成立；7月，堕却乡营业所、大用镇营业所成立；8月，木岗镇营业所成立；9月，中寨乡营业所、牛场乡营业所成立。

2011年6月，由于信贷业务的发展和市场的需要，信贷业务从综合业务部独立出来，支行正式成立信贷业务部。

2011年，各项存款余额达到22429万元，全年净增3100万元，各类贷款余额达2548万元，有105户农户得到278万元小额信用贷款的支持。

第三章　通信

第一节　电报

一、电报电路

1966年，六枝—贵阳开通单工电传报路。

1985年，省局对六盘水电报网络进行调整，六枝—贵阳无线报路停止，新开水城—六枝无线人工报路。

1996年，六枝有省内二级报路2路（六枝—贵阳、六枝—水城）、县内电路1路（六枝—气象站）。

二、电报传输设备

（一）电传打字机

60年代末至80年代，六枝特区邮电局一直用电传打字机，有电传机4部。1992年电传打字机全部被电子电传机取代。

（二）电子电传机

1991—1993 年，六枝特区新增国产 BDD4202 型和 JK-412D 型电子电传机各 2 部。

（三）传真机

1991 年省局配发六枝真迹传真机 1 部。

（四）载波电报机

1987 年配发六枝局 ZB319A 型 12 路以上载报机 1 部。

三、电报业务

（一）电报业务种类

1985 年，六枝实行的国内电报业务种类有天气电报、水情电报、公益电报、政务电报、新闻电报、普通电报、汇款电报、公电 8 种。特别业务有特急、加急、邮送 3 种。实行的国际电报种类有：有关人命安全电报、气象电报、政务电报、普通电报、书信电报、公电 6 种。国际电报只开放加急特别业务。

1988 年，六枝局开办礼仪电报业务。

1991 年，开办请柬电报业务；人民群众遇有结婚、生日寿辰喜庆、各机关、团体、学校、企事业单位遇有学术交流、产品鉴定、工商贸易、业务洽谈、展览展销等会议召开和工程竣工，新厦落成开幕开业，厂店校庆、周年纪念等庆典活动要求来宾参加所拍发的电报。

1996 年 12 月，开办庆贺电报 、慰问电报、吊唁电报等电报业务。

（二）电报业务量

“十一”届三中全会以来，电报业务量增幅较大。1980 年六枝电报业务量 2.36 万份。1992 年上升到 6.65 万份，是历史上电报业务量增长最高的一年。1996 年下降为 2.3 万份，全国程控电话联网直拨和移动电话开通，话费低，直通快。电报业务的用户大幅度减少。

1978—1996 年六枝电报业务量统计表

表 11-3-1　　单位：万份

年 度	1978	1979	1980	1981	1982	1983	1984	1985	1986	1987
份 数	2.17	2.38	2.36	2.66	2.81	3.44	3.12	3.64	3.48	4.12

续表

年 度	1988	1989	1990	1991	1992	1993	1994	1995	1996
份 数	4.98	5.55	4.47	5.2	6.65	5.21	4.44	3.46	2.3

第二节 电话

一、长途电话

（一）长途电话设备

1. 长途电话交换机

1978—1985 年，六枝特区有磁石式 1 席 60 门。1986 年，六枝更换为 JF508 共电式长途交换机，六枝 1 台 2 席，实行长农合设。1988 年，全区有共电式长途交换机容量 100 门。1991 年，全区共有共电式交换机容量 240 门。1993 年，全区共有共电式长途交换机容量六枝 240 门。1995 年，六枝 NEAX-61E 数字程控电话开通，新增长途长空交换机 300 路端。1996 年，新增自动交换机容量 150 门。1996—2011 年，交换机容量达 30000 门。

2. 载波增音设备

1991 年，水城至贵阳 311 路载波机开通，六枝设 ZR211 型增音机 1 部为其增音。1993 年，六枝至贵阳、六枝至水城 300 路载波开通，六枝设 ZRZ211 型 300 路小同轴增音机 1 架为其增进。1996 年，六枝至贵阳、六枝至水城开通 300 路载波机，六枝设小同轴 300 路增音机 ZRZ211 型 1 架为其增音。

（二）长途电话业务

长话服务网点：1996 年，郎岱、中寨、岩脚等农村邮电支局程控电话开通。

2008 年，六枝 19 个乡（镇）全部可办理长途电话业务。

二、市内电话

（一）机线设备

1. 室内电话交换机：1978—1986 年六枝局实占容量达到 491 户，交换机总容量仍保持 600 门。1987 年，六枝新建纵横式自动交换机 1000 门。1992 年，全区纵横式自动交换机容量普遍增加，六枝 2000 门，市话号码由 4 位升到 5 位。1995 年，六枝新开通程控容量 5000 门，六盘水全区实现市话程控化。1996—2011 年六枝程控容量 30000 门。

市话交换设备的变化，经理了磁石式、共电式、自动式（即步进制、纵横制、程控）逐步更新发展的过程。

2. 室内电话线路设备：1979 年，六枝市话杆路 27 杆公里，架空明线 186 对公里，电缆 18

皮长公里，电缆芯线 1170 对公里。1991 年，市话杆路和架空明线逐步减少，电缆线路逐步增加，全区共有市话杆路 7 杆公里，用户线对数 1600 对，实占 877 对。1993 年，全区电缆 30.1 皮长公里，用户线对数 2400 对，实占 1216 对。1996 年，全区电缆 44.5 皮长公里，为 1970 年的 2.3 倍。全区市话线路由明线发展到地下电缆化，市话用户线对数逐年增加，年末，全区用户线对数 6000 对，实占 3658 对。

3. 用户交换机：1979 年，六枝接入电话机 800 部。1991 年，全区用户交换机容量增加到 1990 门。1996 年，用户交换机总容量 2842 门话机 2456 部。1997—2011 年，交换机总容量 30000 门。

（二）市话业务

1978 年，六枝市话用户数达到 375 户。1987 年，六枝实现市话自动化，1991 年末用户数达 844 户。1995 年，六枝实现市话程控化。1996 年，全区市话用户达 3646 户，是几十年来市话发展直线上升的最快一年。2008 年，市内电话在网用户 2.3 万户。

三、农村电话

“十一”届三中全会以后，为改变农村电话机线设备年久失修的状况，六枝局组织人力物力开展农村机线设备整治工作。1980 年，六枝全区农村电话杆路 355 杆公里，交换机总容量 330 门，电话机 166 部。1994 年，六枝开通 32 门小程控交换设备，同年 12 月 17 日六枝开通一点多址小微波 SR 容量，六枝 63 线。

第三节　互联网业务

公司营业及代办网点遍布城区及各乡镇，行政村，营业点，合理布局，渠道一乡一店，一村一点，拥有自办营业网点 10 个，代办营业网点 70 个，空中营业厅 240 个，2011 年，有移动用户 25 万余户。

2001 年，公司完成全区模拟网退网，进入数字化通信时代。六枝分公司推出 ISDN 专线上网（又称一线通）业务，此种上网方式可以把各种电信业务（电话、电报、传真、数据图像等）综合在同一个网内处理并传输，并可在不同的业务终端之间实现互通。用户可以经过一根电话线，一边上网、一边打电话，或者一边发传真，上网速率为 64kb/s 至 128kb/s，更快于 163 拨号上网。2003 年，成为六枝最大的通信运营商，率先实现“乡乡通”。2005 年，本地交换设备容量（局用 + 有线 + 无线）5 万门，实占容量 3 万门。本地用户交换机容量 3.2 万门。2006 年 9 月 20 日，实现“村村通工程”。2008 年，本地交换设备容量（局用 + 有线 + 无线）5.2 万门，实占容量 4 万门。2009，国家明确 TD 一 SCDMA（以下简称 TD）是中国第三代移动通信的主要标准，公司坚定不移地推进 TD 发展。率先实现 3G（TD）商用。 2010 年，加快发展业务，成功覆盖城区以及风景区、公路沿线。促进手机电视、手机阅读等应用型业务，推动 3G 通信市场的发展。

一、互联网接入方式

中国最早的 internet—ChinaNet 始建于 1996 年。

2000 年初，互联网业务网络采取普通电话 163 拨号方式，这种主叫上网方式采取电话线拨号，按小时收费，费用较高、速度较慢。

2003 年，163 拨号改为 169 拨号，对于 163 主叫计费业务用户，只需将接入号码改为 169，将用户名、密码设为 169 即可，上网通信费保持不变，不同之处在于 169 主叫计费的网络使用费比 163 优惠。

2001 年，六枝分公司推出 ISDN 专线上网（又称一线通）业务，此种上网方式可以把各种电信业务（电话、电报、传真、数据图像等）综合在同一个网内处理并传输，并可在不同的业务终端之间实现互通。用户可以经过一根电话线，一边上网、一边打电话，或者一边发传真，上网速率为 64kb/s 至 128kb/s，更快于 163 拨号上网。

2002 年，被欧美等发达国家誉为“现代信息高速公路上的快车”的 ADSL 上网方式在六枝应用，互联网接入从传统的窄带接入进入宽带接入。ADSL 拨号方式采用电话的双绞线入户，免去了重新布线的问题，优点是采用星型结构，保密性好，安全系数高，可提供 512K 到 2M 的接入速率，缺点是出线率低，不能传输模拟电视信号，随着使用年限的延长带来的线路老化、线路长度过长等问题会影响上网速率。

2004 年，一种新型的宽带接入方式 LAN 小区在六枝应用，它通过光纤千兆接入小区或大楼、百兆到楼层。通过网线以 10Mbps 接入用户桌面，妥善解决了用户接入带宽瓶颈问题，可轻松实现信息高速传输和视频服务。

2008 年，新型的光纤接入网技术 EPON（以太无源光网络）在六枝应用，它采用点到多点结构、无源光纤传输，在以太网之上提供多种业务。它在物理层采用 PON 技术，在链路层使用以太网协议，利用 PON 的拓扑结构实现了以太网的接入。

二、互联网用户数

2005—2008 年六枝互联网用户数统计表

表 11-3-2　　　　单位：个

端口 年份	互联网拨号服务器专线端口	互联网路由器专线端口	ADSL 端口容量	ADSL 端口实占容量	LAN 用户端口容量	LAN 用户端口实占容量	宽带接入端口容量	宽带接入端口实占容量	农村 ADSL 端口容量	农村 ADSL 端口实占容量
2005	192	10								
2006	192		0.6 万	0.3 万	108	40				
2007			0.82 万	0.4 万	120	60	0.8 万	0.4 万	1200	500
2008			0.92 万	0.56 万	320	180	1 万	0.6 万	1600	700

第四节　移动通信

一、ETS 无线接入

由于农村住户分散，建设投资困难，为解决六枝农村广大农户通信问题，六枝分公司 1997 年新建无线 ETS 设备，2000 年，六枝 ETS 无线用户 1.2 万户。

二、小灵通无线接入

小灵通作为一种新兴的个人无线接入技术，它以其性能优越、绿色环保、话费经济、灵动时尚的个性化特点，给六枝消费者带来全新体验，为六枝通信市场增添勃勃生机。1999 年，六枝分公司新建小灵通无线设备，2004 年达到 1.2 万户。2010 年中国电信开展 3G 移动业务后，ETS 无线接入及小灵通无线接入逐步退出移动通信市场。

三、移动通信

中国移动通信集团贵州有限公司六枝分公司从六枝电信局分营，于 1999 年 8 月 1 日独立运营。位于六枝特区人民路 62 号，2011 年，有员工 104 人，其中本科学历 60 人，大专学历 30 人，具有较强的专业业务水平。公司设有党团基层组织。内设三个部门：综合部、建维部、营销服务部，营销服务部下设五个片区：平寨片区、岩脚片区、郎岱片区、新窑片区、落别片区。全面负责运营中国移动通信在六枝特区的移动通信电话业务，包括语音、数据多媒体、IP 电话及互联网接入服务等。从事移动通信、IP 电话和互联网的设计、建设、维修以及与之相关的系统集成、结算、技术开发、技术服务等，为广大用户提供通信服务。

公司营业及代办网点遍布城区及各乡镇、行政村，营业网点合理布局，渠道已达一乡一店、一村一点。拥有自办营业厅 10 个、代办营业网点 70 余个、空中营业厅 240 余个，为客户提供快捷方便的信息化服务。移动通信网络现已覆盖全区及所有乡（镇）、行政村、高等级公路、风景旅游区等。有移动通信用户 25 万余户。

2001 年，公司顺利完成全区模拟网退网，进入了数字化通信时代。

2003 年，成为六枝最大的通信运营商，率先实现“乡乡通”。

2006 年 9 月 20 日实现“村村通工程”，成为唯一实现行政村“村村通”的运营商，更好服务于广大农村用户。

2009 年，国家明确 TD-SCDMA（以下简称 TD）是我国第三代移动通信的主要标准，要求坚定不移地推进 TD 发展。公司以高度的责任感和使命感，义无反顾地投入到 TD 建设、运营和演进工作中，率先在实现了 3G（TD）商用。以超常规速度完成了 TD 各阶段建设任务。

2010 年底成功覆盖城区以及风景区、部分公路沿线。加快发展 TD 业务，促进手机电视、手机阅读等应用型业务推广，推动 3G 通信市场的发展。

市场业务开展情况

表 11-3-3

年　份	收入（万元）	用户数（户）
2006	4043.88	
2007	5598.82	80258
2008	7840.93	125034
2009	9842.67	182211
2010	10207.59	217237
2011	11060.74	236100

年度获奖情况

表 11-3-4

年　份	获奖情况
1999—2006	六枝特区、六盘水市文明单位
1999—2011	连续四次获得贵州省文明单位
2003—2011	连续十年获得省工商局“守合同、重信用”荣誉称号
2007—2008	贵州省消费者协会评为省级“诚信单位”
2007	贵州省总工会授予“贵州省职业道德十佳单位先进班组”
2008	六枝特区“青年文明号”

四、联通通信

中国联合网络通信有限公司六枝特区分公司成立于2004年5月26日，成立之初共有员工10余人。主要经营固定通信业务，移动通信业务，国内、国际通信设施服务业务，卫星国际专线业务、数据通信业务、网络接入业务和各类电信增值业务，与通信信息业务相关的系统集成业务等。拥有“沃3G”“沃派”“沃家庭”等著名客户品牌。已经放号的号段有130、131、132、155、156、185、186、145号段为中国联通3G WCDMA无线上网卡专属号段。移动增值业务：提供手机短信、手机报、联通在线、炫铃、丽音、手机邮箱、彩信、上网流量，以及来电显示、呼叫转移、呼叫等待、呼叫保持、多方通话、语音信箱、联通秘书、漏话提醒等多种增值业务。

2004年六枝联通经营的移动电话（GSM）和（CDMA）两种制式网络。GSM及CDMA基站共计32个。网络覆盖至六枝特区各乡镇。2005年底用户数为8000余户。

2006年3月28日中国联通深度转型，联通新司标发布，全新的以红色为基调的中国联通品牌标识精彩亮相。

2008年10月15日中国联通、中国网通正式合并，形成了电信运营业的新航母。

2008年年底，GSM和WCDMA基站共计140余个。网络已逐步向各村寨延伸，用户数为16000余户。

2009—2011年，联通六枝分公司狠抓通信发展的宝贵机遇，发扬“竞争、创新、激情、诚信”

的企业精神，不断加大网络建设、致力改善服务、2011 年年底，公司拥有员工 30 余人，联通六枝分公司 GSM 和 WCDMA 基站共计 200 余个，用户数达 40000 余户。

联通公司先后被六盘水市、六枝特区消费者协会评为市级和特区级“诚信单位”。2009—2011 年，连续三年荣获贵州省“守合同，重信用”单位，荣获中共六枝特区委员会、六枝特区人民政府 2009—2012 年度精神文明建设工作“先进单位”。荣获中国联通六盘水市分公司 2010 年信息宣传先进集体二等奖。2010 年 4 月荣获市分公司新营帐系统业务技能暨电信服务规范竞赛二等奖。2011 年，关于“注重工会自身工作，提高工会工作水平”的调研论文荣获集团公司的优秀奖。被市分公司评为“先进集体”“先进班组”。

第十二篇　城建　环保

第一章　城乡规划建设

第一节　中心城区规划

1978—1998年，中心城区进行过两次规划。1999年，启动第三次总体规划，对中心城区进行第三次总体规划，2002年4月1日，经六盘水市人民政府批准实施。其主要内容为：

1. 规划期限：21年（1999—2020），其中近期6年（1999—2005年），远期15年（2006—2020年）。

2. 规划范围：平寨镇全部行政管辖范围和新窑乡北部的行政管辖范围。城市规划区总面积约142平方公里。

3. 性质：是全特区政治、经济、文化、信息中心。以发展煤炭、建材、医药、工业为主，绿色产业、旅游、贸易为辅的综合型工业城市。

4. 人口规模：近期为12万人，远期20万人。

5. 用地规模：至2020年，中心城区建设用地人均控制指标在85～90平方米，中心城区建设用地控制在15～17平方公里。

6. 规划布局：规划确定城区建设用地主要向西（凉水井）发展，其次向东拓展。

根据城区总体布局规划，居住用地布局在城区东、西两大区的基础上细分为六个居住片区，具体分布如下：

云盘片区：本区包括人民路以东区域，由云盘旧城、工矿住宅区组成，居住人口0.4万人。

那克片区：本区包括长途汽车站以东、人民路以西的范围，居住人口3.5万人。

平寨片区：本区以六枝火车站为中心而形成，居住人口2.5万人。

四角田片区：本区为六、七十年代建设的工矿住宅区，居住人口1万人。

六枝片区：本区由六枝老街、六枝煤矿住宅区、六十六工程处住宅区组成，居住人口3万人。

凉水井片区：本区由凉水井矿生活区和新城区组成，为本规划的重点建设区域，居住人口6万人。

2009年，新一轮六枝特区中心区总体规划修编启动，2010年经贵州省住房和城乡建设厅评审通过，2011年11月28日省人民政府批准实施。其主要内容为：

城市规划区范围约327公里。根据六枝特区地域条件和资源特点，同时考虑城乡经济社会发展水平和统筹城乡发展的需要，为促进旅游与城市的协调发展，本次规划把平寨镇、大用镇、木岗镇和新窑乡辖区范围全部纳入城市规划区。结合索考轻工业园区建设，规划将落别乡的部分村组纳入城市规划区管理范围。规划城镇人口2015年达到18万人，2020年33万人，2030年50万人。

中心片区范围东到大用镇东面的湾寨、索考，西抵新窑、凉水井，北抵普定的行政区划边界，南以可视山体为界。控制范围约156平方公里，可建设用地约20.7平方公里。建成区面积约11.8平方公里。

中心城区人口约15万人，规划近期（2015年）人口达到18万人，规划建设用地规模14.4平方公里，中期（2020年）人口达到22万人，规划建设用地规模18.7平方公里，远期（2030年）人口达到30万人，规划建设用地规模30平方公里。

第二节　乡镇规划

一、乡镇规划

1978—1984年，全区乡镇并无具体规划。1985年，开始启动乡镇规划工作，郎岱、岩脚、木岗3镇先后完成规划予以实施。

1996—1998年，由六枝特区建设局组织，各乡镇人民政府配合，六枝特区建设局村管站、规划设计室编制全区除平寨镇之外的18个乡镇集镇总体规划。受限于当时测绘仪器、编制人员技术水平等多方面原因，总体规划仅对集镇规划区的功能分区、路网及管线布局等作部分描述及相关图件，未能对集镇定位、发展方向等作进一步说明。

2002—2011年，随着特区经济社会的发展，由特区建设局组织的各乡镇集镇总体规划已经不能适应各乡镇经济社会发展的需求。对此，特区政府委托多家具有乡镇总体规划编制资质的规划设计单位对特区各乡镇进行了集镇总体规划的修编：

贵州省城乡规划建筑设计院编制《六枝特区陇脚布依族乡村镇总体规划（2006—2020）》。

贵阳新天建筑规划设计院编制《六盘水市六枝特区郎岱镇总体规划》《六枝特区岩脚镇村镇规划（2003—2020）》《六枝特区落别乡总体规划、集镇建设规划（修编）（2004—2020）》《六枝特区新窑乡总体规划、新窑集镇建设规划（修编）（2004—2020）》《六枝特区龙场乡总体规划、龙场集镇建设规划（修编）（2004—2020）》《六盘水六枝特区新华乡村镇规划（修编）（2006—2020）》《六盘水六枝特区毛口乡村镇规划（修编）（2006—2020）》《六枝特区大用镇总体规划、镇区建设规划（修编）（2004—2020）》《六枝特区中寨乡总体规划》《六枝特区牛场乡村镇总体规划》《六枝特区箐口乡村镇总体规划》。

六盘水市规划局规划设计室编制《六枝特区梭戛乡村镇总体规划、集镇建设规划（2004—2020）》《六枝特区洒志小城镇总体规划》《六枝特区新场乡集镇建设规划（2006—2010）》。

贵州正业工程技术投资有限公司建筑设计第七分公司编制《六枝特区折溪彝族自治乡小城镇

总体规划》。在此次总体规划编制中，不仅明确各乡镇发展目标定位和产业布局，并且编制了各乡（镇）的乡（镇）域体系规划、近期建设规划，完善道路、给水排水、电力电信、环保环卫等专项规划，加强规划的可操作性及指导性，对各乡镇的经济社会发展发挥主要作用。

2002—2006年，各乡镇人民政府自行组织编制相关详细规划：《夜郎大街局部修建性详细规划》《六盘水市六枝特区郎岱镇镇区消防规划（2004—2020）》《六枝特区岩脚镇新城大道修建性详细规划》《六枝特区岩脚镇修建性详细规划》《六枝特区岩脚镇新区（局部）修建性详细规划》《中国贵州六枝梭戛生态社区陇戛寨整治与建设规划》《中国贵州六枝梭戛生态社区保护和建设规划（2004—2015）》《六枝特区（大用）农产品批发市场修建性详细规划》《六枝特区毛口集镇移民搬迁点修建性详细规划》。

2006年，陇脚乡编制《六枝特区陇脚乡月亮河村村庄规划（2006—2020）》；2011年，特区政府组织编制了陇脚乡花德河村、补雨村，落别乡抵耳村、牛角村等39个村的村庄整治规划。

二、乡镇建设

（一）集镇建设

1978—2005年，六枝的集镇规模小，发展缓慢。2006年，各级政府对集镇各项建设投入逐渐增大，各乡镇集镇道路、供水、供电等基础设施得到极大改善，办公、医疗、教育等公共服务设施不断完善，集贸市场、牲畜市场等市场服务设施不断增加，镇容镇貌得到一定改善，集镇居民的生活质量得到一定提高，极大地提高集镇承载城镇化发展及辐射周边发展的能力。

1982年，岩脚石板街改造为水泥路面。

2006—2008年，完成乡镇街道3条，全长5957米，建筑面积25199平方米，总投资379万元。

岩脚镇建成镇区内长200米，宽24米的“新城大道”，总投资370万元。

郎岱镇在镇区内修建长550米，宽17.5米的“向阳南路”三期工程，总投资115万元；中寨乡建成小城镇道路硬化建设，道路长1300米，平均宽8米，投资180万元；新场乡完成小城镇道路硬化建设，道路长200米，宽6.5米，投资18.85万元。

新建落别乡、堕却乡、龙场乡党政办公楼建筑面积总计6883平方米，总投293万元。

医疗设施建设方面，建成龙场乡、陇脚乡、折溪乡、中寨乡、洒志乡、堕却乡、落别乡、大用镇、郎岱镇、岩脚镇卫生院，总建筑面积12410平方米，总投资638万元。

市场建设方面，完成六枝特区（大用）农产品批发市场建设，建筑面积6460平方米，总投资279.96万元。

2009—2011年，各乡镇积极争取上级资金及自筹部分资金，共投入8000余万元，改、扩建道路8.2公里，公共场地绿化4260平方米，修建排污管道1239米，给排水设施建设投资651万元。

郎岱镇完成了古镇道路、周家大院、观音阁的修缮；龙场乡建成龙场乡阿珠北街硬化工程，长450米，宽12米；折溪乡建成折溪至坡贡油路区段2.7公里，宽5米。

建成了新场乡、毛口乡党政办公楼；建成了郎岱镇、落别乡、新华乡等乡镇法庭办公楼；建成了30029平方米的岩脚镇经济适用房。

建成了折溪乡、新华乡、龙场乡、箐口乡、梭戛乡、堕却乡、牛场乡、洒志乡、毛口乡、陇脚乡、新窑乡、大玥镇、落别乡邮政办公用房。

（二）村庄建设

1978—2011 年，国家对三农问题高度重视，六枝特区村庄建设也得到蓬勃发展。各乡镇人民政府积极争取和整合上级资金，采取发动农民自筹资金及投工投劳、企业帮扶等方式，对村庄道路、庭院进行新建及硬化，加大供水、排水等基础设施建设投资力度，进行乡镇行政村村级活动室、村级卫生室的建设及郎岱镇、堕却乡、新窑乡地质灾害搬迁工程建设，使村民生产生活条件得到了极大改善，村容村貌得到极大改观。2011 年，启动农村危旧房屋改造工程，完成 13705 户的改造。

第三节 市政建设

一、中心城区道路建设

中心城区以水镇高速公路、贵烟路（102 省道）、那平路、南环路为横线；补林路、兴隆路、建设路、矿业路、人民路、文化路、胜利路、前进路等为纵线，形成“四横八纵”的格网状路网。（其中瓦窑—木岗的快速通道 24 公里，瓦窑—补林 4 公里，补林—六镇高速 7 公里）。

城区道路建设及改造情况

表 12-1-1

建成年度	道路名称	规 模	总投资（万元）
1997	矿业北路	长 442.5 米、宽 25 米	78.17
1998	胜利路	长 357 米、宽 5.5 米	56
2004	货运西路	长 280 米，宽 20 米	232.15
2005	健康路	长 580.6 米、宽 20 米	480
2007	货运东路	长 225 米，宽 15 米	311.68
2010	人民南北路人行道改造	长 1865 米，宽 25 米	288.55
2011	工农路改造	长 136 米，宽 15 米	72

二、燃气建设

2004 年，六枝特区兴旺石油液化气充装站的瓶装燃气站开始启动建设，于 2011 年办理“燃气经营许可证”，供应能力 60 吨／月，供应六枝城区及 11 个乡镇，其中城区 13 家，乡镇 11 家。

2008 年 6 月 26 日，特区人民政府与四川省阿尔文建设有限公司签订《六枝特区人民政府城市管道燃气特许经营协议》，本协议在特区经营权有效期限为30年，自2010年5月1日—2040年4月30日止。该工程建设期限为20个月，供气站占地面积14亩，办公室及营业大厅占地面积4亩。本项目一期（2007—2010年）投资2490万元，供气能力达到2.5万立方米/天，可供2万户居民和300户工商业用户用气。二期（2011—2020年）投资10000万元，供气能力达到10万立方米/天，可供5万户居民和工商业用户用气。2011年，已投入资金逾2300万元，建成城市中压管道22.3公里及部分小区庭院管网的入户工程。

三、污水处理

2007年5月8日，六枝特区污水处理工程可行性研究报告经省发改委批复。2008年10月9日，初步设计经省发改委批复。建设规模为新建1.8万吨/日污水处理厂1座，新建污水收集系统31794米。厂址位于中心城区东南面1.5公里处的克妈洞田坝，处理工艺为新型一体化氧化沟工艺。工程概算总投资4476.54万元。

2010年11月3日，省发改委以《关于六枝特区污水处理工程设计变更和调整概算的批复》对六枝特区污水处理工程设计变更和调整概算进行批复，概算总投资由原批准的4476.54万元增加到6691.00万元，将主要截污管改为沿六枝河道双侧布置，污水收集输送管网总长度从31794米调整为29095米。

该工程于2008年12月10日开工建设，2009年10月，完成厂区所有设计内容。经省环保厅批准于2009年11月10日起试运行；2010年7月20日，在线监测系统通过省环保执法总队的验收；2010年11月7日，通过省环保厅组织的省、市、特区三级环保部门参与的运行验收。

四、垃圾处理

1978—2006年，中心城区的垃圾清运工作，按常规工作管理。2007年，中心城区日产垃圾量达到150吨。随着城市发展，特区城管部门调查研究，决定在距中心城区约5.4公里的平寨镇杨丰村凉水井老黑山，选址新建1座垃圾填埋场。2008年12月29日，投资5280万元的六枝特区垃圾填埋场项目启动，新建日处理200吨垃圾卫生填埋场1座，总库容116.8万立方米，渗滤液处理规模为85吨/日，设置垃圾转运站18座，配置清运车18辆。工程永久占地10.98公顷，服务年限为11年。该工程于2010年12月26日试运行。六枝特区郎岱镇垃圾填埋工程：日处理生活垃圾30吨，总投资3000万元。现正在选点。

五、城市住宅

1978—1984年，分为住宅家属楼和集体宿舍，没有住宅区。1985年，对城市住宅统计，房屋建筑面积119.44万平方米。1995—2000年，登记房屋面积100.95万平方米；2001—2005年，房屋登记面积51.04万平方米；2006—2008年，房屋登记建筑面积30.84万平方米；2009—2011年，房屋登记面积39.68万平方米。

第四节　基础设施建设

一、城市饮水及排水工程

1995 年，堕却饮水工程竣工。2008 年 5 月，特区委托贵州省城乡规划设计研究院编制《六枝特区供水扩建工程可行性研究报告》并上报省发改委，省发改委在 2008 年 12 月 17 日批复。

2008 年 12 月，委托贵州省城乡规划设计研究院编制《六枝特区供水扩建工程初步设计》并上报省发改委，省发改委在 2009 年 3 月 22 日批复初步设计。2011 年，六枝特区供水扩建工程动工建设，规模为新增 2 万吨 / 日的供水能力，建设内容为新建取水泵房 1 座，中途加压泵站 2 座，净水厂 1 座，输水管 12065 米，配水管网 25410 米。项目新增用地 5.6 亩。工程总投资 6378 万元，其中：银行贷款 5000 万元，争取国家补助资金 1378 万元。工程水源为岩脚河河水，取水点在岩脚镇二道水，采用三级提泵到杨梅山水厂处理后供应城区。该工程分四个标段实施。第一标段为水厂建筑安装工程；第二标段为取水工程（建筑安装）；第三标段为设备及其他工程；第四标段为输配管网工程。

二、公园

1983 年，六枝特区修建桃花公园。1987 年，建成六枝南极山公园。2008 年建成九头山文化公园。六枝特区九头山文化公园地处中心城区的中部，北邻那平路、南接健康路，东邻建设南路，西面山脚是环境优美的居住小区。公园为文化公园，文化类别为棋文化和碑石文化。整个公园占地 123.7 亩。规划公园面积 82467.1 平方米，规划建设项目 47 项，概算总投资 1800 万元。项目包含上山踏步、老年大学，上停车场、棋盘、看台、主席台、天元阁、厕所、北门踏步、南天门 1 # 4 # 8 #平台等工程。

三、公厕

六枝特区 2001 年公厕基本情况表

表 12-1-2

编号	公厕地址	管养单位名称	启用年月	类型	结构	蹲位（个）	占地面积（㎡）	建筑面积（㎡）
1	文化路	环卫站	1998.6	旱厕	砖混	6	60	40
2	和平街	环卫站	1980.3	旱厕	砖混	11	108	95
3	桃花公园老大门	环卫站	1979.6	旱厕	砖混	10	100	80
4	人民南路	环卫站	1977.8	旱厕	砖混	14	130	110
5	那平路	环卫站	1987.4	旱厕	砖混	8	86	60

六枝特区 2011 年公厕基本情况表

表 12-1-3

编号	公厕地址	管养单位名称	启用年月	类型	结构	蹲位（个）	占地面积（㎡）	建筑面积（㎡）	备注
1	文化路	环卫站	2000.3	水冲式	砖混	16	70	55	旱厕改建
2	和平街	环卫站	2005.8	水冲式	砖混	15	108	95	旱厕改建
3	桃花公园老大门	环卫站	2003.6	水冲式	砖混	11	100	80	旱厕改建
4	人民南路	环卫站	1999.5	水冲式	砖混	25	130	110	旱厕改建
5	那平路	私人	1998.5	水冲式	砖混	12	120	90	旱厕改建
6	桃花公园新大门	环卫站	2004.3	水冲式	砖混	8	103	85	
7	公安局至开发区	环卫站	2000.9	水冲式	砖混	14	130	100	
8	休闲广场旁	环卫站	2001.7	水冲式	砖混	11	90	78	
9	桃花湖旁	环卫站	2010.6	水冲式	砖混	10	80	74	

第五节　房屋管理

一、住房制度改革

1992 年，国家实行“住房改革”，“六枝特区住房制度改革领导小组”成立，办公室设于房管局。

1993 年，六枝特区正式启动住房制度改革，实行住房分配货币化改革。房改房、集资合作建房、经济适用房、廉租房等成为改善居民住房条件的重要手段。

房改房办理过程分为三步：

1. 部分产权 1993—1997 年，即按职工个人的工龄级别和房屋的地段、结构、楼层系数进行计算，结合标准价（政府统一定价），得出职工个人购房价格，部分产权占 75%。

2. 全部产权：1998—1999 年，获得部分产权的职工缴交 25% 的房款即获得 100% 产权。

3. 补交土地收益金，1999 年，办理全部产权的职工按规定补交土地收益金后，办理“准入许可证”，该住房可以上市交易。

1998 年，收取土地收益金 306.34 万元。

2004 年 6 月，六盘水市住房公积金管理中心六枝分中心挂牌成立，有职工 25 人。2004 年，全区住房公积金缴交余额为 806 万元。

2007 年，特区财政开始为职工配套公积金，缴交比例为职工缴交上年工资的 5%，财政配缴比例为 1：1。

2009 年，全区职工住房公积金缴交比例按市文件规定，职工个人缴存为上年工资的 12%，财政配套比例为 1∶1。

2004 年以来住房公积金业务统计表

表 12-1-4

年份	缴存单位（个）	缴存人数（个）	归集余额（万元）	贷款余额（万元）	支取人数（人）	支取金额（万元）	增值收益（万元）	解决职工住房户数(户)
2004 年前	18	981	844.38	80.23	123	422.19	1.33	126
2004 年	35	981	1027.05	185.23	151	480.71	1.0	156
2005 年	35	1902	1554.21	683.02	261	568.19	2.90	288
2006 年	127	10700	2736.66	1418	307	716.68	21	493
2007 年	132	10762	4235.11	3076.34	462	988.61	20.36	973
2008 年	135	10888	5567.26	4391.51	477	1542.91	74.85	1307
2009 年	138	10888	7581.22	6330.57	574	2072.94	233.31	1719
2010 年	160	11279	18969.81	7900.29	851	3220.56	111.91	2086
2011 年	163	11750	26375.58	10214.43	1331	5668.96	102.43	2462

1996 年，六枝特区安居工程建设发展中心成立。属于房改办下属自收自支事业单位，编制 5 人，有职工 12 人。

1996—2011 年，安居中心共修建安居房、经济适用房、保障性住房共 28 期 148 栋、5146 套、50.23 万平方米，总投资 2.65 亿元，解决干部职工和城市居民无房户 5146 户。

安居中心建房情况一览表

表 12-1-5

期数	房屋工程名称	所在地段	栋数（栋）	套数（套）	面积（M^2）	投资（万元）	建设时间
1997 年	1．2．3# 集资楼	安居路	3	60	4200	121.8	1997 年 11 月
1998 年	1．2．3# 安居房	安居路	3	70	4963	182	1998 年 12 月
1999 年	4．5．6# 安居房	地宗路	3	80	6400	257.6	1999 年 7 月
2000 年	7．8．9# 安居房	团结路	3	80	4800	206.8	2000 年 10 月
2001 年	1．2# 经适房	安居路	2	40	3800	183	2001 年 8 月
2001 年	各单位建设	城区内	10	284	32361	1649	2001 年 11 月
2002 年	3# 经适房	地宗路	1	6	627	28.8	2002 年 10 月
2003 年	1．2# 经房续建 4# 楼	安居路	4	70	8282	404.1	2003 年 8 月
2004 年	各单位建设	城区内	65	2151	222858	7435	2004 年 1—12
2005 年	公路段经房	交通路	1	24	3200	172.8	2005 年 11 月

续表

期数	房屋工程名称	所在地段	栋数（栋）	套数（套）	面积（M^2）	投资（万元）	建设时间
2006年	工矿运输小区	广场路	1	56	5412	259.8	2006年10月
2006年	工矿竹林小区	文化路	3	189	17752	923	2006年11月
2006年	农发行经适房	那平路	1	22	2612	138	2006年12月
2006年	142队经适房	团结路	1	52	6680	387.4	2006年10月
2006年	健康路经济适用房	健康路	8	198	20965	1363	2006年11月
2006年	饮食公司经适房	交通路	1	14	1380	91.01	2006年12月
2006年	汽运公司经适房	矿业路	3	70	6200	434	2006年12月
2006年	工矿电厂经适房	东风路	1	28	2016	114.9	2006年12月
2006年	特区检察院经适房	那平路	1	36	4250	212.5	2006年11月
2006年	教育局退休教师经适房	那平路	6	179	21118	1224.8	2006年10月
2007年	特区气象局经适房	人民南路	1	16	1796	102.4	2007年12月
2007年	市二中经适房	南极路	1	36	4932	276.2	2007年11月
2007年	工矿集团住宅楼	人民南路	1	36	3552	191.8	2007年11月
2008年	工矿救护队经适房	致富路	1	40	5200	291.2	2008年1月
2009年	前进路经济适用房	前进路	6	580	41421	4059.3	2009年12月
2010年	东兴路经济适用房	东兴路	3	160	11646	1281	2010年12月
2011年	岩脚镇经济适用房	迎宾路	8	348	31000	2480	2011年11月
2011年	郎岱镇经济适用房	二小路	6	221	22862	2057.6	2011年12月
合计			148	5146	502285	26528.81	

2001—2005年，办理房改房上市准入7109户，建筑面积34.78万平方米，补收土地收益金146.35万元。2005年，安装了房改档案管理软件，房改档案全部录入计算机管理。

2006—2008年，办理房改房上市准入1432户，建筑面积10.01万平方米，补收土地收益金147.81万元。

2009—2011年，办理上市准入1343户，建筑面积14.05万平方米，补收土地收益金77.72万元。办理经济适用房产权审批372户，建筑面积4.12万平方米，补收资金1665.69万元均在六枝工矿集团。办理腾空经济适用房产权审批87户，建筑面积7229.73平方米。办理房改房补差22户，建筑面积1206.27平方米。办理房改房上市提档285户，建筑面积7894.25万平方米。办理预购经济适用房5户，建筑面积460.62平方米。补办理准入许可证4户。到2011年，人均住房面积达到23.16平方米。

二、住房保障

2001—2005年，特区政府共批准建设经济适用住房11.91万平方米，计划投资5093.60万元，竣工面积共16.31万平方米，完成投资6733万元。由房改办直接组织实施建设的经济适用住房共4.48万平方米。

2006—2008年，特区政府共批准建设经济适用住房建设项目13个，共19.25万平方米2198套，计划投资1.62亿元，竣工面积共5.95万平方米，完成投资3900万元。房改办直接组织实施建设的经济适用住房共4.15万平方米，该项目为特区前进路经济适用房综合项目，由六枝特区安居工程建设发展中心和六枝特区房地产综合开发公司代建，福建金鑫集团投资联合开发。项目占地49.3亩，建设规模为7.08万平方米，经济适用房580套4.15万平方米，廉租房50套2900平方米。2007年，向中央、省及市争取资金1.4亿元，特区政府和六枝工矿集团公司配套5000万元，在全区范围内实施了采煤沉陷区综合治理项目。于平寨镇河湾村开发建设"东苑小区"，集中安置六枝工矿集团采空区范围内的职工，项目占地119亩，建设规模为12万平方米，住宅面积共10.68万平方米1530套，经营门面共7515平方米，公用建筑5685平方米，总投资6117.22万元。

2009—2011年，房改办组织实施修建廉租住房8728套，其中东城惠民小区2009年2516套、2010年1160套、2011年木岗镇1600套、新窑乡1500套、郎岱镇1084套、岩脚镇846套、龙场乡200套、新华乡132套、中铁二局一公司170套、环卫站250套、盘江六盘水煤机厂住宅小区430套，总投资4.72亿元，建筑面积43.89万平方米。

2011年，在中心城区修建公租房232套、总投资2580万元、建筑面积1.2万平方米。在岩脚启动285套经济适用房建设，总投资28.5万元，建筑面积2.42万平方米。

六枝特区租赁补贴发放统计表

表12-1-6

年　度	2008	2009	2010	2011
补贴户数	1931	6588	8216	9565
补贴金额（万元）	232.21	524.49	706.55	781.1

三、房地产开发

1984年，六枝特区房地产综合开发有限责任公司成立，是房管局下属公司，事业单位企业管理。有职工10人。公司有办公用房1栋，办公面积433平方米。

六枝特区房地产开发公司修建房一览表

表12-1-7

商品房名称	所在地段	栋数（栋）	套数（套）	面积（M^2）	投资（万元）	建设时间
15、16号商住楼	那平路	2	64	3352	98	1996.10.17
17号商住楼	那平路	1	15	950	21	1997.12.23

续表

商品房名称	所在地段	栋数（栋）	套数（套）	面积（M^2）	投资（万元）	建设时间
19 号商住楼	建设北路	1	24	2600	102	1998.10.20
22 号商住楼	那平路	2	23	4103.3	120	1998.6.26
27 号商住楼	建设南路	2	50	6982	350	2006.11.3
38 号商住楼	健康路	3	50	9008.07	810	2008.2.26
39 号商住楼	建设南路	1	36	5260	260	2007.1.21
前进路综合项目	下云盘	9	726	70571.78	7600	2008.6.28
东兴路综合项目	下云盘	8	360	30700	3380	2009.9.26
合计		29	1348	133527.2	12741	

2001 年，“六枝特区信用房地产开发有限公司”和“六枝工矿（集团）荣誉房地产开发有限公司”成立。2007 年，“六枝特区正兴房地产开发公司”“六枝特区夜郎房地产开发公司”“六枝特区和盛房地产开发公司”相继成立。2009 年，“六枝特区易朗房地产开发有限公司”成立。2011 年“六枝特区荣欣房地产开发有限公司”成立。

2001—2005 年，六枝特区的房地产开发投资近 2.59 亿元，开发总面积 45.10 万平方米，竣工面积 39.84 万平方米。其中，商品房开发投资近 1.34 亿元，开发面积 21.98 万平方米，竣工面积 17.71 万平方米；经济适用住房开发投资 1.25 亿元，开发面积 23.12 万平方米，竣工面积 22.13 万平方米。

2006—2008 年，六枝特区的房地产开发投资近 4.5 亿元，开发总面积 23.5 万平方米，竣工面积 21.3 万平方米。

2004 年第四季度，六枝中心城区新建商品住宅均价为 660.00 元 / 平方米。2006 年第 1 季度，新建商品住宅均价为 820.00 元 / 平方米。2007 年下半年达到 1500 元 / 平方米。2008 年为 1400 元 / 平方米。

2008 年，“桃源新区”和“物资小区”商品房住宅小区建成，建设规模分别为 5.68 万平方米和 1.97 万平方米；经济适用住房住宅小区有那平路“安居小区”，建设规模近 3 万平方米，健康路的“安居小区”，建设规模为 2.1 万平方米。

2006 年，“工矿大厦”“泰华大厦”“阳光花园小区”“鼎泰风华”等项目相继启动。“工矿大厦”建设规模为 2.67 万平方米，计划投资 3000 万元；“泰华大厦”建设规模为 1.5 万平方米，计划投资 1600 万元，这两个项目于 2008 年相继竣工并投入使用。“阳光花园小区”建设规模为 4.9 万平方米，完成投资 5000 多万元。“鼎泰风华”建设规模为 4 万平方米，完成投资 4000 万元。

2003 年，开发建设的“夜郎大厦”，建设规模为 2.86 万平方米，投资 3000 多万元，2008 年竣工并投入使用。

2008 年，特区酒厂片区 122 亩土地以 5300 万元，由六枝特区易朗房地产开发公司投资进行旧城改造，命名为“连城国际”项目，建设规模 24.47 万平方米，计划投资近 6.5 亿元，2011 年底完成投资 3.2 亿元，一期工程交付使用。

2009—2011 年，完成房地产开发投资 9.7 亿元，开发总面积 39.2 万平方米，竣工面积 28.95 万平方米。建成的商品房住宅小区有“正兴苑”，建设规模 4.36 万平方米；“玲珑居”，建设规模 2.03 万平方米；“鼎泰风华”，建设规模 4.28 万平方米。2009 年商品住宅均价为 1650 元 / 平方米，2010 年商品住宅均价为 1930 元 / 平方米，2011 年商品住宅均价为 2650 元 / 平方米。

四、房地产交易与房屋权属登记管理

1987 年，特区政府成立城镇房屋所有权登记发证领导小组，办公室设于特区房管局，开始对全区城镇房屋所有权进行汇总登记。

1990 年，全区境内共完成 206 万平方米的公私房产权登记发证，占应登记发证的 90% 以上，建立 2 万余件房屋产权产籍档案。

1991—1994 年，由特区房管局对六枝矿务局（央企）所属的 9 万平方米的房屋进行登记发证。房管局办理房地产权属转移登记 146 宗，交易金额 320 万元，代收契税 20 万元；办理抵押登记 104 宗，抵押款 1161 万元；办理租赁备案登记 26 宗 5173 平方米，评估 4 宗 6128 平方米，金额 330 万元。

1995—2000 年，房管局共办理房屋权属初始登记 18679 户，建筑面积 100.95 万平方米；办理房地产权属转移登记 14140 宗，建筑面积 75.30 万平方米；办理房地产抵押登记 1094 宗，抵押贷款金额 5244.20 万元。

2001 年，《关于清理整顿房地产交易市场的实施意见》出台，房管局、工商局、地税局、财政局、公安局、平寨镇政府等部门和单位组建了房地产市场清理整顿领导小组，办公室设于特区房管局，对特区境内的房地产交易市场进行集中整治。

2003 年，根据《贵州省房地产交易与权属登记规范化管理工作考核办法》《贵州省房地产交易与权属登记规范化管理单位考核暂行标准》文件要求，安装计算机局域网管理软件，完善有关工作规程和办事制度。

2004 年 5 月，房地产交易及房屋权属登记规范化管理工作通过省建设厅专家组的验收，达省要求的标准。

2005 年，通过省建设厅专家组的复核。

2006 年 10 月，房管局的机关档案综合管理经省档案局委托的市档案局考核验收达到省一级标准。

2001—2005 年，办理房屋权属初始登记 2599 栋（户），建筑面积 51.04 万平方米；办理房屋验换证登记 9027 栋（户），建筑面积 51.68 万平方米；完成产权产籍档案立卷归档上柜 20210 件，房产面积达 122.35 万平方米；办理房地产权属转移登记 3775 宗，建筑面积 33.10 万平方米，交易金额 1.64 亿元；办理房地产抵押登记 3442 宗，建筑面积 74.60 万平方米，抵押贷款金额 2.06 亿元；共办理房屋租赁备案登记 3516 宗，建筑面积 8.97 万平方米，租金金额 1774.40 万元；5 年协助财税部门代征契税、综合税、印花税共 579.47 万元。

2006—2008 年，办理房屋权属初始登记 702 栋（户），建筑面积 30.84 万平方米；办理房屋验换证登记 388 栋（户），建筑面积 3.3 万平方米；完成产权产籍档案立卷归档上柜 6250 件，房产面积达 40.6 万平方米；办理房地产权属转移登记 4002 宗，建筑面积 37.96 万平方米，交易金额1.15亿元；办理房地产抵押登记2488宗，建筑面积35.57万平方米，抵押贷款金额2.55亿元；共办理房屋租赁备案登记2065宗，建筑面积5.96万平方米，租金金额992.48万元；3年协助财税部门代征契税、综合税、印花税共417.16万元。

2009—2011年，办理房屋权属初始登记345栋（户），建筑面积39.68万平方米；办理房屋验换证登记197栋（户），建筑面积1.36万平方米；完成产权产籍档案立卷归档上柜6640件，房产面积达51.8万平方米；办理房地产权属转移登记4951宗，建筑面积41.35万平方米，交易金额4.87亿元；办理房地产抵押登记3649宗，建筑面积55.44万平方米，抵押贷款金额4.24亿元；共办理房屋租赁备案登记2197宗，建筑面积7.86万平方米，租金金额1426万元；3年协助财税部门代征契税、综合税、印花税共1285.3万元。

2004年，商品房预售合同备案登记工作开始规范，2004—2011年，共办理商品房预售合同备案登记4019户，登记面积39.82万平方米，备案金额8.86亿元。

五、物业管理

1985年，特区房管局成立，对特区境内所有机关、企事业单位及社会团体自建自管的公共住宅、职工住宅、私人住宅予以监督检查，划分管理权限。由国家拨款和地方党政机关、企事业单位等筹资修建的公共住宅、职工住宅中，以单位自建自管为主。1985—1986年城镇房屋普查统计：中心城区全民所有制单位自管公共住宅和职工住宅共118.25万平方米，房管部门直管成套公房52套3610平方米，改造维修接管房为成套宿舍1.4万平方米；单位自管成套公房4721套28.55万平方米，改造维修旧房为成套宿舍72.73万平方米；集体单位自管住宅0.27万平方米，成套住宅8套。

2006年，特区房管局将作为廉租住房出租给特区行政事业单位干部职工的直管公有住房的用水、用电管理分别移交给特区自来水公司和六枝供电分局，实现用水、用电管理市场化。

2003年，《物业管理条例》颁布实施，六枝特区桃源物业管理有限公司、六枝特区鸿泰物业管理有限公司相继成立。

2005年，六枝特区安居物业管理有限公司成立。2011年，六枝特区有7家物业管理企业，服务于健康路安居小区正兴苑5万余平方米、阳光花园、鼎泰风华、金鑫建材城及东城惠民综合住宅小区、连城国际5万余平方米、桃园新区、夜郎大厦、那平路安居小区、玲珑居11个住宅小区，总面积约有48.54万平方米。成立5个小区业主委员会。

2004年，特区政府出台《住宅共用部位共用设施设备维修基金管理办法》，对新建住宅房屋要求按交易金额的2%缴纳共用部位共用设施设备维修基金。2011年，房管局为新开发建设的住宅小区业主共归集住宅共用部位共用设施设备维修基金1000万元。

2003—2011年，在房屋产权人的申请下，特区房屋安全鉴定办公室共开展房屋安全鉴定84宗，鉴定面积为5.49万平方米。

第六节　建筑业

一、建筑施工及建筑队伍

六枝特区第二建筑公司：1982 年，经六枝特区人民政府批准，将原“六枝特区建筑联社”更名为“六枝特区第二建筑公司”。2002 年，在新的建筑企业资质就位中取得贵州省建设厅颁发的“房屋建筑工程施工总承包叁级”资质证书。2005 年，按照相关规定取得《安全生产许可证》，企业性质为“集体所有制企业”。作为劳动密集型的建筑施工企业，二建司的用工较为复杂。由于建筑产品具有不固定性和流动性大，工作岗位不确定等，根据各个时期国家政策的不同，公司的用工来源也不同，有原建筑联社遗留下来的职工、有经劳动部门批准招用的职工、有经行政主管部门批准的职工、有企业自主聘用的职工，各个时期各项目负责人在项目建设中用了职工和临时工，这些工人随着在建项目工程的结束，领取自己应得的工作报酬后自然终止劳动关系。2011 年，有职工 54 人，其中，管理人员 18 人，项目聘用人员 36 人。划拨土地 4 宗（即：平寨办公楼 950.8 平方米、平寨家属区 2161.3 平方米、石灰窑家属区 1808.6 平方米、罗家寨家属区 2421.7 平方米），办公楼一栋，建筑面积约为 1200 平方米，营业性房屋 574 平方米。近几年来，随着外地施工企业（高资质）进驻六枝特区建筑市场，由于该公司资质低的原因，企业承建的项目多为乡镇工程。

六枝特区第三建筑公司：1978 年 9 月，六枝特区第三建筑公司成立，集体经济性质，原名“六枝特区云盘荃建队”，1982 年 1 月改名为“六枝特区平寨镇建筑社”。1984 年 10 月经特区政府批准晋升为“六枝特区第三建筑公司”，隶属平寨镇。公司经贵州省建设厅审核评为四级施工企业，可承担 8 层以下，18 米以下建筑的建筑物，高度 30 米以下的构筑物的建设施工。公司固定职工 156 人，临时工 60 余人，下属四个工程队，自有固定资产 104 万元。技术职称工程师 1 人，助理工程师 5 人，技术员 7 人，项目经理 7 人，施工员 18 名，有职称技术人员 20 人，占职工总人数的 12.8%，职工技术水平平均等级为四级。取得上岗合格证的经济、财务人员 6 人，各类管理人员配套齐全，管理机构健全，公司设“三股一室”，即技术管理股、财务股、机构材料管理供应股和经理办公室。公司承接了六枝特区武装部办公楼、特区人民法院办公楼、特区一中教学楼、六枝特区汽车站、铁五局水泥厂住宅楼、特区国税局、水利局、环保局、交通局、审计局等各单位办公、住宅楼。建筑质量为合格以上。到云南承建的云南鲁甸县桃园清真寺工程，经鲁甸县质监站评为优良工程，受到该县政府、民委奖励。2004 年，因无建筑施工资质，公司被取消。

六枝特区鸿翔建筑安装工程有限公司：其前身是六枝特区第三建筑公司下属的第三工程队，1997 年 7 月，经六枝特区建设局批准成立六枝特区鸿翔建筑安装工程处，成为私营企业。1999 年 7 月，更名为“六枝特区鸿翔建筑安装工程有限公司”，为股份民营企业，经省建设厅核准为工业与民用建筑工程施工四级资质。确定新的企业法人代表，变更公司住所，重新验资，将原注册资本 100.08 万元，变更为 618.08 万元。公司下属七个施工队，全公司员工 328 人，有各类专业人员 41 人，其中工程技术人员 35 人，中级职称 9 人，内有高级职称 2 人；经济管理人员 6 人，初级职称 24 人。有三级以上资质的项目经理 10 人，有 10 名工人持有特种作业许可证。先后承建各种不同类型的工业、民用建筑228余栋（处），总计建筑面积73.8万平方米，工程全部合格，优良率达20%。在诸多房屋建筑工程中，有充满现代城市品位的六枝特区新华书店综合楼、六枝公路管理段招待所综合楼；有设计新颖、体现欧式建筑风格的老年活动中心、小吃城别墅楼；有造型美观、户型合理的桃源新区商住楼和建设局住宅楼群。

2002年，成立六枝特区恒发建筑安装工程有限责任公司，资质等级为国家房屋建筑工程施工总承包三级企业。有初、中、高级职称人员20余人；二、三级项目经理14人；公司下属四个工程处，各处累计在建工程施工人数200余人。

二、重点建筑物简介

夜郎大厦　该工程位于六枝特区那平路与人民北路交叉口处，建设单位为六枝特区信用房地产开发有限公司，施工单位为六枝特区鸿翔建筑安装工程公司和贵州建工集团第五建筑工程有限公司联合承建，设计单位为贵阳市设计有限公司，工程规模28500平方米，总投资1300万元，共19层，2003年开工建设2008年竣工投入使用。设计使用功能为1～5层为商业，6～19层为住宅，该建筑物为六枝特区第一栋高层建筑物，对六枝特区的建筑业发展有着深远的意义，提高了六枝特区的城市品位。

六枝特区影剧院　该工程位于六枝特区健康路，六枝特区人民政府委托六枝特区建设局作为建设单位开发建设，施工单位为六盘水天湖工贸公司，设计单位为贵阳市设计有限公司，工程规模5249.06平方米，总投资1805.6万元，于2004年开工建设，2007年竣工投入使用，设500座位。该剧院的建成，解决六枝特区重大会议、文艺活动无场地的困难。

六枝工矿大厦　该工程位于六枝特区人民路和团结路交叉口处，为L形，建设单位为六盘水利群房地产开发公司，施工单位为六枝工矿（集团）六十五工程公司，设计单位为重庆市轻工设计院。工程规模26720平方米，总投资4000万元。于2006年5月开工建设，2007年12月竣工投入使用。该建筑以高层与多层结合，集办公、商业、宾馆为一体综合性建筑。东、南群楼五层，中间塔楼为19层，一楼为商业门面，为个体户所有；2～4楼为商业用途对外出租；五楼为六盘水利群房地产开发公司自营餐饮；6～13楼为六枝特区牂牁江假日酒店；14～19楼对外出租办公。同时，整栋大楼设有停车场。该建筑位于繁华都市中心，交通便捷，是一个外部环境完美、富有时代特征的新型建筑综合体，为当时市政风貌的精品建筑。

三、建筑业管理

（一）建筑市场管理

2006年，严格实行工程项目招投标制度，规范建筑市场。

2006年，招投标项目24个；2007年，招投标项目30个；2008年，招投标项目19个；2009年，招投标项目26个；2010年，招投标项目32个；2011年，招投标项目30个。

（二）建筑质量管理

在对建筑工程质量的监督管理方面，六枝特区住房和城乡建设局（之前为建委、城建局、建设局）以国家、省的相关法律法规及强制性条文为依据，对建筑工程质量采取定期检查，不定期抽查，专项技术指导，下发整改通知书等一系列措施，既保障了项目的质量安全，又为在建项目的成功建成和交付使用奠定了基础。

在建筑质量管理过程中，特区住建局以质量行为管理为重点。责任主体行为分为静态质量行为和动态质量行为。相对而言，静态质量行为容易检查，动态质量行为显得较为隐蔽，因而把监督的重点放在了动态质量行为上。在实施监督时，重点查看人员配备情况，到位情况，质量保证体系的建立和实施是否符合要求，质量控制措施是否落实到位，重视加强对现场人员的管理，要求质监人员要自觉履行好质量责任，对管理的标准、目标都要求符合质量控制要求。

为保证建筑质量，在实施工程实体质量监督时，采取抽查施工作业面质量和对关键工序，重要部位重点监督柞结合的方法，依据施工图设计文件，工程建设强制性标准对施工过程中的工程质量控制资料和实物质量进行监督检查。对工程实体质量进行抽测，对观感质量进行检查，对住宅发现有违反建设工程质量管理规定行为和强制性条文的，责令改正或要求整改后重新验收。并做好督促整改复查和工程竣工验收的组织形式、验收程序等是否符合有关规定。如不符合，则不能进行验收。

1996—2011 年建设工程质量监督一览表

表 12-1-8

年份	项目个数	总建筑面积（m²）	总投资（万元）	年份	项目个数	总建筑面积（m²）	总投资（万元）
1996	10	34411.25	668	2004	35	123229	4206
1997	30	28362.4	1052.92	2005	38	77949.16	2412.9
1998	62	100383.05	3762.1	2006	30	94439.76	4742.2
1999	81	104009.43	4689.5	2007	31	264373.5	15768.67
2000	48	112861.44	4689.5	2008	19	129079.72	11322
2001	83	147458.9	6571.51	2009	26	139159.7	11326.53
2002	50	90729	4067	2010	32	368578.3	23128.43
2003	54	149338	6734	2011	33	345583.4	33028.71

第二章　城市管理

第一节　城市卫生管理

一、道路清扫

1977 年 2 月，云盘卫生管理站划归特区基建局，改名卫生班。1981 年，特区城建局将云盘卫生班并归园林站，临时工增至 26 人。1983 年，六枝特区环卫站成立，配备国家干部 2 人，职工 1 人，雇用临时工 36 人，负责清扫城区街道 9.09 万平方米。1984 年，六枝特区环卫站负责人民路、团结路、胜利路清扫保洁工作，清扫面积为 10 万平方米。1991 年，那平路（街心花园 -- 平寨大街）建成投入使用后，清扫面积增加至 30 万平方米。1993 年，矿业路和建设北路竣工投入使用后，清扫面积增加到 35 万平方米。1995 年增至 38 万平方米。1998 年增至 42 万平方米。2000 年增至 46 万平方米，环卫工人增至 120 人。2003 年，休闲广场、建设南路、健康路、兴隆路纳入管理，清扫保洁面积增至 53 万平方米。2008 年，清扫保洁面积增至 56 万平方米，环卫工人达 180 人。2005 年 4 月，根据环卫重心下移的要求，六枝环卫站从城管局分离到平寨镇。2006 年 6 月，环卫站又从平寨镇划归城管局管理。2010 年 5 月，政府机构改革，撤销城管局，城管、房管、建设 3 家合并为六枝特区住房和城乡建设局。将原城管局人员组成六枝特区城市管理处。

二、垃圾清运与处理

1979 年 1 月，购置柳江牌平板垃圾车 1 辆取代了手推车和马车。1983 年 8 月，添购解放牌翻斗垃圾车 1 辆，解放牌洒水车 1 辆，经六盘水市人民政府批准征用云盘乡渔塘村石门坎岩旮旮地 8 亩，旱地 4 亩作云盘、平寨片区垃圾场，征用六枝那玉村田地 0.9 亩，岩旮旮地 2 亩作六枝片区垃圾场。2007 年，中心城区日产生垃圾量达到 150 吨。随着城市发展，特区城管部门经调查研究，决定在距中心城区约 5.4 公里的平寨镇杨丰村凉水井老黑山选址新建 1 座垃圾填埋场。2008 年，省发改委等部门审批，设立六枝特区兴城环卫公司，负责承建垃圾填埋场，概算总投资 5280 万元，建设用地 180 亩，总库容量 116.8 万立方米，日处理垃圾 200 吨。

第二节　园林绿化

1978 年，六枝特区城市绿化由特区城建局负责。从平坝农场等地购买法国梧桐、香樟、夹竹桃、芙蓉、冬青等多品种绿化树苗，首次在中心城区主要街道种植。成活率均在 90% 以上。

1981 年 2 月 16 日，特区政府下发《加强城镇建设和绿化管理的通知》，12 月 31 日，特区政府文件明确，不仅绿化街道、厂区、庭院，还要绿化山头。中心区采取统一组织，划片包干，任务到人的办法，大搞绿化活动；由城建局、林业局、平寨镇等部门检查落实。1982 年 12 月 27 日，特区成立绿化委员会，各单位相继成立绿化领导小组，明确专人负责。1983 年城建局成立园林站，专抓城市绿化工作。1985 年 10 月 8 日，特区政府《关于做好城镇绿化工作的通知》规定："特区范围内的各机关、学校、厂矿和企事业单位，都要根据自己的实际情况，因地制宜建设一个绿化区，实行包买树苗、包栽、包活、包管理。"11 月 5 日，文件具体明确：中心区 94 个单位分片包干绿化六枝片、平寨片、云盘片共 15 个大小山头。其间，园林站建有苗圃 1 个，面积 4620 平方米，专为绿化城市提供花种树苗。

1987 年，中心区人民路、团结路、文化路、广场路、胜利路、友谊路、交通路平寨段主要街道行道树绿树成荫；特区政府大院，矿务局机关，一四二队、水源队、消防队、六盘水煤矿机械厂、特区一、二小学、一中、三中等单位庭院绿化树木葱葱耸立，花艳草青，环境优美，景色宜人。

2011 年底中心区绿化环境情况

表 12-2-1

项目 单位	庭院植树（株）	庭院绿篱（m²）	建花坛（个）	庭院盆花（株）	厂区植树（株）	喷水池鱼塘（个）	绿化山头植树（株）	种草坪（m²）	花园式凉亭（个）
特区系统	32100	1200	115	21500	15000	5	18000	300	
矿务局系统	34240	712.5	70	53500	57730	14	10300	70	1
其他系统	2500	2000	130	45000		7	10000	500	

2011 年底中心区城市道路绿化情况

表 12-2-2

道路名称	行道树（棵）	绿化时期（年）	现　状	主要树种
人民路	481	1978	绿化成茵	法桐　香樟
团结路	454	1984	绿化成茵	法桐　女贞
文化路	292	1985	绿化成茵	法桐　女贞
胜利路	81	1980	绿化成茵	法桐　女贞
友谊路	36	1981	绿化成茵	泡桐　大观杨
交通路	118	1984	绿化成茵	泡桐　大观杨
东风路	300	1987	半成茵	女贞　柏枝
跃进路	10	1987	半成茵	女贞　柏枝
广场路	114	1984	绿化成茵	法桐、女贞、大观杨、其他

1995 年，随着城镇化建设步伐加快，增设那平路花坛、花池，主街道行道树以广玉兰、梧桐、女贞、滇杨为主。1998 年后，那平路种植广玉兰 100 余棵，形成广玉兰一条街。2004 年，城区行道树病虫害严重，主要害虫有蚧类和刺蛾幼虫，特区城管局购置了 1 万余元农药，借市城管局喷药机喷洒农药，杀死蚧类、刺蛾幼虫达 2 吨。

2005年，桃源广场升级改造，减少广场绿化面，扩大市民休闲娱乐场所，但城区绿化覆盖率未减，布局渐趋合理。2006年，特区城管局接管休闲广场，绿化面积达1700余平方米。2007年，增加城区绿化，那平路绿化带达6000平方米，桃源广场花池绿化达600余平方米。2008年，新建电信大楼旁花坛，种植绿化286平方米。2010年底，城市道路行道树有1859株，栽种树种有法国梧桐、香樟、女贞、水杉、银杏、桂花、广玉兰等多个品种。中心城区绿地面积已达29万平方米，城市绿化覆盖率32.2%、城市绿地率28.2%。

第三节　城管监察

一、城市管理机构

1987年1月，成立六枝特区城管监察执法队，命名为六盘水市市容管理大队六枝特区中队，人员编制9名，隶属于六枝特区城建局。1996年10月更名为六枝特区城市管理监察中队，人员编制16名，隶属于六枝特区城市管理局。2000年8月，六枝特区城管监察中队升格为城建监察大队，为副科级事业机构，设领导职数1正3副，大队长1名（副科级）副大队长3名（正股级），内设综合股、下设四个中队均为正股级，配中队长四名，综合股长一名，人员编制45名。2003年，城建监察大队更名为六枝特区城管监察大队，核定事业编制40名。2004年6月，撤销六枝特区城管监察大队，连人带编划入六枝特区城建监察大队，为六枝特区建设局所属的副科级财政全额拨款事业单位，定领导职数各1名。事业编制49名（含六枝特区城管监察大队连人带编划入的37名），内设综合股、一中队、二中队、三中队、四中队，均为正股级机构；定大队长职数1名，副大队长职数2名。2007年8月，重新组建六枝特区城管监察大队，为六枝特区城市管理局所属副科级财政全额拨款事业单位，定领导职数各1名。事业编制37名，内设综合股、一中队、二中队、三中队，均为股级机构；定大队长职数1名，副大队长职数2名。2010年5月机构改革，六枝特区城管监察大队连人带编隶属于六枝特区住房和城乡建设局。

二、城市监察

1996年，工作重点是规范市容市貌，拆除主街道人工搭棚违章建筑400多个，取缔燃煤灶100余个。

1997—1998年，采取守点、巡线、集中整治相结合的管理措施，对中心城区内的流动商贩摆摊设点、占道经营等违章行为进行治理。

1999年，重点拆除六枝街违章建筑40余家，治理乱搭乱建、乱堆乱放多处。强制取缔中心城区马车，规范人力三轮车、板车，限定到停放点，规范的停放点有物资局门口、广场路和平寨大街。并对人力三轮车、板车进行编号、统一着色管理。治理沿街超门面经营“占天不占地”现象，割棚布、拆钢架300个。规范沿街施工工地管理，要求工地建围墙，禁止车辆上路出现“跑、冒、滴、漏”现象污染街面。将夜市摊集中到老印刷厂内经营。规范户外广告、墙体、过街横幅、灯箱管理，要求办理相关审批手续。规范自行车、摩托车停放点，限定地段统一停放。2000 年，六枝特区荣获全省城市管理工作“黄果树杯”竞赛第二名。

2001—2002 年，采取守点、巡线、集中整治相结合的管理措施，对中心城区内的流动商贩摆摊设点、占道经营等违章行为进行治理，对不听劝阻的游商进行打击，依法收缴其违规经营物品。

2003 年，采取集中治理与长效管理相结合的办法，取缔违章占道经营 10000 人（次）以上，取缔中心城区卖煤点 13 家，查处乱张贴广告 200 余处，查处污染街面车辆 50 辆，查处乱停乱放车辆 120 多起，暂扣各类违章物品 1000 余件（台），下发《限期改正通知书》50 份，专项治理六枝街 6 次；配合有关部门整顿校园周边秩序，处罚学校周围乱摆摊设点 80 处。签订沿街商铺“门前三包”责任状 3000 余份，悬挂责任牌 830 余块，油漆沿街门面 1350 个。

2004 年，做好人民路夜市摊搬迁工作，加强对周六、周日主街道占道经营的治理，清理中心城区的死角，炉灶、售货亭超门面经营的水果一律入室经营。

2005 年，取缔违章占道经营 10000 人（次），查处乱张贴广告 300 余处，查处乱停乱放车辆 130 多起，配合有关部门整治校园周边环境，处罚学校周围乱摆摊设点 50 处。

2006 年，开展校园周边专项整治行动 10 余次，教育、处罚店外经营 100 余家。开展大规模整治行动 20 余次，整治流动摊、担 15000 余个；治理人行道机动车乱停乱放 400 余辆（次）；清理违章运送泥土车辆 70 余车（次），批评教育 50 余人（次）。

2007 年，特区政府在各单位抽调人员（城管大队抽调执法人员 33 名）组建六枝特区“创建及整脏治乱”综合执法队，治理“五脏五乱”（公共厕所脏、车站码头脏、饮食摊点脏、集贸市场脏、街巷院落脏；乱吐乱扔、乱贴乱画、乱排乱倒、乱搭乱建、乱停乱行），落实“门前三包”（包卫生、包绿化、包秩序）工作。全年治理流动摊点、店外店经营摊点 13000 人次；查处张贴、散发“野广告”200 余起，收缴非法小广告 6000 余张，清除各种乱贴乱画“野广告”1900 条；查处车辆抛洒渣土 8 起；治理机动车上人行道乱停乱放 280 余辆（次）。

2008 年，城管大队实行岗位责任制，分片分段、定人定岗管理，整治流动摊点 10000 余个；治理人行道机动车乱停乱放 200 余辆（次）；清理违章运送泥土车辆 30 余车（次），整治户外门面广告招牌 278 块，共清除非法小广告及喷写的野广告 2000 余处，清理广告乱贴 1280 余张。

2009 年，对沿街乱停乱放车辆严管重罚，处罚违章占道停车 82 起，批评教育 16 起。整治户外广告，派员 300 余人次，治理门面占道广告招牌 278 块。与工商、卫生部门联合治理市场周边占道经营现象，共查处占道经营 1380 余起。加强中心城区校园周边环境整治工作，治理违章占道经营小零售摊点 50 余人（次），超门面经营 10 余人（次）。采取堵疏结合方式，投入资金 2 万元，在原特区公汽公司院内建成钢架结构花园小吃城，将街心花园小吃摊点纳入其中统一规范管理，有效整治街心花园小吃摊点带来的脏、乱、差等问题。在高、中考期间，加强各考点周边环境整治及监控力度，依法取缔考点周边占道经营小吃摊点，保证考务车辆出入畅通，给考生们营造一个安静、整洁、有序的考试环境。根据城管相关法律法规，治理占道经营 5013 起，拆除违章灯箱广告、占道灶台 237 起，取缔夜市摊点 82 起，其中一般程序处罚 3 起，简易程序处罚 400 起。从 9 月 21 日起，特区城管局不分节假日，不分白天黑夜，集中全局执法人员充实城管监察大队执法力量，在局领导带领下，分两组在城区范围具有针对性地开展“整脏治乱”大行动，依法重点查处流动摊点占道经营、超门面经营和机动车上人行道行为，实行严管重罚。加强夜间执法，整治执法盲点，从 10 月 9 日起，每天 18—23 时，特区城管局集中全局执法力量，对其进行重点整治，取缔乱摆摊设点的小吃、水果、百货、娱乐摊点共计 70 余家。10 月份，向社会招收 24 名符合条件要求的人员担当城管协勤人员，协助城管加强城区整“五脏”、治“五乱”的监管力度。10 月 10 日，经特区政府同意，从工商、卫生监督部门共抽调 5 人配合特区城管局加强城区“门前三包”管理工作，对违反“门前三包”（包卫生、包绿化、包秩序）管理规定的行为加大处罚、整治力度。注重城区“野广告”的清除治理工作，利用高压清洗机对沿街“野广告”进行清除，重点加强对市民反映强烈的城区港湾式公交车停靠站点“野广告”清理力度，树立公交运营窗口形象。严格督查制度与加大对违法违规行为曝光力度相结合，把整治工作落到实处。

2010 年，特区建设局、城管局、房管局三家单位合并为六枝特区住房和城乡建设局，市容市貌管理工作由城管监察大队负责，工作延续往年的管理模式开展。

第三章　环境保护

第一节　环境污染

一、污染源

（一）城区主要工业污染源

1. 凉水井洗煤厂：1978—1982 年，污染严重，1983 年关闭。

2. 六枝矿务局电厂：1978—2006 年，废水处理和烟气处理设施滞后，排放的废水和废气造成六枝河水质和六枝片区环境空气严重污染。

3. 六枝特区酒厂：1978—1981 年，废水直接排入六枝河，造成各种生化物指标增高，厌氧生物繁殖，水质恶化，超出国家三级地面水标准。1982 年，扩大再生产，因污染严重，1992 年 10 月停产。

4. 地宗选煤厂：1978—1985 年，由于环保设施不完善，排放超标煤泥水污染六枝河及下游的黄果树瀑布。1986 年，经治理后，外排泥水达标。

（二）其他主要工业污染源

1978—1983 年，工业污染很小。1984—2000 年，乡镇企业异军突起，土法炼焦、小煤窑开采、水泥生产较为突出，二建司水泥厂（筑华水泥厂二厂）白山水泥厂（已关闭）郑家寨水泥厂（夜郎山水泥厂）塔山水泥厂（东方水泥厂）中铁五局水泥厂等，都是在这一时期相继建成投产的。由于产业布局不合理，无污染防治措施，造成严重的环境污染。成为城区的主要污染源。

1990 年，四角田水泥厂（神强水泥厂）投产，在各车间都安装有除尘器，因生产工艺落后，2008 年停产关闭。

六枝矿务局化处煤矿、苦竹林煤矿都只有简单的沉淀池处理废水中的悬浮物，对其他的污染物无处理措施。

1996—2008 年，全区共有 8 个洗煤厂，因环保设施不完善，污染严重，经过产业结构调整，除了碧海洗煤厂、景新洗煤厂外，其他的都进行了关闭。

1998 年，六枝矿务局木岗特种水泥厂建成投产，在工业粉（烟）尘的处理上，采用静电除尘装置，除尘效果较好。但废气中的二氧化硫、氮氧化物没有得到治理。

2001—2008 年，取缔了土法炼焦，各类小机焦项目建设，发展各种“蒙古包”“捣固窑”，全区各类小机焦厂达 20 多个。由于小机焦采用烟气集中高空排放的方式，在环境保护方面比土法炼焦有了较大改善。

2003 年，全区共有地方煤矿 56 对，这些煤矿的矿井水都未经处理直接排放，严重污染全区的地表水。

2004 年，全区共建 12 个铁合金企业，其中有 9 个建成投产，因污染治理设施不完善，环境污染较严重。

（三）生活污染源

2006 年，城区共有经营性燃煤锅炉 21 台，城区餐饮、生活大都使用燃煤生活，燃煤产生的二氧化硫、氮氧化物对环境空气产生污染。

2009 年，城区居民生活污水直排六枝河，造成水质污染，超过功能区标准，为劣Ⅴ类。

2010 年，城区的平寨屠宰场、六枝特区食品公司（六枝特区屠宰场）屠宰废水未经治理，直排六枝河，污染六枝河水质。

（四）农业污染源

2010 年，全区建成的规模化养殖场共 8 个，都没有环境保护设施，对农村环境造成较大污染。

二、环境污染

（一）地表水污染

1. 六枝河污染

1978 年， 六枝矿务局电厂每天有 2800 吨高浓度冲灰水进入六枝河。凉水井矿、地宗矿、六枝矿、四角田矿、六枝酒厂、凉水井选煤厂、六盘水煤机厂等六枝河沿岸企业每天排放工矿废水 16500 多吨。

1982 年，地宗选煤厂每天向六枝河排放 400 吨高浓度泥煤水和 30 多吨泥煤。

1983—1985 年，平均每年排入六枝河的工矿废水有 9000 多万吨，居民生活污水 1500 万吨。

2009 年，城区生活污水排放 633 万吨，废水中排放的污染物主要以 COD、BOD、总氮、氨氮为主，分别达到 3518 吨、985 吨、494 吨和 379 吨。

2. 三岔河污染

三岔河六枝段从牛场乡入境，龙场乡出境，全长31.4公里。1979年起，水城县每天排入河的矿井废水和洗煤废水达8000吨以上，每天排入粉煤灰400吨，使水体呈黑色，远远达不到规定的Ⅲ类水质标准要求。1994年起，境内沿岸生活污水、煤矿矿井水等对三岔河水质也造成了一定的污染。

3. 月亮河污染

月亮河发源于水城县茨冲和折溪乡，两支流汇合后经中寨乡流入北盘江。1978年，水城县杉树林铅锌矿每年有50多吨选矿废水和4万吨尾矿入河对月亮河水质造成污染。1980年起，中寨乡境内的乡镇企业对月亮河水质造成影响。1990年起，每年有矿井水、小洗煤废水等工业废水2198万吨排入月亮河，造成月亮河污染。2010年，陇脚乡境内的养殖企业直接利用月亮河河道进行养殖，污染了月亮河水质。

（二）大气环境污染

20世纪80年代，六枝矿务局电厂、酒厂、铁五局水泥厂、玻璃瓶厂、城区附近的小水泥厂等排放的废气就达610百万标立方米、二氧化硫5578吨、氮氧化物969吨、烟（粉）尘3822吨。其中六枝电厂每年排放的废气就有499百万标立方米、二氧化硫3624吨、烟（粉）尘3329吨。

1989年，六盘水市进行乡镇企业调查，六枝境内燃烧、工艺废气排放量达293百万标立方米。

1995年，乡镇企业废气排放量1234百万标立方米。其中燃烧废气排放量668百万标立方米，工艺废气排放566百万标立方米，排放二氧化硫7398吨、烟尘3024吨、粉尘12820吨。

2006年，城区经营性燃煤锅炉、大华制药厂、特区人民医院、六枝矿务局机关锅炉以及城区餐饮行业燃煤等对城区大气环境造成污染。环境空气质量较差。

2009年，全区废气产生量5286.9百万标立方米，废气处理量3118.4百万标立方米，全部为重点工业源产生的废气，废气处理率为58.98%。废气排放主要以重点工业源排放为主，重点工业源废气排放量占总废气排放量的99.9%。废气污染物产生和排放情况：氮氧化物产生量831.205吨，排放量831.205吨，二氧化硫产生量6711.502吨，排放量6701.612吨。

（三）固体废物污染

1978—1987年．累计堆放废渣807万吨，占地12万平方米，其中煤矸石占总量的90%，粉煤灰、炉渣占5%。

1990—1995年，年排放废渣约95万吨，其中煤矸石占了总量的82%，粉煤灰、炉渣占5%。

2009年，全区固体废物产生量为41.11万吨，其中粉煤灰8.08万吨，炉渣3.65万吨、煤矸石23.21万吨、其他废物2.91万吨、尾矿2.41万吨、危险废物产生量25.87吨。由于固体废物乱堆乱放，没有防护措施，随着雨水的冲刷，严重污染地表水质和土壤。

（四）突发性环境污染

2004 年 12 月，六枝矿区医院（现六盘水市二医）消毒用氯气泄漏，由于发现及时，处理得当，未造成人员伤亡。

2006 年 2 月，原六枝金铭纸厂旧址（特区党校后面）残留的氯气灌泄漏，造成 4 名路过的行人轻伤。

2009 年 8 月，北盘江上游盘南电厂灰池坍塌，造成大量粉煤灰进入北盘江，特区境内西拉至毛口段严重污染。

2010 年，郎岱（水黄公路）食用油泄漏，因量小，未造成污染。

第二节　环境治理

一、环境管理机构

（一）环境行政管理机构

1980 年 10 月，六枝特区环境保护局成立，正科级，下设环境监理站。1987 年，六枝特区环境保护监测站成立，为环保局下设机构，负责辖区内的环境监测工作。1997 年通过首次计量认证，2004 年通过复评审，2010 年通过资质认定评审，认证监测项目五大类 57 小项。2004 年，环境监理站更名为环境监察大队，2007 年，升格为副科级单位。同年 9 个重点乡镇成立了环保所，3 个乡（镇）设立了环境监理员。2010 年，乡镇机构改革，环保所合并入农业服务中心。2011 年，通过环境监察标准化建设验收。是年，环保局机构职能重新核定，内设机构有办公室、综合股、污染控制股、辐射股，下属单位有环境监察大队、环境监测站。

（二）企业环保机构

1981 年，六枝矿务局环保处成立，1987 年成立矿务局环境监测站，矿务局各厂矿相应成立环保科。2000 年，矿务局环境监测站撤销。

二、环境管理

（一）建设项目环境管理

1978—1987 年，由六盘水市环境保护局办理境内环境保护设施与主体工程“三同时”（同时设计、同时施工、同时投产运行使用）审批手续。

1988—1992 年，六枝环保局根据管理权限办理辖区内企业环保“三同时”审批手续。

1993—1996 年，清理了未办理环保“三同时”手续的煤炭及其他企业 63 家，新办、补办环保手续 67 个，使乡镇企业“三同时”执行率达 80% 以上。

2003 年，《中华人民共和国环境影响评价法》颁布施行后，“新、改、扩”建的建设项目开始执行环境影响评价。

2004—2011 年，按照国家及省市关于建设项目环境保护分级审批及建设项目分类管理的规定，共审批环境影响评价手续 504 余件，“新、改、扩”建的建设项目环境影响评价执行率达 100%，“三同时”执行率达 100%。

（二）排污费征收

1978—1987 年，只对国营企业和事业单位征收排污费；1988 年，开征乡镇企业排污费；1993 年起，对排放的污染物列项收费。

1981—1996 年，共征收排污费 270 万元；这段时期都是协议收费。1997—2011 年，征收排污费 2875 万元。2003—2011 年，征收工作逐渐规范，从原来的协议收费向计项计量收费、单项收费向多项收费转变，征收对象也逐渐普及到一切规模性排污单位。

（三）环境监察

1978—1996 年，环境监察工作重点只是特区境内大的工业污染源；1997 年，特区环境监察工作包含了环境统计、排污申报、电磁辐射环境管理监察、危险化学品及危险废物环境管理监察、环境保护设施和工业“三废”（废水、废气、废渣）环境管理监察等。并受委托开展了环境保护法律法规的执行、贯彻落实等。

2003—2011 年，共出动环境监察人员 8200 余人次，检查环保设施 1351 件（套）；检查饮用水源地 573 次；完成限期治理 168 起；处理群众来信来访 534 件；查处环境违法行为 101 起，罚款 124.8 万元。

（四）环境监测

1978—1996 年，只能对少数企业监测，且监测项目很少。1997 年，计量认证后，监测工作开展范围逐渐扩大，到 2011 年，已开展水、气、声等五大类 57 项的监测工作。开展的监测工作有：

1. 环境质量监测：地表水（地下水）监测、环境空气监测、环境噪声监测、饮用水源地水质监测。

2. 污染源监测：工业废水、工业废气、厂界噪声等。

2003—2011 年，共监测了特区境内的地表水（包括饮用水源地）断面 297（次）期；城区环境空气质量 20 次，城区功能区噪声 12 次，重点污染源 135 次；一般污染源 583 次。

（五）污染减排

2005 年，污染物减排工作列入环境保护目标任务进行考核，2006—2011 年，六枝境内采取限期治理、工程减排、结构减排等措施，削减化学需氧量排放量 864 吨，为目标任务 600 吨的

144%，削减率为 12.54%；削减二氧化硫排放量 2483 吨，为目标任务 1294 吨的 191.8%，削减率为 12.79%；两项指标均完成减排目标任务。

（六）环境保护专项行动

2005 年，开始了整治违法排污企业保障群众健康环保专项行动工作。2005—2011 年，共出动环境监察人员 4740 余人（次），加强了限期治理项目、洗煤行业、重点污染企业、城区石碑加工点、饮用水源保护区的专项整治以及对危险化学品生产、使用的企（事）业进行普查和整治，消除了存在的环境安全隐患。

（七）集中式饮用水源地管理

2006—2011 年，环境监察人员对中坝水库、纳麻水库、白岩脚水库和辖区 35 个千人以上饮用水源点的水质、农业面源污染和生活垃圾污染情况进行现场监督管理和综合整治。共出动环境监察、监测人员 520 余人次，检查饮用水源地 676 次、监测 123 次。并制定了《六枝特区中坝水库突发污染事件应急预案》《六枝特区纳麻水库突发环境事件应急预案》《六枝特区白岩脚水库突发事件应急预案》《雾步冲水库饮用水源保护区应急方案》和《六枝特区雾步冲水库突发事件应急预案》。2009 年，编制了全区集中式生活饮用水源环境污染事故应急预案和中坝水库的库区详细保护规划，投资 1.8 万元在中坝水库两端设置了警示牌匾。

（八）污染源普查

2007 年 12 月，启动第一次全国污染源普查六枝特区普查工作，共清查生活源 1372 户（其中普查对象 427 户，建制镇城镇居民生活污染源 5 个；清查工业源 1085 户，其中普查对象 107 户）。在这 107 个普查对象中，重点普查对象 74 个，一般行业 33 个；农业源清查对象 1176 个，普查对象 1280 个。2009 年 4 月，完成普查技术报告和工作总结的编写工作，6 月，完成了市污染源普查办公室对特区普查工作的初步验收。2010.2011 年，普查数据进行了更新。

（九）放射源和危险废物管理

2009 年，对全区含放射源设备的单位进行了摸底清查，共清查有放射源的单位 7 个，含放射源设备总数 11 个；其中工业源设备数 11 个，工业源数 7 个，在用设备数 9 个。电磁辐射设施的单位数 8 个，交通运输设备制造 1 个，电磁设备总数 2 个；综合医院 6 个，在用设备数 11 个，全部为电磁设备；专科医院 1 个，在用设备数 1 个，为电磁设备。危险废物主要是医疗行业的医疗垃圾。

（十）排污许可证管理

2003 年起，特区主要工矿企业实行排污许可证制度，依法持证排污。截至 2011 年，全区先后共办理排污许可证 400 多个，每年都进行年检与更换。

第三节　污染治理

一、废水治理

1981 年，六枝矿务局大用矿、化处矿修建了矿井水沉淀池，对矿井水进行简易处理。

1984 年，因洗煤废水和煤泥污染六枝河，影响下游黄果树瀑布景观水质，地宗洗煤厂被省环保局责令限期治理。1984—1991 年，地宗洗煤厂共投入 234 万元，安装了压滤机和煤泥水循环系统，建设了十一个煤泥沉淀池，日处理煤泥 120 吨、循环使用水 400 吨，实现煤泥全部回收，外排水达标。1989、1991 年被评为国家级环保先进企业。

1985 年，地宗矿、六枝矿被市政府列为限期治理单位。1993 年，地宗矿投资 13 万元，修建容积 1600 立方米沉淀池，清水复用率达 80%。

1987 年，六枝矿务局电厂投资 87 万元，建成水磨除尘、冲灰水浓缩、压滤三大治理系统，但效果不理想。1988 年，经省环保局限期治理，建成冲灰水沉淀池二个、总容积 2618 立方米，并配备了龙门吊车，经过沉淀后冲灰水的粉煤灰浓度大大降低，减少对六枝河的污染。1991 年被评为省环保先进企业。1992 年增大装机容量，新增二台水磨除尘设施，但因冲灰水量大，沉淀池处理能力有限，高浓度冲灰水还是经常污染六枝河。2003 年，投资 90 余万元，修建了容积 3000 立方米的清水池一个，但运行不久发生垮塌。2004 年，又投资 120 万元重新修建，建好后电厂冲灰水全部处理后回用，彻底解决电厂冲灰水对六枝河的污染。2007 年，电厂采用尘静电除尘设施，不再用水来除尘，电厂冲灰水历史结束。

2005 年，六枝特区对 56 对地方煤矿开展矿井水限期治理工作，要求建设矿井水净化处理系统。2006 年，完成 40 对煤矿矿井水的治理，其他 16 对有的是无水不用治理，有的是在技改、整合阶段，技改、整合时按照环境影响评价批复要求配套建设矿井水处理设施。

2006—2010 年，取缔、关闭不符合国家产业政策的洗煤厂 8 个，其他的洗煤厂实现洗煤废水厂内循环不外排，杜绝了洗煤废水对环境的影响。

2007—2011 年，六枝工矿（集团）化处公司、四角田公司、竹林公司相继建设 400 立方米 / 小时的矿井水净化处理系统，达到《煤炭工业污染物排放标准》，可以用来回用、洗浴。特区人民医院、平寨屠宰场、云盘屠宰场、血站、鹏远造纸厂等的污水处理设施也相继完成。搬迁了金铭纸厂、凯豪洗煤厂等一批六枝河的污染源。

2009 年 11 月，总投资 6700 多万元、日处理生活污水 18000 吨的六枝污水处理厂建成投入试运行，处理后的水质达到《城镇污水处理厂污染物排放标准》的一级 B 标以上；截至 2010 年底，共处理生活废水 340 余万吨，减排化学需氧量 491 吨。

二、废气治理

1987 年，六枝矿务局电厂在废水治理的同时进行废气治理，2005 年，投资 200 万元修建了 1 个大的水磨除尘器，对 4、5 号机组的粉煤灰进行处理。2007 年，除尘效率达 95% 以上。

1999—2004 年，由于土法炼焦污染严重，特区环保、监察、武警六枝消防中队等联合组成执法组，开展了几次大规模的取缔土焦工作，取缔土焦窑 1200 多只，没收原煤、土焦 600 余吨，2004 年，全区土法炼焦基本绝迹。

2004 年，完成了中铁五局水泥有限公司烘干车间废气的治理，总投资 143 万余元。

2004—2011 年，对神强水泥厂、东方水泥有限公司、陇脚闽航砖厂、中寨凯升砖厂、凉水井矸石砖厂、筑华水泥公司一厂、二厂、城区 10 台燃煤锅炉的烟尘、磊鑫硅业有限公司等 30 多家企业的烟尘（粉尘）进行了限期治理，有效地改善了城区及农村的大气环境。

2005—2011 年，由于产业结构调整，取缔了小炼铁企业 7 个、焦化企业 28 个、铁合金企业 7 个、水泥窑 3 个、火砖厂 2 个、洗煤企业 4 个，减少二氧化硫排放量 2483 吨。

三、固体废物治理

2009 年，全区固体废物产生量 41.11 万吨，利用量 25.81 万吨，处置量 1.94 万吨，本年贮存量 14.33 万吨；危险废物产生量 25.87 吨，利用量 25.87 吨。全区共有固体废物处理设施 5 台，设计处理能力 190 吨 / 天．填埋场容量 3.6 万立方米；贮存场容量 2221 万立方米，总投资 343.5 万元。危险废物总产生量 25.87 吨，都为废乳化液，全部综合利用。

历年综合利用固体废物企业一览表

表 12-3-1

投产时间	名　称	地　址	规　模	年利用矸石（万吨 / 年）	备　注
1984 年	化处矸石砖厂	大煤山	1000（万块 / 年）	4	已停产
1988 年	六枝矿务局电厂	平寨镇	2.25 万千瓦	5	
1994 年	六枝矿务局电厂砖厂	平寨镇	143（万块 / 年）	0.4（炉渣）	
2003 年	凉水井矸石砖厂	新窑乡	5000（万块 / 年）	10	
2008 年	中寨凯升砖厂	中寨乡	3000（万块 / 年）	6	

四、城区环境综合治理

2009 年，清理城区打碑石场 8 家；2010—2011 年，制定《“整脏治乱”和“双创双建”环境保护工作方案》等相关制度，开展对煤炭采选、水泥行业、娱乐场所、建筑工地、金属加工行业的废水、烟尘、噪声的严格监管；对城区 18 家餐馆油烟进行了限期治理。对无规划手续、无有关证照的洗车、机动车修理等污染行业进行专项整治。

五、流域治理

2009 年，开始实施三岔河流域环境保护河长制工作，制定《六枝特区三岔河流域环境保护河长制实施方案》。

2010 年，制定《六枝特区三岔河流域 2010—2015 年污染治理规划》，关闭境内一批 30 万吨 / 年以下煤炭洗选企业。

2011 年，投入环境专项治理资金 100 多万元，为三岔河流域乡镇购置垃圾清运车 6 辆，修建生活垃圾收集池 134 个。完成梭戛乡高兴村生活废水氧化塘的建设。

2011 年，六枝特区在贵州省三岔河流域环境保护“河长制”工作的考核中获得全省县级第一名。

第四节　环境状况

1987 年前，六枝特区没有环境监测机构，环境质量监测工作没有开展。

1987–1996 年，设立六枝特区环境保护监测站，开始对六枝特区环境质量和污染源进行监测，由于设备技术、人员等限制，仅能开展几项环境指标的监测，监测指标也不能充分反映六枝的环境质量状况。

1997–2011 年，六枝特区环境保护监测站通过省级计量认证后，又加大投入进行标准化建设，已能开展水体、大气、噪声、生物、土壤五大类 61 个项目的监测，监测能力有了很大提高，监测结果基本能够反映六枝特区环境状况。

在 2003 年《中华人民共和国环境影响评价法》实施前，由于经济状况和生产技术不发达，环境监管没有有效手段，环境污染比较严重。

水环境方面，2003 年前，特区境内涉煤企业众多，除了国营的六枝矿务局所属煤矿建设有简易的沉淀池外，其他乡镇小煤窑和土法炼焦、土法洗煤均没有环保设施，大量煤矿废水和洗煤废水直接外排，辖区境内的主要河流三岔河、毛口河、六枝河基本上都是黑色，水质一度恶化至劣五类。由于六枝矿务局电厂大量的冲灰废水污染，六枝河黄家桥到煤机厂一段河水呈褐红色，河道两岸边上都是堆积的粉煤灰。

大气环境方面，在乡镇，土法炼焦产生的大量含硫废气导致炼焦窑附近树林枯萎、死亡。在六枝城区，大华药厂、六枝酒厂、六盘水煤机厂、六枝矿务局机厂、六枝矿务局电厂等燃煤锅炉由于环保设施不健全，排放的大量废气对六枝城区产生严重影响。特别是六枝矿务局电厂，排放的废气二氧化硫浓度高达 8000 多毫克 / 立方米，粉尘达 4000 多毫克 / 立方米，严重污染了六枝城区环境。

环境噪声方面，城区内的娱乐噪声有扰民现象，乡镇环境噪声状况优良。

土壤环境质量方面，由于涉煤企业大量废水直排，加上煤矸石等固体废物无序排放，对土壤环境造成了一定影响。

2003 年后，随着环境污染日益加重，国家相继颁布实施了《中华人民共和国环境影响评价法》《中华人民共和国建设项目环境管理条例》《中华人民共和国大气污染防治法》《中华人民共和国水污染防治法》《中华人民共和国噪声污染防治法》等环保法律法规，环境保护工作逐渐走上正轨。在六枝特区，关停了无证小煤窑、取缔了土法炼焦，逐步淘汰了不符合国家产业政策的企业，大力实施石漠化治理、河流流域治理，加大环保基础设施建设，强化污染治理，实施生态立区战略。到 2011 年，全区主要地表河流水质均达到相应的功能区标准，城区大气环境质量达到《环境空气质量标准》二级。由于近年来机动车辆增多，受交通噪声影响，城区环境噪声有所上升，个别路段有超标现象。

第十三篇　财税　金融

第一章　财政

1978 年 10 月，六枝特区财税局，分为六枝特区财政局和六枝特区税务局。财政局下属股室为预算股、企业财务股、农业财务股、办公室。

1978—1981 年，预算股和企业财务股，分别行使挂靠在财政局的特区控制社会集团购买力办公室和特区企业扭亏增盈办公室的管理职能。

1982 年 8 月，在 8 区 2 镇（即：郎岱区、落别区、六枝区、中寨区、岩脚区、新场区、新华区、堕却区、平寨镇、木岗镇）设立财政所，人员配备由区公所会计、行政人员调入及当年中专毕业生分配任用。财政所人员由财政局直接管理，经费实行报账制。

1984 年，新设立的综合股，负责全区国库券推销业务、控制社会集团购买力管理和票证管理工作，区（镇）财政所开始履行区（镇）财政预决算执行和人员经费核算管理及农业税征收管理职能。

1985—1986 年，增设行政事业财务股、“三会”（即会计学会、财政学会、珠算协会）办公室（后更名为会计管理股）。

1992 年 9 月，全区“撤、并、建”工作结束，原 8 区 2 镇 51 个小乡并为 14 乡 5 镇。财政员全部归属到当地乡（镇）财政所。

1994 年，按照国务院发布的新税制条例，实行全面税制改革和分税制。确定营业税、所属企业所得税、个人所得税、固定资产投资方向调节税、屠宰税、农业四税、遗产税等为县级财政固定收入；增值税、土地使用税、土地增值税、国有土地有偿出让收入和资源税为共享收入。在共享收入中，增值税的 75% 属于中央收入，10% 属省级收入，15% 属县级收入；其余四个税种的收入，50% 属省，市、县各分享 25%。

1996 年 10 月，成立“六枝特区预算外资金管理局”，为正科级建制，1997 年将原“国有资产管理股”升格为“六枝特区国有资产管理局”，同年 6 月“六枝特区预算外资金管理局”降格为副科级局，隶属财政局管理。

1998—1999 年，将综合股更名为“农业税征收管理股”，2002 年 7 月 25 日，六枝特区财政局内设机构为办公室（含监督与条法）、预算股（含社会保障）、国库股（综合股）、企业股、农

业股、农业税收股、会计股、统计股。同年10月11日，六枝特区会计管理局成立，隶属六枝特区财政局。会计局内设综合股、稽核股和会计核算中心。

2003年4月，特区财政局增设政府采购办公室，是年7月撤销企业财务股，增设财政监督与条法股。

2006年，全面取消农业税和农业特产税。

2007年2月，“六枝特区农村税费改革领导小组办公室”更名为“六枝特区农村综合改革领导小组办公室”。业务为：督促指导乡（镇）财政财务和村级财务管理；“两税”征收管理；监督指导涉农补贴的发放和新型农村合作医疗资金的管理等。

2010年，六枝特区预算外资金管理局更名为“六枝特区非税收入管理局”。从六枝特区会计管理局调整6名编制到非税收入管理局。内设征收股、综合股，其工作职能为负责全区财政票据审验、核销、稽查管理及非税收入的收缴、分成划解、汇缴结算清算等 。

2011年9月，六枝特区基层财政管理局定事业编制8名，设基层财政管理股和农业综合开发股2个股室。

第一节　财源建设

1984年以前，六枝特区农业特产税属农业税合并征收的税种。1984年，从农业税中划出单列。1987年，设立耕地占用税。农业税由财政部门直接征收，除农业税外，由财政部门征收的税种有农业特产税、耕地占用税、契税，其他税收则由税务部门组织征收。

2006年，全面取消农业税和农业特产税。2007年，财政部门征收的耕地占用税、契税全部移交给地方税务局征收。

一、农业税

（一）调整产量

1978年，执行1976年农业税“一定五年不变”的指示。1981年后，经过调整，六枝特区常年产量比1975年的常年产量高出8.12%。

2000年3月2日，《中共中央国务院关于进行农村税费改革的通知》明确是年常年产量以1998年前五年农作物折为稻谷的平均产量确定，并保持长期稳定。

2002年，实行的农村税费改革，以1994年到1998年5年间农作物折为稻谷的平均产量为依据，以村民组为单位，确定六枝特区常年总产量1206.02万公斤，计税耕地面积30.01万亩。

（二）确定起征点

1978年，中共十一届三中全会后，农村实行家庭联产承包责任制，改农业税交纳、结算以生产队或以农户为单位，农业税征收期间，主要靠区、社、队和社会力量以及聘请助征员协助征收。20世纪80年代以后，各区、乡财政机构陆续建立，配备了区、乡财政干部，负责农业税征收。

2002年，贵州省统一实行7%的农业税率和正税20%的农业税附加比例，省政府根据粮食保护价和市场价，确定从2002年起，农业税价格为每公斤中等稻谷1.04元，一定三年不变的政策，六枝特区依此执行。

（三）公粮折征代金

1984年9月，六枝特区对农业税征收.粮食征购两条线分开。农民应向国家交纳的农业税，一律折征代金，由区（镇）人民政府负责向农民落实收缴，区（镇）财政所办理征税手续。粮食部门不再代收公粮。当年完成农业税征收入库143.20万元。

（四）恢复公粮实物征收

1992年，根据市政府通知，恢复公粮征实。2002年，实行农村税费改革，规定农业税征收以实物为主，采取“实物征收，货币结算”方式，纳税多少以货币衡量。

（五）减免照顾

1. 社会减免。即：对农村老、弱、病、孤、寡缺乏劳动能力生活有困难的，酌情减免其部分或全部农业税。对遭受意外灾害或其他而生活有困难的农户，革命老区、少数民族聚居地区，贫瘠山区和省批准的照顾地区实行社会减免。以1997年为例，全区农业税（正税）社会减免103.2万元。

2. 灾歉减免。因自然灾害歉收的，根据“轻灾少减、重灾酌减、特重灾全免”的原则进行农业税灾歉减免。

3. 基建占地减免。经县以上人民政府批准占用的建设用地，据实减免农业税。征用荒地，征后不用耕地，租用田地，征地（田）还地（田）均不减免。基本建设占用的耕地，农户凭据到财政部门办理减免。1997年六枝特区基本建设占地减免10.43万元。

4. 退耕还林还草减免。为鼓励农民将贫瘠耕地退耕还林还草，实施生态建设。1984年6月六盘水市人民政府规定，凡属1966年“一定三年”征购基数的耕地退耕还林还草后减免公余粮任务；1966年以后开垦的土地，退耕后不减公余粮，因退耕还林还草年人均原粮不足180公斤，生活有困难的经特区政府批准，酌情减免公余粮任务。2000年以来，六枝特区按照国家计划实际完成退耕还林还草面积2万亩（按丈量亩计算）。按习惯亩计算，六枝特区退耕还林还草面积3.6万亩，调减了农业税正税及附加5.38万元。

二、农业特产税

1983年11月12日，国务院发布《关于对农林特产收入征收农业特产税的若干规定》，明确：“凡从事农林特产品生产，取得农林特产收入的单位和个人，都应按照《中华人民共和国农业税条例》纳税”，1987年，六枝特区征收农业特产税2万元（含附加在内）。

1994 年 1 月 30 日，国务院发布《关于对农业特产收入征收农业特产税的规定》，贵州省人民政府据此于同年 6 月 7 日发布《贵州省征收农业特产税办法》，该《办法》规定：农业特产税由地方财政机关征收，属地方财政收入，将烤烟、晒烟、毛茶、水产品、贵重食品、原木、原竹等在收购环节征收的产品税，改在收购环节征收不同税率的农业特产税。实行多种征收方式：有查账征收、查定征收（即核定收入征收）、查验征收、定期定额征收及代扣代缴、代征代缴等几种。

2002 年，贵州省农业特产税附加比例统一为 8%（烤烟特产税及附加的征收办法按原规定执行）。对在非农业税计税土地上从事应税农业特产品生产的，征收农业特产税。对在农业税计税土地上种植的农业特产品，只征农业税。

三、耕地占用税

1978 年，十一届三中全会后，国家实行改革开放政策，各项建设事业不断发展，占用耕地现象越来越突出。根据《中华人民共和国耕地占用税暂行条例》，贵州省人民政府也相应制定了《贵州省耕地占用税实施办法》。六枝特区根据人均占有耕地的多少及经济发展程度确定为每平方米 4.80 元，由特区财政部门负责征收，于 1987 年 10 月开征。1994 年，耕地占用税全部留给地方，列为县级地方财政收入。2002 年，六枝特区执行 15 等征收级别，每平方米征收 5 元。

四、契税

1981 年，境内进行经济体制改革，中央下放和扩大部分地方财政管理权限，并经过两次“利改税”，调整部分预算收入科目，稳定提高财政收入。1986 年，随着改革开放的不断深入，税收不断增加，促进财政收入递增。2009 年，契税征收管理职责交由地方税务部门承担。

第二节　农村税费改革

2001 年 4 月，按照《国务院关于进一步做好农村税费改革试点工作通知》要求，六枝特区农村税费改革领导小组及办公室正式成立，是年 5—8 月，完成 1994—1998 年 5 年间常年产量测算和农业税的计税基础工作。

2002 年 2 月，全区农村税费改革工作全面启动，从财政、农业、国土、统计、档案等单位抽调业务骨干组成农村税费改革领导小组办公室，在特区农村税费改革领导小组的领导下，指导协调全区农村税费改革工作。其间，通过电台、电视、集会、标语、板报、广播等形式，大范围、全方位、高密度地对农村税费改革进行宣传，使农村税费改革有关政策精神家喻户晓，人人皆知。经调查摸底、测算相关数据，搜集整理资料、制定税费改革方案，逐级上报审批。经贵州省农村税费改革领导小组审定，全区计税土地面积 30.01 万亩，计税常年总产量 12206.02 公斤。

2008—2009 年，共清理化解农村义务教育“普九”债务 3280 万元，国有农（林）税费改革实施，核实上报国有农（林）税费改革转移支付补助资金 24 万余元。

2010 年，全面启动清理化解其他公益性乡村债务和清理化解农村义务教育债务工作，是年清理、核实、锁定、偿还公益性乡村债务即垫交农业税债务 78 万元。

第三节　财政体制

一、　区级财政体制

1978 年，六枝特区按上级精神实行“定收定支，收支挂钩，总额分成，一年一定”的办法。

1980 年实行“划分收支，分级包干，收支挂钩，超收分成”的管理办法。收入预算指标由市财政核批，收大于支的部分上交市财政，支大于收的部分由市财政给予定额补助。规定以 1979 年的收支决算数为基数，逐年递增长幅度 8%。

1985 年，按照贵州省财政体制改革的要求，六枝实行“划分税种，核定收支，分级包干，一定五年不变”的管理体制。以六枝特区 1983 年的收支决算数为基础，重新调整收支基数。对支大于收的、特区、市财政继续实行“定额递增补助”办法。

1990 年，市财政按照“放权、搞活”县级财政的要求，以 1987 年实际收入为基数市财政将云盘税务分局下放给六枝，并对六枝实行超收全留。

1994 年，国家推行“分税制”财政体制，确定营业税、所属企业所得税、个人所得税、固定资产投资方向调节税、屠宰税、农业四税、遗产税等为县级财政固定收入；增值税、土地使用税、土地增值税、国有土地有偿出让收入和资源税为共享收入。在共享收入中，增值税的 75% 属于中央收入，10% 属省级收入，15% 县级收入；其余四个税种的收入，50% 属省，市、县各分享 25%。

2006 年，土地增值税调整为省不分成，市级收入 40%，县级收入 60%；城镇土地使用税、资源税调整为省级收入 30%、市级收入 30%、县级收入 40%；国有土地出让收入调整为省级 10%，市级 40%，县级 50%；矿产资源补偿费收入调整为 9.6% 属于市级收入，14.4% 属于县级收入。

2010 年，国有土地出让收入又调整为省级 10%，市级 20%，县级收入 70%。

二、乡（镇）财政体制

1983 年，经济体制改革和农村经济不断深入发展，国家决定在乡（镇）一级建立财政预算，划分一定的收支范围给乡（镇），实行“分灶吃饭”。

1984 年，贵州省政府在《关于进一步改进财政管理工作的通知》中强调“要加强区级财政工作，逐步建立乡级财政”。

1985 年，财政部颁布《乡（镇）财政管理试行办法》，乡（镇）财政按照“核定收支，超收分成，收入上交，支出下拨，超支不补，结余留用，一年一定”的管理办法，初步建立了一级财政预算制度。

1988 年，基本完成财政体制的建立。

1994 年“分税制”出台后，为了激励乡（镇）一级抓经济的积极性，对乡（镇）制定了新的财政体制。具体办法为：“定收定支，收支相抵，收入逐年递增，超支不补，收抵扣，定额上交，超收四六、六四分成或全留，一定四年”，并明确年递增比例为 15%。收支范围和权限的划分：（1）乡（镇）辖区内属地方税收和增值税 15% 的部分，农业税，农业特产税，划归乡（镇）收入。（2）乡（镇）级的收入按明确的征管范围进行征管，如有变动相应调整基数，年终对乡（镇）财政收入完成情况分别进行结算，次年年初按体制兑现。

1998 年，由于乡（镇）支出因素较多，支出数额较大，而税收入库又比较困难，六枝特区对乡（镇）财政体制实行“定收定支，收支相抵，收入比例递增，超收不补，收扣抵，定额上交或定额补助，超收分成，一定一年”的财政体制。对财政收入任务完成起到积极的推动作用。

2002 年，建立特区对乡镇财政包干体制的基本框架，在达到收入基数的前提下，收入增量按比例分享，适度集中，统筹支付。对各乡（镇）核定收支基数，对收大于支的乡（镇），实行“核定收支基数，超收分成，递增包干上交，结余留用”的财政管理体制；对支大于收的乡（镇），实行“核定收支基数，超收分成，递减包干补贴，结余留用”的财政管理体制。

2006 年，按照建立公共财政体制的要求，六枝特区政府以：统一政策，分级管理，按照事权与财权相结合的原则，合理划分区、乡收支范围，规范和调整乡（镇）收支结构，保证乡（镇）机构和村级组织的正常运转，特区政府按照“划分税种、核定收支、超收分成、短收不补、自求平衡、结余留用”的乡（镇）财政管理体制。

第四节　财政收支

一 、财政收入

1978—1995 年。六枝特区的财政收入主要由农业税、工商税、企业税、其他税及预算外收入等组成。

1987 年，境内财政收入为 961.85 万元，全特区财政收入达 5171 万元（含中央省级部分）。

1995 年，本级财政收入 2378 万元，比 1987 年增长 3.2 倍。

1996—2011 年，按照全省财政工作会议和六盘水市经济工作会议精神，六枝特区确立了新的财政工作指导思想，继续实行适度从紧的财政政策，积极支持经济发展，大力培植财源，进一步完善和推进财税改革，着力整顿财经秩序，强化税收征管，增加财政收入，开源节流，搞好本级经济上台阶工作，全年公共财政预算收入达到 3373 万元。

2000 年，全区财政收入实现大幅度增长，总收入 7770 万元，公共财政预算收入 4811 万元。

2001 年，进入“十五”规划，继续落实积极的财政政策和西部大开发战略，大力支持国有企业改革和发展，支持非国有经济发展加强征管，确保财政收入稳定增长。2002 年，进一步紧抓西部大开发机遇，加强财源建设，财政收入实现大幅度增长。2003—2005 年，全区财政收入遵照“积极而稳妥”的原则，稳步增长。

2009 年，本级公共财政预算收入达到 38089 万元，比 2008 年增加 7032 万元，进入财政收入大增长时期。

2011 年，本级财政总收入达到 66895 万元，比 2009 年增加 28806 万元。

二、财政支出

1978—1995 年。六枝特区财政总决算支出明细以银行实际支出数列报，财政支出主要包含经济建设、文化教育科学卫生事业费和其他支出等。这段时间，六枝特区财政累计支出 49482.98 万元。1995 年，地方财政支出 5762 万元，比 1978 年增长 7.3 倍。

1996—2005年。从1998年起，六枝特区财政支出主要包含以下五个方面：一般预算支出、基金预算支出、预算外财政专户资金支出、一般预算上解支出和基金预算上解支出，财政累计支出267425万元，其中：1．一般预算支出，主要包括：基本建设支出、企业挖潜改造资金、简易建筑费、科技三项费、农业支出、林业支出、水利和气象支出、工业交通等部门的事业费、流通部门事业费、文体广播事业费、教育事业费、科学技术、医疗卫生支出、其他部门的事业费、抚恤和社会福利救济、社会保障补助支出、国防支出、行政管理费、武装警察部队支出、公检法司支出、城市维护费、政策性补贴支出、支持不发达地区支出、专项支出和其他支出，共计支出239295万元。2．基金预算支出，主要包括：文教部门基金支出、农业部门基金支出、土地有偿使用支出、地方财政税费附加支出和其他支出，共计支出1063万元。3．预算外财政专户资金支出，主要包括：行政事业费支出、基本建设支出、城市维护支出、乡（镇）自筹统筹资金支出、其他支出和政府调剂资金，共计支出24293万元。4．一般预算上解支出，共计支出2681万元。5．基金预算上解支出，共计支出93万元。

2007—2012年。从2006年起，实施政府收支分类改革，对财政支出科目进行调整，财政支出主要包含以下六个方面：公共财政预算支出、债务还本支出、基金预算支出、财政专户管理资金支出、公共财政预算上解支出和基金预算上解支出，财政累计支出1055667万元，其中：

（一）公共财政预算支出，主要包括：一般公共服务、国防、公共安全、教育、科学技术、文化体育与传媒、社会保障和就业、医疗卫生、节能环保、城乡社区事务、农林水事务、交通运输、资源勘探电力信息等事务、商业服务业等事务、金融监管等事务支出、国土资源气象等事务、住房保障支出、粮油物资储备事务、国债还本付息支出、其他支出，共计支出921761万元。

（二）债务还本支出，共计支出4000万元。

（三）基金预算支出，主要包括：一般公共服务、教育、文化体育与传媒支出、社会保障和就业、城乡社区事务、农林水事务、交通运输、资源勘探电力信息等事务、商业服务业等事务和其他支出，共计支出105483万元。

（四）财政专户管理资金支出，主要包括：一般公共服务、国防、公共安全、教育支出、科学技术、文化体育与传媒支出、社会保障和就业、医疗卫生、节能环保、城乡社区事务、农林水事务、交通运输、资源勘探电力信息等事务、商业服务业等事务、国土资源气象等事务和其他支出，共计支出18298万元。

（五）公共财政预算上解支出，共计支出5689万元。

（六）基金预算上解支出，共计支出446万元。

1978—2011年，财政累计支出1372574.98万元。

六枝特区财政收支统计

表13-1-1　　　　单位：万元

项　目	1978年	1979年	1980年	1981年	1982年	1983年	1984年	1985年
一、收入								
地方财政收入	791.93	662.81	673.9	390.4	406.3	434.2	676.1	324.7

续表

项　目	1978 年	1979 年	1980 年	1981 年	1982 年	1983 年	1984 年	1985 年
其中：企业收入	73.2	7.8	0.6	10.9	–21	1	57.2	–545
工商各项税收	605.5	570.5	572.5	277.9	313.5	332.7	443.5	701.3
农业税	104.6	82.5	96	89	93.6	92.6	143.2	115.6
其他收入	8.7	2.1	4.8	12.6	20.1	8.3	32.2	52.8
定额补助			67.5	271.6	297.1	245.2	253.8	276.8
专项补助	235.2		188.1	429.3	396.9	537.8	611.3	1,159.60
二、支出								
地方财政支出	793.8	876.9	924.7	1,038.26	1,132.86	1,265.00	1,453.86	1,741.26
其中：基本建设拨款	6.9	9.7	21.2	20	8	35.6	19.9	127
企业挖潜改造资金	26.8	40	57.5	70	93.5	15.7	58.5	19.7
支援农业支出	257.9	272.7	187.42	221.45	155.39	76.3	143.3	131.51
文教科学卫生事业费	279	331.46	391.03	395.58	438.4	477.85	549	642.92
城市维护费		11.7	9.99	41	37.4	55.65	50.46	28.02
抚恤和社会救济费	43.2	61.32	34.7	37.12	60.35	82.17	86.92	162.87
行政管理费	129.3	130.93	170.11	163.84	217.18	249.1	286.87	321.31
其他支出	50.7	19.09	52.75	89.27	122.64	272.63	258.91	202.5
专款支出								12.67
财政价格补贴支出								92.76

续表

项　目	1986 年	1987 年	1988 年	1989 年	1990 年	1991 年	1992 年	1993 年	1994 年	1995 年
一、收入										
地方财政收入	834.3	961.85	1297.69	1815.01	1969.00	2176.30	2385.90	3070.10	3278.00	2378.00
其中：企业收入	29.6	41.4	–141.5	–264.1	–230.5	–201.3	–234.5	–267.2	32	141
工商各项税收	646.6	723.1	1228.00	1564.20	1767.20	1934.50	2194.10	2844.60	1192.00	1478.00
农业税	108.4	153.9	177.5	244.3	233.5	246	237.4	333.2	504	469
其他收入	49.7	43.1	67.5	270.6	198.9	197.1	188.9	159.5	352	290

续表

项　目	1986 年	1987 年	1988 年	1989 年	1990 年	1991 年	1992 年	1993 年	1994 年	1995 年
定额补助	378.74	397.68	240	1.6	136.6	136.6	136.6	136.6	137	137
专项补助	833	1017.20	1103.90	2266.41	2329.50	2369.30	1888.60	1245.10	1061.00	945
二、支出										
地方财政支出	1969.43	2324.56	2452.53	3964.32	4086.50	4518.00	4690.00	4975.00	5514.00	5762.00
其中：基本建设拨款	121.58	84.3		10	12	28	70	86	3	10
企业挖潜改造资金	40.8	36.16	10	5	25	19	33	21	7	114
支援农业支出	153.47	315.6	189.54	217	294	350	266	328	224	134
文教科学卫生事业费	711.51	778.21	922.49	1001.00	1209.00	1258.00	1572.00	1708.00	2313.00	2294.00
城市维护费	16.15	20.13	14.32	28	32	36	160	76	62	116
抚恤和社会救济费	141.21	148.38	136.81	154	159	132	156	171	290	252
行政管理费	345.94	387.67	335.04	399	474	582	823	797	1134	1124
其他支出	282.07	372.91	559.83	759.32	803.5	1078.00	1122.00	1488.00	1386.00	1613.00
专款支出	15.87	7.7	15.6	11	24	40	33	48	25	62
财政价格补贴支出	140.33	173.5	268.9	1380.00	1054.00	995	455	252	70	43

六枝特区财政收支统计表

表 13-1-2　　　　单位：万元

项　目	1996 年	1997 年	1998 年	1999 年	2000 年	2001 年	2002 年	2003 年	2004 年	2005 年	2006 年
一、收入											
财政总收入	7600	7137	7245	7230	7770	9330	11175	13305	17428	20141	21866
其中：公共财政预算收入	3373	3565	4444	4096	4811	5757	7018	8237	11804	12123	12500
专项收入	89		133	159	171	270	272	293	396	552	654
上级补助收入	3453	3847	4266	5577	6571	11130	15502	16899	23038	31480	36520
财政部门收入	1381	1438	1641	1259	1407	1483	1781	2570	3297	3062	3895
基金预算收入		96	238	123	160	145	42	88	22	136	417
预算外财政专户管理资金收入		1219	1665	2482	2650	2350	2484	2911	3607	3842	2560

续表

项　目	1996 年	1997 年	1998 年	1999 年	2000 年	2001 年	2002 年	2003 年	2004 年	2005 年	2006 年
二、财政支出											
（一）一般预算支出	6348	7525	8850	9769	11143	17719	23022	26826	34884	44385	48824
1. 基本建设支出	16	30	30	60	30	42	60	324	436	698	696
2. 企业挖潜改造资金	10	25	5					13		126	155
3. 简易建筑费	22	25	40								
4. 科技三项费			2	2	4	5	6	7	10	46	15
5. 农业支出	137	169	728	856	695	1386	1601	1621	1872	3099	3265
6. 林业支出	5	125	93	94	219	381	398	483	602	770	833
7. 水利和气象支出	528	597	239	240	215	378	406	445	553	881	1144
8. 工业交通等部门的事业费	56	60	63	71	26	91	100	155	266	316	329
9. 流通部门事业费			9	11	12	20	24	36	57	75	71
10. 文体广播事业费	2006	2321	283	325	336	539	800	1138	1405	1580	1792
11. 教育事业费	17		2581	2774	3093	4558	5611	6187	8691	12283	12086
12. 科学技术				1	1	1	4	5	7	9	9
13. 医疗卫生支出	570	587	679	868	790	1359	1882	1291	1499	2093	3598
14. 其他部门的事业费	317	390	311	335	161	261	381	743	807	940	986
15. 抚恤和社会福利救济	250	311	244	297	363	657	1113	1431	1934	2850	3165
16. 社会保障补助支出			4	97	207	230	311	1415	1095	1425	1833
17. 国防支出	17	2	2	3		10	5	6	8		
18. 行政管理费	1296	1603	1771	1744	2280	3561	4711	4684	5959	6757	6204
19. 武装警察部队支出							1	4	2		
20. 公检法司支出	466	566	661	682	735	925	1160	1276	1527	1841	2092
21. 城市维护费	110	117	167	194	267	511	621	623	713	778	910

续表

项　目	1996 年	1997 年	1998 年	1999 年	2000 年	2001 年	2002 年	2003 年	2004 年	2005 年	2006 年
22. 政策性补贴支出		71	111	73	122	24	25	89	332	65	181
23. 支援不发达地区支出	107	143	175	249	384	1170	1404	1337	1327	1538	2857
24. 专项支出	57		56	34	67	205	257	258	338	364	462
25. 其他支出	361	383	596	759	1136	1405	2141	3255	5444	5851	6141
（二）基金预算支出		88	95	123	160	70	130	89	51	134	123
1. 文教部门基金支出		63		58			82	88	36	134	
2. 农业部门基金支出							15	1			41
3. 土地有偿使用支出											82
4. 地方财政税费附加支出		7	77	65	160	70	33		15		
5. 其他支出		18	18								
（三）预算外财政专户资金支出		1072	1858	2393	2660	2440	2302	3157	3158	2922	2331
1. 行政事业费支出		354	1095	1725	1768	1868	1895	2774	2770	2736	2126
2. 基本建设支出		8	220	167							
3. 城市维护支出					8	101	36	82	125		
4. 乡镇自筹统筹资金支出			183	160	205	286	119	79			
5. 其他支出		710	167	216	515	11	48	56	81	186	205
6. 政府调剂资金			193	125	164	174	204	166	182		
（四）一般预算上解支出	183	82	124	137	115	148	252	241	288	463	648
（五）基金预算上解支出										14	79

说明：1997 年以前财政总决算支出明细以银行实际支出数列报，1998 年起以财政拨款数列报

六枝特区财政收支统计表

表 13-1-3　　　　单位：万元

项　　目	2007 年	2008 年	2009 年	2010 年	2011 年
一、收入					
财政总收入	23437	27916	38089	47814	66895
其中：公共财政预算收入	13640	16238	23270	29562	49850
专项收入	1060	2653	3895	3457	4675
上级补助收入	47086	80699	92193	128949	166489
财政部门收入	3192	4074	7234	8138	24067
基金预算收入	684	881	4811	12747	34095
财政专户管理资金收入			4429	5381	4075
二、财政支出					
（一）公共财政预算支出	59240	95486	119323	158226	215664
1．一般公共服务	9045	10927	12578	15198	23100
2．国防	107	130	144	85	190
3．公共安全	2843	3902	6003	6482	6776
4．教育	18044	28007	27960	33209	41870
5．科学技术	203	281	379	452	374
6．文化体育与传媒	591	865	857	1019	1234
7．社会保障和就业	5788	11278	19588	15558	25735
8．医疗卫生	5202	7412	11478	12137	18788
9．节能环保	521	3771	4723	8126	6384
10．城乡社区事务	1212	3313	4088	3632	3312
11．农林水事务	8360	14213	13373	27945	35453
12．交通运输	809	1340	1971	1215	4835
13．资源勘探电力信息等事务	1097	1204	2376	3383	5139
14．商业服务业等事务	127	419	942	1652	1359
15．金融监管等事务支出					175
16．国土资源气象等事务	372	499	814	2499	830
17．住房保障支出	509	2272	6923	18812	36579
18．粮油物资储备事务	335	411	289	256	293
19．国债还本付息支出	500	1577	800	2200	2069
20．其他支出	3575	3665	4037	4366	1169

续表

项　目	2007 年	2008 年	2009 年	2010 年	2011 年
（二）债务还本支出					
（三）基金预算支出	546	1323	4247	13017	38355
1．一般公共服务					
2．教育	141	395	199	240	300
3．文化体育与传媒支出		10	18	15	
4．社会保障和就业	99	118	138	769	848
5．城乡社区事务	239	156	2823	9704	36542
6．农林水事务	4	599	805	2028	605
7．交通运输		30			
8．资源勘探电力信息等事务	63		20		
9．商业服务业等事务			7		
10．其他支出		15	237	261	60
（四）财政专户管理资金支出	3566	3434	6010	3914	613
1．一般公共服务	271	265	285	221	
2．国防		3			
3．公共安全	65	119	161	118	
4．教育支出	1206	909	974	926	613
5．科学技术	70				
6．文化体育与传媒支出	27	41	38	38	
7．社会保障和就业	189	227	646	859	
8．医疗卫生	46	110	116	154	
9．节能环保			4	163	
10．城乡社区事务	823	490	2667	301	
11．农林水事务	49	77	70	98	
12．交通运输	192	415	301	150	
13．资源勘探电力信息等事务	460	742	745	876	
14．商业服务业等事务				7	
15．国土资源气象等事务	26	26	3	3	
16．其他支出	142	10			
（五）公共财政预算上解支出	866	1109	1294	790	681
（六）基金预算上解支出	161	252			33

第五节　财政管理

一、预算管理

1978年，执行“定收定支，收支挂钩，总额分成，一年一定”的管理办法，将商业、供销及社队企业收入纳入财政预算；规定企业盈亏由特区财政办理缴拨。1979—1985年，财政预算从“增收分成，收支挂钩”到“划分收支、分级包干”再到“划分税种、分级包干”等多次调整，以适应国家财政管理体制。1986—1990年，继续执行“划分税种、分级包干”的管理体制，并且“一定五年不变”。1991—1995年，按照上级规定，“不许打赤字预算”。1996—1998年，实行适度从紧的财政政策，预算编制坚持“量入为出，量力而行，确保重点，兼顾一般”的原则，从严控制非生产性支出。1998—2011年，在预算的编制和执行时，均遵照“积极而稳妥”的原则，自实行部门预算后，细化了财政支出项目，预算编制进一步规范化、科学化、合理化。

二、非税收入（预算外资金）管理

1978年，将各部门违规自行扩大预算外项目形成的预算资金、截留应交国家的各项财政收入、虚报冒领和决算假造套取国家财政所得的资金、已作支出报销后结余所得的资金和未使用的物资以及挪用基建单位和国有企业的资金等，一律视为“小金库”清缴入库。1983年，按照财政部颁发的《预算外资金管理试行办法》及其他补充规定，明确预算外资金的收支范围，从各个环节上实施常规化、制度化管理。1996年10月，为了加强对预算外资金的管理，促进地方经济建设和各项事业的发展，根据《国务院关于加强预算外资金管理的决定》和《预算外资金管理试行办法》，成立六枝特区预算外资金管理局。2010年9月，“六枝特区预算外资金管理局”更名为“六枝特区非税收入管理局”，由预算外资金过渡到非税收入。

三、国库集中收付管理

2002年10月10日，六枝特区会计管理局成立。其主要职能是管理特区行政事业单位会计工作，统一核算纳入的行政事业单位的财务收支。2011年，六枝特区会计管理局更名为“六枝特区国库集中收付管理局”。负责配合财政各部门建立并完善国库单一账户体系，监督单位预算指标与用款计划的执行。

四、零户统管

六枝特区的零户统管工作主要在乡（镇）开展，称为乡（镇）财务零户统管，撤销乡级各单位的银行账户。取消会计岗位，单位只设报账员，其各项资金的收付和结算全部由乡级财政负责核算和管理。

2004年，六枝特区在全区19个乡（镇）开始实行零户统管工作，实现了预算内外资金的捆绑使用，提高了资金的使用效益，有效加强对单位财务收支活动的监督，规范了会计工作秩序。

第六节　财政监督

一、财政审计、财政监察和财务检查

（一）财政监督机构的设置

六枝特区财政局于1990年设立监察股，2004年更名为“监督与条法股”，2010年机构改革后更名为“税政法规和财政监督股”。主要承担党风廉政建设、财政法制宣传教育、财政监督、执法纠风、环境建设等方面的工作。其主要职责是：承担税制政策调整、税种增减、税目税率调整、减免税和税制改革调查有关工作；拟定并组织财政监督检查制度；监督检查会计信息质量；承担本局内部的监督检查工作；承担财政收支预算执行，财政资金使用以及各单位的财务收支执行情况的监督检查工作，提出完善财政政策和加强管理的建议；依法查处违法违纪行为，承办国家赔偿费用管理和行政复议、应诉工作。

（二）主要工作开展情况

财政监督工作采取日常监督与重点检查相结合的办法。促使各部门建章立制，堵塞漏洞，完善管理，维护财经法纪的严肃性。

1998年，根据上级指示精神，不再进行“三大检查”，只进行法规监督检查。

1999年，“三查办”撤销，将其职能并入财政局。财政局经过整合，成立了监督与条法股，一年一度的大检查逐步向以日常监督为主转变，并将财政监督的重心转到对财政收支的监督上来。

（三）2000年以来开展的财政监督检查工作主要有：

1. 按照上级部署，认真开展一年一度的会计信息质量检查和一年一度的财政财务综合检查。检查内容主要有：会计基础工作情况、预算编制和执行情况、专项资金使用情况（主要包括涉农补贴、教育、医疗卫生、社会保障、环境保护、公共文化、扶贫开发、通村公路、通乡油路、乡（镇）社会抚养费等专项资金）、非税收入管理情况和票据管理情况、《政府采购法》及相关规定的执行情况等。

2. 认真开展一年一度的财政内部审计。审计内容主要有：财政收支、财务收支、经济活动的真实性、合法性和效益性；各项资金的跟踪监管情况；上级审计部门和同级审计部门审计结果整改情况；各项规章制度的建立情况等。

3. 定期不定期地组织对中央政府公共投资、扩大内需资金等进行专项检查。

4. 按照中央、省、市关于开展“小金库”专项治理工作意见和有关要求，加强组织领导，组建工作机构，制订实施方案，从2009—2011年相继开展了党政机关和事业单位、社会团体和国有及国有控股企业“小金库”专项治理工作。采取自查自纠和重点检查相结合的方式对“小金库”治理中发现的具有普遍性、倾向性问题，责成相关单位整改落实，同时对相关责任人进行了处理，并通过建立健全财务监督管理制度，研究“小金库”发生的主客观原因，加强政策法规宣传和业务指导等措施，探索建立预防产生“小金库”的长效机制，进一步提高监管水平，努力实现标本兼治的目标。

第七节　国有资产管理

国有资产是社会主义公有制经济的物质基础，是国家取得财政收入的主要源泉。根据国家关于加强国有资产管理的有关精神，六枝特区财政局于1991年设立国有资产管理办公室。

一、国有资产统计

国有资产统计的内容为全区各部门和地方企业国有资产的存量、分布、结构、运营、效益和质量等基本情况。

2008—2011年六枝地方企业国有资产统计

表13-1-4　　单位：万元

年　份	汇总户数	资产总额	流动资产	固定资产
2008	25	17862.80	9270.41	7116.93
2009	25	22113.99	10448.52	7116.93
2010	23	27729.32	10792.00	7019.98
2011	23	30907.83	9039.85	6918.00

2008—2011年六枝地方企业国有资产统计

表13-1-5　　单位：万元

年 份	汇总户数	负债总额	流动负债	长期负债	资产负债率
2008	25	13793.44	11535.75	906.49	0.77
2009	25	19615.06	12171.30	1806.87	0.89
2010	23	24835.27	12162.25	1714.15	0.90
2011	23	28527.74	11637.21	1731.67	0.92

2008—2011年六枝地方企业国有资产统计

表13-1-6　　单位：万元

年　份	汇总户数	所有者权益	实收资本	资本公积	盈余公积	未分配利润
2008	25	4069.37	4880.17	5663.98	260.25	-6683.03
2009	25	2498.94	4880.17	4705.68	260.25	-7347.16
2010	23	2894.05	4825.62	4828.85	254.06	-7014.47
2011	23	2380.09	4773.89	4385.79	250.95	-7030.55

二、国有产权登记

实施国有资产产权登记对象为占有、使用国有资产的企业。六枝特区从1992年起，开始国有资产产权登记工作。初次产权登记，要求企业除填报国有资产权登记表外，还需附送有关部门验资证明及营业执照副本的复印件。对用国有资产新开办的企业，也进行登记。对分离、合并、撤销的企业，分别进行产权变动登记或注销登记。1995—2003年，国有资产产权登记工作逐渐走上正轨，各地除一些情况特殊的企业（如基层食品站，多年无经营活动，已经名存实亡）外，其余国有企业绝大部分都进行了产权登记。

三、国有资产评估

六枝特区的国有资产评估工作始于1991—1995年，受理项目均为小型单项评估。评估对象以房屋、土地、设备为主。多属抵押、转让类。1996年后，国有资产评估内容发生较大变化，凡国有企业破产、发生兼并或改制，都要求进行整体资产评估。评估工作多由会计师事务所和审计师事务所受理。也有个别企业邀请外地会计师事务所受理其评估项目。

四、清产核资

（一）国有企业清产核资

六枝特区于1995年成立专门的资产清查小组，对全区国有企业的国有资产进行清查。对呆账坏账进行核销。全区清查企业户数为65户，资产损失核定为724万元。其中固定资产损失184万元，流动资产损失540万元。所报价值重估增值882万元，按照有关规定转作资本公积金。所有者权益核定为6334万元。其中国家资本金4844万元，资本公积金1881万元，盈余公积金582万元。调减原因为：冲销损失724万元，价值重估增值882万元，三项相抵共调增所有者权益158万元，土地估价3625万元。

（二）集体企业清产核资

1996年7月，国务院印发《在全国城镇集体企业、单位的清产核资工作的通知》，正式批准在全国有计划地开展城镇集体企业、单位的清产核资工作。六枝特区城镇集体企业、单位的清产核资工作，由清产核资办公室负责。按照《六盘水市1998年城镇集体企业、单位清产核资实施方案》，产权界定工作开始。1998年11月，清产核资工作结束。

（三）行政事业单位资产清查

2007年，开展了对全区行政事业单位的资产清查工作，截至到2011年12月31日，全区行政事业单位资产清查登记上报户数为150户。其中教育系统34户，卫生系统29户，乡（镇）19户，区级单位68户。全区资产合计为47003.07万元。其中土地1899.28万元。房屋建筑物20452.71万元，交通运输设备9300.8万元。2011年已处置资产2670.63万元，处置收益221.31万元。

六枝特区2011年行政事业单位资产汇总

表13-1-7

资产分类	价值（万元）	数量/面积	资产分类	价值（万元）	数量/面积
土地	1899.28	211359.95	电子产品及通信设备	5085.09	9299
房屋构筑物	20452.71	522614.54	仪器仪表及量具	576.24	811
通用设备	323.71	209	文艺体育设备	277.70	3723
专用设备	5236.96	5139	图书文物及陈列品	414.40	2034217
交通运输设备	9300.80	816	家具用具及其他类	2978.29	115299
电气设备	457.90	2061	无形资产	0.00	0
总计	47003.07				

第二章 税务

1978年，财政、税务分设。1979年，国家对税制进行全面改革，全国统一税种。1981年，六盘水市税务局营盘分局成立，征管境内的六枝矿务局、六盘水煤机厂、供电所、灯泡厂和长箐畜牧场等纳税企业。1990年，六盘水市税务局营盘分局并入六枝特区税务局，改称“六枝特区税务局营盘分局”。1994年9月，根据国家税制改革精神，六枝特区实行国、地税机构分设，成立六枝特区国家税务局和六枝特区地方税局。

第一节　国税

一、管理机构

1994 年 9 月，根据国家税制改革精神，六枝特区实行国地税机构分设，六枝特区国税局成立。局机关内设办公室、人教科、监察室、税政科、计财科、征管科、发票管理所、稽查队。下设云盘、平寨等 12 个税务所。1997 年 5 月，将 12 个税务所按经济区域改为直属、城郊、郎岱、岩脚 4 个征收管理分局。2001 年，与六盘水市国家税务局三分局合并，同年 6 月，局机关新增信息中心。同年 8 月，将直属、城郊 2 个征收管理分局合并为那克征收管理分局。2002 年，撤销计财科，将其财务业务划归办公室，将其计划业务划归新设的收入核算科。2003 年，成立六枝特区国家税务局办税服务厅。2005 年 3 月，新设税源管理科，专门负责特区范围内的大企业管理职能。2006 年，将 3 个征收管理分局升格为副科级单位。2008 年，将其职能调整为纳税评估，是年 5 月，将那克、郎岱、岩脚 3 个征收管理分局改为那克税务分局、郎岱税务分局、岩脚税务分局。2009 年，将稽查局升格为副科级单位。2010 年 9 月，局机关办公楼由团结路搬至健康路。

二、税种税率

（一）增值税

增值税是对销售货物或者提供加工、修理修配劳务以及进口货物的单位和个人就其实现的增值额征收的一个税种。是国家最主要的税种之一。纳税人销售或者进口粮食、食用植物油、自来水、暖气、冷气、热水、煤气、石油液化气、天然气、沼气、居民用煤炭制品、图书、报纸、杂志、饲料、化肥、农药、农机、农膜、农业产品，以及国务院规定的其他货物，税率为 13%；小规模纳税人销售货物或应税劳务的增值税税率为 3%。

（二）消费税

消费税实行从价定率、从量定额，或者从价定率和从量定额复合计税（简称复合计税）的办法计算应纳税额，对纳税人出口应税消费品，免征消费税，国务院另有规定的除外。消费税由国家税务局征收，进口的应税消费品的消费税由海关代征。

国税局消费税税目税率表

表 13-2-1

税　目	税　率
一、烟	
1. 卷烟	45%加0.003元/支
（1）甲类卷烟	30%加0.003元/支
（2）乙类卷烟	25%
2. 雪茄烟	30%
3. 烟丝	
二、酒及酒精	
1. 白酒	20%加0.5元/500克（或者500毫升）
2. 黄酒	240元/吨
3. 啤酒	250元/吨
（1）甲类啤酒	220元/吨
（2）乙类啤酒	10%
4. 其他酒	5%
5. 酒精	
三、化妆品	30%
四、贵重首饰及珠宝玉石	
1. 金银首饰、铂金首饰和钻石及钻石饰品	5%
2. 其他贵重首饰和珠宝玉石	10%
五、鞭炮、焰火	15%
六、成品油	
1. 汽油	0.28元/升
（1）含铅汽油	0.20元/升
（2）无铅汽油	0.10元/升
2. 柴油	0.10元/升
3. 航空煤油	0.20元/升
4. 石脑油	0.20元/升
5. 溶剂油	0.20元/升
6. 润滑油	0.10元/升
7. 燃料油	
七、汽车轮胎	3%
八、摩托车	
1. 气缸容量（排气量，下同）在250毫升（含250毫升）以下的	3%
2. 气缸容量在250毫升以上的	10%

续表

税　　目	税　　率
九、小汽车 1．乘用车 （1）气缸容量（排气量，下同）在 1.0 升（含 1.0 升）以下的 （2）气缸容量在 1.0 升以上至 1.5 升（含 1.5 升）的 （3）气缸容量在 1.5 升以上至 2.0 升（含 2.0 升）的 （4）气缸容量在 2.0 升以上至 2.5 升（含 2.5 升）的 （5）气缸容量在 2.5 升以上至 3.0 升（含 3.0 升）的 （6）气缸容量在 3.0 升以上至 4.0 升（含 4.0 升）的 （7）气缸容量在 4.0 升以上的 2．中轻型商用客车	 1% 3% 5% 9% 12% 25% 40% 5%
十、高尔夫球及球具	10%
十一、高档手表	20%
十二、游艇	10%
十三、木制一次性筷子	5%
十四、实木地板	5%

（三）企业所得税

企业所得税是对内资企业和经营单位的生产经营所得和其他所得征收的税种。企业包括国有企业、集体企业、私营企业、联营企业、股份制企业和有生产经营所得和其他所得的其他组织。企业所得税的征税对象是纳税人取得的所得，包括销售货物所得、提供劳务所得、转让财产所得、股息红利所得、利息所得、租金所得、特许权使用费所得、接收捐赠所得和其他所得。企业所得税的税率为 25%，非居民企业使用税率 20%，符合条件的小型微利企业适用税率 20%，国家需要重点扶持的高新技术企业使用税率为 15%。2002 年 1 月，国家税务总局对国、地税所得税征管范围进行了划分。自 2002 年 1 月 1 日起在国税登记的企业由国税征收所得税。

三、征收管理

（一）税务登记

按照《中华人民共和国税收征收管理法》及《中华人民共和国税收征收管理法实施细则》的规定办理税务登记。登记期限为从事生产、经营的纳税人自领取营业执照之日起 30 日内，登记时需提供的资料有：工商营业执照或其他核准执业证件，有关合同、章程、协议书，组织机构统一代码证书，法定代表人、负责人或业主的居民身份证、护照或者其他合法证件。对发生解散、破产、撤销以及其他情形，依法终止纳税义务的，纳税人进行注销登记。对到外县（市）临时从事生产经营活动的纳税人进行外出经营报验登记。对未按照规定期限申报办理税务登记、变更或者注销登记的纳税人，自发现之日起3日内责令其限期改正或处以罚款，情节严重的，处2000元以上10000元以下的罚款。

截至2011年12月31日，六枝特区国税局征管户数5314户，其中：企业656户，非企业单位1户，个体4657户。

（二）纳税申报

1994年以前的纳税申报模式为：凡纳税单位发生纳税义务时都必须按照税务机关规定的期限和内容，向税务机关报送纳税申报表，会计报表和其他有关纳税资料，反映本期内生产经营情况和盈亏情况。

1994年至今，纳税申报的具体内容除报送纳税申报表、财务会计报表以及税务机关根据实际需要要求纳税人报送的其他纳税资料外，还要求纳税人、扣缴义务人直接到税务机关办理纳税申报或者报送代扣代缴、代收代缴税款报告表，纳税人、扣缴义务人不能按期办理纳税申报或者报送代扣代缴、代收代缴税款报告表的，经税务机关核准，可以延期申报，纳税人未按照规定的期限办理纳税申报和报送纳税资料的，由税务机关责令其限期改正，并视其情节情况处以罚款。2009年1月1日起，纳税申报期限由10天改为15天。

（三）税款征收

六枝特区国税的税款征收方式有查账征收、定期定额征收、查定征收、代征代缴和代扣代缴5种。随着财务管理制度日益建立健全，国税局查账力量不断充实，查账征收方式已成为主要的征收方式。

（四）税务稽查

六枝特区国税稽查局（副科级），专司六枝特区国家税务局所辖征管范围内的偷税、逃避追缴欠税、骗税、抗税案件的查处。

开展税务稽查工作，除检查纳税人的账簿、记账凭证、报表和有关资料，检查扣缴义务人代扣代缴、代收代缴税款账簿、记账凭证和有关资料外，还到纳税人的生产、经营场所和货物存放地检查纳税人应纳税的商品、货物或者其他财产，检查扣缴义务人与代扣代缴、代收代缴税款等有关情况。

（五）税收征管制度建设

中共十一届三中全会后，税收改革全面实施，税收由单一税制变为复合税制，国家与企业经济利益的分配集中反映在税收上，为了适应新形势发展的需要，六枝税务局进行大胆探索，1988年4季度，成立征管改革领导小组，制定征管改革方案，1999年初全面推行：一是实行征、管、查三分离的征管模式，二是改上门收税为纳税人按期申报纳税，三是推行“公开办税”制度，四是加强征管基础资料建设。

1991年9月，六盘水市征管改革经验交流会在六枝税务局召开，1992—1993年，六枝税务局对征管改革的成果不断巩固、完善和改进。1994—2011年，在实施新税制和国地税机构分设的基础上，征管模式得到科学合理的改进，纳税服务成为税务机关“两大核心工作”之一。开展信息化建设，紧跟上级步伐，1998年开展金税一期工程建设，2001年推行城市综合版征管软件，2005年《中国税务综合征管系统》运行，2009年8月金税三期工程正式启动。

2001年，六枝特区国家税务局办税服务厅被国家税务总局授予文明单位荣誉。2006年、2011年，六枝特区国家税务局连续两届被省委省政府授予全省文明单位荣誉。

1990年，税收收入首次突破千万大关。2005年，税收收入首次突破亿元大关。2011年组织税收收入与1994年机构分设时相比增长308.56%。

六枝特区国家税务局1978—2011年收入任务及完成情况

表13-2-2　　单位：万元

年　度	计划任务数	实际入库数	完成计划 %	与上期同比增减 ± %	与上期同比增减额
1978	560	605	108.12	113	22.88
1979	590	570	96.69	−35	−5.78
1980	570	572	100.43	2	0.35
1981	240	278	115.77	−29	−51.46
1982	240	314	130.65	36	12.85
1983	310	333	107.33	19	6.11
1984	380	443	116.70	111	33.28
1985	585	596	101.94	153	34.47
1986	649	668	102.99	73	12.08
1987	750	756	100.83	88	13.15
1988	700	738	105.48	−18	−2.36
1989	810	881	108.79	143	19.34
1990	1920	2011	104.73	1130	128.19
1991	2300	2180	94.77	169	8.40
1992	2300	2429	105.61	149	11.44
1993	2660	3176	119.40	75	30.75
1994	3300	3621	109.72	44	14.00
1995	1350	1400	103.68	−2221	−61.34
1996	1245	1372	110.17	−28	2.01
1997	1405	1406	100.04	34	2.47
1998	1510	1646	109.02	241	17.12
1999	1700	1915	112.65	269	16.34
2000	1930	1812	93.86	−103	−5.40
2001	4146	4600	110.96	2789	153.95

续表

年　度	计划任务数	实际入库数	完成计划 %	与上期同比增减 ±%	与上期同比增减额
2002	5122	5407	105.57	807	17.54
2003	6100	6396	106.88	988	18.28
2004	6900	7198	104.32	803	12.55
2005	8600	10268	119.40	3070	42.65
2006	11000	11989	108.99	1721	16.76
2007	13687	12848	93.87	859	7.16
2008	13360	15024	112.45	2176	16.94
2009	17600	19422	110.35	4398	29.28
2010	21400	23847	111.44	4425	22.79
2011	26150	14794	56.57	-9053	-37.96

第二节　地税

一、管理机构

1994 年，国家根据“统一税率、公平赋税、简化税制、合理分权，理顺国家、集体、个人的分配和中央与地方分配关系”的要求，六枝特区税务局实行国家税务局、地方税务局两局分设，是年 9 月，六枝地税局成立。按 19 个乡（镇）设立 19 个税务所和局直属税务所。内设机构 6 个：人秘股、税政股、征管股、计划会计股、办公室、纪检组。

2001 年 10 月 9 日机构改革，特区地税局内设机构 5 个：办公室、税政法规股、计划财务管理股、征收管理股、人事教育股。直属机构：稽查局、直属征收分局。19 个乡（镇）税务所改成岩脚征收分局；局郎岱征收分局；平寨征收分局；新窑税务所；落别税务所。

2011 年 11 月 16 日进行税源专业化管理改革。特区地税局内设机构 6 个：办公室、政策法规股、纳税服务股、计划财务股、征管和科技发展股、人事股。机关党委：负责机关和直属单位的党群工作和目标绩效管理工作。纪检监察机构：负责本单位的纪检监察工作。特区地税局设立 7 个片区税务分局，为特区地税局的派出机构，副科级规格。特区地税局事业机构电子税务中心，属正股级事业单位。

二、税种税率

六枝特区地方税务局先后征收的税种有：营业税、企业所得税、个人所得税、契税、耕地占用税、房产税、城镇土地使用税、印花税、车船税、资源税、城建税、固定资产投资方向调节税、土地增值税和烟叶税。各税种、税目、税率规定如下表：

贵州省车船税税目税额表

表 13-2-3

税　目			计税单位	年基准税额（元）	备　注
乘用车按发动机汽缸容量（排气量）分档	排气量 1.0 升（含）以下		每辆	120	核定载客人数 9 人（含）以下
	排气量 1.0 升至 1.6 升（含）			300	
	排气量 1.6 升至 2.0 升（含）			360	
	排气量 1.6 升至 2.0 升（含）			660	
	排气量 2.5 升至 3.0 升（含）			1200	
	排气量 3.0 升至 4.0 升（含）			2400	
	排气量 4.0 升以上			3600	
商用车	客车	中型客车	每辆	480	核定载客人数 10 人— 19 人，包括电车
商用车	客车	大型客车	每辆	600	核定载客人数 20 人（含）以上，包括电车
	货车		整备质量每吨	60	包括半挂牵引车、三轮汽车、低速载货汽车等
挂车			整备质量每吨	30	
其他车辆	专用作业车、轮式专用机械车		整备质量每吨	60	不包括拖拉机
摩托车			每辆	60	
机动船舶	净吨位不超过 200 吨		每吨	3	拖船、非机动驳船分别按照机动船舶税额的 50% 计算，拖船按照发动机功率每 1 千瓦折合净吨位 0.67 吨计算征税。
	净吨位超过 200 吨但不超过 2000 吨			4	
	净吨位超过 2000 吨但不超过 10000 吨			5	
	净吨位超过 10000 吨			6	
游艇	艇身长度不超过 10 米		每米	600	
	艇身长度超过 10 米但不超过 18 米			900	
	艇身长度超过 18 米但不超过 30 米			1300	
	艇身长度超过 30 米		每米	2000	
	辅助动力帆艇			600	

六枝地税局税种、税率表

表 13-2-4

税　种	税　目	税　率
营业税	一、交通运输业	3%
	二、建筑业	3%
	三、金融保险业	5%
	四、邮电通信业	3%
	五、文化体育业	3%
	六、娱乐业	5% ~ 20%
	七、服务业	5%
	八、转让无形资产	5%
	九、销售不动产	5%
企业所得税	基本税率	25%
	小型微利企业	20%
	高新技术企业	15%
房产税	自用	1.20%
	出租	12%
城镇土地使用税	一级	9 元 / 平方米
	二级	6 元 / 平方米
	三级	4.8 元 / 平方米
	四级	3.6 元 / 平方米
城镇土地使用税	工矿区	3.5 元 / 平方米
土地增值税	增值额未超过扣除项目金额 50% 的部分	30%
	增值额超过扣除项目金额 50%，未超过 100% 的部分	40%
	增值额超过扣除项目金额 100%，未超过 200% 的部分	50%
	增值额超过扣除项目金额 200% 的部分	60%
契税	基本税率	3%
	优惠税率	1%
	优惠税率	1.50%
耕地占用税	基本税率	20 元 / 平方米
	优惠税率	10 元 / 平方米
印花税	1. 购销合同	按购销金额 0.3‰贴花
	2. 加工承揽合同	按加工或承揽收入 0.5‰贴花
	3. 建设工程勘察设计合同	按收取费用 0.5‰贴花

续表

<table>
<tr><th>税　种</th><th>税　目</th><th colspan="3">税　率</th></tr>
<tr><td rowspan="10">印花税</td><td>4. 建筑安装工程承包合同</td><td colspan="3">按承包金额 0.3‰贴花</td></tr>
<tr><td>5. 财产租赁合同</td><td colspan="3">按租赁金额 1‰贴花。税额不足 1 元，按 1 元贴花</td></tr>
<tr><td>6. 货物运输合同</td><td colspan="3">按运输费用 0.5‰贴花</td></tr>
<tr><td>7. 仓储保管合同</td><td colspan="3">按仓储保管费用 1‰贴花</td></tr>
<tr><td>8. 借款合同</td><td colspan="3">按借款金额 0.05‰贴花</td></tr>
<tr><td>9. 财产保险合同</td><td colspan="3">按保险费收入 1‰贴花</td></tr>
<tr><td>10. 技术合同</td><td colspan="3">按所载金额 0.3‰贴花</td></tr>
<tr><td>11. 产权转移书据</td><td colspan="3">按所载金额 0.5‰贴花</td></tr>
<tr><td>12. 营业账簿</td><td colspan="3">记载资金的账簿，按实收资本和资本公积的合计金额 0.5‰贴花。其他账簿按件贴花 5 元</td></tr>
<tr><td>13. 权利、许可证照</td><td colspan="3">按件贴花 5 元</td></tr>
<tr><td>烟叶税</td><td>烟叶税</td><td colspan="3">20%</td></tr>
<tr><td rowspan="22">个人所得税</td><td colspan="4">工资、薪金所得适用</td></tr>
<tr><td colspan="2">全月应纳税所得额</td><td rowspan="2">税率（%）</td><td rowspan="2">速算扣除数</td></tr>
<tr><td>含税级距</td><td>不含税级距</td></tr>
<tr><td>不超过 1500 元的</td><td>不超过 1455 元的</td><td>3</td><td>0</td></tr>
<tr><td>超过 1500 ~ 4500 元的部分</td><td>超过 1455 元至 4155 元的部分</td><td>10</td><td>105</td></tr>
<tr><td>超过 4500 ~ 9000 元的部分</td><td>超过 4155 元至 7755 元的部分</td><td>20</td><td>555</td></tr>
<tr><td>超过 9000 ~ 35000 元的部分</td><td>超过 7755 元至 27255 元的部分</td><td>25</td><td>1005</td></tr>
<tr><td>超过 35000 ~ 55000 元的部分</td><td>超过 27255 元至 41255 元的部分</td><td>30</td><td>2755</td></tr>
<tr><td>超过 55000 ~ 80000 元的部分</td><td>超过 41255 元至 57505 元的部分</td><td>35</td><td>5505</td></tr>
<tr><td>超过 80000 元的部分</td><td>超过 57505 元的部分</td><td>45</td><td>13505</td></tr>
<tr><td colspan="4">（个体工商户的生产、经营所得和对企事业单位的承包经营、承租经营所得适用）</td></tr>
<tr><td colspan="2">全年应纳税所得额</td><td rowspan="2">税率（%）</td><td rowspan="2">速算扣除数</td></tr>
<tr><td>含税级距</td><td>不含税级距</td></tr>
<tr><td>不超过 15000 元的</td><td>不超过 14250 元的</td><td>5</td><td>0</td></tr>
<tr><td>超过 15000 ~ 30000 元的部分</td><td>超过 14250 元至 27750 元的部分</td><td>10</td><td>750</td></tr>
<tr><td>超过 30000 ~ 60000 元的部分</td><td>超过 27750 元至 51750 元的部分</td><td>20</td><td>3750</td></tr>
<tr><td>超过 60000 ~ 100000 元的部分</td><td>超过 51750 元至 79750 元的部分</td><td>30</td><td>9750</td></tr>
<tr><td>超过 100000 元的部分</td><td>超过 79750 元的部分</td><td>35</td><td>14750</td></tr>
<tr><td></td><td colspan="3"></td></tr>
<tr><td>劳动报酬所得，稿酬所得，特许权使用费所得、财产租赁所得</td><td colspan="3">20%</td></tr>
<tr><td>财产转让所得</td><td colspan="3">20%</td></tr>
<tr><td>利息、股息、红利所得，偶然所得和其他所得</td><td colspan="3">20%</td></tr>
</table>

续表

税　种	税　目	税　率	
	其他规定	六枝　砂石2元/立平方、石灰石3元/吨	
城建税	税率	7%	市
		5%	县城、建制镇（六村适用）
		1%	乡执行（六枝适用）
教育费附加		3%	
地方教育费附加		2%	
固定资产投资方向调节税	现已停征		
屠宰税	现已停征		

三、税收征管

1986年4月，发国务院布了《税收征管暂行条例》，是年7月1曰正式实施。逐步建立“企业纳税资料档案”，执行法定的征管制度。

（一）纳税辅导：特区地税局在税款征收室宣传税法；在办税大厅开展纳税咨询服务，摆放宣传资料，供纳税人阅读、学习；在大厅安装电子显示屏，提供政策咨询服务；开通12366纳税服务热线进行知识解答；成立维权服务中心，在办税服务厅设立维权窗口，受理纳税人上门、电话、电子信函维权事宜。

（二）税务登记：税务登记分为设立税务登记、变更任务登记和注销税务登记3种。2011年，共有管户24404户，其中：正常户8720户，非正常户1432户，注销户2972户，停业户4户，临时户283户，零散户10993户。正常户中，个体工商户7630户，企业1012户，行政事业单位78户。

（三）信息化建设：特区地税局制定了《网站管理制度》《计算机网络管理制度》《网络突发事件应急制度》及《网络信息审核发布制度》，编写并整理了《六枝特区地方税务局信息安全管理制度》。2009年，电子申报系统上线运行，使用MIS及OA信息处理系统。

（四）税源管理：六枝特区地方税务局从规范户籍、税务登记、日常申报入手，落实户籍资料的“一户式”管理，登记纳税人开业、变更、注销、停复业、外出经营等变化情况。梳理计税金额达30万元以上的税源项目，对符合条件却没有纳入项目管理的进行项目登记管理；对连续发生零申报和长期没有形成税收的项目进行清理核查；对1000万元以上重点税源项目全部落实局长联系负责制。

（五）发票管理：特区地税局从发票的领用、发售、代开、保管、缴销和核销7个方面管理，实现“以票控税”的作用。2008年，按时完成旧版发票的缴销和新版发票的发放工作。2009年，开展服务业定额发票专项检查，共检查219户，收缴涉案发票466份，涉税发票金额17630元。2010年，根据《贵州省地方税务局普通发票简并票种统一式样工作实施方案》，完成普通发票简并票种统一式样工作。2011年，查办市局转来的发票协查案件和六枝公安局经侦队传来的假发票协查案件，查处非法发票 23 份，查补税款 1050391.99 元，加收滞纳金 32809.35 元，罚款 8347.94 元。

（六）委托代征管理：特区地税局对保险管理机构煤炭价格调节基金、残疾人保障金、文化事业费、工会经费、旅游发展基金和地方教育费附加等规费（基金）代征管理，确保代征、代扣、代缴税款及时足额入库。

（七）煤炭税收管理：特区地税局运用煤矿远程监控系统的数据和新型协税护税网络传递交换的涉税信息对煤炭行业进行管理。

第三章　金融

第一节　金融管理与监督

一、现金监督管理

1978 年，中共十一届三中全会以后，在有计划的商品经济条件下，经济成分日益复杂，导致现金管理刚性逐渐变弱，管理难度加大，年现金投放量猛增，现金使用范围已从工资发放、消费领域扩大到生产领域。1988 年 9 月，国务院颁布的《现金管理暂行条例》。特区人民银行按照《条例》在管辖的开户单位开展现金检查，对认真执行现金管理规定的单位及时给予表扬，对违反现金管理规定的单位分别给予批评、警告或罚款制裁。

1990 年，现金使用范围扩大到社会再生产的各个领域。六枝特区也及时调整了现金管理目标。现金管理目标重点转为防止利用现金结算进行经济犯罪和洗钱以及防止利用现金结算进行偷税漏税和公款私存。

二、工资基金监督管理

1978 年，中共十一届三中全会以后，经济体制的改革，商品经济的日益发展，工资基金管理工作相应变化。1984 年，明确主管部门、劳动部门不再对所属单位核批工资计划及奖金的指标，银行不再实行工资基金和奖金的监督支付，工资及奖金支付只凭企业自编上报银行的工资计划和有财务人员共同签章的凭证即可支付。对工资基金的管理工作着重于对加强发放数的登记和做好这方面的综合反映。1986—1988 年，基金管理有所放松，国家经济出现失衡，消费基金增加过快，中央及时提出了治理经济环境，整顿经济秩序和全面深化改革的方针，为了压缩社会总需求，贵州省人民政府于 1989 年转发了《国务院关于进一步加强工资基金管理的通知》。境内各专业银行一律凭劳动部门和编委按季核批的工资计划指标监督支付，对集体所有制企业的工资基金根据劳动部门或有关部门审批的指标监督支付。

1991 年 5 月 1 日起，贵州省统一使用由劳动部、中国人民银行、人事部编制的《工资基金管理手册》，各基层单位凭人事部门签发的《手册》向开户银行支取工资。非工资总额部分予以剔除，另行开支票支取。

1995年2月，根据国务院办公厅、省人民政府办公厅《关于进一步加强现金管理控制现金投放的紧急通知》。六枝特区各专业银行要求境内的国有企业、集体企业、其他经济类型所有制企业（主要包括外商独资企业、各种合作企业、股份制企业以及由机关、事业、企业单位兴办的独立核算的各类公司和第三产业单位等）都应纳入《手册》的使用范围。

三、现金管理的监督与检查

1981年，省人行分行转发总行《关于认真组织一次现金管理检查的通知》。境内各专业银行对现金管理工作进行检查，检查中发现现金管理单位存在超库存现金限额、坐支销货回笼款、白条抵库等现象。

1988年，流通中货币不断增多，物价不稳定，货币有所贬值。9月，国务院颁发了新的《现金管理暂行条例》，10月1日起施行。中国人民银行制定了《现金管理暂行条例实施细则》。境内各专业银行和城市信用社对开户单位进行了一次现金管理大检查。

1991年11月，人行六枝特区支行对辖区16个现金管理单位进行了检查，其中：工行开户单位7个，农行开户单位3个，建行开户单位5个，群办（城市信用社）开户单位1个。从检查总体情况看：工行现金管理制度执行得较好，其余两行一社存在不同程度上违反《现金管理暂行条例》的行为：1. 坐支现象较为严重。被查的16个开户单位中，存在坐支的有8个单位，占被查面的50%，坐支金额13.7万元。2. 超库存限额保留现金，被查的16个开户单位中，占被查面的62.5%。3. 白条及单据（发票）抵库。被查的16个单位中，白条抵库的单位有4个，占被查面的25%。单据（发票）抵库的单位有6个，占被查面的37.5%。

1992年10月，人民银行六枝特区支行，检查辖区内的40个现金管理单位，其中：工行13个，农行10个，建行13个，群办城市信用社4个，检查面还有工商行政事业、厂矿等单位。从检查看出，多数单位对现金管理工作重视不够，均有不同程度违反现金管理制度的现象。1. 企业单位坐支销货回笼款严重，被查面的40个开户单位，坐支26个，占被查面的65%，坐支金额121.9万元。2. 单位库存现金账实不符，在被查的40个开户单位，检查日库存现金账面金额应为48.5万元，实地库存只有39.9万元，账实差额为8.6万元。库存账实不符主要是因为：一是职工借支，二是白条抵库。3. 超库存限 金，占被查单位的7.5%，金额10.8万元。郑家寨水泥厂超限额库存保留现金，金额10.5万元，占该项总金额的97.2%。4. 单位间互相借用现金及公款私存，在被查的单位中，有3个单位互相借用现金，金额20.1万元，其中六枝煤炭工业公司在单位间互相借用现金，金额15万元，公款私存的有六枝特区民政局，金额3.2万元。5. 专业银行对现金管理工作抓得不紧，监督与检查不够。通过抽查：工、农、建行及群办城市信用社的40个开户单位，均存在情节轻重问题。主要表现在农行，在抽查的10个单位中，有9个单位违反现金管理，违反金额为128.5万元。建行被抽查13个单位，占抽查面的32.5%，违反规定11户，金额27.1万元。群办城市信用社，被抽查4户，违反现金管理规定4户，金额1.2万元。工行被查13个单位，占被查面的32.5%，有8个单位违反规定，金额2.1万元。

被抽查的40个单位中，有32个单位违反现金管理制度，占抽查面的80%，违规总金额为158.9万元。

1993年6月，人民银行六枝特区支行对辖区47个现金开户单位进行检查，发现存在坐支、库存现金账实不符及超库存等问题。

1994 年 11 月 16 日，人民银行六枝特区支行对辖区内 36 个现金管理开户单位进行检查，发现存在坐支情况、超库存限额和白条抵库等问题。同年检查群办信用社，11 月份库存现金高达 29.5 万元，超库存限额 23.5 万元（该社库存限额 6 万元），原因：扩大库存现金，利用现金手段，吸引客户。1—10 月为国营企业单位方便，提供现金购货金额 35.1 万元。并超规用现，显然违反现金管理条例。

1995 年 12 月，人民银行六枝特区支行，检查辖区内 10 个现管开户单位。其中：工行开户单位 4 个，农行开户单位 3 个，建行开户单位 3 个，被检查开户单位共 10 个。存在违反规定的单位 9 个，占抽查在的 90%，金额 107 万元。违规情况为：1．坐支销货回笼款；2．超库存限额保留现金；3．白条抵库；4．单位间互相借用现金。

1995—2005 年间，通过每年对辖区金融机构开展一次、两次或几次的现金管理检查工作，促使辖区各金融机构不断加强对现金管理工作重要性的认识，使现金管理基础工作不断完善、规范，总体工作水平不断得到提高。

四、大额现金管理制度

（一）凡办理现金收付业务的商业银行、城乡信用社、邮政储蓄等金融机构（以下简称开户银行）必须建立大额现金支付登记备案制度。加强对单位大额现金支付及个人大额现金支付的日常监管。

（二）实行登记备案的范围限于机关、团体、企业、事业单位、其他经济组织、个体工商户（以下简称开户单位）的大额现金支付（工资性现金支出和农副产品采购现金支出除外）以及居民个人储蓄存款账户的大额现金提取。

（三）大额现金支付实行登记备案范围的开户单位一次性支取现金 5 万元（含 5 万元）以上，或一日内数次支取现金累计超过 5 万元（含 5 万元）以上；个人大额现金支付是指居民个人从储蓄存款账户（包括银行卡）一次性支取现金（不含 5 万元）以上，或一日内数次支取现金累计超过 5 万元（不含 5 万元）以上。

（四）开户银行必须指定一个内部职能机构、配备专职或兼职现金管理人员，负责现金管理工作，并报人行备案。

（五）开户银行对开户单位的大额现金支付实行逐笔登记，临柜人员要认真填制《银行大额现金支付台账》。

（六）建立个人存取款相关制度。1．建立个人大额存款报告备案制度。2．认真执行个人大额现金支取预约登记制度。3．金融机构对居民个人的大额现金支取，储蓄机构柜台人员必须要求取款人提供有效身份证件，并经储蓄机构大额现金支付有权审批人审核同意后才能支付。4．金融机构对居民个人一次性提取现金 50 万元（含 50 万元）以上的，还应单独登记。

（七）对大额现金加强管理后，各金融机构要按规定，采取多种措施，切实改进金融服务，积极组织现金回笼。

五、开户银行对开户单位、人民银行对开户银行的现金管理执行情况的检查

（一）开户银行对开户单位现金检查

1．开户单位账款是否相符，库存现金是否超核定限额。2．现金收入来源是否正当，是否将多余现金及时送存银行，有无擅自坐支的情况，有无互借现金或以转账支票套取现金的情况。3．是否按照国家规定的范围使用现金，有无编造用途从银行套取现金的情况。4．异地采购是否通过银行办理结算，有无不合理携带现金外出采购的情况等。5．检查开户单位有无通过现金结算进行偷税漏税的行为。

（二）人民银行对开户银行的现金管理制度执行情况检查

六枝人民银行对开户银行的现金管理情况重点从以下几个方面进行：1．检查大额现金存取业务是否存在违规情况，包括大额现金支付是否按规定审批、登记和报备。2．检查各类账户是否违规支付现金，包括一般存款账户是否违规付现、基本存款账户是否超限额超范围付现、临时存款账户和专用存款账户是否未经审批付现以及是否存在未经审批开立账户并付现。3．检查是否存在其他类违规，包括是否存在银行卡违规付现、是否存在经营性资金转储或公款私存、现金银行汇票和本票是否违规付现以及异常及可疑现金交易是否报备。

2004年6月，根据《中国人民银行对农村信用社再贷款管理办法》的要求和市中支货币信贷科工作安排，人行六枝支行对辖区农村信用社支农再贷款的使用情况进行了现场检查。检查过程中发现：1．各基层信用社均未按规定向联社上报支农再贷款管理和使用情况的文字资料报告。2．账户处理不够规范。3．大部分借款经营不善外出打工无法联系，部分借款户牲畜被盗，种植业由于土质变化造成植物坏死，使支农再贷款形成不良贷款467万元。4．县联社未充分履行管理职责。是年8月14日—17日，人行六枝支行根据《中国人民银行对农村信用社再贷款管理办法》对辖区龙场等6个农村信用社、1个分社2004年3季度支农再贷款管理及使用情况进行了现场检查，检查中存在的主要问题与是年6月检查的情况大体相同。

2004年12月13—17日，人行六枝支行根据《中国人民银行对农村信用社再贷款管理办法》对辖区3个农村信用社、1个分社2004年4季度支农再贷款管理及使用情况进行了现场检查，检查面达36%。

2005年3月27—30日，人行六枝支行根据《中国人民银行对农村信用社再贷款管理办法》，对辖区6个农村信用社2005年1季度支农再贷款管理及使用情况进行了现场检查。6月7—14日，对辖区金融机构第二季度现金管理情况进行了检查，发现如下问题：1．六枝农村信合联社未严格执行大额现金支付审批制度，个人储蓄大额付现未审批情况较多。2．工行六枝支行、六枝农村信合联社均存在基本存款账户超范围支现的问题。3．工行六枝支行专用存款账户支取现金未经审批。4．六枝农村信合联社存在未经审批开立账户并付现的问题。

是年6月20—24日，人行六枝支行根据《中国人民银行对农村信用社再贷款管理办法》对辖区1个联社、5个乡镇信用社2005年2季度支农再贷款管理及使用情况进行了现场检查。8月

15—20 日，人行六枝支行根据《关于开展贵州省 2005 年反洗钱现场检查的通知》，对六枝农村信用合作联社 2004 年 3 月 1 日至 2005 年 5 月 31 日反洗钱工作开展情况进行了检查。

2006 年 3 月 6—10 日，六枝支行成立检查组对辖区金融机构第一季度现金管理执行情况进行了检查。同年 3 月 22—27 日，人行六枝支行对辖区 5 个农村信用社基层社 1 季度支农再贷款管理及使用情况进行了现场检查，检查面达 50%。3 月 15—28 日，根据《关于开展人民币流通管理执行情况检查的通知》，人行六枝支行及时成立检查组，对六枝辖区各银行业金融机构开展了人民币流通管理执行情况检查。6 月 5—19 日，对辖区金融机构第二季度现金管理情况进行了检查。9 月 4—12 日，对辖区金融机构第三季度现金管理情况进行了检查，检查了营业网点三个，分别为：建行六枝支行营业部、六枝农村信合联社那平路分社和平寨信用社。12 月 5 日—7 日，对辖区金融机构第四季度现金管理情况进行了现场检查。

2007 年 9 月 5—19 日，人行六枝支行成立检查组对六枝辖区办理人民币存取款业务的金融机构开展了下半年人民币收付业务检查。

2008 年 4 月 7—17 日，人行六枝支行成立检查组对六枝辖区办理人民币存取款业务的金融机构开展了反假货币制度执行情况检查，检查组抽查了 4 家金融机构，分别为：工行六枝支行、建行六枝支行、六枝群办社、六枝信合联社，共查机构营业网点 9 个，机构检查面达 57%。

2009 年 5 月 18—29 日，人行六枝支行对建行六枝支行的人民币银行结算账户管理工作进行了现场检查。此次检查共抽查对公存款账户 16 户，其中核准类账户 6 户，备案类账户 10 户，抽查单位开销户登记簿 1 本。8 月 13—17 日，人行六枝支行成立检查组，对辖内商业银行现钞处理设备鉴伪能力进行了测试检查，此次检查对辖内所有银行业金融机构（7 家）的人民币现钞处理设备（包括点钞机、取款机、存取款一体机等）进行了全面的测试检查。11 月 23—30 日，六枝支行开展辖内国库经收处检查。本次检查，各国库经收处全面自查和支行现场抽查。中国建设银行六枝支行、六盘水市城市商业银行六枝支行、六枝特区农村信用合作联社营业部。发现个别行在国库经收业务核算上存在问题，如中国建设银行六枝支行现金缴款书未在待报解预算收入专户下核算，款项直接进入同城票据交换科目；待报解预算收入余额未在“待报解预算收入专户”。

2010 年 5 月 12—31 日，人行六枝支行成立检查组，开展了辖区金融机构 2010 年上半年人民币收付业务专项检查。抽查了工行六枝支行营业部、建行六枝支行营业部。是年 5 月 14 日—10 月 19 日，人行六枝支行开展辖内国库经收处业务的检查，共抽查了六家机构分别是：中国工商银行六枝支行、中国农业银行六枝支行、中国建设银行六枝支行、中国农业发展银行六枝支行、中国邮政储蓄银行六枝支行、六枝特区农村信用合作联社。对检查过程中发现的主要问题要求限期整改。10 月 19—31 日，根据市中支关于转发《中国人民银行货币金银局关于 2010 年加强人民币收付业务监管工作的通知》，人行六枝支行成立检查组开展了六枝辖区金融机构 2010 年下半年人民币收付业务专项检查。 共抽查了农行六枝支行营业部、六盘水市商业银行六枝支行营业部和邮行六枝支行营业部（共有银行业金融机构营业网点 42 个，ATM 机 37 台）三家金融机构的三个营业网点。11 月 8—9 日，人行六枝支行对邮行六枝支行的人民币银行结算账户管理工作进行了现场检查。共抽查核准类账户 9 户，其中：基本账户 6 户、预算专户 3 户，抽查备案类账户 4 户。检查开销户登记簿 1 本，共记录账户 28 户，其中：基本户 6 户，专用账户 21 户，一般户 1 户。对检查过程中发现存在的问题限期落实整改。11 月 29—30 日，人行六枝支行按照市中支转发《关于转发〈中国人民银行关于开展商业汇票承兑和贴现业务专项检查的通知〉的通知》，开展了辖区商业汇票承兑和贴现业务专项检查。抽查了农行六枝支行办理商业汇票承兑和贴现业务情况。

2011 年 5 月 10 日—6 月 30 日，人行六盘水市中支《关于开展六盘水市国库集中支付业务、国债业务和国库经收处业务检查的通知》，人行六枝支行开展了辖区国库经收业务现场检查，抽查了中国农业银行六枝特区支行、六盘水市城市商业银行六枝特区支行两家机构。9 月 1—23 日，六枝支行成立检查组，开展了六枝辖区金融机构 2011 年人民币收付业务、人民币管理、反假货币管理现场检查， 检查组共抽查了两家金融机构的四个营业网点。对六枝联社平寨分社和六枝联社平寨镇第一信用社存在临柜人员无人民币反假培训上岗合格证的问题，责成六枝联社切实加强人民币反假业务基础工作，组织临柜人员积极参加由人民银行组织的反假货币上岗资格培训考试，做到合格上岗。

第二节　存款

一、对公存款

银行的对公存款，属于国家机关及企事业单位在待用中的准备金存款。

1978 年 12 月， 对公存款主要抓重点、抓大户的存款，建立和完善对公存款的组织体系。并设立专用基金账户台账，大额现金支取要按规定通过人民银行审批后才得支付。

1995 年 3 月，《中华人民共和国中国人民银行法》颁布，要求金融机构按照规定的比例交存款准备金。保证了对公存款的正常开展，20 世纪末至 21 世纪初期，经过认真治理金融“三乱”，在经济的快速发展中，金融机构年末存款余额和城乡居民储蓄存款继续增长。

二、储蓄存款

1978 年，中共十一届三中全会以后，城镇储蓄业务更进一步发展。1979 年末余额达到 339 万元，1980 年，国家调高了储蓄存款利率，增加了“积零成整”的新储种。年末储蓄余额 456 万元。1982 年，储蓄存款出现了“一快、二广、三稳”的新局面。当年底，储蓄余额为 831 万元。1993 年末储蓄余额 1088 万元，达到年平增 257 万元。1994 年末储蓄余额 1541 万元，比上年增长 29.4%。1985 年人行、工行分设后，人行不办理储蓄业务。

1987 年 1 月，境内邮电部门设立储蓄机构办理储蓄业务。成立那克邮电储蓄所、下云盘邮电所储蓄柜。储蓄余额从零开始至 1995 年末储蓄余额 2945 万元。（属人民银行的资金来源）

三、其他存款

集体、个体工商户存款，1978 年后，利率较低（1.5%）。1985 年，利率调为 2.4%。

1988 年 7 月，六枝特区群办城市信用社成立。办理城市集体企业和个体工商户存款。是年年底，现金收入累计为 108.6 万元，现金累计支出为 168.4 万元。存款余额为 48.9 万元。1995 年年末现金收入累计 2224.5 万元，现支出累计为 2267.5 万元，存款余额为 493.2 万元。

第三节　贷款

一、流动资金贷款

（一）工业贷款

十一届三中全会后，银行工业信贷工作随着改革进入新的时期。1979 年下半年起，国家信贷制度改革，境内银行开拓新的领域，支撑国营、集体企业挖潜革新、改造，开办中短期设备贷款。

1980 年 5 月，市人行召开全市信贷工作会议，对全市国营工业企业展开调查，对属于一类企业的六枝酒厂实行择优供应资金。属于二类企业的六盘水煤机厂、六枝特区水泥厂、六枝矿务局，给予帮助处理经营中存在的问题，注重提高产品质量，扩大销售业务，不增加贷款。对三类企业则会同主管部门组织清理整顿，逐步追回贷款，停止发放新贷款。

1983 年 4 月，市人行推行对工业企业按销售资金周转率管理和发放贷款的办法。六枝特区人行自当月起，对辖区内国营工业企业生产企业、物资供销企业实行按销售资金周转率办理贷款，考核企业资金周转变化，对资金周转快的企业优先供应贷款，对资金周转慢的企业从严控制贷款，对多占用贷款的企业，其不合理部分的信贷实行加收利息。1985 年，工业技术改造贷款和基本建设贷款，简化为固定资产贷款。同年，特区人行将工商信贷业务转由新成立的中国工商银行六枝特区支行承办。

（二）商业贷款

1. 商业企业贷款

1978 年，境为商业企业存在流动资金占用多、周转慢、效益低的实际状况。六枝特区人民银行为协助企业处理有问题商品，采取调剂、加工、削价，设立处理商品专柜、增设摊点扩大销售等多项措施加快资金周转。1980 年 3 月，对商业企业发放贷款实行加息管理制度。1982 年，市人行开始对六枝特区商业企业按商品销售和资金周转率核定指标提供贷款，超核定指标的资金需要，由企业申请临时贷款解决，银行实行逐笔核贷，专户管理。

2. 粮食企业贷款

1978 年 1 月，银行对粮食企业（不含粮食工业）的商品流转贷款利率，由月息 4.2‰降为 2.1‰，年末贷款余额 356 万元。1980 年 1 月，特区农行正式成立。特区以下的区粮管所贷款划归农行营业所办理。1981 年，按省农行和粮食厅发出《关于粮管所粮食贷款若干问题的联合通知》规定，粮管所应按季编制贷款计划，对超计划收购粮油资金的需要，银行可发放贷款。粮食部门经营议价粮油，不得任意突破指标。特区以下粮管所经营议购议销粮油资金不足的，由特区人行下达贷款计划，利率月息 4.2‰，并实行专户管理，不得与平价粮油贷款混合使用。1982 年，调整粮食贷款利率，评价粮油贷款利率月息 3‰，议价粮油以及粮油加工和粮品加工等项贷款利率月息 6‰，1983 年，对粮食贷款实行“存贷分户”管理。

3. 供销社贷款

1980 年，供销社贷款归农行办理，继续按照商业贷款办法实行。

二、技术改造贷款

1979年3月，根据省人行的部署，市人行和市建行开始办理中短期设备贷款（后称“技术改造贷款”）。六枝特区人民银行按省人行的部署，主动与企业主管部门配合落实改造项目，列出贷款支持的企业和项目名单，组织试办技术改造贷款业务。

1．1980年，六枝特区酒厂获得省人行下达的轻纺转向贷款指标25万元，主要用于扩建中级酒“九龙液”车间。1981年4月投入生产，该项目新增利润4.1万元。

2．六枝特区汽车队1980年9月贷款2.5万元，购客车一辆，到1981年5月，新增收入2.6万元，利润7200元，税金700元。

3．六枝特区轻工局皮鞋社，1980年8月贷款1万元，扩建厂房及安装电帮机，当年完工生产车间230平方米，电帮机投产使用，实现利润6271元，上缴税金3906元。

三、支边开发专项贷款

1983年起，中国人民银行安排资金，开办指定用途的“老少边穷地区经济发展贷款”和“地方经济开发贷款”业务。1985年前，该项贷款由省集中管理。1986年改为省、市两级管理，市人民银行可自主定项，委托专业银行发放贷款。1992年6月，境内人民银行发放专项贷款余额102万元，其中：支边贷款30万元（六枝特区水泥厂）。地方经济开发贷款12万元（六枝特区堕却砂砖厂）。县办企业贷款60万元（六枝特区食品产销公司），用于清真牛、羊肉车间技改工程。

1993年9月，六枝特区食品产销公司累计亏损2.6万元，各项指标均未达到预定目标。六枝特区水泥厂累计利润31.87万元，比去年同期增长12.17万元，增长幅度61.8%。六枝特区堕却砂砖厂累计利润19.44万元，比去年同期增长7.89万元，增长幅度68.3%。

1994年，六枝特区水泥厂、六枝特区堕却砂砖厂、六枝特区食品产销公司，共完成产值591万元，较上年同期614万元减少23万元，下降幅度为3.7%，亏损96万元，较上年同增亏82万元，增长14.58%。

1995年，六枝特区堕却砂砖厂，尚欠人民银行贷款余额7万元，经人行、工行、农行对有关行及贷款企业账务共同进行核实，拟定此笔贷款7万元全部划转移交给中国农业银行六枝特区支行。是年，人民银行六枝特区支行支边贷款余额90万元（六枝特区水泥厂30万元，六枝特区食品产销公司60万元），账务相符，按文件精神拟定全部划转给中国农业发展银行。

六枝特区金融机构历年存贷款情况如下：

六枝辖区金融机构历年存贷款数据

表13-3-1　　单位：万元

年　份	六枝全区金融机构		国有商业银行		人民银行	
	存　款	贷　款	存　款	贷　款	财政存款	金融机构贷款
1986年	5963.8	6913.6				
1987年	9117.6	11394.2				

续表

年　份	六枝全区金融机构		国有商业银行		人民银行	
	存　款	贷　款	存　款	贷　款	财政存款	金融机构贷款
1988 年	9550.4	12754.1				
1989 年	11913.9	14815.4				
1990 年	14514.7	16858.2			517.3	60.3
1991 年	18972.8	19295.1				
1992 年	23407.9	20723.9			900.6	102
1993 年	24308.7	25367.9			1442.8	97
1994 年	31601	30441	33409.2	31180.9	626	7
1995 年	40189.6	38622.3				
1996 年	54056.6	47618				
1997 年	59461	59522				
1998 年	64011	73001	58782	17445		
1999 年	76616	71729				
2000 年	92720	49910				
2001 年	91863	52492	79912	42303	114	3000
2002 年	100999	54644			46	3900
2003 年	123387	47127			53	3400
2004 年	159521	80666	124800	46259	28	7400
2005 年	198628.15	94415.57	146541.15	51987.57	29	8000
2006 年	225247.75	114549.21	133671.75	52906.21	2142	7600
2007 年	273280.14	183554.85	156317.14	107405.85	363	0
2008 年	339999.74	210418.4	181400.7	123273.44	7801	0
2009 年	438765.48	258122.75	227977.14	135682.21	6835.81	
2010 年	541599.73	323884.87	272183.47	178671.81	14283.1	
2011 年	695443.28	382536.67	321645.79	187545.29	15524.37	

续表

年　份	工商银行		农业银行		建设银行	
	存　款	贷　款	存　款	贷　款	存　款	贷　款
1986 年						
1987 年						

续表

年份	工商银行		农业银行		建设银行	
	存款	贷款	存款	贷款	存款	贷款
1988年						
1990年						
1991年	11965.7	10054.2	4347.7	8346.9	1747	792
1992年	13107	10524.5	6157.5	9387.4	2517	713
1993年						
1994年	17196.3	15223.4	5272.4	4685.4	7774	2843
1995年						
1996年						
1997年						
1998年						
1999年						
2000年						
2001年	42574	10126	19027	25404	12787	222
2002年	46707	8214	21906	22777	14724	587
2003年	45100	5244	33059	12467	16102	1509
2004年	51569	18881	44403	22384	17909	1171
2005年	53552.15	20168.57	53646	25478	20138	631
2006年	58704.75	23371.21	53657	28526	21310	1009
2007年	62529.14	32963.85	63123	67344	30665	7098
2008年	76560.98	37577.04	57121.72	78350.4	47718	7346
2009年	99733.14	53596.41	65745.56	69765.63	62498.44	12320.17
2010年	112174.11	61361.22	82557.32	88753.21	77452.03	28557.39
2011年	131009.3	65537	97476.32	88640.3	93160.17	33367.99

六枝辖区金融机构历年存贷款数据

表13-3-2　　　　单位：万元

年份	农业发展银行		邮政		城市商业银行		农村信用社	
	存款	贷款	存款	贷款	存款	贷款	存款	贷款
1986年								
1987年								

续表

年份	农业发展银行		邮政		城市商业银行		农村信用社	
	存款	贷款	存款	贷款	存款	贷款	存款	贷款
1988年								
1989年								
1990年								
1991年								
1992年					596.3	296	123.9	1490.9
1993年					725.7	358.6	1631.7	1605.5
1994年	535.7	8332.1			541.7	332.1		
1995年								
1996年								
1997年								
1998年								
1999年								
2000年								
2001年	249	6551	5114		2695	985	9256	9204
2002年	147	5918	5880		2066	2089	14527	15059
2003年	110	6093	7537		1667	1220	24656	20594
2004年	486	3823	10289		3814	5152	36018	29255
2005年	1003	5710	18074		2787	650	49301	41778
2006年	310	5257	20077		5426	1936	63124	54450
2007年	577	5507	18698	5	11641	8735	84444	61902
2008年	174	4962	19848.04	143.96	17607	13905	111656	68134
2009年	5068.83	9092.22	24827.21	554.07	31647.28	24229.25	138428	88565
2010年	5731.39	8192.22	37576.61	1179.06	41814.24	21957.78	168928	113884
2011年	2214.03	6652.22	56152.92	2546.9	70604.43	27564.26	229194	15828

第四节　保险

1978年，中共十一届三中全会后，境内保险业经历了与国家银行混业经营、保险业行业分业经营、人寿保险与财产保险分业经营、保险业完全市场化的改革和发展历程。在保障安全生产、安定人民生活、组织社会游资、为国家建设积累资金、促进地方经济发展方面发挥了重要作用。

一、保险机构的恢复和发展

1980年10月，特区工商银行内设保险代理处，通过工行信贷股恢复办理企业财产保险。随着商品经济的不断扩大。1985年10月，中国人民保险保险公司六枝支公司成立，内设有办公室、业务股、农险股、人险股、计财股。公司成立后即启动人身保险。在六枝交通监理站、六枝工商银行、农业银行、火车站等相继设立了17个兼职代理处，一个专职代理处。扩大了保险业务领域。1987年，人身保险又开辟了儿童平安保险，子女教育婚嫁保险、母婴安康保险，老年平安保险。乡镇煤矿职工意外伤害保险，团体人寿保险6个新险种。

1992年，为提高全民保险意识，六枝特区人民政府牵头成立“六枝特区人民保险促进委员会”，开办的险种有机动车辆（含拖拉机）保险、水电站保险、锅炉压力容器保险；学生平安保险、金融职员意外伤害保险、农村计划生育二女孩结扎夫妇养老保险共8个。是年底，六枝特区被评为省级保险先进县。

1996年7月，中国人民保险公司改组为“中国人民保险有限公司”，下设中保财产保险有限公司、中保人寿保险有限公司、中国再保险公司。中国人民保险公司六枝特区支公司也因此改组为“中保财产保险六枝特区支公司”和“中保人寿保险有限公司六枝特区经营部”，将人身保险和财产保险实行分业经营。

1998年7月，国务院撤销中保集团，三家子公司分别更名为中国人民保险公司、中国人寿保险公司、中国财产保险公司。

1999年1月，中保财产保险有限公司、六枝特区支公司也恢复为中国人民保险公司六枝支公司。2003年7月，经国务院批准，中国人民保险公司重组后更名为“中国人民财产保险股份有限公司六枝特区支公司”。

20世纪末，按照保险建立和完善社会主义市场经济体制的要求，境内保险市场进一步发展。2003年8月—2009年1月，太平洋保险公司和泰康人寿保险公司先后登陆六枝特区保险市场，展开营销和竞争。

二、业务种类及保险收入

1980年，六枝工商银行办理企业保险，当年仅六枝石油公司交纳保险费150元。1981年，开办了机动 车辆及第三责任险，共收保险费2.1万元。1982年开办家庭财产保险，共收保费7万元。1983—1984年，保险费收入以50%的速度递增，其中主要是机动车辆保险的增加。1985年中国人民保险公司六枝特区支公司成立，启办人身保险。1986年开办平安保险，简易人生意外伤害险，个人养老保险，城镇集体企业职工养老保险，代办基层供销社财产保险。开办铁路货物运输保险。全年共收入保险费共计50万余元。1987年，人身保险又开辟了儿童平安保险，乡（镇）煤矿职工意外伤害险、团体人寿险。子女教育婚嫁险，老年平安保险、母婴安康保险6个新险种，共收入保险费87万余元。1988年，开办锅炉压力容器险及第三责任险。大用乡林场投保，共收入保险费116万元。1989年，共收入保险费148.8万元，其中，玉米、烤烟种植成本险开办、农业保险起步。1990年，机动车承保面达到90%，铁路货物运输保险也达到运货必保，年末收入保费达到165.2万元。1991年，完成保费收入215万元，其中财产保险收入138.1万元，人身保险收入达到73.59万元。

三、防灾与理赔

境内保险公司在开展各种保险业务的同时，从职责及自身效益出发，经常对被保险人提出消除不安定因素建议，与相关部门配合，促其采取有效措施，防止和减少灾害事故的发生，降低整个社会财富损失。如 1982 年配合交警部门路查，给予违章驾驶员处罚，对控制事故的发生起到有效作用。

从 1982 年起，境内保险公司本着"主动、迅速、准确、合理"的原则，对受灾投保户实行经济赔偿。使受灾企业及时恢复生产，使受灾家庭缓解困难。1983 年，六枝特区中心地带出现 20 多年未遇的大暴雨，河水猛涨，特区酒厂部分设备、产品被淹受损，获得赔偿 2.5 万元。1985 年的赔偿超过保费的总收入。1986 年，六枝矿一辆东风车出现车毁人亡的重大交通事故，获得赔款 3 万元。是年的赔付率高达 162%。1987 年，经过赔付后，收支基本相抵。1988 年通过采取防灾措施，赔付率降至 74%，扭转了多年亏损的局面。1989 年赔付 386 件，赔款金额 30.6 万元，比上年同期下降 12.3%。

1990—2011 年理赔情况统计表

表 13-3-3

年　份	理赔案（件）	赔款（万元）	综合赔付率（%）
1990	837	54	
1991	542	53.6	24.93
1992	1929	248.9	39.5
1993	3167	544.8	81.7
1994	2269	393	56
1995	1757	202.8	38.2
1996	425	188	46.2
1997	593	207	39.61
1998	660	267.8	51.39
1999	1138	313.2	58.2
2000	1471	340	63.8
2001	1181	347	65.4
2002		351.8	55
2003		425	56.3
2004		429	56.7
2005		559	63.1
2006		579	70.6
2007		607	48.9
2008	2322	865	76.2
2009		545	47.4
2010		1045	70.5
2011		939	68.1

第十四篇　教育　科技

第一章　教育

第一节　学前教育

1978年，六枝特区有两所幼儿园。1988年，幼儿园发展为4所，入园儿童由30人增至1908人 。

1987年，特区第一、第二小学举办学前班，各乡（镇）小学的学前班也相继开设。1989年，建立特区第一所正规幼儿园——六枝特区实验幼儿园，校舍面积2100平方米。

2000—2005年，全区有公办幼儿园5所、企业办幼儿园2所、民幼儿园13所，小学附设学前班78所。2000年，在园（班）幼儿7525人，入园（班）率为19%；2001年，在园（班）幼儿8844人，入园（班）率22.1%；2002年，在园（班）幼儿9580人，入园（班）率23.4%；2003年，在园（班）幼儿10628人，入园（班）率24.2%；2004年，在园（班）幼儿10636人，入园（班）率24.3%。2005年，全区为实现“两基”攻坚目标，减少小学附设学前班38所，在园（班）幼儿6469人，入园（班）率20.2%。

2006年，在园（班）幼儿8512人，入园（班）率26.8%。2007年，在园（班）幼儿9200人，入园（班）率29.1%。2008年，在园（班）幼儿9350人，入园（班）率31.2%。2009年，在园（班）幼儿10384人，入园（班）率38.5%。2010年，在园（班）幼儿10967人，入园（班）率46.6%。2010年，在园（班）幼儿11967人，入园（班）率44.5%。2011年，在园（班）幼儿12377人，入园（班）率50.4%。

1978—1999年学前教育统计

表14-1-1

年　份	幼儿园数（所）	入园儿童（人）	教职工数（人）	备　注
1978	2	30	9	
1979	9	138	41	
1980	16	382	110	

续表

年 份	幼儿园数（所）	入园儿童（人）	教职工数（人）	备 注
1981	2	1013	8	
1982	2	95	7	
1983	1	83	5	
1984	21	79	82	
1985		1425		
1988	4	1908	86	
1989	4	2449	79	
1990	9	2984	82	
1991	18	2701	74	
1992	12	3192	142	
1993	10	2482	191	
1994	10	4760	189	
1995	8	6819	249	
1996	11	6928	252	
1997	12	7011	256	
1998	14	7214	261	
1999	16	7326	271	

2000—2011 年幼儿教育发展情况统计表

表 14-1-2

年 度	幼儿园数（所）		在园（班）人数	入园（班）率 %	备 注
	公 办	民 办			
2000	2	7	7525	19	
2001	2	8	8844	22.1	
2002	2	10	9580	23.4	
2003	2	12	10628	24.2	
2004	2	13	10636	24.3	
2005	2	13	6486	20.2	为实现“两基”目标，减少小学附设学前班
2006	2	14	9105	26.2	
2007	2	10	9200	29.4	
2008	2	23	9350	31.3	
2009	2	25	10384	38.5	
2010	2	26	11967	44.5	
2011	5	21	12377	50.4	

六枝特区实验幼儿园简介

六枝特区实验幼儿园。建于1989年，位于文化路中段，全园占地面积4642.4平方米，教学及辅助用房1793.61平方米，行政办公用房151平方米，生活用房207平方米，其他用房2490.79平方米。园内设有活动室、午睡室、洗漱室。全园共有教职工49人，其中具有中级职称教师19人，初级职称教师27人，专业合格率达到100%。1989年建园以来，从无到有逐步发展，开设班级由建园初的3个班发展到2011年的13个班，幼儿人数由原来的几十人增加到400多人。

第二节　义务教育

一、小学教育

1978年，随着国家改革开放，各项事业的拨乱反正，教育战线全面贯彻党的教育方针，学校的教学秩序开始走上正轨，教育事业稳步发展。

1990年，全特区共有适龄儿童71924名，已入学62937人，入学率达87.5%。公、民办小学各年级双科合格率，从1985年的17.1%提高到了25.3%。

1991年，全特区适龄儿童入学率为87.6%，普及率为91.8%，巩固率为96.8%，毕业率为88.8%，受到省市验收团的好评。

1994年，特区把基础教育作为重点来抓，认真贯彻《义务教育法》及其《实施细则》。全特区共有小学367所，教学点222个，在校生86942人，教师2710人，适龄儿童入学率达96.5%；双科合格率达34.4%。

1992年8月，特区成立“希望工程”领导小组，办公室设在团委。“希望工程”，其宗旨在于集社会之力，捐资助学，保证贫困地区失学儿童受教育的基本权利。领导小组由特区党政领导、人大、政协、团委、宣传、教育、妇联、工会、文化、民政、财政、扶贫办等单位负责人组成，特区党委分管书记任组长；政府分管区长任副组长。团委负责此项工程的建文建卡和办理接收物资等事务，各乡（镇）团委、教辅站、学校，具体负责需救助失学人数的申报。

经特区团委牵线搭桥，江苏省90名干部与特区中寨乡75名和堕却乡15名失学儿童结为对子，进行救助，直至90名学生小学毕业。特区党委书记李葆芳带头，救助落别乡小1名儿童入学就读。北京朝阳区安贞里小学的少先队员捐出自己的零花钱，救助中寨乡小10名孤儿重返校园。特区党办党支部30名党员，每年每人捐10元救助洒志乡小6名失学儿童读完小学。

1992年9月，特区采取领导发表电视讲话、宣传周、义演等宣传方式，使其宗旨、意义深入人心。1993年“六一”儿童节前夕开展的“为贫困乡村少年儿童办实事活动”，共收到捐款5000余元。同年，市供电局捐款19800元；1994年市建行捐款15000元；并分别在折溪乡和郎岱镇石糯尾村各办一个“希望班”，救助了100名失学儿童，承担一至六年级的全部学习费用。特区妇联为落别抵耳小学解决水泥10吨，市供电局全局职工捐款资助。落别扯堵小学，在市政府、计委、教委及特区政府、教委、落别乡政府的资助下，已竣工投入使用。团市委资助6000元，使正在修建中的折溪乡直溜小学很快竣工。市委组织部为六枝牵线，北京朝阳区组织部、建委捐资15万元，在陇脚修建一所“希望小学”。同年11月16日，贵州省东鼎实业有限公司董事长汪应鼎，捐资了

15 万元修建大用镇“希望小学”。

1992—1995 年底，共收社会、个人、集体捐款 37.66 万元；“香港笔纸传爱心委员会”捐赠笔、本子 2000 套；“上海造船厂团委”捐书 13000 册：“深圳中华自行车股份有限公司”赠“山地”自行车一辆。截至 1995 年底，陇脚、大用、低耳、扯堵、直溜 5 所“希望小学”竣工。

1978—1995 年县（特区）小学发展一览表

表 14-1-3

类别/数据/年份	学校数（所）			在校学生数（人）			教职员工数（人）		
	教办	其他	合计	教办	其他	合计	教办	其他	合计
1978	83	462	550	14443	64309	78752	643	2264	2907
1979	83	464	552	21553	49546	71099	685	2379	3064
1980	92	468	560	19129	43231	62360	794	1893	2687
1981	70	512	582	22154	39075	61229	973	1660	2633
1982	69	489	558	26412	37264	63676	1027	1671	2698
1983	106	45	531	26185	33218	59403	1117	1752	2869
1984	74	449	523	31071	37773	68844	1153	1860	3013
1985			435			79353			
1987			436			76741			
1988	80	356	436	39892	36849	76741	1499	1301	2800
1989	291	27	318	70385	7125	77510	1712	1613	3325
1990	253	15	278	70352	6444	76796	1669	1495	3164
1991	307	14	321	76170	5818	81988	1683	1562	3245
1992	306	13	319	78276	5349	83625	2585	311	2896
1993	336	12	348	74649	4947	78596	1713	1325	3038
1994	341	26	367	77729	9213	86942	2093	873	2966
1995	259	18	277	77717	8537	86254	1907	1101	3008

六枝特区在社会各界的支持下，到 1994 年底，有 3000 多名失学儿童得到救助，重返学校。全区 7 ~ 12 周岁适龄儿童入学率 1996 年达 96.3%；1997 年达 96%；1998 年达 96.8%；1999 年达 97.2%；2000 年达 98.1%。初级中等义务教育阶段入学率 1996 年为 26.5%；1997 年为 31.9%；1998 年为 35.5%；1999 年为 46.9%；2000 年为 50.5%。初等教育在校生辍学率 1996 年为 1.4%；1997 年

为 1.5%；1998 年为 9.3%；1999 年为 3%；2000 年为 1.6%。初级中等义务教育在校生辍学率 1996 年为 3.5%；1997 年为 1.5%；1998 年为 17.4%；1999 年为 10.5%；2000 年为 3.77%。15 周岁人口中初等教育完成率 1996 年达 79.4%；1997 年达 82.3%；1998 年达 84.6%；1999 年达 86.1%；2000 年达 89.4%。17 周岁人口中初级中等教育完成率 1996 年为 36.2%；1997 年为 38.5%；1998 年为 41.8%；1999 年为 44.2%；2000 年为 46.8%。15 周岁人口中文盲率 1996 年为 3.1%；1997 年为 2.8%；1998 年为 2%；1999 年为 1.5%；2000 年为 0.4%。

2000 年 10 月，特区“普六”通过省、市政府复查合格。全区初等教育共有小学 257 所，教学点 157 个，小学在校生 84730 人，7 ~ 12 周岁适龄儿童入学率达 98.1%，小学在校生辍学率为 1.6%。特区通过华夏银行、胡华贫困儿童救助、浙江台州环宇公司培养孤儿等活动，共救助小学贫困儿童 1000 余人，从而提高了入学率，降低了辍学率。

2001 年，特区通过优化农村教育资源配置，进行中小学布局调整，合理配置教育资源，大力发展乡（镇）中心小学，推动村与村联办完全小学，有计划、有步骤地撤并一批村小和教学点，全面提高了农村教育投资效益和教育质量，全区共有小学 233 所，教学点 86 个，小学在校生 83048 人，7 ~ 12 周岁适龄儿童入学率达 98.25%，辍学率为 1.9%。

2002 年，特区全面启动“两基”工作，确定中寨、新窑、堕却 3 个乡为“两基”分乡推进单位，平寨、木岗 2 镇为“两基”复查单位。11 月份，3 乡 2 镇经市政府验收复查均为合格单位。全区共有小学 212 所，教学点 86 个，小学在校学生 80928 人，7 ~ 12 周岁适龄儿童入学率达 98.3%，辍学率为 1.42%。

2003 年，特区按照“以乡推进、分步实施、分类指导”的原则，加快“两基”工作进程，加大“两基”工作力度，继续把巩固提高“两基”成果作为教育工作的重中之重，确保义务教育优先发展。全区共有小学 204 所，教学点 95 个，小学在校生 79273 人，7 ~ 12 周岁适龄儿童入学率达 99%，辍学率为 1.20%。

2004 年，特区全力推进“两基”攻坚进程，层层签订“保学控辍”责任书，实行学生流失责任追究制，做好学生书、杂费减免工作，组织开展特殊教育管理、师资、业务人员培训，完成“三残”儿童测试工作，全区共有小学 201 所，教学点 92 个，小学在校生 81500 人，7 ~ 12 周岁适龄儿童入学率达 99.2%，辍学率为 1.46%，“三残”儿童入学率达 65.8%，超过“普九”指标。

2005 年，全区发起“两基”攻坚战，加大“一纲六法”宣传力度，严格实行入学通知书制度，建立贫困生助学金制度，落实贫困生、农村独生子女户、二女孩结扎户书杂费减免等优惠政策，做好“两免一补”（免书费、免杂费、补助寄宿生生活费）工作，签订目标责任状，全力以赴攻“两基”。全区共有小学 200 所，教学点 68 个，小学在校生 80560 人，7 ~ 12 周岁适龄儿童入学率达 99.12%，辍学率为 0.72%。为巩固“两基”成果，做好迎接国家督导检查工作。特区采取六包六到位措施（乡 [镇] 领导包片、驻村干部包村、村干部包组、组干部包户、校长包学校、教师包学生、政府行为到位、领导责任到位、工作措施到位、人员安排到位、动员入学到位、宣传执法到位），加大控辍保学力度，基础教育进一步得到巩固和发展。

六枝特区 1996—2011 年初等教育情况统计表

表 14-1-4

年 度	学校所数	班 数	教学点数（个）	在校学生数	入学率（%）	辍学率（%）
1996 年	286	2186	185	86228	96.4	8.12
1997 年	778	2182	183	86105	96.6	8.01
1998 年	270	2179	179	86017	96.8	9.27
1999 年	266	2226	180	85403	97.2	3.09
2000 年	257	2141	157	84730	98.08	1.70
2001 年	233	2031	86	83048	98.25	1.90
2002 年	212	1997	93	80928	98.30	1.42
2003 年	204	1973	95	79273	99.00	1.20
2004 年	201	1901	92	81500	99.20	1.46
2005 年	200	1893	68	80560	99.12	0.72
2006 年	199	1980	63	81216	99.01	0.92
2007 年	190	1753	67	79096	99.0	0.78
2008 年	184	1926	54	77974	99.1	0.65
2009 年	175	1783	58	74715	99.2	0.52
2010 年	170	1625	54	71912	99.1	0.35
2011 年	163	1530	48	67088	99.1	0.41

六枝特区小学一览表

表 14-1-5

名 称	类 别	办 别	负责人
新窑乡乡小学	11 小学	1 教育部门和集体办	董文忠
新窑乡四角田小学	11 小学	1 教育部门和集体办	刘忠富
新窑乡沙地小学	11 小学	1 教育部门和集体办	左帮虎
新窑乡乡樊家田小学	11 小学	1 教育部门和集体办	江 旭
新窑乡瓦缸小学	11 小学	1 教育部门和集体办	刘 凯
新窑乡凉水井中学	17 一贯制学校小学部	1 教育部门和集体办	王德富
新窑乡耶秀小学	11 小学	1 教育部门和集体办	洒开星
新窑乡上云盘小学	11 小学	1 教育部门和集体办	左洪涛
新窑乡播毕小学	11 小学	1 教育部门和集体办	谭明元

续表

名　称	类　别	办　别	负责人
新窑乡播洞小学	11 小学	1 教育部门和集体办	郭明章
新窑乡中心校	17 一贯制学校小学部	1 教育部门和集体办	谭　侃
新窑乡靛山小学	11 小学	1 教育部门和集体办	肖　刚
新窑乡二塘中心校	17 一贯制学校小学部	1 教育部门和集体办	关光发
新窑乡二塘小学	11 小学	1 教育部门和集体办	杨金学
新窑乡播雨小学	11 小学	1 教育部门和集体办	李贤贵
落别小学	11 小学	1 教育部门和集体办	杨龙云
索考小学	11 小学	1 教育部门和集体办	白音忠
坝湾小学	11 小学	1 教育部门和集体办	白音麟
扯堵小学	11 小学	1 教育部门和集体办	王令龙
落别乡纳骂小学	17 一贯制学校小学部	1 教育部门和集体办	程礼明
五菱小学	11 小学	1 教育部门和集体办	马庸峰
木厂小学	11 小学	1 教育部门和集体办	宋会华
板照小学	11 小学	1 教育部门和集体办	韦胜刚
纳果小学	11 小学	1 教育部门和集体办	卢绍晶
戛打小学	11 小学	1 教育部门和集体办	王　祥
平川小学	11 小学	1 教育部门和集体办	肖体忠
马头小学	11 小学	1 教育部门和集体办	周云美
新寨小学	11 小学	1 教育部门和集体办	白音虎
把事小学	11 小学	1 教育部门和集体办	李　翔
直溜小学	11 小学	1 教育部门和集体办	李　响
播改小学	18 小学教学点	2 民办	王光跃
折溪小学	11 小学	1 教育部门和集体办	罗开学
木伐小学	18 小学教学点	1 教育部门和集体办	刘　煜
六堡小学	11 小学	1 教育部门和集体办	肖　珩
中寨小学	11 小学	1 教育部门和集体办	冯泽进
洛阳小学	11 小学	1 教育部门和集体办	雷　歆
岩脚寨小学	11 小学	1 教育部门和集体办	严树忠
隆茂小学	11 小学	1 教育部门和集体办	付华伦
牛场小学	11 小学	1 教育部门和集体办	宋兴国

续表

名　称	类　别	办　别	负责人
牛场乡代家包小学	11 小学	1 教育部门和集体办	耿加庆
牛场乡上官小学	11 小学	1 教育部门和集体办	杨德富
牛场乡高石坎小学	11 小学	1 教育部门和集体办	卢凤麟
牛场乡雨过陈树棠小学	11 小学	1 教育部门和集体办	龙尚敏
牛场乡计支小学	18 小学教学点	1 教育部门和集体办	周恩礼
牛场乡云盘小学	18 小学教学点	1 教育部门和集体办	羲邦芬
牛场乡凹珠小学	18 小学教学点	1 教育部门和集体办	舒太军
牛场乡平寨小学	18 小学教学点	1 教育部门和集体办	杨文义
牛场乡发贡小学	18 小学教学点	1 教育部门和集体办	谢先发
牛场乡大庆小学	18 小学教学点	1 教育部门和集体办	周焕贤
牛场乡尖岩小学	18 小学教学点	1 教育部门和集体办	安开明
牛场乡新隆小学	18 小学教学点	1 教育部门和集体办	安开文
牛场乡黄平小学	18 小学教学点	1 教育部门和集体办	丁富祥
新场乡第一小学	11 小学	1 教育部门和集体办	刘胜平
新场乡第二小学	11 小学	1 教育部门和集体办	刘保军
新场乡落龙小学	11 小学	1 教育部门和集体办	尚　任
新场乡承玲小学	11 小学	1 教育部门和集体办	何　魂
新场乡沙地小学	11 小学	1 教育部门和集体办	李　林
新场乡乌柳小学	11 小学	1 教育部门和集体办	杨全林
新场乡苦李井小学	11 小学	1 教育部门和集体办	高　峰
新场乡熊井小学	11 小学	1 教育部门和集体办	吴亚男
新场乡两路口小学	11 小学	1 教育部门和集体办	许颖
新场乡白果小平小学	18 小学教学点	1 教育部门和集体办	尚金学
新场乡白岩脚小学	18 小学教学点	2 民办	王富田
新场乡老营子小学	18 小学教学点	1 教育部门和集体办	杨洪仁
新场乡旧院小学	18 小学教学点	1 教育部门和集体办	苏永红
新场乡松坝小学	18 小学教学点	1 教育部门和集体办	何兴明
六枝特区中寨乡中心小学	11 小学	1 教育部门和集体办	刘胜昌
六枝特区中寨乡四方井小学	17 一贯制学校小学部	1 教育部门和集体办	李　广
六枝特区中寨乡长冲小学	11 小学	1 教育部门和集体办	李　广

续表

名　称	类　别	办　别	负责人
六枝特区中寨乡补许小学	11 小学	1 教育部门和集体办	李　广
六枝特区中寨乡沙戈小学	11 小学	1 教育部门和集体办	李　广
六枝特区中寨乡大补王小学	11 小学	1 教育部门和集体办	杨进学
六枝特区中寨乡火坑小学	17 一贯制学校小学部	1 教育部门和集体办	杨德才
六枝特区中寨乡新场小学	17 一贯制学校小学部	1 教育部门和集体办	张　侠
六枝特区中寨乡捞河小学	17 一贯制学校小学部	1 教育部门和集体办	曾永超
六枝特区中寨乡阿志小学	11 小学	1 教育部门和集体办	卢　平
六枝特区中寨乡木则小学	11 小学	1 教育部门和集体办	秦光学
六枝特区中寨乡黄土坡小学	18 小学教学点	1 教育部门和集体办	陈兴付
六枝特区中寨乡双夕小学	17 一贯制学校小 学部	1 教育部门和集体办	胡　雷
六枝特区中寨乡巴赖小学	11 小学	1 教育部门和集体办	吕选彪
六枝特区中寨乡红光小学	11 小学	1 教育部门和集体办	吕选彪
六枝特区中寨乡鲁戛小学	11 小学	1 教育部门和集体办	刘远能
六枝特区中寨乡阿哈小学	11 小学	1 教育部门和集体办	刘远能
六枝特区中寨乡兴隆小学	18 小学教学点	1 教育部门和集体办	刘远能
六枝特区中寨乡西拉小学	11 小学	1 教育部门和集体办	刘远能
六枝特区中寨乡长寨小学	11 小学	1 教育部门和集体办	江光勇
六枝特区中寨乡以许小学	18 小学教学点	1 教育部门和集体办	江光勇
六枝特区中寨乡扯扭小学	11 小学	1 教育部门和集体办	江光勇
六枝特区中寨乡四个包小学	18 小学教学点	1 教育部门和集体办	吕选彪
六枝特区堕却乡中心小学	11 小学	1 教育部门和集体办	李文祥
六枝特区堕却乡郎节坝小学	11 小学	1 教育部门和集体办	赵才友
六枝特区堕却乡左坝小学	11 小学	1 教育部门和集体办	赵才华
六枝特区堕却乡朗树根小学	11 小学	1 教育部门和集体办	程永忠
六枝特区堕却乡大山小学	18 小学教学点	1 教育部门和集体办	程永忠
六枝特区堕却乡牛坡小学	11 小学	1 教育部门和集体办	雷　雨
六枝特区堕却乡半坡小学	11 小学	1 教育部门和集体办	雷　雨
六枝特区堕却乡荒坝小学	11 小学	1 教育部门和集体办	高守浩
六枝特区堕却乡上寨小学	18 小学教学点	1 教育部门和集体办	陈忠国
六枝特区堕却乡龙潭小学	11 小学	1 教育部门和集体办	田茂选

续表

名 称	类 别	办 别	负责人
六枝特区堕却乡黄家冲小学	11 小学	1 教育部门和集体办	雷 云
六枝特区堕却乡院上小学	11 小学	1 教育部门和集体办	陈开俊
六枝特区堕却乡王家寨小学	11 小学	1 教育部门和集体办	陈诗齐
箐口乡中心小学	11 小学	1 教育部门和集体办	谭光明
六枝特区箐口乡坝子小学	11 小学	1 教育部门和集体办	喻现福
六枝特区箐口乡上麻翁小学	18 小学教学点	1 教育部门和集体办	张 勇
六枝特区箐口乡社勒小学	18 小学教学点	1 教育部门和集体办	陈玉祥
六枝特区箐口乡过瓦小学	11 小学	1 教育部门和集体办	张仲贤
居都小学	18 小学教学点	1 教育部门和集体办	夏延涛
箐口乡关寨小学	18 小学教学点	1 教育部门和集体办	高 芹
洒志小学	11 小学	1 教育部门和集体办	戴胜祥
金家坪小学	11 小学	1 教育部门和集体办	李 强
洒志乡平桥小学	11 小学	1 教育部门和集体办	王 永
洒志乡正坝小学	11 小学	1 教育部门和集体办	陈 云
洒志乡把利小学	11 小学	1 教育部门和集体办	王兴万
洒志乡簸箕田小学	11 小学	1 教育部门和集体办	卢富勇
洒志乡大寨小学	11 小学	1 教育部门和集体办	彭达武
洒志乡红那孔小学	11 小学	1 教育部门和集体办	叶祥刚
洒志乡渔塘小学	11 小学	1 教育部门和集体办	李兴德
洒志乡花蛇小学	11 小学	1 教育部门和集体办	张 羿
洒志乡中寨小学	11 小学	1 教育部门和集体办	卢明亮
洒志乡四轮碑小学	11 小学	1 教育部门和集体办	陈国文
洒志乡跳花坡小学	11 小学	1 教育部门和集体办	马兴文
洒志乡小巫通小学	11 小学	1 教育部门和集体办	杨兴文
六枝特区毛口乡小学	11 小学	1 教育部门和集体办	卢善恒
六枝特区毛口乡大冲小学	11 小学	1 教育部门和集体办	蒋跃龙
六枝特区毛口乡小田小学	11 小学	1 教育部门和集体办	蒋跃学
毛口乡板亭小学	11 小学	1 教育部门和集体办	肖 刚
六枝特区毛口乡半坡小学	11 小学	1 教育部门和集体办	邓 俊
六枝特区毛口乡播崴小学	11 小学	1 教育部门和集体办	刘海情

续表

名 称	类 别	办 别	负责人
六枝特区龙场乡小学	11 小学	1 教育部门和集体办	肖国荣
六枝特区龙场乡白腊小学	11 小学	1 教育部门和集体办	王万福
六枝特区龙场乡民山小学	11 小学	1 教育部门和集体办	朱仲权
六枝特区龙场乡红旗小学	18 小学教学点	1 教育部门和集体办	杨胜林
六枝特区龙场乡迎新小学	11 小学	1 教育部门和集体办	李升财
六枝特区龙场乡永丰小学	18 小学教学点	1 教育部门和集体办	胡体诚
六枝特区龙场乡桥梁小学	18 小学教学点	1 教育部门和集体办	胡 韬
六枝特区龙场乡山中小学	11 小学	1 教育部门和集体办	陈忠祥
六枝特区龙场乡新力小学	11 小学	1 教育部门和集体办	方家林
六枝特区龙场乡新城小学	18 小学教学点	1 教育部门和集体办	王显方
六枝特区龙场乡陇木小学	11 小学	1 教育部门和集体办	焦发科
六枝特区龙场乡新民小学	11 小学	1 教育部门和集体办	曹永明
六枝特区龙场乡新场坝小学	11 小学	1 教育部门和集体办	王 俊
六枝特区龙场乡老马小学	11 小学	1 教育部门和集体办	刘锦福
六枝特区龙场乡兴兴小学	11 小学	2 民办	胡吉康
新华乡小学	11 小学	1 教育部门和集体办	赵庆伦
新华乡鼠场小学	11 小学	1 教育部门和集体办	杨仕国
新华乡成功小学	11 小学	1 教育部门和集体办	舒德洪
新华乡龙井小学	11 小学	1 教育部门和集体办	邓 鹏
新华乡王家冲小学	11 小学	1 教育部门和集体办	甘忠勇
新华乡五星小学	11 小学	1 教育部门和集体办	秦廷荣
新华乡冷坝小学	11 小学	1 教育部门和集体办	杜昌国
新华乡新寨小学	18 小学教学点	1 教育部门和集体办	王海齐
梭戛乡小学	11 小学	1 教育部门和集体办	李贵刚
梭戛乡华智富民小学	18 小学教学点	1 教育部门和集体办	陈玉洪
梭戛乡平寨小学	11 小学	1 教育部门和集体办	朱辛格
高兴小学	18 小学教学点	1 教育部门和集体办	王开俊
梭戛乡沙子小学	11 小学	1 教育部门和集体办	罗永权
梭戛乡团结小学	11 小学	1 教育部门和集体办	邓太武
梭戛乡水沟小学	18 小学教学点	1 教育部门和集体办	苏少毕

续表

名　称	类　别	办　别	负责人
梭戛乡安柱小学	18 小学教学点	1 教育部门和集体办	赵德友
梭戛乡陇戛小学	11 小学	1 教育部门和集体办	王开文
梭戛乡仓边小学	18 小学教学点	1 教育部门和集体办	王道国
陇脚乡补雨小学	11 小学	1 教育部门和集体办	黄昌鸿
陇脚乡牧场小学	11 小学	1 教育部门和集体办	刘远国
陇脚乡何家寨小学	18 小学教学点	1 教育部门和集体办	卢富伦
陇脚乡大坝小学	18 小学教学点	1 教育部门和集体办	吴启彪
陇脚乡郭家寨小学	18 小学教学点	1 教育部门和集体办	蒋朝栋
陇脚乡月亮诃小学	18 小学教学点	1 教育部门和集体办	韦开甲
陇脚乡小学	11 小学	1 教育部门和集体办	韦仕兰
郎岱镇第一小学	11 小学	1 教育部门和集体办	樊本刚
郎岱镇第二小学	11 小学	1 教育部门和集体办	杜迎涛
郎岱镇东山小学	11 小学	1 教育部门和集体办	秦　勇
郎岱镇安乐小学	11 小学	1 教育部门和集体办	罗向忠
郎岱镇归宗中心小学	11 小学	1 教育部门和集体办	蒋胜林
石板小学	11 小学	1 教育部门和集体办	张忠伦
石糯尾小学	11 小学	1 教育部门和集体办	郑元付
郎岱镇上寨小学	11 小学	1 教育部门和集体办	卢治勇
郎岱镇洒米陇小学	11 小学	1 教育部门和集体办	杨国雄
郎岱镇新民小学	11 小学	1 教育部门和集体办	蒋胜林
平寨镇第一小学	11 小学	1 教育部门和集体办	田应芬
平寨镇第二小学	11 小学	1 教育部门和集体办	陈连卿
平寨镇三小	11 小学	1 教育部门和集体办	龙　江
平寨镇第四小学	11 小学	1 教育部门和集体办	饶茂菊
平寨镇第五小学	11 小学	1 教育部门和集体办	徐登秀
平寨镇中兴学校	17 一贯制学校小学部	1 教育部门和集体办	杨桥发
平寨镇平寨小学	17 一贯制学校小学部	1 教育部门和集体办	吴文学
平寨镇补林小学	11 小学	1 教育部门和集体办	杨继芳
六枝特区平寨镇那固小学	11 小学	1 教育部门和集体办	左　平
平寨镇渔塘小学	11 小学	1 教育部门和集体办	包　敏

续表

名　称	类　别	办　别	负责人
六枝特区平寨镇茶山小学	11 小学	1 教育部门和集体办	付舒荣
平寨镇群力小学	11 小学	1 教育部门和集体办	李　旭
六枝特区平寨镇底西小学	11 小学	1 教育部门和集体办	史登国
平寨镇堕社小学	11 小学	1 教育部门和集体办	李朝渊
平寨镇东风小学	11 小学	1 教育部门和集体办	敖　刚
平寨镇双龙小学	11 小学	1 教育部门和集体办	史春祥
六枝特区平寨镇波榨小学	11 小学	1 教育部门和集体办	杨太富
六枝特区平寨镇波洼小学	11 小学	1 教育部门和集体办	江甫荣
平寨镇下坝小学	11 小学	1 教育部门和集体办	赵享刚
平寨镇河丰小学	11 小学	1 教育部门和集体办	王道贤
平寨镇沙子坡小学	11 小学	1 教育部门和集体办	陈富刚
平寨镇杨丰小学	11 小学	1 教育部门和集体办	余敏发
岩脚镇第一小学	11 小学	1 教育部门和集体办	杨文贵
岩脚镇第二小学	11 小学	1 教育部门和集体办	刘庆龙
岩脚镇第三小学	11 小学	1 教育部门和集体办	郭贵全
岩脚镇羊场小学	11 小学	1 教育部门和集体办	朱炳琼
岩脚镇阿岔小学	11 小学	1 教育部门和集体办	陈玉敏
岩脚镇民乐小学	11 小学	1 教育部门和集体办	秦廷超
岩脚镇高桥小学	11 小学	1 教育部门和集体办	王　泽
岩脚镇那洒小学	11 小学	1 教育部门和集体办	付锡德
岩脚镇木贡小学	11 小学	1 教育部门和集体办	李　果
岩脚镇老卜底小学	11 小学	1 教育部门和集体办	吴胜云
岩脚镇雨海小学	11 小学	1 教育部门和集体办	黄忠良
岩脚镇群力小学	11 小学	1 教育部门和集体办	郭桂文
岩脚镇盛林私小	11 小学	2 民办	王盛林
岩脚镇胡家寨小学	11 小学	1 教育部门和集体办	马国昌
岩脚镇团结小学	18 小学教学点	1 教育部门和集体办	杨福琴
岩脚镇高峰小学	18 小学教学点	1 教育部门和集体办	唐安国
岩脚镇兴中小学	18 小学教学点	1 教育部门和集体办	李永龙
岩脚镇金星小学	18 小学教学点	1 教育部门和集体办	赵升斌

续表

名　称	类　别	办　别	负责人
岩脚镇鱼坝小学	18 小学教学点	1 教育部门和集体办	王　婷
岩脚镇基地小学	18 小学教学点	1 教育部门和集体办	秦廷超
岩脚镇田坎小学	18 小学教学点	1 教育部门和集体办	周宜美
岩脚镇新寨小学	18 小学教学点	1 教育部门和集体办	杨成龙
岩脚镇岱瓮小学	18 小学教学点	1 教育部门和集体办	王　泽
木岗镇小学	11 小学	1 教育部门和集体办	郭兴祥
木岗镇戛陇塘小学	11 小学	1 教育部门和集体办	杨青松
木岗镇瓦窑小学	11 小学	1 教育部门和集体办	姜昌虎
木岗镇把士小学	11 小学	1 教育部门和集体办	金宗祥
木岗镇抵簸小学	11 小学	1 教育部门和集体办	苏兴国
木岗镇抵岗小学	11 小学	1 教育部门和集体办	吴越生
木岗镇小木岗小学	11 小学	1 教育部门和集体办	张永仙
木岗镇播东小学	18 小学教学点	1 教育部门和集体办	张　杰
木岗镇黄桶小学	18 小学教学点	1 教育部门和集体办	王　云
六枝特区大用镇第一小学	11 小学	1 教育部门和集体办	胡兴志
六枝特区大用镇第二小学	11 小学	1 教育部门和集体办	李　新
六枝特区大用镇汩港小学	11 小学	1 教育部门和集体办	白辉高
六枝特区大用镇耳贡小学	11 小学	1 教育部门和集体办	肖慈祥
六枝特区大用镇岱港小学	11 小学	1 教育部门和集体办	刘家林
六枝特区大用镇黑晒教学点	18 小学教学点	1 教育部门和集体办	袁贵祥
六枝特区大用镇耳红教学点	18 小学教学点	1 教育部门和集体办	沈宽富
六枝特区大月镇骂冗小学	11 小学	1 教育部门和集体办	王　波
六枝特区大用镇新兴教学点	18 小学教学点	1 教育部门和集体办	薛明胜
六枝特区大用镇凉水井小学	11 小学	1 教育部门和集体办	刘胜堂
六枝特区大用镇毛坡小学	11 小学	1 教育部门和集体办	饶思德
六枝特区大用镇矿区小学	11 小学	1 教育部门和集体办	郐世兰
六枝特区第一小学	11 小学	1 教育部门和集体办	牟　艳
六枝特区实验小学	11 小学	1 教育部门和集体办	杨光莉
六枝特区二小	11 小学	1 教育部门和集体办	蔡洪江
六枝特区第三小学	11 小学	1 教育部门和集体办	余建波

续表

名　称	类　别	办　别	负责人
六盘水煤机子校	17 一贯制学校小学部	3 其他部门办	刘耀辉
六枝阳光学校	17 一贯制学校小学部	2 民办	蒋韵章

附部分学校简介

六枝特区第一小学

1972 年 7 月，六枝特区革命委员会政治部下文将六枝师范班及其附小划归六枝一中管理，名为六枝一中附小。1973 年 9 月，六枝特区教育局、六枝特区编制委员会下文报经六枝特区革命委员会批准，建立六枝特区第一小学，建校初有 3 个教学班，在校学生 80 人。六枝特区第一小学教学质量名列特区前茅，校园整洁美观，是特区窗口学校之一。在历届校长的努力下，办校规模，2011 年有 26 个教学班，在校学生人数 2215 人，教职员工 70 人（女教师 44 人，男教师 26 人），其中小学高级教师 49 人，一级教师 21 人。

六枝特区第二小学

六枝特区第二小学创建于 1977 年，位于六枝特区那平路 7 号。学校占地面积 14440 平方米，有教育教学专用建筑面积 7015 平方米。2011 年有 30 个教学班，在校学生 2623 人，在 80 名教职工中，专任教师合格学历达 100%，其中 38 名教师达到本科以上学历，25 名教师大专学历，大专以上学历占 78.8%。学校设有计算机室、实验室、仪器室、舞蹈室、图书室、多媒体室、科技创新活动室等专用教室。学校遵循“团结、勤奋、朴实、创新”的校训，秉承“追求卓越、崇尚一流、与时俱进、开拓创新”的办学理念，“踏踏实实做人，勤勤恳恳做事”的办学宗旨，坚持育人为本，教学优先，质量至上，积极推进素质教育。学校先后荣获“全国红旗大队”“全国七巧科技活动示范学校”“贵州省红旗大队”“贵州省交通安全文明学校”“全国巾帼文明示范岗”等省级荣誉称号，曾多次被市、特区评为“先进集体”“文明学校”“先进基层党组织”等光荣称号，在社会上有良好的声誉。

六枝特区实验小学

六枝特区实验小学创建于 2000 年。2011 年有专任教师 65 人，党员 23 人，大专及以上学历 42 人，占 66%，具有中级任职资格的占 50%，教师学历合格率达 100%。学生 2320 人，共 30 个教学班。学校校园面积 8887.7 平方米，校舍面积 5486.23 平方米，有 200 米环形跑道，学校建有旗台、演出台，休闲角、现有篮球场 2 块，羽毛球场 2 块，体育角活动场 1 块，有图书室、阅览室、微机室、劳动科技室、书画室、舞蹈室、音乐室、实验室、体育室和器材备品库，多媒体阶梯室，学校有图书 20000 余册，生均 10 册，学校配备计算机 78 台，其中学生计算机 53 台，建立了多功能教室，安装宽带网，接通了远程教育系统，整个校园逐步实现网络化。

六枝特区岩脚镇中心小学

岩脚镇中心小学的前身为岩脚二小，始建于 1975 年秋，位于岩脚镇政府西南方 300 米（岩脚村小屯脚）。截至 2011 年校园占地面积 3750 平方米，建教学楼两栋，共 420 平方米。有教师 11 人，设一至五年级各 1 个班，有学生 200 余人。1976 年建教学楼一栋（三层，8 个教室，共 344 平方米）。

1981 年更名为“岩脚二中”，设初一到初三共 12 个班，有学生 500 余人。2008 年 8 月，学校更名为“六枝特区岩脚镇中心小学”。有教师 22 人，办班 9 个（其中 1 ~ 4 年级各 2 个班，五年级 1 个班），共有学生 427 人。后各年级发展为双班。从此，学校稳步发展、教师爱岗敬业、教学成绩在岩脚区Ε趋突出，越来越被广大群众看好。1997 年征地建教学楼一栋（三层，12 个教室、3 个小办公室，共 892 平方米），校园占地面积为 4895 平方米。办班 12 个，学生增加到 500 余人。2005 年扩建教学楼 537 平方米，2007 年扩建教学楼 537 平方米，两次教学楼工程总投资 50 余万元；学校还筹建了校门、多功能教室、仪器室、图书室、门卫室、垃圾池等设施。

六枝特区郎岱镇中心小学

六枝特区郎岱镇第二小学，其前身是郎岱县城关小学，始建于 1928 年，截至 2011 年学校占地面积 6794 平方米，校舍建筑面积 2941 平方米，有 14 个教学班，全校有 38 名教职员工，大专以上学历 26 人，小学高级教师 27 名，学校有仪器保管室、实验室、图书室、阅览室、少先大队活动室、体育器材保管室、综合教室等各 1 间，教师及行政办公室共 4 间，图书 8900 册。学校教学器材均达到二类学校标准。先后获得了“国家女童教育项目工作先进单位”“贵州省女童教育项目先进学校”“六盘水市教育系统文明学校”“六盘水市 JIP 实验项目学校”“六盘水市校本教研实验学校”“六枝特区综合督导评估示范学校”“六枝特区文明单位”等荣誉称号。

二、初级中等教育

1978 年，下营盘原红卫小学改修建特区三中，首届毕业生 120 多名，考取中专、中技的有 23 人。成绩在逐年上升。1981 年建落别民族中学、龙场中学；1984 年，建渔塘职业中学；1985 年，特区师范迁到六盘水，原校址建郎岱二中；1986 年，平寨镇筹资建兴隆中学。截至 1984 年，特区境内有 26 所初中，学生 4083 人，教职员工 1327 人。

1986—1988 年，六盘水市 23 所中学的 3 年全面检查评比中，六枝特区三中名列第二，获奖金 10 万元。全市对这次检查评比共设资金 30 万元，六枝特区获奖金 25 万元。

1988 年，特区有初中 32 所（其中教办 20 所，企办 12 所），班级 363 班（教办 256 个班，企办 107 个班），学生 17645 人（其中教办 12414 人，企办 5231 人），教职工 1534 人（其中教办 876 人，企办 658 人）。

1990 年贯彻《义务教育法》及其《实施细则》，1992 年，经省、市组织验收，全区已基本普及了初等教育。

1991 年，初中三年级学生统一考试，全特区均分为 383 分，比 1990 年提高了 19.15 分。初一年级至初二年级的英语均分为 42 分，比 1990 年提高了 6.8 分。全市中等专业学校招生数 628 人，六枝片区录取 239 人，占市招生数的 38.1%；省幼师在六盘水市招生 8 人，六枝片区录取 3 人，占市的 37.5%。

1994 年，全特区有初中 32 所，在校生 15671 人。

1995 年，全特区初中仍是 32 所，在校生从 15671 增至 15886 人。

六枝矿务局及所属单位创办的职工子弟学校共有 12 所：六枝矿务局一中、二中、完小；凉水井、地宗、四角田、大用、化处、六枝、木岗煤矿子弟学校；六十五工程处、乌速龙林场子弟学校。这12所学校中，有高中1所、完中1所，中、小学合并的8所，小学2所。统计资料截至1985年，12所中、小学共有教职工827人，其中教师673人（高中教师59人；初中教师309人；小学教师305人）；职工154人。学生13241人，分为261个班（其中小学生8006人，158个班；初中4189人，82个班；高中1046人，20个班。）其校舍建筑面积为24446平方米。学校各类图书共37655册。

1996年，特区“普及九年义务教育”（简称“普九”）纳入规划并开始实施。初中在校生达17008人，入学率达30.86%；1997年初中在校生达17810人，入学率达32.79%。平寨、岩脚、郎岱、木岗四镇的入学率则分别达70%～80%。

1998年，六枝矿务局、六盘水煤机厂的“普九”经过市政府验收，认定为合格。2000年12月，六盘水市政府对特区平寨、木岗两镇的“普九”工作进行评估验收，认定为基本合格。2001年六枝特区区郎岱、岩脚、大用、落别三镇一乡接受市政府验收，分别认定为“合格”和“基本合格”，“两基”验收单位达到8个，“普九”人口覆盖率达到50.01%。2002年，新窑、堕却、中寨三乡经市政府验收认定为合格，“两基”经市级验收单位达到11个，“普九”人口覆盖率达64.4%。2003年，新华、龙场、新场、牛场、梭戛、箐口、陇脚、折溪、毛口、洒志10个乡“普九”经市政府验收，“两基”验收单位全部完成，“普九”人口覆盖率达90%以上。2004年，特区初中净入学率上升为78.4%。

2005年，有独立初中30所，九年一贯制学校15所，初中阶段在校生31515人，579个教学班，平均班额53.3人，初中阶段入学率达到108.29%，年辍学率降到2.17%，17周岁人口完成率为83.1%。“两基”攻坚于2005年10月30日—11月4日经过省人民政府验收，认定为基本合格，并报国家教育部首位排名通过，全区实现了“两基”攻坚目标。附部分学校

六枝特区第二中学

六枝特区第二中学前身系六枝矿务局二中，2000年8月因六枝矿务局破产划归地方，更名为六枝特区第二中学。学校占地面积6274平方米，校舍建筑面积4957平方米。教师81人，其中高级教师15人，中级教师42人，初级教师19人。有28个教学班，在校学生1667人。学校教学设施完备，配有微机室、阅览室、理化生实验室及多功能电教室。

“十一五”期间，学校“两基”通过验收。学校以“团结、勤奋、进取、求实、笃学、创新”为校训。老师和学生在各级各类比赛中分别获得国家级、省、市及特区众多项奖励。

六枝特区1996—2011年初级中等教育情况统计表

表14-1-6

年　度	学校所数	班　数	在校学生数	入学率（%）	辍学率（%）
1996年	33		17008	30.86	14.1
1997年	35		17810	32.79	15.3
1998年	44	381	18409	35.53	18.6
1999年	45	401	19366	50.20	13.0
2000年	38	418	22882	46.98	5.60
2001年	44	473	22793	54.92	4.43
2002年	47	524	30010	69.81	3.69

续表

年　度	学校所数	班　数	在校学生数	入学率（%）	辍学率（%）
2003年	48	499	31973	79.84	2.18
2004年	46	599	32760	98.11	2.26
2005年	45	592	31515	108.29	2.17
2006年	43	616	30841	110.60	2.00
2007年	44	491	27739	110.4	2.48
2008年	43	545	28862	110.17	2.46
2009年	40	533	31024	112.9	2.17
2010年	40	636	32581	110.0	2.08
2011年	39	522	32732	113.6	1.80

六枝特区中学一览表

表14-1-7

名　称	类　别	办　别	负责人
新窑乡凉水井中学	24一贯制学校	1教育部门和集体办	王德富
新窑乡中心学校	24一贯制学校	1教育部门和集体办	谭　侃
新窑乡二塘中心学校	24一贯制学校	1教育部门和集体办	关光发
新窑乡中学	23初级中学	1教育部门和集体办	杨大鹏
落别乡民族中学	23初级中学	1教育部门和集体办	刘明河
落别乡纳骂小学	24一贯制学校	1教育部门和集体办	肖慈发
折溪乡中学	23初级中学	1教育部门和集体办	罗开学
牛场乡中学	23初级中学	1教育部门和集体办	宋　鑫
新场乡新场中学	23初级中学	1教育部门和集体办	王国华
新场乡黑塘中学	23初级中学	1教育部门和集体办	王龙飞
中寨乡四方井小学	24一贯制学校	1教育部门和集体办	李　广
中寨乡火坑小学	24一贯制学校	1教育部门和集体办	杨德才
中寨乡新场小学	24一贯制学校	1教育部门和集体办	张　侠
中寨乡捞河小学	24一贯制学校	1教育部门和集体办	曾永超
中寨乡双夕小学	24一贯制学校	1教育部门和集体办	胡　雷
中寨乡中学	23初级中学	1教育部门和集体办	江　超
中寨乡二中	23初级中学	1教育部门和集体办	吕选彪
堕却乡中学	23初级中学	1教育部门和集体办	杜泽良
箐口乡中学	23初级中学	1教育部门和集体办	王小明
洒志乡中学	23初级中学	1教育部门和集体办	陈　俊
毛口乡中学	23初级中学	1教育部门和集体办	杨文平
龙场乡中学	23初级中学	1教育部门和集体办	吴代良
新华乡中学	23初级中学	1教育部门和集体办	李　鹏

续表

名　称	类　别	办　别	负责人
梭戛乡中学	23 初级中学	1 教育部门和集体办	李　国
陇脚乡中学	23 初级中学	1 教育部门和集体办	杨柒平
郎岱镇中学	23 初级中学	1 教育部门和集体办	金仕富
六枝特区第六中学	22 高级中学	1 教育部门和集体办	聂开群
平寨镇第一中学	23 初级中学	1 教育部门和集体办	张友俊
平寨镇第二中学	23 初级中学	1 教育部门和集体办	杨光海
平寨镇中兴学校	24 一贯制学校	1 教育部门和集体办	杨桥发
平寨镇平寨小学	24 一贯制学校	1 教育部门和集体办	吴文学
岩脚镇第一中学	23 初级中学	1 教育部门和集体办	谭明星
岩脚镇第二中学	23 初级中学	1 教育部门和集体办	黄华领
木岗镇中学	23 初级中学	1 教育部门和集体办	尚世罡
木岗镇抵簸中学	23 初级中学	1 教育部门和集体办	苏兴国
大用镇第一中学	23 初级中学	1 教育部门和集体办	郭发国
大用镇第二中学	24 一贯制学校	1 教育部门和集体办	邬世兰
大用镇凉水井中学	23 初级中学	1 教育部门和集体办	熊明华
六枝特区第一中学	22 高级中学	1 教育部门和集体办	王尚江
六盘水市第二中学	22 高级中学	1 教育部门和集体办	樊国庆
六枝特区第五中学	23 初级中学	1 教育部门和集体办	陈　鸿
六枝特区第二中学	23 初级中学	1 教育部门和集体办	撒玉怀
六枝特区第三中学	23 初级中学	1 教育部门和集体办	郑启荣
六盘水煤机子校	21 完全中学	3 其他部门办	刘耀辉
六枝阳光学校	21 完全中学	2 民办	蒋韵章
六枝特区第四中学	24 一贯制学校	1 教育部门和集体办	刘大宇

三、特殊教育

六枝特区特殊教育于 1993 年起步。1994 年，云盘小学（今平寨镇四小）已有“三残”儿童随班就读。1996 年，中央特教专家徐北伦、纳新来六枝调研，对六枝特区的特殊教育提出了积极建议。1996—2005 年，通过筛查测试，全区共有三类残疾儿童少年 555 人，其中视力残疾 58 人（丧失学习能力 5 人）。听力残疾 83 人（丧失学习能力 4 人）、智力残疾 414 人（丧失学习能力 159 人）。入学 325 人，其中视力残疾 43 人、听力残疾 56 人、智力残疾 226 人，入学率为 83.9%。2000 年 4 月，六枝特区特殊教育寄宿制学校成立，教职工 24 人，在校生 78 人。全区共开办 120 余个随班就读点，在校生 247 人。2006 年“三残”儿童少年 492 人，入学 308 人，入学率为 84.2%；2007 年“三残”儿童少年 419 人，入学 266 人，入学率为 84.4%；2008 年“三残”儿童少年 395 人，入学 250 人，入学率为 82.2%。

六枝特区成立“六枝特区特殊教育工作领导小组”，配备一名特教干部和一名特教教研员，把特殊教育纳入义务教育轨道。特殊教育随班就读教师的配备与培训，开展随班就读教研活动，提高随班就读教育教学质量，共筹集 80 余万元的特教经费，确保随班就读点的正常开展。建立了随班就读规章制度，开展随班就读的评估工作。1997 年 11 月六枝特区被贵州省教育委员会评为特殊教育先进县。1998 年 11 月六盘水市特殊教育现场会在六枝召开，2003 年获教育部全国 100 个县随班就读支持保障体系实验县项目。大用镇二小、平寨镇四小、新窑乡小建立资源教室。特区特殊学校建立了语言室、律动室。2006 年 6 月 21 日—23 日，六盘水市特殊教育研讨会在六枝召开，全区形成了以特殊学校为骨干，以随班就读为主体的残疾儿童少年义务教育新格局。

第三节　高中教育

1977 年 9 月，在“读初中不出公社”“读高中不出区”的形势下，社社办初中，区区办高中。1978 年，六枝特区高中由 2 所增至 20 所，有学生 4033 人。师资力量和办学条件都跟不上需要，教学质量不高。后来经过调整，各区（镇）的高中陆续停办。1984 年，有高中 3 所，学生 2157 人。1985 年，特区一中开设了电子计算机课程，并有 3 名学生获省程序设计奖。从 1977 年恢复招生统一考试，每年考取大专院校的学生逐年有增。1977—1988 年，共录取本科生 422 名（其中北大 3 人、清华 1 人）、大学专科生 280 名、中专生 379 名。总计 1081 人。

1988 年，特区已有高中 4 所（其中教办 1 所，企办 3 所），学生 2374 人（其中教办的 931 人，企办的 1443 人）。

1986—1988 年，六盘水市 23 所中学的全面检查评比，六校特区一中连续 3 年名列地方组总分第一名，获奖金 15 万元。

1989—1990 年，特区一中（高中）被大中专录取 187 人，录取率为 57.8%，

1994 年，全特区有高中 3 所，在校生 2250 人，高中（含职中）教师 185 人。

2011 年，全特区有高（完）中 5 所，教师 351 人，在校生 9555 人。拥有 52 年办学历史的六枝特区一中已申报省级示范性重点高中，并于 2011 年 12 月通过第一次评估。

1978—1988 年六枝特区高中毕业生升入高一级学校一览表

表 14-1-8　　　　单位：人

年 份	大学本科			大学专科			中专（中师）			中 技
	合 计	教 办	企 办	合 计	教 办	企 办	合 计	教 办	企 办	
1978	173						290			237
1979	171						354			1230
1980	100						高中 330			
							初中 34			
1981	82			44			155			
1982	80			45			169			
1983	100			36			213			
1984	73	55	18	52	38	14	高中 202	79	123	
							初中 179	129	50	
1985	179	62	117	76	39	37	高中 243	138	105	
							初中 296	203	93	

续表

年份	大学本科			大学专科			中专（中师）			中技
	合计	教办	企办	合计	教办	企办	合计	教办	企办	
1986	211	68	143	94	4	50	高中 138	84	54	
							初中 324	234	90	
1987	201	82	119	114	54	60	高中 435	206	229	
							初中 396	300	96	
1988	219	70	149	128	41	87	高中 101	54	47	
							初中 346	222	124	
合计	1763			589			4450			

注：1. 教办高中 1 所，企办高中 3 所，教办初中只 20 所，企办初中 12 所；2. 1977—1979 年，大学本科数字，包括大学生在内；3. 中技于 1980 年开始由特区劳动局招生，其数字未在此统计

1989—2011 年高中被大中专录取的学生情况表

表 14-1-9　　单位：人

年份＼数据＼类型	重点	本科	专科	中专	合计
1989	47	128	97	413	685
1990	81	141	133	313	668
1991	60	136	128	386	710
1992	35	97	132	282	546
1993	42	114	197	464	817
1994	61	229	203	492	985
1995	57	136	199	564	956
1996	59	179	194	710	1142
1997	69	224	210	583	1086
1998	86	206	181	798	1271
1999	86	319	191	872	1468
2000	100	322	235	1276	1933
2001	86	392	243	1654	2375
2002	131	449	415		995
2003	124	562	825		1151
2004	114	368	917		1399
2005	132	481	869	5	1488
2006	212	590	582	5	1389
2007	206	475	399		1080
2008	345	703	520		1568
2009	263	701	701		1665
2010	246	787	566		1599
2011	298	1047	766		2111

六盘水市第二中学（原六枝矿务局一中）1977—2011 年考入清华、北大学生基本情况

表 14-1-10

序号	姓名	性别	考取年份	班级	班主任	考取学校	现基本情况	备注
1	丁光跃	男	1977 年	高三（4）班		清华大学		
2	诸磊	男	1977 年	高三（4）班		清华大学		
3	张炜	男	1978 年	高三（6）班		清华大学		
4	杜俊杰	男	1979 年	高三（6）班		清华大学		
5	申迅	男	1981 年	高三（1）班		清华大学		
6	尹洁	女	1983 年	高三（3）班		北京大学		
7	高远	男	1988 年	高三（1）班	曾光前	北京大学		
8	陈维	男	1988 年	高三（1）班	曾光前	清华大学		
9	康庆文	男	1989 年	高三（5）班		清华大学		
10	吴川	男	1989 年	高三（5）班		清华大学		
11	王惠玲	女	1990 年	高三（3）班	樊国庆	北京大学		
12	尹毅宁	男	1991 年	高三（3）班		北京大学		
13	李军	男	1991 年	高三（4）班		清华大学		
14	黄曦蜀	女	1993 年	高三（5）班		清华大学		
15	陈晶	男	1994 年	高三（1）班	曾光前	清华大学	2002 年博士毕业后加入通用电气中国研发中心任研究员	
16	潘晖	男	1994 年	高三（1）班	曾光前	清华大学	2005 年 7 月北京大学物理系博士后毕业后任教于北京航空航天大学物理系	
17	池永贵	男	1998 年	高三（1）班	李明亮	清华大学	新加坡南洋大学	
18	王天璐	女	2001 年	高三（10）班	张永斌	清华大学		
19	季珂	女	2001 年	高三（10）班	张永斌	清华大学	中国科技大学	
20	彭黎黎	男	2002 年	高三（2）班	赵　凯	清华大学		
21	邓牌	男	2003 年	高三（2）班	岑耀坤	清华大学		
22	喻娜	女	2003 年	高三（1）班	吴作远	清华大学	四川成都核研究所	
23	吕黎	男	2004 年	高三（10）班	岑耀坤	清华大学	武汉钢铁厂	
24	周良松	男	2005 年	高三（12）班	张永斌	清华大学		
25	李毅	男	2006 年	高三（13）班	曾光前	清华大学		
26	彭康	男	2010 年	高三（1）班	杨　文	清华大学		

六枝特区实验中学 1982—2000 年清华、北大录取情况统计表

表 14-1-11

序号	姓名	性别	录取学校	录取时间	所在地	备注
1	胡爱平	女	清华大学	82 年	美国	
2	程晓宇	男	清华大学	85 年	桂林	
3	胡贵平	女	清华大学	87 年	广州	
4	贺旭辉	男	清华大学	87 年	北京	
5	刘 牛	男	清华大学	93 年	上海	
6	周樱樱	女	清华大学	97 年	美国	
7	张 琳	女	北京大学	97 年	深圳	
8	夏晓翔	男	北京大学	2000 年	北京	

六枝一中考取北大清华学生简况

表 14-1-12

序号	年度	姓名	性别	学校名称	班主任	工作地点
1	1987	肖应凤	女	北京大学	张太达	
2	1988	邓 坤	男	清华大学	王有志	
3	1988	王季军	男	清华大学	王有志	
4	1991	陈德福	男	北京大学	王炼怀	
5	1991	熊正辉	男	清华大学	王炼怀	
6	1998	肖 箫	男	清华大学	冉靖国	深圳

第四节　成人教育

一、扫盲及农技校

1980 年后，扫盲工作改称为“农民教育”。各区（镇）、乡采取了定教员、定学员、定班级、定地点、定报酬等办法来开展农民教育。教师由民办教师担任。民转公时（民办教师转为公办教师），此工作则是“转公”条件之一。1985—1990 年，六枝特区 15 ~ 40 岁的少、青、壮年非文盲率达 91.1%，符合国务院《扫除文盲工作条例》的规定。1991 年 4 月 24 日通过省、市验收合格，六枝特区成为“基本无盲县”。全特区 50 个乡中，已有 49 个乡达到“基本无文盲单位”的要求。1994 年又超额完成六盘水市下达给六枝 8000 人的扫除余盲任务。全区 19 个乡（镇），已有 17 个乡（镇）办起了 18 所乡（镇）级农民文化技术学校，对农民进行烤烟种植、烘烤、麦肥分带轮作、养殖、农机修理、煤窑开采安全知识教育等多种培训，为发展特区经济建设服务。

六枝特区在抓“普九”（普及九年义务教育）的同时，把抓扫盲工作纳入议事日程。从上到下层层签订《脱盲承包责任书》，做到不脱盲，不脱钩。从教育费附加中划出10%作为扫盲专项经费，保证扫盲工作顺利进行。1949年10月1日后出生年满15周岁的人口中非文盲率达97.9%。全区开办19所乡（镇）级农民文化技术学校和394所村级农民文化技术学校和教学点，各种实用技术培训达10万余人（次），各项指标达到贵州省有关要求，1996年12月通过省政府验收为合格单位。2005年“两基”验收，全区15周岁人口12665人，15周岁人口中文盲55人，文盲率仅为0.43%，全区的扫盲工作由以识字教学为主转变为以实用技能、知识教学为主，同时加大对农技校的投入、管理与指导，开展多种实用技术培训，提高农技校办学质量，增强农民的科技含量。在开办的农技校中，新窑乡农技校、落别乡坝湾农技校成为省级示范农技校。

六枝特区“九五”“十五”“十一五”期间扫盲及农技校开办情况表

表14-1-13

年　度	开办班（点）数	学习人数	脱盲人数	农技校开办所数	参培人（次）数	经费投入（元）
1996年	573	12950	8106	413	107986	329063
1997年	494	5235	3273	418	111992	166551
1998年	408	5656	3513	414	70004	112560
1999年	334	4817	3361	436	95596	78088
2000年	422	5968	3691	448	102713	87576
2001年	423	11807	10100	448	102942	12440
2002年	351	9374	6333	303	91569	130285
2003年	372	8762	5893	304	96909	147848
2004年	371	8336	3843	282	96831	198759
2005年	494	10605	6210	300	105297	605022
2006年	394	13473	11074	282	64947	20492
2007年	179	4167	2085	276	54352	299104
2008年	209	3010	1562	273	51731	173140

二、职业教育

（一）电大、函大及其他

1977年，为了给教育战线培养合格师资，六盘水市“师范大专班”由于校舍、设备、教师都不齐备，将新招的学生委托给所属的3个特区（六枝、盘县、水城）有条件的中等学校代培。六枝特区师范学校代培数学班，有学生43人，六枝矿务局第一中学代培物理班，有学生50人。1980年才将各特区的大专班迁往六盘水市师专新址。

1983年，六枝矿务局开办“经济电大”两个专业班（企业管理、工业会计），1984年开办电气工程、工业与民用建筑两个班，学员20名；1985年开办“文科类电大班”两个专业班（中文师范、新闻）。

1985 年，六枝特区第一中学开办了一届电大“中文师范班”，学员 23 人，1987 年毕业。

1984 年，六枝特区党校招收了两届“党政专业大专班”（1984—1986 年为第一届）。

1990 年 7 月 15 日，六枝特区政府举办“教育系统基建管理人员培训班”，学员来自各区（镇）教办（后为教辅站）和幼儿园的 24 名基建管理人员，学习建筑识图、施工、材料等专业基础知识，并学习基建财务、拨款结算、合同法等有关规定，从而提高基建施工中的管理能力。

1995 年 2 月，全特区有 254 名教师参加“卫电师专”学习，120 名教师参加“中函”学习。

（二）中等技工学校

六盘水煤机技工学校 1977 年建立，由煤炭部投资，学生毕业后分往云、贵、川三个省部办的直属厂矿。招收的高中毕业生学制为两年，初中毕业生学制为 3 年。除招生外，还对部办直属厂矿的职工进行定期培训。

六枝矿务局技工学校 1978 年创办，校址在六枝特区木岗镇，后迁六枝特区下营盘罗家寨。有教职工 75 人。开办了电钳、采煤、洗煤、机采、通风、铸造、测量、土建、供应等 13 个专业，共 29 个班级，招收学生 1406 人（女生 527 人，男生 879 人）。1984 年，该校还为省煤炭厅代培一个学制为 3 年的中专采煤班。另设一个微机培训班。

贵州省建筑工程技校教学点 1980 年开办，教学点设在六枝特区第一建筑公司院内。学制为两年，毕业一期学生后再招下一期，毕业生由建委统一分配。1980—1982 年为第一期，毕业 43 人；1983—1985 年为第二期，毕业 44 人；1988—1990 年为第三期，毕业 50 人。

六盘水煤机厂职工学校 1981 年开办，先后培训在职职工共 1462 人。

2000 年 3 月，六枝矿务局破产后，组建六枝工矿集团有限责任公司。5 月，根据《贵州省人民政府关于六枝矿务局所办学校等移交有关问题的批复》精神，将原矿务局二中、完小、技校（职业高中）、地宗矿子校、六十五处子校、六十六处子校、四角田矿子校、凉水井矿子校、六枝矿子校、化处矿子校、木岗矿子校、大用多经处子校等共 12 所中小学划归地方管理，同时将六枝矿务局技校更名为“六枝特区职业技术教育培训中心”，负责全区的职业教育、职工教育与培训工作。

2003 年 3 月，六枝特区贯彻落实《中华人民共和国职业教育法》《国务院关于大力推进职业教育改革与发展的决定》及《贵州省职业技术教育暂行条例》精神，大力发展特区职业技术教育，政府将特区职业技术教育培训中心、特区教师进修学校、特区职业技术学校、特区卫生职业技术学校 4 校合并，组建新的“六枝特区职业技术学校”。合并工作于 2003 年 8 月 3 日完成，新的“六枝特区职业技术学校”设总部和分校两个教学点，总部设在原特区职业技术教育培训中心，分校设在原特区职业技术学校（平寨）。校总部主要承担从业人员、下岗再就业人员、在职人员等各种长短期培训，平寨分校主要负责综合高中及中职学历教育教学工作，综合高中 2006 年起停止招生。

2003 年 9 月—2006 年 6 月，六枝特区职业技术学校共开展瓦检员、电工、安全员、绞车司机、瓦斯监测监控、电车司机、爆破员、副矿长等煤矿安全技术与特殊工种培训、农村劳动力转移培训等 13626 人，其中农村劳动力转移培训 2207 人，转移安置 988 人。平寨分校已开展综合高中教育 290 人，中职学历教育 468 人，2006 年，完成中职学历招生 1033 人。2007—2008 年，创新办学思路，改革管理模式，扩大办学规模，共招取学历生 3738 人（其中含与部分市外学校和乡镇中学的联合办学招生）。2011 年，特区职业技术学校已发展成拥有教职工 100 余人、学生 3000 余人的办学规模。申办省级重点中等职业技术学校于 2006 年 11 月通过评估。

六枝的职工教育与培训工作：1983—2005 年，共开展成人学历教育培训 3090 人，普法教育 28412 人次，中小学教师继续教育 8460 人次，煤炭行业及特殊工种培训 44351 人次，其他各级各类培训 58965 人。2006—2008 年，特区职校、各乡（镇）、村两级成人学校、特区“阳光工程办”共完成农村剩余劳动力转移培训 13817 人，其中引导性培训 10236 人，技能性培训 3581 人，推荐和培训后就业 5595 人。

六枝特区的成人学历补偿教育：1998—2008 年，参加成人高考 6579 人，其中高升专 3898 人，高升本 1145 人，专升本 1532 人，本、专科二学历 4 人，每年的升学率均在 68% 左右。

六枝特区 1998—2008 年成高报名人数统计表

表 14-1-14　　单位：人

年　份	高升专	高升本	专升本	二学历	小　计
1998	278				278
1999	316	58			374
2000	285	77	137		499
2001	539	315	172		1026
2002	513	206	275	3	997
2003	803	217	312	1	1333
2004	364	97	198		659
2005	235	58	103		396
2006	110	58	104		272
2007	237	20	123		380
2008	193	39	108		340
合计	3898	1145	1532	4	6579

六枝特区职业技术学校简介

六枝特区职业技术学校，是六枝特区人民政府举办的一所中等职业技术学校。（该校是由 1969 年六枝学办创建的“平寨学校”演变而来）。1973 年 9 月更名为“六枝特区第三中学”，1976 年 9 月更名为“六枝特区第二中学”，1988 年 8 月又经六盘水市人民政府市府批准，更名为“六枝特区职业技术学校”。原六枝特区职业教育培训中心（该中心原为六枝矿务局技工学校，始建于 1978 年。2000 年因政策性破产移交地方后更名为“六枝特区职业教育培训中心”）、原六枝特区卫生职业学校（该校始建于 1959 年）、原六枝特区教师进修学校（该校始建于 1982 年），保留原六枝特区职业教育培训中心和原六枝特区职业技术学校 2 个校区，原六枝特区卫职校和原六枝特区教师进修学校 2 个校区按特区政府要求划拨给其他单位。组建后，整合了全区职业教育资源，规范了学校管理。随着国家大力发展职业教育政策的推进，经特区政府批准，学校的平寨校区于 2009 年 12 月已作资产处置，并在总校旁新征土地进行校区扩建，2010 年拟新建完成 1.6 万平方米校舍。学校现占地面积 177 亩，现有校舍建筑面积 2 万余平方米。学校融中职学历教育和成人职业技术培训为一体。现为“贵州省重点中等职业技术学校”“国家煤炭安全技术培训二级机构”“六盘水市地方煤矿安全技术培训中心”“六盘水农村劳动力转移培训基地”“贵州省雨露计划初级技工培训教学点”“贵州省农村劳动力技能就业定点培训机构”“六枝特区教师学习与资源中心”“六枝特区教师学习与考试服务中心”。学校有在职职工 76 人（教师 63 人，其中理论课教师 20 人，专业课技术教师 23 人，实习指导教师 20 人）；外聘兼职教师 20 人（其中专业课技术教师 9 人，实习指导教师 11 人）；共有双师型教师 30 余人。学校有几十年的职业技术教育教学经验，办学文化底蕴深厚，在教学一线的教师大多数既有理论知识又有实际操作经验。

自学校创办以来，共开设过涉煤、医疗、机电类、服装、计算机等 20 多个专业，先后培养了各类中等职业技术人员上万人。现开设有电工电子、服装设计与制作、数控机加工、计算机应用与维护、煤矿开采技术等五大类专业，在省内同类学校中具有明显的优势。学生技能鉴定合格率达 95% 以上，就业率达 100%，专业对口率达 85%，满意率达 80%以上。毕业生大多成为公司生产能手、技术骨干，有的走上公司管理岗位。

学校坚持以质量建设为中心，以规范化建设为基础，以改善教育方法和教学技术为手段，全面促进学生知识成长、技术成熟为目标，根据国家对职业教育教学专业设置的基本要求，精心研究制定并严格执行专业教学计划。规范备、讲、批、辅、考教学各环节的管理，使学校教学质量有显著的提高，得到社会和各级主管部门的认可。

第五节　教师

1978 年，中共十一届三中全会以后，国家进一步重视教育，全社会提倡尊师重教，《中华人民共和国教师法》的颁布实施，从教有法可依，教师持证上岗。1980 年有 5 位教师被录入《中国特级教师辞典》：六校矿务局第一中学教师刘纯斗、六校特区第一中学教师王有志、吴定云，六校特区第二小学教师陇宝玲、方淑玉。1983—1986 年，包括企业学校，公民办教师取得了“教材教法考试合格证书”的共有 2637 人。1987 年，有 408 人通过考试，获得“专业合格证书”。通过电大、函授的学习，有 12 人获得本科文凭；73 人获大专文凭；142 人获中专文凭。1991—1993 年，全区有 100 名民办教师转为公办教师。1994 年，有民办教师 150 人转为公办教师。1996 年，“民转公”工作全部完成。

1994 年，六枝特区有中、小学教职工 4612 人，专任教师 4069 人，其中小学专任教师 2710 人，初中专任教师 1118 人，高中（含职高）教师 185 人。教师的学历层次分别是：本科 197 人，专科 702 人，中专、中师 2041 人，高中 264 人，初中以下（含初中）有 865 人。全区共有 3410 名公民办教师评定了专业技术职称。其中，中学高级教师 57 人；一级教师 315 人；二级教师 520 人；三级教师 291 人。小学高级教师 285 人；一级教师 859 人；二级教师 790 人；三级教师 293 人。

1996 年，全特区中小学教职工 2893 人，1997 年 3245 人，该年增加 352 人；1998 年 3519 人，该年增加 247 人；1999 年 3398 人。该年因退休及调动改行等原因减少 121 人；2000 年 4002 人，矿务局破产移交地方人员 523 人；2001 年 4148 人，该年增加 146 人；2002 年 4394 人，该年增加 224 人；2003 年 4476 人，该年增加 112 人；2004 年 4728 人，该年增加 234 人；2005 年 4783 人，该年增加 55 人；2006 年 4749 人。1997—2005 年，增加教职工 1360 人，其中，为实现“两基”攻坚目标，特区党委、政府面向社会公开招考 1182 人。

2000 年，全区教师工资发放收归县管后，特区做到按时、足额发放，无拖欠教职工工资现象发生。全区教职工按照特区编办核编，基本上达到定员、定编、定岗要求。2006—2008 年，共补充中小学教师 326 名（含特岗教师 187 名），其中，2008 年补充 232 名（特岗教师 152 名，自主招考小学教师 80 名）。全区中小学教师通过“三沟通”、在职培训、离职进修、自学考试、成人高考、函授等方式不断提高学历层次。小学专任教师 3018 人，达任职要求的占专任教师的比例为 99.3%，学历合格率达 98.4%；初中专任教师 1461 人，达任职要求占专任教师的比例为 97.5%，学历合格率达 97.5%；高中专任教师学历合格率达 82%。村级以上完小正副校长 228 人，初中正副校长 75 人均通过岗位培训，持证上岗率达 100%。

第六节　教育管理

一、实施中小学教师继续教育工程

“九五”（1996—2000）期间，全区实施第一轮小学教师继续教育工程，成立了“六枝特区小学教师继续教育工程协调领导小组”，负责全区小继教的管理工作。“十五”（2001—2005）期间，全区实施第一轮中学教师继续教育工程及第二轮小学教师继续教育工程，成立了“六枝特区中小学教师继续教育工程领导小组”，全面负责全区中小学教师继续教育管理工作，对全区中小学教师开展思想政治与师德修养培训、现代教育思想与理论培训、基本职业技能培训、教师岗位培训、骨干教师培训、学历层次培训、教学仪器管理员培训、外语教师培训、培训者培训等专项培训。1996 年，中国扶贫基金会理事李特特组织北师大专家到六枝特区对少边穷教师进行培训。2000 年、2001 年，邀请美国国际专家爱心扶贫组织到六枝特区进行英语教师综合能力培训。2004 年，邀请西师大专家到六枝特区进行新课程通识性培训。全区组织了 3838 名中小学教师参加全省的《通识培训》《普通话》《信息技术基础》《教师职业道德》考试及考核，于 1996 年、1999 年、2001 年开展了师德师风演讲比赛，制订了《六枝特区教师职业道德规范实施细则》及《六枝特区中小学教学常规》，对教师的管理并提出具体的教学要求。

二、调整布局，整合资源，明确分级管理原则

2001 年，根据省政府关于“规模办学、提高效益”的精神，六枝特区逐年对中小学布局进行调整，整合教育资源。2003 年，全区小学 204 所，到 2006 年整合为 199 所，教学点 95 个，整合为 63 个；初中 48 所，整合为 43 所，增设了郎岱华夏高中，2006 年 8 月正式更名为“六枝特区第六中学”，2008 年，全区小学已整合为 184 所，教学点 54 个，教学班 1926 个，班额平均 40 人；初中 43 所，其中九年一贯制学校 13 所，教学班 545 个，班额平均 53 人。按照“分级办学、分级管理、分级负责”的原则，全区中小学管理模式为：特区教育主管部门负责全区各级各类学校的教育教学、教学设备设施、教育工程建设、教师配备等工作，人事部门负责教师的编制、招考、调配等工作，乡（镇）政府及村支两委负责学校的土地规划、教学秩序、学生入学等工作，特区政府则宏观调控、统筹全区教育工作。

三、实施科学的教学常规管理

特区教育局的教学质量常规管理。其内容包括责任目标、教学计划、教学质量管理三个方面。制定了《六枝特区中小学校教学常规要求》《对教学工作的检查意见》《关于学校领导的听课意见》及《六枝特区中小学教学质量评估办法》措施和管理办法。特区一小对学校管理采取传统的民主作风。教职工自觉而积极地加强民主化建设，增强学校教师的质量意识和竞争意识，逐步形成老师“定目标、重质量、看效果”的工作思路，学校学生巩固率、及格率、合格率逐年上升。

四、实行校长负责制

1985 年，学校实行校长负责制，六枝特区明确了校长在学校管理中的主导作用，采用传统的做法，主要是民主管理学校。

特区一中以搞好领导班子的团结作为民主管理学校的首要条件，充分发扬民主，把好的意见或建议归纳起来形成决议贯彻执行。树立“求实、勤奋、团结、向上”的校风。学校的校长既要领导全体师生员工，又要受师生员工的民主监督。

六枝矿务局第一中学实行校长负责制后，对学校的改革和发展拟订了全面的规划，制定《稳定、改革、发展、提高，创建全国千所重点中学的工程方案》，并逐步付诸实现。

五、人事制度管理

特区党委政府教育部门的行政领导按照有关干部管理权限任命。教育局对下属的教师、干部的行政管理实行事权与人权相统一的管理体制。即：中小学教师（含学校干部）由教育局管理，教师调动、资格认定、任用、培训、培养、考核与奖惩、专业技术职务评聘、工资晋升、转正定级、退休、师范院校毕业生分配等由教育局负责。乡级以上的中小学领导干部（含乡、镇教辅站人员）的考核、任免、调动，按干部管理权限由特区人民政府或教育局负责。村级的中小学校领导干部的考核、任免、调动，由特区教育局〔或乡（镇）教辅站〕负责。

六、规章制度管理

教育规章制度，是实现教育目的重要措施。教师由教育行政部门委派。教学必须按中小学各科《教学大纲》《中学教学计划》《小学教学计划》的要求来完成。

1988 年 7 月，国家教委颁发《小学德育纲要》《中学德育纲要》《小学生日常行为规范》《中学生日常行为规范》后，全特区各中、小学均按其要求进行管理，注重对中、小学生进行思想政治、道德品质和性格、心理素质等的教育与培养；开办“家长学校”，使学校与家庭、社会密切合作，充分发挥学校的主导作用，以形成“三位一体”教育模式，共同完成德育任务。

学校每个班都订立《班级公约》《卫生制度》等，培养学生自觉对活动的参与意识和自我管理的能力，使应试教育逐步向素质教育转轨。

七、教研机构与教研活动

1977年恢复“升学考试”制度，学校工作日趋正常，教研工作走上正轨：

（一）重点抓全特区中、小学教师《教材教法》的进修学习，使特区《教材教法》考核取得较好成绩。

（二）为特区中、小学、幼儿园教师文化专业考试提供学习材料并举办各层次、科目的“考前培训班”。使教师在《教材教法》考试中，取得“专业合格证书”。

（三）制订《教师岗位责任制奖惩办法》和有关规定及措施。

（四）建立起“三级教研网”。以乡小为中心，各级展开教研活动，并建立“教学业务档案”，使教师成绩、经验有案可查。编写下发《六枝特区教育通信》编写下发，介绍教研活动、观摩教学的情况；介绍新统编教材各种类型课的教法及各册中的重点与难点，帮助教师在教学中解决突出重点和难点的问题。教育局教研室，以提高教学质量为宗旨，“点上抓教改，线上抓教学常规，面上抓优质课”，长期坚持不懈，使中、小学教学管理逐步形成规范、有序的格局。

小学：选中寨小学开展“异步教学法”的教改试点，并在19个乡（镇）的中心小学实施了“JIP”教学计划，有效地提高了初等义务教育的教学质量。郎岱二小、岩脚二小、平寨小学被六盘水市教委授予“JIP”教改试点挂牌学校，使“JIP”教改在特区不断辐射、深入。

中学：以特区三中、平寨镇中、岩脚镇一中为试点摸索“青浦数学”教改经验；在特区三中、平寨镇中实施了“初中语文目标教学”；先后在三、四中落实“张志公语文教改实验项目”。教改实验项目的落实和教研活动的开展，提高了特区初中教学质量，同时也增强了教师的教改意识和提高教学能力，为实施素质教育奠定了基础。

“优质课”的教学，在特区已形成制度，各校每学期亦开展“五个一活动”：即写一篇好教案；人人奉献一节优质课；做一次教材分析；每两周听一节课；举行一次师德演讲。并将“五个一”结合实际安排进《教学工作计划》之中。

六枝特区教育局教研室，曾于1987年被评为“省教研工作先进集体”。江吉翠被评为省的“优秀教研员”。1988—2011年，到省、市参加“优质课评比活动”的教师，已有200余人（次）获省、市教育厅（局）的表彰、奖励。在国家级及省、市发表的教育教学、教研教改论文300余篇，分别获特等奖、一、二、三等奖及优秀奖的180多篇。

第七节 教育经费

1980年，六枝特区开始实行“划分收支、分级包干”的新财政体制（称分灶吃饭）。执行新财政体制后，对于民办教师实行补助（公助）的办法；1982年，对合格（任用）的民办教师每人每月补助23元；试用的21元；留用的15元。1988年，每人每年平均440元。

1990—1994年，特区多渠道筹措教育经费，不断改善办学条件。5年获中央、省、市教育专项经费300万元；征收到教育附加费385.9万元；争取到“希望工程”款44万元；女童项目4万元；特殊教育经费2万元。

1978—1988 年六枝特区教育经费开支情况

表 14-1-15　　单位：万元

年　份	金额（元）	年　份	金额（元）
1978	1940000	1984	3423675
1979	2933800	1985	1150900
1980	2952800	1986	4925549
1981	2942800	1987	5132800
1982	2921000	1988	6883500
1983	3042100	1989	

1989—1995 年六枝特区教育经费来源、管理使用情况

表 14-1-16　　单位：万元

年　份	财政教育经费	城市三税附加	农村教育附加费	干部、职工教育附加费
1989	690			
1990	720			
1991	795.5	28.6	67.59	7.413
1992	1038.7	31.7	66.29	3.4
1993	1123.8	48.3	62	5.96
1994	1504	72.4	66	6.1
1995	1671.2	73.2	119.43	7.9
备注	主要用于教师工资、基建维修及部分办公、业务。	用于基建等项目	用于乡镇学校的基建维修	用于直属学校的维修及设置等

1996—2000 年，六枝特区财政处于艰难的爬坡阶段，特别是六枝矿务局的破产、关井压产、烤烟税收下滑等多种因素，财政十分困难，对教育投入的“三个增长”速度比较缓慢，但在教育支出的总额中，做到了以财政拨款为主，特区财政优先保证教师工资，按时足额发放。在教育税费征、管、用上，逐步完善有关政策法规，建立一整套管理措施，走上规范化、制度化管理轨道。

2001—2005 年，为实现“两基”攻坚目标，特区财政部门按照特区党委、政府的有关要求，在市委、市政府的领导和上级业务部门的支持下，克服财源单一、收支矛盾突出、资金高度紧张等各种困难，把教育当作特区经济社会全面发展的大事来抓，2002—2005 年，全区共投入教育经费 2.22 亿元，其中预算内县级拨款 1.53 亿元，农村税费改革转移支付资金 2963 万元，上级专项经费 2179 万元，预算外各项经费投入 864 万元，城镇教育费附加 628 万元，农村教育费附加 30 万元，地方教育费附加 148 万元，2005 年又举债 1500 万元用于教育，致使“两基”目标得以实现。

为做好“两基”复查、“两基”国检及“普实”工作，特区进一步加大教育经费投入，具

体为：2006 年，教育经费总计投入 13184.46 万元。其中普通教育投入 12269.27 万元（学前教育投入 153.96 万元，小学教育投入 7215.64 万元，初中教育投入 3949.12 万元，高中教育投入 946.81 万元，其他投入 3.74 万元），职业教育投入 393.06 万元，特殊教育投入 42.86 万元，其他投入 479.27 万元。2007 年，教育经费总计投入 17079.94 万元。其中教育管理事务投入 645.02 万元，普通教育投入 15024.82 万元（学前教育投入 188.15 万元，小学教育投入 9095.8 万元，初中教育投入 4924.14 万元，高中教育投入 816.73 万元）。职业教育投入 532.37 万元，特殊教育投入 58.17 万元，教师进修及干部继续教育投入 165.56 万元，教育附加及基金投入 654 万元。2008 年，教育经费总计投入 22555.93 万元。其中教育管理事务投入 555.55 万元，普通教育投入 19908.23 万元（学前教育投入 207.9 万元，小学教育投入 12208.24 万元，初中教育投入 5882.24 万元，高中教育投入 944.4 万元，其他普通教育投入 665.45 万元），职业教育投入 762.26 万元，特殊教育投入 74.93 万元，教育附加及基金投入 1144.96 万元，其他教育投入 110 万元。2009 年，教育经费总计投入 26832.85 万元。其中教育管理事务投入 387.74 万元，普通教育投入 24575.29 万元（学前教育投入 241.78 万元，小学教育投入 15521.45 万元，初中教育投入 7497.41 万元，高中教育投入 1309.65 万元，其他普通教育投入 5 万元），职业教育投入 784.18 万元，特殊教育投入 64.91 万元，教育附加及基金投入 1012.05 万元，其他教育投入 8.68 万元。2010 年，教育经费总计投入 31849.06 万元。其中教育管理事务投入 347.68 万元，普通教育投入 28529.87 万元（学前教育投入 319.23 万元，小学教育投入 18012.17 万元，初中教育投入 8687.14 万元，高中教育投入 1450.33 万元，其他普通教育投入 61 万元），职业教育投入 1731.73 万元，特殊教育投入 86.78 万元，教育费附加投入 908 万元，地方教育费附加投入 240 万元，其他教育投入 5 万元。2011 年，教育经费总计投入 36064.32 万元。其中教育管理事务投入 394.41 万元，普通教育投入 33661.82 万元（学前教育投入 786.07 万元，小学教育投入 20585.12 万元，初中教育投入 10651.07 万元，高中教育投入 1624.29 万元，高等教育投入 11.23 万元，其他普通教育投入 4.04 万元），职业教育投入 671.26 万元，特殊教育投入 115.17 万元，教育费附加投入 850 万元，地方教育费附加投入 300 万元，其他教育投入 71.66 万元。

第二章　科技

1978 年，六枝特区科学技术委员会成立，下设科普组。1981 年在科普组的基础上成立“六枝特区科协技术协会”。1984 年 1 月增设科技情报室。1993 年 9 月，科学技术委员会与教育局合并，称“六枝特区教育科技局”，科技工作由下设科技管理股负责。1994 年 9 月，恢复特区科技局。2002 年，科技局行政编制 6 人。2003 年 7 月，增设知识产权股。2010 年 5 月，特区科技局整体划转特区农业局，挂科学技术和知识产权局的牌子。设科学技术与知识产权管理股。10 月增设六枝特区地震观测台。

第一节 科技资源

20 世纪 80 年代中期，中共中央作出《关于科技体制改革的决定》。1995—2008 年，全区共有乡级科协 19 个，协会 68 个，会员 7000 余人，青少年科普教育基地 2 个，科普志愿队伍 171 人，科普画廊 1 个。

2003 年，科协组织 5000 多名学生参加全国科普知识竞赛，发放答题卡 5000 余份，六枝科协被中国科协科普知识竞赛组委会颁发“组织奖”。是年，特区科技局、科协组织协调农学会、畜牧兽医学会、林学会、水保学会等利用“3·18”科技日、“三下乡”、五月科技活动周、九月科普活动日等开展科普宣传 54 次，参加人员 2484 人（次）。分别到全区 19 个乡（镇），发放宣传资料 181000 余份，送科技图书 12000 余册，展出科普图片 1000 张（次），义诊 5400 多人（次），受科普教育 52 万余人。

2003—2006 年，特区科协、六枝特区科技局、辅导教育员教育协会、六枝特区环保学会联合组织青壮年学生进行环保知识讲座、消防知识讲座、竞赛及对六枝河的污染情况进行考察，参加人员 1000 多人（次），写出 200 多篇作文，并评出优秀作文 20 余篇。

2005 年 4 月，组织 6 名青少年参加全省第二十届青少年科技创新大赛，获竞赛类作品一等奖 1 名、二等奖 3 名、三等奖 2 名，展示类作品获一等奖 1 名、三等奖 4 名。第二十届全国青少年科技创新大赛中，获三等奖 1 名。

2006 年 4 月，组织 4 名青少年参加国家、省、市级知识竞赛，竞赛类作品获一等奖 1 项、三等奖 3 项；展示类作品获一等奖 1 名、三等奖 3 名。获全国三等奖 1 名，受到省、市科协青少年科技创新大赛组委会授予“组织奖”。刘挺获全国科普惠农兴村计划项目先进个人荣誉称号。

2007 年，利用“世界气象日”“智力七巧板”开展青少年科技教育活动 2 次，涉及境内 4 个乡（镇）9 所中小学，受训教师 120 余名， 学生 4230 余名，共有 361 名学生参加区级复赛，评出一等奖 20 名，二等奖 27 名，三等奖 58 名，多幅组合奖 13 个，组织奖 4 个。共推荐 17 名选手参加市级竞赛，最后六枝特区 17 名学生全部获奖。其中一等奖 13 名，二等奖 3 名，三等奖 1 名。

2007 年 4 月，组织何山等 5 名学生到贵阳参加省第 22 届科技创新大赛，获省级竞赛类项目二等奖 2 项、三等奖 2 项，展示类项目二等奖 4 项、三等奖 7 项。

2007—2010 年，岩脚养鸡协会、洒志茶叶协会、龙场乡蔬菜协会、郎岱酱业协会分别获全国科普惠农兴村计划项目先进单位荣誉称号，2011 年陈亚祥同志获全国科普惠农兴村计划项目先进个人（科普带头人）称号，2012 年郎岱万亩蔬菜基地被评为科普惠农兴村计划项目科普示范基地。

2008 年 3 月，特区科协组织 5 名学生，到贵阳参加第 23 届贵州省青少年科技创新大赛决赛，六枝特区有 3 件竞赛类作品分获省级一、二、三等奖；一件展示类作品获一等奖（科幻画），并被推荐参加全国竞赛，特区科协获优秀组织奖。

2009 年 3 月，特区科协组织了 5 名师生参加在遵义举行的第 24 届贵州省青少年科技创新大赛，经过评审，六枝特区有 8 件作品获奖（其中二等奖 5 项，三等奖 3 项）。

2010 年，组织 22 件作品参加第 25 届贵州省青少年科技创新大赛活动，全部获奖（其中一等奖作品二件，二等奖作品七件，三等奖作品十三件）。

2011 年，组织人员参加了第 26 届贵州省青少年科技创新大赛活动。特区第 9 届青少年科技创新大赛共收集作品 210 件，经过组织人员认真评审，共选送 191 件作品参加市级比赛。

第二节　科技示范

一、科技试验示范

1997 年 3 月，引种日本大粒荞在平寨镇底西村、波乍村，箐口乡的荒田村试种成功，扩大到龙场、岩脚、折溪、郎岱、中寨等乡（镇）。

1998 年，引种赖氨酸玉米引种（裸体种）试验 30 亩。双孢菇栽培面积达 1 万平方米，涉及农户 30 户，乡（镇）所属单位 6 个。配合市科委从江苏南通引进“73 ~ 8”薄荷种苗 45000 公斤，进行示范种植 300 亩。在木岗镇木岗场村与村民谌斌租了 10 亩土地搭建塑料大棚种草莓示范。

2001 年，在新窑乡实施篁竹草试验种植；从湖南怀化和山东平邑引进了不同品种的金银花在平寨镇杨丰村试种，连片种植 50 亩，先后 4 次调“蕾花 1 号”“蕾花 2 号”“大银花”“蒙花 1 号”近 12.5 万株。

2002 年，在梭戛乡高兴村实施 30 亩金银花规范化种植 30 亩、石漠化治理 50 亩及 10 亩鱼腥草规范种植和 5 户科技示范户的培养。

10 月，在新场乡熊井村引进 1600 斤脱毒马铃薯试种，调 3000 只“闽中麻鸡”到该村按每户 12 只发放给 250 户农户喂养，起到良好的示范效果。

2003 年 1 月，对特区戈厂林场和下云盘试种的薯蓣测产，平均亩产 1680 公斤，7 月，从湖南怀化引进 17 万株盾叶薯蓣种苗，在新窑乡鸭塘村进行规范化试验示范种植；在梭戛乡顺利村种植鱼腥草 100 亩；11 月初从重庆江津市引进花椒苗“九月青”新品种 20000 株进行高海拔地区试验示范种植；在郎岱镇实施 500 亩无公害蔬菜基地建设及对郎岱、平寨、大用、梭戛、岩脚四个乡（镇）进行环境测评；从山东省平邑县引进 27 万株“蒙花 1 号”种苗，分别发放到落别乡程家寨村 7.2 万株，进行石旮旯地试验示范；新窑乡鸭塘村 6.1 万株进行地坎试验示范种植；中寨乡新场村 2.8 万株进行科技扶贫；洒志乡渔塘村 3 万株进行科技扶贫。

科技示范村建设：自 2004—2006 年共争取省、市、特资金支持 67.56 万元。内容涉及科技试验示范项目的实施、养猪、鸡、养鱼、村容村貌建设、中药材种植等，达到“点—线—面”的预期效果。2007 年 12 月，项目通过市级验收。

农业 ICT 在线：在省科技厅和市、特科技局的共同努力下争取了中科院法籍研究员蒲林特教（女士）于 2004 年 10 月 23 日捐赠电脑 10 台（价值 5 万余元）。在特区的折溪乡建立农业 ICT 在线（六枝）网点，用于全乡的农业科技、教师、学生教学等方面。现场为该村 11 户科技示范户捐赠化肥及电脑桌椅等。鼓励他们发挥好示范带头作用，经过近几年的培训和使用，效果较好。

六盘水市（六枝）农业科技园建设：该园属市级科技园区，于 2006 年 12 月通过市科技局组织的相关专家论证，并组织实施。六盘水市（六枝）农业科技园分设核心区 1000 亩、示范区

5000亩、辐射带动区30000亩。核心区建在大用村，分设优新品种试验园、节水高效栽培展示园、地方特色蔬菜资源利用园、科教培训中心、农产品批发市场及信息交流中心、果菜类秋延晚规范化栽培园6个功能区。示范区建在大用镇耳贡村和岱港村，面积5000亩。辐射带动区：除大用镇所辖的所有行政村外，还辐射到木岗、落别、平寨等三个乡（镇），面积30000亩。经过近几年的努力，共争取省、市科技计划项目7个，获得资金支持48万元，其他上级部门资金300余万元，地方政府筹措资金达（包括乡[镇]）500余万元，建成的大用农产品批发市场和大用田坝的蔬菜大棚已投入使用。

2001—2005年，共向上级业务部门争取科技项目39个，项目资金194.4万元。其中2001年5个，资金36.5万元；2002年11个，资金62.5万元；2003年9个，资金44.6万元；2004年6个，资金16.6万元；2005年8个，资金34.2万元；内容涉及农业、工业、教育、中药现代化科技产业等。争取科技项目3个，共计资金30万元。包括喜树GAP试验示范基地建设、鱼腥草规范化种植、种养示范等项目。

2006—2010年，共向上级业务部门争取科技项目36个，争取资金支持258万元。其中省级科技计划资金85万元，市级科技计划资金173万元。主要涉及大用科技园区建设、少棘蜈蚣示范养殖、牛场辣椒品种试验示范、科技示范村建设、良姜胃疡胶囊、药用野葛引种驯化种植、雪莲果高产示范基地建设、鱼腥草产业化发展、无公害苦荞、麦种植试验示范、重楼－瓜篓－花椒的立体种植试验、大型煤炭机械制造关键技术及装备研究与开发、酱香型九龙液研制与开发、长毛兔养殖试验示范、特种野猪养殖、木岗西红柿产业化建设、博性康药膜技术产业化、良姜胃疡胶囊产业化生产、真空减压果蔬贮藏保鲜实验、中高海拔杂交水稻栽培技术研究、郎岱酱精深加工产业化研究等。此外，贵州宏狮机械制造有限责任公司实施的《综采工作面三机配套关键技术及装备研究与开发》和《730型大型刮板输送机试制》项目已顺利完成。该公司不断加大科技创新力度，加强对外合作，与中国煤炭总院太原分院结成技术合作伙伴，实现了人才、技术、资金的整合，通过科技创新。生产的大型采煤机械设备填补了长江以南无大型采煤机械生产的空白。2008年，经国家科技部批准被确定该公司为省级高新技术企业。填补了六枝特区乃至六盘水市无高新技术企业的空白。特区九龙酿造厂实施的《酱香型九龙液的研制开发》项目，使六枝特区酱香九龙液的生产工艺流程和各项技术指标达到了贵州省行业标准。窖酒的生产成本降低了20%，新产品投放市场后，受到了广大消费者的好评。提高了“九龙液”的知名度，产生了明显的经济和社会效益。引进红米新品种在六枝境内试验示范种植取得成功。

2011年，争取科技计划项目资金实施项目8个，即《高寒山区七彩山鸡机械化自动育雏技术示范推广》《苗药地五泡藤的繁殖技术研究》《野鸭养殖示范》《高寒山区优质鹿茸生产技术研究》《野鸡养殖技术示范基地建设》《遥控式桥式转载机的自移装置的转化》，获批资金66万元；获省级批准立项支持的项目1个，贵州省宏狮公司获《贵州省中小企业知识产权战略推进工程》，项目资金10万元；获国家科技部批准立项的项目1个，即六盘水古夜郎资源开发有限公司的《紫色马铃薯深加工产业化开发》获国家级星火计划项目。

二、科技管理

1995—2010年科技三项费及科技事业费统计表

表 14-2-1　　单位：万元

年　份	科技三项费	科技事业费	年　份	科技三项费	科技事业费
1995	0	0	1996	0	0
1997	1.3	0	1998	0	0
1999	2.3	0	2000	4.3	0
2001	5	0	2002	6	0.5
2003	7	8.1	2004	8	5.5
2005	12	4.8	2006	12	5.76
2007	63	5.81	2008	145	5.69
2009	190	7.6	2010	300	7.6
2011	330	7.6			

六枝特区科学技术大会评出的优秀专利奖

表 14-2-2

编 号	名　称	申报单位	主要完成人员
1	无压溶解乙炔装置专利技术	六枝特区海舟科技发展有限公司	郑廷海
2	防止儿童踢被床	胡　勇	胡　勇
3	触压式接线柱	六枝特区第三中学	张德辉
4	治疗胃病的胶囊	贵州省六枝特区宏奇制药有限公司	王海波

六枝特区科学技术大会表彰的科技进步奖

表 14-2-3

编 号	名　称	申报单位	性　质	主要完成人员	奖（等）次
1	优质多抗杂交玉米“西山70的开发与推广”	六枝特区种子公司	农　业	施辉伦、马传新、田兴文、王宗福、胡松	一等
2	无压乙炔装置的专利转化	六枝特区海舟科技发展有限公司	工　业	郑廷海	二等
3	芪斛楂中剂及制作工艺	贵州宏奇药业六枝制药厂	工　业	李新明、郝健、曹晓军、陆金荣	二等
4	全髋关节置换治疗晚期股骨头无菌性坏死	六枝特区人民医院	科教文卫	江甫祥、朱茂贵、周维国、滕核健	三等
5	土坝劈裂灌浆和坝基帷幕灌浆要注意的几个关键问题～纳麻水库灌浆施工	六枝特区水利局	农　业	叶发轮	三等

续表

编号	名称	申报单位	性质	主要完成人员	奖（等）次
6	伪斜柔性掩护支架采煤法在六枝特区过瓦斯煤矿的应用	六枝特区煤炭局	工业	喻林、王安玉、韩勇	三等
7	外加水蒸锅	六枝特区一小	科教文卫	唐安钟、谢鸿铭	优秀
8	优质稻保优高产配套技术推广	六枝特区农业局农技站	农业	何世兰、胡江、邹德荣、刘登海、杨厚科	优秀
9	六枝特区第三次森林资源调查报告	六枝特区林业局	农业	吴频、付文国、赵庆彪、陶立、国焘	优秀
10	参与式旱坡地可持续农业管理	六枝特区农业局土肥站	农业	左金刚、陈玲、田锦萍、江辅礼、杨增国	优秀
11	CAWS600 自动气象站	六枝特区气象局	农业	周翔、卢文诗、陈钦尧	优秀
12	基础教育英语教学评价试验	六枝特区教育局	科教文卫	张兴惠、王光辉、刘代娟、邹桂英、杨香洁	优秀

第三节　科技宣传

一、科技宣传

（一）科普展览

1984 年，庆祝建国 35 周年，科协配合科委、宣传部、经委等单位，联合举办“国庆科普一条街”宣传展览活动。那克大街的 19 个商品橱窗陈列了地方产品，除对商品作科普知识介绍外，还展览了反映农、林、畜牧、水产、蔬菜等科技成果和青少年科技作品、科教电影活动、世界语之窗及破除封建迷信等内容的 294 幅摄影图片，还利用赶场天到各区（镇）巡回展出。

1981—1988 年，举办六枝特区青少年科技作品展览并组织评选。开展了魔方、智力、电子计算机、环境保护作文、建筑科学知识等竞赛和车模、风筝比赛共 12 次，竞赛比赛的人数达 500 多人（次）。

1989 年，举办六枝特区“建国四十年大庆”的科技成果展，举办市科协来六枝特区巡回的“科协十年”成就展。两次共展出图片 272 幅，实物 40 余件。结合纪念日、寒暑假、科技知识竞赛等活动，先后由气象学会、医学会、青少年科技辅导协会组织举办了《纪念气象日科普座谈会》《纪念护士节座谈会》和《纪念世界环保知识讲座》以及“青少年环保一日夏令营”“林学夏令营”“青少年科技作品展”。至 1995 年，展出科技图片 100 余幅。

（二）科教电影

1978 年，省科协普及部配发给六枝特区 16 毫米电影放映机 3 部，8.75 毫米电影机一部，特区科协随即建立了科教电影队。1980 年，配合科技扶贫在民乐等贫困乡放映《科学种树》等影片。

1983 年，科教电影协会成立。有会员 47 名。11 月 23 日—12 月 4 日，举办六枝特区首届科教电影放映月活动，会员走村串寨放映的影片有《地膜覆盖》《鸡新成疫》《安全用电》《水稻育秧》等。

1984 年，省科协、省电影公司，于 6 月 28 日—30 日在六枝特区召开全省科协系统科技放映队的现场会。

1987 年，科协配合农委、电影公司等单位举办“农林科教电影周”“预防肝炎”“预防近视眼”科教电影周等。科教电影协会面向生产，深入基层，放映对口对路效果较好，受到省、市科协和电影公司的表扬。1981—1995 年，特区科教电影协会在全区放映科教电影 3822 场（次），观众达 64020 人（次），扶贫科教示范户 40 户，其中 15 户受市政府表彰。

（三）科技情报

1986 年，特区科委的科技情报工作人员王世硅由于情报资料工作成绩突出，获省科技情报工作奖。其工作主要内容编列了《科技动态》，下发各区及有关专业户，配合市科委情报所发行《六盘水科技》和《适用科技信息》。并协助发行五省七市《技术信息报》，同时将科技部门订的 20 多份送给特区党委、政府、人大、政协有关领导和区、乡以及重点专业户。每年到科委科技资料情报室查阅资料、询问信息达 30 多人（次）。

1981—1992 年，科协与党委宣传部、广播站共同举办地方科技专题节目，有农村科技讲座、致富能手的调查及经验总结。共播送简报方面的稿件 500 多篇，总结科技致富经验 25 篇，并汇集成册下发各区（镇）。

1993—1995 年，组织农、林、水、环境、教育、卫生、气象等学会开展科技下乡活动 3 次。发行教科资料 1 万余册，促进了 14.52 万亩温饱工程建设的实施；举办各类种植、养殖业技术培训班 7 期，培训人数达 465 人（次）。科委科协配合农业系统举办的农业技术函授培训 6 个班 100 余人。主要有：西瓜、小麦、玉米种植；建筑专业、兽医专业、农村机电专业等。

2001—2005 年，特区科技局、科协组织协调农学会、畜牧兽医学会、林学会、水保学会等利用“3・18”科技日、“三下乡”“五月科技活动周”“远程教育”“九月科普活动日”等开展科普宣传 54 次，参加人员 2484 人（次）。分别到全区 19 个乡（镇），发放宣传资料 18.1 万余份，送科技图书 1.2 万余册，展出科普图片 1000 张（次），义诊 5400 多人（次），受教育 52 万余人。

2006—2010 年，共编印《六特科技信息》45 期，组织规模较大的送科技下乡宣传活动 11 次。发放各类宣传资料 26 万余份（册）、科普图书 12 万余册、技术光盘 3500 余张、义诊 5000 余人（次）、义务献血 500 人、科普录像带（录音带）200 盒、妇女生殖保健用品 10 万件（套）。分别在特区四中、龙场乡中学、岩脚镇一中、郎岱镇中学、新窑乡凉水井中学等开展科普大篷车进校园活动，同时发放《六枝特区中、小学生科普意愿问卷调查表》1200 余份，在特区二小、洒志乡中学、毛口乡中学、中寨乡中学等开展防震减灾应急演练，受训师生 1.5 万余人（次）。共选派了 30 人（次）参加省、市及特区部门组织及业务部门学习。与特区组织部、远程办利用远程教育阵地进行农业适用技术培训，累计培训1万余人（次）。组织6次外出考察学习培训，培训人数200余人（次）。

2011年，组织培训4期，培训232人（次）。

二、科技咨询

1983年，利用乡（镇）文化站作为宣传科普知识的学习园地。并以回乡知识青年、退伍军人、生产能手为骨干带动群众科技致富。用赶场天、节日集会开展科技咨询服务。

1984年，特区气象学会成立咨询服务组，利用六枝赶场设摊，开展气象咨询服务，还为省预测组提供了《六枝地区建矿前的气候》资料。

1985年，科协、政协智力支边联系小组、科委、民政局等单位以及农业系统的各学会联合组织了“六枝特区技术咨询服务队”，以赶场设摊形式，到10个区（镇）开展咨询服务。两个多月共提供咨询服务2895人（次），出售技术书籍945本，预防鸡瘟疫苗500只，放科教电影3场，解答群众提问5000余条。还预订了良种、果树苗、鱼苗等。科技与经济相结合闯出一条新路。

是年，特区科协、政协、科委、经委配合，对境内的中央、省、市属厂矿共150个企业进行技术人才结构及技术转让、技术协作、技术难题招标、科技咨询服务、新产品开发等科技供求方面的调查。并组织各厂矿企业参加9月28日至10月2日的“六盘水市首届技术交流交易会”六枝科协获一等奖。

1987年11月16—17日，召开“六枝特区科技致富能手座谈会”，参会的有种植、养殖、个体企业等科技致富能手19人（会）。会议听取致富能手对化肥、农药、种子等问题的意见，交流治贫致富的经验，建立科技示范户的联系制度。

1988年，特区科协在1月14日二届三次常委会研究决定，科协办事机构增设咨询工作委员会和相应的咨询部。为开展工作，科协与财政局共同制定的《六枝特区科协系统科技咨询服务工作实施细则》，经特区政府批准，于1988年3月8日以六府办〔1988〕7号文件转发各区（镇）及有关部门执行。

1986—1992年，科协组织人员为科技扶贫、科技兴农、为厂矿企业服务。千名科技人员先后到厂矿企业、农村进行技术承包，技术咨询服务或领办各类企业，完成46项咨询服务项目。

1993—2011年，科技咨询达21.83万人（次）。

第四节　民营科技

2007年，六枝特区成熟的民营科技企业6家，从业人员150余人。六枝海舟科技有限责任公司的无压溶解乙炔设备，是国内品牌领先产品，在无压的情况下进行生产，一是降低成本，二是提高工作效率，三是生产安全。

2008年，六枝宏狮机械制造有限公司通过省科技厅认证确定为省级高新技术企业，增补了六盘水市无高新技术企业的空白。

第五节 中药材科技

境内陆续开发当地的天麻、半夏、鱼腥草、葛根，较大面积种植喜树、杜仲，引进了金银花、薯蓣等中药材品种进行栽培试验。中药材在六枝特区的种植发展已具备良好的基础。据调查，特区境内拥有中药300余种，草药2100余种。1985年，中药材普查资料采集标本217种，来自73科。

2000年4月，贵州省确定六枝特区为贵州省中药现代化科技产业十个中药材种植基地县之一。

2001年8月，贵州省确定六枝特区为全省四个医药科技工业园区之一。

2001—2010年，六枝特区中药材种植面积不断增多，涉及中药材种植的有蜈蚣养殖、半夏、喜树、重楼、杜仲、鱼腥草等的种植。截至2011年10月中药材种植面积达6万余亩。

第六节 知识产权

2003年，六枝特区科技局增设知识产权股，组织特区内有关企业的知识产权试点的申报及个人的发明创造申报工作。

2006年4月26日，首次组织境内的六枝工矿（集团）大华药业有限公司、贵州宏奇药业六枝制药厂、六枝特区海舟科技发展有限责任公司等11家有关企业，举办了“六枝特区‘4·26’保护知识产权法律法规知识竞赛”活动，内容涉及专利、商标、著作权等法律法规。

2008年，六盘水市的2家知识产权试点企业（大华药厂和宏奇药厂）落户六枝。

2009年，六枝特区被省、市知识产权部门确定为首批知识产权试点县。经过2年的努力，试点工作圆满完成并顺利通过省、市知识产权部门验收，获得表彰。通过试点工作的开展，增加了投入，建立和完善了知识产权创管理体系，知识产权工作取得重大进展。专利申请大幅上升。2010年专利申请11件，授权6件；2011年新增专利申请达121件，超过历年专利申请总和的2倍。商标注册取得显著成绩。截至2011年12月31日，成功注册的“永洋”“好万家”“牛场辣椒”等35件农产品商标。“畅达”“岩脚”“乌蒙”“大畅”等7件商标通过省级著名商标认定。“月亮河”“雾峰”“牂牁江”等13件通过市级知名商标认定。“梭戛”地名商标化顺利推进，成功注册了5类。箐苗本土音乐作品“果山果者”获得“数字音乐版权注册证书”。

2010年10月—2011年6月，在“预防和打击假冒伪劣产品知识产权专项行动”中，充分发挥“双打办”的职能和作用，协调相关部门开展“专项行动”，共没收盗版光盘2万余张，违规书刊1000余册；对无证经营的书刊、音像制品及时通报工商部门，配合工商部门取缔了7家音像制品摊点。查处2件侵犯注册商标专用权案件。检查各类市场148个（次），整治重点区域24处（次）。查处11件侵犯注册商标专用权和制售假冒伪劣商品案件，案值5.06万元，罚款9.03万元。没收侵犯玉蝶商标专用权的铜芯电线18卷、侵权酒37瓶、不合格化肥42.95吨、过期小食品29瓶（包）。立案3件涉嫌销售过期食品和销售侵犯“茅台王子”酒案件，送检疑似不合格化肥30吨，过磷酸钙8.25吨。在查办的11件案件中，有4件商标侵权案件，罚款0.4

万元；查处1件销售不合格化肥案件，罚款8.51万元。检查农资市场89场（次）、农资生产经营企业8个（次）、养殖小区12个、种植基地4个、农资经营主体372户（次）。共受理投诉（举报）4件，发放宣传资料2000份。查获假劣农作物种子365公斤，查获劣质肥料43.15吨。查缴假劣农药37公斤，查获产品货值4.78万元。查获假冒红花郎酒3件，假冒茅台酒8瓶（飞天牌），假冒茅台酒15年陈酿1瓶，货值1.8万余元。查处质量问题案件5件，涉案金额5.2万元。监督检查餐饮服务单位1503户（次），对16户违反《食品安全法》的餐饮业给予卫生行政罚款7900元。对78家医疗机构的违法行为给予卫生行政处罚6.88万元。没收从事非法行医活动的药品、器械共9箱，价值约1.2万元。出动执法人员1118人（次），检查药品生产经营使用单位477家（次），责令整改30家（次）。销毁假劣药品29批（次），货值金额500元。查获非法销售终止妊娠药品90人（份）（米非司酮片和米索前列醇片）、缩宫素注射液37盒，货值金额约3660元。销毁假劣药品一批、货值近2万元。立案5件，结案3件，涉案金额0.99万元，罚没款4.21万元。查获各种假烟、非法烟等共计3123.3条，价值人民币12万余元。工作成绩突出获得市局表彰。

第十五篇　卫生　体育

第一章　卫生

第一节　卫生行政

1978年，六枝特区卫生局迁到那克人民南路，有办公楼一幢（二层），共800平方米。下设人民医院、卫生防疫站、妇幼保健站3个直属单位和8个区卫生院，内设办公室、业务组、财务组。

1979年，特区卫生局设爱卫办、业务股、财务股、办公室。

1992年撤并建，特区卫生局下设4个直属单位（即：人民医院、防保中心、卫校、药检所）和19个乡（镇）卫生院。

1997年，设特区卫生局纪检组，2002年撤销，2007年重新设置。

1999年，六枝矿务局破产，原矿务局医院交六盘水市管理。更名为“六盘水市第二人民医院”，其他各矿医院交六枝特区管理。

2002年机构改革，特区卫生局下设5个直属单位（即：疾病预防控制中心、卫生监督所、妇幼保健中心、人民医院、血站）和19个乡（镇）卫生院。

2005年5月，妇幼保健站与计划生育技术宣传指导站合并，组建计划生育妇幼保健服务中心。同年，六枝特区新型农村合作医疗办公室成立。

2007年1月，撤销六枝单采血浆站，保留六枝中心血库，为特区卫生局所属副科级财政差额拨款事业单位。

2010年机构改革，特区卫生局、特区食品药品监督管理局合并成立“六枝特区卫生和食品药品监督管理局”，局机关下设8个股室、6个直属单位（即疾病预防控制中心、卫生监督所、妇幼保健中心、人民医院、血站、新型农村合作医疗管理办公室）、19个乡（镇）卫生院。

2012年8月，六盘水市第二人民医院交由六枝特区管理，名称、级别不变，加挂六枝特区中医院牌子。

第二节 疾病预防

一、预防保健机构

1970年12月，六枝县卫生防疫站更名为“六枝特区卫生防疫站”，1988年4月与六枝特区妇幼保健站、六枝特区皮防站合并。成立“六枝特区预防保健中心”（正科级事业单位）。内设办公室、综合门诊、防疫科、卫生科、妇幼保健科、皮肤科、健康教育科、检验科。2002年有职工88人，其中卫生人员64人。中心占地面积1200平方米，固定资产310万元。主要设备有显微镜、200毫安X光机2台、疫苗运输车一辆、监测检验设备、冷冻冷藏冰箱冰柜等。10月，撤销六枝特区预防保健中心，建立六枝特区疾病预防控制中心（正科级事业单位）。内设办公室、计免门诊、流行病科、慢性病科、健康教育科、监测检验科、财务科等科室。2007年，有职工36人，其中：卫生技术人员33人，副高职称1人，中级职称8人。中心占地面积1137平方米，固定资产70余万元。

2008年9月，增设艾滋病性病防治科和健康教育科共7个科室，核定编制36人，实有职工33人，卫生技术人员29人（副高职称2人，中级职称8人）。

2009年9月，根据（六机编〔2011〕45号）文件，重新核定事业编制48人（管理人员3人，专业技术人员41人，工勤人员4人。领导职数为中心主任职数1名，副主任2名。正、副科长（股长）15名）。增设了免疫规划科、综合科共9个科室。

二、传染病防治

疾控中心对全区传染病疫情态势随时进行动态分析，采取控制疾病流行的措施，使传染病得到有效控制。

2002年，发生乙类传染病13种，共发病2306例，发病率为378.08/10万。2003年发生乙类传染病12种，共发病2208例，发病率为353.28/10万。2004年发生乙类传染病12种，共发病148例，发病率为236.03/10万。2005年发生乙类传染病15种，共发病2355例，发病率为366.99/10万。2006年发生乙类传染病11种，共发病1737例，发病率为275.71/10万。尤以肠道传染病为主的疾病下降明显。详见下表

六枝特区2002—2006年传染病发病情况

表15-1-1　　单位：例

年度	结核	痢疾	肝炎	伤寒	麻疹	乙肝	淋病	新破	炭疽	疟疾	百日咳	猩红热	梅毒
2002	714	575	311	305	266	58	32	14	7	6	4	4	2
2003	703	386	369	151	488	33	22	14	0	2	3	4	2
2004	966	254	288	68	144	192	12	14	0	0	12	10	18
2005	1305	315	454	133	6	346	41	5	1	1	1	9	26
2006	1006	216	355	46	2	368	33	4	3	1	0	7	31

（一）脊髓灰质炎防治

脊髓灰质炎（简称脊灰，民间称小儿麻痹症）是我国常见的儿童传染病，多致儿童肢体残废。20 世纪 70 年代开始推行口服脊髓灰质炎减毒活疫苗糖丸，初服共服 2 次（Ⅰ型红色Ⅱ + Ⅲ型蓝色）但缺乏冷藏设备，预防效果不很理想。1983 年，脊灰糖丸改为Ⅰ + Ⅱ + Ⅲ型（白色），初服共服 3 次。1986 年，六枝特区卫生防疫站给各区（镇）配冰箱，给小乡配冷藏背包，实施儿童计划免疫，全年搞六次冷链运转，使脊灰糖丸在入口前保持在冷的状态下，对预防脊灰发病取得很好效果。1996—2002 年，六枝特区预防保健中心完成儿童脊灰糖丸初服种 24.23 万人。1997 年，卫Ⅶ项目再次给乡（镇）、村配发冰柜、冷藏柜和冷藏背包。特区防保中心为巩固消灭脊灰成果，每年组织搞 2 次（轮）脊灰糖丸强化服苗和搜索 AFP（急性迟缓性麻痹）病例，截至 2002 年，共完成强化服苗 38.35 万人，共搜索 AFP 病例 25 例，均排除脊灰诊断。

1996 年以来，境内一直保持无脊灰质炎状态。2001 年，六枝特区防保中心被国家卫生部授予“消灭脊髓灰质炎先进集体”。2002 年，特区疾控中心完成基础免疫接种脊灰疫苗 9585 份。2 轮强化服苗共计口服脊灰糖丸 82018 人份，主动搜索监测，共发现 AFP 病例 4 例，并按要求及时进行了个案调查，并采双份粪便送省疾控中心鉴定。2003 年，特区疾控中心基础免疫接种脊灰糖丸 24087 人，强化服苗（两轮）共 20946 人份。每旬对市二医、特区人民医院进行 AFP 监测，未发现 AFP 病例漏报。报告的 2 例 AFP 病例，均按要求搞个案调查，采样送检和随访。2004 年，特区疾控中心基础免疫接种脊灰糖丸 26680 人份，两轮强化服苗完成 41194 人份，流动人口儿童完成 4341 人份，搜索出的 3 例 AFP 病例经监测排查排除脊灰。2005 年，特区疾控中心基础免疫接种糖丸 4395 人份，对报告的 4 例 AFP 病例进行流调并采集双份大便送省 CDC 检测排除脊灰。2006 年，全区完成基础免疫接种糖丸 20367 人份，0 岁组加强 3788 人份、2 轮强化免疫完成 6243 人份，全年共报告 AFP 病例报告，经流调和采样送省 AFP 检测均排除脊灰病例。

（二）副霍乱防治

1994 年 7—9 月，由于在沿海打工回来的人群把副霍乱病菌带入境内，在落别、新窑、折溪、中寨等乡（镇）发生副霍乱爆发流行。省、市、特区政府对副霍乱疫情的发生高度重视，特区政府发布区长令，对疫情进行疫区封锁，设置多道关卡，疫区禁止车辆人员进入，提供必要的经费 100 余万元。组织成立六枝特区副霍乱疫情扑灭工作领导小组，分六枝、郎岱、岩脚三大片区进行副霍乱疫情的扑灭工作。通过广大医务工作者 3 个月的共同努力和群众的通力合作，对病人进行就地隔离治疗，对饮用水源进行漂白粉消毒，严格疫区（点）的外环境消毒，发放口服药，加强医务人员卫生防护，使副霍乱疫情在短期内得到有效控制。在这次扑灭副霍乱爆发流行中，省、市、特区共出动专业技术人员 224 人，乡（镇）派员 236 人。

（三）伤寒的防治

伤寒是六枝特区主要急性肠道传染病，1980 年 5—7 月，郎岱、落别、六枝、中寨、岩脚等地发生伤寒局部暴发病 1142 例。每起伤寒疫情暴发，防保中心卫生防疫人员都进驻疫点进行流行病学调查和落实防治措施，使疫情很快得到控制。1982 年起，按地理情况将全特区分为落别片、郎岱片、岩脚片，到省防疫站争取伤寒三联菌苗，轮流对成人接种。为了控制人群集中的直属中小学的学生伤寒发病，卫生防疫专业人员启用高压注射器，对直属中小学学生进行伤寒三联菌苗接种，共接种伤寒菌苗 62 万针（次）。1985 年以后，六枝特区的伤寒患病率逐年下降。

1995 年，伤寒散发病例 152 例。1995—2001 年，伤寒病例呈散在发生，年发病 30 例以下。2002 年，共采血 23 份做血培养，采大便 109 份做大便培养，伤寒发病数 305 例。2003 年，伤寒发病 151 例，发病率下降到 400/10 万以下，没有伤寒爆发流行。2004 年，争取了国家伤寒干预项目，进行伤寒防治知识宣传，使群众对伤寒副伤寒防治知识知晓率得到提高。伤寒发病 68 例。2005 年寒发病 133 例。 2006 年国家 CDC 和省 CDC 项目同时实施，伤寒发病 46 例。2007 年，经国家 CDC 项目验收。

（四）麻疹控制

2002 年，接种麻苗 9453 份，麻疹发病 266 例，麻疹监测 29 人（份），采麻疹病人血清样品 6 人（次）送省疾控中心做中和抗体测定。2003 年 8 月，针对境内多年来有麻疹爆发流行的情况，启动了“加速麻疹控制和加强常规免疫服务合作项目”。该项目实施期限为 6 年，共培训乡（镇）、村卫生人员、教辅站主任、小学教师 1000 余人，合格率达 90% 以上，麻疹发病 488 例。2004 年，该项目进入实施阶段，开展儿童入学入托查验接种证的补种工作，麻疹发病 144 例。2005 年，麻疹发病 6 例。2006 年，麻疹发病 2 例，降到了多年来麻疹发病最低水平。

（五）结核病控制

2000 年，结核病人登记 593 例，同年疾控中心对落别乡水塘村进行结核病调查，发病率为 1151.8/10 万，涂阳患病率为 418.84/10 万，死亡率为 104.71/10 万。2002 年，疾控中心组织专业人员对新场乡黑塘村结核高发病人群进行流行病学调查，做 PPD 试验 208 人，强阳性 50 人，感染率为 24.03%。同年，组织对新场乡落龙小学 343 名学生进行结核病流行调查，其中 PPD 阳性 16 人，感染率为 4.66%，补种卡介苗 256 人。

2003—2007 年，特区疾控中心争取世行贷款及英国赠款中国结核病控制项目，对痰菌阳性的开放型肺结核可获得免费治疗。2003 年，共登记结核初诊病人 904 例，确诊肺结核 56 例，免费治疗 223 人（其中涂阳 83 例，复治涂阳 93 例），全程治疗 223 例。X 线摄片 1000 余张，痰涂片 3000 余张。做肝功检查 1066 人份，转氨酶升高 51 人份。2004 年，初诊疑似肺结核 764 人，确诊 547 人，免费治疗 274 人，免费率为 50%。2005 年，结防门诊接诊 1059 人、确诊 678 例、免费治疗 314 例、共查痰片 4184 张（阳性 869 张）、拍片 1273 张、透视 262 张、下乡督导 4 轮 76 次、访视病人 152 人次。2006 年，结防门诊接诊 931 人、确诊 482 例、免费治疗 338 例，超额完成 45 例。共查痰片 3942 张（阳性 696 张）、拍片 1265 张、透视 89 人（次），抽血查肝功 1560 人（次）。下乡督导 5 轮 95 次，张贴宣传画 5000 余张，发放宣传单 3 万余张。药品 HREZ8610 板、ERE5745 板、HRZ3180 板、HR13200 板，链霉素、注射用水、注射器 1645 支。

（六）艾滋病控制

2002年，疾控中心对特区戒毒所、市戒毒劳教所人员进行艾滋病病毒感染监测，共采备样本625份，13份血清被确诊为HIV感染，感染率为2.08%。2003年5月，对城区娱乐、洗浴业小姐80人进行问卷调查，并抽血送省市作初筛鉴定，经筛查无感染HIV者。同年，六枝特区被贵州省定为艾滋病监测哨点县（区）。同年8月，疾控中心对特区戒毒所264名吸毒人员采血样送省市监测。2004年，按《艾滋病监测方案》要求，8月对强制戒毒人员143人采血做初筛检测。2005年，对强制戒毒人员854人采血作HIV检测，确诊阳性11人。对1999—2005年有偿献血人员2766人采血作HIV检测，未发现阳性者。9月对娱乐场所服务小姐进行HIV检测、问卷调查112人。并对11例HIV阳性者进行追踪。12月1日组织在街心花园开展艾滋病防治宣传、办了3期宣传栏、张贴宣传画1000多张、发放宣传单2万多份、请有线台播放光盘，在市戒毒所和特区戒毒所举办讲座，对劳务输出人员进行艾滋病防治知识培训3期，制作大型固定户外标语3块，乡（镇）喷刷宣传标语40多条，在全区干部职工和高中学生中进行艾滋病防治知识竞赛，有1万多人参加。10月问卷调查833人，发现HIV感染者6人。2007年12月19日，为了使吸毒成瘾者戒断毒瘾，减少其静脉注射毒品感染艾滋病，特区美沙酮药物治疗门诊开诊。

（七）地氟病控制

2002年，疾控中心按轻、中、重病区分别抽取木岗、中寨、岩脚、堕却、新场、新华等6个乡（镇），进行氟中毒的临床调查，共调查16岁以上成人3633人，其中无氟中毒2444人，轻度氟中毒518人，占调查人数的14.3%。中度氟中毒533人，占调查人数的14.7%。重度氟中毒127人，占调查人数的3.5%。调查氟斑牙2458人（次）。2003年10月24日，疾控中心启动健康干预防制地氟病项目，项目执行期六年。通过区、乡（镇）、村逐级培训，给学生上健康教育课、电视、广播、标语等宣传形式，提高群众防氟意识，使广大农民群众自发起来改良炉灶。在基线调查中，培训乡（镇）卫生人员40余人，调查6个乡（镇）计300余人，对124例可疑氟骨症患者进行拍片，并采取食物（玉米、辣椒）120份作含氟量监测。2004年，在落别、木岗5个村作地氟病干预基线调查。共调查518户（原始灶443户、烟囱出屋15户、烟囱损坏70户、无灶盖350户，符合要求8户）。通过广播、电视宣传，小学生知晓率为80%、人群知晓率为65%。2005年落别、木岗搞防氟改灶1万台，同时大力宣传防氟知识，使人群知晓率达到85%以上。2005年6月20日，全省地氟病防治项目工作现场会在六枝特区宾馆召开，副省长刘鸿庥、省卫生厅厅长何崇远等领导出席了现场会。会后参会人员分成两个组，分别到落别乡、木岗镇2个乡（镇）进行了现场参观。2006年，防氟改灶2.5万台，分几个乡（镇）实施。2005年、2006年连续被省地氟病项目办评为第一名。

（八）非典型肺炎控制

2003年春季，非典型肺炎疫情在广东省突然爆发。为了有效控制非典疫情传入境内，特区疾控中心组织力量围、追、堵、截，排查接触发热病人。从4月10日起，共接听疫情报告电话6015个，下发返乡人员追踪调查表和监测表2万多张。登记返乡人数8367个，应急排查251人，转告火车留验站报来各乡（镇）返乡人员28916人，汽车留验站报来各乡（镇）返乡人员162285人，排除医学观察50人，环境消杀2445平方米。2005年，根据《六枝特区非典型肺炎防治应急预案》要求，成立疫情监测流行病学调查、疫点消杀小组，准备应急药品消杀药品，未发生非典疫情。2006—2011年，对县级以上医院开展不明原因肺炎主动监测工作，未发生非典疫情。

（九）禽流感控制

2005年，国内部分省区发生人感染H5N1禽流感疫情，为防止人禽流感传入境内，制定《六枝特区人禽流感防治预案》，成立疫情监测、流行病学调查、疫情消毒消杀小组，准备了应急药品和预防措施。境内未发生人禽流感疫情。2006年以来，加强了人禽流感防治知识宣传、乡（镇）疫情动态搜索、健康教育宣传，添加了2台手推车式汽油喷雾器、1台背伏式汽油机动喷雾器，并采取防治措施。2006—2011年，无禽流感疫情发生。

（十）甲型H1N1流感防治

2009年4月，甲型H1N1流感疫情在墨西哥等国家和地区先后发生，疫情很快蔓延，波及很多国家，并出现多人死亡。为了科学、有效、及时防范甲型H1N1流感疫情，疾控中心在区委、区政府和区卫生局的领导下及早落实了各项防控措施。

六枝特区甲型H1N1情况：

4月中旬—5月下旬，六枝电视新闻台、广播新闻台开设了预防甲型H1N1流感专题宣传栏目开展防控知识宣传。

5月8日，政府组织召开甲型H1N1流感防控工作专题区长办公会议，在财力紧张的情况下，下拨防控经费10万元，其中5.4万元直接拨到疾控中心用于购买消毒消杀器械、消毒药品和防护物品。

5月23日，疾控中心举办由全体应急队员参加的突发疫情实战演练。

6月10日，途经六枝的1224次列车上的3名甲型H1N1流感接触人员在六枝下车，疾控中心接到报告后，组织应急队员接站，对3名接触者进行居家隔离观察。

9月3—4日，六枝特区疾控中心、卫生监督所抽调人员组成督导检查组，督察学校防控工作准备情况，共督导2所高中、5所中学、4所小学、1所幼儿园。督导内容主要是防控设施、应急方案制订、宣传教育、学生晨检和缺勤登记追踪等。

9月15日，市疾控中心通知，六枝籍的3名学生就读的长沙同升湖国际学校发生甲型H1N1流感疫情放假返回，要求对其隔离观察并上报监测情况；接报告后，及时找到学生家长宣传防控知识，做好居家隔离观察准备；制订切实可行的《接车方案》，公安、卫生院、人民医院、社区、社区卫生室明确部门职责，使隔离观察达到预期效果，3名学生未感染甲型H1N1流感。

9月30日，对省医护校2名返回学生进行跟踪调查和医学观察，未感染甲型流感。

10月10日，政府再次召开全区防控工作会议，要求乡（镇）政府、防控工作重点部门要将防控工作作为近期主要工作抓好落实，形成齐抓共管、上下联动的工作格局。

10月19日，境内新窑乡店子中学出现首例甲型H1N1流感确诊病例，中心立即启动《六枝特区疾病预防控制中心甲型H1N1流感应急预案》，迅速行动，周密安排，落实责任，全面开展了各项疫情处置工作，并将密切接触者收到店子养老院集中观察。岩脚镇、落别乡、平寨镇、郎岱镇、堕却乡5个乡（镇）相继出现疫情；至11月28日15时，共确诊为患者13例，分别为新窑乡2例，岩脚镇1例，郎岱镇6例，落别乡2例，平寨镇1例，堕却乡1例。

10月25日，特区卫生局、疾控中心、人民医院专家在六枝电视新闻台作了甲型H1N1流感预防知识交流，避免了群众恐慌心理。

10月底—11月初，积极有序地开展了甲型H1N1流感疫苗的第一次接种工作，对各乡（镇）、城区一线医务人员、防保人员、公安、教师等人群进行接种，并按上级要求在2周内完成了2220人的接种。第二批1.5万人于12月13日前完成。

11月底，13例甲型H1N1流感患者已全部治愈出院。全区累计排查23518人（次），累计治疗666人，治愈出院666人。

2010—2011年，六枝特区未出现甲型H1NI病例。

（十一）狂犬病控制

2004—2011年，境内狂犬病发病62例，死亡62例。2006年，六枝特区境内狂犬病发病10例，死亡10例，发病及死亡为近5年最高，特区政府高度重视，成立了以特区政府代理区长为组长的狂犬病预防控制工作领导小组，7月，制定《六枝特区狂犬病预防控制工作方案》，疾控中心也相应成立了狂犬病防控工作领导小组，完成了19个乡（镇）犬伤处理情况摸底调查，上半年犬咬抓伤1623人，月平均犬伤270.5人，进行伤口处理1468人（占90.45%），未处理154人（占9.49%），伤口注射狂苗1595人（占98.27%）。7—10月，对狂犬病暴露人群进行详细登记，犬伤人数1145人，月平均犬伤人数259人，进行伤口处理1138人，注射狂苗1138人，伤口处理率及注射狂苗率99.38%。同时，对19个乡（镇）卫生院长、防保组长，医疗机构相关人员进行了狂犬病防治知识培训，共培训127人（次）。多方购进狂苗、抗狂犬病毒免疫球蛋白，使犬伤者能及时得到预防接种，减少狂犬病发病及死亡。2009年起，将狂犬疫苗纳入农村合作医疗报销。

（十二）疟疾防治

1978年，根据省卫生厅“1980年消灭疟疾”的规划和要求，特区卫生防疫站派出抗疟疾队深入各区（镇）进行调查，对现症病人和3年内有疟史者进行了抗疟疾治疗。1980年，疟疾发病率波动在0.002/万～0.02/万之间，达到了控制和基本消灭的目标，1990年，境内已很少有疟疾病例发生。

2010年，完成发热病人血涂片1504张（任务数1200张）；2011年完成发热病人血涂片2594张（任务数1996张）；2012年完成发热病人血涂片2513张（任务数1996张），经染色镜检结果均为阴性。

（十三）甲肝防治

甲型肝炎（甲肝）是由甲型肝炎病毒引起的一种肝脏损害为主的急性传染病，是我国重点防治的急性传染病之一。

2009年1—6月，岩脚镇、新场乡发生了甲肝疫情，共报告病例28例，经调查，该起疫情与食用小包装食品及饮用50毫升冰袋有关。

2010年，特区遭遇百年不遇的旱灾，经检测发现多个新饮用水的水源微生物指标超标，存在肠道传染病暴发流行可能，为维护正常的生活秩序，根据市卫生局安排，4月，为23399名参加农村合作医疗的农民接种甲肝疫苗；为寄宿制学校学生11716人接种了甲肝疫苗。

（十四）钩虫病的防治

钩虫病为寄生虫疾病。1980—1985年，在境内进行大规模防治钩虫病工作，做好个人防护、不接触疫水、下田接触疫水前要在手脚等部位涂上防护剂。从1986年起，经过6年的努力，1991年后，境内很少有钩虫病病例报告。

（十五）手足口病控制

2008年，全国出现肠道病毒71型（EV71）引发的手足口病疫情。为有效控制境内手足口病的发生，保护人民身体健康，成立了防控工作领导小组，制定了《防控工作方案（试行）》。开展了乡（镇）卫生院、区直医疗机构、私营医院、学校、托幼机构等单位的医务人员和学校老师培训。2008年发病6例，无重症及死亡病例；2009年发病15例，重症1例，无死亡病例；2010年发病39例，重症3例，死亡1例；2011年发病47例，无重症及死亡病例。

（十六）鼠疫防控工作

鼠疫是中国法定的甲类传染病，根据中央补助地方公共卫生鼠疫防治项目实施方案要求，疾控中心2009年5月，在中寨乡开展鼠疫监测工作，捕鼠6只，10月，在毛口乡开展鼠疫监测工作，捕鼠9只，经省疾控中心实验室检测鼠疫核干菌抗体为阴性。

2011年，组织乡（镇）卫生院院长、防保组长、人医、市二医、第一社区服务中心共60人培训，安排部署了2011年夏秋季鼠疫监测任务工作，加大对毛口乡、中寨乡、梭戛乡、牛场乡鼠疫的监测力度。

（十七）黔中水利、旧院水利饮用水工程库区清理工作

2011年，对黔中枢纽水源工程区水库库底卫生防疫清理，成立黔中枢纽水源工程区水库库底

卫生防疫清理工作领导小组；并派出专业人员做好消毒前、灭鼠后的工作人员的培训工作。完成厕所消毒81个，畜圈288平方米、院落81户、15年以内坟墓50座、垃圾堆90余个、粪池250余个。

三、麻风病、地方病防治

（一）麻风病防治

麻风病是六枝特区较为古老的传染病，晚期导致病人致残，造成病人家庭和社会的极大负担。1985年，成立了特区麻风病防治领导小组，组织对全区麻风病流行情况进行了调查。1989年后，麻风病的治疗从收容隔离治疗转为社会化的家庭式治疗，特区政府拨出专款对麻风病人进行分型清理，根据型别不同进行联合化疗。1990—1993年，特区预防保健中心对麻风病人家庭进行流行病学调查，对发现的新病人和现症病人进行联合化疗，服药率达到100%。1994年，预防保健中心调查发现麻风病新病人7例，经过对麻风病的社会化联合化疗，麻风的发病已得到有效控制。2001年，防保中心又组织了对麻风病的致残情况进行摸底调查，弄清麻风致残人员所需要的帮助，提供给民政局和残联作为帮助依据。2002年，疾控中心对全区11名麻风现症病人按要求进行登记和常规联合化疗，共治愈3例病人。对全区283名麻风病人进行畸残调查。2003年，发现麻风新病例3例，现症病人12例都进行了联合化疗。2004年，发现麻风病新病例1例，现症病例12例，都进行了联合化疗。2005年，经特区、乡、村三级监测和采样送检，确诊4例。在堕却乡对0 ~ 13岁儿童共113人采血送省中心检验监测。2006年6月，发现麻风新病例3例，并进行化疗。对7例现症病人进行规则治疗，未发现复发病例。

（二）地方病防治

六枝特区流行的地方病，主要为燃煤污染型地方性氟中毒和碘缺乏病。

1. 燃煤污染型地方性氟中毒的防治

燃煤污染型地方性氟中毒，主要发生于郎岱、岩脚、新华、中寨等地，因这些地方煤含氟较高，而群众又有烧敞灶取暖、做饭、炕玉米、辣椒等习惯，故使室内空气含氟过高，人长期吸入而致中毒。用敞灶烘炕玉米、辣椒，除氟污染室内空气外，可使这些用煤灶烘炕的食物富积了大量的氟，人们长期食用含氟较高的食物而致氟中毒。轻度氟中毒表现为氟斑牙，重度氟中毒表现为氟骨症，甚至出现致残。

1986年10月，六枝特区卫生防疫专业人员对郎岱区的归宗乡青龙村进行氟中毒调查，共调查1048人，查出氟斑牙747人，氟骨症患者24人，分别占调查总人数的71.28%和2.29%。随后，又对鲁戛、纳骂、木岗等地的8 ~ 15岁儿童进行氟中毒调查，共调查1014人，查出氟斑牙866人占85.4%。通过比次调查，确认境内氟中毒以燃煤污染型为主。

1983—2009年，在省、市卫生、财政部门的支持下，六枝特区对羊场、归宗、落别等氟中毒重点地区进行炉灶改良。1983—1994年，共改灶2000余户，同时，加强对地方性氟中毒预防知识和注意用灶卫生的宣传，地方性氟中毒得到一定的遏制。2003年，特区争取省地方性氟中毒行为干预项目，执行时间为四年，改灶10万户，截至2009年全区共改灶7万余户，使地方性氟中毒控制工作得到有效防治。

2. 碘缺乏病防治

碘缺乏病原来称地方性甲状腺肿（简称地甲病）。在境内各乡（镇）均有分布，尤以毛口、折溪、陇脚等较为严重。主要是做菜用盐不当（先放盐后煮炒）和不食用碘盐而引起。

1978年4月，六枝特区卫生防疫站在洒志进行碘缺乏病调查，共调查216人，查出碘缺乏病102例。5—10月，特区防疫站组织专业人员对全区农村碘缺乏病进行普遍调查，共调查24.13万人，查出碘缺乏病485例（地甲病348例，克汀病137例）。1982年，防疫站组织对部分村小学7～14岁学生进行碘缺乏病调查，共调查2万多人，查出碘缺乏病患者3011人（患病率为3.67%），并对这些碘缺乏病患者服用碘油丸治疗。1982—2002年，特区防疫站对盐业公司的碘盐定期采样进行含碘量检测。由于碘盐的广泛使用，碘盐含碘量符合标准和给碘缺乏病人口服碘油丸治疗，碘缺乏病在境内得到控制，发病明显减少。

2002年，特区疾控中心共采库盐盐样8份做食盐含碘监测，合格率为94%；乡村农户采盐样244份，监测合格率为85.7%。对新窑、落别、大用等乡（镇）小学8～10岁学生600人次进行地方性甲状腺肿的监测检查。2003年，疾控中心共采盐样305份，其中，库盐81份，合格78份，合格率96.2%；居民户采盐样224份，合格196份，合格率87.5%。2004年，在特区9个乡（镇）36个村288户居民和盐业公司共采食盐样315份，居民食用盐合格率96.65%，库盐合格率96.29%。2005年，对特区9个乡（镇）36个村293户居民和盐业公司盐库盐采样396份监测，合格率98.4%。2006年，对特区9个乡（镇）36个村采盐样288份监测，合格264份，合格率91.7%。

四、健康教育

疾控中心下设的健康教育科人员为2人。主要负责疾控工作的宣传教育、培训、资料收集管理和大型活动的宣传部署。2002年，共出专刊5期、拉宣传横幅4幅，发放宣传资料100余份。2003年，发放宣传画1500余张、“非典”宣传单8000余份、“非典”防治手册2000本、宣传标语（含乡镇）1000余条，办卫生宣传栏5期。完成特区创卫工作的宣传资料收集编写，办社区健康教育专栏4期，在主要街道办宣传专栏4期。2004年，出健教期刊6期、横幅8幅、新广场出专栏2刊、印发宣传资料2万余份、接待咨询2000多人（次）。2005年，开展宣教活动5次、制挂横幅10条、张贴宣传标语30条、接受群众咨询1600多人（次），展出展板60块、印发宣传单9200多份、发放宣传图片2万多张、发放计免宣传单5000多份、指导特区4所小学及三中开展健教课。2006年，共出各种专栏16期、4次上街组织宣传活动、发放宣传单5000多张、宣传画12100张、宣传读本4000多份、宣传围裙1000余条、展板38块、向行人免费咨询2000多人（次）。

五、食品卫生监测

2002—2006年食品卫生监测：2002年，饮食从业人员健康体检2950人，合格2908人，合格率为98.57%。采取糕点样品62份、冷饮类样品9份、卤制品13份做微生物检验。2003年，饮食从业人员健康检验2799人，乙肝表面抗原阳性42人，转氨酶增高27份。2004年，对从业人员体检2749人，转氨酶增高17人，表面抗原阳性42人。检验馒头、漂白粉等中含吊百块209份，白酒理化检验17份，合格16份，次饮食品卫生细菌学检验6份，合格5份，卤制品微生物检验26份，合格20份，检验瓶装饮料6份，食品毒检23份。2005年，城区生活饮用水微生物监测80份，合格59份；乡（镇）22份，合格2份，水源点监测25份，理化分析15份。卤制品微生物分析31份、饮料6份、桶装水9份、糕点27份、调味品3份、白酒2份。餐饮具监测100份、快速食品毒检43份、食物中毒检验3份。从食人员健康体检1926人，HBSAg阳性54人。2006年，从业人员健康体检3178人，HBSAg阳性45人，转氨酶升高52人；次饮微生物监测20份、合格9份；糕点监测34份、合格32份；矿泉水监测10份、合格6份；从业人员大便伤寒培养350份、未检出伤寒杆菌。

第三节　计划免疫

计划免疫是按一定的免疫程序，对健康人群有计划地进行相关疫苗的预防接种，是防疫传染病的最有效措施。境内的免疫预防接种，始于“鼻痘”预防天花，以后到种“牛豆”预防天花，接种卡介苗预防结核，口服脊髓灰质炎糖丸预防小儿麻痹症，接种麻疹疫苗预防麻疹，接种白百破三联预防白喉、百日咳、破伤风，接种流脑菌苗预防流行性脑脊髓膜炎，接种乙脑疫苗预防流行性乙型脑炎。

1987年，省卫生厅给特区防疫站配备了20余万元冷链设备。开始在全区实施儿童计划免疫，使预防接种工作进一步程序化、规范化，使疫苗的生产、运输、冷冻、冷藏能保持于冷的状态，保证疫苗的接种效果。1989年，为了推动计划免疫工作，提高全程接种率，特区防保中心以平寨作为试点，开展计划免疫保偿，1994年计免保偿在全区铺开。

1988年9月，特区对计划免疫工作进行检查，18个月龄儿童四苗（卡介苗、麻苗、糖丸、百白破）覆盖率达到87.95%。1989年3月，联合国儿童基金会和国家卫生部对六枝特区计划免疫检查验收，18个月龄儿童“四苗”覆盖率为86.26%，实现了以乡为单位，“四苗”接种率超过85%的目标。1991年3月，国际卫生组织和联合国儿童基金会联合对六枝特区的计划免疫工作检查验收，18个月龄儿童“四苗”接种率达到91.43%，实现了以县为单位“四苗”接种率超过85%的目标。

2002—2011年疾病发病统计表

表15-1-2　　单位：例

时间	合计	艾滋病	肝炎	甲型H1NI	出血热	麻疹	狂犬病	乙脑	炭疽	痢疾	肺结核	伤寒副伤寒	流脑	百日咳	新生儿破伤风	猩红热	淋病	梅毒	疟疾
2002	2230	0	348	0	0	269	0	58	5	563	694	227	6	3	13	2	30	6	6
2003	1958	0	323	0	0	505	0	32	0	365	562	100	0	3	11	5	16	34	2

续表

时间	合计	艾滋病	肝炎	甲型H1N1	出血热	麻疹	狂犬病	乙脑	炭疽	痢疾	肺结核	伤寒副伤寒	流脑	百日咳	新生儿破伤风	猩红热	淋病	梅毒	疟疾
2004	1643	0	259	0	0	143	1	19	0	252	838	68	0	12	14	9	11	17	0
2005	2118	0	412	0	1	5	3	23	1	314	1145	132	2	1	5	9	39	25	1
2006	1748	0	419	0	0	10	14	23	2	254	896	55	1	3	10	9	41	46	1
2007	2024	2	520	0	0	19	11	9	8	147	1192	36	0	7	4	9	29	29	2
2008	2213	2	769	0	0	6	11	2	0	99	1185	25	0	7	3	18	22	64	0
2009	2156	0	919	13	0	3	5	5	0	103	960	25	0	4	11	9	21	76	2
2010	1626	6	413	0	0	0	5	0	0	111	926	17	0	0	4	15	33	96	0
2011	1556	2	399	0	0	0	7	16	0	67	854	15	1	1	2	24	31	137	0

第四节　卫生监督

一、食品卫生

1983—1995 年，预防保健中心共检查饮食从业人员 2.25 万人（次），发放“健康合格证”2.24 万个，发放“卫生许可证”1.1 万个。从 1991 年起，饮食从业人员分批进行集中式食品卫生知识培训。1986 年，开始对城区饮食餐具采取集中式消毒处理。食品卫生监督监测工作逐步由城区向乡（镇）所在地发展，形成城乡同时抓食品卫生的格局，饮食从业人员经培训后持证上岗。

1983—1995 年《中华人民共和国食品卫生法》正式颁布前，公开销毁各类过期变质、不符合食品卫生要求的伪劣食品 20 多吨，价值 30 余万元。对违反《中华人民共和国食品卫生法（试行）》的生产销售单位及人员进行行政处罚，共停业整顿 157 户，限期改进 123 户，罚款 1.4 万元。

二、环境卫生

（一）饮水卫生

1991 年，特区政府引进和投入资金 156 万元，兴建了大用、郎岱、岩脚 3 个自来水厂和 150 个农村人畜饮水点。对城区 20 余个水源点，每月采水样进行监测，监督饮用水消毒情况，对农村水源点，采取了不定期采样监测，夏秋季督促消毒，减少肠道疾病传播。

2000 年，疾控中心每月对城区生活饮用水进行监测，共采水样 98 份，合格 33 份，合格率为

33.67%。2003年，对城区生活饮用水采水样76份，进行卫生学监测。对不合格的13个样品均提出了改进意见。2004年，城区集中式供水微生物监测73份，合格56份，乡（镇）饮用水监测14份，合格3份，水质理化分析2份。2005年，城区饮用水每月微生物监测一次，共监测80份，合格59份；乡（镇）饮用水微生物监测22份，合格2分。水源点监测25份，均合格，理化分析15份。2006年，城区饮用水监测72份，2份合格，乡（镇）饮用水监测32份，22份不合格。

（二）场所卫生

1987年，国务院颁布《公共场所卫生管理条例》后，特区预防保健中心1988年10月，对城区浴池、理发店、歌舞厅等公共场所从业人员进行健康检查，对公共场所卫生不定期进行监督监测，并对城区公共场所建立了卫生档案。对符合卫生条件的公共场所发布“卫生许可证”。1995年，特区防保中心共对250名公共场所从业人员进行了健康检查，发放了140个“卫生许可证”，对423户进行了监督监测。

（三）矿粉尘病防治

1982年，特区卫生防疫站对厂矿粉尘进行测定，并在全区范围内进行尘肺普查。共检查11个厂（矿），对313名与粉尘有接触的人员拍胸片230余张，体检268人。1985—1986年，特区卫生防疫站会同特区工会、经委、劳动局等部门对境内13家企业进行全面调查，建立了企业卫生档案，对1500名工人进行体检。对境内企业进行劳动卫生流行病学调查。

六枝特区是全国重点产煤县和生产水泥的地区，接触煤尘、粉尘的人员2万余人。1984年，矿务局总医院建立了矽肺疗养所，设床位35张，并配有专职医师及医护人员，使矽肺病人能就快就近得到诊治。

（四）学校卫生监测

1980年，特区卫生防疫站选择中寨区的两所中学为调查示范点，共体检学生526人，查出眼睛近视51人，近视率为9.6%。1985年，特区卫生防疫站会同特区教育局对城区及厂矿13所中学、14所小学进行学校卫生的情况调查。

1989年，特区预防保健中心对特区直属中小学校的2000多名学生进行体检，近视率为16.8%；感染蛔虫900多人；砂眼750人；氟斑牙800余人。1990年，特区预防保健中心对3225名中小学生进行体检，查出氟斑牙为40.84%；视力不佳为27.47%；砂眼为20.63%；龋齿为11.67%。从检查情况看，视力不佳、氟斑牙、龋齿是小学生常见疾病。

1993年，对特区部分中小学校的646名学生进行蠕虫防治的服药监测，查出阳性285人，蠕虫感染率为44.1%。对4000名中小学生进行服药治疗。1995年，对特区城区和乡（镇）政府所在地的17所中小学校1.4万名学生进行服药防治蠕虫病。对城区6所学校的5000名中小学生进行体检。1996—2002年，对特区一中学生近1800人体检并建立健康档案。

2002年，疾控中心组织对特区一中高二年级学生体检，检查550人，合格543人，合格率为

98.72%。2003 年，体检特区一中学生 690 人，乙肝表面抗原阳性 20 人，转氨酶升高 14 人。对体检的学生，都建立了健康档案。2004 年，学生健康体检 827 人、HBAg 阳性 20 人，转氨酶升高 18 人。2005 年，对一中学生体检 1193 人，HBAg 阳性 24 人。2006 年，对一中学生体检 1105 人、HBAg 阳性 25 人，转氨酶升高 23 人。

第五节 妇幼保健

1988 年 4 月，妇幼保健站与原特区卫生防疫站、皮肤病防治站合并组成“六枝特区预防保健中心”，为科（局）级事业单位。2002 年 10 月，机构改革，重新成立六枝特区妇幼保健站。2005 年 5 月，妇幼保健站与计划生育技术宣传指导站合并，组建“计划生育妇幼保健服务中心”。

一、妇女保健

1981 年，特区妇幼保健站开展危产期保健工作，建立产妇联系卡。在特区机关开展妇科普查，对查出有妇科病的妇女进行治疗。

1988 年，全区卫生院、村卫生室对孕产妇实行系统管理，对孕产妇进行产前检查和产后访视，发现高危孕产妇及时转送住院分娩。特区卫生局、防保中心每年都对乡、村助产技术人员进行培训。

2004 年 10 月，在新窑乡开展妇科病普查普治工作，共普查 3438 人，查出妇科病患者 1924 人，其中 I° 宫颈糜烂 821 人，II° 宫颈糜烂 309 人，慢性宫颈炎 534 人，宫颈肥大 393 人，细菌性阴道炎 214 人。并对所有查出患妇科疾病的育龄妇女都免费发放了内服药及外用药，为 374 人进行了微波及红外光治疗。

2005 年 1—6 月，六枝特区政府投入 80 余万元，对全区已婚育龄妇女开展以生殖道感染干预为重点的普查普治。共检查 84768 人，检查出患有妇科病 58320 人，其中慢性宫颈炎 22510 人，阴道炎症 17879 人，盆腔炎症 12170 人，其他生殖道疾病 5761 人。

2007 年 5 月，六盘水市妇幼保健院、特区人民医院妇产科医师对乡（镇）产科人员 152 人进行助产技术培训，61 人合格，获得“母婴保健技术服务许可证”，当年新法接生率为 99.15%。

二、儿童保健

1981 年，妇幼保健站检查儿童 490 人（次），对儿童健康进行评价，告知儿童家长，并给予治疗。1988 年，对儿童保健实行系统管理，1 岁以内一年体检 4 次，2 岁儿童一年体检 2 次，3 岁以上儿童一年体检 1 次。1993 年，进行儿童体检 2600 多人（次）。1994—995 年，特区预防保健中心对城区 0 ~ 7 岁儿童进行体格调查，共调查 3000 人，有砂眼、龋齿、贫血、佝偻病的儿童 1200 多人，妇保科人员指导家长进行相应治疗。

2001 年，各乡（镇）开展儿童建卡基础工作，指导村卫生员开展儿童保健管理。

2003 年，妇幼保健站对城区托儿所、幼儿园儿童保健管理进行调查，指导托儿所、幼儿园开展儿童保健管理。当年对 1800 名儿童进行体格检查，查出有砂眼、龋齿、贫血、营养不良的儿童

700 人。妇保科医师对家长进行喂养指导，并对患病儿童给予相应治疗。

2007 年 10 月，计划生育妇幼保健服务中心对特区实验幼儿园儿童进行体格检查，共检查 455 人。

三、“三网监测”

“三网监测”：即孕产妇死亡监测，5 岁以下儿童死因监测，新生儿出生缺陷监测工作是实施《中国妇女儿童发展纲要》的需要。六枝特区是国家级“三网监测”县，从 1992 年起开始实施监测。孕产妇死亡监测在全区 19 个乡（镇）进行，5 岁以下儿童死因监测在落别乡和新华乡进行，出生缺陷监测在特区人民医院实施。全区各行政村由村卫生员建立了孕产妇和 5 岁以下儿童死亡名册，对出生和死亡进行登记。特区预防保健中心和妇幼保健站对上报的 5 岁以下儿童死亡及孕产妇死亡情况，进行入村入户调查核实，详细了解发病经过、死亡原因。并到乡（镇）派出所、统计站进行出生、死亡情况核对，尽量减少漏报，使监测资料准确、可靠、完整。1995 年，孕产妇死亡率为 122.89/10 万，5 岁以下儿童死亡率为 68.1‰。2007 年，孕产妇死亡率为 78.48/10 万，5 岁以下儿童死亡率为 18.46‰。

四、降低孕产妇死亡率和新生儿破伤风项目

2000 年，六枝特区孕产妇死亡率为 165.75/10 万，婴儿死亡率为 42‰，新生儿破伤风发病率为 3.3‰。2000—2004 年，实施绿色通道救助高危孕产妇 100 余人。乡（镇）卫生院限价接生 175 人，实行住院减免。

2005—2006 年，两次提高了贫困孕产妇住院分娩的救助标准，并与新型农村合作医疗相结合，对在区、乡两级平产住院分娩的孕产妇，“降消项目”分别给予 500 元和 300 元的救助，剩余的费用合作医疗全额报销。对剖宫产的孕产妇，“降消项目”分别给予 800 元和 500 元的救助。2005 年，孕产妇死亡率为 71.9/10 万，新生儿破伤风发病率为 0.18‰，住院分娩率为 51.2%。救助贫困孕产妇 782 人，发放贫困救助金 28.24 万元。2006 年，孕产妇死亡率为 53.58/10 万，新生儿破伤风发病率为 0.35‰，住院分娩率为 53.2%。救助贫困孕产妇 685 人，发放贫困救助金 32.84 万元。2007 年，孕产妇死亡率为 78.48/10 万，新生儿破伤风发病为 0.39‰，住院分娩率为 59.15‰。救助贫困孕产妇 1320 人，发放贫困救助金 64.8 万元。

第六节　中心血库

1994 年 6 月，经省、市特区卫生行政部门批准成立六枝血站，为六枝特区人民医院的 1 个内设科室，主要从事手工单采血浆和临床急救用血自采自供。1996 年 3 月，成立“六枝特区单采血浆站”，为副科级事业单位。核定编制 40 人。

2002 年 6 月，批准设置六枝特区中心血库，从事六枝特区无偿献血宣传、招募、采集、检验、成分制备、储存和供应工作。六枝特区单采血浆站与六枝特区中心血库为一个单位两块牌子，两套人员，分开业务办公。2007 年 1 月，《关于撤销六枝特区单采血浆站等有关事项的通知》，撤销

六枝单采血浆站，保留六枝中心血库为特区卫生局所属副科级财政差额拨款事业单位。

2011 年 1 月，六枝特区中心血库纳入全额财政拨款事业单位。

第七节　新型农村合作医疗

一、机构职能

2006 年，六枝特区新型农村合作医疗管理办公室成立，为副科级事业单位。2005 年 9 月，特区编办下文成立了特区新型农村合作医疗管理办公室，专门从事新农合各项业务经办和管理工作，各乡（镇）配备 2 ~ 3 名兼职工作人员负责。2006 年初，特区政府成立由政府区长任主任，分管卫生工作的副区长任副主任，各相关部门负责人为成员的新型农村合作医疗管理委员会，19 个乡（镇）政府也相应成立管理委员会，220 个行政村均成立了管理小组。

2011 年，六枝特区常住农业人口 48.14 万人，参合 46 万人，参合率为 97%。全区共有新型合作医疗县级定点机构 2 家、乡（镇）级 19 家、民营医院 8 家、村级机构 131 个。自 2006 年实施新农合制度以来，全区参合率从 2006 年的 72.89% 上升到 2011 年的 97%，共筹集资金 2.97 亿元。截至 2011 年 6 月，累计有 105.63 万人得到报销减免，减免资金 1.63 亿元。2006—2010 年平均资金使用率为 70.44%。

二、宣传发动

2006—2010 年，特区合医办共印制 60 余万份宣传资料发放到乡（镇）、村、组、户进行广泛宣传。乡（镇）利用广播、电视、黑板报、专栏、文艺演出等多种形式进行宣传。乡（镇）卫生院利用赶场天在主要街道设立咨询点，举办现场咨询活动，现场解答新农合的有关问题。及时兑现参合农户的减免报销医药费用，让得到实惠的农民在政府筹资过程中充当义务宣传员。特区合医办制作了新农合宣传专题片，在特区有线电视台连续播放。

三、监督管理

特区合医办定期向特区新农合管理委员会、监督委员会汇报基金收支运行情况，主动接受监督。并积极配合财政部门落实相关政策措施，强化基金封闭运行，进一步发挥群众监督和财务、审计监督的作用，切实加强对新农合基金的监管，确保专款专用。

特区合医办每月将全区参合农民住院补偿费用统一发放到各乡（镇）。一是乡（镇）、村每月公示一次，并公布监督举报电话，主动接受群众监督。二是通过公示，让群众详细了解基金的使用和报销减免情况，增加透明度，保证基金使用的公开、公正、公平。三是加强对违纪违法行为的查处。特区卫生和食品药品监督管理局、合医办对各定点医疗机构定期或不定期进行监督检查，对检查中发现的违法行为依照有关法律法规进行严肃处理。2006—2011 年，共配合查处违纪案件 4 起，扣减违规资金 60 余万元。

四、信息化建设

2010年5月30日完成邮政开户工作，并将结余基金4228.36万元全部转入邮政专户。截至2011年6月，六枝移动公司共开通专网52条，导入19个乡（镇）参合数据，县乡及民营定点医疗机构和乡（镇）合医办全部进入上线试运行。完成70%参合农户户主身份证明信息的采集，完成40%参合农民图像采集。选定木岗镇作为以卡换证的试点，先完善相关资料的收集，为以卡换证工作奠定基础。

第八节　医疗机构

一、六枝特区人民医院

六枝特区人民医院地处六枝特区人民南路76号，始建于1963年。属六枝特区人民政府直属，是六枝特区卫生和食品药品监督管理局托管的正科级事业单位。1979年7月，医院自筹资金5.2万元，建赤脚医生校舍和职工住宅，面积700平方米。

2006年，根据《关于核定六枝特区人民医院床位编制的通知》核定医院编制床位为290张（含传染病区30张）。2010年，根据《关于重新核定六枝特区人民医院事业编制的通知》，核定六枝特区人民医院床位290张增加到330张，人员编制495名。2011年，评定为综合性二级甲等医院。

二、六枝矿区各医院变更情况

1999年12月14日，六枝特区矿务局依法宣告破产。根据上级有关精神，原六枝矿务局各医院（卫生所）移交地方管理，其名称变更如下：

1. 原六枝矿务局总医院变更为六盘水市第二人民医院；
2. 原六枝矿务局机关卫生所变更为六枝特区人民医院第一社区服务点；
3. 原六枝矿务局六枝矿医院变更为六枝特区人民医院第一社区服务医院；
4. 原六枝矿务局四角田矿医院变更为六枝特区人民医院第二社区服务医院；
5. 原六枝矿务局地宗矿医院变更为六枝特区人民医院第三社区服务医院；
6. 原六枝矿务局65工程处卫生所变更为六枝特区人民医院第四社区服务医院；
7. 原六枝矿务局木岗矿医院并入木岗镇卫生院；
8. 原六枝矿务局化处矿医院并入大用镇卫生院；
9. 原六枝矿务局凉水井矿医院并入新窑乡卫生院；
10. 原六枝矿务局苦竹林卫生所并入落别乡卫生院；
11. 原六枝矿务局66工程处卫生所变更为平寨镇卫生院第一社区服务点；
12. 原六枝矿务局神强水泥公司卫生所变更为平寨镇卫生院第二社区服务点；
13. 原六枝矿务局大用多经处卫生所变更为平寨镇卫生院第三社区服务点；
14. 原六枝矿务局总机厂卫生所变更为平寨镇卫生院第四社区服务点；
15. 原六枝矿务局电厂卫生所变更为平寨镇卫生院第五社区服务点；
16. 原六枝矿务局总仓库卫生所变更为平寨镇卫生院第六社区服务点。

第九节　爱国卫生

2002 年底卫生体制改革，特区爱国卫生运动委员会办公室设在卫生局。

1．2000—2003 年，共印刷卫生健康知识宣传单 10 余万份。

2．在全区所有中小学开设健康教育课，并对教学情况进行考试和评价，发放 1 万余份试卷调查学生健康知识及健康行为形成率，及格率达 90% 以上。

3．文体广电部门在宣传媒体上开设健康宣传栏目，播放 9 亿农民健康行动音像及一些公益性广告，并对职工及居民健康知识开展调查，调查居民健康知识及格率达 80% 以上。

4．控烟宣传。责任部门按工作性质每年有控烟宣传计划、总结，会议室及大型公共场所禁止吸烟，并充分利用每年 5 月 31 日世界无烟日进行控烟宣传。

5．改水、改厕。1978 年，特区卫生防疫站、六枝矿务局、水源队联合组成水源水质调查队，对六枝、平寨、那克、云盘四片区的 22 个饮用水井作水质调查，查出各饮用水井的水质硬度细菌总数均明显超标，店子公社、一四二队、二分厂、水源队 4 个单位的饮用水井的混浑度和含铁量大大超出国家规定的标准。在各区、社卫生院的协助下，对全区饮用水井 4639 个，厕所 71139 个进行调查。1979 年，卫生防疫站在各区、社卫生院的配合下，再次对全特区的饮用水源做调查，查出供人饮用的水源 3464 个。1984 年 7 月，特区政府成立了“农村饮水改良试点工作领导小组” 。9 月，选择落别区凉水井作为农村饮水改良试点。由特区爱委会组织对试点进行勘探设计，布置施工。1985 年，六盘水市爱委会拨款 2 万元，凉水井、那味 2 个村群众集资 2500 元，在六盘水煤矿机械厂技术人员的指导下，出义务工 4000 多个，挖土石 3000 多立方米，分别修建溶水量为 150 吨和 75 吨的 2 座蓄水池和 1 座 35 吨的沉沙池，安装大小水管 2790 米，解决了凉水井、那味两个村 301 户 2185 人的饮水问题。1987—1989 年，国家共补助改水经费 17.6 万元，群众集资 11.7 万元，改良水井 69 个，受益村寨 93 个，受益群众 51208 人。1990 年，总投资 90816 元，完成 17 个分散式改水点和 2 个集中式改水工程，受益群众 21681 人。1991 年，总投资 11.6 万元，修建分散式改水工程 17 个，引水总长 1.5 万米，储水池 1200 立方米，受益群众 15297 人。

6．“除四害”。疾控中心从流行病科抽出专业人员对城区的 84 户大中小型餐饮行业进行消毒，出动 23 人次，共消毒屋内外墙面 4620 平方米。

农村改厕统计年报

表 15-1-3

年　份	2001	2002	2003	2004	2005	2006	2007	2008	2009	2010	2011
农村总户数（万户）	9.16	11	11	11	11	11	11	11	11	11	11
累计卫生厕所户数（万户）	0.6903	0.93	1.27	1.4429	1.512	1.622	1.622	1.946	2.1741	2.3905	2.3905
卫生厕所普及率（%）		8.45	11.55	13.12	13.75	14.75	14.75	17.69	19.76	21.73	21.73

续表

年　份		2001	2002	2003	2004	2005	2006	2007	2008	2009	2010	2011
无害化卫生厕所普及率（%）							5.56	5.56	8.51	10.58	12.55	12.55
累计卫生厕所分类（万户）	三格化粪池式			0.981	0.981				0.034	0.034	0.234	0.234
	双翁漏斗式	0.0704	0.0701	0.2822	0.2822	0.08	0.08	0.08	0.12	0.12	0.12	0.12
	三联沼气池式	0.0013	0.0672		0.3159	0.422	0.472	0.472	0.725	0.9501	0.9665	0.9665
	尿粪分集式							0	0	0	0	0
	完整下水道水冲式						0.06	0.06	0.06	0.06	0.06	0.06
	通风改良	0.163					0	0	0	0	0	0
	其他类型	0.456		0.06	0.146	1.01	1.01	1.01	1.01	1.01	1.01	1.01
新增无害化卫生厕所户数（万户）		4	0.065	0.275	0.12	0.25	0.36	0.36	0.335	0.2251	0.2164	0
累计使用卫生厕所户数（万户）			0.0258	0.0258	13.35	0.14	0.44	0.775	0.775	0.7751	0.775	0.775
当年用于农村改厕投资（万元）	金额合计		10	22	31	30.6	22.4	0	124.15	90.04	21.64	0
	资金来源 国家		10	21	11	23.6	22		114.7	90.04	9.64	0
	资金来源 集体			1					0	0	0	0
	资金来源 个人				20	7	0		0	0	12	0
	资金来源 其他								9.45	0	0	0
累计粪便无害化处理率（%）		66.96				14.3						
累计改造公厕总数		326										
占农村总户数（%）		7.5										

2002 年，六枝特区开展争创省级卫生城市活动，成立灭鼠领导小组。

2003—2011 年，六枝城区每年组织春、秋两季开展大面积灭鼠活动，采取环境治理和化学防治相结合，坚持科学用药、合理用药，不使用国家明令禁止的药物，春、秋两季大面积的投药覆盖率均达到 95% 以上。经鼠密度监测均低于 3%。对特殊行业的灭鼠工作，由卫生监督所负责灭鼠药物的放发及监督检查防鼠设施的建设，规范安装防鼠门、防鼠窗。

7. 创建省级卫生县城。1999 年起，特区就成立了由政府区长任指挥长，党委、人大、政协有关领导任副指挥长，有关部门任成员的“创建文明卫生城市工作指挥部”。下设工作机构常抓创建文明卫生城市（简称“创卫”）工作。2002 年，机构调整，爱卫办及工作职责下划到卫生局，创建省级卫生城市工作办公室设在卫生局，人员由相关单位抽人组成，主要负责创卫工作总体安排、协调、督促检查 。2004 年，六枝特区成功荣获省级卫生县城称号。2007 年，省爱卫办组织专家对六枝卫生县城工作进行复审，顺利通过复审，保持省级卫生县城荣誉。2011 年，省爱卫办组织专家再次对六枝卫生县城工作进行复审，未能通过省级卫生县城复审。

第十节　医学教育

1983 年，在省、市教育、卫生部门的支持下，六枝特区卫生学校组建，校址在特区人民医院旁。面向社会考试招收了第一期两年制医士专业学员 54 名，学校聘请了特区人民医院、卫生防疫站等单位有经验的人员授课，开设解剖、生理、生化、病理及内、外、妇、儿等课程。理论学习结束后，到市医院、矿务局总医院、特区人民医院实习。1986 年，毕业生部分分到医疗卫生部门工作，部分自行开业。1987 年 7 月，面向社会招收两年制医士专业学生 50 名。

1988 年 7 月，经市政府批准，六枝特区卫生学校更名为“特区卫生职业技术学校”，同年招收了 3 年制医士专业学生 50 名。1990 年，特区预防保健中心招收了三年制医士专业学生 70 名，护士专业学生 72 名，以后每年均面向社会招生。这些学生毕业后，大部分在农村从事医疗卫生工作，成为六枝特区卫生事业的重要力量。

1996 年，特区卫生职业技术学校搬至那平路办学，新校舍占地面积 3.8 亩，教学用房 174 平方米。共培养了德才兼备、适用型的合格卫生人才 636 名，使全区乡村医生中专水平达标率为 89.37%。2002 年 7 月，经省卫生厅组织评估验收达标。2003 年 8 月，特区卫生职业技术学校并入特区职业技术学校。

第二章　医药

第一节　药品生产

1979 年，六枝矿务局医院附属药厂正式建成，更名为“六枝大华制药厂”，后成立“六枝工矿（集团）大华药业有限公司”，2009 年更名贵州大华制药有限公司。2002 年，贵州省六枝特区宏奇制药有限公司成立，该公司投资 2500 万元建成，注册资本金 1000 万元，能进行胶囊剂、片剂、颗粒剂、酊剂 4 个中西药制剂的生产和中药材的提取。产品有“复方吲哚美辛酊”（原名舒夫特）、“三鞭胶囊”“葛芪胶囊”“岑暴红止咳胶囊”“良姜胃疡胶囊”“复方氨酚烷胺感冒片”“芪斛楂颗粒”“妇炎净片”“妇科止带胶囊”等 11 个品种。

贵州大华制药有限公司简介

贵州大华制药有限公司，前身为六枝矿务局职工医院制剂室，1982 年与医院分离成立六枝大华制药厂。1999 年，六枝矿务局政策性破产重组，2001 年，六枝大华制药厂更名为“六枝工矿（集团）大华药业有限公司”，是六枝工矿（集团）有限责任公司的全资子公司，省属企业。

公司占地面积约 80000 平方米。建筑面积 26660 平方米，总资产达 5000 余万元，公司注册资金 2552 万元。有 6 个生产车间，111 个中、西药品批准文号。（其中国家基本药物有 49 个）已发展成集输液（大容量注射剂）、针剂（小容量注射剂）、片剂、胶囊剂、颗粒剂、散剂、膜剂七大剂型为一体的综合性国有制药企业。各剂型年生产能力为：输液 500ml、250ml 及 100ml 共计 6000 万瓶，口服固体制剂 5 亿片（粒）/ 年，针剂 2 亿支，膜剂 400 万盒，是贵州省的医药骨干企业之一。2005年，完成产值（现行价）6511万元，2006年完成产值（现行价）7393万元。

公司始终坚持以质量为本，按GMP要求管理生产、质量，产品行销全国各地，10%葡萄糖注射液曾于贵州省医药行业1983年、1984年两年举行的评比中获得第一名，1989年，被评为贵州省优质产品。2002年元月，鱼腥草注射液再次被评为贵州省优质产品，速效止泻胶囊是公司自主开发的治疗细菌性痢疾及肠炎的药品，妇科良药博性康药膜1994年在泰国“贵州工业产品博览会”上获得“最佳精品奖”，1999年被评为贵州省名牌产品。现远销沿海各地，出口缅甸等国。

2000年，公司一次性通过了大容量注射剂（输液一车间）、小容量注射剂（含中药前处理提取）车间的GMP认证。2002年7月输液二车间再次通过GMP认证。2003年口服固体制剂、外用制剂及小容量注射剂（抗肿瘤类）通过GMP认证。2006年1月输液一车间及针剂车间再次通过GMP复认证，2008年公司所有剂型通过了GMP认证。

2009年底，公司被贵州圣济堂医药有限公司收购，更名为“贵州大华制药有限公司”。

贵州省六枝特区宏奇制药有限公司简介

2002年，贵州省六枝特区宏奇制药有限公司建成，投资2500万元。2003年2月通过CMP论证、2008年6月通过GMP再论证。总资产3390万元，负债率为63%。自2003年投产以来，销售收入和上交税金逐年递增，每年上交税金均在300万元以上，至2011年累计上交税金3000多万元。

公司有员工409名，其中高级技术人员4名，中级技术人员28名，具有大专学历者达80%以上。有生产工人31名，生产辅助工8人，质量监控人员9名，生产管理人员11人。公司在全国设有销售联络处68个，销售人员325名。

公司自成立以来，先后开发了酊剂、片剂、胶囊剂、颗粒剂等四个剂型14个品种。生产的品种有复方吲哚美辛酊（舒肤特）、良姜胃疡胶囊（苗药）、三鞭胶囊、葛芪胶囊、芩暴红止咳胶囊、复方氨酚烷胺片、芪斛楂颗粒、无糖芪斛楂颗粒、妇科止带胶囊等11个品种，其中复方吲哚美辛酊、三鞭胶囊、良姜胃疡胶囊、芪斛楂颗粒，已取得国家专利证书，为宏奇公司独家生产的品种。

公司年均投入资金进行新产品及良姜胃疡胶囊、芪斛楂颗粒等现有产品的开发研究工作。公司和北京阜康仁生物制药科技有限公司、北京华禧联合科技发展公司、贵阳中医学院、四川大学等科研院所建立长期的科研合作关系。已获国家专利10项。其中发明专利6项，外观专利3项，实用新型专利1项。公司一直把皮肤病用药的研究和开发放在企业发展的突出位置，自主开发上市的“复方吲哚美辛酊”以其独特的疗效而饮誉全国。为实现企业的可持续发展，产品的更新换代，公司决定与四川大学合作，在全国率先仿制研究一种具有巨大市场潜力的品种—非激素类局部免疫调节剂—他克莫司软膏。该药是目前市场上其他药物不能治愈的皮肤病的最后选择药物。目前仅有美国诺华制药公司生产，本品已成为各主流医院临床一线皮肤科外用首选药物。此项目投资1380万元，目前已完成了小试、中试、放大试验，并上报国家食品药品监督管理局审批，该产品的投产后将会带来上亿元的销售收入，为公司上市创造了坚实的条件。

公司本着“药材好，药才好”的理念，自2010年起建立以党参为主的药材生产基地，继野生“地乌泡藤”驯化栽培成功。党参、丹参、地乌泡藤药材生产基地正在建设中，目前已建成药材基地2513亩。

公司目前各管理部门基本实现电脑化管理，内部网络已建成投入使用，并已开发出了一套独特的销售管理和财务管理系统软件，相关部门能够随时掌握货物流向、市场动态及资金回笼状况，以便及时处理内外部出现的各类问题，加强了内外部信息的传递与反馈，进一步完善了公司的营销管理工作。此套管理系统使公司的人力、物力、财力等方面得以严格而有效的监管，加速了人流、物流、资金流、信息流的传递，大大提高了工作效率，严格的现代管理机制为庞大的销售网络提供了一流的售后服务体系。现在，公司运用 Internet 资源优势提出建立公司自己的“广域信息网络系统”，将计算机管理终端设置到各省、市的联络站，为公司实现远程管理提供保障。

2011 年，公司为了响应省委、省政府工业强省的精神，响应六枝特区政府“退城进园”的号召，投资 10526 万元，在六枝木岗工业园索考轻工业园区征地约 76 亩，进行异地扩建技改。该项目完成后，公司不但原有的颗粒剂、酊剂、片剂、胶囊剂等产品的生产能力翻翻（即颗粒剂的年生产能力达到 4800 万袋，酊剂的年生产能力达到 6 亿毫升，片剂的生产能力达到 2 亿片，胶囊剂的生产能力达到 6 亿粒），并且还新增加一条年生产能力 1000 万支的软膏剂生产线和一条年产中药饮片 5000 吨的生产线。技改后公司具有一流的生产设备和质检实施，按照“ 一头四尾” 的模式，在前处理工段， 配置的设备包括了捡选、洗涤、切药、干燥、粉碎、提取、浓缩、醇沉、酒精回收及喷雾干燥等中药前处理精制设备， 其中配置的喷雾干燥设备是贵州省内为数不多、应用较为成功的几台设备之一。在制剂工段 ， 配置的设备包括了粉碎、湿法制粒、喷雾干燥制粒、全自动胶囊填充、高速压片、颗粒包装等工艺设备。在包装工段 ， 配置的设备包括了打码机 、喷码机、全自动枕式包装机、热缩膜包装机、打包机等包装设备。拥有高效液相色谱仪、气相色谱仪、可见光分光光度计、原子吸收分光光度计等先进质检设备，完全能够满足原辅料、包装材料、半成品、成品的检验，为药品安全提供了可靠的保证条件。技改后的药厂还配套了先进的排污设备、消防设备、中央空调设备，实现清洁生产、标准化生产，为国家 GMP 认证提供可靠保证。

异地技改项目一期工程于 2011 年 8 月 12 日正式开工，到目前为止已完成场地平整、办公质检楼、倒班房、综合制剂车间、前处理提取车间、配电房、锅炉房、厂区道路铺设、挡墙施工、河道修复等主体工程。现在正在进行室内装修、设备安装和厂区绿化阶段，本月初完成洁净区的装修后即可进行试生产，截至 2011 年底，已完成技改投资 6526 万元，二期工程中药饮片生产线等正在进行前期工作。

2004 年以来，公司连续被评为六盘水市非公所有制先进企业，董事长王海波被评为六盘水市“优秀民营企业家”，同时被选为六盘水市人大代表。2008 年被授予贵州省民营企业“创业之星”的光荣称号。2011 年被市委、市政府评为明星企业。

第二节　药品监督管理

一、监督管理机构

1987 年 7 月，六枝特区成立“药品监督检验所”，为六枝特区卫生局直属管理的股级事业单位。2002 年，特区药检所更名为“六枝特区药监局”，升格为正科级行政单位。根据国务院文件精神，实行垂直管理。2010 年机构改革，特区卫生局、特区食品药品监督管理局合并成立“六枝特区卫生和食品药品监督管理局”。

二、2001—2011 年监督管理工作

2001 年 2 月 1 日，开始实施新修订的《中华人民共和国药品管理法》。开办药品生产企业及批发企业由省级药监部门审批，零售药店由市级药监部门批准。药品准入条件提高。淘汰了一批规模小、管理不规范、人员及设施不符合要求的药店。药品企业向规模化、规范化转变。境内有药品生产企业 2 家，药品批发企业 2 家，药品零售连锁企业 2 家，药品中转（配送）库 1 家，药品零售药店及零售连锁门店 128 家。2002 年，六枝特区药品监督管理局成立，开始组织换发“药品经营企业许可证”。78 家零售药店通过换证。2003 年，2 家药品生产企业共 11 条生产线通过 GMP 认证；1 家药品批发企业及 1 家药品零售企业（含 7 个门店）通过 GSP 认证。2003 年，启动药品“两网”建设工作。加强对乡（镇）卫生院药房及库房的指导和扶持，开展乡（镇）卫生院统一代购药品试点，鼓励药品经营企业向乡（镇）延伸。2004 年，制定了《六枝特区农村药品“两网”建设实施方案》，聘请乡（镇）及村级药品信息员 75 名，统一代购药品的乡（镇）卫生院有 12 个，代购覆盖的村共 154 个，覆盖率达 70%。2007 年 6 月 8 日，派驻 3 名药学人员进驻六枝工矿（集团）大华药业有限公司，对静脉用药的高风险产品实施驻厂监督。2008 年，按照《六盘水市药品零售企业安全信用等级评定标准》对 69 家零售药店开展现场评定。其中，评定为 A 级的 28 家，B 级 33 家，C 级 3 家，D 级 5 家。2007 年以来，国家食品药品监管局分三期建立了全国统一的药品电子监管网络。10 月，境内分期将血液制品、疫苗、中药注射剂、二类精神药品、国家基本药物目录 307 种基本药物及含麻黄碱复方制剂纳入药品电子监管。2008 年 11 月，2 家药品批发已按规定入网，配备条码扫描设备，对赋有药品电子监管的药品进行扫码上传至中国药品电子监管网系统，做到核注、核销。对集贸市场、农村药品市场重点环节的整治，加强血液制品、疫苗、中药饮片、精麻药品及含特殊药品复方制剂、非法添加、非药品冒充药品等重点品种的监管。

2002—2011 年，共出动执法车辆 2397 车（次），执法人员 7865 人（次），检查涉药单位 3564 家（次），查获、销毁伪劣药品 2054 批（次），价值 12.86 万元。立案 145 起，罚款 30.38 万元。

六枝特区 2002—2011 年药品监督工作情况统计

表 15-2-1

年　度	车　次	人　次	家　次	查获非法产品（批次）	非法产品货值金额（元）	立案（起）	罚款金额（元）
2002	120	458	296	107	9000 元	65	51032.98
2003	157	446	390	1250	38779	26	50550
2004	142	328	398	395	3779	14	28582.6
2007	354	1186	346	36	15957.84	15	32776.84
2008	369	1467	452		4303	7	13704.3
2009	356	800	178	14	16796	9	45052
2010	369	878	369	120	20000（含监销）	3	15096
2011	210	1322	520	86	15000	3	26984

1998—2001 年，原六枝特区药品检验所开展药品性状、鉴别、装量、水分、显微、可见异物等常规检验。2002 年，六枝特区药品监督管理局成立后，根据上级部门的抽验计划抽检后送六盘水市药品检验所检验。

六枝特区 2002—2011 年药品检验结果表

表 15-2-2

年　度	抽检件数	检验结果	
		合格件数	不合格率（%）
2002	100	88	12
2003	100	93	7
2004	100	95	5
2007	102	92	9.8
2008	120	106	11.7
2009	80	75	6.3
2010	62	60	3.2
2011	80	80	0

第三章　体育

1993 年 8 月，体育运动委员会与文化局、广播电视局合并称“文体广播电视局”，设体育股。1995 年 5 月，机构改革，成立体育局，编制 4 人。2002 年 5 月，机构改革，体育局、文化局、广播电视局合并称“文体广播电视局”，设体育股。

第一节　运动场地

一、六枝特区体育场

六枝特区体育场于 1992 年建成，位于六枝一中后面。占地面积 1.75 万平方米，建筑面积 1710 平方米，场地面积 1.45 万平方米。投资金额 18 万元。内设 400 米标准跑道 8 条，青草地标准足球场，可供田径、足球等比赛。

二、六枝特区游泳池

六枝特区游泳池建成于 1994 年，长 50 米，宽 20 米，8 个泳道，分深水区和浅水区，设男女更衣室，并建有儿童游泳池。2001 年，特区政府将体育场和游泳池划归特区一中管理和使用。

三、固定看台灯光球场

六枝特区灯光球场建于 1982 年。占地面积 2140 平方米，建筑面积 2040 平方米，场地面积 828 平方米，可容纳观众 4500 人，属文体广播电视局管理。

四、乡（镇）居民体育健身工程

2006—2011 年，六枝特区共实施了 4 个乡（镇）的农民体育健身工程，78 个村级农民体育健身工程，14 个路劲工程。

第二节　群众体育

六枝特区群众体育活动，有少数民族的传统体育活动，如掷石块等。以学校为中心的体育活动如田径、篮球、乒乓球等。1996 年，开展全民健身运动以来，常年坚持体育锻炼的人数达 10 万余人。

一、学校体育

1983 年 12 月，国家体委与国家教育部联合颁发体育传统项目学校试行办法。1989 年 9 月，境内的一中、三中挂牌为省级体育传统学校。1994 年 9 月煤机子校挂牌为省级体育传统学校。一中、三中相继于 1994 年、1998 年被取消，只保留煤机子校为省级体育传统学校。

1983 年，六盘水市首届中学生运动会在水城特区举行，六枝特区获田径团体总分第一名，并相继获第二届、第三届田径团体总分第一名。

1987 年 5 月，在长沙举行全国 9 省 10 体校田径比赛，六枝的戴有芳获标枪（7000 克、64.48 米的成绩）第一名。

1991 年 5 月，在贵阳举行 14 省（区、市）体校协作区田径赛，六枝的刘燕获女子跳高 1.66 米的成绩第一名。

1995—1999 年，特区体育局、教育局均联合举办中学生田径运动会。2000 年组团到六盘水市参加全市中学生运动会，取得良好成绩。

2005 年，一中、三中、煤机厂子校分别举办第三十二届、二十二届、二十届田径运动会。

2006—2011 年，学校体育工作有序推进，中心城区各中小学每年按时举办校运会，各乡（镇）中心校常年坚持举办各类体育活动。

二、职工体育

（一）参加全国职工运动会各单项比赛

1987 年 4 月，福州举行全国象棋团体赛，陈义兰获女子组象棋团体第十名。

1988 年 9 月，唐山举行煤炭部第二届棋类比赛，张增元获男子组第十三名。

（二）参加贵州省职工运动会

1984 年 9 月，贵州省举行第二届职工运动会，刘铁分别获男子跳远（6.22 米）第五名、三级跳远（13.89 米）第一名。

（三）参加六盘水市历届职工运动会各单项比赛

1984 年 6 月，六盘水市首届职工运动会在水城特区举行。六枝特区获象棋团体第一名，刘铁获男子 200 米、跳远、三级跳远 3 个项目的第一名。1990 年，六枝特区组男、女篮球队参加全市职工运动会，女篮获第一名，男篮获第二名。2000 年，特区体育局举办“信合杯”篮球比赛，邀请周边县区参与活动。2004 年，六枝特区代表队参加在水城县举行全市教职工篮球比赛，六枝特区获第一名。2005 年，六枝特区代表队参加六盘水市举行“安康杯”篮球赛，六枝特区获第三名。2011 年、六盘水市举行凉都·六盘水消夏文化节篮球赛，六枝特区获第二名。

三、农村体育

1988 年 4 月，贵阳举行贵州省参加全国首届农民运动会选拔赛，六枝获 1 个单项第一名、1 个单项第五名、2 个单项第六名。

农村体育先进单位（中寨乡）简介：

1982 年，中寨区毛志远等 4 人入选贵州省代表队，参加在内蒙古举行的全国第二届少数民族体育运动会。1988 年，中寨区获六盘水市体育先进单位，同时获贵州省体育先进区（镇）称号。1996 年，中寨乡获全省体育先进单位称号。1997 年，吕阳益在全国运动会上（上海）被评为全国群众体育先进个人称号。1998 年，中寨乡获全国亿万农民健身活动先进乡（镇）。2009 年，参加贵州省农民运动会 12 人龙舟比赛获第六名。

四、老年人体育

老年人体育活动项目有门球、乒乓球、羽毛球、中国象棋、围棋、桥牌、麻将、扑克、气功、太极拳、保健操、健身舞蹈等。境内各乡镇均有老年人体育活动场地，中心城区有门球场 4 个、棋牌室 3 个、健身房 4 个、老年活动室 10 个、广场 2 个。1992 年 6 月，参加贵州省老年比赛在六盘水举行三省（云南、广西、贵州）八地（州、市）老年门球、桥牌赛，六枝特区获第四名。1994 年，贵阳举行贵州省老年门球赛，六枝特区老年门球队代表六盘水市参赛获第三名。1985 年 4 月 22 日，参加六盘水市第二届老年人运动会在钟山区举行的比赛，张金湘获 3000 米、5000 米两项第一名。1994 年，六盘水举行门球赛，六枝特区老年门球队获第一名。1996 年 3 月，六盘水市老年门球赛在水城县举行，六枝特区代表队获团体总分第一名。2008 年，六枝特区举办二市八县老年门球赛，六枝特区获男子组第二名。

五、残疾人体育

1984年5月，六盘水市举行第一届残疾人运动会，六枝特区残疾人运动员获3个单项第一名，5个单项第二名，团体总分第一名。1998年，全国残疾人锦标赛暨第七届远南选拔赛，冯邦云入选贵州代表队参加比赛，获举重第三名。

六、全民健身运动

1995年6月，国务院正式颁发《全民健身计划纲要》。是年10月，六枝特区成立全民健身计划指导委员会，第一届主任由人大常委会主任沈福康担任。1998年6月，举办少年接力赛，健身操表演。2002年6月，举办职工拔河、篮球、象棋、围棋比赛等。2008年8月，举办迎奥运全民健身运动。

第三节 竞技运动

一、参加全国锦标赛

1984年4月，西安举行全国象棋团体锦标赛，陈义兰获女子团体第七名。1985年8月，贵阳举行全国少年女子象棋比赛，陈义兰获第六名。1986年4月，邯郸举行全国象棋团体锦标赛，陈义兰获女子团体第八名。1987年4月，福州举行全国象棋团体赛，陈义兰获女子团体第十名。1995年8月，兰州举行象棋冠军赛，陈义兰获女子团体第二名，个人第四名。1996年10月，上海举行全国第三届农运会，陈义兰获女子团体第三名。1997年，全国第八届运动会预赛，刘燕取得决赛资格，同年10月，云南举行全国农运会年度赛，陈义兰获女子象棋个人第八名。

二、承办全国（含片区）比赛

1989年，六枝承办全国篮球甲级队表演赛，参赛队有上海、四川、广东、湖北、陕西等省市代表队。1992年，承办全省小学生足球运动会。1993年，承办贵州省小学生田径运动会。1997年，承办贵州省迎香港回归象棋、围棋大赛。2000年，承办全市教职工篮球运动会。2002年，承办“友谊杯”篮球赛。2005年，承办全市纪检系统篮球赛。

第十六篇　文化　旅游

第一章　文化

1978年，中共十一届三中全会后，六枝特区党委、政府重视发展文化事业。恢复和组建各级文化机构，并逐年增加资金投入，不断完善文化基础设施建设。文化主管部门组织、指导开展各类群众文化活动；督促、检查并完成各项社会文化工作，加速全区文化事业的建设和发展。

第一节　机构与设施

一、管理机构

1978年，六枝特区革命委员会改科教办公室为文教办公室。1981年，撤文教办公室，文化工作由中共六枝特区委宣传部管理。1984年2月，六枝特区广播电视局改为“六枝特区文化广播电视局”。5月，恢复“六枝特区广播电视局”，另建“六枝特区文化局”，定编5人。下设单位有特区文化馆、图书馆、新华书店、电影公司及各区（镇）文化站。1990年，增设文化稽查队。1993年9月，文化局与体育局、广播电视局合并为“六枝特区文化体育广播电视局”。1995年4月，又将文化、体育、广播电视三家分设，重新恢复建立六枝特区文化局，下属单位仍为原文化系统各单位。1998年，六枝特区梭戛苗族生态博物馆成立。2002年5月，文化局、体育局、广播电视局合并为“六枝特区文体广播电视局”。下属单位有文化馆、图书馆、电影公司、广播站、电视台、电视转播台，代管新华书店。2010年，撤销广播站、电视台，分别成立六枝特区广播电视台、六枝特区网络分公司（属贵州省广播信息网络股份有限公司）。2010年5月，六枝特区旅游局与“六枝特区文体广播电视局”合并成立“六枝特区文体广电旅游局”，增设旅游股，负责管理旅游工作相关事宜。2011年，六枝特区文体广电旅游局内设股室有：办公室、文化股、体育股、广播电视股、旅游股，局机关在职人员14人。文化体育广播电视稽查队为参公单位，定编6人。文化事业单位有文物管理所、文化馆、图书馆。19个乡（镇）设文化服务中心，有事业编制人员共计60人。

二、基础设施建设

（一）六枝特区文化馆

1970年，郎岱县和六枝特区合并为六枝特区后，改称为“六枝特区文化馆”。1988年，建馆舍于六枝城中心区（相邻原电影院）。建筑总面积1984平方米，五层砖混结构。2003年，因旧城改造，馆舍拆除。2005年，新建馆舍于现健康路九头山文化公园旁，占地面积1520平方米，使用面积1512平方米，馆舍为独立建设。属于财政全额拨款，公益性文化事业单位，领导职数1正1副，现有编制10人，10个专业技术人员（含1个馆长，1个副馆长）。

1. 免费开放便民措施：对室内外场馆、设施、设备、公益性培训等向广大群众免费开放。设咨询、报纸杂志阅览、下载、查阅、展览、茶水、部分体育项目、文艺节目或演出的策划、组织、辅导、表演等服务。对残疾人、农民工、农民工子女及社会弱势群体等提供更为方便的文化服务。

2. 工作职能：组织群众积极参与文化活动；开展群众文艺创作、培养文娱骨干、举办美术、摄影等艺术展览，指导各乡（镇）、社区文艺文化工作。以各类文娱活动向广大群众宣传党的方针政策；普及科学、文化、教育、卫生知识；对基层文化组织进行辅导；收集、整理民族民间文化遗产。

（二）六枝特区图书馆

六枝特区图书馆是公益性文化事业单位，为人民群众提供文化服务。

六枝特区图书馆位于六枝特区那平路58号，始建于1979年。2000年，新馆建成并开馆。新增建筑总面积为1506平方米。有工作人员9名，大专以上学历8人，占全馆总人数88%。拥有阅览座席共计205个，计算机52台，电子借阅机3台，总馆藏量为8万余册，文献入藏每年4000多种，报刊每年240多种，电子文献藏量为1万多种， 视听文献每年入藏40种，地方文献每年入藏30多册，并有专柜专架，独立的目录和专人管理，数字资源总量为4.704TB，选用图书馆集群管理系统。

六枝特区图书馆开设有报纸阅览室、期刊阅览室、中文图书阅览室、电子阅览室、少儿阅览室。平均每天接待读者150余人（次），年接待各类读者6万余人，外借图书5万多册。在特区总工会、六枝特区武警中队、六枝特区消防大队、六盘水市戒毒所、六枝特区党政办、老年大学、文化路社区、团结路社区等地开办图书服务点13个。2007—2015年，共组建了19个乡（镇）图书室和223个农家书屋，开展送文化下乡活动，送出图书15277册。

2008年，贵州省文化厅与六枝特区人民政府签定成立文化信息资源共享工程六枝特区县级支中心。开通了贵州省数字图书馆服务功能，实施网络化管理。

（三）六枝特区新华书店

1980年，贵州省新华书店六枝特区支店设那克中心门市，下设郎岱、岩脚、六枝、平寨、木岗5个门市。共有专管人员23人，固定资产20.75万元，房屋建筑面积1190平方米。1983年，六枝特区支店被评为省级先进单位，3名干部评为先进工作者。1988年，投资28.93万元，在城中心区建成5层综合大楼。建筑面积1250平方米，1楼面街设中心门市。1988年1月—1990年12月，六枝特区支店实行第一轮承包制以开创新的营业局面。六盘水市新华书店为发包方，六枝支店为承包方，根据“包死基数，确保上交，超收多留，欠收自补”的原则，将各项经营指标按责、权、利相结合的要求，采用多种正当形式，落实经营指标到部门和个人。两年中，完成销售总金额435.42万元，达承包指标的133%，完成年存周转4.06次，定额流动资金周转4.3次。1991年初，存书种类比例计为：社会科学类8.48%，文化教育类32.5%，文艺类25.88%，科学技术类11.48%，少儿读物类5.13%，图片类（含年画）13.65%，课本类2.78%，非图书商品类0.27%，结构相对合理。经营方式和业务管理，日趋多样化和科学化。1992年后，市场经济、放开市场。新华书店作为国有企业发行的六枝特区新华书店，承担全区中，小学（高中）教材教辅征订发行供应工作。几十年来，确保了全区中小学生教材课本“课前到书、人手一册”。2011年，为更加进一步使全区广大读者提供舒适、和谐的购书和阅读环境，营造一个良好的文化气息和学习氛围，满足读者需求，充分发挥新华书店国有企业文化宣传图书发行主渠道窗口作用，促进区内文化大发展大繁荣，提高全民阅读，实现最大的社会效益和经济效益，经上级主管部门（贵州省省出版集团公司和贵州省省新华书店集团公司）批准，报六枝特区宣传部和六枝特区文体广电旅游局同意，门市停业修建，新华书店团结路综合楼开始与开发商拆建开发，一般图书处于暂停营业状态。

（四）六枝特区文物管理所

六枝特区文物管理所成立于2004年6月，属特区文体广播电视局下属全额拨款事业单位，编制数3个。宗旨和业务范围是：宣传贯彻《中华人民共和国文物保护法》及相关法律法规，开展文物保护管理，负责文物收集与研究，收藏和保存文物及标本，举办文物展览，负责境内的考古调查工作等。同时负责全区的非物质文化遗产保护管理工作，并按相关法律法规和特区人民政府及上级业务主管部门的要求，开展区境内的文物和非物质文化遗产保护传承工作。

截至2011年12月，全区共成功申报了牛场乡安健墓、新场乡懒龙河彝文摩崖石刻、六枝桃花洞古人类遗址等3处省级文物保护单位。成功申报了郎岱李伯平故居、郎岱木城碑、郎岱孙清彦墓、六枝肖家洞古人类遗址、岩脚龚氏旧宅、岩脚三合桥等6个市级文物保护单位。成功申报县级文物保护单位32处。配合参与境内文物考古发掘2次，举办文物展览2次。维修省级文物保护单位2处（牛场乡安健墓、六枝桃花洞古人类遗址），市级文物保护单位2处（郎岱孙清彦墓、岩脚龚氏旧宅），县级文物单位1处（郎岱邹家大院），未定级文物保护单位1处（岩脚龙幼安旧宅）。

成功申报国家级非物质文化遗产代表性名录1项（梭戛苗族彩色服饰技艺），省级非物质文化遗产代表性名录4项（梭戛高兴村苗族文化空间、梭戛苗族三眼箫演奏技艺、落别布依族姊妹箫演奏技艺，关寨镇居都仡佬族“吃新节”）市级非物质文化遗产代表性名录19项，县级非物质文化遗产代表性名录22项。

（五）乡镇文化服务中心

全区19个乡（镇）均组建了科教文化服务中心。人员经费列入乡级财政支出预算。全区建有平寨、龙场、新窑、陇脚 4 个乡（镇）图书室。大部分图书是国家送书下乡工程和市图书馆赠送，有部分图书为个人捐赠和乡（镇）自己购置。2008 年，新建折溪乡文化站。2010 年，启动平寨镇、洒志乡、新华乡、毛口乡 4 个乡（镇）综合文化站建设。

第二节　非物质文化遗产的抢救与保护

2007 年，六枝特区第三次开展文化遗产普查工作，共收集到全区范围内的非物质文化遗产项目线索 16 类 132 项，重点普查项目 17 项。第一批区级名录项目 8 个，即：《梭戛箐苗社区文化空间》《居都仡佬族祭树仪式》《新窑四印苗服饰制作工艺》《新窑四印苗花棍舞》《新场乌柳歪梳苗服饰制作工艺》《新场乌柳花背苗服饰制作工艺》《月亮河布依族服饰制作工艺》《月亮河布依族民间文学》。随后，这 8 个项目也被市人民政府公布为第一批市级非物质文化遗产名录项目。

2007 年，六枝特区文化部门申报的《梭戛箐苗彩色服饰艺术》被国务院、省人民政府分别公布为第二批国家级、省级民间文化（非物质文化遗产名录项目）。上报的《布依族六月六》《折溪地戏》《中寨彝族铃铛舞》《梭戛箐苗彩色服饰艺术》被市人民政府公布为第二批市级非物质文化遗产名录项目。

2009 年，六枝特区文化部门积极向省、市业务部门争取了 4 万元项目申报经费，开展了非物质文化遗产名录项目的申报工作。2010 年，开展了第三批国家级、省级非物质文化遗产名录项目的申报工作。共申报 4 个项目，其中，《居都仡佬族吃新节》《梭戛苗族三眼箫音乐艺术》《落别布依族姊妹箫音乐艺术》3 个项目已被省人民政府公布为第三批省级名录项目。省文化厅将《居都仡佬族吃新节》《梭戛苗族三眼箫音乐艺术》向文化部推荐申报为第三批国家级民族、民间文化（非物质文化遗产名录项目）。

第三节　文物普查与文物保护

六枝特区境内出土的文物有桃花洞内出土磨制石斧 1 件，骨锥 2 件，打击骨器 17 件，穿空蚌器和螺壳 2 件，石核 32 件，石片、石钻、石锤 20 件，店子洞内发现一批古人类石制工具和动物化石。由于六枝特区没有传统博物馆和文物库房，不具备收藏条件，出土文物全部由省博物馆和省文物考古研究所收藏和管理。

六枝特区现有馆藏文物 10 件，1 件（铜釜）由特区档案馆收藏和管理，梭戛生态博物馆收藏了 9 件苗族文物，其中二级文物 1 件，三级文物 8 件。

六枝特区境内不可移动文物有省级文物保护单位 3 处，市级文物保护单位 6 处，县级文物保护单位 33 处。2007—2011 年，完成了普查任务。此次普查全区共登录不可移动文物 247 处，其中，复查 76 处（包括消失文物 4 处），新发现 171 处。复查的不可移动文物包括古遗址 28 处（消失古遗址 2 处）、古墓葬 11 处（消失古墓葬 1 处）、古建筑 19 处（消失古建筑 1 处）、石窟寺及石刻 11 处、近现代重要史迹及代表性建筑 7 处，其他类 1 处；新发现的不可移动文物包括了古遗址 35 处、古墓葬 15 处、古建筑 56 处、石窟寺及石刻 6 处、近现代重要史迹及代表性建筑 59 处。其中：省级保护 3 处，市级保护 5 处，县级保护 31 处。

“三普”不可移动文物名单表

表 16-1-1

编号（520203-）	名称	年代	类型	类别	复查/新发现	地址	面积（m²）	保存状况	保护单位
0003	田家大院	中华民国	近现代重要史迹及代表性建筑	传统民居	新发现	岩脚镇太和村田家寨	560	一般	县保
0004	岩脚龚氏旧宅	清光绪十一年（1885）	古建筑	宅第民居	复查	岩脚镇迴龙溪社区（距镇政府西北面200米）	192	好	市保
0005	施家大院	中华民国	近现代重要史迹及代表性建筑	传统民居	新发现	岩脚镇木贡村老纸厂半山腰	640	较好	县保
0008	岩泉石刻	1923 年	石窟寺及石刻	其他近现代重要史迹及代表性建筑	复查	岩脚镇迴龙溪社区小屯脚挑水河左侧	6	较好	县保
0009	永昌盐号旧址	清末	近现代重要史迹及代表性建筑	店铺作坊	新发现	岩脚镇迴龙溪社区新华路 54 号	340	一般	县保
0010	三和桥	清代	古建筑	桥涵码头	复查	岩脚镇迴龙溪社区下节街挑水河上	110	较好	市保
0014	三家寨高桥	清代	古建筑	桥涵码头	复查	岩脚镇高桥村三家寨南 1 公里	133	较好	县保
0015	岩脚二道水桥	清代	古建筑	桥涵码头	复查	岩脚镇高桥村二道水寨岩脚河上	180	一般	县保
0018	福德桥	明嘉靖二十三年（1544）	古建筑	桥涵码头	复查	岩脚镇羊场村羊场街羊场河上	108	较好	县保
0019	三官庙	清代	古建筑	坛庙祠堂	复查	岩脚镇迴龙溪社区文化路 72 号	160	一般	县保
0020	羊场墓地	明代	古墓葬	普通墓葬	复查	岩脚镇羊场村跑马场东侧 500 米	5	一般	县保
0023	木贡大桥	清代	古建筑	桥涵码头	新发现	岩脚镇木贡村木贡寨前约 200 米	60	较好	县保
0024	六枝特区桃花洞遗址	旧石器时代	古遗址	洞穴址	复查	平寨镇公园路社区桃花公园中桃花山北麓	1600	较好	省保
0025	六枝万寿宫	清嘉庆三年（1799）	古建筑	驿站会所	复查	平寨镇六枝村红旗路 21 号	106	较差	县保
0027	郎岱万寿宫	清乾隆三十年（1765）	古建筑	驿站会所	复查	郎岱镇驿陇村场坝上	900	差	县保

续表

编 号（520203-）	名 称	年 代	类 型	类 别	复查/新发现	地 址	面积（㎡）	保存状况	保护单位
0028	郎岱观音阁	清代	古建筑	坛庙祠堂	复查	郎岱镇驿陇村西街距镇政府东南 1 公里	275	较好	县保
0029	郎岱城址	清代	古遗址	城址	复查	郎岱镇后营村距镇政府 100 米	100	差	县保
0030	郎岱木城碑	清同治九年（1870）	石窟寺及石刻	碑刻	复查	郎岱镇木城社区书院路原郎岱镇政府门口	35	较差	市保
0031	龙神祠	清道光十九年（1839）	古建筑	坛庙祠堂	复查	郎岱镇木城社区红旗路	680	较差	县保
0032	郎岱东山寺	清光绪元年（1875）	古建筑	坛庙祠堂	复查	郎岱镇青菜塘村距郎岱镇东 1 公里	1000	差	县保
0033	文峰塔	清光绪四年（1878）	古建筑	其他古建筑	复查	郎岱镇青菜塘村距郎岱镇东 1 公里	70	一般	县保
0034	孙清彦墓	中华民国	古墓葬	名人墓	复查	郎岱镇坝子村姑娘寨距镇政府西 3 公里	20	较好	市保
0035	岩疆锁钥摩崖	清同治十年（1871）	石窟寺及石刻	摩崖石刻	复查	郎岱镇上寨村打铁寨公路旁的半山上	20	一般	县保
0036	打铁关驿道遗址	清雍正六年（1728）	古遗址	驿站古道遗址	复查	郎岱镇上寨村西南 100 米	650	较差	县保
0037	周家大院	清光绪三十一年（1906）	古建筑	宅第民居	复查	郎岱镇驿陇村西街距镇政府东南 1 公里	165	较好	县保
0038	李伯平故居	中华民国	近现代重要史迹及代表性建筑	名人故、旧居	复查	郎岱镇木城社区胜利街红旗路距二小 50 米	110	一般	市保
0050	懒龙桥摩崖石刻	南宋景定元年（1260）	石窟寺及石刻	摩崖石刻	复查	新场乡戛纳村三岔河南岸一巨大石灰岩塌块西北壁	0.29	较好	省保
0051	安健墓	1929 年	近现代重要史迹及代表性建筑	名人墓	复查	牛场乡兴隆村	240	较好	省保
0056	文笔塔	清道光六年（1826）	古建筑	其他古建筑	复查	落别乡落别村东 300 米	80	较好	县保
0060	湾寨革命烈士墓	1959 年	近现代重要史迹及代表性建筑	烈士墓及纪念设施	复查	大用镇大用村湾寨东南约 200 米	300	较好	县保
0065	肖家洞遗址	旧石器时代晚期	古遗址	洞穴址	复查	平寨镇六枝村南 2 公里的半山上	800	一般	市保
0067	六枝屯遗址	清代	古遗址	军事设施遗址	复查	平寨镇六枝村南极山上	2300	较差	县保
0068	银壶屯遗址	清代	古遗址	军事设施遗址	复查	平寨镇银壶社区制药厂背后约 50 米	600	较差	县保

续表

编　号（520203-）	名　称	年　代	类　型	类　别	复查/新发现	地　址	面积（㎡）	保存状况	保护单位
0069	店子洞遗址	旧石器晚期	古遗址	洞穴址	复查	新窑乡那玉村洞口寨	400	较差	县保
0104	惠超郑相摩崖石刻	清雍正六年（1728）	石窟寺及石刻	摩崖石刻	复查	毛口乡半坡村半坡塘	56	较好	县保
0127	祭王寨铜矿遗址	清代	古遗址	矿冶遗址	复查	中寨乡中寨村祭王寨	1000	差	县保
0142	龙潭造纸作坊遗址	清代	古遗址	其他古遗址	复查	堕却乡龙潭村河头上	100	较差	县保
0183	铁盖梁子冶铁遗址	清代	古遗址	矿冶遗址	复查	牛场乡黄平村瓦厂寨旁边	1000	差	县保
0185	播勒家族墓	清初	古墓葬	普通墓葬	复查	牛场乡平寨村罗基白家寨杨学文家后面的山窝窝中	20	差	县保
0187	木刀岩悬棺葬遗址	清代	古遗址	祭祀遗址	复查	牛场乡营盘村红岩脚寨子河坎上	100	差	县保
0222	苗墓群	清代	古墓葬	普通墓葬	复查	岩脚镇羊场村跑马场	500	较差	县保

第四节　广播　电视

一、广播

六枝特区广播电视台前身为“六枝人民广播电台”，1978—1988年11月编制为18人，有工作人员18名。1988年12月编制为19人有工作人员19名。业务主要为转播中央人民广播电台和贵州人民广播电台节目及本地自办节目。本地自办节目主要播六枝特区新闻。每天分早中晚三次播音。1985年，开始筹建调频台。1989年，经六枝特区人民政府和六盘水市无线电管理委员会批准，六枝特区广播站更名为“六枝人民广播电台”。使用设备：TF—416调频广播发射机一部，发射功率100W；指配频率为96.9MHZ；指配呼号为六枝人民广播电台。设置地点：52E六枝特区下云盘一中山上。北纬26° 12′ 32″、东经105° 28′ 36″。海拔高度1450米，电台种类有FMB业务性质。CO发射标识180KOF3E，使用双环天线1付40米。1990年1月，六枝调频广播电台建成播音，分早、中、晚3次播音，全天播音5小时，广播电台除转播中央人民广播电台和贵州人民广播电台新闻等重要节目之外，还开办自办节目。自办节目主要有特区新闻，天气预报、科普知识、文艺说唱等栏目。由于频发射机功率加大，天线增高，全区广播覆盖率达到40%。1992年10月，经六枝特区机构编制委员会给六枝人民广播电台人员编制22人。2001年3月购置安装上海腾达STD100W全固态调频发射机一台，圆极化天线一套，天线安装在电视转播台平台上。由于天线的加高，全区广播信号覆盖率达70%。2003年8月，广播电台台址由的广场路29号，迁至广场路31号。2004年，购买新闻采访车一辆，购置安装意大利EAV500W全固态调频发射机一台，垂直极化天线一套。全区80%的乡（镇）能收到六枝特区广播台信号。2005年，购置了一套硬盘制作播出和MD采访机两套等先进设备，改变以往用磁带录播的陈旧方式，提高了节目质量。2007年，购置安装成都成广公司生产的1000W调频发射机2台，全区广播信号覆盖率增至90%，全区19个乡（镇）政府所在地均能收到六枝人民广播电台广播信号。2010年，对广播节目进行改版后，广播节目每天播出13.5小时（6点27分开机至20点00分关机），开办了新闻类、综艺娱乐类、法制类、健康类等节目。

二、电视

六枝特区广播电视台成立于2009年3月，六枝特区广播电视台，属全额拨款的副科级事业单位，编制28人，有职工23名。设有办公室、新闻部、广告部、技术部、综合部。办公地点为广场路31号（原六枝特区教育局）。2010年7月，迁至平寨镇人民南路72号（原六枝特区城管局办公楼）。办有3套电视节目（新闻综合、六枝远程教育、六枝影视）。开办有《六枝新闻》《平安六枝》《文明与健康》《平凡的感动》等8个栏目，每周播出新闻节目5期（周一到周五每天1期，周六、周日播出其他栏目）。新闻节目于2010年9月在六盘水市县级版新闻荟萃24小时滚动播出。

2009年3月—2011年1月17日，三套电视节目每天播出时间为9点至24点。2011年1月18日，广播电视台对电视综合频道、远程教育频道、影视频道节目进行全面改版。围绕“聚焦时政·关注民生”。实现电视全天24小时播出。

第五节　生态博物馆

境内的梭戛生态博物馆是中国第一座生态博物馆，系中（国）挪（威）两国元首共同出席签字仪式的文化合作项目，1998年10月31日建成开馆。

梭戛生态博物馆位于六枝特区与织金县交界处的崇山峻岭中，由资料信息中心和长角苗社区两个部分组成。

资料信息中心建成在文化遗产核心保护区梭戛乡高兴村陇戛寨，距六枝特区人民政府所在地40公里，占地面积6亩，建筑面积1800多平方米，包括长角苗文化展示中心、长角苗文化研究中心、长角苗文化传承人培训中心、餐饮住宿及办公区域等。资料信息中心记录和储存着长角苗社区特定的文化信息，包括录音记下的口碑历史、文字、图片、录像资料和具有特殊意义的文化实物（文物）等，利用基本的陈列展览和视听媒介向观众介绍长角苗同胞特定文化的基本情况，为参观研究者提供必要的工作设施。

长角苗社区包裹12个自然村寨，海拔1400~2200米，面积约120平方公里，总人口5000余人。这是一支稀有的、具有独特文化的苗族支系。在他们中间存在和延续着一种古老的、以长角头饰为象征的独特苗族文化，这种文化非常古朴，有着十分平等的原始民主，丰富的婚嫁、丧葬和祭祀的礼仪。别具风格的音乐舞蹈和十分精美的蜡染刺绣艺术。特别是长角苗妇女同胞的色彩鲜艳的服饰，让中外参观研究者叹为观止。

开馆以来，梭戛生态博物馆以“打造中国特色生态博物馆模式，建设名副其实的中国第一座博物馆”为目标，坚持保护、传承、弘扬、发展理念，努力探索创新发展模式，为长角苗社区文化遗产和自然遗产的保护做了大量工作。现已成为六枝特区乃至全市、全省对外文化交流的重要窗口。

第六节 文化市场管理

1991 年，开始组建“六枝特区文化市场综合执法大队”，其前身是“六枝特区文化市场稽查队”，属文化局下属股级事业单位。

1991 年，有煤机厂、特区总工会、邮电局、文化馆办的 4 家舞厅，10 多家录像放映室和近百张台球桌。主要分布在那克、平寨火车站及岩脚、郎岱、落别。由当时的文化局管理。

1992 年，有玫瑰园、梦幻、绿岛、快乐园、粮贸、柔情、红房子等 45 家卡拉 OK 厅，10 余家电子游戏机、读者书屋等 10 多家书摊。是年冬季开展“扫黄打非”工作，没收非法出版物（邮印小册子）357 册，禁止营业录像带《火舞丽人》。根据省里下发的禁书目录，稽查队对中心城区的书刊进行检查，没收禁书《大楼兰》《多棱镜》《女性大纪实》《茶余饭后》《文化奇观》《假情魔》等 11 册。配合煤机厂公安科取缔了该家属区的违规经营台球桌。1994 年 8 月，对辖区内的非定点印刷厂进行检查，没收云盘印刷厂承印的报告文学《石头上的梦》未装订散页 100 余公斤。2010 年 9 月，六枝特区文化稽查队改建为“六枝特区文化市场综合执法大队”。属文化广播电视局副科级事业单位。

第七节 文艺活动

1978 年，中共十一届三中全会后，党和国家在文艺领域实行“弘扬主旋律，提倡多样化”的方针，使境内文化事业日趋繁荣。

六枝特区文艺表演队在参加全国各地的文化交流活动中都取得了较好的成绩。落别乡唢呐队伍荣林代表贵州省参加全国唢呐比赛，获全国“吹歌大王”称号；布依族“洒耳组合”唢呐队参加“2007 中国贵州黄果树布依族六月六文化艺术节”展演，受到好评。六枝特区舞蹈队、民乐队、军乐队、腰鼓、秧歌队、中老年文艺队都得到较快发展，巡回乡演达 1730 余场（次）。表演节目内容都是以民族传统文化为基础提炼整理而出，如箐苗的芦笙舞，布依族的吹木叶，苗族的跳花坡、三眼箫，彝族的铃铛舞等，深受群众喜爱。

一、民族文化

1981—2005 年，在参加六盘水市第一届少数民族文艺调演中，六枝特区选送的《苗娃乐》、梭戛箐苗的《情歌对唱》、何开丽的《布依山，我爱你》获舞蹈演唱，荣获 2 个第一名，1 个第三名；梭戛箐苗的《情歌对唱》在参加第二届少数民族民间文艺调演中，荣获第二名，六枝布依族的《竹筒舞》获第二名，新窑乡四印苗的《花棍舞》获第三名。文化馆在梭戛生态博物馆社区先后培训了两代民族表演队，主要擅长芦笙舞、迎宾舞、情歌对唱等。两代表演队分别参加了全省村寨文艺调演和六盘水市首届凉都艺术节。中寨小补王彝族表演队的“铃铛舞”曾在全国少数民族运动会（内蒙古赛区）参赛时获银奖。折溪汉族的“地戏”历史悠久，有较高的文化研究和开发价值。六枝特区文化部门先后完成中国民间文学贵州省六盘水市六枝分卷《三套集成》和《民族民间实用手册》的调查、收集、整理及编撰工作。

二、企业文艺

1978—1999年，六枝矿务局，每年都要举办形式多样的文艺调演，内容包括舞蹈、曲艺、合唱、赛诗会等。每逢春节，地宗的舞狮队、凉水井的舞龙队、四角田的旱船队、大用矿的秧歌队、六枝矿的高跷队、洗煤厂的花环队都要集中在一起举行团拜活动。舞蹈《回归》在1997年庆香港回归活动中获系统二等奖，苦竹林矿的舞蹈《迎春花》、煤机厂的《焊工抒怀》节目深受广大观众的喜爱。同时还创作了舞蹈《夜郎煤魂》、双人舞《军魂》、小品《夫妻之间》等优秀作品。

三、行业与社区文艺

2001年，在全省花灯艺术节活动中，六枝花灯戏获银奖。行业文化也很突出，在六盘水市首届公安系统文艺调演中，六枝《快乐的女警官》舞蹈获第一名；农行的舞蹈《迎来春色换人间》在系统文艺调演中获金奖；在六盘水市首届武警系统文艺调演中，六枝中队的舞蹈《军魂》、独角戏《最后一次点名》、表演唱《绿色军营》同时获创作第一名和表演第一名；在参加市武警中队纪念建军77周年文艺调演中，六枝武警中队的舞蹈《哈达献给子弟兵》、小品《猪倌消法》、表演唱《军歌嘹亮》同时获三个项目第一名；在六盘水市首届公交系统文艺调演中，六枝的小品《治超在行动》获第三名。此外，全区各行业还相继举办了税务杯、金穗杯、城管杯、创卫杯、元旦、“五四”青年节、“五一”、国庆等文艺活动。社区文化的参与者主要以中老年人居多，活动最活跃的是公园路社区和桃花山演出队。社区演出形式主要有太极剑、太极拳、扇子舞、秧歌、腰鼓、花灯、打花棍等。2011年，社区有5支民乐队，各类文艺表演队26支。

四、校园文化

1995—2011年，以“四中之春”为主要代表，节目一年比一年丰富。市二中、特区二中、一小、二小以及岩脚中、小学、木岗镇小、新窑中学等，每逢“五四”青年节或“六一”儿童节都要举办校园文艺活动。在参加贵州省教育系统文艺调演中，六枝二中的舞蹈《校园橄榄绿》获三等奖，音乐剧《黑板和它的反光》获一等奖，器乐合奏获优秀奖。

五、广场文艺

2000—2011年，广场文化逐渐被人们接受。相继成立的国标舞队、拉丁舞队、迪斯科队、腰鼓队、秧歌队等长年活跃在特区各大小广场。以政府组织的广场文化活动有“信合杯”贵州省业余围棋比赛和春节的灯谜活动等。

六、摄影活动

1988—1995年，文化馆举办几次摄影培训班和组织摄影展，徐美陵的作品《山韵》于1985年获贵州省摄影作品大赛二等奖。勾永华的作品《初醒》在首届贵州省群文影展中获优秀奖。在2003

年北京举办的国际生态研究会展览中，选用勾永华拍摄的反映梭戛生态博物馆的摄影作品。六枝摄影协会会员的摄影作品经常在省、市获奖。《走进六盘水》《神秘的贵州》《夜郎寻梦》《牂牁神韵》等书籍也选用了六枝会员的图片。

第二章　夜郎文化研究

六枝特区系古夜郎腹地，长期以来，尤其是中共十一届三中全会以来，为揭开夜郎古国的神秘面纱，一代又一代的六枝学者根据《史记》《汉书》等史书记载，沿着夜郎的历史足迹，对境内的山川河流、奇异地名、民间传说、出土文物等进行了勤奋的探研，并取得了丰硕的成果。

第一节　研究活动踪迹

早在清朝同治年间，喜好诗、文、书、画的郎岱厅同知孙清彦，在夜郎研究方面就著有著名的《郎山说》，现六枝特区的郎岱古镇存有孙清彦自撰自书的手迹碑文。

孙清彦在其《郎山说》中曰："黔，古夜郎国也，开国何时，古无考。楚庄蹻后，或复称王，或内附，或置郡改县，屡经沿革夜郎之名如故。"该论述与咸丰元年修成的《安顺府志》所述：郎即古之郎山，夜郎所由得名以此，夜山在普安厅兴义府界，为"二盘之分山也"的说法遥相呼应。

长期以来，六枝境内的学者乃至历任官员（县官）对夜郎的认识，多依据孙清彦的观点。

宣统三年（1911年），懒龙桥土司后裔安健在《地学杂志》上发表"贵州土司现状"一文，内容涉及夜郎问题。

民国时期，因社会动荡等原因，六枝境内的夜郎文化研究处于停滞状态。新中国成立后，尤其是中共十一届三中全会以来，随着社会主义文化事业的不断繁荣，境内夜郎文化的研究活动不断兴起，并取得丰硕成果。

1983年，六枝特区民族事务委员会的吴立昇研究注释彝经，省民族研究所的高家乐来六枝编彝文课本，同时收集夜郎文化资料。1984年彝族经师毛凤文翻译了大量彝经，揭示了六枝与夜郎国的关系，吴主昇翻译的《夜郎同亭》也取得一定进展，境内的夜郎文化研究工作进一步兴起，省内外有关学者也到六枝来考察夜郎文化。1987年，六枝特区政协出版了第二辑《六枝特区文史资料选辑》。李志高在该书中论及六枝特区（郎岱县）系古夜郎之辖境，并赞成贵州省民族研究所田曙岚考证的夜郎国都邑"郎岱茅口说"。

1988年2月，随着夜郎文化与境外交流的增多，特区政府成立"夜郎古国考察研究领导小组"。同年5月，领导小组召开会议，讨论夜郎研究内容和有关存在问题。会议决定：1.要继续加大研究力度。2.要继续核实地名与史书记载的关系。3.收集文物资料不局限在彝文经书中，要打破部门的界限进行。4.要落实好工作经费。

从1981年到1988年，省内外专家和六枝境内的学者对毛口、郎岱等处进行了多次考察，认为毛口古渡与《史记》记载的夜郎国都邑吻合。但有关夜郎王的传说及老王山"月亮洞"内有夜郎王多同坟墓等难以证实。为揭开这个千古之谜，1988年9月16日，由领导小组组织的有20余人的考察队来到毛口的老王山下，9 月 17 日，以 6 名消防队员为骨干，在两名当地向导的带领下，经过整整 8 小时冒着生命危险的攀登，这 8 名勇士终于攀进了月亮洞，洞内中央有一大坟，长约 4 米，宽约 2 米，左右两边也各有 1 小坟，长约 2 米，宽约 1.5 米，探险队员们扒了一颗易扒的小坟，带回了坟中的人骨，被清理出来的死者遗骨很长，其身高在 1.8 米以上，证实了民间传说的可信度。时任《六盘水报》记者部主任的吴秋林，为这次探秘活动采写了《探寻夜郎古国都之谜》，1990 年，“六枝夜郎研究组”办公室主任周仕俊在第三期《群文天地》发表了《夜郎都邑何处寻》。

1992 年 4 月，贵州人民出版社出版了吴立昇主编的《夜郎同亭》一书。

1993 年 8 月，由特区旅游局，外事办牵头，召开“古夜郎国都邑与古夜郎文化座谈会”，1994 年 3 月，省、市民间文艺家协会在六枝召开讲习会和改稿会，广泛收集六盘水地区的有关传说和故事，会后有 12 篇稿件在省《民族报》和《南风》发表，丰厚了夜郎文化研究的基础。10 月，特区政府召开了夜郎文化研究专题讨论会，参会的有叶正乾、周仕俊等学者十余人。会上除交流有关论文外，还着重讨论了夜郎的主体民族问题。

1995 年，省文联和贵州人民出版社征稿合编《贵州胜境》一书，书中关于夜郎文化景点的有陈月枢的《六枝郎山》和叶正乾的《六枝岩脚镇》两篇文章。

1999 年 11 月省城贵阳召开了全国性的“99 夜郎学术研讨会”，六枝特区由政协学习文史委员会牵头组织境内学者撰写论文参会，这次研讨会，六枝以参会人数最多，论文最多而被有关方面喻为“六枝军团”。在向会议提交的 8 篇论文中，有 6 篇入选了《夜郎研究》一书。贵州省社会科学院历史研究所熊宗仁在“99 夜郎学术研讨会综述”一文中这样写道：“……与会的各地区代表，纷纷打出‘夜郎品牌’，六枝特区的代表不仅提供了 8 篇论文，还带来了出土文物，展览图版，刮起了‘夜郎在六枝’的热风。姑不论夜郎与六枝是什么关系，‘六枝军团’充分发掘利用夜郎文化，为发展地方经济服务的手笔确实值得称道的。”

2000 年 5 月 23 日，六枝特区人民政府组织召开“中国贵州夜郎文化研究暨牂牁江旅游开发中心”成立大会，邀请原全国人大常委会副委员长费孝通为名誉顾问，省委宣传部、省民研所，省社科院等单位的同志共 16 人为顾问，特区人民政府副区长聂志全任中心主任，成员有特区政协，文联等单位的有关人员共 13 人。

2003 年 8 月 13 日上午，六枝特区人民政府组织召开“中国贵州牂牁江夜郎古国民族文化旅游园”选址定点论证会。应邀参会的省内外专家学者在会上各抒己见，一致认为“旅游园”定点在六枝牂牁江风景名胜区是完全正确的，并倾向在郎岱选址，同时建议“旅游园”的建设要高起点，高品位，让夜郎走向世界，让世界了解夜郎。同年 11 月 2–6 日，应特区人民政府邀请，中国扶贫基金会代表李特特带领由国家计划委员会和国家旅游局组成的专家组莅临六枝，对夜郎民族文化主题公园进行策划及规划研讨。

随着夜郎文化研究的兴起，六枝特区于 2004 年确定“旅游活区”战略目标，决定将旅游业培育成为国民经济的后续产业。

千百年来，在境内的郎岱至毛口一带，一直流传着夜郎王多同及其王姬死后葬于老王山月亮洞中的传说。为进一步破解千古之谜，六枝老王山“月亮河探秘”，成了 2004 年凉都·六盘水消夏文化节系列活动之一。主办单位六盘水市文化部门邀请北京大学山鹰社，清华大学山野协会参加探秘活动，还邀请中央、省、市新闻媒体于 2004 年 7 月 11 日活动当天进行全程报道。7 月 3 日，应邀参加探秘活动的清华大学山野协会学生黄德在探秘活动中不幸坠崖身亡。由于意外的发生，原定7月11日正式进行的探秘活动被迫取消，虽然险峻的老王山崖有登山队员滴洒的汗水，神秘的月亮洞中也留下他们的足迹，但千古之谜仍未被解。

2004年7月28日，六盘水市首次举办“夜郎文化论坛”，六枝学者卢云儒、周仕俊、叶华、吴立昇应邀出席。周仕俊、吴主昇的文章入选了《夜郎重释》。

2005—2006年，电视剧《夜郎王》在六枝特区堕却境内拍摄有关内容，陇脚乡月亮河布依生态园内打造了夜郎民间传说故事的“情人崖”景点。

2007年，贵州省政协副主席王录生到六枝考察夜郎文化后发表了《夜郎，你在哪里？》。

第二节　出版夜郎文化丛书

自从司马迁《史记·西南夷列传》中提及“西南夷君长以十数、夜郎最大”以来，夜郎便与贵州结下不解之缘。“夜郎自大”这一家喻户晓的成语，虽然讲的是古夜郎人的封闭，不知外部世界有多大，但也从另一个侧面说明在秦汉时期西南夷的数十个社会实体中，夜郎国是“最大”者之一。它对当时的中国社会产生过一定影响。夜郎古国在西南少数民族中所创造的历史和文化，是中华民族光辉历史和灿烂文化的有机组成部分，它的影响历经沧桑而长存，确实值得今天生活在夜郎故地上的人们为之骄傲。

长期以来，为了揭开夜郎古国的神秘面纱，一代又一代的六枝学者，根据《史记》《汉书》等史书记载，沿着夜郎的历史足迹，对六枝境内的山川河流、奇异地名、民间传说、出土文物等进行了勤奋的探研。他们呕心沥血、不辞辛苦潜心研究，著书立说，在六枝这块古老而神奇的土地上寻找着失落的文明。

自从1999年牵头组织六枝学者赴省城贵阳参加“99夜郎学术研讨会”之后，六枝特区政协学习文史委员会按照新时期“文史工作为经济建设服务、为现实服务”的要求，把研究夜郎文化作为文史资料工作的一个重要方面。通过组织开展研究活动和出版夜郎文化丛书来履行政协职能。

六枝特区政协学习文史委员会共出版了三期《夜郎文化研究》丛书，第一期出版时间为2002年，除收集了六枝境内学者在多年的夜郎文化研究中所写的论文外还有多年来开展研究活动的真实记录，有考古部门对六枝境内出土文物的鉴定资料。第一篇论文为原贵州民族研究所副所长田署岚先生（已故）的《关于夜郎国的都邑问题》在这篇论文里，田先生以强有力的论据得出结论：“我认为夜郎国都可能在郎岱一带，其他说法都是不可能的。”

第二期《夜郎文化研究》于2004年出版，其内容除收入省内外学者的论文、夜郎故事和文物鉴定资料外，还记述省内外争夺夜郎文化品牌的有关情况，以及六枝特区人民政府关于将六枝特区更名为“夜郎县”的有关资料。第一篇论文为贵州省社会科学院蒋南华教授的《郎岱——夜郎宗长国都邑的简称》，蒋教授在这篇论文中通过引用大量论据，最后的结论是：“今天六枝特区的郎岱古镇就是汉代夜郎宗长国都邑的简称”。

第三期《夜郎文化研究》于2008年出版，内容除省内外学者的论文和夜郎故事外，还对2004年7月3日，清华大学山野协会学生黄德在六枝老王山月亮洞探秘活动中不幸坠崖身亡的过程进行了比较详细的记述。第一篇论文为贵州省政协副主席王录生的《夜郎，你在哪里？》，王录生副主席在这篇文章中，回顾了过去几年争夺夜郎品牌的“外战”和“内战”的情况，就“夜郎这顶帽子到底给谁戴才合适”这个问题展开分析，最后认为“六枝特区改为夜郎县的条件相对要多一些”。并进一步明确指出，“我建议不如一步到位，将六枝特区改为夜郎县”。

第三章 旅游

第一节 旅游资源

六枝特区境内最高点为老王山，海拔 2126.9 米，最低点为牂牁湖，海拔 725 米，最大相对高差达到 1401.9 米，全区平均海拔 1350 米。由于地貌复杂，高差悬殊，具有“一山有四季，十里不同天”的立体气候特征。这种地形孕育了众多的河流和水域风光。如牂牁江、月亮河、黄果树瀑布之源六枝河、木贡温泉、滴水滩瀑布等。境内碳酸盐岩类分布广泛，尤以灰岩、白云质灰岩为主，形成独特的喀斯特地貌，如峰林、沟谷、溶洞、溶蚀漏斗、天生桥、泉水、伏流等自然景观，成为区内富有特色的旅游资源。

六枝特区境内地域分异规律明显，其中西部为岩溶地貌中的高中山区，多属峰丛谷地，峰高坡陡，谷深壁峭，相对高差达到 500 米以上，呈阶梯状；中部及东北部为岩溶地貌中的中山区，峰丛、洼地相间分布，峰丛挺拔，洼地形态各异，相对高差在 300 ~ 500 米之间。溶洞、天生桥、溶洼等地貌景观众多。岩溶丘陵和宽谷盆地多分布在东部和东南部，地形相对开阔平坦，多为峰丛洼地，相对高差在 50 ~ 100 米之间。此外还普遍分布有碎屑岩形成的台地、山地、山谷盆地和丘陵等地貌类型。同时还有与古夜郎有着神秘联系的大补王，小补王、祭王寨、王子坟、老王山等地名寨名，凉都·月亮河夜郎布依文化生态园等，形成了集瀑布、河流、峡谷、溶洞、湖泊、森林、温泉和民族文化风情为一体的旅游资源。

境内的月亮河省级森林公园由南部的浪风台景区、红林山景区和中部的戈厂景区组成，公园内植被保存完好，森林覆盖率达 90%，戈厂林场距六枝城区 7 公里，以高大挺拔的马尾松为主，场内已形成百余亩的观光果园，位于六（枝）纳（雍）公路交会处一带缓坡上的林茶场，距六枝城区 10 公里，场内以松杉为主，并有灰竹、杨梅、板栗及茶园，在距六枝特区亲场乡政府所在地 15 公里的熊井片区，有未开发的万亩草场，在新华、龙场两乡交界处有以松杉木为主的长滥地林场和大湾林场，这些都为六枝开发旅游业具备了较好的条件。

第二节 旅游规划

1992 年以来，六枝特区多次邀请省内外专家对全区旅游资源进行实地考察，贵州省人民政府于 1993 年 2 月派出由多名专家组成的评审组到六枝实地考察论证后，正式批准六枝牂牁江风景名胜区为省级风景名胜区。

2005 年 1 月，六枝特区政府委托北京中科景园城乡规划设计院编制完成《凉都·月亮河夜郎布依文化生态园规划》，对六枝特区陇脚布依族乡月亮河畔龙山区域的旅游发展进行谋划。其主要内容包含文化园的发展定位、文化园发展目标与战略、文化园主要景点规划与设计、布依族文化展现体系及节庆活动策划、文艺商品开发及推进文化园建设的有关措施。

2005年11月，六枝特区政府委托北京中科景园城乡规划设计院编制完成《贵州省六枝特区旅游发展总体规划》，提出六枝特区旅游发展战略目标内涵，狭义上就是要实现旅游强地和富地，广义上涵盖经济、社会、文化和环境四类目标。经济目标包括创汇、创收、创利；社会目标包括就业、扶贫、生活质量；文化目标包括弘扬传统文化、培育新型的旅游文化、创造新的遗产文化；环境目标包括保护环境、改善环境、促进环境。核心内容包括环境分析、旅游资源评价、产品体系规划、旅游营销规划、旅游要素体系规划等。

第三节　旅游景点

一、瀑布

（一）黄果树瀑布之源

黄果树瀑布之源位于新窑乡大寨东端公路边，距六枝20公里。多处分流出的深隙泉水，旱季水流只0.1～0.5升/秒，水质清澈。

（二）长流瀑

长流瀑位于北盘江六枝段西岸。瀑水自崖顶呈线状飞流而下，四季不断。

（三）滴水滩瀑布

滴水滩瀑布位于落别乡西南约3公里，瀑布宽40米，垂直落差53米，是白水河上的第二大瀑布，瀑下有一深潭面积近100平方米。

（四）田尾巴瀑布

田尾巴瀑布位于岩脚镇鸡地村西南约1公里，三岔河北岸。位高于河面约30米之溶洞泉，水量小流速缓，形成宽3～5米、高20米之瀑布。

二、河流

六枝特区地理位置处长江流域和珠江流域的分水岭，境内河流流向受山形和地貌的制约，分布奇特，北西—南东流向。主要河流有三岔河、北盘江、岩脚河、六枝河和月亮河等大小河流25条，总长度达到360多公里。

（一）三岔河

三岔河在六枝境内长约 40 公里，汇集六枝特区北部所有的支流，最小流量 10 立方米 / 秒，是全区支流最多、汇水面积最大的河流。主要支流有岩脚河、代翁河、沙子河、龙场小河等。

（二）北盘江

北盘江古称牂牁江，位于六枝西南部，属县界河。最小流量 10 立方米 / 秒，河谷深切，两岸峰岭高立，高差在 400 米以上，其中毛口天险处宽仅 20 ~ 30 米，高 500 ~ 800 米，一线天景观水秀、山险、谷幽集中于牂牁江峡谷。

（三）岩脚河

岩脚河全长约 27 公里，水质清而透明，是区内唯一没有受到污染、水量较大的支流。尤其是岩脚镇至二道水河段两岸灌藤丛生，柳树成行，翠竹簇簇，水清如镜，环境优美。古今称颂的迴龙溪景点。

（四）六枝河

六枝河又称为白水河，是黄果树瀑布的源头。干线呈线状，从上游至下游成阶梯状下跌，源头至出境口落差达到 300 余米，沿河瀑布景观随处可见，跌水主要出现在中上游，落差一般为 3 ~ 5 米，瀑布集中在板梅以下河段，形成瀑布群，这些瀑布主要有板梅瀑布、滴水滩瀑布、坝湾瀑布、可布瀑布等，是黄果树瀑布群的组成部分。

（五）月亮河

月亮河位于六枝特区中部，长约 45 公里，落差为 625 米，是六枝境内最长、高差最大的河流，也是仅有的 2 条流向西北的河流之一。河流往南流至凉风岩时，从宽仅 10 余米、高差达百米的峡谷坠入仙人屯，气势磅礴。

三、峡谷

（一）凉风洞峡谷

位于月亮河下段，距凉风洞电站西约 1 公里。月亮河至此切开高耸 100 米以上毛口灰岩峰丛，形成宽不及 20 米的窄口，两岸绝崖对峙，河水流至窄口，如脱缰野马，直奔高达 100 米的陡峭狭谷之中，水声如雷。十分壮观。

（二）毛口天险

位于鲁戛南至绿茵潭的北盘江河段，系北盘江穿越毛口灰岩峰丛山地，形成的深切峡谷，谷宽 10 ~ 30 米左右，两侧高达 300 ~ 800 米以上，成台阶状。山势险峻，壁绝崖峭，怪石峥嵘；河道中时而水深如簿，时而水浅滩陡，湍急澎湃。牂牁湖蓄水后，水流平缓。

（三）花雨岩巷

位于北盘江西部入境河段，系河流深切而成的峡谷。两侧绝壁对峙高耸入云，灌林密茂藤草常青， 岩顶仙人掌丛生，半崖岩泉水细流似银练倒挂，雨花飞溅；钟乳垂吊，形态多姿。有一线天之称。

（四）情人岩

位于落别乡南约 5 公里，白水河北岸，有高约 100 米之悬崖，崖顶有两根残留石柱，似一对手拉着手的布依情人，面对坝湾田坝微笑而立。

（五）落牛箐

位于岩脚镇木贡村约 200 米，由一溶隙形成的狭谷，宽 3 ~ 5 米，高 20 ~ 30 米。两壁为悬崖峭壁，长约 500 米，悬壁上灌木密茂，河水时而急湍飞泻轰鸣，时而似深潭碧蓝如镜，险峻幽深，景色秀丽。

四、奇山

（一）老王山

老王山古称郎山，位于毛口乡东北部，是六枝特区地势最高的山脉。峰丛逶迤连绵，栉比鳞次，山上植被终年长青。海拔多在 1700 米以上。主峰 2126.9 米为六枝特区第一高峰。山要上有一洞似偃月，俗称月亮洞。传说洞中有夜郎王墓。1988 年，六枝特区政府曾组织人员到洞中探秘。2004 年的六盘水消夏文化节，组织月亮洞攀崖，后因登山队员坠岩罹难而取消活动。

（二）南极山

南极山位于平寨镇六枝老街西侧大屯，距特区城关 5 公里。由两座相连、高出谷地百米的残丘组成。山顶海拔 1513 米。山势挺拔，陡峭雄奇。从南远望，如一头昂首伏坐的巨大雄狮守护着六枝城。山腰至山顶古树郁郁葱葱，藤草常青，层林叠翠。并依势就崖修建古城墙三道。山腰中空，有两层溶洞。近年修复了观音阁等寺庙神像，登顶眺望，六枝远山近水尽收眼底，安顺府志誉为“合郡八大景之一”。

（三）火焰山

位于岩脚镇西北石桥对面，是一座高约30余米的独立孤峰，峥嵘参差，耸立河畔。如龙溪之头，昂首欲饮迴龙潭清泉之水，神奇别致。半山腰的悬崖绝壁上，书有斗大的四个大字“太和永洽”，据考证系明景泰元年（1456年）所镌刻。

五、异洞

（一）窗子洞

窗子洞与懒龙河彝文岩刻隔河相对，位于牛场乡懒龙河峡谷北侧峭壁上，距岩顶约30米，需用绳索吊爬方能进入。原崖半腰、有一便道、入洞口处路断、需搭木板作桥、方能入洞。洞口宽约1平方米之方形，似窗子而得名。洞分两厅，前厅较宽敞，可容300余人，后厅狭窄。

（二）观音洞

位于岩脚镇西北半边街一峰丛岩壁上，距坡脚约10米，为一倾斜状溶洞，洞宽约4米，高5米。洞口有一石笋成石莲状，台上塑一尊观音像而得名，是岩脚八景之一石洞莲台。

（三）抵西溶洞

位于平寨镇抵西村东侧。洞口高2米左右，进洞不到10米的地方，倾斜向下而渐宽大，宽5～10米，高5米以上。洞内有较多钙化物堆积，形态奇异，洞底有水流，局部积水成潭。

（四）月宫洞

位于落别乡纳骂村西约2公里的马头寨。四周峰丛围绕，洞前为近300亩之湖泊，洞口高20米，全长约2000米，共分7个大厅，以第三厅为最大，面积1300平方米，高约40米，洞内石笋、钟乳、石帘、石苇屏等十分发育。

（五）多林洞

距落别乡坝湾村4公里，与关岭县一山之隔，洞口位于多林山半山腰，小而不显仅容1人进出，进洞后则陡然开阔，洞分两层，洞内景观形态奇异，绚丽多姿，尤其是盆景厅和奖牌厅堪称天下奇观。

六、湖泊

牂牁湖库区是北盘江光照水电站蓄水发电形成的人工湖泊，回水长度69公里，蓄水面积54平方公里，库容32.45亿立方米，电站总装机容量104万千瓦，大坝高200.5米，坝顶宽12米，坝底宽166.63米，大坝全长412米。是目前碾压混凝土重力坝中的世界第一高坝，光照电站是北盘江干流开发规划“一库五级”的龙头水电站。为贵州境内为数不多的具有不完全多年调节性能的大型水电电源点，是国家“西电东送”第二批开工建设的重点工程。光照电站以发电为主，兼顾灌溉、供水及其他综合效益的水利枢纽。

七、温泉

（一）木贡温泉群

木贡温泉群位于六枝特区岩脚镇西约10公里，木贡河之南岸。在50平方米范围内，高差约8米，自上（高）而下（河面）见冷泉（溶隙）、温泉、矿泉各一个。在同一地质构造带，同时出现三种物理化学性质不同的地下水。是非常罕见的水文地质现象。冷泉水温为17℃，水量约1升／秒；温泉居中，水温29℃～32℃，水量约0.2升／秒；矿泉水温25℃，水量2升／秒左右。

（二）洗马河温泉

位于六枝特区新窑乡洗马河村，出露点温度28℃，流量150吨/天。

第四节　文化遗址遗迹

一、文化遗址

（一）桃花洞

桃花洞位于特区中心城区桃花山脚，桃花湖与山壁结合部的石灰岩天然洞穴。洞高9米，宽24米，进深60米。1983年11月，在洞内发掘出旧石器晚期和新石器时期的打磨制石器200余件，石人类骨及哺乳类动物化石和用火遗迹，对研究西南人类发展及文化考古具有十分重要的意义，是省级重点文物保护单位。

（二）古夜郎遗迹

王子坟，距毛口街东北约2公里的那当， 在一开阔田坝中有一座较大的墓，全是泥土堆成，传说为王子坟。光照电站蓄水后被淹没。

（三）革命遗址

主要有郎岱“三三”革命暴动烈士陵园、郎岱、岩脚地下党活动遗迹、牛场窗子洞剿匪遗址、落别多林洞剿匪遗址、民主革命先驱安健墓、牛场懒龙桥烈士陵园、岩脚烈士陵园、大用弯寨烈士陵园和碓窝冲爱国主义教育基地等。

二、文物古迹

（一）彝文碑刻

彝文碑刻位于六枝特区新场乡懒龙河南岸的一块高 10 米的凹岩壁上，高 0.7 米，宽 0.45 米，镌刻的古彝文共 589 字，距今 736 年，其内容主要记述彝族的一支世代演变兴衰过程以及修建懒龙桥的概况。此碑刻历史久远，是研究彝族历史的重要古迹。

（二）木贡纸坊

木贡纸坊位于岩脚镇西南约 10 公里，为土法生产草纸（又称烧纸）作坊群，以竹作原料，经伐竹，制竹麻、泡竹麻、上窑、制纸浆、抄纸、整理等六道大工序，历时 65 ~ 70 天，为原始手工操作。木贡造纸始于清康熙末（1700）年。

（三）迴龙寺

迴龙寺位于岩脚镇西约 1 公里的缓坡顶上，坡西为岩脚河与木贡河汇合处，庙房架为二厅木结构平房，保存完整。该寺建于清咸丰年间，寺内有一高 2 米、口径 1.2 米之大吊钟，钟声可传播远近村寨。迴龙晚钟是岩脚八景之一。

（四）小屯古堡

小屯古堡位于岩脚镇东端，屹立于岩脚河北岸的残留孤丘，高约 30 米。丘四周均是高约 10 米以上的悬崖绝壁，极难攀登。唯西北天堑一路可沿人工錾凿石梯登临丘顶。屯堡依山修筑有围拱石门可进出，登临其上岩脚全景一览无遗。

（五）文峰古塔

文峰古塔位于六枝特区 44 公里的郎岱东山。塔建于光绪四年（1878 年），塔基青石砌成，宽 12 米，高 2 米，呈正方形。塔身高 20 米，呈六边形，分七层。为郎岱八景之一，名曰“北驿文峰”。

（六）石城

石城位于郎岱镇北面。史载乾隆十年（1745年）开始建石墙城，二十三年（1758年）竣工。城周长三里又一百二十五丈有余。城墙高一丈三尺，长六百三十丈，垒以城门四、炮台四。现镇北尚保存有石城残垣近200米。宽3.7米，高3.5～4米，为方条石堆砌。

（七）郎岱古镇木城碑记

位于郎岱镇西北，原镇政府大门外，为高2米、宽1米、厚0.14米（石灰岩）砧刻而成。该碑刻系清同治十年（1871年），由当时郎岱厅司马孙清彦（又名孙竹雅）用行、楷二体书写，较详细地记述了郎岱城变迁兴建史。现该碑刻保存完整，字迹清晰。已被列为六枝特区文物保护。

（八）火坑纸坊

火坑纸坊 位于中寨乡火坑村，距中寨约3公里。为土法造纸作坊群，是原始造纸工艺的再现。该作坊群始于清初，以构皮、草、竹为原料，产品有白皮纸、烧（草）纸。完全是手工操作，工序达80道之多。

第五节　名城古镇

一、郎岱古镇

郎岱古镇是六枝特区西部重镇，自清雍正八年（1730年）建郎岱厅以来迄今已有286年的历史，主要街道东西走向，有东街、西街、后街、平街、书院街、驿马街、石灰街、前营、后营九条街道，是原郎岱县（今六枝特区）县治所在地，经济、文化和工商业均较发达，距六枝特区中心城区43公里，水（城）黄（果树）高等级公路穿城而过，成为连接黄果树、水城、六枝、毛口以及中寨等地的交通枢纽。该古镇地处郎岱向斜东南翼，属溶丘谷地，地势开阔平坦，有“郎岱坝子”之称，海拔为1380～1400米左右，郎岱河上游及其支流在城缘蜿蜒而行、曲折穿流而过。城四周残丘、孤山林立，构成了奇特的岩溶风光。

自清雍正（1723—1735年）年代起，郎岱古镇先后修建了规模宏大的庙阁楼塔18处（座），有文庙、武庙、城隍庙、天齐庙、马王庙、黑神庙、牛王庙、文昌阁、万寿宫、二楚宫、保赤宫、玉皇阁、观音阁、魁星楼、龙神祠、昭忠祠、东山文峰塔等，现多数寺庙遗址尚存，近几年已大体修复的有观音阁、黑神庙和龙神庙。

郎岱镇古建筑十分发达，街道房舍古朴典雅，民居建筑以砖木结构为主，多为四合院，房前的风雨屋檐、窗棂呈万字格雕花；门上悬挂木刻烫金匾额及门联，房顶风火墙凤檐跷脚并绘花草树木飞禽走兽图案，工艺精湛，有较高艺术价值。

郎岱古镇风景名胜较多，最著名的有八景：东山朝霞、西陵晚渡、陇箐连云、南岳飞仙、北驿文峰、灵鳌伏阳、铁锁雄关、危风落雨，虽为自然风光与人文景观相构建，却是各具特色，绝无一相似之处，甚是少见，堪称自然与人合力共造之典范，实为旅游景点之上乘佳品。

郎岱古镇的饮食业十分发达，出了名的小吃达二十余种，所产郎岱酱为闻名省内外的调味佳品，有学者认为该酱即是古夜郎时期的“拘酱”。

二、岩脚古镇

岩脚古镇始建于明朝洪武年间，迄今已有五百多年的历史，在古镇的中心有和平街、新华街、文化街、建设街。曾经是连接川、滇、黔三省的古驿道，也是古蜀郡通往夜郎国并南下番禺的重要通道，享有“小荆州”之称。现为六枝特区北部重镇。

岩脚古镇地处由碳酸盐岩形成的峰丛谷地中。四周峰丛环抱，形如九只姿态各异的巨狮嬉闹顾盼；低洼狭长的谷地似一艘东翘西伏的渔舟漂泛在峰海巅之中；岩脚河如披蓝色鳞甲的巨龙蜿蜒曲行于平湖石浪之内；火焰山若巨龙之头昂首欲饮龙溪水，大屯山似白象伸着长鼻。

自20世纪60年代起，岩脚镇的奇水怪泉不断出露，构成了岩溶地下水奇观。迴龙潭是在1963年农历四月初五日，突然一声惊天巨响迸发而出；观音涧是在1960年端午节前后水突然自岩缝中冒涌成泉；上游木贡泉群亦甚奇怪：在不足50平方米范围内同时出露冷泉、温泉和矿泉各一眼；火焰山脚的溶潭水满，却从不外溢。这些怪泉的出露，有其特定的地质构造因素，它们突然迸发的机理却是一个未解之谜。还有迴龙溪河床及河岸的岩溶景观，岩泉引水渠井，二道水河湾的绿水竹从；落牛箐溶隙峡谷等等奇水，集于岩脚一镇，构成了岩溶地下水奇观，人们称它为怪泉之乡。

除了奇水怪泉和地形风物外，岩脚古镇还有不少风景名胜。镇内著名寺庙有迴龙寺、万灵山、观音阁、道灵寺、三观庙、万寿宫、财神庙等。九狮拜像一条龙和魁楼雪霁、迴龙晚钟、平桥春潮、古寺双荆、龙溪月夜、财神观钓。石洞莲台、洞天福地等十大名致，还有仙人桥、小屯石堡以及夏家、田家碉堡等名胜古迹。前人有诗赞曰：“内有九狮闹全船，麒麟送子到江边，番郎一去不复返，狮子回头望牡丹，船头寿星把宝献，船尾村姑浣衣衫，艄公稳坐观奇景，文公隔河掷钓竿。”

岩脚古镇工商业较为发达，手工业历史悠久，主要有竹器和银饰加工。岩脚斗笠曾在20世纪的广交会上受到国内外客商的欢迎。岩脚面条加工精细，美味可口，畅销海内外。

第六节　旅游服务业

一、饭店宾馆

2011年，六枝特区有4家二星级宾馆，分别为六枝宾馆、金龙大酒店、凯豪酒店、工矿集团迎宾馆，总床位为324个。按照三星级酒店新建的牂牁江假日酒店于2010年开业，床位数为181个。此外，设施较为完善、未纳入级别宾馆管理的酒店有电力宾馆、浦江大酒店、红太阳大酒店、发改局培训宾馆等。

二、旅游产品

（一）“雾峰”苦荞糊

“雾峰”苦荞糊富含有降低毛细血管脆性、改善微循环的特殊药物成分芦丁、黄酮、硒、抗衰老素、三价离子、油酸和亚油酸。能降血脂、血压、血糖和尿糖。预防糖尿病、冠心病、防治动脉硬化、脑溢血、保护视力、听力、 降低胆固醇、延缓衰老、健脑减肥、养颜润肤、预防癌症等恶性疾病。

（二）郎岱酱

“郎岱酱”历史悠久，源于古夜郎构酱。制作工艺独特，通过传统的八道工序。集日月精华，采天地灵气而成。其味甜咸不腻，回味悠长、香气独特、营养丰富、是蒸、炒、烩、凉拌等必备的调味佳品。

（三）六枝夜郎富硒茶

六枝夜郎富硒茶产于古夜郎腹地，曾出产历史名茶“朵贝”茶。产品含硒量适中。集富硒、云雾、高山为一体。香高持久滋味鲜纯，汤色黄绿，具有多种健康功能。

（四）岩脚面条

岩脚面条，细如银丝、脆如春笋。鸡蛋挂面，色泽金黄光亮，味道鲜美。凡吃过岩脚面条的人，都会赞不绝口。当地有句顺口溜：“好看不过斗笠汉，好吃不过岩脚面。”岩脚面条，从清朝起就很有名。畅销织金，纳雍、水城、安顺，远销贵阳、昆明、四川等地。据史料记载：岩脚以做面条为业的，最早只有田姓一家。先是手工操作，后改用机械压面。解放后岩脚街上面机发展到 130 多台，日产面条万斤以上。每到晴朗天气新街、老街的屋檐下，院坝里整整齐齐地摆放着一架架一排排的高挂面条。阳光辉映，金丝万缕，成为古镇的一大景观。

（五）牛场辣椒

牛场辣椒栽种历史悠久，独具地方特色，不仅色泽鲜艳，体大肉厚，而且香味可口，营养丰富。据贵州大学生化营养研究所化验分析，牛场辣椒粗蛋白含量为 15‰ ~29‰、维 B0.9‰、维 C1.09‰，维 E0.79‰，铁 8.66‰，钙 87.42‰，锌 1.43‰，总糖 27.37‰，脂肪 14.33‰，粗纤维 20.36‰，还含有人体必需的 17 种氨基酸。长期食用不仅有助于消化，还可治疗多种维生素和微量元素缺乏症。牛场辣椒在水城、毕节、安顺、贵阳等地广受赞誉；在湛江、海南、大连、北京等参展颇受消费者青睐；旅居海外的华人品尝后也纷纷写信求购。牛场乡现年种植辣椒 3000 亩，产干辣椒 60 余万斤。农民人均纯收入来自辣椒部分达 250 元，约占总收入的 25%。牛场辣椒系全乡一大支柱、特色产品。在各级领导及相关部门的关心支持下，牛场乡现正在进行辣椒品改试验，将进一步扩大种植规模，跟国内外知名企业对接，打造牛场辣椒品牌，做大做强这一特色产业。

（六）九龙液

"九龙液"系以高粱、糯米、大米等五种原料，以传统工艺酿制而成，俗以"贵州五粮液"著称。近年来研制的礼品酒"精装九龙液"，以包装采众家之长，外盒色彩以明黄色为主色加以红色烫金，整体色彩富丽堂皇，更显"龙"的气派，现已批量投入市场。瓷瓶九龙液、九龙窖、高粱酒、六枝大曲价廉物美，受到不同消费者的欢迎。所生产的根霉曲更是由省轻工厅经过科学研制的，这种高效率高纯度酒曲，有效期长。适用于不同酒原料和地区小曲白酒和黄酒的酿制，同样以其高品质受到广大用户的青睐。

三、旅游设施建设

（一）交通

1995 年，从六纳公路梭戛段修建了 5 公里通往梭戛生态博物馆的油路；2001 年投资 560 万元改造郎岱至毛口旅游公路；2005 年从六郎路修建 8 公里公路至凉都・月亮河夜郎布依文化生态园。2011 年，动工修建水黄路阿志河大桥至西戛的旅游公路。

（二）景区建设

六枝特区位于贵州西部，东距省城贵阳 172 公里，西距市中心区 98 公里，贵昆铁路、铁路株（株洲）六（六盘水）复线、快速铁路等穿越全境。公路都香高速公路、102 省道和水黄高等级公路横贯东西，纳雍经六枝特区至晴隆止河口的高速公路，形成三横一纵多连接的公路网络，交通便捷。是贵州西部旅游的目的地和集散地。

境内有牂牁江国家湿地公园、贵州黄果树瀑布源国家森林公园、亚高原多梯度复合型体育训练基地、牂牁江省级风景名胜区、月亮河省级森林公园、梭戛生态博物馆、凉都・月亮河夜郎布依文化生态园、迴龙溪温泉度假区等。

城区景点主要分布在平寨镇境内，有桃花洞、夜郎寨、老耗洞、南极山、抵西溶洞等喀斯特熔岩风光。南极山位于六枝老街西南侧，由两座山相连、高出谷地越百米的石山组成。山顶海拔 1513 米。山势挺拔，陡峭雄奇，如一头昂首伏卧的巨大雄狮，山腰至山顶古树葱茏，藤草常青，层林叠翠，并依势就崖修建古城墙三道。山腰中空，发育有两层溶洞。近年修复了观音阁等寺庙神像，登顶眺望，六枝远山近水尽收眼底，安顺府志誉为"合郡八大景之一"。桃花洞位于特区中心区桃花山脚，洞高 9 米，宽 24 米，进深 60 米。1983 年 11 月，在洞内发掘出旧石器晚期和新石器时期的打磨制石器 200 余件，古人类骨及哺乳类动物化石和用火遗迹，对研究西南人类发展及文化考古具有十分重要的意义，是省级重点文物保护单位。

滨河公园城市综合体

滨河公园城市综合体，分为A、B两地块，总面积约为96亩，分为AB两地组合。A地块占地36亩，包括：A单元（A栋文化发展中心32510平方米，B栋城市综合展览馆8000平方米、C栋周转公寓楼3000平方米），投资约为人民币3亿元。B地块占地面积约为60亩，投资约为人民币7.5亿元。

牂牁江湖滨旅游度假区

牂牁江旅游度假区位于六枝特区南部，距六枝县城60公里，主要以牂牁江畔老王山为中心，以毛口夜郎文化、滨湖自然风光、布依民族风情为核心，景区历史文化厚重，史记记载："夜郎者，临牂牁江，江广百余步，足以行船"。沿北盘江而上，游客可观赏到沿途山崖耸立，峰峦俊秀，领略形态各异的悬崖、悬洞、峰林等丹霞奇观，容峡谷、山、水、林，幽、险、奇为一片，是六枝特区山水景色最雄奇的风景名胜区。

郎岱古镇生态文化旅游区

郎岱古镇生态文化旅游区距六枝城区38公里。郎岱古镇是原郎岱县县政府所在地，已有800多年的历史。郎岱得名于老王山（古称郎山）与城内岱山，《郎岱县访稿》述："郎岱得名历来已久，在明初即有是称。有所谓因建成于古郎山之间。"故名郎岱。雍正九年建郎岱厅，现镇内有少量的古城墙、古民居、古院落、古街道、古寺庙、古井、古作坊等。

郎岱古镇生态文化旅游区景点，古郎岱八景即：东山望气、南岳飞仙、西林古渡、北驿文峰、雄关铁锁、陇箐连云、云盘古树、月朗平桥。现主要景点有木城碑记、文峰塔、东山朝霞、驿龙陶器、夜郎王观天、岩疆锁钥。

郎岱镇森林覆盖良好，人工栽培有杉树、松树、漆树、楸树，野生树有青岗、化槁、香樟等。

郎岱迎祥广场

郎岱迎祥广场建设用地35亩，总投资近1.3亿元，建有土司庄园、酱园、书院等。郎岱镇将古镇相应的历史文化植入各主题建筑中，让人们更好地了解郎岱历史、饮食、人文和民族风情。建筑色彩以黑、白、灰、原木色为主色调，体量与郎岱民居相仿。

迎祥广场是一个集历史景观、美食、居住、旅游、购物、娱乐为一体的大型综合体，是郎岱老百姓的休闲娱乐、健身的好去处。夜幕降临，人们慢步广场，或在步行街购物，或品尝美食，尽情享受着小城镇建设带来的美好生活。

新建郎岱彝族土司府

土司府是根据原郎岱陇氏土司庄园的面积及其功能，打造的一个古土司府的建设，还原了郎岱土司风情，重现了百年陇氏土司文化及夜郎文化中的经典人物、传奇故事。

康熙十八年（1679年），郎岱除设流官，改陇氏土司为外委千总，分为二目统领，一目管辖郎岱本枝，一目辖六枝。清雍正九年（1731年）农历6月12日，设陇氏郎岱、六枝二目地及西堡司、副司，司办公地设置郎岱。

郎岱历史上的陇氏家族是黑彝贵族，也是彝族土司制度的建立及维护家族，在郎岱历史上具有重要地位。在彝族土司制度时代，世袭土司以郎岱为郡望，对郎岱地区及其周边区域进行统治、管理。

郎岱土司庙（观音阁）在原城西门外，系郎岱长官司陇氏家庙。明末至清初，陇氏后人陇明心将其改扩建为观音阁，又名大佛寺，历代皆有毁损，后经募资修建，现在保存完好。

彝族土司庄园主要有三个讲究：一是风水朝向：坐北朝南或坐西朝东，门是家庭的象征，院门不能正对堂屋门，通常位于院子左方，院门为双扇，堂屋门为单扇。二是轴线院落：土司庄园为院落式布局，分为一重堂、三重堂、五重堂。每重堂由规格相等的四幢房子组成，中间有宽敞的天井。建筑分左、中、右三列，每列都有三进，形成九个院落中列沿中轴线而上，依次为大堂、二堂、正堂。三是围墙、碉堡、回廊：一般四周筑有高大、厚实的围墙，沿墙筑有碉堡。大门两侧立石虎各一。门前有开阔的阅兵、礼仪之地。堂屋之间用回廊连接。

新建郎岱酱园

郎岱酱历史悠久，风味独特。味甜咸不腻、回味悠长、香气浓郁、营养丰富，常食有益于健康。是蒸、炒、烩、凉拌佳肴必备的调味佳品。

目前，镇里有制酱作坊100多处，年产100余吨，畅销省内外，深受广大消费者喜爱，是六盘水知名的特色调味品，具有较强的市场竞争力和发展前景。

2009年6月，郎岱酱获得了国家地理性标志产品，郎岱酱的身价大大提高，每斤酱的销售单价提升到2.5元/公斤，年产值从28万元增至105万元，员工人均收入达1000元以上，带动了广大群众脱贫致富。

岱山书院

道光七年，郎岱绅士张懋德向各级府衙层层进言，陈述办学于治理的重要性，郎岱终于奉旨得以设立书院。书院的建立给郎岱增添了书卷人文之气。书院招收文、武学童，当初官方限制招生人数12人，发展到后来200 ~ 300人，培养出了许多为郎岱经济社会发展作出不少的贡献的人才。院里收集了剪纸40幅、奇石65块、根艺64块、书画78幅、古碑拓片100幅。

郎岱古城墙遗址

郎岱古城墙始建于清乾隆十年（1745年），乾隆二十四年（1759年）完工。古城墙均为细凿錾面条石，用石灰浆砌而成，高一丈三尺（4.29米），周长六百三十六丈（2098.8米）。城四门。东门“近日”；西门为“迎爽”；南门叫“来薰”；北门是“承恩”。

在历史上，古城墙是抵御入侵的军事防线。如今，这段历经沧桑岁月的古城墙，是郎岱古城的一道文化、历史风景线。是它，记录了郎岱县城几百年来的发展变迁。

郎岱名小吃

郎岱凉粉：是古镇的特色小吃之一。有人说，到古镇郎岱，不吃郎岱凉粉可为一大憾事。当一碗碗凉粉端上桌面，摆在你面前的时候，那诱人的味道，就会让你胃口大开。

郎岱油炸粑：品种多，以馅而论，通常有豆沙、猪肉、豆腐、酥麻几种，而豆沙粑是郎岱人的最爱。郎岱豆沙粑不管是用油炸还是火烤，吃起来油而不腻、香气悠长。在各种外来小吃充斥了郎岱大街小巷的今天，人们仍然割舍不下对郎岱豆沙粑的钟爱。郎岱小吃还有“达耳”粑、米糕、鸡汤芙蓉、破酥包子、牛肉粉等。

新建文峰小区

文峰小区位于郎岱著名的文峰塔下，广场占地3.98亩，投资400万元，建设有假山水幕、景观文化墙、休息廊架、花池等。广场靠近郎岱中学，是学生们晨读，周边百姓茶余饭后休闲、娱乐场所。

文峰小区是郎岱镇实行精准扶贫的民生工程。该项目由政府统一规划建设，总投资5189万元，资金来源为中央专项资金及地方政府配套。项目共建318套扶贫生态移民安置房，总建筑面积 33708 平方米，共安置 312 户 1324 人的农村贫困人口，小区配套水、电、路和绿化亮化等室外附属设施，为入住百姓营造了一个温馨的宜居家园。

文峰小区的搬迁农户来自郎岱周边的深山区和石漠化贫困地区，为解决搬迁户的后顾之忧，郎岱镇利用郎岱园区和小城镇建设机遇，安排搬迁户在园区和郎岱城里就近就业，达到让老百姓搬得出、稳得住、能致富的目标。

新建郎岱百草园

新建郎岱百草园，建设用地 150 亩，总投资 6000 万元。是一个集山地旅游、植物博览观光、园林科研、花卉苗木生产、科普教育、学生实习和夏令营、园艺展示、休闲娱乐于一体的现代生态园林。百草园以现有农田、灌溉水渠、纵横田埂融入景观设计中，打造“梯田 + 疏林 + 百草”整体风貌，形成中心“金色花田 + 春夏秋冬”主题的整体结构。项目建设内容包括百草展示、农家风情体验、滨水花卉展示、山林野花展示、休闲游憩、度假别墅等。

新建百草园是郎岱东山生态观光区的一个组成部分，以郎岱东山公园、东山生态药物园、东山门楼及门楼周边景观建设为主，山地生态旅游、植物博览、园林科研、花卉苗木、园艺展示、休闲观光为一体。展示了郎岱古镇深厚的文化底蕴。

月亮河省级森林公园

月亮河景区位于六枝特区西南部，距六枝特区中心城区 25 公里，月亮河由东向西穿境而过，森林覆盖广泛，国家级非物质文化遗产“布依铜鼓十二则”及民间歌舞彰显出浓郁的布依文化；蒸制糯米饭、染制花米饭、包粽粑、打糍粑、黄甜酒粑、腌肉、香肠、狗肉、野菜以及糯米酒等特色食品风味独特；2005 年，市特两级政府筹资建设了凉都.月亮河夜郎布依文化生态园游览步道、演出服务中心、停车场等基础设施，同时世界最大铜鼓、最长的山脊文化长廊也在该景区建成。生态园先后被省布依学会命名为“中华布依第一村”，被省旅游局确定为“贵州省乡村旅游示范点”，被国家旅游局确定为“全国农业旅游示范点”。

梭戛生态博物馆

梭戛长角苗风情景区梭戛生态博物馆坐落梭戛乡高兴村，距六枝城区 45 公里，居住着苗族的一个分支长角苗，女性头饰绾奇特长发饰角，现今仅存 5000 人左右，分布在以高兴村为中心的 12 个自然村寨中。从自然环境、社会结构、经济生活和文化生活等方面仍然保存比较完整的原生态文化，对研究长角苗文化的保护、传承、弘扬和发展有着重大的意义。奇特的头饰、鲜艳的服饰、古朴的民风民俗、优美的舞蹈、低沉的音乐、精美的刺绣都是人类文明的瑰宝。中华人民共和国和挪威王国合建的中国贵州梭戛生态博物馆，是亚洲第一座露天生态博物馆。1998 年正式开馆，2004 年被贵州省委、省政府命名为“贵州省爱国主义教育基地”，2008 年被省旅游协会、省风景名胜区管理协会等机构评为“贵州省十大魅力旅游景区”之一。

迴龙溪风景区

迴龙溪风景区是六枝境内省级名胜景区，距六枝城区 15 公里，以山奇水秀、谷曲泉怪为特色。被誉为“奇潭怪泉之乡”，景区内的岩脚古镇始建于明朝洪武年间，曾是连接川、滇、黔三省的古驿站，

迴龙溪温泉度假区以岩脚古镇建筑风格结合现代建筑，将自然生态与健康休闲融为一体，通过生趣盎然的水景，精巧别致的风情雕塑小品，茂盛的植被，曲径通幽的休憩小径，营造层次丰富，休闲惬意的现代东方休闲自然风格建筑园林景观。是以古镇民俗风情、温泉沐泳、溪水漂流

为主题，集温泉养生休闲、会议度假、民族风情、自然观光、生态养殖、康体文化娱乐、寺庙朝拜等多功能为一体的国家 AAA 级休闲旅游度假区。

火焰山乡村公园

岩脚火焰山乡村公园，总投资 1.28 亿元，共分四个部分。一是火焰山景观点，总投资 2412 万元，主要依托火焰山、凤眼等自然生态环境，配套文化公园及相关设施，是观赏、人文和历史传说为一体的休闲旅游景点。二是田家寨村庄旅游点，总投资 4569 万元，包括改造村庄道路 28000 米、建设排水管沟 3000 米、建设污水湿地处理系统 1 套、垃圾收集系统 1 套、完善居民房屋功能设施 200 户、房屋立面改造 200 栋、修复村内古建筑 2 处，重点打造 3 户农家乐或乡村旅馆，总设计面积 21380 平方米，建筑改造面积约 11000 平方米。三是村庄采摘园，总投资 5300 万元，规划用地面积 67669 平方米，主要种植蓝莓、草莓等多种瓜果蔬菜，配套建设水果加工及服务设施，着力打造乡村旅游果蔬采摘园。四是园区停车场项目，总投资 607 万元，用地规模 16900 平方米，共建设车位 200 个，配套景观绿化、电气照明、供排水、辅助用房等设施设备。

岩脚镇太和广场

太和广场，集游客集散、商业配套、文化服务等功能的中心广场，总面积 17598 平方米，建筑 8000 平方米（其中，新建 6000 平方米，改造 2000 平方米），含新建岩脚镇文化站。

太和广场原址为居民区和小学办学区。背靠贵人山，面向迴龙溪，西邻温泉度假中心、东邻永清龙泉、商业街，山清水秀，环境优美。

太和广场的新建引进海绵城市理念，即城市能够像海绵一样，在适应环境变化和应对自然灾害等方面具有良好的“弹性”，下雨时吸水、蓄水、渗水、净水，需要时将蓄存的水“释放”并加以利用。设计上采取园中院，大院套小院的布局构思，以商业休闲为主，融入岩脚古镇文化和山水城市特色的商业景点。

岩脚镇岱瓮村

岩脚镇岱瓮村，全村总面积约 11865 亩，辖 15 个村民组、675 户、3118 人，居住汉、彝、苗、仡佬等民族。现有耕地面积 3264 亩（已退耕还林 1700 亩）、水田 880 亩，农作物主要以水稻、小麦、玉米、油菜以及马铃薯为主。

岱瓮村平均海拔 1250 米，森林植被良好，森林覆盖率达 85%，年均气温 14.5℃。杨梅、核桃、梨树、樱桃、葡萄、猕猴桃、李子、地瓜、牛滚瓜等野果众多，有野鸡、斑鸠、画眉等野生动物 20 多种。山中有树龄上百年的古杨梅 318 株，其中一千年以上的有 28 株、五百年以上的有 92 株、一百年以上的 198 株，现已修建人行步道与通村道路连接，是野外生活体验的理想地。

该村共种植杨梅 1500 亩、梨树 500 亩、核桃 2050 亩。同时，大力加强村基础设施建设，修建了村活动室、文化大院、图书室、远教室、篮球场、道德讲堂、网信、电商平台等娱乐场所，实现了户户通自来水、户户使用电器等清洁能源，并成立了一支 10 人的保洁队，村庄环境优美，村容村貌整洁。

岱瓮村的山上围绕山岭打造观光产业路，步道边上种植葡萄、猕猴桃等，沿河道建立水上乐园漂流基地、补种植杨梅树，划片建立 QQ 农场、农家乐，种植冬桃、万寿菊、恢复修建滇黔古驿道、古建筑、山王庙、夜郎文化等，打造“山上有产业、山下有文化、一年四季有果”的旅游生态文化村。

岩脚镇木贡村

木贡村位于岩脚镇西南面，距镇政府驻地7公里，辖区面积6.14平方公里，辖9个村民小组，总人口2563人（共657户），全村总面积6.049平方公里，耕地面积1235.9亩，其中田约402.3亩，土约833.6亩。其中周家田坝有103户，409人，面积约1.04平方公里。

木贡村属山区地貌区，森林覆盖率达72%以上，年平均气温14℃，冬无严寒，夏无酷暑，空气十分清新，水质优良，是闻名的长寿村，现有百岁以上老人12位，90岁以上老人55位，80岁以老人103位。

木贡村周家田坝，建有4000平方米绿色蔬菜自助采摘园、5000平方米湿地公园、15000平方米野外露营、40000平方米森林氧吧、5000平方米长寿湖、3500米休闲步道及停车场等。

岩脚名小吃

岩脚小镇历史悠久，各种特色小吃名目繁多，最为出名的有岩脚面、岩脚醋、岩脚臭豆腐和岩脚凉粉。这些特色小吃为岩脚发展特色食品加工业提供了得天独厚的条件。岩脚面是荣获国家地理标志产品。它细如丝、脆如笋，以香、滑、劲、脆独特风格闻名省内外。岩脚街上有制面机130多台，日产面条达万斤以上。除了岩脚面，岩脚醋也是岩脚古镇的又一大特产。岩脚醋味道纯淡香醇，是烩菜、凉拌菜、拌辣椒水以及吃粉面不可缺少的调料。岩脚醋，酸中带着清香味和淡淡的甜味，岩脚面条、岩脚醋、岩脚臭豆腐，岩脚凉粉和岩脚糯米酒风味独特，深受游客欢迎。

大用园区生态观光园

大用生态观光园位于六枝特区大用镇大用村，属于六枝大用现代农业（扶贫）产业园子园区，由六枝特区育农园艺有限责任公司投资建设，占地面积1000亩，总投资1.2亿元。园区年产值可达5000万元，年利润1500万元，解决100人劳动就业，带动土地流转农户年人均增收2000元。园区主要由花卉展销及特种育苗区、精品苗木种植培育展示区、园林式休闲农家乐建设、林下特色养殖场。花卉展销及特种育苗区占地面积150亩，控温PC大棚2500平方米、塑料连体控温生产大棚11520平方米。年出苗150万株，收入300万元；展销精品花卉40余个品种，收入500万元，是一个集科技培育生产、展示、销售为一体综合花卉市场。精品苗木种植培育展示区占地面积700亩，培育有金品丹桂、海棠、樱花、碧桃、梅花、石楠、红枫、玉兰、紫薇、红豆杉等15个品种，可供观花、赏叶、观果。园林式休闲农家乐占地面积150亩，建设有园林式休闲接待农庄、垂钓区人工湖、公司管理用房等，供游客就餐休闲娱乐。

落别乡旅游服务中心

落别乡旅游服务中心位于六六高速落别收费站出口右侧，由首钢水城钢铁集团赛德建筑工程有限公司承建，北京清水爱派建筑设计有限公司设计。项目预计总投资1.2亿元，规划占地285亩，建设占地面积285亩。主要建设内容包括：建设游客服务中心13158.53平方米、沿街商铺2221.93平方米、商用办公楼5415.84平方米、公共厕所105.45平方米、消防控制室89.25平方米，修建地下停车场一座，车位406个。是落别乡村旅游的重要集散地和六枝特色农产品的重要展销中心。

落别乡牛角乡村

六枝特区落别乡牛角村旅游体验区，位于六枝特区东大门，交通便利，六镇高速、贵烟公路穿境而过，是贵阳、安顺进入六盘水的必经之地，距离六枝城中心16公里。

体验区占地约10亩，内部设施及项目包括：农事体验馆、休闲垂钓区、儿童游乐区、民族工艺品加工、乡村驿站、布依民俗博物馆、音乐培训、特色餐饮、泥艺陶艺馆、国学启蒙教育、个性音乐吧及水上舞台灯。是休闲娱乐、农事体验、民族风情及创业致富为一体的小型综合场所。

休闲旅游品牌、文化品牌，将定期举行音乐会、举办夏令营、美术书法创作、民间艺术、体验区核心是项目体验、亲自体验、家庭为单位可进行土法榨油、土法酿酒、原味豆腐、布依油团制作等项目体验；个人为单位可进行纺织、泥艺陶艺、手工雕刻、打击乐等项目体验；还可针对孩子开设国学启蒙教育、布依礼仪习俗等项目培训。

牛角村文化广场位于落别乡牛角村、六镇高速路落别收费站进出口处，占地面积 3888 平方米，总投资 2500 万元。有布依民族文化广场占地 33 亩；政务接待中心建筑面积 1000 余平方米；民族文化博物馆建筑面积 200 余平方米；布依族对歌台 200 余平方米；步行街长 1600 米；特色民居改造 25 户；工艺品展示区、人工湖 3000 余平方米；有农事体验中心；牛角村多功能信息服务站，投影仪、电视和 12 台电脑联网使用。种植行道树 92 棵，村寨绿化完成 2 万余平方米。

牛角村文化广场具有民族文化特色的布依村寨，建筑样式参照“布依村寨民居建设”的特点，展现布依族舞蹈、蜡染、刺绣、古歌、酒歌等民族文化风情。

落别乡博物馆

落别乡布依民俗博物馆，总占地面积达 700 多平方米，建筑面积 1200 平方米。馆内按功能划分为民族音乐（器乐）展厅、民间工艺品展厅、民族建筑展厅和农耕文化、民族饮食文化展区等 7 个展区，已征集收藏的展品有布依乐器七弦琴、古木箫、织席机、竹磨等 400 余件，博物馆的落成，是世居民族繁衍生存、融合和社会发展的见证。站在眼前的这个图腾叫布依男子与酒，中间是 6 位布依男子月竹管饮酒，两侧为布依水文图，中间的是布依图腾。

窗户上的是布依族的蜡染，是画在布上的青花瓷。博物馆的步梯很有意思，布依族是一个崇拜水的民族，步梯都会向西开，是接财的意思，这个栏杆也有讲究，既挡住家财不外漏，也挡住邪恶不进家。

落别乡布依风情小镇

落别易地扶贫移民搬迁安置小区（布依风情小镇），项目总投资 3.1 亿元，是落别乡易地扶贫移民搬迁安置小区。布依风情度假小镇，主干道路长 2200 米，道路宽 22 米，道路两侧安装路灯 600 盏。建设民居 250 栋，新建农贸市场 1 个，占地 30 亩。新建市民广场 1 个，占地 30 亩。新建养老服务中心 1 个，占地 30 亩。共解决了搬迁移民 250 户 860 人的安置问题。

布依族习惯近水而居，村寨依山傍水，楼房叠加，属典型的“吊脚楼”。因此，移民点在房屋的设计上，围绕布依风情建筑风格，突出地方特色，产业布局、旅游等体现地域特征，完善整个移民区基础设施建设，规划有商贸设施、水景公园、停车场、社区卫生服务站、物业管理用房等配套设施。集吃、住、行、游、购、娱为一体，使之形成乡村旅游移民示范村，促进当地旅游服务业的发展，移民就近就地城镇化，落别乡布依风情小镇是落别乡又一旅游景点。

落别乡水塘湿地公园

水塘湿地公园位于六枝特区落别乡水塘寨，总占地面积 190 亩，总投资 1300 万元，水域面积 2.9 万平方米，地形及土建面积 7.7 万平方米，3 米宽主园路、1.5 米宽亲水园路、1.5 米宽坡地园路和汀步园路。单体建筑工程为小木屋、景亭、特色长廊、木栈道及木平台工程、景石工程、水系挖方及驳岸、挡水坝工程、主入口广场、生态停车场。乔木、灌木及水生植物的栽植为绿化工程。水电工程主要包括给水与排水工程、园区内的电气工程。项目综合考虑旅游人群的需求，重点围绕吃、住、游、玩、购五大功能展开，是一个融合山、水、乡村人文、旅游观光、特色餐饮、娱乐为一体的休闲度假基地。

龙井温泉旅游小镇

龙井温泉旅游小镇位于落别乡落别村龙井沟组，项目现由六枝旅游投资开发有限公司建设，预计总投资4.58亿元、规划占地1000亩。建设子项目有：水上乐园、温泉中心、游客接待中心、高尔夫练球场、商业购物区，绿化及水体建设、景观河道打造及道路建设，新建3个停车场。龙井温泉旅游小镇与螃蟹峡旅游度假休闲养老中心相邻，形成了以瀑布源大道为主干道的旅游观光的旅游区景点。

温泉建设以休闲、度假、养生等为一体，以医疗康复机构，为心理、身体上患者营造科技、健康、绿色的康复中心；有医疗服务站、志愿者平台、公寓楼等；依先天地理条件，外加人工施工，形成大型湖泊，为康复患者、老龄人群营造适宜环境。

温泉小镇以大型天然温泉为特色，集住宿、餐饮、休闲娱乐、商务会议、园林生态养生等功能于一体的综合性现代民族风情温泉度假村。这里交通十分便利，从六枝上高速只需十分钟便可到达，黄果树瀑布到这里也只有20多分钟的车程。

温泉小镇依山傍水而建，将自然、生态、健康、休闲的人文旅游理念，通过生趣盎然的瀑布小景，精巧别致的休憩曲径展现着自身的魅力。小镇里的青山、绿水让你徜徉在民风淳朴、风格独特、景观自然的环境中让你心旷神怡。

温泉小镇，产品种类有很多。室内与露天、动感与静态、文化与养生、公众与私密等温泉应有尽有；也有高端的汤院和浪漫的汤屋......

在这里除了可以泡温泉之外，餐饮独具特色，游客可以坐在舒适的餐厅，品尝到布依族人特色正宗的农家菜，尽情地享受布依人的热情、周到、体贴的微笑服务。温泉小镇秉承“纯正温泉至尊体验”的经营理念不断优化服务产品，为游客提供美妙的温泉之旅，奉献超值的宴会服务，游客在小镇将享受到舒适愉悦的度假生活。

螃蟹峡休闲养老中心

六枝特区落别螃蟹峡休闲养老中心项目由贵州天宝文化旅游综合开发有限公司承建，总投资6亿元，主体工程坐落于落别乡落别村龙井沟组，距六枝中心城区18公里，总占地面积2.3平方公里，规划用地2000亩，其中未开发荒山荒坡1500亩、村集体未利用地500亩。主要建筑有天宝湖办公大楼娱乐中心、文化广场河道景观康复中心养老社区、休闲岛湖、山居小区等。主要理念为以现代化科技手段为患者营造安全、健康、绿色的医疗康复机构，同时社区配有医疗服务站、志愿者平台、健身游艺场、公寓楼等，有先天地理条件，外加人工设施，形成大型湖泊，为患者康复、老龄人群营造宜居宜养宜疗的休闲养老环境。

落别乡可布村景点

可布村位于落别乡南部，黄果树风景名胜区上游，地处六枝特区、关岭县、镇宁县的交界结合点，是一个典型的布依山寨。村委会所在地距乡政府驻地5.5公里，黄（果树）纳（骂）公路穿境而过，地势平坦，依山傍水，瀑布成群，溪流纵横，风景秀美，全村聚居均为布依族，民族风情浓郁。气候温和，光照条件好。全村总面积3平方公里，总人口355户1792人，布依族占98%，耕地面积1265亩，其中水田占72.6%，森林覆盖为42%，农作物以水稻为主。

落别乡洒耳景点

洒耳景点位于六枝特区东部，距六枝城区15公里，东部与镇宁县接壤，南部以白水河为界，与关岭县隔河相望，距黄果树瀑布仅20公里。境内形成了景致壮观的滴水滩瀑布群、多林溶洞群，出水洞、落水洞、暗河星罗棋布，风景独特。洋溢着古夜郎遗风的牂牁歌舞，民族节日、民间工艺、民族建筑、民族风情。洒耳景现已建成牛角布依文化景点。

（三）客源市场

六枝特区长角苗景区国际客源主要来自日本、韩国等亚洲国家及英国、法国、德国、意大利等欧洲国家。六枝旅游景区国内客源主要来自省内及云南、四川、广西、广东、河南、北京、浙江、江苏、黑龙江等省。

人　物

刘凤林

刘凤林（1917–1988），河北省赵县四区河西寨人。幼年家境贫寒，无地，生活来源主要靠母亲、大哥、二哥、嫂子给地主干活或帮人纺纱维持生计。土改后，分得土地，生活逐渐好转。

1938年3月参加“河北赵县四区动员会”，当战士，工作积极认真负责，思想积极向上。同年6月经刘云、邓竹山两同志介绍加入中国共产党。1939年5月在一二九师三八五旅七六九团特务连当侦察员，1941年10月任班长，在战斗中英勇善战。1943年9月任三八五旅七六九团三连排长，1944年12月任三纵队七旅十九团二连副连长，被太行军区授予一级战斗英雄勋章，并出席太行军区战斗英雄代表大会。自参加上党战役后，思想上对党的认识更进一步，工作上更积极，战斗中更加勇敢。

1945年4月在太行军区三分区整党队学习，同年8月任三纵队七旅十九团三连连长。1946年10月任原部队一营副营长，1947年7月任三营营长。1948年6月调纵队九十三团任三营营长。1949年11月，任十一军补训团副团长，1950年任川东军区酉阳分区基干十五团副团长，1950年7月任团长。1953年3月任四川军区训练团团长。

1958年至1972年，任贵州省煤炭管理局建井处党委书记、六枝矿区指挥部党委书记兼指挥长。1973年至1978年任六枝特区党委书记、革委会主任。1978年至1979年任六枝特区党委第一书记。1980年后曾任六盘水市委常委、市革委会主任、六枝特区党委第一书记、六盘水市委顾问。1998年因病逝世，享年81岁。

陈洪涛

陈洪涛（1916–1991），河南滑县人。1938年9月参加革命工作，同年加入中国共产党，高中文化。1938年至1942年在冀南抗日游击队、八路军129师任参谋，1942年至1945年7月任冀南军分区政治部股长、科长。1945年8月至1949年11月任冀鲁豫第四军分区后勤部政治处主任，二野五兵团补训师政委。1949年西进贵州至1952年8月任郎岱县长、县委书记。

1949年8月，中国人民解放军第二野战军第五兵团奉命进军大西南，是年11月15日解放省城贵阳。21日，接管安顺（地专）、县机关接管人员到达安顺，宣布安顺军事管制委员会成立。1950 年 1 月 14 日，地委派出以陈洪涛、聂殿臣、刘新民等组成接管工作组，到达郎岱县城。15 日，在地下党及游击队的配合下，郎岱县人民政府宣布成立，陈洪涛任县长。

1950 年 1 月 30 日，中共郎岱县临时委员会成立，陈洪涛任书记。1950 年 5 月，经中共贵州省委批准，成立中共郎岱县委员会，陈洪涛任书记。以陈洪涛为书记的党政班子和工作人员顺利完成对郎岱的接管工作。

1952 年 8 月至 1956 年 8 月，陈洪涛调任贵州省委统战部处长，1956 年 9 月至 1957 年 4 月陈洪涛调任贵州省人民政府财贸办组长，1957 年 5 月至 1983 年 5 月，先后在贵州省服务厅、第二商业厅、商业厅办公室任主任、党组成员、省商业厅、省粮食厅副厅长，1983 年离休。1991 年逝世。享年 75 岁。

罗朝秀

罗朝秀（1915-1999）女，贵州省六枝特区人。1915 年生于新场乡黑塘沙丁坡。1929 年随母熊氏、弟罗朝良移住安顺。1931 年就读安顺女中初中部。1934 年考入贵阳女子师范学校。期间，由中共地下党负责人秦天真介绍加入中共外围组织“星光读书会”做通信联络工作。

1935 年 7 月，罗朝秀被中统贵州特务室逮捕。1937 年秋，国共合作抗日，政治犯获释，罗朝秀恢复自由。改名：熊梅影。1938 年，罗朝秀受中共党组织安排，携带罗朝良齐赴延安。是年 10 月，罗朝秀被党组织指派到新疆，于迪化（乌鲁木齐）女子中学当教员。宣传中共抗日主张，从事统一战线工作。1942 年 9 月，罗朝秀与在新疆工作的中共党员 160 余人和部分家属被盛世才关押。1946 年 3 月，张治中被任命为国民党政府西北行营主任兼新疆省主席，4 月抵迪化。中共中央副主席周恩来出面向张治中提出营救，罗朝秀与 100 余名中共党员及家属获救。6 月 29 日抵达西安八路军办事处。7 月 11 日达陕北七星铺，受到朱德总司令、任弼时、林伯渠等领导和群众的迎接。

1947 年，罗朝秀被指派到已获解放的黑龙江省安东地区参与筹建航校，任航校秘书。1960 年调新中国民航局工作。1985 年离休，1999 年于北京逝世，享年 84 岁。

杨钟伦

杨钟伦（1949—2000），出生于六枝特区新窑乡和平村，三岁丧父，八岁丧母成为孤儿，过早地尝到了生活的磨难和心酸。在党和政府的关怀下，在乡亲父老的呵护下，他得以像正常的孩子一样有饭吃、有衣穿、有书读。这使杨钟伦体会到了孤儿不孤的温暖。在党的教育下，他逐渐懂得许多做人的道理，并从小就立志要在将来感恩祖国和回报社会。

杨钟伦少年时期就光荣入伍，在人民解放军这所大学校里锻炼成长，因在部队有突出表现，在二十岁时就加入了中国共产党。退伍后，先后从事基层武装工作和乡（镇）工作，经组织培养，先后任六枝特区新窑乡乡长、郎岱镇人民政府镇长职务。

在任期间，杨钟伦发扬党艰苦奋斗的优良传统，保持党的优良作风，对自己严格要求，做到一切从简，长期把单位的公车让给其他领导干部使用，自己穿着一身军装、一双解放鞋、骑一辆自行车进村入户开展工作。对那些山高坡陡又不通公路的边远村，杨钟伦就穿着草鞋徒步前往。年长月久，在群众中就有了“单车乡长”和“草鞋乡长”的美称。有人问他何故如此辛苦，他含笑说道：“其他领导和同志也辛苦，公车让给他们用。我是当过兵的人，身体素质好，骑车和步行不成问题，而且这样也方便和老百姓沟通和交流”。

在多年的乡（镇）工作中，杨钟伦把全身心投入到为老百姓办实事、好事中去，他常说：“我是孤儿、我的一切是党和人民给予的，我要把我的一切回报给养育我的父老乡亲”。工作历来以身作则，在他的带动下，班子上下团结一心，廉洁高效、务实的作风深受群众称赞。通过班子全体成员的努力工作，使得当时的新窑乡全乡经济得到飞速发展，成为在继平寨镇、中寨乡后的六枝特区第三个“亿元乡镇”，人民生活水平显著提高，为老百姓办的事实、好事也不胜枚举，时至今日，只要提到他，新窑乡百姓无不拍手称赞。

1999 年，组织上安排杨钟伦到郎岱镇任镇长，就任期间，恰逢水（城）黄（果树）高速公路规划建设，得知水黄高速公路不经郎岱、且不在郎岱设出口的情况后，杨钟伦心想：有这么好的发展机会不去争取就可惜了。便亲自到省交通厅找有关领导反映。他的这一举动得到了省交通厅领导的认可，同意改变水黄高速公路的路线，并在郎岱设出口。此举成了六枝特区科级干部向省厅领导汇报工作第一人。

2000 年 12 月 4 日，为了把多方筹集的房屋搬迁资金及时送到郎岱镇石板村 12 户极贫户手中，杨钟伦亲自办理此事，由于天黑路滑，车行至陇脚乡境内时发生了车祸，杨钟伦不幸以身殉职，享年 51 岁。

杨钟伦逝世后，特区党委、政府领导前往吊唁，郎岱镇、新窑乡群众闻讯后声泪俱下，很多群众不惧路途遥远、徒步前往参加葬礼。

王司农

王司农（1912–2003），姓名赖季宣、笔名林辰。生于六枝特区郎岱西门，早年就读郎岱学校，16 岁时考入贵阳达德中学，在文化革命先驱黄齐生先生主办的学校读书，受到进步思想的启发和影响，成为贵州有名的进步青年之一。在学校师生进步会秘密组织下，从事文化革命学生运动。毕业后与刘梦隆等进步学生赴上海参加学生青年抗日校园活动，上海青年运动遭破坏后，王司农被秘密通缉。为躲避政治迫害，王司农返回贵阳，化名“林辰”，投在时任达德中学校长黄齐生先生门下教书、并暗地参与贵阳青年运动，积极寻求革命真理。1942 年，贵阳当局镇压学生运动，王司农只身来到重庆寻找“八路军办事处”，时任八路军办事处负责人周恩来、董必武接见了他，并“介绍”他到重庆大学任政教系主任及教授。

王司农于 1937 年起开始研究鲁迅文学。1945 年出版“林辰氏《抗日战争中的 1942 年》”一书，1948 年于“开明书房”出版《鲁迅事迹考》一书，这本书是林辰对鲁迅的传记、事迹多方位全面考证研究的基本文献之一。

解放后，王司农调中国鲁迅研究学会任理事、鲁迅研究院主笔、北京人民文学出版社专职鲁迅文学研究员、编辑、审查等职，是中文版鲁迅全十卷本改造版《大鲁迅全集》、全十三卷本《鲁迅选集》、十六卷版《鲁迅全集》的主要编辑者，并出版过多样的鲁迅文学的单行本，刊行和评论文学及其他文学作品。

1981 年，在鲁迅先生诞辰一百周年纪念活动之际，与日本文化界共同翻译出版日本语系

《十六集鲁迅全集》，为中日文化交流起到了促进作用，对中日两国善邻友好关系发展有着重大意义，在世界文坛上被誉为“中日文学界的壮举”。同时，参加中国文化代表团应邀出访日本、朝鲜等国。

王司农先生崇拜鲁迅先生的浩然正气，一生探讨研究鲁迅文学，是我国文学界、日本文学界屈指可数的鲁迅研究家之一。

杨国琴

杨国琴（1937–2005）女，贵州省贵阳市人。早年就读于贵阳市头桥小学。1955 年 7 月毕业于贵阳师范学校。同年 8 月，分配到郎岱小学任教。先后辗转于郎岱、下云盘、红卫小学、中寨乡小学、六枝特区第一小学教学工作。

1958 年，杨国琴被郎岱县工会表彰为先进工作者；1960 年受到安顺地委、地区公署表彰为教育系统先进工作者；同年还被郎岱县人民委员会表彰为先进工作者，被安顺专区妇联表彰为教育先进工作者，被贵州省人民委员会表彰为教育工作先进工作者。1964 年被六枝县中寨区公所表彰为先进工作者。1976 年、1977 年、1979 年、1980 年、1986 年均被六枝特区妇联表彰为“三八”红旗手。1981 年被六盘水市教育委员会、团市委表彰为优秀辅导员；同年被共青团贵州省委、省教育厅表彰为优秀辅导员；1982 年、1983 年分别被共青团六枝特区委员会、特区教育局表彰为优秀辅导员、先进教育工作者；1983 年被六枝特区党委、特区政府表彰为先进工作者。1988 年被六盘水市人民政府表彰为教书育人先进个人。1989 年被国家教委、人事部、教育工会授予优秀教师称号，并享受《特区人民政府关于对部分劳动模范和先进工作（生产）者发放生活补贴的通知》的生活补贴。

杨国琴从省城来到边远的贫穷山区，几十年如一日，把自己的一生献给党的教育事业。不愧为学生赞誉的“良师慈母”。杨国琴被“当代中国出版社”编入《贵州省优秀教师名典》。1991 年 3 月退休，2005 年 8 月 12 日病逝，享年 68 岁。

唐通文

唐通文（1933–2006），贵州省黔东南州镇远县人。1949 年 12 月参加中国人民解放军，先后随军入川剿匪。1951 年赴朝作战。参加过著名的上甘岭战役。1952 年 4 月在攻克朝鲜沙芜莱市战斗中火线入党。先后任战士、班子、排长等职。在部队荣立个人二等功一次、三等功一次。1959 年复员到凯里下施派出所工作。同年调贵阳市工业局任警卫。1960 年至 1965 年在林东派出所任民警队长。1965 年调六枝特区公安局。先后任六枝派出所民警、大用派出所负责人。1969 年调治安科，1983 年提任刑侦科副科长、指导员等职。

唐通文在公安战线上，对党忠诚、艰苦朴素、英勇顽强、廉洁奉公、不计得失，一直被上级组织表彰记功。1962 年被评为贵州省劳动模范，1975 年被评为贵州省政法战线上先进工作者，1980 年 4 月被公安部授予二等功臣。1982 年、1985 年两次荣获贵州省公安厅授予一等功一次、二等功一次，并参加全省功臣巡回报告团巡回演讲。贵州省委、省人民政府分别授予省级优秀共产党员、省劳动模范称号。多次被评为六枝特区公安局、六盘水市公安局先进个人。1989 年被评为六枝特区、六盘水市、贵州省劳动模范、贵州省公安厅优秀科、所长。1990 年被评为六枝特区、六盘水市、贵州省“严打”先进个人、六盘水市优秀共产党员，多次被选为六枝特区、六盘水市人大代表、党代表、市人大常委会委员。1993 年 1 月，公安部授予全国优秀民警称号。是全国 23 名优秀民警之一。

唐通文生活朴素、衣着简洁，长年便装，肩挎军用挎包和水壶，手提烟杆，在人群中，难于辨别他是一名公安人员。他凭犀利的双眼和敏捷的身手，降服无数罪犯。1987 年，亲手抓获批捕在逃人员 47 名、1988 年抓获 51 名、1989 年抓获 59 名；1993 年虽已满 60 岁，但还是一如既往，抓获 26 名（其中故意杀人犯 8 名）。唐通文从事 30 多年公安工作，共抓获 600 多名罪犯，被誉为“煤城优秀捕快”。

唐通文长年累月日晒雨淋，风餐露宿，积劳成疾因病医治无效，于 2006 年逝世，享年 73 岁。

宋崇书

宋崇书（1926–2007），贵州省六枝特区岩脚镇碓窝冲人。昆仲四人，排行第二，其家道殷富。自幼勤劳好学，取道普定县完成初中学业。

1948 年 8 月，22 岁的宋崇书参加“滇桂黔边纵队第三支队（罗盘支队）的织、普、郎、纳、水边区游击队”，任分队长。由中央地下党负责人刘安民、兰华富领导活动。1949 年 3 月 3 日，积极组织和参加郎岱“三三暴动”。1950 年 10 月，该游击队编入中国人民解放军 49 师 146 团三营八连，宋崇书任排长职务，其间立一等功一次。1951 年于安顺军分区立二等功一次。2 月，参加“抗美援朝”，历任侦察排长，191 师集训队副队长，教导营区队长、副连长、营部参谋、守备第三司令部参谋、146 团作训股长、副参谋长等职。1952 年回国，于北京丰台“三支两军”军训团工作。

1953 年 7 月，在河北束鹿县 64 军教导团被评为“工学模范”出席 19 兵团工学模范代表大会。1968 年，从山西忻县奉令进京执行“支左”任务。1968 年 1 月，在北京参加“六兵种两院校”联合召开的学习毛泽东主席著作积极分子代表大会，受中央军委、工程兵党委树为解放军“十标兵”之一。

1968 年 9 月 30 日，受周恩来总理请柬参加国庆宴会，10 月 1 日参加国庆观礼。以军队干部身份，四次受毛泽东主席集体接见。1973 年调任 191 师 126 团副团长。

宋崇书 1978 年 8 月转业，回到贵州省六枝特区参加地方工作。历任特区党委办公室主任、特区人民政府副区长、区长等职。其间，完成六枝九条大街、两个公园、一座大桥的建设。亲自任指挥长，为六枝城镇建设作出应有的贡献。贵州电视台以《大山的儿子》为题对宋崇书的贡献作了专题报导。

宋崇书是军地干部的榜样，届满离休后，积极参加社会公益活动。整理出版了《抗美援朝日记》和《宋崇书诗选》。

宋崇书 2007 年病逝，享年 81 岁。

龚　淳

龚淳（1924.5–2010.4），六枝特区梭戛乡沙子村人。出生于一个商人家庭，幼年丧父，少年丧母，靠长兄龚瀛抚养成人。

1932年，龚淳寄读于岩脚舅父家，1938年在岩脚二小毕业，1940年以优异成绩考入六枝再造中学。这一年，他读完了巴金的小说《家》，由此对古今中外的文学作品产生浓厚兴趣。还是办壁报、打篮球和上街宣传抗日的活跃分子。

龚淳的高中生活是在贵阳清华私立中学渡过的，在3年的时间里，龚淳以顽强的毅力，克服学习生活中的各种困难，完成了学业。1946年考入贵州大学历史系。在贵州大学习期间，他利用假期到普定等地代课和打工，为自己解决学习和生活上所需的费用。还参加郎岱籍同学成立的“岱声学会”，自编自印《岱声》专刊，宣传进步思想。1948年暑假，龚淳牵头在岩脚演出了话剧《复仇》《冒牌秘书》和笙歌土舞《苗家要出头》，揭露伪政府的黑暗和腐败，表达了穷苦人民渴望翻身解放的强烈愿望。

1950年9月，大学毕业的龚淳与几位志同道合的同学决定到东北去支援老解放区建设，从贵阳出发，不远万里辗转来到吉林，他将一路的所见所闻写成7000余字的游记《遥远的号召》，发表于《上海旅行杂志》上，后被台湾《黔人》杂志转载。

龚淳应聘到吉林市女子中学任历史教师不久，即担任教研组长，他除了经常组织开展教研活动外，还自制教具，亲手绘制了不少教学挂图，全身心投入教学工作，几年后又调到了吉林四中。1956年，龚淳加入了中国民主同盟。

1958年，龚淳被错划为“右派”，受到过劳动教养、下放当农民等不公正待遇，1974年，龚淳一家被遣返回原籍，回到六枝特区梭戛乡沙子河老家当农民。1977年9月，龚淳到普定县马场区高新公社戴帽初中班代课，1978年9月回到六枝特区新华中学教高中语文课，1979年初，国家为错划为“右派”的龚淳落实政策，予以平反，使其成为六枝特区三中的一名正式教师。

历经20余年的冤屈和磨难，55岁的龚淳又回到了教学工作岗位，他十分珍惜宝贵的工作时间，以极大的热情带领老师们搞教学研究，上公开课，办校报，开朗诵会等，还兼管学校的工会工作，被贵州省教育工会评为先进工作者。

龚淳在六枝三中工作到61岁，退休后，他邀约5位老教师办起了云盘职业中学，开设了美工、园艺、缝纫、蜡染、书画、刺绣等学科，学生作品曾在省、市职教成果展览中受到表彰，1989年，龚淳又应聘到六盘水市经济管理职业中学执教、当班主任。

1992年，龚淳到老家沙子河发起重建沙子小学的倡议：由本村在外工作的人士募捐，当地群众集资投劳，通过多方争取，共融资2.4万元，修建了6间教室和2间办公室，使200多名小学生告别危房。

1983年，龚淳参与政协六盘水市的筹备工作，并任市政协第一、第二届常委，1986年筹建民盟六盘水市支部，1987年，经贵州省委统战部批准，龚淳加入了中国共产党，1989年，受党组织委派筹建民盟六盘水市委员会，并任第一届主任委员。

步入晚年的龚淳乐观向上，热心公益事业，他在书房里挂了一副对联：但得夕阳无限好，何须惆怅近黄昏。82岁时开始写回忆录《漫漫阴晴路》，用历史纪实，直白无华的手法记录下自己历经坎坷曲折、最后重见光明的一生。2008年，“5·12”汶川大地震发生后，龚淳忧国忧民，挥笔写下《多难兴邦志必酬》的爱国诗篇，热情歌颂了党中央领导全国各族人民抗震救灾、重建家园的壮举。

2010年，龚淳因病逝世，享年86岁。

李志高

李志高（1933–2010），1959年1月参加工作，同6月加入中国共产党。1959年11月至1966年9月任原郎岱县委办公室秘书，1966年9月至1971年9月任原郎岱县农办干事，1971年9月至1974年1月任六枝特区生产指挥部工作员，1974年1月至1984年6月任六枝特区党委宣传部秘书科长，1984年6月至1987年9月任六枝特区政协副秘书长兼文史办主任，1987年9月任六枝特区政协文史资料研究委员会主任至退休。

李志高无论在哪个工作岗位上都勤奋好学，他求真务实、爱岗敬业。特别是在六枝特区政协任文史资料研究委员会主任期间，他身先士卒、率先垂范，团结和带领六枝特区政协文史工作者克服种种困难，勤奋工作，在六枝特区档案馆翻阅完千余个民国卷宗，从上千万文字资料中整理摘录出数十万字的有关史料；他还赴北京、贵阳及邻县广泛考察，查阅了大量历史档案和历史文献，从中辑录出六枝特区史料数十万字；他经常深入基层、深入群众调查研究，拜访革命老同志、老领导，走访统战人士、历史老人等，亲临一线收集有关文史资料。在广泛调查、考察、收集的基础上，李志高通过对收集到的大量史料认真整理，编辑出版《六枝文史资料选集》1至6辑，内容涉及六枝解放前的政治、军事、文化、教育、卫生等诸多方面。李志高同志在一边兢兢业业开展本职工作的同时，一边用心关注六枝地方志工作。他经过对六枝地方史志资料的长期调研、收集和积累，编写出了三十六万余字的《郎岱县志长编》，填补了六枝特区历史上无地方志的空白，为理清1949年以前的六枝特区史实作出了一大贡献。退休后，仍然关心、支持政协文史工作。

李志高一生忠于党和人民事业，坚持党性原则，自觉维护团结，作风正派。他勤于学习，重视调查研究，工作深入细致，一丝不苟。具有强烈的宗旨意识，兢兢业业为党和人民的事业工作。他作风民主，注意调动和发挥各方面的积极性，集思广益，开创工作。他为人宽厚，谦虚谨慎，严于律己，宽以待人，对家人要求严格，病重期间还特别嘱咐家人丧事从简，尽量少给组织提要求，始终保持了共产党员的政治本色。

英烈名录

序 号	姓 名	出生年月	牺牲时间、地点、原因	批准单位时间	证件号	牺牲简要事迹
1	王顺先	1919	1949年3月于郎岱三三暴动	贵州省人民政府 1982.5.31	004264	在洒志乡雷打岩光荣牺牲
2	马国忠	1925	1949年3月于郎岱三三暴动	贵州省人民政府 1982.5.31	004260	在花德河对敌作战负伤牺牲
3	马义清	1918	1949年3月于郎岱三三暴动	贵州省人民政府 1982.5.31	004263	在郎岱三三暴动中被俘牺牲
4	李洋桥	1927	1949年3月14日于郎岱 三三暴动	贵州省人民政府 1984.8.30	000059	在郎岱三三暴动中被俘牺牲

续表

序号	姓名	出生年月	牺牲时间、地点、原因	批准单位时间	证件号	牺牲简要事迹
5	李伯平	1908	1933 年在南京雨花台被敌人杀害	贵州省人民政府 1982.5.31	004265	南京雨花台被敌人杀害
6	刘春友	1928	1949 年 3 月 14 日于郎岱 三三暴动	贵州省人民政府 1982.3.12	004269	在郎岱三三暴动中被俘牺牲
7	聂少华	1959	1979 年 3 月 5 日于上马槽	解放军总政治部 1979.4.29	008772	在自卫还击战中牺牲
8	王芳祥	1964.10	1984 年 1 月老山	解放军总政治部 1984.8.30	008828	在自卫还击战中牺牲
9	王启华	63.7	1984 年元月老山	解放军总政治部 1984.12.31	008832	在自卫还击战中牺牲
10	徐少华	1923	1949 年于把仕寨	贵州省人民政府 1982.5.31	004267	在剿匪战斗中牺牲
11	徐少伍	1925	1949 年于把仕寨	贵州省人民政府 1982.5.31	008771	在剿匪战斗中牺牲
12	腾兴芝	1921	1949 年 3 月于郎岱三三暴动	贵州省人民政府 1982.5.31	004262	在剿匪战斗中牺牲
13	刘兴华	1958.4	1982.11.25 于 104 处金县钢厂	解放军总政治部 1982.11.20	008787	在执行任务中牺牲
14	邓召洪	1959	1979.2 自卫还击战	解放军总政治部 1979.3.16	008785	在自卫还击战中牺牲
15	邓连恒	1958	1979.2 自卫还击战	解放军总政治部 1984.3.30	008784	在自卫还击战中牺牲
16	李兴龙	1921	1949.3.3 于郎岱三三暴动	贵州省人民政府 1982.5.31	008790	在郎岱三三暴动中被俘牺牲
17	杨志国	1959	1979.2 自卫还击战	解放军总政治部 1979.3.16	08778	在自卫还击战中牺牲
18	王占平	1963.12	1984.4 于云南者阴山	解放军总政治部 1984.10.21	008833	云南者阴山战斗中牺牲
19	宋安国	5199	1979.2 于云南河口县	解放军总政治部 1979.3.16	008780	在自卫还击战中牺牲
20	叶明章	1924	1949.3.3 于郎岱三三暴动	贵州省人民政府 1982.5.31	004272	在郎岱三三暴动中被俘牺牲
21	周朝炳	1964.9	1984.6.11 老山自卫还击战	解放军总政治部 1984.8.30	008825	在自卫还击战中牺牲
22	杨仁登	1926	1949.3.3 于郎岱三三暴动	贵州省人民政府 1982.5.31	004266	在郎岱三三暴动中被俘牺牲
23	曹业云	1958.10	1979.2 自卫还击战	解放军总政治部 1979.3.19	008755	云南河口自卫还击战中牺牲

续表

序 号	姓 名	出生年月	牺牲时间、地点、原因	批准单位时间	证件号	牺牲简要事迹
24	李天祥	1958	1979.2 自卫还击战	昆明军区司令部 1979	500079	在自卫还击战中牺牲
25	李 斌	1964.10	1984.6.11 老山自卫还击战	解放军总政治部 1984.8.30	008829	自卫还击战中牺牲
26	黄文仲	1953.9.28	2000.4.19 六枝工矿集团地宗公司瓦斯爆炸，救人时牺牲	贵州省人民政府 2002.3.19.	008843	在地宗矿瓦斯爆炸中救人牺牲
27	卢 祥	1987.6	2008.8 在四川省阿坝州汶川县抗震救灾中牺牲	武警四川省总队政治部 2008.11.28		2008 年 8 月在四川省阿坝州汶川县抗震救灾时，不幸被飞石击中，经抢救无效，光荣牺牲
28	朱玉华	1994.2.13	2013.6.21 在西藏那曲地区比如县达塘乡执行任务时光荣牺牲	武警西藏自治区总队政治部 2013.6.28	武警字第 1829028 号	2013 年 6 月 21 日在西藏那曲地区比如县达塘乡执行任务时光荣牺牲

1989 年六枝特区获国务院、市级“劳模”名录

姓 名	现所在单位	职务（岗位名称）	性别	出生年月	民族	籍贯	学历	政治面貌	参加工作时间	评选劳模时所在单位及职务	所获荣誉		
											荣获时间	荣誉名称	授予部门
邓承舟	六枝特区云盘乡玻利村	农民	男	1942.10	汉	贵州六枝	高小	群众	1956	六枝特区云盘乡玻利村	1989	市劳模	
胡朝英	六枝特区平寨镇补林小学	教师	女	1952.2	汉	四川	中师	群众	1969	六枝特区平寨镇补林小学	1989	市劳模	市政府
黄志祥	六枝特区医药公司	经理	男	1957.7	汉	浙江省浦江县	大专	中共党员	1974	六枝特区医药公司经理	1989 1995	市劳模	市政府
李志高	六枝特区政协文史资料委员会	主任	男	1933.11	汉	贵州六枝	中专	中共党员	1951	六枝特区政协文史资料委员会主任	1989	市劳模	市政府
林坤伦	六枝特区凉风洞电站	站长	男	1944.10	汉	贵州关岭	高中	中共党员	1963	六枝特区凉风洞电站站长	1989	市劳模	市政府
唐通文	六枝特区公安局刑侦科	指导员	男	1933.1	汉	贵州	高小	中共党员	1949	六枝特区公安局刑侦科指导员	1989		市政府
韦洪恩	六枝特区郎岱陇脚乡大坝村纳梗村民组	农民	男	1940.9	布依	贵州六枝	初中	群众	1965	六枝特区郎岱陇脚乡大坝村纳梗村民组	1989	市劳模	市政府

续表

姓 名	现所在单位	职务（岗位名称）	性别	出生年月	民族	籍贯	学历	政治面貌	参加工作时间	评选劳模时所在单位及职务	所获荣誉		
											荣获时间	荣誉名称	授予部门
许国华	六枝特区堕脚龙潭乡茅稗田村许家寨组	农民	男	1942.6	汉	贵州六枝	初中	群众	1962	六枝特区堕脚龙潭乡茅稗田村许家寨组	1989	市劳模	市政府
杨太秀	六枝特区中寨小学	教师	女	1953.1	汉	贵州六枝	中师	中共党员	1975	六枝特区中寨小学	1989	市劳模	市政府
张廷群	六枝特区木岗镇小木岗村	支书	男	1943.10	汉	贵州六枝	初中	中共党员	1960	六枝特区木岗镇小木岗村支书	1989	市劳模	市政府
郑廷尧	原六枝特区平寨镇郑家寨水泥厂	厂长	男	1945.12	汉	贵州六枝	初小	群众	1962	原六枝特区平寨镇郑家寨水泥厂	1989	全国劳模	国务院
周家玉	六枝特区汽车运输公司	调度员	女	1942.7	汉	贵州	高中	群众	1962	六枝特区汽车运输公司	1989	市劳模	市政府
龚明允	六枝特区岩脚区医院		男	1941.11	汉	贵州	初中	群众	1968	六枝特区岩脚区医院	1989	市劳模	市政府
杨克宽	六枝特区食品产销公司	经理	男	1952.5	汉	贵州	初中	中共党员	1971	六枝特区食品产销公司经理	1989	市劳模	市政府
邓汝贵	六枝特区郎岱供销社	主任	男	1951.10	汉	贵州六枝	初中	中共党员	1968	六枝特区郎岱供销社主任	1989	市劳模	市政府

1995 年六枝特区获市级“劳模”名录

姓 名	现所在单位	职务（岗位名称）	性别	出生年月	民族	籍贯	学历	政治面貌	参加工作时间	评选劳模时所在单位及职务	所获荣誉		
											荣获时间	荣誉名称	授予部门
李昌学	六枝特区中寨乡火坑村	支书	男	1960.3	苗	贵州六枝	高中	中共党员	1980.7	六枝特区中寨乡火坑村支书	1995	市劳模	市政府
方仁武	六枝特区第二建筑公司	经理	男	1939.11	汉	贵州六枝	初中	中共党员	1953.7	六枝特区第二建筑公司经理	1995	市劳模	市政府
陈寄筑	六枝特区教育局	局长	女	1943.10	土家	广东江门	大学	中共党员	1964.7	六枝特区教育局局长	1995	市劳模	市政府
蒋世新	六枝特区卫生局	主任	男	1962.5	汉	贵州安顺	大专	中共党员	1983.8	六枝特区卫生局主任	1995	市劳模	市政府
王忠华	六枝特区铁锅厂	厂长	男	1955.10	汉	四川武胜	初中	中共党员	1974.7	六枝特区铁锅厂厂长	1995	市劳模	市政府

续表

姓 名	现所在单位	职务（岗位名称）	性别	出生年月	民族	籍贯	学历	政治面貌	参加工作时间	评选劳模时所在单位及职务	所获荣誉		
											荣获时间	荣誉名称	授予部门
杨学芳	六枝特区公安局预审科	科长	男	1950.9	汉	贵州六枝	中专	中共党员	1969.7	六枝特区公安局预审科科长	1995	市劳模	市政府
王芳超	六枝特区落别乡茂林村	农民	男	1963.7	布依	贵州六枝	初中	群众	1980.7	六枝特区落别乡茂林村	1995	市劳模	市政府
郭庆芬	六枝特区百货大楼	经理	女	1953.6	汉	山东	初中	中共党员	1970.7	六枝特区百货大楼经理	1995	市劳模	市政府
钱世文	六枝洒志乡簸箕田小学	校长	男	1943.7	汉	贵州六枝	初中	中共党员	1972.7	六枝洒志乡簸箕田小学校长	1995	市劳模	市政府
王复琪	六枝特区种畜场	场长	男	1967.12	汉	贵州	大学	群众	1987.7	六枝特区种畜场场长	1995	市劳模	市政府
李守荣	六枝特区平寨镇抵西村	支书	男	1933.1	汉	贵州六枝	初中	中共党员	1953.7	六枝特区平寨镇抵西村支书	1995	市劳模	市政府
杨兴华	六枝特区平寨镇补林村	农民	男	1955.10	汉	贵州六枝	高小	群众	1968.9	六枝特区平寨镇补林村	1995	市劳模	市政府
薛明珍	六枝特区大用镇新兴村	支书	女	1955.11	汉	贵州六枝	小学	中共党员	1967.9	六枝特区大用镇新兴村支书	1995	市劳模	市政府

2000年六枝特区获市级“劳模”名录

姓 名	现所在单位	职务（岗位名称）	性别	出生年月	民族	籍贯	学历	政治面貌	参加工作时间	评选劳模时所在单位及职务	所获荣誉		
											荣获时间	荣誉名称	授予部门
李文奎	六枝特区堕却乡倮那村	支书	男	1948.11	汉	贵州六枝	小学	中共党员	1992.10	六枝特区堕却乡倮那村支部书记	2000	市劳模	市政府
陶家林	六枝特区牛场乡大寨村	连长	男	1954.2	彝族	贵州六枝	初中	群众		六枝特区牛场乡大寨村民兵连长	2000	市劳模	市政府
宋兴嘉	六枝特区新窑乡二塘村	支书	男	1949.3	汉	贵州六枝	小学	中共党员	1983.7	六枝特区用窑乡二塘村村支部书记	2000	市劳模	市政府
李　玲	六枝特岩脚镇	副镇长	女	1970.11	汉	贵州六枝	中专	中共党员	1998.12	六枝特区岩脚镇副镇长	2000	市劳模	市政府
王安荣	六枝特区大用镇湾寨村	农民	男	1950.5	汉	贵州六枝	初中	群众	1974.7	六枝特区大用镇湾寨村村民组群众	2000	市劳模	市政府
蔡兴宇	六枝特区平寨镇底西村	主任	男	1952.8	汉	贵州六枝	小学	群众	1966.7	六枝特区平寨镇底西村村主任	2000	市劳模	市政府

续表

姓名	现所在单位	职务（岗位名称）	性别	出生年月	民族	籍贯	学历	政治面貌	参加工作时间	评选劳模时所在单位及职务	所获荣誉		
											荣获时间	荣誉名称	授予部门
王达虎	六枝特区龙场乡兴隆村	防疫员	男	1958.7	汉	贵州六枝	初中	群众	1976.7	六枝特区龙场乡兴隆村防疫员	2000	市劳模	市政府
陈兴翠	六枝特区中寨乡红专村	妇代会主任	女	1965.12	苗族	贵州六枝	初中	中共党员	1994.10	六枝特区中寨乡红专村妇代会主任	2000	市劳模	市政府
黄玲	六枝特区外贸公司	员工	女	1963.10	汉	贵州六枝	高中	中共党员	1981	六枝特区外贸公司职工	2000	市劳模	市政府
赵凯	六枝特区落别乡供销社	会计	男	1964.9	布依族	贵州	中专	中共党员	1984	六枝特区落别乡供销社会计	2000	市劳模	市政府
李林	六枝特区公共汽车运输公司	经理	男	1963.11	汉	山东	高中	中共党员	1981	六枝特区公共汽车运输总经理	2000	市劳模	市政府
陈光凯	六枝特区洒志乡农技站	职工	男	1972.12	汉	贵州六枝	中专	中共党员	1994.8	六枝特区洒志乡农技站	2000	先进工作者	市政府
黄美刚	六枝特区水电局建设站	职工	男	1968.7	汉	贵州六枝	中专	中共党员	1981	六枝特区水电局建设站职工	2000	先进工作者	市政府
彭永学	六枝特区党委	副书记	男	1951.12	汉	贵州水城	大专	中共党员	1970	六枝特区六党委副书记	2000	先进工作者	市政府
金家琪	六枝特区发展和改革局	局长	男	1969.10	汉	贵州六枝	大学	中共党员	1990.9	六枝特区林业局林业站站长	2000	先进工作者	市政府
吴玉生	六枝特区人民法院	院长	男	1948.11	汉	浙江青田	大专	中共党员	1968	六枝特区人民法院院长	2000	先进工作者	市政府
胡风明	六枝特区公路养护工区	负责人	男	1949.10	汉	贵州六枝	中专	中共党员	1968	六枝特区公路养护工区工作负责人	2000	先进工作者	市政府
陈乾炳	六枝特区安监局	主任科员	男	1957.7	汉	贵州六枝	大专	中共党员	1972	六枝特区总工会副主席	2000	先进工作者	市政府

2005 年六枝特区获市级“劳模”名录

姓名	现所在单位	职务（岗位名称）	性别	出生年月	民族	籍贯	学历	政治面貌	参加工作时间	评选劳模时所在单位及职务	所获荣誉		
											荣获时间	荣誉名称	授予部门
陈兴隆	六枝特区岩脚镇田坎村		男	1942.10	汉	贵州六枝	高中	中共党员		六枝特区岩脚镇田坎村	2005	市劳模	市政府

续表

姓名	现所在单位	职务（岗位名称）	性别	出生年月	民族	籍贯	学历	政治面貌	参加工作时间	评选劳模时所在单位及职务	所获荣誉		
											荣获时间	荣誉名称	授予部门
陈光明	六枝特区梭戛乡乐群村		男	1961.8	彝	贵州六枝	小学	中共党员		六枝特区梭戛乡乐群村	2005	市劳模	市政府
刘胜远	六枝特区平寨镇底西村		男	1968.6	汉	贵州六枝	初中	群众		六枝特区平寨镇底西村	2005	市劳模	市政府
刘　挺	六枝特区洒志乡洒志村		男	1970.3	汉	贵州六枝	初中	群众		六枝特区洒志乡洒志村	2005	市劳模	市政府
庞清志	六枝特区落别乡落别村		男	1945.12	汉	贵州六枝	中专	中共党员		六枝特区落别乡落别村	2005	市劳模	市政府
杨爱华	六枝特区大用镇大用村		女	1963.10	汉	贵州六枝	高中	中共党员		六枝特区大用镇大用村	2005	市劳模	市政府
王发兵	六枝特区落别乡新寨村		男	1962.6	汉	贵州六枝	高中	群众		六枝特区落别乡新寨村	2005	市劳模	市政府
王达虎	六枝特区龙场乡龙场村		男	1958.7	汉	贵州六枝	初中	群众		六枝特区龙场乡龙场村	2005	市劳模	市政府
唐兴华	六枝特区新场乡新场村		男	1969.9	苗	贵州六枝	初中	群众		六枝特区新场乡新场村	2005	市劳模	市政府
周光云	六枝特区箐口乡荒田村		男	1970.4	汉	贵州六枝	小学	中共党员		六枝特区箐口乡荒田村	2005	市劳模	市政府
陈瑞华	六枝特区木岗镇木岗场村		男	1955.9	汉	贵州六枝	初中	群众		六枝特区木岗镇木岗场村	2005	市劳模	市政府
宋兴嘉	六枝特区新窑乡马路村		男	1949.6	汉	贵州六枝	小学	中共党员		六枝特区新窑乡马路村	2005	市劳模	市政府
李　林	六枝特区公汽公司	经理	男	1963.4	汉	贵州六枝	高中	中共党员		六枝特区公汽公司	2005	市劳模	市政府
田兴文	六枝特区种子公司	技术员	男	1968.6	汉	贵州六枝	本科	中共党员		六枝特区种子公司	2005	市劳模	市政府
刘　炜	六枝特区粮油购销公司	职工	男	1974.6	汉	贵州六枝	大专	中共党员		六枝特区粮油购销公司	2005	市劳模	市政府
付锡兰	六枝特区印刷厂	车间主任	女	1956.7	汉	贵州六枝	初中	群众		六枝特区印刷厂	2005	市劳模	市政府
程兆琼	六枝特区废旧物资公司	职工	女	1957.7	汉	贵州六枝	高中	群众		六枝特区废旧物资公司	2005	市劳模	市政府
但承祥	六枝特区自来水公司	职工	男	1968.8	汉	贵州六枝	初中	群众		六枝特区自来水公司	2005	市劳模	市政府

续表

姓名	现所在单位	职务（岗位名称）	性别	出生年月	民族	籍贯	学历	政治面貌	参加工作时间	评选劳模时所在单位及职务	所获荣誉		
											荣获时间	荣誉名称	授予部门
高 军	六枝特区环卫站	职工	男	1966.1	仡佬	贵州六枝	初中	群众		六枝特区环卫站	2005	市劳模	市政府
蔡 琼	六枝特区第二小学	教师	女	1970.10	汉	贵州六枝	大专	群众		六枝特区第二小学	2005	市劳模	市政府
陈朝新	六枝特区司法局	司法助理员	男	1963.1	汉	贵州六枝	高中	中共党员		六枝特区司法局	2005	市劳模	市政府
万洪林	六枝特区大用镇	宣传委员	男	1972.5	苗	贵州六枝	大专	中共党员		六枝特区大用镇	2005	市劳模	市政府
刘大芬	六枝特区大用驾信火锅店	个体户	女	1965.8	汉	贵州六枝	初中	群众		六枝特区大用驾信火锅店	2005	市劳模	市政府
牟庭翠	六枝特区城区运输同业公会	副会长	女	1963.5	汉	贵州六枝	初中	群众		六枝特区城区运输同业公会	2005	市劳模	市政府
宋全海	六枝特区新干线	总经理	男	1964.11	汉	贵州六枝	高中	中共党员		六枝特区新干线	2005	市劳模	市政府
索东方	六枝特区福星电冶公司	副总经理	男		汉	贵州六枝	高中	中共党员		六枝特区福星电冶公司	2005	市劳模	市政府
曾国金	六枝特区郎岱启文煤矿	矿长	男	1963.03	汉	贵州六枝	大专	中共党员		六枝特区郎岱启文煤矿	2005	市劳模	市政府

2010年六枝特区获市级“劳模”名录

姓名	现所在单位	职务（岗位名称）	性别	出生年月	民族	籍贯	学历	政治面貌	参加工作时间	评选劳模时所在单位及职务	所获荣誉		
											荣获时间	荣誉名称	授予部门
韦毓波	六枝特区陇脚乡月亮河村	支部书记	男	1969.1	布依	贵州六枝	初中	中共党员		六枝特区陇脚乡月亮河村	2010	市劳模	市政府
赵卫平	六枝特区岩脚镇金星村	支部书记	男	1955.10	汉	贵州六枝	初中	中共党员		六枝特区岩脚镇金星村	2010	市劳模	市政府
张兴国	六枝特区新华乡兴隆村	村委会主任	男	1958.6	汉	贵州六枝	初中	中共党员		六枝特区新华乡兴隆村	2010	市劳模	市政府
周定岳	六枝特区大用镇黑晒村	支部书记	男	1966.7	汉	贵州六枝	大专	中共党员		六枝特区大用镇黑晒村	2010	市劳模	市政府
陈光明	六枝特区堕却乡龙滩村	村委会主任	男	1975.12	汉	贵州六枝	初中	中共党员		六枝特区堕却乡龙滩村	2010	市劳模	市政府

续表

姓名	现所在单位	职务（岗位名称）	性别	出生年月	民族	籍贯	学历	政治面貌	参加工作时间	评选劳模时所在单位及职务	所获荣誉		
											荣获时间	荣誉名称	授予部门
王显兴	六枝特区木岗镇坻簸村	支部书记	男	1976.8	汉	贵州六枝	初中	中共党员		六枝特区木岗镇坻簸村	2010	市劳模	市政府
梅宗华	六枝特区木岗镇木岗场村	村委会主任	男	1954.10	黎	贵州六枝	初中	中共党员		六枝特区木岗镇木岗场村	2010	市劳模	市政府
勾　平	六枝特区郎岱镇青龙村	支部书记	男	1980.10	彝	贵州六枝	本科	中共党员		六枝特区郎岱镇青龙村	2010	市劳模	市政府
周正伦	六枝特区郎岱镇花脚村	农民	男	1970.3	汉	贵州六枝	初中	群众		六枝特区郎岱镇花脚村	2010	市劳模	市政府
王芝美	六枝特区新窑乡那秀村	农民	女	1952.9	汉	贵州六枝	小学	群众		六枝特区新窑乡那秀村	2010	市劳模	市政府
林选英	六枝特区新干线	分店经理	女	1978.12	汉	贵州六枝	初中	群众		六枝特区新干线	2010	市劳模	市政府
赵　强	六枝特区华兴管业制品有限公司	总经理	男	1973.1	汉	贵州六枝	大学	群众		六枝特区华兴管业制品有限公司	2010	市劳模	市政府
温礼国	六枝特区筑华水泥有限责任公司一厂	厂长	男	1962.2	汉	贵州六枝	大学	中共党员		六枝特区筑华水泥有限责任公司一厂	2010	市劳模	市政府
柴　林	六枝特区食品产销公司	车间主任	男	1971.7	彝	贵州六枝	中专	中共党员		六枝特区食品产销公司	2010	市劳模	市政府
陈德芬	六枝特区宏奇制药有限公司	一线职工	女	1979.9	汉	贵州六枝	高中	群众		六枝特区宏奇制药有限公司	2010	市劳模	市政府
李　敏	六枝特区古夜郎资源开发有限公司	财务总监	女	1973.4	彝	贵州六枝	高中	群众		六枝特区古夜郎资源开发有限公司	2010	市劳模	市政府
赵光荣	六枝特区城区运输同业公会	一线职工	男	1968.6	汉	贵州六枝	初中	群众		六枝特区城区运输同业公会	2010	市劳模	市政府
姜贵明	六枝特区九龙酿造厂	厂长	男	1962.4	汉	贵州六枝	大专	中共党员		六枝特区九龙酿造厂	2010	市劳模	市政府
朱全龙	六枝特区饮食同业公会	会长	男	1965.12	汉	贵州六枝	初中	中共党员		六枝特区饮食同业公会	2010	市劳模	市政府
罗治敏	六枝特区新动力配送中心	经理助理	女	1971.4	汉	贵州六枝	高中	群众		六枝特区新动力配送中心	2010	市劳模	市政府
陈帮卫	六枝特区永洋生态科技有限公司	经理助理	女	1962.2	汉	贵州六枝	中专	中共党员		六枝特区永洋生态科技有限公司	2010	市劳模	市政府

六枝特区研究生以上学历人才统计表

姓 名	性别	出生年月	政治面貌	民族	学历	学位	毕业院校及专业	专业技术职称	工作单位及职务
江甫柱	男	1979.5	中共党员	汉族	硕士研究生	医学硕士	贵阳医学院内科学	医师	六枝特区人民医院感染科副主任
陶廷婷	女	1988.2	中共党员	侗族	硕士研究生	医学硕士	广西医科大学肿瘤学	医师	六枝特区人民医院
金家琪	男	1969.1	中共党员	汉族	硕士研究生	农学硕士	西南农业大学水土保持与荒漠化治理	高级工程师	六枝特区发改局党组书记、局长
赖祖德	男	1985.3	群众	瑶族	硕士研究生	文学硕士	贵州师范大学外国语言学及应用语言学	中学英语一级	市二中教师
陈　雪	女	1987.7	中共党员	汉族	硕士研究生	文学硕士	宁夏大学中国古代文学	中学语文一级	市二中教师
龙小琴	女	1986.5	中共党员	汉族	硕士研究生	历史学硕士	西北师范大学历史	中学历史一级	市二中教师
张武军	男	1986.9	中共党员	汉族	硕士研究生	历史学硕士	西北师范大学中国古代史	中学历史一级	市二中教师
王亚均	女	1987.7	中共党员	汉族	硕士研究生	法学硕士	云南大学思想政治教育	中学政治一级	市二中教师
刘爱喜	男	1984.5	中共党员	汉族	硕士研究生	理学硕士	重庆大学生物科学	中学生物一级	市二中教师
唐学敏	女	1984.8	中共党员	汉族	硕士研究生	历史学硕士	贵州大学历史学	中学历史一级	市二中教师
郑　杰	女	1986.1	中共党员	汉族	硕士研究生	法学硕士	云南民族大学思想政治教育专业	见习	特区一中
丁　兰	女	1986.4	群众	汉族	硕士研究生	教育学硕士	贵州师范大学课程与教学论（化学）专业	见习	特区一中
赵　婧	女	1988.7	中共党员	汉族	硕士研究生	工学硕士	昆明贵金属研究所材料学专业	见习	特区一中
吴明林	男	1982.11	群众	苗族	硕士研究生	文学硕士	重庆大学中国古代文学专业	见习	特区一中
谭祺峰	男	1988.1	中共党员	汉族	硕士研究生	法学硕士	西南政法大学政治学类专业		六枝特区新窑乡党政办工作人员
蒋　峰	男	1986.12	群众	彝族	硕士研究生	法律硕士	辽宁大学法律硕士专业		六枝特区人民检察院反贪污贿赂局科员
王　磊	男	1982.1	中共党员	汉族	硕士研究生	理学硕士	河南理工大学古生物学与地层学	地质工程师	六枝特区安监局

续表

姓 名	性别	出生年月	政治面貌	民族	学历	学位	毕业院校及专业	专业技术职称	工作单位及职务
李 娟	女	1983.7	群众	苗族	硕士研究生	法律硕士	中国政法大学法律专业		六枝特区人民法院助理审判员
张 鸽	男	1984.8	中共党员	汉族	硕士研究生	历史学硕士	贵州师范大学世界史专业		六枝特区纪委监察局科员
周雪梨	女	1978.3	中共党员	土家族	硕士研究生	管理学硕士	贵州大学旅游管理专业		人资社保局科员
唐晓飞	男	1983.2	中共党员	土家族	硕士研究生	哲学硕士	贵州大学美学		六枝特区生态文明建设和旅游发展局
于军锋	男	1984.9	中共党员	汉族	硕士研究生	法学硕士	清华大学法律		副区长
闫秀明	男	1984.1	中共党员	汉族	硕士研究生	农学硕士	贵州大学动物生产与兽医专业		秘书股科员
高 静	女	1963.12	中共党员	汉族	硕士研究生	项目管理硕士	贵州工业大学	高级工程师	六枝特区住房和城乡建设局
王 涛	男	1986.7	中共党员	汉族	硕士研究生	工学硕士	河南工业大学食品科学		六枝特区组织部远教办科员
孙金龙	男	1985.6	中共党员	汉族	硕士研究生	历史学硕士	浙江师范大学世界史专业		特区一中
余 松	男	1971.1	中共党员	蒙古族		法律硕士	西南政法大学法律硕士专业		六枝特区人民检察院检察长
黄 容	女	1971.7	中共党员	汉族		法律硕士	贵州大学法律硕士专业		六枝特区人民检察院民事行政监察科科长
肖 健	男	1974.8	中共党员	满族		法律硕士	云南大学法律专业		六枝特区人民法院院长
曹江洪	男	1968.4	中共党员	汉族		法律硕士	贵州大学法律专业		六枝特区人民法院副院长
杨 杰	男	1971.9	中共党员	苗族	本科	农业推广硕士	西南林业大学农业推广专业	高级工程师	六枝特区水务局股长
杨明军	男	1968.9	中共党员	汉族	本科	硕士	贵州工业大学、工商管理专业	高级工程师	牂牁江园区工作人员
杨石秀	女	1974.12	九三学社	汉族		硕士	贵州大学农业推广	农艺师	六枝特区农技站
王显云	男	1970.5	中共党员	汉族		硕士	西南大学农业推广硕士	农艺师	六枝特区月亮河省级森林公园管理处（六枝特区花德河林场）副主任（副场长）

续表

姓 名	性别	出生年月	政治面貌	民族	学历	学位	毕业院校及专业	专业技术职称	工作单位及职务
陇文菊	女	1967.8	群众	彝族	党校研究生		贵州省委党校公共管理专业	主任医师	市二医副院长
姜 宏	男	1970.4	中共党员	汉族	党校研究生		贵州省委党校法学专业	高级农艺师	六枝特区农业局副局长
周福良	男	1964.12	中共党员	汉族	党校研究生		贵州省委党校政治学专业	高级政工师	市二医党委书记
李升科	男	1963.3	中共党员	汉族	研究生		北京师范大学	中学物理高级	实验中学校长
高 源	男	1966.2	中共党员	汉族	研究生	学士	西南大学课程与教学论	中学政治高级	六枝特区职业技术学校（校长）
张海森	男	1963.1	中共党员	汉族	研究生		西南大学课程与教学论	中学物理高级	六枝特区职业技术学校（副校长）
肖德华	男	1961.5	中共党员	汉族	研究生		西南大学课程与教学论	技校化学高级讲师	六枝特区职业技术学校（副校长）
邓进仁	男	1969.5	群众	苗族	党校研究生		中共贵州省委党校经济管理专业	会计师	特区政协提案委主任
彭 青	男	1972.4	中共党员	穿青族	党校研究生		省委党校政治学	英语翻译	外事侨务办主任
张永志	男	1976.5	中共党员	彝族	党校研究生		贵州省委党校行政管理	讲师	木岗产业园区管理委员会招商局局长
王兴华	男	1966.5	中共党员	汉族	党校研究生		贵州省委党校法学专业		六枝特区科技事业局局长
聂清艳	女	1965.9	中共党员	汉族	党校研究生		贵州省委党校法学专业		六枝特区种子站
杜安祥	男	1973.4	中共党员	彝族	党校研究生		贵州省委党校法学专业		六枝特区纪委书记
吴国琴	女	1974.1	中共党员	汉族	党校研究生		省委党校公共管理		六枝特区纪委第二纪工委副书记、监察局局长
王明玺	男	1972.5	中共党员	仡佬族	党校研究生		省委党校政治学		六枝特区纪委第三纪工委委员、办公室主任
彭德刚	男	1976.1	中共党员	汉族	党校研究生		贵州省委党校经济学专业		六枝特区纪委统管室主任
陈钦利	女	1981.5	中共党员	汉族	党校研究生		省委党校经济管理专业		六枝特区纪委干部室主任

续表

姓 名	性别	出生年月	政治面貌	民族	学历	学位	毕业院校及专业	专业技术职称	工作单位及职务
刘廷和	男	1966.6	中共党员	回族	研究生		中央民族学院 少数民族语言文字专业		人资社保局局长
陈家富	男	1963.2	中共党员	汉族	研究生		西南大学 公共事业管理专业		人资社保局 副局长
徐贵颖	男	1975.4	中共党员	汉族	党校研究生		中共贵州省委党校公共管理专业		梭戛乡人民政府 武装部长
黄秋英	女	1959.8	群众	汉族	党校研究生		中共贵州省委党校行政学专业		特区政协副主席
张　迪	男	1975.3	中共党员	彝族	党校研究生		中共贵州省委党校公共管理专业		特区政协办公室 科员
韩林君	女	1988.4	中共党员	汉	党校研究生		中共贵州省党校		六枝特区团委
周金平	男	1963.11	中共党员	汉族	党校研究生		省委党校经济学		副区长
李用凯	男	1962.7	民盟	汉族	党校研究生		省委党校法律		调研员
郭　萌	女	1974.11	中共党员	白族	党校研究生		省委党校经济学		副区长
安长辅	男	1972.12	中共党员	汉族	党校研究生		省委党校经济学		副区长
王光耀	男	1978.1	中共党员	彝族	党校研究生		省委党校法律		应急办科员
陈兴煜	男	1976.10	群众	汉族	党校研究生		省委党校公共管理		政务服务中心 科员
卢　刚	男	1966.1	中共党员	汉族	党校研究生		中共贵州省委党校经济管理专业		六枝特区编制委员会办公室，主任
罗　成	男	1969.5	中共党员	汉族	党校研究生		贵州省委党校行政学		六枝特区党校 教师
田景丽	女	1976.11	中共预备党员	汉族	党校研究生		中共贵州省委党校公共管理		六枝特区公安局 刑侦大队（科员）
黄远松	男	1971.5	中共党员	汉族	党校研究生		中共贵州省委党校公共管理		六枝特区公安局 交警大队 （教导员）
余福泰	男	1975.7	中共党员	蒙古族	党校研究生		中共贵州省委党校 经济学		六枝特区机关 工委副书记

续表

姓 名	性别	出生年月	政治面貌	民族	学历	学位	毕业院校及专业	专业技术职称	工作单位及职务
付体英	女	1970.7	中共党员	苗族	党校研究生		中共贵州省委党校法学专业		六枝特区人民检察院未成年人刑事犯罪检察科科长
谭有跃	男	1974.8	中共党员	汉族	党校研究生		中共贵州省委党校行政管理专业		六枝特区新窑乡党委书记
陈俊松	男	1966.12	中共党员	壮族	党校研究生		中共贵州省委党校公共管理专业		贵州六枝经济开发区党工委副书记、纪工委书记
胡 庆			中共党员	穿青族	党校研究生		中共贵州省委党校经济管理专业		贵州六枝经济开发区党党政办主任

六枝特区副高级以上专业技术人才统计表

姓 名	性别	出生年月	政治面貌	民族	学历	学位	毕业院校及专业	专业技术职称
杨 芳	女	1962.11	中共党员	汉族	本科	学士	遵义医学院（医疗系）	主任医师
江甫祥	男	1960.5	中共党员	汉族	本科	学士	遵义医学院（医疗系）	主任医师
何天勇	男	1965.1	中共党员	汉族	本科	学士	贵阳医学院（临床医学）	副主任医师
王立新	男	1968.11	中共党员	汉族	本科		贵阳中医学院（临床医学）	副主任医师
王文勇	男	1970.5	民盟盟员	彝族	本科	学士	贵阳中医学院（中医）	副主任医师
徐亚莉	女	1970.2	群众	汉族	本科	学士	遵义医学院（临床医学）	副主任医师
张瑞雪	男	1967.3	中共党员	彝族	本科	学士	贵阳中医学院（中医）	副主任医师
孙贵珍	女	1970.6	九三学社	汉族	本科	学士	遵义医学院（临床医学）	副主任医师
杨明卫	男	1959.12	民盟盟员	汉族	本科	学士	遵义医学院（医学）	副主任医师
胡春晔	男	1973.2	群众	汉族	本科	学士	贵阳医学院（临床医学）	副主任医师
曾启祥	男	1971.1	中共党员	汉族	本科	学士	遵义医学院（临床医学）	副主任医师
张芝祥	男	1967.1	中共党员	汉族	本科	学士	贵阳中医学院（中医）	副主任医师
杨春莲	女	1968.10	中共党员	汉族	大专		六盘水职业技术学院（护理）	副主任护师
李志琼	女	1963.11	群众	汉族	大专		贵阳医学院（临床医学）	副主任护师
滕核建	男	1971.6	群众	汉族	本科	学士	贵阳中医学院（骨伤）	副主任医师
杨小平	男	1970.8	群众	汉族	本科	学士	遵义医学院（临床医学）	副主任医师
金开琼	女	1973.10	中共党员	彝族	本科		贵阳医学院（护理）	副主任护师
杨 昂	女	1972.12	群众	汉族	本科	学士	贵阳中医学院（中医）	副主任医师
戚懋材	男	1967.2	中共党员	汉族	本科	学士	贵阳中医学院（中医）	副主任医师

续表

姓　名	性别	出生年月	政治面貌	民族	学历	学位	毕业院校及专业	专业技术职称
罗春艳	女	1965.2	九三学社	汉族	本科		贵阳医学院（护理）	副主任护师
熊惠江	男	1972.8	民盟盟员	汉族	本科	学士	贵阳中医学院（中药学）	副主任药师
魏　芳	女	1973.1	群众	汉族	本科	学士	北京中医药大学（针灸）	副主任医师
杨　敏	女	1973.1	九三学社	汉族	本科	学士	遵义医学院（口腔医学）	副主任医师
张文燕	女	1964.1	中共党员	汉族	大专		贵阳医学院（临床医学）	副主任医师
付　凯	男	1977.3	群众	汉族	本科	学士	遵义医学院（临床医学）	副主任医师
林　海	男	1964.1	中共党员	汉族	本科	无	遵义医学院医学专业	主任医师
王世其	男	1957.9	中共党员	汉族	本科	医学学士	遵义医学院医学专业	主任医师
陇文菊	女	1967.8	群众	彝族	在职研究生	无	贵州省委党校公共管理专业	主任医师
张　旗	男	1966.7	群众	汉族	本科	医学学士	苏州医学院临床医学专业	主任医师
邸晶磊	男	1963.2	群众	汉族	本科	医学学士	遵义医学院医学专业	副主任医师
付　敏	女	1962.7	中共党员	汉族	本科	医学学士	遵义医学院医学专业	副主任医师
康登顺	男	1960.1	群众	汉族	本科	医学学士	遵义医学院医学专业	副主任医师
曹远举	男	1955.12	中共党员	汉族	大专	无	贵阳医学院医学专业	副主任医师
黄森仲	男	1968.3	中共党员	汉族	本科	医学学士	贵阳中医学院中医专业	副主任医师
马传惠	女	1965.11	群众	汉族	本科	医学学士	贵阳医学院医学专业	副主任医师
毛　卫	男	1966.10	中共党员	汉族	本科	医学学士	徐州医学院医学专业	副主任医师
袁红丽	女	1965.2	中共党员	汉族	本科	无	贵阳医学院临床医学专业	副主任医师
喻孟平	男	1964.1	群众	汉族	本科	医学学士	遵义医学院临床医学专业	副主任医师
郑用谋	男	1963.5	群众	汉族	本科	中医学学士	贵阳中医学院中医专业	副主任医师
蒙　杰	男	1972.8	群众	汉族	本科	医学学士	遵义医学院临床医学专业	副主任医师
张彩玉	女	1974.2	群众	土家族	本科	医学学士	华北煤炭医学院临床医学专业	副主任医师
吴胜平	男	1975.11	九三学社	汉族	本科	医学学士	贵阳医学院临床医学专业	副主任医师
乔玉梅	女	1962.6	九三学社	汉族	大专	无	贵阳医学院临床医学专业	副主任医师
刘振堂	男	1975.4	中共党员	汉族	本科	医学学士	遵义医学院临床医学专业	副主任医师
洪　斌	男	1974.3	群众	汉族	本科	医学学士	徐州医学院临床医学专业	副主任医师
李　琳	女	1964.8	中共党员	汉族	大专	无	贵阳医学院临床医学专业	副主任医师
刘　敏	女	1974.2	群众	汉族	本科	医学学士	遵义医学院临床医学专业	副主任医师
段成规	男	1972.4	中共党员	侗族	本科	无	遵义医学院临床医学专业	副主任医师
王培玉	女	1978.7	中共党员	汉族	本科	理学学士	贵阳医学院药学专业	副主任药师
张海英	女	1970.1	中共党员	汉族	本科	无	贵阳医学院护理学专业	副主任护师

续表

姓　名	性别	出生年月	政治面貌	民族	学历	学位	毕业院校及专业	专业技术职称
何光菊	女	1969.9	群众	汉族	大专	无	贵阳医学院护理学专业	副主任护师
马金燕	女	1971.3	中共党员	汉族	大专	无	贵阳医学院护理学专业	副主任护师
郭荣贞	女	1970.5	中共党员	彝族	大专	无	贵阳医学院护理学专业	副主任护师
任小君	女	1974.8	群众	汉族	本科	无	贵阳医学院护理学专业	副主任护师
冯　云	女	1968.12	群众	汉族	大专	无	贵阳医学院护理学专业	副主任护师
岳社红	女	1972.9	中共党员	汉族	本科	无	贵阳医学院护理学专业	副主任护师
周福良	男	1964.12	中共党员	汉族	在职研究生	无	贵州省委党校政治学专业	高级政工师
李雁辉	男	1962.2	中共党员	汉族	大专	无	贵州广播电视大学劳动经济管理专业	高级政工师
吴永平	女	1962.1	中共党员	汉族	本科	学士	遵义医学院医疗系	主任医师
陈映红	女	1972.1	民盟盟员	彝族	专科		遵义医学院医学检验专业	副主任技师
陈仕龙	男	1970.6	中共党员	彝族	本科	学士	遵义医学院临床医学专业	副主任医师
胡　洁	女	1968.12	中共党员	彝族	本科		贵州教育学院	政治高级讲师
林建忠	男	1959.9	中共党员	汉族	本科	理学学士	贵州师范大学	化学高级讲师
伍正龙	男	1957.10	中共党员	布依族	本科		中央党校	行政管理高级讲师
朱　敏	女	1972.12	中共党员	汉族	本科		贵州省委党校	中文高级讲师
刘大宇	男	1970.11	中共党员	汉族	本科	无	贵州师范大学汉语语言学	中数高级（七岗）
刘代娟	女	1974.6	中共党员	汉族	本科	文学学士学位	贵州师范大学英语专业	中英高级（七岗）
宋永会	女	1967.9	中共党员	汉族	本科	无	贵州师范大学英语专业	中英高级（七岗）
潘凤琴	女	1967.9	群众	侗族	本科	文学学士学位	贵州师范大学英语专业	中英高级（六岗）
曾启芳	女	1964.5	民盟盟员	汉族	专科		六盘水市师范高等专科学校汉语言文学	中学语文高级教师
邱源城	男	1961.11	中共党员	汉族	本科		贵州省委党校法律专业	中学生物高级教师
曾伟平	女	1966.12	中共党员	汉族	本科		贵州教育学院英语专业	中学英语高级教师
陈　迪	女	1973.4	中共党员	汉族	本科		贵州师范大学英语专业	中学英语高级教师
黄仕文	男	1959.6	民盟盟员	汉族	专科		六盘水师师范高等专科学校数学	中学数学高级教师

续表

姓　名	性别	出生年月	政治面貌	民族	学历	学位	毕业院校及专业	专业技术职称
时　磊	男	1968.11	群众	汉族	本科		贵州师范大学生物教育	中学生物高级教师
张德辉	男	1958.9	群众	汉族	专科		六盘水师师范高等专科学校物理	中学物理高级教师
丁泽俐	女	1963.5	民盟盟员	汉族	专科		贵州广播电视大学汉语言文学	中学语文高级教师
陈启芳	女	1966.7	民盟盟员	汉族	本科		贵州师范大学汉语言文学专业	中学语文高级教师
李　琨	女	1974.9	中共党员	布依族	本科		贵州师范大学汉语言文学专业	中学语文高级教师
周　莹	女	1966.5	民盟盟员	汉族	本科		贵州师范大学汉语言文学专业	中学语文高级教师
潘顺毅	女	1963.9	民盟盟员	汉族	专科		六盘水师师范高等专科学校汉语言文学	中学语文高级教师
朱国英	女	1963.9	中共党员	汉族	专科		六盘水师师范高等专科学校汉语言文学	中学语文高级教师
肖家兰	女	1960.10	民盟盟员	汉族	专科		六盘水师师范高等专科学校数学	中学数学高级教师
黄　英	女	1960.12	民盟盟员	汉族	专科		六盘水师师范高等专科学校数学	中学数学高级教师
邓婵娟	女	1962.10	中共党员	汉族	专科		六盘水师师范高等专科学校英语	中学英语高级教师
孙桂兰	女	1962.2	民盟盟员	汉族	专科		贵阳师范学院六盘水专科班数学	中学数学高级教师
吴德洪	男	1960.4	民盟盟员	汉族	本科		贵州师范大学物理专业	中学物理高级教师
符辉亮	亮	1962.8	中共党员	汉族	专科		六盘水师师范高等专科学校物理	中学物理高级教师
魏穆红	女	1963.4	群众	汉族	本科		贵州师范大学政教教育	中学物理高级教师
宋业红	女	1960.11	群众	汉族	专科		六盘水师师范高等专科学校化学	中学化学高级教师
王光辉	男	1965.5	民盟盟员	彝族	专科		六盘水师师范高等专科学校英语	中学英语高级教师
陈燕妹	女	1963.9	群众	汉族	专科		安顺师专	中化高 6 级
肖维勇	男	1961.4	中共党员	彝族	专科		六盘水师专	中物高 6 级
张黔辉	女	1962.9	群众	汉族	专科		六盘水师专	中物高 6 级
刘开美	女	1961.5	中共党员	汉族	本科		贵州师大	中语高 7 级

续表

姓　名	性别	出生年月	政治面貌	民族	学历	学位	毕业院校及专业	专业技术职称
王友凤	女	1960 9	群众	汉族	专科		六盘水师专	中数高 7 级
杨安国	男	1966 2	群众	汉族	本科		教育学院	中政高 7 级
张声学	男	1964 1	中共党员	汉族	专科		六盘水师专	中化高 7 级
张大江	男	1961.8	民盟盟员	汉族	专科		六盘水师专	中化高 7 级
龙道琼	女	1966.6	群众	汉族	专科		贵州大学	中数高 7 级
牟春梅	女	1968.1	中共党员	汉族	专科		六盘水师专	中英高 7 级
陈忠秀	女	1969.11	群众	黎族	本科		教育学院	中英高 7 级
王瑞玲	女	1967.5	群众	汉族	本科		贵州教育学院	中英高 7 级
李西铁	男	1966.9	民盟盟员	汉族	本科		教育学院	中语高 7 级
李永琴	女	1968.5	群众	汉族	专科		六盘水师专	中数高 7 级
申朝东	男	1963.6	群众	汉族	本科		贵州师范大学	中语高 7 级
樊国庆	男	1960.8	中共党员	汉族	本科	无	贵阳师范学院化学系化学	中教高级
孙　信	男	1958.12	中共党员	汉族	专科	无	六盘水师专数学系数学	中教高级
高克扬	男	1956.3	群众	汉族	专科	无	贵州师范大学政教系	中教高级
李明亮	男	1962.11	中共党员	汉族	本科	理学学士	淮北煤炭师范学院数学系基础数学	中教高级
杨正刚	男	1957.8	中共党员	苗族	本科	无	贵州教育学院化学系化学	中教高级
陈玉兴	男	1963.10	九三社员	汉族	本科	无	贵州师范大学体育系体育	中教高级
陈永军	男	1966.2	中共党员	青族	本科	理学学士	贵州师范大学数学系数学	中教高级
王尚平	男	1965.1	群众	汉族	本科	无	淮北煤炭师范学院数学系数学	中教高级
赵兴俊	男	1967.1	群众	汉族	本科	无	贵州师范大学政治系政治教育	中教高级
胡万忠	男	1968.5	群众	汉族	本科	教育学学士	贵州师范大学体育系体育	中教高级
高爱社	男	1969.11	中共党员	彝族	本科	无	贵州大学外语系英语	中教高级
黄华松	男	1970.5	中共党员	汉族	本科	理学学士	贵州师范大学数学系数学	中教高级
周　兴	男	1967.1	群众	汉族	本科	无	贵州师范大学外语系英语	中教高级
张开成	男	1969.4	中共党员	汉族	本科	文学学士	贵州师范大学中文系汉语言文学	中教高级
陈善义	男	1969.7	民盟盟员	汉族	本科	无	贵州师范大学化学系化学	中教高级
刘卫平	男	1960.4	群众	汉族	本科	无	贵阳师范学院数学系	中教高级
李晓春	女	1969.9	群众	汉族	本科	理学学士	贵州师范大学生物系生物	中教高级
吴作远	男	1968.12	群众	汉族	本科	理学学士	淮北煤炭师范学院物理系物理专业	中教高级
黄世立	男	1968.1	民盟盟员	汉族	本科	历史学学士	贵州师范大学历史系历史	中教高级
蔡泽东	男	1971.1	群众	汉族	本科	无	淮北煤炭师范学院外语系英语教育	中教高级

续表

姓　名	性别	出生年月	政治面貌	民族	学历	学位	毕业院校及专业	专业技术职称
谢重军	男	1971.3	群众	白族	本科	理学学士	贵州师范大学化学系化学	中教高级
彭超华	男	1969.9	群众	汉族	本科	无	贵州师范大学中文系汉语言文学教育专业	中教高级
张永斌	男	1970.11	群众	仡佬族	本科	理学学士	淮北煤炭师范学院数学系数学教育	中教高级
黄　平	男	1968.7	中共党员	汉族	本科	无	贵州师范大学物理系物理	中教高级
乔显奎	男	1973.1	九三社员	汉族	本科	理学学士	淮北煤炭师范学院物理系物理教育专业	中教高级
岑耀坤	男	1971.1	九三社员	布依族	本科	文学学士	贵州师范大学外语系英语教育专业	中教高级
邓永方	男	1962.8	中共党员	彝族	本科	无	贵州师范大学中文系中国汉语言文学	中教高级
马德才	男	1966.12	群众	彝族	本科	文学学士	贵州师范大学中文系汉语言文学	中教高级
杨　文	男	1972.8	中共党员	汉族	本科	理学学士	徐州师范大学物理系物理学教育	中教高级
孙　泉	男	1973.8	群众	汉族	本科	文学学士	徐州师范大学汉语言文学教育	中教高级
左　洁	男	1976.11	中共党员	汉族	本科	无	贵州师范大学地理系地理学教育专业	中教高级
刘　容	女	1969.11	群众	汉族	本科	法学学士	贵州师范大学政治学类	中政高
吴　丽	女	1960.11	中共党员	汉族	本科		贵师大数学	中数高
瞿明宏	女	1962.9	中共党员	汉族	专科		六盘水师专物理学	中物高
孟繁国	男	1962.10	中共党员	汉族	本科	理学学士	贵师大物理学	中物高
吴义华	女	1967.12	群众	汉族	本科		贵师大体育教育	中体高
喻孟华	男	1962.1	中共党员	汉族	本科		贵州教育学院化学	中化高
李绍江	男	1971.8	中共党员	汉族	本科	理学学士	贵师大化学教育	中化高
马茂林	男	1971.12	中共党员	布依族	本科		贵师大生物学	中生高
叶逢春	男	1971.1	中共党员	汉族	本科	教育学学士	贵师大体育教育	中体高
邱贵诒	男	1970.10	中共党员	汉族	本科	理学学士	贵师大物理学	中物高
宋业华	男	1964.8	群众	汉族	本科	历史学学士	贵师大历史学	中历高
张润祥	男	1968.10	中共党员	彝族	本科	历史学学士	贵师大历史学	中历高
李升权	男	1966.3	中共党员	彝族	本科		贵州教育学院计算机科学与技术	中政高
付锡波	男	1967.10	群众	汉族	本科		贵师大数学	中数高
刘　润	女	1967.12	群众	汉族	本科	理学学士	贵师大地理学教育	中地高
黄　芬	女	1971.7	群众	汉族	本科	理学学士	贵师大地理学	中地高
周　兴	女	1972.9	群众	汉族	本科		贵师大汉语言文学	中语高
杜昌兰	女	1969.6	群众	汉族	本科		贵师大应用数学	中数高

续表

姓 名	性别	出生年月	政治面貌	民族	学历	学位	毕业院校及专业	专业技术职称
曾 静	女	1967.7	群众	回族	本科	理学学士	西南民院物理学	中物高
付昭学	男	1964.5	中共党员	汉族	本科		贵师大数学	中数高
林建春	女	1965.3	群众	汉族	本科		贵师大生物学教育	中生高
陈 琨	女	1972.4	群众	汉族	本科	理学学士	贵师大化学	中化高
郭顺华	男	1965.4	中共党员	彝族	本科		贵州教育学院政治学类	中政高
王天义	男	1971.9	群众	布依族	本科	理学学士	西南民院化学	中化高
俞国华	女	1966.2	群众	汉族	本科		贵州教育学院汉语言文学	中语高
汪 敏	女	1967.10	群众	汉族	本科		贵州教育学院英语	中英高
陶玉鑫	男	1962.5	中共党员	汉族	本科		贵州教育学院汉语言文学	中语高
赵丽萍	女	1968.9	群众	汉族	本科		贵州教育学院汉语言文学	中语高
马定红	女	1975.5	群众	回族	本科	理学学士	贵师大数学教育	中数高
周 萍	女	1970.2	群众	汉族	本科		贵师大汉语言文学	中语高
谭 莉	女	1971.12	群众	壮族	本科	理学学士	贵师大数学教育	中数高
刘 胜	男	1967.10	民盟盟员	汉族	本科		贵州教育学院政治学类	中政高
谢 琼	女	1966.4	群众	汉族	本科		贵师大英语	中英高
吴 刚	男	1967.12	中共党员	汉族	本科		贵州教育学院政治学类	中历高
王安忠	男	1966.12	群众	汉族	本科		贵州教育学院英语	中英高
王 燕	女	1975.6	群众	彝族	本科		贵师大生物学教育	中生高
王 虹	女	1972.5	中共党员	满族	本科		贵州教育学院应用数学	中数高
李 杰	女	1961.6	群众	汉族	专科		六盘水师专物理专业	中学物理高级
袁永州	男	1960.11	群众	汉族	本科	教育学学士	贵州师院体育专业	中学体育高级
张 燕	女	1961.9	中共党员	汉族	专科		六盘水师专汉语言文学专业	中学语文高级
徐 春	女	1963.2	民盟盟员	汉族	专科		贵州教院汉语言文学专业	中学地理高级
杨 云	男	1970.3	群众	汉族	本科		贵州师大数学专业	中学数学高级
李建梅	女	1964.10	民盟盟员	汉族	本科		贵州师大汉语言文学专业	中学语文高级
万元杰	男	1963.9	中共党员	汉族	本科		贵州教院物理专业	中学物理高级
李 慧	女	1964.1	民盟盟员	汉族	专科		贵州艺专艺术专业	中学美术高级
李燕艳	女	1963.4	中共党员	汉族	本科		贵州教院教育管理专业	中学英语高级
桂 滨	男	1965.12	中共党员	汉族	本科		贵州教院教育管理专业	中学生物高级
刘 江	男	1966.4	群众	汉族	专科		六盘水师范高等专科学校数学专业	中学数学高级
雷 英	女	1967.2	民盟盟员	汉族	本科		贵州师大数学专业	中学数学高级
龚树琴	女	1968.11	群众	汉族	本科		贵州师大数学专业	中学数学高级

续表

姓　名	性别	出生年月	政治面貌	民族	学历	学位	毕业院校及专业	专业技术职称
叶　艇	男	1968.12	群众	汉族	本科		贵州师大英语专业	中学英语高级
张　丽	女	1965.10	民盟盟员	汉族	专科		六盘水师专汉语言文学专业	中学语文高级
陈　鸿	男	1960.11	中共党员	汉族	专科		六盘水专科班数学班	中学高级（副高）五岗
刘耀辉	男	1957.1	中共党员	汉族	本科		贵州师范大学	中学物理高级
朱　成	男	1957.8	中共党员	汉族	专科		六盘水师专	中学数学高级
孙丽娟	女	196208	民盟	汉族	专科		六盘水师专	中学化学高级
俞根娣	女	1962.10		汉族	本科		贵州师范大学	中学物理高级
许德芝	女	1962.6	中共党员	汉族	本科		贵州师范大学	中学化学高级
谭　琳	女	1965.1	民盟	壮族	专科		六盘水师专	中学生物高级
夏莉萍	女	1967.4		汉族	本科		贵州教育学院	中学英语高级
周　辉	女	1968.9		汉族	本科		贵州大学	中学英语高级
张孟兴	男	1969.1		汉族	专科		六盘水师专	中学数学高级
邹晓鸿	男	1969.8	中共党员	仡佬族	本科	学士	贵州师范大学	中学历史高级
童全兰	女	1970.12		汉族	本科	学士	贵州师范大学	中学历史高级
李康波	男	1968.5		汉族	本科		贵州师范大学	中学数学高级
刘冬梅	女	1966.12		汉族	专科		六盘水师专	中学数学高级
谌洪琼	女	1967.7		汉族	本科		贵州师范大学	中学英语高级
刘江莉	女	1972.7	中共党员	汉族	本科		贵州师范大学	中学语文高级
李升科	男	1963.3	中共党员	汉族	研究生		北京师范大学	中学物理高级
何志萍	女	1972.3	民盟	汉族	本科		贵州师范大学	中语高（7级）
郑喜凤	女	1973.8	民盟	侗族	本科		徐州师范大学	中生高（7级）
吴　燕	女	1969.9	中共党员	侗族	专科		六盘水师专	中学物理高级
高　源	男	1966.2	中共党员	汉族	研究生	学士	西南大学	中学政治高级
张海森	男	1963.1	中共党员	汉族	研究生		西南大学	中学物理高级
肖德华	男	1961.5	中共党员	汉族	研究生		西南大学	技校化学高级讲师
郑启荣	男	1963.11	中共党员	彝族	本科	学士	贵州农学院牧医兽医专业	中学兽医高级
焦贵山	男	1956.3	中共党员	汉族	专科		六盘水师专英语系	中学英语高级
刘宏图	女	1963.11	中共党员	汉族	本科		贵州省委党校经管	技校数学高级教师
王相云	男	1956.9	中共党员	汉族	本科		贵师大汉语言文学	技校语文高级讲师

续表

姓　名	性别	出生年月	政治面貌	民族	学历	学位	毕业院校及专业	专业技术职称
赵文碧	女	1962.9	民盟盟员	汉族	本科		贵州省委党校经管	技校物理高级讲师
李国东	男	1970.12	中共党员	汉族	本科		六盘水师专数学系	中学政治高级
谭全成	男	1960.2	中共党员	汉族	专科		六盘水师范专科学校物理专业	中学物理高级
赵凤英	女	1964.8	中共党员	汉族	专科		六盘水师范专科学校物理专业	中学物理高级
杨雪清	女	1960.6	民盟盟员	汉族	专科		六盘水师范专科学校物理专业	中学物理高级
杨殿平	男	1961.1	中共党员	汉族	专科		六盘水师范专科学校物理专业	中学物理高级
石　云	男	1960.9	中共党员	汉族	专科		六盘水师范专科学校物理专业	中学物理高级
林　平	女	1964.1	中共党员	汉族	本科		贵州师范大学化学专业	中学化学高级
杨殿荣	女	1964.5	群众	汉族	专科		六盘水师专英语系	中学英语高级
吴　新	女	1968.1	中共党员	汉族	专科		六盘水师专英语系	中学英语高级
张召胜	男	1960.3	群众	汉族	专科		六盘水师专英语专业	中学英语高级
刘荣平	女	1965.6	群众	侗族	专科		六盘水师专英语专业	中学英语高级
胡玉萍	女	1964.12	中共党员	汉族	专科		六盘水师专数学专业	中学数学高级
郭贵英	女	1967.5	群众	汉族	本科		贵州师范大学化学专业	中学化学高级
王辉荣	男	1967.7	中共党员	汉族	专科		六盘水师专生物专业	中学化学高级
龚德恬	男	1967.11		汉族	大学本科		教育学院	中历高 7 级
刘丽华	女	1965.1	群众	汉族	本科		贵州师范大学汉语言文学专业	中语高级
张兴惠	女	1966.2	群众	汉族	专科		贵州师范大学汉英语专业	中英高级
安明忠	男	1966.10	中共党员	汉族	专科	无	六盘水师范专科学校数学专业	中数高级
王小明	男	1970.5	中共党员	汉族	本科	无	贵州师范学院生物学专业	中化高级
张美娇	女	1974.2	中共党员	汉族	专科	无	六盘水师专数学专业	中数高级
王胜德	男	1958.4	中共党员	汉族	专科	无	六盘水师专数学专业	中学数学高级
陈伟东	男	1969.12	中共党员	汉族	专科	无	六盘水师专政治专业	中学政治高级
秦廷福	男	1959.9	群众	白族	本科	无	贵师大地理科学专业	中学地理高级
郭胜耀	男	1968.11		汉族	大专		六盘水师专汉语言文学专业	中语高级
黄德良	男	1967.10	群众	汉族	大专		贵州师范大学汉语言文学专业	中语高级
许　华	男	1973.12	群众	苗族	大专		贵州师范大学美术教育专业	中美高级
尚清江	男	1968.5	群众	汉族	本专		贵州教育学院英语专业	中英高级
付　伦	男	1965.12	群众	汉族	本专		贵州师范大学数学与应用数学	中数高级
邬世兰	女	1962.11	中共党员	汉族	专科	无	贵州师范学院六盘水专科班化学专业	中化高级
姜晓彬	男	1962.1	中共党员	汉族	专科	无	贵州师范学院六盘水专科班英语专业	中英高级

续表

姓　名	性别	出生年月	政治面貌	民族	学历	学位	毕业院校及专业	专业技术职称
陈绍彬	男	1962.9	群众	汉族	专科	无	贵州师范学院六盘水专科班汉语言文学专业	中语高级
帅学将	男	1970.6	群众	汉族	专科		贵州教育学院汉语言文学专业	中语高级
陈玉敏	男	1971.9	中共党员	汉族	本科		贵州教育学院物理专业	中物高级
谭明星	男	1960.8	群众	汉族	专科		六盘水师专汉语言文学专业	中语高级
何兰珍	女	1969.5	群众	汉族	专科		贵州师范大学英语专业	中英高级
汪　华	女	1973.10	群众	汉族	本科		贵州师范大学英语专业	中英高级
刘庆慧	女	1976.8	群众	汉族	专科		六盘水师专英语教育专业	中英高级
雷文明	男	1974.6	中共党员	汉族	本科		六盘水市师专	中语高级
张永辉	男	1959.2	群众	彝族	专科		贵州师范学院六盘水专科班数学专业	中数高级
张超金	男	1967.9	中共党员	汉族	专科		六盘水专科班物理专业	中物高级
张超飞	男	1973.11	群众	汉族	本科		贵州师范大学化学专业	中化高级
邱天凤	女	1970.7	群众	汉族	本科		贵州师范大学（本科）	中英高级
李　国	男	1967.10	中共党员	汉族	专科	无	卫电师专	中政高级
张友俊	男	1964.1	中共党员	汉族	本科		贵州教育学院管理专业	中数高级
许发胜	男	1965.10	群众	汉族	专科		六盘水师专数学专业	中数高级
龚　达	男	1968.4	中共党员	汉族	本科		贵州师范大学政治专业	中政高级
徐树荣	女	1964.2	群众	汉族	本科		贵州广播电视大学中文专业	中语高级
何云珍	女	1969.4	群众	汉族	本科		贵师大学汉语言文学专业	中语高级
李淑秀	女	1981.8	中共党员	汉族	专科		六盘水师专化学专业	中化高级
杨忠龍	男	1969.9	群众	汉族	本科		贵师大学汉语言文学专业	中语高级
周志雄	男	1966.3	中共党员	汉族	专科		贵族教育学院物理专业	中物高级
刘　立	男	1963.1	群众	汉族	专科		贵阳师范学院物理专业	中化高级
杨胜梅	女	1969.12	中共党员	汉族	本科		贵州师范大学汉语言文学	中学语文副高级教师
杨兴梅	女	1972.1	中共党员	彝族	本科		贵州师范大学数学与应用数学	中学数学副高级教师
付锡勇	男	1977.7	中共党员	汉族	本科	无	贵州师范学院教育学	中学历史高级
陈　慧	女	1973.9		汉族	大学本科		贵州师范大学	中语高 7 级
李　强	男	1976.10	非党	苗族	本科	无	贵州师范大学化学专业	中学化学高级教师
金家琪	男	1969.1	中共党员	汉族	研究生	硕士	西南农业大学水土保持与荒漠化治理	林业高级工程师
李　湘	女	1967.10	中共党员	汉族	本科		浙江大学土木工程	高级工程师

续表

姓　名	性别	出生年月	政治面貌	民族	学历	学位	毕业院校及专业	专业技术职称
张　刚	男	1971.10		布依族	本科		贵州农学院林学系林学专业	高级工程师
杨　杰	男	1971.9	中共党员	苗	研究生	无	西南林业大学农业推广农村区域发展专业	水保高级工程师
索碧琴	女	1972.8	盟员	布依族	专科		六盘水市师范高等专科学校英语教育专业	中学英语高级教师
柴　健	男	1964.7	中共党员	彝族	大专		贵州农业管理干部学院农经专业	高级畜牧师
姜　宏	男	1970.4	中共党员	汉族	研究生		贵州省委党校法学专业	高级农艺师
李克斌	男	1959.12	中共党员	汉族	大学本科		北京林业大学水土专业	高级工程师
李开敏	男	1966.11	中共党员	汉族	大学本科	农学学士	贵州农学院牧草	高级畜牧师
何世兰	女	1965.2		汉族	大专		贵州农学院农学	高级农艺师
杨胜英	女	1970.11	九三学社	侗族	大学本科	农学学士	贵州农学院植保	高级农艺师
解　泓	男	1963.12	九三学社	汉族	中专		广西水产学校淡水养殖	高级水产工程师
叶发伦	男	1966.9	九三学社	汉族	本科	无	华北水利水电学院工程建筑专业	高级工程师
梁厚学	男	1973.6	中共党员	汉族	本科		贵州工学院水利水电工程建筑	高级工程师
杨明军	男	1968.9	中共党员	汉族	本科	硕士	贵州工业大学、工商管理专业	高级工程师
谢　英	女	1964.6	中共党员	汉族	大专		贵州大学建筑工程	高级工程师
高　静	女	1963.12	中共党员	汉族	研究生	硕士	贵州工业大学	高级工程师
江　泳	男	1963.10	中共党员	汉族	大专		贵州电大工民建专业	高级工程师
黄碧波	男	1968.10	九三社员	汉族	本科		贵州工学院采矿系采矿工程专业	高级工程师
韩　岗	男	1965.6	中共党员	汉族	本科		贵州工业大学建筑工程	土建高级工程师

附　录

《郎岱县访稿》存诗拾遗

民国二十五年（1936年）。郎岱县访稿由葛永谷等人采访，未编纂。稿本藏安顺县图书馆。1966年8月，贵州省图书馆据安顺县图书馆藏稿本编为八卷复制刻印。至今未见正规印刷版本。郎岱县访稿卷七艺文志中，存诗若干。无论从艺术上或可读性上看，尤以李景心之咏岱山八景为佳，笔者认为不可遗漏，拾录编于六枝特区志附录。

咏岱山八景

李景心

东山望气

古木参天绕四围，东山佳色映清晖。
老僧扫叶通幽径，骚客寻芳上翠微。
紫气来时苍霭合，清钟响处白云飞。
曷当载酒临禅榻，静写黄庭掩素扉。

南岳飞仙

曾闻刘阮入天台，石号灵岩更异哉。
伴结瑶池吟宛在，仙传蓬岛讶飞来。
塔形近日千层涌，庙貌凌霄万象开。
最喜僧寮无俗韵，特将花木倚云栽。

西林古渡

西林胜境自谁传，江水弥漫汇百川。
待渡人声闻碧落，乘船客凝上青天。
烽烟永靖归来日，翰墨留书忆昔年。

对此诗情应更远，琳琅佳句写鸾笺。

北驿文峰

层峦耸翠插虚空，古木周回曲径通。
一带人家烟树里，半林禽鸟雨风中。
寻芳我欲歌金缕，临沼客争醉碧筒。
更有图画看不尽，牧童归处夕阳红。

雄关铁锁

雄关陡峻出重霄，僻径弯环百尺迢。
树里人家倚石近，山头庙舍接天遥。
雁鸿鼓翼飞难越，锁钥悬书迹未消。
漫诩崤函天下险，南人不反已三朝。

陇箐连云

重重密树挺峰峦，陇箐名区最壮观。
云气时随禽鸟逐，岚光欲并海天宽。
浓荫万叠山都暗，老鹤一声月正园。
徒倚危楼遥指点，倪迂图画此中看。

云盘古树

石丫窄窄拥松萝，山势盘纡曲径过。
两树绿荫围古刹，半天云气压高柯。
但逢雨霁群峰敞，每到春深百鸟歌。
我亦科头箕踞坐，笑随伴侣数青螺。

月朗平桥

群松掩映夹平桥，夜色清空景倍饶。
十里寒漪通彼岸，一轮冰鉴澈深宵。
酒酣耳热歌慷慨，兴尽悲来意寂寥。
月水他年知不改，风流数辈任沙淘。

观耕楼晚眺四首取其二

李钟岳

其一

观耕楼上日斜时，扶槛迎眸有所思。
危幕飞飞回子燕，寒林隐隐动蹲鸥。
城孤怕听渔阳鼓，力弱难挥博浪椎。
最是圯桥人已杳，落花流水不胜悲。

其二

楼台倒影夕阳斜，古木檐前集暮鸦。
陇箐颓垣荒草没，板桥浮水绿荫遮
白驹哪管人间事，紫燕焉知王谢家。
惟有涧边桃李树，一年一度一飞花。

打铁关

立马铁关夕照寒，千寻绝壁似涂丹。
昏昏瘴气接三板，滚滚江声下九盘。
唇齿何愁争据险，闾阎无计但求安。
此生笑乏苏张舌，也向邯郸学鲁连。

说明：原稿中有很多旧体字，辑录时都按简化汉字记录。

文艺获奖作品

市级以上文艺活动获奖作品名录

类别	作　品	时间	奖品级别	奖品等次	编导或作者	表　演
舞蹈	白毛女	2003	市	一		徐美陵等
舞蹈	鱼水情深	2005	市	一	徐美陵	
舞蹈	哆啦喏吱呋	2004	全国	三		
舞蹈	你从战场上归来	1984	市	二		陈方健　侯忠林　宋兰
国标舞	国际舞	1988	市	一		
舞蹈	远山舞韵	2001	市	一		
舞蹈	校园橄榄绿	2006	市	三		
舞蹈	苗娃乐	2002	市	一		
原生态艺术加工	竹筒舞	2005	市	一		落别乡布依族
原生态艺术加工	花棍舞	2005	市	三	杨继智	新窑乡四印苗
舞蹈	快乐的女警官	2005	市	一		
舞蹈	迎来春色换人间		市	金		
舞蹈	军魂		市	一		
舞蹈	哈达献给子弟兵		市	一		
舞蹈	夜郎煤魂		市	一		
舞蹈	沂蒙情深		市	一		
舞蹈	恶梦		市	二		
舞蹈	踩雨恰恰恰	2005	全国	金	隋婷莹　杨继智　黄光勋	
舞蹈	回归	1997	市	二	杨继智	
舞蹈	江山	2005	市	二	高　霞	
小品	夫妻之间	1999	市	团体第一	矿务局	
舞蹈	治超在行动	2005	市	三	杨继智	
舞蹈	考验	1993	省	优秀	肖正春	姜成瑶　周明涛　郭小梅
美术		2002	省	金	范琳艺	
美术		2002	省	银	叶雯雯	
美术		2002	省	银	黄玉函	
美术		2002	省	铜	梁　淼	
书法	迎亚运腾飞杯全国硬笔书法大赛	1990	全国	优秀		
书法	“长安”全国硬笔书法大赛	1991	全国	纪念	王正友	
书法	全国首届九大文艺创作评奖活动	1991	全国	三		

续表

类别	作　品	时间	奖品级别	奖品等次	编导或作者	表　演
书法	贵州省第二届群众书法大赛	1991	省	优秀	王正友	
书法	贵州省第二届钢笔大赛	1991	省	三		
书法	贵州省第三届群众书法大赛	1993	省	三		
书法	全省群众文化艺术制作作品评选演展	1996	省	三		
书法	“97 迎香港回归”贵州省群众美术、书法、摄影展	1997	省	三		
书法	六盘水建市 20 周年作品展	1998	市	展出		
书法	贵州省文化干部艺术创作展	2006	省	展出		
书法	贵州省群文天地	1993	省	发表		
书法	六盘水财税诗书画集	1999	市	入编		
摄影	初醒	1987	省	优秀	勾永华	
摄影	盛会	1990	省高校	三		
摄影	致命的喀斯特	1996	市	特等		
摄影	中国在我心中	1999	市	一		
摄影	更美	2001	市	优秀		
摄影	有朋自远方来	2001	市	优秀		
摄影	山韵	1985	省	二	徐美陵	
合唱	长征组歌	2005	省	银	杨继智　隋婷莹	老年大学
合唱	在那银色的月光下	2000	市	一		卫生系统
合唱	爱我中华	2003	市	一	高　霞	烟草局
合唱	共和国之恋	2002	市	二	杨继智　姜成瑶　高霞	供电局
合唱	长征组歌	2003	市	二	高　霞	水运局
合唱	长征组歌	2005	市	二	隋婷莹	大华制药厂
合唱	劳动保障之歌	2005	市	二	高　霞　隋婷莹	人事劳动局
合唱	在灿烂的阳光下	2005	市	三	杨继智　隋婷莹　高霞	二　中
独唱	牛背上的孩子	2005	全国	金奖		彭　颢
独唱	月亮河	2004	市	优秀		田　佳
独唱	贵州放歌	2004	水城军分区	三		高　霞
独唱	走进黄果树大瀑布	2004	市	优秀		王　平

续表

类别	作　品	时间	奖品级别	奖品等次	编导或作者	表　演
独唱	我为祖国献石油	1987	省	二		王　杰
表演唱	绿色军营	2001	市	一	隋婷莹　姜成瑶	武警中队
表演唱	军歌嘹亮	2004	市	一	杨继智　姜成瑶	
歌舞	文化园是我的家	2001	文化部	银	杨继智　隋婷莹	武警中队
歌舞	好花红	2005	市	二	杨继智	雨点艺术团
小品	黑板和它的反光	2006	市	一		二　中
小品	猪信小发	1998	市	一	陈筑民	武警中队
小品	同在蓝天下	1999	省	团体第一名	杨继智　周明涛	
小品	同一片蓝天	2000	省	一		水源队
独角戏	最后一次点名	2001	市	一	杨继智　周明涛	武警中队
独角戏	夸爸爸	2000	文化部	银	陈筑民　周明涛　杨继智	王艺演
音乐	果山果者	2011	省	银瀑奖	高　霞　付　炜 徐美陵　黄仕猛	箐林之声组合

出版的小说诗歌文学名录

书刊名	出版时间	作者	类别	出版单位
《矿山的黎明》	2000.8	刘光文	诗文集	香港天马图书公司
《枫叶红了》	2000.11	卢相福	小说散文集	香港天马图书公司
《人生百味》	2001.7	周青明	散文集	中国文联出版社
《岩脚古镇》	2003.7	卢相福	旅游散文集	香港天马图书公司
《红色五星花》	2005.3	罗春友	诗歌	群言出版社
《杏花雨》	2005.5	卢相福	散文集	中国文联出版社
《都市鸟》	2005.5	刘　毅	中篇小说集	作家出版社
《张世坤小说散文选》	2006.7	张世坤	小说散文集	贵州人民出版社
《玫瑰之恋》	2009.5	石安方	诗文集	作家出版社
《乌蒙圣火》	2009.7	卢相福	纪实散文集	作家出版社
《穿越生命的乐章》	2009.9	伍秋明	散文集	作家出版社
《日子深处有阳光》	2009.12	李　恒	散文集	西南交通大学出版社
《家里家外》	2010.7	胡红莲	小说集	作家出版社
《我是仁者》	2010.10	何爱蓉	散文集	中国文联出版社
《嘟嘟的魔力椅子》	2010.12	石安方	童话故事	作家出版社
《历尽坎坷的岁月》	2010.11	伍秋明	报告文学集	作家出版社
《十二生肖趣画》	2011.1	封培定	科普连环画	贵州科技出版社
《贵州名贤录》	2011.7	封培定	历史人物画传	贵州教育出版社
《三星集》	2011.8	卢相福	曲艺诗词集	大众文艺出版社
《六枝文化旅游》	2011.9	卢相福	散文集	大众文艺出版社
《代理乡长》	2011.10	龙尚国	长篇小说	中国文联出版社
《爱在路上》	2011.12	张仕慧	诗词集	大众文艺出版社
《贵州旅游风光》	2003	蒋世煜　蒋晓瑛	剪纸集	

获市级以上文学奖励作品目录

姓名	作品	文艺类别	奖项	获奖时间
郭府祥	电话给哥传喜讯	散文	纪念六盘水市建市暨改革开放30周年二等奖	2008.12
	孝亲敬老，父母是孩子最好的老师	散文	鼓励奖	2010.2
李恒	大哥相亲	散文	江苏新华日报报业集团举办的“纪念改革开放30周年难忘瞬间征文”活动中获纪念奖	2009.1
	平平淡淡才是真	散文	《贵州都市报》举办的围城故事征文活动中获一等奖	2001.3
	荡舟花雨岩	散文	2009名响凉都美文大赛优秀奖	2009.6
	凉水井村樱桃红		2009名响凉都美文大赛优秀奖	2009.6
	童年趣事	散文	贵州省网络文学学会和贵州省青年文化学会举办的贵州省首届网络文学作品大赛中获优秀奖	2011.1
	我们村的小花牛	散文	散文世界杂志社和云南省作家协会联合举办的建党90周年第一届和谐杯全国散文创作大赛中获优秀奖	2011.4
	荡舟花雨岩	散文	中国大众文学学会和散文选刊杂志社联合举办的全国旅游散文大赛中获佳作奖	2011.9
石安方	诗文集玫瑰之恋	诗歌	第三届中国凉都文学奖二等奖	2009.9
封培定	大方纪略	散文	贵州省第五届“新长征”文艺创作三等奖	2001.6
	飞瀑雾霭	散文	《贵州日报》黄果树有奖征文“千画绘瀑”优秀奖	2010.1
	纪念牌纪念谁	杂文	《杂文选刊》杯首届全国杂文大赛优秀奖	2011.1
刘毅	走进水柏	报告文学	省第五届新长征文艺创作二等奖	2001.9
	院长与丐帮 走进水柏	报告文学	“共和国的脊梁”报告文学大型征文提名奖	2001.10
	都市鸟	中篇小说	省第六届新长征文艺创作二等奖	2003.9
	官殇	中篇小说	首届先觉杯文学大奖赛优秀奖	2004.10
	小平在六枝	散文	市纪念邓小平诞辰100周年一等奖	2005.5
	乡村往事	短篇小说	省第七届新长征文艺创作二等奖	2005.9
	人在旅途	散文	省第七届新长征文艺创作二等奖	2005.9
	官人	中篇小说	遵义纪念红军长征70周年三等奖	2005.11
	都市鸟	中篇小说集	市首届凉都文学奖二等奖	2007.3
	官人	中篇小说	省第八届新长征文艺创作二等奖	2007.9
	泼嫂	中篇小说	市第二届凉都文学奖三等奖	2008.5
	渡功亭写意	散文	省“穿洞之光”散文大赛三等奖	2009.3
	泼嫂	中篇小说	省九届新长征文艺创作二等奖	2009.9
	改非	中篇小说	省十届新长征文艺创作三等奖	2011.9
	绝地花开	散文	《散文选刊》全国散文征文二等奖	2012.4

续表

姓　名	作　品	文艺类别	奖　项	获奖时间
卢相福	山水情韵	散文	贵州省第五届“新长征”文艺创作二等奖	2001.9
	黄山情	散文	贵州省第五届“新长征”文艺创作三等奖	2001.9
	走近大岩脚	散文	贵州省第六届“新长征”文艺创作二等奖	2003.9
	走近大岩脚	散文	中国作家世纪论坛二等奖	2004.4
	伍法同传奇	报告文学	贵州省第七届“新长征”文艺创作二等奖	2005.9
	青城探幽	散文	贵州省第七届“新长征”文艺创作三等奖	2005.9
	杏花雨	散文	贵州省第八届“新长征”文艺创作三等奖	2007.9
	老红军的故事	纪实文学	贵州省第九届“新长征”文艺创作荣誉奖	2009.9
	丰碑	散文	贵州省第九届“新长征”文艺创作优秀奖	2009.9
	乌蒙圣火	纪实散文集	中国凉都文学奖荣誉奖	2011.6
	乌蒙圣火	纪实文学集	贵州省第十届“新长征”文艺创作三等奖	2011.9
张　蕾	桃花湖之夏	散文	2009 名响凉都旅游精品路线设计暨美文大赛优秀奖	2009.9
刘成学	语文要有用	散文	尚德杯新民晚报三等奖	2002.6
	一节向外延伸的语文课	散文	杏坛杯全国校园文学作品大赛组委会二等奖	2005.12
	苦乐都是歌	评论	中国作家创作笔会一等奖	2010.8
何爱蓉	永远的智者	散文	六盘水日报等举办的“第 20 个教师节”征文一等奖	2004.10
	乌蒙剑道柔情	散文	六盘水日报等举办的“乌蒙剑茶文化”征文二等奖	2005.7
	无私才能无畏	散文	市纪委等举办的“学‘纲要’·话廉政”征文二等奖	2005.12
	精做城市名片	散文	六盘水日报等举办的“嘉和房开杯”征文优秀奖	2005.12
	谈共产党员的良心	散文	市纪委等举办的“学党章、促廉政”征文二等奖	2006.11
	再谈共产党员的良心	散文	市纪委等举办的“学党章、促廉政”征文优秀奖	2006.11
	仕途	中篇小说	首届六盘水市“嘉名杯”中国凉都文学奖纪念奖	2007.3
	一颗平常心	散文	市纪委征文二等奖	2008.4
	看电影	散文	纪念改革开放暨六盘水建市 30 周年征文活动优秀奖	2008.9
	一辈子的不了情	散文	“我与六盘水师院”征文作秀奖	2009.11

获市级以上曲艺奖励作品名录

姓　名	作　品	文艺类别	奖　项	获奖时间
卢相福	夸爸爸	故事	文化部蒲公英曲艺大赛银奖	2000.06
	煤海闯将	故事	贵州省曲艺大赛二等奖	2002.07
	杜洪举	曲艺	贵州省曲艺大赛优秀奖	2002.07
	生死关头	评书	贵州省第六届“新长征”文艺创作二等奖	2003.09
	情注矿山	曲艺	贵州省第六届“新长征”文艺创作三等奖	2003.09
	玫瑰月饼	戏剧小品	贵州省第七届“新长征”文艺创作三等奖	2005.09
	夸县长	快板书	贵州省第八届“新长征”文艺创作三等奖	2007.09

续表

姓　名	作　品	文艺类别	奖　项	获奖时间
卢相福	红头巾	小品	贵州省第九届“新长征”文艺创作三等奖	2009.09
	数字博士	相声	贵州省第十届“新长征”文艺创作三等奖	2011.09
魏　荣	姨妈话	相声	贵州省第七届“新长征”文艺创作三等奖	2005
刘成学	廉洁教育故事	故事	传美杯中央教科所一等奖	2006.12

获市级以上美术作品奖励名录

姓　名	作　品	文艺类别	奖　项	获奖时间
周志丹	苗族姑娘	剪纸	第五届中国（黑龙江）剪纸艺术作品展银奖及“中国剪纸德艺双馨”奖	2003.10
			2007年世纪之星全国少年儿童美术书法摄影艺术教育成果展辅导三等奖	2007.6
	浣归		六盘水建市30周年书画展入选	2007.8
	侗族大歌献奥运		西风烈·中国剪纸艺术大赛铜奖	2008.6
封培定	梵净山奇石	速写	《西南民兵》建国50周年“国防杯”有奖征文优秀奖	2000.1
	百鸟悲鸣	组画	贵州省第五届“新长征”文艺创作三等奖	2001.6
	菊	国画	贵州省第七届“新长征”文艺创作三等奖	2005.6
陈文洪	琵琶魂	剪纸	贵州省剪纸艺术展优秀奖	2001.1
	檀香扇	剪纸	中国民间文艺“山花奖”银奖	2002.9
	苗家拦路酒	剪纸	第五届中国剪纸艺术节金奖	2003.1
	丰盈	国画	水城建县270周年诗词书画大赛二等奖	2003.11
	葡萄	国画	贵州省第三届青年美术作品展入选	2003.5
	地戏魂	剪纸	全国教师美术作品大赛二等奖	2003.5
	清明上河图	剪纸	全国教师美术作品大赛一等奖	2003.5
	古国遗韵	剪纸	全国中小学教师艺术作品大赛三等奖	2003.9
	剪纸应用管窥	剪纸论文	全国剪纸邀请赛芙蓉奖	2004.1
	中国京剧	剪纸	全国剪纸邀请赛金奖	2004.1
	中国京剧脸谱	剪纸	静鹤斋国际书画大赛特殊奖	2004.3
	苗乡行	剪纸	六盘水中小学教师作品大赛一等奖	2005.2
	檀香扇	剪纸	全国教师美术作品大赛一等奖	2005.5
	中国京剧	剪纸	贵州省第六届剪纸展一等奖	2005.9
	十二生肖	剪纸	全国剪纸大赛优秀奖	2006.1
	清明上河图	剪纸	贵州省双十大评选活动十大工艺美术精品	2006.11
	五百罗汉图	剪纸	多彩贵州两赛一会一等奖	2006.7
	剪纸饰品	旅游商品设计作品	多彩贵州两赛一会二等奖	2006.7

续表

姓 名	作 品	文艺类别	奖 项	获奖时间
陈文洪	五百罗汉图	剪纸	多彩贵州两赛一会最佳制作奖	2006.9
	生肖剪纸	剪纸	中国世界园艺博览会剪纸大赛银奖	2006.9
	地戏脸谱	剪纸	中国第八届艺术节银奖	2007.1
	剪纸系列	剪纸	多彩贵州两赛一会三等奖	2007.12
	渔童	剪纸	中国童话剪纸大赛优秀奖	2007.6
	八十七神仙图	剪纸作品	多彩贵州两赛一会一等奖	2007.8
	剪纸设计	剪纸作品	多彩贵州两赛一会二等奖	2007.8
	高原戏魂	剪纸作品	第六届中国剪纸艺术节银奖	2008.1
	手术	漫画	贵州省廉政公益广告大赛优秀奖	2008.12
	剪纸系列	剪纸	多彩贵州两赛一会三等奖	2008.12
	选择	平面设计	贵州省廉政公益广告大赛一等奖	2008.12
	路不能这样走	平面设计	贵州省廉政公益广告大赛二等奖	2008.12
	苗女迎盛世	剪纸	中国剪纸展金奖	2008.6
	剪纸系列	剪纸	多彩贵州两赛一会一等奖	2008.8
	剪纸设计	剪纸设计	多彩贵州两赛一会一等奖	2008.8
	剪纸开关	剪纸设计	全国剪纸创意大赛三等奖	2009.11
	母爱	剪纸	全国剪纸大赛金奖	2009.11
	剪纸设计	剪纸设计	多彩贵州两赛一会三等奖	2009.12
	剪纸明信片	剪纸	多彩贵州两赛一会特别创意奖	2009.9
	苗家嫁女	剪纸	海峡两岸文人剪纸邀请赛文化内涵奖（最高奖）	2010.11
	税法宣传到我家	剪纸	全国地税杯剪纸大赛三等奖	2010.5
	苗乡嫁女	剪纸	中国年俗剪纸大奖赛三等奖	2010.8
	剪纸设计	包装设计	多彩贵州两赛一会最佳新品奖	2010.9
	剪纸设计	旅游商品设计	多彩贵州两赛一会凉都名创	2010.9
	剪纸设计	剪纸设计	多彩贵州两赛一会凉都旅游商品优秀设计者	2010.9
	廉政拍手歌	创意文案	贵州省廉政公益广告创意大赛一等奖	2011.1
	十二生肖	剪纸	全国小幅剪纸精品邀请赛优秀奖	2011.12
	百年惊魂	剪纸	辛亥百年剪纸展银奖	2011.12
	盛世鼓韵	剪纸	中国剪纸艺术节铜奖	2011.7
	看大戏	剪纸	中国年俗剪纸大奖赛金奖	2011.8
	剪纸系列	剪纸	多彩贵州两赛一会一等奖	2011.9
	剪纸设计	旅游商品设计	多彩贵州两赛一会二等奖	2011.9

续表

姓　名	作　品	文艺类别	奖　项	获奖时间
陈文洪	今儿高兴	剪纸	中国共产党成立90周年剪纸展银奖	2011.1
	剪纸设计	旅游商品设计	多彩贵州两赛一会市场潜力奖	2011.12
何天霞	梳妆	工笔画	“西部的西部”书画展入选	2002.7
	织女	工笔画	六盘水市党风廉政建设优秀奖	2004.
	苗女风情	工笔画	六盘水建市30周年书画展入选	2007
	秀娘	工笔画	六盘水、遵义、毕节三地市书画联展入选	2011.7
	长角苗女	工笔画	六盘水市书画竞赛三等奖	2011.2
寇大军	贵州山水	国画	入选首届中国职工艺术节全国职工书法美术作品展	2002.9
	山远人行早	国画	入选贵州省庆祝中华人民共和国成立55周年第十届全国美展	2004.9
	峻岭清风	国画	入选迎奥运贵州省第二届中国画精品展	2008.6
	黔中山水	国画	入选“满意贵州”全国书画大赛	2009.5
	山居六月尚闻莺	国画	贵州省第十届新长征职工文艺创作三等奖	2011.11
彭元学	静谧苗岭	国画	第二届全国师生优秀作品展优秀奖	2004
	乌蒙霞光	国画	六盘水市党风廉政建设优秀奖	2004
	祖国在我心中	手工	全国中小学美术教师基础美术技能大赛三等奖	2005
	秋霞	国画	“首届中西杯”全国美术书法大赛提名奖	2006
	家在青山绿水间	国画	“和谐中国”全国书画新秀作品大赛优秀奖	2006
	无限风光在险峰	国画	中国当代百家小品展优秀奖	2007
肖光忠	群虾	国画	贵州省国资委书画大赛三等奖	2008.6
舒　巧	静物	彩铅	全国金奖	2006.3
	静物	彩铅	获国际金奖	2007
	静物	彩铅	获市级一等奖	2007
	人物头像	素描	获市级三等奖	2008
龚德林	秋山硕果	国画	总政庆祝建党85周年全国书画展优秀奖	2007.7
	风雨过后	国画	总政庆祝红军长征全国书画展三等奖	2006.10
	峡江橘红	国画	重庆三峡影像书画大赛三等奖	2010.10
付应尧	写意山水	国画	贵州省青少年书画大赛三等奖	2006

续表

姓　名	作　品	文艺类别	奖　项	获奖时间
柴方鸿	新北京新奥运	剪纸	入选省展	2001
	花鸟	国画	市教职工书画展三等奖	2000
	花鸟	国画	市党风廉政建设书画展优秀奖	2004
			市小学美术教师技能大赛一等奖	2011
苏兴国	江山多娇	国画	国际民间艺术大赛一等奖	2006
	飘香	国画	六盘水市第二届中小学师生写着、书画、摄影大赛获书画摄影类（教师组）一等奖	2009
蒋晓瑛			全国中小学优秀美术作品评选活动中评为优秀奖	2001
	十二生菑成语撕纸（合作）		贵州省《贵勘院桥》剪纸艺术展二等奖	2001
	赶场		入选纪念毛泽东《在延安文艺蕈座谈会上的讲话》，发表60周年全国美展	2002
	龙腾五洲（合作）		入选第四届中国（黑龙江）剪纸艺术节展，及在建国50周年全国美展中获金奖，被文化部授予《中国剪纸德艺双馨奖》获奖杯一个	2002
	雷锋精神代代传		全国“银奖”	2002
	赶场		入选第四届中国民间文艺山花奖首届民间剪纸艺术作品评奖中被中国文联、中国民间文艺协会评为优秀奖	2002
	浅谈美术教学	论文	全国《公益杯》书画大赛一等奖	2003
			静鹤斋国际新苗书画学会举办的书画大赛活动中，被评为园丁组优秀奖	2004
	福、禄、寿、喜		全国剪纸邀请赛铜奖	2004
	福、禄、寿、喜		入选中小学师资美术作品展，被六盘水教育局评为二等奖	
	福、禄、寿、喜		入选全国工艺与艺术设计优秀作品展中，被中国教育学会美术专业委员会评为二等奖	2005
	中小学美术课剪纸教学初探	论文	六盘水市教育局评为三等奖	2005
	侗族大歌		第二届国际剪纸艺术博览会大赛（武汉展区）三等奖	2007
			贵州省第五届中小学美术教师基本功比赛中学组三等奖	2008.6
			六盘水市第二届中小学美术教师五项技能大赛荣获高中组三等奖	2011.5

获市级以上书法作品奖励名录

姓名	作品	文艺类别	奖项	获奖时间
张智华	反腐倡廉任重道远	隶书	六盘水党风廉政建设书画展优秀奖	2004.10
	江山风雪	行书	贵州省“国资杯”首届职工书画展三等奖	2006.9
	王维山居秋暝	行书	贵州省第八届“新长征”职工文艺创作优秀奖	2007.9
	杜甫旅夜书怀	行草书	“金海杯”贵州省第四届行草书书法大赛优秀奖	2009.7
	三国演义开篇词	隶书	贵州省第九届“新长征”职工文艺创作优秀奖	2009.9
	南湖建党	隶书	贵州省直机关纪念建党 90 周年书法大赛优秀奖	2011.7
封培定	《雨中梵净》诗	楷书	中国梵净山国际书画大展优秀奖	2002.12
	书法一幅	行书	贵州省第七届“新长征”文艺创作三等奖	2005.6
	对联一组	行书	庆祝辛亥革命 100 周年书画展优秀奖	2011.7
	李煜词一幅	行书	贵州“福彩杯”老年文化艺术节优秀奖	2012.9
何天林	滕王阁	楷书	中国首届“滕王阁杯”文学艺术大赛一等奖	2008.8
李树渊	白居易《长相思》	章草书	“久美杯”贵州省首届书画大奖赛优秀奖	2000.5
	白居易诗词一首	行草	贵州省第五届新长征文艺评选一等奖	2001.6
	2003 年苏苏东坡词一首	章草	贵州省第六届新长征文艺评选二等奖	2003.9
	姜白石词四首	章草	贵州省第七届新长征文艺评选二等奖	2005.9
	2006 年杜甫诗一首	章草	贵州省“国资杯”书画展二等奖	2006.9
	改林升诗一首	草书	六盘水市廉政书画展优秀奖	2004.10
	自作诗一首	草书	凉都六盘水消防安全书画展三等奖	2007.8
蒋晓瑛	沁园春·雪	篆书条幅	入选全国中小学师生美术作品展	2001
王凤歧		篆书	文化部首届中老年书画展三等奖	2001.4
		行书	翰墨书画院第三届中国书画艺术“华表奖”精品奖	2004.7
		篆刻	安徽省第四届“黄山杯”中国当代书画名家邀请赛篆刻类金奖	2004.5
		篆刻	中华艺术学会“三清山杯”，中国书画名家大展，获“优秀奖”	2004.7
		草书	首届“文苑杯”中国书法美术摄影大赛获得二等奖	2004.8
	对联一幅	篆刻	六盘水市党风廉政建设书画展中获得“优秀奖”	2004.10
	扇面	篆书	贵州省首届“星力杯”书法大赛获得成人组入选	2009.9

获市级以上摄影作品奖励名录

姓　名	作　品	奖项	奖　项	获奖时间
陈文洪	火塑	优秀奖	六盘水消防安全书画摄影大赛	2007.8
万江渡	迎春	三等奖	贵州省第七届新长征文艺创作	2005.9
	精灵	二等奖	中国摄影家协会贵州影友擂台大赛六盘水站	2011.1
胡吉斌	节日山城	优秀奖	市摄影家协会、市文联	2001.10
	芦笙情	银奖	（北京）书画艺术研究院	2003.10

续表

姓　名	作　品	奖项	奖　项	获奖时间
胡吉斌	桃园雪景	入围奖	六盘水市旅游局摄影赛	2006.8
	多彩的金喷	优秀奖	第一届文化共享杯贵州群众摄影艺术作品大展	2012.11
	龙溪贵客	优秀奖	“发现—原始牂牁江”摄影大赛	2013.1
	黄土高坡	入围奖	“发现—原始牂牁江”摄影大赛	2013.1
	六枝城区一角	入围奖	“发现—原始牂牁江”摄影大赛	2013.1
	山城之晨	入围奖	“发现—原始牂牁江”摄影大赛	2013.1
	桃湖雪景	入围奖	“发现—原始牂牁江”摄影大赛	2013.1
	桃花湖之晨	入围奖	“发现—原始牂牁江”摄影大赛	2013.1
	湾河人家	入围奖	“发现—原始牂牁江”摄影大赛	2013.1
	新村	入围奖	“发现—原始牂牁江”摄影大赛	2013.1
	小湖的冬日	二等奖	大家摄影论坛摄影双月赛	2013
	冬泳	优秀奖	大家摄影论坛摄影双月赛	2013
	青山换家园	优秀奖	大家摄影论坛摄影双月赛	2013
	多彩的金喷	优秀奖	第一届文化共享杯全国群众摄影艺术作品大展	2013.1
	没有干扰的学习环境	优秀奖	第二届“贵在责任贵在关爱”全国网络摄影大赛	2013.6
	两个人的村	优秀奖	第二届“贵在责任贵在关爱”全国网络摄影大赛	2013.7
	乡场	三等奖	六盘水市摄影家协会第二季度赛	2013.6
	牂牁之鹰	一等奖	六盘水市摄影家协会第三季度赛	2013.9
	善后工作	二等奖	六盘水市摄影家协会第三季度赛	2013.9
	祈	三等奖	六盘水市摄影家协会第三季度赛	2013.9
	牂牁之鹰	二等奖	六盘水市“我的中国梦”摄影大赛	2013.11
	建设中的路喜	一等奖	六盘水市摄影家协会第四季度赛	2013.12
	都市梦	一等奖	“贵州屋脊中国凉都”摄影大赛	2014.8
	新村之夜	入选奖	“贵州屋脊中国凉都”摄影大赛	2014.8
	状元梦	入选奖	“贵州屋脊中国凉都”摄影大赛	2014.8
	岩脚镇城市综合体	二等奖	六盘水市摄影家协会第二季度赛	2014
	大用高效农业观光园	三等奖	六盘水市摄影家协会第二季度赛	2014
	家园梦	三等奖	六盘水市摄影家协会第三季度赛	2014

续表

姓　名	作　品	奖项	奖　项	获奖时间
胡吉斌	年初第一战	一等奖	“我的中国梦”“马年新春趣事”摄影大赛	2014.3
	建设中的路喜工业园区	优秀奖	贵州省摄影协会 2014 年“大篷车下基层”双月赛	2014.4
	建设中的路喜之一	入选奖	贵州省摄影协会 2014 年“大篷车下基层”双月赛	2014.4
	建设中的路喜之二	入选奖	贵州省摄影协会 2014 年“大篷车下基层”双月赛	2014.4
	六枝特区大用高效农业示范园区	优秀奖	贵州省摄影协会 2014 年“大篷车下基层”双月赛	2014.6
	郎岱现代农业综合产业示范园区	入选奖	贵州省摄影协会 2014 年“大篷车下基层”双月赛	2014.6
	平寨镇南部新区	入选奖	贵州省摄影协会 2014 年“大篷车下基层”双月赛	2014.8
	毛口古镇的今昔	入选奖	贵州省摄影协会 2014 年“大篷车下基层”双月赛	2014.8
	六枝特区滨河公园城市综合体	一等奖	贵州省摄影协会 2014 年“大篷车下基层”双月赛	2014.10
	六枝特区岩脚镇城市综合体	入选奖	贵州省摄影协会 2014 年“大篷车下基层”双月赛	2014.10
	雾锁古城	入选奖	贵州省摄影协会 2014 年“大篷车下基层”双月赛	2014.10
	六枝特区滨河公园城市综合体	一等奖	贵州省摄影协会 2014 年“大篷车下基层”年度总评	2014
	变迁中的岩脚古镇	入选奖	六盘水市凉都美景专题摄影大赛	2015.7
	初具规模的路喜工业园区	优秀奖	贵州省摄影协会 2014 年“大篷车下基层”双月赛	2015.2
	宜枝魔芋生物科技产业园区	入选奖	贵州省摄影协会 2014 年“大篷车下基层”双月赛	2015.2
	娘娘山高原湿地生态农业示范园	二等奖	贵州省摄影协会 2014 年“大篷车下基层”双月赛	2015.4
	现代农业综合产业示范园	入选奖	贵州省摄影协会 2014 年“大篷车下基层”双月赛	2015.4
	建设中的木岗镇	入选奖	贵州省摄影协会 2014 年“大篷车下基层”双月赛	2015.6
	平寨镇中心城区	入选奖	贵州省摄影协会 2014 年“大篷车下基层”双月赛	2015.6
	梦幻牂牁	入选奖	贵州省摄影协会 2014 年“大篷车下基层”双月赛	2015.10

续表

姓 名	作 品	奖项	奖 项	获奖时间
胡吉斌	牂牁之鹰	三等奖	六盘水市首届“群星奖”作品摄影类评选	2015
	新年第一战	三等奖	六盘水市首届“群星奖”作品摄影类评选	2015
王玉华	建设中的嘉年华商业广场	入选奖	2015 年贵州省“大篷车下基层”暨双月赛	2015
	大用高效农业生态观光示范园	入选奖	2015 年贵州省“大篷车下基层”暨双月赛	2015
	广场夜色	入选奖	六盘水市凉都美景专题摄影大赛入选奖	2015
向剑林	拼	入选	贵州省首届青年艺术影展	1981
	不夜的煤城	入选	贵州省第二届青年影展	1982
	期待	入选	贵州省儿童专题艺术影展	1984
	野餐	入选	贵州省儿童专题艺术影展	1984
	花场上	入选	贵州少数民族风情影展并赴新加坡展出	1986
	春	入选	入选晋京影展	1987
	留影	入选	贵州当代民族影展并赴加拿大展出	1987
	雨中印象	入选	贵州省第五届摄影艺术展	1987
	天下粮仓	入选	第十届贵州省摄影艺术展	2003
	大山人	入选	第十届贵州省摄影艺术展	2003
	大眼睛	优秀奖	“人像摄影”杂志月赛	2003
	桥韵	优秀奖	贵州省艺术摄影学会 2002 年摄影年赛	2003
	少数民族风情系列	入选	中国武夷山国际摄影周展出	2004
	天下粮仓	进步奖	中国武夷山国际摄影周人类摄影影展	2004
	岁月	入选	“中华情”全国政协委员摄影展	2004
	天下粮仓	一等奖	全国第十三届群星奖贵州美术书法摄影赛	2004
	大眼睛	入选	香港艺群摄影学会“镜头下的触角”影展	2005
	问天	三等奖	全国第十四届群星奖贵州省选拔赛	2007
	鼓韵华泽	入编	中国摄影艺术年鉴 2008 卷	2008
	疑是银瀑天上落	入选	多彩贵州首届贵州少数民族风情艺术摄影精品展	2009
	蓝天里的彩云	入选	多彩贵州首届贵州少数民族风情艺术摄影精品展	2009
	鼓韵华泽	入选	多彩贵州首届贵州少数民族风情艺术摄影精品展	2009
	牂牁汉子	入编	中国摄影艺术年鉴 2012 卷	2012

获市级以上音乐舞蹈作品奖励名录

姓 名	作 品	文艺类别	奖 项	获奖时间
付 炜	经济风波	戏剧小品	六盘水市廉政小品大赛优秀奖	2008
	果山果者	音乐	2011 多彩贵州原生态表现形式银瀑奖	2011.8
魏 荣	春茶情歌	歌词	江西省音乐家协会《心声歌刊》举办的全国的奖赛中获得一等奖	2003
	小鸟带来一支歌	歌曲	中国轻音乐学会举办的全国校园歌曲选拔赛中获得三等奖并入选 100 首优秀歌曲推向校园	2006
	春茶情歌	歌词	贵州省第八届“新长征”职工文艺创作评奖活动中获得二等奖	2007
	校园音乐文化的挖掘研究与发展运用	论文	六盘水市第三届论文报告中获得一等奖	2009
	家乡的石榴红了	歌曲（曲）	贵州省第九届“新长征”职工文艺创作评奖活动中获得三等奖	2009
	校园音乐文化的挖掘研究与发展运用	论文	贵州省教育厅举办的第三届论文评比中获得三等奖	2009
黄世猛	苗乡的春天		文化部艺术服务中心等主办纪念建党 90 周年“唱支颂歌给党听”全国原创词、曲征集暨歌手选拔活动歌曲创作优秀奖和歌曲演唱二等奖两个奖项	2011.7
	永志不忘		六盘水市校歌创作第一名	2011.12

《六枝特区志（1978—2011）》供稿单位

特区党办、政府办、人大办、政协办、纪委监察局、组织部、宣传部、统战部、总工会、史志办、党校、信访局、编委办、团委、妇联、科技局、工商联、文联、残联、人武部、公安局、法院、检察院、司法局、发展改革局、财政局、审计局、经信局、统计局、农业局、林业局、水利局、民政局、住建局、房管局、交通局、煤炭局、国土资源局、人资社保局、民宗局、环保局、安监局、移民局、教育局、文体广电旅游局、计生局、卫生局、工商局、质监局、档案局、国税局、地税局、气象局、邮政局、烟草局、石油公司、电信公司、六枝供电局、人行、移动公司、联通公司、平寨镇、郎岱镇、岩脚镇、大用镇、木岗镇、落别乡、新窑乡、新场乡、新华乡、龙场乡、堕却乡、中寨乡、洒志乡、毛口乡、陇脚乡、折溪乡、箐口乡、牛场乡、梭戛乡

提供图片单位

六枝特区党委办公室

六枝特区人民政府办公室

六枝工矿（集团）有限责任公司

六枝特区农业局

六枝特区公安局

六枝特区人民法院

摄 影

胡吉斌 罗潜阳 向建林 郑国柱 吴胜红 黄龙星 郑建伟

王玉华 张家裕 龙尚国 朱祖雄 罗道勇 蔡兴祥

图片编辑

胡吉斌

编后记

修志，过去历朝历代都是县级的重要议事日程之一。六枝特区，过去叫郎岱县，自清雍正九年建厅至1911年，长达180年，未修过志书。民国元年至1949年，仅有黄华清先生撰写了羊场分县访册和葛咏谷等人采访编纂了郎岱县访稿。都是一些不全之作，这都印证了盛世才能修志的定论。

1950年1月15日，郎岱解放，建立人民政府。1987年12月，六枝特区志第一届编纂委员会成立，至2002年7月，历时十余载，首轮六枝特区志正式出版发行，开创六枝特区修志的新纪元。是年12月，六枝特区人民政府召开《六枝特区志》首发式暨续修志书动员大会，大会对续修工作提出了具体要求。续修《六枝特区志》即以1978年至2011年六枝特区史实为准修纂的第二轮志书。

2003年，六枝特区贯彻《中国地方志指导小组关于地方志编纂工作的规定》和《贵州省续修地方志行文通则》。六枝特区地方志办公室全体修志人员参加了全省地方志业务培训，全部获得了贵州省地方志办公室颁发的地方志续修编务合格证书。六枝特区地方志办公室按国务院办公室《关于进一步加强地方志编纂工作的通知》的要求，制定了《六枝特区第二轮地方志续修实施方案》和续修《六枝特区地方志篇目设置方案》并向特区党委和政府作了汇报。2004年11月，六枝特区地方志续修工作会议召开，贵州省地方志办有关领导、六盘水市地方志办领导在会上对续修工作进行指导。会议明确六枝特区启动续修工作实行“党委领导，政府主持”的工作体制。对指导思想、组织领导、编纂体例、志书质量等工作提出明确要求，对各部门收集资料、志稿编写工作也提出了具体要求，并将任务落实到承修单位。会上印发《六枝特区志续修方案及篇目设置方案》。邀请贵州省地方志办编辑相关领导开办方志基础理论讲座，对六枝特区地方志办工作人员及全区承修单位主笔60余人进行了方志业务培训。

2005年4月，全区50个承修单位全部建立了修志班子。特区地方志办编写《方志编纂知识》《方志记事技巧》和《地方志行文规则》发到各承修单位。是年8月2—4日，全省地方志续修工作会议召开，六枝志办在会上作了经验交流发言。年底，六枝特区地方志办被贵州省地方志编纂委员会、贵州省人事厅评为全省地方志系统先进集体，编辑股股长罗道勇被授予全省地方志系统先进工作者称号。

2005年底，六枝特区地方志办公室与党史研究室合并，成立六枝特区史志办公室，其职责除续修《六枝特区志》外，还承担六枝特区的党史研究工作。合并后的六枝特区史志办在抓党史工作的同时，对《六枝特区志》的续修工作做到统筹兼顾，特区党委、政府曾于2006年将地方志续修工作纳入各承修单位、部门的年终责任目标考核。2012年9月8日，史志办又组织了地方志续修工作培训会，参会人员有各乡镇、各单位的修志人员共90余人，邀请修文县史志专家李祖炎到六枝对上述人员进行了为期1天的业务培训。

为加快续修《六枝特区志》的编写进度，业务股的同志及时将各单位交来的志稿整理成资料长编。2014年又对未交稿和志稿质量不符合要求的单位和部门实行督查，直到其交出比较符合要求的稿件为止。整理过的长编稿件百万余字，史志办副主任黄继洪和业务股长罗道勇专职领导正式编纂。特邀退休老同志卢云儒和金大连参加编纂。采取先分后合的方式进行。即将稿件分到各自手中独立进行瘦身处理，之后集中讨论，篇篇逐一过关，包括内容、文字、标点、用词等等尽量做到四人通过。图片编辑胡吉斌负责志稿图片收集补拍精选。

2016年3月4日，六枝特区召开续修《六枝特区志》初审会，参加会议的有四大班子有关领导、社会各界知名人士和各单位人员共40余人，史志办主任焦兴敏就二轮志书的编修情况进行汇报后，与会同志就志书的内容畅所欲言，各抒己见，提出了不少合理化建议。初审获得通过。史志办副主任黄继洪组织偏修人员对初稿进行了修改和补充。于7月底将修改稿报六盘水市史志办复审。

8月15日，六盘水市地方志办组织召开续修《六枝特区志》复审会，续修《六枝特区志》原则通过复审。

市级复审通过后，史志办副主任黄继洪等四人对市复审会上专家们指出的存在问题进行了整改，对“概述”“大事记”等进行了修改，对有关内容进行了补充，对有关篇目进行了调整。仅用一个月的时间，在贵州省地方志办规定的终审时间内完成送稿终审任务。9月14日，续修《六枝特区志》省级终审会议在贵阳召开，与会专家对续修《六枝特区志》终审原则同意通过，并提出了有关的修改意见。从省城回到六枝后，从事编纂工作的同志又分别到环保、住建、旅游、烟草等部门收集了相关资料对终审稿再次补充，在文化篇补写了“夜郎文化研究”的内容。

续修《六枝特区志》的编修，自始至终受区委、区政府的领导和大力支持。六盘水市志办，贵州省志办的指导贯穿始终。六枝特区史志办与市内盘县、钟山区、水城县志办的交流，与修文县、息烽县志办的交流，获取专家、老师有益的建议与意见，在此一并致谢。

续修《六枝特区志》上限1978年，下限2011年，时间跨度大，几易志办领导，但不管谁在岗，都与志办全体人员团结一致，为续修工作共同付出辛劳。本书是全区上下集体智慧的结晶。

我们诚心想将此书写成夜郎的佳酿，写成牂牁江的浪花，但是，由于水平有限，疏漏难免。尚祈方家、名士点拨指正。最后，赋七律一章，铭史咏志：

特区喜度卅余年，盛世欢歌咏大观。
八景逢春风剪柳，六枝遇雨水升烟。
夜郎故土添宏卷，古郡牂牁续巨篇。
修志存芳传后嗣，政通国泰万民安。

编　者

2017年3月

索 引

F

G

H

J

K

L

M

T

W

X

Y